KB108788

독자의 1초를 아껴주는 정성을 만나보세요!

세상이 아무리 바쁘게 돌아가더라도 책까지 아무렇게나 빨리 만들 수는 없습니다.

인스턴트 식품 같은 책보다 오래 익힌 술이나 장맛이 밴 책을 만들고 싶습니다.

땀 흘리며 일하는 당신을 위해 한 권 한 권 마음을 다해 만들겠습니다.

마지막 페이지에서 만날 새로운 당신을 위해 더 나은 길을 준비하겠습니다.

실무에서 알아야 할 기술은 따로 있다!

자바 웹을 다루는 기술

JAVA WEB

이병승 지음

길벗

자바 웹을 다루는 기술

The Art of Java Web Programming

초판 발행 • 2019년 1월 7일
초판 12쇄 발행 • 2024년 8월 28일

지은이 • 이병승
발행인 • 이종원
발행처 • (주)도서출판 길벗
출판사 등록일 • 1990년 12월 24일
주소 • 서울시 마포구 월드컵로 10길 56(서교동)
대표 전화 • 02)332-0931 | **팩스** • 02)323-0586
홈페이지 • www.gilbut.co.kr | **이메일** • gilbut@gilbut.co.kr

기획 및 책임 편집 • 김윤지(yunjikim@gilbut.co.kr) | **디자인** • 강은경 | **제작** • 이준호, 손일순, 이진혁
영업마케팅 • 임태호, 전선하, 지운집, 박성용 | **영업관리** • 김명자 | **독자지원** • 송혜란, 정은주

교정교열 • 김연숙 | **전산편집** • 도설아 | **표지 일러스트** • 민효인 | **출력 및 인쇄** • 예림인쇄 | **제본** • 예림바인딩

ISBN 979-11-6050-682-2 93000
(길벗 도서번호 006895)

정가 45,000원

독자의 1초를 아껴주는 정성 길벗출판사
(주)도서출판 길벗 | IT실용, IT전문서, IT/일반수험서, 경제경영, 취미실용, 인문교양(더퀘스트) www.gilbut.co.kr
길벗이지톡 | 어학단행본, 어학수험서 www.eztok.co.kr
길벗스쿨 | 국어학습, 수학학습, 어린이교양, 주니어 어학학습, 교과서 www.gilbutschool.co.kr

페이스북 • www.facebook.com/gbitbook

웹 기반 프로그램 중 사용자들이 가장 많이 이용하는 프로그램은 아마 쇼핑몰일 것입니다. 하지만 막상 시중에 출간된 웹 프로그래밍 도서 중 쇼핑몰을 만드는 책은 많지 않습니다. 하여 그동안 수많은 JSP 프로젝트를 수행했던 경험을 토대로 JSP를 이용해 쇼핑몰 만드는 책을 내가 직접 써 봐야겠다고 생각했고, 이렇게 책을 출간하게 되었습니다.

이 책은 JSP 사용 방법에만 국한해서 설명하지 않습니다. JSP의 기본 기능을 충실히 설명하되 각 기능을 쇼핑몰 프로젝트에 실제로 반영함으로써 JSP의 기본 개념도 학습하고 쇼핑몰 프로젝트도 실습해 볼 수 있게 구성하였습니다.

이 책에서 최종적으로 만드는 도서 쇼핑몰 프로그램의 소스 코드는 스프링 프레임워크와 마이바티스 기반입니다. 단지 학습하는 차원을 넘어 이 예제를 기반으로 여러분만의 쇼핑몰을 만들어 창업을 하거나 쇼핑몰을 구축하는 일에 직접 이 코드를 사용할 수도 있을 것입니다. 한 단계씩 꾸준히 학습하다 보면 쇼핑몰뿐만 아니라 JSP를 이용해 여러분이 원하는 웹 기반 애플리케이션을 만들 수 있을 것입니다.

참고로 필자는 이 책에서 다루는 쇼핑몰 프로젝트의 관리자 기능을 구현하기 위해 카페24(www.cafe24.com)나 메이크숍(www.makeshop.co.kr)에서 쇼핑몰을 무료로 개설하여 관리자로서 직접 쇼핑몰 관련 기능을 충분히 사용해 본 후 해당 기능들을 구현하였습니다. 여러분도 그렇게 해 보시기 바랍니다.

일선 학원에서는 전자정부 프레임워크를 마치 프로그래밍 입문자들이 반드시 거쳐야 하는 정형화된 틀로서 가르치기도 합니다. 하지만 프로그래밍의 본질은 자유로운 상상력입니다. 프로그래밍을 처음 배우는 사람일수록 좀 더 자유롭게 아이디어를 적용할 수 있어야 합니다. 그렇게 해야 공부한 내용을 토대로 각자 원하는 새로운 분야로 뻗어 나갈 수 있기 때문입니다.

이 책에 나오는 예제는 전자정부 프레임워크에서 제공하는 모든 기능을 제공하지는 않습니다. 하지만 여러 사람들이 이 책에서 제공하는 소스를 기반으로 조금씩 천천히 기능을 추가해 나간다면 충분히 (국가가 아닌) 개인이 주도하는 쇼핑몰 프레임워크가 만들어질 수도 있다고 생각합니다. 부디 이 책이 많은 사람들이 자신만의 가지를 뻗어 나가는 데 하나의 줄기가 되기를 바랍니다.

마지막으로, 머릿속에 단편적으로 존재했던 생각을 들어주고 그 생각을 이 책으로 구현해 주신 서형철 부장님과 김윤지 과장님에게 진심으로 감사를 표합니다. 그리고 책과 관련된 작업에 참여해 주신 길벗출판사 관계자들에게도 감사를 표합니다.

이병승

베타테스터 실습 후기

자바 1.4부터 시작하여 JSP를 꾸준히 공부하기 위해 저자 선생님이 운영하시는 '아이디어 구현 중심 자바' 카페에서 정보를 얻던 중 베타테스터 모집 글을 보고 신청하게 되었습니다.

윈도 7, 자바 8, 톰캣 8에서 무리 없이 실습했으며 책 전체를 실습하는 데는 35일 정도 걸렸습니다. 최대한 예제 코드를 직접 입력하면서 공부하려고 노력했으나 코드가 길어지면 오타가 생길 우려가 있어 뒤에서는 제공하는 예제 파일을 토대로 실습하였습니다.

JSP와 스프링으로 자바 웹 개발을 공부하고 싶은 사람이라면 이 책과 함께 자신 있게, 과감하게, 후회 없이 공부할 수 있을 것입니다.

- 실습 환경: 윈도 7, 자바 8, 톰캣 8

박찬욱_직장인

이 책은 자바 기초를 공부한 후 웹 서비스 개발자로 발돋움하고 싶어 하는 사람을 위한 입문서입니다. 뿐만 아니라 현재 실무에서 사용하는 웹 프레임워크인 스프링을 사용해 실제 운영해도 손색 없는 쇼핑몰을 만들 수 있는 수준임에도 기본을 다시 다지고 싶은 중고급 개발자들이 봐도 좋을 것 같습니다. 입문자라면 쇼핑몰 실습을 통해 중고급 개발자로 레벨업할 수 있을 거라고 생각합니다.

초보자들에게 필요한 서비스 레이어나 DAO 레이어 같은 웹 서비스 개념을 자세히 설명해 주어 좋았고, 무엇보다도 저자분의 좋은 코드를 따라 입력하면서 익힐 수 있어 유익했습니다. 부디 이 책을 통해 많은 사람들이 4차 산업혁명 환경에서 대한민국 IT 개발자로 성장할 수 있기를 바랍니다.

- 실습 환경: 윈도 10, 자바 8, 톰캣 8

장한수_IT 기획자, 데이터 아키텍처

이병승 선생님이 집필하신 《초보자를 위한 자바 프로그래밍》 책으로 공부하던 중 동영상 강의를 보기 위해 '아이디어 구현 중심 자바' 카페에 가입하였습니다. IT 비전공자로서 프로그래밍을 배운 지는 2년 정도 되었으나 아직 웹 프로그래밍에 대한 지식이 부족하였는데, 카페에서 JSP와 스프링으로 개발하는 쇼핑몰 책의 베타테스터를 모집한다는 글을 보고 저의 부족한 부분을 채우고자 지원하였습니다.

이 책의 베타테스트를 하면서 학원에서 배웠던 웹 프로그래밍 과정을 다시 한 번 복습할 수 있어서 좋았습니다. 덕분에 JSP와 서블릿, 자바스크립트, Ajax, jQuery, HTML, CSS, OracleDB, 스프링까지 웹 개발의 전체적인 흐름을 파악할 수 있었습니다. 또한 핵심 코드 위주로 설명해 주어 무엇이 중요한지 확인할 수 있었습니다.

- 실습 환경: 윈도 7, 자바 8, 톰캣 8

박종택_IT 비전공자

편집자 실습 후기

기초 자바 문법만 알고 있었고 자바 웹 개발을 해본 적은 없었는데, 이 책을 직접 실습해 보고 원고를 교정하면서 웹 개발의 전체적인 흐름을 이해할 수 있었습니다. 게시판 예제(회원 가입, 로그인 등)를 JSP로 구현했을 때와 모델 2 방식을 사용했을 때 그리고 스프링을 사용했을 때 어떻게 다른지 확인할 수 있어서 유용했습니다. 실습 파일 위주로 실행하면서 오류를 확인하였고, 잘 안 되는 부분은 저자 선생님께 도움을 받으면서 진행하였습니다.

- 실습 환경: 윈도 10, 자바 10, 톰캣 9

학습 로드맵

	초급	중급	고급	실무
학습 목표	웹 프로그래밍 입문자가 반드시 알아야 할 서블릿과 JSP의 기능 및 활용법을 배웁니다.	서블릿과 JSP를 이용해서 모델2 기반으로 프로그래밍하는 방법을 배웁니다.	실무에서 사용하는 스프링과 마이바티스 프레임워크의 사용법을 배웁니다.	이제까지 배운 기능과 개념을 적용해서 도서 쇼핑몰을 만들어 봅니다.
배울 내용	• 서블릿 기본 기능을 사용해 웹 프로그래밍 익히기 • 서블릿의 필터와 리스너 기능 적용하기 • 스크립트릿으로 JSP 구현하기 • JSTL 이용해 JSP 구현하기	• jQuery와 JSON 기초 및 활용 익히기 • 모델2 기반으로 게시판 구현하기	• 마이바티스 프레임워크 사용하기 • 스프링 프레임워크 사용하기	도서 쇼핑몰 구현하기

예제 파일 내려 받기

예제 코드는 길벗출판사 홈페이지에서 도서명으로 검색하여 내려 받거나 깃허브에서 내려 받을 수 있습니다.

- 길벗출판사 홈페이지: http://www.gilbut.co.kr
- 깃허브: https://github.com/gilbutITbook/006895

동영상 강의 듣기

유튜브에서 도서명으로 검색하여 저자 직강 동영상 강의를 들을 수 있습니다.

예제 파일 구조 및 참고 사항

실습 예제는 완성 파일 형태로 제공합니다. 책에 표기된 프로젝트 경로와 이름을 확인하여 사용하기 바랍니다.

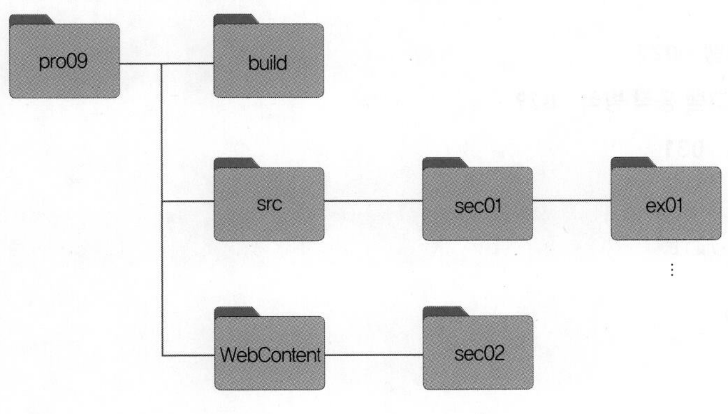

질문 및 오탈자 제보

책을 읽다가 궁금한 사항이 생기거나 오탈자를 발견했다면 저자가 운영하는 커뮤니티나 길벗출판사 홈페이지에 문의를 남겨주세요.

- 저자 네이버 카페: https://cafe.naver.com/spring4shoppingmall
- 길벗출판사 독자 문의: 웹 사이트(www.gilbut.co.kr) 접속 〉 위쪽 메뉴에서 **고객센터** 〉 **1:1 문의** 분류를 선택하여 문의

목 차

19장 스프링 의존성 주입과 제어 역전 기능 767

20장 스프링 AOP 기능 791

21장 스프링 MVC 기능 801

22장 스프링 JDBC 기능 823

1장

프로그램의 발전 과정

우리는 대부분 웹 브라우저를 통해 인터넷에 접속합니다. 그리고 접속한 홈페이지에서 텍스트나 이미지 같은 요소를 클릭해 다른 웹 페이지로 이동합니다.

▼ 그림 1-1 다양한 웹 브라우저

일반적인 웹 페이지는 대부분 미리 서버에 등록해 두었다가 웹 브라우저가 서버에 특정 데이터를 요청하면 이를 웹 브라우저로 전송해서 보여줍니다. 이를 가능하게 하는 기술 중 하나가 JSP(Java Server Page, 자바 서버 페이지)입니다.

▼ 그림 1-2 일반적인 웹 페이지

이 장에서는 본격적으로 JSP 프로그래밍을 학습하기에 앞서 JSP 같은 웹 기반 프로그래밍 언어가 사용되는 이유를 프로그램의 발전 과정과 함께 알아봅니다. 프로그램의 발전 과정을 이해하고 나면 이후의 학습 방향을 잡는 데 도움이 될 것입니다.

웹 프로그램은 클라이언트 PC 기반 프로그램에서 시작하여 클라이언트 서버 기반 프로그램, 웹 기반 프로그램 순으로 진화해 왔습니다. 지금부터 프로그램의 발전 과정을 이해하기 쉽게 하나씩 살펴보겠습니다.

1.1 클라이언트 PC 기반 프로그램

다음은 자바(Java)로 일반 클라이언트 PC에서 클라이언트가 직접 설치해서 사용하는 환율 계산기를 구현한 프로그램입니다. 469000원에 해당하는 원화를 텍스트 필드에 입력한 후 셀렉트 박스에서 원하는 외화 종류를 선택하면 다른 텍스트 필드에서 외화로 변환된 값인 417.000122달러를 표시해 줍니다.

▼ 그림 1-3 일반 PC 기반 환율 계산기 프로그램

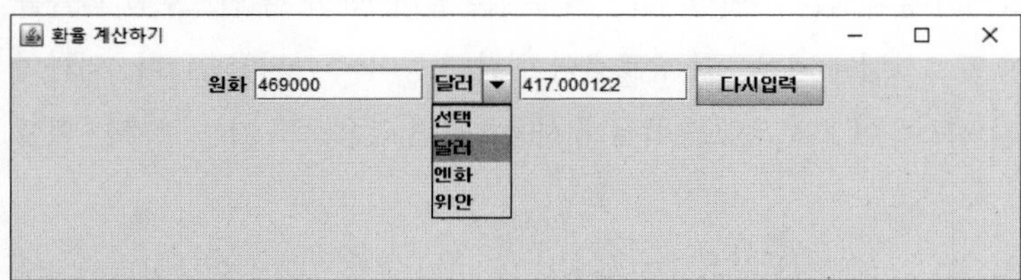

이 환율 계산기를 자바로 구현하면 대략 다음과 같을 것입니다.

코드 1-1 클라이언트 환율 계산기 프로그램

```
private void calculate() {
  float won = Float.parseFloat(operand1.getText());
  String result = null;
  String operator = opSelection.getSelectedItem().toString();

  if (operator.equals("달러")) {
    result = String.format("%.6f", won / USD_RATE);
  }
  else if (operator.equals("엔화")) {
    result = String.format("%.6f", won / JPY_RATE);
  }
  else if (operator.equals("위안")) {
    result = String.format("%.6f", won / CNY_RATE);
  }
  txtResult.setText(result);
}
...
```

코드를 보면 `calculate()` 함수에서 입력한 원화에 대해 각국의 환율로 나누어 달러, 엔화, 위안 이렇게 세 종류의 외화로 변환해 줍니다.

그리고 그림 1-4와 같이 똑같은 환율 계산기 프로그램에 파운드와 유로로 변환해 주는 기능을 추가했습니다.

❤ 그림 1-4 파운드와 유로로의 변환 기능이 추가된 환율 계산기

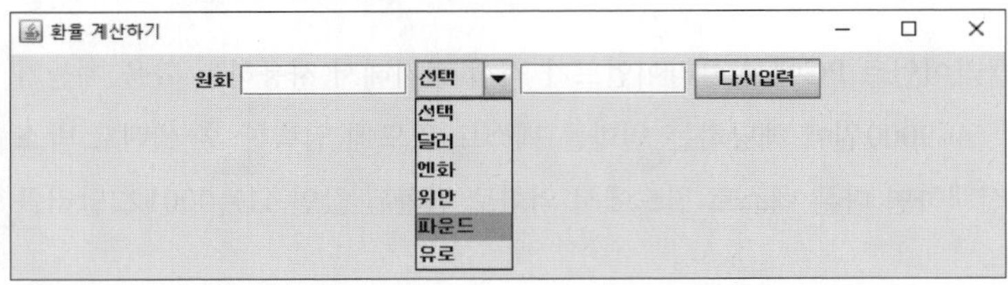

이 클라이언트 기반 프로그램의 문제점은 무엇일까요? 처음에는 달러, 엔화, 위안으로만 환율을 변환해 주었는데 이제는 이 프로그램에 파운드와 유로로의 변환 기능이 추가되었습니다. 외화의 종류는 이 외에도 수없이 많으므로 이 프로그램을 폭넓게 사용하려면 앞으로도 기능 추가는 피할 수 없겠죠.

이처럼 기능이 자주 변경되는 프로그램이라면 수시로 사용자 PC마다 프로그램을 업데이트하거나 새로 설치해야 한다는 문제가 있습니다. 인터넷이 세상에 나오기 전 PC 기반 프로그램은 기능이나 화면의 형태가 바뀌면 코드 1-2처럼 기능을 추가한 후 일일이 PC에 다시 설치하거나 업데이트를 해야 했습니다.

코드 1-2 기능이 변경된 환율 계산기 프로그램(pro01/src/ex01/Calculator.java)

```
private void calculate() {
   ...
  else if (operator.equals("파운드")) {
    result = String.format("%.6f", won / GBP_RATE);
  }
  else if (operator.equals("유로")) {
    result = String.format("%.6f", won / EUR_RATE);
  }
  txtResult.setText(result);
}
```

셀렉트 박스에서 '파운드' 또는 '유로' 선택 시 원화를 파운드 또는 유로로 환산하는 코드 추가

프로그램이 변경될 때마다 일일이 다시 설치해야 한다면 상당히 불편하겠죠? 게다가 클라이언트 프로그램에 데이터베이스 접속 정보라도 들어 있다면 정보가 쉽게 노출될 수 있어 보안이 취약하다는 문제도 있습니다. 이러한 클라이언트 PC 기반 프로그램의 문제점을 보완하여 나온 것이 클라이언트-서버 기반 프로그램입니다.

1.2 클라이언트-서버 기반 프로그램 동작 방식

이번에는 클라이언트-서버 기반으로 구현한 환율 계산기 구조를 살펴보겠습니다.

▼ 그림 1-5 클라이언트-서버 기반 프로그램 구조도

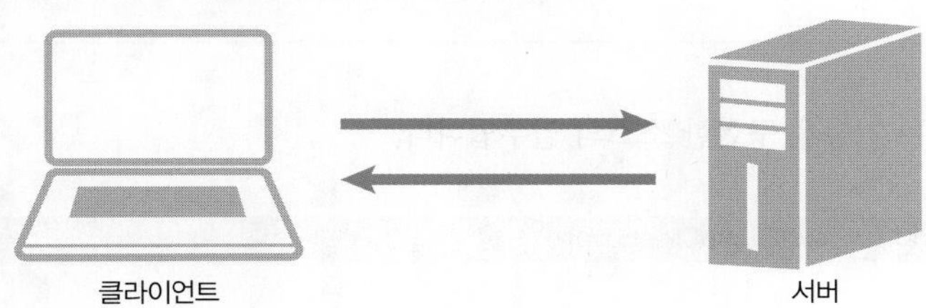

이 구조에서는 기존 클라이언트가 수행하는 모든 기능을 서버에서 수행합니다. 클라이언트의 기능은 대폭 축소되었지요. 클라이언트는 처리할 데이터가 있으면 네트워크를 통해 서버에 전달하고, 서버가 처리한 결과를 네트워크를 통해 다시 받아 결과를 화면에 출력하는 역할만 합니다.

코드 1-3은 환율 계산기 프로그램에서 서버가 담당하는 기능을 구현한 소스 코드의 일부입니다. 클라이언트가 전송한 데이터와 연산자를 이용해서 계산한 후 결과를 클라이언트로 전송하는 역할을 합니다.

코드 1-3 환율 계산기 서버의 기능(pro01/src/ex02/RateServer.java)

```
public class RateServer {
  public static void main(String[] args) {
  ...
  try {
    serverSocket = new ServerSocket(5434);
    System.out.println("서버 실행 중... ");

    while(true) {
      s1 = serverSocket.accept();
      is = s1.getInputStream();
      os = s1.getOutputStream();
      br = new BufferedReader(new InputStreamReader(is));
      String data = br.readLine();
      System.out.println("서버 수신 데이터:"+data);
      String result = calculate(data);
      System.out.println(result);
```

```
        bw = new BufferedWriter(new OutputStreamWriter(os));
        pw = new PrintWriter(bw,true);
        pw.println(result);
        pw.close();
      }

    } catch(IOException ie) {
      ie.printStackTrace();
    }
  }
  ...
```

코드 1-4는 클라이언트가 담당하는 기능을 구현한 소스의 일부입니다.

코드 1-4 환율 계산기 클라이언트의 기능(pro01/src/ex02/RateClient.java)

```
...
private void calculate() {
  float won = Integer.parseInt(operand1.getText());
  String result = null;
  String operator = opSelection.getSelectedItem().toString();
  InputStream is;
  BufferedReader br;
  BufferedWriter bw;
  OutputStream os;
  PrintWriter pw = null;
  try {
    Socket s1 = new Socket("127.0.0.1",5434);
    os = s1.getOutputStream();
    is = s1.getInputStream();
    System.out.println("전송 데이터:"+won+","+operator);
    bw = new BufferedWriter(new OutputStreamWriter(os));
    pw = new PrintWriter(bw,true);
    pw.println(won+","+operator);

    br = new BufferedReader(new InputStreamReader(is));
    result = br.readLine();
    System.out.println("클라이언트 수신 데이터:"+result);
    txtResult.setText(result);
    s1.close();
  } catch(Exception e) {
    e.printStackTrace();
  }
}
...
```

다음은 클라이언트-서버 기반 프로그램으로 구현한 코드의 실행 결과입니다.

❤ 그림 1-6 클라이언트-서버 기반 환율 계산기 실행 결과

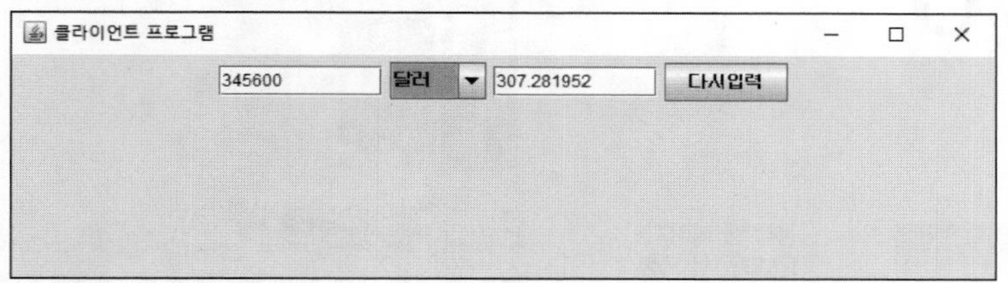

클라이언트-서버 기반 프로그램은 기능(로직)이 변경되어도 모두 서버에서 처리하면 되기 때문에 클라이언트 프로그램을 수정할 필요가 없습니다. 중요한 기능은 서버에서 처리하므로 클라이언트 PC 기반 프로그램보다 데이터 보안 측면에서도 훨씬 우수합니다.

하지만 클라이언트-서버 기반 프로그램에도 한계가 있습니다. 지금처럼 환율 계산기 기능에 파운드와 유로 환율 변환 기능만 단순히 추가하는 경우라면 서버에서 기능을 쉽게 추가할 수 있지만 여기서 끝이 아닙니다. 사용자가 파운드와 유로를 선택할 수 있도록 셀렉트 박스에 '파운드'와 '유로' 항목을 추가해서 보여주어야 합니다. 즉, 로직뿐만 아니라 클라이언트 프로그램도 수정해야 합니다.

물론 처음에 살펴본 클라이언트 PC 기반 프로그램보다 데이터 처리 관점에서는 훨씬 좋아졌지만 클라이언트-서버 기반 프로그램 역시 프로그램 화면 변경 시에는 여전히 추가 작업이 필요합니다.

JAVA WEB

1.3 웹 기반 프로그램 동작 방식

그럼 이번에는 웹 기반 프로그램의 구조를 살펴볼까요? 웹 기반 프로그램의 경우 클라이언트는 자신이 사용하는 클라이언트 프로그램을 직접 설치하는 것이 아니라 사용자 컴퓨터의 웹 브라우저를 통해 화면에 해당되는 HTML 문서를 서버에 요청합니다. 그러면 서버에서는 요청 받은 HTML 문서를 브라우저에 전송하여 해당 기능을 담당하는 화면을 보여줍니다.

▼ 그림 1-7 웹 브라우저 기반 프로그램 구조

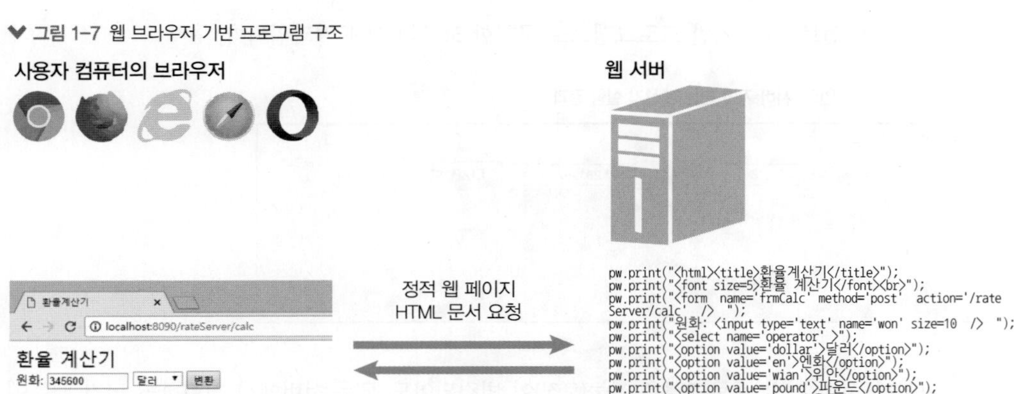
사용자 컴퓨터의 브라우저
웹 서버
환율계산기
localhost:8090/rateServer/calc
환율 계산기
원화: 345600 달러 변환
정적 웹 페이지
HTML 문서 요청
HTML 문서
pw.print("<html><title>환율계산기</title>");
pw.print("<font size=5>환율 계산기</font>
");
pw.print("<form name='frmCalc' method='post' action='/rate
Server/calc' /> ");
pw.print("원화: <input type='text' name='won' size=10 /> ");
pw.print("<select name='operator' >");
pw.print("<option value='dollar'>달러</option>");
pw.print("<option value='en'>엔화</option>");
pw.print("<option value='wian'>위안</option>");
pw.print("<option value='pound'>파운드</option>");
pw.print("<option value='euro'>유로</option>");
pw.print("</select>");
pw.print("<input type='hidden' name='command' value='calculate'
/> ");
pw.println("<input type='submit' value='변환' />");
pw.println("</form>");
pw.print("</html>");
pw.close();

1.2절에서 살펴본 환율 계산기 프로그램을 웹 기반으로 구현하면 어떻게 될까요? 그림 1-8에 그 동작 과정을 나타내었습니다.

▼ 그림 1-8 웹 기반 환율 계산기 동작 과정

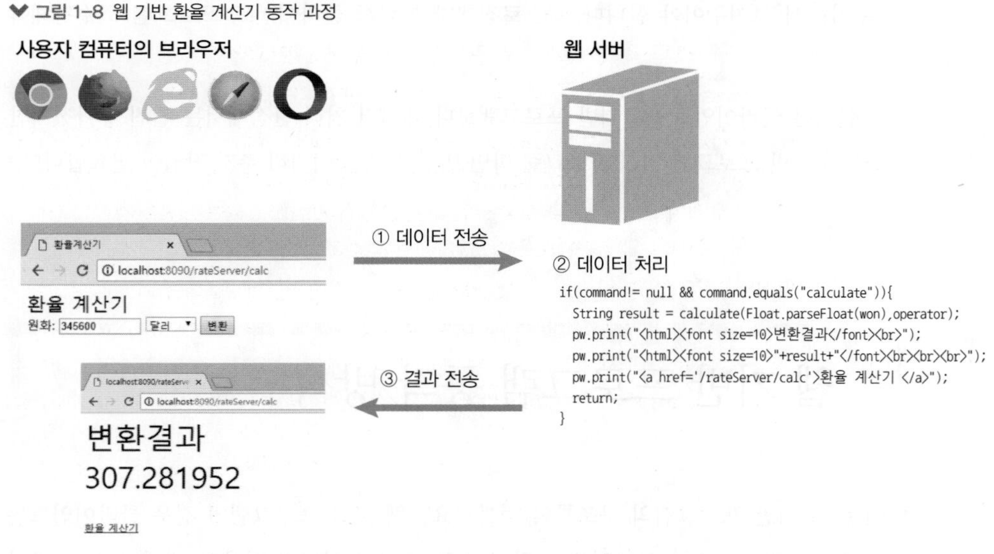
사용자 컴퓨터의 브라우저
웹 서버
환율계산기
localhost:8090/rateServer/calc
환율 계산기
원화: 345600 달러 변환
① 데이터 전송
② 데이터 처리
if(command!= null && command.equals("calculate")){
String result = calculate(Float.parseFloat(won),operator);
pw.print("<html><font size=10>변환결과</font>
");
pw.print("<html><font size=10>"+result+"</font>

");
pw.print("<a href='/rateServer/calc'>환율 계산기 </a>");
return;
}
③ 결과 전송
localhost:8090/rateServer/calc
변환결과
307.281952
환율 계산기

먼저 처리할 데이터를 입력 받아 서버에 처리를 요청하면(①), 서버는 화면에서 입력한 데이터를 전송 받아 처리합니다(②). 그런 다음 계산 결과를 웹 브라우저로 전송하여 결과를 보여줍니다(③).

즉, 웹 기반 프로그램의 경우 사용자가 사용하는 프로그램의 기능이나 화면이 바뀌면 서버에서 **모두** 처리합니다. 클라이언트-서버 기반 프로그램과 마찬가지로 클라이언트가 특별히 수행해야 할 작업이 없습니다. 그리고 모든 기능을 서버에서 처리하므로 보안 면에서도 월등히 우수합니다.

코드 1-5는 웹 서버 기반으로 환율 계산기를 구현한 소스의 일부입니다.

> **Note ≡** 서블릿 기반 프로그래밍의 실습 방법은 이 책 뒷부분에서 상세히 설명하므로 지금은 어떤 과정을 통해 웹 프로그램 방식이 등장했으며 동작하는지 정도만 알아두세요. 이 책과 함께 제공하는 예제 파일을 열어 직접 실습해 봐도 좋지만 눈으로만 코드를 보고 넘어가도 괜찮습니다.

웹 브라우저에서 HTTP 서버 주소로 요청하면 HTML 태그로 이루어진 환율 계산기 화면을 웹 브라우저에 전송하여 화면에 나타냅니다. 그리고 사용자가 화면에 데이터를 입력한 후 결과를 요청하면 다시 데이터를 받아서 해당 국가의 환율을 이용해 외화를 계산하고 그 결과를 다시 웹 브라우저에 전송합니다.

코드 1-5 http 환율 계산 웹 서버(rateServer/src/ex01/RateServlet.java)

```
...
if(command!= null && command.equals("calculate")){
  String result = calculate(Float.parseFloat(won),operator);
  pw.print("<html><font size=10>변환결과</font><br>");
  pw.print("<html><font size=10>"+result+"</font><br><br><br>");
  pw.print("<a href='/rateServer/calc'>환율 계산기 </a>");
  return;
}
```

변환한 결과를 표시합니다.

계산기 화면을 표시합니다.

```
pw.print("<html><title>환율 계산기</title>");
pw.print("<font size=5>환율 계산기</font><br>");
pw.print("<form  name='frmCalc' method='post'  action='/rateServer/calc'  />  ");
pw.print("원화: <input type='text' name='won' size=10  />  ");
pw.print("<select name='operator' >");
pw.print("<option value='dollar'>달러</option>");
pw.print("<option value='en'>엔화</option>");
pw.print("<option value='wian'>위안</option>");
pw.print("<option value='pound'>파운드</option>");
pw.print("<option value='euro'>유로</option>");
pw.print("</select>");
pw.print("<input type='hidden' name='command' value='calculate'  />  ");
pw.println("<input type='submit' value='변환'  />");
pw.println("</form>");
pw.print("</html>");
pw.close();
...
```

그럼 웹 기반으로 환율 계산기를 실행하여 앞에서 설명한 대로 작동하는지 살펴봅시다. 다음과 같이 브라우저 주소창에 http://localhost:8090/rateServer/calc를 입력하여 환율 계산기 화면을 요청합니다.

▼ 그림 1-9 제일 처음 요청 시 나타난 환율 계산기 화면

Tip 여기서는 웹 기반 프로그램의 동작 방식만 설명하고 본격적인 실습은 4장부터 진행합니다.

환율 계산기의 첫 번째 텍스트 필드에 원화 **345600**를 입력하고 환산할 외화명으로 **달러**를 선택한 다음 **변환**을 클릭합니다.

▼ 그림 1-10 계산할 원화와 환산할 외화명 입력

그러면 클라이언트 프로그램이 서버로 입력 값을 전송한 후 처리한 결과를 화면에 나타냅니다.

▼ 그림 1-11 서버로 전송한 후 처리 결과 화면

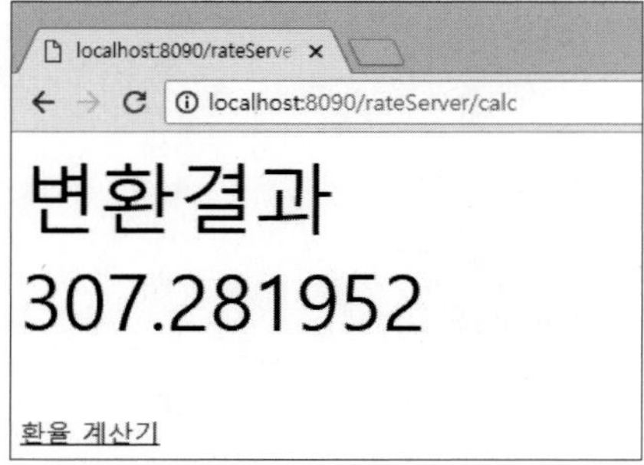

이처럼 웹 기반 환율 계산기 프로그램은 클라이언트 측 웹 브라우저가 요청을 하면 웹 서버에서 계산 기능을 구현하여 결과를 돌려주는 방식입니다.

지금까지 프로그램의 발전 과정을 예제와 함께 간단히 살펴보았습니다. 웹 기반 프로그램은 관리하기 용이할 뿐만 아니라 보안 면에서도 탁월하여 널리 사용되고 있습니다. 여기서 한 발 더 나아가 JSP나 ASP, PHP 같은 웹 기술을 더하고 데이터베이스 연동 기능을 추가한다면 실시간으로 클라이언트의 요청을 처리할 수도 있습니다. 자세한 내용은 다음 장에서 살펴보겠습니다.

2장

웹 프로그래밍과 JSP

2.1 웹 프로그래밍의 기본

다른 분야도 그렇지만 JSP가 어느 순간 갑자기 나타난 것은 아닙니다. 오늘날 JSP가 널리 사용되는 이유와 사용 시 장점을 이해한다면 남은 내용도 확실한 목표를 가지고 학습할 수 있을 것입니다. 이 장에서는 JSP가 나오기 이전의 웹 프로그램 구성 요소들을 알아보고, 이어서 JSP의 등장 배경을 설명합니다.

JSP가 나오기 전에도 웹 브라우저를 통해 웹 페이지를 보여주는 기능은 있었습니다. 아파치(Apache)[1] 같은 웹 서버를 이용해서 웹 페이지들을 브라우저에 표시하는 방식이었죠. 이러한 방식을 **정적**(static) **웹 프로그래밍**이라고 합니다.

정적 웹 프로그래밍은 웹 서버에 미리 보여줄 HTML 페이지, CSS, 이미지, 자바스크립트 파일을 저장해 놓고 브라우저에서 요청할 경우 그대로 전달하는 방식입니다. 따라서 사용자는 페이지가 변경되지 않는 한 고정된 웹 페이지를 보게 됩니다. 요즘에는 환율 정보나 주가 정보 등 실시간으로 변하는 정보를 웹 페이지에 표시해야 할 일이 많기 때문에 이 방식은 거의 사용되지 않습니다. 하지만 정적 웹 프로그래밍 구성 요소는 JSP에서도 여전히 화면 디자인과 기능 처리를 담당하므로 알아두어야 합니다.

다음은 정적 웹 프로그래밍의 여러 가지 구성 요소들 중 핵심만 요약한 것입니다. JSP나 ASP, PHP를 학습할 때도 기본이 되는 내용이므로 잘 숙지해 두기 바랍니다.

- **웹 서버**: 각 클라이언트에게 서비스를 제공하는 컴퓨터를 의미합니다.
- **클라이언트**: 네트워크로 서버에 접속한 후 서버로부터 서비스를 제공받는 컴퓨터를 의미합니다.
- **HTTP 프로토콜**: Hyper Text Transfer Protocol의 약자로, www 서비스를 제공하는 통신 규약을 의미합니다. 웹 서버와 클라이언트는 이 프로토콜을 이용해 정보를 주고받습니다.
- **HTML**: Hyper Text Markup Language의 약자로, www 서비스를 제공하기 위한 표준 언어입니다.
- **자바스크립트**: HTML 웹 페이지의 여러 가지 동적인 기능을 제공하는 스크립트 언어입니다.
- **CSS(Style Sheet)**: HTML 문서에서 서체나 색상, 정렬 등 세부적인 HTML 페이지의 디자인에 관련된 여러 가지 기능을 제공합니다.

1 https://www.apache.org/

2.2 정적 웹 프로그래밍

앞에서 살펴본 웹 기반 환율 계산기 프로그램을 기억하나요? 이 프로그램은 정적 웹 프로그래밍 방식으로 만들어졌으며 처리 결과만 웹 브라우저로 전송해 주면 됐습니다. 그러나 인터넷이 발전하면서 사용자들은 점차 웹 브라우저로 실시간 정보를 제공받기 원합니다. 하지만 기존의 정적 웹 프로그램이 새로운 정보를 제공하려면 관리자가 HTML 페이지에서 해당 정보가 표시되는 곳을 찾아 정보를 수정한 후 해당 정보를 클라이언트에 제공해야 합니다. 이런 방식은 웹 기반 프로그램이 처음 나온 초기에는 가능했으나 지금처럼 사용자들에게 제공하는 정보의 변경 속도가 급속도로 빨라지고 있는 현실에서는 사실상 불가능합니다.

예를 들어 환율 정보를 웹 페이지로 제공한다고 했을 때 정적인 웹 프로그래밍 방식에서는 웹 서버 관리자가 10분 또는 20분마다 손으로 직접 HTML(환율 정보에 해당하는 코드)을 수정해서 클라이언트에게 제공해야 하는데, 이는 말이 안 되는 일이죠.

그림 2-1에 JSP 같은 동적인 웹 프로그램이 나오기 이전에 클라이언트가 정적인 방식으로 환율 정보를 제공받는 과정을 나타내었습니다.

▼ 그림 2-1 정적인 방식으로 환율 정보를 얻는 과정

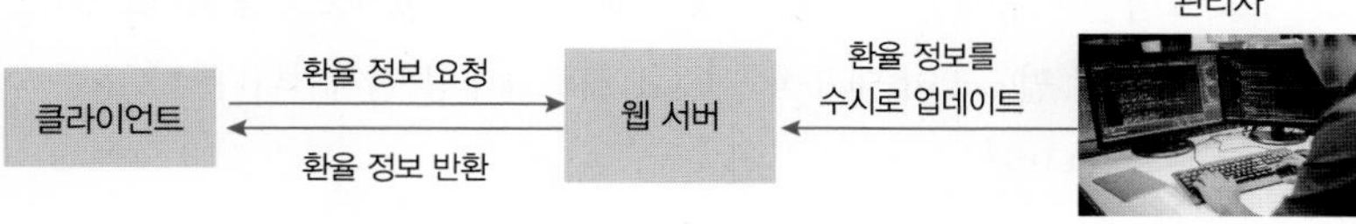

물론 여기서 '환율 정보'는 실시간 변경 사항을 반영한 정보가 아닙니다. 하지만 클라이언트는 실시간으로 변경되는 환율 정보를 원하지요. 바로 여기서 정적인 웹 프로그래밍 방식의 한계가 명백히 드러납니다.

지금까지 살펴본 정적인 웹 프로그래밍의 특징을 요약하면 다음과 같습니다.

- 사용자에게 화면 디자인 같은 고정된 정보만 제공합니다.
- 정보 수정 시 관리자가 직접 HTML 소스를 수정하여 사용자에게 정보를 제공합니다.

2.3 동적 웹 프로그래밍

이번에는 동적인 방식을 알아봅시다. 그림 2-2를 볼까요? 그림 2-1에서 관리자가 하던 역할을 웹 애플리케이션 서버[2]가 수행합니다. 따라서 이번에는 실시간 환율 정보가 저장되어 있는 데이터베이스[3]에 클라이언트의 요청이 있을 때마다 데이터베이스에 접근하여 실시간 정보를 클라이언트에게 제공할 수 있습니다. 최근에는 빠르게 변하는 사용자들의 요구를 만족시키고자 이처럼 동적으로 기능을 처리하는 방식으로 웹 프로그래밍을 수행합니다.

✔ 그림 2-2 동적인 방식으로 환율 정보를 얻는 과정

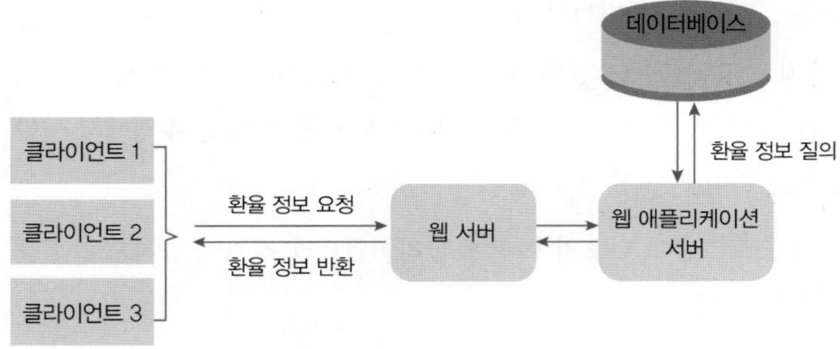

처음에 동적인 방식으로 프로그램을 제공하는 기능은 **CGI(Common Gate Interface, 공용 게이트웨이 인터페이스)**였습니다. 프로그래밍 언어인 펄(perl)이 대표적인 CGI 프로그래밍 언어입니다. CGI 동작 방식의 대표적인 특징은 다음과 같습니다.

- 초기 웹 프로그램에서 사용하는 방식입니다.
- 프로세스 방식으로 실행됩니다.
- 서버의 부하가 심합니다.

CGI 방식은 웹 애플리케이션 서버에서 실행되는 기능들이 모두 **프로세스**(process) 방식으로 실행됩니다(그림 2-3).

2 정확히는 웹 애플리케이션 서버(WAS)에서 실행되는 애플리케이션을 의미합니다.

3 일반적으로 실시간 환율 정보를 데이터베이스에 저장하는 기능은 다른 프로그램이 미리 수행합니다.

❤ 그림 2-3 프로세스 방식으로 동작하는 과정

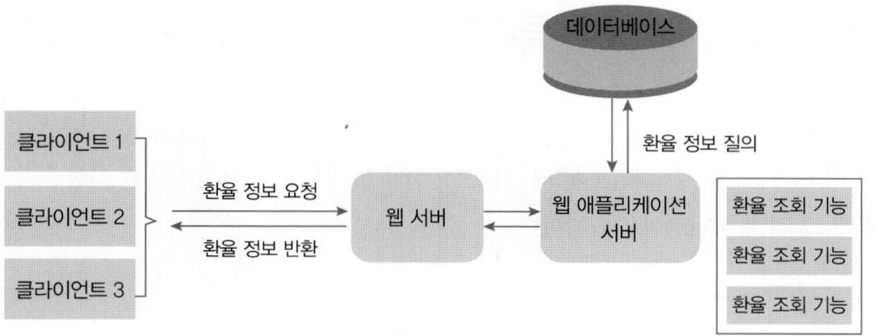

클라이언트 1이 환율 정보를 요청하면 웹 애플리케이션 서버는 환율 조회 기능을 수행하는 프로세스(process)를 메모리에 생성합니다. 그리고 데이터베이스와 연동하여 클라이언트 1에게 환율 정보를 반환합니다. 그리고 다시 클라이언트 2에게서 환율 정보 요청을 받으면 또다시 환율 조회 기능을 하는 프로세스를 메모리에 생성한 후 기능을 수행합니다.

이처럼 CGI 방식은 같은 기능을 수행하더라도 각 경우에 대해 처음부터 메모리에 기능을 로드(load)하여 수행해야 합니다. 물론 초기 인터넷 환경에서는 사용자 수도 적고 수행해야 할 기능도 적어 이런 방식으로 실행해도 문제가 없었습니다. 하지만 요즘처럼 인터넷 환경이 발전하고 사용자 수가 급격히 늘어나 동시에 처리해야 할 일이 많은 상황에서 이런 방식으로 서비스한다면 메모리에 과부하가 걸려 기능 수행에 어려움이 생길 수밖에 없습니다.

이러한 CGI의 문제점을 개선하여 나온 것이 JSP, ASP, PHP와 같은 동적 웹 프로그래밍 기술입니다.

❤ 그림 2-4 동적 웹 프로그래밍을 위한 JSP, ASP, PHP

지금부터 이 동적 웹 프로그래밍 기술들에 대해 본격적으로 알아보겠습니다.

2.4 JSP 프로그램의 특징

JSP는 기본적으로 **스레드**(thread) 방식으로 실행하기 때문에 CGI 방식보다는 효율적으로 기능을 수행합니다. 그림 2-5에 그 과정을 나타내었습니다.

▼ 그림 2-5 스레드 방식으로 동작하는 JSP

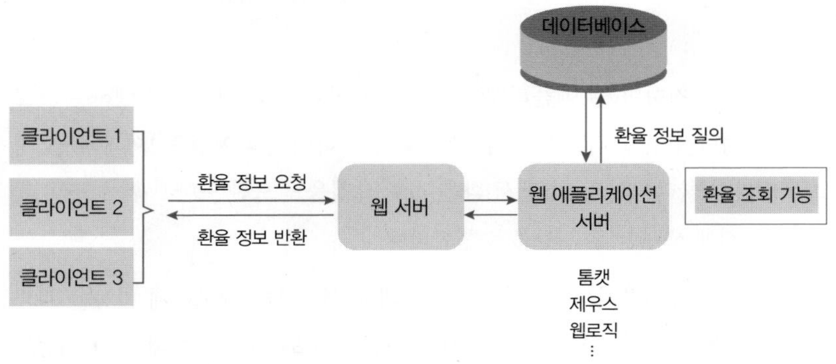

클라이언트 1이 환율 정보를 요청하면 웹 애플리케이션 서버는 환율 조회 기능을 메모리에 로드한 후 환율 정보를 얻어 와서 클라이언트 1에게 전송합니다. 그리고 다시 클라이언트 2가 동일한 정보를 요청하면 이번에는 기존에 서비스를 담당했던 환율 조회 기능이 메모리에 존재하므로 이 환율 조회 기능을 이용해 환율 정보를 가져옵니다. 따라서 각각의 요청에 대한 기능을 메모리에 따로따로 로드하지 않아도 됩니다.

실제로 프로그램의 수행 속도를 떨어뜨리는 요인 중 하나가 프로그램을 외부 장치에서 메모리로 로드하는 것입니다. 그런데 스레드로 수행하면 이 과정을 거치지 않아도 되니 기존 CGI 프로그램보다 훨씬 빠르게 동작하겠죠.

요즘처럼 다수의 사용자가 접속해서 기능을 수행해야 하는 환경에서는 JSP나 ASP, PHP와 같이 스레드 방식으로 동작하는 프로그램이 유리합니다. 따라서 현재 대부분의 웹 프로그램이 스레드 방식으로 동작한다고 보면 됩니다. JSP가 스레드 방식으로 어떻게 동작하는지는 5장에서 살펴봅니다.

JSP 동작 방식의 특징은 다음과 같습니다.

- 프로세스 방식이 아닌 스레드 방식으로 실행합니다.
- 클라이언트의 요구를 처리하는 기능은 최초 한 번만 메모리에 로드됩니다.
- 클라이언트가 동일한 기능을 요구하면 기존에 사용한 기능을 재사용합니다.

3장

개발 환경 설정하기

3.1 JDK 설치하기

지금까지는 프로그램의 발전 과정부터 시작해 웹 프로그래밍에서 JSP가 등장하게 된 배경을 살펴보았습니다. 이 장에서는 서버에서 JSP가 실행될 수 있도록 실행 환경을 구축해 보겠습니다.

1. 구글에서 jdk download로 검색하여 오라클 JDK 다운로드 페이지에 접속합니다. 또는 다음 링크 주소를 입력하여 접속한 다음 **JDK DOWNLOAD**를 클릭해도 됩니다.
   - https://www.oracle.com/technetwork/java/javase/downloads/index.html

▼ 그림 3-1 오라클 JDK 다운로드 페이지

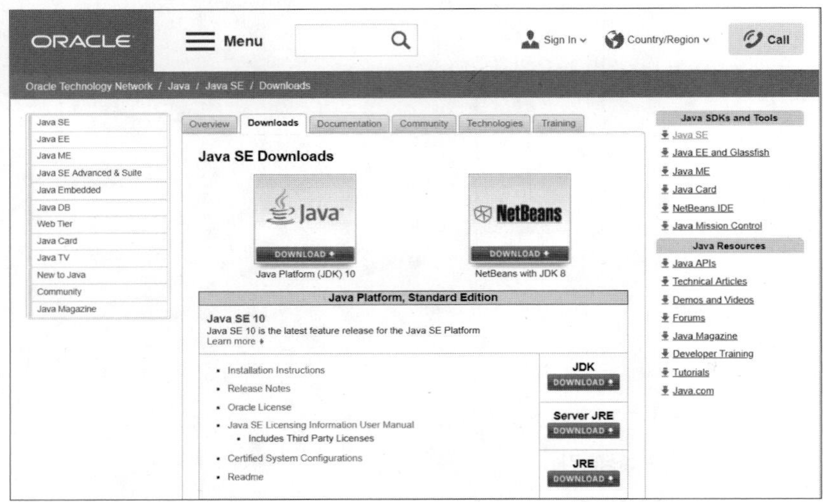

Note 이 책을 집필하고 편집하는 시기(2018년 9월)를 기준으로 최신 버전인 Java SE 10을 사용하여 설명합니다. 이후 Java SE의 버전이 바뀔 수도 있으나 학습하는 내용에는 큰 차이가 없습니다. 하지만 원활한 실습을 위해 가급적 책과 같은 버전을 사용해서 환경을 설정하기 바랍니다.

2. 라이선스 사용 동의에 체크한 후 자신의 운영체제에 맞는 JDK를 선택합니다. 여기서는 64비트 윈도 10을 기준으로 설명하므로 jdk-10_windows-x64_bin.exe를 클릭해 다운로드합니다.

▼ 그림 3-2 윈도 10용 JDK 다운로드

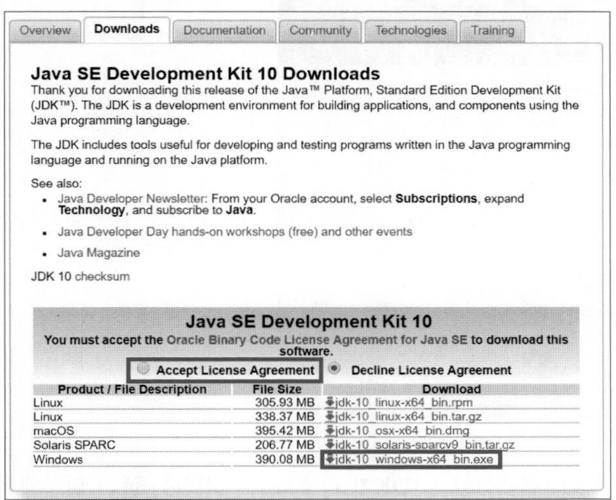

3. 다운로드를 마쳤으면 파일을 내려 받은 폴더를 엽니다.

▼ 그림 3-3 다운로드한 JDK 설치 exe 파일

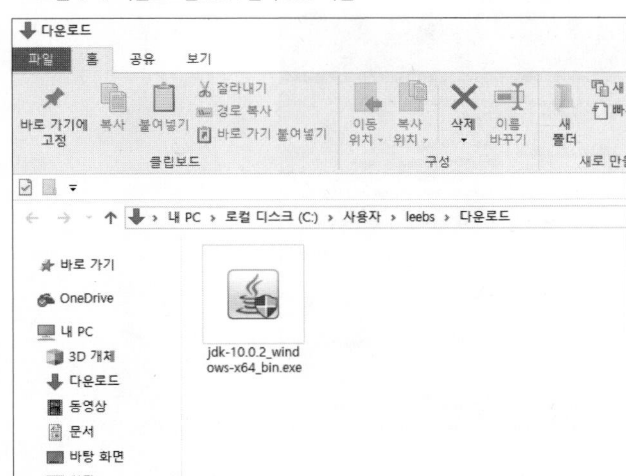

Tip ☆ 브라우저 하단에 다운로드한 실행 파일을 클릭해 바로 설치해도 됩니다.

4. JDK 실행 파일을 클릭한 후 팝업창이 나타나면 Next를 클릭해 설치 과정을 진행합니다.

▼ 그림 3-4 **Next** 클릭

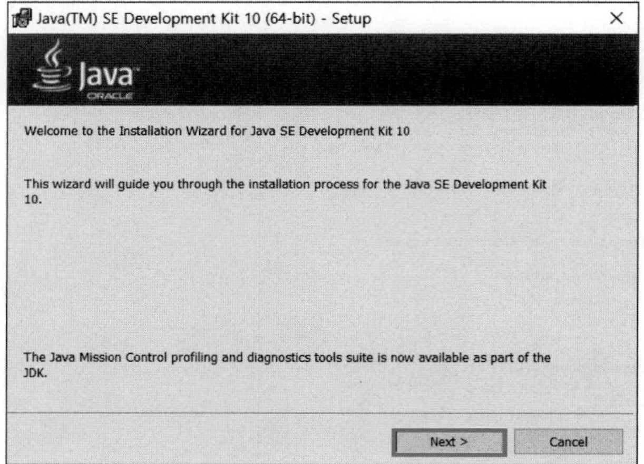

5. JDK 설치 폴더를 지정하는 창이 나타납니다. JDK가 디폴트로 지정하는 폴더 위치에서 Next를 클릭합니다.

▼ 그림 3-5 JDK 홈 폴더 설정 후 **Next** 클릭

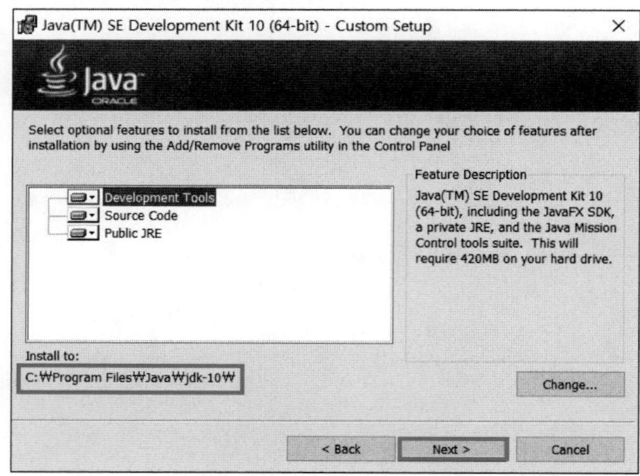

6. 사용자정의 설치창이 나타나면 **다음**을 클릭해 설치를 진행합니다.

▼ 그림 3-6 **다음** 클릭해 설치 진행

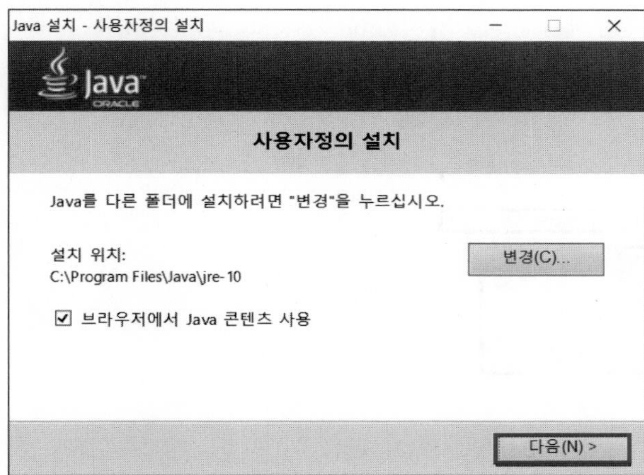

7. 설치가 완료되면 Close를 클릭해 설치를 종료합니다.

▼ 그림 3-7 **Close** 클릭해 JDK 설치 종료

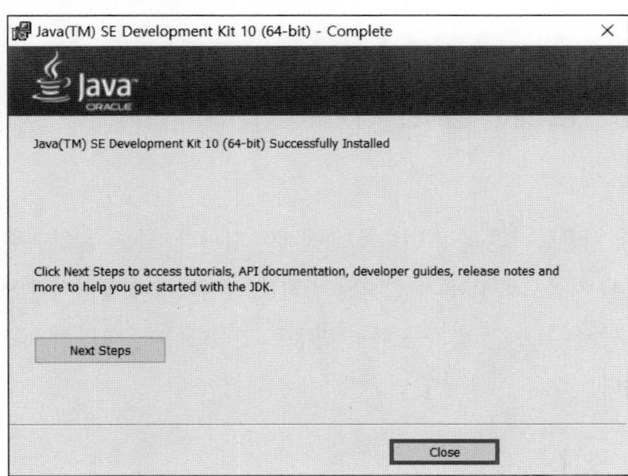

8. 윈도 탐색기에서 JDK 설치 폴더를 열면 JDK와 JRE 폴더가 설치된 것을 확인할 수 있습니다.

▼ 그림 3-8 JDK 설치 확인

JAVA WEB

3.2 JDK 환경 변수 설정하기

설치된 JDK를 명령 프롬프트에서 사용하려면 환경 변수를 설정해야 합니다. 물론 우리가 주로 개발하는 도구인 이클립스는 실행 시 자동으로 JDK가 설치된 위치를 인식해서 실행하지만 메이븐(Maven) 같은 자바 관련 개발 도구들은 JDK의 위치를 환경 변수로 인식합니다. 따라서 JSP 개발 시 환경 변수를 꼭 설정해야 합니다.

1. JDK가 설치된 폴더로 이동합니다. 탐색기의 주소창에서 마우스 오른쪽 버튼을 클릭한 후 **주소 복사**를 선택하여 JDK 설치 경로를 복사합니다.

▼ 그림 3-9 JDK 홈 폴더 경로 복사

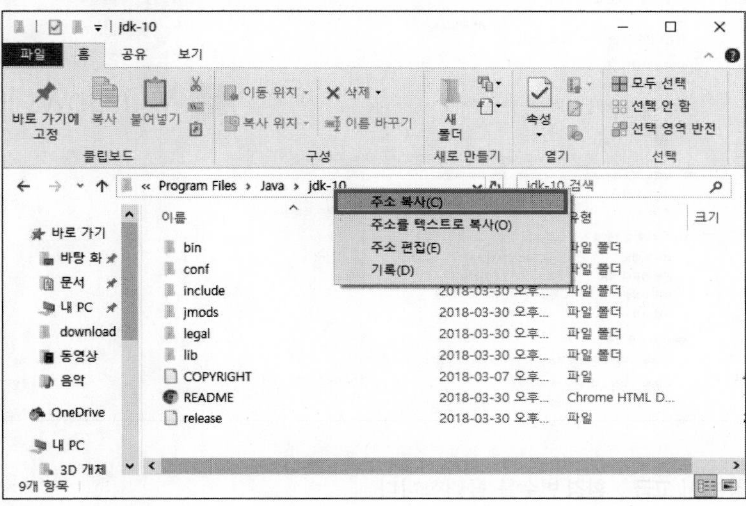

2. 내 PC에 마우스 커서를 올려 놓고 마우스 오른쪽 버튼을 클릭해 메뉴가 나타나면 **속성**을 선택합니다.

▼ 그림 3-10 **내 PC** 〉 **속성** 선택

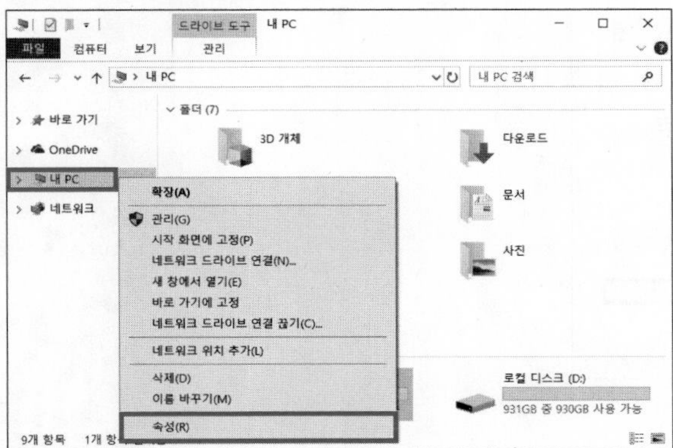

3. **고급 시스템 설정**을 선택합니다.

▼ 그림 3-11 **고급 시스템 설정** 선택

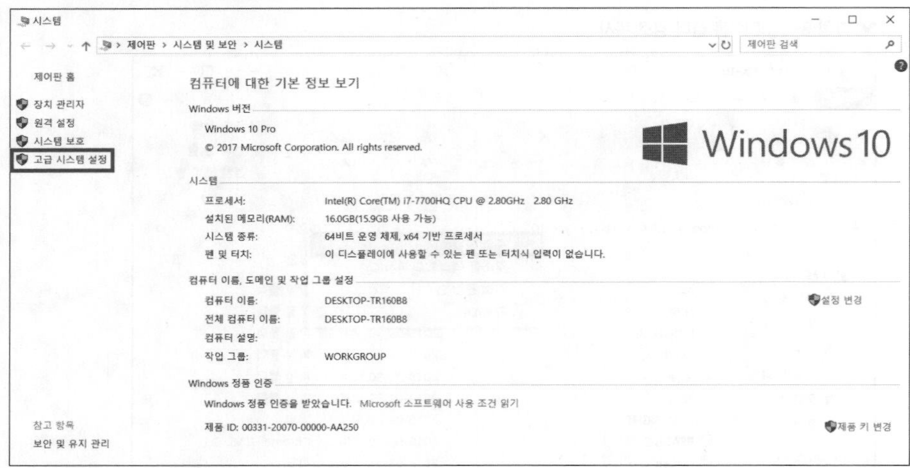

4. 시스템 속성창에서 **고급** 〉 **환경 변수**를 클릭합니다.

▼ 그림 3-12 환경 변수 클릭

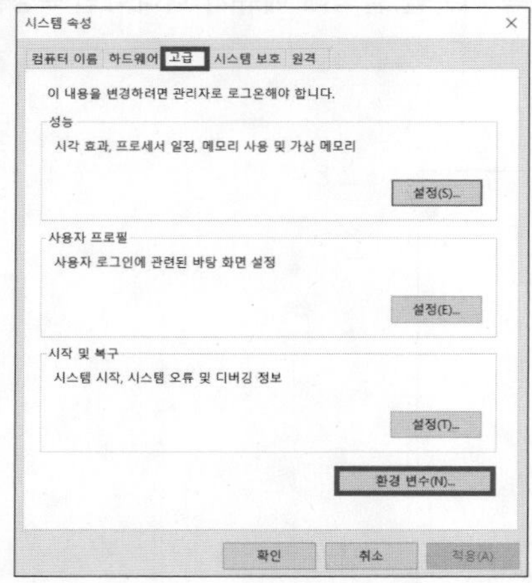

5. 환경 변수창이 나타나면 시스템 변수에서 **새로 만들기**를 클릭합니다.

▼ 그림 3-13 **새로 만들기** 클릭

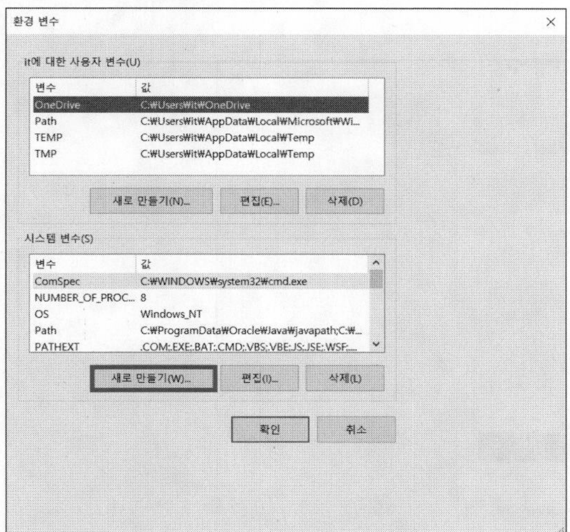

6. 변수 이름에 JAVA_HOME을 입력한 후 복사한 JDK 경로를 붙여 넣고 **확인**을 클릭합니다.

▼ 그림 3-14 JAVA_HOME 설정

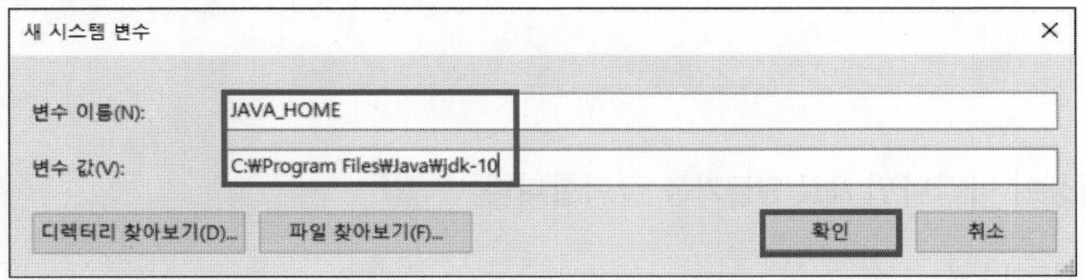

7. 시스템 변수에 JAVA_HOME이 생성된 것을 확인한 후 다시 시스템 변수에서 Path 변수를 선택하고 **편집**을 클릭합니다.

▼ 그림 3-15 Path 변수 선택 후 **편집** 클릭

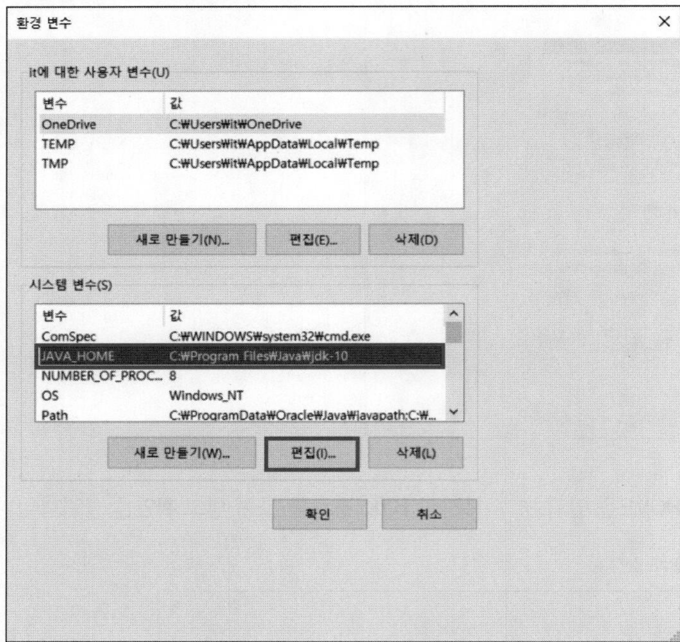

8. 환경 변수 편집창이 나타나면 **새로 만들기**를 클릭합니다.

▼ 그림 3-16 **새로 만들기** 클릭

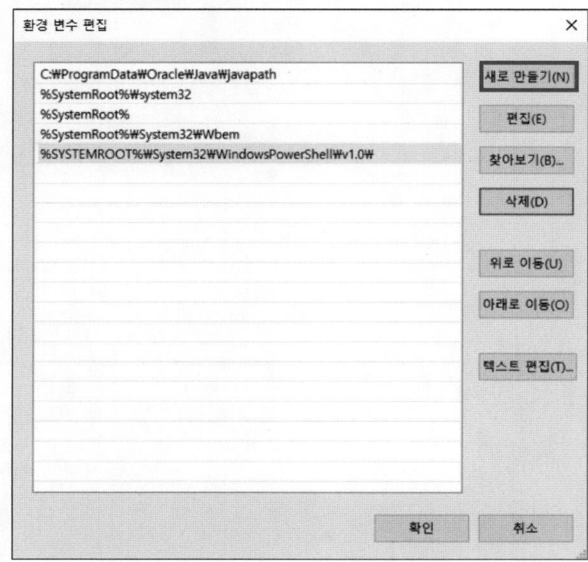

9. %JAVA_HOME%₩bin을 입력하고 **확인**을 클릭합니다. 이어서 환경 변수창에서 **확인**을 한 번 더 클릭합니다.

▼ 그림 3-17 JDK의 bin 폴더 경로 설정

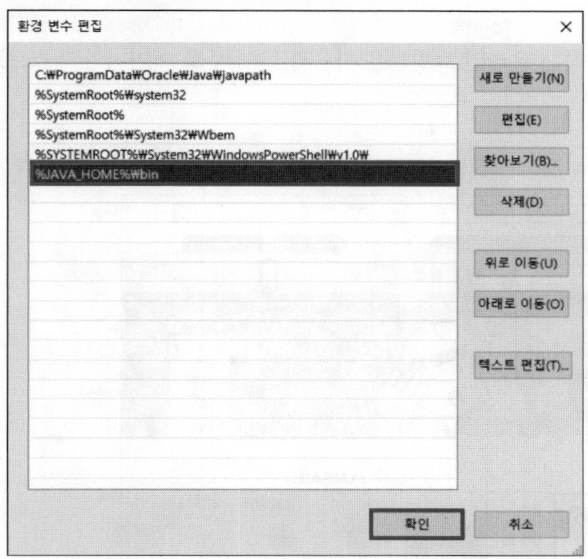

10 환경 변수가 바르게 설정되었는지 확인하기 위해 명령 프롬프트창을 열고 javac -version을 입력한 후 Enter를 클릭합니다. 정상적으로 환경 변수가 설정됐으면 다음과 같이 JDK 버전 정보가 출력됩니다.

▼ 그림 3-18 명령 프롬프트에서 JDK 버전 확인

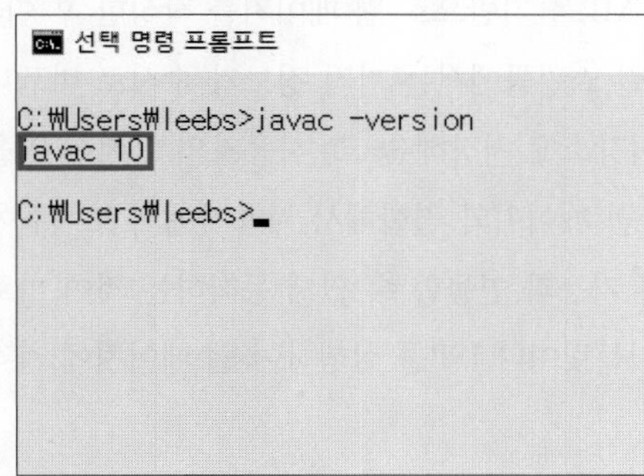

Tip ☆ 윈도 검색창에서 **cmd**를 입력하고 Enter를 클릭하면 명령 프롬프트창이 나타납니다.

3.3 톰캣 컨테이너 설치하기

우리가 웹 브라우저에서 자주 이용하는 온라인 쇼핑몰은 다음과 같이 주로 이미지와 텍스트로 이루어져 있습니다.

▼ 그림 3-19 가격 정보가 수시로 바뀌는 쇼핑몰

단지 이미지와 텍스트만으로 화면을 만들려면 HTML을 기반으로 웹 페이지를 작성한 후 아파치와 같은 웹 서버에서 실행하면 됩니다. 그러나 이런 쇼핑몰에서는 가격 정보가 수시로 바뀝니다. 그럼 이런 경우 가격 정보는 데이터베이스 같은 저장소에 저장해 놓고, 사용자의 요청이 있을 때 데이터베이스와 연동해서 가격 정보를 가져온 후 웹 페이지와 결합해서 사용자에게 보여줘야 합니다. 가격 정보가 저장된 데이터베이스 같은 다른 기능과 연동할 수 있게 동작하는 것이 바로 톰캣 같은 웹 컨테이너입니다. 이 톰캣 컨테이너가 서블릿이나 JSP를 실행하여 웹 페이지에 가격 정보를 동적으로 표시해 주는 것이죠.

구체적인 내용은 뒤에서 다시 배우므로 이번에는 웹 애플리케이션 서버의 일종인 톰캣 컨테이너(Tomcat Container)를 설치해 보겠습니다.

1. 아파치 톰캣 사이트에 접속한 후 왼쪽에 있는 최신 톰캣 버전인 Tomcat 9을 클릭해서 설치 파일을 다운로드합니다.

    • http://tomcat.apache.org

▼ 그림 3-20 톰캣 홈페이지 접속

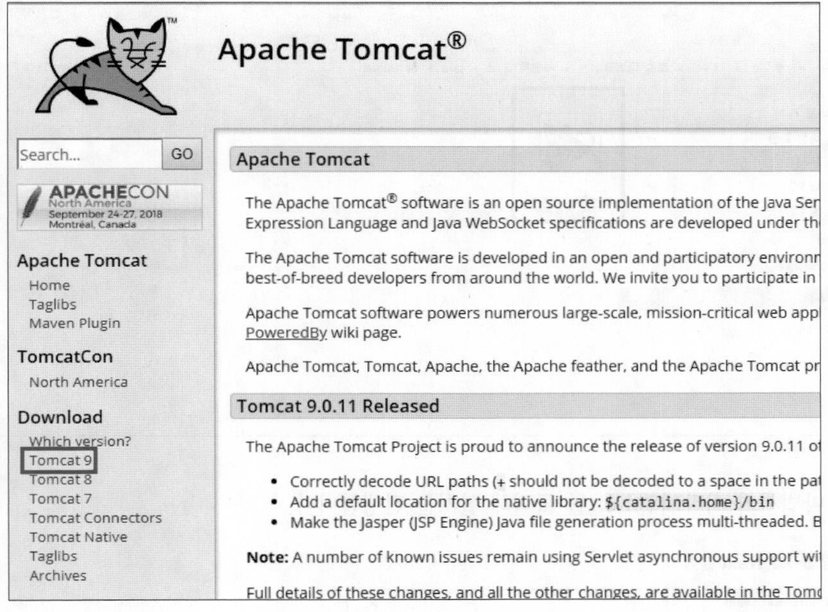

2. 32-bit/640bit Windows Service Installer를 클릭하여 설치 파일을 다운로드 받습니다.

▼ 그림 3-21 Tomcat 9 다운로드

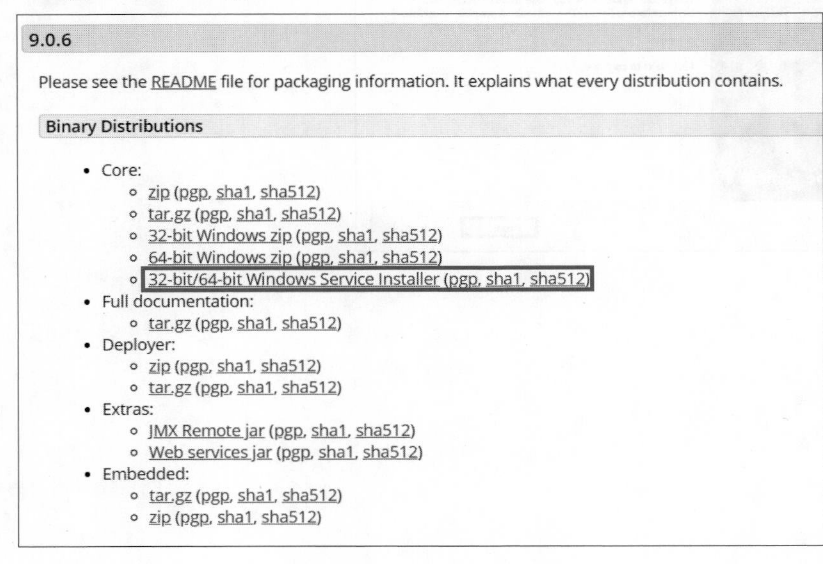

3. 파일을 다운로드한 폴더를 열고 설치 파일을 더블클릭해 설치를 시작합니다.

▼ 그림 3-22 **설치 파일** 더블클릭

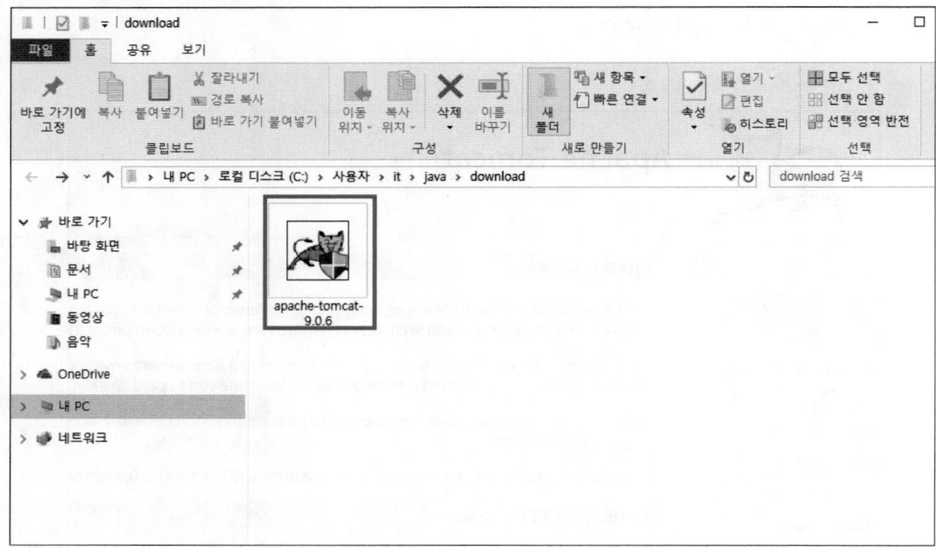

4. 설치 마법사가 시작되면 Next를 클릭해 설치를 진행합니다.

▼ 그림 3-23 **Next** 클릭

5. 아파치 톰캣 라이선스 사용에 동의한다는 의미로 I Agree를 클릭합니다.

▼ 그림 3-24 사용권에 동의하기 위해 **I Agree** 클릭

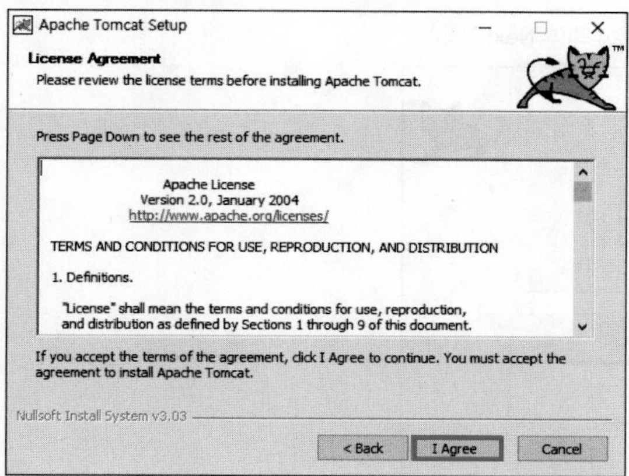

6. 기본 인스톨 구성을 선택하고 Next를 클릭합니다.

▼ 그림 3-25 설치 항목 선택 후 **Next** 클릭

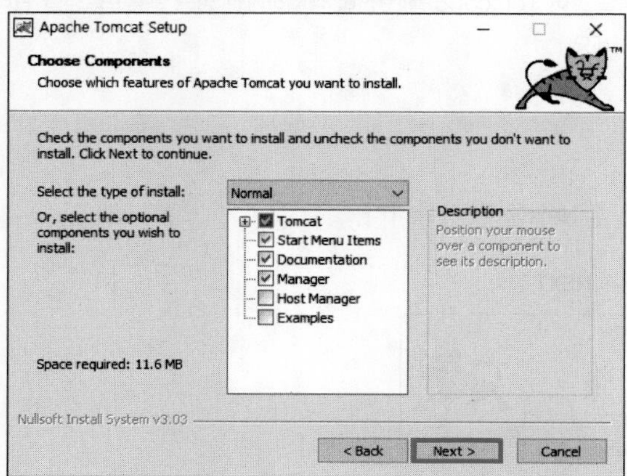

7. HTTP/1.1 Connector Port 번호를 8090으로 변경하고 User Name과 Password를 모두 admin으로 설정한 후 Next를 클릭합니다.

▼ 그림 3-26 포트번호, 관리자 이름, 비밀번호 입력 후 Next 클릭

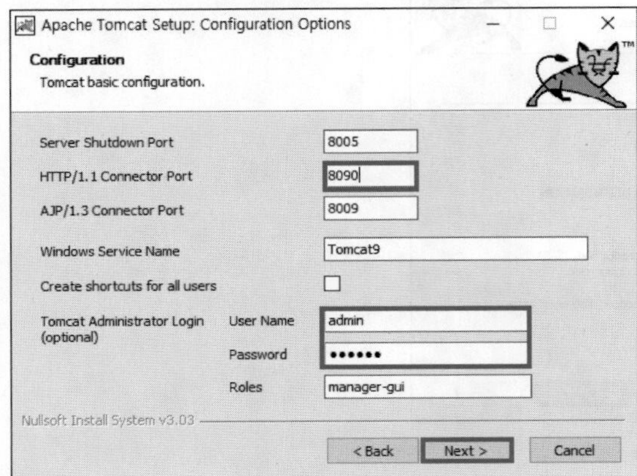

> Note ≡ 이전 버전의 톰캣 서비스(예를 들어 Tomcat 8)를 완전히 삭제하려면 명령 프롬프트창을 관리자 권한으로 실행하고 다음 명령어를 입력하세요.
>
> ```
> sc delete Tomcat8
> ```

8. JRE가 설치된 폴더 경로를 선택한 후 Next를 클릭합니다.

▼ 그림 3-27 실행 시 사용할 JRE 경로 선택 후 NEXT 클릭

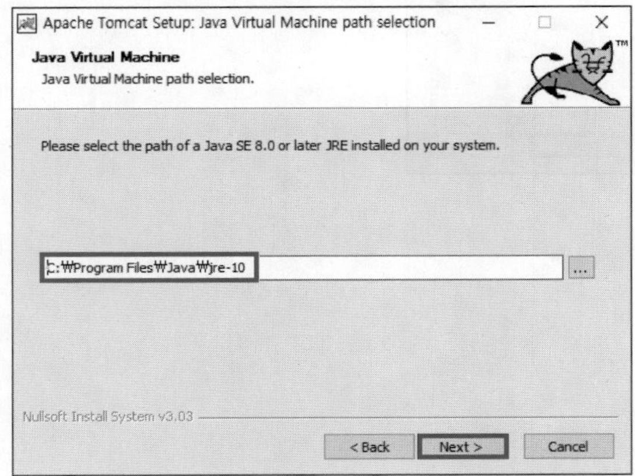

9. 톰캣 설치 위치를 지정하는 창이 나타납니다. Browse...를 클릭해 C 드라이브에 tomcat9 폴더를 생성한 후 이 위치를 선택하고 Install을 클릭합니다.

▼ 그림 3-28 톰캣 설치 경로 선택 후 Install 클릭

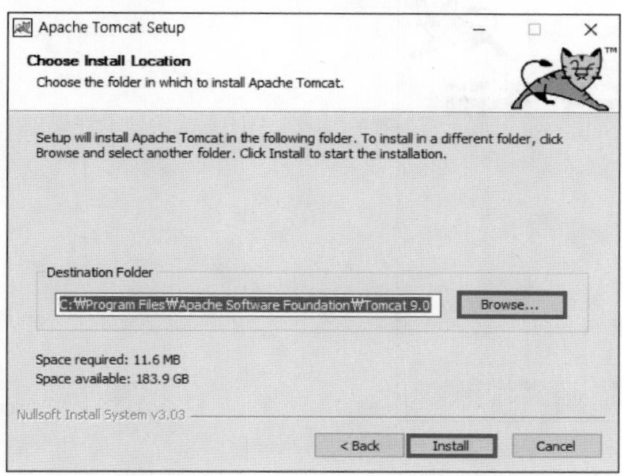

▼ 그림 3-29 톰캣 설치 폴더 생성

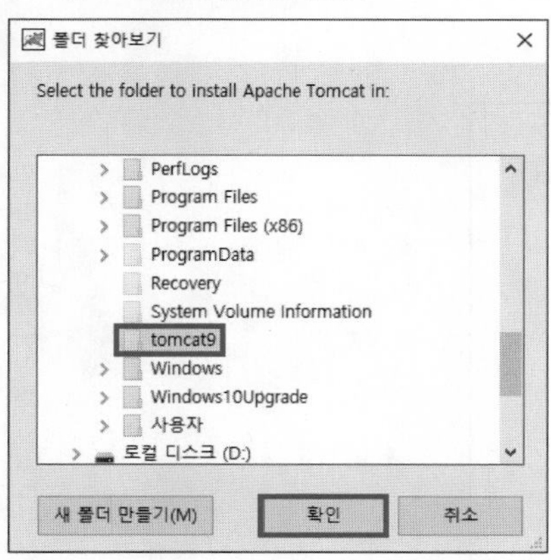

▼ 그림 3-30 지정한 폴더 선택 후 Install 클릭

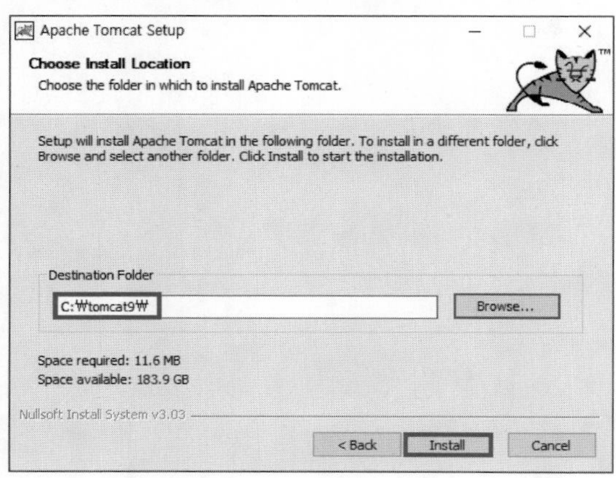

10. 설치를 진행합니다.

❤ 그림 3-31 설치 진행 상태 표시

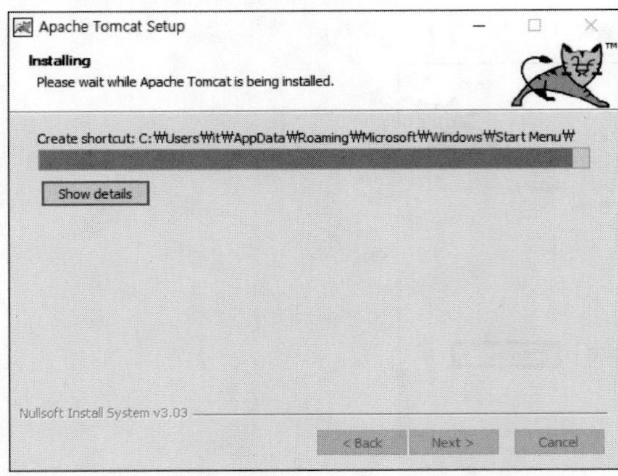

11. 설치가 완료되었다는 창이 나타나면 체크박스 옵션의 체크 표시를 해제한 후 Finish를 클릭해 설치를 종료합니다.

❤ 그림 3-32 톰캣 설치 종료

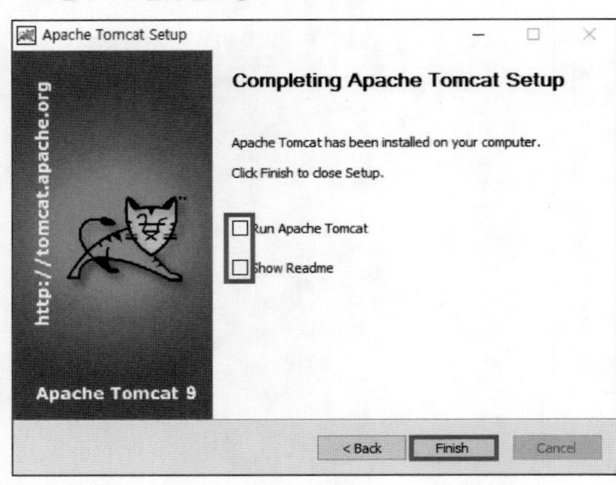

12. 설치 폴더(C:\\tomcat9)로 이동하여 설치를 확인합니다.

❤ 그림 3-33 설치한 경로에 톰캣이 정상적으로 설치됐는지 확인

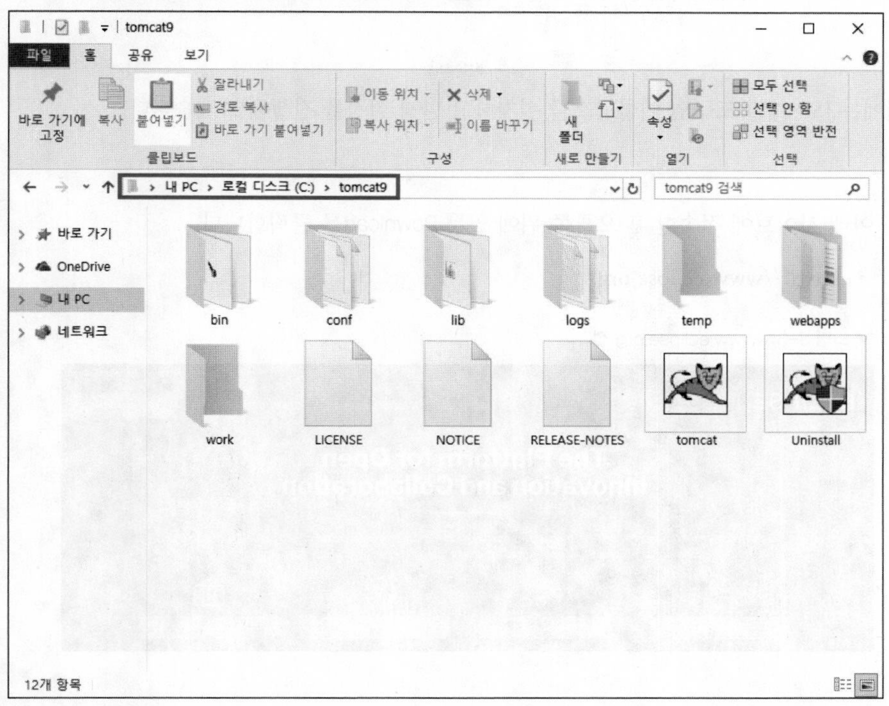

3.4 이클립스 IDE 설치하기

이번에는 JSP 개발 도구인 이클립스를 설치하고 환경 설정을 진행해 보겠습니다.

1. 아래 사이트에 접속한 후 오른쪽 위에 있는 Download를 클릭합니다.
   - http://www.eclipse.org

▼ 그림 3-34 www.eclipse.org 접속

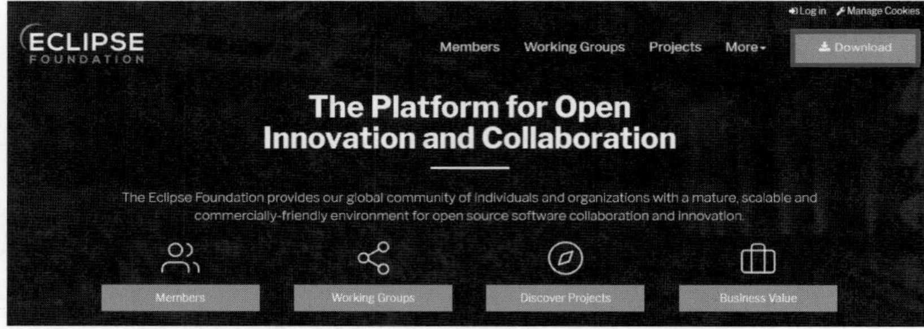

2. Download 64 bit를 클릭하여 다운로드 페이지로 이동합니다.

▼ 그림 3-35 Download 64 bit 클릭

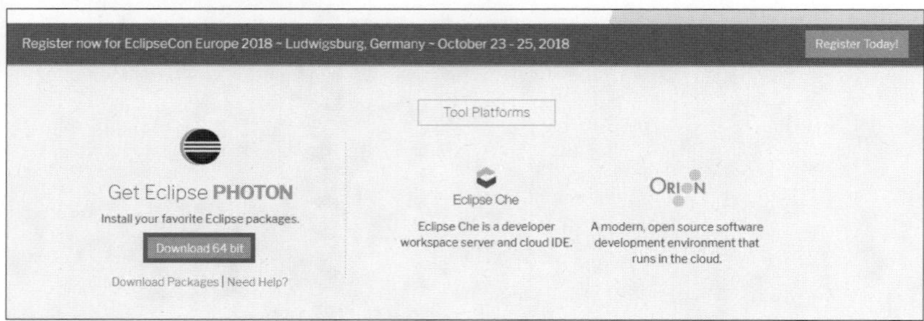

3. Download를 클릭합니다.

▼ 그림 3-36 다운로드하기 위해 **Download** 클릭

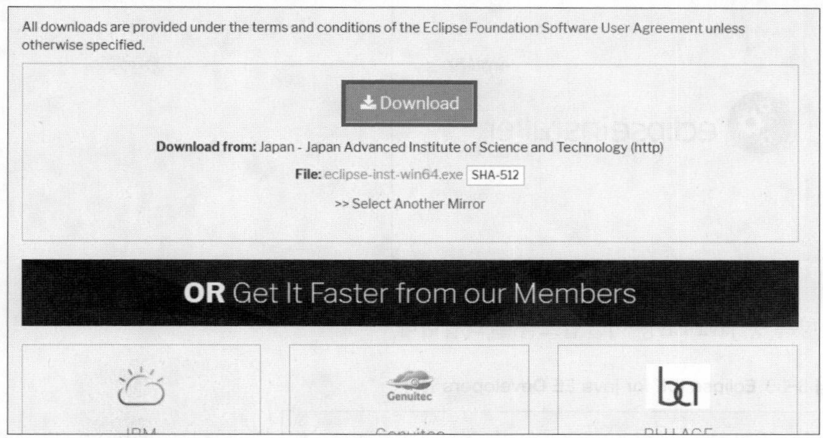

4. 다운로드한 폴더를 열고 실행 파일인 eclipse-inst-win64.exe를 더블클릭해서 설치를 시작합니다.

▼ 그림 3-37 설치 파일을 더블클릭

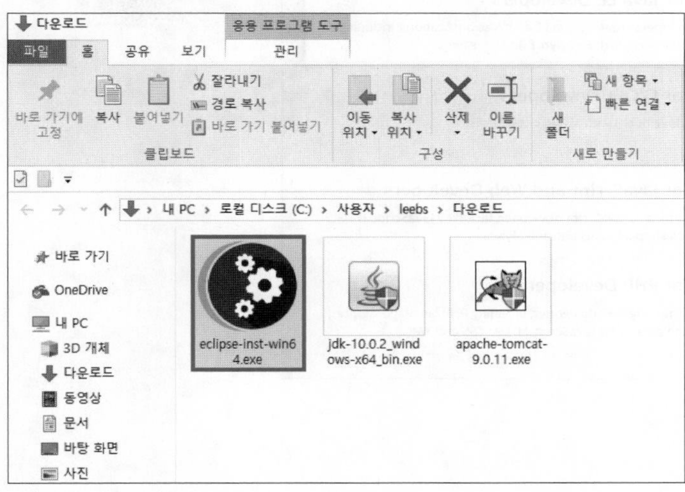

✔ 그림 3-38 설치 진행

5. 여러 항목 중 Java EE용 이클립스를 클릭합니다.

✔ 그림 3-39 Eclipse IDE for java EE Developers 클릭

6. 이클립스 설치 폴더 경로를 설정하기 위해 C 드라이브에 eclipse라는 이름으로 폴더를 생성합니다.

✔ 그림 3-40 이클립스 설치 폴더 생성

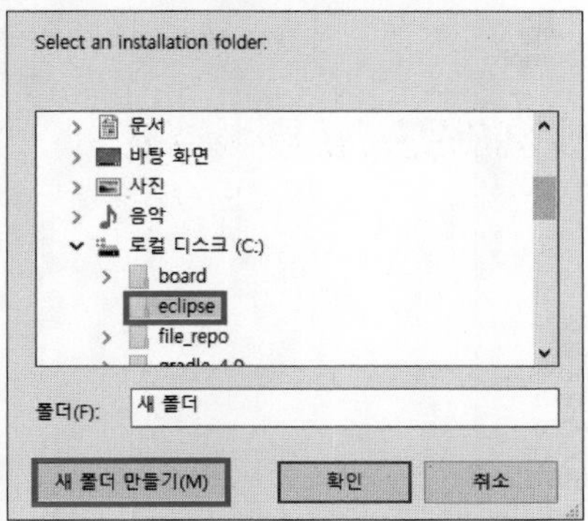

7. INSTALL을 클릭해 설치를 진행합니다.

✔ 그림 3-41 설치 폴더 지정 후 설치 진행

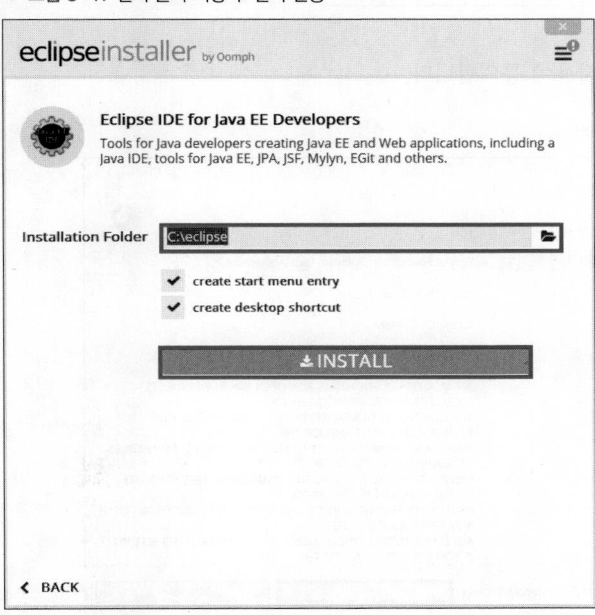

8. 콘텐츠 사용에 동의한다는 의미의 Aceept Now를 클릭한 후 설치를 계속 진행합니다.

▼ 그림 3-42 콘텐츠 사용 동의 체크

Eclipse Installer
Eclipse Foundation Software User Agreement
Applicable licenses will be discovered and prompted later in the installation process.
Oomph
Eclipse Foundation Software User Agreement
April 9, 2014
Usage Of Content
THE ECLIPSE FOUNDATION MAKES AVAILABLE SOFTWARE, DOCUMENTATION, INFORMATION AND/OR OTHER MATERIALS FOR OPEN SOURCE PROJECTS (COLLECTIVELY "CONTENT"). USE OF THE CONTENT IS GOVERNED BY THE TERMS AND CONDITIONS OF THIS AGREEMENT AND/OR THE TERMS AND CONDITIONS OF LICENSE AGREEMENTS OR NOTICES INDICATED OR REFERENCED BELOW. BY USING THE CONTENT, YOU AGREE THAT YOUR USE OF THE CONTENT IS GOVERNED BY THIS AGREEMENT AND/OR THE TERMS AND CONDITIONS OF ANY APPLICABLE LICENSE AGREEMENTS OR NOTICES INDICATED OR REFERENCED BELOW. IF YOU DO NOT AGREE TO THE TERMS AND CONDITIONS OF THIS AGREEMENT AND THE TERMS AND CONDITIONS OF ANY APPLICABLE LICENSE AGREEMENTS OR NOTICES INDICATED OR REFERENCED BELOW, THEN YOU MAY NOT USE THE CONTENT.
Accept Now
Decide Later

9. Accept를 클릭해 라이선스 사용에 동의합니다.

▼ 그림 3-43 라이선스 사용 동의 체크

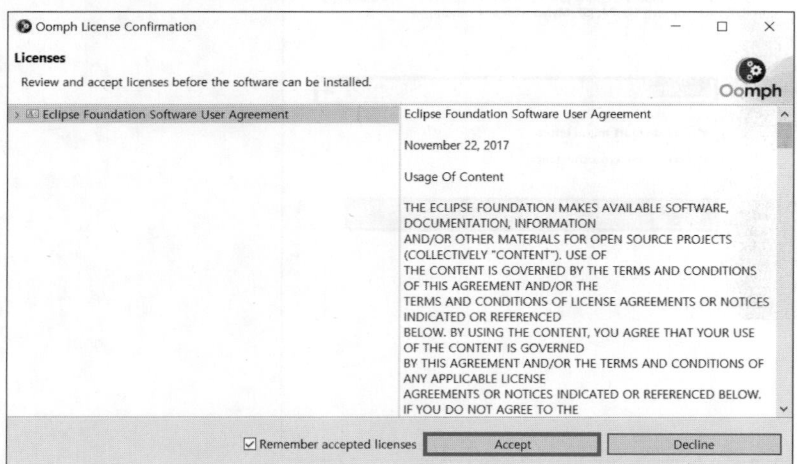

Oomph License Confirmation
Licenses
Review and accept licenses before the software can be installed.
Oomph
Eclipse Foundation Software User Agreement
Eclipse Foundation Software User Agreement
November 22, 2017
Usage Of Content
THE ECLIPSE FOUNDATION MAKES AVAILABLE SOFTWARE, DOCUMENTATION, INFORMATION AND/OR OTHER MATERIALS FOR OPEN SOURCE PROJECTS (COLLECTIVELY "CONTENT"). USE OF THE CONTENT IS GOVERNED BY THE TERMS AND CONDITIONS OF THIS AGREEMENT AND/OR THE TERMS AND CONDITIONS OF LICENSE AGREEMENTS OR NOTICES INDICATED OR REFERENCED BELOW. BY USING THE CONTENT, YOU AGREE THAT YOUR USE OF THE CONTENT IS GOVERNED BY THIS AGREEMENT AND/OR THE TERMS AND CONDITIONS OF ANY APPLICABLE LICENSE AGREEMENTS OR NOTICES INDICATED OR REFERENCED BELOW. IF YOU DO NOT AGREE TO THE
Remember accepted licenses
Accept
Decline

10. 설치가 완료되면 LAUNCH를 클릭해 이클립스를 실행합니다.

❤ 그림 3-44 설치 완료된 이클립스 실행

❤ 그림 3-45 이클립스 실행 중 로고 표시

11. Workspace(작업 공간)를 지정하는 창이 나타나면 C 드라이브에 myJSP라는 이름으로 새 폴더를 만들어 지정합니다. 자신이 원하는 경로로 변경해도 됩니다.

▼ 그림 3-46 **Browse...**를 클릭해 workspace 변경

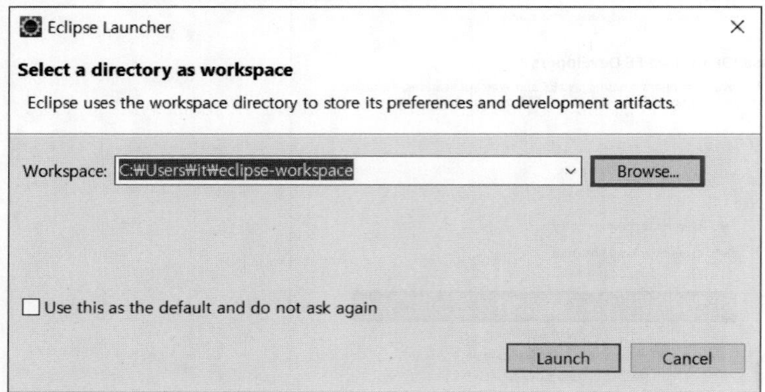

▼ 그림 3-47 myJSP 폴더 생성

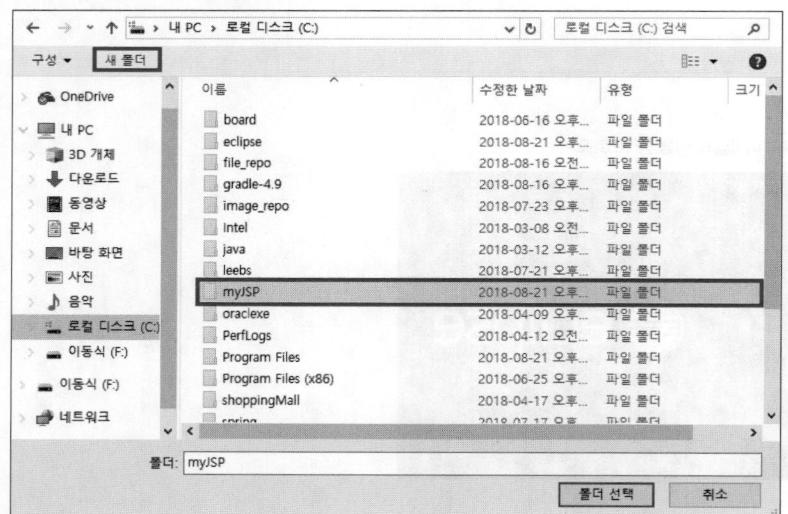

12. 다시 myJSP 폴더 하위에 workspace라는 폴더를 만들어 지정합니다.

▼ 그림 3-48 myJSP 폴더 하위에 workspace 폴더 생성

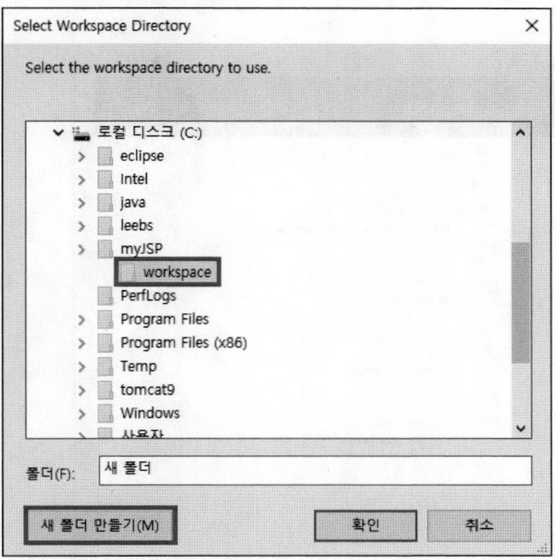

13. Workspace를 지정한 후 Launch를 클릭합니다.

▼ 그림 3-49 Workspace 경로 지정 후 이클립스 실행

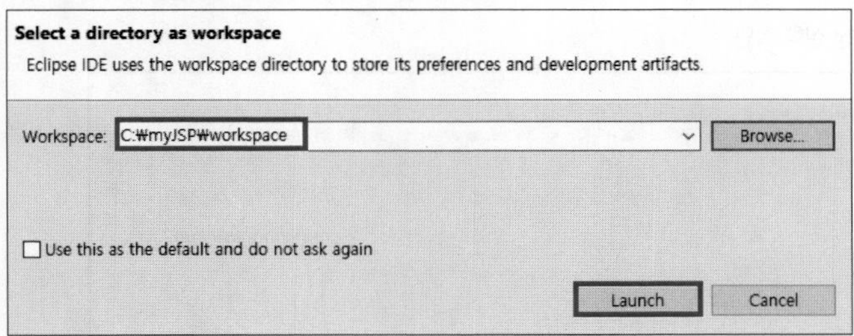

14. 이클립스 화면이 나타나면 웰컴(Welcome) 페이지를 닫고 설치를 마칩니다.

▼ 그림 3-50 이클립스 웰컴 페이지 표시

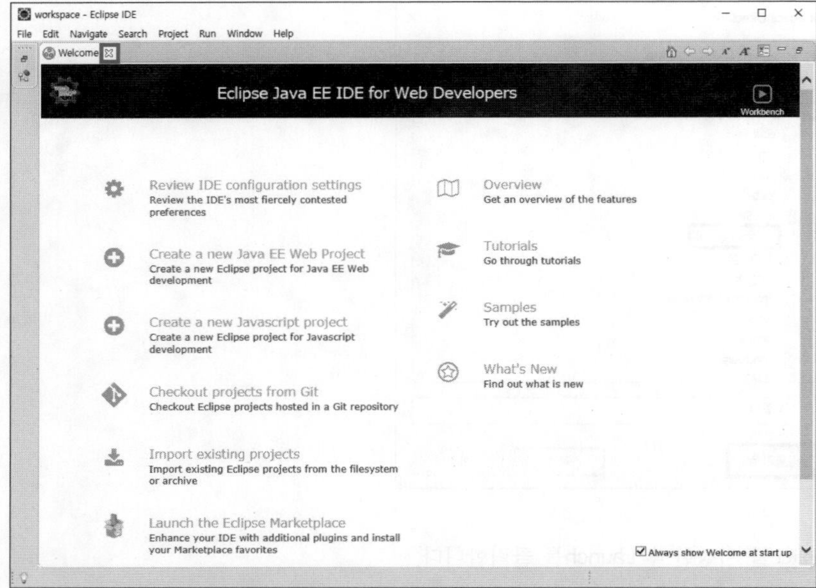

▼ 그림 3-51 이클립스의 정상 실행 확인

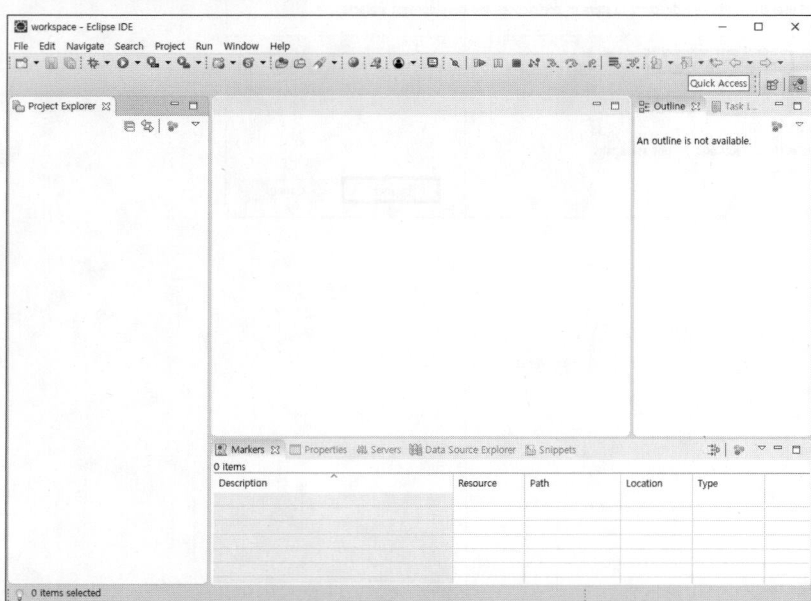

3.5 Java EE API 문서 즐겨찾기에 추가하기

Java EE는 여러 가지 API 관련 기능이 설명되어 있는 문서를 제공합니다. Java EE는 서버 기능을 제공하는 API들을 자바 기반으로 제공하기 때문에 Java EE와 관련된 API의 기능을 사용하려면 그 기능을 알고 있어야 합니다. 다음 과정을 따라 하여 Java EE API 문서를 추가해 두었다가 앞으로 실습을 진행하면서 궁금하거나 모르는 내용이 나오면 이 문서를 참고하기 바랍니다.

1. 오라클 홈페이지에 접속한 후 메뉴에서 Products 〉 Java 〉 Java EE를 선택합니다.
   - http://www.oracle.com

▼ 그림 3-52 오라클 홈페이지에서 Java EE 문서 추가

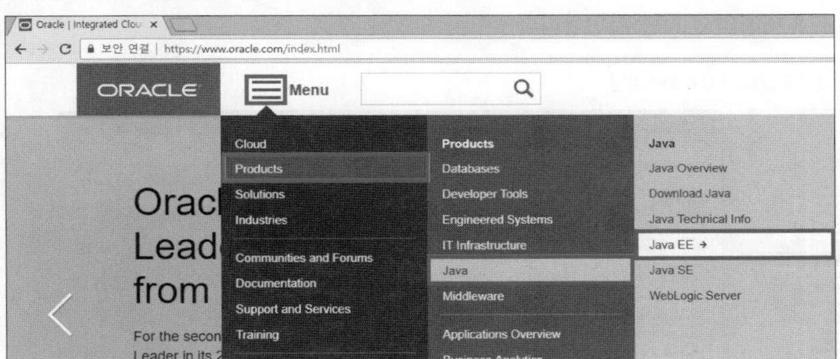

2. Java Platform, Enterprise Edition(Java EE)을 클릭합니다.

▼ 그림 3-53 Java Platform, Enterprise Edition으로 이동

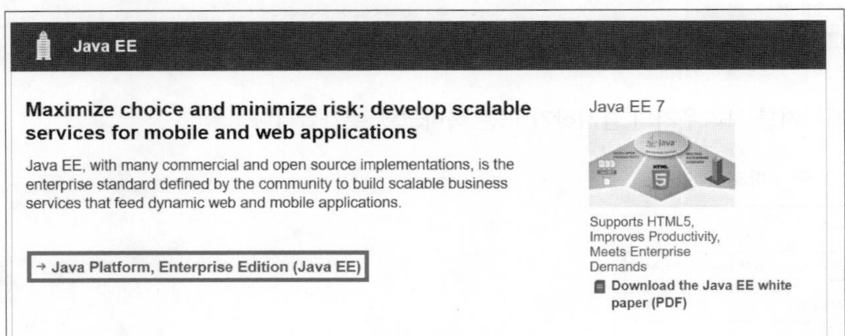

3. Documentation 탭을 클릭한 후 Java EE 8 버전을 선택합니다.

▼ 그림 3-54 Java EE 8 클릭

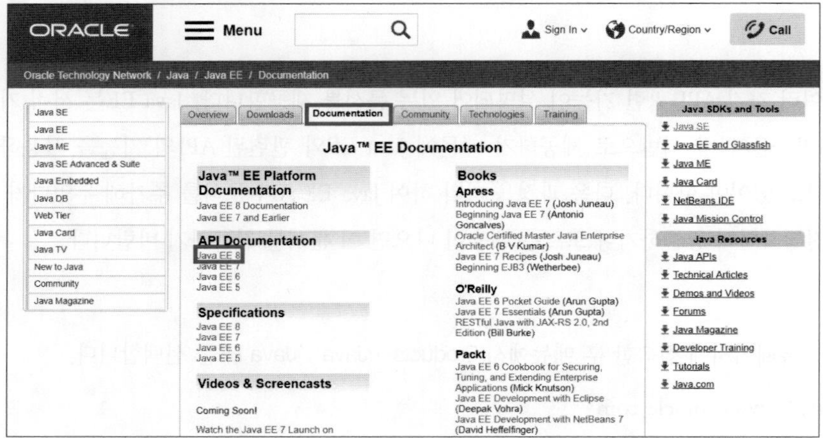

4. Java EE 8 버전의 문서를 확인합니다.

▼ 그림 3-55 Java EE 8 API 확인

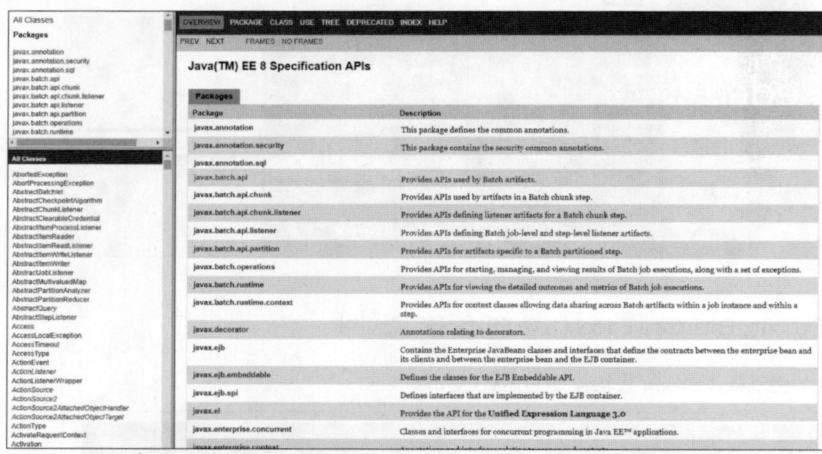

5. 해당 페이지를 브라우저의 즐겨찾기 또는 북마크에 추가합니다.

▼ 그림 3-56 북마크에 추가

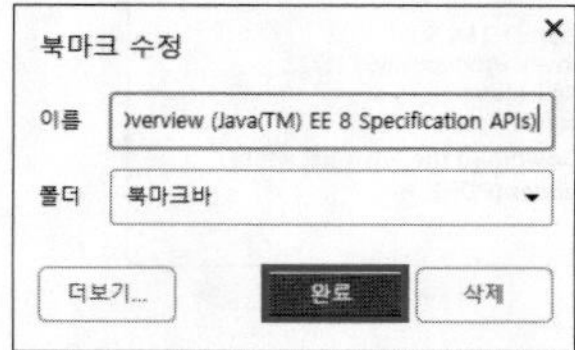

3.6 비주얼 스튜디오 코드 설치하기

요즘은 이클립스 같은 통합 개발 환경을 사용해 편리하게 개발이 이루어지고 있긴 하지만 개발 과정에는 설정 파일을 수정하거나 소스를 변경하는 작업이 필요합니다. 이런 경우 윈도에서 제공하는 메모장을 사용하는 것보다 비주얼 스튜디오 코드(Visual Studio Code, 이하 VS Code)와 같은 편집기를 사용하는 것이 작업할 때 편리합니다.

1. 다음 사이트에 접속한 후 Download for Windows 옆에 있는 화살표(⌄)를 클릭해 Windows x64의 Stable 버전을 다운로드합니다.

   • http://code.visualstudio.com

❯ 그림 3-57 VS Code 홈페이지 접속 후 VS Code 다운로드

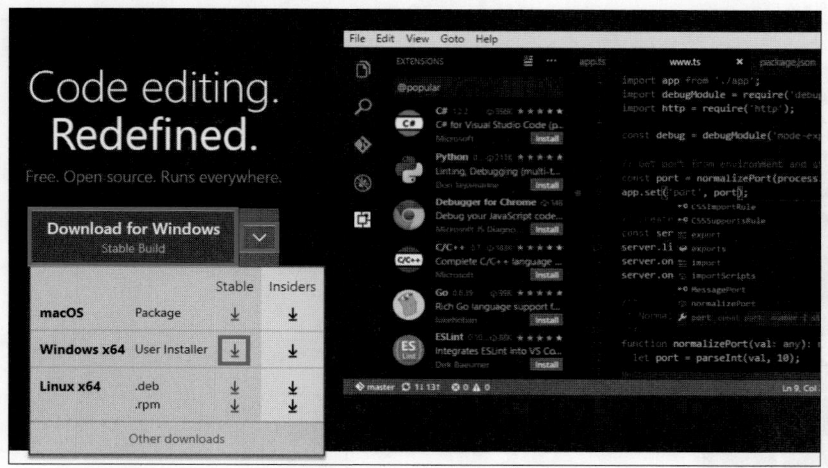

2. 다운로드 후 폴더를 열고 설치 파일을 더블클릭해 설치를 시작합니다.

▼ 그림 3-58 VS Code 설치 파일 클릭

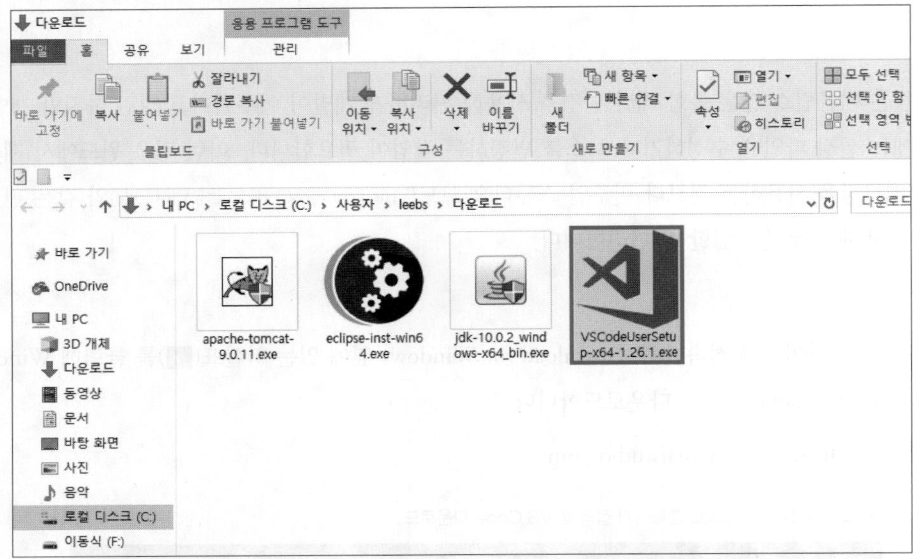

▼ 그림 3-59 설치를 계속 진행하기 위해 **다음** 클릭

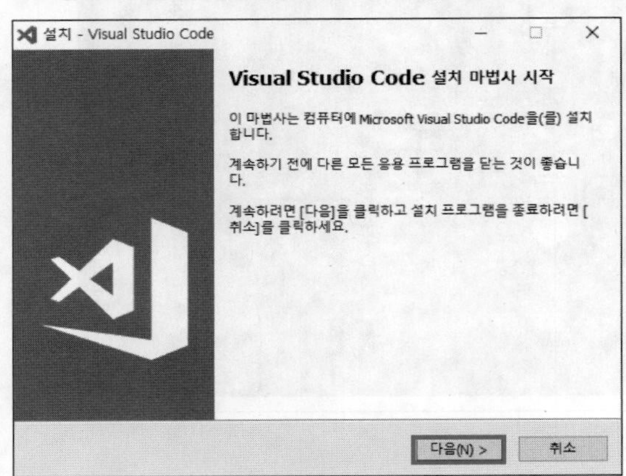

3. **계약에 동의함**에 체크하고 **다음**을 클릭합니다.

▼ 그림 3-60 계약 동의 후 **다음**을 클릭

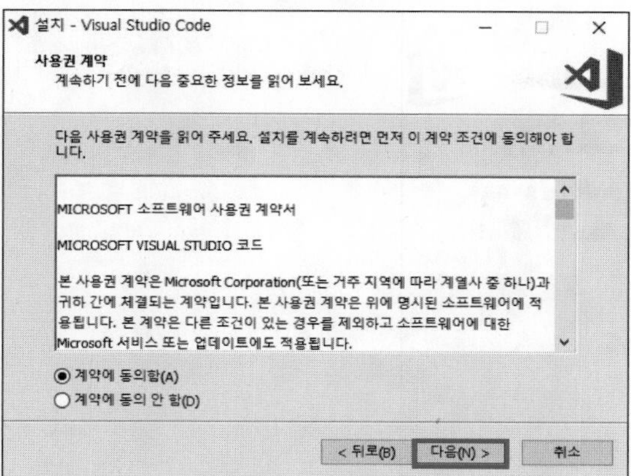

4. 설치 위치를 기본 위치로 지정하고 **다음**을 클릭합니다.

▼ 그림 3-61 기본 위치에 설치 지정 후 **다음**을 클릭

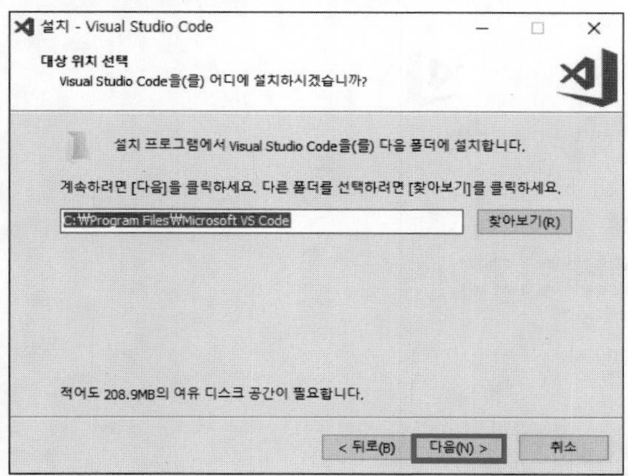

5. **시작 메뉴 폴더를 만들지 않음**에 체크하고 **다음**을 클릭합니다.

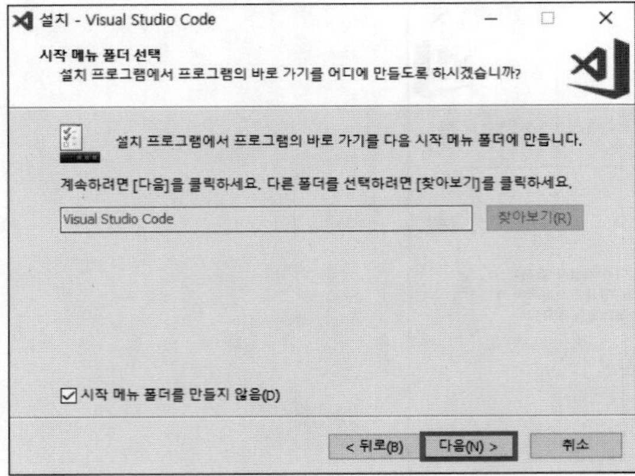

▼ 그림 3-62 '시작 메뉴 폴더를 만들지 않음'에 체크 후 **다음**을 클릭

6. 추가 작업을 선택하지 않고 **다음**을 클릭합니다

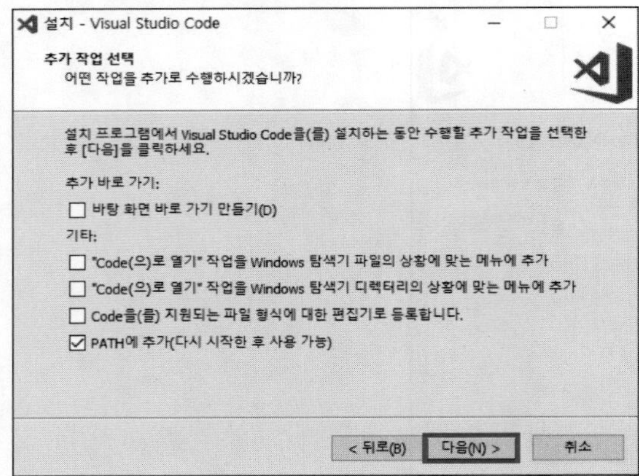

▼ 그림 3-63 추가 작업을 선택하지 않고 **다음**을 클릭

7. 설치를 계속 진행하기 위해 **설치**를 클릭합니다.

✔ 그림 3-64 **설치**를 클릭

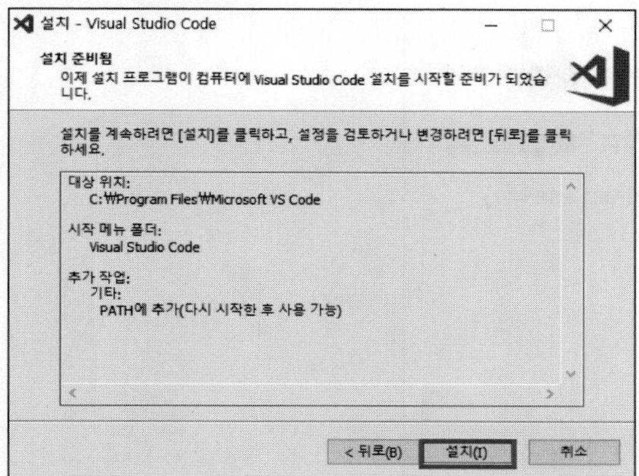

✔ 그림 3-65 설치 진행 확인

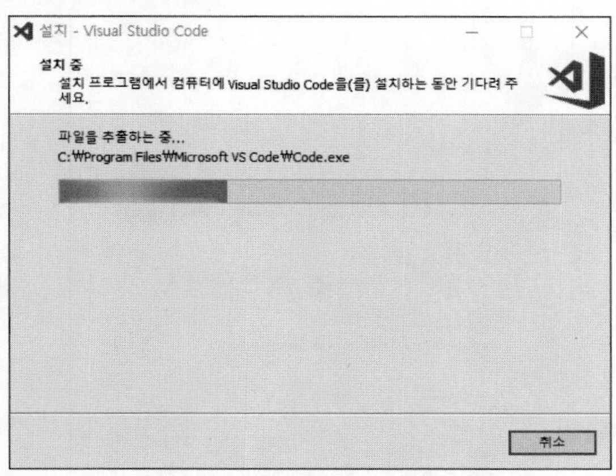

8. 설치를 마쳤으면 **마침**을 클릭하여 VS code를 실행합니다.

▼ 그림 3-66 설치 종료 후 **마침**을 클릭

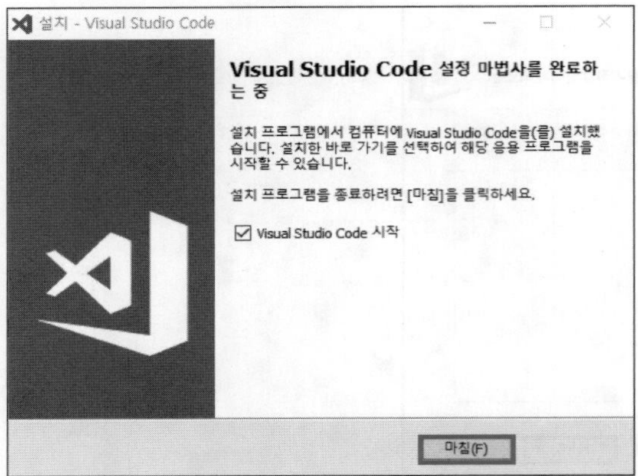

▼ 그림 3-67 실행 후 Welcome 페이지 표시

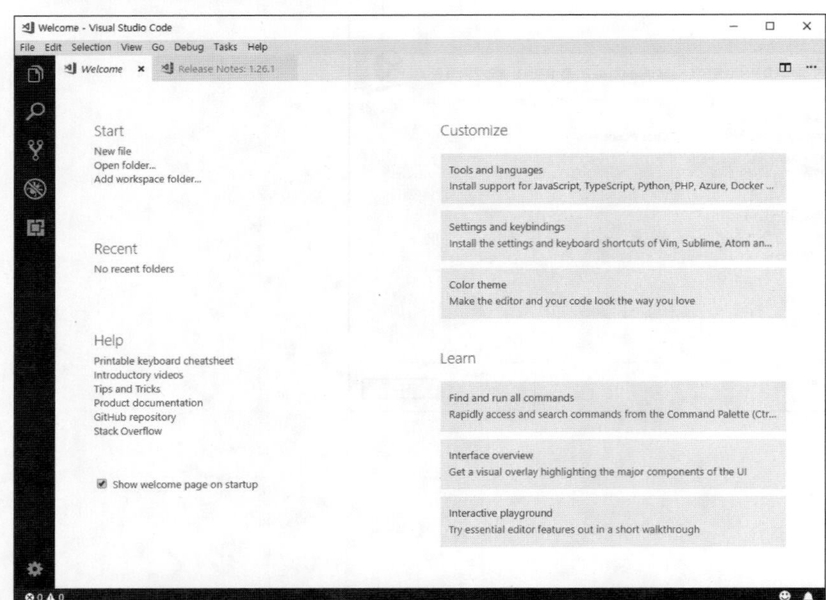

3.7 Oracle DBMS 설치하기

보통 온라인 쇼핑몰의 상품에 할인이 적용되면 상품 값이 달라집니다. 그리고 상품이 품절되면 품절 여부를 바로 표시하여 사용자에게 알려줘야 합니다.

▼ 그림 3-68 온라인 쇼핑몰의 상품 품절 표시

이처럼 상품에 관련된 정보는 실시간으로 사용자에게 전달되어야 합니다. 이런 정보들은 오라클 같은 데이터베이스에 저장된 후 사용자의 요청이 있을 때 표시됩니다. 이번 절에서는 이 책의 실습으로 사용되는 오라클 DBMS(DataBase Management System, 데이터베이스 관리 시스템)를 설치해 보겠습니다.

1. 오라클 데이터베이스 다운로드 페이지에 접속합니다.

    • https://goo.gl/w1X9

▼ 그림 3-69 오라클 다운로드 페이지 접속

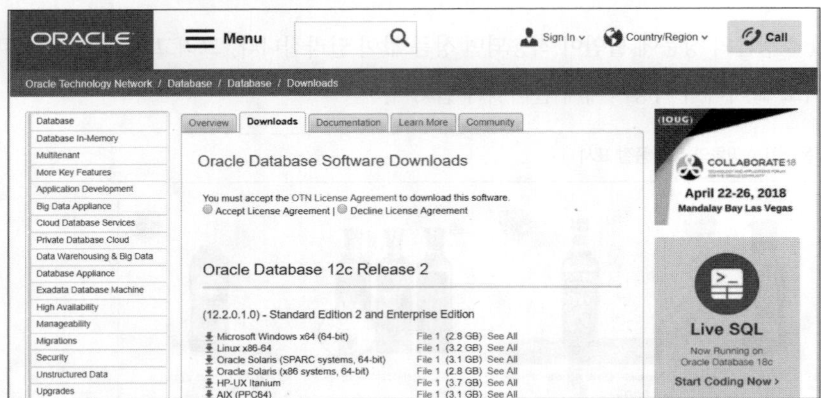

2. 스크롤을 내려 Oracle Database 11g Express Edition을 선택합니다. 라이선스에 동의한 후 자신의 운영체제에 맞는 Oracle 프로그램을 다운로드합니다.

▼ 그림 3-70 오라클 11g Express Edition 다운로드

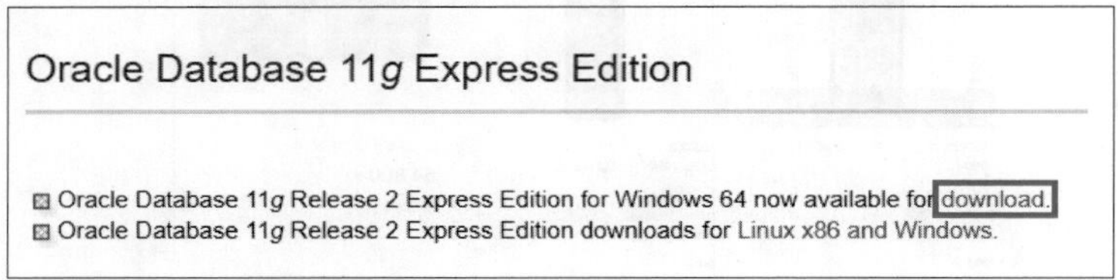

▼ 그림 3-71 Accept License Agreement에 체크

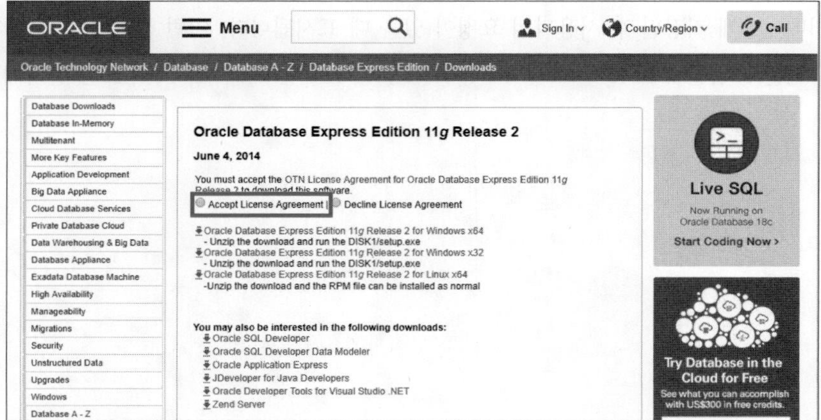

Note ≡ **11g Express Edition과 12c 버전의 차이**

오라클 데이터베이스는 기본적으로 유료입니다. 그래서 데이터베이스 응용 프로그램을 개발하는 개발자, 데이터베이스를 활용해야 하는 중소기업의 전산 관리자, IT 전문가나 교육용으로는 비싼 가격 탓에 사용하기가 어려웠습니다. 이런 문제점을 보완하여 나온 것이 Oracle Database 11g Express Edition이며, 그 특징은 다음과 같습니다.

- 라이선스 제약 없이 사용할 수 있습니다.
- 사용자 데이터 4GB, 메모리 1GB, 호스트 머신에 1CPU로 제약됩니다.
- 엔터프라이즈 환경, 대기업이 아닌 이상 큰 제약이 없습니다.
- 윈도 비스타, 윈도 7, 윈도 10 등 노트북과 데스크탑에도 설치할 수 있습니다.
- 데이터베이스를 사용하는 클라이언트 데스크탑 프로그램에서도 사용할 수 있습니다.

3. 오라클 DBMS를 다운로드하려면 오라클 계정이 필요합니다. 계정이 없다면 **계정 만들기**를 클릭해 계정을 새로 만들고, 이미 오라클 계정이 있다면 사용자 이름과 암호를 입력하여 로그인합니다.

▼ 그림 3-72 다운로드 전 로그인

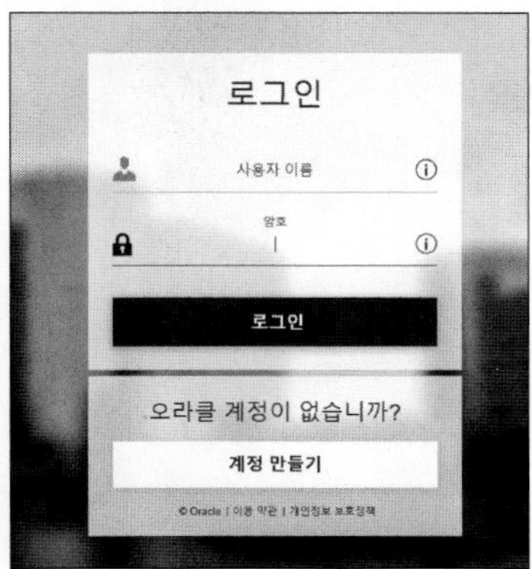

4. 설치 파일을 다운로드한 후 압축을 풀고 설치 파일을 더블클릭하여 설치를 시작합니다.

▼ 그림 3-73 설치 파일 더블클릭해 설치 시작

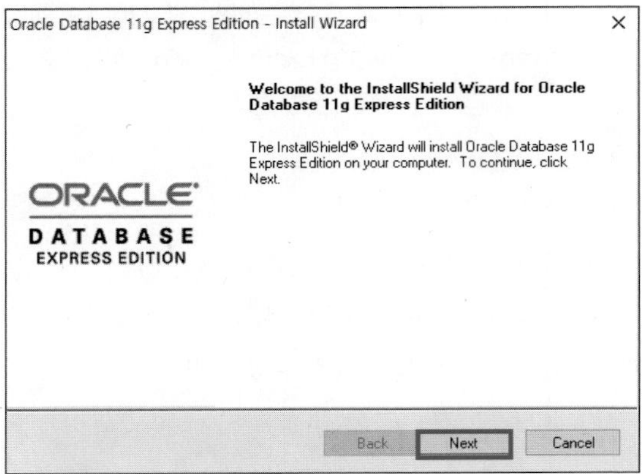

5. 라이선스에 동의한 후 Next를 클릭해 설치를 진행합니다.

▼ 그림 3-74 라이선스 동의 후 Next 클릭

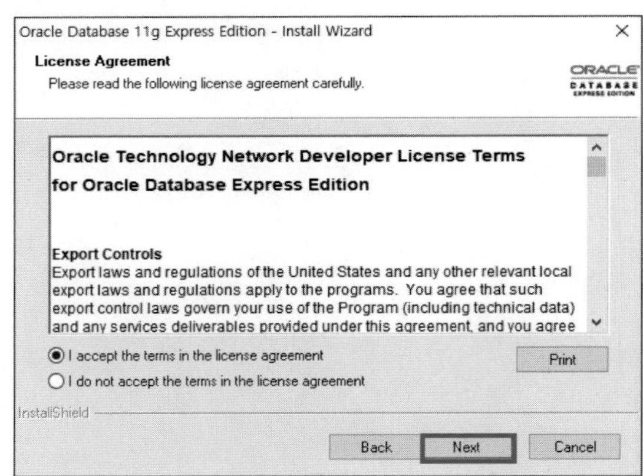

6. 설치 폴더 경로를 확인하고 Next를 클릭합니다.

▼ 그림 3-75 기본 설치 경로 선택

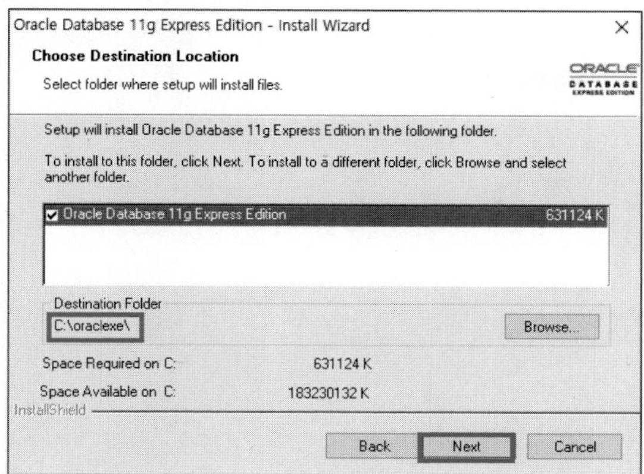

Tip 중간에 비밀번호를 묻는 창이 나타나면 1234 혹은 자신이 원하는 비밀번호를 입력합니다.

7. 설치 구성을 확인한 후 Install을 클릭합니다.

▼ 그림 3-76 기존 설정 값으로 설치 진행

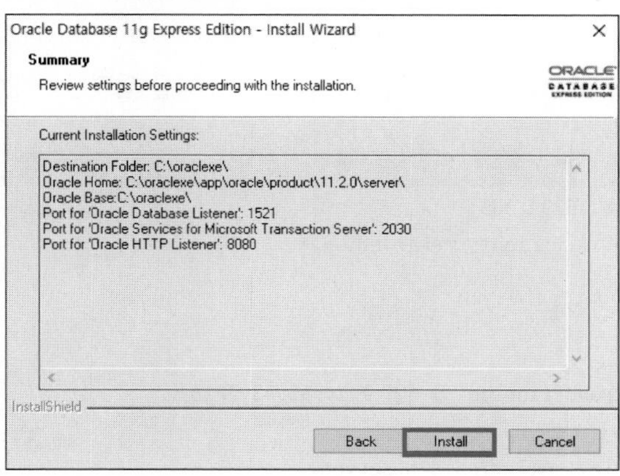

8. 오라클 설치를 마쳤으면 오라클에 관리자 계정으로 접속합니다. 윈도 검색창에서 **cmd**를 입력하여 명령 프롬프트창을 연 후 다음과 같이 **sqlplus**라고 입력하고 Enter를 클릭합니다.

▼ 그림 3-77 sqlplus 실행

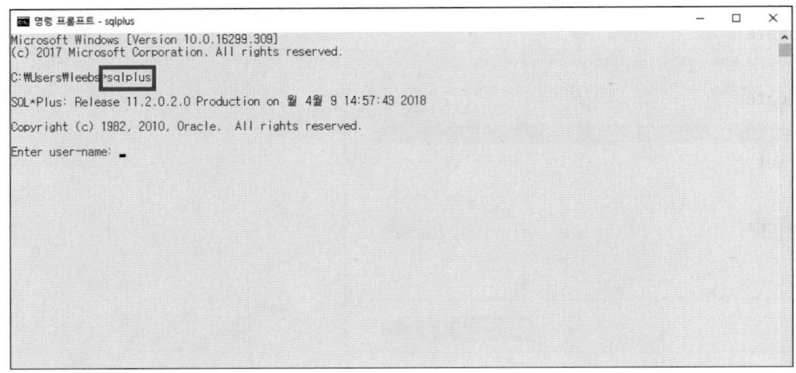

```
Microsoft Windows [Version 10.0.16299.309]
(c) 2017 Microsoft Corporation. All rights reserved.

C:₩Users₩leebs>sqlplus

SQL*Plus: Release 11.2.0.2.0 Production on 월 4월 9 14:57:43 2018

Copyright (c) 1982, 2010, Oracle.  All rights reserved.

Enter user-name:
```

Note ≡ 지금은 데이터베이스와 연동 시 SQL Developer(3.8절에서 설치할 것임) 같은 윈도 기반의 프로그램을 이용하여 편리하게 작업합니다. 하지만 이런 도구가 나오기 전에는 (지금은 잘 사용하지 않지만) 오라클을 설치할 때 같이 설치되는 sqlplus를 이용하여 명령 프롬프트에서 텍스트 기반으로 명령어를 입력해 작업했습니다.

9. 유저 네임에는 **system**을, 패스워드에는 설치 시 입력한 비밀번호인 **1234**를 입력합니다.

명령 프롬프트

```
Microsoft Windows [Version 10.0.16299.309]
(c) 2017 Microsoft Corporation. All rights reserved.

C:\Users\leebs>sqlplus

SQL*Plus: Release 11.2.0.2.0 Production on 월 4월 9 14:57:43 2018

Copyright (c) 1982, 2010, Oracle.  All rights reserved.

Enter user-name: system
Enter password:

Connected to:
Oracle Database 11g Express Edition Release 11.2.0.2.0 - 64bit Production

SQL>
```

user-name에는 system을, password에는 1234를 입력

10. SQL 〉 뒤에 create user scott identified by tiger; 명령을 입력하여 실습용 사용자 계정 scott를 생성합니다. 이어서 grant resource, connect to scott; 명령을 입력하여 권한을 부여합니다.

명령 프롬프트

```
SQL> create  user  scott  identified  by tiger;

User created.

SQL> grant resource, connect to scott;

Grant succeeded.

SQL>
```

계정은 scott로, 비밀번호는 tiger로 지정

resource와 connect는 오라클에서 미리 사용자가 일반적인 작업을 할 수 있도록 권한을 묶어서 만들어 놓은 롤입니다.

11. exit 명령을 입력하여 관리자 계정의 접속을 끊고, 다시 sqlplus 명령을 입력한 후 실습 계정인 scott 계정으로 접속을 시도합니다.

명령 프롬프트

```
SQL> exit
Disconnected from Oracle Database 11g Express Edition Release 11.2.0.2.0 - Production

C:\Users\leebs>sqlplus

SQL*Plus: Release 11.2.0.2.0 Production on 월 4월 9 14:53:53 2018

Copyright (c) 1982, 2010, Oracle.  All rights reserved.

Enter user-name: scott
Enter password:

Connected to:
Oracle Database 11g Express Edition Release 11.2.0.2.0 - Production

SQL>
```

System 계정으로의 연결을 해제

다시 sqlplus를 실행

계정은 scott, 비밀번호는 tiger로 접속

12. 컴퓨터를 재부팅하면 오라클 DBMS가 자동으로 실행됩니다.

Note ☰ 오라클 DBMS 수동 설정하기

평소 실습을 하지 않을 때에도 오라클 DBMS가 계속 실행 중이면 시스템 성능이 느려질 수 있습니다. 따라서 실습을 하지 않을 때는 오라클 DBMS가 중지되도록 수동 설정을 해두어야 합니다. 수동 설정 방법은 다음과 같습니다.

1. 윈도 탐색기에서 **내 PC**를 마우스 오른쪽 버튼으로 클릭한 후 **관리**를 선택합니다.

▼ 그림 3-78 탐색기에서 내 PC 〉 관리 선택

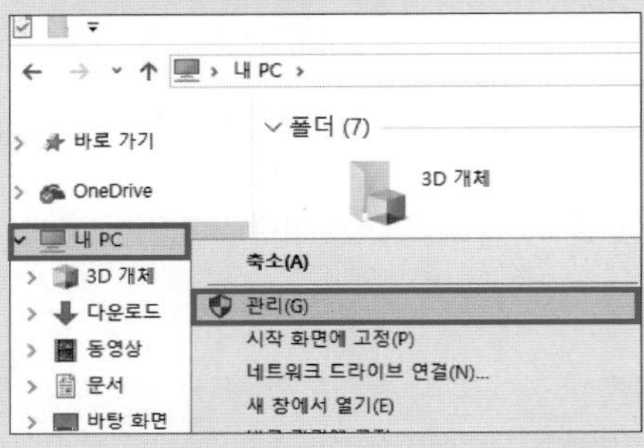

2. **서비스 및 응용프로그램** 〉 **서비스**를 클릭합니다.

▼ 그림 3-79 **서비스 및 응용프로그램** 〉 **서비스** 선택

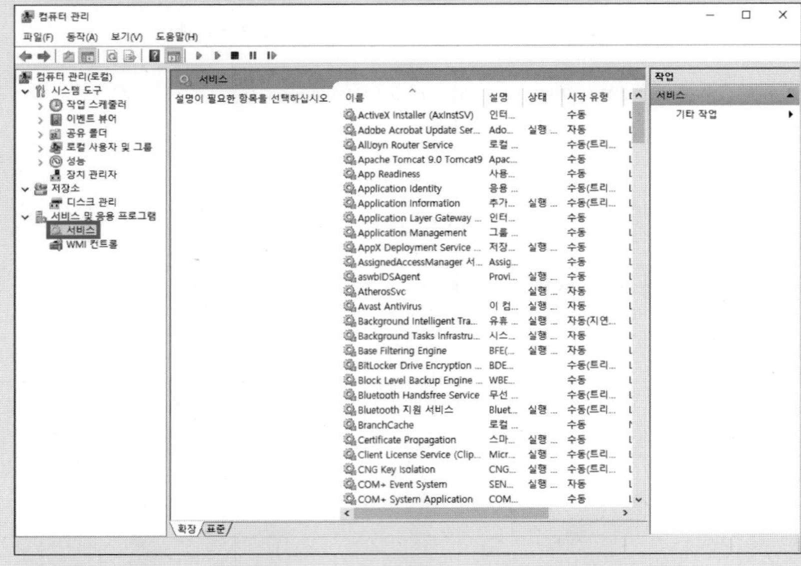

3. OracleServiceXE와 OracleXTNSListner 상태를 보면 '자동'으로 설정되어 있습니다. 이를 더블클릭해서 모두 '수동'으로 바꿔줍니다.

▼ 그림 3-80 OracleServiceXE와 OracleXTNSListner 자동 설정 확인

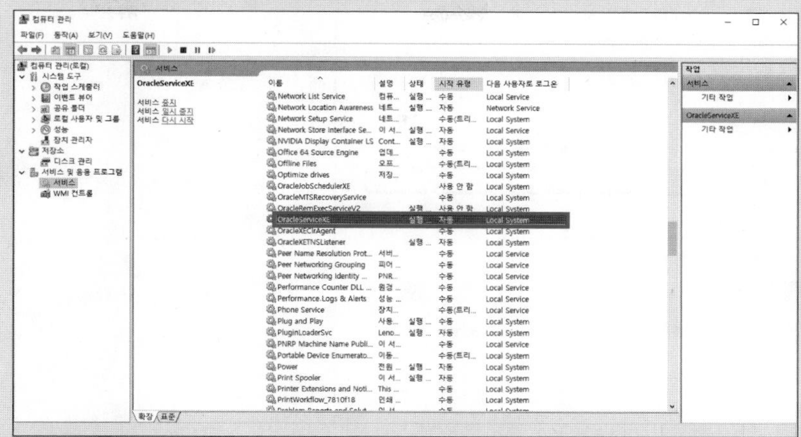

▼ 그림 3-81 OracleServiceXE 시작 유형을 '수동'으로 변경

▼ 그림 3-82 OracleXTNSListner 시작 유형을 '수동'으로 변경

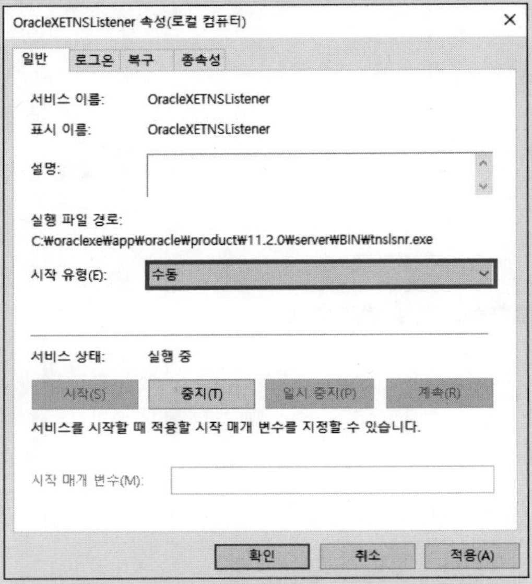

이렇게 수동으로 설정하면 실습할 때는 실행하고, 실습하지 않을 때는 중지하도록 선택할 수 있습니다.

3.8 SQL Developer 설치하기

지금 사용하는 모든 프로그램은 데이터베이스와의 연동이 필수입니다. 오라클에서는 명령 프롬프트 기반의 sqlplus를 제공하고 있으나 이는 사용하기에 너무 불편합니다. 따라서 이 절에서는 현재 윈도 기반으로 오라클과 연동하는 여러 가지 도구 중 무료로 편리하게 사용할 수 있는 SQL Developer를 설치해 보겠습니다.

1. 다음 링크에 접속한 후 스크롤을 내려 화면 아래쪽에 있는 Previous Version을 클릭합니다.
   - https://goo.gl/khwd

▼ 그림 3-83 Previous Version 클릭

Tip ☆ JDK가 설치되어 있으므로 Windows 32-bit/64-bit를 선택하면 됩니다. 2018년 10월 현재 최신 버전은 18.2입니다. 하지만 JDK 10 버전에서 SQL Developer 18.2 버전을 실행하면 실행 후 종료되는 오류가 발생합니다. 따라서 이 책에서는 18.1로 실습을 진행하도록 하겠습니다.

2. 라이선스 사용에 동의한 후 자신의 운영체제에 맞는 Oracle SQL Developer를 선택해 다운로드합니다.

▼ 그림 3-84 SQL Developer 다운로드

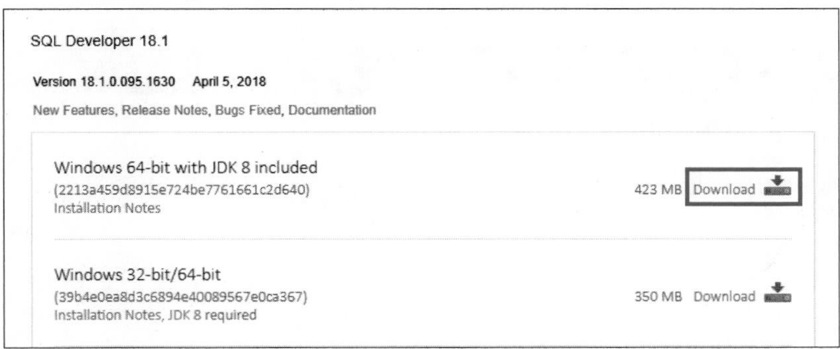

3. 오라클 SQL Developer는 별도의 설치 과정 없이 압축을 풀면 바로 설치가 진행됩니다. 다운로드한 파일이 있는 폴더를 열고 압축을 푼 후 실행 파일을 더블클릭합니다.

▼ 그림 3-85 sqldeveloper.exe 클릭해 실행

4. SQL Developer가 실행되면서 SQL Developer의 웰컴 페이지가 나타납니다.

▼ 그림 3-86 SQL Developer 실행 후 웰컴 페이지

5. 왼쪽에 있는 연결(➕) 아이콘을 클릭합니다.

▼ 그림 3-87 연결 아이콘 클릭

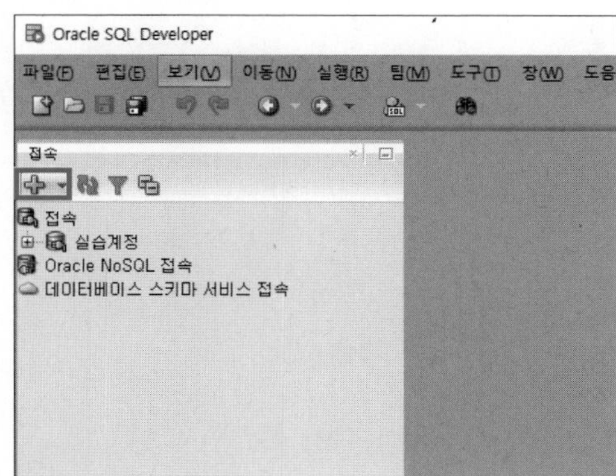

6. system 관리자로 접속하여 만든 계정 정보를 입력한 후 **테스트**를 클릭해 상태가 성공이면 **접속**을 클릭합니다.

▼ 그림 3-88 오라클 데이터베이스 계정 정보 입력

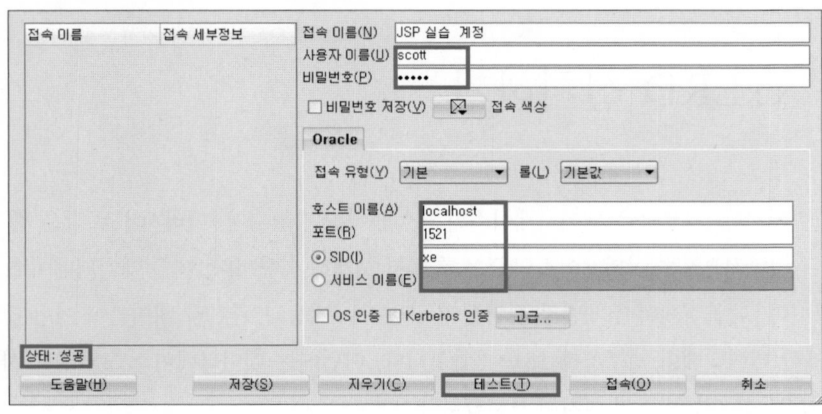

- 접속 이름: 어떤 작업으로 접속하는지 쉽게 알 수 있게 명칭을 지정합니다.
- 사용자 이름: 실습 계정을 입력합니다.
- 비밀번호: 실습 계정 생성 시 지정한 비밀번호를 입력합니다.
- 호스트 이름: 오라클이 설치된 주소를 입력합니다. 이 책은 설치한 위치가 로컬 PC이므로 localhost입니다.
- SID: 오라클 실행 시 인스턴스 이름을 의미합니다. 11g express는 xe로 설정되어 있습니다.

7. 오라클과 연결되면 SQL문을 입력하는 워크시트가 생성됩니다.

▼ 그림 3-89 오라클 접속 성공 후 생성된 워크시트

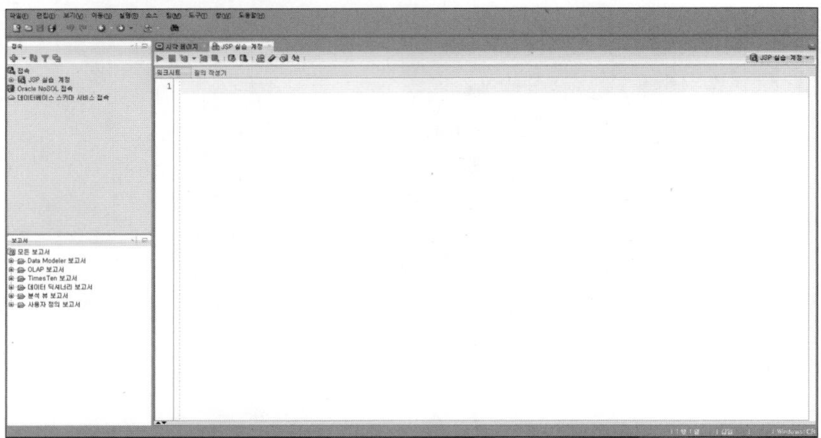

3.9 exERD 설치하기

JAVA WEB

쇼핑몰과 관련된 상품 정보들은 데이터베이스의 테이블에 저장됩니다. 따라서 JSP 같은 웹 프로그래밍에서는 일반적으로 데이터베이스의 구조를 먼저 설계해야 합니다. 이를 데이터베이스 모델링이라고 합니다. 애플리케이션 개발자도 자신이 구현하는 기능과 관련된 테이블이 어떤 것인지를 미리 설계한 데이터베이스 구조를 보고 파악합니다. 이번에는 데이터베이스 모델링에 사용되는 도구인 exERD를 이클립스에 설치해 보겠습니다.

1. 이클립스 상단 메뉴의 Help 〉 Install New Software...를 선택합니다.

❤ 그림 3-90 상단 메뉴 Help 〉 Install New Software... 선택

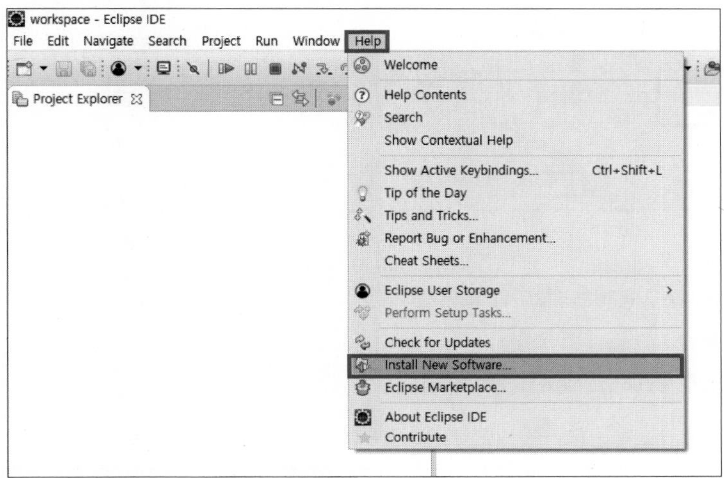

2. 주소를 추가하기 위해 Add...를 클릭합니다.

❤ 그림 3-91 주소 추가를 위해 Add... 클릭

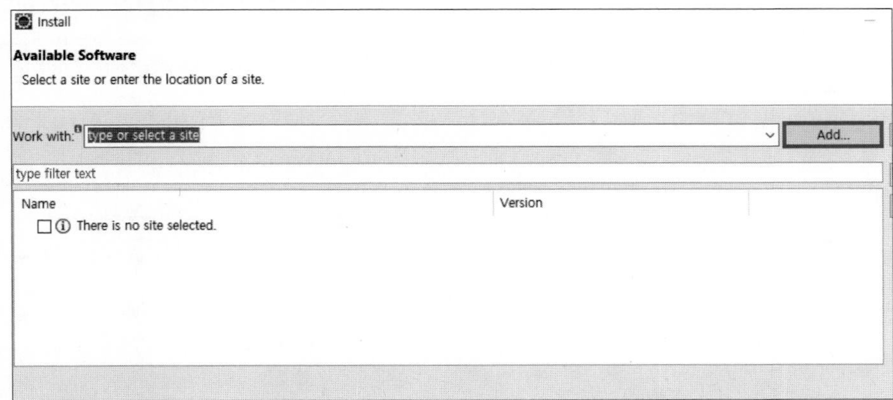

3. Name에는 exERD라고 입력하고, Location에는 http://exerd.com/update를 입력한 후 Add를 클릭합니다.

❤ 그림 3-92 다운로드 위치 입력 후 Add 클릭

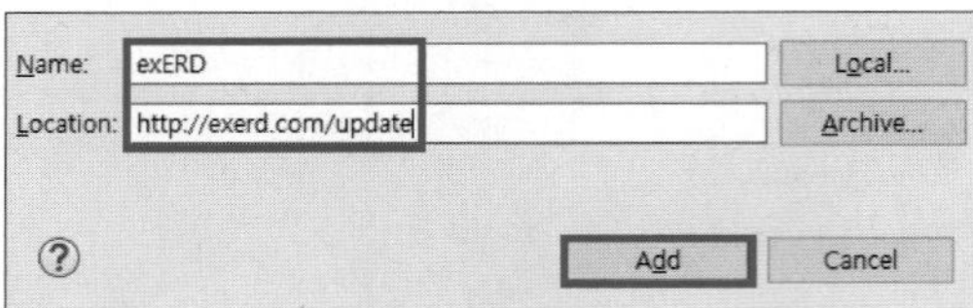

Tip ☆ Name에는 사용자 편의 대로 입력하면 됩니다..

4. eXERD 체크박스에 체크하고 Next를 클릭합니다.

❤ 그림 3-93 exERD 체크 후 Next 클릭

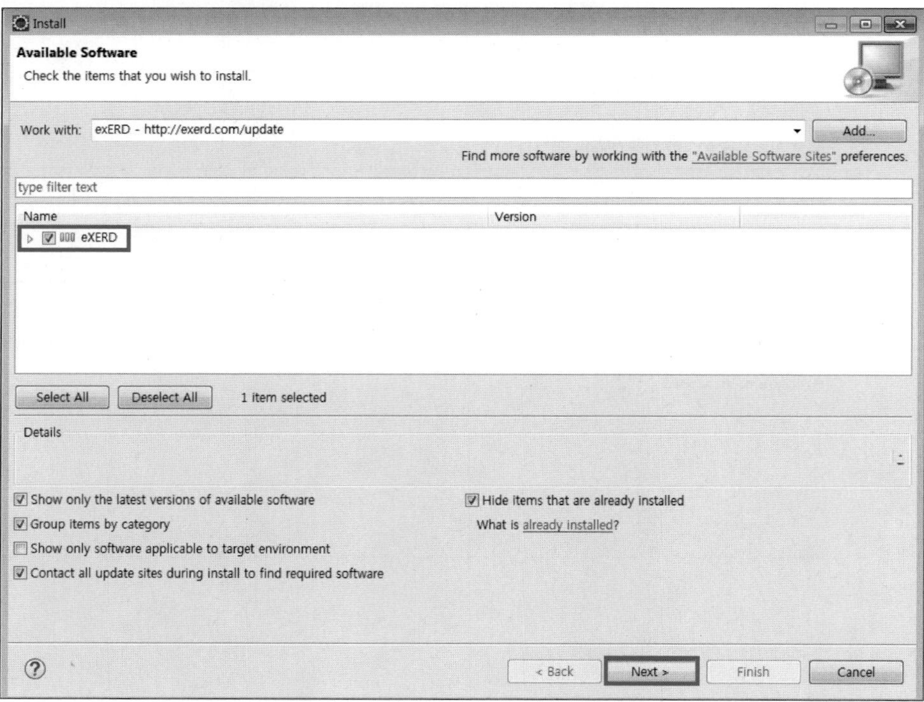

5. 라이선스 사용에 동의하고 Finish를 클릭합니다.

▼ 그림 3-94 I accept... 체크 후 Finish 클릭

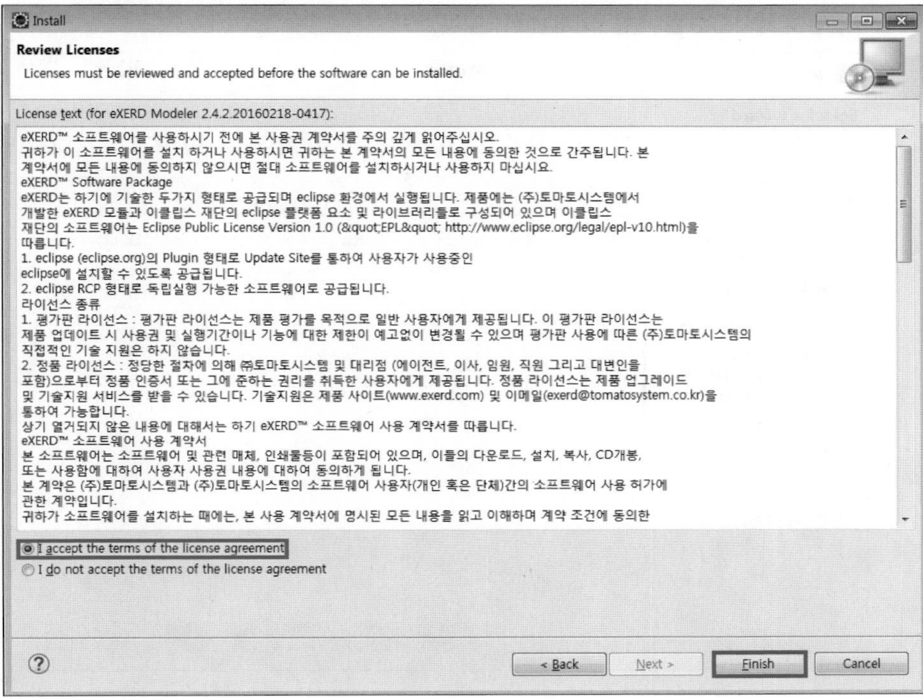

6. 인증에 동의한다는 체크박스에 체크한 후 Accepted selected를 클릭합니다.

▼ 그림 3-95 인증서에 대한 신뢰 여부 동의

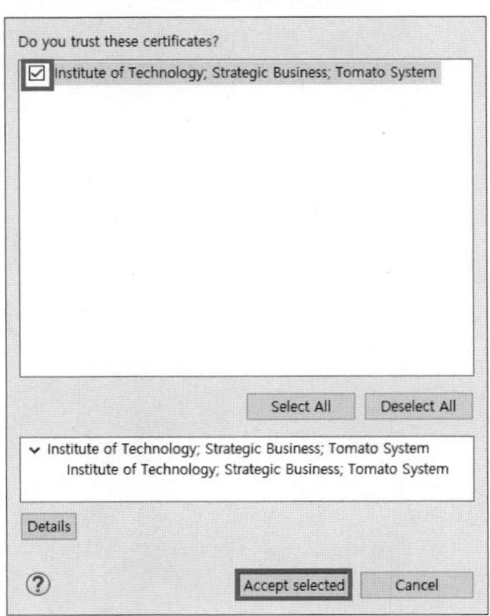

7 설치를 마친 후 이클립스를 다시 시작합니다. 상단 메뉴의 File > New > others를 선택하고 eXERD 폴더가 정상적으로 설치되어 있는지 확인합니다.

▼ 그림 3-96 eXERD 폴더 정상 설치 확인

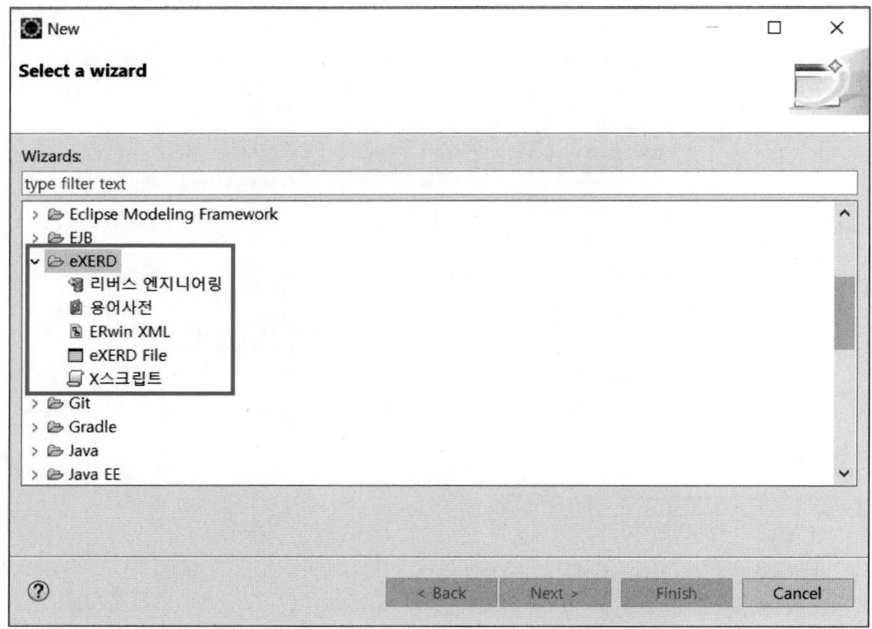

이것으로 필요한 프로그램 설치를 모두 마쳤습니다. 4장부터는 웹 애플리케이션 개발에 한 걸음 더 나아가겠습니다.

4장

웹 애플리케이션 이해하기

4.1 웹 애플리케이션

쇼핑몰이나 구인 · 구직 사이트 등은 모두 웹 브라우저를 기반으로 하는 웹 애플리케이션입니다. 이런 웹 애플리케이션들은 보통 정해진 형식이 있기 때문에 서비스를 제공할 때도 이 형식에 맞게 제작해서 제공해야 합니다.

▼ 그림 4-1 쇼핑몰 웹 애플리케이션

이 장에서는 일반적으로 사용하는 웹 애플리케이션의 구조와 이를 이루는 요소들에 대해 알아봅니다. 또한 실제로 웹 브라우저에서 요청이 왔을 때 각 기능들이 어떻게 동작하는지 그 과정도 살펴보겠습니다.

4.1.1 웹 애플리케이션의 정의

웹 애플리케이션이란 말 그대로 기존의 정적인 웹 애플리케이션의 기능을 그대로 사용하면서 이 책에서 다루는 서블릿(Servlet, 자바로 만든 CGI 프로그램), JSP, 자바 클래스들을 추가하여 사용자에게 동적인 서비스를 제공하는 프로그램을 말합니다.

❤ 그림 4-2 정적인 웹 애플리케이션 기능 + 동적인 서비스

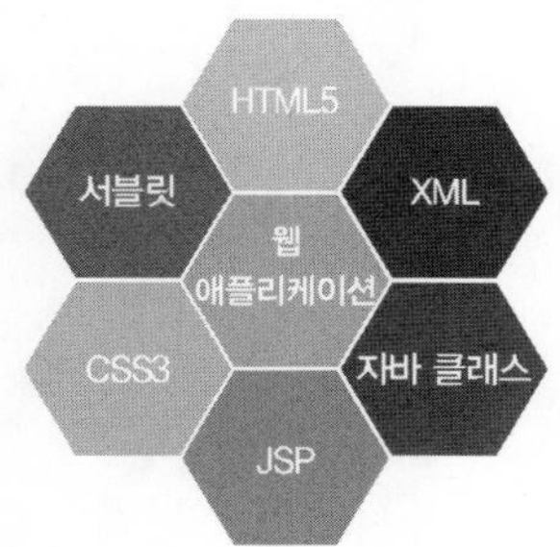

웹 컨테이너에서 실행되는 JSP, 서블릿, 자바 클래스들을 사용해 정적 웹 프로그래밍 방식의 단점을 보완하여 서비스를 제공하는 서버 프로그램을 **웹 애플리케이션**이라고 합니다. 따라서 정적 웹 애플리케이션의 기능인 HTML, 자바스크립트, CSS 등도 웹 애플리케이션에서 그대로 사용할 수 있습니다. 이 책에서는 이런 요소들과 연동하는 기능도 다루므로 기본적으로 숙지해 두어야 합니다. 물론 장별로 학습하면서 JSP나 서블릿이 이런 정적인 요소들과 어떻게 연동하는지는 따로 설명합니다.

JAVA WEB

4.2 웹 애플리케이션의 기본 구조

이번에는 실제 톰캣과 같은 웹 컨테이너에서 실행하는 웹 애플리케이션의 기본 디렉터리(폴더) 구조에 대해 살펴보겠습니다. 컨테이너에서 실행되는 모든 웹 애플리케이션은 그림 4-3처럼 웹 애플리케이션의 이름으로 이루어진 루트 디렉터리와 하위 디렉터리 구조를 기본 구조로 가집니다.

▼ 그림 4-3 웹 애플리케이션의 기본 디렉터리 구조

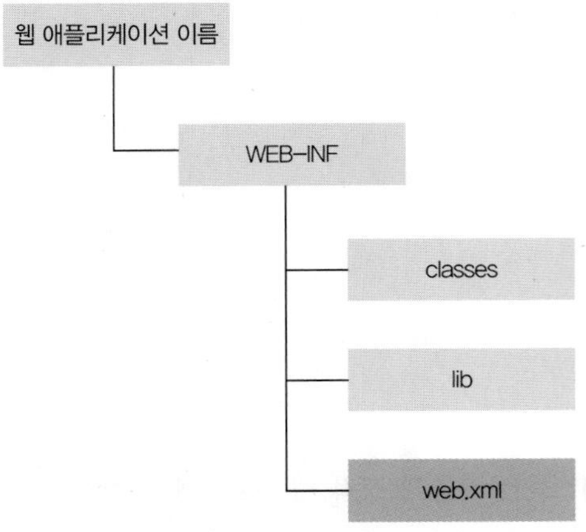

이러한 구조를 갖추지 않고 컨테이너에서 웹 애플리케이션을 실행하면 오류가 발생합니다. 만약 기본 구조 외에 다른 기능이 추가되면 디렉터리(폴더)를 추가해서 사용하면 됩니다.

현재는 이클립스 같은 통합 개발 환경(Integrated Development Environment, IDE)에서 웹 애플리케이션을 개발하지만 초기 웹 애플리케이션 개발 당시에는 실제로 그림 4-3과 같은 구조를 개발자가 직접 만들어서 사용했습니다. 웹 애플리케이션을 제작하려면 그 구조도 알아두는 것이 좋습니다. 따라서 이번 절에서는 실제로 파일 탐색기를 이용하여 웹 애플리케이션 기본 구조를 직접 만들어 보겠습니다.

1. 탐색기에서 C 드라이브에 **webShop** 폴더를 생성합니다.

▼ 그림 4-4 webShop 폴더 생성

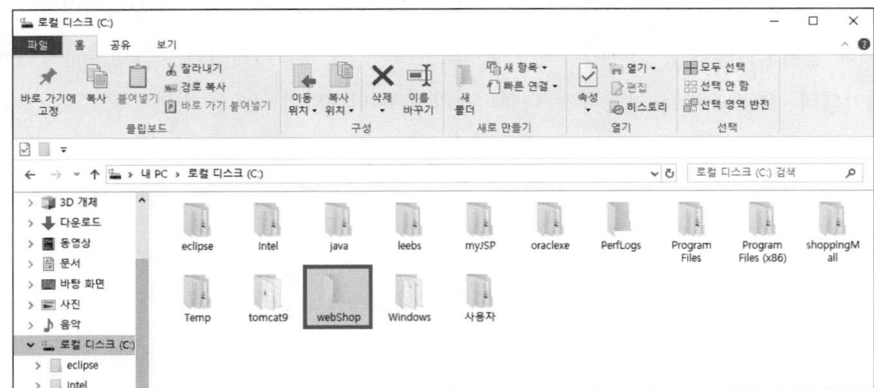

2. webShop 폴더 안에 WEB-INF 폴더를 생성합니다.

▼ 그림 4-5 WEB-INF 폴더 생성

3. WEB-INF 폴더에 classes와 lib 폴더를 각각 생성합니다.

▼ 그림 4-6 classes와 lib 폴더 생성

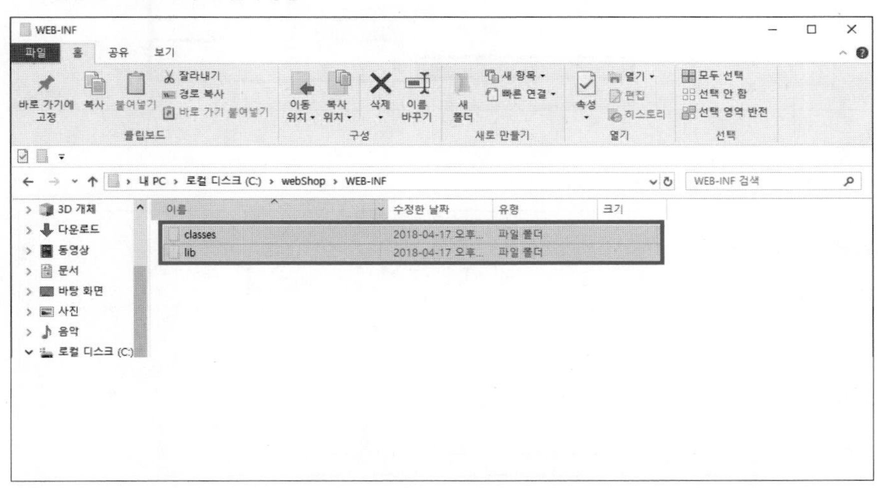

4. WEB-INF 폴더를 선택하고 마우스 오른쪽 버튼을 클릭한 후 **새로 만들기** 〉 **텍스트 문서**를 선택해 텍스트 파일을 생성하고 이름을 **web.xml**로 변경합니다.

❤ 그림 4-7 텍스트 파일 생성

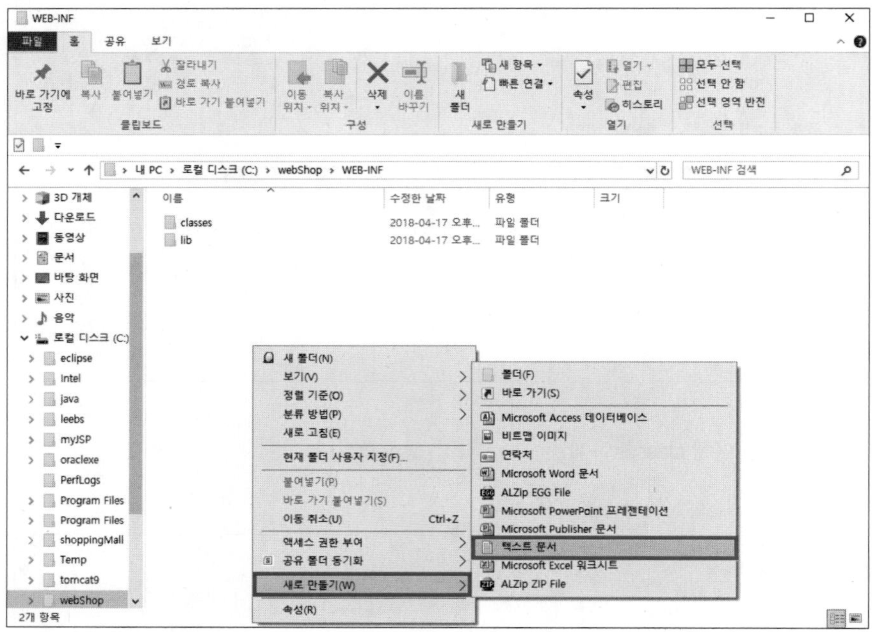

❤ 그림 4-8 텍스트 파일 이름을 web.xml로 변경

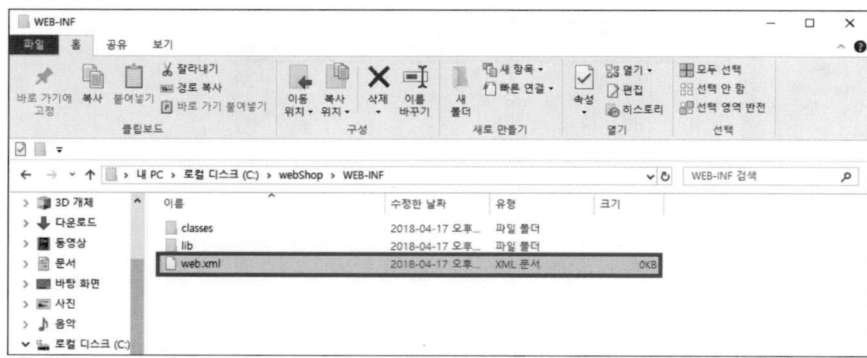

5. VS Code로 web.xml 파일을 열고 다음 코드를 작성합니다. 단, 오타 방지를 위해 이 책과 함께 제공하는 파일에서 복사하여 붙여 넣으세요.

▼ 그림 4-9 web.xml 파일 수정

```
web.xml ●
<?xml version="1.0" encoding="UTF-8"?>
<web-app xmlns:xsi="http://www.w3.org/2001/XMLSchema-instance"
         xmlns="http://java.sun.com/xml/ns/javaee"
         xsi:schemaLocation="http://java.sun.com/xml/ns/javaee http://java.sun.com/xml/ns/javaee/web-app_3_0.xsd"
         id="WebApp_ID" version="3.0">

</web-app>
```

코드 webShop/WebContent/WEB-INF/web.xml

```
<?xml version="1.0" encoding="UTF-8"?>
<web-app xmlns:xsi="http://www.w3.org/2001/XMLSchema-instance" xmlns="http://java.
sun.com/xml/ns/javaee"
  xsi:schemaLocation="http://java.sun.com/xml/ns/javaee http://java.sun.com/xml/ns/
javaee/web-app_3_0.xsd" id="WebApp_ID"
  version="3.0">
</web-app>
```

> **Note** 톰캣 8 버전까지는 이 코드를 추가하지 않아도 자동으로 생성이 되었습니다. 하지만 톰캣 9 버전부터는 xml을 추가해야 합니다.

지금 우리가 만든 웹 애플리케이션의 이름은 webShop이고, 하위 디렉터리(폴더)에는 WEB-INF가 있습니다. WEB-INF 폴더 하위에는 classes와 lib 폴더가 있고, web.xml 파일이 있습니다. 이것이 이 웹 애플리케이션을 이루는 요소들입니다. 각 구성 요소들의 자세한 기능을 표 4-1에 정리했습니다.

▼ 표 4-1 웹 애플리케이션 구성 요소의 기능

구성 요소	기능
webShop	웹 애플리케이션의 루트 디렉터리. 다른 웹 애플리케이션 이름과 중복을 허용하지 않으며, 여기에는 JSP HTML 파일이 저장됩니다.
WEB-INF	웹 애플리케이션에 관한 정보가 저장되는 곳입니다. 이 디렉터리는 외부에서 접근할 수 없습니다.
classes	웹 애플리케이션이 수행하는 서블릿과 다른 일반 클래스들이 위치하는 곳입니다.
lib	웹 애플리케이션에서 사용되는 여러 가지 라이브러리 압축 파일(jar 파일)이 저장되는 곳입니다. DB 연동 드라이버나 프레임워크 기능 관련 jar 파일이 여기에 저장됩니다. lib 디렉터리의 jar는 클래스패스가 자동으로 설정됩니다.
web.xml	배치 지시자(deployment descriptor)로서 일종의 환경 설정 파일입니다. 웹 애플리케이션에 대한 여러 가지 설정을 할 때 사용됩니다.

그림 4-10은 실제 서비스 중인 쇼핑몰 웹 애플리케이션의 구조입니다.

▼ 그림 4-10 쇼핑몰 애플리케이션의 화면 관련 파일 저장 디렉터리

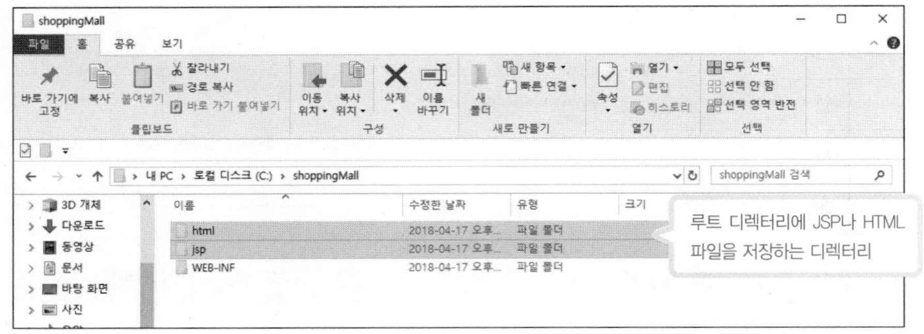

웹 애플리케이션 기본 구조에 HTML 파일과 JSP 파일을 저장하는 디렉터리가 추가된 것을 확인할 수 있습니다. 이처럼 WEB-INF 디렉터리 하위에 여러 가지 기능의 디렉터리를 추가하면서 실제 서비스를 제공합니다. 필요할 경우 또다시 디렉터리 안에 디렉터리를 생성하여 사용할 수 있습니다.

▼ 그림 4-11 WEB-INF의 여러 가지 하위 디렉터리들

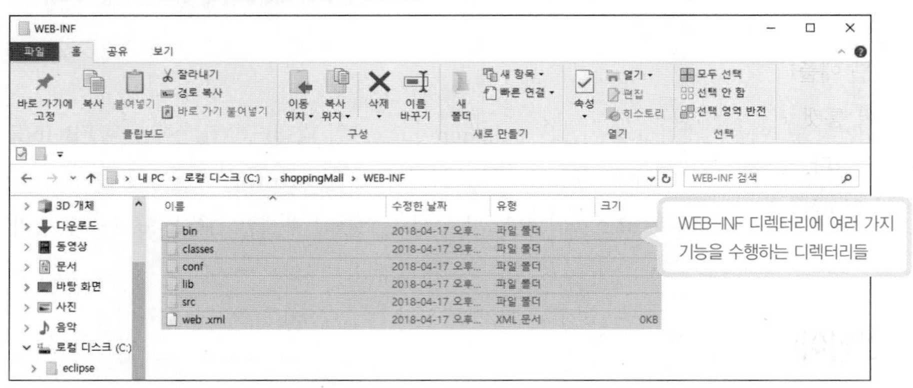

표 4-2에는 추가된 구성 요소들의 기능을 정리해 두었습니다. 이 기능 외에도 애플리케이션을 개발하다 원하는 기능이 생길 경우에는 필요한 디렉터리를 추가해서 사용하면 됩니다.

✔ 표 4-2 웹 애플리케이션에 추가된 구성 요소의 기능

구성 요소	기능
jsp/html	JSP 파일과 HTML 파일이 저장된 곳입니다.
css	스타일시트 파일이 저장된 곳입니다.
image	웹 애플리케이션에서 사용되는 이미지가 저장된 곳입니다
js	자바스크립트 파일이 저장된 곳입니다.
bin	애플리케이션에서 사용되는 각종 실행 파일이 저장된 곳입니다.
conf	프레임워크에서 사용하는 각종 설정 파일이 저장된 곳입니다.
src	자바 소스 파일이 저장된 곳입니다.

JAVA WEB

4.3 컨테이너에서 웹 애플리케이션 실행하기

앞 절에서 웹 애플리케이션 구조와 구성 요소를 알아봤습니다. 그럼 실제로 간단한 웹 애플리케이션을 만들어 톰캣 컨테이너에서 실행한 후 웹 브라우저에서 요청하면 정상적으로 실행되는지 실습해 보겠습니다. 물론 이클립스에서 자동으로 한 번에 웹 애플리케이션을 만들 수도 있지만 그 전에 한 번 정도는 직접 웹 애플리케이션을 만들어 보는 것도 좋은 경험이 될 것입니다.

4.3.1 컨테이너에 웹 애플리케이션 등록

웹 애플리케이션은 일반 PC에서 실행되는 자바 애플리케이션과 달리 단독으로 실행할 수 없습니다. 웹 애플리케이션은 톰캣과 같은 웹 컨테이너에서 실행되는 구조입니다. 따라서 우리가 만든 웹 애플리케이션을 실행하려면 우선 톰캣에 등록부터 해야 합니다.

웹 애플리케이션을 톰캣 컨테이너에 등록하는 방법은 다음 두 가지입니다.

❶ %CATALINA_HOME%webApps 디렉터리에 애플리케이션을 저장

❷ server.xml에 직접 웹 애플리케이션을 등록

Note ☰ JDK 경로를 환경 변수에 등록하면서 JDK 루트 디렉터리를 JAVA_HOME이라고 불렀습니다. 톰캣의 루트 디렉터리는 보통 CATALINA_HOME으로 묵시적으로 사용하고 있습니다. 이 책에서는 59쪽에서 C:/tomcat9으로 루트 디렉터리를 만들었습니다.

첫 번째 방법은 CATALINA_HOME, 즉 설치한 톰캣 루트 디렉터리의 하위 디렉터리인 webapps 폴더에 작성한 웹 애플리케이션을 위치시킨 다음 톰캣을 껐다가 다시 실행하면 톰캣이 자동으로 웹 애플리케이션을 인식한 후 실행시키는 방법입니다. 두 번째 방법은 임의의 장소에 위치해 있는 웹 애플리케이션을 톰캣의 설정 파일인 server.xml에 등록해서 실행하는 방법입니다.

우선 첫 번째 방법부터 알아봅시다.

1. C 드라이브의 webShop 폴더 전체를 복사한 후 톰캣 루트 디렉터리의 하위에 있는 webapps 폴더에 붙여 넣습니다.

▼ 그림 4-12 톰캣의 webapps 폴더에 webShop 프로젝트 복사 & 붙여 넣기

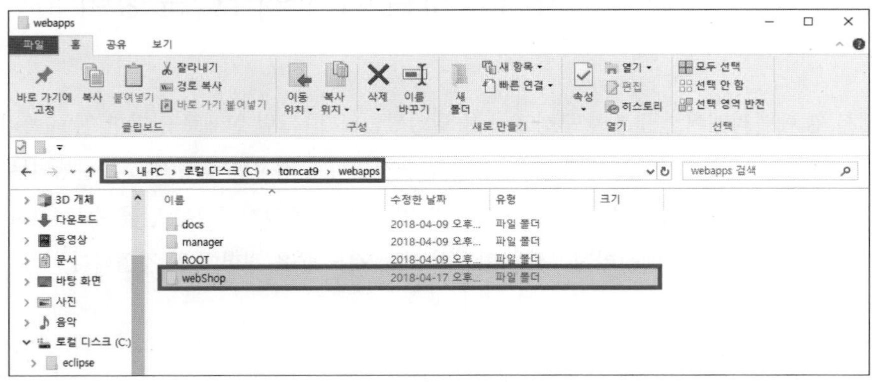

2. VS Code를 실행한 후 상단 메뉴의 File 〉 New File을 선택합니다.

▼ 그림 4-13 File 〉 New File 선택

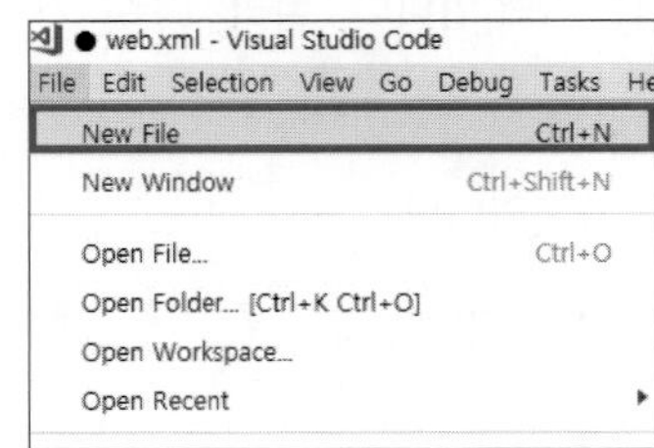

3. 다음과 같이 HTML 코드를 입력합니다.

```
<!DOCTYPE html>
<html>
<head>
  <meta charset="UTF-8" />
  <title>Hello JSP!</title>
</head>
<body>
  Hello JSP!!<br>
  안녕하세요!!
</body>
</html>
```


4. 상단 메뉴의 File > Save를 선택하고 파일 이름을 main.html로 수정한 후 webShop 폴더에 저장합니다.

✔ 그림 4-14 main.html로 저장

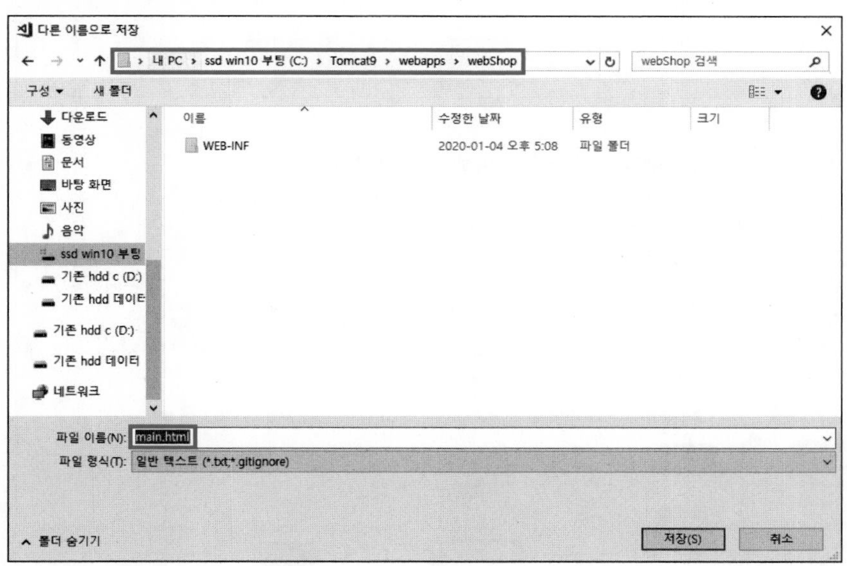

4.3.2 톰캣 실행

이제 웹 애플리케이션을 서비스하기 위해 톰캣을 실행해 보겠습니다.

1. 톰캣을 설치한 루트 디렉터리의 bin 폴더로 이동합니다.

▼ 그림 4-15 톰캣 컨테이너의 bin 디렉터리로 이동

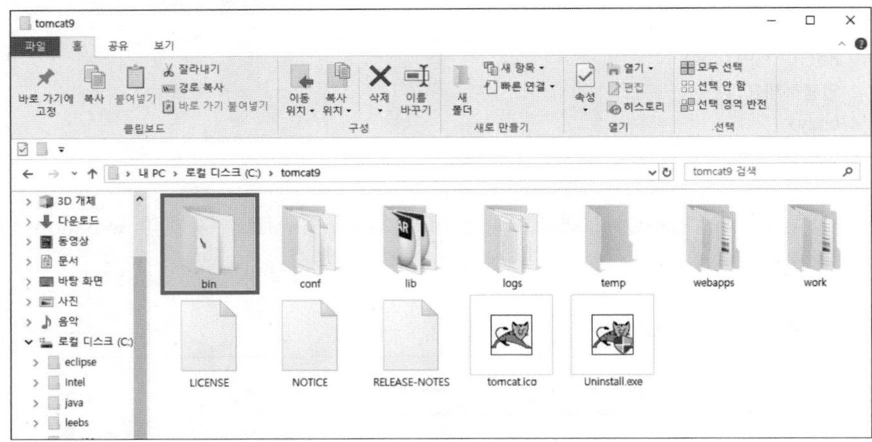

2. bin 디렉터리의 Tomcat9.exe를 더블클릭해 실행합니다.

▼ 그림 4-16 Tomcat9.exe 실행

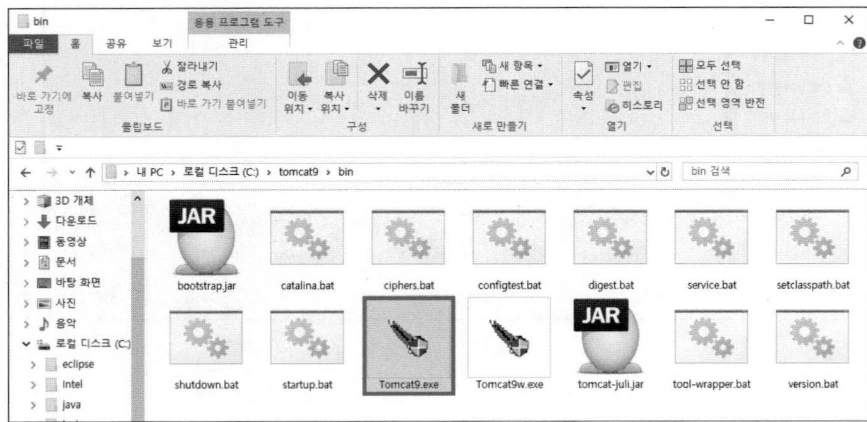

3. 콘솔창이 나타나면서 톰캣 컨테이너가 실행됩니다.

▼ 그림 4-17 톰캣 실행 시 출력되는 로그

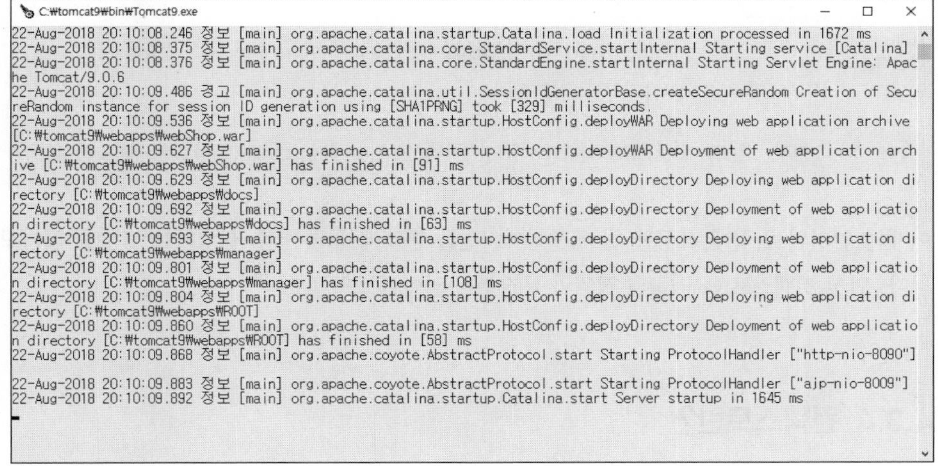

4.3.3 브라우저에서 웹 애플리케이션 요청

이제 톰캣 컨테이너가 시작되면서 webShop 애플리케이션이 자동으로 등록되어 실행될 것입니다. 그럼 톰캣이 실행시킨 webShop 애플리케이션을 웹 브라우저에서 요청해 보겠습니다.

다음은 톰캣에서 실행한 웹 애플리케이션을 웹 브라우저에서 요청하는 방법입니다.

http://IP주소:포트번호/컨텍스트이름/요청파일이름

먼저 톰캣 컨테이너가 위치해 있는 IP 주소를 입력하고 콜론(:)으로 구분하여 톰캣 설치 시에 입력한 포트 번호(여기서는 8090)를 입력합니다. 그런 다음 컨텍스트 이름(여기서는 webShop)을 입력합니다(컨텍스트 이름에 관해서는 4.3.4절에서 자세히 설명합니다).

이 책의 경우는 IP 주소가 127.0.0.1이고, 현재 예제는 컨텍스트 이름이 웹 애플리케이션 이름과 같습니다. 그리고 다음과 같이 JSP나 HTML 파일 이름을 입력하면 됩니다.

http://127.0.0.1:8090/webShop/main.html

다음은 실제로 webShop 프로젝트의 main.html을 브라우저에서 요청한 경우에 나타난 화면입니다.

✔ 그림 4-18 웹 브라우저에서 요청 시 실행 결과

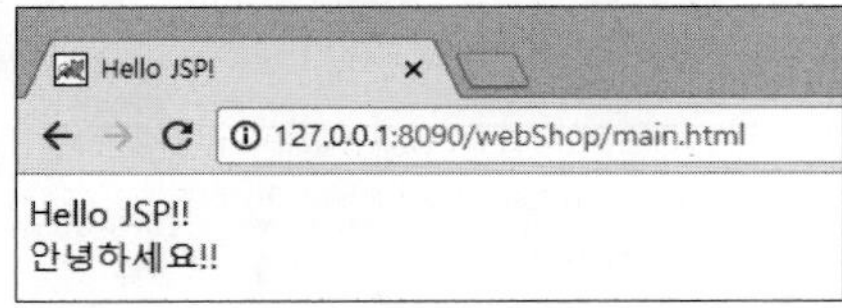

Tip 현재는 톰캣이 로컬 PC에 설치되어 있기 때문에 127.0.0.1 대신 localhost라고 입력해도 됩니다.

이제는 임의의 위치에 작성한 웹 애플리케이션을 톰캣에 등록한 후 실행하는 방법을 알아보겠습니다. 먼저 컨텍스트(Context)의 정의와 특징부터 알아볼까요?

4.3.4 컨텍스트란?

앞 절에서 webShop 프로젝트를 미리 webapps 폴더에 위치시켜 놓은 다음 톰캣을 실행했을 때 자동으로 webShop이 등록되어 실행되는 것을 확인했습니다. 이 방법은 우리가 웹 애플리케이션 개발을 모두 완료한 후 사용자에게 서비스할 때 사용하면 편리합니다.

그런데 실제 개발 과정에서는 수시로 애플리케이션을 실행하고 테스트해 봐야 합니다. 그때마다 이런 식으로 프로젝트 파일을 통째로 복사해야 한다면 어떨까요? 심지어 원격으로 설치된 경우는 FTP로 업로드해야 하는데 이는 정말 번거로운 일입니다. 따라서 실제로 개발할 때는 앞서 우리가 C 드라이브에 webShop을 만든 것처럼 개발자가 정한 위치에 웹 애플리케이션을 생성한 후 그 위치를 server.xml에 등록해 놓고 톰캣을 실행하는 식으로 개발해야 합니다. 그러면 톰캣이 server.xml에 입력된 정보에 따라 해당 위치로 이동하여 애플리케이션을 확인한 후 실행합니다.

이때 server.xml에 등록하는 웹 애플리케이션을 컨텍스트(Context)라 부릅니다. 즉, 톰캣 입장에서 인식하는 한 개의 웹 애플리케이션이라고 보면 됩니다.

컨테이너 실행 시 웹 애플리케이션당 하나의 컨텍스트가 생성됩니다. 컨텍스트 이름은 웹 애플리케이션 이름과 같게 만드는 것이 일반적이나 보안상의 이유 또는 웹 애플리케이션 이름이 긴 경우 등은 다르게 만들 수도 있습니다.

컨텍스트의 주요 특징은 다음과 같습니다.

- 웹 애플리케이션당 하나의 컨텍스트가 등록됩니다.
- 웹 애플리케이션 이름과 같을 수도 있고 다를 수도 있습니다.

- 컨텍스트 이름은 중복되면 안 됩니다.
- 웹 애플리케이션의 의미를 가장 잘 나타낼 수 있는 명사형으로 지정합니다.
- 대소문자를 구분합니다.
- server.xml에 등록합니다.

4.3.5 톰캣 컨테이너에 컨텍스트 등록하기

이번에는 임의의 폴더에 만든 webShop 웹 애플리케이션을 server.xml에 컨텍스트로 등록해서 실행하는 과정을 알아보겠습니다. server.xml은 톰캣 설치 루트 디렉터리 아래, conf 디렉터리 안에 있습니다(그림 4-19 참조).

▼ 그림 4-19 server.xml의 위치

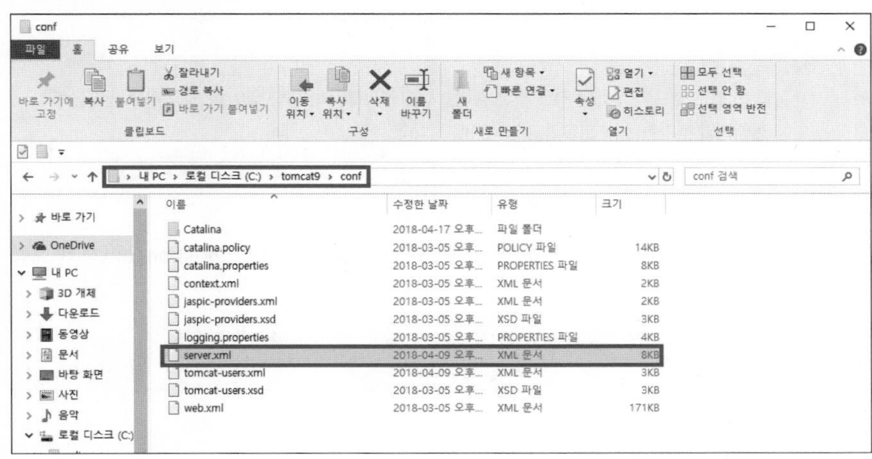

server.xml에 컨텍스트를 등록하려면 다음과 같이 <Context> 태그를 이용해야 합니다.

코드 server.xml에 컨텍스트 등록하기

```
<Context path="/컨텍스트 이름"
         docBase="실제 웹 애플리케이션의 WEB-INF 디렉터리 위치"
         reloadable="true 또는 false" />
```

코드 등록 예

```
<Context path="/webMal"
         docBase=" C:\\webShop"
         reloadable="true" />
```

일반적으로 컨텍스트 이름은 웹 애플리케이션 이름과 동일하게 합니다. 하지만 지금은 실습을 위해 다르게 등록해 보겠습니다. 실제 웹 애플리케이션은 C:\\webShop 디렉터리에 있지만 여기에서는 /webShop이 아닌 /webMal이라는 이름으로 컨텍스트를 등록하겠습니다.

Note ≡ **<Context> 태그란**

톰캣은 모든 설정 정보를 XML로 저장한 후 실행 시 정보를 읽어와 설정대로 실행합니다.

따라서 우리가 만든 웹 애플리케이션도 미리 <Context> 태그를 이용해서 server.xml에 등록해 두어야 톰캣이 설정한 대로 웹 애플리케이션을 실행합니다. 표 4-3에 <Context> 태그의 여러 가지 요소의 기능을 정리해 두었으니 참고하세요.

▼ 표 4-3 <Context> 태그 구성 요소의 기능

구성 요소	기능
path	웹 애플리케이션의 컨텍스트 이름입니다. 웹 애플리케이션 이름과 다를 수도 있으며, 웹 브라우저에서 실제 웹 애플리케이션을 요청하는 이름입니다.
docBase	컨텍스트에 대한 실제 웹 애플리케이션이 위치한 경로입니다. WEB-INF 상위 폴더까지의 경로를 나타냅니다.
reloadable	실행 중 소스 코드가 수정될 경우 바로 갱신할지를 설정합니다. 만약 false로 설정하면 톰캣을 다시 실행해야 추가한 소스 코드의 기능이 반영됩니다.

server.xml을 메모장이나 VS Code로 열어 149행쯤에 있는 <Host> 태그 안에 <Context> 태그를 이용해서 등록합니다.

▼ 그림 4-20 server.xml에 컨텍스트 등록

```
149     <Host name="localhost"  appBase="webapps"
150           unpackWARs="true" autoDeploy="true">
151
152       <Context  path="/webMal"
153                 docBase="C:\webShop"
154                 reloadable="true"  />
155
156       <!-- SingleSignOn valve, share authentication between web applications
157            Documentation at: /docs/config/valve.html -->
158       <!--
159       <Valve className="org.apache.catalina.authenticator.SingleSignOn" />
160       -->
161
162       <!-- Access log processes all example.
163            Documentation at: /docs/config/valve.html
164            Note: The pattern used is equivalent to using pattern="common" -->
165       <Valve className="org.apache.catalina.valves.AccessLogValve" directory="logs"
166              prefix="localhost_access_log" suffix=".txt"
167              pattern="%h %l %u %t &quot;%r&quot; %s %b" />
168
169     </Host>
```

코드 C:/tomcat9/conf/server.xml

```
<Context path = "/webMal"
          docBase = "C:\webShop"
          reloadable = "true" />
```

그리고 첫 번째 톰캣 실행 시 사용한 main.html을 복사하여 C:\webShop에 붙여 넣습니다.

▼ 그림 4-21 앞의 실습 예제에서 사용한 main.html 복사 & 붙여 넣기

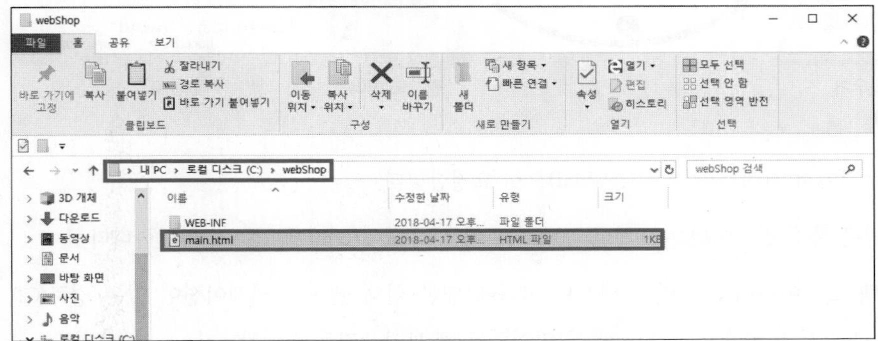

그런 다음 톰캣을 재실행하여 웹 브라우저에서 등록한 컨텍스트 이름인 /webMal/main.html로 요청합니다.

- http://127.0.0.1:8090/webMal/main.html

다음은 웹 브라우저에 표시된 결과 화면입니다.

▼ 그림 4-22 톰캣 재실행 후 웹 브라우저에서 요청한 결과

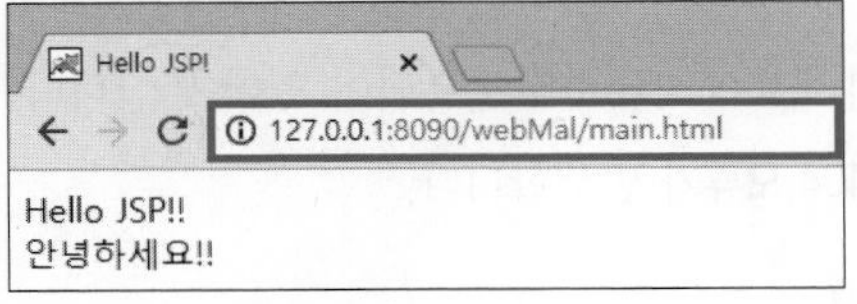

4.3.6 톰캣 컨테이너에서의 웹 애플리케이션 동작 과정

이번에는 앞의 두 가지 방법으로 톰캣 컨테이너에 웹 애플리케이션을 등록한 후 브라우저에서 요청할 경우 톰캣이 브라우저에 서비스하는 과정을 알아보겠습니다.

실제 웹 브라우저에서 컨텍스트 이름으로 요청할 경우 웹 애플리케이션이 동작하는 과정은 다음과 같습니다.

• http://localhost:8090/webMal/main.html

▼ 그림 4-23 웹 브라우저에서 컨텍스트 이름으로 요청

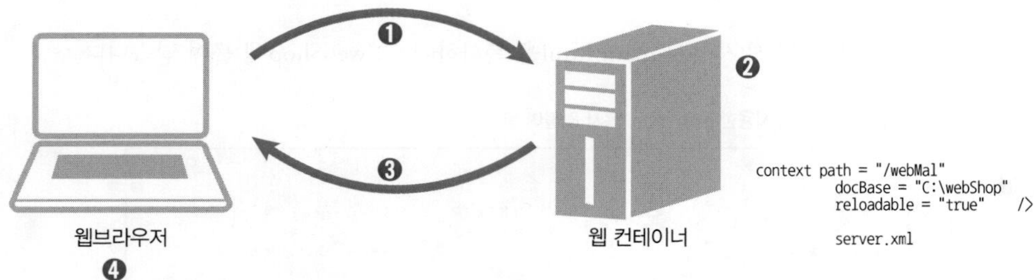

❶ 웹 브라우저에서 컨텍스트 이름(webMal)으로 요청합니다.

❷ 요청을 받은 톰캣 컨테이너는 요청한 컨텍스트 이름이 server.xml에 있는지 확인합니다.

❸ 해당 컨텍스트 이름이 있으면 컨텍스트 이름에 대한 실제 웹 애플리케이션이 있는 경로(C:\webShop)로 가서 요청한 main.html을 클라이언트 웹 브라우저로 전송합니다.

❹ 웹 브라우저는 전송된 main.html을 브라우저에 나타냅니다.

▼ 그림 4-24 웹 애플리케이션의 요청에 대한 정상적인 출력

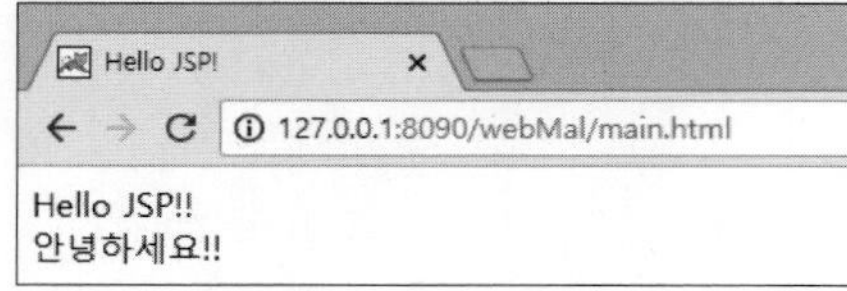

컨텍스트 이름으로 요청할 경우 이 컨텍스트 이름이 미리 server.xml에 등록되어 있어야 합니다. 만약 등록되어 있지 않은 컨텍스트 이름으로 요청하면 **404 오류**가 발생합니다.

▼ 그림 4-25 등록되지 않은 컨텍스트 이름으로 요청할 경우 404 오류 발생

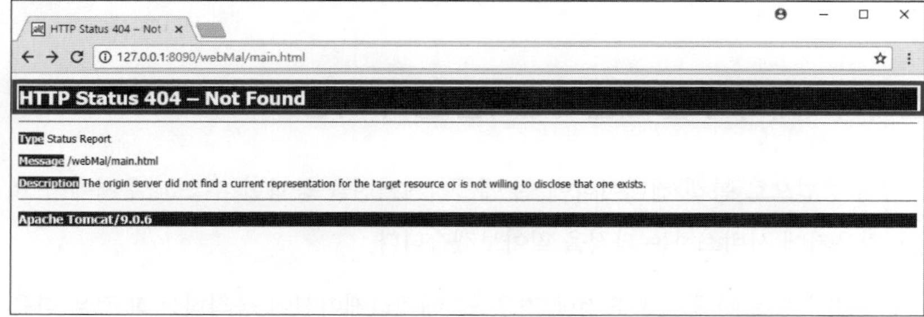

4.4 이클립스에서 웹 애플리케이션 실습하기

4.3절에서는 웹 애플리케이션이 실행되는 과정을 더욱 쉽게 이해하기 위해 직접 웹 애플리케이션을 만들어 실습해 보았습니다. 그런데 지금은 이렇게 일일이 직접 만들어서 개발하는 경우는 거의 없고, 이클립스 같은 개발 도구를 이용합니다. 그럼 지금부터는 이클립스에서 웹 애플리케이션을 만들어 톰캣 컨테이너에 등록한 후 실행하는 과정을 알아보겠습니다.

4.4.1 이클립스에서 웹 프로젝트 생성

이클립스에서는 한 개의 프로젝트가 한 개의 웹 애플리케이션입니다. 그리고 프로젝트 이름이 바로 웹 애플리케이션 이름입니다.

▼ 그림 4-26 프로젝트 이름 = 웹 애플리케이션 이름

1. 이클립스를 열고 Project Explorer 영역에서 마우스 오른쪽 버튼을 클릭한 후 New 〉 Dynamic Web Project를 선택합니다.

▼ 그림 4-27 New 〉 Dynamic Web Project 선택

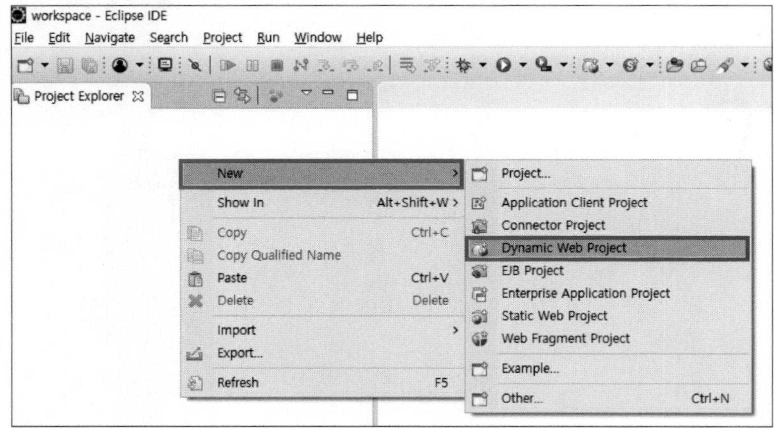

2. 프로젝트 이름에 webShop이라고 입력한 후 Next를 클릭합니다.

▼ 그림 4-28 프로젝트 이름 입력 후 Next 클릭

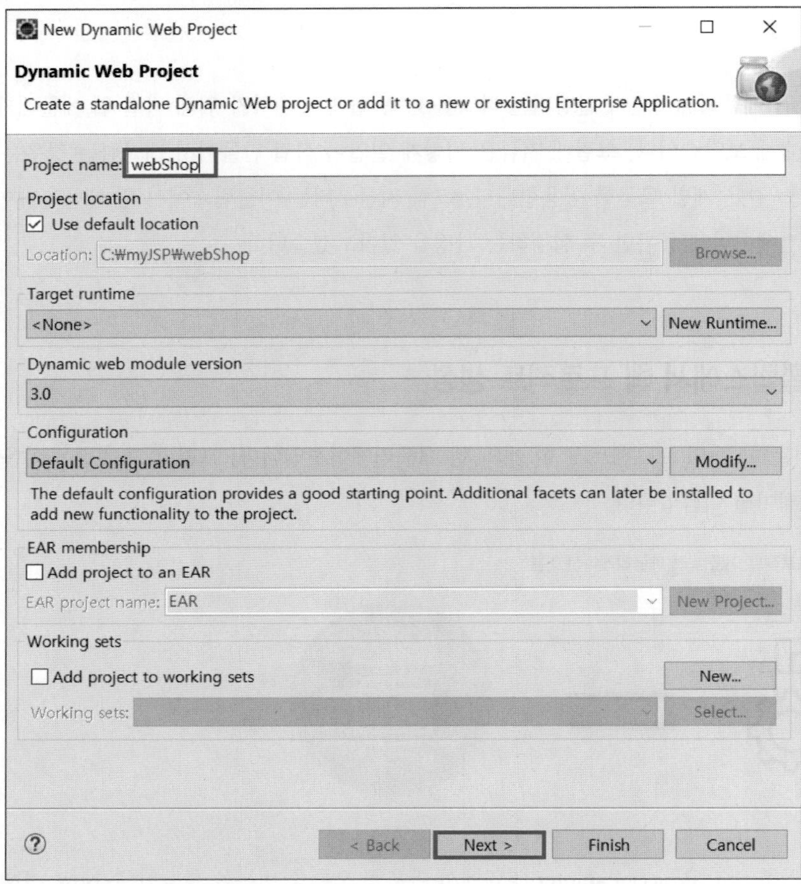

3. 이클립스에서 지정한 기본값 그대로 두고 Next를 클릭합니다.

▼ 그림 4-29 기본값 체크 후 Next 클릭

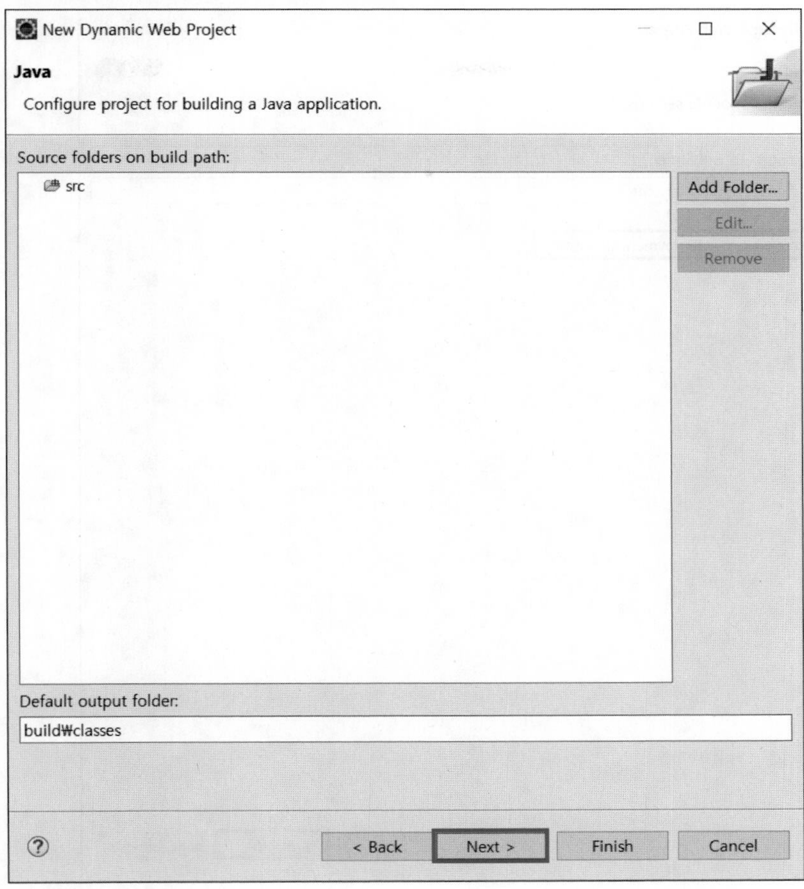

4. web.xml을 생성할 것인지 묻는 체크박스에 체크한 후 **Finish**를 클릭합니다.

▼ 그림 4-30 Generate web.xml deployment descriptor 옵션에 체크한 후 **Finish** 클릭

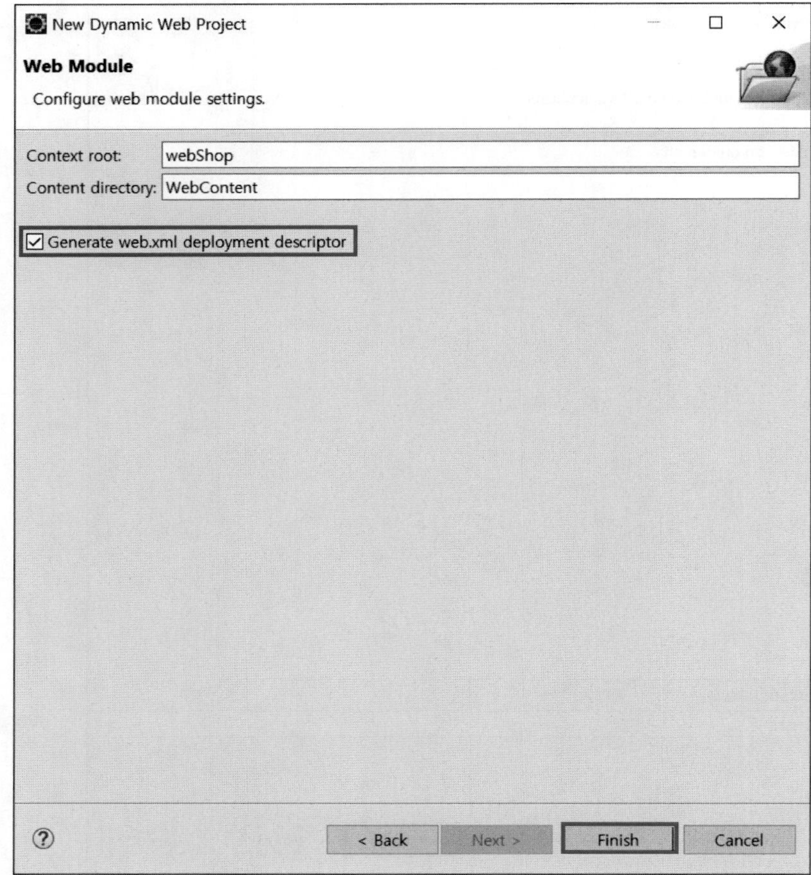

5. Project Explorer에 webShop 프로젝트가 생성된 것을 확인할 수 있습니다.

▼ 그림 4-31 이클립스에 생성된 프로젝트

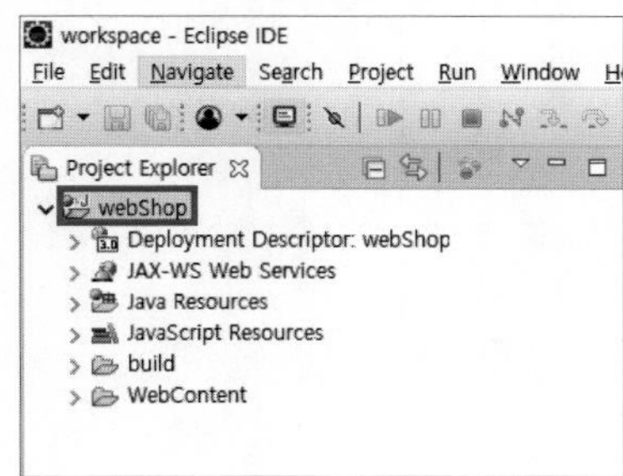

4.4.2 이클립스에서 HTML 파일 생성

앞서 만든 webShop 프로젝트 안에 웹 브라우저에서 요청할 간단한 HTML 파일을 만들어 보겠습니다. 다음은 이클립스에서 HTML 파일을 생성하는 과정입니다.

1. 프로젝트 하위 메뉴에서 WebContent를 선택하고 마우스 오른쪽 버튼을 클릭한 후 New 〉 HTML File을 선택합니다.

▼ 그림 4-32 New 〉 HTML File 선택

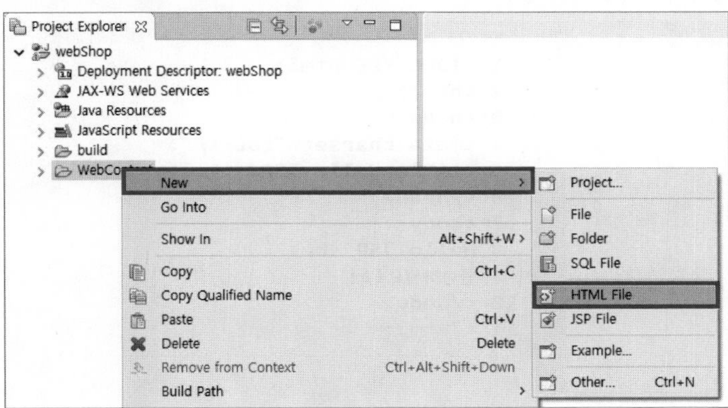

2. 파일 이름으로 main.html을 입력한 후 Finish를 클릭합니다.

▼ 그림 4-33 파일 이름 입력 후 Finish 클릭

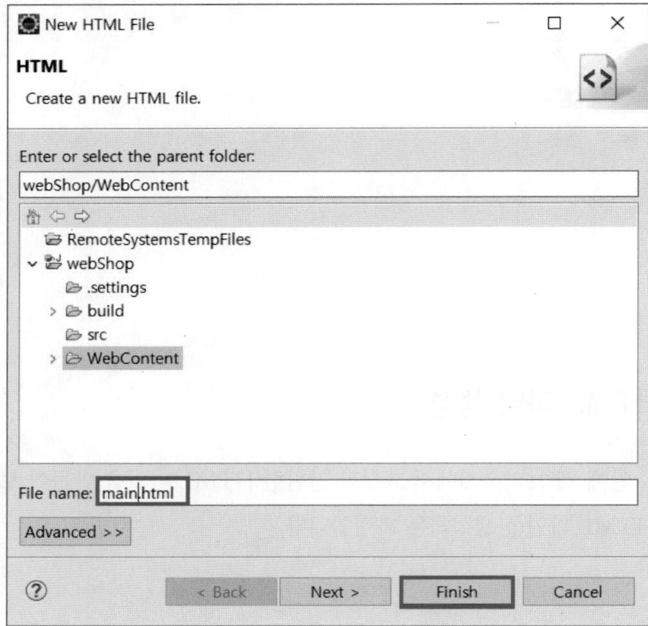

3. main.html 파일에 다음과 같이 간단한 HTML 코드를 작성한 후 Ctrl+S를 눌러 저장합니다.

▼ 그림 4-34 이클립스에서 main.html 파일 작성 후 저장

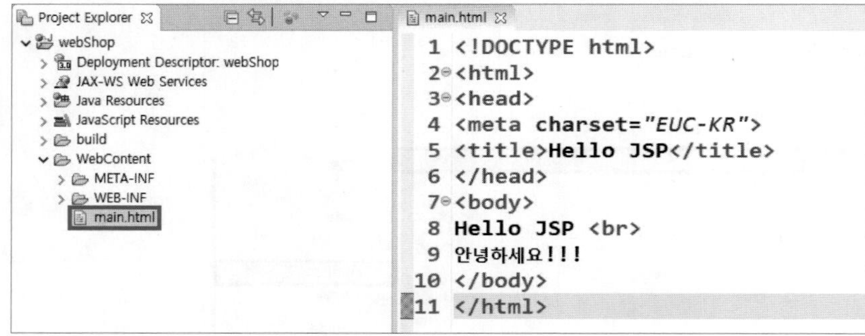

4.4.3 이클립스와 톰캣 연동

이제 이클립스에서 만든 프로젝트를 톰캣 컨테이너에 등록한 후 실행하면 됩니다. 이클립스는 통합 개발 환경 도구이므로 앞 절에서 실습했듯이 일일이 직접 만들 필요 없이 이클립스에서 설정만 해주면 됩니다. 그러면 이클립스에서 자동으로 톰캣에 프로젝트를 등록시켜줍니다. 지금부터는 이클립스에서 톰캣과 어떻게 연동하는지 그 과정을 살펴보겠습니다.

1. 이클립스 하단의 Servers 탭을 선택하고 마우스 오른쪽 버튼을 클릭한 후 New 〉 Server를 선택합니다.

❤ 그림 4-35 Servers 탭에서 New 〉 Server 선택

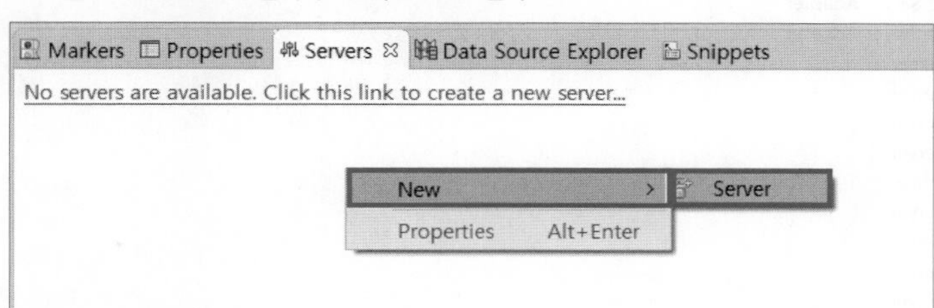

2. 서버 설정창의 Apache 항목에서 Tomcat v9.0 Server를 선택한 후 Next를 클릭합니다.

▼ 그림 4-36 Apache 〉 Tomcat v9.0 Server 선택

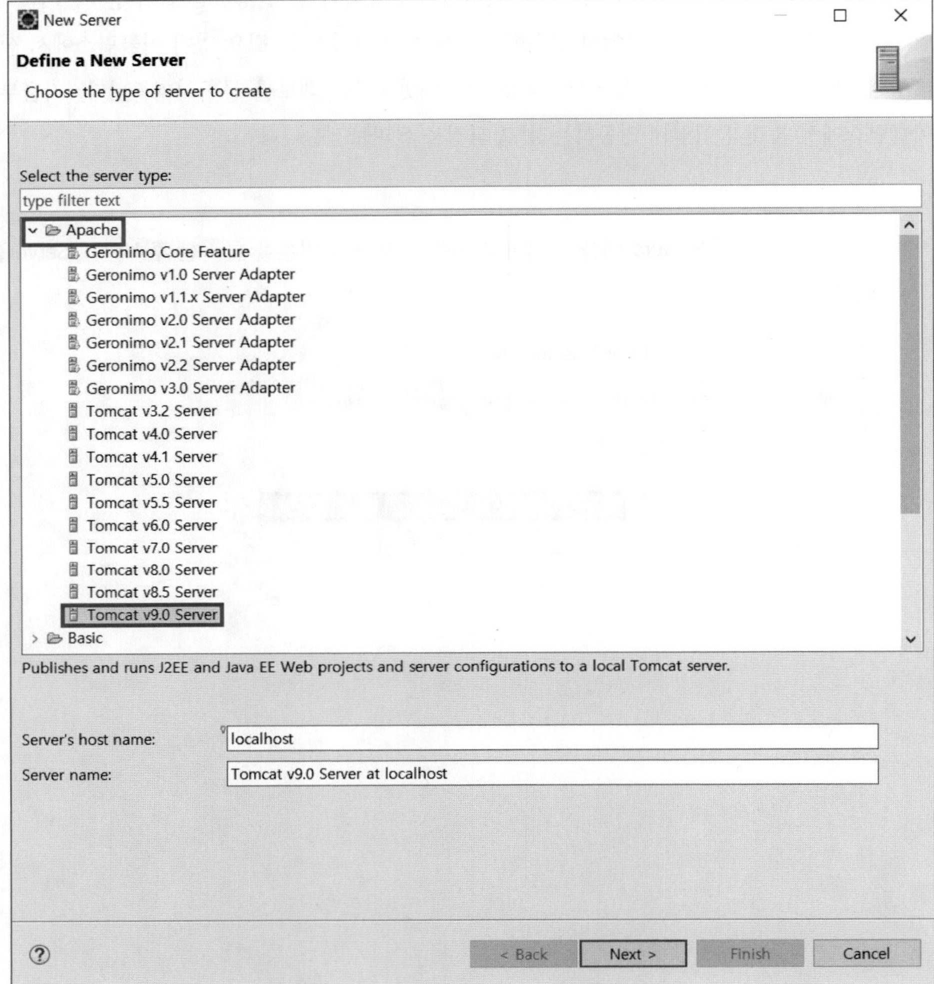

3. 톰캣 설치 디렉터리를 설정하기 위해 **Browse...**를 클릭하여 톰캣 홈 디렉터리(C:\tomcat9) 경로를 선택한 후 **폴더 선택**을 클릭합니다.

▼ 그림 4-37 Browse... 클릭

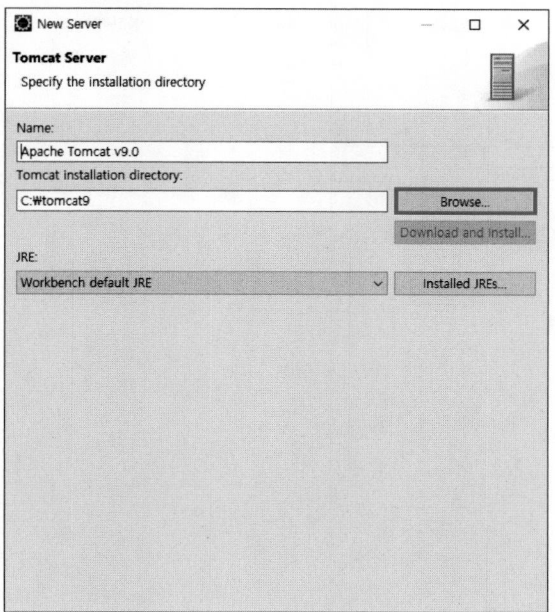

▼ 그림 4-38 톰캣 홈 디렉터리 선택 후 **폴더 선택** 클릭

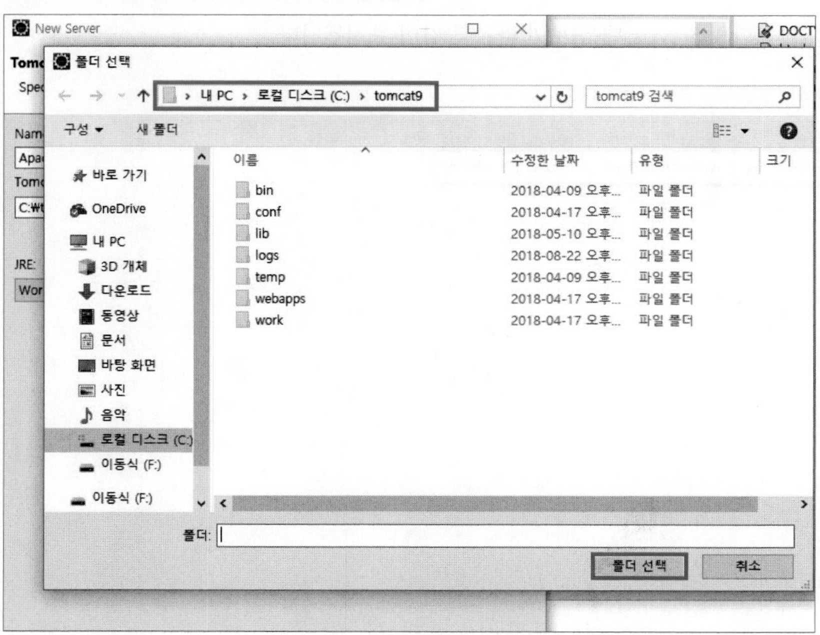

4. 설정 경로를 한 번 더 확인하고 Finish를 클릭합니다.

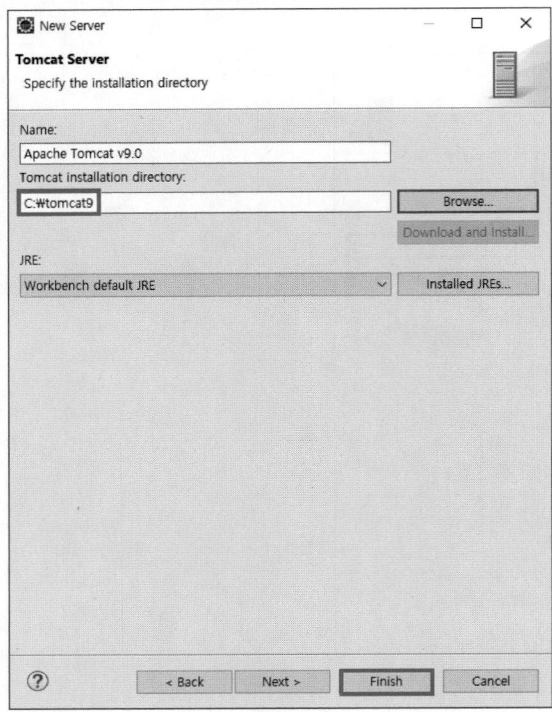

▼ 그림 4-39 C:\tomcat9 설정 경로 확인

5. 이클립스 하단의 Servers 탭을 보면 다음과 같이 표시됩니다.

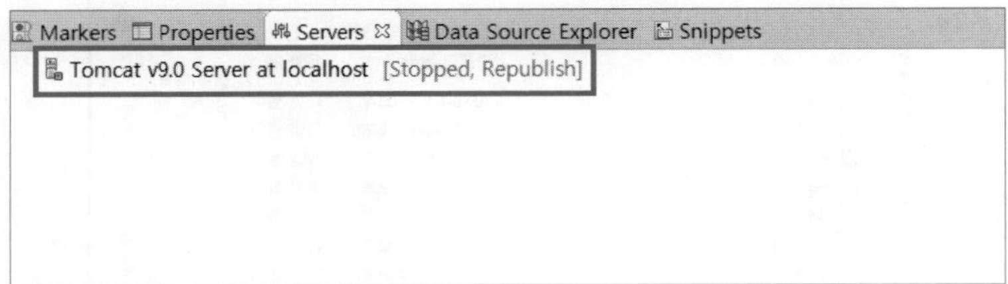

▼ 그림 4-40 Server 탭에 생성된 톰캣

6. 이클립스에서 톰캣 컨테이너를 추가하면 다음과 같이 프로젝트 탐색기에 Servers 항목이 추가되면서 톰캣과 관련된 xml 파일들이 나타납니다. 이클립스에서 톰캣 컨테이너를 설정할 때 톰캣 루트 디렉터리에 있던 여러 가지 xml 설정 파일들이 이클립스 Project Explorer 상단에 자동으로 복사된 것입니다. 앞서 직접 편집기를 이용해서 실습했을 때 사용한 server.xml도 보이네요.

❤ 그림 4-41 이클립스에 생성된 톰캣의 여러 가지 설정 파일들

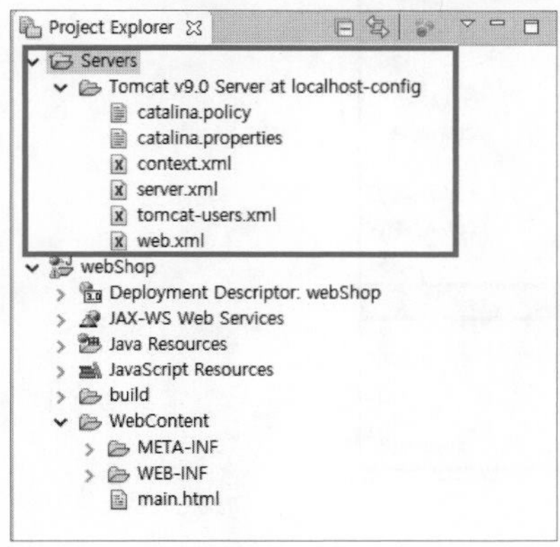

4.4.4 이클립스와 연동한 톰캣에 프로젝트 등록

계속해서 이클립스에서 연동하는 톰캣에 프로젝트를 등록하는 과정을 살펴봅시다. 앞에서는 server.xml에 직접 등록했었지만 이보다 더 쉽게 간단한 메뉴 설정으로 등록할 수 있습니다.

1. Servers 탭 아래에 등록된 톰캣 서버 Tomcat v9.0 Server at localhost [Stopped]를 선택한 후 마우스 오른쪽 버튼을 클릭하여 Add and Remove를 선택합니다.

▼ 그림 4-42 Servers 탭에서 마우스 오른쪽 버튼 클릭하여 Add and Remove 선택

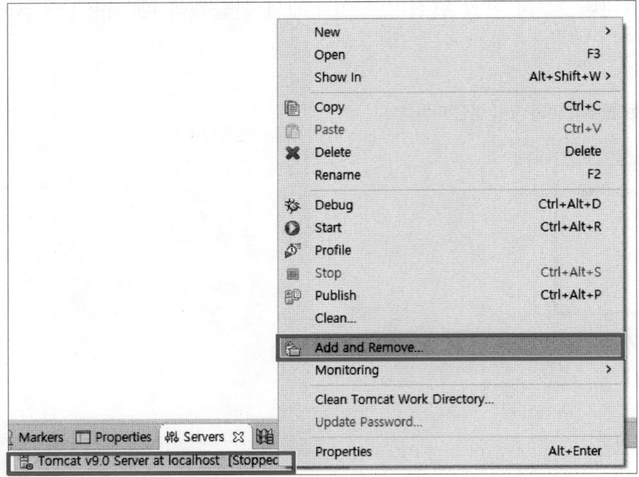

2. 추가할 프로젝트, 즉 여기서는 webShop을 선택한 후 Add를 클릭해 톰캣에 추가(등록)합니다. 이어서 Finish를 클릭하여 등록을 마칩니다.

▼ 그림 4-43 webShop을 선택하고 Add 클릭 후 Finish 클릭

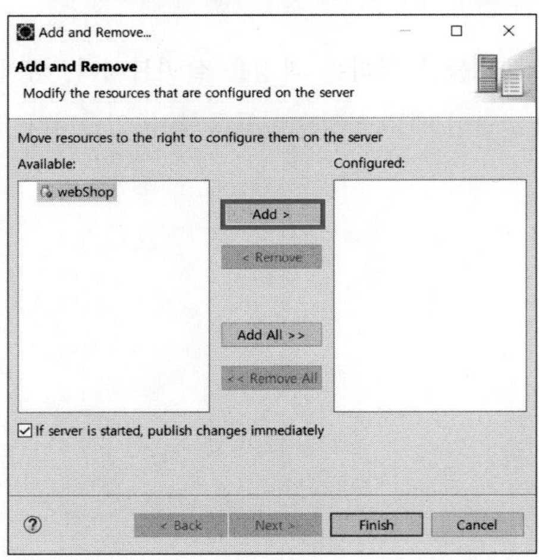

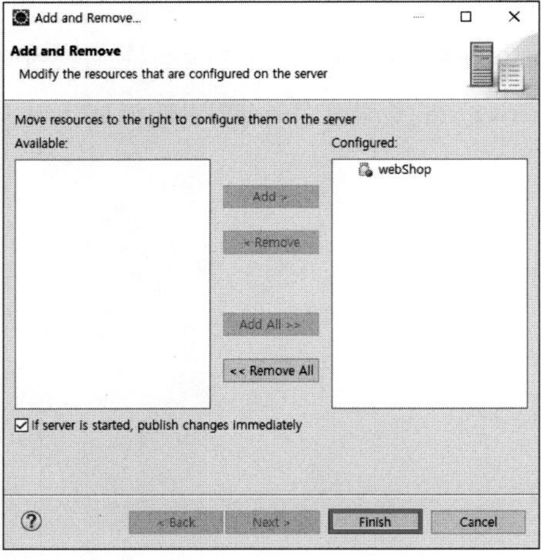

3. 톰캣 서버에 webShop 프로젝트가 등록된 것을 확인할 수 있습니다.

▼ 그림 4-44 톰캣에 추가된 webShop 프로젝트

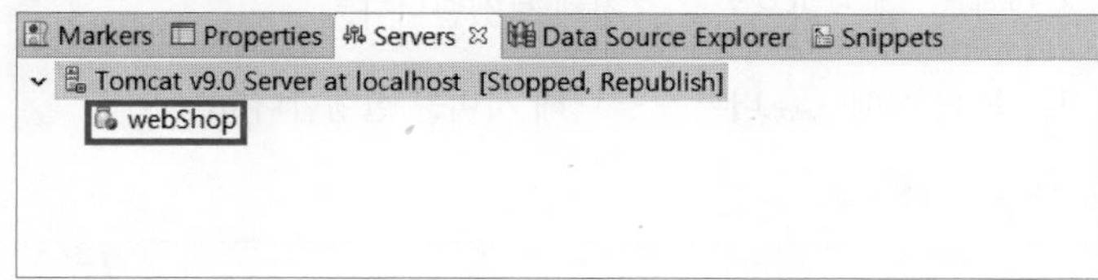

4. server.xml을 더블클릭하여 이클립스에서 열고 하단의 Source 탭을 클릭합니다. 스크롤을 내려 <Context> 태그 부분을 보면 프로젝트에 대한 컨텍스트가 자동으로 추가된 것을 확인할 수 있습니다. 이클립스에서 자동으로 추가되는 컨텍스트 이름은 프로젝트 이름과 동일하게 설정됩니다. 여기서는 webShop으로 잘 등록되었네요.

▼ 그림 4-45 톰캣의 server.xml에 컨텍스트로 등록된 프로젝트

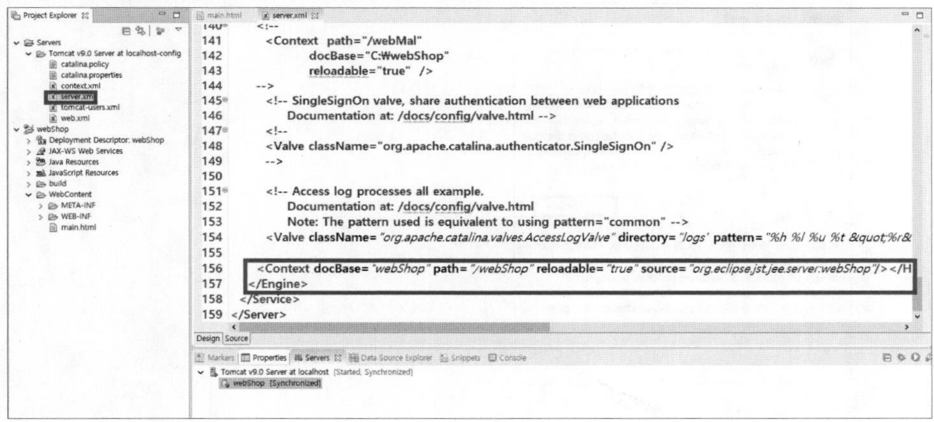

4.4.5 웹 브라우저에서 요청하기

이제 이클립스에서 톰캣을 실행한 후 웹 브라우저로 요청해 보겠습니다.

1. Servers 탭 오른쪽에 있는 녹색 실행(▶) 버튼을 클릭해 서버를 실행합니다.

▼ 그림 4-46 Server 탭 오른쪽 녹색 버튼 클릭

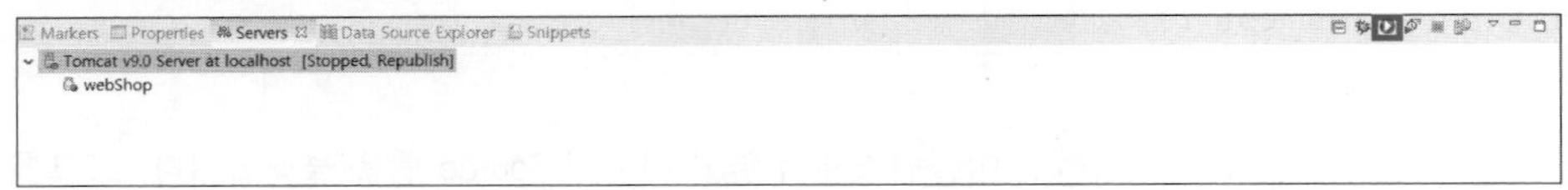

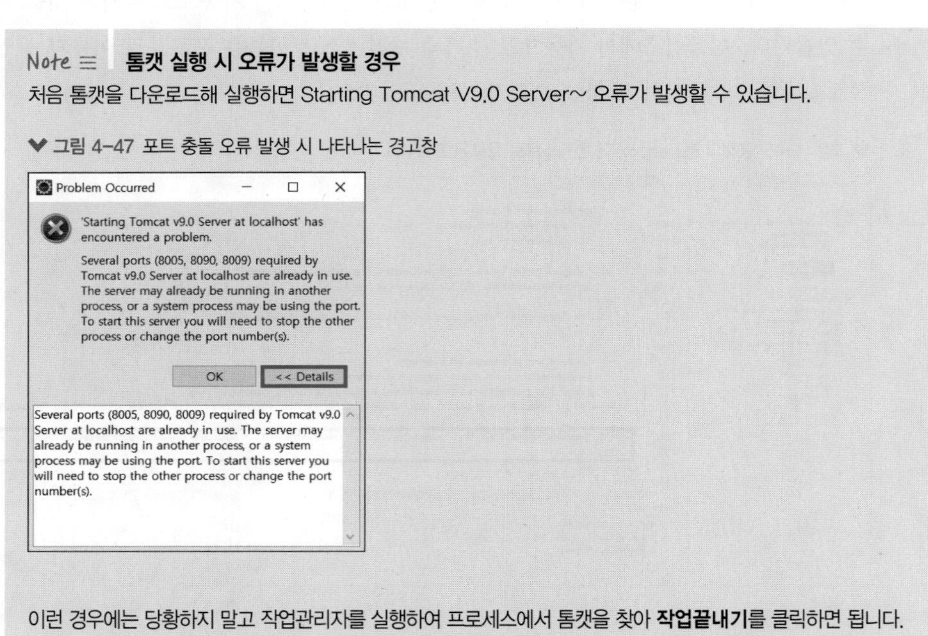

Note ≡ **톰캣 실행 시 오류가 발생할 경우**

처음 톰캣을 다운로드해 실행하면 Starting Tomcat V9.0 Server~ 오류가 발생할 수 있습니다.

▼ 그림 4-47 포트 충돌 오류 발생 시 나타나는 경고창

이런 경우에는 당황하지 말고 작업관리자를 실행하여 프로세스에서 톰캣을 찾아 **작업끝내기**를 클릭하면 됩니다.

2. 다음과 같은 보안 경고창이 나타나면 **액세스 허용**을 클릭합니다.

▼ 그림 4-48 **액세스 허용** 클릭하여 진행

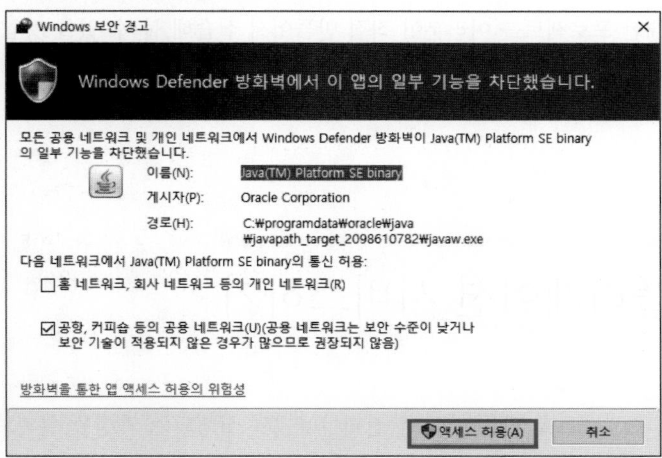

3. 그러면 다음과 같이 이클립스 Console 탭에 로그가 출력되면서 톰캣이 실행됩니다.

▼ 그림 4-49 톰캣이 실행되며 출력되는 로그들

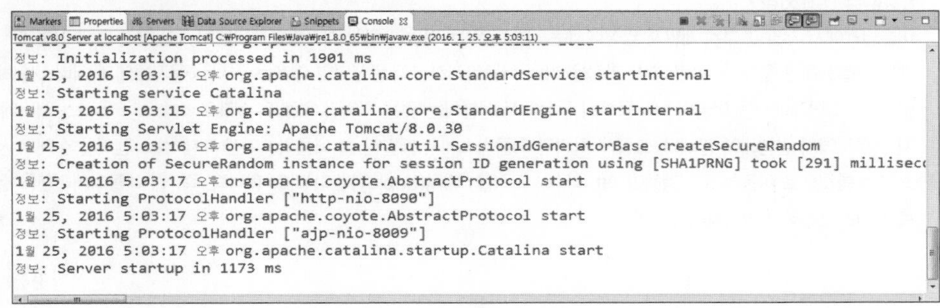

4. 이제 웹 브라우저에서 다음 주소로 요청하면 브라우저에 메시지가 출력됩니다.

- http://localhost:8090/webShop/main.html

▼ 그림 4-50 톰캣 실행 후 웹 브라우저에서 요청한 결과: 메시지 출력

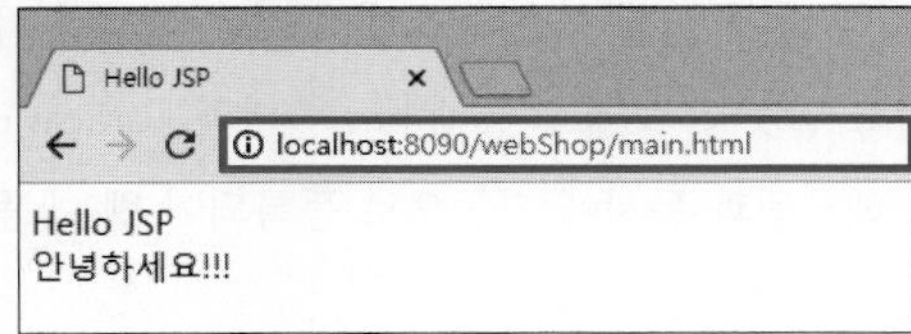

지금까지는 이클립스에서 웹 프로젝트를 만들고 톰캣에 등록한 후 브라우저로 요청하는 과정을 실습했습니다.

그럼 이제부터는 각 장에 대한 프로젝트를 여러분이 직접 만들어서 실습해 볼 수 있을 것입니다. 이 과정은 이후의 실습에도 반복되는 과정이므로 여러 번 복습하여 익혀 두기 바랍니다.

JAVA WEB

4.5 웹 애플리케이션 서비스하기

앞 절에서는 이클립스에서 프로젝트를 만들어 톰캣 컨테이너에서 실행되는 과정을 살펴보았습니다. 이번에는 이클립스에서 개발한 웹 애플리케이션을 실제 사용자에게 서비스하기 위해 배치(deploy)하는 방법을 알아보겠습니다.

> Note **배치란?**
> 이클립스에서 개발할 경우 개발자 입장에서는 자신이 만든 기능이 정상적으로 실행되는지 확인하기 위해 빈번하게 톰캣을 재실행하곤 합니다. 이런 개발 과정을 거쳐 애플리케이션이 완성되면 이제는 실제 사용자들에게 서비스를 해야 합니다. 그 단계에서는 이클립스에 등록된 톰캣에서 실행하는 것은 의미가 없겠죠. 실제로 리눅스나 유닉스 서버에 설치된 톰캣에서 실행해야 합니다. 그렇게 하려면 이클립스에서 개발한 웹 애플리케이션 예제 소스 전체를 실제로 서비스하는 톰캣으로 이동하여 실행해야 합니다. 이 과정을 **"배치(deploy)한다"**라고 합니다. 즉, 웹 애플리케이션을 실제로 서비스한다라는 의미입니다.

4.5.1 톰캣에 배치하기

실제로 웹 애플리케이션 개발은 개발 환경이 편리한 이클립스 같은 개발 도구에서 진행합니다. 개발을 마친 후에는 프로젝트를 war 압축 파일로 만든 후 FTP를 이용해 톰캣이 미리 설치된 리눅스나 유닉스 같은 운영 서버에 업로드합니다. 그리고 텔넷(telnet)을 이용해 bin 폴더의 Tomcat.exe을 다시 실행하면 톰캣 실행 시 war 파일의 압축이 해제됨과 동시에 자동으로 등록되어 웹 애플리케이션이 실행됩니다.

지금부터 이클립스에서 배치할 프로젝트를 war 압축 파일로 만들고 톰캣 컨테이너의 webapps 폴더에 저장해 보겠습니다.

1. 이클립스 상단 메뉴에서 File 〉 Export...를 선택합니다.

▼ 그림 4-51 File 〉 Export... 선택

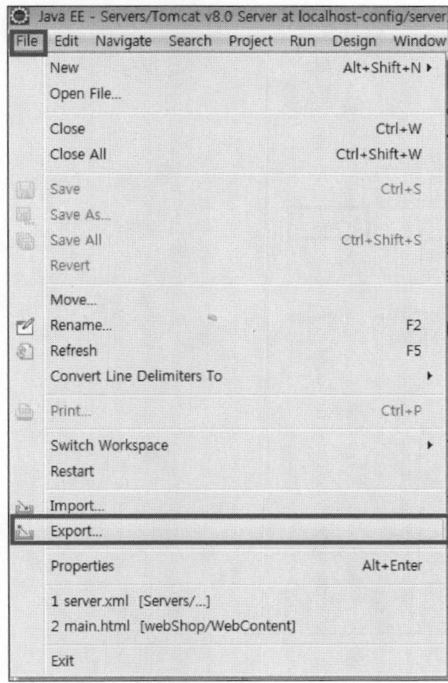

2. Web 항목의 WAR file을 선택한 후 Next를 클릭합니다.

▼ 그림 4-52 Web 항목의 WAR file 선택

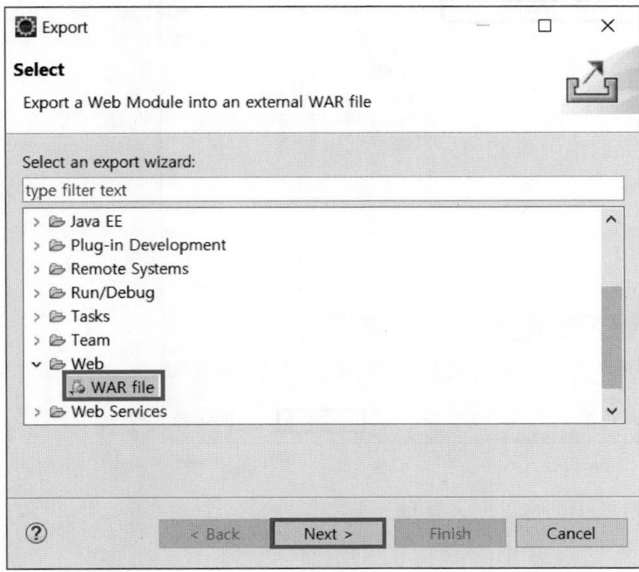

3. Browse...를 클릭해 war 파일을 저장할 위치를 지정합니다.

▼ 그림 4-53 Browse... 클릭해 war 파일 저장 위치 지정

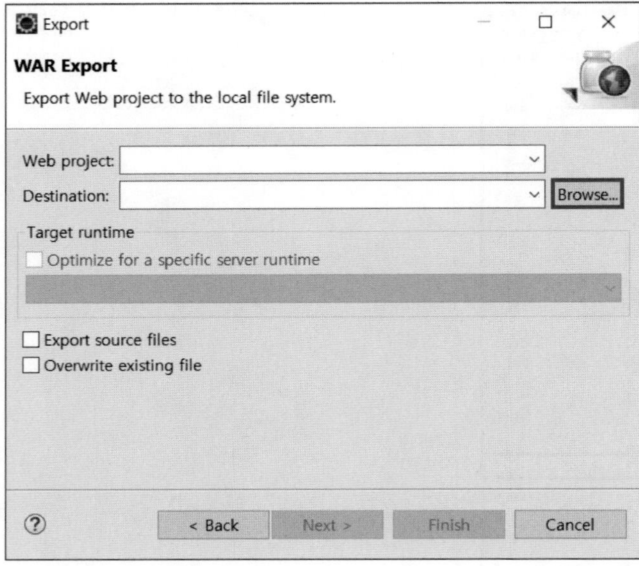

4. 톰캣 폴더의 webapps 디렉터리를 지정하고 webShop.war라는 파일 이름으로 저장합니다.

▼ 그림 4-54 webapps 디렉터리에 war 파일 저장

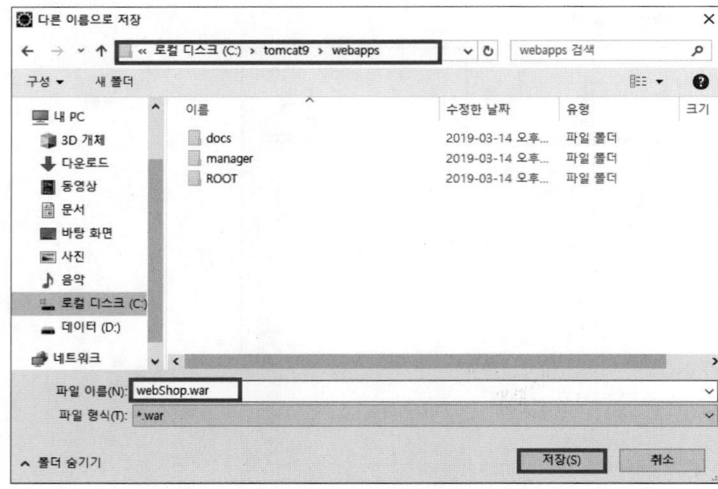

5. 지정한 war 파일의 경로를 최종 확인한 후 **Finish**를 클릭해 war 파일을 내보냅니다(export).

▼ 그림 4-55 war 파일 내보내기

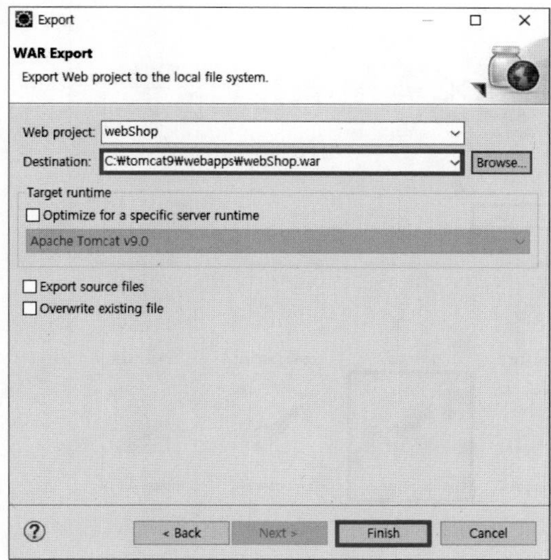

6. 톰캣 디렉터리의 webapps 폴더를 보면 war 파일이 생긴 것을 확인할 수 있습니다.

▼ 그림 4-56 war 파일 생성 확인

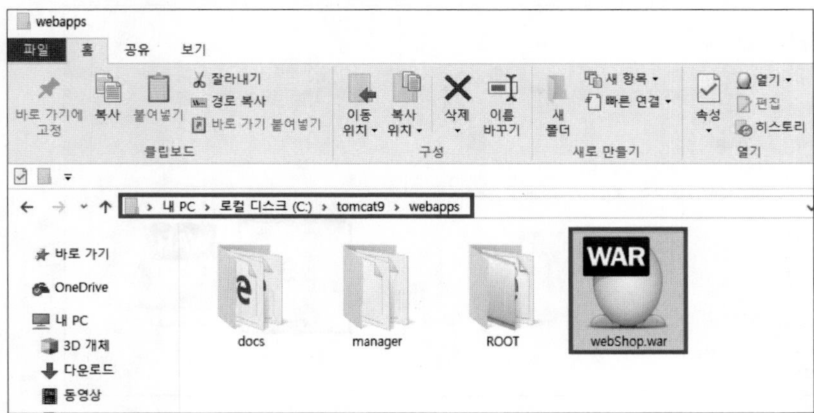

7. 톰캣 루트 디렉터리 하위의 bin 폴더에서 **Tomcat9.exe**를 더블클릭하여 실행합니다.

▼ 그림 4-57 **Tomcat9.exe** 더블클릭해 실행

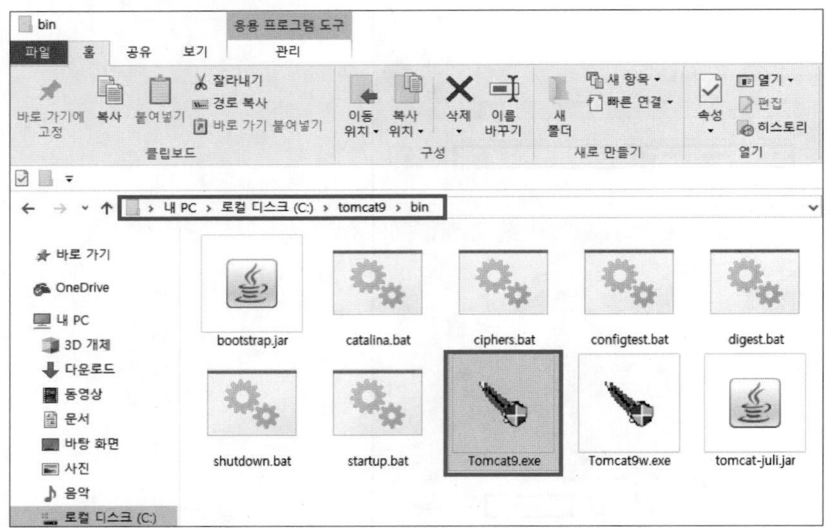

8. 톰캣은 webapps의 war 파일 압축을 해제함과 동시에 자동으로 컨텍스트로 등록합니다.

▼ 그림 4-58 webShop.war 압축 해제 후 웹 애플리케이션 자동 등록

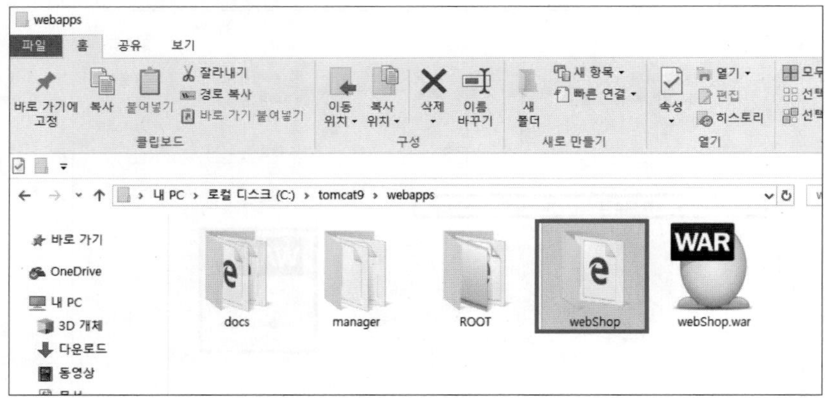

Tip webShop.war를 배치하면 webShop 폴더가 생성되므로 4.3절에서 수동으로 생성한 webShop 폴더는 삭제해야 합니다.

9. 압축을 해제한 webShop 폴더를 확인해 보면 이클립스에서 생성한 WEB-INF 폴더와 main.html 파일이 보입니다.

▼ 그림 4-59 webShop 폴더에서 WEB-INF 폴더와 main.html 파일 확인

10. 이제 웹 브라우저에서 다음과 같이 컨텍스트 이름으로 요청하면 앞의 이클립스에서 실습한 것과 동일한 메시지가 출력됩니다.

- http://localhost:8090/webShop/main.html

▼ 그림 4-60 브라우저 요청 결과

지금까지 이클립스에서 만든 webShop.war를 톰캣이 자동으로 등록해서 실행하는 과정을 알아봤습니다. 앞에서 언급했듯이 톰캣의 webspps 폴더에 위치하는 웹 애플리케이션은 직접 server.xml에 등록하지 않아도 톰캣 실행 시 자동으로 등록됩니다. 따라서 webShop.war를 미리 webapps 폴더에 위치시킨 후 톰캣을 실행하면 톰캣이 알아서 압축을 해제한 후 생성된 웹 애플리케이션을 자동으로 등록해 줍니다.

이클립스에서 프로젝트(웹 애플리케이션)를 만들어 톰캣 컨테이너와 연동해 보았고, 실제 프로젝트를 실행한 후 웹 브라우저로 요청해서 메시지를 출력해 보았습니다. 또 개발이 완료된 프로젝트를 쉽게 배치하는 방법도 알아보았습니다. 다음 장부터는 서블릿에 대해 살펴보겠습니다.

Note **이클립스에서 HTML 파일과 JSP 파일의 한글 인코딩 UTF-8로 설정하기**

이클립스에서 HTML 파일이나 JSP 파일을 생성하면 한글 인코딩이 EUC-KR로 설정됩니다. 이를 UTF-8로 자동으로 설정되도록 해보겠습니다.

1. 이클립스 상단 메뉴의 **Window 〉 Preference**를 클릭하여 속성창을 엽니다.

▼ 그림 4-61 이클립스 속성창 열기

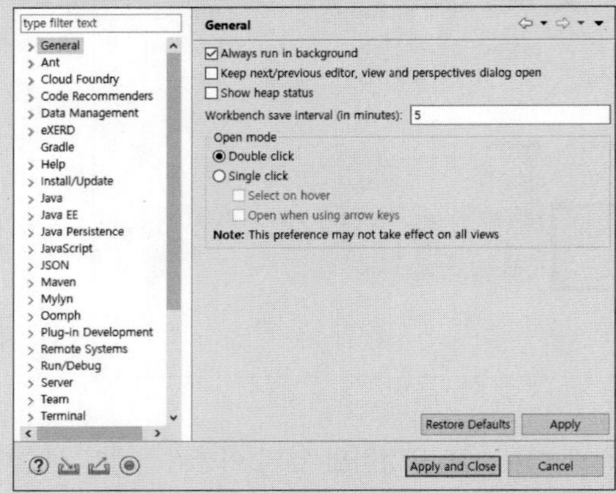

2. 속성창 왼쪽 메뉴에 있는 **Web 〉 HTML Files**를 선택한 후 Encoding을 **UTF-8**로 변경합니다.

▼ 그림 4-62 HTML 파일 인코딩을 **UTF-8**로 변경

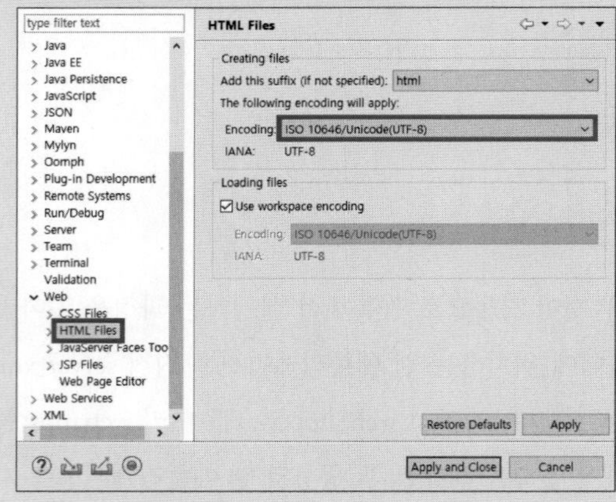

3. 마찬가지로 **JSP Files**을 선택한 후 Encoding을 **UTF-8**로 변경하고 **Apply and Close**를 클릭합니다.

▼ 그림 4-63 JSP 파일 인코딩을 **UTF-8**로 변경

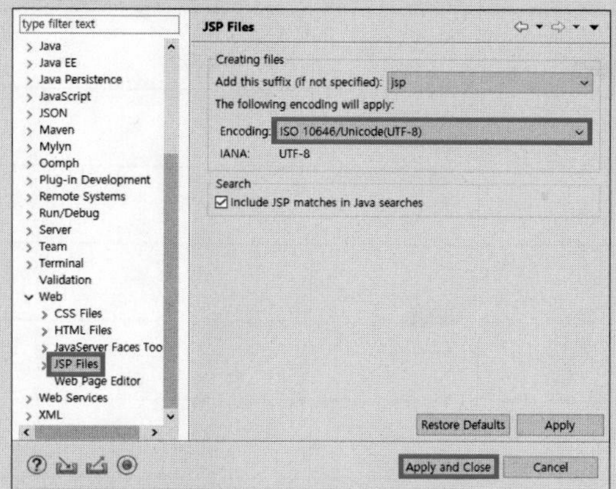

4. 프로젝트에서 test.html을 생성하면 charset이 UTF-8로 설정된 것을 확인할 수 있습니다.

▼ 그림 4-64 HTML 파일에 자동으로 UTF-8 인코딩 적용 완료

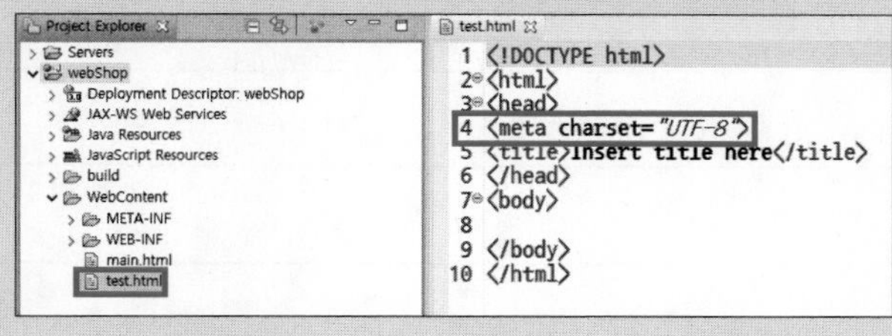

5장

서블릿 이해하기

정적 웹 페이지의 문제점을 보완하여 나온 것이 동적 웹 페이지를 구현하는 JSP라고 했습니다. 그러나 사실 동적 웹 페이지를 처음으로 구현한 방법은 JSP가 아니었습니다. 초기 동적 웹 페이지들은 이 장에서 배울 서블릿(Servlet, 자바로 만든 CGI 프로그램)을 이용해서 구현했습니다.

그리고 이 서블릿의 문제점을 보완하여 나온 것이 JSP입니다. JSP의 많은 기능은 서블릿의 기능을 따르므로 서블릿을 먼저 이해하고 나면 JSP를 좀더 수월하게 이해할 수 있을 것입니다. 실제 웹 애플리케이션을 개발할 때도 JSP와 서블릿이 각자의 고유한 역할을 나누어 기능을 구현하고 있습니다. 이 장에서는 서블릿에 대한 기본적인 내용을 실습을 통해 알아보겠습니다.

JAVA WEB

5.1 서블릿이란?

서블릿은 서버 쪽에서 실행되면서 클라이언트의 요청에 따라 동적으로 서비스를 제공하는 자바 클래스입니다. 서블릿은 자바로 작성되어 있으므로 자바의 일반적인 특징을 모두 가집니다. 하지만 서블릿은 일반 자바 프로그램과 다르게 독자적으로 실행되지 못하고 톰캣과 같은 JSP/Servlet 컨테이너에서 실행된다는 점에서 차이가 있습니다.

▼ 그림 5-1 자바 서블릿

Note ≡ 이 책에서는 JSP/Servlet 컨테이너로 자바 기반 오픈 소스로 제공되는 톰캣을 사용합니다. 그 외 자바 기반의 JEUS와 Web Logic, 웹스피어(WebShpere)는 IBM 등 특정 소프트웨어 회사가 개발해서 유료로 제공하는 JSP/Servlet 컨테이너도 있습니다. 또 다른 자바 기반 오픈 소스 JSP/Servlet 컨테이너로 JBOSS는 지금은 거의 사용하지 않는 EJB 컨테이너 기능도 제공합니다.

서블릿은 서버에서 실행되다가 웹 브라우저에서 요청을 하면 해당 기능을 수행한 후 웹 브라우저에 결과를 전송합니다. 서버에서 실행되므로 보안과 관련된 기능도 훨씬 안전하게 수행할 수 있습니다.

그림 5-2에 서블릿의 동작 과정을 나타내었습니다.

❤ 그림 5-2 서블릿 동작 과정

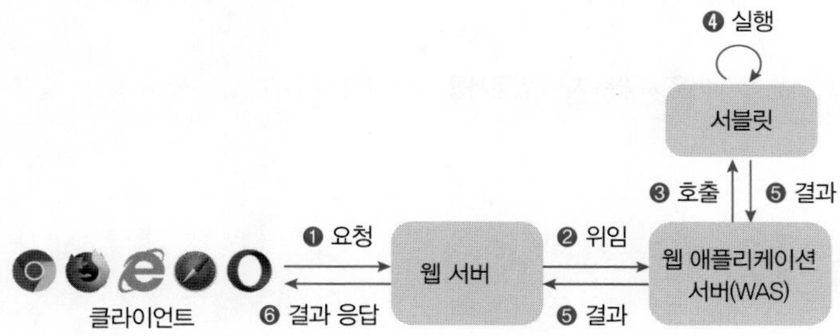

클라이언트가 웹 서버에 요청하면 웹 서버는 그 요청을 톰캣과 같은 웹 애플리케이션 서버(WAS)에 위임합니다. 그러면 WAS는 각 요청에 해당하는 서블릿을 실행합니다. 그리고 서블릿은 요청에 대한 기능을 수행한 후 결과를 반환하여 클라이언트에 전송하죠.

그럼 서블릿은 어떤 기능이 있는지 알아볼까요? 그림 5-2를 보면 단순히 고정된 정보를 브라우저에 보여주는 용도는 웹 서버로도 충분합니다. 그러나 쇼핑몰 화면에 실시간으로 변하는 상품의 할인 가격을 보여주려면 상품의 할인 가격을 데이터베이스에서 가져오는 기능이나 직접 계산하는 기능이 필요합니다. 따라서 그런 기능을 서버 쪽에서 서블릿이 처리해 주면 상품 할인 가격 표시처럼 웹 페이지에서 동적으로 변하는 정보를 효과적으로 다룰 수 있습니다.

그 외 서블릿은 다음과 같은 특징이 있습니다.

- 서버 쪽에서 실행되면서 기능을 수행합니다.
- 기존의 정적인 웹 프로그램의 문제점을 보완하여 동적인 여러 가지 기능을 제공합니다.
- 스레드 방식으로 실행됩니다.
- 자바로 만들어져 자바의 특징(객체 지향)을 가집니다.
- 컨테이너에서 실행됩니다.
- 컨테이너 종류에 상관없이 실행됩니다(플랫폼 독립적).
- 보안 기능을 적용하기 쉽습니다.
- 웹 브라우저에서 요청 시 기능을 수행합니다.

5.2 서블릿 API 계층 구조와 기능

서블릿은 자바로 만들어졌으므로 당연히 클래스들 간의 계층 구조를 가집니다. 그림 5-3에 서블릿 관련 클래스들의 계층 구조를 나타내었습니다.

> Tip ☆ 인터페이스와 추상 클래스 개념이 어려운 사람은 자바 입문서를 다시 보기 바랍니다.

▼ 그림 5-3 서블릿 클래스 계층 구조

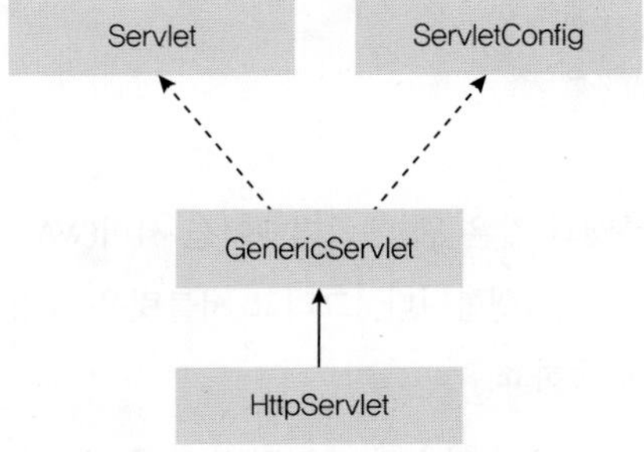

서블릿 API는 `Servlet`과 `ServletConfig` 인터페이스를 구현해 제공하며 `GenericServlet` 추상 클래스가 이 두 인터페이스의 추상 메서드를 구현합니다. 그리고 이 `GenericServlet`을 다시 `HttpServlet`이 상속받습니다.

5.2.1 서블릿 API 기능

표 5-1에 서블릿 API를 구성하는 여러 구성 요소들의 특징을 정리했습니다.

▼ 표 5-1 서블릿 API 구성 요소 특징

서블릿 구성 요소	기능
`Servlet` 인터페이스	• `javax.servlet` 패키지에 선언되어 있습니다. • Servlet 관련 추상 메서드를 선언합니다. • `init()`, `service()`, `destroy()`, `getServletInfo()`, `getServletConfig()`를 선언합니다.

서블릿 구성 요소	기능
ServletConfig 인터페이스	• javax.servlet 패키지에 선언되어 있습니다. • Servlet 기능 관련 추상 메서드가 선언되어 있습니다. • getInitParameter(), getInitParameterNames(), getServletContext(), getServletName()이 선언되어 있습니다.
GenericServlet 클래스	• javax.servlet 패키지에 선언되어 있습니다. • 상위 두 인터페이스를 구현하여 일반적인 서블릿 기능을 구현한 클래스입니다. • GenericServlet을 상속받아 구현한 사용자 서블릿은 사용되는 프로토콜에 따라 각각 service()를 오버라이딩해서 구현합니다.
HttpServlet 클래스	• javax.servlet.http 패키지에 선언되어 있습니다. • GenericServlet을 상속받아 HTTP 프로토콜을 사용하는 웹 브라우저에서 서블릿 기능을 수행합니다. • 웹 브라우저 기반 서비스를 제공하는 서블릿을 만들 때 상속받아 사용합니다. • 요청 시 service()가 호출되면서 요청 방식에 따라 doGet()이나 doPost()가 차례대로 호출됩니다.

GenericServlet은 일반적인 여러 통신 프로토콜에 대한 클라이언트/서버 프로그램에서 서블릿 기능을 구현하는 클래스입니다. HttpServlet은 이 GenericServlet을 상속받습니다. HttpServlet은 이름에서 알 수 있듯이 HTTP 프로토콜을 사용하는 서블릿 기능을 구현하는 클래스입니다. 바로 이 HttpServlet을 상속받아 HTTP 프로토콜로 동작하는 웹 브라우저의 요청을 처리하는 서블릿이 바로 이 책에서 만들어 사용할 서블릿입니다. 그 외 다른 서블릿 구성 요소들의 기능은 API 문서를 참고하기 바랍니다.

표 5-2에 HttpServlet의 주요 메서드와 그 기능을 정리했습니다.

▼ 표 5-2 HttpServlet의 여러 가지 메서드 기능

메서드	기능
protected doDelete(HttpServletRequest req, HttpServletResponse resp)	서블릿이 DELETE request를 수행하기 위해 service()를 통해서 호출됩니다.
protected doGet(HttpServletRequest req, HttpServletResponse resp)	서블릿이 GET request를 수행하기 위해 service()를 통해서 호출됩니다.
protected doHead(HttpServletRequest req, HttpServletResponse resp)	서블릿이 HEAD request를 수행하기 위해 service()를 통해서 호출됩니다.
protected doPost(HttpServletRequest req, HttpServletResponse resp)	서블릿이 POST request를 수행하기 위해 service()를 통해서 호출됩니다.

메서드	기능
protected service (SerlvetRequest req, ServletResponse resp)	request를 public service()에서 전달받아 doXXX() 메서드를 호출합니다.
public service (SerlvetRequest req, ServletResponse resp)	클라이언트의 request를 protected service()에게 전달합니다.

표를 자세히 보면 클라이언트 요청 시 public service() 메서드를 먼저 호출한 후 다시 protected service() 메서드를 호출합니다. 그런 다음 다시 request 종류에 따라 doXXX() 메서드를 호출하는 과정으로 실행됩니다. 자세한 것은 다음 절에서 알아보겠습니다.

JAVA WEB

5.3 서블릿의 생명주기 메서드

5.1절에서는 서블릿의 동작 과정을 살펴보았습니다. 서블릿도 자바 클래스이므로 실행하면 당연히 초기화 과정 그리고 메모리에 인스턴스를 생성하여 서비스를 수행한 후 다시 소멸하는 과정을 거칩니다. 이런 단계를 거칠 때마다 서블릿 클래스의 메서드가 호출되어 초기화, 데이터베이스 연동, 마무리 작업을 수행합니다. 각 과정에서 호출되어 기능을 수행하는 메서드들이 서블릿 생명주기 메서드입니다.

따라서 **서블릿 생명주기**(Life Cycle) **메서드**란 서블릿 실행 단계마다 호출되어 기능을 수행하는 콜백 메서드를 말합니다. 표 5-3에 서블릿의 생명주기 메서드들과 그 특징을 정리했습니다.

▼ 표 5-3 서블릿의 생명주기 메서드 기능

생명주기 단계	호출 메서드	특징
초기화	init()	• 서블릿 요청 시 맨 처음 한 번만 호출됩니다. • 서블릿 생성 시 초기화 작업을 주로 수행합니다.
작업 수행	doGet() doPost()	• 서블릿 요청 시 매번 호출됩니다. • 실제로 클라이언트가 요청하는 작업을 수행합니다.
종료	destroy()	• 서블릿이 기능을 수행하고 메모리에서 소멸될 때 호출됩니다. • 서블릿의 마무리 작업을 주로 수행합니다.

init() 메서드는 실행 초기에 서블릿 기능 수행과 관련된 기능을 설정하는 용도로 많이 사용됩니다. 그리고 destroy()는 서블릿이 메모리에서 소멸될 때 여러 가지 종료 작업을 수행합니다. 따라서 만약 이런 기능이 필요 없으면 생략해도 상관없습니다. 반면에 doGet()이나 doPost()와 같이 **do로 시작하는 메서드는 서블릿의 핵심 기능을 처리하므로 반드시 구현**해야 합니다.

5.4 FirstServlet을 이용한 실습

JAVA WEB

앞 절에서는 서블릿 기능과 각 생명주기 메서드 기능을 알아보았습니다. 이번에는 사용자 정의 서블릿을 실제로 만들어서 서블릿의 동작 과정을 실습해 보겠습니다.

다음은 이클립스에서 서블릿을 만들고 실행하는 과정입니다.

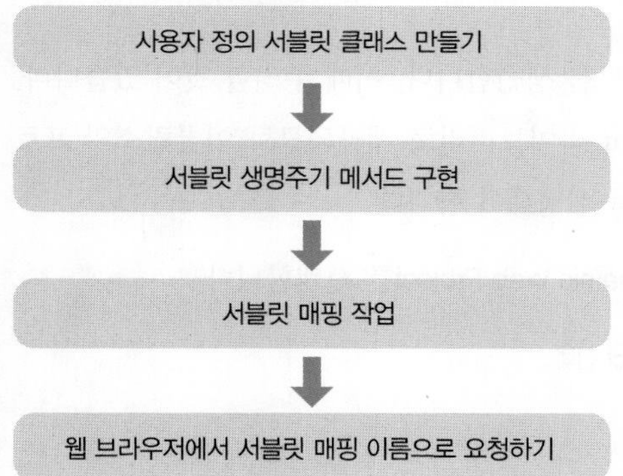

5.4.1 사용자 정의 서블릿 만들기

실제 웹 프로그래밍에서 사용되는 사용자 정의 서블릿은 HttpServlet **클래스를 상속**받아서 만듭니다.

그리고 3개의 생명주기 메서드, 즉 init(), doGet(), destory() 메서드를 오버라이딩해서 기능을 구현합니다.

코드 사용자 정의 서블릿 형식

```
public class FirstServlet extends HttpServlet {
   @Override
   public void init() {
     ...
   }
   @Override
   public void doGet(HttpServletRequest req,HttpServletResponse resp) {
     ...
   }

   @Override
     public void destory() {
         ...
     }
}
```

5.4.2 톰캣의 servlet-api.jar 클래스 패스 설정하기

사용자 정의 서블릿을 실습하기 위해 새로운 프로젝트를 생성합니다. 이때 주의할 것이 있습니다. 앞에서 설명한 서블릿 API들은 톰캣의 servlet-api.jar 라이브러리로 제공되므로 이클립스의 프로젝트에서 서블릿을 사용하려면 반드시 클래스 패스를 설정해야 합니다.

1. 이클립스 상단의 New 아이콘을 클릭한 후 Dynamic Web Project를 선택합니다.

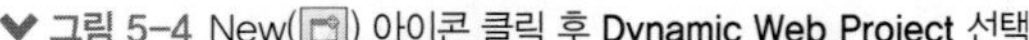

▼ 그림 5-4 New() 아이콘 클릭 후 Dynamic Web Project 선택

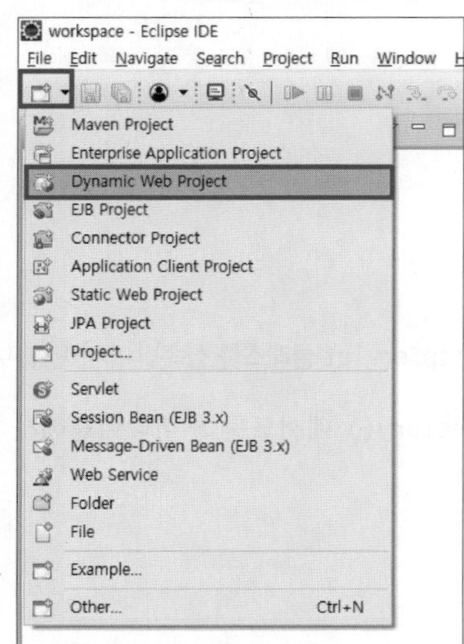

2. 프로젝트 이름을 pro05로 입력한 후 Next를 클릭합니다.

❤ 그림 5-5 프로젝트 이름 입력 후 Next 클릭

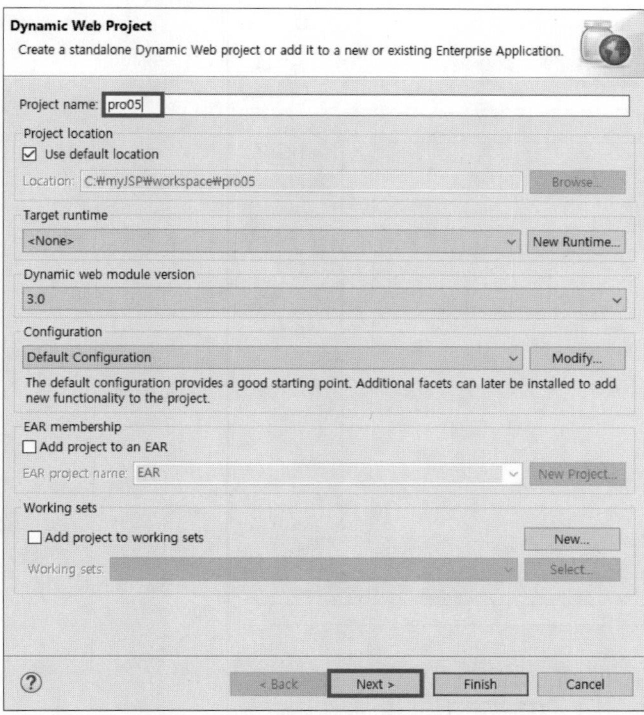

3. 경로를 확인한 후 Next를 클릭합니다.

❤ 그림 5-6 경로 확인 후 Next 클릭

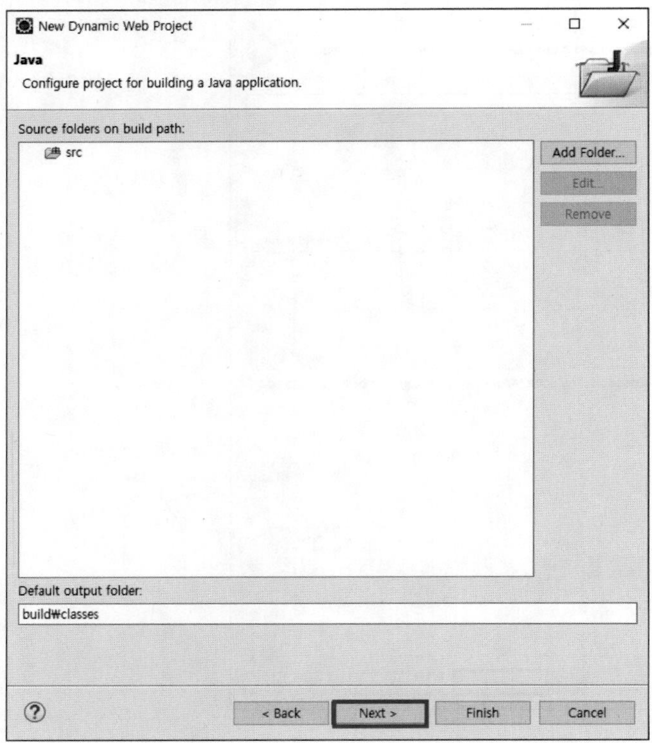

4. Generate web.xml deployment descriptor 옵션의 체크박스에 체크한 후 Finish를 클릭합니다.

▼ 그림 5-7 옵션 체크 후 Finish 클릭

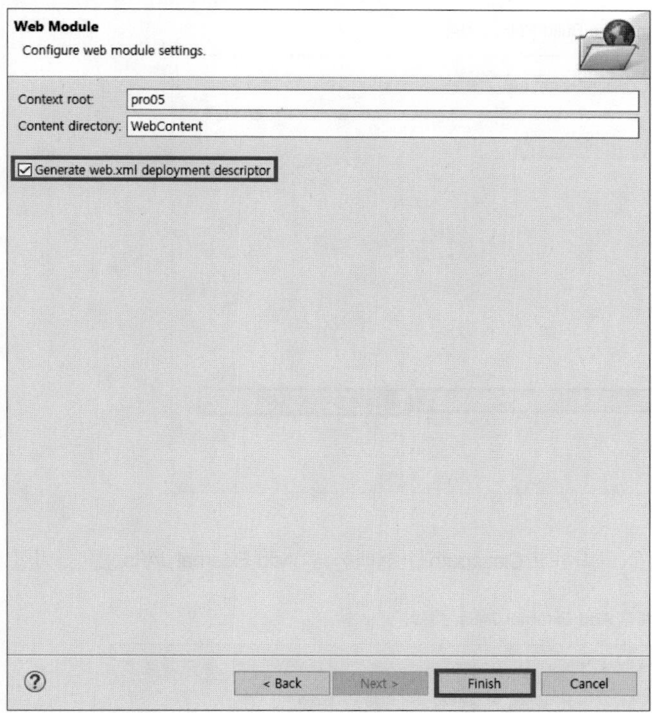

5. 프로젝트 이름을 선택하고 마우스 오른쪽 버튼을 클릭한 후 Build Path 〉 Configure Build Path...를 선택합니다.

▼ 그림 5-8 Build Path 〉 Configure Build Path... 선택

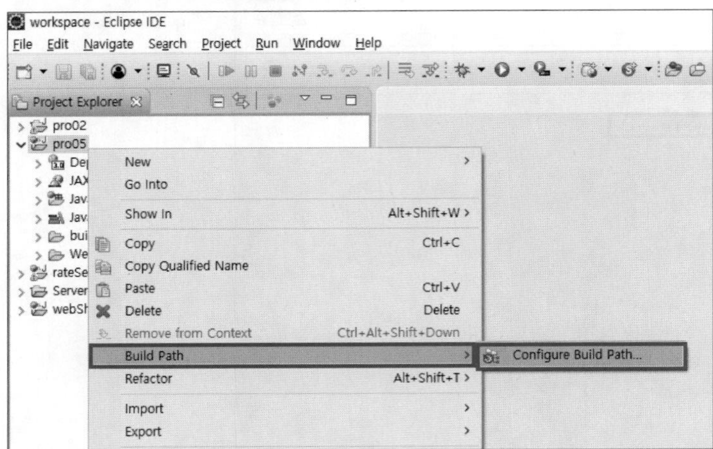

6. 설정창에서 Libraries 탭을 클릭하고 Classpath를 선택한 후 Add External JARs...를 클릭합니다.

▼ 그림 5-9 Libraries 탭 클릭 후 Add External JARs... 클릭

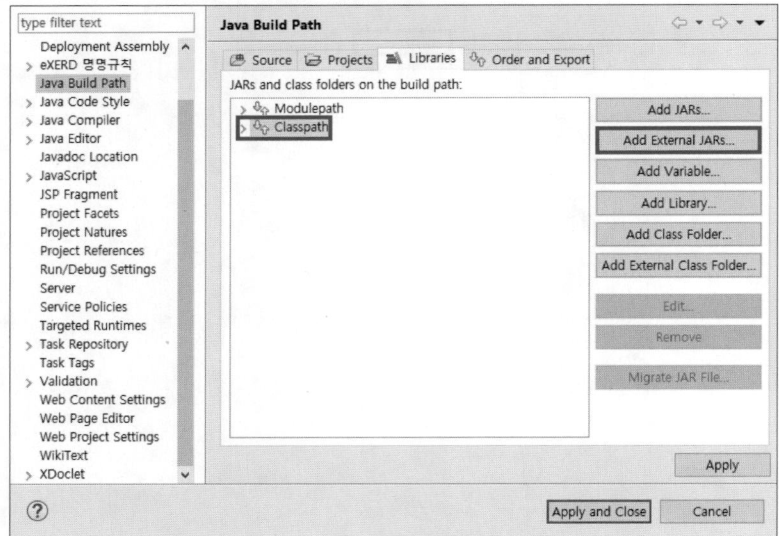

7. CATALINA_HOME(톰캣 루트 디렉터리)의 lib 디렉터리에 있는 **servlet-api.jar**을 선택한 후 **열기**를 클릭합니다.

▼ 그림 5-10 servlet-api.jar 선택 후 열기 클릭

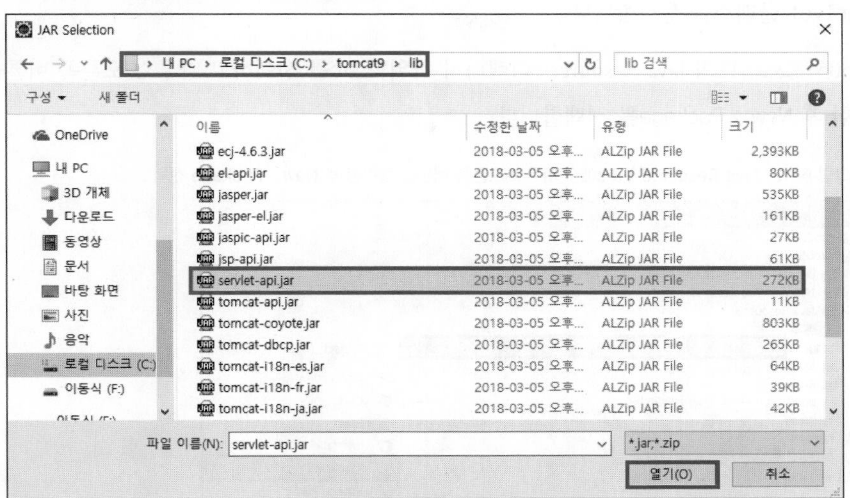

8. servlet-api.jar 클래스의 패스 설정을 확인한 후 **Apply and Close**를 클릭해 종료합니다.

▼ 그림 5-11 servlet-api.jar 클래스 패스 설정 확인 후 Apply and Close 클릭

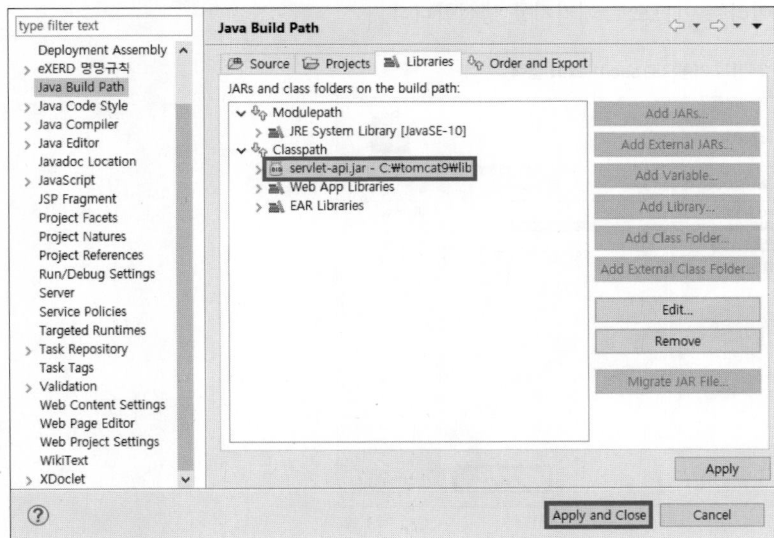

5.4.3 첫 번째 서블릿 만들기

이번에는 실제로 브라우저의 요청을 처리하는 첫 번째 서블릿을 만들어 보겠습니다. 우선 `FirstSerlvet` 클래스를 생성합니다.

1. pro05 프로젝트의 Java Resources 디렉터리 하위의 **src**를 선택하고 마우스 오른쪽 버튼을 클릭한 후 **New 〉 Package**를 선택합니다.

▼ 그림 5-12 **Java Resource 〉 src**에서 마우스 오른쪽 버튼을 클릭한 후 **New 〉 Package** 선택

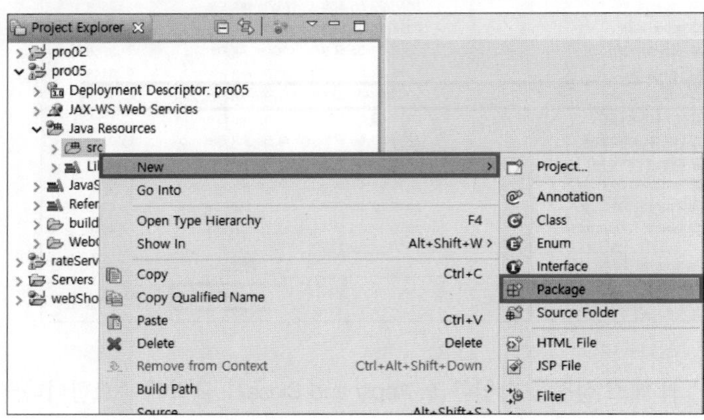

2. **sec01.ex01**이라는 이름으로 패키지를 생성합니다.

▼ 그림 5-13 패키지 이름으로 **sec01.ex01** 입력

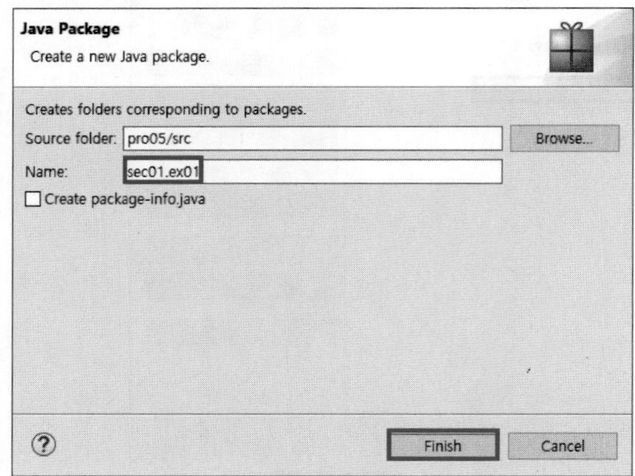

3. Project Explorer에서 src 하위에 sec01.ex01이라는 패지지가 생긴 것을 확인할 수 있습니다.

▼ 그림 5-14 sec01.ex01 패키지 생성 확인

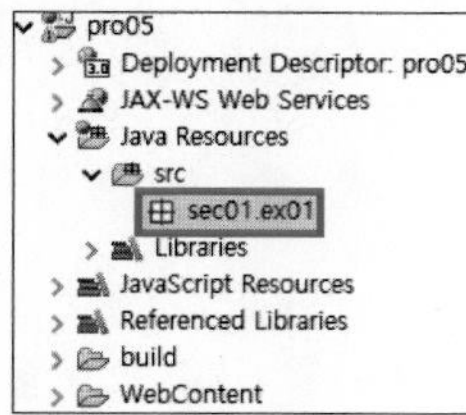

4. 이 패키지 이름 위에서 마우스 오른쪽 버튼을 클릭한 후 New 〉 Class를 선택합니다.

▼ 그림 5-15 마우스 오른쪽 버튼 클릭 후 New 〉 Class 선택

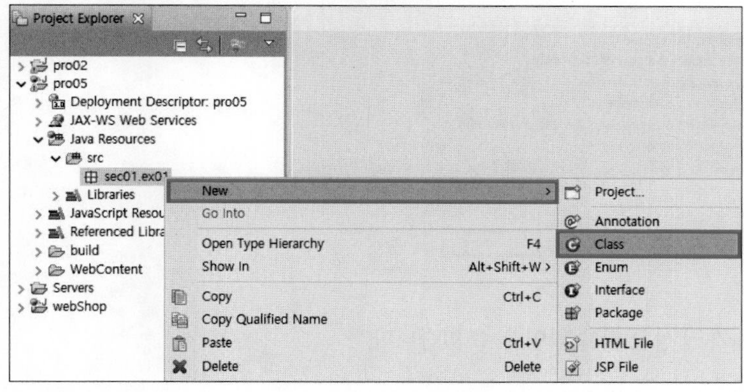

5. 클래스 이름으로 FirstServlet을 입력한 후 Finish를 클릭합니다.

▼ 그림 5-16 클래스 이름으로 FirstServlet 입력 후 Finish 클릭

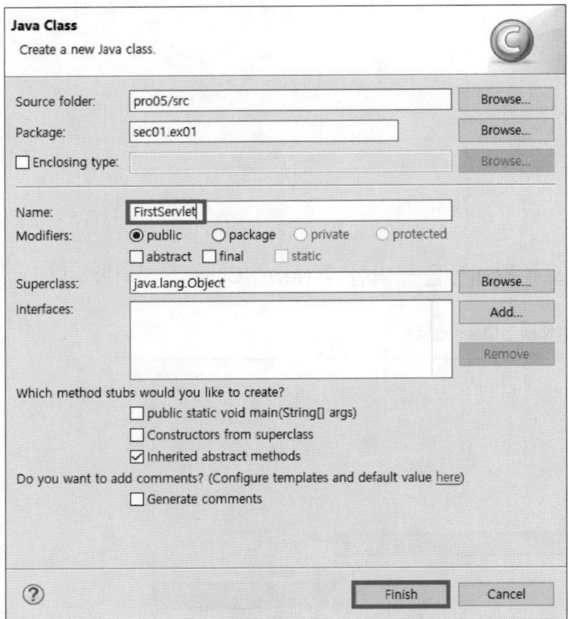

6. FirstServlet.java가 생성된 것을 확인할 수 있습니다.

▼ 그림 5-17 FirstServlet.java 생성 확인

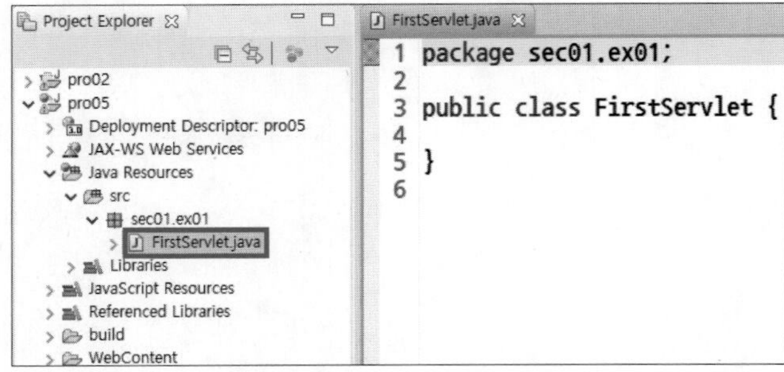

7. 자, 이제 이클립스에서 생성한 FirstServlet.java에 다음과 같이 자바 코드를 작성합니다.

코드 5-1 pro05/src/sec01/ex01/FirstServlet.java

```
package sec01.ex01;

import java.io.IOException;
import javax.servlet.ServletException;
import javax.servlet.ServletRequest;
import javax.servlet.ServletResponse;
import javax.servlet.http.HttpServlet;
import javax.servlet.http.HttpServletRequest;
import javax.servlet.http.HttpServletResponse;

public class FirstServlet extends HttpServlet{      // HttpServlet를 상속받습니다.
  @Override
    public void init() throws ServletException {
      System.out.println("init 메서드 호출");
    }

  @Override
    protected void doGet(HttpServletRequest req, HttpServletResponse resp)
    throws ServletException, IOException {          // 브라우저의 요청을 처리합니다.
      System.out.println("doGet 메서드 호출");
    }

  @Override
    public void destroy() {
      System.out.println("destroy 메서드 호출");
    }
}
```

우리가 만든 서블릿은 HttpServlet을 상속받고 3개의 생명주기 메서드를 차례로 구현합니다. 각 메서드는 호출 시 메시지만 출력합니다.

소스 코드를 작성했으니 이제 첫 번째 서블릿을 어떻게 실행하여 동작시키는지 알아보겠습니다.

5.4.4 서블릿 매핑하기

브라우저에서 서블릿 이름으로 요청하는 방법은 다음과 같습니다. 프로젝트 이름 뒤에 패키지 이름이 포함된 클래스 이름 전부를 입력합니다.

✔ 그림 5-18 브라우저에서 서블릿 요청 방법

http://IP주소:포트번호/프로젝트이름/패키지이름이 포함된 클래스이름

htmnl://127.0.0.1:8090/pro05/sec01.ex01.FirstServlet

pro05 프로젝트를 톰캣에 추가한 후 패키지 이름까지 포함된 서블릿 클래스 이름인 sec01.ex01.FirstServlet으로 요청해야 합니다. 그런데 클래스 이름이 길어지면 입력하기가 불편하겠죠. 그리고 일반적으로 클래스 이름을 보면 그 클래스가 어떤 기능을 하는지 짐작할 수 있는데, 브라우저에서 버젓이 클래스 이름으로 입력하면 보안에도 좋지 않습니다. 따라서 지금은 이런 식으로 사용하지 않고 서블릿 클래스 이름에 대응되는 서블릿 매핑 이름으로 실제 서블릿을 요청합니다.

그럼 지금부터는 서블릿 매핑 방법에 대해서 알아보겠습니다. 서블릿 매핑 과정은 다음과 같습니다.

❶ 각 프로젝트에 있는 web.xml에서 설정합니다.

❶ `<servlet>` 태그와 `<servlet-mapping>` 태그를 이용합니다.

❶ 여러 개의 서블릿 매핑 시에는 `<servlet>` 태그를 먼저 정의하고 `<servlet-mapping>` 태그를 정의합니다.

실제 서블릿 매핑을 보면 `<servlet>` 태그와 `<servlet-mapping>` 태그의 하위 태그에 `<servlet-name>` 태그가 공통으로 있습니다. `<servlet-name>` 태그의 값 aaa가 `<servlet>`과 `<servlet-mapping>` 태그를 연결시켜 줍니다.

그러면 웹 브라우저에서 `<url-pattern>` 태그의 /first로 요청할 경우 aaa 값을 가지는 `<servlet>` 태그를 찾아 실제 서블릿인 sec01.ex01.FirstServlet을 실행합니다.

코드 5-2

```
<servlet>
  <servlet-name>aaa</servlet-name>
  <servlet-class>sec01.ex01.FirstServlet</servlet-class>
</servlet>

<servlet-mapping>
  <servlet-name>aaa</servlet-name>
  <url-pattern>/first</url-pattern>
</servlet-mapping>
```

<servlet> 태그와 <servlet-mapping> 태그를 연결시켜 줍니다.

웹 브라우저에서 요청하는 매핑 이름

그럼 지금부터 서블릿 매핑 형식을 실제 프로젝트에 적용해 보겠습니다.

1. pro05 프로젝트의 WebContent > WEB-INF 폴더를 클릭한 후 web.xml을 선택하여 엽니다.

▼ 그림 5-19 web.xml 선택

2. web.xml에 <web-app> 태그의 하위 태그를 지우고 다음과 같이 서블릿 매핑을 작성합니다.

코드 5-3 pro05/WebContent/WEB-INF/web.xml

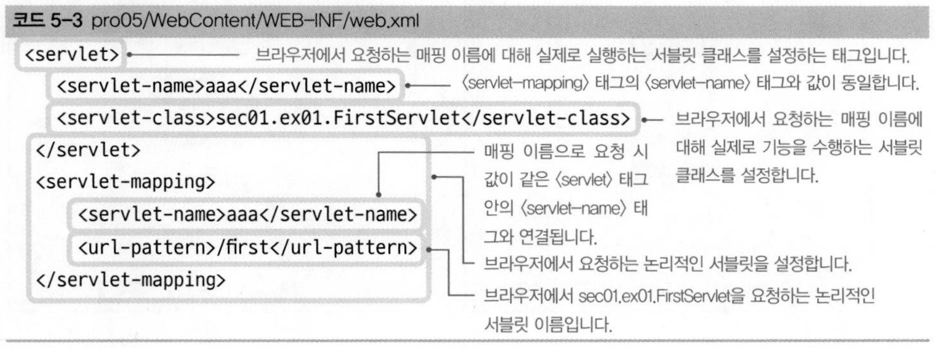

<servlet>
<servlet-name>aaa</servlet-name>
<servlet-class>sec01.ex01.FirstServlet</servlet-class>
</servlet>
<servlet-mapping>
<servlet-name>aaa</servlet-name>
<url-pattern>/first</url-pattern>
</servlet-mapping>
브라우저에서 요청하는 매핑 이름에 대해 실제로 실행하는 서블릿 클래스를 설정하는 태그입니다.
〈servlet-mapping〉 태그의 〈servlet-name〉 태그와 값이 동일합니다.
브라우저에서 요청하는 매핑 이름에 대해 실제로 기능을 수행하는 서블릿 클래스를 설정합니다.
매핑 이름으로 요청 시 값이 같은 〈servlet〉 태그 안의 〈servlet-name〉 태그와 연결됩니다.
브라우저에서 요청하는 논리적인 서블릿을 설정합니다.
브라우저에서 sec01.ex01.FirstServlet을 요청하는 논리적인 서블릿 이름입니다.

5.4.5 톰캣에 프로젝트 실행

이제 새로 만든 프로젝트를 다시 톰캣 서버에 등록한 후 톰캣을 다시 실행하여 웹 브라우저에서 서블릿 매핑 이름인 /first로 요청하겠습니다. 이때 콘솔로 메시지가 출력되는 것을 확인하면 됩니다.

1. 톰캣 서버를 선택하고 마우스 오른쪽 버튼을 클릭한 후 Add and Remove...를 선택합니다.

▼ 그림 5-20 톰캣 서버 선택 후 Add and Remove... 선택

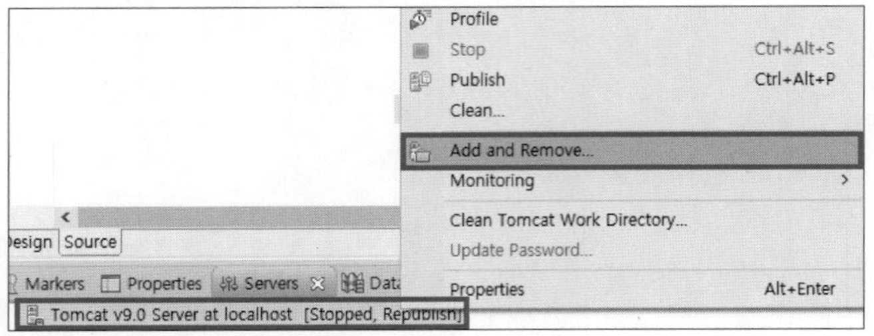

2. pro05 프로젝트를 선택한 후 Add를 클릭하여 추가하고 Finish를 클릭합니다.

▼ 그림 5-21 프로젝트 추가

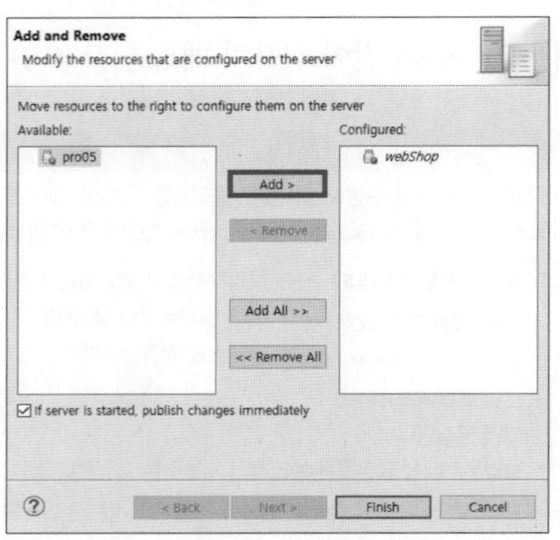

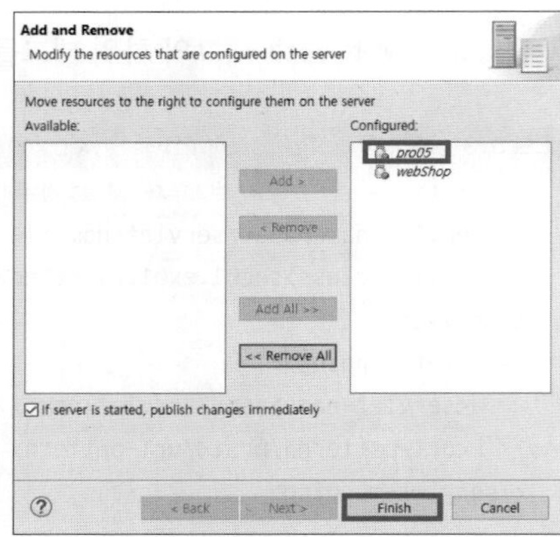

3. 톰캣에 정상적으로 새 프로젝트가 등록된 것을 확인할 수 있습니다.

▼ 그림 5-22 톰캣에 프로젝트 등록 확인

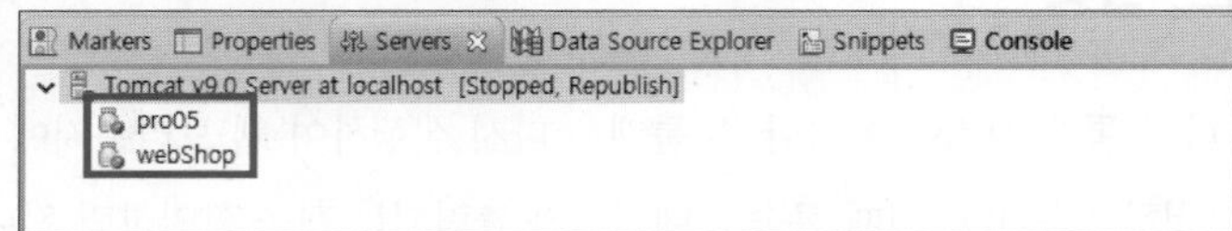

5.4.6 브라우저에서 서블릿 요청하기

이번에는 실제 웹 브라우저에서 서블릿 매핑 이름으로 서블릿을 요청하는 방법을 알아보겠습니다.

웹 브라우저에서 서블릿을 요청하려면 다음과 같이 웹 브라우저 주소창에 프로젝트 이름까지 입력하고 web.xml에 매핑한 매핑 이름을 슬래시(/) 다음에 입력한 후 요청하면 됩니다.

* http://IP주소:포트번호/프로젝트이름(컨텍스트이름)/서블릿매핑이름
* 요청 예: http://127.0.0.1:8090/pro05/first

> **Note** 톰캣이 로컬 PC에 설치된 경우에는 다음과 같이 입력해도 됩니다.
>
> http://localhost:8090/pro05/first

> **Tip** 자신의 IP 주소를 확인하려면 명령 프롬프트창에서 **ipconfig** 명령을 입력하면 됩니다.

그럼 실제로 실행해 보겠습니다.

1. 이클립스에서 톰캣을 다시 실행합니다.

▼ 그림 5-23 톰캣 재실행

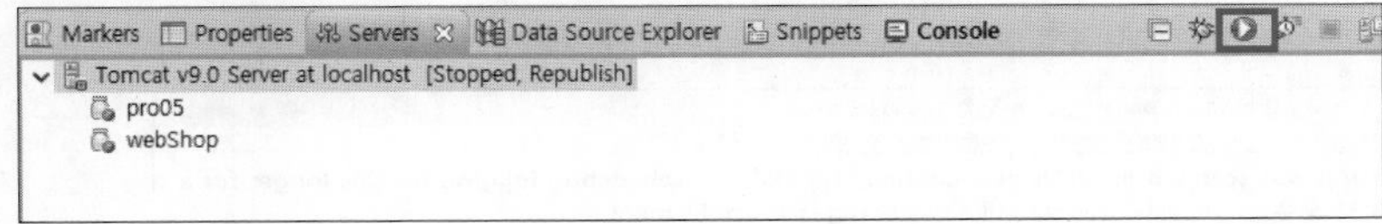

2. 브라우저에서 서블릿 매핑 이름으로 요청합니다.

▼ 그림 5-24 브라우저에 요청

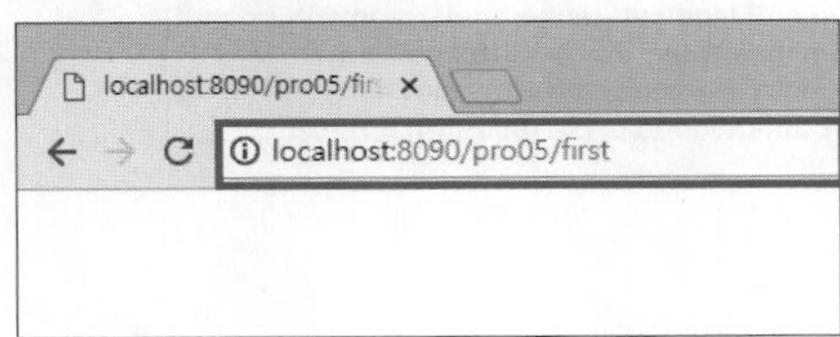

3. /first로 웹 브라우저에서 요청하면 이클립스 콘솔에 각각의 메서드가 호출되면서 메시지가 출력됩니다.

▼ 그림 5-25 브라우저 요청 결과

```
정보: Starting ProtocolHandler ["http-nio-809
8월 23, 2018 1:13:38 오후 org.apache.coyote.Ab
정보: Starting ProtocolHandler ["ajp-nio-8009"
8월 23, 2018 1:13:38 오후 org.apache.catalina.
정보: Server startup in 1798 ms
init 메서드 호출
doGet 메서드 호출
```

Note ≡ 서블릿 매핑을 잘못한 경우 오류 메시지 출력

다음은 web.xml에 서블릿 매핑을 잘못한 상태에서 톰캣을 실행했을 때 나타난 오류 메시지입니다. 오류가 발생한 상태에서 웹 브라우저에 요청하면 정상적으로 실행되지 않습니다.

web.xml에 서블릿 매핑을 할 경우에는 문법이나 태그의 철자가 틀리지 않도록 대소문자까지 주의해서 입력해야 합니다. 톰캣을 실행할 때는 어떤 오류도 발생하면 안 됩니다. 오류가 발생하면 그 원인을 찾아 바로 수정한 후 다시 실행해야 합니다.

▼ 그림 5-26 web.xml에서 〈servlet-name〉을 〈sevlet-name〉으로 잘못 입력한 경우

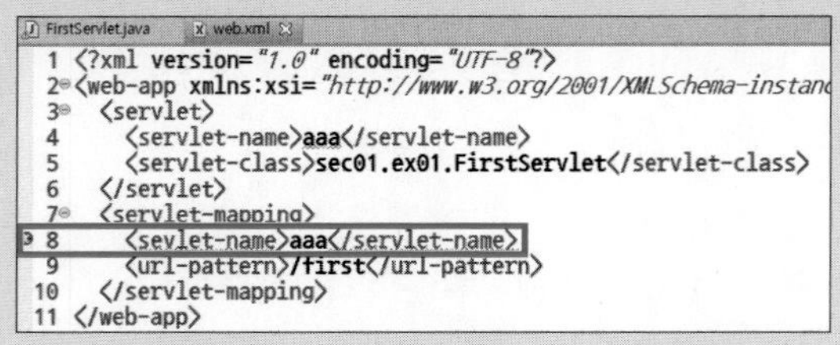

▼ 그림 5-27 톰캣 실행 시 출력되는 오류 메시지

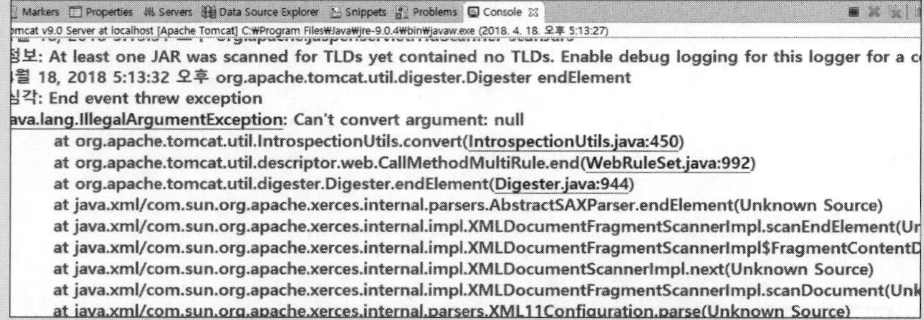

5.4.7 다수의 서블릿 매핑하기

온라인 쇼핑몰 같은 경우 대부분은 상품 조회, 주문, 회원 관리 등의 기능으로 이루어져 있습니다. 만약 이런 기능을 모두 서블릿 하나에 만들어서 제공한다면 소스가 복잡해져 관리하기 불편할 것입니다. 따라서 일반적인 웹 애플리케이션은 각 기능에 대한 서블릿을 따로 만들어서 서비스를 제공합니다. 즉, 프로젝트에서 여러 개의 서블릿을 만들어 사용합니다.

그럼 이번에는 다른 서블릿을 SecondServlet.java로 추가해 보겠습니다.

1. 패키지 sec01.ex01을 선택하고 마우스 오른쪽 버튼을 클릭한 후 New 〉 Class를 선택합니다.

▼ 그림 5-28 New 〉 Class 선택

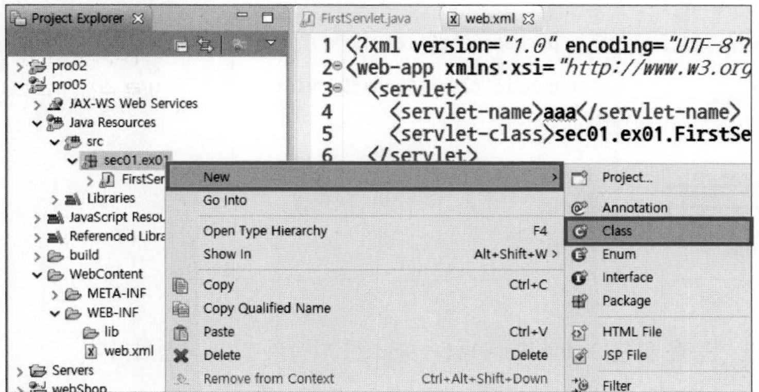

2. 클래스 이름으로 SecondServlet을 입력하고 Finish를 클릭합니다.

▼ 그림 5-29 클래스 이름으로 SecondServlet 입력 후 Finish 클릭

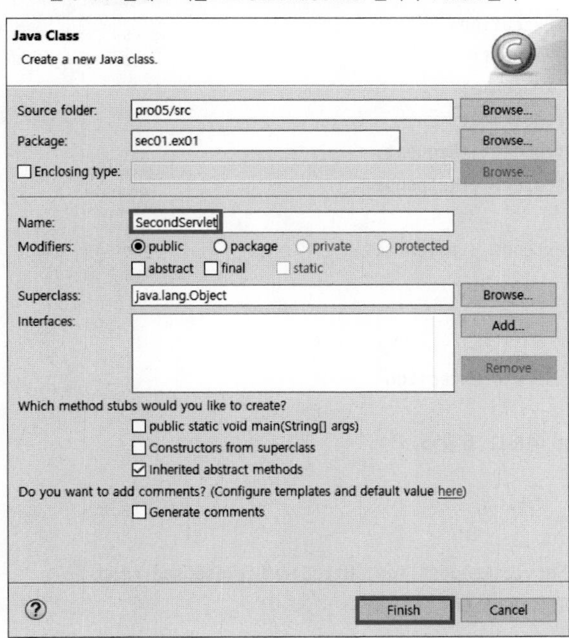

3. Project Explorer에 SecondServlet.java가 생성된 것을 확인할 수 있습니다.

▼ 그림 5-30 SecondServlet.java 생성 확인

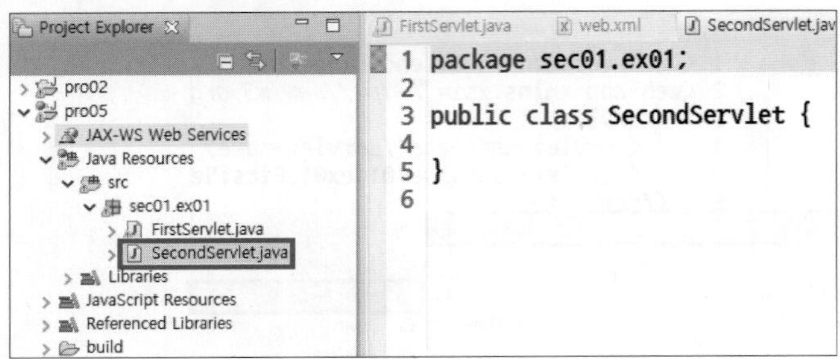

4. 또 다른 서블릿 기능을 하는 SecondServlet 클래스를 다음과 같이 작성합니다.

코드 5-4 pro05/src/sec01/ex01/SecondServlet.java

```
package sec01.ex01;

import java.io.IOException;
import javax.servlet.ServletException;
import javax.servlet.ServletRequest;
import javax.servlet.ServletResponse;
import javax.servlet.http.HttpServlet;
import javax.servlet.http.HttpServletRequest;
import javax.servlet.http.HttpServletResponse;

public class SecondServlet extends HttpServlet
{

  @Override
  public void init() throws ServletException
  {
    System.out.println("init 메서드 호출>>>>");
  }

  @Override
  protected void doGet(HttpServletRequest req, HttpServletResponse resp)
  throws ServletException, IOException
  {
    System.out.println("doGet 메서드 호출>>>>");
  }

  @Override
  public void destroy() {
    System.out.println("destroy 메서드 호출>>>>");
```

```
    }
}
```

5. 다시 SeocndServlet.java를 web.xml에 매핑해 보겠습니다. 이때 주의할 할 것은 여러 개의 서블릿을 매핑할 때는 `<servlet>` 태그와 `<servlet-mapping>` 태그를 각각 분리해서 작성해야 한다는 것입니다.

코드 5-5 pro05/WebContent/WEB_INF/web.xml

```
<?xml version="1.0" encoding="UTF-8"?>
<web-app xmlns:xsi="http://www.w3.org/2001/XMLSchema-instance" xmlns="http://
java.sun.com/xml/ns/javaee" xsi:schemaLocation="http://java.sun.com/xml/ns/javaee
http://java.sun.com/xml/ns/javaee/web-app_3_0.xsd" id="WebApp_ID" version="3.0">
<servlet>
   <servlet-name>aaa</servlet-name>
   <servlet-class>sec01.ex01.FirstServlet</servlet-class>
 </servlet>
 <servlet>
   <servlet-name>bbb</servlet-name>
   <servlet-class>sec01.ex01.SecondServlet</servlet-class>
 </servlet>

 <servlet-mapping>
    <servlet-name>aaa</servlet-name>
    <url-pattern>/first</url-pattern>
 </servlet-mapping>
 <servlet-mapping>
    <servlet-name>bbb</servlet-name>
    <url-pattern>/second</url-pattern>
 </servlet-mapping>
</web-app>
```

〈servlet〉 태그끼리 위치시킵니다.

〈servlet-name〉 태그 값은 다른 〈servlet-name〉 태그 값과 절대 같으면 안 됩니다.

〈servlet-mapping〉 태그끼리 위치시킵니다.

6. 프로젝트의 web.xml 변경 사항을 반영하려면 톰캣을 재실행해야 합니다. Severs의 빨간색 버튼을 클릭해 톰캣을 종료한 후 다시 녹색 버튼을 클릭해 톰캣을 실행합니다.

▼ 그림 5-31 톰캣 종료 후 재실행

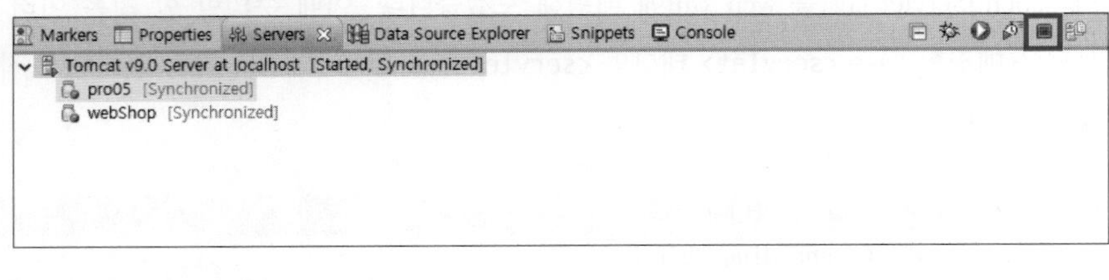

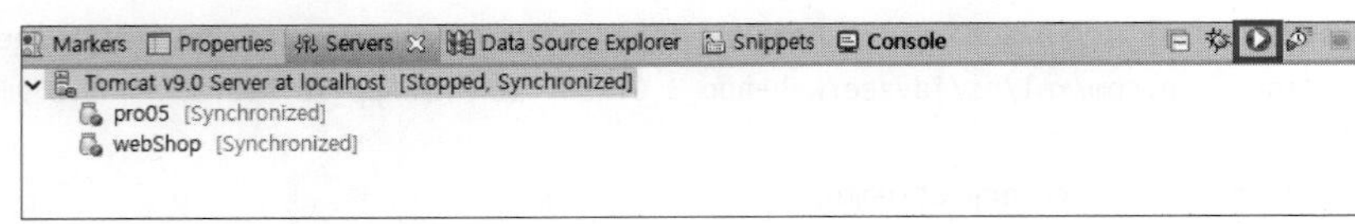

7. 다음은 브라우저에서 /second라는 매핑 이름으로 요청했을 때의 결과입니다. 이번에는 SecondServlet 클래스들의 메서드가 호출되어 메시지를 출력합니다.

▼ 그림 5-32 브라우저 요청 결과 / 이클립스 콘솔창 결과

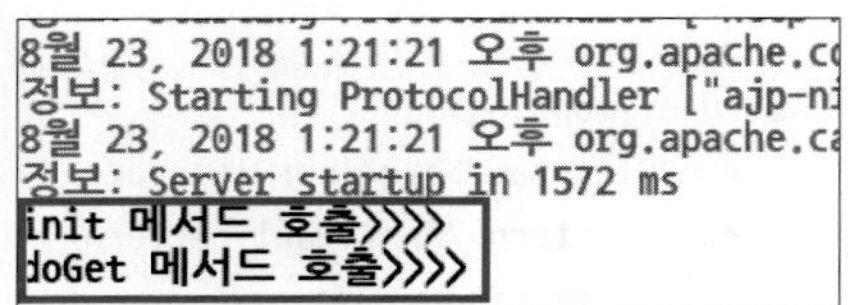

이처럼 여러 개의 서블릿을 web.xml에 매핑하려면 <servlet> 태그와 <servlet-mapping> 태그를 분리한 후 <servlet-name> 태그의 값을 다른 값으로 설정해야 합니다.

5.5 서블릿 동작 과정

이번에는 앞 절에서 실습한 서블릿의 상세 동작 과정을 살펴보겠습니다.

여러 클라이언트가 서블릿을 요청했을 때의 서블릿 처리 과정을 그림 5-33에 나타내었습니다.

▼ 그림 5-33 서블릿 실행 구조

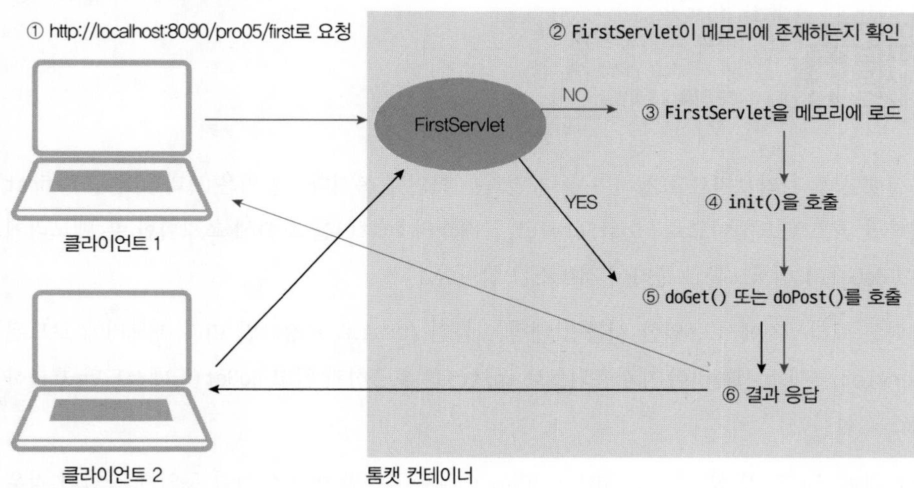

클라이언트 1이 요청하면 톰캣은 `FirstServlet`이 메모리에 로드되어 있는지 확인합니다. 최초의 요청이므로 `init()` 메서드를 호출하여 `FirstServlet` 인스턴스를 메모리에 로드합니다. 그런 다음 `doGet()`이나 `doPost()` 메서드를 호출하여 서비스를 합니다.

클라이언트 2가 다시 동일한 서블릿을 요청하면 톰캣은 다시 `FirstServlet`이 메모리에 로드되어 있는지 확인합니다. 이번에는 메모리에 있는 것이 확인되므로 바로 `doGet()`이나 `doPost()` 메서드를 호출하여 서비스를 합니다.

다음은 브라우저의 다른 탭에서 동일한 요청을 했을 때의 결과입니다.

✔ 그림 5-34 브라우저의 다른 탭에서 새로 창을 열고 요청

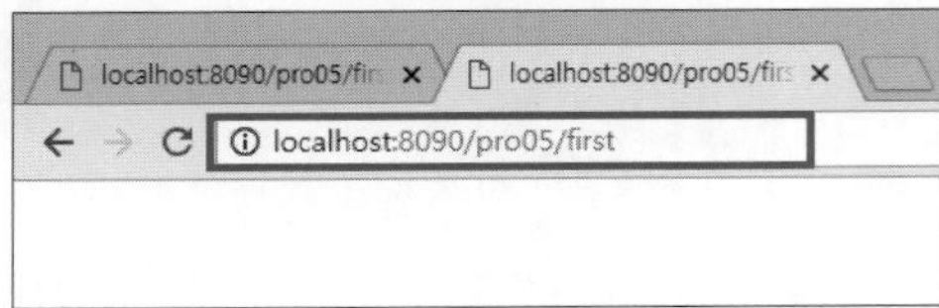

✔ 그림 5-35 클라이언트에서 재요청 시 이클립스 콘솔 결과

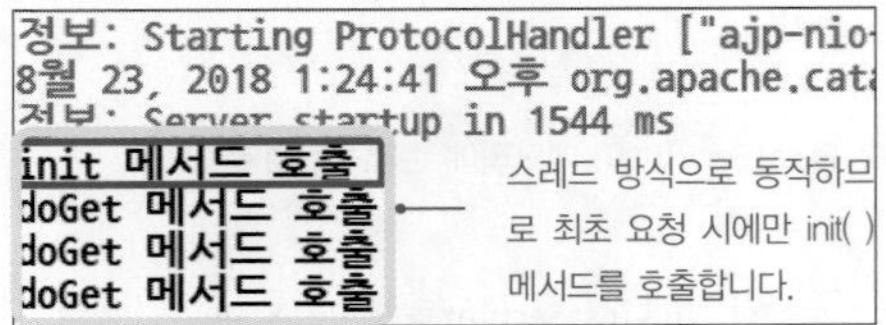

톰캣을 실행한 후 브라우저로 요청하여 출력 결과를 확인해 봅시다. 맨 처음 브라우저에서 /first로 요청하면 최초의 요청이므로 FirstServlet 클래스의 init()를 호출해 초기화한 후 메모리에 로드되어 doGet() 메서드를 호출하여 서비스를 합니다.

그러나 다른 브라우저에서 동일한 서블릿 매핑 이름인 /first로 요청하면 미리 메모리에 로드된 FirstServlet 클래스 서블릿이 재사용되므로 init()는 호출하지 않고 doGet() 메서드만 호출하여 서비스를 합니다.

이제 서블릿이 스레드 방식으로 동작하는 원리를 이해할 수 있나요? 이처럼 동일한 작업의 경우 **서블릿은 메모리에 존재하는 서블릿을 재사용함으로써 훨씬 빠르고 효율적으로** 동작합니다.

5.6 애너테이션을 이용한 서블릿 매핑

앞 절에서 실습했듯이 여러 서블릿을 web.xml에 설정할 경우 복잡해진다는 단점이 있습니다. 따라서 각 서블릿 클래스에 기호(@)를 이용해서 서블릿 표시를 해주면 훨씬 가독성이 좋아집니다. 이처럼 소스 코드에 직접 기능을 설정하는 방법을 **애너테이션**(annotation)이라고 합니다.

톰캣 7 버전부터는 서블릿 매핑을 web.xml 외에 애너테이션을 이용해 서블릿 클래스에 직접 설정할 수 있는 기능이 추가되었습니다. 두 가지 방법 다 많이 사용되지만 필자는 애너테이션을 이용하는 방법을 선호합니다. 따라서 이후에 실습하는 모든 서블릿들은 애너테이션을 이용하는 방법으로 매핑하겠습니다

5.6.1 애너테이션을 이용한 서블릿 매핑

애너테이션을 이용해 서블릿 매핑을 하려면 **@WebServlet**을 이용하면 됩니다. 그리고 애너테이션이 적용되는 클래스는 **반드시 HttpServlet 클래스를 상속받아야** 합니다.

코드 5-6 @WebServlet 사용 방법

```
(서블릿 클래스 위에 선언)
 @WebServlet("/서블릿매핑이름");
</>

<코드> 애너테이션을 이용한 서블릿 매핑 예
@WebServlet("/third")
public class ThirdServlet extends HttpServlet {
   ...
}
```

애너테이션을 이용해서 만드는 서블릿 클래스는 반드시 HttpServlet을 상속받아야 합니다.

5.6.2 애너테이션을 이용한 서블릿 매핑 실습

그럼 지금부터 이클립스에서 애너테이션을 이용하여 직접 서블릿을 생성해 보겠습니다. 앞 절에서와 마찬가지로 프로그래머가 서블릿 클래스를 직접 만든 후 자바 코드에 애너테이션을 붙여서 매핑할 수도 있지만 이클립스에서는 서블릿을 만들면서 애너테이션을 바로 적용할 수 있습니다.

1. sec01.ex01 패키지를 선택하고 마우스 오른쪽 버튼을 클릭한 후 New > Servlet을 선택합니다.

▼ 그림 5-36 New > Servlet 선택

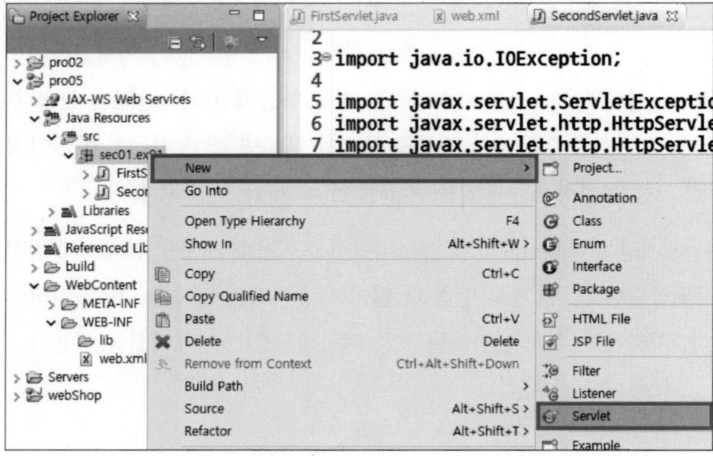

2. 클래스 이름으로 ThirdServlet을 입력하고 Next를 클릭합니다.

▼ 그림 5-37 클래스 이름으로 ThirdServlet 입력 후 Next 클릭

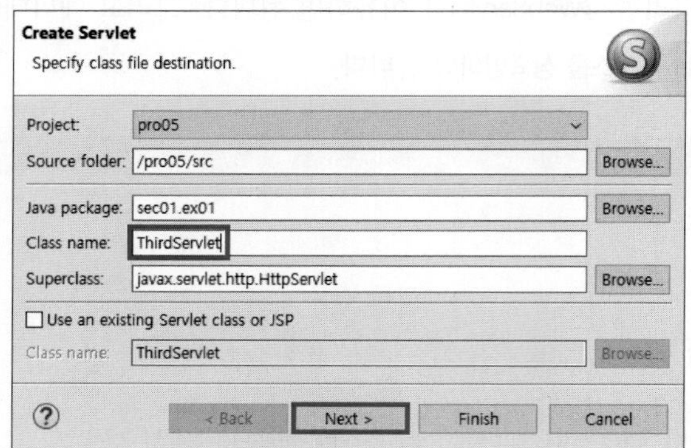

3. 우선 기본 URL mapping 이름을 선택한 후 매핑 이름을 수정하기 위해 **Edit...**를 클릭합니다.

▼ 그림 5-38 매핑 이름을 수정하기 위해 **Edit...** 클릭

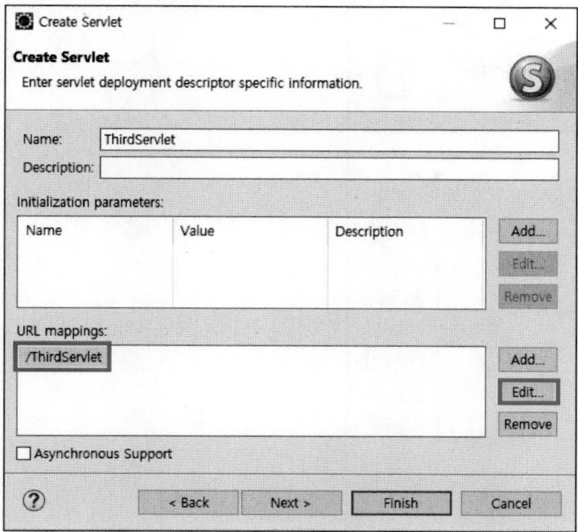

4. 서블릿 매핑 이름을 /third로 수정하고 **OK**를 클릭합니다.

▼ 그림 5-39 매핑 이름을 /third로 수정

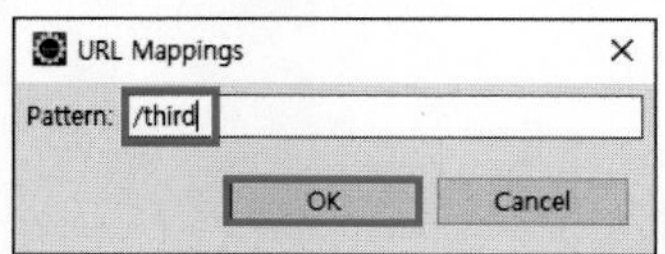

5 서블릿 이해하기

5. 매핑 이름이 수정된 것을 확인한 후 Next를 클릭합니다.

▼ 그림 5-40 매핑 이름 수정 확인 후 Next 클릭

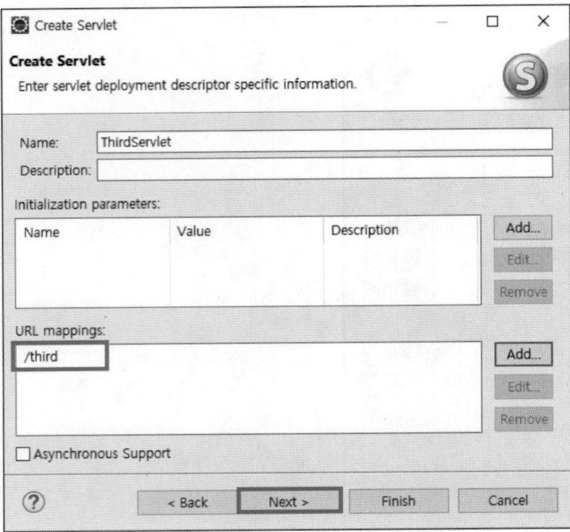

6. Constructors from superclass 옵션 체크박스의 체크를 해제한 후 오버라이딩할 생명주기 메서드를 추가합니다. 기본값으로 설정된 상태에서 init과 destroy, doGet, doPost에 체크하고 Finish를 클릭합니다.

▼ 그림 5-41 생명주기 메서드 오버라이딩

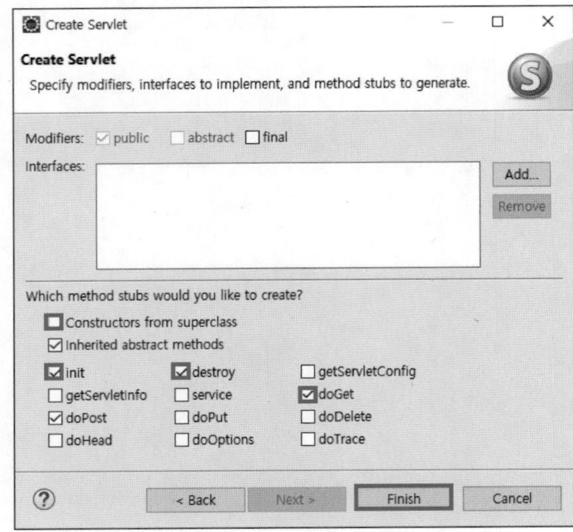

7. 애너테이션에 수정한 매핑 이름이 추가된 것을 확인할 수 있습니다.

▼ 그림 5-42 추가된 매핑 이름 /third 확인

```
ThirdServlet.java
package sec01.ex01;

import java.io.IOException;

/**
 * Servlet implementation class ThirdServlet
 */
@WebServlet("/third")
public class ThirdServlet extends HttpServlet {
    private static final long serialVersionUID = 1L;

    /**
     * @see Servlet#init(ServletConfig)
     */
    public void init(ServletConfig config) throws ServletException {
        // TODO Auto-generated method stub
    }

    /**
     * @see Servlet#destroy()
     */
    public void destroy() {
        // TODO Auto-generated method stub
    }
```

8. 이클립스에서 생성한 ThirdServlet 클래스를 봅시다. serialVersionUID는 서블릿 클래스의 직렬화를 위해 이클립스에서 자동으로 생성된 상수인데 삭제해도 됩니다. 그리고 메서드 안에 자동으로 생성된 주석이나 기능은 삭제한 후 메시지 출력 기능을 추가합니다.

코드 5-7 pro05/src/sec01/ex01/ThirdServlet.java

```
package sec04.ex01;
 ...

/**
 * Servlet implementation class ThirdServlet
 */
@WebServlet("/third")
public class ThirdServlet extends HttpServlet {
   private static final long serialVersionUID = 1L;

   /**
    * @see Servlet#init(ServletConfig)
    */
   public void init(ServletConfig config) throws ServletException {
      System.out.println("ThirdServlet init 메서드 호출");
   }

   /**
    * @see HttpServlet#doGet(HttpServletRequest request, HttpServletResponse
    *      response)
    */
```

서블릿 클래스 직렬화를 위해 이클립스에서 자동으로 지정한 상수입니다. 이 책에선 사용하지 않으므로 삭제합니다.

```
    protected void doGet(HttpServletRequest request, HttpServletResponse response)
    throws ServletException, IOException {
       System.out.println("ThirdServlet  doGet 메서드 호출");
    }

    /**
     * @see HttpServlet#doPost(HttpServletRequest request, HttpServletResponse
     *      response)
     */
    protected void doPost(HttpServletRequest request, HttpServletResponse response)
    throws ServletException, IOException {
       System.out.println("ThirdServlet destroy 메서드 호출");
    }
}
```

9. 이클립스에서 애너테이션을 이용하여 서블릿 매핑을 설정했으니 톰캣을 중지했다가 재실행한 다음 웹 브라우저에서 서블릿 매핑 이름으로 요청해 보겠습니다.

    • http://localhost:8090/pro05/third

▼ 그림 5-43 웹 브라우저 서블릿 요청 결과

```
8월 23, 2018 1:31:36 오후 org.apache.cat
정보: Server startup in 1696 ms
ThirdServlet init 메소드 호출
ThirdServlet  doGet 메소드 호출
```

지금까지 이클립스에서 서블릿을 생성하고 애너테이션을 어떻게 사용하는지 알아보았습니다. 애너테이션을 사용할 때는 **매핑 이름이 이미 사용된 다른 매핑 이름과 중복되지 않도록 주의**해야 합니다.

다음은 ThirdServlet.java의 `/third`라는 매핑 이름을 이미 사용 중인 `/first`로 직접 수정한 후 톰캣을 재실행했을 때 오류 메시지가 출력되는 경우입니다.

▼ 그림 5-44 애너테이션으로 설정한 매핑 이름이 web.xml의 매핑 이름과 중복되는 경우

```
ThirdServlet.java  web.xml
import java.io.IOException;

/**
 * Servlet implementation class ThirdServlet
 */
@WebServlet("/first")
public class ThirdServlet extends HttpServlet {
    private static final long serialVersionUID = 1L;

    /**
     * @see Servlet#init(ServletConfig)
     */
```

❤ 그림 5-45 중복된 매핑 이름을 설정한 경우 발생하는 오류

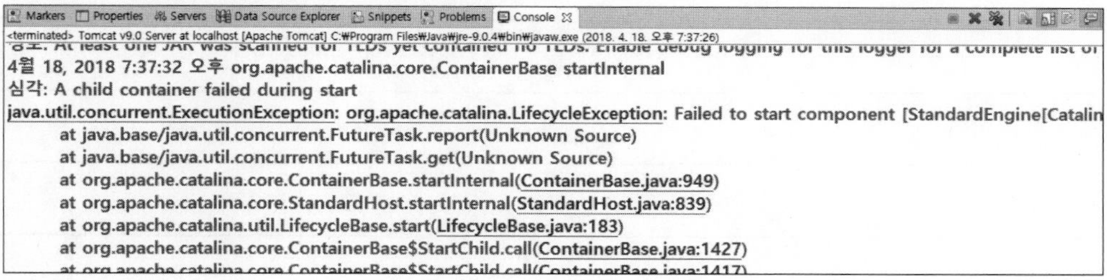

```
Markers  Properties  Servers  Data Source Explorer  Snippets  Problems  Console
<terminated> Tomcat v9.0 Server at localhost [Apache Tomcat] C:₩Program Files₩Java₩jre-9.0.4₩bin₩javaw.exe (2018. 4. 18. 오후 7:37:26)
경고: At least one JAR was scanned for TLDs yet contained no TLDs. Enable debug logging for this logger for a complete list of
4월 18, 2018 7:37:32 오후 org.apache.catalina.core.ContainerBase startInternal
심각: A child container failed during start
java.util.concurrent.ExecutionException: org.apache.catalina.LifecycleException: Failed to start component [StandardEngine[Catalin
        at java.base/java.util.concurrent.FutureTask.report(Unknown Source)
        at java.base/java.util.concurrent.FutureTask.get(Unknown Source)
        at org.apache.catalina.core.ContainerBase.startInternal(ContainerBase.java:949)
        at org.apache.catalina.core.StandardHost.startInternal(StandardHost.java:839)
        at org.apache.catalina.util.LifecycleBase.start(LifecycleBase.java:183)
        at org.apache.catalina.core.ContainerBase$StartChild.call(ContainerBase.java:1427)
        at org.apache.catalina.core.ContainerBase$StartChild.call(ContainerBase.java:1417)
```

이후부터 실제 서블릿 클래스는 직접 클래스를 만들어서 생성하고 서블릿 매핑은 애너테이션을 이용해서 실습하겠습니다. 앞에서 web.xml로 실습한 서블릿도 애너테이션을 적용해서 실습해 보세요.

Tip ☆ 이 책을 실습하다 보면 login, first, member 등 자주 사용하는 매핑 이름들이 있습니다. 이 책과 함께 제공하는 예제 소스 파일을 보면 중복된 매핑 이름의 경우 주석 처리를 해 두었습니다. 따라서 실습 파일을 이용할 때는 매핑 이름을 반드시 한 번 더 확인하고 실습하기 바랍니다. 필요에 따라 매핑 이름을 주석 처리하거나 주석 처리를 해제하면서 사용하면 됩니다.

6장

서블릿 기초

6.1 서블릿의 세 가지 기본 기능

톰캣과 같은 WAS(Web Application Server, 웹 애플리케이션 서버)가 처음 나왔을 때 웹 브라우저 요청을 스레드 방식으로 처리하는 기술이 바로 서블릿이었습니다. 6~7장에 걸쳐 살펴볼 서블릿의 기능은 이 책에서 가장 기본이 되면서도 중요한 내용입니다. 모든 웹 프로그램은 6~7장에서 배우는 기능을 뼈대로 하여 동작합니다. 따라서 이 내용을 잘 이해하고 나면 전체 웹 프로그램이 어떤 식으로 동작하는지 쉽게 이해할 수 있습니다. 그 외의 기능들은 주요 서블릿 기능이 효율적으로 동작하기 위해 제공하는 세부 기능이라고 할 수 있습니다.

6.1.1 서블릿 기본 기능 수행 과정

그림 6-1에 서블릿이 수행하는 세 가지 주요 기능을 나타내었습니다. 요약하면 클라이언트로부터 요청을 받아 **비즈니스 로직**을 처리하고, 그 결과를 다시 클라이언트에 돌려주는 과정입니다.

▼ 그림 6-1 서블릿의 세 가지 주요 기능

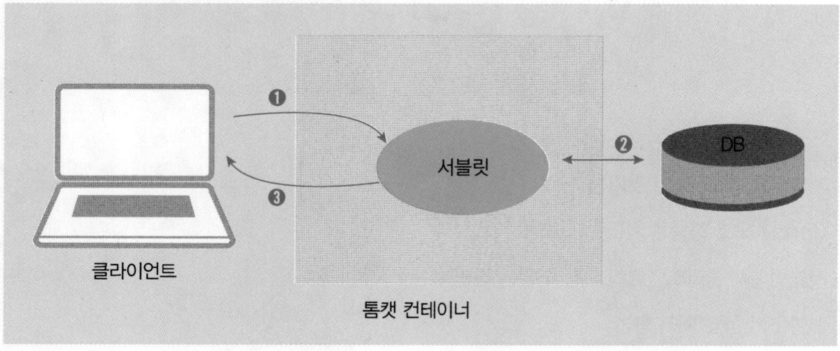

❶ 클라이언트로부터 요청을 받습니다.

❷ 데이터베이스 연동과 같은 비즈니스 로직을 처리합니다.

❸ 처리된 결과를 클라이언트에 돌려줍니다.

초기 웹 프로그램 개발에서는 서블릿이 클라이언트로부터 요청을 받아 데이터베이스 연동 같은 비즈니스 작업을 처리한 후 그 결과를 클라이언트의 브라우저로 전송하는 방식으로 작업했습니다.

클라이언트로부터 요청을 받는 작업에는 어떤 것들이 있을까요? 우리가 자주 사용하는 포털 사이트에서 로그인하려고 ID와 비밀번호를 텍스트 창에 입력한 후 로그인 버튼을 클릭하면 사용자가 입력한 ID와 비밀번호가 서버 쪽의 서블릿에 전송됩니다. 서블릿에서는 여러 가지 메서드(다음 절에서 배웁니다)를 이용해 사용자가 전송한 ID와 비밀번호를 받아 옵니다.

그 다음 사용자의 로그인 요청에 대해 데이터베이스와 연동하여 사용자가 이미 등록된 회원인지 조회합니다. 그 결과에 따라 다음 페이지로 가던지 ID나 비밀번호가 틀렸으니 다시 로그인하라는 오류 메시지를 클라이언트에 전송합니다.

6.1.2 서블릿 응답과 요청 수행 API 기능

우선 요청이나 응답과 관련된 서블릿 기능을 알아봅시다. 요청이나 응답과 관련된 API는 모두 `javax.servlet.http` 패키지에 있습니다.

- 요청과 관련된 API: `javax.servlet.http.HttpServletRequest` 클래스
- 응답과 관련된 API: `javax.servlet.http.HttpServletResponse` 클래스

그림 6-2는 요청이나 응답과 관련된 API가 서블릿의 `doGet()`이나 `doPost()` 메서드의 매개변수로 사용되는 예를 나타낸 것입니다.

▼ 그림 6-2 요청과 응답 관련 API 사용 예

```
public class FirstServlet extends HttpServlet {
    @Override
    public void init() throws ServletException {
        System.out.println("init 메서드 호출");
    }

    @Override
    protected void doGet(HttpServletRequest request, HttpServletResponse response)
        System.out.println("doGet 메서드 호출");
    }

    @Override
    protected void doPost(HttpServletRequest request, HttpServletResponse response)
        System.out.println("doGet 메서드 호출");
    }
    @Override
    public void destroy() {
        System.out.println("destroy 메서드 호출");
    }
}
```

다시 그림 6-1를 보겠습니다. 클라이언트가 서블릿에 요청을 하면 먼저 톰캣 컨테이너가 받습니다. 그런 다음 사용자의 요청이나 응답에 대한 `HttpServletRequest` 객체와 `HttpServletResponse` 객체를 만들고 서블릿의 `doGet()`이나 `doPost()` 메서드를 호출하면서 이 객체들을 전달합니다.

톰캣이 사용자의 요청에 대한 정보를 모든 HttpServletRequest 객체의 속성으로 담아 메서드로 전달하므로 각 HttpServletRequest에서 제공하는 메서드들은 매개변수로 넘어온 객체들을 이용하여 사용자가 전송한 데이터를 받아 오거나 응답할 수 있는 것입니다.

표 6-1과 표 6-2에는 각 API에서 제공하는 중요한 메서드들을 정리해 두었습니다. 이 메서드들을 이용해서 여러 가지 요청이나 응답과 관련된 작업을 합니다. 이에 대해서는 다음 절에서 자세히 알아볼 것이므로 여기에서는 이런 메서드들이 있구나 하는 정도로 읽어보고 넘어가도 됩니다.

▼ 표 6-1 HttpServletRequest의 여러 가지 메서드

반환형	메서드 이름	기능
boolean	authenticate(HttpServletResponse response)	현재 요청한 사용자가 ServletContext 객체에 대한 인증을 하기 위한 컨테이너 로그인 메커니즘을 사용합니다.
String	changeSessionId()	현재 요청과 연관된 현재 세션의 id를 변경하여 새 세션 id를 반환합니다.
String	getContextPath()	요청한 컨텍스트를 가리키는 URI를 반환합니다.
Cookie[]	getCookies()	클라이언트가 현재의 요청과 함께 보낸 쿠키 객체들에 대한 배열을 반환합니다.
String	getHeader(String name)	특정 요청에 대한 헤더 정보를 문자열로 반환합니다.
Enumeration<String>	getHeaderNames()	현재의 요청에 포함된 헤더의 name 속성을 enumeration으로 반환합니다.
String	getMethod()	현재 요청이 GET, POST 또는 PUT 방식 중 어떤 HTTP 요청인지를 반환합니다.
String	getRequestURI()	요청한 URL의 컨텍스트 이름과 파일 경로까지 반환합니다.
String	getServletPath()	요청한 URL에서 서블릿이나 JSP 이름을 반환합니다.
HttpSession	getSession()	현재의 요청과 연관된 세션을 반환합니다. 만약 세션이 없으면 새로 만들어서 반환합니다.

▼ 표 6-2 HttpServletResponse의 여러 가지 메서드

반환형	메서드 이름	기능
void	addCookie (Cookie cookie)	응답에 쿠키를 추가합니다.
void	addHeader(String name, String value)	name과 value를 헤더에 추가합니다.
String	encodeURL(String url)	클라이언트가 쿠키를 지원하지 않을 때 세션 id를 포함한 특정 URL을 인코딩합니다.
Collection <String>	getHeaderNames()	현재 응답의 헤더에 포함된 name을 얻어옵니다.
void	sendRedirect (String location)	클라이언트에게 리다이렉트(redirect) 응답을 보낸 후 특정 URL로 다시 요청하게 합니다.
String	getPathInfo()	클라이언트가 요청 시 보낸 URL과 관련된 추가 경로 정보를 반환합니다.

JAVA WEB

6.2 〈form〉 태그 이용해 서블릿에 요청하기

이번에는 <form> 태그를 이용해 브라우저에서 서블릿으로 사용자의 요청이나 데이터를 전송하는 방법과 서블릿이 데이터를 받아 오는 방법에 대해 알아보겠습니다.

6.2.1 〈form〉 태그로 서블릿에 요청하는 과정

JSP, ASP, PHP가 나오기 전에는 HTML, CSS, 자바스크립트를 이용해 웹 프로그램을 만들었습니다. 서블릿과 JSP는 이러한 HTML, CSS, 자바스크립트 같은 기존의 것을 버리는 것이 아니라 여기에 자신의 기능을 추가하여, 즉 서로 연동하여 동작합니다. 특히 사용자의 요청은 HTML의 <form> 태그나 자바스크립트로부터 전송 받아서 처리합니다.

Tip 서블릿/JSP 프로그래밍을 하려면 기본적으로 HTML이나 자바스크립트에 대해 알아두는 것이 좋습니다. 특히 클라이언트에서 서버로 데이터를 전송하는 기능을 담당하는 〈form〉 태그와 〈input〉 태그의 기능은 자주 사용되므로 반드시 익혀 두기 바랍니다.

클라이언트 웹 브라우저에서 서블릿에 요청하는 방법은 그림 6-3과 같습니다.

▼ 그림 6-3 클라이언트가 서블릿에 요청하는 방법

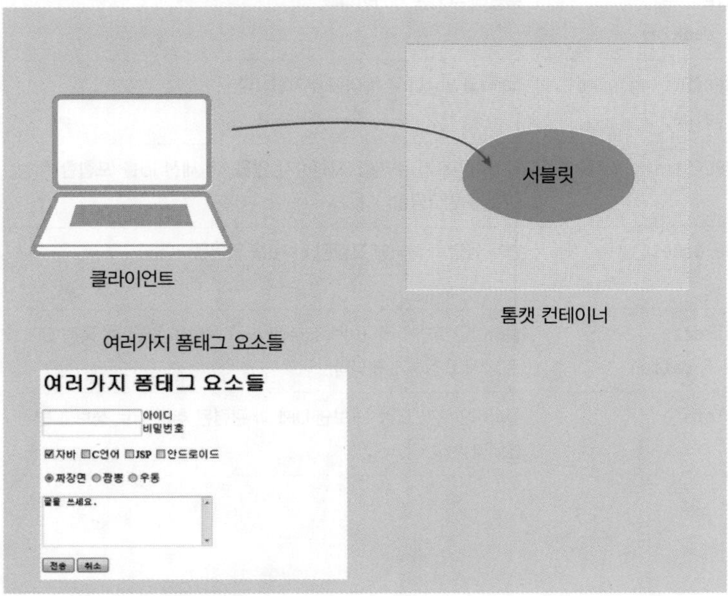

웹 브라우저에서 여러 가지 입력 서식을 이용해 **전송**을 클릭하면 사용자가 입력한 데이터가 그림 6-3처럼 서블릿으로 전송됩니다. 그러면 서블릿은 여러 가지 메서드를 이용해서 전송된 데이터를 받아 옵니다(표 6-1 참조).

6.2.2 <form> 태그의 여러 가지 속성

예를 들어 다음과 같이 사용자의 ID와 비밀번호를 입력하는 로그인창이 있다고 합시다.

▼ 그림 6-4 ID와 비밀번호 입력 로그인창

아이디 : hong
비밀번호: ••••
로그인 다시입력

사용자 로그인창의 HTML 태그 구조는 다음과 같습니다.

✔ 그림 6-5 로그인창의 HTML 코드

```
<form name="frmLogin" method="get" action="login"  encType="UTF-8">
   아이디  :<input type="text" name="user_id"><br>
   비밀번호:<input type="password" name="user_pw" ><br>
  <input type="submit" value="로그인"> <input type="reset" value="다시입력">
</form>
```

사용자가 자신의 ID와 비밀번호를 입력한 후 **로그인**을 클릭하면 `<form>` 태그의 action 속성은 데이터를 전송할 서블릿이나 JSP의 이름을 지정합니다. 그러면 지정된 이름이 login인 서블릿으로 ID와 비밀번호가 전송됩니다.

다음은 로그인창에서 **로그인**을 클릭했을 때 실제로 데이터가 전송되는 과정입니다.

✔ 그림 6-6 <form> 태그 데이터가 전송되는 과정

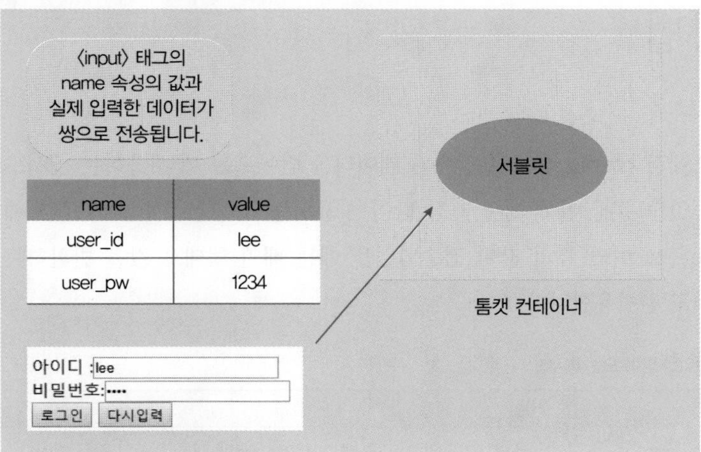

실제 데이터는 각 `<input>` 태그의 name 속성 값과 쌍으로 전송됩니다. 그럼 서블릿에서는 name 속성 값으로 같이 전송된 입력 데이터를 받아 옵니다.

그 외 `<form>` 태그의 여러 가지 속성과 기능들은 표 6-3을 참고하세요.

✔ 표 6-3 <form> 태그와 관련된 여러 가지 속성

속성	기능
name	• `<form>` 태그의 이름을 지정합니다. • 여러 개의 form이 존재할 경우 구분하는 역할을 합니다. • 자바스크립트에서 `<form>` 태그에 접근할 때 자주 사용합니다.
method	• `<form>` 태그 안에서 데이터를 전송할 때 전송 방법을 지정합니다. • GET 또는 POST로 지정합니다(아무것도 지정하지 않으면 GET입니다).

속성	기능
action	• <form> 태그에서 데이터를 전송할 서블릿이나 JSP를 지정합니다. • 서블릿으로 전송할 때는 매핑 이름을 사용합니다.
encType	• <form> 태그에서 전송할 데이터의 encoding 타입을 지정합니다. • 파일을 업로드할 때는 multipart/form-data로 지정합니다.

6.3 서블릿에서 클라이언트의 요청을 얻는 방법

JAVA WEB

HttpServletRequest 클래스에서 <form> 태그로 전송된 데이터를 받아오는 데 사용하는 메서드로는 표 6-4와 같은 것들이 있습니다. 이 중에서 가장 많이 사용되는 것이 getParameter() 메서드입니다. 만약 같은 name으로 여러 개의 값이 전송되었을 때는 배열 형태로 값을 반환하는 getParameterValues() 메서드를 사용합니다.

▼ 표 6-4 〈form〉 태그로 전송된 데이터를 받아 오는 메서드

메서드	기능
String getParameter(String name)	name의 값을 알고 있을 때 그리고 name에 대한 전송된 값을 받아오는 데 사용합니다.
String[] getParameterValues (String name)	같은 name에 대해 여러 개의 값을 얻을 때 사용합니다.
Enumeration getParameterNames()	name 값을 모를 때 사용합니다.

6.3.1 HttpServletRequest로 요청 처리 실습

이번에는 실제 이클립스에서 <form> 태그로 전송된 정보를 서블릿에서 받아 와서 출력하는 과정을 실습해 보겠습니다. 로그인창에서 ID와 비밀번호를 입력 받아 HttpServletRequest로 처리하는 간단한 프로그램입니다.

1. pro06이라는 새 프로젝트를 생성합니다. 그리고 톰캣의 servlet-api.jar를 클래스 패스에 지정합니다(5장 참고).

▼ 그림 6-7 pro06 프로젝트 생성

2. WebContent 폴더 하위에 다음과 같이 사용자 정보를 입력 받을 login.html을 생성합니다.

▼ 그림 6-8 실습 파일 위치

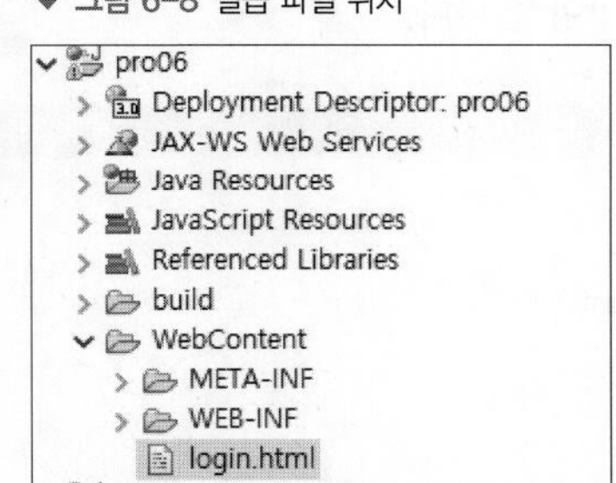

3. 다음과 같이 login.html 파일을 작성합니다. 로그인창에서 ID와 비밀번호를 입력 받은 후 서블릿으로 전송하는 내용입니다.

코드 6-1 pro06/WebContent/login.html

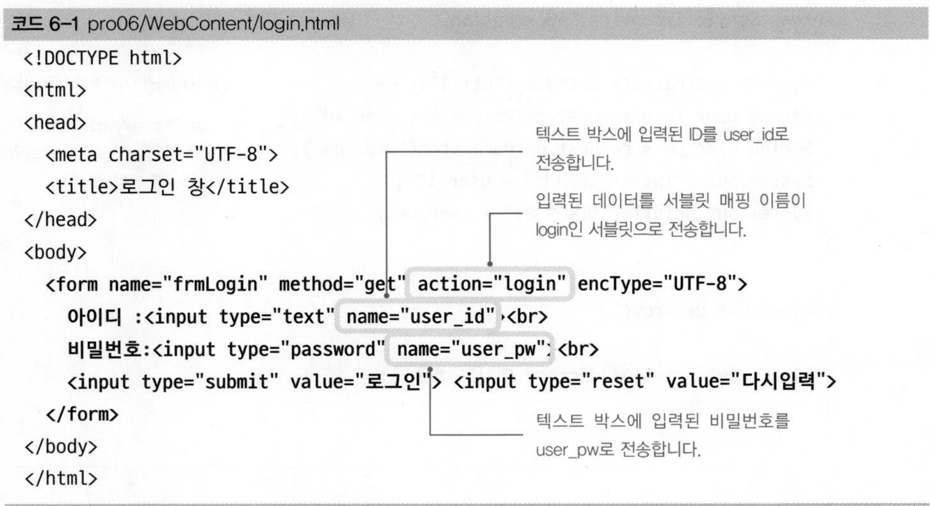

```
<!DOCTYPE html>
<html>
<head>
  <meta charset="UTF-8">
  <title>로그인 창</title>
</head>
<body>
  <form name="frmLogin" method="get" action="login" encType="UTF-8">
    아이디 :<input type="text" name="user_id"><br>
    비밀번호:<input type="password" name="user_pw"><br>
    <input type="submit" value="로그인"> <input type="reset" value="다시입력">
  </form>
</body>
</html>
```

텍스트 박스에 입력된 ID를 user_id로 전송합니다.
입력된 데이터를 서블릿 매핑 이름이 login인 서블릿으로 전송합니다.
텍스트 박스에 입력된 비밀번호를 user_pw로 전송합니다.

4. sec01.ex01 패키지를 만들고 요청을 받을 서블릿인 `LoginServlet` 클래스를 생성합니다(5장 애너테이션을 이용한 서블릿 생성 과정을 참고하세요).

❤ 그림 6-9 실습 파일 위치

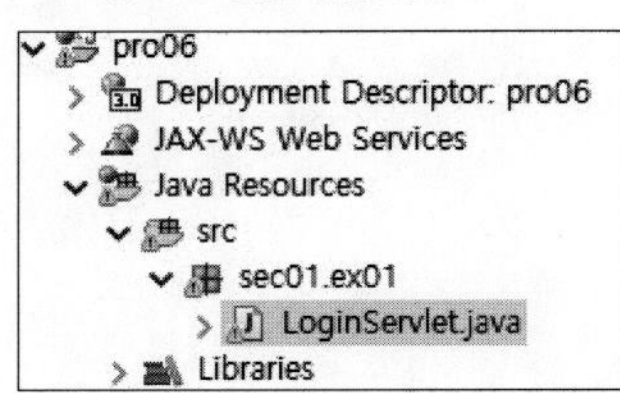

5. 다음과 같이 LoginServlet.java 코드를 작성합니다. `HttpServletRequest` 클래스의 `getParameter()` 메서드로 전송된 ID와 비밀번호를 받아 옵니다.

코드 6-2 pro06/src/sec01/ex01/LoginServlet.java

```
package sec01.ex01;
...
@WebServlet("/login")        // 서블릿의 매핑 이름이 login입니다.
public class LoginServlet extends HttpServlet
{
  public void init() throws ServletException
  {
    System.out.println("init 메서드 호출");
  }

  protected void doGet(HttpServletRequest request, HttpServletResponse response)
  throws ServletException, IOException
  {
    request.setCharacterEncoding("utf-8");
    String user_id = request.getParameter("user_id");
    String user_pw = request.getParameter("user_pw");
    System.out.println("아이디:" + user_id);
    System.out.println("비밀번호:" + user_pw);
  }

  public void destroy()
  {
    System.out.println("destroy 메서드 호출");
  }
}
```

- 웹 브라우저에서 전송한 정보를 톰캣 컨테이너가 HttpServletRequest 객체를 생성한 후 doGet()으로 넘겨줍니다.
- 전송된 데이터를 UTF-8로 인코딩합니다.
- getParameter()를 이용해 <input> 태그의 name 속성 값으로 전송된 value를 받아 옵니다.

6. pro06 프로젝트를 톰캣에 등록하여 실행한 후 브라우저에서 http://localhost:8090/pro06/login.html을 요청합니다.

▼ 그림 6-10 브라우저에서 로그인 화면 요청

7. 텍스트 박스에 ID와 비밀번호를 입력한 후 **로그인**을 클릭하면 서블릿이 ID와 비밀번호를 이클립스 콘솔에 출력합니다.

▼ 그림 6-11 ID와 비밀번호 입력 후 서블릿으로 전송하면 콘솔에 출력

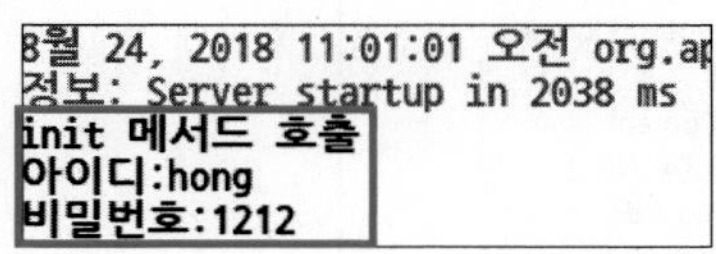

단, 서블릿이 처리한 후의 응답 기능은 아직 구현하지 않았으므로 웹 브라우저에는 아무것도 출력되지 않습니다.

▼ 그림 6-12 서블릿으로부터 응답이 없는 브라우저

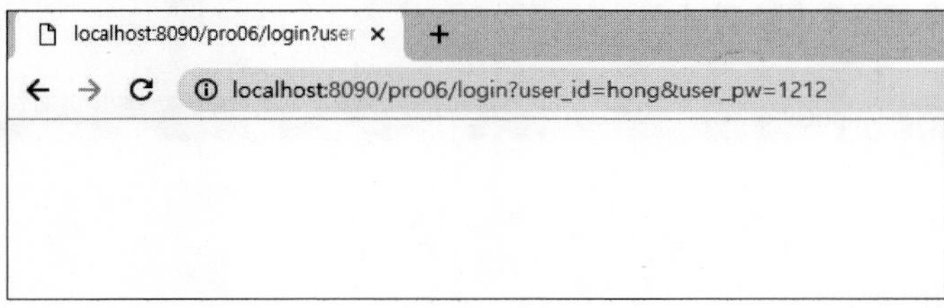

간단한 예제이지만 서블릿을 사용해 로그인을 요청하는 처리를 구현해 보았습니다.

6.3.2 여러 개의 값을 전송할 때의 요청 처리

이번에는 이 프로그램을 조금 더 발전시켜 보겠습니다. 하나의 name으로 여러 값을 서블릿으로 요청하는 방법입니다. 예를 들어 로그인 후 수강할 과목을 입력하되 한 번에 여러 과목을 입력해서 등록하는 예제입니다. 그럼 서블릿에서는 각 과목에 대해 여러 개의 값을 처리해야겠죠?

1. 다음과 같이 input.html을 추가하고 `InputSevlet` 클래스를 새로 만듭니다.

▼ 그림 6-13 실습 파일 위치

2. input.html을 다음과 같이 작성합니다. `<input>` 타입이 여러 개일 때는 체크박스(Checkbox)를 사용해서 값을 설정하는 것이 좋습니다. 체크박스의 name 속성 값은 모두 `subject`이므로 서블릿으로 전송할 때 배열로 전송됩니다.

코드 6-3 pro06/WebContent/input.html

```
<!DOCTYPE html>
<html>
<head>
  <meta charset="UTF-8">
  <title>여러 가지 input 타입 표시 창</title>
</head>
<body>
  <form name="frmInput" method="get" action="input">
    아이디 :<input type="text" name="user_id"><br>
    비밀번호:<input type="password" name="user_pw"><br>
    <input type="checkbox" name="subject" value="java" checked>자바
    <input type="checkbox" name="subject" value="C언어">C언어
    <input type="checkbox" name="subject" value="JSP">JSP
    <input type="checkbox" name="subject" value="안드로이드">안드로이드
    <br><br>
```

name 속성이 모두 subject로 같습니다.

```
    <input type="submit" value="전송">
    <input type="reset" value="초기화">
  </form>
</body>
</html>
```

전송을 클릭하면 매핑 이름이 action에 설정한 input 서블릿으로 전송됩니다.

3. InputServlet 클래스를 다음과 같이 작성합니다. getParameterValues()를 이용해 input.html에서 체크박스의 name인 subject로 전송된 값들을 받아 와서 문자열 배열에 저장합니다.

코드 6-4 pro06/src/sec01/ex01/InputServlet.java

```
package sec01.ex01;
 ...
@WebServlet("/input")
public class InputServlet extends HttpServlet
{
  public void init() throws ServletException
  {
    System.out.println("init 메서드 호출");
  }

  protected void doGet(HttpServletRequest request, HttpServletResponse response)
  throws ServletException, IOException
  {
    request.setCharacterEncoding("utf-8");
    String user_id = request.getParameter("user_id");
    String user_pw = request.getParameter("user_pw");
    System.out.println("아이디:" + user_id);
    System.out.println("비밀번호:" + user_pw);
    String[] subject = request.getParameterValues("subject");
    for (String str : subject)
    {
      System.out.println("선택한 과목:" + str);
    }
  }

  public void destroy()
  {
    System.out.println("destroy 메서드 호출");
  }
}
```

한 개씩 전송된 값은 getParameter()를 이용합니다.

하나의 name으로 여러 값을 전송하는 경우 getParameterValues()를 이용해 배열 형태로 반환됩니다.

4. 브라우저에서 http://localhost:8090/pro06/input.html로 요청합니다.

▼ 그림 6-14 웹 브라우저에서 input.html로 요청

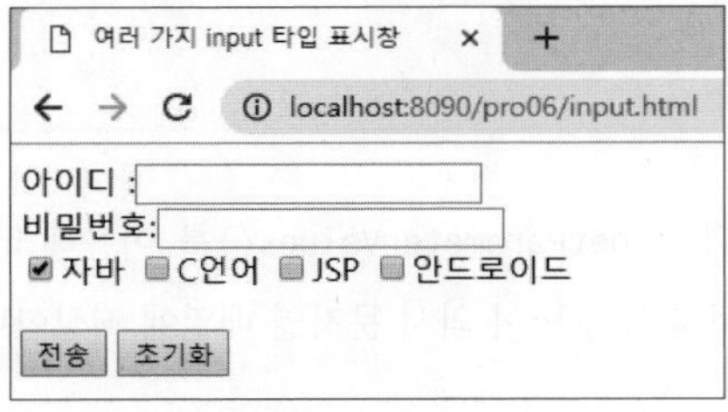

5. 체크박스에서 여러 개의 값에 체크한 후 **전송**을 클릭하면 이클립스 콘솔에 해당 과목명이 출력됩니다.

▼ 그림 6-15 값 입력 후 서블릿으로 전송하면 체크한 과목명이 출력

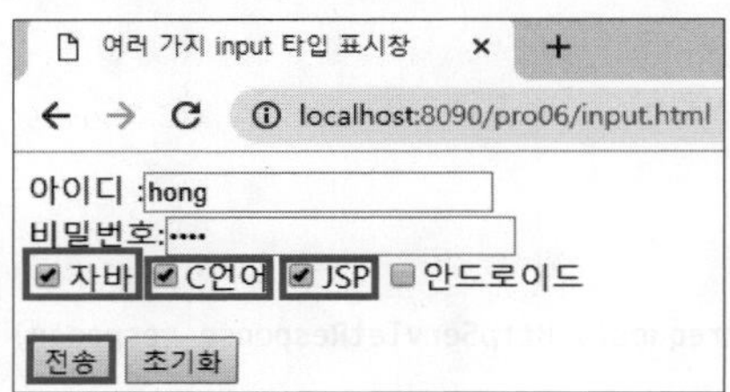

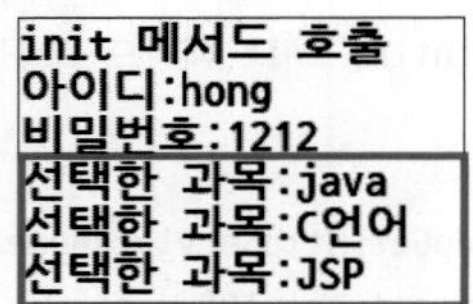

6.3.3 getParameterNames() 메서드를 이용한 요청 처리

앞에서 사용자로부터 입력을 받아 로직을 처리하는 간단한 수강 신청 프로그램을 만들었습니다. 하지만 우리가 보통 온라인 쇼핑몰에 회원으로 가입하려면 입력해야 할 회원 정보는 이름, 주소, 전화번호, 결제정보 등 최소 10개 이상, 많으면 20개 정도 됩니다. 그럼 이 정보를 서블릿에서 `getParameter()` 메서드를 이용해서 처리하려면 각 매개변수를 모두 알아야겠죠?

이처럼 전송된 데이터가 많아 일일이 name의 값을 기억하기 힘들 때는 `geParameterNames()` 메서드를 이용하면 편리합니다. 어떻게 사용하는지 지금부터 실습을 통해 알아봅시다.

1. sec01.ex01 패키지에 InputServlet2 클래스를 생성합니다.

▼ 그림 6-16 실습 파일 위치

2. 그리고 6.3.2절에서 이용했던 input.html을 다음과 같이 수정합니다.

코드 6-5 pro06/WebContent/input.html

```
<!DOCTYPE html>
<html>
<head>…</head>
<body>
  <form name="frmInput" method="get" action="input2">   매핑 이름을 input2로 수정합니다.
   (중략)
```

3. InputServlet2 클래스를 다음과 같이 작성합니다. 전송되는 데이터가 많은 경우에는 getParameterNames()를 이용해 name 속성만 따로 구할 수 있습니다.

코드 6-6 pro06/src/sec01/ex01/InputServlet2.java

```
package sec01.ex01;
 ...
@WebServlet("/input2")
public class InputServlet2 extends HttpServlet
{
  public void init() throws ServletException
  {
    System.out.println("init 메서드 호출");
  }

  protected void doGet(HttpServletRequest request, HttpServletResponse response)
  throws ServletException, IOException
```

```
    {
      request.setCharacterEncoding("utf-8");
      Enumeration enu = request.getParameterNames();
      while (enu.hasMoreElements())
      {
        String name = (String) enu.nextElement();
        String[] values = request.getParameterValues(name);
        for (String value : values)
        {
          System.out.println("name=" + name + ",value=" + value);
        }
      }
    }

    public void destroy() {
        System.out.println("destroy 메서드 호출");
     }
  }
```

전송되어 온 name 속성들만 Enumeration 타입으로 받아 옵니다

각 name을 하나씩 가져와 대응해서 전송되어 온 값을 출력합니다.

4. 브라우저에서 http://localhost:8090/pro06/input.html로 요청하고 값을 입력한 후 **전송**을 클릭합니다. getParameterNames()를 이용해 전송된 name과 값이 모두 출력되는 것을 확인할 수 있습니다.

▼ 그림 6-17 값 입력 후 서블릿으로 전송된 결과

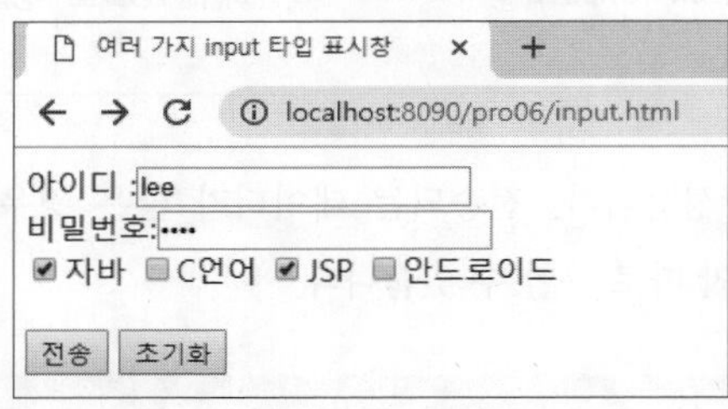


```
init 메서드 호출
name=user_id,value=lee
name=user_pw,value=1212
name=subject,value=java
name=subject,value=JSP
```

6.4 서블릿의 응답 처리 방법

이번에는 서블릿이 처리한 결과를 클라이언트에게 응답하는 기능을 알아보겠습니다. 서블릿에서 응답을 처리하는 방법은 다음과 같습니다.

❶ `doGet()`이나 `doPost()` 메서드 안에서 처리합니다.

❷ `javax.servlet.http.HttpServletResponse` 객체를 이용합니다.

❸ `setContentType()`을 이용해 클라이언트에게 전송할 데이터 종류(MIME-TYPE)를 지정합니다.

❹ 클라이언트(웹 브라우저)와 서블릿의 통신은 자바 I/O의 스트림을 이용합니다.

서블릿의 응답 처리는 `doGet()`이나 `doPost()` 메서드의 두 번째 매개변수인 `HttpServletResponse` 객체를 이용하여 처리합니다. 그리고 웹 브라우저와 서블릿의 응답 과정은 자바 I/O의 기능인 스트림을 이용하여 이루어집니다.

6.4.1 MIME-TYPE

우리가 배우는 웹 애플리케이션은 클라이언트에 해당하는 웹 브라우저와 서버에 해당하는 서블릿이 서로 데이터를 주고받으면서 실행합니다. 웹 브라우저가 네트워크를 통해 서블릿에 데이터를 보내는 경우 서블릿은 네트워크로부터 데이터를 입력 받습니다. 반대로 서블릿이 웹 브라우저로 데이터를 전송하는 경우에는 네트워크로 데이터를 출력합니다. 즉, 네트워크에 대해 자바 I/O 스트림 클래스의 입출력 기능을 이용하면 쉽게 웹 애플리케이션의 네트워크 기능을 구현할 수 있습니다(자바 입문서의 I/O 기능을 참고하세요).

서버(서블릿)에서 웹 브라우저로 데이터를 전송할 때는 어떤 종류의 데이터를 전송하는지 웹 브라우저에 알려줘야 합니다. 그 이유는 웹 브라우저가 전송 받을 데이터의 종류를 미리 알고 있으면 더 빠르게 처리할 수 있기 때문이죠. 따라서 서버(서블릿)에서 웹 브라우저로 데이터를 전송할 때는 톰캣 컨테이너에서 미리 제공하는 여러 가지 전송 데이터 종류 중 하나를 지정해서 웹 브라우저로 전송합니다. 이처럼 톰캣 컨테이너에서 미리 설정해 놓은 데이터 종류들을 MIME-TYPE(마임 타입)이라고 합니다.

서버(서블릿)에서 자바 I/O의 스트림 클래스를 이용하여 웹 브라우저로 데이터를 전송할 때는 MIME-TYPE을 설정해서 전송할 데이터의 종류를 지정합니다.

다음은 MIME_TYPE으로 지정하는 예입니다

- HTML로 전송 시: text/html
- 일반 텍스트로 전송 시: text/plain
- XML 데이터로 전송 시: application/xml

웹 브라우저는 기본적으로 HTML만 인식하므로 서블릿에서 전송하는 대부분의 데이터는 MIME-TYPE을 text/html로 지정합니다.

그 외 톰캣 컨테이너에서는 자주 사용하는 데이터 종류를 MIME-TYPE으로 지정해 놓고 있으므로 서블릿에서 종류를 지정해서 사용하면 됩니다. 더 나아가 새로운 종류의 데이터를 지정하고 싶다면 CATALINA_HOME\conf\web.xml에 추가하면 됩니다.

그림 6-18 톰캣 컨테이너의 web.xml에 정의된 여러 가지 MIME-TYPE

```
    <mime-mapping>
        <extension>xenc</extension>
        <mime-type>application/xenc+xml</mime-type>
    </mime-mapping>
    <mime-mapping>
        <extension>xer</extension>
        <mime-type>application/patch-ops-error+xml</mime-type>
    </mime-mapping>
    <mime-mapping>
        <extension>xfdf</extension>
        <mime-type>application/vnd.adobe.xfdf</mime-type>
    </mime-mapping>
    <mime-mapping>
        <extension>xfdl</extension>
        <mime-type>application/vnd.xfdl</mime-type>
    </mime-mapping>
    <mime-mapping>
        <extension>xht</extension>
        <mime-type>application/xhtml+xml</mime-type>
    </mime-mapping>
    <mime-mapping>
        <extension>xhtml</extension>
        <mime-type>application/xhtml+xml</mime-type>
    </mime-mapping>
```

6.4.2 HttpServletResponse를 이용한 서블릿 응답 실습

이번에는 서블릿이 응답하는 예제를 살펴보겠습니다. 사용자가 입력한 ID와 비밀번호를 전송하면 서블릿이 다시 브라우저에게 응답하는 예제입니다.

서블릿이 클라이언트(웹 브라우저)에 응답하는 과정은 다음과 같습니다.

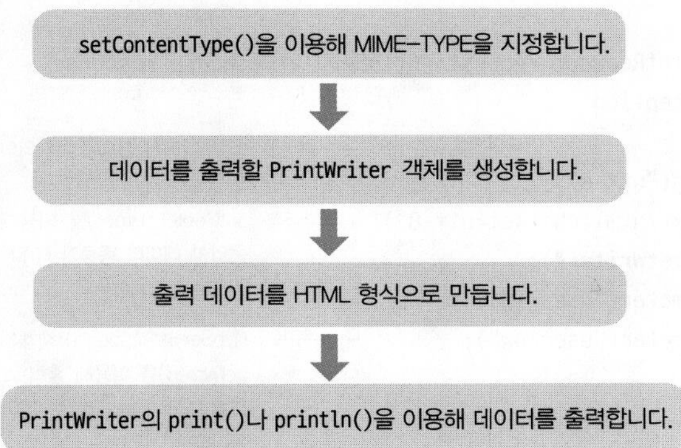

1. login.html을 다음과 같이 수정합니다. 로그인창에서 ID와 비밀번호를 입력한 후 **login2** 서블릿으로 전송합니다.

코드 6-7 pro06/WebContent/login.html

```
<!DOCTYPE html>
<html>
<head>..</head>                                    매핑 이름을 login2로 수정합니다.
<body>
  <form name="frmLogin" method="get" action="login2" encType="UTF-8">
    아이디:<input type="text" name="user_id"><br>
    비밀번호:<input type="password" name="user_pw"><br>
    <input type="submit" value="로그인"> <input type="reset" value="다시 입력">
  </form>
</body>
</html>
```

2. sec02.ex01 패키지에 **LoginServlet2** 클래스를 추가하고 다음과 같이 작성합니다. 브라우저에서 전달받은 ID와 비밀번호를 HTML 태그로 만든 후 다시 브라우저로 응답합니다.

코드 6-8 pro06/src/sec02/ex01/LoginServlet2.java

```
package sec02.ex01;
 ...
@WebServlet("/login2")
public class LoginServlet2 extends HttpServlet
{
  public void init() throws ServletException
  {
```

```
    System.out.println("init 메서드 호출");
  }

  protected void doGet(HttpServletRequest request, HttpServletResponse response)
  throws ServletException, IOException
  {
    request.setCharacterEncoding("utf-8");
    response.setContentType("text/html;charset=utf-8");
    PrintWriter out = response.getWriter();
    String id = request.getParameter("user_id");
    String pw = request.getParameter("user_pw");

    String data = "<html>";
      data += "<body>";
      data += "아이디 : " + id;
      data += "<br>";
      data += "패스워드 : " + pw;
      data += "</body>";
      data += "</html>";
    out.print(data);
  }

  public void destroy() {
    System.out.println("destroy 메서드 호출");
  }
}
```

응답은 HttpServletResponse 객체를 이용합니다.

웹 브라우저에서 전송된 데이터의 인코딩을 설정합니다.

setContentType()을 이용해 응답할 데이터 종류가 HTML 임을 설정합니다.

HttpServletResponse 객체의 getWriter()를 이용해 출력 스트림 PrintWriter 객체를 받아옵니다.

브라우저로 출력할 데이터를 문자열로 연결해서 HTML 태그로 만듭니다.

PrintWriter의 print()를 이용해 HTML 태그 문자열을 웹 브라우저로 출력합니다.

3. 브라우저에서 http://localhost:8090/pro06/login.html로 접속하여 ID와 비밀번호를 입력한 후 **로그인**을 클릭합니다.

✔ 그림 6-19 login.html로 접속하여 **로그인** 클릭

4. 그러면 서블릿이 ID와 비밀번호를 전달 받아 다시 브라우저로 출력합니다.

▼ 그림 6-20 서블릿의 응답 실행 결과

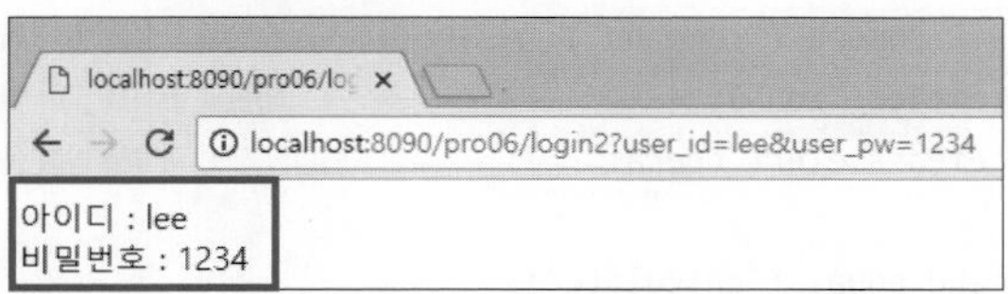

6.4.3 서블릿을 이용한 환율 계산기 예제 실습

또 다른 서블릿 응답 실습 예제로, 서블릿을 이용하여 환율 계산기를 구현해 보겠습니다. 말 그대로 원화를 입력 받아 외화로 변환해 주는 프로그램입니다.

1. sec02.ex01 패키지에 `CalcServlet` 클래스를 생성합니다.

▼ 그림 6-21 실습 파일 위치

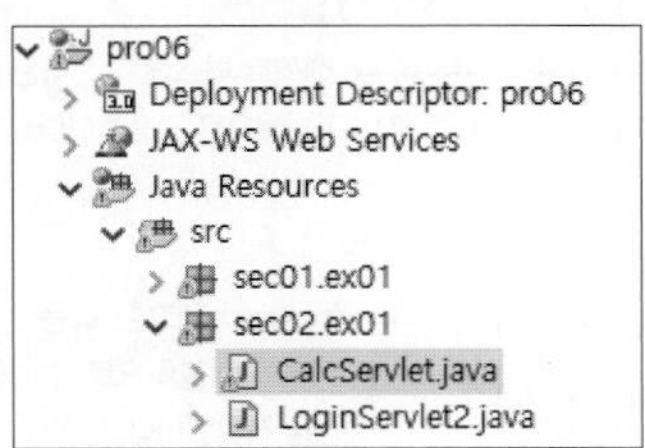

2. `CalcServlet` 클래스를 다음과 같이 작성합니다. 최초 매핑 이름인 `/calc`로 요청할 경우 command 값이 `null`이므로 환율 계산기 화면이 나타납니다. 계산기에서 값을 입력한 후 다시 요청할 경우 commnad 값이 `calculate`이므로 전달된 원화를 이용해 외화로 변환하여 결과를 출력합니다.

코드 6-9 pro06/src/sec02/ex01/CalcServlet.java

```
package sec02.ex01;
 ...
@WebServlet("/calc")
public class CalcServlet extends HttpServlet
{
   ...
  protected void doGet(HttpServletRequest request, HttpServletResponse response)
  throws ServletException, IOException
  {
```

```
    request.setCharacterEncoding("utf-8");
    response.setContentType("text/html; charset=utf-8");
    PrintWriter pw = response.getWriter();
    String command = request.getParameter("command");
    String won = request.getParameter("won");
    String operator = request.getParameter("operator");

    if (command != null && command.equals("calculate"))
    {
      String result = calculate(Float.parseFloat(won), operator);
      pw.print("<html><font size=10>변환 결과</font><br>");
      pw.print("<html><font size=10>" + result + "</font><br>");
      pw.print("<a href='/pro06/calc'>환율 계산기</a>");
      return;
    }

    pw.print("<html><title>환율 계산기</title>");
    pw.print("<font size=5>환율 계산기</font><br>");
    pw.print("<form  name='frmCalc' method='get' action='/pro06/calc'  />  ");
    pw.print("원화: <input type='text' name='won' size=10  />  ");
    pw.print("<select name='operator' >");
    pw.print("<option value='dollar'>달러</option>");
    pw.print("<option value='en'>엔화</option>");
    pw.print("<option value='wian'>위안</option>");
    pw.print("<option value='pound'>파운드</option>");
    pw.print("<option value='euro'>유로</option>");
    pw.print("</select>");
    pw.print("<input type='hidden' name='command' value='calculate'  />");
    pw.println("<input type='submit' value='변환'  />");
    pw.println("</form>");
    pw.print("</html>");
    pw.close();
  }

  private static String calculate(float won, String operator) {
    String result = null;
    if (operator.equals("dollar")) {
      result = String.format("%.6f", won / USD_RATE);
    } else if (operator.equals("en")) {
      result = String.format("%.6f", won / JPY_RATE);
    } else if (operator.equals("wian")) {
      result = String.format("%.6f", won / CNY_RATE);
    } else if (operator.equals("pound")) {
      result = String.format("%.6f", won / GBP_RATE);
    } else if (operator.equals("euro")) {
```

수행할 요청을 받아 옵니다.

변환할 원화를 받아 옵니다.

변환할 외화 종류를 받아 옵니다.

최초 요청 시 command가 null이면 계산기 화면을 출력하고, command 값이 calculate이면 계산 결과를 출력합니다.

원화 입력 후 다시 서블릿 calc로 요청합니다.

셀렉트 박스에서 선택된 값을 name으로 전송합니다.

〈hidden〉 태그를 이용해 계산기에서 서블릿으로 수행할 요청을 전달합니다.

원화를 선택한 외화로 환산합니다.

```
      result = String.format("%.6f", won / EUR_RATE);
    }
    return result;
  }
}
```

<input> 태그를 hidden 속성으로 지정하면 화면에는 보이지 않지만 value에 이미 값이 저장되어 있습니다. 따라서 계산기 화면에서 서블릿으로 어떤 기능을 수행할지 명령을 전달할 수 있습니다. <hidden> 태그는 자주 사용하므로 기억해 두기 바랍니다.

3. 웹 브라우저에서 http://localhost:8090/pro06/calc로 요청한 후 원화에 값을 입력하고 **변환**을 클릭합니다.

▼ 그림 6-22 웹 브라우저로 요청한 계산기 화면

4. 값을 전송한 후 결과를 웹 브라우저에 출력합니다.

▼ 그림 6-23 웹 브라우저로 출력된 변환 결과

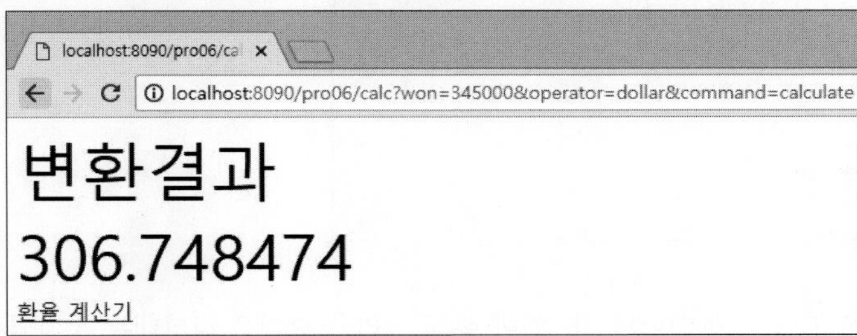

6.5 웹 브라우저에서 서블릿으로 데이터 전송하기

6.4절에서는 웹 브라우저에서 입력한 데이터를 서블릿으로 전송하면 서블릿에서 요청을 받는 방법에 대해 알아보았습니다. 이번에는 웹 브라우저에서 서블릿으로 데이터를 전송하는 방식을 알아보겠습니다.

6.5.1 GET/POST 전송 방식

웹 브라우저에서 서블릿으로 전송하는 방법은 크게 GET 방식과 POST 방식이 있습니다. 6.4절에서 실습한 환율 계산기 결과 화면을 다시 볼까요?

값을 전송한 후 결과를 웹 브라우저에 출력합니다.

▼ 그림 6-24 GET 방식으로 전송한 경우

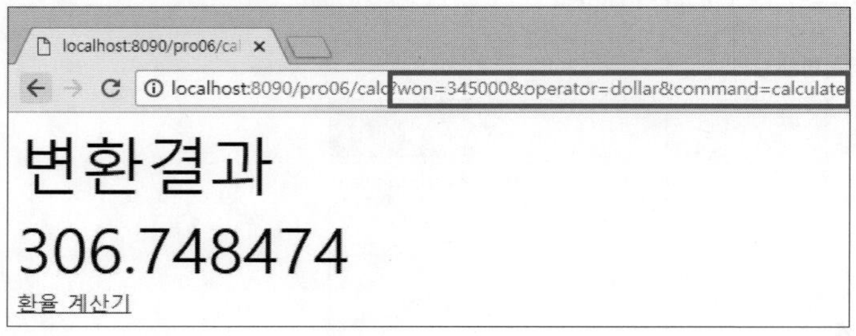

주소창을 자세히 보면 물음표(?) 뒤에 입력된 값, 외화 종류 그리고 요청을 나타내는 문자열이 서블릿 매핑 이름 뒤에 붙어서 전송됩니다. 이렇게 URL 주소에 데이터를 붙여서 전송하는 방식을 **GET 방식**이라고 합니다. 그런데 로그인창에서 입력한 ID와 비밀번호를 이런 식으로 보이게 전송하면 개인 정보가 유출될 가능성이 높습니다. 이처럼 GET 방식으로 데이터를 전송할 경우에는 전송하는 데이터가 노출되므로 보안에 취약합니다.

반면에 **POST 방식**은 전송하는 데이터를 숨겨서 전송하므로 보안성이 좋습니다.

즉, GET 방식은 보안과 관련 없는 간단한 데이터를 쉽게 전송할 수 있는 반면, POST 방식은 보안과 관련된 데이터를 전송하는 데 많이 사용된다고 기억해 두면 됩니다. 두 방식의 자세한 특징은 표 6-5에 비교해 두었으니 참고하세요.

표 6-5 GET 방식과 POST 방식 비교

GET 방식	POST 방식
• 서블릿에 데이터를 전송할 때는 데이터가 URL 뒤에 name=value 형태로 전송됩니다. • 여러 개의 데이터를 전송할 때는 '&'로 구분해서 전송됩니다. • 보안이 취약합니다. • 전송할 수 있는 데이터는 최대 255자입니다. • 기본 전송 방식이고 사용이 쉽습니다. • 웹 브라우저에 직접 입력해서 전송할 수도 있습니다. • 서블릿에서는 `doGet()`을 이용해 데이터를 처리합니다.	• 서블릿에 데이터를 전송할 때는 TCP/IP 프로토콜 데이터의 body 영역에 숨겨진 채 전송됩니다. • 보안에 유리합니다. • 전송 데이터 용량이 무제한입니다. • 전송 시 서블릿에서는 또다시 가져오는 작업을 해야 하므로 처리 속도가 GET 방식보다 느립니다. • 서블릿에서는 `doPost()`를 이용해 데이터를 처리합니다.

6.5.2 GET 방식으로 서블릿에 요청

로그인창 입력 예제인 코드 6-1를 보면 `<form>` 태그의 `method` 속성이 `get`으로 설정되어 있습니다. 이는 '서블릿에 GET 방식으로 데이터를 전송하겠다'라는 의미입니다.

그림 6-25 <form> 태그의 method 속성을 get으로 설정

```
<form name="frmLogin" method="get" action="login"  encType="UTF-8">
   아이디  :<input type="text" name="user_id"><br>
   비밀번호:<input type="password" name="user_pw" ><br>
  <input type="submit" value="로그인">  <input type="reset" value="다시입력">
</form>
```

마찬가지로 서블릿도 GET 방식으로 전송된 데이터를 `doGet()` 메서드를 이용해서 처리합니다.

그림 6-26 GET 방식으로 전송 데이터를 처리하는 doGet() 메서드

```
protected void doGet(HttpServletRequest request, HttpServletResponse response) throws ServletException, IOException {
    request.setCharacterEncoding("utf-8");
    response.setContentType("text/html;charset=utf-8");
    PrintWriter out = response.getWriter();

    String id = request.getParameter("user_id");
    String pw = request.getParameter("user_pw");

    String data = "<html>";
    data += "<body>";
    data += "아이디 : " + id;
    data += "<br>";
    data += "비밀번호 : " + pw;
    data += "</body>";
    data += "</html>";
    out.print(data);
}
```

그리고 웹 브라우저의 주소창을 보면 http://localhost:8090/pro06/login2?user_id=lee&user_pw=1234처럼 URL 뒤에 'name=value' 쌍으로 붙어서 전송됩니다. 이처럼 GET 방식으로 전송하면 간편하다는 장점은 있으나 어떤 데이터를 전송하는지 다 노출되므로 보안상으로는 좋지 않습니다.

▼ 그림 6-27 주소창의 URL 뒤에 붙어서 전송되는 데이터

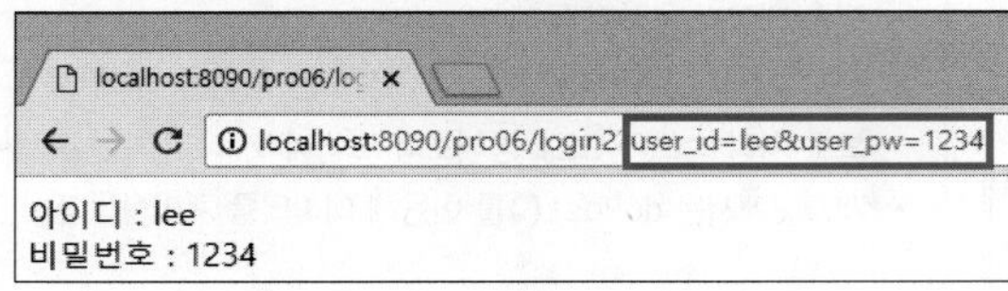

6.5.3 POST 방식으로 서블릿에 요청

이번에는 POST 방식으로 서블릿에 요청하여 처리하는 예제를 실습해 보겠습니다.

1. sec03.ex01 패키지를 만들고 `LoginServlet3` 클래스를 생성합니다.

▼ 그림 6-28 실습 파일 위치

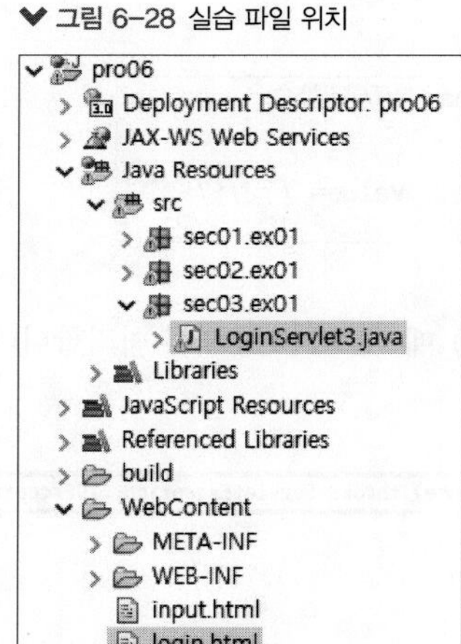

2. login.html은 앞에서 생성한 파일을 편집해서 사용합니다. `<form>` 태그의 속성 `method`를 `post`로, `action`을 `login3`으로 수정합니다.

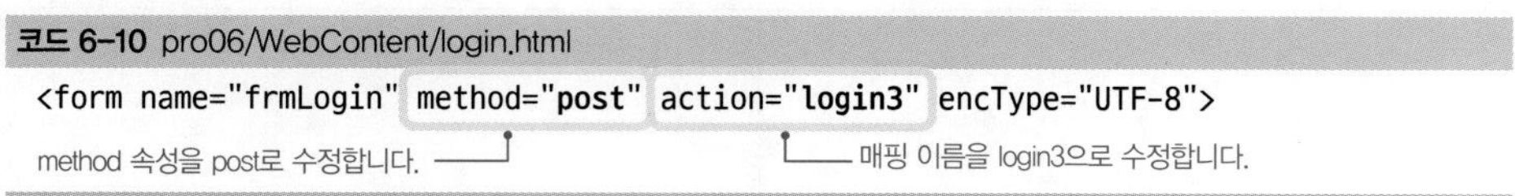

코드 6-10 pro06/WebContent/login.html

```
<form name="frmLogin" method="post" action="login3" encType="UTF-8">
```

method 속성을 post로 수정합니다.

매핑 이름을 login3으로 수정합니다.

3. 다음과 같이 LoginServlet3 클래스를 작성합니다. 서블릿에서는 반드시 doPost() 메서드를 이용해서 처리해야 합니다.

코드 6-11 pro06/src/sec03/ex01/LoginServlet3.java

```
package sec03.ex01;
 ...
@WebServlet("/login3")
public class LoginServlet3 extends HttpServlet
{
  public void init() throws ServletException
  {
    System.out.println("init 메서드 호출");
  }

  protected void doPost(HttpServletRequest request, HttpServletResponse response)
  throws ServletException, IOException
  {
    request.setCharacterEncoding("utf-8");
    String user_id = request.getParameter("user_id");
    String user_pw = request.getParameter("user_pw");
    System.out.println("아이디:" + user_id);
    System.out.println("비밀번호:" + user_pw);
  }

  public void destroy() {
    System.out.println("destroy 메서드 호출");
   }
}
```

POST 방식으로 전송된 데이터를 처리하기 위해 doPost()를 이용합니다.

4. 웹 브라우저에서 로그인창을 요청한 후 ID와 비밀번호를 입력하고 **로그인**을 클릭합니다.

▼ 그림 6-29 ID와 비밀번호 입력 후 **로그인** 클릭

5. 웹 브라우저에서 전송되는 데이터는 TCP/IP의 헤더에 숨겨진 채 전송되므로 브라우저의 주소창을 보면 URL 뒤에는 아무것도 표시되지 않습니다.

▼ 그림 6-30 POST 방식으로 전송되는 데이터

이처럼 서블릿에서는 웹 브라우저에서 전송되는 방식에 따라 **doGet()**이나 **doPost()** 메서드로 대응해서 처리해야 합니다. 만약 전송 방식과 다른 메서드를 사용하면 브라우저에서 오류가 발생합니다. 예를 들어 웹 브라우저에서는 GET 방식으로 전송하는데 서블릿에서는 **doPost()** 메서드로 처리하면 GET 방식으로 처리하는 메서드가 없으므로 오류가 발생합니다.

다음은 전송 방식과 다른 메서드를 사용한 경우로, 브라우저에 GET 방식으로 처리하는 메서드가 없다는 오류 메시지를 출력합니다.

▼ 그림 6-31 로그인창에서 GET 방식으로 전송

```
<form name="frmLogin" method="get" action="login3"  encType="UTF-8">
  아이디  :<input type="text" name="user_id"><br>
     비밀번호:<input type="password" name="user_pw" ><br>
   <input type="submit" value="로그인"> <input type="reset" value="다시입력">
</form>
```

▼ 그림 6-32 LoginServlet3.java에서 doPost()로 처리

```
protected void doPost(HttpServletRequest request, HttpServletResponse response) throws ServletException
    request.setCharacterEncoding("utf-8");
    String user_id=request.getParameter("user_id");
    String user_pw=request.getParameter("user_pw");
    System.out.println("아이디:"+user_id);
    System.out.println("비밀번호:"+user_pw);

}
```

▼ 그림 6-33 전송 방식과 다른 메서드로 처리할 경우 405 오류 발생

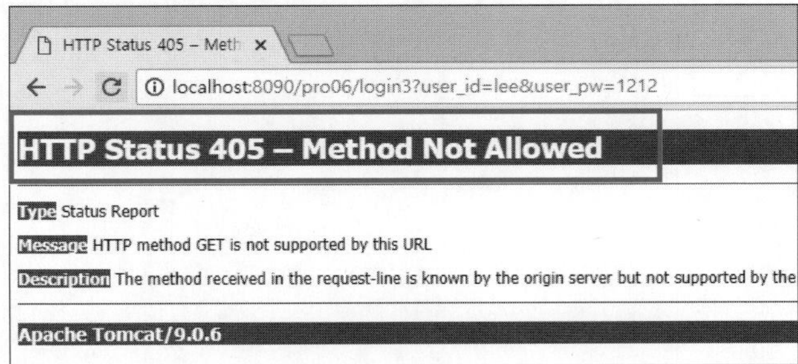

이상으로 GET 방식과 POST 방식으로 데이터를 전송하는 경우와 그에 따라 서블릿에서 처리하는 방법을 알아봤습니다. 이 두 방식으로 전송된 데이터는 반드시 HttpServlet에서 오버라이딩된 doGet() 메서드나 doPost() 메서드를 사용해야 합니다. 만약 두 메서드가 서블릿에 존재하지 않거나 사용자가 임의로 만든 메서드를 사용하면 오류가 발생한다는 점을 꼭 유념하세요.

JAVA WEB

6.6 GET 방식과 POST 방식 요청 동시에 처리하기

웹 프로그램에서는 GET 방식과 POST 방식을 혼합해서 많이 사용합니다. 이때 각 방식마다 일일이 구분해서 구현해야 한다면 불편하겠죠? 이번에는 전송된 방식으로 doGet()이나 doPost() 메서드로 처리한 후 다시 doHandle()을 호출해서 모든 기능을 구현하는 예제를 실습해 보겠습니다.

1. 앞에서 실습한 login.html을 다음과 같이 수정합니다. GET 방식으로 로그인하기 위해 method는 get으로, action은 login4로 수정합니다.

코드 6-12 pro06/WebContent/login.html

```
<form name="frmLogin" method="get" action="login4" encType="utf-8">
```

method 속성을 get으로, action 속성을 login4로 수정합니다.

2. sec03.ex02 패키지에 LoginServlet4 서블릿을 만들 때 doGet()과 doPost()를 모두 추가합니다.

▼ 그림 6-34 doGet과 doPost의 체크박스에 체크

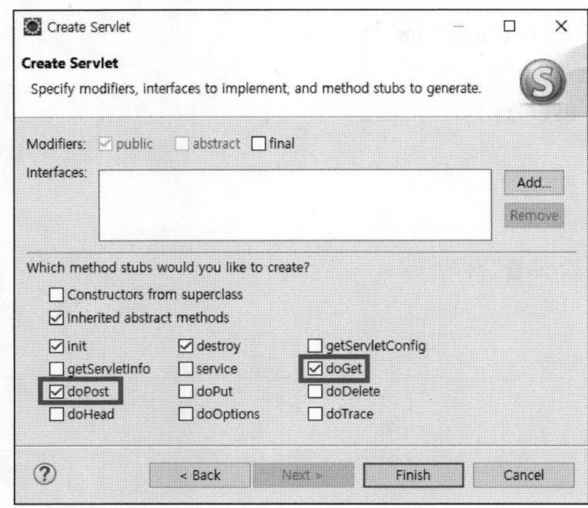

3. `LoginServlet4` 클래스를 다음과 같이 작성합니다. `doGet()`과 `doPost()` 메서드에서 `doHandle()` 메서드를 재호출하여 모든 방식의 요청을 처리합니다.

코드 6-13 pro06/src/sec03/ex02/LoginServlet4.java

```
package sec03.ex02;
  ...
public class LoginServlet4 extends HttpServlet
{
  public void init() throws ServletException
  {
    System.out.println("init 메서드 호출");
  }

  protected void doGet(HttpServletRequest request, HttpServletResponse response)
  throws ServletException, IOException
  {
    System.out.println("doGet 메서드 호출");
    doHandle(request, response);   // GET 방식으로 요청 시 다시 doHandle()을 호출합니다.
  }

  protected void doPost(HttpServletRequest request, HttpServletResponse response)
  throws ServletException, IOException
  {
    System.out.println("doPost 메서드 호출");
    doHandle(request, response);   // POST 방식으로 요청 시 다시 doHandle()을 호출합니다.
  }

  private void doHandle(HttpServletRequest request, HttpServletResponse response)
  throws ServletException, IOException
  {   // 모든 호출 방식에 대해 처리할 수 있습니다.
    request.setCharacterEncoding("utf-8");
    String user_id = request.getParameter("user_id");
    System.out.println("doHandle 메서드 호출");
    String user_pw = request.getParameter("user_pw");
    System.out.println("아이디:" + user_id);
    System.out.println("비밀번호:" + user_pw);
  }

  public void destroy() {
    System.out.println("destroy 메서드 호출");
  }
}
```

4. GET 방식과 POST 방식으로 각각 요청해 보겠습니다. 두 방식 모두 `doHandle()` 메서드로 처리한 후 결과를 출력합니다. 로그인창에 접속하여 ID와 비밀번호를 입력한 후 GET 방식으로 요청합니다. 이클립스 콘솔을 보면 `doHandle()` 메서드로 처리한 메시지가 출력된 것을 알 수 있습니다.

▼ 그림 6-35 로그인창에서 GET 방식으로 요청한 결과

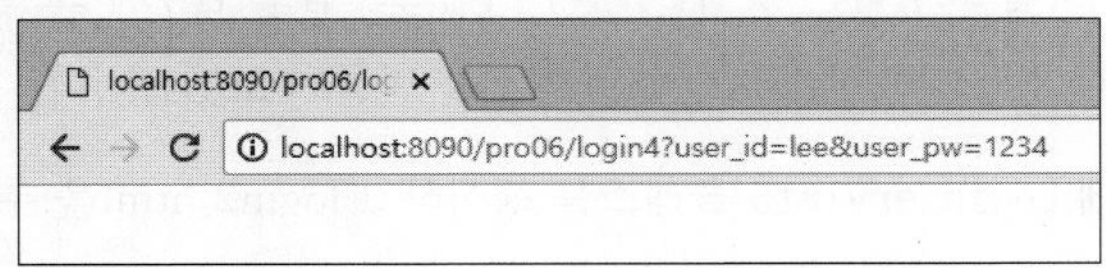

5. 로그인창의 `method` 속성을 `post`로 변경한 후 요청하면 `doHandle()` 메서드로 처리한 후 결과를 출력합니다.

코드 pro06/WebContent/login.html

```
<form name="frmLogin" method="post" action="login4" encType="utf-8">
```

▼ 그림 6-36 POST 방식으로 요청한 결과

```
doPost 메서드 호출
doHandle 메서드 호출
아이디:lee
비밀번호:1212
```

6.7 자바스크립트로 서블릿에 요청하기

웹 사이트에 로그인할 때 ID나 비밀번호를 입력하지 않고 로그인하면 오류 메시지가 출력됩니다. 앞 절에서는 `<form>` 태그에서 바로 서블릿으로 데이터를 전송했지만 전송 전에 로그인하면 ID와 비밀번호 입력 유무 체크하기처럼 전송 데이터에 대해 유효성 검사를 하는 경우가 많습니다. 이런 기능은 자바스크립트로 구현하므로 이번에는 자바스크립트로 서블릿에 요청하는 방법을 알아보겠습니다.

서블릿에 요청할 때 `<form>` 태그에서 직접 요청하는 것이 아니라 자바스크립트 함수를 호출하고 유효성 검사를 한 후 자바스크립트 함수에서 서블릿에 요청하는 예제를 만들어 보겠습니다.

1. 다음과 같이 sec03.ex03 패키지에 `LoginServlet5` 클래스를 생성하고 login2.html을 추가로 생성합니다.

▼ 그림 6-37 실습 파일 위치

2. 다음과 같이 login2.html을 작성합니다. 자바스크립트 함수에서 `<form>` 태그에 접근하여 값 입력 여부를 체크한 후 `action` 속성에 전송할 서블릿 이름을 지정합니다. 그런 다음 `submit()` 함수를 호출하여 서블릿으로 전송합니다. `<input>` 태그의 `hidden` 속성을 지정하면 화면에는 보이지 않지만 `value`에 미리 값이 저장됩니다.

코드 6-14 pro06/WebContent/login2.html

```
<!DOCTYPE html>
<html>
<head>
  <meta charset="UTF-8">
  <script type="text/javascript">
    function fn_validate() {
      var frmLogin = document.frmLogin;
      var user_id = frmLogin.user_id.value;
      var user_pw = frmLogin.user_pw.value;

      if ((user_id.length == 0 || user_id == "") ||
                          (user_pw.length == 0 || user_pw == "")) {
        alert("아이디와 비밀번호는 필수입니다.");
      } else {
        frmLogin.method = "post";
        frmLogin.action = "login5";
        frmLogin.submit();
      }
    }
  </script>
  <title>로그인창</title>
</head>

<body>
  <form name="frmLogin" method="post" action="login" encType="UTF-8">
    아이디 :<input type="text" name="user_id"><br>
    비밀번호:<input type="password" name="user_pw"><br>
    <input type="button" onClick="fn_validate()" value="로그인">
    <input type="reset" value="다시 입력">
    <input type="hidden" name="user_address" value="서울시 성북구" />
  </form>
</body>
</html>
```

〈form〉 태그의 name 속성으로 〈form〉 태그 객체를 받아 옵니다.

〈form〉 태그 내 〈input〉 태그의 name 속성으로 입력한 ID와 비밀번호를 받아 옵니다.

〈form〉 태그의 전송 방식을 post로 설정합니다.

action 속성을 서블릿 매핑 이름인 login5로 설정합니다.

자바스크립트에서 서블릿으로 전송합니다.

〈hidden〉 태그를 이용해 화면에는 보이지 않게 하면서 값을 서블릿으로 전송합니다.

3. LoginServlet5 클래스를 다음과 같이 작성합니다. 서블릿에서 getParameter() 메서드를 이용해 <hidden> 태그로 전송된 주소를 받아 옵니다.

코드 6-15 pro06/src/sec03/ex03/LoginServlet5.java

```
package sec03.ex03;
 ...
@WebServlet("/login5")
public class LoginServlet5 extends HttpServlet
{
  public void init()
  {
    System.out.println("init 메서드 호출");
  }

  protected void doPost(HttpServletRequest request, HttpServletResponse response)
  throws ServletException, IOException
  {
    request.setCharacterEncoding("utf-8");
    response.setContentType("text/html;charset=utf-8");
    PrintWriter out = response.getWriter();
    String id = request.getParameter("user_id");
    String pw = request.getParameter("user_pw");
    String address = request.getParameter("user_address");
    System.out.println("아이디   : " + id);
    System.out.println("비밀번호 : " + pw);

    String data = "<html>";
    data += "<body>";
    data += "아이디 : " + id;
    data += "<br>";
    data += "비밀번호: " + pw;
    data += "<br>";
    data += "주소 : " + address;
    data += "</body>";
    data += "</html>";
    out.print(data);
  }

  public void destroy() {
    System.out.println("destroy 메서드 호출");
   }
}
```

〈hidden〉 태그로 전송된 값을 받아 옵니다.

전송된 값을 웹 브라우저로 출력합니다.

4. http://localhost:8090/pro06/login2.html로 요청합니다. ID와 비밀번호를 입력하지 않고 **로그인**을 클릭하면 오류 창이 나타납니다.

▼ 그림 6-38 ID와 비밀번호를 입력하지 않은 경우

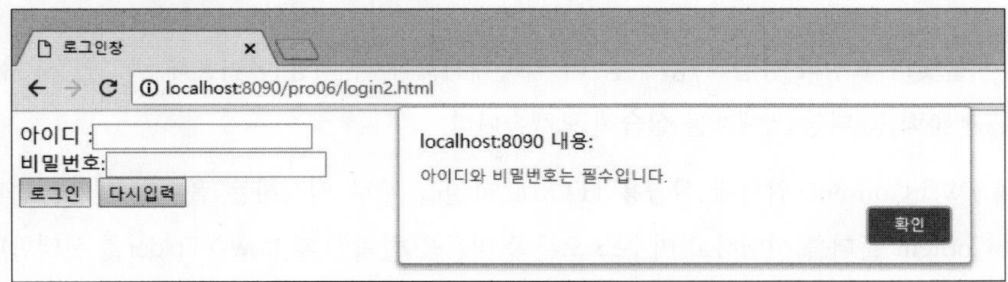

반면에 ID와 비밀번호를 정상적으로 입력한 경우에는 웹 브라우저로 입력 값을 출력합니다.

▼ 그림 6-39 ID와 비밀번호를 정상적으로 입력한 경우

6.8 서블릿을 이용한 여러 가지 실습 예제

이번에는 서블릿의 요청과 응답 기능에 좀 더 익숙해지도록 각 기능을 이용해 로그인 시 유효성 검사, 구구단 출력 등 다양한 예제를 실습해 보겠습니다.

1. 현재 /WebContent 위치에 실습용 HTML 파일을 따로 저장하는 폴더를 만들겠습니다. WebContent 폴더를 선택하고 마우스 오른쪽 버튼을 클릭한 후 New 〉 Folder를 선택합니다.

▼ 그림 6-40 New 〉 Folder 선택

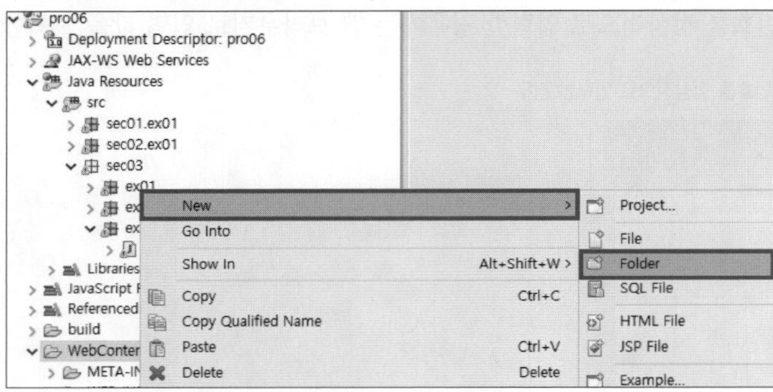

2. 폴더 이름을 test01로 입력한 후 폴더가 생성되었는지 확인합니다.

▼ 그림 6-41 폴더 test01 생성 후 확인

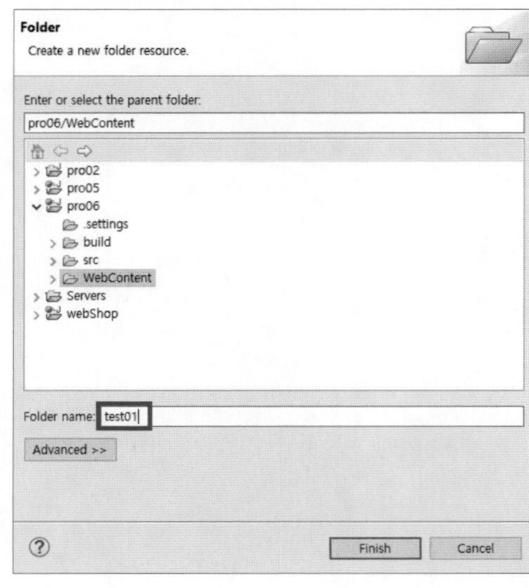

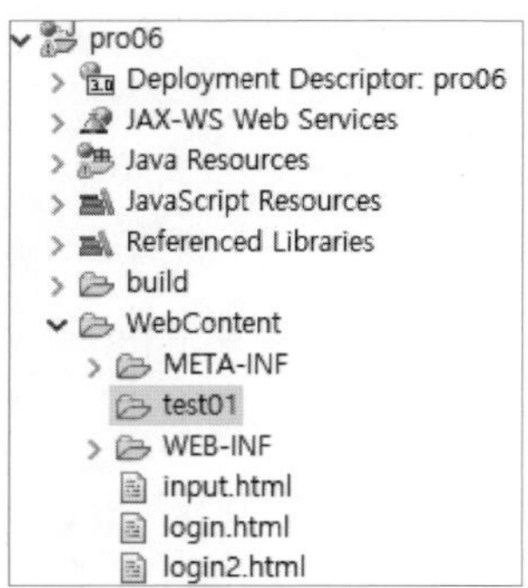

6.8.1 실습 예제1: 서블릿에 로그인 요청 시 유효성 검사하기

문제: ID를 정상적으로 입력했을 때는 로그인 메시지를 표시하고, ID를 입력하지 않았을 때는 다시 로그인하라는 메시지를 표시하도록 작성하시오.

1. test01 폴더에 login.html을 만들고 다음과 같이 작성합니다.

코드 6-16 pro06/WebContent/test01/login.html

```
<!DOCTYPE html>
<html>
<head>
  <meta charset="UTF-8">
  <title>로그인 창</title>
</head>
<body>
  <form name="frmLogin" method="post" action="/pro06/loginTest" encType="UTF-8">
    아이디 :<input type="text" name="user_id"><br>
    비밀번호:<input type="password" name="user_pw"><br>
    <input type="submit" value="로그인"> <input type="reset" value="다시 입력">
  </form>
</body>
</html>
```

test01 폴더에 위치한 HTML에서 서블릿에 요청하므로 action 속성에서 서블릿 매핑 이름 앞에 프로젝트 이름 /pro06을 붙여주어야 합니다.

텍스트 박스에 입력한 ID를 name 속성인 user_id로 전송합니다.

텍스트 박스에 입력한 비밀번호를 name 속성인 user_pw로 전송합니다.

2. LoginTest 클래스를 다음과 같이 작성합니다. ID나 비밀번호를 제대로 입력하지 않으면 오류 메시지를 출력한 후 다시 로그인창으로 이동합니다.

코드 6-17 pro06/src/sec04/ex01/LoginTest.java

```
package sec04.ex01;

@WebServlet("/loginTest")
public class LoginTest extends HttpServlet
{
  public void init()
  {
    System.out.println("init 메서드 호출");
  }

  protected void doPost(HttpServletRequest request, HttpServletResponse response)
  throws ServletException, IOException{
    request.setCharacterEncoding("utf-8");
    response.setContentType("text/html;charset=utf-8");
    PrintWriter out = response.getWriter();
```

6 서블릿 기초

```
        String id = request.getParameter("user_id");
        String pw = request.getParameter("user_pw");

        System.out.println("아이디  : "+ id);
        System.out.println("패스워드 : "+ pw);

        if(id!= null &&(id.length()!=0)) {
          out.print("<html>");
          out.print("<body>");
          out.print( id +" 님!! 로그인 하셨습니다." );
          out.print("</body>");
          out.print("</html>");

        }else{
          out.print("<html>");
          out.print("<body>");
          out.print("아이디를 입력하세요!!!" ) ;
          out.print("<br>");
          out.print("<a href='http://localhost:8090/pro06/test01/login.html'>
                                                          로그인 창으로 이동  </a>");
          out.print("</body>");
          out.print("</html>");
        }
      }
      public void destroy() {
        System.out.println("destroy 메서드 호출");
      }
    }
```

ID와 비밀번호가 없으면 다시 로그인창으로 이동합니다.

3. http://localhost:8090/pro06/test01/login.html로 요청한 후 ID와 비밀번호를 정상적으로 입력하고 **로그인**을 클릭합니다.

▼ 그림 6-42 ID와 비밀번호를 정상적으로 입력

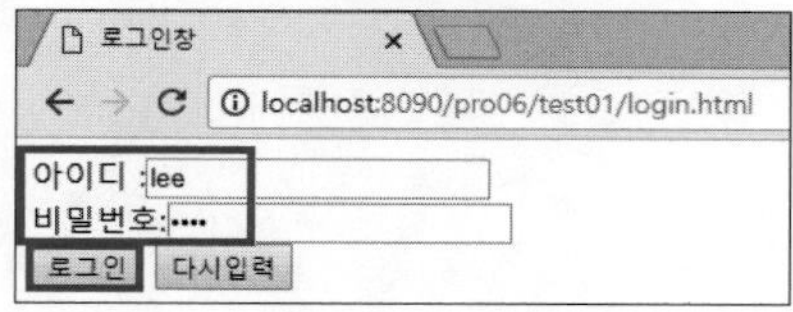

4. 로그인 성공 메시지가 정상적으로 출력됩니다.

▼ 그림 6-43 ID와 비밀번호를 정상적으로 입력한 결과

localhost:8090/pro06/lo
localhost:8090/pro06/loginTest
lee 님!! 로그인 하셨습니다.

만약 ID를 입력하지 않고 요청하면 다시 입력하라는 오류 메시지가 출력됩니다.

▼ 그림 6-44 ID를 입력하지 않은 경우

localhost:8090/pro06/lo
localhost:8090/pro06/loginTest
아이디를 입력하세요!!!
로그인창으로 이동

6.8.2 실습 예제2: 서블릿으로 로그인 요청 시 관리자 화면 나타내기

문제: 실습 예제 1을 이용해 로그인 시 admin ID로 로그인하면 회원 관리와 회원 삭제 기능을 보여주도록 작성하시오.

1. LoginTest2 서블릿을 생성하고 다음과 같이 작성합니다. admin ID로 로그인 시 관리자 화면을 보여주는 서블릿으로, 이중 if문을 사용해 ID를 정상적으로 입력해도 다시 ID가 admin인지 체크합니다.

코드 6-18 pro06/src/sec04/ex01/LoginTest2.java

```
package sec04.ex01;

 ...
@WebServlet("/loginTest2")
public class LoginTest2 extends HttpServlet
{
  public void init()
  {
    System.out.println("init 메서드 호출");
  }

  protected void doPost(HttpServletRequest request, HttpServletResponse response)
  throws ServletException, IOException{
```

```java
    request.setCharacterEncoding("utf-8");
    response.setContentType("text/html;charset=utf-8");
    PrintWriter out = response.getWriter();
    String id = request.getParameter("user_id");
    String pw = request.getParameter("user_pw");

    System.out.println("아이디   : "+ id);
    System.out.println("패스워드 : "+ pw);
    if(id!= null &&(id.length()!=0)) {
      if(id.equals("admin")) {
        out.print("<html>");
        out.print("<body>");
        out.print( "<font size='12'>관리자로 로그인 하셨습니다!! </font>" );
        out.print("<br>");
        out.print("<input type=button value='회원정보 수정하기'  />");
        out.print("<input type=button value='회원정보 삭제하기'  />");
        out.print("</body>");
        out.print("</html>");
      } else {
        out.print("<html>");
        out.print("<body>");
        out.print( id +" 님!! 로그인 하셨습니다." );
        out.print("</body>");
        out.print("</html>");
      }
  }else{
    out.print("<html>");
    out.print("<body>");
    out.print("ID와 비밀번호를 입력하세요!!!" ) ;
    out.print("<br>");
    out.print("<a href='http://localhost:8090/pro06/test01/login.html'>
                                                         로그인창으로 이동  </a>");
    out.print("</body>");
    out.print("</html>");
     }
  }

  public void destroy()
  {
    System.out.println("destroy 메서드 호출");
  }
}
```

이중 if문을 사용해 ID가 admin이면 관리자창을 보여줍니다.

관리자가 아닌 일반 사용자일 경우 로그인 성공 메시지를 보여줍니다.

2. login.html에서 LoginTest2를 매핑하도록 수정합니다.

3. http://localhost:8090/pro06/test01/login.html로 요청한 후 ID를 admin으로 입력한 후 로그인합니다.

▼ 그림 6-45 ID를 admin으로 입력해 로그인

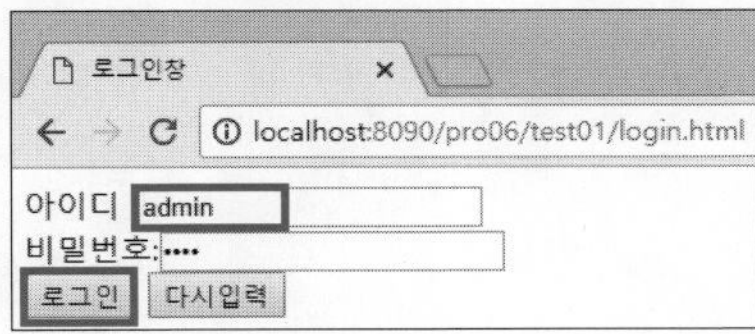

4. 다음과 같이 "관리자로 로그인 하셨습니다!!"라는 메시지가 표시됩니다.

▼ 그림 6-46 관리자창에 표시

6.8.3 실습 예제3: 서블릿으로 요청 시 구구단 출력하기

문제: 구구단 단수를 입력 받아 단수를 출력하시오.

1. 구구단의 단수를 입력 받는 gugu.html을 다음과 같이 작성합니다. 단수를 입력 받아 guguTest 서블릿으로 전송합니다.

코드 6-19 pro06/WebContent/test01/gugu.html

```
<!DOCTYPE html>
<html>
<head>
  <title>단수 입력창</title>
</head>
<body>
  <h1>출력할 구구단의 수를 지정해 주세요.</h1>
  <form method="get" action="/pro06/guguTest">     매핑 이름이 guguTest인 서블릿으로 전송합니다.
    출력할 구구단 :<input type=text name="dan" /> <br>
    <input type="submit" value="구구단 출력">
  </form>
</body>
</html>
```

2. GuguTest 클래스를 다음과 같이 작성합니다. <table> 태그의 <tr> 태그와 자바의 for문을 이용해 구구단을 연속해서 행으로 출력합니다.

코드 6-20 pro06/src/sec04/ex01/GuguTest.java

```
package sec04.ex01;
 ...
@WebServlet("/guguTest")
public class GuguTest extends HttpServlet
{
  public void init()
  {
    System.out.println("init 메서드 호출");
  }

  protected void doGet(HttpServletRequest request, HttpServletResponse response)
  throws ServletException, IOException
  {
    request.setCharacterEncoding("utf-8");
    response.setContentType("text/html;charset=utf-8");
    PrintWriter out = response.getWriter();
    int dan = Integer.parseInt(request.getParameter("dan"));
    out.print(" <table border=1 width=800 align=center>");
    out.print("<tr align=center bgcolor='#FFFF66'>");
    out.print("<td colspan=2>" + dan + " 단 출력  </td>");
    out.print("</tr>");
    for (int i = 1; i < 10; i++)
    {
      out.print("<tr align=center>");
      out.print("<td width=400>");
      out.print(dan + " *  " + i);
      out.print("</td>");
      out.print("<td width=400>");
      out.print(i * dan);
      out.print("</td>");
      out.print("</tr>");
    }
    out.print("</table>");
  }

  public void destroy()
  {
    System.out.println("destroy 메서드 호출");
  }
}
```

전송된 dan의 값을 받아 옵니다.

for문을 이용해 연속해서 결과를 테이블 행으로 출력합니다.

3. 출력 결과 화면에서 구구단 입력창을 요청한 후 단수를 입력합니다.

▼ 그림 6-47 출력할 구구단 수 입력

4. 전송된 단수에 대한 구구단이 브라우저에 행으로 출력됩니다.

▼ 그림 6-48 구구단 출력하기

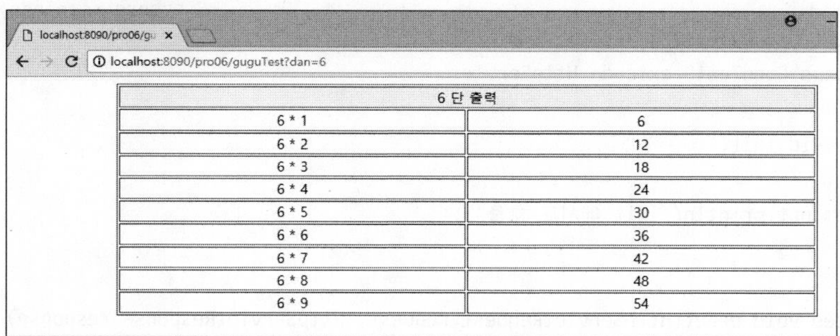

6 단 출력	
6 * 1	6
6 * 2	12
6 * 3	18
6 * 4	24
6 * 5	30
6 * 6	36
6 * 7	42
6 * 8	48
6 * 9	54

Note ≡ **HTML 소스 보는 방법**

프로그램을 개발하다 보면 브라우저에서 전송된 HTML 소스를 보고 싶을 때가 있습니다. 그런 경우에는 웹 브라우저에서 마우스 오른쪽 버튼을 클릭한 후 **페이지 소스 보기**를 선택합니다. 그러면 서블릿에서 전송된 HTML 소스가 표시됩니다.

▼ 그림 6-49 마우스 오른쪽 버튼 클릭 후 **페이지 소스 보기** 선택

6 단 출력	
6 * 1	6
6 * 2	12
6 * 3	18
6 * 4	24
6 * 5	30
6 * 6	36
6 * 7	42
6 * 8	48
6 * 9	54

▼ 그림 6-50 서블릿에서 전송된 HTML 태그

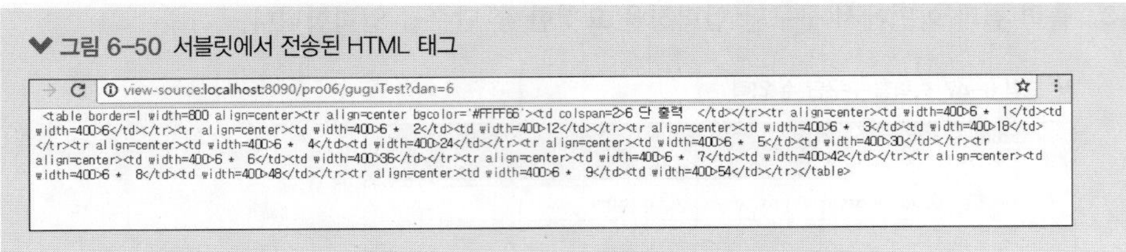

5. 이번에는 서블릿의 응답 기능을 이용해 구구단 테이블의 행 배경색을 교대로 바꾸어 보겠습니다. 다음과 같이 GuguTest2 클래스를 생성하고 코드를 작성합니다.

코드 6-21 pro06/src/sec04/ex02/GuguTest2.java

```
package sec04.ex02;
 ...
@WebServlet("/guguTest2")
public class GuguTest2 extends HttpServlet
{
  public void init()
  {
    System.out.println("init 메서드 호출");
  }

  protected void doGet(HttpServletRequest request, HttpServletResponse response)
  throws ServletException, IOException
  {
    request.setCharacterEncoding("utf-8");
    response.setContentType("text/html;charset=utf-8");
    PrintWriter out = response.getWriter();
    int dan = Integer.parseInt(request.getParameter("dan"));
    out.print(" <table border=1 width=800 align=center>");
    out.print("<tr align=center bgcolor='#FFFF66'>");
    out.print("<td colspan=2>" + dan + " 단 출력  </td>");
    out.print("</tr>");

    for (int i = 1; i < 10; i++)
    {
      if (i % 2 == 0)
      {
        out.print("<tr align=center bgcolor='#ACFA58'> ");
      } else
      {
        out.print("<tr align=center bgcolor='#81BEF7'> ");
      }
```

if문을 이용해 행을 나타내는 <tr> 태그에 대해 교대로 다른 배경색을 적용합니다.

```
            out.print("<td width=400>");
            out.print(dan + " *  " + i);
            out.print("</td>");
            out.print("<td width=400>");
            out.print(i * dan);
            out.print("</td>");
            out.print("</tr>");
          }

          out.print("</table>");
        }

        public void destroy()
        {
          System.out.println("destroy 메서드 호출");
        }
      }
```

6. guguTest2 서블릿을 매핑하도록 gugu.html 파일을 수정한 후 브라우저에 요청합니다. 구구단 수를 입력하면 테이블의 배경색이 교대로 바뀌는 것을 확인할 수 있습니다.

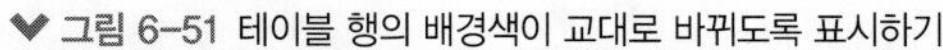
✔ 그림 6-51 테이블 행의 배경색이 교대로 바뀌도록 표시하기

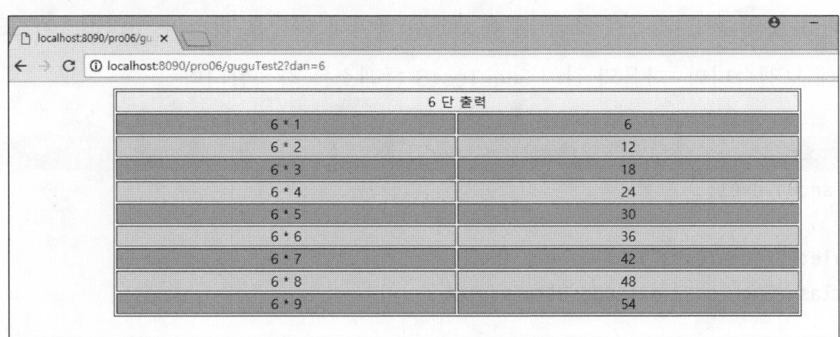

6 단 출력	
6 * 1	6
6 * 2	12
6 * 3	18
6 * 4	24
6 * 5	30
6 * 6	36
6 * 7	42
6 * 8	48
6 * 9	54

Note ≡ 다음 사이트로 접속하면 원하는 색에 대한 코드를 얻을 수 있습니다.

- https://html-color-codes.info/Korean/

▼ 그림 6-52 웹 브라우저에서 색상 코드 얻기

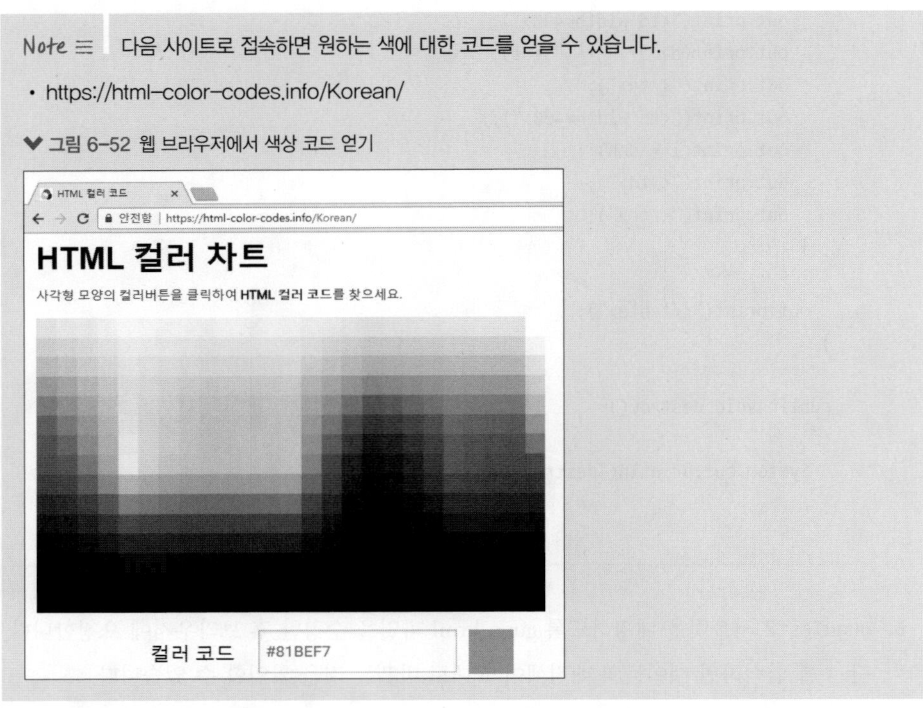

7. 이번에는 서블릿의 응답 기능을 조금 더 응용해서 행마다 라디오 박스와 체크박스가 표시되도록 구현해 보겠습니다. 다음과 같이 GuguTest3 클래스를 작성합니다.

코드 6-22 pro06/src/sec04/ex03/GuguTest3.java

```
package sec04.ex01;
 ...
@WebServlet("/guguTest3")
public class GuguTest3 extends HttpServlet
{
  public void init()
  {
    System.out.println("init 메서드 호출");
  }

  protected void doGet(HttpServletRequest request, HttpServletResponse response)
  throws ServletException, IOException
  {
   ...
    for (int i = 1; i < 10; i++)
    {
      if (i % 2 == 0)
```

```
        {
          out.print("<tr align=center bgcolor='#ACFA58'> ");
        } else
        {
          out.print("<tr align=center bgcolor='#81BEF7'> ");
        }
        out.print("<td width=200> ");
        out.print("<input  type='radio'  />" + i);
        out.print("</td>");
        out.print("<td width=200> ");
        out.print("<input  type='checkbox'  />" + i);
        out.print("</td>");
        out.print("<td width=400>");
        out.print(dan + " *  " + i);
        out.print("</td>");
        out.print("<td width=400>");
        out.print(i * dan);
        out.print("</td>");
        out.print("</tr>");
      }

      out.print("</table>");
    }

    public void destroy()
    {
      System.out.println("destroy 메서드 호출");
    }
  }
```

각 행에 라디오 박스와 체크박스를 표시합니다.

8. 다음은 실행 결과입니다.

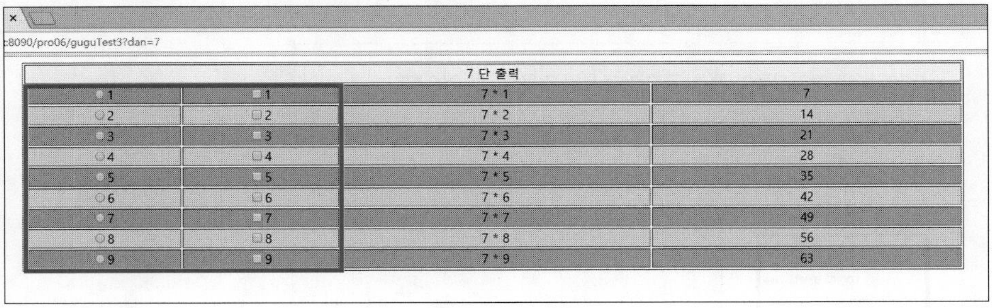

❤ 그림 6-53 서블릿의 응답 기능 이용해 라디오 박스와 체크박스 표시하기

:8090/pro06/guguTest3?dan=7

7 단 출력			
1	1	7 * 1	7
2	2	7 * 2	14
3	3	7 * 3	21
4	4	7 * 4	28
5	5	7 * 5	35
6	6	7 * 6	42
7	7	7 * 7	49
8	8	7 * 8	56
9	9	7 * 9	63

이상으로 서블릿의 세 가지 주요 기능 중 요청하는 기능과 응답하는 기능을 여러 가지 예제를 통해 알아보았습니다. 눈치가 빠른 사람이라면 서블릿 응답 기능은 결국 웹 애플리케이션 화면을 구현하는 기능이라는 것을 알았을 것입니다. 비록 지금은 서블릿으로 화면을 구현하지 않지만 서블릿이 처음 나왔을 때는 응답 기능을 이용해서 화면을 구현했습니다. 따라서 이 원리를 기억해 두면 웹 개발하는 데 큰 도움이 될 것입니다.

Note **계층형 패키지 구조 만들기**

이클립스에서 패키지를 생성하면 보통 다음과 같이 패키지 이름이 나열됩니다. 패키지를 계층 구조로 표시하면 편리합니다.

▼ 그림 6-54 패키지가 나열형으로 표시된 모습

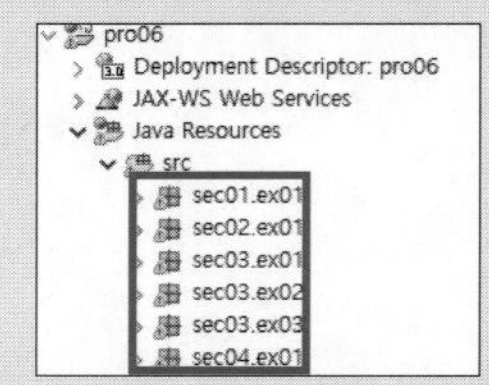

그런데 실제로 파일 탐색기에 있는 폴더의 계층 구조로 보면 개발 시 가독성이 조금 더 좋습니다.

이클립스의 Project Explorer 창에서 상단의 역삼각형을 클릭한 후 **Package Presentation 〉 Hierarchical**을 선택합니다.

▼ 그림 6-55 **Package Presentation 〉 Hierarchical** 선택

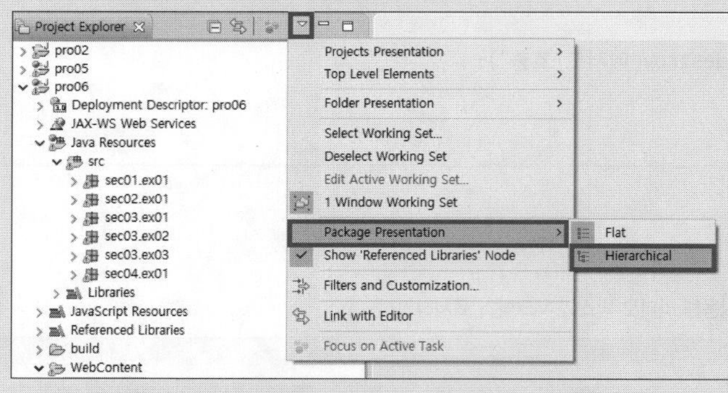

sec03의 하위 패키지들이 계층 구조로 표시된 것을 볼 수 있습니다.

▼ 그림 6-56 패키지들이 계층 구조로 표시됨

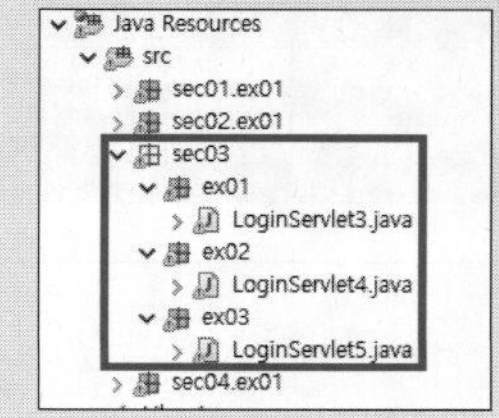

7장

서블릿 비즈니스 로직 처리

7.1 서블릿의 비즈니스 로직 처리 방법

웹 프로그램은 클라이언트의 요청에 대해서 비즈니스 처리 기능을 이용해 데이터 저장소에서 데이터를 조회한 후 서블릿의 응답 기능을 이용해 클라이언트에게 결과를 전송합니다.

예를 들어 인터넷 교보문고나 예스24 같은 도서 쇼핑몰(온라인 서점)에서 책 제목을 검색창에 입력하고 검색 버튼을 누르면 책 제목이 서블릿으로 전송됩니다. 그럼 서블릿은 책 제목을 전송 받아 책 제목에 대한 정보를 데이터베이스 연동 기능을 이용해 조회합니다. 그리고 조회한 결과를 서블릿 응답 기능을 이용해 클라이언트 브라우저에 전송하여 결과를 보여줍니다.

▼ 그림 7-1 '자바스크립트'로 검색하면 데이터베이스와 연동해 책 제목 조회 결과가 표시됨

서블릿 비즈니스 처리 작업이란 서블릿이 클라이언트로부터 요청을 받으면 그 요청에 대해 작업을 수행하는 것을 의미합니다. 웹 프로그램에서 대부분의 비즈니스 처리 작업은 데이터베이스 연동 관련 작업이지만 그 외에 다른 서버와 연동해서 데이터를 얻는 작업도 수행합니다. 이 기능은 서블릿의 핵심 기능이라 할 수 있을 만큼 중요합니다.

서블릿의 비즈니스 작업 예로는 여러 가지를 들 수 있지만 대표적인 것들은 다음과 같습니다.

- 웹 사이트 회원 등록 요청 처리 작업
- 웹 사이트 로그인 요청 처리 작업
- 쇼핑몰 상품 주문 처리 작업

그림 7-2는 서블릿의 세 가지 기능 중 비즈니스 처리 과정을 나타낸 것입니다.

❤ 그림 7-2 서블릿의 비즈니스 처리 과정

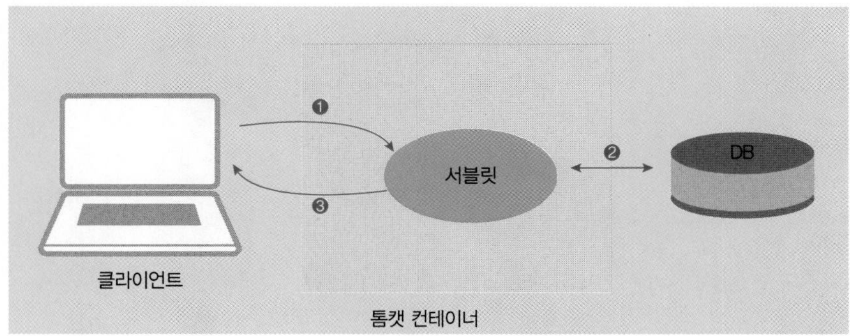

❶ 클라이언트로부터 요청을 받습니다.

❷ 데이터베이스 연동과 같은 비즈니스 로직을 처리합니다.

❸ 처리 결과를 클라이언트에게 돌려줍니다.

7.2 서블릿의 데이터베이스 연동하기

이번에는 서블릿에서 데이터베이스와 연동하여 조회한 데이터를 얻은 후 클라이언트의 웹 브라우저로 응답하는 과정을 알아보겠습니다.

> Tip ☆ 서블릿의 비즈니스 처리 기능을 이해하려면 우선 데이터베이스 접근 명령어인 SQL문을 어느 정도 알아야 합니다. 따라서 데이터베이스 이론이 부족하다면 온라인 강의나 책을 통해 자바 데이터베이스 기능을 먼저 익히는 것이 좋습니다.

그림 7-3은 서블릿이 데이터베이스와 연동하는 과정을 나타낸 것입니다.

▼ 그림 7-3 서블릿의 데이터베이스 연동 과정

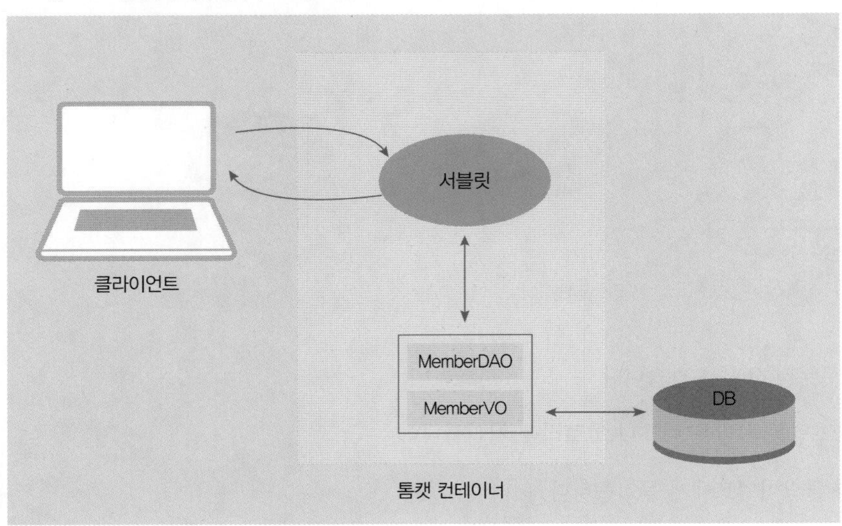

사실 서블릿에서 데이터베이스와 연동하는 과정은 자바의 데이터베이스 연동 과정과 같습니다. 클라이언트로부터 요청을 받으면 서블릿은 SQL문을 사용해 데이터베이스에 접근하여 작업을 합니다. 이 과정에서 DAO와 VO 클래스가 사용됩니다.

> Tip ☆ 관련 지식이 부족한 초보자는 자바 입문서 또는 필자가 운영하는 자바 카페의 데이터베이스 부분을 참고하기 바랍니다(http://cafe.naver.com/standardjava).

7.2.1 서블릿으로 회원 정보 테이블의 회원 정보 조회

그림 7-3을 볼까요? 각 클래스가 연동해서 데이터베이스에 접근합니다. 그런 다음 서블릿에서 회원 정보를 조회한 후 이 정보를 다시 HTML로 만들어 웹 브라우저로 전송해 출력합니다.

▼ 그림 7-4 회원 정보 조회 과정

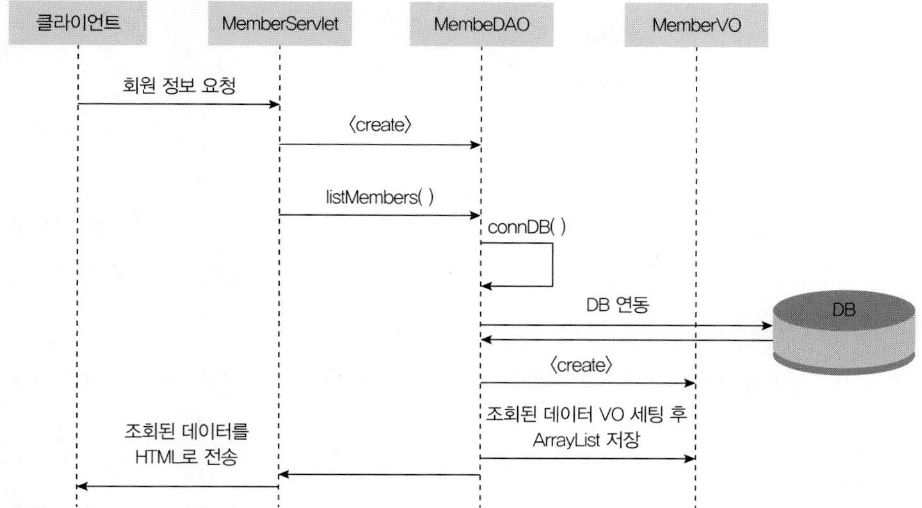

❶ 웹 브라우저가 서블릿에게 회원 정보를 요청합니다.

❷ `MemberServlet`은 요청을 받은 후 `MemberDAO` 객체를 생성하여 `listMembers()` 메서드를 호출합니다.

❸ `listMembers()`에서 다시 `connDB()` 메서드를 호출하여 데이터베이스와 연결한 후 SQL문을 실행해 회원 정보를 조회합니다.

❹ 조회된 회원 정보를 `MemberVO` 속성에 설정한 후 다시 `ArrayList`에 저장합니다.

❺ `ArrayList`를 다시 메서드를 호출한 `MemberServlet`으로 반환한 후 `ArrayList`의 `MemberVO`를 차례대로 가져와 회원 정보를 HTML 태그의 문자열로 만듭니다.

❻ 만들어진 HTML 태그를 웹 브라우저로 전송해서 회원 정보를 출력합니다.

표 7-1은 회원 정보를 저장하는 t_member 테이블의 구성을 나타낸 것입니다.

▼ 표 7-1 테이블 t_member 구성

NO	속성 이름	컬럼 이름	자료형	크기	유일키 여부	NULL 여부	키	기본값
1	ID	id	varchar2	10	Y	N	기본키	
2	비밀번호	pwd	varchar2	10		N		
3	이름	name	varchar2	50		N		
4	이메일	email	varchar2	50		N		
5	가입일자	joinDate	date			N		sysdate

그럼 지금부터 회원 정보 테이블을 생성한 후 회원 정보를 추가하여 웹 브라우저에서 서블릿으로 요청하면 데이터베이스(회원 테이블)와 연동해 회원 정보를 웹 브라우저로 출력하는 작업을 해보겠습니다.

1. 먼저 SQL Developer에서 회원 테이블과 회원 정보를 입력하기 위해 SQL Developer를 실행합니다.

▼ 그림 7-5 SQL Developer 실행

2. 왼쪽 메뉴의 +를 클릭한 후 **새 접속...**을 선택합니다.

▼ 그림 7-6 **새 접속...** 선택

3. 왼쪽 메뉴에서 미리 만들어 놓은 접속 이름을 클릭하거나 직접 연결 정보를 입력한 후 **접속**을 클릭합니다.

▼ 그림 7-7 데이터베이스 연동 정보 입력

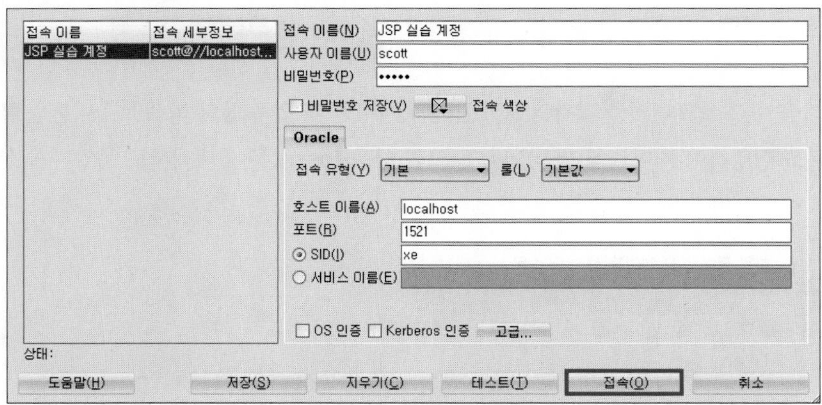

4. 접속한 후 생성되는 워크시트에 다음과 같은 테이블 생성 SQL문을 입력합니다.

코드 7-1 회원 정보를 저장하는 테이블을 생성하고 추가하는 SQL문

```
--회원 테이블 생성
create table t_member(
   id varchar2(10) primary key,
   pwd varchar2(10),
   name varchar2(50),
   email varchar2(50),
   joinDate date default sysdate
);

--회원 정보 추가
insert into t_member
values('hong','1212','홍길동','hong@gmail.com',sysdate);

insert into t_member
values('lee','1212','이순신','lee@test.com',sysdate);

insert into t_member
values('kim','1212','김유신','kim@jweb.com',sysdate);
commit;

select * from t_member;
```

- default sysdate: 명시적으로 추가하지 않으면 현재 시각을 입력합니다.
- commit;: SQL Developer에서 테이블에 회원 정보를 추가한 후 반드시 커밋(commit)을 해줘야 영구적으로 반영이 됩니다.
- select * from t_member;: 테이블에서 회원 정보를 조회합니다.

5. 그런 다음 마우스 포인터를 각각의 SQL문에 위치시킨 후 왼쪽 상단 녹색(▷) 버튼을 클릭해 SQL문을 실행하여 테이블을 생성합니다. 그런 다음 **insert**문에 대해서도 동일하게 실행합니다.

❤ 그림 7-8 회원 정보 저장 테이블 생성 SQL문

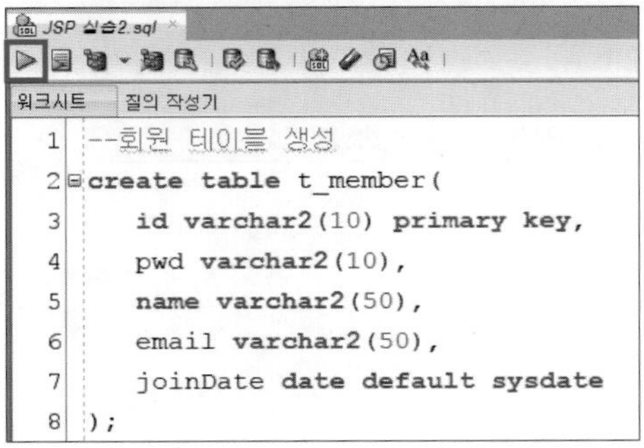

JSP 실습2.sql

워크시트 | 질의 작성기

```
--회원 테이블 생성
create table t_member(
   id varchar2(10) primary key,
   pwd varchar2(10),
   name varchar2(50),
   email varchar2(50),
   joinDate date default sysdate
);
```

6. 커밋이 완료됐다는 메시지가 나타나고 `select`문으로 조회 시 회원 정보가 표시됩니다.

▼ 그림 7-9 커밋 후 select문으로 조회한 회원 정보

	ID	PWD	NAME	EMAIL	JOINDATE
1	hong	1212	홍길동	hong@gmail.com	18/09/04
2	lee	1212	이순신	lee@test.com	18/09/04
3	kim	1212	김유신	kim@jweb.com	18/09/04

7. 이클립스에서 만든 프로젝트에서 회원 정보를 조회해 보겠습니다. 새 프로젝트 pro07을 생성한 다음 오라클 데이터베이스와 연동하는 데 필요한 드라이버인 ojdbc6.jar를 프로젝트의 /WebContent/WEB-INF/lib 폴더에 복사하여 붙여 넣습니다.

▼ 그림 7-10 오라클 드라이버 설정

Tip 오라클 드라이버는 아래 링크를 클릭해 다운로드할 수 있습니다.

- https://www.oracle.com/technetwork/apps-tech/jdbc-112010-090769.html

8. sec01.ex01 패키지를 만들고 다음과 같이 회원 조회와 관련된 자바 클래스 파일인 MemberDAO, MemberServelet, MemberVO 클래스를 각각 생성합니다.

▼ 그림 7-11 실습 파일 위치

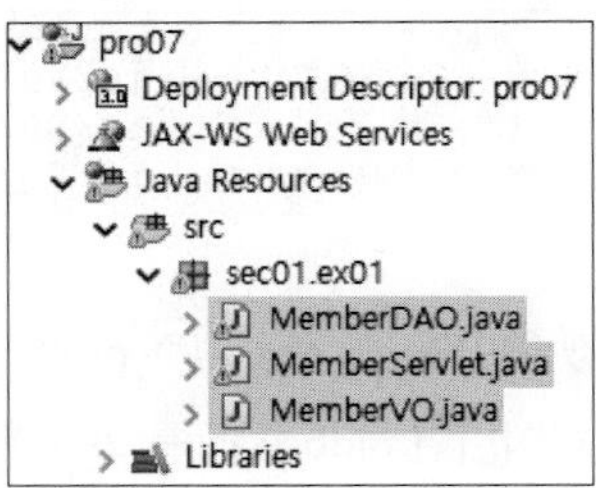

9. 브라우저의 요청을 받는 MemberServlet 클래스를 다음과 같이 작성합니다.

코드 7-2 pro07/src/sec01/ex01/MemberServlet.java

```
package sec01.ex01;
 ...

@WebServlet("/member") // 주석 해제
protected class MemberServlet extends HttpServlet
{
  protected void doGet(HttpServletRequest request, HttpServletResponse response)
  throws ServletException, IOException
  {
    response.setContentType("text/html;charset=utf-8");
    PrintWriter out = response.getWriter();
    MemberDAO dao = new MemberDAO();  ←  SQL문으로 조회할 MemberDAO 객체를 생성합니다.
    List<MemberVO> list  = dao.listMembers();  ←  listMembers() 메서드로 회원 정보를 조회합니다.

    out.print("<html><body>");
    out.print("<table  border=1><tr align='center' bgcolor='lightgreen'>");
    out.print("<td>아이디</td><td>비밀번호</td><td>이름</td><td>이메일</td>
                                    <td>가입일</td></tr>");

    for (int i = 0; i < list.size(); i++)      조회한 회원 정보를 for문과 <tr> 태그를 이
    {                                           용해 리스트로 출력합니다.
      MemberVO memberVO = list.get(i);
      String id = memberVO.getId();
      String pwd = memberVO.getPwd();
      String name = memberVO.getName();
      String email = memberVO.getEmail();
      Date joinDate = memberVO.getJoinDate();
      out.print("<tr><td>" + id + "</td><td>" + pwd + "</td><td>"
                      + name + "</td><td>" + email + "</td><td>"
```

```
                              + joinDate + "</td></tr>");
    }
    out.print("</table></body></html>");
  }
}
```

10. MemberDAO 클래스를 다음과 같이 작성합니다. 회원 정보 조회 SQL문을 실행하여 조회한 레코드들의 컬럼 값을 다시 MemberVO 객체의 속성에 설정한 다음 ArrayList에 저장하고 호출한 곳으로 반환합니다.

코드 7-3 pro07/src/sec01/ex01/MemberDAO.java

```
package sec01.ex01;
 ...
public class MemberDAO
{
  private Statement stmt;
  private Connection con;
    ...
  public List<MemberVO> listMembers()
  {
    List<MemberVO> list = new ArrayList<MemberVO>();
    try
    {
      connDB();                          // 네 가지 정보로 데이터베이스를 연결합니다.
      String query = "select * from t_member ";
      System.out.println(query);
      ResultSet rs = stmt.executeQuery(query);   // SQL문으로 회원 정보를 조회합니다.
      while (rs.next())
      {
        String id = rs.getString("id");          // 조회한 레코드의 각 컬럼 값을 받아 옵니다.
        String pwd = rs.getString("pwd");
        String name = rs.getString("name");
        String email = rs.getString("email");
        Date joinDate = rs.getDate("joinDate");
        MemberVO vo = new MemberVO();            // 각 컬럼 값을 다시 MemberVO 객체의 속성에 설정합니다.
        vo.setId(id);
        vo.setPwd(pwd);
        vo.setName(name);
        vo.setEmail(email);
        vo.setJoinDate(joinDate);
        list.add(vo);                            // 설정된 MemberVO 객체를 다시 ArrayList에 저장합니다.
      }
      rs.close();
      stmt.close();
      con.close();
```

```
        } catch (Exception e)
        {
          e.printStackTrace();
        }
        return list;
      }

      private void connDB()
      {
        try
        {
          Class.forName(driver);
          System.out.println("Oracle 드라이버 로딩 성공");
          con = DriverManager.getConnection(url, user, pwd);
          System.out.println("Connection 생성 성공");
          stmt = con.createStatement();
          System.out.println("Statement 생성 성공");
        } catch (Exception e)
        {
          e.printStackTrace();
        }
      }
    }
```

조회한 레코드의 개수만큼 MemberVO 객체를 저장한 ArrayList를 반환합니다.

11. MemberVO 클래스를 다음과 같이 작성합니다. 이는 값을 전달하는 데 사용되는 VO(Value Object) 클래스입니다. 테이블에서 조회한 레코드의 컬럼 값을 속성에 저장해야 하므로 컬럼 이름과 동일한 자료형과 이름으로 속성을 선언하고 getter/setter를 각각 생성합니다.

코드 7-4 pro07/src/sec01/ex01/MemberVO.java

```
package sec01.ex01;

import java.sql.Date;

public class MemberVO
{
  private String id;
  private String pwd;
  private String name;
  private String email;
  private Date joinDate;

  public MemberVO()
  {
```

t_member 테이블의 컬럼 이름과 동일한 자료형과 이름으로 속성들을 선언합니다.

```
    System.out.println("MemberVO 생성자 호출");
  }

  public String getId()
  {
    return id;
  }

  public void setId(String id)
  {
    this.id = id;
  }

  public String getPwd()
  {
    return pwd;
  }

  public void setPwd(String pwd)
  {
    this.pwd = pwd;
  }

  public String getName()
  {
    return name;
  }

  public void setName(String name)
  {
    this.name = name;
  }

  public String getEmail()
  {
    return email;
  }

  public void setEmail(String email)
  {
    this.email = email;
  }

  public Date getJoinDate()
  {
```

getter/setter를 생성합니다.

```
    return joinDate;
  }

  public void setJoinDate(Date joinDate)
  {
    this.joinDate = joinDate;
  }

}
```

12. http://localhost:8090/pro07/member로 요청하여 실행 결과를 확인합니다. 회원 정보가 웹 브라우저로 출력되는 것을 확인할 수 있습니다.

▼ 그림 7-12 브라우저로 회원 정보 출력

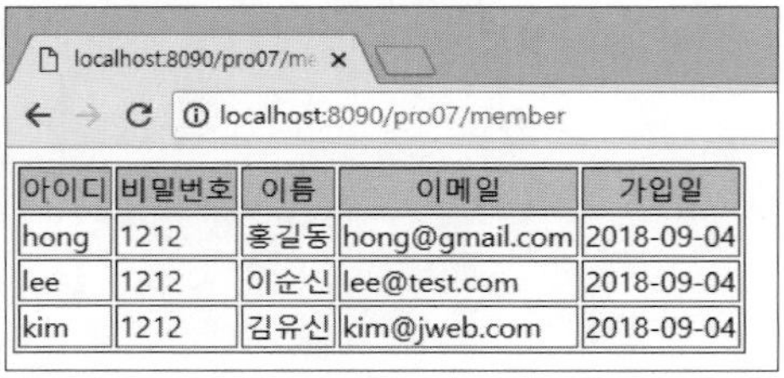

아이디	비밀번호	이름	이메일	가입일
hong	1212	홍길동	hong@gmail.com	2018-09-04
lee	1212	이순신	lee@test.com	2018-09-04
kim	1212	김유신	kim@jweb.com	2018-09-04

7.2.2 PreparedStatement를 이용한 회원 정보 실습

앞 절에서는 회원 정보를 조회하기 위해 MemberDAO에서 Statement 인터페이스를 이용하여 데이터베이스와 연동했습니다. 그런데 Statement를 이용해서 데이터베이스와 연동할 경우에는 연동할 때마다 DBMS에서 다시 SQL문을 컴파일해야 하므로 속도가 느리다는 단점이 있습니다.

이럴 경우 PreparedStatement 인터페이스를 사용하면 SQL문을 미리 컴파일해서 재사용하므로 Statement 인터페이스보다 훨씬 빠르게 데이터베이스 작업을 수행할 수 있습니다. 따라서 데이터베이스와 연동할 때 또는 빠른 반복 처리가 필요할 때는 PreparedStatement 인터페이스를 사용해야 합니다.

PreparedStatement 인터페이스의 특징은 다음과 같습니다.

- PreparedStatement 인터페이스는 Statement 인터페이스를 상속하므로 지금까지 사용한 메서드를 그대로 사용합니다.
- Statement 인터페이스가 DBMS에 전달하는 SQL문은 단순한 문자열이므로 DBMS는 이 문자열을 DBMS가 이해할 수 있도록 컴파일하고 실행합니다. 반면에 PreparedStatement 인터페이스는 컴파일된 SQL문을 DBMS에 전달하여 성능을 향상시킵니다.

- PreparedStatement 인터페이스에서는 실행하려는 SQL문에 '?'를 넣을 수 있습니다. 따라서 '?'의 값만 바꾸어 손쉽게 설정할 수 있어 Statement보다 SQL문 작성하기가 더 간단합니다.

그럼 지금부터 PreparedStatement를 이용해 회원 정보를 조회하는 예제를 실습해 보겠습니다.

1. sec01.ex02 패키지를 만든 후 MemberServlet.java와 MemberVO.java는 기존의 것을 복사하여 붙여 넣습니다.

그림 7-13 실습 파일 위치

```
pro07
  > Deployment Descriptor: pro07
  > JAX-WS Web Services
  v Java Resources
    v src
      v sec01
        > ex01
        v ex02
          > MemberDAO.java
          > MemberServlet.java
          > MemberVO.java
    > Libraries
```

> **Caution** MemberServlet 클래스를 붙여 넣었기 때문에 앞서 만든 sec01.ex01 패키지에 있는 MemberServlet 클래스와 서블릿 매핑 이름이 중복됩니다. 매핑 이름이 중복되면 오류가 발생하므로 sec01.ex01의 것을 주석 처리해야 합니다.

2. PreparedStatement를 이용해 데이터베이스와 연동하는 MemberDAO 클래스를 작성합니다.

코드 7-5 pro07/src/sec01/ex02/MemberDAO.java

```java
package sec01.ex02;
 ...
public class MemberDAO
{
  private PreparedStatement pstmt;
  private Connection con;
   ...
  public List<MemberVO> listMembers()
  {
    List<MemberVO> list = new ArrayList<MemberVO>();
    try
    {
      connDB();
      String query = "select * from t_member ";
      System.out.println("prepareStatememt: " + query);
```

```
        pstmt = con.prepareStatement(query);
        ResultSet rs = pstmt.executeQuery();

        while (rs.next())
        {
          String id = rs.getString("id");
          String pwd = rs.getString("pwd");
          String name = rs.getString("name");
          String email = rs.getString("email");
          Date joinDate = rs.getDate("joinDate");
          MemberVO vo = new MemberVO();
          vo.setId(id);
          vo.setPwd(pwd);
          vo.setName(name);
          vo.setEmail(email);
          vo.setJoinDate(joinDate);
          list.add(vo);
        }
        rs.close();
        pstmt.close();
        con.close();
      } catch (Exception e)
      {
        e.printStackTrace();
      }
      return list;
    }

    private void connDB()
    {
      try
      {
        Class.forName(driver);
        System.out.println("Oracle 드라이버 로딩 성공");
        con = DriverManager.getConnection(url, user, pwd);
        System.out.println("Connection 생성 성공");
      } catch (Exception e)
      {
        e.printStackTrace();
      }
    }
  }
```

prepareStatement() 메서드에 SQL문을 전달해서 PreparedStatement 객체를 생성합니다.

executeQuery() 메서드를 호출해 미리 설정한 SQL문을 실행합니다.

3. http://localhost:8090/pro07/member로 요청해서 실행 결과를 확인합니다. 눈으로 보면 `Statement`를 사용했을 때와 결과는 같습니다. 하지만 데이터베이스와 연동할 경우 수행 속도가 좀 더 빠르다는 차이가 있습니다.

✔ 그림 7-14 PreparedStatement 이용해 회원 정보를 조회한 결과

아이디	비밀번호	이름	이메일	가입일
hong	1212	홍길동	hong@gmail.com	2018-09-04
lee	1212	이순신	lee@test.com	2018-09-04
kim	1212	김유신	kim@jweb.com	2018-09-04

7.3 DataSource 이용해 데이터베이스 연동하기

앞 절에서는 회원 테이블에서 회원 정보를 조회하는 과정을 실습해 봤습니다. 이러한 데이터베이스 연동 과정은 웹 애플리케이션이 필요할 때마다 데이터베이스에 연결하여 작업하는 방식입니다. 그런데 이런 식으로 필요할 때마다 연동해서 작업할 경우 발생하는 문제가 하나 있습니다. 바로 데이터베이스 연결에 시간이 많이 걸린다는 것입니다.

특히 온라인 쇼핑몰의 경우 동시에 수십 명, 많게는 수백 명까지 접속해서 상품 조회, 주문하기 등의 기능을 사용하는데 앞의 방법처럼 데이터베이스와 연동해 작업해야 한다면 너무 비효율적입니다.

이 문제를 해결하기 위해 현재는 웹 애플리케이션이 실행됨과 동시에 연동할 데이터베이스와의 연결을 미리 설정해 둡니다. 그리고 필요할 때마다 미리 연결해 놓은 상태를 이용해 빠르게 데이터베이스와 연동하여 작업을 합니다. 이렇게 미리 데이터베이스와 연결시킨 상태를 유지하는 기술을 **커넥션풀**(ConnectionPool)이라고 부릅니다.

✔ 그림 7-15 ConnectionPool 등장 배경

기존 데이터베이스 연동 방법의 문제점

• 애플리케이션에서 데이터베이스에 연결하는 과정에서 시간이 많이 걸립니다.

• 애플리케이션 실행 시 미리 ConnectionPool 객체를 생성한 후 데이터베이스와 연결을 맺습니다.
• 애플리케이션은 데이터베이스 연동 작업 발생 시 이 `ConnectionPool` 객체를 이용해서 작업을 합니다.

7.3.1 커넥션풀 동작 과정

톰캣 컨테이너에서 제공하는 커넥션풀의 동작 과정을 다음 그림을 통해 살펴보겠습니다.

1. 톰캣 컨테이너를 실행한 후 응용 프로그램을 실행합니다.

✔ 그림 7-16 톰캣 실행 후 응용 프로그램 실행

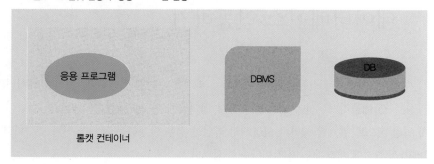

2. 톰캣 컨테이너 실행 시 `ConnectionPool` 객체를 생성합니다.

✔ 그림 7-17 톰캣 실행 시 ConnectionPool 객체 생성

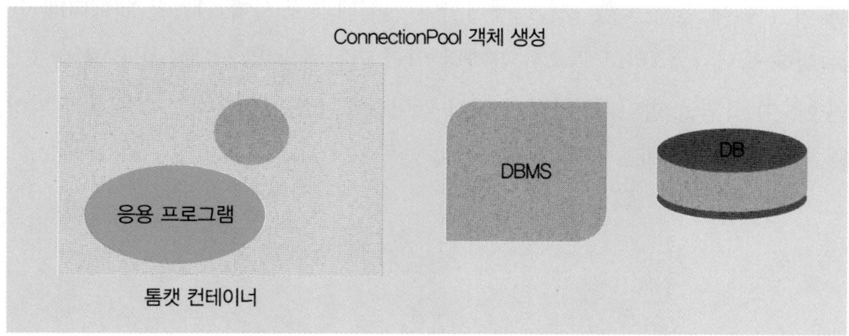

3. 생성된 커넥션 객체는 DBMS와 연결합니다.

▼ 그림 7-18 ConnectionPool 객체와 데이터베이스 연결

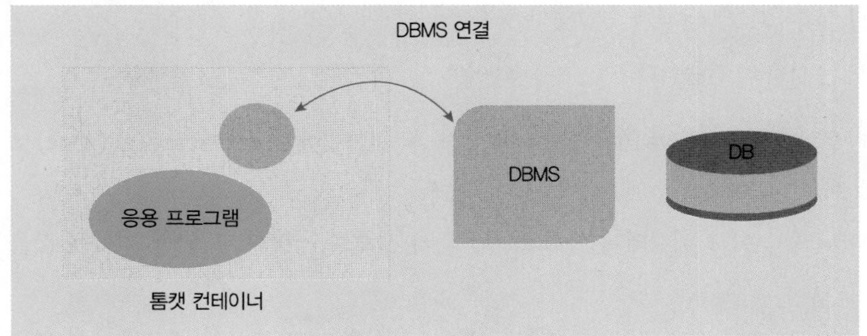

4. 데이터베이스와의 연동 작업이 필요할 경우 응용 프로그램은 `ConnectinPool`에서 제공하는 메서드를 호출하여 연동합니다.

▼ 그림 7-19 응용 프로그램에서 ConnectionPool 객체를 이용해 데이터베이스 연동

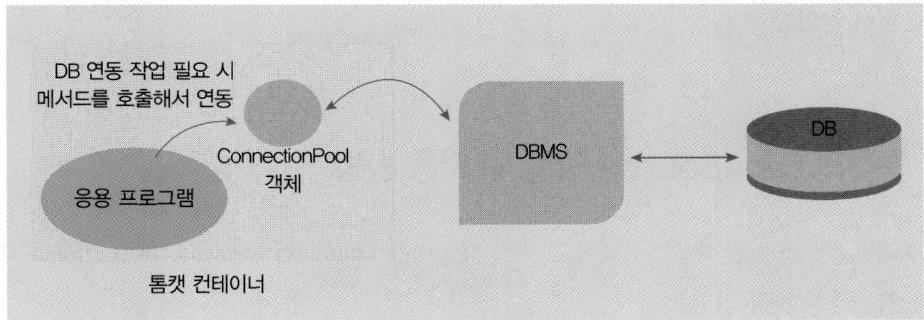

톰캣 컨테이너는 자체적으로 `ConnectinPool` 기능을 제공합니다. 톰캣 실행 시 톰캣은 설정 파일에 설정된 데이터베이스 정보를 이용해 미리 데이터베이스와 연결하여 `ConnectinPool` 객체를 생성한 후 애플리케이션이 데이터베이스와 연동할 일이 생기면 `ConnectinPool` 객체의 메서드를 호출해 빠르게 연동하여 작업합니다.

7.3.2 JNDI

실제 웹 애플리케이션에서 `ConnectinPool` 객체를 구현할 때는 Java SE에서 제공하는 `javax.sql.DataSource` 클래스를 이용합니다. 그리고 웹 애플리케이션 실행 시 톰캣이 만들어 놓은 `ConnectinPool` 객체에 접근할 때는 JNDI를 이용합니다.

JNDI(Java Naming and Directory Interface)란 필요한 자원을 키/값(key/value) 쌍으로 저장한 후 필요할 때 키를 이용해 값을 얻는 방법입니다. 즉, 미리 접근할 자원에 키를 지정한 후 애플리케이션이 실행 중일 때 이 키를 이용해 자원에 접근해서 작업을 하는 것이죠.

JNDI 사용 예는 다음과 같습니다.

- 웹 브라우저에서 `name/value` 쌍으로 전송한 후 서블릿에서 `getParameter(name)`로 값을 가져올 때
- 해시맵(HashMap)이나 해시테이블(HashTable)에 키/값으로 저장한 후 키를 이용해 값을 가져올 때
- 웹 브라우저에서 도메인 네임으로 DNS 서버에 요청할 경우 도메인 네임에 대한 IP 주소를 가져올 때

톰캣 컨테이너가 `ConnnectionPool` 객체를 생성하면 이 객체에 대한 JNDI 이름(key)을 미리 설정해 놓습니다. 그러면 웹 애플리케이션에서 데이터베이스와 연동 작업을 할 때 이 JNDI 이름(key)으로 접근하여 작업합니다.

7.3.3 톰캣의 DataSource 설정 및 사용 방법

그림 7-20은 실제 웹 애플리케이션에서 톰캣이 제공하는 `ConnectionPool` 객체를 이용해 데이터베이스와 연동하는 과정입니다.

▼ 그림 7-20 톰캣 ConnectionPool 설정 과정

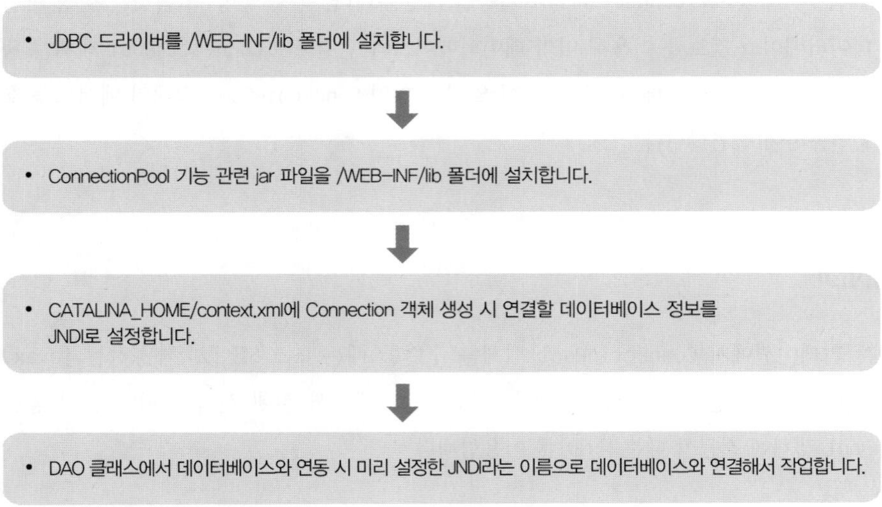

- JDBC 드라이버를 /WEB-INF/lib 폴더에 설치합니다.

- ConnectionPool 기능 관련 jar 파일을 /WEB-INF/lib 폴더에 설치합니다.

- CATALINA_HOME/context.xml에 Connection 객체 생성 시 연결할 데이터베이스 정보를 JNDI로 설정합니다.

- DAO 클래스에서 데이터베이스와 연동 시 미리 설정한 JNDI라는 이름으로 데이터베이스와 연결해서 작업합니다.

실제 톰캣에서 ConnectionPool 기능을 사용하려면 이 기능을 제공하는 DBCP 라이브러리를 따로 내려 받아야 합니다. 이 라이브러리 파일은 jar 압축 파일 형태로 제공되며, 다음 링크에서 tomcat-dbcp-7.0.30.zip 파일을 내려 받은 후 압축을 풀면 됩니다.

- http://www.java2s.com/Code/Jar/t/Downloadtomcatdbcp7030jar.htm

7.3.4 이클립스에서 톰캣 DataSource 설정

그림 7-21을 보면 JDBC 드라이버와 ConnectionPool 관련 jar 파일 및 이클립스에서 생성한 톰캣 서버의 설정 파일인 context.xml의 위치를 알 수 있습니다.

▼ 그림 7-21 ConnectionPool 관련 라이브러리와 context.xml 파일 위치

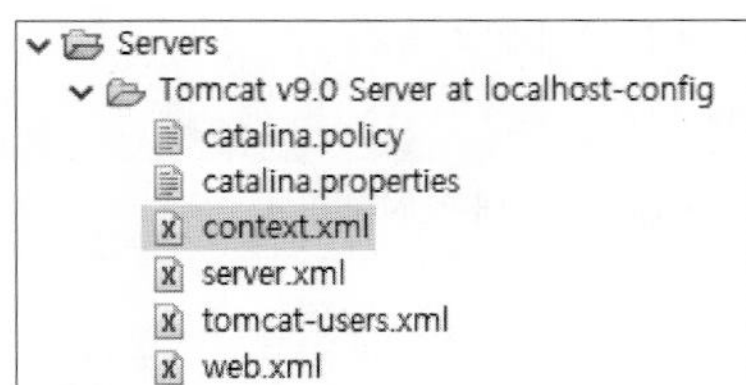

context.xml 파일을 보면 <Resource> 태그를 이용해 톰캣 실행 시 연결할 데이터베이스를 설정하는 것을 알 수 있습니다.

▼ 그림 7-22 Resource 설정

```
context.xml
<WatchedResource>${catalina.base}/conf/web.xml</WatchedResource>

<!-- Uncomment this to disable session persistence across Tomcat restarts -->
<!--
<Manager pathname="" />
-->
<Resource
  name="jdbc/oracle"
  auth ="Container"
  type="javax.sql.DataSource"
  driverClassName="oracle.jdbc.OracleDriver"
  url="jdbc:oracle:thin:@localhost:1521:XE"
  username="scott"
  password="tiger"
  maxActive="50"
```

자바 클래스에서는 다음과 같이 name 속성의 jdbc/oracle로 DataSource에 접근합니다.

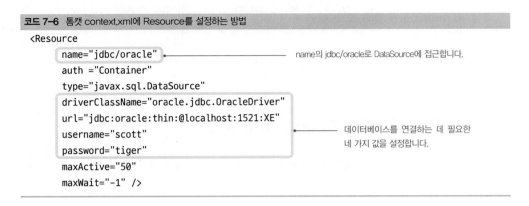

코드 7-6 톰캣 context.xml에 Resource를 설정하는 방법

```
<Resource
      name="jdbc/oracle"                              ← name의 jdbc/oracle로 DataSource에 접근합니다.
      auth ="Container"
      type="javax.sql.DataSource"
      driverClassName="oracle.jdbc.OracleDriver"
      url="jdbc:oracle:thin:@localhost:1521:XE"
      username="scott"                                ← 데이터베이스를 연결하는 데 필요한 네 가지 값을 설정합니다.
      password="tiger"
      maxActive="50"
      maxWait="-1" />
```

오라클 데이터베이스(정확히는 오라클 DBMS)를 연결할 때 다른 속성들은 고정적으로 사용하며, 프로그래머가 주로 설정하는 정보는 driverClassName, user, password, url만 변경해서 설정합니다. 각 속성에 대한 자세한 설명은 표 7-2를 참고하기 바랍니다.

▼ 표 7-2 ConnectionPool로 연결할 데이터베이스 속성

속성	설명
name	DataSource에 대한 JNDI 이름
auth	인증 주체
driverClassName	연결할 데이터베이스 종류에 따른 드라이버 클래스 이름
factory	연결할 데이터베이스 종류에 따른 ConnectionPool 생성 클래스 이름
maxActive	동시에 최대로 데이터베이스에 연결할 수 있는 Connection 수
maxIdle	동시에 idle 상태로 대기할 수 있는 최대 수
maxWait	새로운 연결이 생길 때까지 기다릴 수 있는 최대 시간
user	데이터베이스 접속 ID
password	데이터베이스 접속 비밀번호
type	데이터베이스 종류별 DataSource
url	접속할 데이터베이스 주소와 포트 번호 및 SID

7.3.5 톰캣의 DataSource로 연동해 회원 정보 조회 실습

이제 설정을 마쳤으니 클래스를 만들어 연동해 보겠습니다.

1. sec02.ex01 패키지를 만들고 앞에서 사용한 `MemberDAO`, `MemberServlet`, `MemberVO` 클래스를 복사하여 붙여 넣습니다.

▼ 그림 7-23 실습 파일 위치

2. 복사한 `MemberServlet` 클래스의 서블릿 매핑 이름을 `/member2`로 변경합니다.

▼ 그림 7-24 복사한 서블릿 클래스 매핑 이름을 /member2로 변경

```
@WebServlet("/member2")
public class MemberServlet extends HttpServlet {
    public void doGet(HttpServletRequest request,Ht

      response.setContentType("text/html;charset=ut
      PrintWriter out=response.getWriter();
      MemberDAO dao=new MemberDAO();
      List list=dao.listMembers();
```

3. `DataSource`를 이용해 데이터베이스와 연동하는 `MemberDAO` 클래스를 다음과 같이 수정합니다. 먼저 앞 절에서 데이터베이스와 연동할 때 사용한 `connDB()` 메서드는 주석 처리합니다. 그리고 생성자에서 톰캣 실행 시 톰캣에서 미리 생성한 `DataSource`를 `name` 값인 `jdbc/oracle`을 이용해 미리 받아 옵니다. 마지막으로 서블릿에서 `listMembers()` 메서드를 호출하면 `getConnection()` 메서드를 호출하여 `DataSource`에 접근한 후 데이터베이스와의 연동 작업을 수행합니다.

코드 7-7 pro07/src/sec02/ex01/MemberDAO.java

```
package sec02.ex01;
  ...
public class MemberDAO
{
```

```
/*
private static final String driver = "oracle.jdbc.driver.OracleDriver";
private static final String url = "jdbc:oracle:thin:@localhost:1521:XE";
private static final String user = "scott";
private static final String pwd = "tiger";
*/
```

더 이상 사용되지 않으므로 주석 처리합니다.

```
private Connection con;
private PreparedStatement pstmt;
private DataSource dataFactory;

public MemberDAO()
{
  try
  {
    Context ctx = new InitialContext();
    Context envContext = (Context) ctx.lookup("java:/comp/env");
    dataFactory = (DataSource) envContext.lookup("jdbc/oracle");
  } catch (Exception e)
  {
    e.printStackTrace();
  }
}
```

JNDI에 접근하기 위해 기본 경로(java:/comp/env)를 지정합니다.

톰캣 context.xml에 설정한 name 값인 jdbc/oracle을 이용해 톰캣이 미리 연결한 DataSource를 받아 옵니다.

```
public List<MemberVO> listMembers()
{
  List<MemberVO> list = new ArrayList<MemberVO>();
  try
  {
    // connDB();
    con = dataFactory.getConnection();
    String query = "select * from t_member ";
    System.out.println("prepareStatememt: " + query);
    pstmt = con.prepareStatement(query);
    ResultSet rs = pstmt.executeQuery();
    while (rs.next())
    {
      String id = rs.getString("id");
      String pwd = rs.getString("pwd");
      String name = rs.getString("name");
      String email = rs.getString("email");
      Date joinDate = rs.getDate("joinDate");
      MemberVO vo = new MemberVO();
      vo.setId(id);
      vo.setPwd(pwd);
```

DataSource를 이용해 데이터베이스에 연결합니다.

```
            vo.setName(name);
            vo.setEmail(email);
            vo.setJoinDate(joinDate);
            list.add(vo);
          }
          rs.close();
          pstmt.close();
          con.close();
        } catch (Exception e)
        {
          e.printStackTrace();
        }
        return list;
      }

      /*
       * DAO에서 직접 데이터베이스를 연결하는 기능은 주석 처리합니다.
       * private void connDB() {
         ...
         }
       */
    }
```

4. http://localhost:8090/pro07/member2로 요청합니다. 결과는 앞에서 실습했을 때와 같지만 이번에는 커넥션풀을 이용해서 데이터베이스와 연동했다는 점에서 차이가 있습니다.

❤ 그림 7-25 ConnectionPool로 회원 정보를 조회한 결과

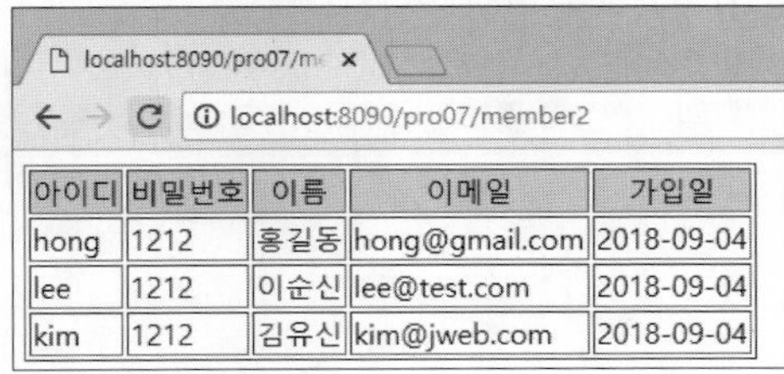

아이디	비밀번호	이름	이메일	가입일
hong	1212	홍길동	hong@gmail.com	2018-09-04
lee	1212	이순신	lee@test.com	2018-09-04
kim	1212	김유신	kim@jweb.com	2018-09-04

7.4 DataSource 이용해 회원 정보 등록하기

이번에는 커넥션풀을 이용해 새 회원을 등록해 보겠습니다.

1. sec02.ex02 패키지를 만들고 MemberVO.java를 복사하여 붙여 넣습니다.

❤ 그림 7-26 실습 파일 위치

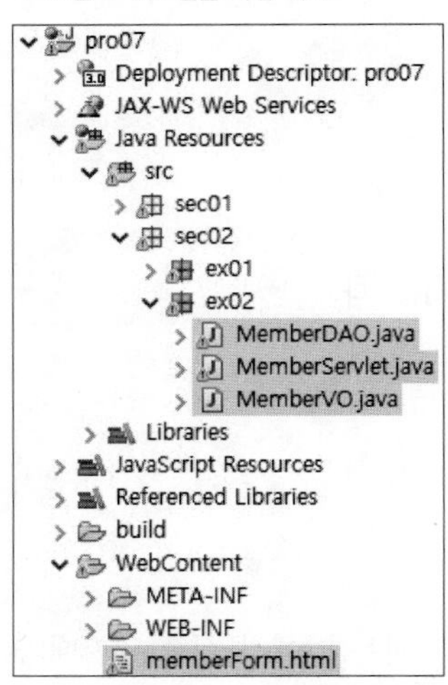

2. 회원 가입창을 작성하기 위해 다음과 같이 memberForm.html을 작성합니다. <hidden> 태그를 이용해 회원 가입창에서 새 회원 등록 요청을 서블릿에 전달합니다.

코드 7-8 pro07/WebContent/memberForm.html

```
<!DOCTYPE html>
<html>

<head>
  <meta charset="UTF-8">
  <title>회원 가입창</title>
  <script type="text/javascript">
    function fn_sendMember() {
      var frmMember = document.frmMember;
      var id = frmMember.id.value;
      var pwd = frmMember.pwd.value;
      var name = frmMember.name.value;
      var email = frmMember.email.value;
```

자바스크립트에서 <form> 태그의 name으로 접근해 입력한 값들을 얻습니다.

```
      if (id.length == 0 || id == "") {
        alert("아이디는 필수입니다.");
      } else if (pwd.length == 0 || pwd == "") {
        alert("비밀번호는 필수입니다.");
      }
      else if (name.length == 0 || name == "") {
        alert("이름은 필수입니다.");
      } else if (email.length == 0 || email == "") {
        alert("이메일은 필수입니다.");
      } else {
        frmMember.method = "post";
        frmMember.action = "member3";
        frmMember.submit();
      }
    }
  </script>
</head>
<body>
  <form name="frmMember">
    <table>
      <th>회원 가입창</th>
      <tr>
        <td>아이디</td>
        <td><input type="text" name="id"></td>
      </tr>
      <tr>
        <td>비밀번호</td>
        <td><input type="password" name="pwd"></td>
      </tr>
      <tr>
        <td>이름</td>
        <td><input type="text" name="name"></td>
      </tr>
      <tr>
        <td>이메일</td>
        <td><input type="text" name="email"></td>
      </tr>
    </table>
    <input type="button" value="가입하기" onclick="fn_sendMember()">
    <input type="reset" value="다시 입력">
    <input type="hidden" name="command" value="addMember" />
  </form>
</body>
</html>
```

- frmMember.method = "post"; — 전송 방법을 post로 지정합니다.
- frmMember.action = "member3"; — 서블릿 매핑 이름을 member3으로 지정합니다.
- frmMember.submit(); — 서블릿으로 전송합니다.
- <td><input type="text" name="id"></td> — 입력한 ID를 서블릿으로 전송합니다.
- <td><input type="password" name="pwd"></td> — 입력한 비밀번호를 서블릿으로 전송합니다.
- <td><input type="text" name="name"></td> — 입력한 이름을 서블릿으로 전송합니다.
- <td><input type="text" name="email"></td> — 입력한 이메일을 서블릿으로 전송합니다.
- <input type="hidden" name="command" value="addMember" /> — 〈hidden〉 태그를 이용해 서블릿에게 회원 등록임을 알립니다.

3. MemberServlet 클래스를 다음과 같이 작성합니다. command 값을 먼저 받아 와 addMember 이면 같이 전송된 회원 정보를 받아 옵니다. 회원 정보를 MemberVO 객체에 설정한 후 MemberDAO의 메서드로 전달해 SQL문을 이용하여 테이블에 추가합니다.

코드 7-9 pro07/sec02/ex02/MemberServlet.java

```
package sec02.ex02;
 ...
@WebServlet("/member3")
public class MemberServlet extends HttpServlet
{
  protected void doGet(HttpServletRequest request, HttpServletResponse response)
  throws ServletException, IOException
  {
    doHandle(request, response);
  }

  protected void doPost(HttpServletRequest request, HttpServletResponse response)
  throws ServletException, IOException
  {
    doHandle(request, response);
  }

  private void doHandle(HttpServletRequest request, HttpServletResponse response)
  throws ServletException, IOException
  {
    request.setCharacterEncoding("utf-8");
    response.setContentType("text/html;charset=utf-8");
    MemberDAO dao = new MemberDAO();
    PrintWriter out = response.getWriter();
    String command = request.getParameter("command");

    if (command != null && command.equals("addMember"))
    {
      String _id = request.getParameter("id");
      String _pwd = request.getParameter("pwd");
      String _name = request.getParameter("name");
      String _email = request.getParameter("email");
      MemberVO vo = new MemberVO();
      vo.setId(_id);
      vo.setPwd(_pwd);
      vo.setName(_name);
      vo.setEmail(_email);
      dao.addMember(vo);
```

command 값을 받아 옵니다.

회원 가입창에서 전송된 command가 addMember 이면 전송된 값들을 받아 옵니다.

회원 가입창에서 전송된 값들을 얻어 와 MemberVO 객체에 저장한 후 SQL문을 이용해 전달합니다.

```
    } else if (command != null && command.equals("delMember"))
    {
      String id = request.getParameter("id");
      dao.delMember(id);
    }
    List<MemberVO> list = dao.listMembers();
    out.print("<html><body>");
    out.print("<table border=1><tr align='center' bgcolor='lightgreen'>");
    out.print("<td>아이디</td><td>비밀번호</td><td>이름</td><td>이메일</td><td>가입일
    </td><td >삭제</td></tr>");

    for (int i = 0; i < list.size(); i++)
    {
      MemberVO memberVO = (MemberVO) list.get(i);
      String id = memberVO.getId();
      String pwd = memberVO.getPwd();
      String name = memberVO.getName();
      String email = memberVO.getEmail();
      Date joinDate = memberVO.getJoinDate();
      out.print("<tr><td>" + id + "</td><td>" + pwd + "</td><td>"
      + name + "</td><td>" + email + "</td><td>" + joinDate
      + "</td><td>" + "<a href='/pro07/member3?command=delMember&id="
      + id + "'> 삭제 </a></td></tr>");
    }
    out.print("</table></body></html>");
    out.print("<a href='/pro07/memberForm.html'>새 회원 등록하기 </a>");
  }
}
```

클릭하면 다시 회원 가입창으로 이동합니다.

Note PrepareStatemet에서 insert문 사용하는 방법

❶ PreparedStatement의 insert문은 회원 정보를 저장하기 위해 ?(물음표)를 사용합니다.

❷ ?는 id, pwd, name, age에 순서대로 대응합니다.

❸ 각 ?에 대응하는 값을 지정하기 위해 PreparedStatement의 setter를 이용합니다.

❹ setter( ) 메서드의 첫 번째 인자는 '?'의 순서를 지정합니다.

❺ ?은 1부터 시작합니다.

❻ insert, delete, update문은 executeUpdate() 메서드를 호출합니다.

4. MemberDAO 클래스를 다음과 같이 수정합니다

코드 7-10 pro07/sec02/ex02/MemberDAO.java

```
...
 public void addMember(MemberVO memberVO)
 {
   try
   {
     con = dataFactory.getConnection();
     String id = memberVO.getId();
     String pwd = memberVO.getPwd();
     String name = memberVO.getName();
     String email = memberVO.getEmail();

     String query = "insert into t_member";
     query += " (id,pwd,name,email)";
     query += " values(?,?,?,?)";
     System.out.println("prepareStatememt: " + query);
     pstmt = con.PreparedStatement(query);
     pstmt.setString(1, id);
     pstmt.setString(2, pwd);
     pstmt.setString(3, name);
     pstmt.setString(4, email);
     pstmt.executeUpdate();
     pstmt.close();
   } catch (Exception e)
   {
     e.printStackTrace();
   }
}
```

- con = dataFactory.getConnection(); → DataSource를 이용해 데이터베이스와 연결합니다.
- String id ~ String email → 테이블에 저장할 회원 정보를 받아 옵니다.
- String query ~ query += → insert문을 문자열로 만듭니다.
- pstmt.setString(...) → insert문의 각 '?'에 순서대로 회원 정보를 세팅합니다.
- pstmt.executeUpdate(); → 회원 정보를 테이블에 추가합니다.

5. http://localhost:8090/pro07/memberForm.html로 요청하여 회원 정보를 입력한 후 **가입하기**를 클릭합니다.

▼ 그림 7-27 회원 정보 입력 후 **가입하기** 클릭

6. 다음과 같이 회원 정보가 출력됩니다.

▼ 그림 7-28 회원 등록 실행 결과

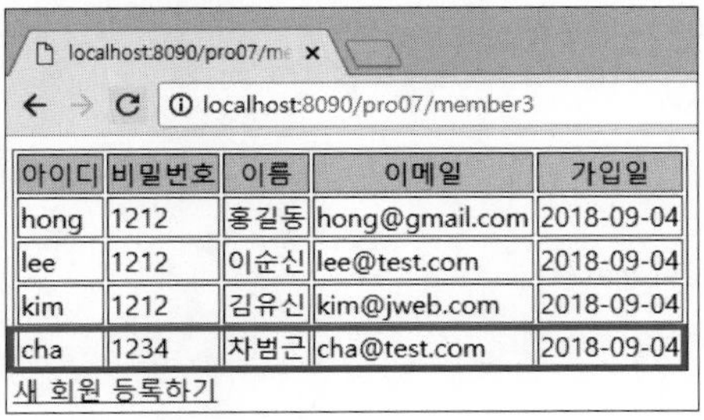

localhost:8090/pro07/member3

아이디	비밀번호	이름	이메일	가입일
hong	1212	홍길동	hong@gmail.com	2018-09-04
lee	1212	이순신	lee@test.com	2018-09-04
kim	1212	김유신	kim@jweb.com	2018-09-04
cha	1234	차범근	cha@test.com	2018-09-04

새 회원 등록하기

7.5 회원 정보 삭제하기

이번에는 회원 정보를 삭제하는 기능을 구현해 보겠습니다.

1. MemberServlet 클래스를 다음과 같이 수정합니다. <a> 태그를 이용해 회원 정보를 삭제할 수 있는 링크를 추가합니다. 브라우저에서 삭제 요청도 전송하므로 if문에 else if문을 추가하여 삭제 기능을 수행합니다.

코드 7-11 pro07/src/sec02/ex02/MemberServlet3.java

```
...
private void doHandle(HttpServletRequest request, HttpServletResponse response)
throws ServletException, IOException
{
  request.setCharacterEncoding("utf-8");
  response.setContentType("text/html;charset=utf-8");
  MemberDAO dao = new MemberDAO();
  PrintWriter out = response.getWriter();
  String command = request.getParameter("command");
  if (command != null && command.equals("addMember"))
  {
   ...
  else if (command != null && command.equals("delMember"))
  {
    String id = request.getParameter("id");
    dao.delMember(id);
  }
```

command 값이 delMember인 경우 ID를 가져와 SQL문으로 전달해서 삭제합니다.

```
        List<MemberVO> list = dao.listMembers();
        out.print("<html><body>");
        out.print("<table border=1><tr align='center' bgcolor='lightgreen'>");
        out.print("<td>아이디</td><td>비밀번호</td><td>이름</td><td>나이</td><td>가입일
                                        </td><td >삭제</td></tr>");

        for (int i = 0; i < list.size(); i++)
        {
          MemberVO memberVO = (MemberVO) list.get(i);
          String id = memberVO.getId();
          String pwd = memberVO.getPwd();
          String name = memberVO.getName();
          int age = memberVO.getAge();
          Date joinDate = memberVO.getJoinDate();
          out.print("<tr><td>" + id + "</td><td>"
          + pwd + "</td><td>" + name + "</td><td>"
          + age + "</td><td>" + joinDate + "</td><td>"
          + "<a href='/pro07/member3?command=delMember&id=" + id + "'>삭제 </a></td></tr>");
        }
        out.print("</table></body></html>");
        out.print("<a href='/pro07/memberForm.html'>새 회원 등록하기</a");
      }
    }
```

삭제를 클릭하면 command 값과 회원 ID를 서블릿으로 전송합니다.

2. MemberDAO 클래스를 다음과 같이 수정합니다. delete문의 첫 번째 '?'에 전달된 ID를 인자로 executeUpdate() 메서드를 호출합니다.

코드 7-12 pro07/src/sec02/ex02/MemberDAO.java

```
  public void delMember(String id)
    {
      try
      {
        con = dataFactory.getConnection();

        String query = "delete from t_member" + " where id=?";
        System.out.println("prepareStatememt:" + query);
        pstmt = con.PreparedStatement(query);
        pstmt.setString(1, id);
        pstmt.executeUpdate();
        pstmt.close();
      } catch (Exception e)
      {
```

- delete문을 문자열로 만듭니다.
- 첫 번째 '?'에 전달된 ID를 인자로 넣습니다.
- delete문을 실행해 테이블에서 해당 ID의 회원 정보를 삭제합니다.

```
        e.printStackTrace();
      }
    }
```

3. http://localhost:8090/member3로 요청한 후 **삭제**를 클릭합니다.

▼ 그림 7-29 **삭제**를 클릭해 회원 정보 삭제

localhost:8090/pro07/member3

아이디	비밀번호	이름	이메일	가입일	삭제
hong	1212	홍길동	hong@gmail.com	2018-09-04	삭제
lee	1212	이순신	lee@test.com	2018-09-04	삭제
kim	1212	김유신	kim@jweb.com	2018-09-04	삭제
cha	1234	차범근	cha@test.com	2018-09-04	삭제

새 회원 등록하기

4. 회원 정보를 삭제한 후 남은 회원 정보가 다시 출력됩니다.

▼ 그림 7-30 삭제 후 회원 정보 출력

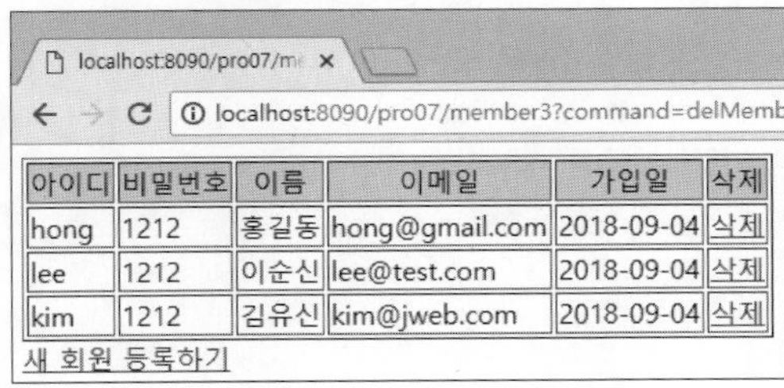

localhost:8090/pro07/member3?command=delMemb

아이디	비밀번호	이름	이메일	가입일	삭제
hong	1212	홍길동	hong@gmail.com	2018-09-04	삭제
lee	1212	이순신	lee@test.com	2018-09-04	삭제
kim	1212	김유신	kim@jweb.com	2018-09-04	삭제

새 회원 등록하기

지금까지 서블릿의 세 가지 기능 중 마지막 기능인 비즈니스 로직 처리 작업을 알아보았습니다. 일반적으로 서블릿에서 데이터베이스와 연동하는 작업은 크게 CRUD(Create, Read, Update, Delete) 작업으로 나눌 수 있습니다. 회원 기능에서 CRUD 중 update 작업은 뒤에서 JSP를 배운 후에 적용해 보겠습니다.

Note **이클립스 디버깅 기능 사용하기**

데이터베이스 연동 등 여러 기능이 추가되면 당연히 소스 코드의 양이 많아질 수밖에 없습니다. 따라서 일반적인 자바 문법 오류보다 실행 중 오류나 결괏값이 다르게 출력되는 논리 오류가 더 많이 발생합니다. 이런 오류를 소스를 보면서 직접 해결하려면 매우 불편하고 시간도 많이 걸립니다.

이때 이클립스의 디버깅 기능을 사용하면 빠르게 오류를 해결할 수 있습니다. 그럼 이클립스의 디버깅 기능을 사용해 보겠습니다.

1. sec02.ex02.MemberServlet 클래스의 doHandle() 메서드 28번 줄 번호 옆을 마우스로 더블클릭해 중단점(breakpoint)을 만듭니다.

▼ 그림 7-31 소스에 중단점 설정

```
27     private void doHandle(HttpServletRequest request,HttpServletRe
28       request.setCharacterEncoding("utf-8");
29       response.setContentType("text/html;charset=utf-8");
30       MemberDAO dao=new MemberDAO();
31       PrintWriter out=response.getWriter();
32       String command=request.getParameter("command");
33       if(command!= null && command.equals("addMember")){
34          String _id=request.getParameter("id");
35          String _pwd=request.getParameter("pwd");
36          String _name=request.getParameter("name");
37          String _email=request.getParameter("email");
38
39          MemberVO vo=new MemberVO();
40          vo.setId(_id);
41          vo.setPwd(_pwd);
42          vo.setName(_name);
43          vo.setEmail(_email);
44          dao.addMember(vo);
45       }else if(command!= null && command.equals("delMember")) {
46          String id = request.getParameter("id");
```

2. 톰캣 실행 시 버그( ) 아이콘을 클릭해 디버그 모드로 실행합니다.

▼ 그림 7-32 디버그 모드로 톰캣 실행

3. 회원 가입 페이지를 열어 새 회원 정보를 입력한 후 **가입하기**를 클릭합니다.

▼ 그림 7-33 디버깅을 위한 회원 정보 입력

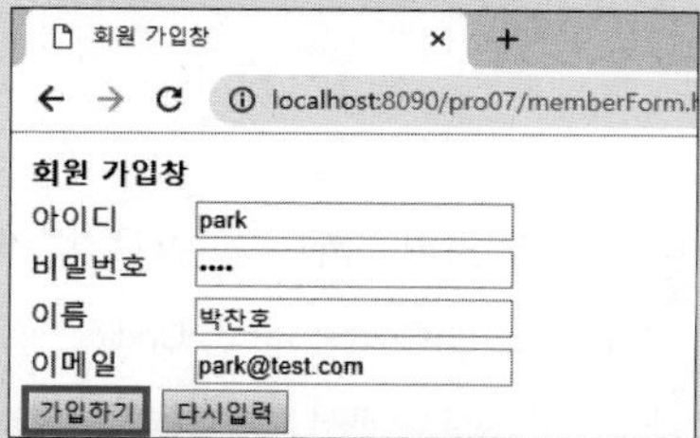

4. 웹 브라우저의 요청을 받은 이클립스가 디버그 모드로 전환하기 위한 동의 요청창이 나타나면 **Remember my decision** 옵션 체크박스에 체크한 후 **Yes**를 클릭합니다.

▼ 그림 7-34 디버그 모드 전환 동의 요청창

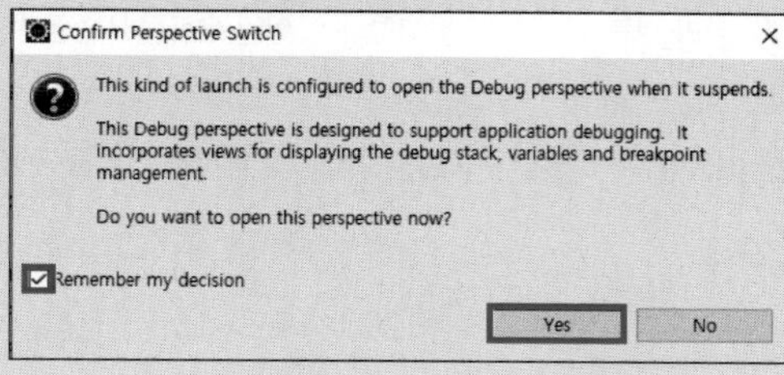

5. 이클립스가 디버그 모드로 전환되고 실행은 중단점에서 정지합니다.

❤ 그림 7-35 웹 브라우저의 요청을 받은 후 중단점에서 실행이 중지된 상태

```
    private void doHandle(HttpServletRequest request,HttpServletResponse response)
      request.setCharacterEncoding("utf-8");
      response.setContentType("text/html;charset=utf-8");
      MemberDAO dao=new MemberDAO();
      PrintWriter out=response.getWriter();
      String command=request.getParameter("command");
      if(command!= null && command.equals("addMember")){
         String _id=request.getParameter("id");
         String _pwd=request.getParameter("pwd");
         String _name=request.getParameter("name");
         String _email=request.getParameter("email");

         MemberVO vo=new MemberVO();
         vo.setId(_id);
         vo.setPwd(_pwd);
         vo.setName(_name);
         vo.setEmail(_email);
         dao.addMember(vo);
```

6. 이클립스 상단의 여러 가지 버튼을 이용해 디버깅을 수행합니다.

❤ 그림 7-36 디버깅 관련 기능을 하는 여러 가지 버튼들

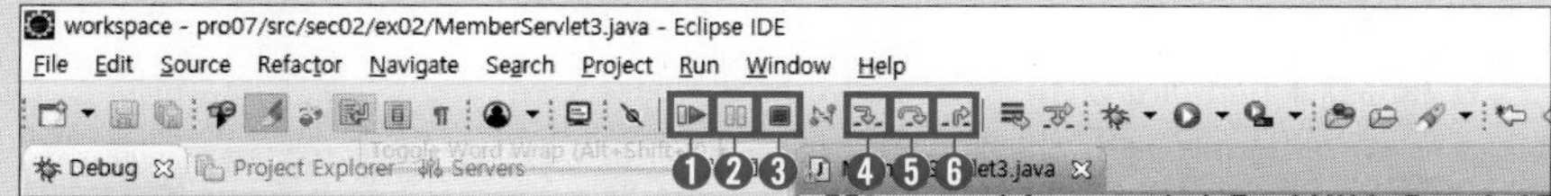

❶ Resume: 다음 중단점을 만날 때까지 진행합니다(F8).

❷ Suspend: 현재 동작하고 있는 스레드를 멈춥니다.

❸ Terminate: 프로그램을 종료합니다(Ctrl + F2).

❹ Step Into: 메서드가 존재할 경우 그 메서드로 이동합니다(F5).

❺ Step Over: 한 라인씩 실행합니다(F6).

❻ Step Return: 'Step Into'로 이동한 메서드에서 원래 위치로 복귀합니다(F7).

7. 가장 자주 사용하는 **Step Over**( ) 아이콘을 클릭해 중단점에서 다음 라인으로 이동합니다.

❤ 그림 7-37 **Step Over** 아이콘을 클릭해 한 라인씩 실행

```
public class MemberServlet extends HttpServlet {
    protected void doGet(HttpServletRequest request, HttpServletResponse response)
        doHandle(request, response);
    }

    protected void doPost(HttpServletRequest request, HttpServletResponse response)
        doHandle(request, response);
    }

    private void doHandle(HttpServletRequest request,HttpServletResponse response)
      request.setCharacterEncoding("utf-8");
      response.setContentType("text/html;charset=utf-8");
      MemberDAO dao=new MemberDAO();
      PrintWriter out=response.getWriter();
      String command=request.getParameter("command");
```

8. 계속해서 **Step Over** 아이콘을 클릭해 32행의 실행문을 실행한 후 변수 command 위에 마우스 포인터를 놓으면 command의 값을 팝업창으로 표시해 줍니다.

❤ 그림 7-38 Step Over 클릭해 실행한 후 변수 위에 마우스 포인터 올려 변수 값 확인

```
MemberServlet.java
27    private void doHandle(HttpServletRequest request,HttpServletResponse respo
28      request.setCharacterEncoding("utf-8");
29      response.setContentType("text/html;charset=utf-8");
30      MemberDAO dao=new MemberDAO();
31      PrintWriter out=response.getWriter();
32      String command=request.getParameter("command");
33      if(comm   command= "addMember" (id=598)
34         Stri      coder= 0
35         Stri      hash= -184929637
36         Stri    > value= (id=599)
37         Stri
38              addMember
39         Memb
40         vo.s
41         vo.s
42         vo.setName(_name);
```

9. **Step Over** 아이콘을 계속 클릭하면 if문이 참이므로 회원 정보를 가져옵니다.

❤ 그림 7-39 웹 브라우저에서 전송된 회원 정보 확인

```
MemberServlet.java
27    private void doHandle(HttpServletRequest request,HttpServletResponse respo
28      request.setCharacterEncoding("utf-8");
29      response.setContentType("text/html;charset=utf-8");
30      MemberDAO dao=new MemberDAO();
31      PrintWriter out=response.getWriter();
32      String command=request.getParameter("command");
33      if(command!= null && command.equals("addMember")){
34         String _id=request.getParameter("id");
35         String   _id= "park" (id=652)
36         String     coder= 0
37         String     hash= 3433450
38                  > value= (id=654)
39         Member
40         vo.set  park
41         vo.setP
42         vo.setN
43         vo.setE
44         dao.addMember(vo);
```

10. 디버깅이 끝났으면 **Resume**(▶) 아이콘을 클릭해 다음 중단점으로 이동합니다(중단점은 여러 개를 지정할 수 있습니다). 중단점이 더 없으면 종료합니다.

❤ 그림 7-40 Resume 아이콘 클릭해 디버깅 종료

```
Navigate  Search  Project  Run  Window  Help
MemberServlet.java
27    private void doHandle(HttpServletRequest request,HttpServletResponse r
28      request.setCharacterEncoding("utf-8");
29      response.setContentType("text/html;charset=utf-8");
30      MemberDAO dao=new MemberDAO();
31      PrintWriter out=response.getWriter();
32      String command=request.getParameter("command");
33      if(command!= null && command.equals("addMember")){
34         String _id=request.getParameter("id");
35         String _pwd=request.getParameter("pwd");
36         String _name=request.getParameter("name");
37         String _email=request.getParameter("email");
38
39         MemberVO vo=new MemberVO();
40         vo.setId(_id);
41         vo.setPwd(_pwd);
42         vo.setName(_name);
43         vo.setEmail(_email);
```

11. 이클립스를 다시 편집 모드로 되돌리기 위해 오른쪽 상단의 **Java EE Perspective**(아이콘) 아이콘을 클릭합니다.

▼ 그림 7-41 이클립스를 디버그 모드에서 편집 모드로 전환

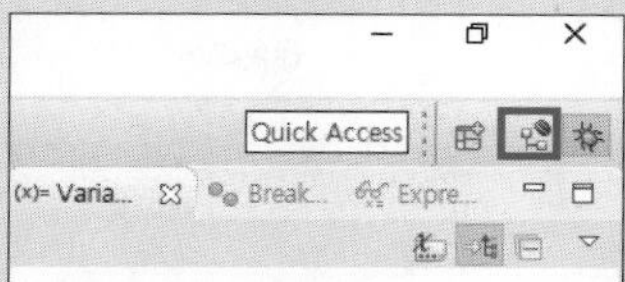

12. 이클립스를 편집 모드로 전환합니다.

▼ 그림 7-42 편집 모드로 전환된 이클립스

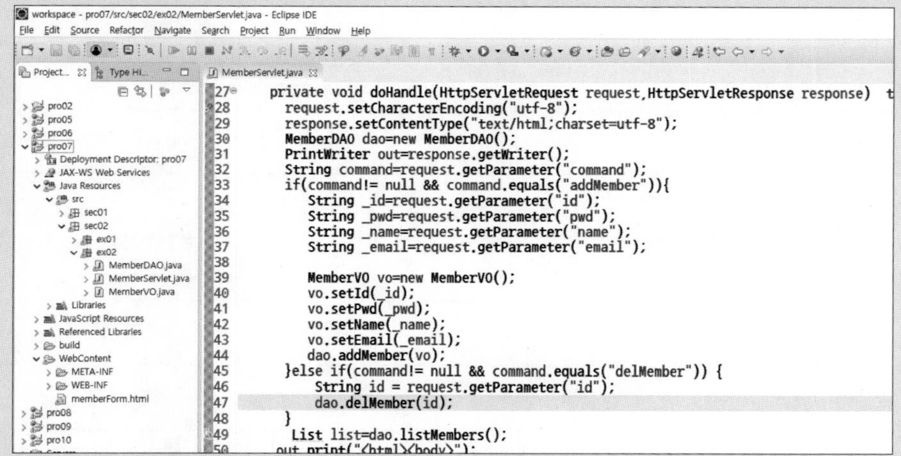

13. 정상적으로 회원이 등록된 것을 확인할 수 있습니다.

▼ 그림 7-43 디버그 모드에서 실행한 결과

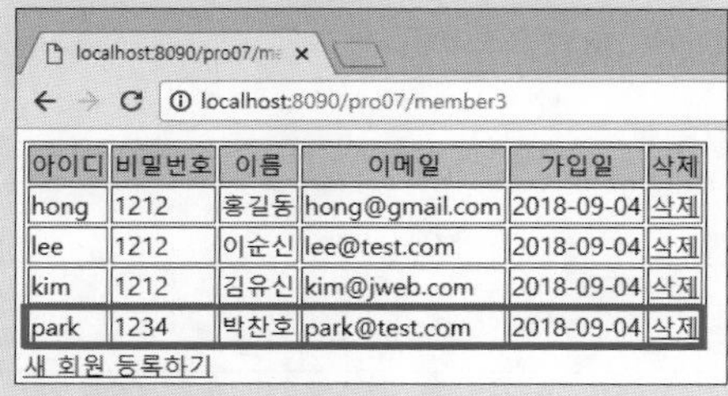

아이디	비밀번호	이름	이메일	가입일	삭제
hong	1212	홍길동	hong@gmail.com	2018-09-04	삭제
lee	1212	이순신	lee@test.com	2018-09-04	삭제
kim	1212	김유신	kim@jweb.com	2018-09-04	삭제
park	1234	박찬호	park@test.com	2018-09-04	삭제

새 회원 등록하기

8장

서블릿 확장 API 사용하기

8.1 서블릿 포워드 기능 사용하기

웹 프로그래밍 개발 초기에는 지금까지 배운 기본적인 서블릿 기능을 이용해 실제 웹 사이트의 기능을 구현했습니다. 즉, 서블릿 요청과 비즈니스 로직 처리 작업, 웹 브라우저의 화면 표시 응답 기능 등을 모두 사용했습니다.

이 장에서는 이 외에 서블릿 프로그래밍을 개발할 때 사용하는 기능인 포워드, 바인딩, 애너테이션 등 다양한 기능에 대해 살펴보겠습니다.

8.1.1 포워드 기능

실제 온라인 쇼핑몰 같은 웹 애플리케이션은 여러 기능을 합쳐 하나의 프로그램을 실행합니다. 회원 관리 기능, 게시판 관리 기능, 주문 관리 기능 등에 대해 각각의 서블릿이 기능을 수행하는 것이죠.

그런데 프로그램을 실행하다 보면 서블릿끼리 또는 서블릿과 JSP를 연동해서 작업해야 하는 경우가 있습니다.

예를 들어 쇼핑몰의 경우 상품 관리 서블릿과 조회된 상품을 화면에 표시하는 JSP는 각각 따로 존재합니다. 따라서 사용자가 상품 조회를 요청하면 상품 관리 서블릿은 데이터베이스에서 상품 정보를 조회한 후 다시 JSP에게 전달하여 상품 정보를 표시합니다.

이처럼 하나의 서블릿에서 다른 서블릿이나 JSP와 연동하는 방법을 **포워드**(forward)라고 합니다. 포워드 기능이 사용되는 용도는 여러 가지이며 요약하면 다음과 같습니다.

- 요청에 대한 추가 작업을 다른 서블릿에게 수행하게 합니다.
- 요청(request)에 포함된 정보를 다른 서블릿이나 JSP와 공유할 수 있습니다.
- 요청(request)에 정보를 포함시켜 다른 서블릿에 전달할 수 있습니다.
- 모델2 개발 시 서블릿에서 JSP로 데이터를 전달하는 데 사용됩니다.

한마디로 포워드 기능은 서블릿에서 다른 서블릿이나 JSP로 요청을 전달하는 역할을 합니다. 그리고 이 요청(request)을 전달할 때 추가 데이터를 포함시켜서 전달할 수도 있습니다. 모델2 개발 방식으로 웹 애플리케이션을 개발할 경우 서블릿에서 JSP로 데이터를 전달할 때 주로 사용됩니다(모델2 개발 방식은 17장에서 자세히 설명합니다).

8.2 서블릿의 여러 가지 포워드 방법

서블릿에서 사용되는 포워드 방법에는 다음 네 가지가 있습니다.

- redirect 방법
  - HttpServletResponse 객체의 sendRedirect() 메서드를 이용합니다.
  - 웹 브라우저에 재요청하는 방식입니다.
  - 형식: sendRedirect("포워드할 서블릿 또는 JSP");

- Refresh 방법
  - HttpServletResponse 객체의 addHeader() 메서드를 이용합니다.
  - 웹 브라우저에 재요청하는 방식입니다.
  - 형식: response.addHeader("Refresh",경과시간(초);url=요청할 서블릿 또는 JSP");

- location 방법
  - 자바스크립트 location 객체의 href 속성을 이용합니다.
  - 자바스크립트에서 재요청하는 방식입니다.
  - 형식: location.href='요청할 서블릿 또는 JSP';

- dispatch 방법
  - 일반적으로 포워딩 기능을 지칭합니다.
  - 서블릿이 직접 요청하는 방법입니다.
  - RequestDispatcher 클래스의 forward() 메서드를 이용합니다.
  - 형식: RequestDispatcher dis= request.getRequestDispatcher("포워드할 서블릿 또는 JSP");
    dis.forward(request,response);

redirect, refresh, location 방법은 서블릿이 웹 브라우저를 거쳐 다른 서블릿이나 JSP에게 요청하는 방법입니다. 반면에 dispatch 방법은 서블릿에서 클라이언트를 거치지 않고 바로 다른 서블릿에게 요청하는 방법입니다. 네 가지 모두 자주 사용하므로 각각의 사용법과 차이점을 익혀두는 것이 좋습니다.

8.2.1 redirect를 이용한 포워딩

`redirect` 방법은 서블릿의 요청이 클라이언트의 웹 브라우저를 다시 거쳐 요청되는 방식입니다.

▼ 그림 8-1 서블릿의 redirect 방법 수행 과정

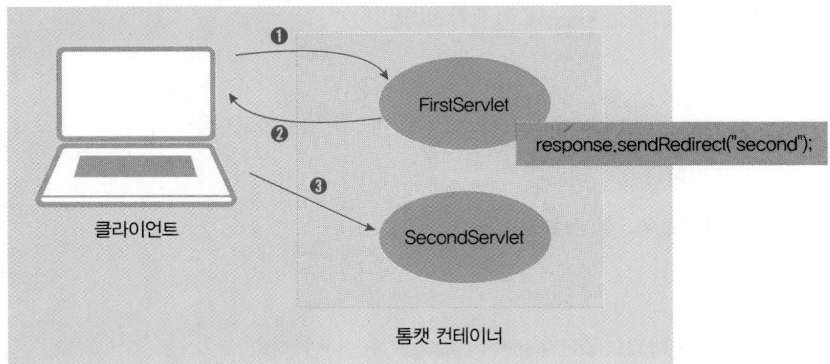

❶ 클라이언트의 웹 브라우저에서 첫 번째 서블릿에 요청합니다.

❷ 첫 번째 서블릿은 `sendRedirect()` 메서드를 이용해 두 번째 서블릿을 웹 브라우저를 통해서 요청합니다.

❸ 웹 브라우저는 `sendRedirect()` 메서드가 지정한 두 번째 서블릿을 다시 요청합니다.

8.2.2 redirect를 이용한 포워딩 실습

1. 새 프로젝트 pro08을 만들고 sec01.ex01 패키지를 추가합니다. `FirstServlet` 클래스와 `SecondServlet` 클래스를 추가합니다.

▼ 그림 8-2 실습 파일 위치

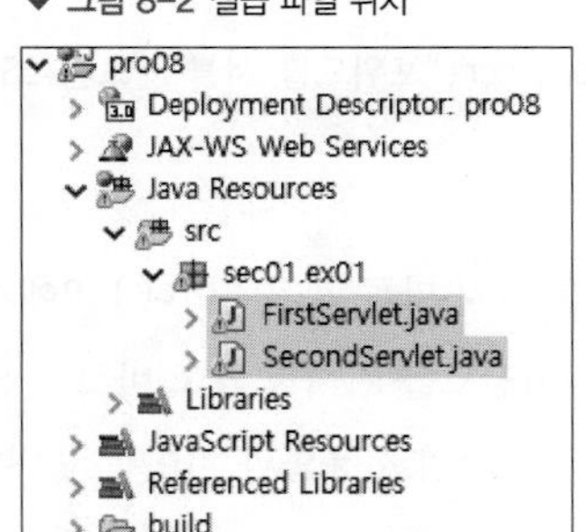

2. FirstServlet 클래스를 다음과 같이 작성합니다. redirect 기능을 구현한 서블릿입니다.

코드 8-1 pro08/src/sec01/ex01/FirstServlet.java

```
package sec01.ex01;
...
@WebServlet("/first")
public class FirstServlet extends HttpServlet{
  protected void doGet(HttpServletRequest request, HttpServletResponse response)
  throws ServletException, IOException {
    response.setContentType("text/html;charset=utf-8");
    PrintWriter out = response.getWriter();
    response.sendRedirect("second");
  }
}
```

이 책에서 제공하는 예제 파일에는 매핑 이름의 중복을 피하기 위해 주석 처리되어 있으므로 주석 처리를 해제합니다.

sendRedirect() 메서드를 이용해 웹 브라우저에게 다른 서블릿인 second로 재요청합니다.

3. SecondServlet 클래스는 첫 번째 서블릿에서 요청을 받아 실행하는 두 번째 서블릿입니다.

코드 8-2 pro08/src/sec01/ex01/SecondServlet.java

```
package sec01.ex01;
...
@WebServlet("/second")
public class SecondServlet extends HttpServlet{
  protected void doGet(HttpServletRequest request, HttpServletResponse response)
  throws ServletException, IOException {
    response.setContentType("text/html;charset=utf-8");
    PrintWriter out = response.getWriter();
    out.println("<html><body>");
    out.println("sendRedirect를 이용한 redirect 실습입니다.");
    out.println("</body></html>");
  }
}
```

제공하는 예제 파일에는 매핑 이름의 중복을 피하기 위해 주석 처리되어 있으므로 주석 처리를 해제합니다.

브라우저로 출력합니다.

4. http://localhost:8090/pro08/first로 요청합니다.

▼ 그림 8-3 매핑 이름 /first로 요청

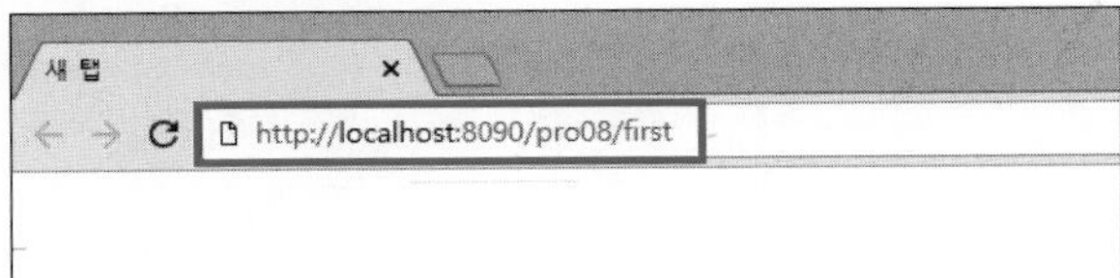

5. 최종적으로 웹 브라우저에 표시되는 매핑 이름은 /second입니다. 즉, /first로 요청하면 sendRedirect()를 호출해 웹 브라우저에게 다시 /second를 요청하는 것입니다.

▼ 그림 8-4 매핑 이름 /second로 웹 브라우저에서 재요청

8.2.3 refresh를 이용한 포워딩

refresh를 이용한 포워딩 역시 redirect처럼 웹 브라우저를 거쳐서 요청을 수행합니다.

▼ 그림 8-5 서블릿의 refresh 이용해 포워딩하는 과정

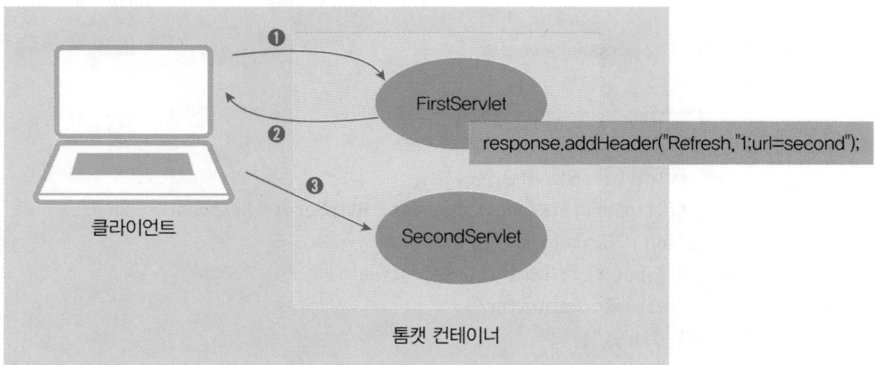

❶ 클라이언트의 웹 브라우저에서 첫 번째 서블릿에 요청합니다.

❷ 첫 번째 서블릿은 addHeader() 메서드를 이용해 두 번째 서블릿을 웹 브라우저를 통해서 요청합니다.

❸ 웹 브라우저는 addHeader() 메서드가 지정한 두 번째 서블릿을 다시 요청합니다.

8.2.4 refresh를 이용한 포워딩 실습

1. sec01.ex02 패키지를 만들고 redirect 포워딩 실습 때와 마찬가지로 두 개의 서블릿 클래스를 추가합니다.

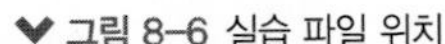

▼ 그림 8-6 실습 파일 위치

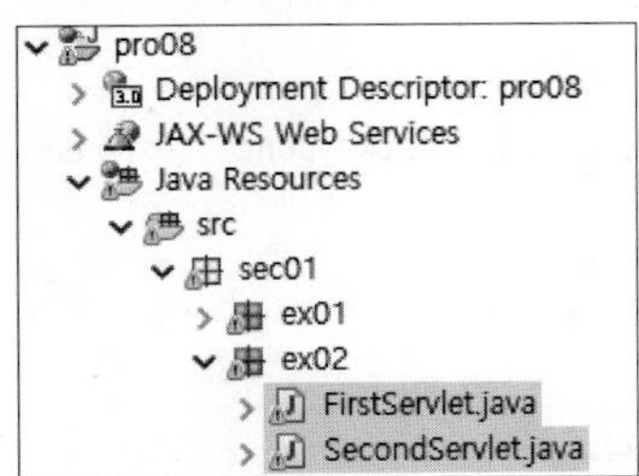

2. FirstServlet 클래스를 다음과 같이 작성합니다. response의 addHeader() 메서드에 Refresh를 설정하고 1초 후 url=second에 지정한 second 서블릿에 브라우저에서 재요청하게 합니다.

코드 8-3 pro08/src/sec01/ex02/FirstServlet.java

```
package sec01.ex02;
...
@WebServlet("/first")
public class FirstServlet extends HttpServlet{
  protected void doGet(HttpServletRequest request, HttpServletResponse response)
  throws ServletException, IOException {
    response.setContentType("text/html;charset=utf-8");
    PrintWriter out = response.getWriter();
    response.addHeader("Refresh","1;url=second");
  }
}
```

- `@WebServlet("/first")`: 제공하는 예제 파일에는 주석 처리되어 있으므로 주석 처리를 해제합니다.
- `response.addHeader("Refresh","1;url=second");`: 웹 브라우저에 1초 후 서블릿 second로 재요청합니다.

> **Tip** 웹 브라우저에서는 first라는 매핑 이름으로 동일하게 요청할 것이므로 앞서 실습한 redirect 예제 소스(코드 8-1, 코드 8-2)에 있는 다음 두 부분은 주석 처리해야 합니다. 이후 실습을 진행할 때도 마찬가지입니다.
>
> ```
> // @WebServlet("/first")
> // @WebServlet("/second")
> ```

3. SecondServlet 클래스를 다음과 같이 작성합니다. 이는 브라우저에서 재요청하면 브라우저로 메시지를 출력하는 서블릿입니다.

코드 8-4 pro08/src/sec01/ex02/SecondServlet.java

```
package sec01.ex02;
....
@WebServlet("/second")
public class SecondServlet extends HttpServlet{
  protected void doGet(HttpServletRequest request, HttpServletResponse response)
  throws ServletException, IOException {
    response.setContentType("text/html;charset=utf-8");
    PrintWriter out = response.getWriter();
    out.println("<html><body>");
    out.println("refresh를 이용한 redirect 실습입니다.");
    out.println("</body></html>");
  }
}
```

제공하는 예제 파일에는 주석 처리되어 있으므로 주석을 해제합니다.

4. 브라우저에서 http:localhost:8090/pro08/first로 요청하면 /second로 재요청합니다

❤ 그림 8-7 브라우저를 통해 서블릿 second로 재요청

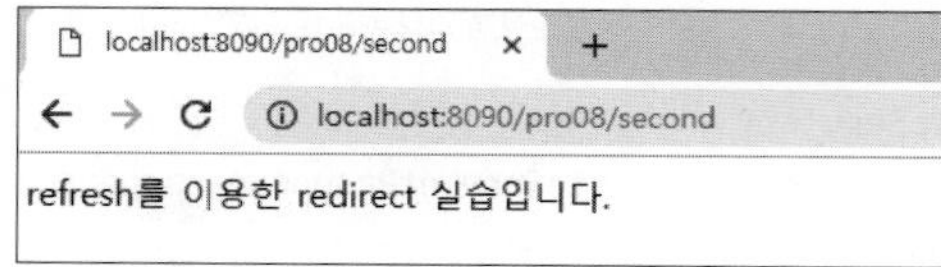

8.2.5 location을 이용한 포워딩

이번에는 자바스크립트의 location 객체를 이용하는 방법을 알아보겠습니다

1. sec01.ex03 패키지를 만들고 다음과 같이 두 개의 서블릿 클래스를 추가합니다.

❤ 그림 8-8 실습 파일 위치

2. FirstServlet 클래스를 다음과 같이 작성합니다. 서블릿에서 PrintWriter로 자바스크립트 코드를 출력해 서블릿 second로 재요청합니다.

코드 8-5 pro08/src/sec01/ex03/FirstServlet.java

```
package sec01.ex03;

@WebServlet("/first")
public class FirstServlet extends HttpServlet{
  protected void doGet(HttpServletRequest request, HttpServletResponse response)
  throws ServletException, IOException {
    response.setContentType("text/html;charset=utf-8");
    PrintWriter out = response.getWriter();
    out.print("<script type='text/javascript'>");
    out.print("location.href='second';");
    out.print("</script>");
  }
}
```

제공하는 예제 파일에는 주석 처리되어 있으므로 주석 처리를 해제합니다.

자바스크립트 location의 href 속성에 서블릿 second를 설정해 재요청합니다.

3. 마찬가지로 브라우저에서 재요청하면 브라우저로 메시지를 출력하는 두 번째 서블릿을 작성합니다.

코드 8-6 pro08/src/sec01/ex03/SecondServlet.java

```
package sec01.ex03;
....
@WebServlet("/second")
public class SecondServlet extends HttpServlet{
  protected void doGet(HttpServletRequest request, HttpServletResponse response)
  throws ServletException, IOException {
    response.setContentType("text/html;charset=utf-8");
    PrintWriter out = response.getWriter();
    out.println("<html><body>");
    out.println("location을 이용한 redirect 실습입니다.");
    out.println("</body></html>");
  }
}
```

제공하는 예제 파일에는 주석 처리되어 있으므로 주석 처리를 해제합니다.

4. http://localhost:8090/pro08/first로 요청하면 /second로 재요청합니다.

▼ 그림 8-9 브라우저 요청 결과

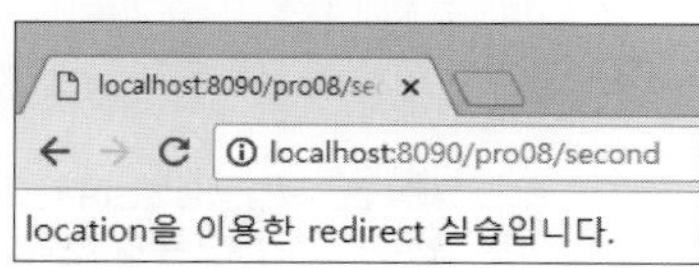
localhost:8090/pro08/se
localhost:8090/pro08/second
location을 이용한 redirect 실습입니다.

8.2.6 redirect 방식으로 다른 서블릿에 데이터 전달하기

redirect 방식을 이용하면 웹 브라우저를 통해 다른 서블릿을 호출하면서 원하는 데이터를 전달할 수도 있습니다.

1. 이번에는 redirect 방법으로 최초 요청한 서블릿에서 GET 방식으로 다른 서블릿으로 데이터를 전달하는 예제를 같은 방법으로 작성해 보겠습니다. FirstServlet 클래스를 다음과 같이 작성합니다.

코드 8-7 pro08/src/sec02/ex01/FirstServlet.java

```
package sec02.ex01;
...
@WebServlet("/first")
public class FirstServlet extends HttpServlet{
  protected void doGet(HttpServletRequest request, HttpServletResponse response)
  throws ServletException, IOException {
    request.setCharacterEncoding("utf-8");
    response.setContentType("text/html;charset=utf-8");
    PrintWriter out = response.getWriter();
    response.sendRedirect("second?name=lee");
  }
}
```

GET 방식을 이용해 이름/값 쌍으로 데이터를 다른 서블릿으로 전달합니다.

2. SecondServlet 클래스를 다음과 같이 작성합니다. 이전 서블릿에서 전달된 값을 getParameter() 메서드를 이용해 가져옵니다.

코드 8-8 pro08/src/sec02/ex01/SecondServlet.java

```
package sec02.ex01;
...
@WebServlet("/second")
public class SecondServlet extends HttpServlet{
```

```
    protected void doGet(HttpServletRequest request, HttpServletResponse response)
    throws ServletException, IOException {
      response.setContentType("text/html;charset=utf-8");
      PrintWriter out = response.getWriter();
      String name=request.getParameter("name");
      out.println("<html><body>");
      out.println("이름:"+name);
      out.println("</body></html>");
    }
  }
```

name으로 이전 서블릿에서 전달된 lee를 받습니다.

3. 다음은 실행 결과입니다. GET 방식을 이용해 `redirect`되는 서블릿 `second`로 이름이 전달됩니다.

▼ 그림 8-10 GET 방식으로 데이터를 다른 서블릿으로 전달

`refresh`나 `location` 역시 GET 방식을 이용해 다른 서블릿으로 데이터를 전달할 수 있습니다. 각자 실습해 보기 바랍니다.

8.3 dispatch를 이용한 포워드 방법

JAVA WEB

이번에는 `dispatch`를 이용해 포워드하는 방법을 알아보겠습니다.

8.3.1 dispatch를 이용한 포워딩 과정

`disapatch`를 이용한 포워딩 과정이 `redirect` 방법과 다른 점은 클라이언트의 웹 브라우저를 거치지 않고 바로 서버에서 포워딩이 진행된다는 것입니다. 따라서 웹 브라우저 주소창의 URL이 변경되지 않습니다. 즉, 클라이언트 측에서는 포워드가 진행되었는지 알 수 없습니다.

✔ 그림 8-11 dispatch를 이용한 포워딩 수행 과정

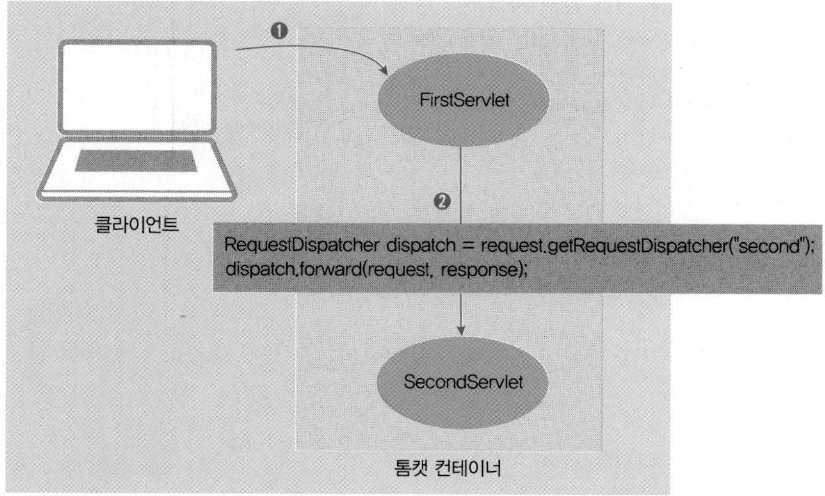

❶ 클라이언트의 웹 브라우저에서 첫 번째 서블릿에 요청합니다.

❷ 첫 번째 서블릿은 `RequestDispatcher`를 이용해 두 번째 서블릿으로 포워드합니다.

> Tip dispatch 방법은 17장에서 배우는 모델2 방식이나 스트럿츠(struts), 스프링(spring) 프레임워크에서 포워딩할 때 사용합니다.

8.3.2 서블릿을 이용한 dispatch 포워딩 실습

이번에는 `dispatch` 방법으로 포워딩 기능을 구현해 보겠습니다.

1. sec03.ex01 패키지에 다음과 같이 두 개의 서블릿 클래스를 추가합니다.

✔ 그림 8-12 실습 파일 위치

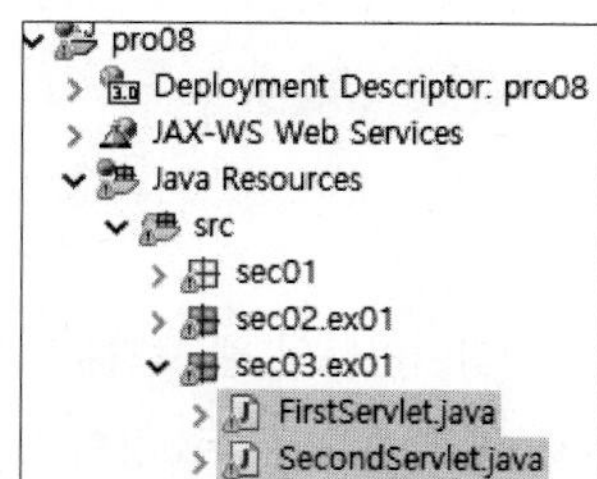

2. FirstServlet 클래스를 다음과 같이 작성합니다. RequstDispatcher 클래스를 이용해 두 번째 서블릿인 second를 지정한 후 forward() 메서드를 이용해 포워드합니다.

코드 8-9 pro08/src/sec03/ex01/FirstServlet.java

```
package sec03.ex01;
...
@WebServlet("/first")
public class FirstServlet extends HttpServlet{
  protected void doGet(HttpServletRequest request, HttpServletResponse response)
  throws ServletException, IOException {
    request.setCharacterEncoding("utf-8");
    response.setContentType("text/html;charset=utf-8");
    RequestDispatcher dispatch = request.getRequestDispatcher("second");
    dispatch.forward(request, response);
  }
}
```

dispatch 방법을 이용해 second로 전달합니다.

3. 두 번째 서블릿인 SecondServlet 클래스를 다음과 같이 작성합니다

코드 8-10 pro08/src/sec03/ex01/SecondServlet.java

```
package sec03.ex01;
...
@WebServlet("/second")
public class SecondServlet extends HttpServlet{
  protected void doGet(HttpServletRequest request, HttpServletResponse response)
  throws ServletException, IOException {
    response.setContentType("text/html;charset=utf-8");
    PrintWriter out = response.getWriter();
    out.println("<html><body>");
    out.println("dispatch를 이용한 forward 실습입니다.");
    out.println("</body></html>");
  }
}
```

4. 실행해 보면 웹 브라우저 주소 창의 URL이 변경되지 않고 그대로입니다. 이는 서블릿의 포워드가 서버에서 수행되었기 때문입니다.

▼ 그림 8-13 매핑 이름 first로 요청한 결과

5. 이번에는 dispatch를 이용해 전송할 때 GET 방식으로 데이터를 전송해 봅시다. 앞의 서블릿 클래스를 다음과 같이 수정합니다. 서블릿 이름 다음에 ?name=lee를 추가하여 GET 방식으로 name 값을 두 번째 서블릿으로 전달합니다.

코드 8-11 pro08/src/sec03/ex01/FirstServlet.java

```
package sec03.ex01;
...
@WebServlet("/first")
public class FirstServlet extends HttpServlet{
  protected void doGet(HttpServletRequest request, HttpServletResponse response)
  throws ServletException, IOException {
    request.setCharacterEncoding("utf-8");
    response.setContentType("text/html;charset=utf-8");
    PrintWriter out = response.getWriter();
    RequestDispatcher dispatch =
                        request.getRequestDispatcher("second?name=lee");
    dispatch.forward(request, response);
  }
}
```

GET 방식으로 데이터를 전달합니다.

6. dispatch를 이용해 전달된 name 값을 출력합니다.

코드 8-12 pro08/src/sec03/ex01/SecondServlet.java

```
package sex03.ex01;
...
@WebServlet("/second")
public class SecondServlet extends HttpServlet{
  protected void doGet(HttpServletRequest request, HttpServletResponse response)
  throws ServletException, IOException {
    response.setContentType("text/html;charset=utf-8");
    PrintWriter out = response.getWriter();
    String name=request.getParameter("name");
    out.println("<html><body>");
    out.println("이름:"+name);
    out.println("<br>");
    out.println("dispatch를 이용한 forward 실습입니다.");
    out.println("</body></html>");
  }
}
```

다른 서블릿에서 전달된 데이터를 가져옵니다.

7. GET 방식으로 dispatch를 이용해 데이터를 전달해도 웹 브라우저의 URL은 변경되지 않습니다.

▼ 그림 8-14 매핑 이름 first로 요청한 결과

localhost:8090/pro08/fir
localhost:8090/pro08/first
이름:lee
dispatch를 이용한 forward 실습입니다.

8.4 바인딩

JAVA WEB

앞 절에서는 서블릿에서 다른 서블릿으로 포워딩할 때 GET 방식으로 데이터를 전달하는 방법을 알아봤습니다. 전달하는 데이터 양이 적을 때는 이 방법이 편리합니다. 그러나 서블릿에서 조회한 대량의 상품 정보를 JSP로 전달할 때는 GET 방식이 불편합니다. 따라서 서블릿에서 다른 서블릿 또는 JSP로 대량의 데이터를 공유하거나 전달하고 싶을 때는 **바인딩**(binding) 기능을 사용합니다.

바인딩의 사전적 의미는 **"두 개를 하나로 묶는다"**는 것입니다. 이는 웹 프로그램 실행 시 자원(데이터)을 서블릿 관련 객체에 저장하는 방법으로, 주로 `HttpServletRequest`, `HttpSession`, `ServletContext` 객체에서 사용되며 저장된 자원(데이터)은 프로그램 실행 시 서블릿이나 JSP에서 공유하여 사용합니다.

실제 모델2, 스트럿츠, 스프링 프레임워크로 구현하는 웹 프로그램은 이 바인딩 기능을 이용해 서블릿이나 JSP 간 데이터를 전달하고 공유합니다.

표 8-1은 서블릿 관련 객체에서 바인딩 관련 기능을 제공하는 여러 가지 메서드입니다.

▼ 표 8-1 서블릿 객체에서 사용되는 바인딩 관련 메서드

관련 메서드	기능
`setAttribute(String name,Object obj)`	자원(데이터)을 각 객체에 바인딩합니다.
`getAttribute(String name)`	각 객체에 바인딩된 자원(데이터)을 name으로 가져옵니다.
`removeAttribute(String name)`	각 객체에 바인딩된 자원(데이터)을 name으로 제거합니다.

8.4.1 HttpServletRequest를 이용한 redirect 포워딩 시 바인딩

먼저 HttpServletRequest 객체를 이용한 바인딩 기능을 알아보겠습니다. 브라우저에서 전달 받은 request를 서블릿에서 redirect 방식으로 다른 서블릿에 전달하는 예제입니다.

1. 다음과 같이 실습 파일을 준비합니다.

❤ 그림 8-15 실습 파일 위치

2. FirstServlet 클래스를 다음과 같이 작성합니다. HttpServletRequest의 setAttribute() 메서드를 이용해 (address, "서울시 성북구")를 바인딩합니다.

코드 8-13 pro08/src/sec04/ex01/FirstServlet.java

```
package sec04.ex01;
...
@WebServlet("/first")
public class FirstServlet extends HttpServlet{
  protected void doGet(HttpServletRequest request, HttpServletResponse response)
  throws ServletException, IOException {
    request.setCharacterEncoding("utf-8");
    response.setContentType("text/html;charset=utf-8");
    request.setAttribute("address", "서울시 성북구");
    response.sendRedirect("second");
  }
}
```

- 웹 브라우저에서 요청한 request 객체에 address의 값으로 "서울시 성북구"를 바인딩합니다.
- 두 번째 서블릿으로 전달하기 위해 sendRedirect()를 호출합니다.

3. 두 번째 서블릿에서는 HttpServletRequest의 getAttribute() 메서드를 이용해 전달된 주소를 받습니다.

코드 8-14 pro08/src/sec04/ex01/SecondServlet.java

```
package sec04.ex01;
...
@WebServlet("/second")
```

```
public class SecondServlet extends HttpServlet{
  protected void doGet(HttpServletRequest request, HttpServletResponse response)
  throws ServletException, IOException {
    request.setCharacterEncoding("utf-8");
    response.setContentType("text/html;charset=utf-8");
    PrintWriter out = response.getWriter();
    String address=(String)request.getAttribute("address");
    out.println("<html><body>");
    out.println("주소:"+address);
    out.println("<br>");
    out.println("redirect를 이용한 바인딩 실습입니다.");
    out.println("</body></html>");
  }
}
```

전달된 request에서 getAttribute()를 이용해 address의 값을 가져옵니다.

4. 실행 결과를 보면 정상적으로는 '**서울시 성북구**'가 출력되어야 하는데 null이 출력됩니다. 왜 그럴까요?

▼ 그림 8-16 매핑 이름 first로 요청한 결과

그 이유는 8.1절 그림 8-1의 redirect 방식 포워드 과정 때문입니다. 포워딩 과정 1단계인 웹 브라우저에서 요청할 때 서블릿에 전달되는 첫 번째 request는 웹 브라우저를 통해 재요청되는 3단계의 두 번째 request와 다른 요청입니다. 즉, redirect 방식으로는 서블릿에서 바인딩한 데이터를 다른 서블릿으로 전송할 수 없다는 것입니다.

그럼 이런 의문이 들 수 있을 것입니다. 앞서 redirect 방식을 실습했을 때처럼 GET 방식으로 전송하면 되지 않느냐고 말이죠. 물론 전달하고자 하는 데이터가 보안과 상관이 없으며, 데이터 양이 적다면 그렇게 해도 괜찮습니다. 하지만 데이터베이스에서 조회된 수십 개의 회원 정보나 상품 정보를 전달해야 한다면 확실히 redirect 방식에는 문제가 있습니다.

8.4.2 HttpServletRequest를 이용한 dispatch 포워딩 시 바인딩

이번에는 dispatch 방법으로 바인딩 기능을 사용해 보겠습니다.

1. 다음과 같이 실습 파일을 준비합니다.

❤ 그림 8-17 실습 파일 위치

2. FirstServlet 클래스를 다음과 같이 작성합니다. 브라우저에서 전달된 request에 주소를 바인딩한 후 dispatch 방법을 이용해 다른 서블릿으로 포워딩합니다.

코드 8-15 pro08/src/sec04/ex02/FirstServlet.java

```
pakage sec04.ex02;
...
@WebServlet("/first")
public class FirstServlet extends HttpServlet{
  protected void doGet(HttpServletRequest request, HttpServletResponse response)
  throws ServletException, IOException {
    request.setCharacterEncoding("utf-8");
    response.setContentType("text/html;charset=utf-8");
    request.setAttribute("address","서울시 성북구");
    RequestDispatcher dispatch = request.getRequestDispatcher("second");
    dispatch.forward(request, response);
  }
}
```

웹 브라우저의 최초 요청 request에 바인딩합니다.

바인딩된 request를 다시 두 번째 서블릿으로 포워드합니다.

3. SecondServlet 클래스를 다음과 같이 작성합니다. 전달된 request에서 주소를 받은 후 브라우저로 출력합니다.

코드 8-16 pro08/src/sec04/ex02/SecondServlet.java

```
package sec04.ex02;
...
```

```
@WebServlet("/second")
public class SecondServlet extends HttpServlet{
  protected void doGet(HttpServletRequest request, HttpServletResponse response)
  throws ServletException, IOException {
    request.setCharacterEncoding("utf-8");
    response.setContentType("text/html;charset=utf-8");
    PrintWriter out = response.getWriter();
    String address=(String)request.getAttribute("address");

    out.println("<html><body>");
    out.println("주소:"+address);
    out.println("<br>");
    out.println("dispatch를 이용한 바인딩 실습입니다.");
    out.println("</body></html>");
  }
}
```

전달된 request에서 getAttribute()를 이용해 주소를 받아 옵니다.

4. 이번에는 화면에 정상적으로 주소가 출력됩니다. 그 이유는 8.3절의 그림 8-11을 보면 알 수 있습니다.

▼ 그림 8-18 dispatch 방법으로 바인딩된 데이터 전달

이 포워딩 과정을 보면 첫 번째 서블릿에서 두 번째 서블릿으로 전달되는 request가 브라우저를 거치지 않고 바로 전달되었습니다. 따라서 첫 번째 서블릿의 request에 바인딩된 데이터가 그대로 전달된 것입니다.

모델2, 스트럿츠, 스프링 프레임워크로 개발할 때는 dispatch 방식으로 바인딩된 데이터를 서블릿이나 JSP로 전달합니다. 자세한 것은 17장에서 알아보겠습니다.

8.4.3 두 서블릿 간 회원 정보 조회 바인딩 실습

이번에는 데이터베이스에서 조회된 회원 정보를 화면 기능을 담당하는 서블릿에 전달해서 웹 브라우저에 출력해 보겠습니다.

1. 7장에서 실습한 MemberDAO와 MemberVO 클래스를 다음과 같이 복사하여 붙여 넣습니다. 그리고 데이터베이스 연동을 위한 DataSource 기능도 7장을 참고하여 설정합니다.

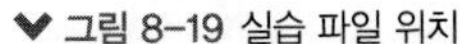
그림 8-19 실습 파일 위치

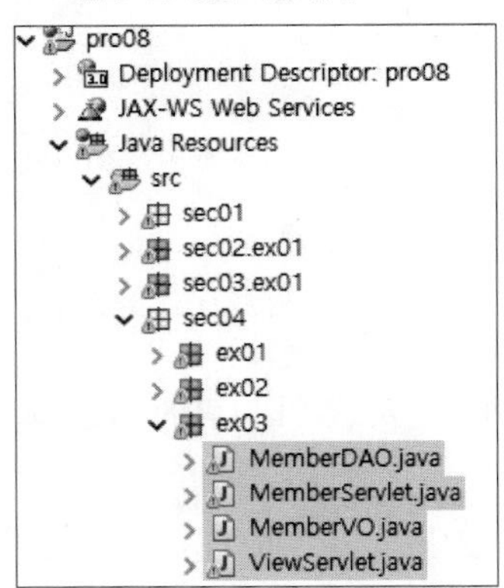

2. MemberServlet 클래스를 다음과 같이 작성합니다. 첫 번째 서블릿에서 조회한 회원 정보를 List에 저장한 후 다시 바인딩하여 두 번째 서블릿으로 전달합니다.

코드 8-17 pro08/src/sec04/ex03/MemberServlet.java

```
package sec04.ex03;
...
@WebServlet("/member")
public class MemberServlet extends HttpServlet {
  protected void doGet(HttpServletRequest request,HttpServletResponse response)
  throws ServletException, IOException {
    doHandle(request,response);
  }
  protected void doPost(HttpServletRequest request,HttpServletResponse response)
  throws ServletException, IOException {
    doHandle(request,response);
   }
  private void doHandle(HttpServletRequest request,HttpServletResponse response)
  throws ServletException, IOException {
    request.setCharacterEncoding("utf-8");
    response.setContentType("text/html;charset=utf-8");
    PrintWriter out=response.getWriter();
```

```
    MemberDAO dao=new MemberDAO();
    List memberList=dao.listMembers();
    request.setAttribute("membersList", membersList);
    RequestDispatcher dispatch = request.getRequestDispatcher("viewMembers");
    dispatch.forward(request, response);
  }
}
```

조회된 회원 정보를 ArrayList 객체에 저장한 후 request에 바인딩합니다.

바인딩한 request를 viewMembers 서블릿으로 포워딩합니다.

3. ViewServlet 클래스를 다음과 같이 작성합니다. getAttribute() 메서드를 이용해 첫 번째 서블릿에서 바인딩한 회원 정보를 List로 가져옵니다.

코드 8-18 pro08/src/sec04/ex03/ViewServlet.java

```
package sec04.ex03;
...
@WebServlet("/viewMembers")
public class ViewServlet extends HttpServlet
{
  protected void doGet(HttpServletRequest request,HttpServletResponse response)
  throws ServletException, IOException {
    request.setCharacterEncoding("utf-8");
    response.setContentType("text/html;charset=utf-8");
    PrintWriter out=response.getWriter();
    List membersList = (List) request.getAttribute("membersList");
    out.print("<html><body>");
    out.print("<table border=1><tr align='center' bgcolor='lightgreen'>");
    out.print("<td>아이디</td><td>비밀번호</td><td>이름</td><td>이메일</td>
                                    <td>가입일</td><td >삭제</td></tr>");
    for (int i = 0; i < membersList.size(); i++) {
      MemberVO memberVO = (MemberVO) membersList.get(i);
      String id = memberVO.getId();
      String pwd = memberVO.getPwd();
      String name = memberVO.getName();
      String email = memberVO.getEmail();
      Date joinDate = memberVO.getJoinDate();
      out.print("<tr><td>" + id + "</td><td>" + pwd + "</td><td>" + name + "</td><td>"
              + email + "</td><td>"+ joinDate + "</td><td>"
              + "<a href='/pro08/member3?command=delMember&id=" + id
              + "'>삭제 </a></td></tr>");

  }
  out.print("</table></body></html>");
  out.print("<a href='/pro08/memberForm.html'>새 회원 등록하기</a");
}
```

바인딩해서 넘어온 request에서 회원 정보를 가져옵니다.

4. http://localhost:8090/pro08/member로 요청하여 실행 결과를 확인합니다.

▼ 그림 8-20 실행 결과

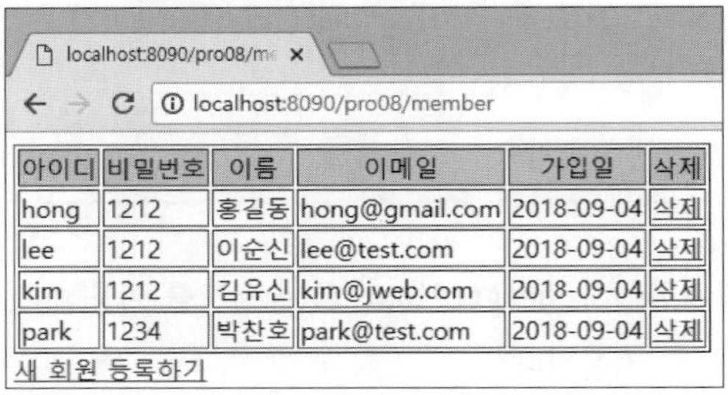

localhost:8090/pro08/member

아이디	비밀번호	이름	이메일	가입일	삭제
hong	1212	홍길동	hong@gmail.com	2018-09-04	삭제
lee	1212	이순신	lee@test.com	2018-09-04	삭제
kim	1212	김유신	kim@jweb.com	2018-09-04	삭제
park	1234	박찬호	park@test.com	2018-09-04	삭제

새 회원 등록하기

ViewServlet 클래스는 웹 브라우저에서 화면 기능을 담당하는데 이러한 기능을 하는 서블릿이 분화되어 발전된 것이 바로 JSP입니다.

JAVA WEB

8.5 ServletContext와 ServletConfig 사용법

이번에는 서블릿과 더불어 웹 프로그래밍 개발 시 유용한 기능을 제공하는 클래스들을 알아보겠습니다.

8.5.1 ServletContext 클래스

ServletContext 클래스는 톰캣 컨테이너 실행 시 각 컨텍스트(웹 애플리케이션)마다 한 개의 ServletContext 객체를 생성합니다. 그리고 톰캣 컨테이너가 종료하면 ServletContext 객체 역시 소멸됩니다. ServletContext 객체는 웹 애플리케이션이 실행되면서 애플리케이션 전체의 공통 자원이나 정보를 미리 바인딩해서 서블릿들이 공유하여 사용합니다.

ServletContext 클래스의 특징은 다음과 같습니다.

- javax.servlet.ServletContext로 정의되어 있습니다.
- 서블릿과 컨테이너 간의 연동을 위해 사용합니다.
- 컨텍스트(웹 애플리케이션)마다 하나의 ServletContext가 생성됩니다.
- 서블릿끼리 자원(데이터)을 공유하는 데 사용합니다.
- 컨테이너 실행 시 생성되고 컨테이너 종료 시 소멸됩니다.

ServletContext가 제공하는 기능은 다음과 같습니다.

- 서블릿에서 파일 접근 기능
- 자원 바인딩 기능
- 로그 파일 기능
- 컨텍스트에서 제공하는 설정 정보 제공 기능

그림 8-21에는 톰캣 컨테이너를 실행할 때 각 애플리케이션에서 생성되는 ServletContext와 ServletConfig 객체를 나타내었습니다. ServletContext는 컨텍스트당 생성되는 반면에 ServletConfig는 각 서블릿에 대해 생성됩니다.

▼ 그림 8-21 톰캣 컨테이너의 ServletContext와 ServletConfig 생성 상태

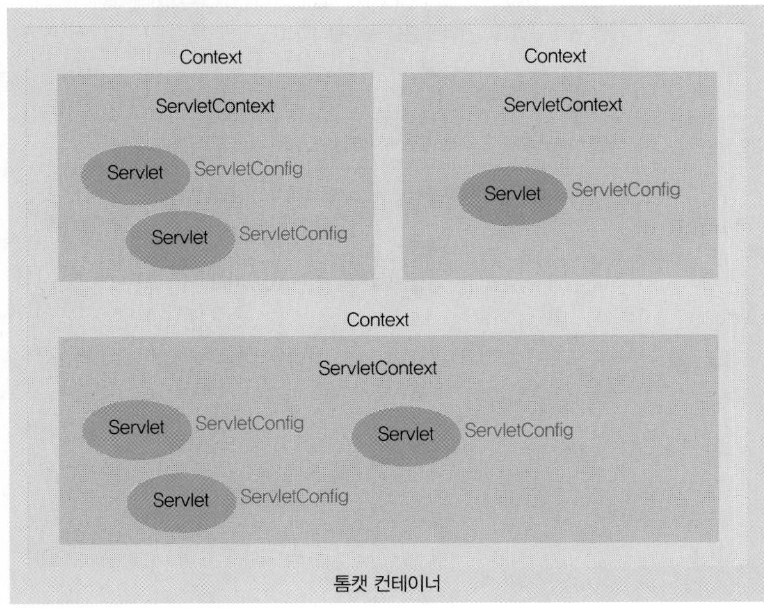

표 8-2는 ServletContext에서 제공하는 여러 가지 메서드의 기능을 정리한 것입니다.

▼ 표 8-2 ServletContext에서 제공하는 여러 가지 메서드

메서드	기능
getAttribute(String name)	• 주어진 name을 이용해 바인딩된 value를 가져옵니다. • name이 존재하지 않으면 null을 반환합니다.
getAttributeNames()	바인딩된 속성들의 name을 반환합니다.
getContext(String uripath)	지정한 uripath에 해당되는 객체를 반환합니다.
getInitParameter(String name)	• name에 해당되는 매개변수의 초기화 값을 반환합니다. • name에 해당되는 매개변수가 존재하지 않으면 null을 반환합니다.
getInitParameterNames()	• 컨텍스트의 초기화 관련 매개변수들의 이름들을 String 객체가 저장된 Enumeration 타입으로 반환합니다. • 매개변수가 존재하지 않으면 null을 반환합니다.
getMajorVersion()	서블릿 컨테이너가 지원하는 주요 서블릿 API 버전을 반환합니다.
getRealPath(String path)	지정한 path에 해당되는 실제 경로를 반환합니다.
getResource(String path)	지정한 path에 해당되는 Resource를 반환합니다.
getServerInfo()	현재 서블릿이 실행되고 있는 서블릿 컨테이너의 이름과 버전을 반환합니다.
getServletContextName()	해당 애플리케이션의 배치 관리자가 지정한 ServletContext에 대한 해당 웹 애플리케이션의 이름을 반환합니다.
log(String msg)	로그 파일에 로그를 기록합니다.
removeAttribute(String name)	해당 name으로 ServletContext에 바인딩된 객체를 제거합니다.
setAttribute (String name, Object object)	해당 name으로 객체를 ServletContext에 바인딩합니다.
setInitParameter (String name, String value)	주어진 name으로 value를 컨텍스트 초기화 매개변수로 설정합니다.

8.5.2 ServletContext 바인딩 기능

이번에는 ServletContext의 바인딩 기능을 알아보겠습니다.

1. 다음과 같이 GetServletContext, SetServletContext 클래스 파일을 준비합니다.

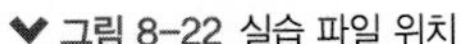
그림 8-22 실습 파일 위치

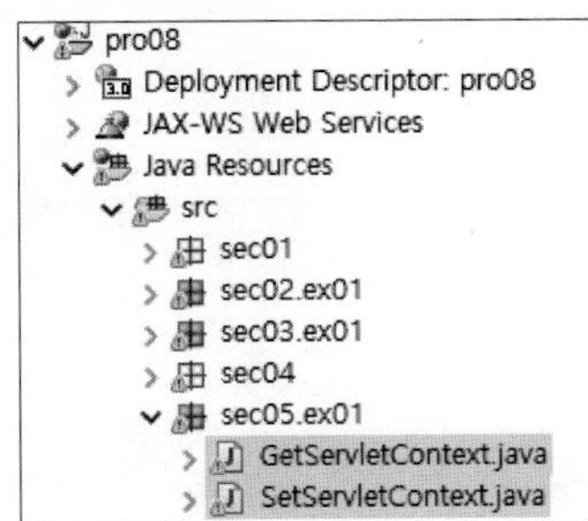

2. SetServletContext 클래스를 다음과 같이 작성합니다. getServletContext() 메서드를 이용해 ServletContext 객체에 접근한 다음 ArrayList에 이름과 나이를 저장한 후 다시 ServletContext 객체에 setAttribute() 메서드를 이용해 바인딩합니다.

코드 8-19 pro08/src/sec05/ex01/SetServletContext.java

```
package sec05.ex01;
...
@WebServlet("/cset")
public class SetServletContext extends HttpServlet {
  protected void doGet(HttpServletRequest request, HttpServletResponse response)
  throws ServletException, IOException {
    response.setContentType("text/html;charset=utf-8");
    PrintWriter out = response.getWriter();
    ServletContext context = getServletContext();
    List member = new ArrayList();
    member.add("이순신");
    member.add(30);
    context.setAttribute("member", member);
    out.print("<html><body>");
    out.print("이순신과 30 설정");
    out.print("</body></html>");
  }
}
```

ServletContext context = getServletContext(); → ServletContext 객체를 가져옵니다.

context.setAttribute("member", member); → ServletContext 객체에 데이터를 바인딩합니다.

3. GetServletContext 클래스를 다음과 같이 작성합니다. getServletContext() 메서드를 이용해 ServletContext 객체에 접근합니다. 그리고 getAttribute() 메서드를 이용해 다른 서블릿에서 바인딩한 ArrayList를 가져와 회원 정보를 출력합니다.

코드 8-20 pro08/src/sec05/ex01/GetServletContext.java

```
package sec05.ex01;
...
@WebServlet("/cget")
public class GetServletContext extends HttpServlet{
  protected void doGet(HttpServletRequest request, HttpServletResponse response)
  throws  ServletException, IOException {
    response.setContentType("text/html;charset=utf-8");
    PrintWriter out = response.getWriter();
    ServletContext context = getServletContext();  // ServletContext 객체를 가져옵니다.
    List member = (ArrayList)context.getAttribute("member");  // member로 이전에 바인딩된 회원 정보를 가져옵니다.
    String name = (String)member.get(0);
    int age = (Integer)member.get(1);
    out.print("<html><body>");
    out.print(name +"<br>");
    out.print(age + "<br>");
    out.print("</body></html>");
  }
}
```

4. 크롬 브라우저에서 http://localhost:8090/pro08/cset으로 요청하면 ServletContext 객체에 데이터를 바인딩합니다.

▼ 그림 8-23 첫 번째 브라우저에서 /cset으로 요청

5. 이번에는 인터넷 익스플로러에서 http://localhost:8090/pro08/cget으로 요청합니다. 마찬가지로 바인딩된 데이터를 브라우저에 표시합니다.

▼ 그림 8-24 IE에서 /cget으로 요청

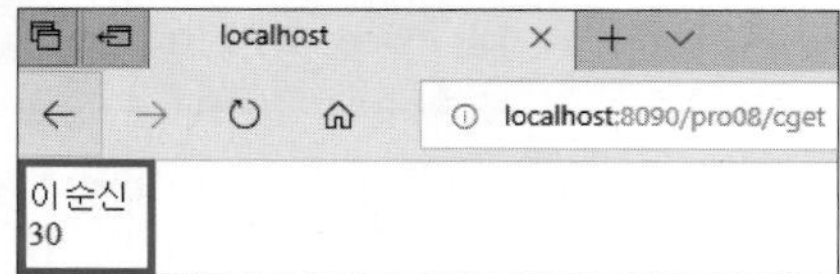

이처럼 ServletContext에 바인딩된 데이터는 모든 서블릿들(사용자)이 접근할 수 있습니다. 따라서 웹 애플리케이션에서 모든 사용자가 공통으로 사용하는 데이터는 ServletContext에 바인딩해 놓고 사용하면 편리합니다.

8.5.3 ServletContext의 매개변수 설정 기능

대부분의 웹 애플리케이션에서 메뉴는 공통으로 사용하는 기능입니다. 따라서 web.xml에 설정해 놓고 프로그램 시작 시 초기화할 때 가져와서 사용하면 편리합니다. 그러면 새로운 메뉴 항목이 생성되거나 기존 메뉴 항목을 추가, 삭제할 때도 쉽게 수정할 수 있습니다.

1. 다음과 같이 ContextParamServlet 클래스 파일과 web.xml 파일을 준비합니다.

▼ 그림 8-25 실습 파일 위치

2. web.xml에 메뉴 항목을 설정합니다. <context-param> 태그 안에 <param-name> 태그와 <param-value> 태그를 이용해 메뉴에 대한 하위 메뉴 항목을 설정합니다.

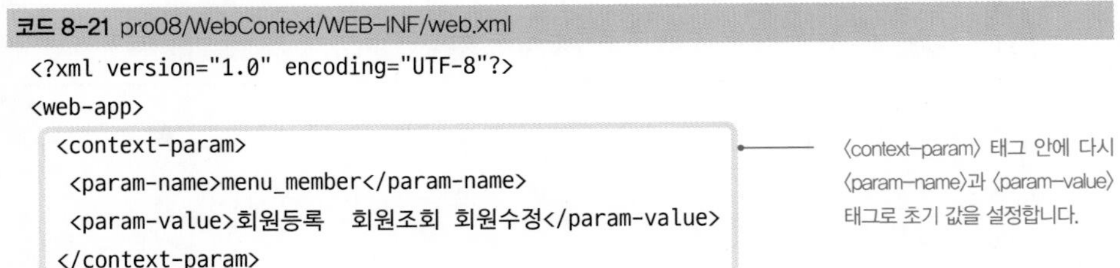

코드 8-21 pro08/WebContext/WEB-INF/web.xml

```
<?xml version="1.0" encoding="UTF-8"?>
<web-app>
  <context-param>
    <param-name>menu_member</param-name>
    <param-value>회원등록  회원조회 회원수정</param-value>
  </context-param>
```

<context-param> 태그 안에 다시 <param-name>과 <param-value> 태그로 초기 값을 설정합니다.

```
  <context-param>
   <param-name>menu_order</param-name>
   <param-value>주문조회  주문등록 주문수정 주문취소</param-value>
  </context-param>
  <context-param>
   <param-name>menu_goods</param-name>
   <param-value>상품조회  상품등록 상품수정 상품삭제</param-value>
  </context-param>
...
</web-app>
```

3. ContextParamServlet 클래스를 다음과 같이 작성합니다. getServletContext() 메서드로 ServletContext 객체에 접근합니다. 그리고 getInitParameter() 메서드의 인자로 각각의 메뉴 이름을 전달한 후 메뉴 항목들을 가져와 이를 브라우저로 출력합니다.

코드 8-22 pro08/src/sec05/ex02/ContextParamServlet.java

```
package sec05.ex02;
...
@WebServlet(/initMenu)
public class ContextParamServlet extends HttpServlet {
  protected void doGet(HttpServletRequest request,HttpServletResponse response)
  throws ServletException,  IOException {
    request.setCharacterEncoding("utf-8");
    response.setContentType("text/html;charset=utf-8");
    PrintWriter out = response.getWriter();
    ServletContext context = getServletContext();
    String menu_member = context.getInitParameter("menu_member");
    String menu_order = context.getInitParameter("menu_order");
    String menu_goods =context.getInitParameter("menu_goods");

    out.print("<html><body>");
    out.print("<table border=1 cellspacing=0><tr>메뉴 이름</tr>");
    out.print("<tr><td>" + menu_member + "</td></tr>");
    out.print("<tr><td>" + menu_order + "</td></tr>");
    out.print("<tr><td>" + menu_goods + "</td></tr>");
    out.print("</tr></table></body></html>");
  }
}
```

ServletContext 객체를 가져옵니다.

web.xml의 〈param-name〉 태그의 이름으로 〈param-value〉 태그의 값인 메뉴 이름들을 받아 옵니다.

4. 크롬 브라우저에서 http://localhost:8090/pro08/initMenu로 서블릿을 요청합니다.

▼ 그림 8-26 크롬에서 initMenu로 요청한 결과

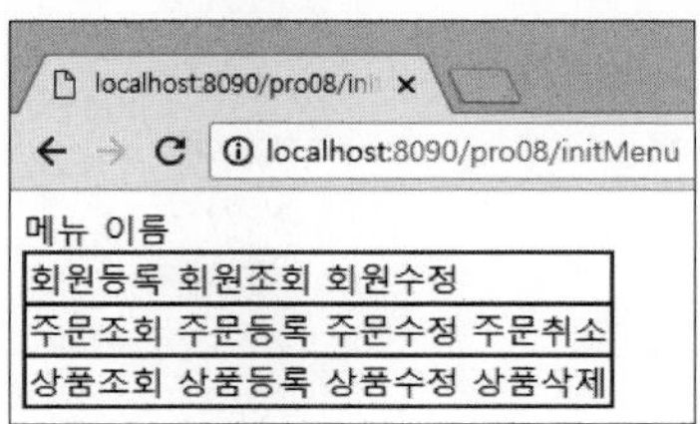

5. 인터넷 익스플로러에서도 요청해 봅니다.

▼ 그림 8-27 IE에서 /initMenu로 요청한 결과

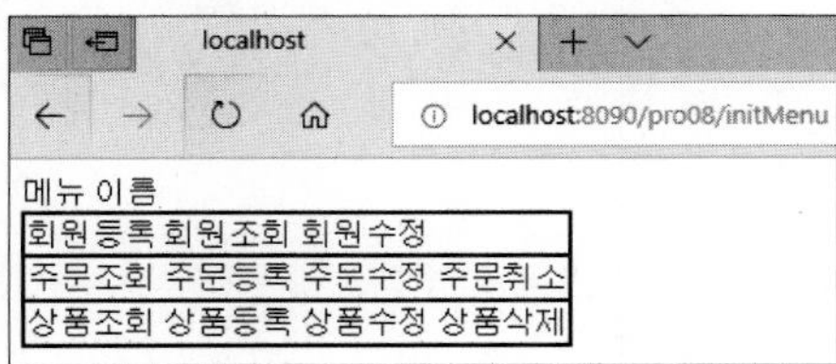

모든 브라우저에서 같은 메뉴를 출력하는 것을 확인할 수 있습니다. 즉, 메뉴는 `ContextServlet` 객체를 통해 접근하므로 모든 웹 브라우저에서 공유하면서 접근할 수 있습니다.

8.5.4 ServletContext의 파일 입출력 기능

이번에는 `ServletContext`의 파일에서 데이터를 읽어 오는 기능을 알아보겠습니다. 먼저 폴더를 하나 생성합니다.

1. 프로젝트 pro08의 WebContent/WEB-INF 폴더를 선택하고 마우스 오른쪽 버튼을 클릭한 후 New 〉 Folder를 선택합니다.

▼ 그림 8-28 New 〉 Folder 선택

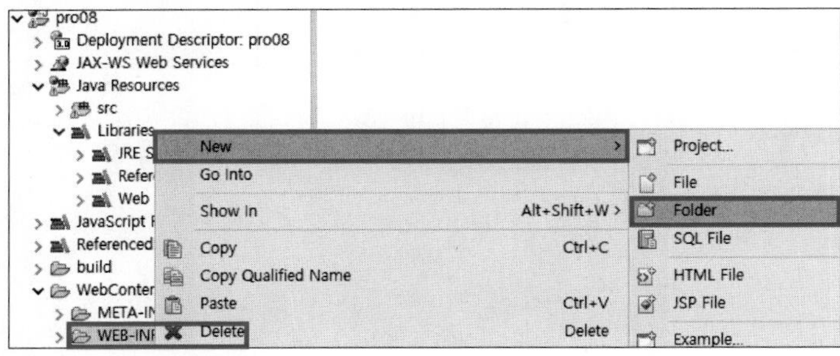

2. 폴더 이름으로 bin을 입력하고 Finish를 클릭합니다.

▼ 그림 8-29 폴더 이름으로 bin 입력 후 Finish 클릭

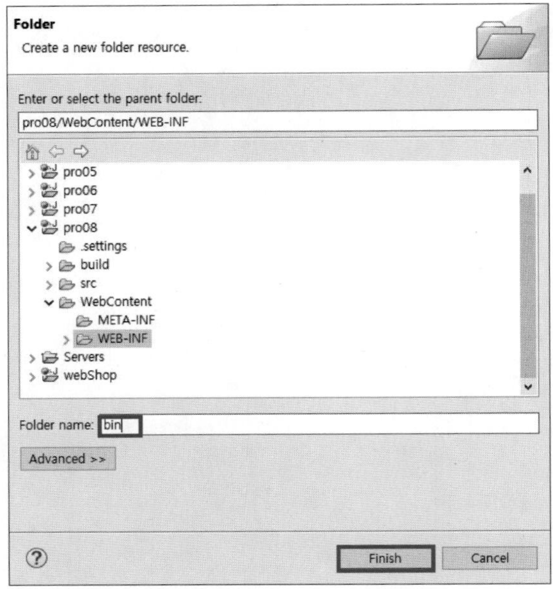

3. bin 폴더가 생성된 것을 확인할 수 있습니다.

▼ 그림 8-30 bin 폴더 생성 확인

4. bin 폴더를 선택하고 마우스 오른쪽 버튼을 클릭한 후 NEW 〉 File을 선택합니다.

▼ 그림 8-31 NEW 〉 File 선택

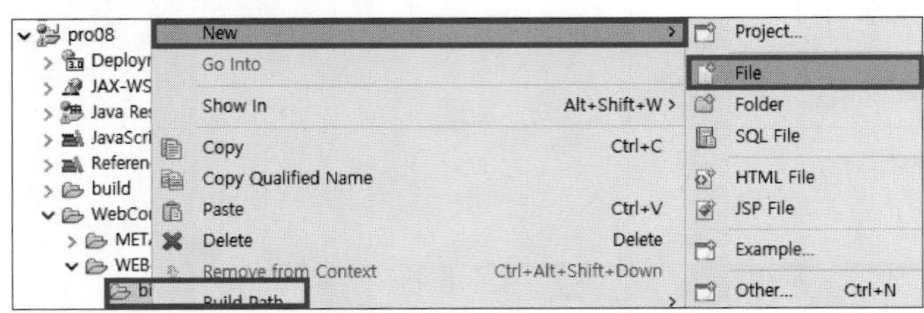

5. 파일 이름으로 init.txt를 입력하고 Finish를 클릭합니다.

▼ 그림 8-32 파일 이름으로 init.txt 입력 후 Finish 클릭

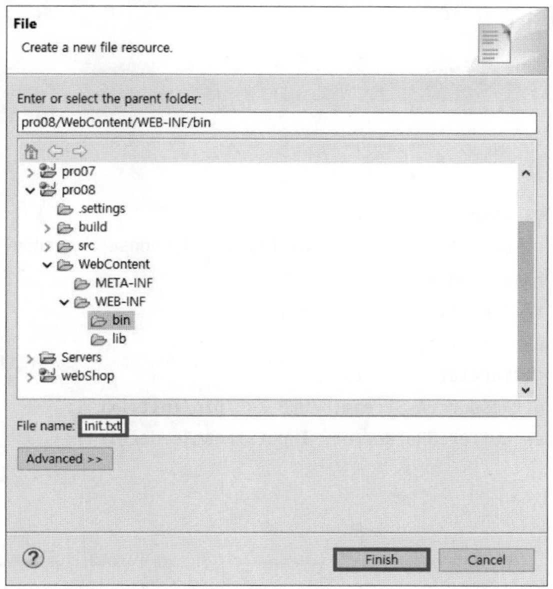

6. 생성된 파일에 메뉴 항목을 입력한 후 저장합니다

▼ 그림 8-33 파일에 메뉴 항목 입력 후 저장

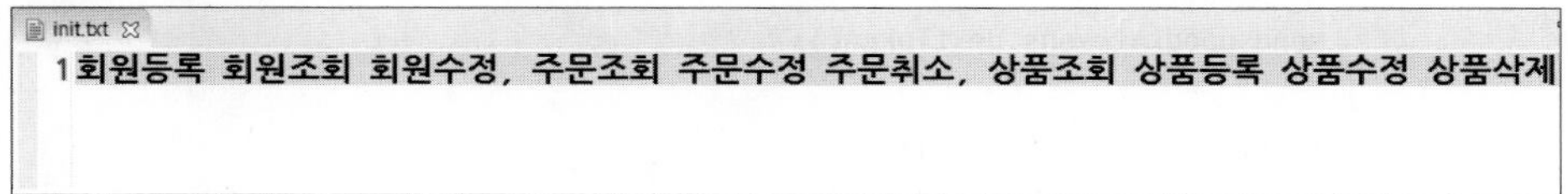

7. 이제 init.txt에서 메뉴 데이터를 읽어와 출력하는 기능을 구현해 보겠습니다. 다음과 같이 `ContextFileServlet` 클래스를 준비합니다.

▼ 그림 8-34 실습 파일 위치

8. ContextFileServlet 클래스를 다음과 같이 작성합니다. getServletContext() 메서드로 ServletContext에 접근하여 getResourceAsStream() 메서드에서 읽어 들일 파일 위치를 지정한 후 파일에서 데이터를 입력 받습니다.

코드 8-23 pro08/src/sec05/ex03/ContextFileServlet.java

```
package sec05.ex03;
...
@WebServlet("/cfile")
public class ContextFileServlet extends HttpServlet{
  protected void doGet(HttpServletRequest request, HttpServletResponse response)
  throws ServletException, IOException {
    response.setContentType("text/html;charset=utf-8");
    PrintWriter out = response.getWriter();
    ServletContext context = getServletContext();
    InputStream is = context.getResourceAsStream("/WEB-INF/bin/init.txt");
    BufferedReader buffer = new BufferedReader(new InputStreamReader(is));

    String menu= null;
    String menu_member = null;
    String menu_order = null;
    String menu_goods = null;
    while((menu=buffer.readLine()) !=null){
      StringTokenizer tokens = new StringTokenizer(menu, ",");
      menu_member=tokens.nextToken();
      menu_order=tokens.nextToken();
      menu_goods=tokens.nextToken();
    }
    out.print("<html><body>");
    out.print(menu_member + "<br>");
    out.print(menu_order+ "<br>");
    out.print(menu_goods + "<br>");
    out.print("</body></html>");
    out.close();
  }
}
```

해당 위치의 파일을 읽어 들입니다.

콤마(,)를 구분자로 하여 메뉴 항목을 분리합니다.

9. http://localhost:8090/pro08/cfile로 요청하면 다음과 같이 파일의 메뉴 항목을 읽어와 브라우저로 출력합니다.

▼ 그림 8-35 실행 결과

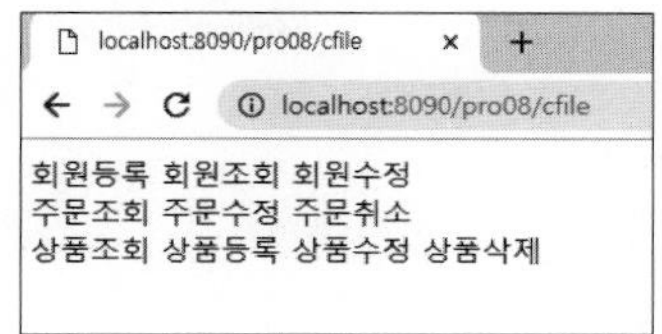

8.5.5 ServletConfig

이번에는 다른 서블릿 확장 API인 `ServletConfig`에 대해 알아보겠습니다.

`ServletConfig`는 각 `Servlet` 객체에 대해 생성됩니다(그림 8-21 참조). 그리고 5.2절에서 언급한 서블릿 API 계층 구조를 보면 `ServletConfig` 인터페이스를 `GenericSerlvet` 클래스가 실제로 구현하고 있습니다.

`ServletConfig`에서 제공하는 여러 가지 메서드를 이용해 서블릿에 관련된 기능을 사용할 수 있습니다. 대표적인 기능이 앞에서 실습한 `ServletContext` 객체를 가져오는 기능입니다.

`ServletConfig`는 `javax.servlet` 패키지에 인터페이스로 선언되어 있으며, 서블릿에 대한 여러 가지 기능을 제공합니다. 각 서블릿에서만 접근할 수 있으며 공유는 불가능합니다. `ServletConfig`는 서블릿과 동일하게 생성되고 서블릿이 소멸되면 같이 소멸됩니다.

`ServletConfig`가 제공하는 기능은 다음과 같습니다.

- `ServletContext` 객체를 얻는 기능
- 서블릿에 대한 초기화 작업 기능

이번에는 서블릿에서 사용할 설정 정보를 읽어 들여와 초기화하는 기능을 알아보겠습니다. 서블릿에서 초기화하는 방법으로는 `@WebServlet` 애너테이션을 이용하는 방법과 web.xml에 설정하는 방법이 있습니다. 먼저 애너테이션을 이용하는 방법을 알아보겠습니다.

8.5.6 @WebServlet 애너테이션을 이용한 서블릿 설정

표 8-3은 `@WebServlet`의 중요한 구성 요소에 대한 설명입니다.

▼ 표 8-3 @WebServlet 구성 요소들

요소	설명
urlPatterns	웹 브라우저에서 서블릿 요청 시 사용하는 매핑 이름
name	서블릿 이름
loadOnStartup	컨테이너 실행 시 서블릿이 로드되는 순서 지정
initParams	@WebInitParam 애너테이션 이용해 매개변수를 추가하는 기능
description	서블릿에 대한 설명

이클립스에서 서블릿을 생성할 때 `@WebServlet`의 값들을 편리하게 설정할 수 있습니다. `@WebServlet`으로 서블릿을 생성할 때 사용할 매개변수를 설정해 보겠습니다.

1. sec06.ex01 패키지를 생성하고 마우스 오른쪽 버튼을 클릭한 후 **New > Servlet**을 선택합니다.

▼ 그림 8-36 New > Servlet 선택

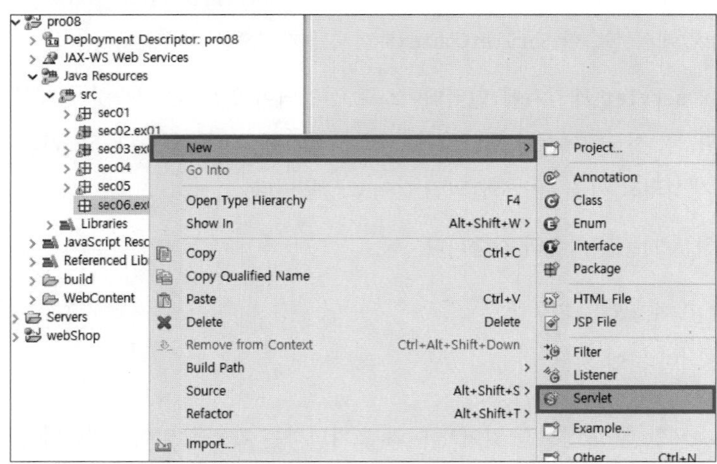

2. 클래스 이름으로 InitParamServlet을 입력한 후 Next를 클릭합니다.

▼ 그림 8-37 클래스 이름으로 InitParamServlet 입력 후 Next 클릭

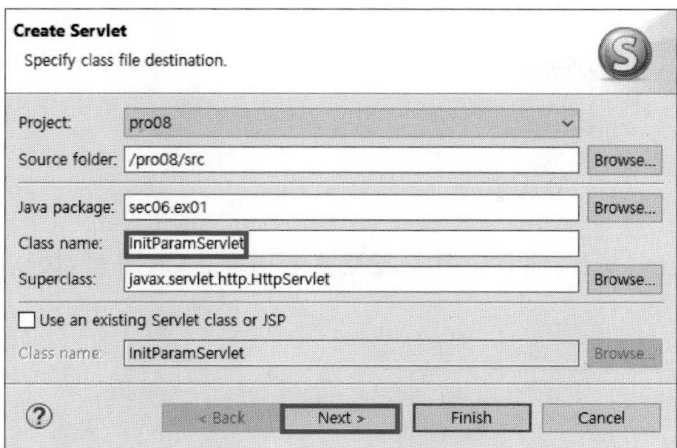

3. Initialization parameters 항목의 Add...를 클릭합니다.

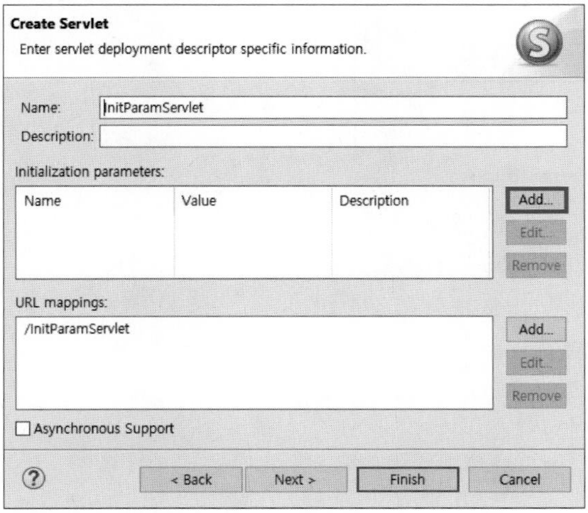

▼ 그림 8-38 Add...를 클릭

4. Name과 Value에 email과 admin@jweb.com을 입력한 후 OK를 클릭합니다.

▼ 그림 8-39 email 정보 입력 후 OK 클릭

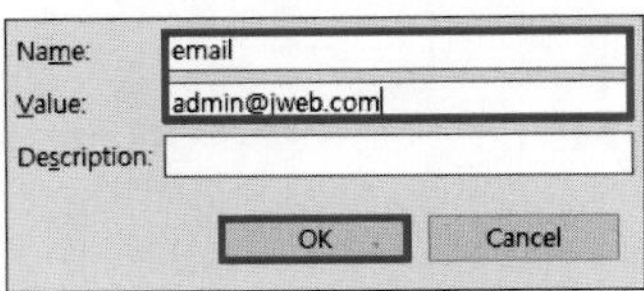

5. 다시 Add...를 클릭한 후 Name에 tel, Value에 010-1111-2222를 입력하고 OK를 클릭합니다.

▼ 그림 8-40 Add... 클릭

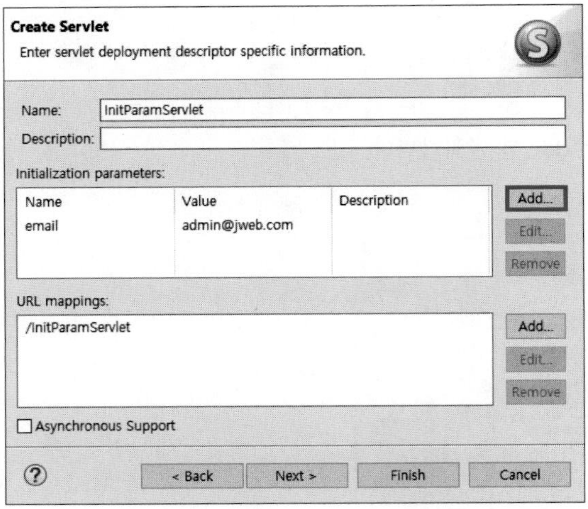

▼ 그림 8-41 전화번호 정보 입력 후 OK 클릭

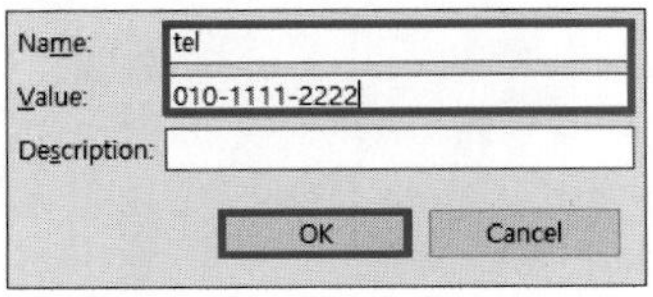

6. 두 개의 서블릿 매개변수가 추가되었음을 확인한 후 URL mappings의 /InitParamServlet을 선택하고 Remove를 클릭해 삭제합니다.

▼ 그림 8-42 Remove 클릭

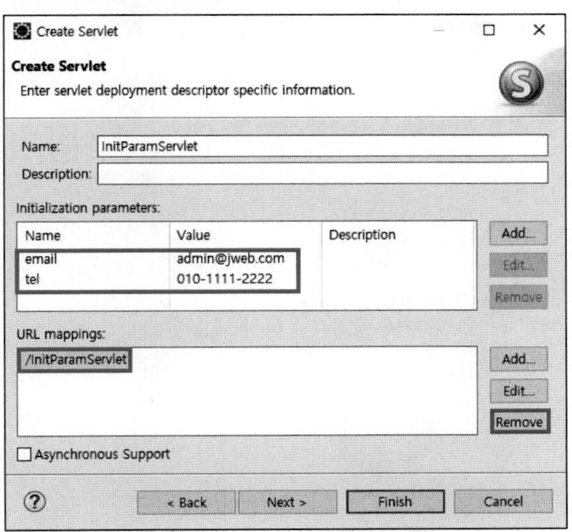

7. 새로운 매핑 이름을 추가하기 위해 Add...를 클릭합니다.

▼ 그림 8-43 Add... 클릭

Create Servlet
The URL Mappings list cannot be empty.
Name: InitParamServlet
Description:
Initialization parameters:

Name	Value	Description
email	admin@jweb.com	
tel	010-1111-2222	

Add... Edit... Remove
URL mappings:
Add... Edit... Remove
Asynchronous Support
< Back Next > Finish Cancel

8. 첫 번째 매핑 이름은 **/sInit**로, 두 번째 매핑 이름은 **/sInit2**로 입력하고 각각 **OK**를 클릭합니다.

▼ 그림 8-44 /sInit와 sInit2 매핑 이름 입력

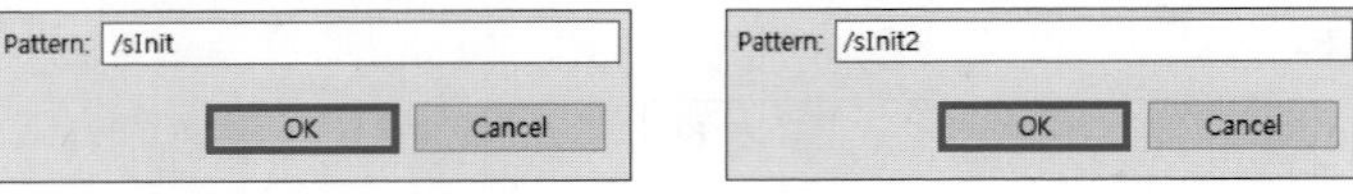

9. 두 개의 서블릿 매핑 이름이 추가된 것을 확인하고 **Next**를 클릭합니다.

▼ 그림 8-45 매개변수와 매핑 이름 확인 후 **Next** 클릭

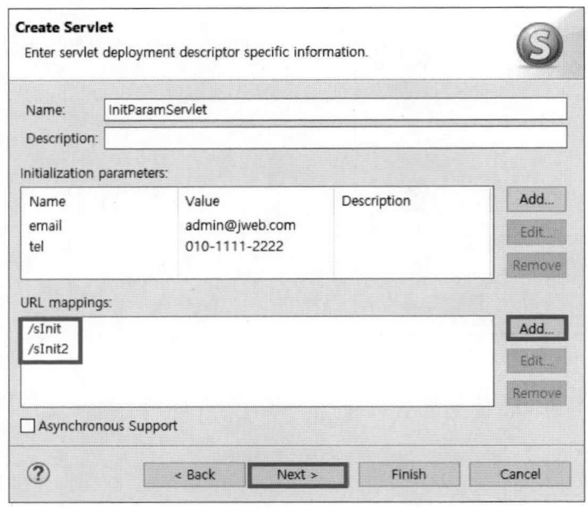

10. **Inherited abstract methods**와 **doGet** 옵션 체크박스에 체크한 후 **Finish**를 클릭합니다.

▼ 그림 8-46 서블릿에서 사용할 메서드 체크 후 **Finish** 클릭

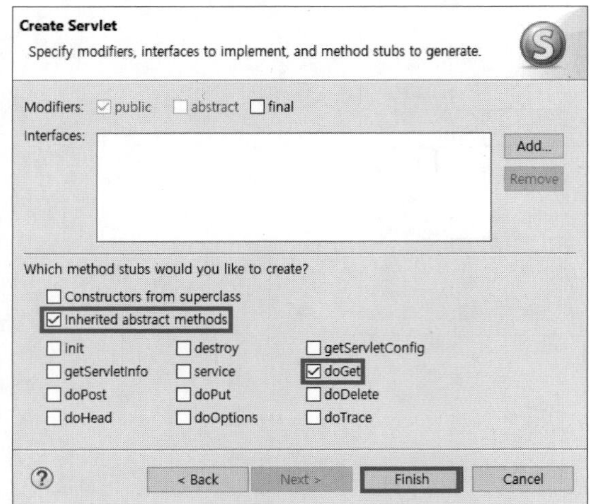

11. 이클립스에서 확인하면 설정한 대로 @WebServlet으로 표시되는 것을 확인할 수 있습니다.

✔ 그림 8-47 @WebServlet에 추가된 매핑 이름과 매개변수 확인

```
package sec06.ex01;

import java.io.IOException;

/**
 * Servlet implementation class InitParamServlet
 */
@WebServlet(
        urlPatterns = {
                "/sInit",
                "/sInit2"
        },
        initParams = {
                @WebInitParam(name = "email", value = "admin@jweb.com"),
                @WebInitParam(name = "tel", value = "010-1111-2222")
        })
public class InitParamServlet extends HttpServlet {
    private static final long serialVersionUID = 1L;
```

12. InitParamServlet 클래스를 다음과 같이 작성합니다. getInitParameter() 메서드에 애너테이션으로 매개변수를 설정할 때 지정한 email과 name을 인자로 전달하여 각 값을 가져옵니다.

코드 8-24 pro08/sec06/ex01/InitParamServlet.java

```
package sec06.ex01;
...
@WebServlet(name="InitParamServlet",
          urlPatterns = {"/sInit","/sInit2"},
          initParams = {@WebInitParam(name="email", value="admin@jweb.com"),
                        @WebInitParam(name="tel", value="010-1111-2222")})
public class InitParamServlet extends HttpServlet{
  protected void doGet( HttpServletRequest request , HttpServletResponse response)
  throws SevletException, IOException {
    response.setContentType( "text/html;charset=utf-8" );
    PrintWriter out = response.getWriter();
    String email  = getInitParameter("email");
    String tel  = getInitParameter("tel");
    out.print( "<html><body>" );
    out.print( "<table><tr>");
    out.print( "<td>email: </td><td>"+email+"</td></tr>");
    out.print( "<tr><td>휴대전화: </td><td>"+tel+"</td>");
    out.print( "</tr></table></body></html>" );
  }
}
```

urlPatterns를 이용해 매핑 이름을 여러 개 설정할 수 있습니다.

@WebInitParam을 이용해 여러 개의 매개변수를 설정할 수 있습니다.

설정한 매개변수의 name으로 값을 가져옵니다.

13. 브라우저에서 각각 매핑 이름 /sInit과 /sInit2로 요청합니다. 동일한 결과가 출력되는 것을 확인할 수 있습니다.

▼ 그림 8-48 매핑 이름 /sInit과 /sInit2로 요청한 결과

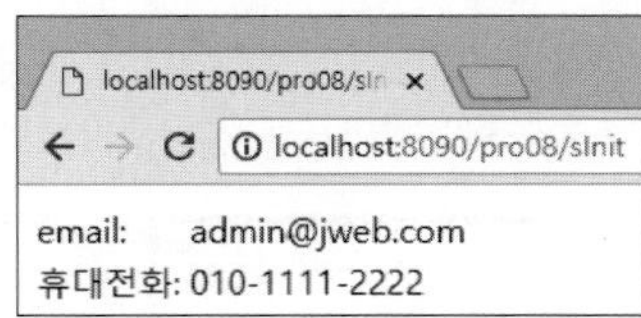

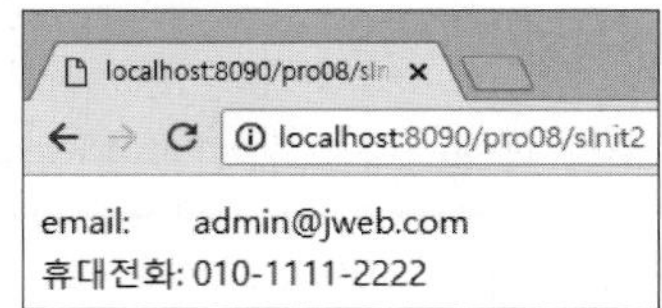

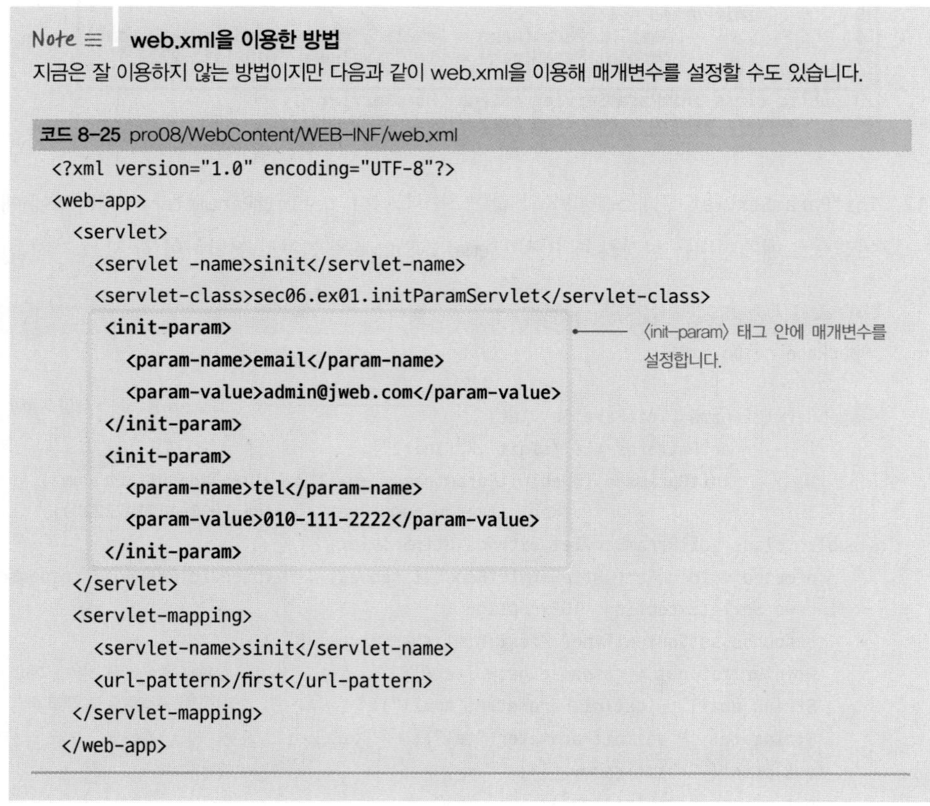

Note ≡ **web.xml을 이용한 방법**

지금은 잘 이용하지 않는 방법이지만 다음과 같이 web.xml을 이용해 매개변수를 설정할 수도 있습니다.

코드 8-25 pro08/WebContent/WEB-INF/web.xml

```
<?xml version="1.0" encoding="UTF-8"?>
<web-app>
  <servlet>
    <servlet -name>sinit</servlet-name>
    <servlet-class>sec06.ex01.initParamServlet</servlet-class>
     <init-param>
       <param-name>email</param-name>
       <param-value>admin@jweb.com</param-value>
     </init-param>
     <init-param>
       <param-name>tel</param-name>
       <param-value>010-111-2222</param-value>
     </init-param>
  </servlet>
  <servlet-mapping>
    <servlet-name>sinit</servlet-name>
    <url-pattern>/first</url-pattern>
  </servlet-mapping>
 </web-app>
```

〈init-param〉 태그 안에 매개변수를 설정합니다.

8.6 load-on-startup 기능 사용하기

서블릿은 브라우저에서 최초 요청 시 `init()` 메서드를 실행한 후 메모리에 로드되어 기능을 수행합니다. 따라서 최초 요청에 대해서는 실행 시간이 길어질 수밖에 없습니다. 이런 단점을 보완하기 위해 이용하는 기능이 **load-on-startup**입니다.

load-on-startup의 특징은 다음과 같습니다.

- 톰캣 컨테이너가 실행되면서 미리 서블릿을 실행합니다.
- 지정한 숫자가 0보다 크면 톰캣 컨테이너가 실행되면서 서블릿이 초기화됩니다.
- 지정한 숫자는 우선순위를 의미하며 작은 숫자부터 먼저 초기화됩니다.

load-on-startup 기능을 구현하는 방법으로는 애너테이션을 이용하는 방법과 web.xml에 설정하는 방법이 있습니다.

8.6.1 애너테이션을 이용하는 방법

먼저 애너테이션을 이용해 web.xml에서 공통 메뉴를 읽어 오는 실습을 해보겠습니다(8.5.3절 참조).

1. sec06.ex02 패키지를 생성하고 마우스 오른쪽 버튼을 클릭한 후 New 〉 Servlet을 선택합니다.

✔ 그림 8-49 New 〉 Servlet 선택

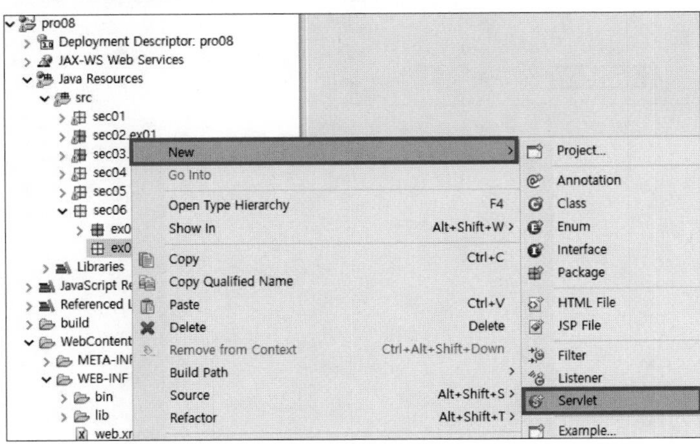

2. 클래스 이름으로 LoadAppConfig를 입력하고 Next를 클릭합니다.

▼ 그림 8-50 클래스 이름으로 LoadAppConfig 입력 후 Finish 클릭

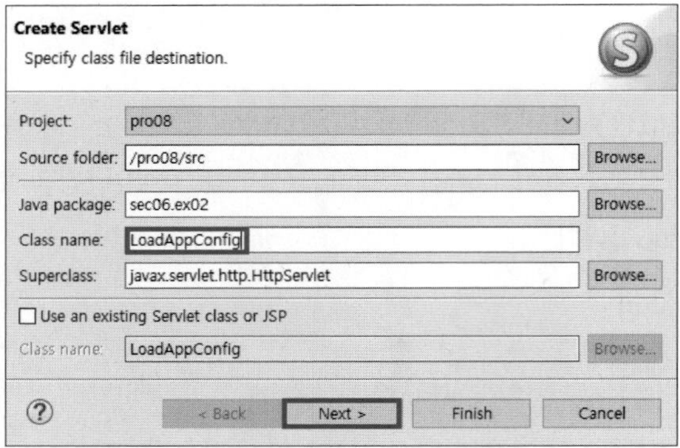

3. Name과 URL mappings을 loadConfig로 변경하고 Next를 클릭합니다.

▼ 그림 8-51 Name과 URL mappings 입력 후 Next 클릭

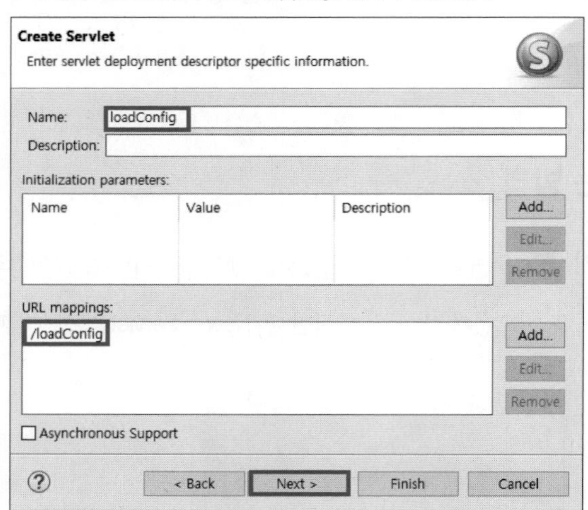

4. Inherited abstract methods, init, doGet 옵션 체크박스에 체크한 후 Finish를 클릭합니다.

▼ 그림 8-52 Inherited abstract methods, init, doGet 항목 체크 후 Finish 클릭

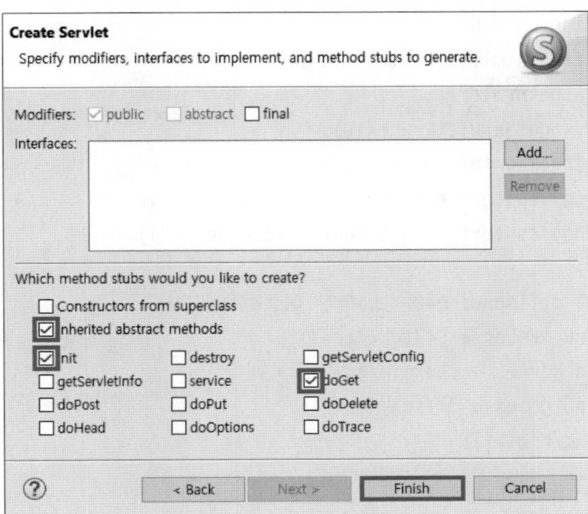

5. LoadAppConfig 클래스를 다음과 같이 작성합니다. 애너테이션으로 설정한 매개변수에 loadOnStartup 속성을 추가한 후 우선순위를 1로 설정합니다.

코드 8-26 pro08/src/sec06/ex02/LoadAppConfig.java

```
package sec06.ex02;
...
@WebServlet(name = "loadConfig", urlPatterns = { "/loadConfig" }, loadOnStartup = 1)
public class LoadAppConfig extends HttpServlet
{
  private ServletContext context;

  @Override
  public void init(ServletConfig config) throws ServletException
  {
    System.out.println("LoadAppConfig의 init 메서드 호출");
    context = config.getServletContext();
    String menu_member = context.getInitParameter("menu_member");
    String menu_order = context.getInitParameter("menu_order");
    String menu_goods = context.getInitParameter("menu_goods");
    context.setAttribute("menu_member", menu_member);
    context.setAttribute("menu_order", menu_order);
    context.setAttribute("menu_goods", menu_goods);
  }

  @Override
```

- loadOnStartup 속성을 추가하고 우선순위를 1로 설정합니다.
- 변수 context를 멤버 변수로 선언합니다.
- init() 메서드에서 ServletContext 객체를 얻습니다.
- getInitParameter() 메서드로 web.xml의 메뉴 정보를 읽어 들입니다.
- 메뉴 정보를 ServletContext 객체에 바인딩합니다.

```
    protected void doGet(HttpServletRequest request, HttpServletResponse response)
    throws ServletException, IOException
    {
      request.setCharacterEncoding("utf-8");
      response.setContentType("text/html;charset=utf-8");
      PrintWriter out = response.getWriter();
      // ServletContext context = getServletContext();
      String menu_member = (String) context.getAttribute("menu_member");
      String menu_order = (String) context.getAttribute("menu_order");
      String menu_goods = (String) context.getAttribute("menu_goods");
      out.print("<html><body>");
      out.print("<table border=1 cellspacing=0><tr>메뉴 이름</tr>");
      out.print("<tr><td>" + menu_member + "</td></tr>");
      out.print("<tr><td>" + menu_order + "</td></tr>");
      out.print("<tr><td>" + menu_goods + "</td></tr>");
      out.print("</table></body></html>");
    }
  }
```

doGet() 메서드 호출 시 ServleContext 객체를 얻는 부분은 주석 처리합니다.

브라우저에서 요청 시 ServletContext 객체의 바인딩된 메뉴 항목을 가져옵니다.

우선순위는 양의 정수로 지정하며 숫자가 작으면 우선순위가 높으므로 먼저 실행합니다.

톰캣 실행 시 `init()` 메서드를 호출하면 `getInitParameter()` 메서드를 이용해 web.xml의 메뉴 정보를 읽어 들인 후 다시 `ServletContext` 객체에 `setAttribute()` 메서드로 바인딩합니다. 브라우저에서 요청하면 web.xml이 아니라 `SerlvletContext` 객체에서 메뉴 항목을 가져온 후 출력하기 때문에 파일에서 읽어 들여와 출력하는 것보다 빨리 출력할 수 있습니다.

6. 브라우저에서 /loadConfig로 최초 요청 시 기다리지 않고 바로 공통 메뉴를 출력합니다. 또한 톰캣을 실행하면 서블릿의 `init()` 메서드를 호출하므로 로그에 메시지가 출력됩니다.

▼ 그림 8-53 톰캣 실행 시 init() 메서드의 메시지 출력

```
8월 29, 2018 3:16:18 오후 org.apache.jasp
정보: At least one JAR was scanned for TL
LoadAppConfig의 init 메서드 호출
8월 29, 2018 3:16:18 오후 org.apache.tomc
경고: Name = oracle Property maxActive is
8월 29, 2018 3:16:18 오후 org.apache.tomc
```

▼ 그림 8-54 브라우저에서 /loadConfig로 요청한 결과

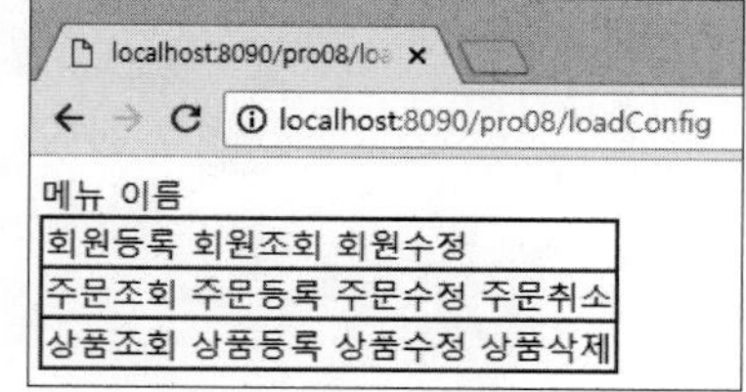

8.6.2 web.xml에 설정하는 방법

이번에는 web.xml에 설정해서 사용하는 방법을 알아봅시다. 애너테이션 방법을 이용하기 전에는 web.xml에 설정해서 사용했습니다.

1. 다음과 같이 web.xml을 작성합니다. `<servlet-name>` 태그의 값은 반드시 서블릿을 생성할 때 name으로 지정한 값으로 설정해야 합니다.

코드 8-27 pro08/WebContent/WEB-INF/web.xml

```
<?xml version="1.0" encoding="UTF-8"?>
<web-app xmlns:xsi="http://www.w3.org/2001/XMLSchema-instance" xmlns="http://java.
sun.com/xml/ns/javaee"
 xsi:schemaLocation="http://java.sun.com/xml/ns/javaee http://java.sun.com/xml/ns/
javaee/web-app_3_0.xsd" id="WebApp_ID" version="3.0">
<servlet>
  <servlet-name>loadConfig</servlet-name>
  <servlet-class>sec06.ex02.LoadAppConfig</servlet-class>
  <load-on-startup>1</load-on-startup>
</servlet>
<servlet-mapping>
  <servlet-name>loadConfig</servlet-name>
  <url-pattern>/loadConfig</url-pattern>
</servlet-mapping>
</web-app>
```

애너테이션으로 서블릿 생성 시 name 속성 값으로 설정합니다.

패키지 이름까지 포함된 서블릿 클래스 이름을 설정합니다.

우선순위를 설정합니다.

2. 톰캣을 다시 실행한 후 브라우저에서 /loadConfig로 요청합니다. 실행 결과는 애너테이션으로 실행했을 때와 같습니다.

9장

쿠키와 세션 알아보기

9.1 웹 페이지 연결 기능

보통 웹 프로그램에서 사용되는 정보는 서블릿의 비즈니스 로직 처리 기능을 이용해 데이터베이스에서 가져옵니다. 그러나 동시 사용자 수가 많아지면 데이터베이스 연동 속도도 영향을 받게 되므로 정보의 종류에 따라 어떤 정보들은 클라이언트 PC나 서버의 메모리에 저장해두고 사용하면 좀 더 프로그램을 빠르게 실행시킬 수 있습니다. 이 장에서는 그 방법과 함께 서블릿이 로그인 시 사용자의 로그인 상태를 일정하게 유지시키는 기능에 대해 살펴보겠습니다.

9.1.1 세션 트래킹

온라인 쇼핑몰을 이용하다 보면 메인 페이지에서 미리 로그인한 후 다른 웹 페이지에서 상품에 관한 댓글을 달거나 게시판에 상품평을 달곤 합니다. 글쓰기창에서는 따로 로그인하지 않아도 됩니다. 그러나 메인 페이지에서 미리 로그인하지 않고 새 글을 작성하려면 '로그인 후 이용하라'는 메시지가 나타납니다. 그러면 사용자는 로그인한 후 글쓰기창으로 이동하게 되죠.

쇼핑몰을 이용하는 일반 사용자들은 로그인 상태를 각각의 웹 페이지들이 자동적으로 알고 있을 것이라 생각합니다. 그러나 실제 HTTP 프로토콜 방식으로 통신하는 웹 페이지들은 서로 어떤 정보도 공유하지 않습니다.

사용자 입장에서 웹 페이지 사이의 상태나 정보를 공유하려면 프로그래머가 **세션 트래킹**(Session Tracking)이라는 웹 페이지 연결 기능을 구현해야 합니다.

그림 9-1은 HTTP 프로토콜로 각각의 웹 페이지를 요청해서 클라이언트의 브라우저에 표시해 주는 과정을 나타낸 것입니다.

❤ 그림 9-1 HTTP로 웹 페이지 요청해 보여주는 과정

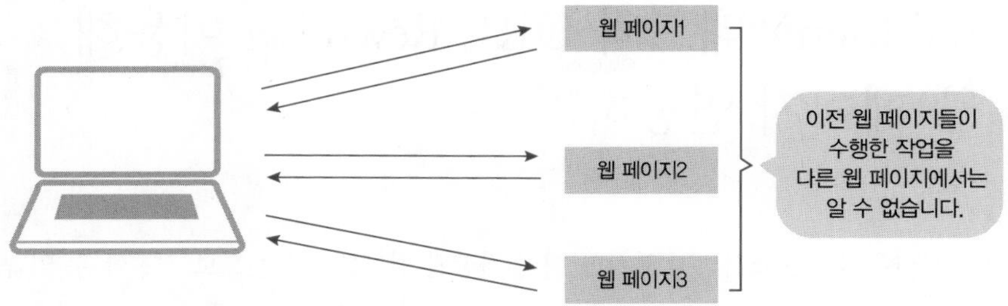

HTTP 프로토콜은 서버-클라이언트 통신 시 stateless 방식으로 통신을 합니다. 즉, 브라우저에서 새 웹 페이지를 열면 기존의 웹 페이지나 서블릿에 관한 어떤 연결 정보도 새 웹 페이지에서는 알 수 없습니다.

정리하면 HTTP 프로토콜은 각 웹 페이지의 상태나 정보를 다른 페이지들과 공유하지 않는 stateless 방식으로 통신을 합니다. 따라서 웹 페이지나 서블릿끼리 상태나 정보를 공유하려면 웹 페이지 연결 기능, 즉 세션 트래킹을 이용해야 합니다.

웹 페이지를 연동하는 방법은 다음과 같습니다.

- **<hidden> 태그**: HTML의 `<hidden>` 태그를 이용해 웹 페이지들 사이의 정보를 공유합니다.
- **URL Rewriting**: GET 방식으로 URL 뒤에 정보를 붙여서 다른 페이지로 전송합니다.
- **쿠키**: 클라이언트 PC의 Cookie 파일에 정보를 저장한 후 웹 페이지들이 공유합니다.
- **세션**: 서버 메모리에 정보를 저장한 후 웹 페이지들이 공유합니다.

지금부터 이 방법을 하나씩 알아보겠습니다.

9.2 〈hidden〉 태그와 URL Rewriting 이용해 웹 페이지 연동하기

<hidden> 태그는 브라우저에는 표시되지 않지만 미리 저장된 정보를 서블릿으로 전송할 수 있습니다. 지금부터 <hidden> 태그를 이용해 클라이언트의 데이터를 서버에 보내는 예제를 수행해 보겠습니다.

9.2.1 〈hidden〉 태그를 이용한 세션 트래킹 실습

1. 새 프로젝트 pro09를 만들고 sec01.ex01 패키지를 생성한 후 다음과 같이 LoginServlet 클래스 파일과 login.html을 준비합니다.

▼ 그림 9-2 실습 파일 위치

2. login.html을 다음과 같이 작성합니다. 로그인창에서 ID와 비밀번호를 입력하면 미리 <hidden> 태그에 저장된 주소, 이메일, 휴대폰 번호를 서블릿으로 전송합니다.

코드 9-1 pro09/WebContent/login.html

```
<!DOCTYPE html>
<html>

<head>
  <meta charset="UTF-8">
  <title>로그인창</title>
```

```
</head>
<body>
  <form name="frmLogin" method="post" action="login" encType="UTF-8">
    아이디 :<input type="text" name="user_id"><br>
    비밀번호:<input type="password" name="user_pw"><br>
    <input type="submit" value="로그인">
    <input type="reset" value="다시 입력">
    <input type="hidden" name="user_address" value="서울시 성북구" />
    <input type="hidden" name="user_email" value="test@gmail.com" />
    <input type="hidden" name="user_hp" value="010-111-2222" />
  </form>
</body>
</html>
```

<hidden> 태그의 value 속성에 주소, 이메일, 전화번호를 저장한 후 서블릿으로 전송합니다.

3. LoginServlet 클래스를 다음과 같이 작성합니다. getParameter() 메서드를 이용해 전송된 회원 정보를 가져온 후 브라우저로 다시 출력합니다.

> Tip 이 책에서 제공하는 예제 소스에서 프로젝트를 불러와서 사용하는 경우에는 매핑 이름이 충돌하지 않도록 sec01.ex02 패키지의 LoginServlet.java에 있는 @WebServlet("/login") 명령을 주석 처리하세요.

코드 9-2 pro09/src/sec01/ex01/LoginServlet.java

```
package sec01.ex01;
...
@WebServlet("/login")
public class LoginServlet extends HttpServlet{
  public void init(){
    System.out.println("init 메서드 호출");
  }

  protected void doPost(HttpServletRequest request, HttpServletResponse response)
  throws ServletException, IOException {
    request.setCharacterEncoding("utf-8");
    response.setContentType("text/html;charset=utf-8");
    PrintWriter out = response.getWriter();
    String user_id = request.getParameter("user_id");
    String user_pw = request.getParameter("user_pw");
    String user_address=request.getParameter("user_address");
    String user_email=request.getParameter("user_email");
    String user_hp=request.getParameter("user_hp");

    String data="안녕하세요!<br> 로그인하셨습니다.<br><br>";
    data+="<html><body>";
```

<hidden> 태그로 전송된 값을 getParameter() 메서드를 이용해 가져옵니다.

```
      data+="아이디 : "+user_id ;
      data+="<br>";
      data+="패스워드 : "+user_pw;
      data+="<br>";
      data+="주소 : "+user_address;
      data+="<br>";
      data+="email : "+user_email;
      data+="<br>";
      data+="휴대전화 : "+user_hp;
      data+="</body></html>";
      out.print(data);
    }

    public void destroy(){
      System.out.println("destroy 메서드 호출");
    }
  }
```

4. http://localhost:8090/pro09/login.html로 요청하고 ID와 비밀번호를 입력한 후 서블릿으로 전송합니다.

▼ 그림 9-3 로그인창 요청

5. <hidden> 태그로 전송된 데이터도 출력합니다.

▼ 그림 9-4 주소, 이메일, 전화번호를 서블릿으로 전송

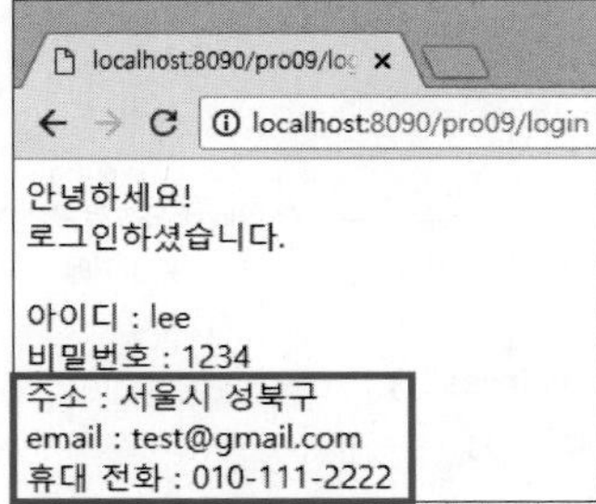

9.2.2 URL Rewriting을 이용한 세션 트래킹 실습

이번에는 URL Rewriting을 이용해 로그인창에서 입력 받은 ID와 비밀번호를 다른 서블릿으로 전송하여 로그인 상태를 확인해 보겠습니다.

1. 새로운 패키지를 만들고 `LoginServlet`, `SecondServlet` 클래스 파일을 준비합니다.

그림 9-5 실습 파일 위치

2. `LoginServlet` 클래스를 다음과 같이 작성합니다. 로그인창에서 입력 받은 ID와 비밀번호를 <a> 태그의 **두 번째 서블릿으로 보내기**를 클릭하면 로그인창에서 입력한 ID와 비밀번호 그리고 다른 정보들을 GET 방식을 이용해 두 번째 서블릿으로 전송합니다.

코드 9-3 pro09/src/sec01/ex02/LoginServlet.java

```
package sec01.ex02;
...
@WebServlet("/login")
public class LoginServlet extends HttpServlet{
  public void init(){
    System.out.println("init 메서드 호출");
  }
  protected void doPost(HttpServletRequest request, HttpServletResponse response)
  throws ServletException, IOException {
    request.setCharacterEncoding("utf-8");
    response.setContentType("text/html;charset=utf-8");
    PrintWriter out = response.getWriter();
    String user_id = request.getParameter("user_id");
    String user_pw = request.getParameter("user_pw");
    String user_address=request.getParameter("user_address");
```

코드 9-2에서 주석 처리했다면 다시 주석 처리를 해제합니다.

```java
        String user_email=request.getParameter("user_email");
        String user_hp=request.getParameter("user_hp");

        String data="안녕하세요!<br>로그인하셨습니다.<br><br>";
        data+="<html><body>";
        data+="아이디 : "+user_id ;
        data+="<br>";
        data+="패스워드 : "+user_pw;
        data+="<br>";
        data+="주소 : "+user_address;
        data+="<br>";
        data+="email : "+user_email;
        data+="<br>";
        data+="휴대전화 : "+user_hp;
        data+="<br>";
        out.print(data);

        user_address=URLEncoder.encode(user_address,"utf-8");
        out.print("<a href='/pro09/second?user_id="+user_id+"&user_pw="+user_pw+
          "&user_address="+user_address+"'>두 번째 서블릿으로 보내기</a>");
        data="</body></html>";
        out.print(data);
    }

    public void destroy(){
        System.out.println("destroy 메서드 호출");
    }
}
```

GET 방식으로 한글을 전송하기 위해 인코딩합니다.

<a> 태그를 이용해 링크 클릭 시 서블릿 /second로 다시 로그인 정보를 전송합니다.

3. SecondServlet 클래스를 다음과 같이 작성합니다. 첫 번째 서블릿에서 전송한 데이터 중 ID와 비밀번호를 가져왔으면 이미 첫 번째 서블릿에서 로그인한 것이므로 로그인 상태를 유지하도록 해줍니다.

코드 9-4 pro09/src/sec01/ex02/SecondServlet.java

```java
package sec01.ex02;
...
@WebServlet("/second")
public class SecondServlet extends HttpServlet{
  public void init(){
    System.out.println("init 메서드 호출");
  }
```

```
    protected void doGet(HttpServletRequest request, HttpServletResponse response)
    throws  ServletException, IOException {
      request.setCharacterEncoding("utf-8");
      response.setContentType("text/html;charset=utf-8");
      PrintWriter out = response.getWriter();
      String user_id = request.getParameter("user_id");
      String user_pw = request.getParameter("user_pw");
      String user_address=request.getParameter("user_address");

      out.println("<html><body>");
      if(user_id!=null && user_id.length()!=0){
        out.println("이미 로그인 상태입니다!<br><br>");
        out.println("첫 번째 서블릿에서 넘겨준 아이디: " + user_id +"<br>");
        out.println("첫 번째 서블릿에서 넘겨준 비밀번호: "+user_pw +"<br>");
        out.println("첫 번째 서블릿에서 넘겨준 주소: "+user_address +"<br>");
        out.println("</body></html>");
      }else{
        out.println("로그인 하지 않았습니다.<br><br>");
        out.println("다시 로그인하세요!!<br>");
        out.println("<a href='/pro09/login.html'>로그인창으로 이동하기 </>");
      }
    }

    public void destroy(){
      System.out.println("destroy 메서드 호출");
    }
  }
```

첫 번째 서블릿에서 전송한 로그인 정보를 가져옵니다.

첫 번째 서블릿의 ID 정보를 이용해 로그인 상태를 유지합니다.

로그인창을 거치지 않고 바로 요청한 경우에는 로그인창으로 다시 이동하도록 안내합니다.

4. <hidden> 태그와 URL Rewriting 방식으로 데이터를 전송한 결과를 볼까요? http://localhost:8090/pro09/login.html로 요청한 후 ID와 비밀번호를 입력하고 첫 번째 서블릿으로 전송합니다.

▼ 그림 9-6 로그인창 요청

5. 첫 번째 서블릿에서 전달받은 로그인 정보를 출력한 후 **두 번째 서블릿으로 보내기**를 클릭합니다.

▼ 그림 9-7 입력한 로그인 정보가 표시되면 **두 번째 서블릿으로 보내기** 클릭

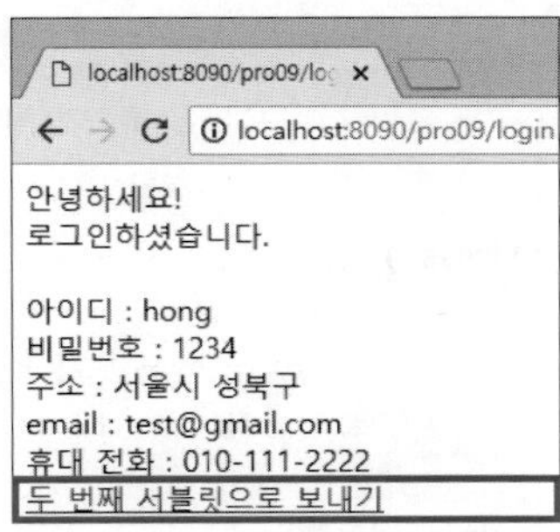

6. 두 번째 서블릿에서 현재 로그인 상태와 회원 정보를 출력합니다.

▼ 그림 9-8 로그인창에서 입력한 정보가 두 번째 서블릿에 전달됨

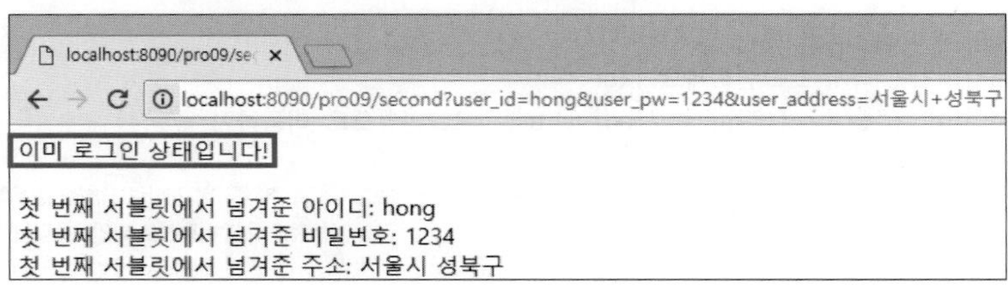

7. 만약 브라우저에서 로그인창을 거치지 않고 바로 서블릿 /second를 요청하면 "로그인 하지 않았습니다."라는 상태 안내 문구와 함께 '로그인창으로 이동하기'가 표시됩니다.

▼ 그림 9-9 로그인창을 거치지 않고 바로 서블릿 /second로 요청한 경우

지금까지 `<hidden>` 태그와 GET 방식으로 웹 페이지들을 연동하는 방법을 알아봤습니다. 그런데 이 방법은 여러 가지 단점이 있습니다. 일단 웹 페이지가 많아지면 일일이 로그인 상태를 확인하기 위해 로그인 정보를 다른 웹 페이지로 전송해야 한다는 것입니다. 그리고 ID와 비밀번호를 GET 방식으로 전송하므로 브라우저에 노출되어 보안상으로도 좋지 않습니다. 또한 전송할 수 있는 데이터 용량에도 한계가 있습니다. 따라서 이 방식은 웹 페이지 사이에 간단한 정보 정도를 공유할 때만 사용하는 것이 좋습니다.

9.3 쿠키를 이용한 웹 페이지 연동 기능

이번에는 웹 페이지끼리 정보를 공유하는 기능 중 쿠키를 이용하는 기능에 대해 알아보겠습니다.

쿠키(Cookie)란 웹 페이지들 사이의 공유 정보를 클라이언트 PC에 저장해 놓고 필요할 때 여러 웹 페이지들이 공유해서 사용할 수 있도록 매개 역할을 하는 방법입니다.

쿠키의 특징은 다음과 같습니다.

- 정보가 클라이언트 PC에 저장됩니다.
- 저장 정보 용량에 제한이 있습니다(파일 용량은 4kb).
- 보안이 취약합니다.
- 클라이언트 브라우저에서 사용 유무를 설정할 수 있습니다.
- 도메인당 쿠키가 만들어집니다(웹 사이트당 하나의 쿠키가 만들어집니다).

쿠키는 클라이언트 PC에 정보를 저장해서 사용하므로 보안에 취약합니다. 따라서 쿠키를 이용한 방법은 주로 보안과 무관한 경우에 한해 사용합니다. 예를 들어 우리가 웹 페이지를 방문했을 때 어떤 팝업창이 나타나면 '오늘은 더 이상 보지 않기'를 체크하는데, 이처럼 팝업창이 나타나지 않게 하는 경우 등에 사용합니다.

쿠키는 다음과 같이 두 종류로 나눌 수 있습니다.

▼ 표 9-1 쿠키의 종류

속성	Persistence 쿠키	Session 쿠키
생성 위치	파일로 생성	브라우저 메모리에 생성
종료 시기	쿠키를 삭제하거나 쿠키 설정 값이 종료된 경우	브라우저를 종료한 경우
최초 접속 시 전송 여부	최초 접속 시 서버로 전송	최초 접속 시 서버로 전송되지 않음
용도	로그인 유무 또는 팝업창을 제한할 때	사이트 접속 시 Session 인증 정보를 유지할 때

`Persistence` 쿠키는 클라이언트에 파일로 정보를 저장하는 기능을 합니다. 파일로 생성된 쿠키는 사용자가 만료 시간을 지정할 수 있는 반면에 `Session` 쿠키는 브라우저가 사용하는 메모리에 생성되는 쿠키입니다. 브라우저가 종료되면 메모리의 `Session` 쿠키도 자동으로 소멸됩니다. `Session` 쿠키는 다음 절에서 배우는 `Session` 기능과 같이 사용됩니다.

그럼 실제로 클라이언트 PC에서 쿠키 파일이 생성되는 위치를 확인해 볼까요? 이미 여러 웹 사이트에서 사용하는 쿠키가 생성된 것을 볼 수 있을 것입니다.

1. 윈도 탐색기를 열고 C:\Users\사용자\AppData\Local\Google\Chrome\User Data\Default\Cache로 이동하면 크롬에서 사용하는 쿠키 파일이 보일 것입니다.

▼ 그림 9-10 크롬에서 사용하는 쿠키 파일 위치

2. 인터넷 익스플로러의 경우 브라우저 상단 메뉴에서 **도구** 〉 **인터넷 옵션**을 선택한 후 팝업창에서 **설정**을 클릭합니다.

▼ 그림 9-11 익스플로러 메뉴에서 도구 〉 인터넷 옵션 선택

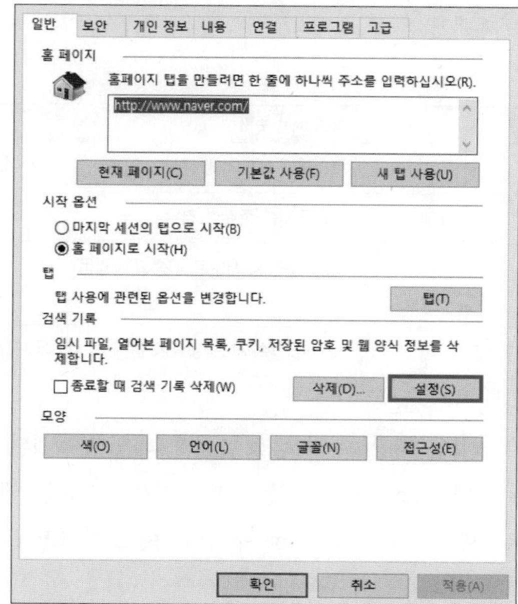

3. '임시 인터넷 파일' 탭에서 **파일 보기**를 클릭합니다.

▼ 그림 9-12 파일 보기 클릭

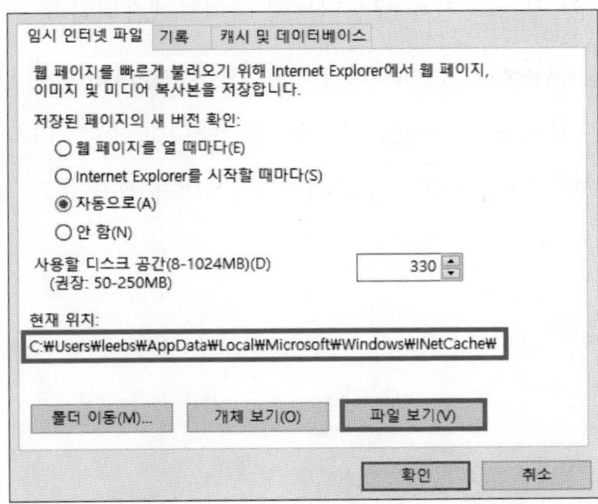

4. 인터넷 익스플로러에서 사용하는 쿠키 파일이 저장되어 있는 폴더가 나타납니다.

▼ 그림 9-13 익스플로러에서 사용하는 쿠키 파일들

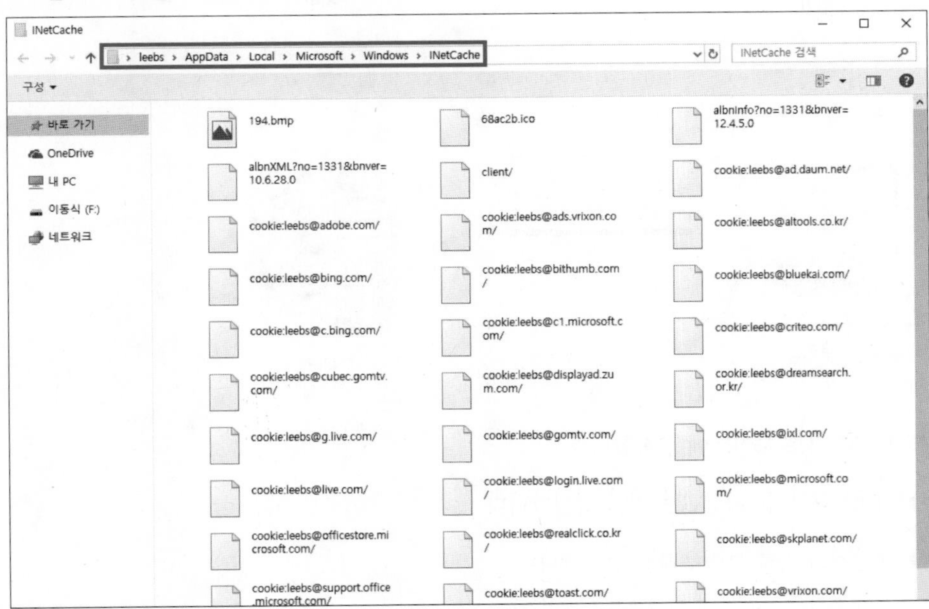

9.3.1 쿠키 기능 실행 과정

클라이언트 브라우저가 웹 서버에 요청하면 어떻게 쿠키가 생성되는지 살펴보겠습니다.

그림 9-14를 보면 브라우저에서 웹 사이트(www.jweb.com)에 최초 접속하면 웹 서버에서 쿠키를 생성해 클라이언트로 전송합니다. 그리고 브라우저는 쿠키를 파일로 저장합니다. 이후 다시 접속해 서버가 브라우저에게 쿠키 전송을 요청하면 브라우저는 쿠키 정보를 서버에 전송하고 서버는 쿠키 정보를 이용해서 작업을 합니다.

▼ 그림 9-14 쿠키 생성 과정

최초 사이트 접속 시

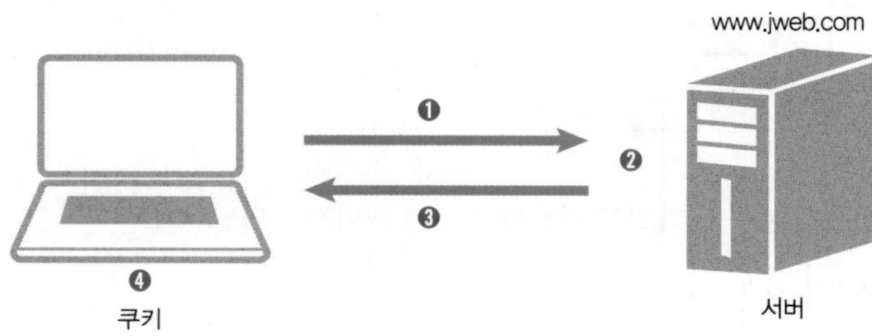

재접속 시

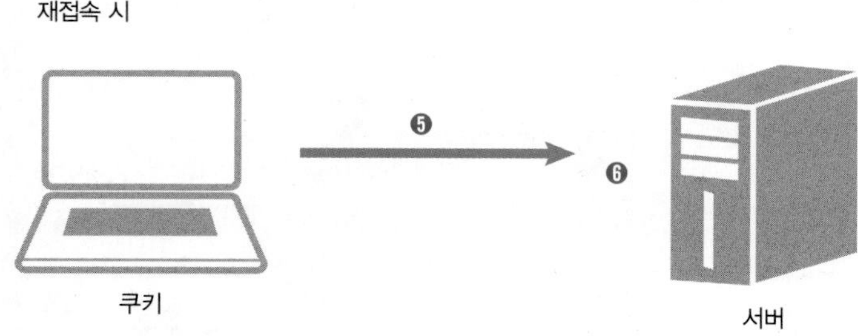

❶ 브라우저로 사이트에 접속합니다.

❷ 서버는 정보를 저장한 쿠키를 생성합니다.

❸ 생성된 쿠키를 브라우저로 전송합니다.

❹ 브라우저는 서버로부터 받은 쿠키 정보를 쿠키 파일에 저장합니다.

❺ 브라우저가 다시 접속해 서버가 브라우저에게 쿠키 전송을 요청하면 브라우저는 쿠키 정보를 서버에 넘겨줍니다.

❻ 서버는 쿠키 정보를 이용해 작업을 합니다.

9.3.2 쿠키 API

실제로 서블릿에서 쿠키 기능 사용 시 이와 관련된 API에 대해 알아보겠습니다. 쿠키는 Cookie 클래스 객체를 생성하여 정보를 저장한 후 서버에서 클라이언트로 전송해 파일로 저장됩니다. 쿠키 관련 API의 특징은 다음과 같습니다.

- javax.servlet.http.Cookie를 이용합니다.
- HttpServletResponse의 addCookie() 메서드를 이용해 클라이언트 브라우저에 쿠키를 전송한 후 저장합니다.
- HttpServletRequest의 getCookie() 메서드를 이용해 쿠키를 서버로 가져옵니다.

표 9-2는 Cookie 클래스에서 제공하는 여러 가지 메서드의 기능을 정리한 것입니다.

▼ 표 9-2 쿠키 클래스의 여러 가지 메서드

메서드	설명
getComment()	쿠키에 대한 설명을 가져옵니다.
getDomain()	쿠키의 유효한 도메인 정보를 가져옵니다.
getMaxAge()	쿠키 유효 기간을 가져옵니다.
getName()	쿠키 이름을 가져옵니다.
getPath()	쿠키의 디렉터리 정보를 가져옵니다.
getValue()	쿠키의 설정 값을 가져옵니다.
setComment(String)	쿠키에 대한 설명을 설정합니다.
setDomain(String)	쿠키의 유효한 도메인을 설정합니다.
setMaxAge(int)	쿠키 유효 기간을 설정합니다.
setValue(String)	쿠키 값을 설정합니다.
setPath(String)	쿠키의 디렉터리 정보를 설정합니다.

쿠키 생성 시 setMaxAge() 메서드 인자 값의 종류를 지정해서 파일에 저장하는 Persistence 쿠키를 만들거나 메모리에만 저장하는 Session 쿠키를 만들 수 있습니다. 즉, setMaxAge() 메서드를 이용한 쿠키 저장 방식은 다음 두 가지로 나눌 수 있습니다.

인자 값으로 음수나 setMaxAge() 메서드를 사용하지 않고 쿠키를 만들면 Session 쿠키로 저장됩니다.

인자 값으로 양수를 지정하면 Persistence 쿠키로 저장됩니다.

9.3.3 서블릿에서 쿠키 사용하기

서블릿에서 쿠키 API를 이용해 직접 쿠키를 만들어 보겠습니다.

1. GetCookieValue, SetCookieValue 클래스 파일을 준비합니다.

❖ 그림 9-15 실행 파일 위치

2. SetCookieValue 클래스를 다음과 같이 작성합니다. Cookie 객체를 생성한 후 쿠키 이름을 cookieTest로 값을 저장합니다. 그리고 setMaxAge() 메서드에 쿠키 유효 시간을 24시간으로 설정합니다. 그런 다음 response의 addCookie() 메서드를 이용해 생성된 쿠키를 브라우저로 전송합니다.

코드 9-5 pro09/src/sec02/ex01/SetCookieValue.java

```
package sec02.ex01;
...
@WebServlet("/set")
public class SetCookieValue  extends HttpServlet{
  protected void doGet(HttpServletRequest request,HttpServletResponse response)
  throws ServletException, IOException {
    response.setContentType("text/html;charset=utf-8");
    PrintWriter out=response.getWriter();
    Date d=new Date();
    Cookie c=new Cookie("cookieTest",URLEncoder.encode("JSP프로그래밍입니다."
                                                            ,"utf-8"));
    c.setMaxAge(24*60*60);
    response.addCookie(c);
    out.println("현재시간 : "+d);
    out.println("문자열을 Cookie에 저장합니다.");
  }
}
```

- Cookie 객체를 생성한 후 cookieTest 이름으로 한글 정보를 인코딩해서 쿠키에 저장합니다.
- 유효 기간을 설정합니다.
- 생성된 쿠키를 브라우저로 전송합니다.

3. GetCookieValue 클래스를 다음과 같이 작성합니다. 두 번째 서블릿 요청 시에는 request의 getCookies() 메서드를 호출해 브라우저로부터 쿠키를 전달받습니다. 그리고 전달된 쿠키에서 저장할 때 사용한 이름인 cookieTest로 검색해 값을 가져옵니다.

코드 9-6 pro09/src/sec02/ex01/GetCookieValue.java

```java
package sec02.ex01;
...
@WebServlet("/get")
public class GetCookieValue  extends HttpServlet{
  protected void doGet(HttpServletRequest request,HttpServletResponse response)
  throws ServletException,  IOException {
    response.setContentType("text/html;charset=utf-8");
    PrintWriter out=response.getWriter();
    Cookie[] allValues=request.getCookies();
    for(int i=0; i<allValues.length;i++){
      if(allValues[i].getName().equals("cookieTest")){
        out.println("<h2>Cookie 값 가져오기 :
                              "+URLDecoder.decode(allValues[i].getValue(),"utf-8"));
      }
    }
  }
}
```

request의 getCookies() 메서드를 호출해 브라우저에게 쿠키 정보를 요청한 후 쿠키 정보를 배열로 가져옵니다.

배열에서 저장할 때 사용한 쿠키 이름인 cookieTest로 검색해 쿠키 값을 가져옵니다.

4. 우선 set으로 첫 번째 서블릿을 요청합니다. 쿠키에 cookieTest 이름으로 문자열을 저장합니다.

▼ 그림 9-16 /set으로 쿠키에 데이터 저장

5. get으로 두 번째 서블릿을 요청하여 cookieTest로 쿠키 값을 가져와 브라우저에 출력합니다.

▼ 그림 9-17 /get으로 쿠키 데이터 얻기

Note 쿠키 생성 상태 확인하기

다음은 클라이언트 쿠키의 생성 상태를 크롬에서 확인하는 방법입니다.

1. 크롬 브라우저를 실행하고 F12를 눌러 디버그창을 나타냅니다. 그리고 상단 메뉴 바에서 **Application**을 클릭합니다.

▼ 그림 9-18 Application 클릭

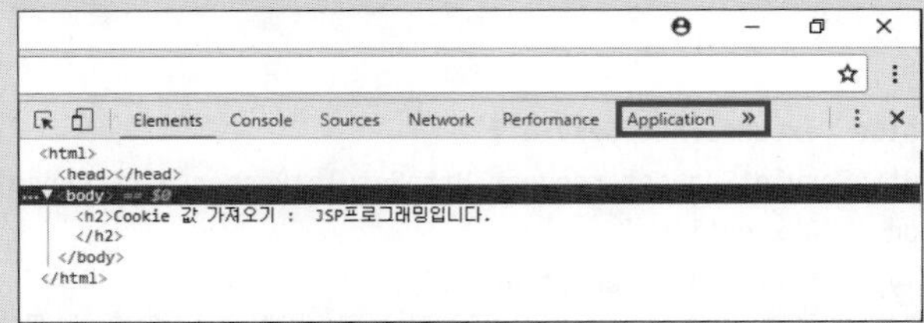

2. 왼쪽 메뉴에서 **Cookies**를 선택한 후 하위에 있는 **http://localhost:8090**을 클릭합니다.

▼ 그림 9-19 메뉴에서 Cookies 〉 http://localhost:8090 클릭

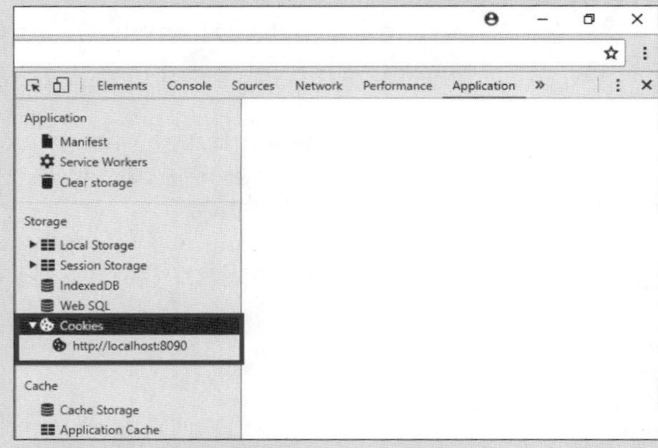

3. 현재 애플리케이션에서 사용하고 있는 쿠키 정보가 표시됩니다.

▼ 그림 9-20 현재 애플리케이션에서 사용 중인 쿠키 정보 표시

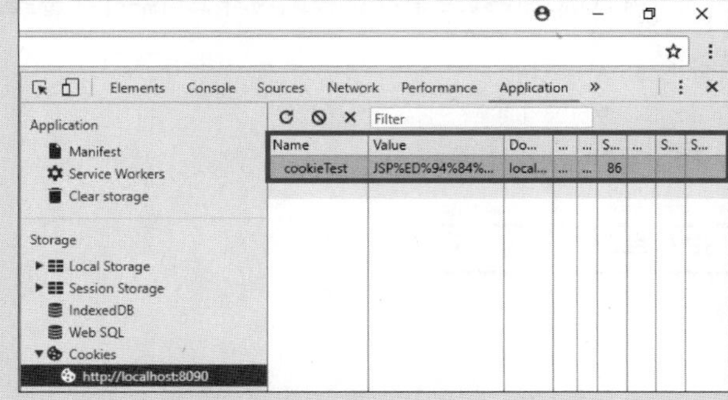

9.3.4 세션 쿠키 사용하기

다음은 쿠키를 파일에 저장하는 것이 아닌, 브라우저가 사용하는 메모리에 저장하는 Session 쿠키를 만들어 보겠습니다.

1. 다음과 같이 Cookie의 setMaxAge() 메서드를 이용해 유효 시간을 -1로 설정하면 세션 쿠키가 생성됩니다.

코드 9-7 pro09/src/sec02/ex01/SetCookieValue.java

```
package sec02.ex01;
...

@WebServlet("/set")
public class SetCookieValue  extends HttpServlet{
  protected void doGet(HttpServletRequest request,HttpServletResponse response)
  throws ServletException,  IOException {
    response.setContentType("text/html;charset=utf-8");
    PrintWriter out=response.getWriter();
    Date d=new Date();
    Cookie c=new Cookie("cookieTest",URLEncoder.encode("JSP프로그래밍입니다.","utf-8"));
    //c.setMaxAge(24*60*60);        // 주석 처리합니다.
    c.setMaxAge(-1);               // 유효 시간을 음수로 지정하여 Session 쿠키를 만듭니다.
    response.addCookie(c);
    out.println("현재 시간 : "+d);
    out.println("현재 시간을 Cookie로 저장합니다.");
  }
}
```

2. 톰캣을 재실행합니다. 출력 결과는 앞의 쿠키 예제(9.3.3절)와 같습니다.

9.3.5 쿠키 이용해 팝업창 제한하기

쿠키를 이용해 팝업창을 제한하는 기능을 구현해 보겠습니다. 팝업창 제어는 서버에서 쿠키를 다루지 않고 자바스크립트를 이용해 쿠키에 직접 접근합니다.

1. popUp.html, popupTest.html 이렇게 두 개의 html 파일을 준비합니다.

❤ 그림 9-21 실습 파일 위치

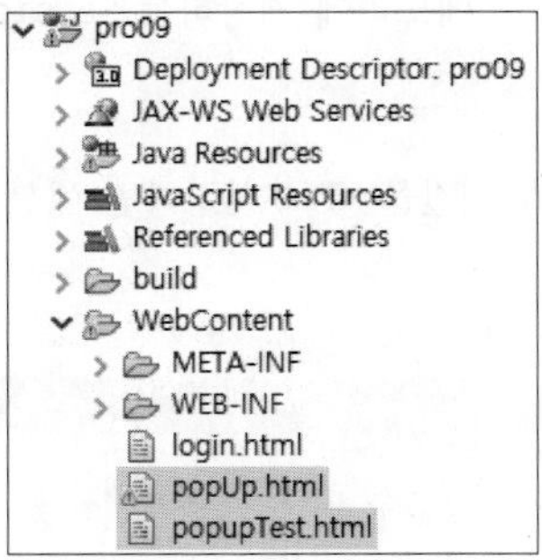

2. 먼저 popupTest.html을 다음과 같이 작성합니다. 웹 페이지가 브라우저에 로드될 때 `pageLoad()` 함수를 호출한 후 쿠키에 접근해 팝업창 관련 정보를 가져옵니다. `getCookieValue()` 함수를 호출하여 쿠키 이름 `notShowPop`의 값이 `true`가 아니면 팝업창을 나타내고, `notShowPop`의 값이 `true`면 팝업창을 나타내지 않습니다.

코드 9-8 pro09/WebContent/popupTest.html

```
<html>
<head>
  <meta charset="UTF-8">
 <title> 자바스크립트에서 쿠키 사용 </title>
 <script type = "text/javascript">
 window.onload = pageLoad;
  function pageLoad(){
    notShowPop =getCookieValue();
    if(notShowPop!="true"){
      window.open("popUp.html","pop","width=400,height=500,history=no,
                     resizable=no,status=no,scrollbars=yes,menubar=no");
    }
  }
  function getCookieValue(){
    var result="false";
    if(document.cookie != ""){
      cookie = document.cookie.split(";");
      for(var i=0; i<cookie.length;i++){
        element=cookie[i].split("=");
        value=element[0];
        value=value.replace(/^\s*/,'');
        if(value=="notShowPop"){
          result= element[1];
        }
```

- 브라우저에 웹 페이지가 로드될 때 pageLoad() 함수를 호출하여 실행합니다.
- notShowPop의 쿠키 값을 getCookieValue()를 호출하여 얻습니다.
- notShowPop의 값이 true가 아니면 팝업창을 나타냅니다.
- document의 cookie 속성으로 쿠키 정보를 문자열로 가져온 후 세미콜론(;)으로 분리해 각각의 쿠키를 얻습니다.
- 정규식을 이용해 쿠키 이름 문자열의 공백(\s)을 제거합니다.
- 쿠키 이름이 notShowPop이면 해당하는 쿠키 값을 가져와 반환합니다.

```
        }
      }
      return result;
    }
    function  deleteCookie(){
      document.cookie = "notShowPop=" + "false" + ";path=/; expires=-1" ;
    }
  </script>
</head>
<body>
  <form>
    <input type=button value="쿠키삭제"  onClick="deleteCookie()" >
  </form>
</body>
</html>
```

'쿠키삭제' 클릭 시 호출됩니다. notShowPop 쿠키 값을 false로 설정합니다.

쿠키를 삭제합니다.

3. popUp.html에서는 **오늘 더 이상 팝업창 띄우지 않기**에 체크하면 자바스크립트 함수인 setPopUpStart() 함수를 호출해 notShowPop의 값을 true로 설정하여 재접속 시 팝업창을 나타내지 않도록 설정합니다.

코드 9-9 pro09/WebContent/popUp.html

```
<html>
  <head>
  <meta charset="UTF-8">
  <script type="text/javascript">
   function setPopUpStart(obj){
      if(obj.checked==true){
         var expireDate = new Date();
         var days = 1;
         expireDate.setDate(expireDate.getDate() + days);
         document.cookie ="notShowPop=" +"true" + ";path=/; expires=" +
                                                 expireDate.toGMTString();
         window.close();
      }
   }
  </script>
  </head>
  <body>
    알림 팝업창입니다.
    <br><br><br><br><br><br><br>
    <form>
      <input type=checkbox onClick="setPopUpStart(this)">오늘 더 이상 팝업창 띄우지 않기
    </form>
  </body>
</html/>
```

쿠키 유효 시간을 하루로 설정합니다.

오늘 더 이상 팝업창 띄우지 않기에 체크하면 notShowPop 쿠키 값을 true로 설정하여 재접속 시 팝업창을 나타내지 않습니다.

4. 브라우저에 최초 접속 시 팝업창을 나타냅니다.

▼ 그림 9-22 최초 요청 시 팝업창 나타내기

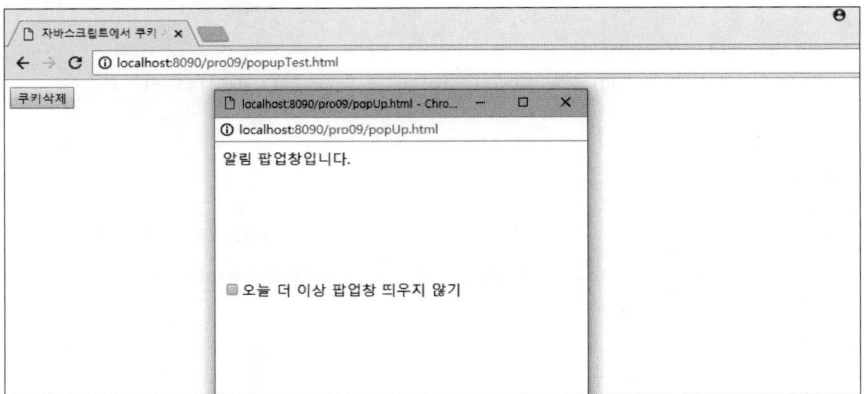

5. **오늘 더 이상 팝업창 띄우지 않기**에 체크하고 재요청하면 더 이상 팝업창이 나타나지 않습니다.

▼ 그림 9-23 **오늘 더 이상 팝업창 띄우지 않기** 체크 후 재요청 결과

6. **쿠키삭제**를 클릭한 후 재요청하면 다시 팝업창이 나타납니다.

▼ 그림 9-24 **쿠키삭제** 클릭 후 재요청 결과

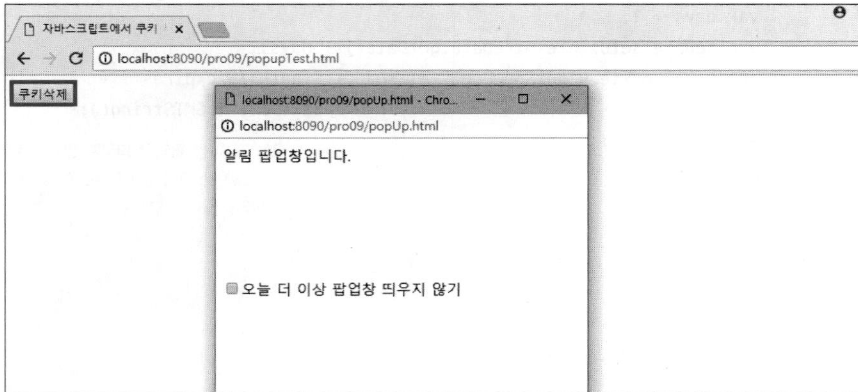

9.4 세션을 이용한 웹 페이지 연동 기능

이번에는 세션을 이용해 웹 페이지들을 연동하는 방법을 알아보겠습니다.

세션 역시 웹 페이지들 사이의 공유 정보를 서버에 저장해 두고 웹 페이지들을 매개해 주는 방법이라는 점에서는 쿠키와 같습니다. 하지만 쿠키는 사용 시 웹 페이지들의 정보가 클라이언트 PC에 저장되므로 정보가 쉽게 노출될 수 있다는 단점이 있는 반면, 세션은 서버의 메모리에 생성되어 정보를 저장합니다. 따라서 웹 페이지에서 사용되는 정보 중에 로그인 정보처럼 보안이 요구되는 정보는 대부분 세션을 이용합니다.

세션은 각 브라우저당 한 개, 즉 사용자당 한 개가 생성됩니다. 사용자의 로그인 상태나 쇼핑몰의 장바구니 담기 기능 같은 정보를 해당 브라우저의 세션에 저장해 두고 사용하면 편리합니다.

세션의 특징은 다음과 같습니다.

- 정보가 서버의 메모리에 저장됩니다.
- 브라우저의 세션 연동은 세션 쿠키를 이용합니다.
- 쿠키보다 보안에 유리합니다.
- 서버에 부하를 줄 수 있습니다.
- 브라우저(사용자)당 한 개의 세션(세션 id)이 생성됩니다.
- 세션은 유효 시간을 가집니다(기본 유효 시간은 30분입니다).
- 로그인 상태 유지 기능이나 쇼핑몰의 장바구니 담기 기능 등에 주로 사용됩니다.

9.4.1 세션 기능 실행 과정

클라이언트의 브라우저가 서버에 최초 접속하면 서버의 서블릿은 세션 객체를 생성한 후 세션 객체에 대한 세션 id를 브라우저에 전송합니다. 그러면 브라우저는 이 세션 id를 브라우저가 사용하는 세션 쿠키에 저장합니다. 즉, 서버로부터 전송된 세션 id도 쿠키이며, 쿠키 이름은 jsessionId입니다.

그리고 재접속하여 세션 쿠키에 저장된 세션 id(jsessionId)를 다시 서버로 전송하면 서버에서는 전송된 세션 id를 이용해 브라우저의 세션 객체에 접근하여 브라우저에 대한 작업을 수행합니다.

▼ 그림 9-25 세션 실행 과정

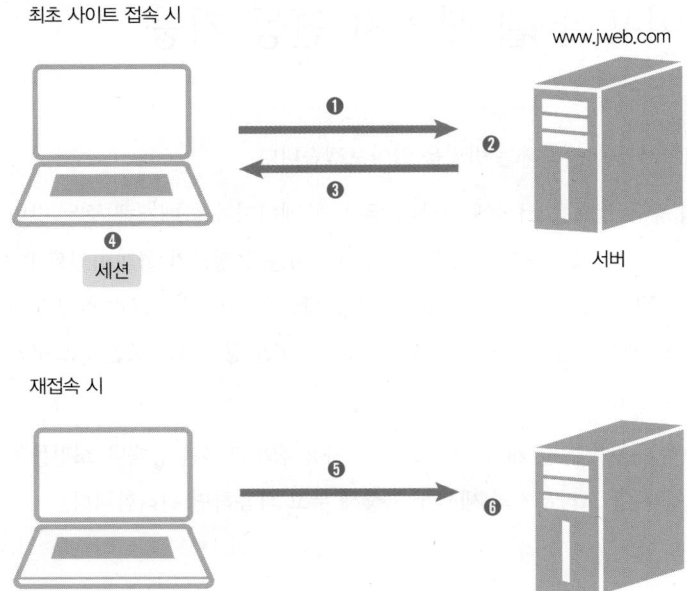

❶ 브라우저로 사이트에 접속합니다.

❷ 서버는 접속한 브라우저에 대한 세션 객체를 생성합니다.

❸ 서버는 생성된 세션 id를 클라이언트 브라우저에 응답합니다.

❹ 브라우저는 서버로부터 받은 세션 id를 브라우저가 사용하는 메모리의 세션 쿠키에 저장합니다(쿠키 이름은 jsessionId).

❺ 브라우저가 재접속하면 브라우저는 세션 쿠키에 저장된 세션 id를 서버에 전달합니다.

❻ 서버는 전송된 세션 id를 이용해 해당 세션에 접근하여 작업을 수행합니다.

세션의 중요한 특징은 브라우저당 한 개씩 생성된다는 점입니다. 그러므로 브라우저가 서버에 접속하여 브라우저에 저장된 세션 id(jsessionId)를 전송하면 서버는 그 값을 이용해서 해당 브라우저에 대한 세션을 구분하고 각 브라우저에 대한 세션 작업을 수행합니다.

❤ 그림 9-26 각 브라우저에 대한 세션 생성

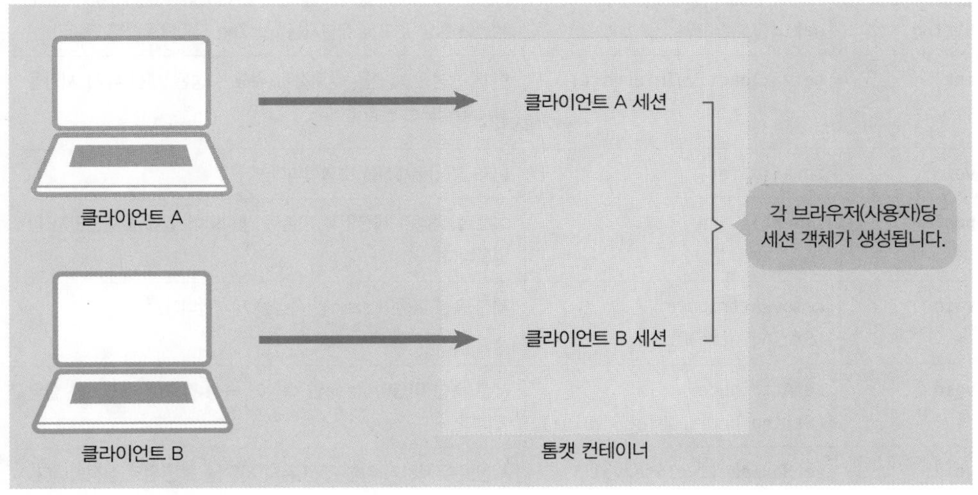

9.4.2 세션 API의 특징과 기능

서블릿에서 세션을 이용하려면 HttpSession 클래스 객체를 생성해서 사용해야 합니다. HttpSession 객체는 HttpServletRequest의 getSession() 메서드를 호출해서 생성합니다.

세션을 얻는 getSession() 메서드로는 다음과 같은 것들이 있습니다.

- getSession(): 기존의 세션 객체가 존재하면 반환하고, 없으면 새로 생성합니다.
- getSession(true): 기존의 세션 객체가 존재하면 반환하고, 없으면 새로 생성합니다.
- getSession(false): 기존의 세션 객체가 존재하면 반환하고, 없으면 null을 반환합니다.

또한 HttpSession 클래스에서 제공하는 세션 기능 관련 메서드는 표 9-3에 정리했습니다.

❤ 표 9-3 HttpSession 클래스의 여러 가지 메서드

반환 타입	메서드	설명
Object	getAttribute (String name)	속성 이름이 name인 속성 값을 Object 타입으로 반환합니다. 해당되는 속성 이름이 없을 경우 null 값을 반환합니다.
Enumeration	getAttributeNames()	세션 속성 이름들을 Enumeration 객체 타입으로 반환합니다.
long	getCreationTime()	1970년 1월 1일 0시 0초를 기준으로 현재 세션이 생성된 시간까지 경과한 시간을 계산하여 1/1000초 값으로 반환합니다.

반환 타입	메서드	설명
String	getId()	세션에 할당된 고유 식별자를 String 타입으로 반환합니다.
int	getMaxInactiveInterval()	현재 생성된 세션을 유지하기 위해 설정된 세션 유지 시간을 int 타입으로 반환합니다.
void	invalidate()	현재 생성된 세션을 소멸합니다.
boolean	isNew()	최초로 생성된 세션인지 기존에 생성되어 있었던 세션인지 판별합니다.
void	removeAttribute (String name)	세션 속성 이름이 name인 속성을 제거합니다.
void	setAttribute (String name, Object value)	세션 속성 이름이 name인 속성에 속성 값으로 value를 할당합니다.
void	setMaxInactiveInterval (int interval)	세션을 유지하기 위한 세션 유지 시간을 초 단위로 설정합니다.

9.4.3 서블릿에서 세션 API 이용하기

그럼 지금부터는 세션 API를 이용해 직접 세션을 생성해 보겠습니다.

1. 다음과 같이 세션 테스트를 위한 실습 파일인 SessionTest 클래스를 준비합니다.

▼ 그림 9-27 실습 파일 위치

2. SessionTest 클래스를 다음과 같이 작성합니다. request의 인자 없는 getSession() 메서드를 호출하여 세션이 없으면 새로 생성하고, 세션이 있으면 기존 세션을 가져옵니다. 또한 세션 객체의 getMaxInactiveInterval()를 호출하여 생성된 세션의 유효 시간을 가져옵니다.

코드 9-10 pro09/src/sec03/ex01/SessionTest.java

```
package sec03.ex01;
...
```

```
@WebServlet("/sess")
public class SessionTest  extends HttpServlet{
  protected void doGet(HttpServletRequest request , HttpServletResponse response )
  throws ServletException, IOException {
    response.setContentType("text/html;charset=utf-8");
    PrintWriter out = response.getWriter();
    HttpSession session = request.getSession();
    out.println("세션 아이디: "+session.getId()+"<br>");
    out.println("최초 세션 생성 시각: "+ new Date(session.getCreationTime())+"<br>");
    out.println("최근 세션 접근 시각 : "+
                          new Date(session.getLastAccessedTime())+"<br>");
    out.println("세션 유효 시간 : "+ session.getMaxInactiveInterval()+"<br>");
    if(session.isNew()){
      out.print("새 세션이 만들어졌습니다.");
    }
  }
}
```

- getSession()을 호출하여 최초 요청 시 세션 객체를 새로 생성하거나 기존 세션을 반환합니다.
- 생성된 세션 객체의 id를 가져옵니다.
- 최초 세션 객체 생성 시간을 가져옵니다.
- 세션 객체에 가장 최근에 접근한 시간을 가져옵니다.
- 세션 객체의 유효 시간을 가져옵니다.
- 최초 생성된 세션인지 판별합니다.

> Tip 세션 유효 시간을 따로 설정하지 않으면 톰캣에서 설정한 기본 유효 시간 30분이 적용됩니다.

3. 브라우저에서 최초 요청 시 생성된 세션 객체에 할당된 세션 id와 여러 가지 정보를 출력합니다. 최초 생성된 세션이므로 "새 세션이 만들어졌습니다."라는 메시지가 출력됩니다.

▼ 그림 9-28 최초 요청 시 출력되는 세션 정보

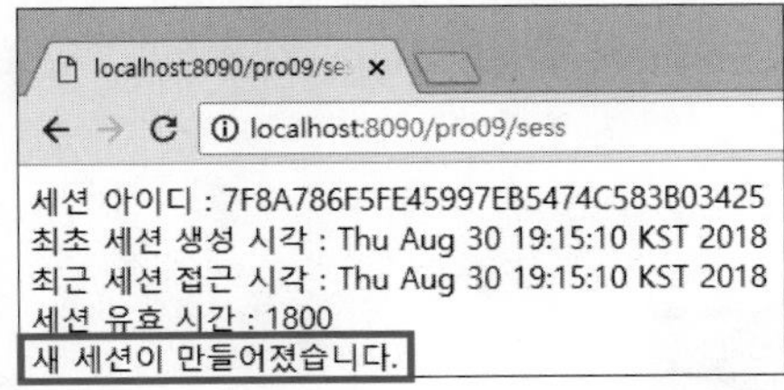

4. 같은 브라우저에서 다른 탭을 열고 요청하면 같은 세션 id를 출력하므로 최초 생성된 세션을 재사용합니다. 따라서 "새 세션이 만들어졌습니다."라는 메시지는 출력되지 않습니다.

▼ 그림 9-29 다른 탭에서 재요청 시 출력 결과

다음은 서블릿에서 생성된 세션 id, 즉 브라우저로 전송되어 세션 쿠키에 쿠키 이름 jsessionID로 저장된 세션 id입니다.

▼ 그림 9-30 브라우저 세션 쿠키에 저장된 세션 id

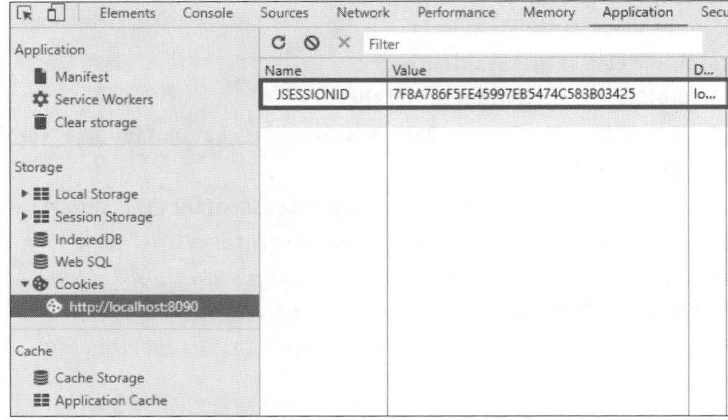

현재 윈도 10의 운영체제에서는 같은 PC의 브라우저나 다른 탭에서 요청을 해도 기존 세션을 유지합니다. 그러면 이번에는 같은 PC에서 기존 브라우저의 세션으로 연결되지 않고, 다른 브라우저로 다른 세션을 만드는 방법을 알아보겠습니다. 즉, 새 세션으로 브라우저를 여는 과정입니다.

9.4.4 다른 브라우저에서 새 세션 만들기

브라우저에서 Ctrl + Shift + N을 눌러 시크릿 모드의 크롬을 실행합니다.

▼ 그림 9-31 크롬을 시크릿 모드로 실행

주소창에서 /sess로 요청하면 새로운 세션을 생성한 후 다른 세션 id를 출력합니다.

▼ 그림 9-32 /sess로 요청 시 새로운 세션이 생성

세션 기본 유효 시간은 톰캣 컨테이너에서 지정한 30분(1800초)입니다. 그러나 `HttpSession`의 `setMaxInactiveInterval()` 메서드를 이용하면 사용자가 원하는 세션 유효 시간을 설정할 수 있습니다. 그리고 `invalidate()` 메서드를 이용하면 세션을 언제든지 삭제할 수도 있습니다.

다음과 같이 톰캣 컨테이너의 web.xml에 세션 기본 유효 시간이 설정된 것을 확인할 수 있습니다.

▼ 그림 9-33 기본 유효 시간이 30분으로 설정

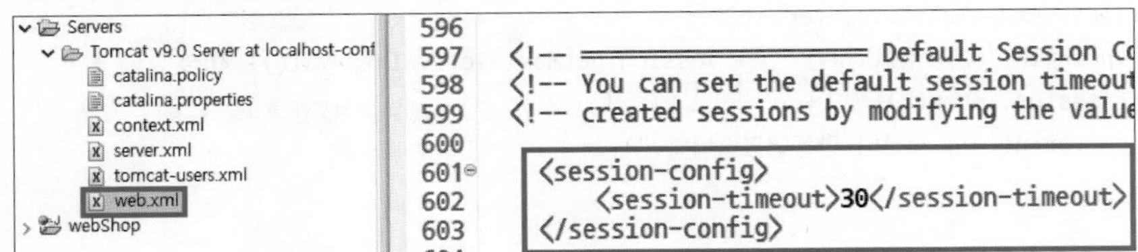

이번에는 제공되는 메서드들을 이용해서 직접 세션 유효 시간을 재설정해 보겠습니다.

1. 다음과 같이 `SessionTest2` 클래스를 준비합니다.

▼ 그림 9-34 실습 파일 위치

2. SessionTest2 클래스를 다음과 같이 작성합니다. setMaxInactiveInterval() 메서드를 이용해 세션 유효 시간을 5초로 재설정합니다.

코드 9-11 pro09/src/sec03/ex02/SessionTest2.java

```
package sec03.ex02;
...
@WebServlet("/sess2")
public class SessionTest2  extends HttpServlet{
  protected void doGet(HttpServletRequest request , HttpServletResponse response )
  throws ServletException, IOException {
    response.setContentType("text/html;charset=utf-8");
    PrintWriter out = response.getWriter();
    HttpSession session = request.getSession();
    out.println("세션 아이디: "+session.getId()+"<br>");
    out.println("최초 세션 생성 시각: "+ new Date(session.getCreationTime())+"<br>");
    out.println("최근 세션 접근 시각 : "+
                        new Date(session.getLastAccessedTime())+"<br>");
    out.println("기본 세션 유효 시간 : "+ session.getMaxInactiveInterval()+"<br>");
    session.setMaxInactiveInterval(5);
    out.println("세션 유효 시간 : "+ session.getMaxInactiveInterval()+"<br>");
     if(session.isNew()){
       out.print("새 세션이 만들어졌습니다.");
    }
  }
}
```

톰캣의 기본 세션 유효 시간을 출력합니다.

세션의 유효 시간을 5초로 설정합니다.

유효 시간을 재설정한 후 세션 유효 시간을 출력합니다.

3. 최초에 /sess2로 요청하여 설정 전 유효 시간과 설정 후 유효 시간을 출력합니다.

❤ 그림 9-35 최초 요청 시 결과

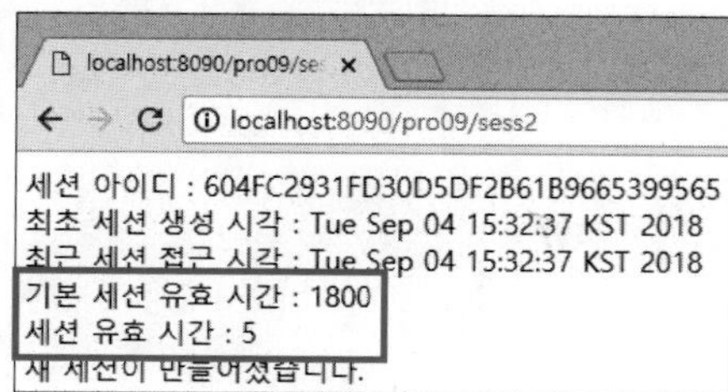

4. 5초가 지난 후 같은 브라우저에서 재요청하면 다시 새 세션이 생성됩니다.

▼ 그림 9-36 5초 경과 후 요청 시 결과

최초 요청 시 세션의 id와 5초 경과 후 요청 시 세션의 id가 다릅니다. 즉, 5초 이후에는 기존 세션은 삭제되고 재요청 시 새 세션이 생성됩니다.

세션 유효 시간을 재설정하는 경우는 주로 은행 사이트에서 자주 발생합니다. 우리가 보통 은행 사이트에 로그인하면 화면 위쪽에 10분에서 초 단위로 역카운팅이 되는 것이 보입니다. 만약 10분 이상 아무 작업도 하지 않으면 로그인 상태를 기억하는 세션이 자동 삭제되어 자동 로그아웃 화면을 출력합니다.

▼ 그림 9-37 로그인 시 10분 유효 시간을 체크하는 은행 사이트

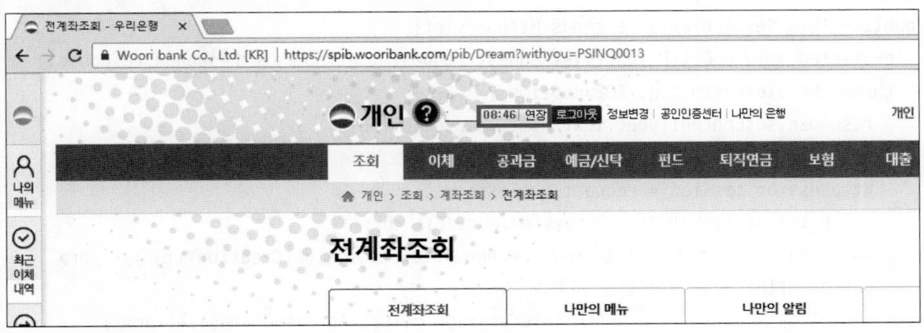

▼ 그림 9-38 10분간 아무 작업을 하지 않으면 자동 로그아웃 화면 출력

이번에는 사용자가 강제로 세션을 삭제하는 기능을 실습해 보겠습니다.

1. 다음과 같이 실습 파일을 준비합니다.

❤ 그림 9-39 실습 파일 위치

2. SessionTest3 클래스를 다음과 같이 작성합니다. invalidate() 메서드를 이용해 강제로 세션을 삭제합니다.

코드 9-12 pro09/sec03/ex03/SessionTest3.java

```
package sec03.ex03;
...
@WebServlet("/sess3")
public class SessionTest3  extends HttpServlet{
  protected void doGet(HttpServletRequest request , HttpServletResponse response )
  throws ServletException, IOException {
    response.setContentType("text/html;charset=utf-8");
    PrintWriter out = response.getWriter();
    HttpSession session = request.getSession();
    out.println("세션 아이디: "+session.getId()+"<br>");
    out.println("최초 세션 생성 시각: "+ new Date(session.getCreationTime())+"<br>");
    out.println("최근 세션 접근 시각 : "+
                          new Date(session.getLastAccessedTime())+"<br>");
    out.println("세션 유효 시간 : "+ session.getMaxInactiveInterval()+"<br>");
    if(session.isNew()){
      out.print("새 세션이 만들어졌습니다.");
    }
    session.invalidate();
  }
}
```

invalidate()를 호출하여 생성된 세션 객체를 강제로 삭제합니다.

3. 최초 요청 시 새 세션이 생성된 후 invalidate() 메서드가 호출되므로 바로 소멸됩니다.

▼ 그림 9-40 최초 요청 시 결과

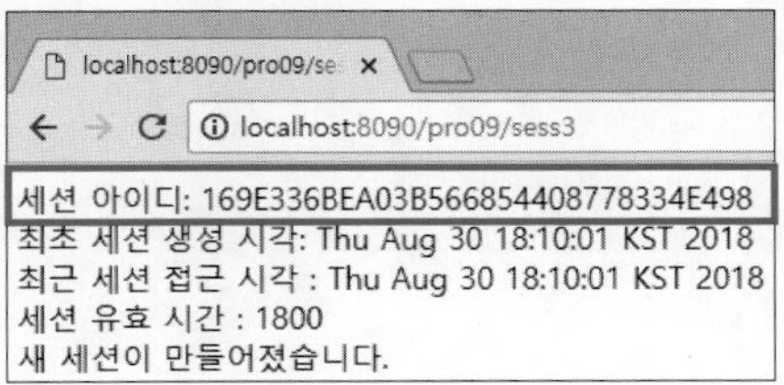

4. 재요청 시 다른 세션이 생성됩니다.

▼ 그림 9-41 재요청 시 결과

9.4.5 세션을 이용한 로그인 정보 바인딩 실습

지금까지는 HttpServletContext와 HttpServletRequest의 바인딩 기능을 사용했습니다. 그런데 로그인 상태처럼 사용자와 관련된 정보를 바인딩해서 사용할 때는 세션을 이용하는 것이 편리합니다. 세션은 사용자당 한 개씩 생성되기 때문이죠. 이번 절에서는 로그인을 이용해 HttpSession의 바인딩 기능을 알아보겠습니다.

1. 실습하기 전에 해야 할 일이 있습니다. 톰캣이 종료된 후에도 세션이 메모리에서 삭제되지 않는 경우가 있으므로 톰캣 설정 파일인 context.xml을 열어 <Manager pathname="" /> 태그의 주석을 해제해야 합니다.

▼ 그림 9-42 context.xml의 Manager 태그 주석 해제

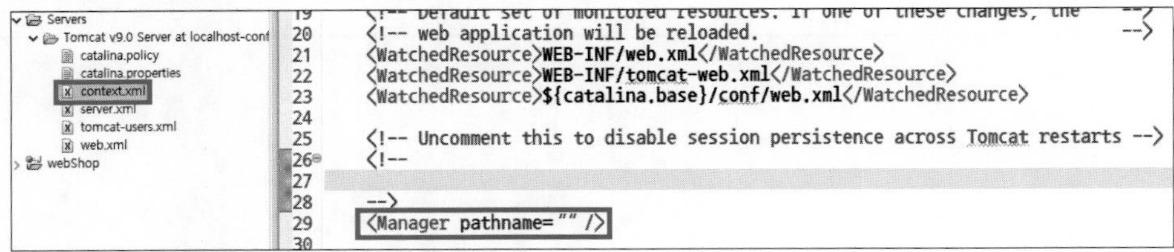

2. 다음과 같이 실습 파일을 준비합니다.

▼ 그림 9-43 실습 파일 위치

3. 로그인창에서 ID와 비밀번호를 입력한 후 서블릿으로 전송할 수 있도록 login2.html 파일을 작성합니다.

코드 9-13 pro09/WebContent/login2.html

```
<!DOCTYPE html>
<html>
<head>…</head>
<body>
  <form name="frmLogin" method="post " action="login" encType="UTF-8">
      아이디  :<input type="text" name="user_id"><br>
      비밀번호:<input type="password" name="user_pw"><br>
      <input type="submit" value="로그인">
      <input type="reset" value="다시 입력">
  </form>
</body>
</html>
```

4. SessionTest4 클래스를 다음과 같이 작성합니다. 로그인창에서 로그인한 경우 ID와 비밀번호를 가져오고, 최초 요청 시 세션에 setAttribute() 메서드를 이용해 user_id로 사용자 ID를 바인딩하도록 구현합니다. <a> 태그를 이용해 재요청하고 세션의 getSttribute() 메서드를 이용하여 user_id 값을 가져와 로그인 여부를 확인합니다.

코드 9-14 pro09/src/sec03/ex04/SessionTest4.java

```
package sec03.ex04;
...
@WebServlet("/login")
public class SessionTest4  extends HttpServlet{
  protected void doGet(HttpServletRequest request , HttpServletResponse response )
  throws  ServletException, IOException {
       doHandle(request, response);
}

protected void doPost(HttpServletRequest request , HttpServletResponse response )
throws ServletException, IOException {
    doHandle(request, response);
}
  private void doHandle(HttpServletRequest request , HttpServletResponse response )
  throws  ServletException, IOException {
    request.setCharacterEncoding("utf-8");
  response.setContentType("text/html;charset=utf-8");
  PrintWriter out = response.getWriter();
  HttpSession session = request.getSession();
  String user_id = request.getParameter("user_id");
  String user_pw = request.getParameter("user_pw");
  if (session.isNew()){
    if(user_id != null){
      session.setAttribute("user_id", user_id);
      out.println("<a href='login'>로그인 상태 확인</a>");
    }else {
      out.print("<a href='login2.html'>다시 로그인 하세요!!</a>");
      session.invalidate();
    }
  }else {
      user_id = (String) session.getAttribute("user_id");
      if (user_id != null && user_id.length() != 0) {
          out.print("안녕하세요 " + user_id + "님!!!");
      } else {
         out.print("<a href='login2.html'>다시 로그인 하세요!!</a>");
         session.invalidate();
      }
  }
```

제공하는 예제 파일에서는 주석 처리를 해제하세요.

로그인창에서 전송된 ID와 비밀번호를 가져옵니다.

최초 요청 시 수행합니다.

로그인창에서 서블릿으로 요청했다면 ID가 null이 아니므로 세션에 ID를 바인딩합니다.

재요청 시 세션에서 ID를 가져와 이전에 로그인했는지 여부를 확인합니다.

```
    }
  }
```

5. 로그인창 요청 후 ID와 비밀번호를 입력하고 전송합니다.

▼ 그림 9-44 로그인창에서 로그인

6. 최초 로그인 시 세션에 ID를 바인딩합니다.

▼ 그림 9-45 로그인 후 다시 /login으로 재요청

Tip 결과가 제대로 나오지 않는다면 다른 서블릿 파일에서 login이라는 매핑 이름이 중복되지 않았는지 확인하세요.

7. 다시 **로그인 상태 확인**을 클릭해 /login으로 재요청하면 현재 로그인 상태를 출력합니다.

▼ 그림 9-46 /login으로 재요청 시 로그인 상태 출력

8. 톰캣 재실행 후 로그인창을 거치지 않고 바로 /login으로 요청하면 세션에 ID가 없으므로 "다시 로그인 하세요!!"라는 메시지가 출력됩니다.

▼ 그림 9-47 로그인창을 거치지 않고 /login 요청 시 결과

이상으로 세션 기능을 알아보았습니다. 세션은 브라우저 한 개당 생성되므로 로그인 상태 정보나 쇼핑몰 장바구니 정보 등 브라우저에서만 사용하는 정보를 바인딩해서 사용하면 편리하다는 것을 잊지 마세요!

JAVA WEB

9.5 encodeURL( ) 사용법

앞 절에서는 쿠키와 세션 기능을 알아봤습니다. 세션 역시 클라이언트의 세션 쿠키를 이용해 각 브라우저에 대한 세션 기능을 사용합니다. 그런데 만약 브라우저에서 쿠키 기능을 사용할 수 없게 설정했다면 쿠키 기능은 물론 세션 기능도 사용할 수 없습니다. 이럴 때는 encodeURL() 메서드를 이용해 직접 서버에서 브라우저로 응답을 먼저 보낸 후 URL Rewriting 방법을 이용해 jsessionId를 서버로 전송하여 세션 기능을 사용하면 됩니다.

9.5.1 브라우저에서 쿠키 사용 금지하기

이번에는 크롬 브라우저에서 쿠키 사용을 금지하는 방법을 알아보겠습니다.

1. 크롬 브라우저를 실행하고 오른쪽 상단에서 **더 보기**(⋮) 아이콘 클릭 후 **설정**을 클릭합니다.

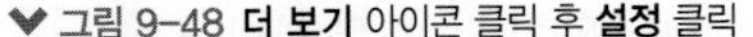
▼ 그림 9-48 **더 보기** 아이콘 클릭 후 **설정** 클릭

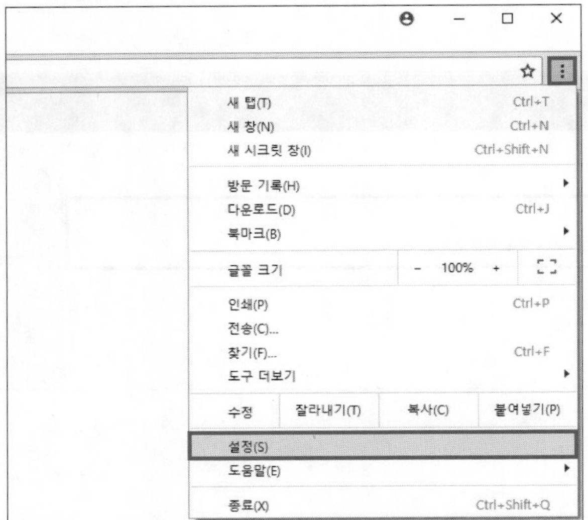

2. 하단에서 **고급**을 클릭합니다.

▼ 그림 9-49 **고급** 클릭

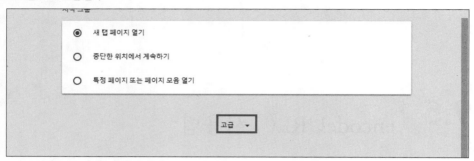

3. '개인정보 보호 및 보안'에서 **콘텐츠 설정**을 클릭합니다.

▼ 그림 9-50 **콘텐츠 설정** 클릭

4. **쿠키**를 클릭해 '사이트에서 쿠키 데이터 저장 및 읽기 허용'을 차단하도록 합니다.

▼ 그림 9-51 **쿠키** 클릭

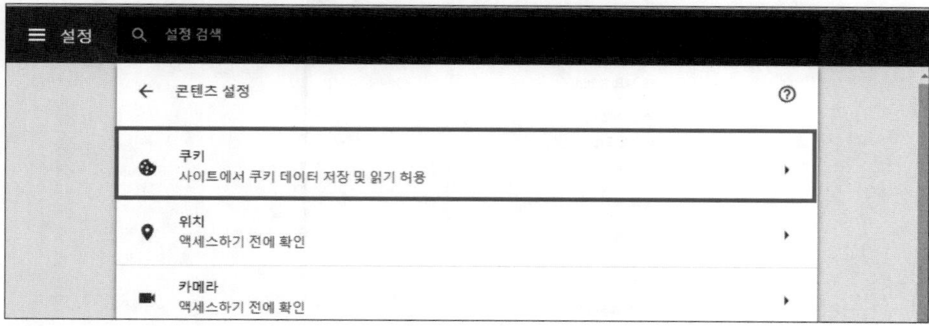

5. '차단됨' 옆의 옵션을 클릭하여 차단으로 설정합니다.

❤ 그림 9-52 '사이트에서 쿠키 데이터 저장 및 읽기 허용'을 차단으로 설정

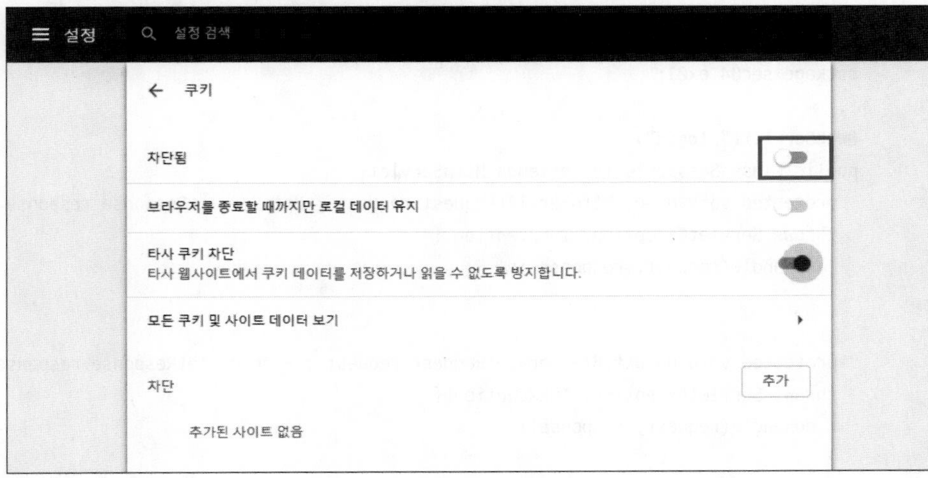

9.5.2 encodeURL() 메서드를 이용한 세션 사용 실습

이번에는 세션 쿠키를 사용하지 않고 encodeURL() 메서드를 이용해 jsessionId의 세션 id를 브라우저에 응답으로 전송한 후 세션을 사용해 보겠습니다.

1. 다음과 같이 실습 파일을 준비합니다.

❤ 그림 9-53 실습 파일 위치

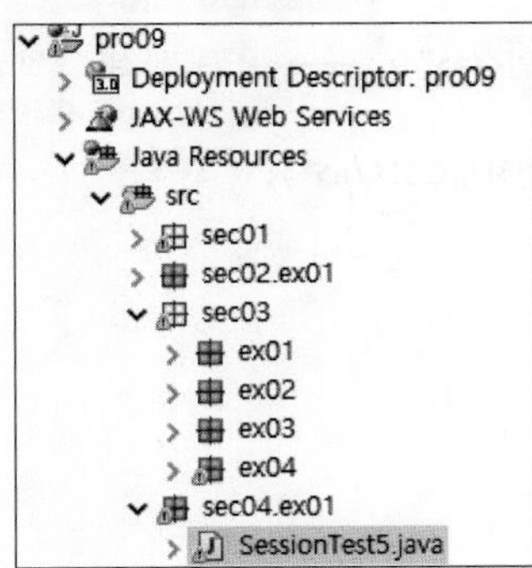

9 쿠키와 세션 알아보기

2. SessionTest5 클래스를 다음과 같이 작성합니다. 다시 /login으로 요청해 jsessionId를 URL rewriting 방식으로 가져온 후 세션에 접근하여 로그인 상태 유무를 판단하도록 구현합니다.

코드 9-15 pro09/src/sec04/ex01/SessionTest5.java

```
package sec04.ex01;
...
@WebServlet("/login")
public class SessionTest5  extends HttpServlet{
  protected void doGet(HttpServletRequest request , HttpServletResponse response )
  throws ServletException, IOException {
    doHandle(request, response);
  }

  protected void doPost(HttpServletRequest request , HttpServletResponse response )
  throws ServletException, IOException {
    doHandle(request, response);
  }

  private void doHandle(HttpServletRequest request , HttpServletResponse response )
  throws ServletException, IOException {
    request.setCharacterEncoding("utf-8");
    response.setContentType("text/html;charset=utf-8");
    PrintWriter out = response.getWriter();
    HttpSession session = request.getSession();
    String user_id = request.getParameter("user_id");
    String user_pw = request.getParameter("user_pw");
    if (session.isNew()){
      if(user_id != null){
         session.setAttribute("user_id", user_id);
         String url=response.encodeURL("login");
         out.println("<a href="+url+">로그인 상태 확인</a>");
      }else {
         out.print("<a href='login2.html'>다시 로그인하세요!!</a>");
         session.invalidate();
      }
    }else {
      user_id = (String) session.getAttribute("user_id");
      if (user_id != null && user_id.length() != 0) {
        out.print("안녕하세요 " + user_id + "님!!!");
      } else {
        out.print("<a href='login2.html'>다시 로그인하세요!!</a>");
        session.invalidate();
      }
    }
```

변수 url에 encodeURL()을 이용해 응답 시 미리 jsessionId를 저장합니다.

로그인 상태 확인 클릭 시 jsessionId를 서블릿으로 다시 전송합니다.

```
    }
  }
```

3. 로그인창에서 ID와 비밀번호를 입력하고 로그인합니다.

▼ 그림 9-54 로그인창에서 로그인

4. **로그인 상태 확인**을 클릭합니다.

▼ 그림 9-55 **로그인 상태 확인** 클릭

5. 서블릿에 jessionId 쿠키 값을 전송해 로그인 상태를 유지합니다.

▼ 그림 9-56 서블릿에 jessionId 쿠키 값 전송

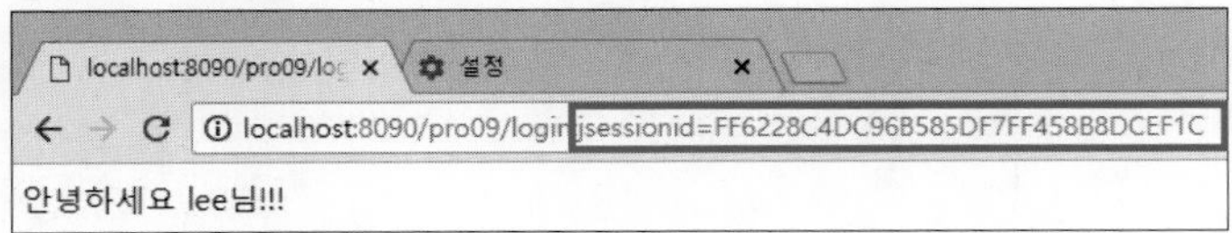

대부분의 브라우저는 쿠키 사용을 기본으로 설정하고 있지만 쿠키를 사용할 수 없을 경우에는 이렇게 encodeURL() 메서드를 이용해 세션 기능을 사용할 수 있습니다.

9.6 세션을 이용한 로그인 예제

이번에는 실제 웹 사이트에서 데이터베이스와 연동한 후 세션을 이용해 로그인 상태를 유지하는 예제를 실습해 보겠습니다.

1. 먼저 데이터베이스 연동과 관련된 설정을 해줍니다. 8장에서 실습한 회원 기능 실습 자바 클래스 파일인 MemberDAO.java와 MemberVO.java를 복사하여 붙여 넣습니다.

▼ 그림 9-57 실습 파일 위치

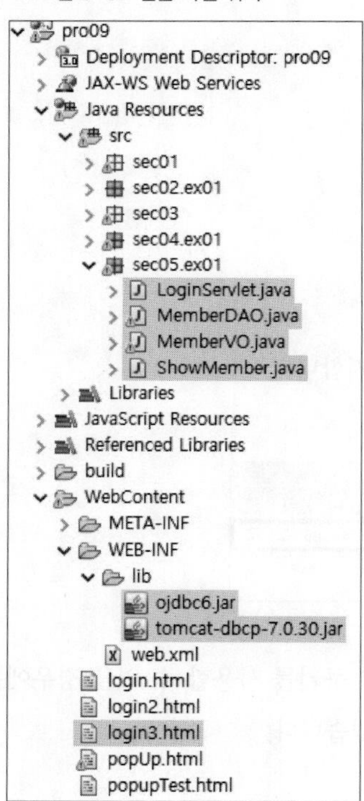

2. 사용자의 ID와 비밀번호를 입력한 후 /login 서블릿으로 전송하도록 login3.html을 작성합니다.

코드 9-16 pro09/WebContent/login3.html

```
<!DOCTYPE html>
<html>
<head>…</head>
<body>
```

```
    <form name="frmLogin"  method="post"  action="login" encType="UTF-8">
      아이디  :<input type="text" name="user_id"><br>
      비밀번호:<input type="password" name="user_pwd"><br>
      <input type="submit" value="로그인">
      <input type="reset" value="초기화">
    </form>
  </body>
</html>
```

3. 로그인창의 요청을 처리하는 LoginServlet 클래스를 다음과 같이 작성합니다. 로그인창에서 전송된 ID와 비밀번호를 가져와 MemberVO 객체를 생성한 후 속성에 ID와 비밀번호를 설정합니다. 그런 다음 MemberDAO의 isExisted() 메서드를 호출하면서 memberVO를 인자로 전달합니다. 조회된 결과가 true이면 isLogOn 속성을 true로 세션에 저장하고, ID와 비밀번호도 세션에 저장합니다.

코드 9-17 pro09/src/sec05/ex01/LoginServlet.java

```
package sec06.ex01;
...
@WebServlet("/login")
public class LoginServlet extends HttpServlet{
  protected void doGet(HttpServletRequest request, HttpServletResponse response)
  throws ServletException, IOException {
    doHandle(request, response);
  }

  protected void doPost(HttpServletRequest request, HttpServletResponse response)
  throws ServletException, IOException {
    doHandle(request, response);
  }

  private void doHandle(HttpServletRequest request, HttpServletResponse response)
  throws ServletException, IOException {
    request.setCharacterEncoding("utf-8");
    response.setContentType("text/html;charset=utf-8");
    PrintWriter out = response.getWriter();
    String user_id = request.getParameter("user_id");      // 로그인창에서 전송된 ID와 비밀번호를 가져옵니다.
    String user_pwd = request.getParameter("user_pwd");
    MemberVO memberVO = new MemberVO();    // MemberVO 객체를 생성하고 속성에 ID와 비밀번호를 설정합니다.
    memberVO.setId(user_id);
    memberVO.setPwd(user_pwd);
    MemberDAO dao = new MemberDAO();
    boolean result = dao.isExisted(memberVO);    // MemberDAO의 isExisted() 메서드를 호출하면서 memberVO를 전달합니다.
```

```
      if (result) {
        HttpSession session = request.getSession();
        session.setAttribute("isLogon", true);
        session.setAttribute("login.id", user_id);
        session.setAttribute("login.pwd", user_pwd);
        out.print("<html><body>");
        out.print("안녕하세요 " + user_id + "님!!!<br>");
        out.print("<a href='show'>회원정보 보기</a>");
        out.print("</body></html>");
      } else {
        out.print("<html><body><center>회원 아이디가 틀립니다.");
        out.print("<a href='login3.html'> 다시 로그인하기</a>");
        out.print("</body></html>");
      }
    }
  }
```

조회한 결과가 true이면 isLogOn 속성을 true로 세션에 저장합니다.

조회한 결과가 true이면 ID와 비밀번호를 세션에 저장합니다.

4. MemberDAO 클래스를 다음과 같이 작성합니다. 오라클에서 제공하는 decode() 함수를 이용해 SQL문으로 회원 정보를 조회합니다. 정보가 존재하면 true를, 존재하지 않으면 false를 반환합니다.

코드 9-18 pro09/src/sec05/ex01/MemberDAO.java

```
package sec05.ex01;
...
public class MemberDAO {
  private DataSource dataFactory;
  public MemberDAO(){
    try{
      Context ctx=new InitialContext();
      Context envContext = (Context) ctx.lookup("java:/comp/env");
      dataFactory = (DataSource) envContext.lookup("jdbc/oracle");
      }catch(Exception e){
          e.printStackTrace();
    }
  }
   ...
  public boolean isExisted(MemberVO memberVO) {
    boolean result = false;
    String id = memberVO.getId();
    String pwd = memberVO.getPwd();
    try {
      con = dataFactory.getConnection();
```

```
String query = "select decode(count(*),1,'true','false') as result from t_member";
    query += " where id=? and pwd=?";
pstmt = con.prepareStatement(query);
pstmt.setString(1, id);
pstmt.setString(2, pwd);
ResultSet rs = pstmt.executeQuery();
rs.next();
result = Boolean.parseBoolean(rs.getString("result"));
System.out.println("result=" + result);
} catch (Exception e) {
  e.printStackTrace();
}
  return result;
}
}
```

오라클의 decode() 함수를 이용해 조회하여 ID와 비밀번호가 테이블에 존재하면 true를, 존재하지 않으면 false를 조회합니다.

메서드로 전달된 ID와 비밀번호를 이용해 SQL문을 작성한 후 데이터베이스에 조회합니다.

커서를 첫 번째 레코드로 위치시킵니다.

5. ShowMember 클래스를 다음과 같이 작성합니다. 두 번째 서블릿은 사용자가 로그인할 때 회원 정보를 표시해 줍니다. 먼저 로그인 상태를 확인하기 위해 **getSession(false)** 메서드를 호출하여 세션을 얻은 다음 **getAttribute()** 메서드에 **isLogOn**을 인자로 전달해 로그인 상태를 가져옵니다. **isLogOn**의 값이 **true**면 회원 정보를 세션에서 가져와 출력합니다. 만약 세션이 존재하지 않거나 **isLogOn**이 **false**면 다시 로그인창으로 이동합니다.

코드 9-19 pro09/src/sec05/ex01/ShowMember.java

```
package sec05.ex01;
...
@WebServlet("/show")
public class ShowMember extends HttpServlet{
  protected void doGet(HttpServletRequest request, HttpServletResponse response)
  throws ServletException, IOException {
    response.setContentType("text/html;charset=utf-8");
    PrintWriter out = response.getWriter();
    String id ="", pwd="" ;
    Boolean isLogon=false;
    HttpSession session = request.getSession(false);
    if( session != null){
      isLogon=(Boolean)session.getAttribute("isLogon");
      if(isLogon==true){
        id = (String)session.getAttribute("login.id");
        pwd = (String)session.getAttribute("login.pwd");
        out.print("<html><body>");
        out.print("아이디: " + id+"<br>");
        out.print("비밀번호: " + pwd+"<br>");
```

이미 세션이 존재하면 세션을 반환하고, 없으면 null을 반환합니다.

먼저 세션이 생성되어 있는지 확인합니다.

isLogOn 속성을 가져와 로그인 상태를 확인합니다.

isLogOn이 true면 로그인 상태이므로 회원 정보를 브라우저에 표시합니다.

```
                out.print("</body></html>");
            }else{
                response.sendRedirect("login3.html");
            }
        }else{
            response.sendRedirect("login3.html");
        }
    }
}
```

로그인 상태가 아니면 로그인창으로 이동합니다.

세션이 생성되지 않았으면 로그인 창으로 이동합니다.

6. 로그인창에서 ID와 비밀번호를 입력한 후 전송합니다.

▼ 그림 9-58 로그인창에서 로그인

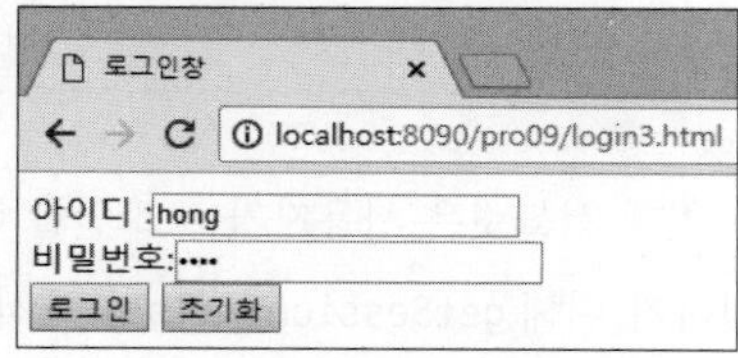

7. 회원 테이블에 입력한 ID와 비밀번호가 존재하면 로그인 성공 메시지가 출력됩니다.

▼ 그림 9-59 로그인 성공 시 메시지 출력

8. **회원정보보기**를 클릭하면 이미 로그인 상태이므로 세션에 저장된 회원 정보가 표시됩니다.

▼ 그림 9-60 세션에 저장된 로그인 정보 표시

9. 다음은 톰캣을 재실행한 후 로그인창을 거치지 않고 바로 /show로 요청한 경우입니다. 로그인을 하지 않았으므로 다시 로그인창으로 리다이렉트됩니다.

▼ 그림 9-61 비로그인 상태 시 다시 로그인창으로 이동

현재 웹 사이트들은 사용자가 로그인하면 한 번만 데이터베이스에서 회원 정보를 조회한 후 로그인 상태를 세션에 저장해 놓고, 각 웹 페이지를 열 때마다 세션에 접근해 앞 페이지에서 로그인을 했는지 판단합니다.

10장

서블릿의 필터와 리스너 기능

이 장에서는 서블릿의 기능을 도와주는 다른 API들에 대해 알아보겠습니다. 우선 서블릿의 요청과 응답 작업하기 전에 수행하는 필터(Filter) 기능을 알아본 다음 서블릿의 속성과 스코프(scope) 개념에 대해 살펴보겠습니다. 그리고 서블릿 관련 API에서 특정 이벤트가 발생했을 때 이벤트를 처리할 수 있는 여러 가지 리스너(Listener)에 대해서도 알아봅니다. 이 장에 나오는 기능을 알아두면 좀 더 고급 기능을 구현할 수 있습니다.

JAVA WEB

10.1 서블릿 속성과 스코프

서블릿 속성(attribute)이란 다음 세 가지 서블릿 API 클래스에 저장되는 객체(정보)라고 보면 됩니다.

- `ServletContext`
- `HttpSession`
- `HttpServletRequest`

각 속성은 앞 장에서 이미 사용해 봤습니다. 서블릿 API의 `setAttribute(String name, Object value)`로 바인딩하고, 필요할 때 `getAttribute(String name)`으로 바인딩된 속성을 가져오면 됩니다. 또한 `removeAttribute(String name)`을 이용해 속성을 서블릿 API에서 제거할 수도 있습니다.

서블릿의 스코프(scope)는 서블릿 API에 바인딩된 속성에 대한 접근 범위를 의미합니다.

앞 장에서도 사용해 봤듯이 `ServletContext`에 바인딩된 속성은 애플리케이션 전체에서 접근할 수 있으므로 애플리케이션 스코프를 갖습니다. `HttpSession`에 바인딩된 속성은 그 `HttpSession`에 해당하는 브라우저에만 접근할 수 있으므로 세션 스코프를 갖습니다. `HttpServletRequest`는 해당 요청/응답에 대해서만 접근하므로 리퀘스트 스코프를 갖습니다.

스코프의 기능은 다음과 같습니다.

- 로그인 상태 유지 기능
- 장바구니 기능
- MVC의 Model과 View의 데이터 전달 기능

✔ 표 10-1 스코프의 종류와 특징

스코프 종류	해당 서블릿 API	속성의 스코프
애플리케이션 스코프	ServletContext	속성은 애플리케이션 전체에 대해 접근할 수 있습니다.
세션 스코프	HttpSession	속성은 브라우저에서만 접근할 수 있습니다.
리퀘스트 스코프	HttpServletRequest	속성은 해당 요청/응답 사이클에서만 접근할 수 있습니다.

각 서블릿 API에 바인딩된 속성의 스코프를 알아보겠습니다.

1. 다음과 같이 GetAttribute, SetAttribute 클래스 파일을 준비합니다.

✔ 그림 10-1 실습 파일 위치

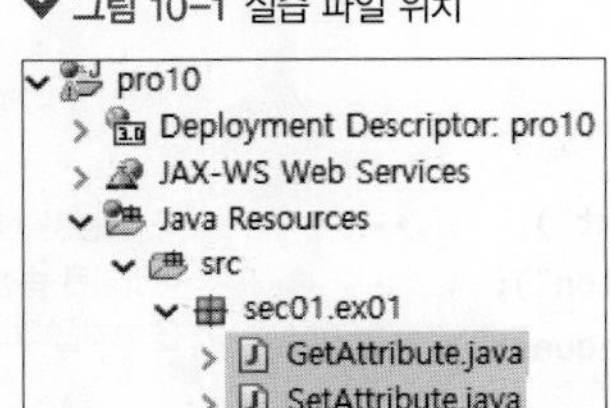

2. SetAttribute 클래스를 다음과 같이 작성합니다. ServletContext, HttpSession, HttpServletRequest 객체의 setAttribute() 메서드를 이용해 속성을 바인딩합니다.

코드 10-1 pro10/src/sec01/ex01/SetAttribute.java

```
package sec01.ex01;
...
@WebServlet("/set")
public class SetAttribute extends HttpServlet{
  public void doGet(HttpServletRequest request, HttpServletResponse  response)
  throws ServletException, IOException {
    response.setContentType("text/html;charset=utf-8");
    PrintWriter out = response.getWriter();
    String ctxMesg = "context에 바인딩됩니다.";
    String sesMesg = "session에 바인딩됩니다.";
    String reqMesg = "request에 바인딩됩니다.";

    ServletContext ctx = getServletContext();
    HttpSession session = request.getSession();
    ctx.setAttribute("context", ctxMesg);
    session.setAttribute("session", sesMesg);
    request.setAttribute("request", reqMesg);
    out.print("바인딩을 수행합니다.");
  }
}
```

HttpServletContext 객체, HttpSession 객체, HttpServletRequest 객체를 얻은 후 속성을 바인딩합니다.

3. 두 번째 서블릿인 `GetAttribute` 클래스를 다음과 같이 작성합니다. 각 서블릿 API들의 `getAttribute()` 메서드를 이용해 속성 이름으로 바인딩한 값을 가져와 브라우저로 출력합니다.

코드 10-2 pro10/src/sec01/ex01/GetAttribute.java

```
package sec01.ex01;
...
@WebServlet("/get")
public class GetAttribute extends HttpServlet{
  public void doGet(HttpServletRequest request , HttpServletResponse  response)
  throws ServletException, IOException {
    response.setContentType("text/html;charset=utf-8");
    PrintWriter out = response.getWriter();
    ServletContext ctx = getServletContext();
    HttpSession sess = request.getSession();

    String ctxMesg = (String)ctx.getAttribute("context");
    String sesMesg = (String)sess.getAttribute("session");
    String reqMesg = (String)request.getAttribute("request");

    out.print("context값 : " + ctxMesg + "<br>");
    out.print("session값 : " + sesMesg + "<br>");
    out.print("request값 : " + reqMesg + "<br>");
  }
}
```

각 서블릿 API에서 바인딩된 속성의 값을 가져옵니다.

4. 브라우저에서 /set으로 요청해 속성을 바인딩합니다.

▼ 그림 10-2 /set으로 요청 시 출력 결과

localhost:8090/pro10/set
localhost:8090/pro10/set
바인딩을 수행합니다.

5. `Context`와 `Session` 객체에 바인딩된 속성은 같은 브라우저에서 접근할 수 있으므로 값을 출력합니다. 그러나 기존에 바인딩된 `request` 객체는 `/get`으로 요청하여 생성된 `request` 객체와 다르므로 `null`이 출력됩니다.

▼ 그림 10-3 같은 브라우저에서 /get으로 요청 시 출력 결과

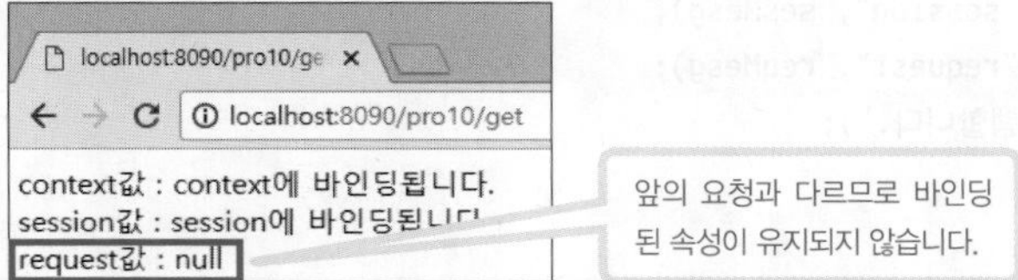
localhost:8090/pro10/ge
localhost:8090/pro10/get
context값 : context에 바인딩됩니다.
session값 : session에 바인딩됩니다.
request값 : null
앞의 요청과 다르므로 바인딩된 속성이 유지되지 않습니다.

6. 인터넷 익스플로러에서 /get으로 요청해 볼까요? 익스플로러에서 요청했기 때문에 이번에는 크롬의 세션 객체에는 접근할 수 없어 null을 출력합니다. 반면에 Context 객체에 바인딩된 데이터는 모든 브라우저에서 같은 결과를 출력합니다

❖ 그림 10-4 다른 브라우저에서 /get으로 요청했을 때

10.2 서블릿의 여러 가지 URL 패턴

이번에는 서블릿에 요청할 때 사용하는 URL 패턴에 대해 자세히 알아보겠습니다.

URL 패턴이란 실제 서블릿의 매핑 이름을 말합니다. 즉, 서블릿 매핑 시 사용되는 가상의 이름으로, 클라이언트가 브라우저에서 요청할 때 사용되며 반드시 /(슬래시)로 시작해야 합니다.

서블릿 매핑 이름으로 사용되는 URL 패턴의 종류는 정확히 이름까지 일치하는지, 디렉터리까지만 일치하는지, 확장자만 일치하는지에 따라 세 가지로 나누어집니다.

10.2.1 서블릿에 여러 가지 URL 패턴 적용 실습

여러 가지 URL 패턴을 사용해 서블릿에 요청하는 방법을 알아보겠습니다.

1. 다음과 같이 TestServlet1~3 클래스 파일을 준비합니다.

❖ 그림 10-5 실습 파일 위치

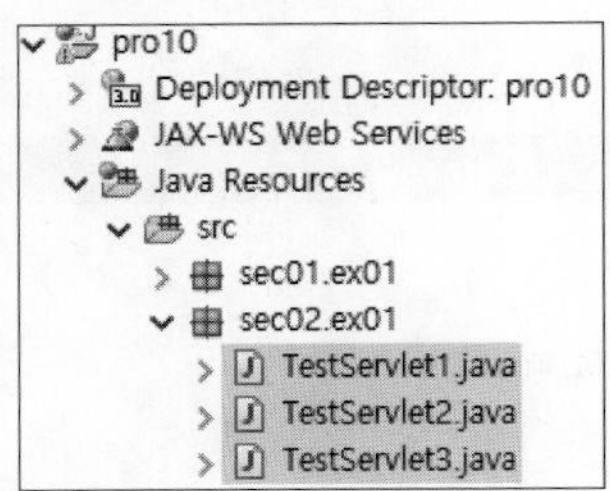

2. 첫 번째 서블릿인 TestServlet1 클래스를 다음과 같이 작성합니다. 이 서블릿은 /first/test로 요청할 때 실행됩니다. 브라우저의 요청 URL에 대해 서블릿의 여러 가지 메서드를 이용하여 요청 관련 정보를 가져옵니다.

코드 10-3 pro10/src /sec02/ex01/TestServlet1.java

```
package sec02.ex01;
...

@WebServlet("/first/test")        // 정확히 이름까지 일치하는 URL 패턴
public class TestServlet1 extends HttpServlet {
  public void doGet(HttpServletRequest request,  HttpServletResponse response)
  throws ServletException, IOException {
    request.setCharacterEncoding("utf-8");
    response.setContentType("text/html;charset=utf-8");
    PrintWriter out = response.getWriter();
    String context = request.getContextPath();        // 컨텍스트 이름만 가져옵니다.
    String url = request.getRequestURL().toString();  // 전체 URL을 가져옵니다.
    String mapping = request.getServletPath();        // 서블릿 매핑 이름만 가져옵니다.
    String uri = request.getRequestURI();             // URI를 가져옵니다.
    out.println("<html>");
    out.println("<head>");
    out.println("<title>Test Servlet1</title>");
    out.println("</head>");
    out.println("<body bgcolor='green'>");
    out.println("<b>TestServlet1입니다.</b><br>");
    out.println("<b>컨텍스트 이름 : "+ context + "</b><br>");
    out.println("<b>전체 경로 : "+ url +"<b><br>");
    out.println("<b>매핑 이름 : "+mapping+"<b><br>");
    out.println("<b>URI : " + uri + "<b>");
    out.println("</body>");
    out.println("</html>");
    out.close();
  }
}
```

3. 두 번째 서블릿인 TestServlet2 클래스를 다음과 같이 작성합니다. /first/ 디렉터리 이름으로 시작되는 요청에 대해 실행됩니다.

코드 10-4 pro10/src /sec02/ex01/TestServlet2.java

```
package sec02.ex01;
...
@WebServlet("/first/*")        // 디렉터리 이름만 일치하는 URL 패턴
```

```
public class TestServlet2 extends HttpServlet {
  public void doGet(HttpServletRequest request, HttpServletResponse response)
  throws SevletException, IOException {
    request.setCharacterEncoding("utf-8");
    response.setContentType("text/html;charset=utf-8");
    PrintWriter out = response.getWriter();
    String context = request.getContextPath();
    String url = request.getRequestURL().toString();
    String mapping = request.getServletPath();
    String uri = request.getRequestURI();
    out.println("<html>");
    out.println("<head>");
    out.println("<title>Test Servlet2</title>");
    out.println("</head>");
    out.println("<body bgcolor='yellow'>");
    out.println("<b>TestServlet2입니다.</b><br>");
    out.println("<b>컨텍스트 이름 : "+ context + "</b><br>");
    out.println("<b>전체 경로 : "+ url +"<b><br>");
    out.println("<b>매핑 이름 : "+mapping+"<b><br>");
    out.println("<b>URI : " + uri + "<b>");
    out.println("</body>");
    out.println("</html>");
    out.close();
  }
}
```

4. 세 번째 서블릿인 TestServlet3 클래스를 다음과 같이 작성합니다. 이는 매핑 이름에 상관 없이 확장자가 .do면 실행됩니다.

코드 10-5 pro10/src /sec02/ex01/TestServlet3.java

```
package sec02.ex01;
...
@WebServlet("*.do")          확장자만 일치하는 패턴
/*@WebServlet("/*")*/        모든 요청 URL 패턴
public class TestServlet3 extends HttpServlet {
  public void doGet(HttpServletRequest request, HttpServletResponse response)
  throws ServletException, IOException {
    request.setCharacterEncoding("utf-8");
    response.setContentType("text/html;charset=utf-8");
    PrintWriter out = response.getWriter();
    String context = request.getContextPath();
    String url = request.getRequestURL().toString();
    String mapping = request.getServletPath();
```

```
    String uri = request.getRequestURI();
    out.println("<html>");
    out.println("<head>");
    out.println("<title>Test Servlet3</title>");
    out.println("</head>");
    out.println("<body bgcolor='red'>");
    out.println("<b>TestServlet3입니다.</b><br>");
    out.println("<b>컨텍스트 이름 : "+ context + "</b><br>");
    out.println("<b>전체 경로 : "+ url +"<b><br>");
    out.println("<b>매핑 이름 : "+mapping+"<b><br>");
    out.println("<b>URI : " + uri + "<b>");
    out.println("</body>");
    out.println("</html>");
    out.close();
  }
}
```

5. 각각의 매핑 이름으로 요청해 보겠습니다. 우선 정확한 매핑 이름(/first/test)으로 요청한 경우에는 다음과 같이 출력됩니다.

▼ 그림 10-6 /first/test로 요청 시

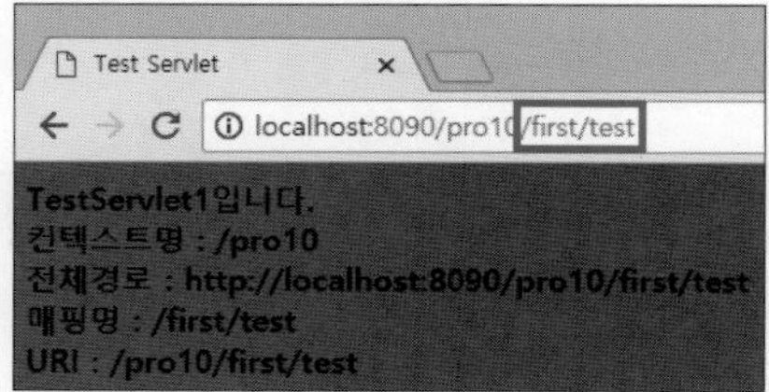

6. 디렉터리 이름만 일치하는 경우에는 각각 다음과 같이 출력됩니다.

▼ 그림 10-7 /first/base로 요청 시

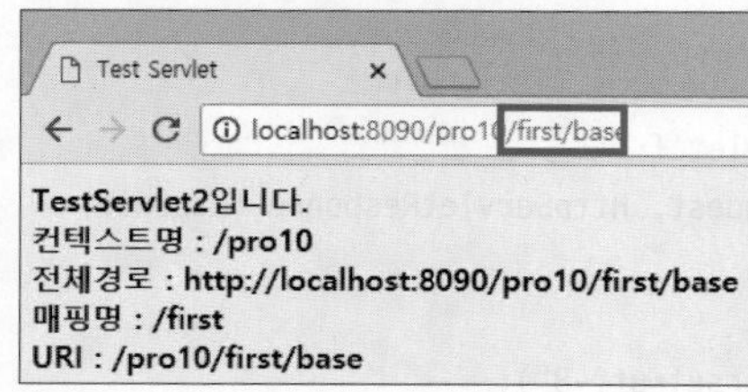

❤ 그림 10-8 디렉터리 이름 /first로 요청 시

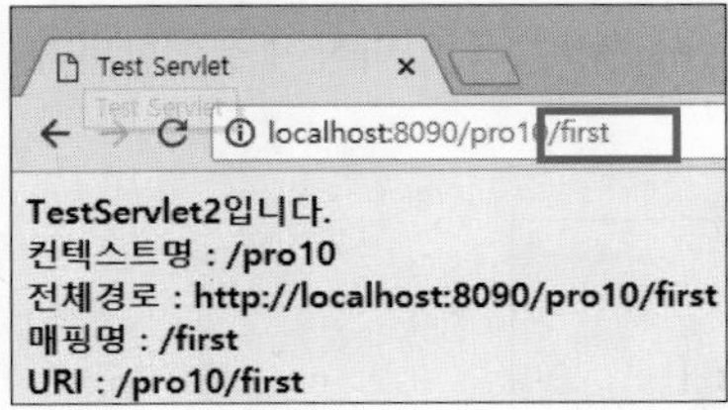

❤ 그림 10-9 디렉터리 이름 /first/base.do로 요청 시

7. 다음은 확장자가 일치했을 경우의 출력 결과로, 각각 /base.do와 /second/base.do로 요청했을 때의 출력 결과입니다.

❤ 그림 10-10 /base.do로 요청 시

❤ 그림 10-11 /second/base.do로 요청 시

/first/base.do로 요청하면 확장자명이 .do로 끝나지만 앞의 디렉터리 이름이 우선하므로 `TestServlet2`가 실행됩니다. 반면에 /second/base.do로 요청하면 /second 디렉터리는 존재하지 않으므로 확장자명 .do를 우선하여 `TestServlet3`이 실행됩니다.

8. 다음은 `TestServlet3` 클래스의 URL 패턴을 `/*`로 설정한 후 요청한 결과입니다. `@WebServlet("*.do")`를 주석 처리하고, `@WebServlet("/*")`을 입력하여 실행합니다.

▼ 그림 10-12 @WebServlet("/*")으로 설정

```java
 */
/*@WebServlet("*.do")*/
@WebServlet("/*")
public class TestServlet3 extends HttpServlet {
    private static final long serialVersionUID = 1L;

    /**
```

Tip 실습 파일을 사용할 경우 주석 처리를 해제하기 바랍니다.

9. 톰캣을 다시 실행한 후 /second/base로 요청하여 결과를 출력합니다.

▼ 그림 10-13 확장자명 없이 요청한 결과

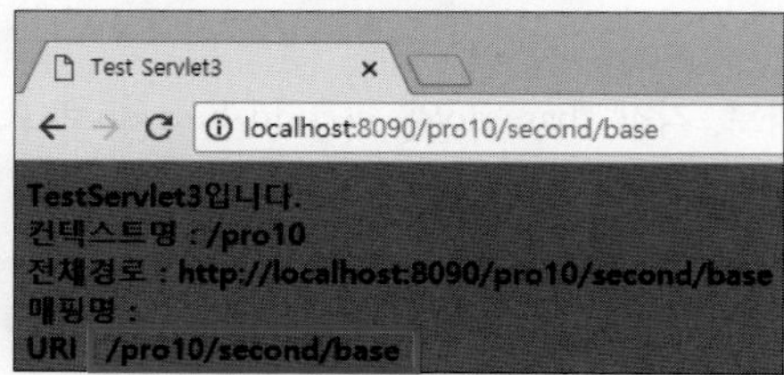

확장자명은 지정하지 않을 수도 있고, do 대신 자신이 원하는 이름으로 지정해서 사용할 수도 있습니다(do는 일반적으로 MVC나 프레임워크에서 자주 사용하는 확장자명입니다).

10.3 Filter API

이번에는 필터에 대해 알아보겠습니다. 필터란 브라우저에서 서블릿에 요청하거나 응답할 때 미리 요청이나 응답과 관련해 여러 가지 작업을 처리하는 기능입니다. 프로그래밍을 하다가 한글 인코딩처럼 각 서블릿에서 반복적으로 처리해야 하는 작업이 있을 수 있는데, 이런 경우 서블릿의 공통 작업을 미리 필터에서 처리하면 반복해서 작업할 할 필요가 없겠죠.

▼ 그림 10-14 필터 기능 수행 과정

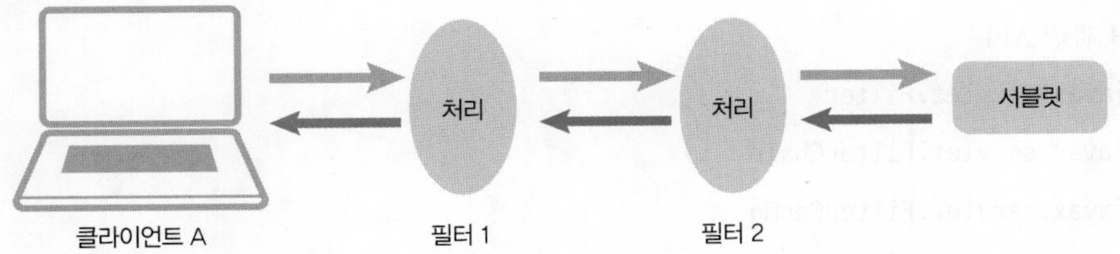

그림 10-15는 9장에서 로그인 예제를 실습할 때 사용한 서블릿 코드의 일부분입니다.

▼ 그림 10-15 request에 한글 인코딩 설정

```
private void doHandle(HttpServletRequest request, HttpServletResponse response) throws ServletE
    request.setCharacterEncoding("utf-8");
    response.setContentType("text/html;charset=utf-8");
    PrintWriter out = response.getWriter();
    String user_id = request.getParameter("user_id");
    String user_pwd = request.getParameter("user_pwd");

    MemberVO memberVO = new MemberVO();
    memberVO.setId(user_id);
    memberVO.setPwd(user_pwd);
    MemberDAO dao = new MemberDAO();
    boolean result = dao.isExisted(memberVO);

    if (result) {
        HttpSession session = request.getSession();
        session.setAttribute("isLogon", true);
        session.setAttribute("login.id", user_id);
        session.setAttribute("login.pwd", user_pwd);
```

이처럼 웹 페이지에서 입력한 한글을 서블릿에 전달하려면 secCharacterEncoding() 메서드를 이용해 한글 인코딩 설정을 서블릿마다 상단에 추가해야 했습니다. 하지만 모든 서블릿에서 공통으로 처리하는 작업을 먼저 필터에서 처리해 주면 편리하겠죠.

필터는 용도에 따라 크게 요청 필터와 응답 필터로 나뉘며 다음과 같은 API가 있습니다.

- 요청 필터
  - 사용자 인증 및 권한 검사
  - 요청 시 요청 관련 로그 작업
  - 인코딩 기능
- 응답 필터
  - 응답 결과에 대한 암호화 작업
  - 서비스 시간 측정

- 필터 관련 API
  - `javax.servlet.Filter`
  - `javax.servlet.FilterChain`
  - `javax.servlet.FilterConfig`

표 10-2와 표 10-3은 실제 서블릿에서 제공하는 필터 관련 API의 여러 가지 메서드들입니다.

▼ 표 10-2 Filter 인터페이스에 선언된 메서드

메서드	기능
destroy()	필터 소멸 시 컨테이너에 의해 호출되어 종료 작업을 수행합니다.
doFilter()	요청/응답 시 컨테이너에 의해 호출되어 기능을 수행합니다.
init()	필터 생성 시 컨테이너에 의해 호출되어 초기화 작업을 수행합니다.

▼ 표 10-3 FilterConfig의 메서드

메서드	기능
getFilterName()	필터 이름을 반환합니다.
getInitParameter(String name)	매개변수 name에 대한 값을 반환합니다.
getServletContext()	서블릿 컨텍스트 객체를 반환합니다.

10.3.1 사용자 정의 Filter 만들기

그럼 이번에는 직접 필터를 만들어 보겠습니다. 사용자 정의 필터는 반드시 `Filter` 인터페이스를 구현해야 합니다. 그리고 `init()`, `doFilter()`, `destroy()`의 추상 메서드를 구현해 주어야 합니다. 사용자 정의 필터를 생성하면 필터를 각각의 요청에 맞게 적용하기 위해 필터 매핑을 해야 하는데, 필터를 매핑하는 방법은 다음 두 가지입니다.

- 애너테이션을 이용하는 방법
- web.xml에 설정하는 방법

일반적으로 애너테이션을 이용하는 방법이 편리하므로 많이 사용합니다.

10.3.2 Filter를 이용한 한글 인코딩 실습

우선 한글 인코딩 처리를 통해 필터 기능을 실습해 보겠습니다.

1. 다음과 같이 `LoginTest`, `EncoderFilter` 클래스 파일을 준비합니다.

▼ 그림 10-16 실습 파일 위치

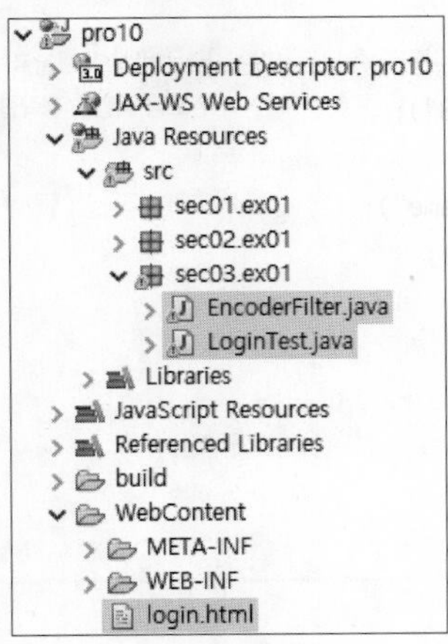

2. 로그인창에서 ID 대신 이름을 입력한 후 서블릿으로 전송하도록 login.html을 작성합니다.

코드 10-6 pro10/WebContent/login.html

```
<!DOCTYPE html>
<html>
<head>
```

```
<meta charset="UTF-8">
<title>로그인창</title>
</head>
<body>
  <form name="frmLogin"  method="post"  action="login"  encType="utf-8">
       이름  :<input type="text" name="user_name"><br>
       비밀번호:<input type="password" name="user_pw"><br>
       <input type="submit" value="로그인">
       <input type="reset" value="다시입력">
  </form>
</body>
</html>
```

3. LoginTest 클래스를 다음과 같이 작성합니다. 서블릿에서는 setCharacterEncoding() 메서드를 주석 처리하여 한글 처리를 하지 않도록 합니다.

코드 10-7 prro10/src /sec03/ex01/LoginTest.java

```
package sec03.ex01;
...
@WebServlet("/login")
public class LoginTest extends HttpServlet {
  protected void doPost(HttpServletRequest request, HttpServletResponse response)
  throws ServletException, IOException {
    //request.setCharacterEncoding( "utf-8" );
    response.setContentType("text/html;charset=utf-8");
    PrintWriter out = response.getWriter();
    String user_name = request.getParameter("user_name");
    String user_pw = request.getParameter("user_pw");
    out.println("<html><body>");
    out.println("이름는 " + user_name +"<br>");
    out.println("비밀번호는 "+user_pw +"<br>");
    out.println("</body></html>");
  }
}
```

post 방식으로 한글 전송 시 인코딩 작업을 생략합니다.

4. 다음은 인코딩 처리를 하지 않았을 때의 출력 결과입니다. 한글이 깨져서 표시되는 것을 볼 수 있죠?

▼ 그림 10-17 로그인창에서 로그인

▼ 그림 10-18 전송된 한글이 깨져서 출력

5. 이번에는 필터를 이용해 한글 인코딩 기능을 구현해 보겠습니다. sec03.ex01 패키지를 선택하고 마우스 오른쪽 버튼을 클릭한 후 New 〉 Filter를 선택합니다.

▼ 그림 10-19 New 〉 Filter 선택

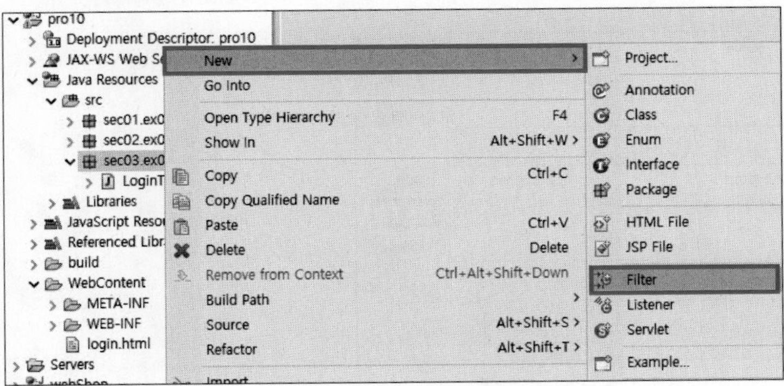

6. Class name으로 EncoderFilter를 입력하고 Next를 클릭합니다.

❤ 그림 10-20 클래스 이름으로 EncoderFilter 입력 후 Next 클릭

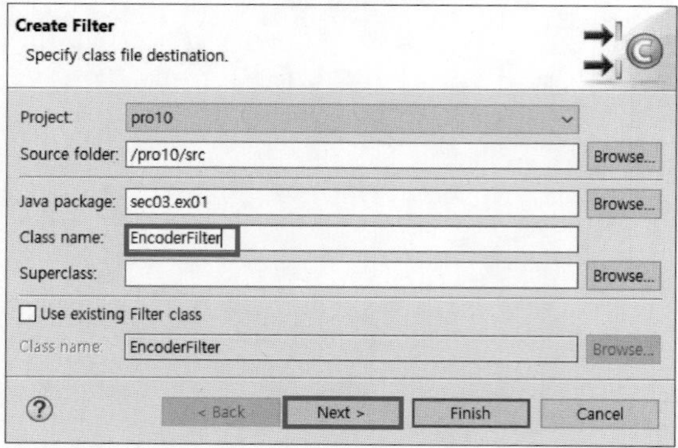

7. Filter mappings에서 /EncoderFilter를 선택한 후 Edit를 클릭합니다.

❤ 그림 10-21 필터 매핑 이름 수정

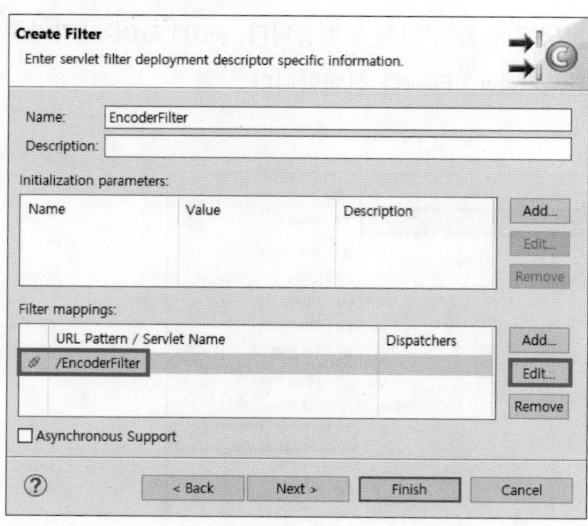

8. 모든 요청에 대해 필터 기능을 수행하도록 Pattern을 /*로 수정합니다.

❤ 그림 10-22 모든 요청에 대해 필터를 처리하도록 설정

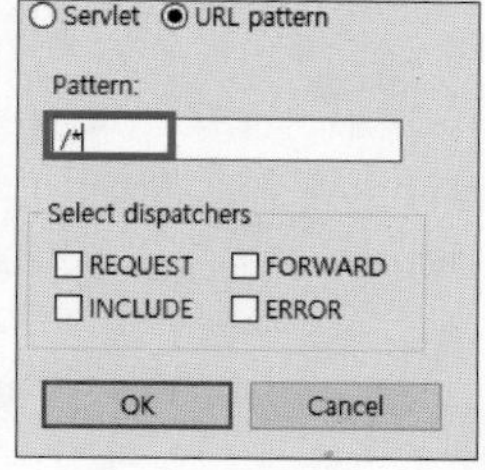

9. URL Pattern에서 /*을 확인하고 Next를 클릭합니다.

❤ 그림 10-23 필터 매핑 이름 확인 후 Next 클릭

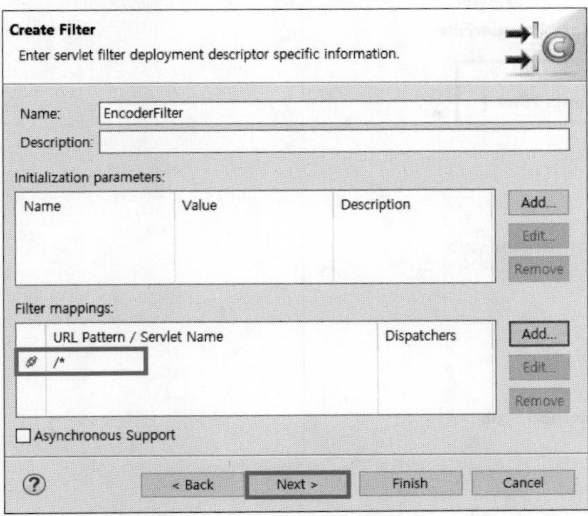

10. Finish를 클릭하여 필터 클래스가 생성된 것을 확인합니다.

❤ 그림 10-24 Finish 클릭

Create Filter
Specify modifiers, interfaces to implement, and method stubs to generate.
Modifiers: public abstract final
Interfaces: javax.servlet.Filter
Add...
Remove
Which method stubs would you like to create?
Constructors from superclass
Inherited abstract methods
init destroy doFilter
< Back Next > Finish Cancel

✔ 그림 10-25 @WebFilter 애너테이션으로 필터 생성 확인

```
EncoderFilter.java

/**
 * Servlet Filter implementation class EncoderFilter
 */
@WebFilter("/*")
public class EncoderFilter implements Filter {

    /**
     * Default constructor.
     */
    public EncoderFilter() {
        // TODO Auto-generated constructor stub
    }

    /**
     * @see Filter#destroy()
     */
    public void destroy() {
        // TODO Auto-generated method stub
    }
```

11. 이제 다음과 같이 EncoderFilter 클래스를 작성합니다. 사용자 정의 필터 클래스는 반드시 Filter 인터페이스를 구현해야 합니다. 브라우저 요청 시 doFilter() 메서드의 매개변수로 request와 response가 전달되며, doFilter() 메서드는 FilterChain 타입인 chain을 세 번째 매개변수로 가집니다. 전달된 request를 이용해 한글 인코딩 작업을 합니다. chain.doFilter() 메서드를 기준으로 위쪽에 위치한 코드는 요청 필터 기능을 수행합니다.

코드 10-8 pro10/src /sec03/ex01/EncoderFilter.java

```
package sec03.ex01;
...

@WebFilter("/*")
public class EncoderFilter implements Filter{
  ServletContext context;
  public void init(FilterConfig fConfig) throws ServletException{
    System.out.println("utf-8 인코딩............");
    context = fConfig.getServletContext();
  }
  public void doFilter(ServletRequest request, ServletResponse response,
                          FilterChain chain)throws ServletException, IOException {
    System.out.println("doFilter 호출");
    request.setCharacterEncoding( "utf-8" );
    String context= ((HttpServletRequest)request).getContextPath();
    String pathinfo = ((HttpServletRequest)request) getRequestURI();
    String realPath = request getRealPath( pathinfo);
```

- @WebFilter("/*"): WebFilter 애너테이션을 이용해 모든 요청이 필터를 거치게 합니다.
- implements Filter: 사용자 정의 필터는 반드시 Filter 인터페이스를 구현해야 합니다.
- doFilter(): doFilter() 안에서 실제 필터 기능을 구현합니다.
- System.out.println("doFilter 호출"); request.setCharacterEncoding("utf-8");: 한글 인코딩 설정 작업을 합니다.
- .getContextPath(): 웹 애플리케이션의 컨텍스트 이름을 가져옵니다.
- getRequestURI(): 웹 브라우저에서 요청한 요청 URI를 가져옵니다.
- getRealPath(pathinfo): 요청 URI의 실제 경로를 가져옵니다.

```
    String mesg = " Context  정보:" + context
                + "\n URI 정보 : " + pathinfo
                + "\n 물리적 경로:  " + realPath;
    System.out.println(mesg);
    chain.doFilter( request, response );  ← 다음 필터로 넘기는 작업을 수행합니다.
  }

  public void destroy(){
    System.out.println("destroy 호출");
  }
}
```

12. 톰캣을 재실행하고 로그인창에서 한글을 입력합니다. 이번에는 필터를 거쳐 한글이 제대로 출력되는 것을 확인할 수 있습니다. 요청 필터 기능을 수행할 때마다 doFilter()가 수행되므로 이클립스 콘솔에도 다음과 같은 메시지가 출력됩니다.

▼ 그림 10-26 필터를 거친 출력 결과

▼ 그림 10-27 필터 호출 시 메시지 출력

```
9월 03, 2018 2:58:10 오후 org.apache.catalina.core.StandardContext reload
정보: Reloading Context with name [/pro10] is completed
doFilter 호출
 Context  정보:/pro10
 URI 정보 : /pro10/login
 물리적 경로:  C:\myJSP\workspace\.metadata\.plugins\org.eclipse.wst.server.core\tmp0\wtpw
```

10.3.3 응답 필터 사용

이번에는 응답에 대해 수행하는 응답 필터를 알아보겠습니다. 서블릿에서 요청과 응답에 대한 필터 기능은 동일한 필터가 수행합니다.

한 필터에서 요청과 응답 기능을 수행하는 방법을 그림 10-28에 나타내었습니다. 필터에서 doFilter() 메서드를 기준으로 위쪽에 위치한 코드는 요청 필터 기능을 수행하고, 아래에 위치한 코드는 응답 필터 기능을 수행합니다.

✔ 그림 10-28 한 개의 필터에서 요청 필터와 응답 필터의 수행 방법

```
    public void doFilter(ServletRequest request, ServletResponse response, Filte
        System.out.println("doFilter 호출");

        request.setCharacterEncoding( "utf-8" );
        long begin  = System.currentTimeMillis();
        String path = ((HttpServletRequest)request).getContextPath();
        String pathinfo = ((HttpServletRequest)request).getRequestURI();
        요청 필터 기능 ath = request.getRealPath( pathinfo);
        String mesg = "Context  정보:" + path + " URI 정보 : " + pathinfo + "

        chain.doFilter( request, response );
        long end = System.currentTimeMillis();
        응답 필터 기능 println("작업 시간:"+(end-begin)+"ms");
    }
```

10.3.4 응답 필터 기능으로 작업 시간 구하기

응답 필터 기능을 이용해 로그인 요청 시 작업 수행 시간을 구해 보겠습니다.

1. 앞 절의 EncoderFilter 클래스를 그대로 사용합니다. chain.doFilter() 메서드 위아래에 요청 전과 후의 시각을 구하는 코드를 각각 추가합니다.

코드 10-9 pro10/src/sec03/ex01/EncoderFilter.java

```
package sec03.ex01;
...
@WebFilter("/*")
public class EncoderFilter  implements Filter{
  ServletContext context;
  public void init(FilterConfig fc) throws ServletException{
    System.out.println("utf-8 인코딩............");
    context =  fc.getServletContext();
  }
  public void doFilter(ServletRequest request, ServletResponse response,
                FilterChain chain)throws ServletException, IOException {
    System.out.println("doFilter 호출");
    request.setCharacterEncoding( "utf-8" );
    String path = ((HttpServletRequest)request).getContextPath();
    String pathinfo = ((HttpServletRequest)request).getRequestURI();
    String realPath = request.getRealPath( pathinfo);
    String mesg = " Context  정보:" + context
          + "\n URI 정보 : " + pathinfo
          + "\n 물리적 경로:  " + realPath;
    System.out.println(mesg);
    long begin  = System.currentTimeMillis();    // 요청 필터에서 요청 처리 전의 시각을 구합니다.
```

```
    chain.doFilter( request, response );

    long end = System.currentTimeMillis();
    System.out.println("작업 시간:"+(end-begin)+"ms");
  }
  public void destroy(){
    System.out.println("destroy 호출");
  }
}
```

응답 필터에서 요청 처리 후의 시각을 구합니다.

작업 요청 전과 후의 시각 차를 구해 작업 수행 시간을 구합니다.

long begin = System.currentTimeMillis() 메서드는 chain.doFilter() 메서드 위쪽에 위치하므로 요청 시 시각을 구합니다. long end = System.currentTimeMillis() 메서드는 chain.doFilter() 메서드 아래에 위치하므로 응답 시 시각을 구합니다.

2. 실행하면 다음과 같이 로그인 요청 작업에 걸린 시간을 콘솔로 출력합니다. 로컬 PC에서의 실습이므로 너무 빨라 0ms를 표시합니다.

▼ 그림 10-29 응답 필터를 이용한 작업 수행 시간 출력 결과

```
doFilter 호출
 Context  정보:/pro10
 URI 정보 : /pro10/login
 물리적 경로:   C:\myJSP\workspace\.metadata\.plugins\org.ecl
작업 시간:0ms
```

이상으로 필터 기능에 대해 알아봤습니다. 서블릿이나 JSP에서 공통으로 처리해야 할 작업을 필터에 구현해 놓고 사용하면 편리하다는 것을 기억해 두세요.

10.4 여러 가지 서블릿 관련 Listener API

자바 GUI에서는 마우스 클릭과 같은 이벤트 발생 시 여러 가지 이벤트 핸들러를 이용해 화면의 기능을 구현합니다. 이처럼 서블릿에서도 서블릿에서 발생하는 이벤트에 대해 적절한 처리를 해 주는 여러 가지 리스너를 제공합니다.

▼ 표 10-4 서블릿 관련 여러 가지 리스너들

서블릿 관련 Listener	추상 메서드	기능
ServletContextAttributeListener	attributeAdded() attributeRemoved() attributeReplaced()	Context 객체에 속성 추가/제거/수정 이벤트 발생 시 처리합니다.
HttpSessionListener	sessionCreated() sessionDestroyed()	세션 객체의 생성/소멸 이벤트 발생 시 처리합니다
ServletRequestListener	requestInitialized() requestDestroyed()	클라이언트의 요청 이벤트 발생 시 처리합니다
ServletRequestAttributeListener	attributedAdded() attributedRemoved() attributeReplaced()	요청 객체에 속성 추가/제거/수정 이벤트 발생 시 처리합니다
HttpSessionBindingListener	valueBound() valueUnbound()	세션에 바인딩/언바인딩된 객체를 알려 주는 이벤트 발생 시 처리합니다
HttpSessionAttributeListener	attributedAdded() attributedRemoved() attributeReplaced()	세션에 속성 추가/제거/수정 이벤트 발생 시 처리합니다
ServletContextListener	contextInitialized() contextDestroyed()	컨텍스트 객체의 생성/소멸 이벤트 발생 시 처리합니다
HttpSessionActivationListener	sessionDidActivate() sessionWillPassivate()	세션의 활성화/비활성화 이벤트 발생 시 처리합니다

10.4.1 HttpSessionBindingListener 이용해 로그인 접속자수 표시

HttpSessionBindingListener를 이용해 현재 웹 페이지에 로그인한 접속자수를 알아보는 기능을 구현해 보겠습니다.

1. 다음과 같이 실습 파일을 새로 준비합니다.

▼ 그림 10-30 실습 파일 위치

2. ID와 비밀번호를 입력하여 전송하는 로그인창을 작성합니다.

코드 10-10 pro10/WebContent/login2.html

```
<!DOCTYPE html>
<html>
<head>
<meta charset="UTF-8">
<title>로그인창</title>
</head>
<body>
  <form name="frmLogin" method="post" action="login" encType="utf-8">
    아이디  :<input type="text" name="user_id"><br>
    비밀번호:<input type="password" name="user_pw"><br>
    <input type="submit" value="로그인">
    <input type="reset" value="다시 입력">
  </form>
</body>
</html>
```

3. LoginTest 클래스를 다음과 같이 작성합니다. LoginImpl loginUser=new LoginImpl (user_id,user_pw)를 실행하여 전송된 ID와 비밀번호를 저장합니다. 또 session.setAttribute("loginUser", loginUser)으로 세션에 바인딩 시 미리 HttpSessionBindingListener를 구현한 LoginImpl의 valueBound() 메서드를 호출합니다.

코드 10-11 pro10/src/sec04/ex01/LoginTest.java

```
package sec04.ex02;
...
@WebServlet("/login")
public class LoginTest extends HttpServlet {
  protected void doPost(HttpServletRequest request, HttpServletResponse response)
  throws ServletException, IOException {
    request.setCharacterEncoding( "utf-8" );
    response.setContentType("text/html;charset=utf-8");
    PrintWriter out = response.getWriter();
    HttpSession session=request.getSession();
    String user_id = request.getParameter("user_id");
    String user_pw = request.getParameter("user_pw");
    LoginImpl loginUser=new LoginImpl(user_id,user_pw);
    if(session.isNew()){
      session.setAttribute("loginUser", loginUser);
    }
    out.println("<head>");
    out.println("<script  type='text/javascript'>");
    out.println("setTimeout('history.go(0);', 5000)");
    out.println("</script>");
    out.println("</head>");
    out.println("<html><body>");
    out.println("아이디는 " + loginUser.user_id +"<br>");
    out.println("총 접속자수는"+LoginImpl.total_user +"<br>");
    out.println("</body></html>");
  }
}
```

- 이벤트 핸들러를 생성한 후 세션에 저장합니다.
- 세션에 바인딩 시 LoginImpl의 valueBound() 메서드를 호출합니다.
- 자바스크립트의 setTimeout() 함수를 이용해 5초마다 서블릿에 재요청하여 현재 접속자수를 표시합니다.
- 접속자수를 브라우저로 출력합니다.

4. LoginImpl 클래스를 다음과 같이 작성합니다. HttpSessionBindingListener를 구현하여 세션에 바인딩 이벤트를 처리하는 이벤트 핸들러가 구현되어 있습니다. 세션에 바인딩 시 valueBound()가 호출되어 static 변수인 total_user의 값을 1 증가시킵니다.

코드 10-12 pro10/src/sec04/ex01/LoginImpl.java

```
package sec04.ex01;

import javax.servlet.http.HttpSessionBindingEvent;
```

```
import javax.servlet.http.HttpSessionBindingListener;

public class LoginImpl implements HttpSessionBindingListener {
  String user_id;
  String user_pw;
  static int total_user=0;
  public LoginImpl() {
  }

  public LoginImpl(String user_id, String user_pw) {
    this.user_id = user_id;
    this.user_pw = user_pw;
  }

  @Override
  public void valueBound(HttpSessionBindingEvent arg0) {
    System.out.println("사용자 접속");
    ++total_user;
  }

  @Override
  public void valueUnbound(HttpSessionBindingEvent arg0) {
    System.out.println("사용자 접속 해제");
    total_user--;
  }
}
```

- HttpSessionBindingListener를 구현해 세션에 바인딩 시 이벤트를 처리합니다.
- 세션에 바인딩 시 1씩 증가시킵니다.
- 세션에 저장 시 접속자수를 증가시킵니다.
- 세션에서 소멸 시 접속자수를 감소시킵니다.

5. 서로 다른 종류의 브라우저에서 접속하여 실행 결과를 확인해 보겠습니다. 우선 크롬에서 로그인하면 접속자 ID와 접속자수가 표시됩니다.

▼ 그림 10-31 크롬에서 로그인한 결과

6. 이번에는 익스플로러에서 로그인하면 다음과 같이 접속자 ID와 접속자수가 표시됩니다.

❤ 그림 10-32 익스플로러에서 로그인한 결과

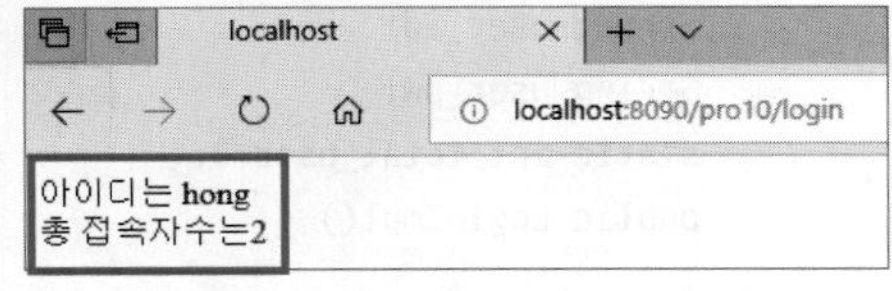

7. 5초 후 크롬에서는 접속자수가 갱신되어 표시됩니다.

❤ 그림 10-33 크롬 화면 재접속 시 갱신된 접속자 수

참고로 `HttpSessionBindingListener`를 구현한 `LoginImpl` 클래스는 리스너를 따로 등록할 필요가 없습니다.

10.4.2 HttpSessionListener 이용해 로그인 접속자수 표시

이번에는 `HttpSessionListener`를 이용해 웹 페이지 로그인 시 접속자수와 모든 접속자 ID를 표시해 주는 기능을 구현해 보겠습니다.

1. 다음과 같이 실습 파일을 준비합니다.

▼ 그림 10-34 실습 파일 위치

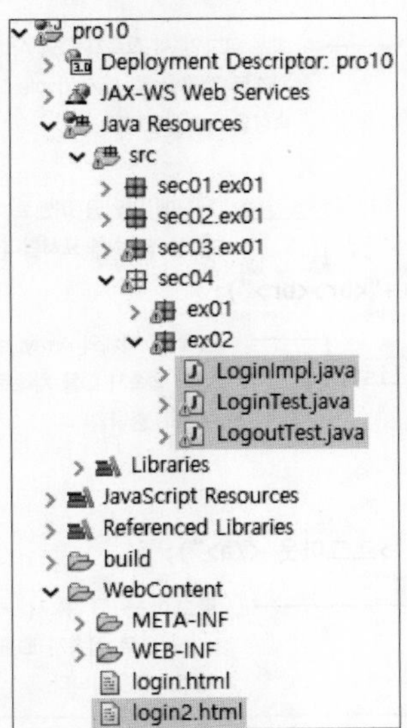

2. 첫 번째 서블릿인 LoginTest 클래스 파일을 다음과 같이 수정합니다. setAttribute()를 이용해 loginUser를 세션에 바인딩하면 LoginImpl 클래스에 구현된 이벤트 핸들러를 이용해 접속자수를 1 증가시킵니다. 그리고 user_list에 접속자 ID를 저장한 다음 ServletContext 객체에 바인딩합니다.

코드 10-13 pro10/src/sec04/ex02/LoginTest.java

```
package sec04.ex02;
...
@WebServlet("/login")
public class LoginTest extends HttpServlet {
  ServletContext context=null;
  List user_list=new ArrayList();   // 로그인한 접속자 ID를 저장하는 ArrayList입니다.

  protected void doPost(HttpServletRequest request, HttpServletResponse response)
  throws ServletException, IOException {
    request.setCharacterEncoding( "utf-8" );
    response.setContentType("text/html;charset=utf-8");
    context=getServletContext();
    PrintWriter out = response.getWriter();
    HttpSession session=request.getSession();
    String user_id = request.getParameter("user_id");
    String user_pw = request.getParameter("user_pw");
```

```
    LoginImpl loginUser=new LoginImpl(user_id,user_pw);
    if(session.isNew()){
      session.setAttribute("loginUser", loginUser);
      user_list.add(user_id);
      context.setAttribute("user_list",user_list);
    }

    out.println("<html><body>");
    out.println("아이디는 " + loginUser.user_id +"<br>");
    out.println("총 접속자 수는"+LoginImpl.total_user +"<br><br>");
    out.println("접속 아이디:<br>");
    List list=(ArrayList)context.getAttribute("user_list");
    for(int i=0; i<list.size();i++){
      out.println(list.get(i)+"<br>");
    }
    out.println("<a href='logout?user_id="+user_id+"'>로그아웃 </a>");
    out.println("</body></html>");
  }
}
```

LoginImpl 객체를 생성한 후 전송된 ID와 비밀번호를 저장합니다.

최초 로그인 시 접속자 ID를 ArrayList에 차례로 저장한 후 다시 context 객체에 속성으로 저장합니다.

세션에 바인딩 이벤트 처리 후 총 접속자수를 표시합니다.

context 객체의 ArrayList를 가져와 접속자 ID를 차례로 브라우저로 출력합니다.

로그아웃 클릭 시 서블릿 logout으로 접속자 ID를 전송해 로그아웃합니다.

3. LogoutTest 클래스를 다음과 같이 작성합니다. 여기서는 **로그아웃** 링크를 클릭하면 접속자 수를 1 감소시키고 user_list에서 로그아웃한 접속자 ID를 삭제한 후 다시 user_list를 SevletContext 객체에 바인딩하도록 설정합니다.

코드 10-14 pro10/src/sec04/ex02/LogoutTest.java

```
package sec04.ex02;
...
@WebServlet("/logout")
public class LogoutTest extends HttpServlet {
  ServletContext context;

  protected void doGet(HttpServletRequest request, HttpServletResponse response)
  throws ServletException, IOException {
    doHandle(request,response);
  }
  protected void doPost(HttpServletRequest request, HttpServletResponse response)
  throws ServletException, IOException {
    doHandle(request,response);
  }

  private void doHandle(HttpServletRequest request, HttpServletResponse response)
  throws ServletException, IOException {
    request.setCharacterEncoding( "utf-8" );
```

```
        response.setContentType("text/html;charset=utf-8");
        context=getServletContext();
        PrintWriter out = response.getWriter();
        HttpSession session=request.getSession();
        String user_id = request.getParameter("user_id");
        session.invalidate();
        List user_list=(ArrayList)context.getAttribute("user_list");
        user_list.remove(user_id);
        context.removeAttribute("user_list");
        context.setAttribute("user_list", user_list);
        out.println("<br>로그아웃했습니다.");
    }
}
```

user_list에서 삭제할 ID를 가져옵니다.

로그아웃 시 세션을 소멸시킵니다.

user_list에서 로그아웃한 접속자 ID를 삭제한 후 다시 user_list를 컨텍스트에 저장합니다.

LoginImpl 클래스는 HttpSessionListener를 구현해 세션 생성과 소멸 시 이벤트를 처리하는 핸들러입니다. 중요한 것은 앞의 LoginImpl에서 구현한 HttpSessionBindingListener와는 다르게 HttpSessionListener는 반드시 리스너를 구현한 이벤트 핸들러를 애너테이션을 이용해서 등록해야 한다는 것입니다. 직접 구현해 보겠습니다.

1. sec04.ex02 패키지를 선택하고 마우스 오른쪽 버튼을 클릭한 후 New > Listener를 선택합니다.

▼ 그림 10-35 New > Listener 선택

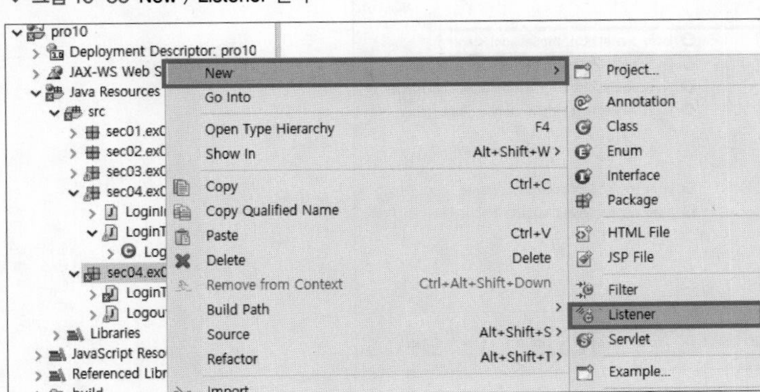

2. Class name으로 LoginImpl을 입력하고 Next를 클릭합니다.

▼ 그림 10-36 Class name으로 LoginImpl 입력 후 Next 클릭

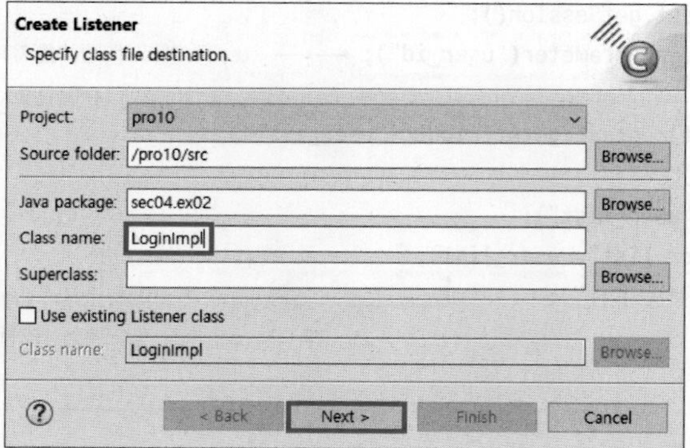

3. HttpSessionListener에 체크하고 Next를 클릭합니다.

▼ 그림 10-37 HttpSessionListener 선택 후 Next 클릭

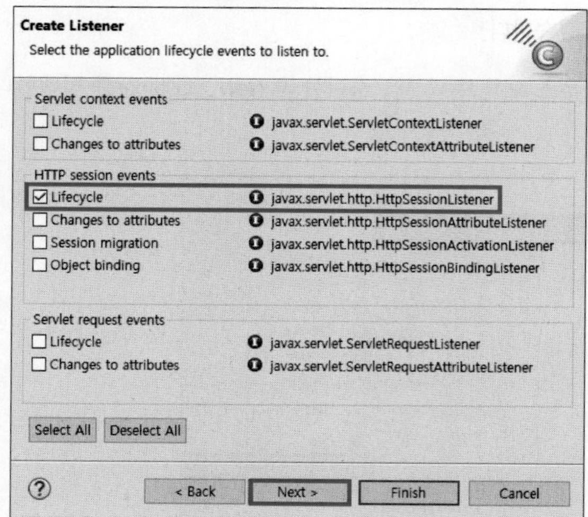

4. Finish를 클릭합니다.

✔ 그림 10-38 Finish 클릭

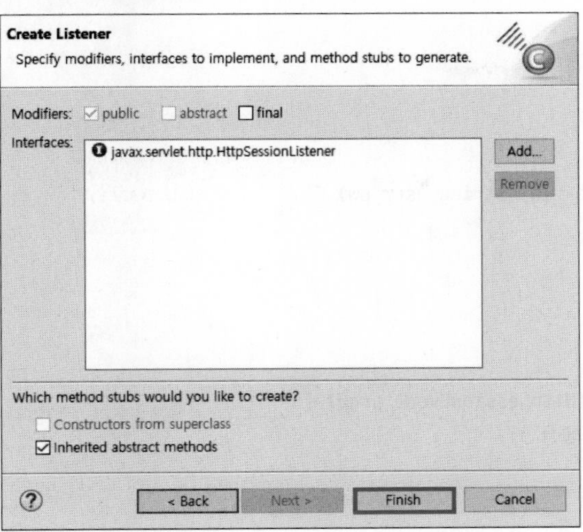

5. `@WebListener` 애너테이션으로 리스너가 등록된 것을 확인할 수 있습니다.

✔ 그림 10-39 애너테이션으로 리스너 등록 확인

```
*/
@WebListener
public class LoginImpl implements HttpSessionListener {

    /**
     * Default constructor.
     */
    public LoginImpl() {
        // TODO Auto-generated constructor stub
    }

    /**
```

6. 리스너를 등록한 이벤트 핸들러를 이용해서 세션을 생성할 때는 `sessionCreated()` 메서드로 이벤트를 처리하고, 세션을 삭제할 때는 `sessionDestroyed()` 메서드로 이벤트를 처리합니다.

코드 10-15 pro10/src/sec04/ex02/LoginImpl.java

```
package sec04.ex02;

import javax.servlet.annotation.WebListener;
import javax.servlet.http.HttpSessionEvent;
import javax.servlet.http.HttpSessionListener;

@WebListener
```

HttpSessionBindingListener를 제외한 Listener를 구현한 모든 이벤트 핸들러는 반드시 애너테이션을 이용해서 Listener로 등록해야 합니다.

```java
public class LoginImpl implements HttpSessionListener {
  String user_id;
  String user_pw;
  static int total_user=0;

  public LoginImpl() {
  }

  public LoginImpl(String user_id, String user_pw) {
    this.user_id = user_id;
    this.user_pw = user_pw;
  }

  @Override
  public void sessionCreated(HttpSessionEvent arg0) {       // 세션 생성 시 이벤트를 처리합니다.
    System.out.println("세션 생성");
    ++total_user;                                           // 세션 생성 시 접속자수를 1 증가시킵니다.
  }

  @Override
  public void sessionDestroyed(HttpSessionEvent arg0) {     // 세션 소멸 시 이벤트를 처리합니다.
    System.out.println("세션 소멸");
    --total_user;                                           // 세션 소멸 시 접속자수를 1 감소시킵니다.
  }
}
```

7. 실행하면 사용자마다 로그인/로그아웃 시 접속자수와 접속자 ID를 표시해 줍니다. 다음은 첫 번째 아이디로 로그인한 결과입니다.

▼ 그림 10-40 크롬에서 로그인 시 결과

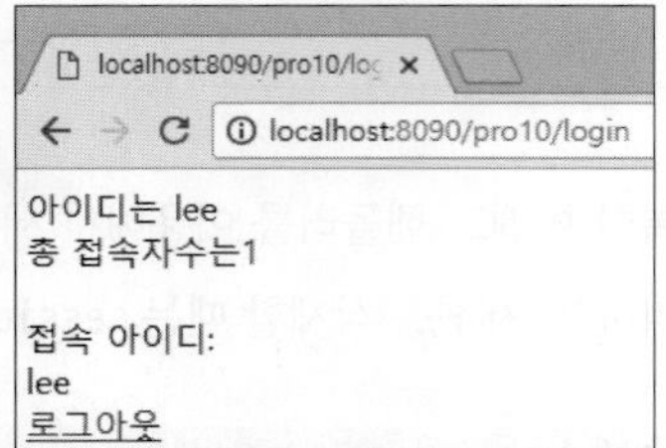

8. 이번에는 인터넷 익스플로러에서 두 번째 ID로 로그인하면 다음과 같이 현재 접속자수와 접속자 ID가 출력됩니다.

❤ 그림 10-41 익스플로러에서 로그인 시 결과

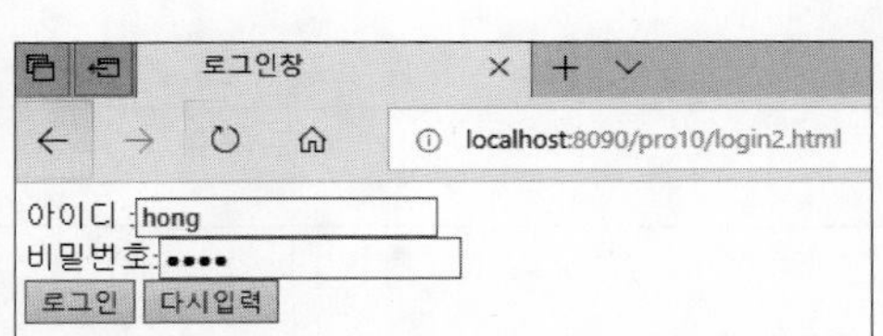

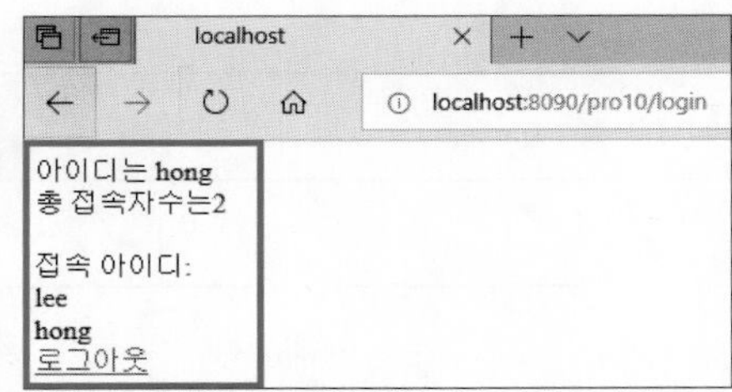

9. 다시 크롬에서 화면을 갱신하면 다음과 같이 현재 접속자수와 접속자 ID가 표시됩니다.

❤ 그림 10-42 크롬에서 현재 접속자 정보 표시

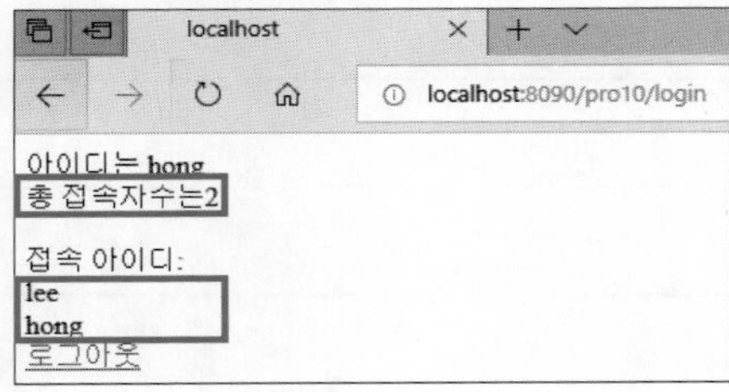

10. 익스플로러에서 **로그아웃**을 클릭합니다.

❤ 그림 10-43 익스플로러에서 **로그아웃** 클릭

11. 크롬에서 화면을 재요청하면 다음과 같이 현재 접속자수와 접속자 ID가 표시됩니다.

❤ 그림 10-44 크롬 화면 재요청 시 접속자 정보 표시

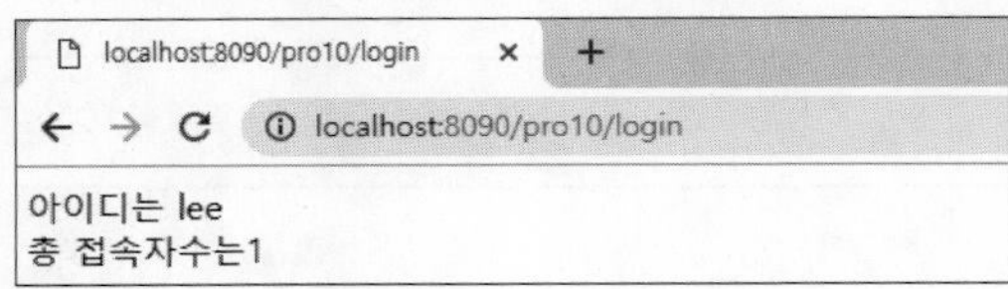

이상으로 서블릿에서 제공하는 리스너의 기능에 대해 알아봤습니다. 이처럼 다른 리스너에 대해서도 세부 기능을 익히고 나면 고급 기능도 쉽게 구현할 수 있습니다.

11장

JSP 정의와 구성 요소

11.1 JSP 등장 배경

초기 웹 프로그램은 서블릿을 이용해서 구현했습니다. 그런데 인터넷 사용자가 폭발적으로 증가하고 사용자에게 보여주는 화면의 기능이나 구성이 복잡해짐에 따라 사용자를 고려하는 화면 요구 사항도 점점 늘어났습니다. 그래서 현재는 프로그래머가 서블릿으로 화면을 구현하지 않고 주로 디자이너가 이 일을 담당하는 추세입니다.

앞 장에서 살펴봤듯이 기존 서블릿에서 화면을 구현할 때는 서블릿의 응답 기능을 이용했습니다. 자바 코드를 이용해 HTML 태그를 브라우저로 전송하는 방식이죠. 그런데 화면 구성이 복잡해짐에 따라 디자이너의 역할이 커지기 시작했는데 디자이너는 개발자와 달리 자바 코드에는 익숙하지 않은 경우가 많아 화면 기능 구현 시 많은 불편함이 있었습니다. 그래서 서블릿의 기능 중 별도로 화면 기능을 디자이너가 작업하기 쉽게 하기 위해 JSP가 등장했습니다.

11.1.1 서블릿으로 화면 구현 시 문제점

코드 11-1은 웹 프로그램 기능을 구현할 때 사용하는 서블릿 코드의 예입니다. 서블릿은 이처럼 응답 기능을 이용해 화면을 구현합니다. 서블릿 코드는 간단한 기능이므로 화면 기능을 구현하기도 그리 어렵지 않습니다.

코드 11-1 서블릿 코드 예시(LoginServlet.java)

```
...
@WebServlet("/login")
public class LoginServlet  extends HttpServlet{
  public void init() throws ServletException {
    System.out.println("init 메서드 호출");
  }

  protected void doGet(HttpServletRequest request, HttpServletResponse response)
  throws ServletException, IOException {
    request.setCharacterEncoding("utf-8");
    response.setContentType("text/html;charset=utf-8");
    PrintWriter out = response.getWriter();
    String id = request.getParameter("user_id");
    String pw = request.getParameter("user_pw");
```

비즈니스 로직

```
    System.out.println("아이디   : "+ id);
    System.out.println("패스워드 : "+ pw);

    String data="<html>";
    data+="<body>";
    data+="아이디 : " + id ;
    data+="<br>";
    data+="패스워드 : " + pw;
    data+="</html>";
    data+="</body>";
    out.print(data);
  }

  public void destroy() {
    System.out.println("destroy 메서드 호출");
  }
}
```

뷰

그림 11-1은 실제 운영 중인 온라인 서점, 즉 도서 쇼핑몰 화면입니다. 그리고 그림 11-2는 그 화면을 구성하는 자바스크립트 및 HTML 코드입니다.

▼ 그림 11-1 온라인 서점 화면

▼ 그림 11-2 온라인 서점 구현 HTML과 자바스크립트 코드

```
function getFileExtension( filePath ) { //파일의 확장자를 가져옴
    var lastIndex = -1;
    var extension = "";

    lastIndex = filePath.lastIndexOf(".");
    if (lastIndex != -1) {
        extension = filePath.substring(lastIndex + 1, filePath.length);
    }

    return extension.toLowerCase();
}

function regReview(){
        var forms = document.reviewFrm;


                alert("로그인 후 작성 가능합니다.");
                fn_openLogin(location.href);
                return;


        if(jQuery("#reviewFrm input[name='imageFile']").val() != null && !jQuery("input[name='imageFile']").val() == ""){
                var forms = document.reviewFrm;
        var extension = getFileExtension(forms.imageFile.value);
        if (extension != "jpg" && extension != "jpeg") {
            alert("jpg, jpeg파일만 사용할 수 있습니다.");
            return;
        }
        }

        if(jQuery(".book_review textarea").val() == "" || jQuery(".book_review textarea").val() == "내용을 입력해주세요. 주제와 무관한 댓글, 악플은 삭제될 수 있습니다."){
                alert("내용을 입력하세요.");
                return;
        }

        if(jQuery("input[name='rating']").val() == "0"){
                alert("컨텐츠 평가를 해주세요");
                return;
        }

        if(!confirm("댓글을 등록하시겠습니까?"))
```

```
function divThisShow(divName){
        document.getElementById(divName).style.display = 'block';
        for (i=0;i<intSelect.length;i++){intSelect[i].style.display = "none";}
}
function divThisHidden(divName){
        document.getElementById(divName).style.display = 'none';
        for (i=0;i<intSelect.length;i++){intSelect[i].style.display = "";}
}
function selThisHidden(){
        for (i=0;i<intSelect.length;i++){intSelect[i].style.display = "none";}
}
function selThisShow(){
        for (i=0;i<intSelect.length;i++){intSelect[i].style.display = "";}
}

//### [사이트 북마크 관련] ###
function bookmarksiteFav() {
    var formname = document.FormFav;
        formname.target = "iframefav";
        formname.action = "http://www.kyobobook.co.kr/indexfavl.jsp?Kc=GNHHNObookmark&orderClick=c23";
        formname.method = "post";
        formname.submit();
}
function bookmarksite(title,url) {
   if (window.sidebar) // firefox
   window.sidebar.addPanel(title, url, "");
   else if(window.opera && window.print)
   { // opera
      var elem = document.createElement('a');
      elem.setAttribute('href',url);
      elem.setAttribute('title',title);
      elem.setAttribute('rel','sidebar');
      elem.click();
   }
   else if(document.all) // ie
   window.external.AddFavorite(url, title);
}
</script>



<iframe name="iframefav" class="hidden" frameborder="0" width="0" height="0" title="빈프레임" ></iframe>
```

뭔가 복잡해 보이죠? 이처럼 웹 사이트 화면 기능이 복잡해지면 화면을 나타내는 코드 구현 역시 복잡해집니다. 따라서 기존 서블릿이 처리하는 기능 중 비즈니스 로직 기능과 화면 기능을 분리해야 한다는 목소리가 점점 높아지고 있습니다.

JSP는 디자이너 입장에서 화면의 수월한 기능 구현과 개발 후 화면의 편리한 유지관리를 목적으로 도입되었습니다. 기존 서블릿에서는 자바 코드를 기반으로 문자열을 사용해 HTML과 자바스크립트로 화면을 구현했으나 **JSP는 이와 반대로 HTML, CSS와 자바스크립트를 기반으로 JSP 요소들을 사용해 화면을 구현합니다.**

즉, JSP의 등장 배경을 정리하면 다음과 같습니다.

[문제점]

- 웹 프로그램의 화면 기능이 복잡해지므로 서블릿의 자바 기반으로 화면 기능 구현 시 어려움이 발생한다.
- 디자이너 입장에서 화면 구현 시 자바 코드로 인해 작업이 어렵다.
- 서블릿에 비즈니스 로직과 화면 기능이 같이 있다 보니 개발 후 유지관리가 어렵다.

[해결책]

- 서블릿의 비즈니스 로직과 결과를 보여주는 화면 기능을 분리하자!
- 비즈니스 로직과 화면을 분리함으로써 개발자는 비즈니스 로직 구현에 집중하고, 디자이너는 화면 기능 구현에만 집중하자!
- 개발 후 재사용성과 유지관리가 훨씬 수월해진다!

11.1.2 JSP의 구성 요소

JSP라고 해서 기존의 웹 페이지를 구현하는 HTML이나 자바스크립트와 관련이 없다는 말이 아닙니다. 여러 번 언급했듯이 JSP는 HTML과 CSS와 자바스크립트를 기반으로 JSP에서 제공하는 여러 가지 구성 요소들을 사용해 화면을 구현하는 기술입니다. 주로 웹 프로그램의 화면 기능과 모델2 기반 MVC에서 뷰(View) 기능을 담당하죠.

JSP의 구성 요소는 다음과 같습니다.

- HTML 태그, CSS 그리고 자바스크립트 코드
- JSP 기본 태그
- JSP 액션 태그
- 개발자가 직접 만들거나 프레임워크에서 제공하는 커스텀(custom) 태그

11.2 JSP의 3단계 작업 과정

서블릿에서는 자바 코드와 함께 원하는 HTML 태그를 사용해 브라우저로 전송해서 화면을 구현했습니다(6.4절 참고). 즉, `println()`과 같은 자바 코드를 사용해 HTML 화면을 구성했습니다. 따라서 서블릿으로 화면을 구현하려면 화면에 해당하는 HTML 태그를 브라우저로 전송해 주기만 하면 브라우저가 받아서 실시간으로 구현해 줍니다.

그런데 JSP는 HTML, CSS와 자바스크립트는 물론이고 JSP에서 제공하는 여러 가지 구성 요소가 화면을 구현하는 데 사용됩니다. 그러다 보니 JSP 파일 자체를 브라우저로 전송하면 브라우저는 JSP 요소들을 인식하지 못합니다. 따라서 JSP는 톰캣 컨테이너에 의해 브라우저로 전송되기 전에 실행 단계를 거쳐야 합니다.

11.2.1 톰캣 컨테이너에서 JSP 변환 과정

JSP 파일은 다음과 같이 3단계를 거쳐 실행됩니다.

1. **변환 단계**(Translation Step): 컨테이너는 JSP 파일을 자바 파일로 변환합니다.
2. **컴파일 단계**(Compile Step): 컨테이너는 변환된 자바(java) 파일을 클래스(class) 파일로 컴파일합니다.
3. **실행 단계**(Interpret Step): 컨테이너는 class 파일을 실행하여 그 결과(HTML, CSS와 자바스크립트 코드)를 브라우저로 전송해 출력합니다.

브라우저에서 JSP 파일을 요청하면 톰캣 컨테이너는 요청된 JSP 파일을 자바 파일(.java)로 변환합니다. 그리고 변환된 자바 파일을 클래스 파일(.class)로 컴파일합니다. 이 클래스 파일을 실행하여 브라우저로 결괏값을 전송하면 JSP가 브라우저 화면에 표시됩니다. 즉, 브라우저로 전송되는 결과는 HTML, CSS와 자바스크립트로 변환된 파일입니다.

11.2.2 이클립스에서 JSP 변환 과정 실습

지금부터 이클립스에서 JSP 파일을 만든 후 브라우저에서 요청하는 과정을 살펴보겠습니다.

1. 이클립스에서 새 프로젝트 pro11을 만들고 WebContent 폴더에서 마우스 오른쪽 버튼을 클릭한 후 New > JSP File을 선택합니다.

▼ 그림 11-3 New > JSP File 선택

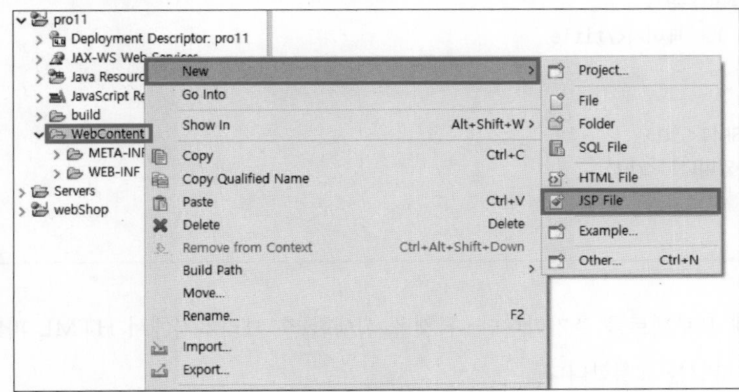

Tip 반드시 servlet_api.jar을 설정해 줍니다(5.4절 참고).

2. 파일 이름으로 hello.jsp를 입력한 후 Finish를 클릭합니다.

▼ 그림 11-4 파일 이름으로 hello.jsp 입력 후 Finish 클릭

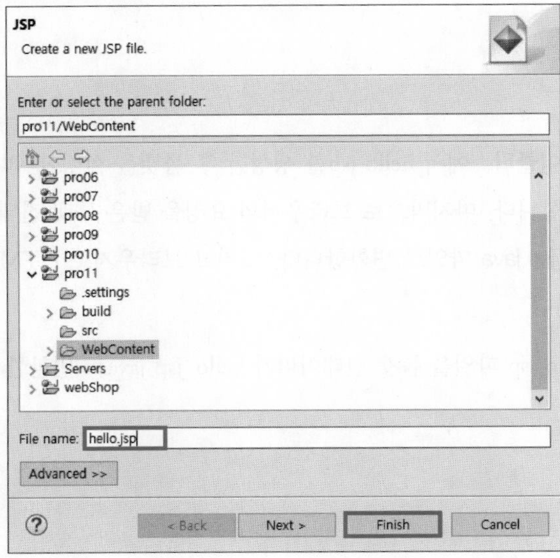

3. 생성된 JSP 파일에 간단한 HTML 태그와 메시지를 작성합니다.

코드 11-2 pro11/WebContent/hello.jsp

```
<%@ page language="java" contentType="text/html; charset=UTF-8"
    pageEncoding="UTF-8"%>
<!DOCTYPE html>
<html>
<head>
<meta charset="UTF-8">
<title>첫 번째 JSP 페이지</title>
</head>
<body>
  <h1>hello JSP!!</h1>
  <h1>JSP 실습입니다!!</h1>
</body>
</html>
```

4. 톰캣 컨테이너에 프로젝트를 추가합니다. 톰캣을 실행한 후 브라우저에서 HTML 파일을 요청하듯이 JSP 파일을 요청합니다.

- http://ip주소:포트번호/프로젝트이름/JSP파일이름

▼ 그림 11-5 브라우저에서 hello.jsp로 요청

첫번째 JSP 페이지
localhost:8090/pro11/hello.jsp
hello JSP!!
JSP 실습입니다!!

다시 한번 JSP 실행 과정을 정리하면 이클립스에서 hello.jsp를 생성한 후 톰캣을 실행합니다. 그런 다음 브라우저에서 hello.jsp로 요청합니다. 마지막으로 브라우저의 요청을 받은 톰캣 컨테이너는 해당 JSP 파일을 읽어 들여와 hello_jsp.java 파일로 변환합니다. 그리고 브라우저로 HTML 형식의 결과를 전송하여 화면에 표시합니다.

그림 11-6에 브라우저에서 요청한 hello.jsp 파일을 톰캣 컨테이너가 hello_jsp.java로 변환한 자바 파일과 클래스 파일을 나타내었습니다.

❤ 그림 11-6 hello_jsp.java 파일로 변환된 상태

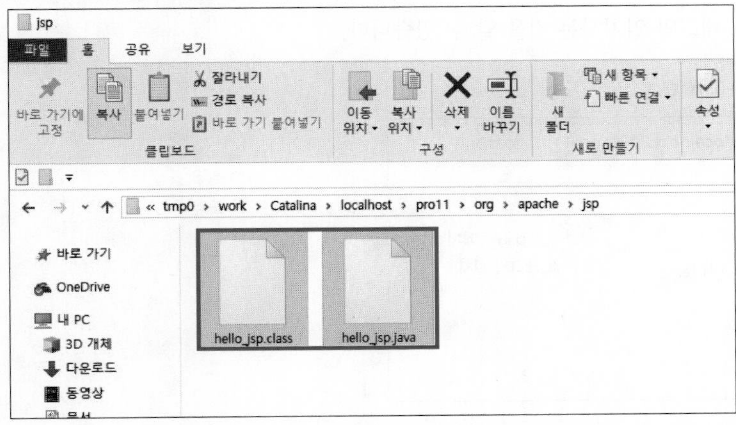

Tip 이클립스에서 개발할 경우 이클립스의 workspace 아래에 생성됩니다.

%이클립스_workspace% ₩.metadata₩.plugins₩

org.eclipse.wst.server.core₩tmp0 ₩work₩Catalina₩localhost₩pro11₩org₩apache₩jsp

hello_jsp.java를 VS Code나 편집기로 열어보면 앞에서 배운 서블릿의 여러 가지 기능으로 변환되어 hello.jsp의 HTML 태그를 브라우저로 전송해 주는 것을 알 수 있습니다. 서블릿에서는 개발자가 일일이 HTML 태그를 만들어서 `println()`으로 전송해 주었으나 JSP는 요청 시 컨테이너에서 자동으로 JSP 파일에 있는 HTML 태그와 자바스크립트를 브라우저로 전송해 줍니다.

❤ 그림 11-7 hello_jsp.java로 변환한 후 브라우저로 전송한 HTML 태그

```
try {
    response.setContentType("text/html; charset=UTF-8");
    pageContext = _jspxFactory.getPageContext(this, request, response,
            null, true, 8192, true);
    _jspx_page_context = pageContext;
    application = pageContext.getServletContext();
    config = pageContext.getServletConfig();
    session = pageContext.getSession();
    out = pageContext.getOut();
    _jspx_out = out;

    out.write("\r\n");
    out.write("<!DOCTYPE html>\r\n");
    out.write("<html>\r\n");
    out.write("<head>\r\n");
    out.write("<meta charset=\"UTF-8\">\r\n");
    out.write("<title>첫번째 JSP 페이지</title>\r\n");
    out.write("</head>\r\n");
    out.write("<body>\r\n");
    out.write("   <h1>hello JSP!!</h1>\r\n");
    out.write("   <h1>JSP 실습입니다!!</h1>\r\n");
    out.write("</body>\r\n");
    out.write("</html>\r\n");
    out.write("\r\n");
    out.write("\r\n");
    out.write("\r\n");
    out.write("\r\n");
    out.write("\r\n");
    out.write("\r\n");
} catch (java.lang.Throwable t) {
```

그림 11-8은 hello.jsp 요청 시 브라우저로 전송된 HTML 태그를 나타낸 것입니다. 앞서 hello_jsp.java가 전송한 HTML 태그와 일치하는 것을 알 수 있습니다.

▼ 그림 11-8 브라우저로 전송된 HTML 태그

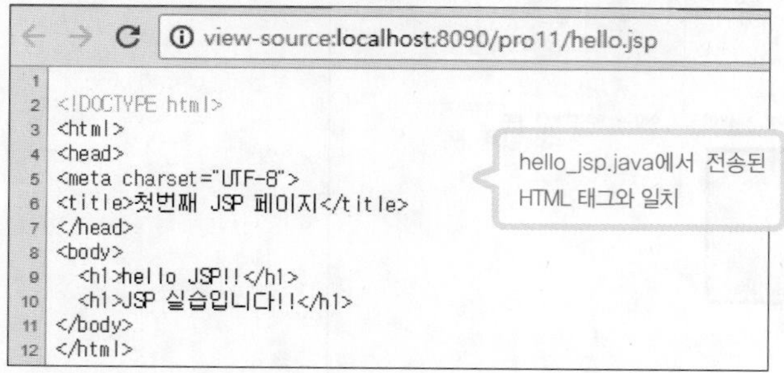

11.3 JSP 페이지 구성 요소

JAVA WEB

JSP의 동작 원리를 알았으니 이번에는 JSP에서 HTML 태그와 같이 사용되는 여러 가지 JSP 구성 요소들의 기능을 알아보겠습니다.

JSP 페이지에서 사용되는 여러 가지 구성 요소들은 다음과 같습니다.

- **디렉티브 태그**(Directive Tag)
- **스크립트 요소**(Scripting Element): 주석문, 스크립트릿(Scriptlet), 표현식, 선언식
- **표현 언어**(Expression Language)
- **내장 객체**(내장 변수)
- **액션 태그**(Action Tag)
- **커스텀 태그**(Custom Tag)

이 중 디렉티브 태그와 스크립트 요소는 JSP가 처음 나왔을 때 많이 사용했던 기능이고 그 외 요소들은 JSP에서 추가한 기능들입니다.

11.4 디렉티브 태그

디렉티브 태그는 주로 JSP 페이지에 대한 전반적인 설정 정보를 지정할 때 사용하는 태그입니다.

디렉티브 태그의 종류는 다음과 같습니다.

- **페이지 디렉티브 태그**(Page Directive Tag): JSP 페이지의 전반적인 정보를 설정할 때 사용합니다.
- **인클루드 디렉티브 태그**(Include Directive Tag): 공통으로 사용하는 JSP 페이지를 다른 JSP 페이지에 추가할 때 사용합니다.
- **태그라이브 디렉티브 태그**(Taglib Directive Tag): 개발자나 프레임워크에서 제공하는 태그를 사용할 때 사용합니다.

11.4.1 페이지 디렉티브 태그 정의와 사용법

먼저 페이지 디렉티브 태그에 대해 알아보겠습니다. 표 11-1은 페이지 디렉티브 태그를 이용해 지정하는 여러 가지 속성을 나타낸 것입니다.

▼ 표 11-1 페이지 디렉티브 태그로 설정하는 여러 가지 JSP 속성

속성	기본값	설명
info	없음	페이지를 설명해 주는 문자열을 지정합니다.
language	"java"	JSP 페이지에서 사용할 언어를 지정합니다.
contentType	"text/html"	JSP 페이지 출력 형식을 지정합니다.
import	없음	JSP 페이지에서 다른 패키지의 클래스를 임포트할 때 지정합니다.
session	"true"	JSP 페이지에서 HttpSession 객체의 사용 여부를 지정합니다.
buffer	"8kb"	JSP 페이지 출력 시 사용할 버퍼 크기를 지정합니다.
autoFlush	"true"	JSP 페이지의 내용이 출력되기 전 버퍼가 다 채워질 경우 동작을 지정합니다.
errorPage	"false"	JSP 페이지 처리 도중 예외가 발생할 경우 예외 처리 담당 JSP 페이지를 지정합니다.
isErrorPage	"false"	현재 JSP 페이지가 예외 처리 담당 JSP 페이지인지를 지정합니다.
pageEncoding	"ISO-8859-1"	JSP 페이지에서 사용하는 문자열 인코딩을 지정합니다.
isELIgnored	"true"	JSP 2.0 버전에서 추가된 기능으로 EL 사용 유무를 지정합니다.

페이지 디렉티브 형식은 다음과 같이 `<%@page %>` 안에 속성과 값을 나열하면 됩니다.

```
<%@ page 속성1="값1" 속성2="값2" 속성3="값3".... %>
```

그런데 이클립스에서 JSP 페이지를 만들면 자동으로 페이지 디렉티브 태그가 생성됩니다.

▼ 그림 11-9 이클립스에서 자동으로 생성된 페이지 디렉티브 태그

hello.jsp

```
<%@ page language="java" contentType="text/html; charset=UTF-8"
    pageEncoding="UTF-8"%>
<!DOCTYPE html>
<html>
<head>
<meta charset="UTF-8">
<title>첫번째 JSP 페이지</title>
</head>
<body>
   <h1>hello JSP!!</h1>
   <h1>JSP 실습입니다!!</h1>
</body>
</html>
```

11.4.2 페이지 디렉티브 태그 사용 예제

다음은 페이지 디렉티브 태그를 적용한 JSP 페이지입니다.

코드 11-2 pro11/WebContent/hello2.jsp

```
<%@ page contentType="text/html;charset=utf-8"
            import="java.util.*"
            language="java"
            session="true"
            buffer="8kb"
            autoFlush="true"
            isThreadSafe="true"
            info="(ShoppingMall...............)"
            isErrorPage="false"
            errorPage="" %>
<!DOCTYPE html>
<html>

<head>
  <meta charset="UTF-8">
  <title>페이지 디렉티브 연습</title>
</head>

<body>
```

import 속성을 제외한 다른 속성은 한 번만 선언해야 합니다.

```
    <h1>쇼핑몰 구현 중심 JSP입니다.!!!</h1>
  </body>

  </html>
```

hello2.jsp를 브라우저에서 요청 시 톰캣 컨테이너는 JSP 파일을 자바 파일로 변환합니다.

▼ 그림 11-10 JSP 파일이 변환되어 생성된 java 파일

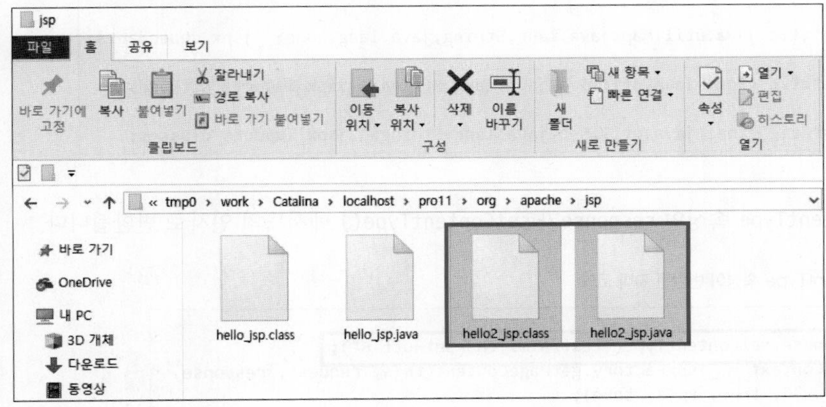

hello2_jsp.java 파일을 열어 보면 hello2.jsp의 페이지 디렉티브에서 설정한 정보가 모두 자바 코드로 변환된 것을 알 수 있습니다. 우선 그림 11-11을 보면 `import` 속성이 변환되어 `import`문에 추가됩니다.

▼ 그림 11-11 import 속성이 변환된 자바 import문

```
package org.apache.jsp;

import javax.servlet.*;
import javax.servlet.http.*;
import javax.servlet.jsp.*;
import java.util.*;
```

그리고 `info` 속성이 변환되어 `getServletInfo()` 메서드에서 서블릿 정보를 반환합니다.

▼ 그림 11-12 info 속성이 변환된 자바 코드

```
public final class hello2_jsp extends org.apache.jasper.runtime.HttpJspBase
    implements org.apache.jasper.runtime.JspSourceDependent,
                 org.apache.jasper.runtime.JspSourceImports {

  public java.lang.String getServletInfo() {
    return "(ShoppingMall................)";
  }

  private static final javax.servlet.jsp.JspFactory _jspxFactory =
          javax.servlet.jsp.JspFactory.getDefaultFactory();

  private static java.util.Map<java.lang.String,java.lang.Long> _jspx_dependants;

  private static final java.util.Set<java.lang.String> _jspx_imports_packages;

  private static final java.util.Set<java.lang.String> _jspx_imports_classes;
```

마지막으로 contentType 속성인 response가 setContentType() 메서드의 인자로 변환됩니다.

▼ 그림 11-13 contentType 속성이 변환된 자바 코드

```
    try {
      response.setContentType("text/html;charset=utf-8");
      pageContext = _jspxFactory.getPageContext(this, request, response,
                  "", true, 8192, true);
      _jspx_page_context = pageContext;
      application = pageContext.getServletContext();
      config = pageContext.getServletConfig();
      session = pageContext.getSession();
      out = pageContext.getOut();
      _jspx_out = out;
```

서블릿에서는 필요한 클래스 파일을 import문을 이용해서 일일이 설정해 주었습니다. 하지만 이제는 JSP 페이지에서 페이지 디렉티브 태그를 이용해서 설정합니다. 그리고 페이지 디렉티브 태그는 import 속성을 제외한 다른 속성은 한 번만 선언해 주어야 합니다.

▼ 그림 11-14 실행 결과

Caution **페이지 디렉티브 속성을 설정할 때는 대소문자에 유의하세요!**

JSP 페이지에서 페이지 디렉티브 태그의 속성 이름을 잘못 설정하면 다음과 같은 오류가 발생합니다.

▼ 그림 11-15 autoFlush 속성 이름을 autoflush로 잘못 설정한 경우

hello2.jsp

```
<%@ page contentType="text/html;charset=utf-8"
                import="java.util.*"
                language="java"
                session="true"
                buffer="8kb"
                autoflush="true"
                isThreadSafe="true"
                info="(ShoppingMall...............)
                isErrorPage="false"
                errorPage="" %>
<!DOCTYPE html>
```

autoFlush 속성 이름이 잘못 설정되었습니다.

브라우저에서 재요청 시 수정된 JSP 파일을 다시 컴파일하는 과정에서 잘못된 속성에 대해 오류를 발생시킵니다.

▼ 그림 11-16 페이지 디렉티브 속성을 잘못 설정한 경우 브라우저 요청 결과

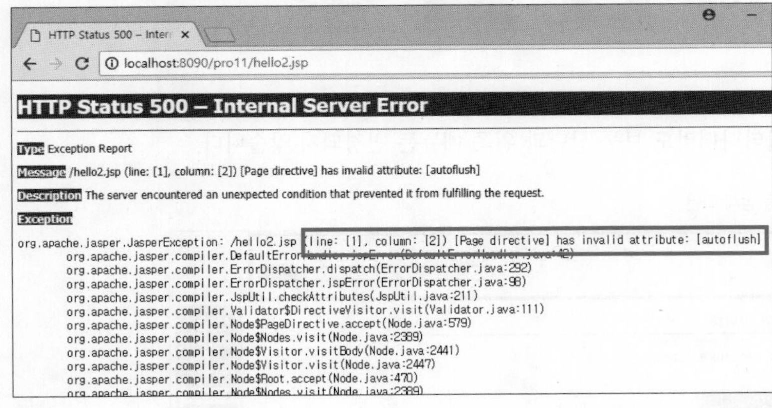

페이지 디렉티브 태그에 사용되는 속성 이름은 대소문자를 정확히 사용해야 한다는 점을 유의하세요(표 11-1 참고).

11.4.3 인클루드 디렉티브 태그 정의와 사용법

JSP 페이지로 웹 페이지를 만들다 보면 제목이나 로고를 표시하는 상단, 메뉴를 표시하는 왼쪽 단은 화면이 바뀌더라도 일정하게 유지되는 경우가 많습니다.

✔ 그림 11-17 쇼핑몰 메인 화면

상품 상세 화면이 나타나더라도 보통 상단과 왼쪽 메뉴는 변경되지 않습니다.

✔ 그림 11-18 쇼핑몰 상품 상세 화면

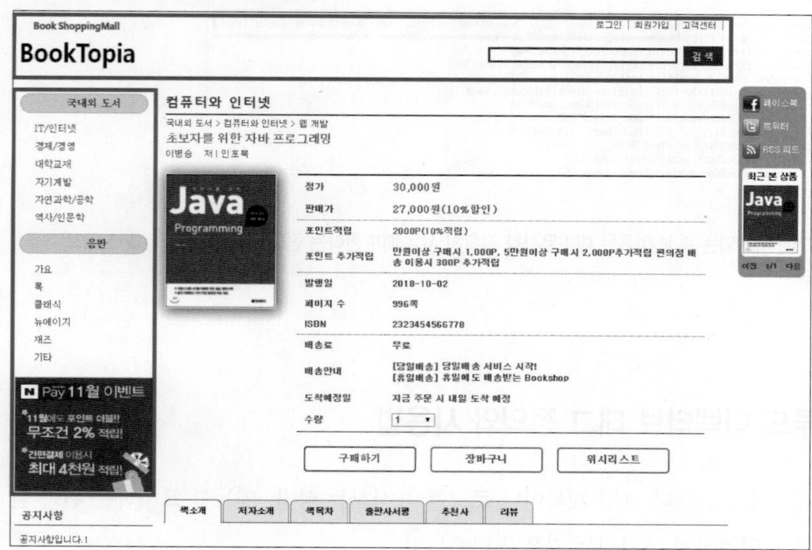

이런 공통 화면을 일일이 JSP 페이지마다 만들어 사용해야 한다면 불편하겠죠. 그래서 JSP에서는 공통으로 사용되는 JSP 페이지를 미리 만들어 놓고 다른 JSP 페이지 요청 시 **인클루드 디렉티브 태그**를 사용합니다. 그러면 재사용성이 높아질 뿐 아니라 유지관리도 수월해집니다.

인클루드 디렉티브 태그란 여러 JSP 페이지에서 사용되는 공통 JSP 페이지를 만든 후 다른 JSP 페이지에서 공통 JSP 페이지를 포함시켜 사용하는 기능을 말합니다.

인클루드 디렉티브 태그의 특징은 다음과 같습니다.

- 재사용성이 높다.
- JSP 페이지의 유지관리가 쉽다.

인클루드 디렉티브 태그의 형식은 다음과 같습니다.

```
<%@ include file="공통기능.jsp"    %>
```

11.4.4 인클루드 디렉티브 태그 이용해 이미지 삽입하기

인클루드 디렉티브 태그를 이용해 다른 JSP 파일의 이미지를 삽입하는 예제를 살펴보겠습니다.

우선 프로젝트에 웹 프로그램에서 사용할 이미지를 저장할 image 폴더를 생성한 후 이미지를 복사합니다.

1. 프로젝트의 WebContent에서 마우스 오른쪽 버튼을 클릭한 후 New 〉 Folder를 선택합니다.

❤ 그림 11-19 New 〉 Folder 선택

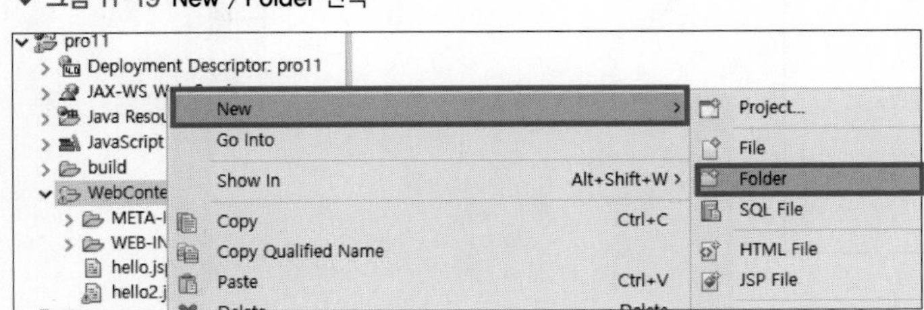

2. 폴더 이름으로 image를 입력한 후 Finish를 클릭합니다.

▼ 그림 11-20 폴더 이름으로 image 입력 후 Finish 클릭

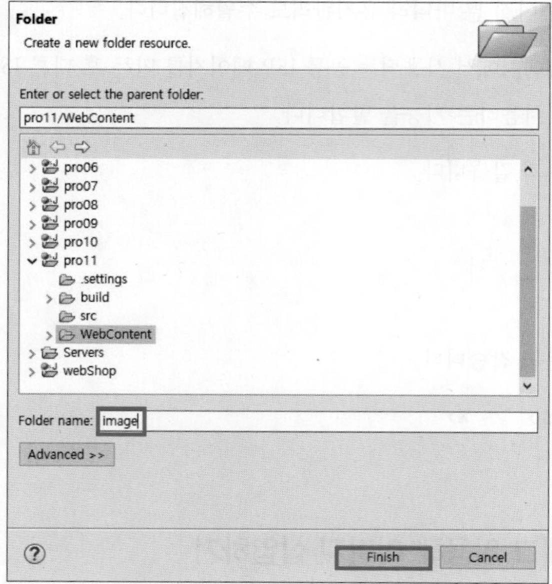

3. 이미지를 복사한 후 image 폴더에 붙여 넣습니다.

▼ 그림 11-21 이미지 폴더 생성

4. 다음과 같이 인클루드 디렉티브 태그를 이용해 두 개의 jsp 파일을 작성합니다. duke_image.jsp는 이미지를 화면에 표시하는 기능을 하고, include.jsp는 인클루드 디렉티브 태그를 이용해 duke_image.jsp를 삽입하는 기능을 합니다.

코드 11-3 pro11/WebContent/duke_image.jsp

```
<%@ page language="java" contentType="text/html; charset=UTF-8"
    pageEncoding="UTF-8"%>
```

```
<!DOCTYPE html>
<html>
<head>
  <meta charset="UTF-8">
  <title>duke_image</title>
</head>
<body>
  <img src="./image/duke.png"  />
</body>
</html>
```

image 폴더의 duke.png를 표시합니다.

코드 11-4 pro11/WebContent/include.jsp

```
<%@ page language="java" contentType="text/html; charset=UTF-8"
    pageEncoding="UTF-8"%>
<!DOCTYPE html>
<html>
<head>
  <meta charset="UTF-8">
  <title>인클루드 디렉티브</title>
</head>
<body>
  <h1>안녕하세요. 쇼핑몰 중심 JSP 시작입니다!!! </h1><br>
  <%@ include file="duke_image.jsp" %><br>
  <h1>안녕하세요. 쇼핑몰 중심 JSP 끝 부분입니다.!!!</h1>
</body>
</html>
```

인클루드 디렉티브 태그를 이용해 duke_image.jsp를 포함합니다.

5. 브라우저에서 요청하면 include.jsp 안에 duke_image.jsp가 포함되어 표시됩니다.

▼ 그림 11-22 실행 결과

6. 윈도 탐색기에서 다음 경로에 들어가면 브라우저에서 include.jsp를 요청할 때 변환된 자바 파일이 생성된 것을 볼 수 있습니다. 자바 파일을 열어보면 인클루트 디렉티브 태그로 포함된 duke_image.jsp의 HTML 태그가 합쳐져 있습니다.

▼ 그림 11-23 브라우저 요청 후 자바로 변환된 JSP 파일

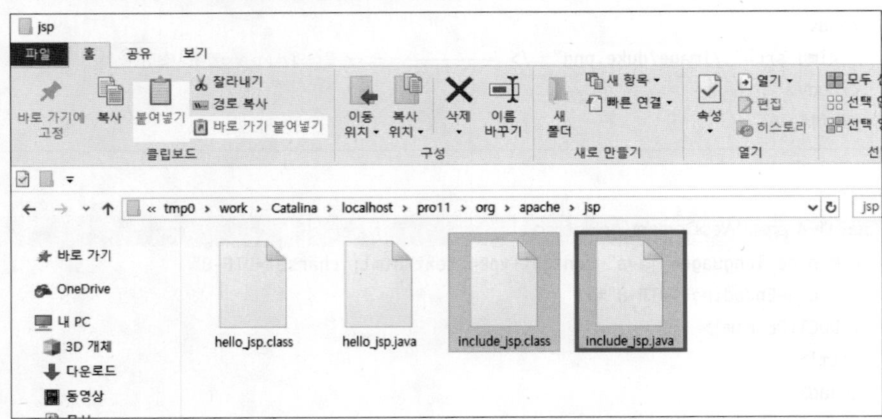

▼ 그림 11-24 인클루드 디렉티브 태그에 의해 합쳐진 HTML 태그

```
        out.write("\r\n");
        out.write("<!DOCTYPE html>\r\n");
        out.write("<html>\r\n");
        out.write("<head>\r\n");
        out.write("  <meta charset=\"UTF-8\">\r\n");
        out.write("  <title>인클루드 디렉티브</title>\r\n");
        out.write("</head>\r\n");
        out.write("<body>\r\n");
        out.write("   <h1>안녕하세요. 쇼핑몰 중심 JSP 시작입니다!!! </h1><br>\r\n");
        out.write("   ");
        out.write("\r\n");
        out.write("\r\n");
        out.write("<!DOCTYPE html>\r\n");
        out.write("<html>\r\n");
        out.write("<head>\r\n");
        out.write("   <meta charset=\"UTF-8\">\r\n");
        out.write("   <title>duke_image</title>\r\n");
        out.write("</head>\r\n");
        out.write("<body>\r\n");
        out.write("   <img src=\"./image/duke.png\"  />\r\n");
        out.write("</body>\r\n");
        out.write("</html>\r\n");
        out.write("<br>\r\n");
        out.write("   <h1>안녕하세요. 쇼핑몰 중심 JSP 끝 부분입니다.!!!</h1>\r\n");
        out.write("</body>\r\n");
        out.write("</html>\r\n");
    } catch (java.lang.Throwable t) {
```

duke_image.jsp 페이지가 포함됨

인클루드 디렉티브 태그를 이용해 JSP 페이지를 요청하면 포함되는 duke_image.jsp의 자바 코드가 include_jsp.java 파일과 합쳐져 브라우저로 전송됩니다.

인클루드 디렉티브 태그를 이용해 JSP 페이지가 호출되는 과정을 살펴볼까요?

▼ 그림 11-25 인클루드 디렉티브 태그 실행 과정

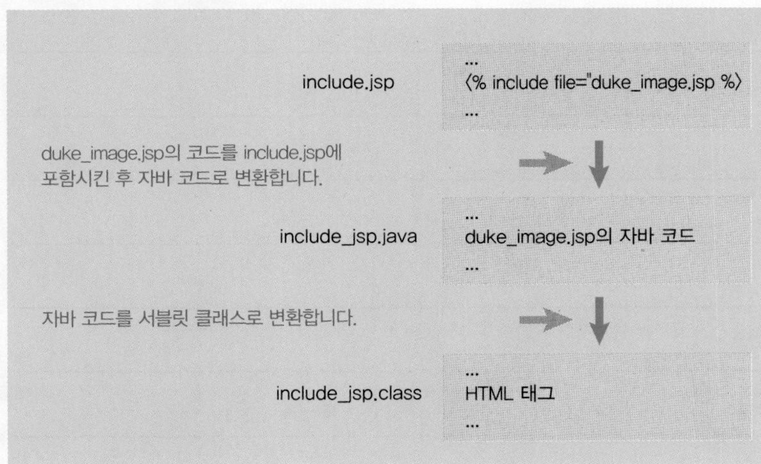

이처럼 인클루드 디렉티브 태그를 이용해 JSP 페이지를 요청하면 요청하는 JSP 페이지에 대해 실행하는 자바 파일은 단 한 개만 생성됩니다(그림 11-23 참조).

12장

JSP 스크립트 요소 기능

지금까지 컨테이너에서 JSP의 동작 과정을 알아보았습니다. HTML 태그는 컨테이너 작업 없이 바로 브라우저로 전송되어 화면을 구현하기 때문에 HTML 태그로 화면을 구현하면 조건에 따라 화면을 동적으로 구성할 수 없습니다. 반면에 JSP는 컨테이너에서 자바로 변환되는 과정을 거치므로 JSP에서 제공하는 스크립트 요소를 이용하면 조건이나 상황에 맞게 HTML 태그를 선택적으로 전송할 수 있습니다. 즉, 화면을 동적으로 구성할 수 있습니다.

지금부터 JSP 스크립트 요소 기능에 대해 좀 더 알아보겠습니다.

JAVA WEB

12.1 JSP 스크립트 요소

JSP 스크립트 요소(Scripting Element)란 JSP 페이지에서 여러 가지 동적인 처리를 제공하는 기능으로, <% %> 기호 안에 자바 코드로 구현합니다. <% %> 기호를 **스크립트릿**(scriptlet)이라고 부릅니다.

스크립트 요소의 종류는 다음과 같이 세 가지입니다

- **선언문**(declaration tag): JSP에서 변수나 메서드를 선언할 때 사용합니다.
- **스크립트릿**(scriptlet): JSP에서 자바 코드를 작성할 때 사용합니다.
- **표현식**(expression tag): JSP에서 변수의 값을 출력할 때 사용합니다.

먼저 선언문의 기능부터 알아보겠습니다.

JAVA WEB

12.2 선언문 사용하기

선언문(declaration tag)은 JSP 페이지에서 사용하는 멤버 변수나 멤버 메서드를 선언할 때 사용합니다. 선언문 안의 멤버는 서블릿 변환 시 서블릿 클래스의 멤버로 변환됩니다. 선언문의 형식은 다음과 같습니다.

```
<%! 멤버 변수 or 멤버 메서드 %>
```

JSP가 처음 나온 초기에는 이처럼 자바 코드를 이용해 JSP 페이지의 필요한 변수나 메서드를 구현했습니다.

12.2.1 JSP에서 선언문 실습

1. 새 프로젝트 pro12를 만들고 hello.jsp 파일을 생성합니다.

▼ 그림 12-1 실습 파일 위치

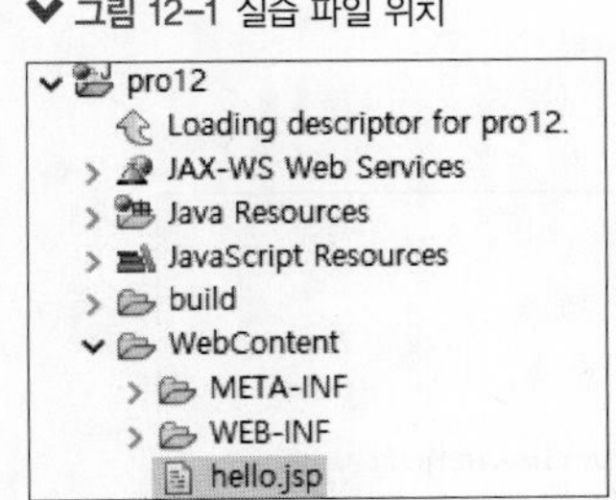

2. 선언문을 사용한 hello.jsp를 다음과 같이 작성합니다. 선언문은 일반적으로 JSP 페이지의 상단에서 주로 사용합니다.

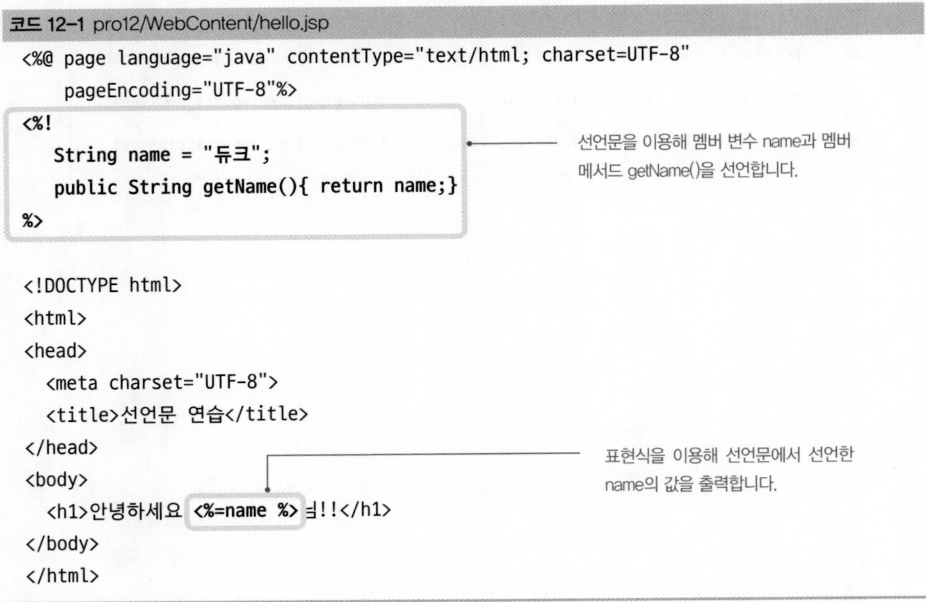

코드 12-1 pro12/WebContent/hello.jsp

```
<%@ page language="java" contentType="text/html; charset=UTF-8"
    pageEncoding="UTF-8"%>
<%!
   String name = "듀크";
   public String getName(){ return name;}
%>

<!DOCTYPE html>
<html>
<head>
  <meta charset="UTF-8">
  <title>선언문 연습</title>
</head>
<body>
  <h1>안녕하세요 <%=name %>님!!</h1>
</body>
</html>
```

3. 브라우저에서 http://localhost:8090/pro12/hello.jsp로 요청합니다.

▼ 그림 12-2 실행 결과

선언문 연습
localhost:8090/pro12/hello.jsp
안녕하세요 듀크님!!

4. 변환된 자바 코드를 보면 선언문에서 선언된 변수와 메서드는 서블릿 클래스의 멤버 변수와 멤버 메서드로 변환된 것을 알 수 있습니다. 따라서 선언문에서 선언된 변수는 JSP(서블릿 클래스) 안에서 자유롭게 접근할 수 있습니다.

▼ 그림 12-3 서블릿 클래스의 멤버로 변환된 상태

```
package org.apache.jsp;

import javax.servlet.*;
import javax.servlet.http.*;
import javax.servlet.jsp.*;

public final class hello_jsp extends org.apache.jasper.runtime.HttpJspBase
    implements org.apache.jasper.runtime.JspSourceDependent,
                 org.apache.jasper.runtime.JspSourceImports {

   String name = "듀크";
   public String getName(){ return name;}

  private static final javax.servlet.jsp.JspFactory _jspxFactory =
          javax.servlet.jsp.JspFactory.getDefaultFactory();

  private static java.util.Map<java.lang.String,java.lang.Long> _jspx_dependants;

  private static final java.util.Set<java.lang.String> _jspx_imports_packages;

  private static final java.util.Set<java.lang.String> _jspx_imports_classes;

```

서블릿 클래스의 멤버 변수와
멤버 메서드로 변환됩니다.

12.3 스크립트릿 사용하기

보통 웹 페이지는 디자이너가 주도적으로 구현하는 부분인 만큼, 웹 페이지 구현 시 디자이너에게 어려운 자바 코드는 거의 사용되지 않습니다. 스크립트릿은 초기의 JSP에서 자바 코드를 이용해 화면의 동적인 기능을 구현했습니다. 비록 현재 JSP 페이지에서는 거의 사용되지 않지만 자바 코드로 화면의 동적인 기능을 구현할 수 있다면 자바 코드를 대체해서 나온 여러 가지 태그들을 이해하는 데에도 분명 도움이 될 것입니다.

스크립트릿의 형식은 다음과 같습니다.

```
<% 자바 코드 %>
```

그럼 본격적으로 실습을 진행해 보겠습니다.

12.3.1 JSP에서 스크립트릿 실습

1. JSP에서 스크립트릿 실습을 위해 hello2.jsp 파일을 준비합니다.

❯ 그림 12-4 실습 파일 위치

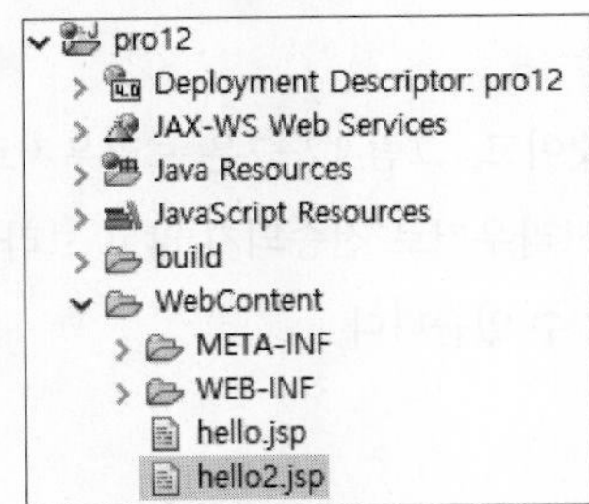

2. 브라우저에서 JSP로 전송된 값을 얻기 위해 `<% %>` 안에 자바 코드를 사용하여 age 값을 가져옵니다.

코드 12-2 pro12/WebContent/hello2.jsp

```
<%@ page language="java" contentType="text/html; charset=UTF-8"
    pageEncoding="UTF-8"%>
<%!
  String name = "이순신";
```

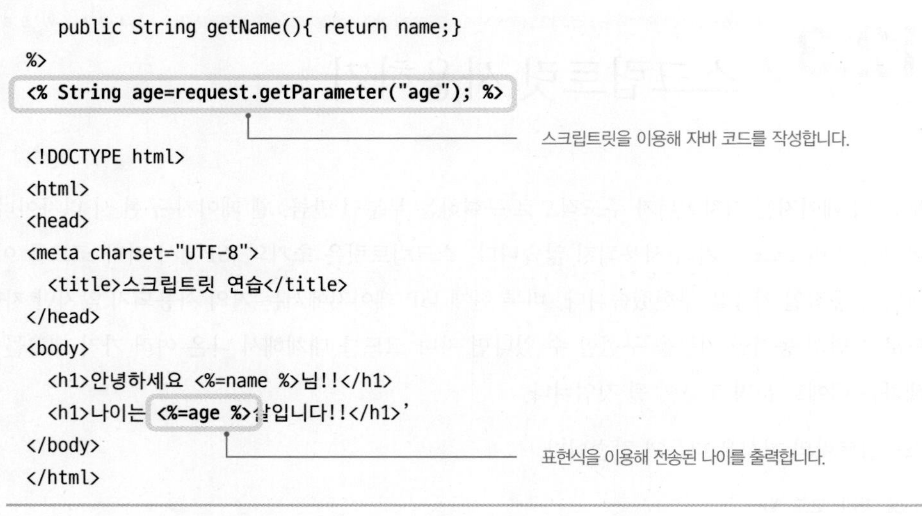

```
    public String getName(){ return name;}
  %>
  <% String age=request.getParameter("age"); %>

  <!DOCTYPE html>
  <html>
  <head>
  <meta charset="UTF-8">
    <title>스크립트릿 연습</title>
  </head>
  <body>
    <h1>안녕하세요 <%=name %>님!!</h1>
    <h1>나이는 <%=age %>살입니다!!</h1>'
  </body>
  </html>
```

스크립트릿을 이용해 자바 코드를 작성합니다.
표현식을 이용해 전송된 나이를 출력합니다.

3. http://localhost:8090/pro12/hello2.jsp?age=22로 요청합니다.

❤ 그림 12-5 실행 결과

스크립틀릿 연습
localhost:8090/pro12/hello2.jsp?age=22
안녕하세요 이순신님!!
나이는 22살입니다!!

그림 12-6은 브라우저에서 JSP 페이지 요청 시 변경된 서블릿이고, 그림 12-7은 브라우저로 전송된 HTML 태그입니다. 이를 통해 JSP의 스크립트 요소는 브라우저로 전송되지 않고 브라우저로 전송되기 전에 컨테이너에서 자바 코드로 변환되는 것을 알 수 있습니다.

▼ 그림 12-6 서블릿으로 변경된 상태

```
try {
    response.setContentType("text/html; charset=UTF-8");
    pageContext = _jspxFactory.getPageContext(this, request, response,
            null, true, 8192, true);
    _jspx_page_context = pageContext;
    application = pageContext.getServletContext();
    config = pageContext.getServletConfig();
    session = pageContext.getSession();
    out = pageContext.getOut();
    _jspx_out = out;

    out.write('\r');
    out.write('\n');
    out.write("   \r\n");
    String age=request.getParameter("age");
    out.write("   \r\n");
    out.write("\r\n");
    out.write("<!DOCTYPE html>\r\n");
    out.write("<html>\r\n");
    out.write("<head>\r\n");
    out.write("<meta charset=\"UTF-8\">\r\n");
    out.write("    <title>스크립틀릿 연습</title>\r\n");
    out.write("</head>\r\n");
    out.write("<body>\r\n");
    out.write("    <h1>안녕하세요 ");
    out.print(name );
    out.write("님!!</h1>\r\n");
    out.write("    <h1>나이는 ");
    out.print(age );
    out.write("살입니다!!</h1>'\r\n");
```

서블릿의 _jspService() 메서드 안의 자바 코드로 변환됩니다.

name과 age의 값이 print()로 브라우저로 전송됩니다.

▼ 그림 12-7 브라우저로 전송된 HTML 태그

```
<!DOCTYPE html>
<html>
<head>
<meta charset="UTF-8">
    <title>스크립틀릿 연습</title>
</head>
<body>
    <h1>안녕하세요 이순신님!!</h1>
    <h1>나이는 22살입니다!!</h1>'
</body>
</html>
```

〈% %〉 안에는 자바 코드만 쓸 수 있다는 점 꼭 기억하세요.

12.4 표현식 사용하기

표현식(expression tag)은 JSP 페이지의 정한 위치에 값을 출력하는 기능입니다. 즉, JSP 페이지에서 변수나 메서드의 결괏값 등을 브라우저에 출력하는 용도로 사용합니다.

표현식의 형식은 다음과 같습니다.

```
<%=값 or 자바 변수 or 자바 식%>
```

긴 설명보다는 바로 실습을 통해 표현식에 대해 알아보겠습니다.

12.4.1 JSP 페이지에서 표현식 실습

1. 다음과 같이 hello3.jsp 파일을 준비합니다.

❤ 그림 12-8 실습 파일 위치

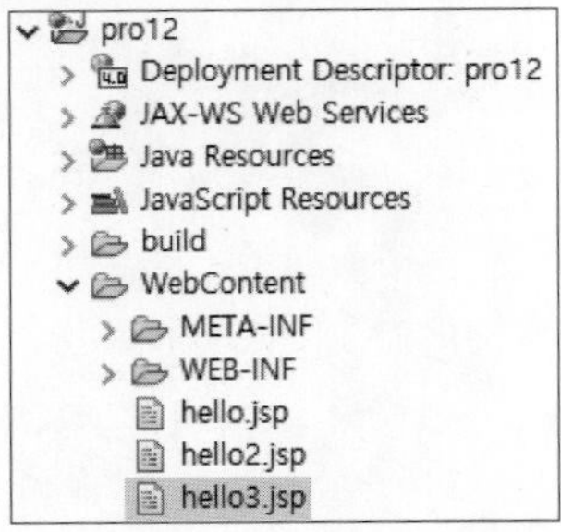

2. 다음과 같이 hello3.jsp를 작성합니다. 표현식을 이용해 JSP 페이지에서 선언한 변수와 여러 가지 값을 HTML의 원하는 위치에 출력합니다. 이때 `<%= %>` 안의 자바 변수나 자바 식에는 세미콜론(;)이 있으면 안 됩니다.

코드 12-3 pro12/WebContent/hello3.jsp

```
<%@ page language="java" contentType="text/html; charset=UTF-8"
    pageEncoding="UTF-8"%>
<%!
  String name = "이순신";
  public String getName(){ return name;}
%>
```

```
<% String age=request.getParameter("age"); %>

<!DOCTYPE html>
<html>
<head>
  <meta charset="UTF-8">
  <title>표현식 연습</title>
</head>
<body>
  <h1>안녕하세요 <%=name %>님!!</h1>
  <h1>나이는 <%=age %>살입니다!!</h1>
  <h1>키는 <%=180 %>cm입니다!!</h1>
  <h1>나이+10은 <%=Integer.parseInt(age)+10 %>살입니다!!</h1>
</body>
</html>
```

〈%= %〉를 이용해 값을 출력합니다.

age의 값에 10을 더한 값을 출력합니다.

3. http://localhost:8090/pro12/hello3.jsp?age=22로 요청하여 결과를 확인합니다.

▼ 그림 12-9 실행 결과

표현식 연습
localhost:8090/pro12/hello3.jsp?age=22
안녕하세요 이순신님!!
나이는 22살입니다!!
키는 180cm입니다!!
나이+10은 32살입니다!!

그림 12-10은 서블릿으로 변환된 코드입니다. 표현식 안의 값은 `print()`를 이용해 브라우저에 출력됩니다.

▼ 그림 12-10 서블릿으로 변환된 상태

```
        out.write('\r');
        out.write('\n');
        out.write("  \r\n");
        String age=request.getParameter("age");
        out.write("  \r\n");
        out.write("\r\n");
        out.write("<!DOCTYPE html>\r\n");
        out.write("<html>\r\n");
        out.write("<head>\r\n");
        out.write("   <meta charset=\"UTF-8\">\r\n");
        out.write("   <title>표현식 연습</title>\r\n");
        out.write("</head>\r\n");
        out.write("<body>\r\n");
        out.write("   <h1>안녕
        out.print(name );
        out.write("님!!</h1>\
        out.write("   <h1>나이는 ");
        out.print(age );
        out.write("살입니다!!</h1>\r\n");
        out.write("   <h1>키는 ");
        out.print(180 );
        out.write("cm입니다!!</h1>\r\n");
        out.write("   <h1>나이+10은 ");
        out.print(Integer.parseInt(age)+10 );
        out.write("살입니다!!</h1>\r\n");
        out.write("</body>\r\n");
        out.write("</html>\r\n");
      } catch (java.lang.Throwable t) {
```

표현식의 원하는 위치에서 print()를 이용해 브라우저에 출력합니다.

만약 선언문 안에 다음과 같이 세미콜론(;)을 추가하면 어떻게 될까요?

▼ 그림 12-11 선언문에 세미콜론(;) 추가

```
<!DOCTYPE html>
<html>
<head>
   <meta charset="UTF-8">
   <title>표현식 연습</title>
</head>
<body>
   <h1>안녕하세요 <%=name %>님!!</h1>
   <h1>나이는 <%=age %>살입니다!!</h1>
   <h1>키는 <%=180 %>cm입니다!!</h1>
   <h1>나이+10은 <%=Integer.parseInt(age)+10; %>살입니다!!</h1>
</body>
</html>
```

❤ 그림 12-12 세미콜론(;) 추가 후 요청 결과

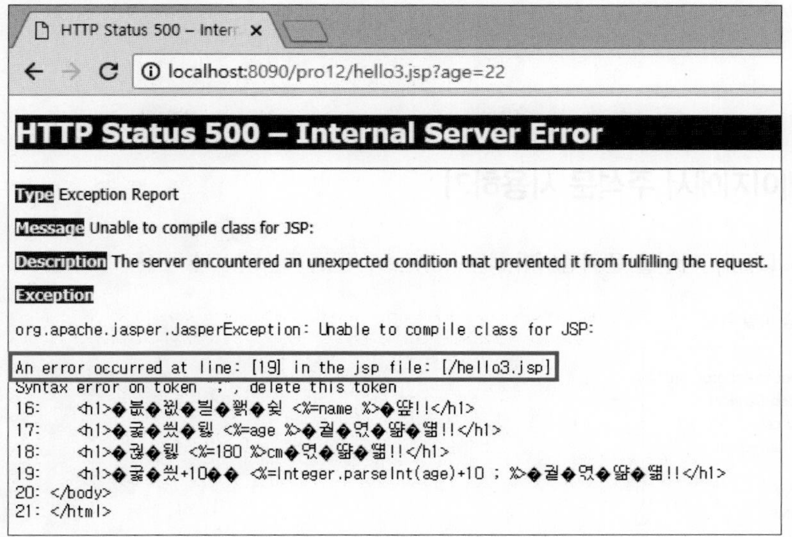

<%= %> 안의 자바 변수나 자바 식에는 세미콜론(;)이 있으면 안 된다는 것 꼭 기억하세요!

스크립트 요소는 브라우저에서 JSP 페이지 요청 시 모두 서블릿의 자바 코드로 변환됩니다. 즉, 스크립트 요소는 브라우저로 전송되지 않습니다. 브라우저는 HTML 태그, CSS, 자바스크립트만 전달받습니다.

12.5 JSP 주석문 사용하기

다음은 JSP 페이지에 사용되는 주석문들입니다.

- HTML 주석
- 자바 주석
- JSP 주석

JSP 페이지에서는 HTML이 사용되므로 HTML 주석문이 있고, 스크립트릿 안에서는 자바 코드가 사용되므로 자바 주석문이 있습니다. 그리고 스크립트 요소에 대해 주석 처리를 하는 JSP 주석문도 있습니다.

다음과 같이 〈% %〉 부분에 '--'을 붙이면 JSP 주석문이 됩니다.

```
<%-- 내용 --%>
```

12.5.1 JSP 페이지에서 주석문 사용하기

1. 다음과 같이 hello4.jsp 파일을 준비합니다.

❤ 그림 12-13 실습 파일 위치

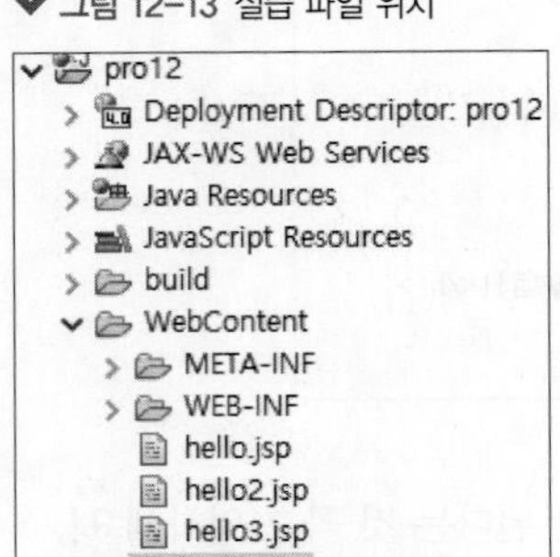

2. hello4.jsp를 다음과 같이 작성합니다. JSP 페이지에서 사용되는 여러 가지 주석문이 포함되어 있습니다.

코드 12-4 pro12/WebContent/hello4.jsp

```
<%@ page language="java" contentType="text/html; charset=UTF-8"
    pageEncoding="UTF-8"%>
<%
/*
String age=request.getParameter("age");
*/
%>
<!DOCTYPE html>
<!-- HTML 주석문입니다. -->
<html>
<head>
  <title>주석문 연습</title>
</head>
<body>
  <h1>주석문 예제입니다!!</h1>
  <%-- <%=Integer.parseInt(age)+10 %> --%>
</body>
</html>
```

- /* ... */ 부분: 〈% %〉 안의 자바 코드에 대한 주석문
- <!-- HTML 주석문입니다. -->: HTML 태그에 대한 주석문
- <%-- ... --%>: JSP 페이지에 대한 주석문

3. http://localhost:8090/pro12/hello4.jsp로 요청합니다.

▼ 그림 12-14 브라우저 출력 결과

브라우저로 전달된 HTML 태그를 보면 HTML 주석문도 브라우저로 전달됩니다.

▼ 그림 12-15 HTML 소스

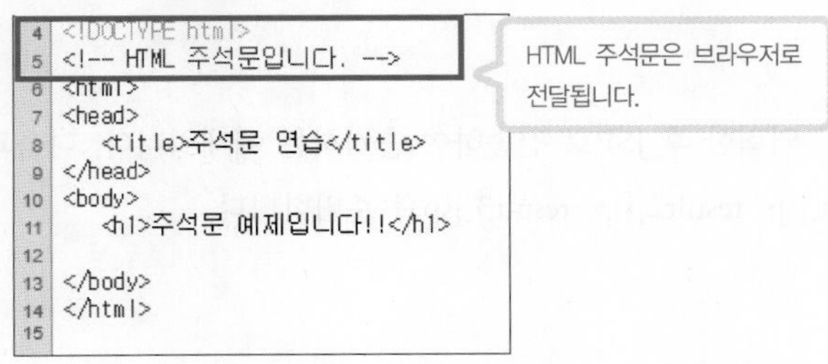

자바 주석문은 서블릿으로 변환 시 자바 주석문으로 표시됩니다.

▼ 그림 12-16 서블릿으로 변환된 상태

```
      out = pageContext.getOut();
      _jspx_out = out;

      out.write("\r\n");
      out.write("\r\n");

/*
String age=request.getParameter("age");
*/

      out.write("  \r\n");
      out.write("<!DOCTYPE html>\r\n");
      out.write("<!-- HTML 주석문입니다. -->\r\n");
      out.write("<html>\r\n");
      out.write("<head>\r\n");
      out.write("   <title>주석문 연습</title>\r\n");
      out.write("</head>\r\n");
      out.write("<body>\r\n");
      out.write("   <h1>주석문 예제입니다!!</h1>\r\n");
```

서블릿에 자바 주석문으로 표시됩니다.

하지만 JSP 주석문은 JSP 자체의 주석문이기 때문에 서블릿 코드로 변환되지 않습니다.

12.6 스크립트 요소 이용해 실습하기

HTML 태그 기반의 화면에 스크립트 요소를 어떻게 사용하는지 살펴봤으니 이제 배운 내용을 활용해 보겠습니다. 로그인, 학점 변환 계산기, 구구단 출력, 이미지 리스트 출력 예제를 차례로 실습해 보겠습니다.

12.6.1 로그인 예제

1. 로그인창에서 ID와 비밀번호를 입력한 후 JSP로 전송하여 출력하는 예제입니다. 다음과 같이 실습 파일 login.html, result.jsp, result2.jsp, result3.jsp를 준비합니다.

✔ 그림 12-17 실습 파일 위치

2. login.html을 다음과 같이 작성합니다. 로그인창에서 ID와 비밀번호를 입력한 후 action의 result.jsp로 전송합니다.

코드 12-5 pro12/WebContent/login.html

```
<!DOCTYPE html>
<html>…</head>
<body>
  <form name="frmLogin" method="post" action="result.jsp" encType="utf-8">
    아이디 :<input type="text" name="user_id"><br>
    비밀번호:<input type="password" name="user_pw"><br>
    <input type="submit" value="로그인">
```

입력한 ID와 비밀번호를 result.jsp로 전송합니다.

```
    <input type="reset" value="다시 입력">
  </form>
</body>
</html>
```

Tip 제공하는 예제 파일에서는 login.html을 중복해서 사용하므로 각 로그인 예제 실습 시 action의 값을 변경해서 실행하기 바랍니다.

3. result.jsp를 다음과 같이 작성합니다. 스크립트릿을 이용해 전송된 ID와 비밀번호를 가져온 후 표현식을 이용해 변수의 값을 출력합니다.

코드 12-6 pro12/WebContent/result.jsp

```
<%@ page language="java" contentType="text/html; charset=UTF-8"
    pageEncoding="UTF-8"%>

<!DOCTYPE html>
<html>
<head>
  <meta charset="UTF-8">
  <title>결과출력창</title>
</head>
<body>
  <h1>결과 출력</h1>
<%
    request.setCharacterEncoding("utf-8");
    String user_id=request.getParameter("user_id");
    String user_pw=request.getParameter("user_pw");
%>
  <h1>아이디  : <%= user_id %></h1>
  <h1>비밀번호: <%= user_pw %></h1>
</body>
</html>
```

getParameter() 메서드를 이용해 입력 정보를 가져옵니다.

ID를 표현식으로 출력합니다.

비밀번호를 표현식으로 출력합니다.

4. http://localhost:8090/pro12/login.html로 요청한 후 ID와 비밀번호를 입력하여 로그인합니다.

▼ 그림 12-18 로그인창에서 로그인

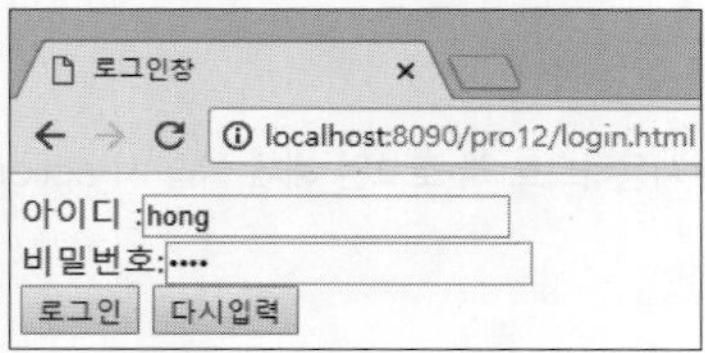

5. 로그인 정보가 출력됩니다.

▼ 그림 12-19 로그인 정보 출력

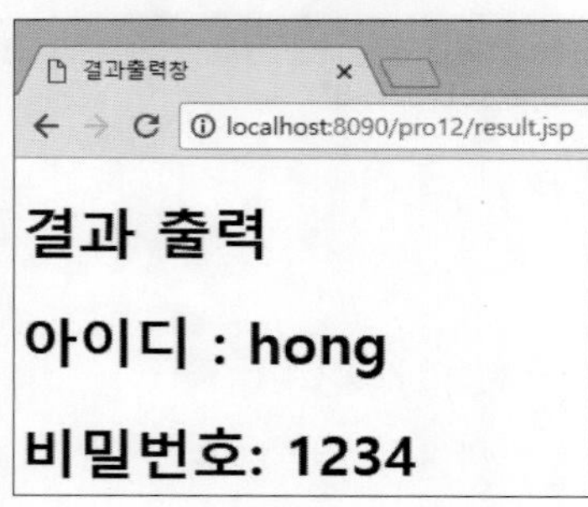

6. 이번에는 한 걸음 더 나아가 스크립트릿 안에 자바 코드를 사용해 ID가 정상적으로 입력되었는지 체크한 후 정상 입력 여부에 따라 동적으로 다른 결과를 출력하도록 구현해 보겠습니다. result2.jsp를 다음과 같이 작성합니다.

코드 12-7 pro112/WebContent/result2.jsp

```
<%@ page language="java" contentType="text/html; charset=UTF-8"
      pageEncoding="UTF-8"%>
<%
  request.setCharacterEncoding( "utf-8" );
  String user_id = request.getParameter("user_id");
  String user_pw = request.getParameter("user_pw");
%>
<!DOCTYPE html>
<html>
<head>
  <meta charset="UTF-8">
  <title>결과출력창</title>
</head>
<body>
```

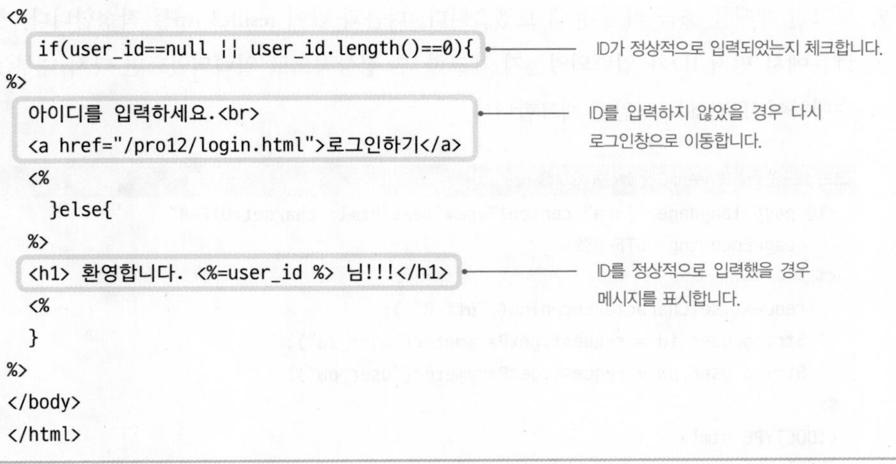

```
<%
  if(user_id==null || user_id.length()==0){
%>
  아이디를 입력하세요.<br>
  <a href="/pro12/login.html">로그인하기</a>
  <%
    }else{
  %>
  <h1> 환영합니다. <%=user_id %> 님!!!</h1>
  <%
  }
%>
</body>
</html>
```

ID가 정상적으로 입력되었는지 체크합니다.
ID를 입력하지 않았을 경우 다시 로그인창으로 이동합니다.
ID를 정상적으로 입력했을 경우 메시지를 표시합니다.

7. login.html의 action 속성을 result2.jsp로 수정 후, 로그인창에서 먼저 ID를 정상적으로 입력한 후 전송했을 때의 결과를 확인합니다.

▼ 그림 12-20 ID를 정상적으로 입력했을 경우

8. 다음은 ID를 입력하지 않고 전송한 경우입니다.

▼ 그림 12-21 ID를 입력하지 않았을 경우

서블릿에서는 자바 코드로 화면을 구현하듯이 JSP에서는 스크립트릿 안에 자바 코드를 사용해서 다양한 기능을 구현한다는 점이 이제 어느 정도 이해가 될 것입니다.

9. 로그인 예제를 조금 더 응용해 보겠습니다. 다음과 같이 result3.jsp를 작성합니다. 첫 번째 if문에서 먼저 ID가 입력되었는지 체크한 후 정상적으로 입력되었으면 다시 내부 if문을 수행하여 ID가 admin인지 체크합니다.

코드 12-8 pro12/WebContent/result3.jsp

```
<%@ page language="java" contentType="text/html; charset=UTF-8"
    pageEncoding="UTF-8"%>
<%
   request.setCharacterEncoding( "utf-8" );
   String user_id = request.getParameter("user_id");
   String user_pw = request.getParameter("user_pw");
%>
<!DOCTYPE html>
<html>
<head>
  <title>결과출력창</title>
  <meta charset="UTF-8">
</head>
<body>
<%
 if(user_id == null || user_id.length()==0){     // ID가 정상적으로 입력되었는지 체크합니다.
%>
   아이디를 입력하세요.<br>
   <a href="/pro12 /login.html">로그인하기</a>
<%
 }else{
    if(user_id.equals("admin")){     // ID를 입력한 경우 ID가 admin인지 다시 체크합니다.
%>
     <h1>관리자로 로그인 했습니다.</h1>     // ID가 admin이면 관리자창을 나타냅니다.
     <form>
       <input type=button value="회원정보 삭제하기"  />
       <input type=button value="회원정보 수정하기"  />
     </form>
<%
    }else{
%>
      <h1> 환영합니다. <%=user_id %> 님!!!</h1>
<%
    }
 }
%>
</body>
</html>
```

10. 다음은 admin으로 로그인했을 때의 실행 결과입니다.

▼ 그림 12-22 ID를 admin으로 입력하고 로그인

11. 관리자창이 나타납니다.

▼ 그림 12-23 관리자창이 나타남

12. 다른 ID로 로그인 시 "환영합니다. lee 님!!!"이라는 메시지가 나타납니다.

▼ 그림 12-24 일반 사용자창이 나타남

Caution **스크립트릿의 자바 코드 작성 시 주의하세요!**

JSP 페이지의 화면 기능이 복잡해질수록 스크립트릿의 자바 코드와 HTML 태그가 같이 표시되므로 코드가 복잡해질 수 있습니다. 따라서 들여쓰기를 습관화해서 스크립트릿의 여닫는 부분이나 자바 코드의 괄호 여닫는 부분이 틀리지 않도록 주의해서 작성해야 합니다.

만약 스크립트릿의 닫는 기호(%>)를 빠트리고 로그인창에서 요청할 경우 다음과 같은 오류가 발생합니다.

▼ 그림 12-25 23행의 %>가 누락된 경우

```
14 <body>
15 <%
16  if(user_id == null || user_id.length()==0){
17 %>
18    아이디를 입력하세요.<br>
19    <a href="/pro12 /login.html">로그인하기</a>
20 <%
21  }else{
22     if(user_id.equals("admin")){
23
24      <h1>관리자로 로그인 했습니다.</h1>
25      <form>
26        <input type=button value="회원정보 삭제하기" />
27        <input type=button value="회원정보 수정하기" />
28      </form>
29 <%
30     }else{
31 %>
32     <h1> 환영합니다. <%=user_id %> 님!!!</h1>
33 <%
34     }
35  }
36 %>
37 </body>
```

▼ 그림 12-26 JSP 실행 시 스크립트릿 오류 발생

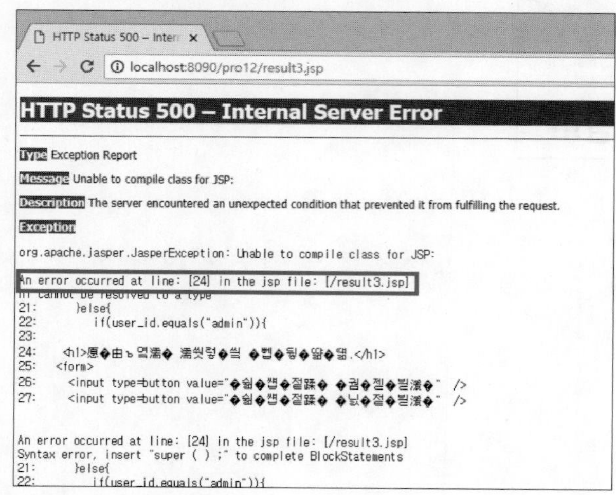

12.6.2 학점 변환 예제

이번에는 시험 점수를 입력 받은 후 학점으로 변환하는 예제를 실습해 보겠습니다.

1. 다음과 같이 scoreTest.html, scoreTest.jsp 파일을 준비합니다.

▼ 그림 12-27 실습 파일 위치

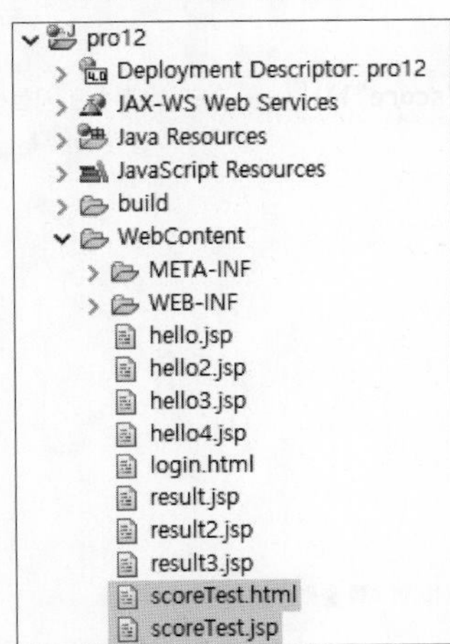

2. scoreTest.html을 다음과 같이 작성합니다. 사용자로부터 시험 점수를 입력 받아 scoreTest.jsp로 전송합니다.

코드 12-9 pro12/WebContent/scoreTest.html

```
<!DOCTYPE html>
<html>
<head>…</head>
<body>
  <h1>시험 점수를 입력해 주세요</h1>
  <form method=get action="scoreTest.jsp">
  시험점수 :<input type=text  name="score" /> <br>
            <input type ="submit" value="변환하기">
  </form>
</body>
</html>
```

입력한 시험 점수를 scoreTest.jsp로 전송합니다.

3. scoreTest.jsp를 다음과 같이 작성합니다. scoreTest.html로부터 받은 점수를 다중 `if~else if`문을 이용해 학점으로 변환합니다.

코드 12-10 pro12/WebContent/scoreTest.jsp

```
<%@ page language="java" contentType="text/html; charset=UTF-8"
    pageEncoding="UTF-8"%>
<%
  request.setCharacterEncoding("utf-8");
  int score=Integer.parseInt(request.getParameter("score"));
%>
<!DOCTYPE html>
<html>
<head>
  <title>점수 출력창</title>
  <meta charset="UTF-8">
</head>
<body>
  <h1>시험점수  <%=score %>점</h1><br>
  <%
  if(score>=90){
  %>
  <h1>A학점입니다.</h1>
  <%
  }else if(score>=80 && score<90){
  %>
  <h1> B학점입니다.</h1>
  <%
  }else if(score>=70 && score<80){
  %>
  <h1> C학점입니다.</h1>
  <%
  }else if(score>=60 && score<70){
  %>
  <h1> D학점입니다.</h1>
  <%
  }else{
  %>
  <h1> F학점입니다.</h1>
  <%
  }
  %>
  <br>
  <a href="scoreTest.html">시험점수입력</a>
</body>
</html>
```

- 전송된 시험 점수를 가져옵니다.
- 90점 이상이면 A를 출력합니다.
- 80~90점 사이면 B를 출력합니다.
- 70~80점 사이면 C를 출력합니다.
- 60~70점 사이면 D를 출력합니다.
- 그 외 점수는 F를 출력합니다.

4. http://localhost:8090/pro12/scoreTest.html로 요청하여 시험점수 입력창에 시험 점수를 입력한 후 **변환하기**를 클릭합니다.

▼ 그림 12-28 시험 점수 입력 후 **변환하기** 클릭

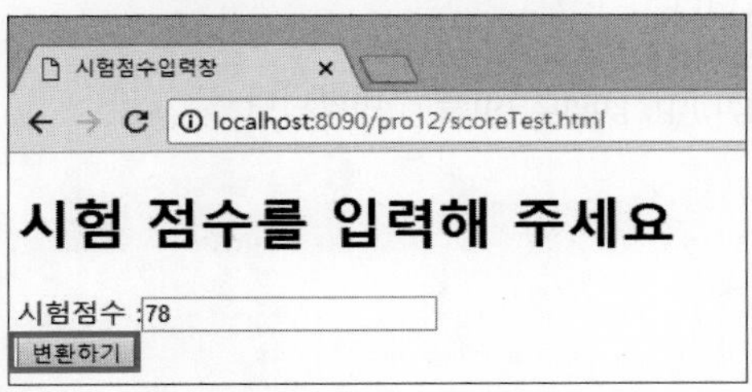

5. 시험 점수를 학점으로 변환하여 출력합니다.

▼ 그림 12-29 시험 점수를 학점으로 변환 후 출력

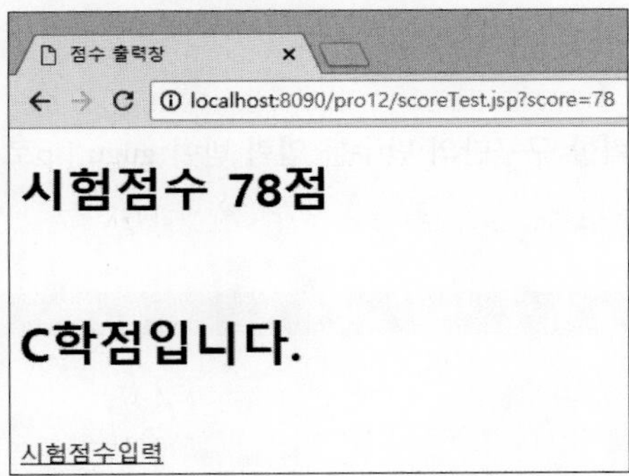

시험 점수는 보통 0~100점 사이이므로 만약 이 범위를 벗어나는 점수를 입력하면 오류 메시지를 나타내고 다시 scoreTest.html 입력창으로 이동하는 기능도 추가해 보세요.

12.6.3 구구단 출력 예제

이번에는 구구단의 단수를 전송 받은 후 구구단을 자바 for문과 <table> 태그의 <tr> 태그를 이용해 리스트로 출력하는 예제를 실습해 보겠습니다.

1. 구구단 예제 실습 파일인 gugu.html, gugu.jsp, gugu2.jsp를 준비합니다.

❤ 그림 12-30 실습 파일 위치

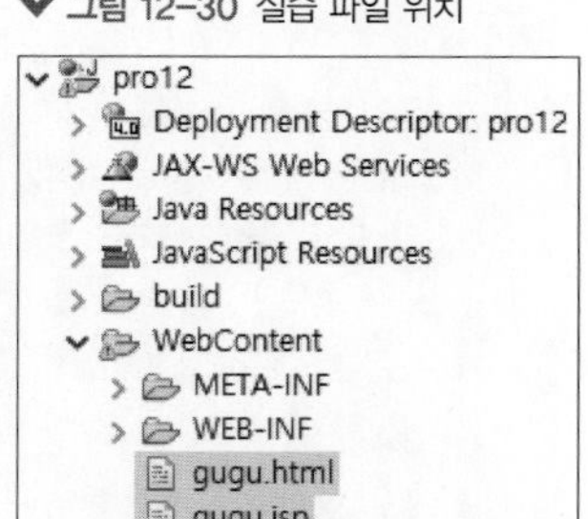

2. gugu.html을 다음과 같이 작성합니다. 출력할 구구단의 단수를 입력 받아 gugu.jsp로 포워딩합니다.

코드 12-11 pro12/WebContent/gugu.html

```
<!DOCTYPE html>
<html>
<head>…</head>
<body>
  <h1> 구구단의 단수를 입력하세요.</h1>
  <form method=get action="gugu.jsp">
  출력할 구구단  : <input type='text'  name='dan' /> <br>
                  <input type ='submit' value='출력하기'>
  </form>
</body>
</html>
```

구구단의 단수를 gugu.jsp로 전송합니다.

3. gugu.jsp를 다음과 같이 작성합니다. 스크립트릿 안에서 자바 for문을 이용해 <table> 태그의 행을 나타내는 <tr> 태그를 연속해서 브라우저로 출력합니다.

코드 12-12 pro12/WebContent/gugu.jsp

```
<%@ page language="java" contentType="text/html; charset=UTF-8"
    pageEncoding="UTF-8"%>
<%
  request.setCharacterEncoding("utf-8");
```

```
    int dan=Integer.parseInt(request.getParameter("dan"));   ← 전송된 단수를 구합니다.
%>
<!DOCTYPE html>
<html>
<head>...</head>
<body>
  <table border='1' width='800' >
    <tr align='center' bgcolor='#FFFF66'>
      <td colspan='2'><%= dan %>단 출력  </td>
    </tr>                                  ← 전송된 단수를 출력합니다.
<%
    for(int i=1; i<10;i++){               ← for 반복문을 이용해 테이블의 각 행에
%>                                           연속해서 구구단을 출력합니다.
    <tr align='center'>
        <td width='400'>
            <%=dan %> * <%=i %>
        </td>
        <td width='400'>
            <%=i*dan %>
        </td>
    </tr>
<%
    }
%>
  </table>
</body>
</html>
```

4. http://localhost:8090/pro12/gugu.html로 요청하여 입력창에서 단수를 입력한 후 전송합니다.

▼ 그림 12-31 단수 입력 후 전송

5. for문을 이용해 구구단을 리스트로 출력합니다.

▼ 그림 12-32 전송된 구구단을 리스트로 출력

구구단 출력창

localhost:8090/pro12/gugu.jsp?dan=7

7단 출력	
7 * 1	7
7 * 2	14
7 * 3	21
7 * 4	28
7 * 5	35
7 * 6	42
7 * 7	49
7 * 8	56
7 * 9	63

결과가 잘 나왔나요? 이번에는 구구단을 리스트로 출력할 때 홀수 행과 짝수 행이 구분되도록 배경색을 지정하는 효과를 추가해 보겠습니다. 스크립트릿을 이용해 배경색을 교대로 출력하는 기능입니다.

6. 다음과 같이 gugu2.jsp를 작성합니다. if문에서 for 반복문의 반복 변수 i를 사용해 홀수인지 짝수인지를 체크합니다. 그런 다음 <tr> 태그의 bgcolor 속성 값을 다르게 설정하여 브라우저로 출력합니다.

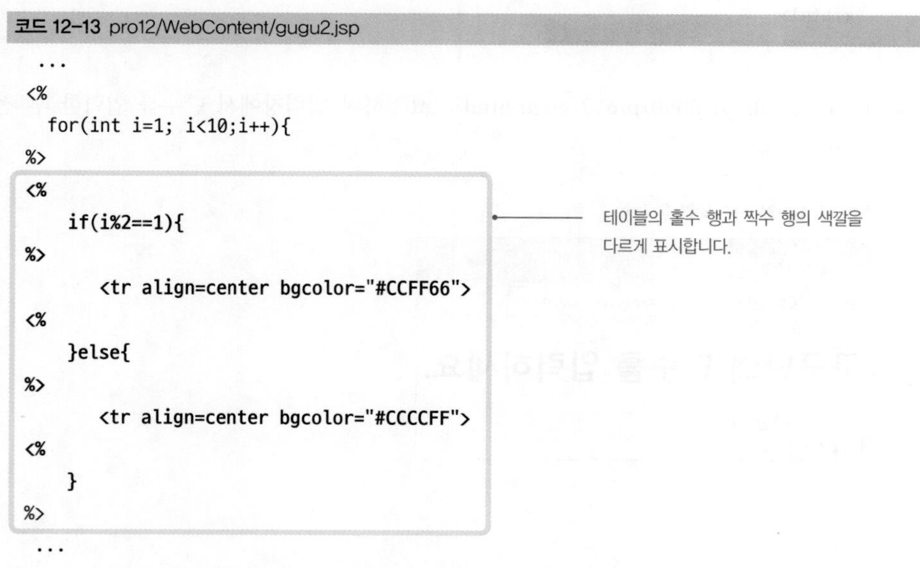

코드 12-13 pro12/WebContent/gugu2.jsp

```
...
<%
  for(int i=1; i<10;i++){
%>
<%
    if(i%2==1){
%>
       <tr align=center bgcolor="#CCFF66">
<%
    }else{
%>
       <tr align=center bgcolor="#CCCCFF">
<%
    }
%>
...
```

테이블의 홀수 행과 짝수 행의 색깔을 다르게 표시합니다.

7. 브라우저에서 실행하면 홀수 행과 짝수 행의 배경색이 다르게 출력됩니다.

❯ 그림 12-33 실행 결과

구구단 출력창

localhost:8090/pro12/gugu2.jsp?dan=7

7 단 출력	
7 * 1	7
7 * 2	14
7 * 3	21
7 * 4	28
7 * 5	35
7 * 6	42
7 * 7	49
7 * 8	56
7 * 9	63

12.6.4 이미지 리스트 출력 예제

이번에는 스크립트릿을 이용해 image 폴더의 이미지를 가져와서 리스트로 출력하는 예제를 실습해 보겠습니다.

1. imageList.jsp를 생성하고 실습 이미지인 duke.png를 추가합니다(예제 파일로 제공).

❯ 그림 12-34 실습 파일 위치

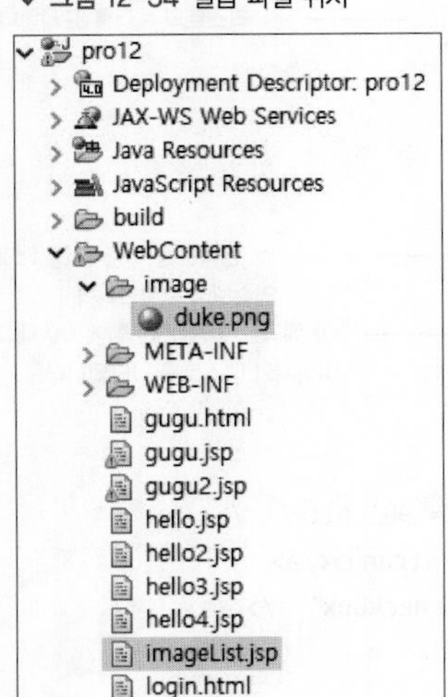

2. imageList.jsp를 다음과 같이 작성합니다. for 반복문을 이용해 <ul> 태그 안에 <li> 태그를 연속적으로 출력해서 이미지를 나타냅니다.

코드 12-14 pro12/WebContent/imageList.jsp

```
<%@ page language="java" contentType="text/html; charset=UTF-8"
    pageEncoding="UTF-8"%>
<!DOCTYPE html>
<html>
<head>
<style>
.lst_type{overflow:hidden;width:80%;padding:0 10px 10px; margin:0 auto}
.lst_type li{overflow:hidden;clear:both;margin:10px 0 0;color:#2d2c2d;
font-family:'돋움',Dotum;font-size:12px;line-height:100px;
list-style:none ; border-bottom: 2px solid lightgray;position:relative; }
.lst_type li img{display:inline;float:left;position:absolute; }
.lst_type li a{color:#2d2c2d;text-decoration:none; margin-left:340px}
.lst_type li a:hover{text-decoration:underline}
.lst_type li span{color:blue; margin-left:330px;font-family:'돋움',Dotum;font-
size:14px;  }
</style>

<meta charset="UTF-8">
<title>이미지리스트창</title>
</head>
<body>
  <ul class="lst_type">
   <li>
     <span  style='margin-left:50px' >이미지 </span>
     <span >이미지 이름</span>
     <span >선택하기</span>
   </li>
   <%
   for(int i=0 ; i<10; i++){
   %>

   <li>
     <a href='#' style='margin-left:50px'  >
        <img src='image/duke.png' width='90' height='90' alt='' /></a>
     <a href='#' ><strong>이미지 이름: 듀크<%=i %> </strong></a>
     <a href='#' > <input  name='chk<%=i %>' type='checkbox'  /></a>
   </li>
   <%
   }
   %>
  </ul>
```

리스트의 헤더를 표시합니다.

for 반복문을 이용해 <li> 태그를 연속해서 출력합니다.

<li> 태그를 이용해 한 행에 <a> 태그의 이미지와 텍스트를 나타냅니다.

image 폴더의 이미지를 나타냅니다.

```
</body>
</html>
```

3. http://localhost:8090/pro12/imageList.jsp로 요청하면 다음과 같이 출력됩니다.

▼ 그림 12-35 실행 결과

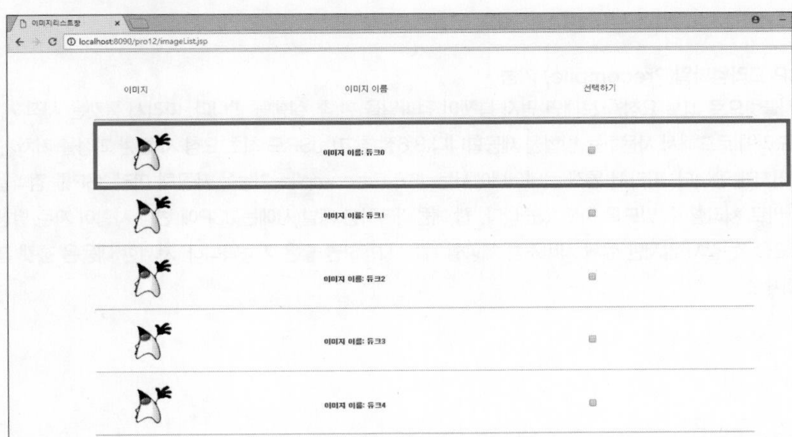

리스트로 출력하는 기능은 웹 페이지에서 많이 사용하는 기능입니다. 그림 12-35처럼 쇼핑몰에서 상품 검색 결과를 리스트로 출력하는 기능도 `<ul>` 태그 안의 `<li>` 태그를 for 반복문을 이용해서 나타냅니다.

▼ 그림 12-36 상품 검색 결과 리스트 출력 예시

지금까지 JSP 페이지에서 스크립트릿에 자바 코드를 추가하여 여러 가지 화면을 구현해 보았습니다. JSP 페이지의 기능이 복잡해질수록 HTML 태그와 스크립트릿 요소도 복잡해지므로 충분히 실습해 보기 바랍니다. 6.8절에서도 서블릿을 이용해 화면에 동일한 결과를 나타내는 실습을 해 봤습니다. 서로 다른 두 방법이 같은 결과를 얻기까지 접근하는 과정이 어떻게 다른지 잘 이해해 두기 바랍니다.

> Note ≡ **JSP 프리컴파일(Precompile) 기능**
>
> 브라우저에서 서블릿으로 최초 요청을 보내면 먼저 톰캣이 컴파일을 한 후 실행을 합니다. 따라서 톰캣은 시작 시 미리 서블릿을 메모리에 로드해서 사용하는 방법을 제공합니다(8.6절 참고). JSP도 최초 요청 시 변환 과정을 거치기 때문에 실행이 늦어지게 됩니다. 따라서 톰캣 컨테이너에서는 JSP Precompile 기능을 제공해 미리 JSP를 컴파일함으로써 요청 시 바로 처리할 수 있도록 하고 있습니다. 웹 애플리케이션 개발 시에는 JSP에 변경 사항이 자주 발생하므로 그다지 필요할 것 같지 않지만 실제 서비스를 제공할 때는 사용하면 좋은 기능입니다. 자세한 내용은 톰캣 홈페이지에서 확인하세요.

JAVA WEB

12.7 내장 객체(내장 변수) 기능

JSP 페이지의 내장 객체(내장 변수)란 JSP가 서블릿으로 변환될 때 컨테이너가 자동으로 생성시키는 서블릿 멤버 변수를 말합니다. 즉, 서블릿으로 구현 시 자주 사용했던 객체를 개발자가 일일이 만드는 것이 아니라 서블릿으로 변환 시 컨테이너가 자동으로 생성하여 사용하게끔 제공하는 것입니다.

그림 12-37은 JSP 파일이 서블릿으로 변환되었을 때 `_jspService()` 메서드에 생성된 내장 객체를 저장하는 내장 변수가 선언된 코드입니다.

▼ 그림 12-37 서블릿에 선언된 내장 객체(내장 변수)

```
public void _jspService(final javax.servlet.http.HttpServletRequest request, final javax.se
    throws java.io.IOException, javax.servlet.ServletException {

  if (!javax.servlet.DispatcherType.ERROR.equals(request.getDispatcherType())) {
    final java.lang.String _jspx_method = request.getMethod();
    if ("OPTIONS".equals(_jspx_method)) {
      response.setHeader("Allow","GET, HEAD, POST, OPTIONS");
      return;
    }
    if (!"GET".equals(_jspx_method) && !"POST".equals(_jspx_method) && !"HEAD".equals(_jspx
      response.setHeader("Allow","GET, HEAD, POST, OPTIONS");
      response.sendError(HttpServletResponse.SC_METHOD_NOT_ALLOWED, "JSPs only permit GET,
      return;
    }
  }

  final javax.servlet.jsp.PageContext pageContext;
  javax.servlet.http.HttpSession session = null;
  final javax.servlet.ServletContext application;
  final javax.servlet.ServletConfig config;
  javax.servlet.jsp.JspWriter out = null;
  final java.lang.Object page = this;
  javax.servlet.jsp.JspWriter _jspx_out = null;
  javax.servlet.jsp.PageContext _jspx_page_context = null;
```

표 12-1은 JSP 페이지에서 제공하는 여러 가지 내장 객체를 정리한 것입니다.

▼ 표 12-1 JSP에서 제공하는 내장 객체들

내장 객체	서블릿 타입	설명
request	javax.servlet.http.HttpServletRequest	클라이언트의 요청 정보를 저장합니다.
response	javax.servlet.http.HttpServletResponse	응답 정보를 저장합니다.
out	javax.servlet.jsp.JspWriter	JSP 페이지에서 결과를 출력합니다.
session	javax.servlet.http.HttpSession	세션 정보를 저장합니다.
application	javax.servlet.ServletContext	컨텍스트 정보를 저장합니다.
pageContext	javax.servlet.jsp.PageContext	JSP 페이지에 대한 정보를 저장합니다.
page	java.lang.Object	JSP 페이지의 서블릿 인스턴스를 저장합니다.
config	javax.servlet.ServletConfig	JSP 페이지에 대한 설정 정보를 저장합니다.
exception	java.lang.Exception	예외 발생 시 예외를 처리합니다.

이 중 application, request, response, session은 이미 서블릿에서 사용해본 객체들입니다. 따라서 앞에서 배웠던 동일한 기능을 제공합니다.

표 12-2는 자주 사용되는 내장 객체들의 스코프를 정리한 것입니다. request, session, application은 서블릿의 스코프와 같습니다. page는 요청하는 해당 JSP 페이지에 대해서만 공유할 수 있습니다.

▼ 표 12-2 내장 객체들의 스코프

내장 객체	서블릿	스코프
page	this	한 번의 요청에 대해 하나의 JSP 페이지를 공유합니다.
request	HttpServletRequest	한 번의 요청에 대해 같은 요청을 공유하는 JSP 페이지를 공유합니다.
session	HttpSession	같은 브라우저에서 공유합니다.
application	ServletContext	같은 애플리케이션에서 공유합니다.

먼저 session 내장 객체의 바인딩 기능을 사용해 보겠습니다.

12.7.1 session 내장 객체에 데이터 바인딩 실습

1. JSP 파일이 많아지므로 test01 폴더를 만든 후 session1.jsp, session2.jsp 등 실습 파일들을 생성합니다.

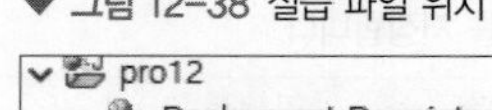

▼ 그림 12-38 실습 파일 위치

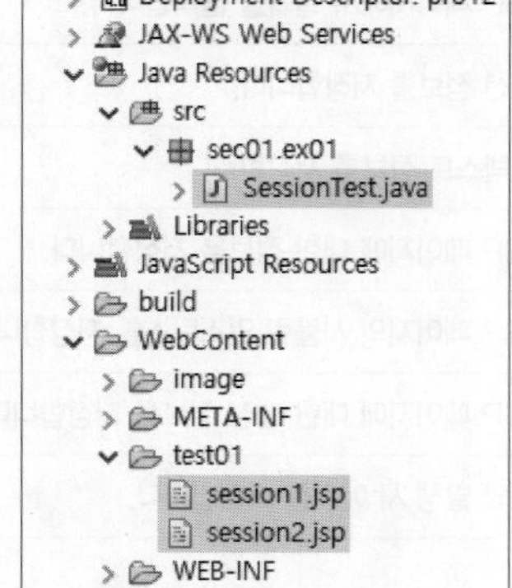

2. SessionTest 클래스를 다음과 같이 작성합니다. 서블릿에서 getSession() 메서드를 이용해 session 객체를 얻은 후 name을 바인딩합니다.

코드 12-15 pro12/src/sec01/ex01/SessionTest.java

```
package sec01.ex01;
 ...
@WebServlet("/sess")

public class SessionTest extends HttpServlet {
  protected void doGet(HttpServletRequest request, HttpServletResponse response)
  throws ServletException, IOException {
    response.setContentType("text/html;charset=utf-8");
    PrintWriter pw = response.getWriter();
    HttpSession session = request.getSession();   // session 객체를 가져옵니다.
    session.setAttribute("name", "이순신");   // session 객체에 name을 바인딩합니다.
    pw.println("<html><body>");
    pw.println("<h1>세션에 이름을 바인딩합니다.</h1>");
    pw.println("<a href='/pro12/test01/session1.jsp'>첫 번째 페이지로 이동하기 </a>");
    pw.println("</body></html>");
  }
}
```

3. session1.jsp 파일을 다음과 같이 작성합니다. session 객체의 사용법은 서블릿에서 배운 HttpSession 사용법과 같습니다. 차이점은 JSP에서는 자동으로 세션 객체를 생성해 주므로 굳이 getSession() 메서드를 호출해서 세션을 얻을 필요가 없다는 것입니다. getAttribute() 메서드를 이용해 첫 번째 JSP에서 session에 바인딩된 name 값을 가져온 후 setAttribute() 메서드를 이용해 session에 address를 바인딩합니다.

코드 12-16 pro12/WebContent/test01/session1.jsp

```
<%@ page language="java" contentType="text/html; charset=UTF-8"
    pageEncoding="UTF-8"%>
<%
  String name=(String)session.getAttribute("name");   // session 객체에 바인딩된 name 값을 가져옵니다.
  session.setAttribute("address","서울시 강남구");   // session 객체에 address를 바인딩합니다.
%>
<!DOCTYPE html>
<html>
<head>
  <meta charset="UTF-8">
  <title>session 내장 객체 테스트2</title>
</head>
```

```
<body>
  이름은 <%=name %>입니다. <br>
  <a href=session3.jsp>두 번째 페이지로 이동</a>
</body>
</html>
```

4. session2.jsp에서는 getAttribute()를 이용해 서블릿과 JSP에서 session에 바인딩된 name과 address 값을 가져옵니다.

코드 12-17 pro12/WebContent/test01/session2.jsp

```
<%@ page language="java" contentType="text/html; charset=UTF-8"
    pageEncoding="UTF-8"%>
<%
  String name=(String)session.getAttribute("name");
  String address = (String)session.getAttribute("address");
%>
<!DOCTYPE html>
<html>
<head>
  <meta charset="UTF-8">
  <title>session 내장 객체 테스트3</title>
</head>

<body>
  이름은 <%=name %>입니다.<br>
  주소는 <%=address %>입니다. <br>
</body>
</html>
```

session 객체에 바인딩된 name 값과 address 값을 가져옵니다.

5. 다음은 최초 서블릿에 요청한 결과입니다. 서블릿 요청 시 session 객체에 name을 바인딩합니다.

▼ 그림 12-39 최초 서블릿에 요청 결과

6. **첫번째 페이지로 이동하기** 클릭 시 서블릿에서 바인딩한 name을 출력합니다. **두번째 페이지로 이동**을 클릭합니다.

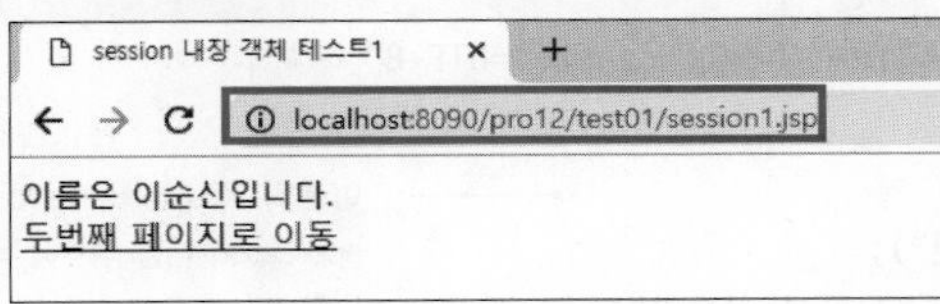

▼ 그림 12-40 첫 번째 JSP 페이지 출력 결과

7. 서블릿과 첫 번째 JSP에서 바인딩한 이름(name)과 주소(address)를 출력합니다.

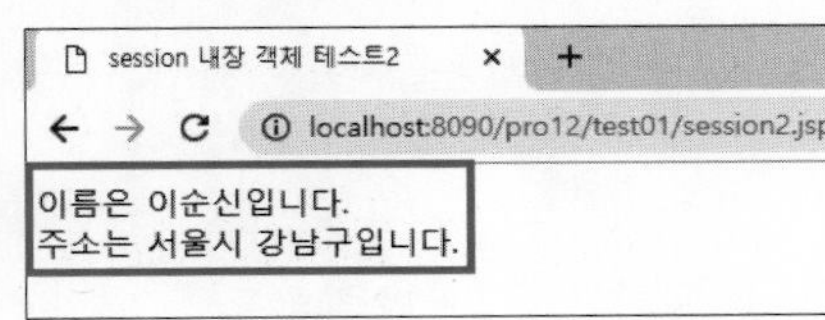

▼ 그림 12-41 두 번째 JSP 출력 결과

다음에는 `session`과 `application` 내장 객체의 스코프에 대해 알아보겠습니다.

12.7.2 application 내장 객체에 데이터 바인딩 실습

1. 다음과 같이 appTest1.jsp, appTest2.jsp 실습 파일을 준비합니다.

▼ 그림 12-42 실습 파일 위치

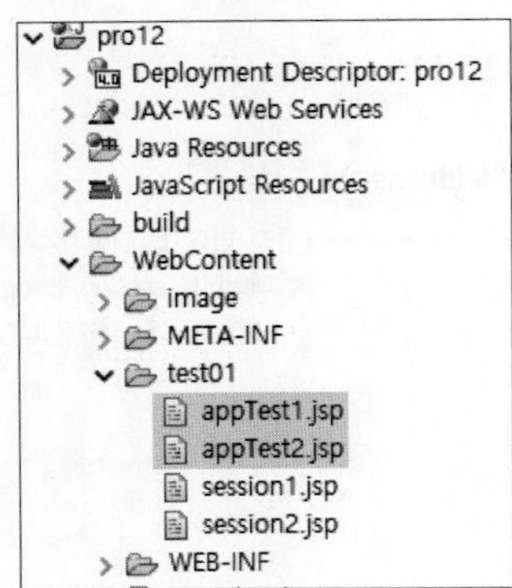

2. appTest1.jsp를 다음과 같이 작성합니다. 첫 번째 JSP에서 session과 application 내장 객체에 name과 address 값을 바인딩합니다.

코드 12-18 pro12/WebContent/test01/appTest1.jsp

```
<%@ page language="java" contentType="text/html; charset=UTF-8"
    pageEncoding="UTF-8"%>
<%
  session.setAttribute("name","이순신");
  application.setAttribute("address","서울시 성동구");
%>
<!DOCTYPE html>
<html>
<head>
 <meta charset="UTF-8">
  <title>내장 객체 스코프 테스트1</title>
</head>
<body>
  <h1>이름과 주소를 저장합니다.</h1>
  <a href=appTest2.jsp>두 번째 웹 페이지로 이동</a>
</body>
</html>
```

이름과 주소를 session과 application 내장 객체에 바인딩합니다.

3. appTest2.jsp를 다음과 같이 작성합니다. 첫 번째 JSP에서 session과 application 내장 객체에 바인딩한 값을 가져옵니다.

코드 12-19 pro12/WebContent/test01/appTest2.jsp

```
<%@ page language="java" contentType="text/html; charset=UTF-8"
  pageEncoding="UTF-8"%>
<%
  String name=(String)session.getAttribute("name");
  String address=(String )application.getAttribute("address");
%>

<!DOCTYPE html>
<html>
<head>
  <meta charset="UTF-8">
  <title>내장 객체 스코프 테스트2</title>
</head>
<body>
  <h1>이름은 <%=name %>입니다.</h1>
  <h1>주소는 <%=address %>입니다.</h1>
</body>
</html>
```

첫 번째 웹 페이지에서 저장한 데이터를 session과 application 내장 객체에서 가져옵니다.

4. http://localhost:8090/pro12/test01/appTest1.jsp로 요청합니다. 첫 번째 JSP에서 name과 address를 session과 application에 바인딩합니다.

▼ 그림 12-43 첫 번째 브라우저에서 요청 시

5. 같은 브라우저에서 요청할 경우 두 번째 JSP에서 session과 application에 접근할 수 있습니다.

▼ 그림 12-44 같은 브라우저에서 요청 시

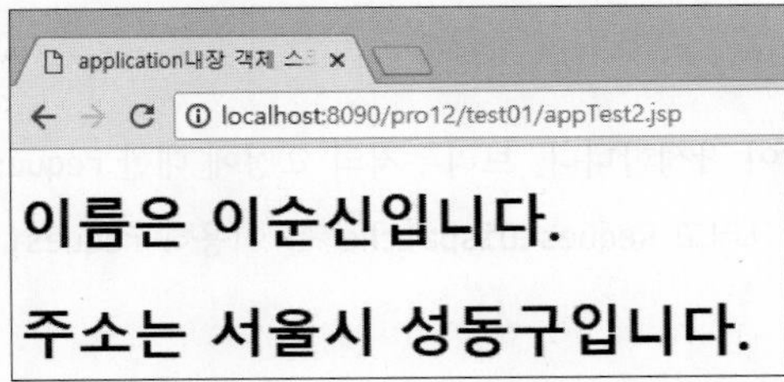

하지만 익스플로러에서는 application의 값에만 접근할 수 있습니다.

▼ 그림 12-45 다른 세션의 브라우저에서 요청 시

같은 브라우저에서 appTest2.jsp를 요청하면 session과 application에 저장된 값을 그대로 출력합니다. 그러나 다른 브라우저로 요청할 경우 session 내장 객체의 스코프는 접근할 수 없으므로 null을 출력합니다. 이를 통해 application 내장 객체의 스코프는 애플리케이션 전체이고, session 내장 객체의 스코프는 같은 브라우저임을 알 수 있습니다.

다음으로 가장 널리 사용되는 내장 객체인 request에 대해 알아보겠습니다.

12.7.3 request 내장 객체에 데이터 바인딩 실습

1. request 내장 객체 실습 파일인 request1.jsp, request2.jsp를 준비합니다.

▼ 그림 12-46 실습 파일 위치

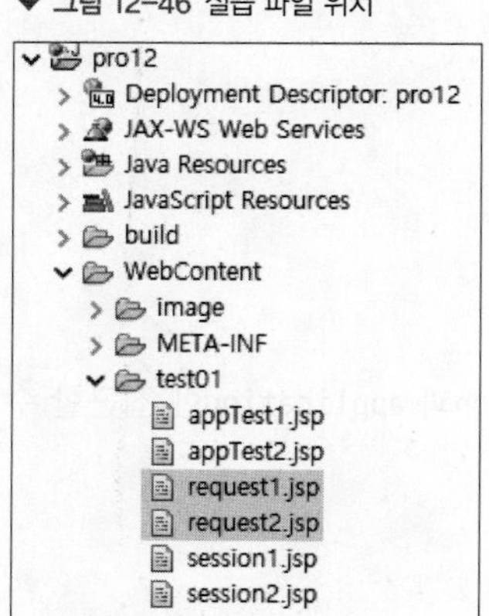

2. 첫 번째 JSP인 request1.jsp를 다음과 같이 작성합니다. 브라우저의 요청에 대한 request 객체에 name과 address를 바인딩합니다. 그리고 RequestDispatcher를 이용해 request 객체를 두 번째 JSP로 전송합니다.

코드 12-20 pro12/WebContent/request1.jsp

```
<%@ page language="java" contentType="text/html; charset=UTF-8"
  import="javax.servlet.RequestDispatcher"
  pageEncoding="UTF-8"
    %>
<%
  request.setAttribute("name","이순신");
  request.setAttribute("address","서울시 강남구");
%>
<!DOCTYPE html>
<html>
<head>…</head>
<body>
<%
  RequestDispatcher dispatch = request.getRequestDispatcher("request2.jsp");
  dispatch.forward(request, response);
%>
</body>
</html>
```

request 객체에 setAttribute()를 이용해 name과 address를 바인딩합니다.

request 객체를 다른 JSP로 포워딩합니다.

3. 두 번째 JSP인 request2.jsp를 다음과 같이 작성합니다. 첫 번째 JSP에서 전송된 `request` 객체에서 바인딩된 `name`과 `address`를 가져옵니다.

코드 12-21 pro12/WebContent/request2.jsp

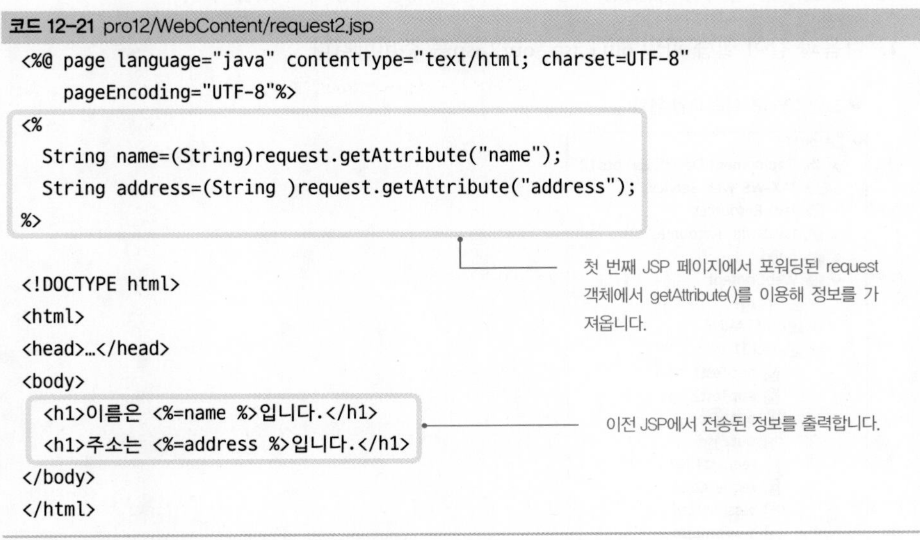

```
<%@ page language="java" contentType="text/html; charset=UTF-8"
    pageEncoding="UTF-8"%>
<%
  String name=(String)request.getAttribute("name");
  String address=(String )request.getAttribute("address");
%>
<!DOCTYPE html>
<html>
<head>…</head>
<body>
  <h1>이름은 <%=name %>입니다.</h1>
  <h1>주소는 <%=address %>입니다.</h1>
</body>
</html>
```

첫 번째 JSP 페이지에서 포워딩된 request 객체에서 getAttribute()를 이용해 정보를 가져옵니다.

이전 JSP에서 전송된 정보를 출력합니다.

4. 브라우저에서 request1.jsp로 요청하면 `request` 객체에 바인딩한 후 request2.jsp로 포워딩하여 이름과 주소를 출력합니다.

▼ 그림 12-47 실행 결과

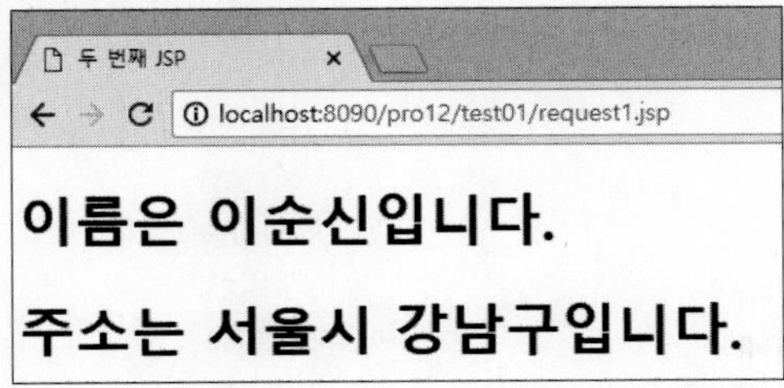

12.7.4 out 내장 객체 이용해 데이터 출력하기

이번에는 결과를 출력할 때 사용하는 out 내장 객체를 사용해 보겠습니다.

1. 다음과 같이 실습 파일 out1.jsp, out2.jsp를 준비합니다.

▼ 그림 12-48 실습 파일 위치

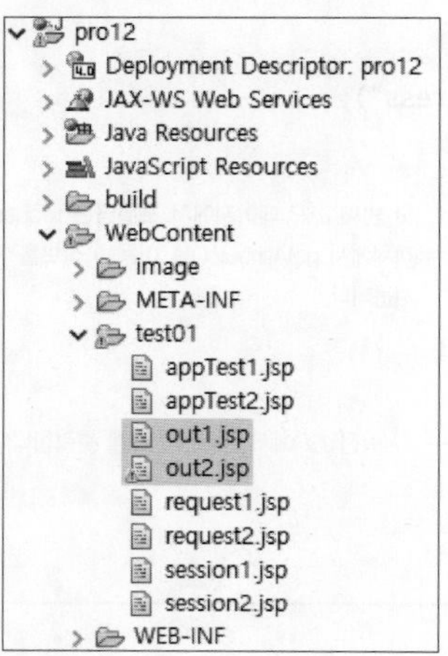

2. 첫 번째 JSP 페이지인 out1.jsp를 작성합니다. 이름과 나이를 두 번째 JSP로 전송합니다.

코드 12-22 pro12/WebContent/test01/out1.jsp

```
<%@ page language="java" contentType="text/html; charset=UTF-8"
pageEncoding="UTF-8"%>
<!DOCTYPE html>
<html>
<head>…</head>
<body>
  <form method="post" action="out2.jsp">
    이름:<input type="text" name="name"><br>
    나이: <input type="text" name="age"><br>
  <input type ="submit" value="전송">
</form>
</body>
</html>
```

3. 두 번째 JSP 페이지인 out2.jsp를 작성합니다. 전송된 이름과 나이를 표현식과 out 내장 객체를 이용해 출력합니다.

코드 12-23 pro12/WebContent/test01/out2.jsp

```
<%@ page language="java" contentType="text/html; charset=UTF-8"
    pageEncoding="UTF-8"%>
<%
  request.setCharacterEncoding( "utf-8" );
  String name=request.getParameter("name");
  String age=request.getParameter("age");
%>

<!DOCTYPE html>
<html>
<head>…</head>
<body>
<%
  if(name!=null ||name.length()!=0){
%>
    <h1><%=name %> ,<%=age %>  </h1>        name과 age의 값을 표현식으로 출력합니다.
<%
  }else{
%>
    <h1>이름을 입력하세요</h1>
<%
  }
%>


<%
  if(name!=null ||name.length()!=0){
%>                                          name과 age의 값을 out 내장 객체로 출력합니다.
    <h1><% out.println(name+" , "+age); %></h1>
<%
  }else{
%>
    <h1>이름을 입력하세요</h1>
<%
  }
%>
</body>
</html>
```

4. 브라우저에서 요청하여 이름과 나이를 입력한 후 전송합니다.

▼ 그림 12-49 회원 정보 전송

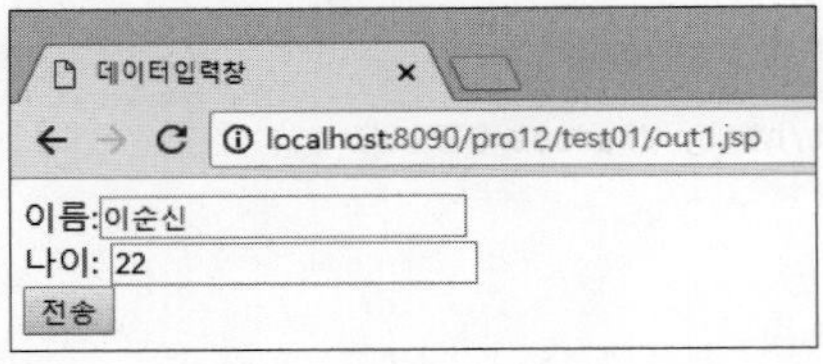

5. 전달받은 정보를 표현식과 out 내장 객체로 출력합니다.

▼ 그림 12-50 표현식과 out 내장 객체로 회원 정보 출력

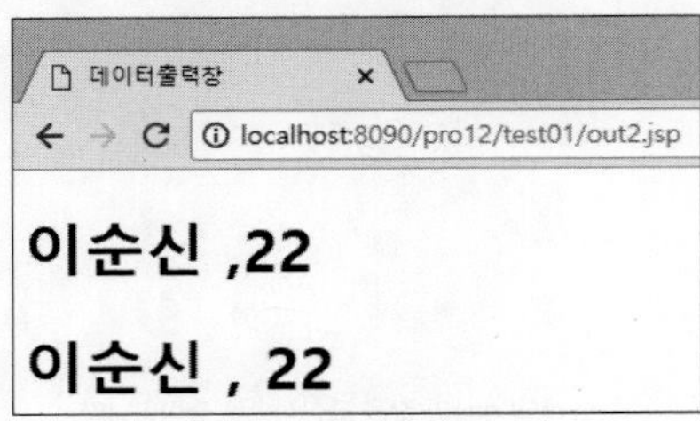

out 내장 객체를 이용해 스크립트릿으로 출력하면 복잡한 코드를 상대적으로 간단하게 출력할 수 있습니다.

12.8 JSP 페이지 예외 처리하기

JSP 페이지를 실행하다 보면 종종 실행 중에 오류가 발생합니다. 예를 들어 은행 사이트에서 송금을 하려고 하는데 그림 12-51 같은 오류 메시지가 브라우저에 나타났다고 생각해 보세요.

▼ 그림 12-51 JSP 예외 발생 화면

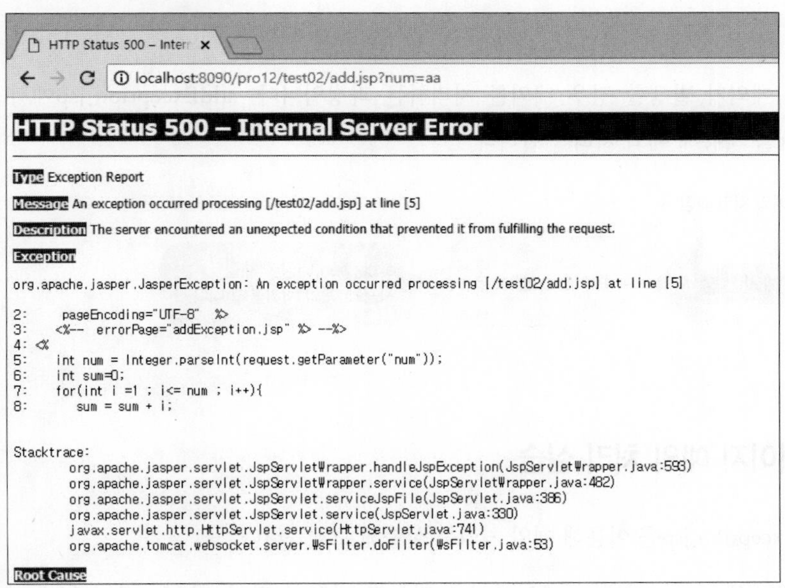

사용자 입장에서는 큰 문제가 발생한 것으로 인식하겠지요. 그러면 사이트에 대한 신뢰도 떨어질 수밖에 없습니다. 따라서 프로그램 실행 시 예외나 오류가 발생할 경우 이를 안내하는 페이지, 즉 전용 예외 처리 페이지가 나타나게 하여 좀 더 신뢰 있고 사용자 친화적인 웹 페이지를 만들 수 있습니다.

12.8.1 JSP 페이지 예외 처리 과정

JSP 페이지에서 오류가 발생하면 예외 처리 페이지를 이용해 예외 처리를 할 수 있습니다.

JSP 예외 처리 페이지는 어떻게 만들까요? 먼저 예외 처리 JSP를 만든 후 디렉티브 태그 속성 중 `isErrorPage` 속성을 `true`로 설정합니다. 그리고 일반 JSP 페이지의 디렉티브 태그 속성 중 `errorPage` 속성을 예외 처리 페이지 이름으로 지정합니다.

✔ 그림 12-52 JSP 예외 처리 페이지 만드는 과정

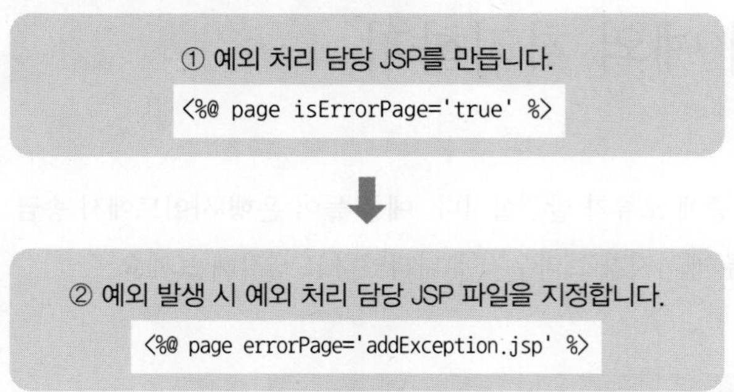

① 예외 처리 담당 JSP를 만듭니다.
<%@ page isErrorPage='true' %>
② 예외 발생 시 예외 처리 담당 JSP 파일을 지정합니다.
<%@ page errorPage='addException.jsp' %>

다음은 add.jsp에서 예외가 발생할 경우 예외를 처리하는 과정입니다. addException.jsp에서 `exception` 내장 객체를 사용해 예외 처리를 합니다.

✔ 그림 12-53 실습 예제 예외 처리 과정

12.8.2 JSP 페이지 예외 처리 실습

그럼 add.jsp와 addException.jsp를 이용해 예외 처리를 실습해 보겠습니다.

1. 실습을 위해 WebContent 아래 test02 폴더를 만들고 다음과 같이 add.html, add.jsp, addException.jsp 파일들을 준비합니다.

✔ 그림 12-54 실습 파일 위치

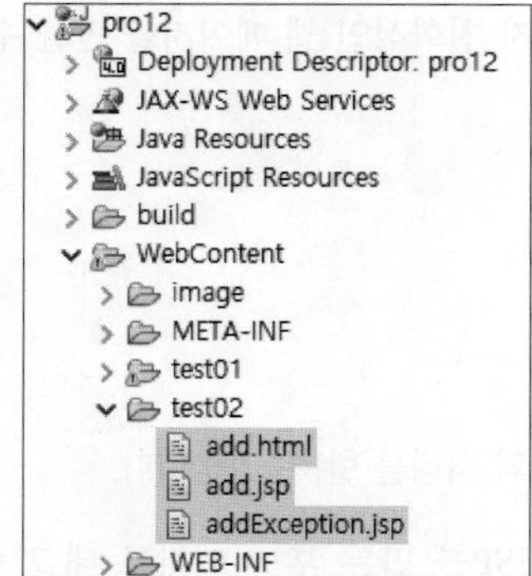

2. add.html을 다음과 같이 작성합니다. 입력창에서 숫자를 입력 받아 `action`에 지정한 add.jsp로 전송합니다.

코드 12-24 pro12/WebContent/test02/add.html

```
<!DOCTYPE html>
<html>
<head>
  <title>합계</title>
</head>
<body>
  자연수를 입력하세요.
  <form action='add.jsp'>     ← 입력한 값을 add.jsp로 전송합니다.
    1부터 <input type='text' name='num'>
    <input type='submit' value='계산하기'>
  </form>
</body>
</html>
```

3. add.jsp를 다음과 같이 작성합니다. 페이지 디렉티브 태그의 `errorPage` 속성에 예외 처리 페이지인 addException.jsp를 지정하여 오류가 발생하면 예외 처리를 합니다.

코드 12-25 pro12/WebContent/test02/add.jsp

```
<%@ page language="java" contentType="text/html; charset=UTF-8"
    pageEncoding="UTF-8"
    errorPage="addException.jsp" %>     ← 예외 발생 시 예외를 처리할 JSP 페이지를 지정합니다.
<%
   int num = Integer.parseInt(request.getParameter("num"));
   int sum=0;
   for(int i =1 ; i<= num ; i++){
     sum = sum + i;
   }
%>

<!DOCTYPE html>
<html>
<head>
  <title>합계 구하기</title>
</head>
<body>
  <h2>합계 구하기</h2>
  <h1>1부터 <%=num %>까지의 합은 <%=sum %>입니다</h1>
</body>
</html>
```

4. 또 다른 JSP 페이지인 addException.jsp를 다음과 같이 작성합니다. 페이지 디렉티브 태그의 isErrorPage 속성을 true로 설정해 exception 내장 객체를 이용해서 발생한 예외를 처리하도록 합니다. 이때 exception 내장 객체는 자바의 Exception 클래스의 인스턴스입니다.

코드 12-26 pro12/WebContent/test02/addException.jsp

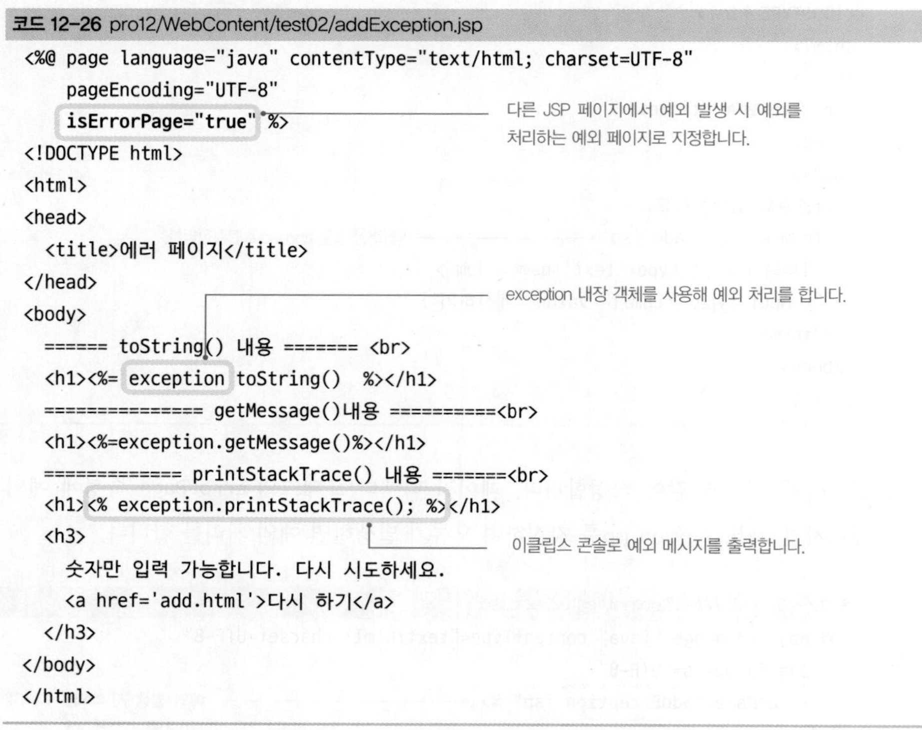

```
<%@ page language="java" contentType="text/html; charset=UTF-8"
    pageEncoding="UTF-8"
    isErrorPage="true" %>
<!DOCTYPE html>
<html>
<head>
  <title>에러 페이지</title>
</head>
<body>
  ====== toString() 내용 ======= <br>
  <h1><%= exception.toString()  %></h1>
  =============== getMessage()내용 ==========<br>
  <h1><%=exception.getMessage()%></h1>
  ============= printStackTrace() 내용 =======<br>
  <h1><% exception.printStackTrace(); %></h1>
  <h3>
    숫자만 입력 가능합니다. 다시 시도하세요.
    <a href='add.html'>다시 하기</a>
  </h3>
</body>
</html>
```

다른 JSP 페이지에서 예외 발생 시 예외를 처리하는 예외 페이지로 지정합니다.
exception 내장 객체를 사용해 예외 처리를 합니다.
이클립스 콘솔로 예외 메시지를 출력합니다.

5. http://localhost:8090/pro12/test02/add.html로 요청하여 입력창에 정상적인 숫자를 입력한 후 **계산하기**를 클릭합니다.

▼ 그림 12-55 숫자 입력 후 전송

합계
localhost:8090/pro12/test02/add.html
자연수를 입력하세요.
1 부터 10
계산하기

6. 정상적인 결과가 출력됩니다.

❯ 그림 12-56 숫자 전송 시 정상적인 결과 출력

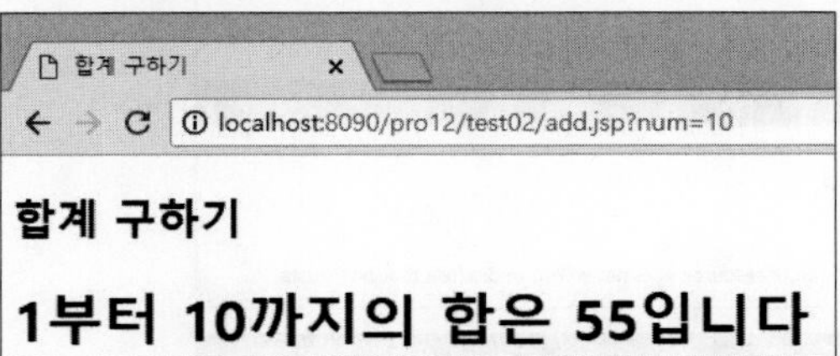

7. 이번에는 문자를 입력해 볼까요?

❯ 그림 12-57 문자 입력 후 전송

8. 문자는 처리 시 예외가 발생합니다. 다음과 같이 예외 처리 페이지에서 예외를 처리합니다.

❯ 그림 12-58 문자 전송 시 예외 메시지 출력

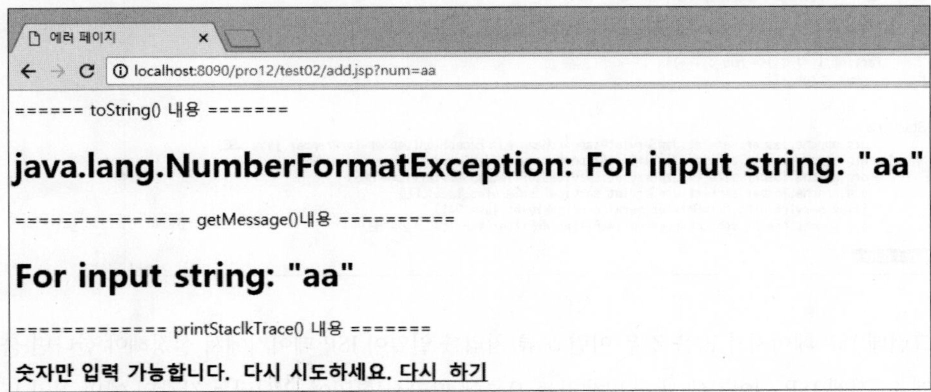

12.8.3 JSP 페이지의 오류 페이지 종류

JSP 실행 시 자주 발생하는 오류들이 있습니다. 이 책의 실습 과정에서도 자주 보았던 404 오류는 요청한 JSP 페이지가 없을 때 발생하는 오류이고, 500 오류는 컨테이너에서 JSP 페이지 처리 중에 오류가 발생할 때 표시되는 오류입니다.

❤ 그림 12-59 존재하지 않는 sum.jsp 요청 시 표시되는 404 오류

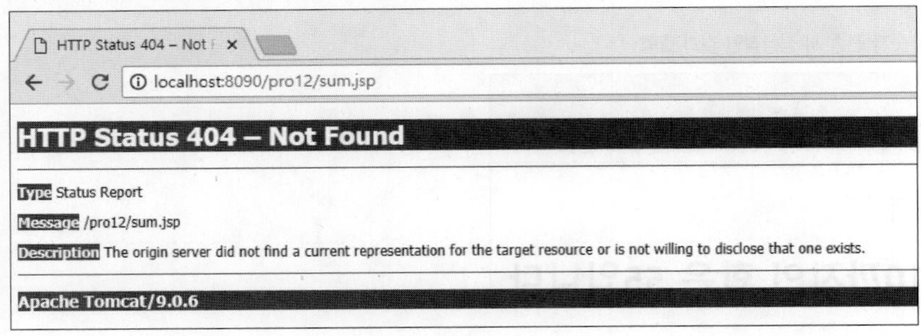

❤ 그림 12-60 컨테이너 처리 중 JSP에서 오류 발생 시 표시되는 500 오류

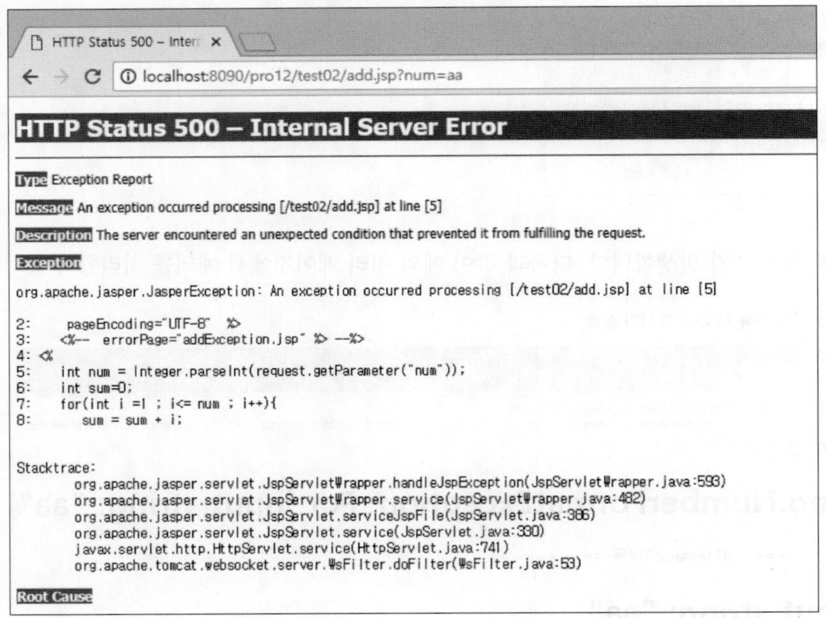

그런데 JSP 페이지가 많을 경우 이런 오류 처리를 일일이 JSP 페이지에서 설정해야 한다면 불편하겠죠. 전체 JSP 페이지에 대해 발생하는 오류에 따라서 화면에 표시되는 각각의 예외 처리 JSP 페이지를 적용할 수 있습니다.

12.8.4 에러 코드에 따른 예외 페이지 지정

다음은 web.xml에서 xml로 각각의 에러 코드에 대한 예외 처리 페이지를 지정하는 방법입니다.

코드 web.xml

```
<error-page>
  <error-code>오류코드</error-code>
  <location>오류 페이지 위치</location>
</error-page>
```

실제로 web.xml에 오류 페이지를 지정하여 실습해 보겠습니다.

1. WebContent 하위에 오류 페이지들이 위치할 err 폴더를 만들고 error_404.jsp, error_500.jsp 파일을 준비합니다.

❯ 그림 12-61 실습 파일 위치

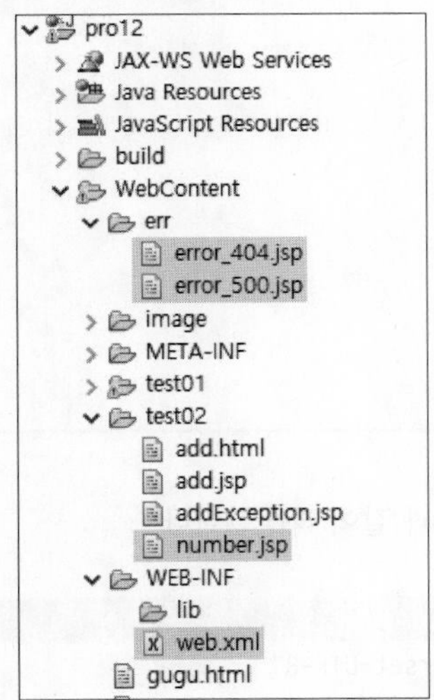

2. web.xml에 <error-page> 태그를 이용해 각각의 에러 코드에 대해 처리할 오류 페이지가 있는 경로를 지정합니다.

코드 12-27 pro12/WebContent/WEB-INF/web.xml

```
<?xml version="1.0" encoding="UTF-8"?>
<web-app xmlns:xsi="http://www.w3.org/2001/XMLSchema-instance" xmlns="http://xmlns.
jcp.org/xml/ns/javaee" xsi:schemaLocation="http://xmlns.jcp.org/xml/ns/javaee
http://xmlns.jcp.org/xml/ns/javaee/web-app_3_1.xsd" id="WebApp_ID" version="3.1">
```

```
<error-page>
  <error-code>404</error-code>
  <location>/err/error_404.jsp</location>
</error-page>

<error-page>
  <error-code>500</error-code>
  <location>/err/error_500.jsp</location>
</error-page>
</web-app>
```

404와 500 오류 발생 시 예외 처리를 할 페이지를 지정합니다.

3. 404 오류를 처리하는 JSP 페이지인 error_404.jsp를 다음과 같이 작성합니다.

코드 12-28 pro12/WebContent/err/error_404.jsp

```
<%@ page language="java" contentType="text/html; charset=UTF-8"
    pageEncoding="UTF-8"%>
<!DOCTYPE html>
<html>
<head>
  <meta charset="UTF-8">
  <title>404 예외 처리 페이지</title>
</head>
<body>
  <h1>요청한 페이지는 존재하지 않습니다.</h1>
</body>
</html>
```

4. 500 오류를 처리하는 JSP 페이지인 error_500.jsp를 다음과 같이 작성합니다.

코드 12-29 pro12/WebContent/err/error_500.jsp

```
<%@ page language="java" contentType="text/html; charset=UTF-8"
    pageEncoding="UTF-8"%>
<!DOCTYPE html>
<html>
<head>
  <meta charset="UTF-8">
  <title>500 예외 처리 페이지</title>
</head>
<body>
  <img  src="../image/duke.png" /><br>
  <h1>죄송합니다.서비스 실행 중 오류가 발생했습니다.</h1>
  <h1>잠시 후 다시 시도해 보세요.</h1>
</body>
</html>
```

한 단계 위에 있는 image 폴더의 이미지를 표시합니다.

5. 브라우저 요청 시 예외를 발생시키는 number.jsp를 다음과 같이 작성합니다.

코드 12-30 pro12/WebContent/test02/number.jsp

```
<%@ page language="java" contentType="text/html; charset=UTF-8"
    pageEncoding="UTF-8"%>
<%
  int num = Integer.parseInt(request.getParameter("num"));   // 예외를 강제로 발생시킵니다.
%>
<!DOCTYPE html>
<html>
<head>
  <meta charset="UTF-8">
  <title>테스트 페이지</title>
</head>

<body>
  <h1>쇼핑몰 중심 JSP 입니다!!!!</h1>
</body>
</html>
```

6. 이제 각각의 예외를 고의로 발생시켜 볼까요? 먼저 존재하지 않는 http://localhost:8090/pro12/test02/num.jsp를 요청한 결과를 확인해 봅시다.

▼ 그림 12-62 존재하지 않는 페이지를 요청한 경우

12 JSP 스크립트 요소 기능

7. 실행 중 예외를 발생시키는 http://localhost:8090/pro12/test02/number.jsp를 요청합니다.

❤ 그림 12-63 JSP 페이지 처리 중 500 오류가 발생한 경우

Tip 만약 한 개의 JSP 페이지에 페이지 디렉티브의 errorPage 속성과 web.xml이 같이 지정되어 있으면 페이지 디렉티브의 errorPage가 우선적으로 나타납니다.

Note **인터넷 익스플로러에서 사용자 오류 메시지 표시하기**

익스플로러의 메뉴에서 **도구 〉 인터넷 옵션**을 선택한 후 **고급** 탭에서 **HTTP 오류 메시지 표시**의 체크를 해제합니다.

❤ 그림 12-64 익스플로러에서 사용자 오류 메시지 표시

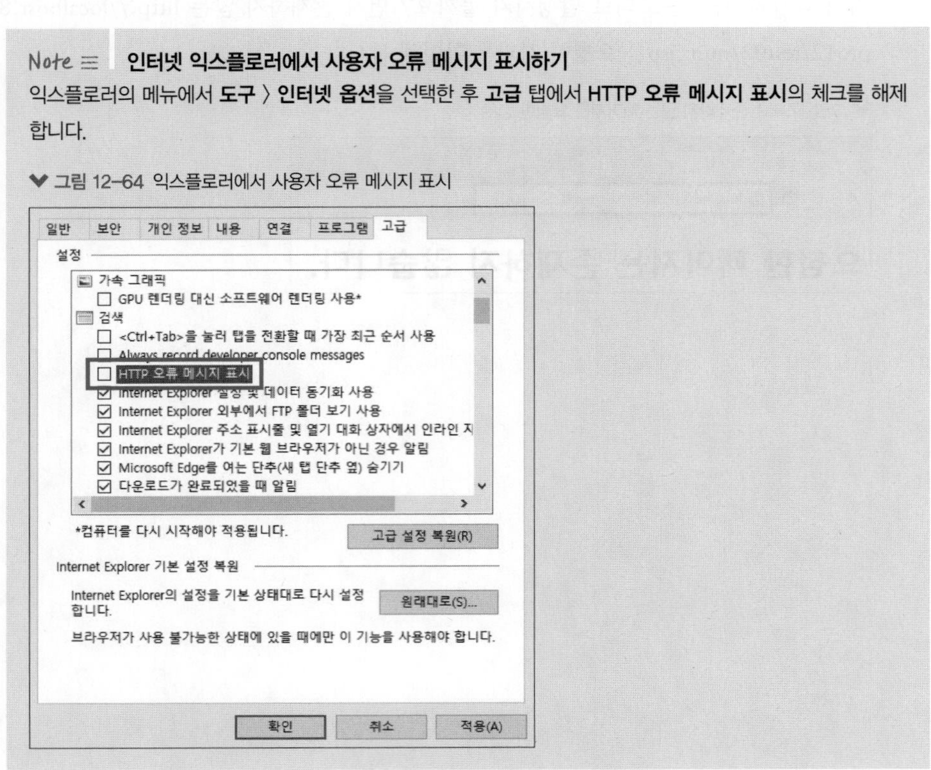

12.9 JSP welcome 파일 지정하기

지금까지는 JSP나 서블릿을 일일이 브라우저에서 요청하여 화면을 표시했습니다. 그런데 웹 애플리케이션 첫 화면에 해당하는 홈페이지를 다음과 같이 web.xml에 등록해 두면 브라우저에서는 컨텍스트 이름만으로 요청하여 간단하게 표시할 수 있습니다.

코드 web.xml

```
<welcome-file-list>
  <welcome-file>jsp 또는 html 파일 이름1</welcome-file>
  <welcome-file>jsp 또는 html 파일 이름2</welcome-file>
    ...
</welcome-file-list>
```

홈페이지로 사용되는 welcome 페이지는 JSP나 HTML 파일이 될 수도 있고 여러 개를 등록해서 사용할 수도 있겠죠. 그러면 요청 시 첫 번째로 지정한 welcome 파일부터 차례로 찾아 홈페이지로 보여줍니다. 직접 web.xml에 설정해서 요청해 보겠습니다.

1. 다음과 같이 test02 폴더 하위에 main.jsp 파일과 web.xml 파일을 준비합니다.

▼ 그림 12-65 실습 파일 위치

2. web.xml에 <welcome-file-list> 태그 경로를 포함하여 홈페이지에 해당하는 파일들을 나열합니다.

코드 12-31 pro12/WebContent/WEB-INF/web.xml

```
<?xml version="1.0" encoding="UTF-8"?>
<web-app xmlns:xsi="http://www.w3.org/2001/XMLSchema-instance" xmlns="http://xmlns.
jcp.org/xml/ns/javaee" xsi:schemaLocation="http://xmlns.jcp.org/xml/ns/javaee
http://xmlns.jcp.org/xml/ns/javaee/web-app_3_1.xsd" id="WebApp_ID" version="3.1">
  <welcome-file-list>
    <welcome-file>/test02/main.jsp</welcome-file>
    <welcome-file>/test02/add.jsp</welcome-file>
    <welcome-file>/test02/add.html</welcome-file>
  </welcome-file-list>
</web-app>
```

여러 개의 welcome 파일을 지정합니다.

3. 첫 번째 홈페이지인 main.jsp 페이지를 다음과 같이 작성합니다.

코드 12-32 pro12/WebContent/test02/main.jsp

```
<%@ page language="java" contentType="text/html; charset=UTF-8"
    pageEncoding="UTF-8"%>
<!DOCTYPE html>
<html>
<head>
  <meta charset="UTF-8">
  <title>홈페이지</title>
</head>
<body>
  <img  src="./image/duke.png" /><br>
  <h1>안녕하세요</h1>
  <h1>쇼핑몰 중심 JSP 홈페이지 입니다!!!</h1>
</body>
</html>
```

4. 톰캣을 다시 실행한 후 브라우저에서 컨텍스트 이름(/pro12)으로 요청합니다.

▼ 그림 12-66 실행 결과

홈페이지
localhost:8090/pro12/
안녕하세요
쇼핑몰 중심 JSP 홈페이지 입니다!!!

> **Tip** 개발을 모두 마치고 실제 서비스를 제공할 때는 웹 사이트에 대한 도메인 이름을 구한 후 웹 호스팅 업체에서 제공하는 방법으로 브라우저에서 도메인 이름으로 요청해야 합니다. 그리고 다시 컨텍스트 이름으로 재요청하도록 설정하면 됩니다.

12.10 스크립트 요소 이용해 회원 정보 조회하기

이번에는 앞에서 배운 스크립트 요소를 이용해 데이터베이스의 회원 정보를 조회한 후 JSP 페이지에 출력하는 예제를 실습해 보겠습니다. 실습하기 전에 우선 데이터베이스를 연동하는 데 필요한 라이브러리를 반드시 설치합니다.

1. sec02.ex01 패키지를 생성한 후 MemberVO, MeberDAO 클래스를 복사해 붙여 넣습니다. 그리고 test03 폴더에 member.jsp, search.jsp 파일을 추가합니다.

▼ 그림 12-67 실습 파일 위치

2. 데이터베이스의 회원을 조회하는 JSP 페이지인 search.jsp를 다음과 같이 작성합니다. 찾고자 하는 이름을 입력하면 member.jsp로 전송합니다.

코드 12-33 pro12/WebContent/test03/search.jsp

```
<%@ page language="java" contentType="text/html; charset=UTF-8"
    pageEncoding="UTF-8"%>
<!DOCTYPE html>
<html>
<head>
  <meta charset="UTF-8">
```

```
    <title>회원 검색창</title>
  </head>
  <body>
    <form method="post" action="member.jsp">
      이름:<input type="text" name="name"><br>
      <input type ="submit" value="조회하기">
    </form>
  </body>
</html>
```

이름을 member.jsp로 전송합니다.

3. member.jsp를 다음과 같이 작성합니다. 전송된 name 값을 가져온 후 스크립트릿에서 MemberDAO 객체를 생성하고 listMembers() 메서드를 호출해 이름에 대한 회원 정보를 조회합니다. 그리고 조회한 회원 정보를 for 반복문을 이용해 출력합니다.

코드 12-34 pro12/WebContent/test03/member.jsp

```
<%@ page language="java" contentType="text/html; charset=UTF-8"
    import="java.util.*"
    import="sec02.ex01.*"
    pageEncoding="UTF-8"
%>
<!DOCTYPE html>
<html>
<head>
  <style>
   h1 {
     text-align: center;
   }
  </style>
  <meta charset="UTF-8">
  <title>회원 정보 출력창</title>
</head>

<body>
  <h1>회원 정보 출력</h1>
<%
    request.setCharacterEncoding( "utf-8" );
    String _name = request.getParameter("name");
    MemberVO memberVO = new MemberVO();
    memberVO.setName(_name);
    MemberDAO dao=new MemberDAO();
    List membersList=dao.listMembers(memberVO);
%>
```

<h1> 태그의 텍스트를 중앙에 정렬합니다.

전송된 이름을 가져옵니다.

memberVO를 listMembers() 메서드로 전달하여 조회 조건에 해당되는 회원 정보를 조회합니다.

```
    <table border=1 width=800 align=center>
      <tr align=center bgcolor="#FFFF66">
      <td>아이디</td>
      <td>비밀번호</td>
      <td>이름</td>
      <td >이메일</td>
      <td>가입일자</td>
    </tr>

  <%
    for (int i=0; i < membersList.size(); i++){
      MemberVO vo=(MemberVO) membersList.get(i);
      String id=vo.getId();
      String pwd=vo.getPwd();
      String name=vo.getName();
      String email=vo.getEmail();
      Date joinDate=vo.getJoinDate();
  %>

    <tr align=center>
      <td><%= id %></td>
      <td><%= pwd %></td>
      <td><%= name %></td>
      <td><%= email %></td>
      <td><%= joinDate %></td>
    </tr>

  <%
    }
  %>
    </table>
  </body>
  </html>
```

MemberDAO에서 조회한 회원 정보를 for 반복문을 이용해 테이블의 행으로 출력합니다.

4. MemberDAO 클래스를 다음과 같이 작성합니다. 메서드로 전달된 이름에 대해 값이 존재하는 경우와 존재하지 않는 경우에 대해 SQL문을 동적으로 만들어서 조회합니다.

코드 12-35 pro12/src/sec02.ex01/MemberDAO.java

```
package sec02.ex01;
...
public class MemberDAO {
  private Connection con;
  private PreparedStatement pstmt;
  private DataSource dataFactory;
```

```java
public MemberDAO() {
  try {
    Context ctx = new InitialContext();
    Context envContext = (Context) ctx.lookup("java:/comp/env");
    dataFactory = (DataSource) envContext.lookup("jdbc/oracle");
  } catch (Exception e) {
    e.printStackTrace();
  }
}

public List listMembers(MemberVO memberVO) {
  List membersList = new ArrayList();
  String _name=memberVO.getName();    // 조회할 이름을 가져옵니다.
  try {
    con = dataFactory.getConnection();
    String query = "select * from t_member ";
    if((_name!=null && _name.length()!=0)){    // _name 값이 존재하면 SQL문에 where절을 추가하여 해당 이름으로 조회합니다.
     query+=" where name=?";
     pstmt = con.PreparedStatement(query);
     pstmt.setString(1, _name);    // 첫 번째 '?'에 전달된 이름을 지정합니다.
    }else {    // _name 값이 없으면 모든 회원 정보를 조회합니다.
      pstmt = con.PreparedStatement(query);
    }
    System.out.println("prepareStatememt: " + query);
    ResultSet rs = pstmt.executeQuery();
    while (rs.next()) {
      String id = rs.getString("id");
      String pwd = rs.getString("pwd");
      String name = rs.getString("name");
      String email = rs.getString("email");
      Date joinDate = rs.getDate("joinDate");
      MemberVO vo = new MemberVO();
      vo.setId(id);
      vo.setPwd(pwd);
      vo.setName(name);
      vo.setEmail(email);
      vo.setJoinDate(joinDate);
      membersList.add(vo);
    }
    rs.close();
    pstmt.close();
    con.close();
  } catch (Exception e) {
    e.printStackTrace();
  }
```

```
        return membersList;
    }
}
```

5. http://localhost:8090/pro12/test03/search.jsp로 요청한 다음 조회할 이름을 입력하고 member.jsp로 전송합니다.

▼ 그림 12-68 검색창에 이름 입력

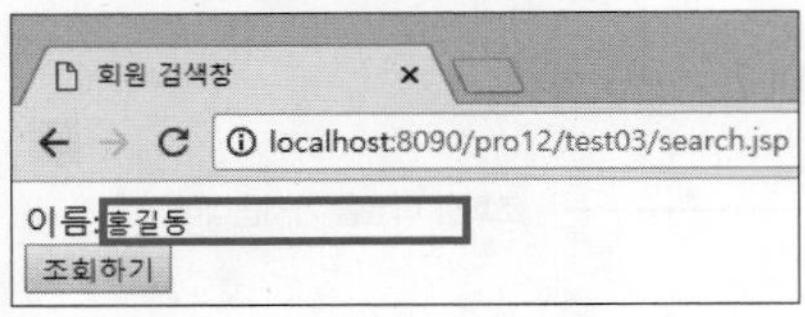

6. 그러면 조회한 회원 정보가 출력됩니다.

▼ 그림 12-69 회원 이름으로 조회한 결과 출력

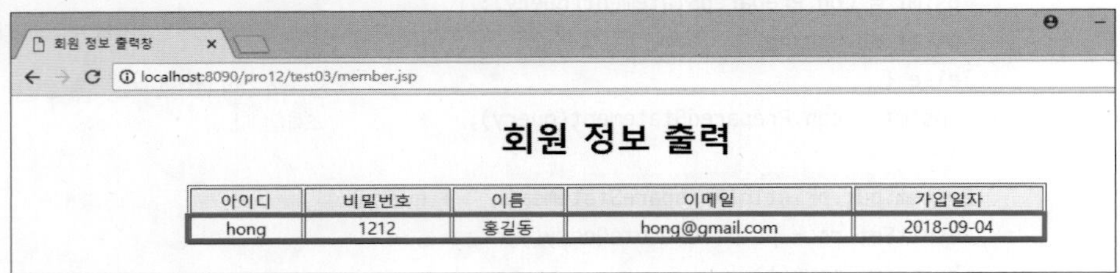

아이디	비밀번호	이름	이메일	가입일자
hong	1212	홍길동	hong@gmail.com	2018-09-04

만약 이름을 입력하지 않고 조회할 경우에는 모든 회원 정보가 출력됩니다.

▼ 그림 12-70 이름을 입력하지 않으면 모든 회원 정보가 출력

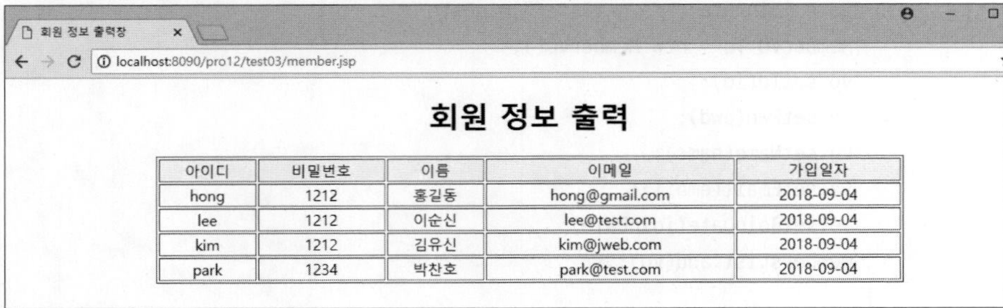

아이디	비밀번호	이름	이메일	가입일자
hong	1212	홍길동	hong@gmail.com	2018-09-04
lee	1212	이순신	lee@test.com	2018-09-04
kim	1212	김유신	kim@jweb.com	2018-09-04
park	1234	박찬호	park@test.com	2018-09-04

13장

자바 코드를 없애는 액션 태그

JSP가 등장하게 된 배경은 디자이너가 자바 코드를 사용하지 않고도 쉽게 화면을 구현할 수 있도록 하기 위함이었다고 앞서 설명했습니다. 하지만 화면이 점차 복잡해지면서 디자이너들은 상황에 따라 HTML 태그에 자바 코드를 같이 써야 하는 문제로 어려움을 겪게 되었습니다. 따라서 JSP는 스크립트릿의 자바 코드를 제거하고 디자이너 입장에서 더 쉽고 편리하게 작업할 수 있는 태그 형태로 기능을 제공하게 되었고, 다음과 같은 액션 태그들로 자바 코드를 대신하게 되었습니다.

▼ 표 13-1 JSP의 여러 가지 액션 태그

이름	형식	설명
인클루드 액션 태그	<jsp:include>	이미 있는 JSP를 현재 JSP에 포함하는 태그
포워드 액션 태그	<jsp:forward>	서블릿에서 RequestDispatcher 클래스의 포워딩 기능을 대신하는 태그
유즈빈 액션 태그	<jsp:useBean>	객체를 생성하기 위한 new 연산자를 대신하는 태그
셋프로퍼티 액션 태그	<jsp:setProperty>	setter를 대신하는 태그
겟프로퍼티 액션 태그	<jsp:getProperty>	getter를 대신하는 태그

그럼 이 중 인클루드 액션 태그부터 알아보겠습니다.

JAVA WEB

13.1 인클루드 액션 태그 사용하기

인클루드 액션 태그(Include Action Tag)는 12장의 인클루드 디렉티브 태그처럼 화면을 분할해서 관리할 때 사용합니다. 우선 다음 예시를 통해 알아보겠습니다. 처음 메인 페이지를 요청하면 그림 13-1처럼 상단 화면과 왼쪽 메뉴 화면이 포함되어 나타납니다.

▼ 그림 13-1 메인 페이지

그리고 상품을 클릭하면 그림 13-2처럼 상세 페이지가 나타나면서 상단 화면과 왼쪽 메뉴 화면은 그대로 재사용합니다.

❤ 그림 13-2 상세 페이지 표시

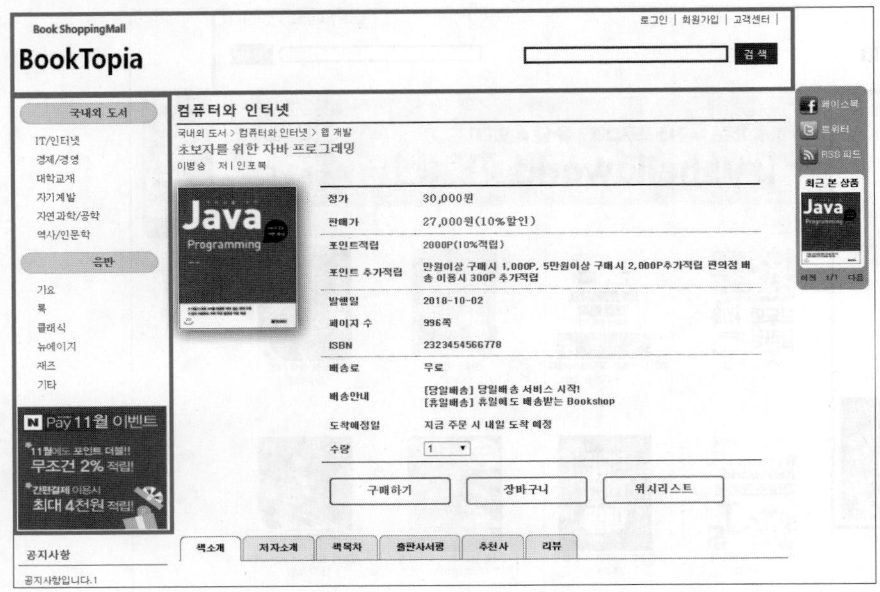

인클루드 액션 태그를 이용하면 이처럼 공통적으로 사용하는 홈페이지의 상단 화면과 왼쪽 메뉴 화면을 재사용할 수 있습니다.

인클루드 액션 태그의 형식은 다음과 같습니다.

```
<jsp:include  page="jsp페이지"   flush="true 또는 false">
    ...
</jsp:include>
```

여기서 page는 포함할 JSP 페이지를 의미합니다. 그리고 flush는 지정한 JSP를 실행하기 전 출력 버퍼 비움 여부를 지정합니다.

그럼 인클루드 액션 태그와 인클루드 디렉티브 태그의 차이점은 무엇일까요? 표 13-2에 인클루드 디렉티브 태그와의 공통점과 차이점을 정리했습니다.

▼ 표 13-2 인클루드 액션 태그와 인클루드 디렉티브 태그 비교

항목	인클루드 액션 태그	인클루드 디렉티브 태그
기능	JSP 레이아웃 모듈화	JSP 레이아웃 모듈화
처리 시간	요청 시간에 처리	JSP를 자바 코드로 변환 시 처리
데이터 처리 방법	param 액션 태그를 이용해 동적 처리 가능	정적 처리만 가능
포함된 JSP 자바 파일 변환 여부	포함되는 JSP가 각각 자바 파일로 생성	포함되는 JSP가 포함하는 JSP에 합쳐진 후 한 개의 자바 파일로 생성

13.1.1 JSP 페이지에 이미지 포함 실습

인클루드 액션 태그를 사용하여 실습해 보겠습니다.

1. 새 프로젝트 pro13을 만들고 다음과 같이 실습에 필요한 이미지 파일(duke.png, duke2.png)과 duke_image.jsp, include1.jsp, include2.jsp 파일을 추가합니다.

▼ 그림 13-3 실습 파일 위치

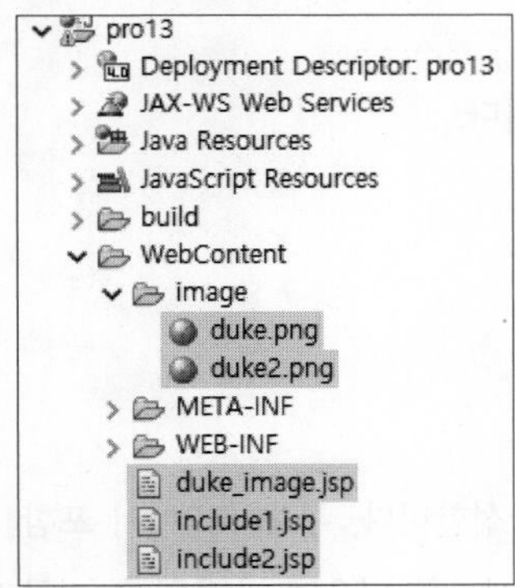

Tip ☆ 이 책과 함께 제공하는 예제 파일의 image 폴더에서 실습에 필요한 이미지 파일들을 내려 받을 수 있습니다.

13 자바 코드를 없애는 액션 태그

인클루드 액션 태그의 실행 과정은 다음과 같습니다.

▼ 그림 13-4 인클루드 액션 태그 처리 과정

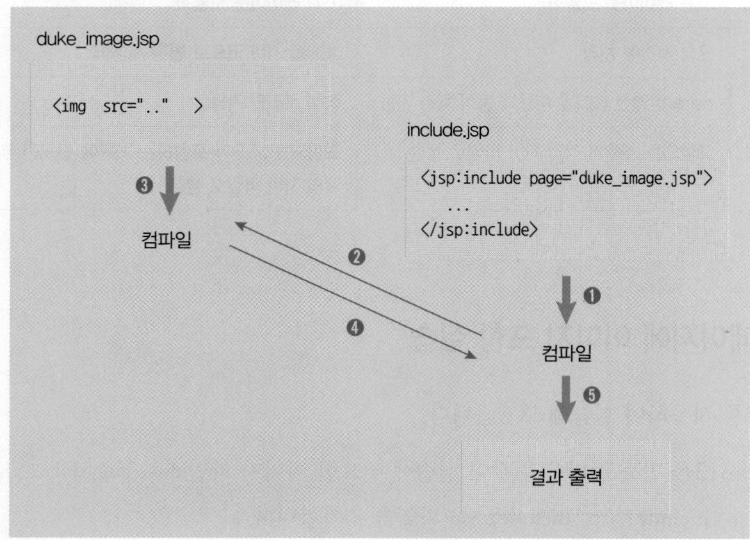

❶ 브라우저 요청 시 JSP 파일을 컴파일합니다.

❷ 컴파일 시 `<jsp:include>`가 지시하는 JSP를 요청합니다.

❸ 요청된 JSP를 컴파일합니다.

❹ 컴파일된 JSP가 응답을 보냅니다.

❺ JSP는 브라우저에서 요청한 응답 결과를 출력합니다.

2. 자식 JSP에 해당하는 duke_image.jsp를 다음과 같이 작성합니다. 부모 JSP에서 포함 요청 시 전달되는 이름과 이미지 파일을 `getParameter()` 메서드를 이용해 가져온 후 이름과 해당 이미지를 출력합니다.

코드 13-1 pro13/WebContent/duke_image.jsp

```
<%@ page language="java" contentType="text/html; charset=UTF-8"
    pageEncoding="UTF-8"%>
<%
  request.setCharacterEncoding("utf-8");
  String name = request.getParameter("name" ) ;
  String imgName = request.getParameter("imgName" ) ;
%>
<!DOCTYPE html>
```

param 액션 태그로 전달된 매개변수를 getParameter() 메서드를 이용해 가져옵니다.

```
<html>
<head>
<meta  charset="UTF-8">
  <title>듀크이미지</title>
</head>
<body>
  <br><br>
  <h1>이름은 <%=name %>입니다. </h1> <br><br>
  <img src="./image/<%= imgName %>"  />
</body>
</html>
```

3. 부모 JSP인 include1.jsp를 다음과 같이 작성합니다. `<jsp:include>` 태그의 page 속성에 포함할 자식 JSP인 duke_image.jsp를 지정합니다. 그리고 `<jsp:param>` 태그(param 액션 태그)를 이용해 이름과 이미지 파일 이름을 동적으로 자식 JSP인 duke_image.jsp로 포워딩합니다.

코드 13-2 pro13/WebContent/include1.jsp

```
<%@ page language="java" contentType="text/html; charset=UTF-8"
    pageEncoding="UTF-8"%>
<%
request.setCharacterEncoding("utf-8");
%>
<!DOCTYPE html>
<html>
<head>
  <meta charset="UTF-8">
  <title>include1.jsp</title>
</head>
<body>
  안녕하세요. 쇼핑몰 중심 JSP 시작입니다!!!
  <br>
  <jsp:include  page="duke_image.jsp"  flush="true" >
    <jsp:param name="name"  value="듀크" />
    <jsp:param name="imgName"  value="duke.png" />
  </jsp:include>
  <br>
  안녕하세요. 쇼핑몰 중심 JSP 끝 부분입니다.!!!
</body>
</html>
```

duke_image.jsp를 동적으로 포워딩합니다.

param 액션 태그를 이용해 duke_image.jsp로 이름과 파일 이름을 전달합니다.

4. 이번에는 다른 부모 JSP인 include2.jsp를 다음과 같이 작성합니다. 자식 JSP로 다른 이름과 이미지 파일 이름을 전달합니다.

코드 13-3 pro13/WebContent/include2.jsp

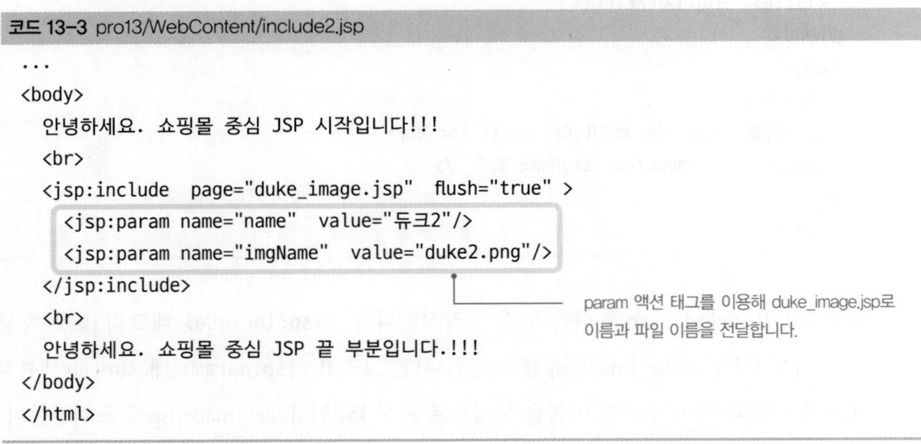

```
...
<body>
  안녕하세요. 쇼핑몰 중심 JSP 시작입니다!!!
  <br>
  <jsp:include  page="duke_image.jsp"  flush="true" >
    <jsp:param name="name"  value="듀크2"/>
    <jsp:param name="imgName"  value="duke2.png"/>
  </jsp:include>
  <br>
  안녕하세요. 쇼핑몰 중심 JSP 끝 부분입니다.!!!
</body>
</html>
```

param 액션 태그를 이용해 duke_image.jsp로
이름과 파일 이름을 전달합니다.

Note 지면의 한계로 중복되는 코드는 생략하고 주요 부분만 수록하였습니다. 전체 소스는 예제 파일을 참고하기 바랍니다.

5. 브라우저에서 JSP 파일을 요청하면 각각 다른 이미지와 이름이 출력됩니다. 먼저 http://localhost:8090/pro13/include1.jsp로 요청합니다.

▼ 그림 13-5 include1.jsp 요청 시 결과 출력

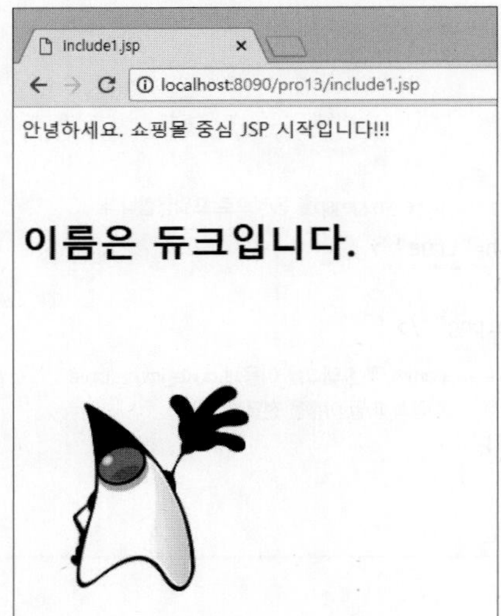

include1.jsp
localhost:8090/pro13/include1.jsp
안녕하세요. 쇼핑몰 중심 JSP 시작입니다!!!
이름은 듀크입니다.

6. http://localhost:8090/pro13/include2.jsp로 요청하면 앞에서와는 다른 이미지와 이름이 출력되는 것을 볼 수 있습니다.

▼ 그림 13-6 include2.jsp 요청 시 결과 출력

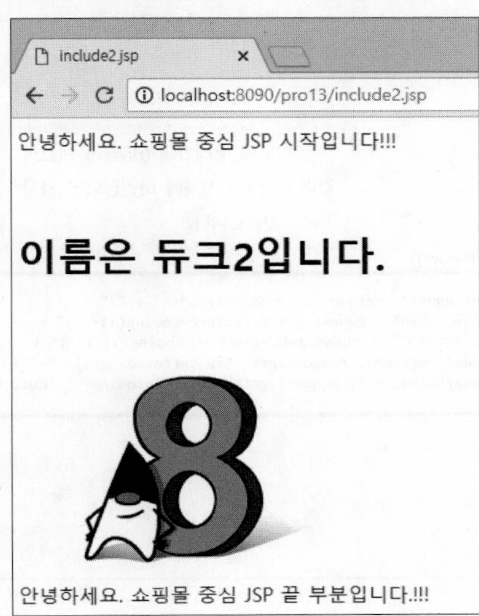

이처럼 인클루드 액션 태그는 포함되는 자식 JSP에 데이터를 동적으로 전달해서 원하는 결과를 출력할 수 있습니다.

7. 다음 경로의 윈도 탐색기로 가면 JSP 파일이 자바 파일로 변환된 것을 볼 수 있습니다.

▼ 그림 13-7 자바 파일로 변환된 상태

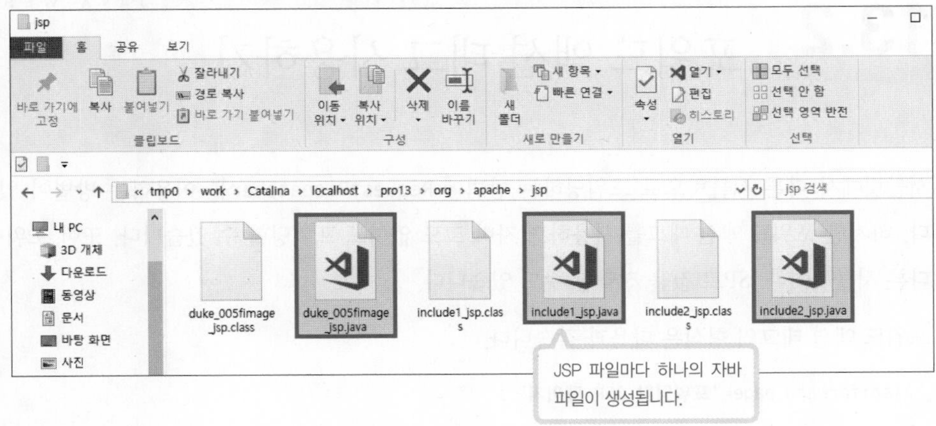

8. 인클루드 액션 태그로 요청한 include1.jsp의 자바 파일을 열어볼까요? `<jsp:param>` 태그로 전달한 매개변수들이 자식 JSP로 전달됩니다.

▼ 그림 13-8 include 액션 태그가 포함된 JSP 파일 변환 결과(include1_jsp.java)

```
request.setCharacterEncoding("utf-8");

      out.write(" \r\n");
      out.write("\r\n");
      out.write("<!DOCTYPE html>\r\n");
      out.write("<html>\r\n");
      out.write("<head>\r\n");
      out.write("<meta charset=\"UTF-8\">\r\n");
      out.write("<title>include1.jsp</title>\r\n");
      out.write("</head>\r\n");
      out.write("<body>\r\n");
      out.write("  안녕하세요. 쇼핑몰 중심 JSP 시작입니다!!!\r\n");
      out.write("<br>\r\n");
      org.apache.jasper.runtime.JspRuntimeLibrary.include(request, response, "duke_image.jsp" + "?" +
      org.apache.jasper.runtime.JspRuntimeLibrary.URLEncode("name", request.getCharacterEncoding())+ "=" +
      org.apache.jasper.runtime.JspRuntimeLibrary.URLEncode("듀크", request.getCharacterEncoding()) + "&" +
      org.apache.jasper.runtime.JspRuntimeLibrary.URLEncode("imgName", request.getCharacterEncoding())+ "=" +
      org.apache.jasper.runtime.JspRuntimeLibrary.URLEncode("duke.png", request.getCharacterEncoding()), out, true);
      out.write("\r\n");
      out.write("<br>\r\n");
      out.write("  안녕하세요. 쇼핑몰 중심 JSP 끝 부분입니다.!!!\r\n");
      out.write("</body>\r\n");
      out.write("</html>\r\n");
    } catch (java.lang.Throwable t) {
      if (!(t instanceof javax.servlet.jsp.SkipPageException)){
        out = _jspx_out;
        if (out != null && out.getBufferSize() != 0)
```

인클루드 액션 태그의 〈param〉 태그의 값이 request 객체에 바인딩되어 자식 JSP로 전달됩니다.

인클루드 디렉티브 태그와 인클루드 액션 태그의 실행 결과는 같지만 두 기능의 차이점은 어떤 것들인지도 잘 알아두세요.

13.2 포워드 액션 태그 사용하기

JAVA WEB

서블릿에서 다른 서블릿으로 포워딩하는 방법에 RequestDispatcher를 이용하는 방법이 있습니다. 하지만 포워드 액션 태그를 사용하면 자바 코드 없이도 포워딩할 수 있습니다. 또한 포워딩 시 다른 서블릿이나 JSP로 값을 전달할 수도 있습니다.

포워드 액션 태그의 형식은 다음과 같습니다.

```
<jsp:forward page="포워딩할 JSP 페이지" >
    ..
</jsp:forward>
```

그럼 포워드 액션 태그를 다음 예제를 통해 실습해 보겠습니다.

1. 다음과 같이 실습 파일 login.jsp, result.jsp를 생성합니다.

▼ 그림 13-9 실습 파일 위치

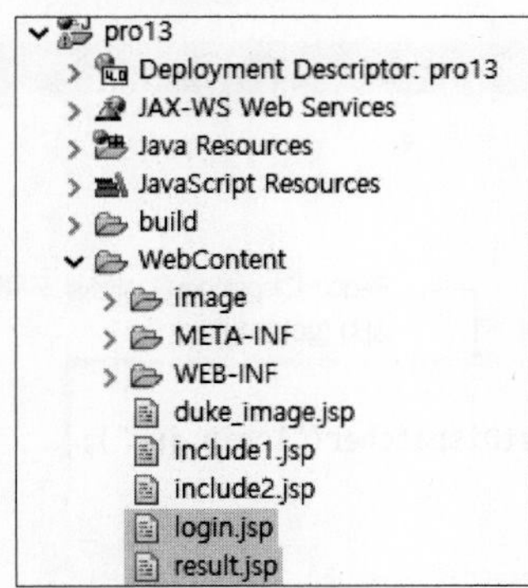

2. 로그인창에서 ID와 비밀번호를 입력한 후 action의 result.jsp로 전달하도록 login.jsp를 작성합니다.

코드 13-4 pro13/WebContent/login.jsp

```
<%@ page language="java" contentType="text/html; charset=UTF-8"
    pageEncoding="UTF-8"%>
<%
  request.setCharacterEncoding("utf-8");
%>
<!DOCTYPE html>
<html>
<head>
  <meta charset="UTF-8">
  <title>로그인창</title>
</head>
<body>
  <h1>아이디를 입력하지 않았습니다. 아이디를 입력해 주세요. </h1>
  <form action="result.jsp" method="post">
    아이디: <input type="text" name="userID"><br>
    비밀번호: <input type="password" name="userPw"><br>
    <input type="submit" value="로그인">
    <input type="reset" value="다시입력">
  </form>
</body>
</html>
```

3. ID를 입력하지 않은 경우 자바의 RequestDispatcher를 사용하지 않고 포워드 액션 태그를 사용해 다시 로그인창으로 이동하도록 result.jsp를 작성합니다.

코드 13-5 pro13/WebContent/result.jsp

```
...
<body>
<%
  String userID = request.getParameter("userID" );
  if(userID.length()==0) {
   /*
    RequestDispatcher dispatch = request.getRequestDispatcher("login.jsp");
    dispatch.forward(request, response);
   */
%>
  <jsp:forward  page="login.jsp" />
<%
  }
%>
  <h1> 환영합니다 <%= userID %>님!! </h1>
</body>
</html>
```

RequestDispatcher를 사용해 포워딩하지 않아도 됩니다.

ID를 입력하지 않았으면 다시 <jsp:forward> 태그를 사용해 로그인창으로 포워딩합니다.

4. http://localhost:8090/pro13/login.jsp로 요청하여 ID와 비밀번호를 입력하고 로그인합니다.

▼ 그림 13-10 로그인창에서 로그인

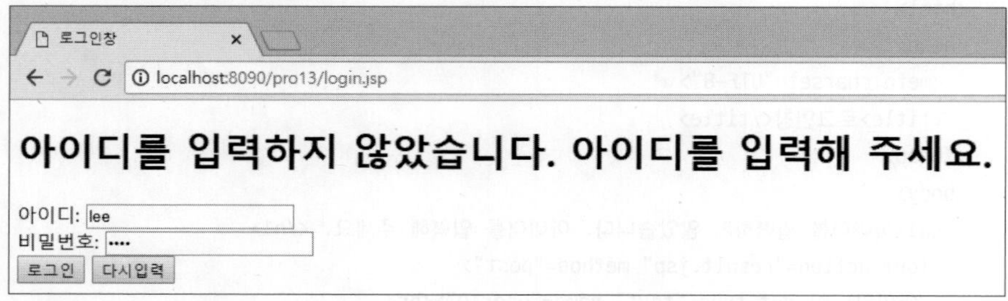

5. ID를 입력하면 정상적인 메시지를 출력합니다.

▼ 그림 13-11 ID를 입력한 경우

6. 하지만 ID를 입력하지 않고 로그인을 시도하면 로그인창으로 포워딩하여 다음과 같은 메시지를 출력합니다.

▼ 그림 13-12 ID를 입력하지 않은 경우

그런데 이 로그인 예제는 약간의 문제가 있습니다. 최초 login.jsp로 접속하면 로그인창에 오류 메시지("아이디를 입력하지 않았습니다. 아이디를 입력해 주세요.")가 나타난다는 것입니다(그림 13-10). 페이지에 처음 접속했을 때는 ID와 비밀번호 입력창만 나타나게 하고, 오류 시에만 오류 메시지를 나타나게 하는 것이 사용자에게 더 익숙하겠지요?

이 과정을 `<jsp:forward>` 태그 안에 `param` 액션 태그를 이용해서 처리해 보겠습니다.

7. login2.jsp와 result2.jsp 파일을 새로 만듭니다.

▼ 그림 13-13 실습 파일 위치

8. login2.jsp를 다음과 같이 작성합니다. 로그인창에 접속 시에는 `getParameter()` 메서드를 이용해 `msg` 값을 가져와서 표시하도록 구현합니다. 최초 요청 시에는 `msg` 값이 `null`이므로 아무것도 표시하지 않습니다.

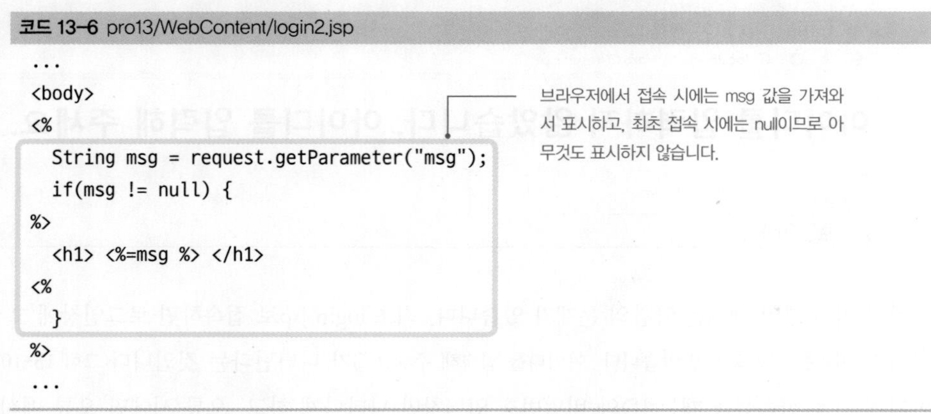

코드 13-6 pro13/WebContent/login2.jsp

```
...
<body>
<%
  String msg = request.getParameter("msg");
  if(msg != null) {
%>
  <h1> <%=msg %> </h1>
<%
  }
%>
...
```

브라우저에서 접속 시에는 msg 값을 가져와서 표시하고, 최초 접속 시에는 null이므로 아무것도 표시하지 않습니다.

9. ID를 입력하지 않았을 경우 다시 로그인창으로 포워딩하면서 이번에는 `<jsp:param>` 태그를 이용해 `msg` 값을 전달합니다.

코드 13-7 pro13/WebContent/result2.jsp

```
<%@ page language="java" contentType="text/html; charset=UTF-8"
    pageEncoding="UTF-8"%>
<%
   request.setCharacterEncoding("utf-8");
%>
<%!
  String msg = "아이디를 입력하지 않았습니다. 아이디를 입력해 주세요.";
%>
<!DOCTYPE html>
<html>
<head>
  <meta charset="UTF-8">
  <title>결과창</title>
</head>
<body>
<%
  String userID = request.getParameter("userID" );
  if(userID.length()==0) {
%>
  <jsp:forward  page="login2.jsp" >
```

login.jsp로 전달할 오류 메시지를 선언합니다.

로그인 시 입력한 이름을 가져옵니다.

이름을 입력하지 않았을 경우 <jsp:param> 액션 태그를 이용해 오류 메시지를 login.jsp로 전달합니다.

```
      <jsp:param name="msg" value="<%= msg %>" />
    </jsp:forward>
<%
  }
%>
   <h1>환영합니다.  <%=userID  %>님!!! </h1>
</body>
</html>
```

10. http://localhost:8090/pro13/login2.jsp로 요청합니다. 최초 로그인창 접속 시 앞에서와는 달리 어떤 메시지도 나타나지 않습니다.

❤ 그림 13-14 최초 로그인창에 접속 시

11. ID를 입력하지 않고 로그인하면 로그인창으로 다시 포워딩되면서 오류 메시지가 나타납니다.

❤ 그림 13-15 ID를 입력하지 않고 로그인한 경우

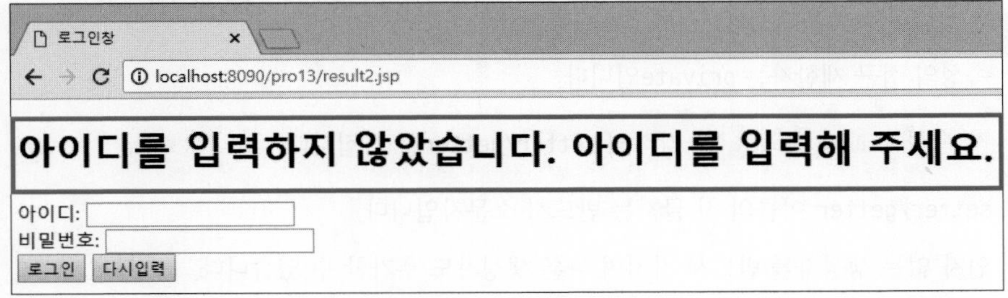

13.3 useBean, setProperty, getProperty 액션 태그 사용하기

화면 작업을 하는 디자이너 입장에서는 클래스 객체의 속성에 접근할 때 자바의 getter나 setter를 사용하는 것보다는 태그를 사용하는 것이 더 쉽습니다.

이 절에서는 useBean, setProperty, getProperty 액션 태그를 사용해 객체 생성부터 속성에 값을 저장하거나 가져오는 방법에 대해 알아보겠습니다. 본격적으로 useBean 액션 태그를 살펴보기 전에 먼저 자바 빈(Java bean)의 개념부터 실습을 통해 알아보겠습니다.

13.3.1 자바 빈을 이용한 회원 정보 조회 실습

자바 빈은 웹 프로그램, 즉 Java EE 프로그래밍 시 여러 객체를 거치면서 만들어지는 데이터를 저장하거나 전달하는 데 사용합니다. 자바의 DTO(Data Transfer Object, 데이터 전송 객체)[1] 클래스, VO(Value Object, 값 객체) 클래스와 같은 개념이라고 할 수 있습니다.

자바 빈을 만드는 방법은 VO 클래스를 만드는 방법과 같으며 특징은 다음과 같습니다.

- 속성의 접근 제한자는 private입니다.
- 각 속성(attribute, property)은 각각의 setter/getter를 가집니다.
- setter/getter 이름의 첫 글자는 반드시 소문자입니다.
- 인자 없는 생성자를 반드시 가지며 다른 생성자도 추가할 수 있습니다.

그럼 자바 빈을 이용해 회원 테이블의 회원 정보를 조회한 후 출력해 보겠습니다.

1 객체와 객체 사이에 데이터를 전달하는 용도로 사용하는 값 객체

1. sec01.ex01 패키지를 생성하고 `MemberBean`, `MemberDAD` 클래스를 추가합니다. 그리고 실습 파일 member.jsp와 memberForm.html을 생성합니다.

▼ 그림 13-16 실습 파일 위치

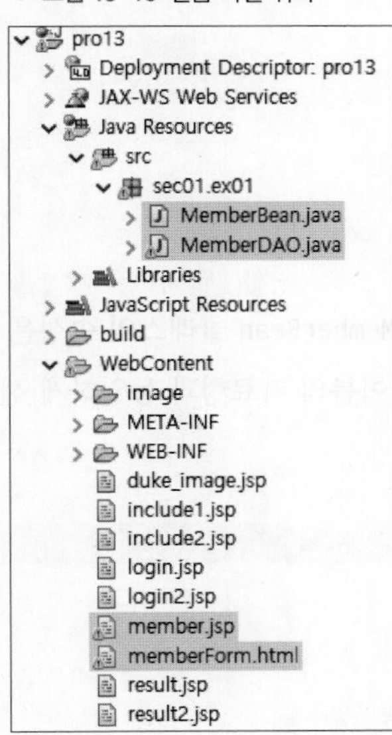

다음은 `MemberBean`을 이용해 회원 정보를 등록, 조회하고 출력하는 과정입니다.

▼ 그림 13-17 회원 정보 등록 및 조회 과정

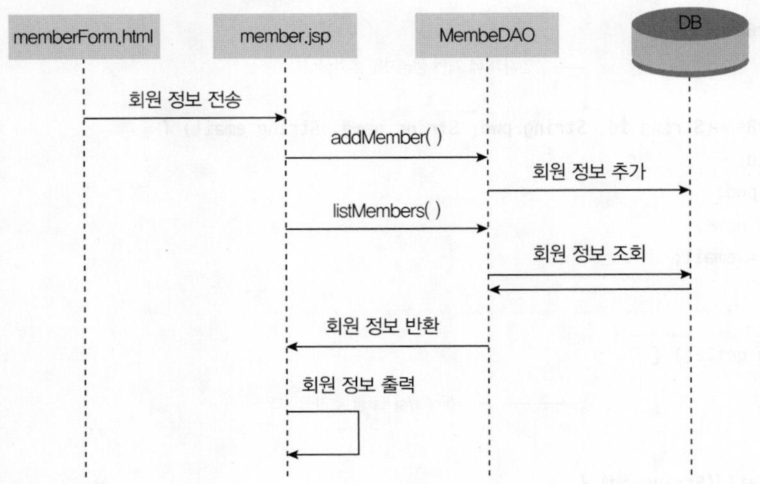

2. 회원 정보를 저장하는 MemberBean 클래스를 만들기 전에 다음의 회원 테이블을 봅시다.

✔ 그림 13-18 회원 정보 저장 테이블의 각 컬럼 이름

```
--회원 테이블 생성
create table t_member(
    id varchar2(10) primary key,
    pwd varchar2(10),
    name varchar2(50),
    email varchar2(50),
    joinDate date default sysdate
);
```

3. 회원 테이블을 참고해 MemberBean 클래스를 작성합니다. MemberBean 클래스의 속성은 회원 테이블의 각 컬럼 이름을 그대로 사용하며 자료형도 컬럼 이름의 자료형과 동일하게 선언합니다.

코드 13-8 pro13/src/sec01/ex01/MemberBean.java

```
package sec01.ex01;
...
public class MemberBean {
  private String id;
  private String pwd;
  private String name;
  private String email;
  private Date joinDate;

  public MemberBean() {

  }
  public MemberBean(String id, String pwd, String name, String email) {
    this.id = id;
    this.pwd = pwd;
    this.name = name;
    this.email = email;
  }

  public String getId() {
    return id;
  }

  public void setId(String id) {
    this.id = id;
  }

  public String getPwd() {
```

회원 테이블의 컬럼 이름과 동일하게 이름과 자료형을 선언합니다.

인자가 네 개인 생성자를 추가합니다.

getter/setter를 추가합니다.

```
    return pwd;
  }

  public void setPwd(String pwd) {
    this.pwd = pwd;
  }

  public String getName() {
    return name;
  }

 public void setName(String name) {
    this.name = name;
  }

  public String getEmail() {
    return email;
  }

  public void setEmail(String email) {
    this.email = email;
  }
}
```

4. 회원 가입창에서 회원 정보를 입력한 후 member.jsp로 전송하도록 memberForm.html을 작성합니다.

코드 13-9 pro13/WebContent/memberForm.html

```
<!DOCTYPE html>
<html>
<head>
  <meta charset="UTF-8">
  <title>회원 가입창</title>
<body>
  <form method="post" action="member.jsp">
    <h1 style="text-align:center">회원 가입창</h1>
    <table align="center">
      <tr>
        <td width="200">
          <p align="right">아이디
        </td>
        <td width="400"><input type="text" name="id"></td>
      </tr>
      <tr>
```

```
        <td width="200">
          <p align="right">비밀번호
        </td>
        <td width="400"><input type="password" name="pwd"></td>
      </tr>
      <tr>
        <td width="200">
          <p align="right">이름
        </td>
        <td width="400">
          <p><input type="text" name="name">
        </td>
      </tr>
      <tr>
        <td width="200">
          <p align="right">이메일
        </td>
        <td width="400">
          <p><input type="text" name="email">
        </td>
      </tr>
      <tr>
        <td width="200">
          <p> </p>
        </td>
        <td width="400">
          <input type="submit" value="가입하기">
          <input type="reset" value="다시입력">
        </td>
      </tr>
    </table>
  </form>
</body>
</html>
```

5. member.jsp를 다음과 같이 작성합니다. 전송된 회원 정보를 `getParameter()` 메서드를 이용해 가져온 후 `MemberBean` 객체를 생성하여 각 회원 정보를 속성에 설정합니다. 그런 다음 `MemberDAO`의 `addMember()` 메서드를 호출해 인자로 전달합니다. 새 회원을 추가한 후에는 다시 `MemberDAO`의 `listMembers()` 메서드를 호출해 모든 회원 정보를 조회하고 목록으로 출력합니다.

코드 13-10 pro13/WebContent/member.jsp

```
<%@ page language="java" contentType="text/html; charset=UTF-8"
      import="java.util.*, sec01.ex01.*"  pageEncoding="UTF-8"%>
<%
 request.setCharacterEncoding("UTF-8");          한글 인코딩을 설정합니다.
%>
<%
  String   id=request.getParameter("id");
  String  pwd = request.getParameter("pwd");         전송된 회원 정보를 가져옵니다.
  String  name = request.getParameter("name");       MemberBean 객체를 생성한 후 회원 정
  String  email = request.getParameter("email");     보를 속성에 설정합니다.
  MemberBean  m = new MemberBean(id, pwd, name, email);
  MemberDAO  memberDAO=new MemberDAO();
  memberDAO.addMember(m);          회원 정보를 테이블에 추가합니다.
  List membersList = memberDAO.listMembers();         전체 회원 정보를 조회합니다.
%>
<!DOCTYPE html>
<html>
<head>
  <meta charset="UTF-8">
  <title>회원 목록창</title>
</head>
<body>
  <table align="center" width="100%">
    <tr align="center" bgcolor="#99ccff">
      <td width="7%">아이디</td>
      <td width="7%">비밀번호</td>
      <td width="5%">이름</td>
      <td width="11%">이메일</td>
      <td width="5%">가입일</td>
    </tr>
  <%
     if(membersList.size()==0) {
  %>
    <tr>
      <td colspan="5">
        <p align="center"><b><span style="font-size:9pt;">
              등록된 회원이 없습니다.</span></b></p>
      </td>
    </tr>
  <%
  }else{
     for( int i = 0; i < membersList.size(); i++ ) {
        MemberBean bean = (MemberBean) membersList.get(i);
  %>
```

for 반복문을 이용해 membersList의 저장된 MemberBean 객체를 한 개씩 가져온 후 각 속성의 회원 정보를 다시 getter를 이용해 출력합니다.

```
    <tr align="center">
      <td>
        <%= bean.getId() %>
      </td>
      <td>
        <%= bean.getPwd() %>
      </td>
      <td>
        <%= bean.getName() %>
      </td>
      <td>
        <%= bean.getEmail() %>
      </td>
      <td>
        <%= bean.getJoinDate() %>
      </td>
    </tr>
  <%
       } // end for
     } // end if
  %>
    <tr height="1" bgcolor="#99ccff">
      <td colspan="5"></td>
    </tr>
  </table>
</body>
</html>
```

6. MemberDAO를 다음과 같이 작성합니다. addMember() 메서드 호출 시 MemberBean 객체로 전달된 회원 정보를 getter를 이용해 가져온 후 insert문을 이용해 추가합니다.

코드 13-11 pro13/src/sec01/ex01/MemberDAO.java

```
package sec01.ex01;
...
public class MemberDAO
{
  private Connection con;
  private PreparedStatement pstmt;
  private DataSource dataFactory;

  public MemberDAO()
  {
    try
```

```
    {
      Context ctx = new InitialContext();
      Context envContext = (Context) ctx.lookup("java:/comp/env");
      dataFactory = (DataSource) envContext.lookup("jdbc/oracle");
    } catch (Exception e)
    {
      e.printStackTrace();
    }
  }

  public List listMembers()
  {
    List list = new ArrayList();
    try
    {
      con = dataFactory.getConnection();
      String query = "select * from t_member order by joinDate desc ";
      System.out.println("prepareStatememt: " + query);
      pstmt = con.prepareStatement(query);
      ResultSet rs = pstmt.executeQuery();
      while (rs.next())
      {
        String id = rs.getString("id");
        String pwd = rs.getString("pwd");
        String name = rs.getString("name");
        String email = rs.getString("email");
        Date joinDate = rs.getDate("joinDate");
        MemberBean vo = new MemberBean();
        vo.setId(id);
        vo.setPwd(pwd);
        vo.setName(name);
        vo.setEmail(email);
        vo.setJoinDate(joinDate);
        list.add(vo);
      }
      rs.close();
      pstmt.close();
      con.close();
    } catch (Exception e)
    {
      e.printStackTrace();
    }
    return list;
  }
```

회원 정보를 최근 가입일 순으로 조회합니다.

조회한 회원 정보를 MemberBean 객체의 속성에 저장한 후 다시 ArrayList에 저장합니다.

```
public void addMember(MemberBean memberBean)
{
  try
  {
    Connection con = dataFactory.getConnection();
    String id = memberBean.getId();
    String pwd = memberBean.getPwd();
    String name = memberBean.getName();
    String email = memberBean.getEmail();
    String query = "insert into t_member";
    query += " (id,pwd,name,email)";
    query += " values(?,?,?,?)";
    System.out.println("prepareStatememt: " + query);
    pstmt = con.prepareStatement(query);
    pstmt.setString(1, id);
    pstmt.setString(2, pwd);
    pstmt.setString(3, name);
    pstmt.setString(4, email);
    pstmt.executeUpdate();
    pstmt.close();
  } catch (Exception e)
  {
    e.printStackTrace();
  }
 }
}
```

MemberBean 객체에 저장된 회원 정보를 전달합니다.

getter를 이용해 회원 정보를 가져옵니다.

회원 정보를 추가합니다.

7. http://localhost:8090/pro13/memberForm.html로 요청하여 회원 정보를 입력한 후 **가입하기**를 클릭합니다.

▼ 그림 13-19 회원 정보 입력 후 **가입하기** 클릭

회원 가입창

아이디	park2
비밀번호	••••
이름	박지성
이메일	park2@test.com

[가입하기] [다시입력]

8. 새 회원이 추가된 후 다시 회원 정보를 조회하여 목록으로 출력하는 것을 볼 수 있습니다.

▼ 그림 13-20 새 회원 등록 후 회원 목록 출력

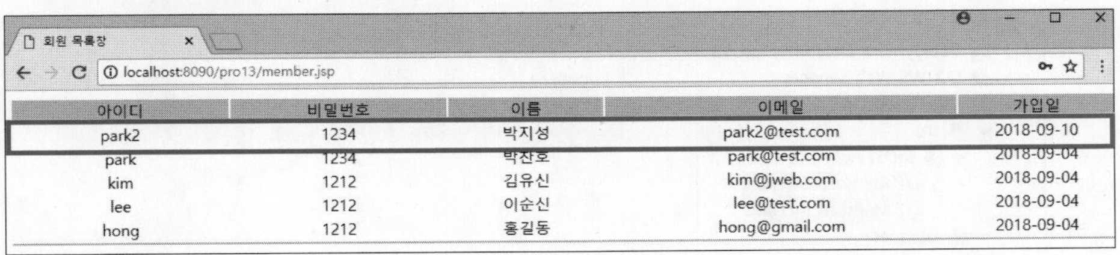

아이디	비밀번호	이름	이메일	가입일
park2	1234	박지성	park2@test.com	2018-09-10
park	1234	박찬호	park@test.com	2018-09-04
kim	1212	김유신	kim@jweb.com	2018-09-04
lee	1212	이순신	lee@test.com	2018-09-04
hong	1212	홍길동	hong@gmail.com	2018-09-04

13.3.2 유즈빈 액션 태그를 이용한 회원 정보 조회 실습

앞에서 자바 빈을 사용해 회원 추가와 조회를 어떻게 하는지 살펴봤습니다. 그런데 이처럼 자바 코드로 이루어진 자바 빈을 자주 사용할 경우 화면이 복잡해진다는 단점이 있습니다. 이러한 단점을 보완하기 위해 나온 것이 유즈빈 액션 태그입니다.

유즈빈 액션 태그는 JSP 페이지에서 자바 빈을 대체하기 위한 태그로, 사용 형식은 다음과 같습니다.

```
<jsp:useBean id="빈 이름" class="패키지 이름을 포함한 자바 빈 클래스 [scope="접근범위"]/>
```

여기서 id는 JSP 페이지에서 자바 빈 객체에 접근할 때 사용할 이름을 의미합니다. class는 패키지 이름을 포함한 자바 빈 이름을, scope는 자바 빈에 대한 접근 범위를 지정하는 역할을 합니다(page, request, session, application를 가지며 기본값은 page입니다).

앞의 예제를 기반으로 이번에는 유즈빈 액션 태그를 이용해 회원을 등록하고 조회해 보겠습니다. 계속해서 같은 예제로 살펴보는 이유는 두 태그의 차이를 올바로 이해하기 위해서입니다.

1. 다음과 같이 실습 파일 member2.jsp를 추가합니다.

▼ 그림 13-21 실습 파일 위치

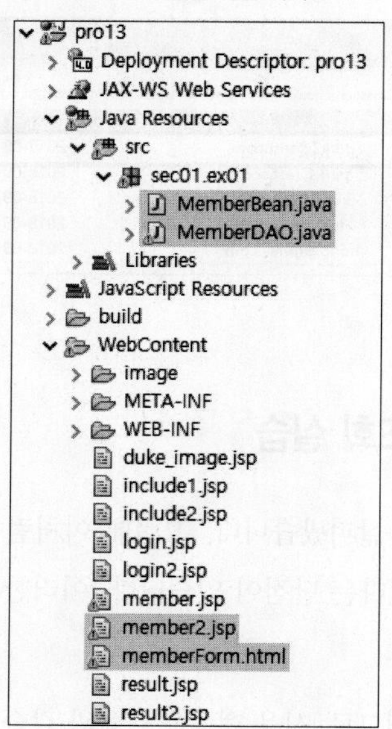

2. member2.jsp를 다음과 같이 작성합니다. 회원 가입 및 조회 시 MemberBean 클래스에 대한 유즈빈 액션 태그를 사용하려면 먼저 <jsp:useBean> 액션 태그를 이용하여 MemberBean 클래스에 대해 id가 m인 빈을 생성합니다. 이는 직접 자바 코드로 MemberBean 객체를 생성하는 것과 같은 역할을 합니다. 그런 다음 자바 코드에서 빈 id인 m을 이용해 회원 가입창에서 전달된 회원 정보를 setter를 통해 빈 속성에 설정합니다.

코드 13-12 pro13/WebContent/member2.jsp

```
<%@ page language="java"   contentType="text/html; charset=UTF-8"
    import="java.util.*, sec01.ex01.*"   pageEncoding="UTF-8"%>
<%
request.setCharacterEncoding("UTF-8");
%>
<jsp:useBean id="m" class="sec01.ex01.MemberBean" scope="page" />

<%
String  id=request.getParameter("id");
String  pwd = request.getParameter("pwd");
String  name = request.getParameter("name");
String  email = request.getParameter("email");
// MemberBean  m = new MemberBean(id, pwd, name, email);
```

- request.setCharacterEncoding("UTF-8"); : useBean에 속성 값을 설정하기 전에 한글 인코딩 작업을 합니다.
- <jsp:useBean> : 유즈빈 액션 태그로 id가 m인 MemberBean 객체를 만듭니다.
- // MemberBean m = ... : 자바 코드에서 MemberBean 객체를 생성하지 않습니다.

```
    m.setId(id);
    m.setPwd(pwd);
    m.setName(name);
    m.setEmail(email);

    MemberDAO  memberDAO=new MemberDAO();
    memberDAO.addMember(m);
    List  membersList  = memberDAO.listMembers();
%>

<!DOCTYPE html>
<html>
<head>
  <meta charset="UTF-8">
  <title>회원 목록창</title>
</head>
<body>
  <table align="center" width="100%">
    <tr align="center" bgcolor="#99ccff">
      <td width="7%">아이디</td>
      <td width="7%">비밀번호</td>
      <td width="5%">이름</td>
      <td width="11%">이메일</td>
      <td width="5%">가입일</td>
    </tr>
<%
    if( membersList.size()==0) {
%>
    ...
```

useBean에 전송된 회원 정보를 설정합니다.

회원 정보를 추가한 후 목록으로 출력합니다.

3. 마찬가지로 http://localhost:8090/pro13/memberForm.html로 요청하여 회원 가입창에 회원 정보를 입력하고 **가입하기**를 클릭합니다.

▼ 그림 13-22 회원 정보 입력 후 **가입하기** 클릭

회원 가입창

아이디 cha

비밀번호 ····

이름 차범근

이메일 cha@test.com

가입하기 다시입력

4. 자바 빈을 사용했을 때와 마찬가지로 추가된 새 회원과 함께 회원 목록을 출력합니다.

▼ 그림 13-23 회원 등록 후 회원 목록 출력

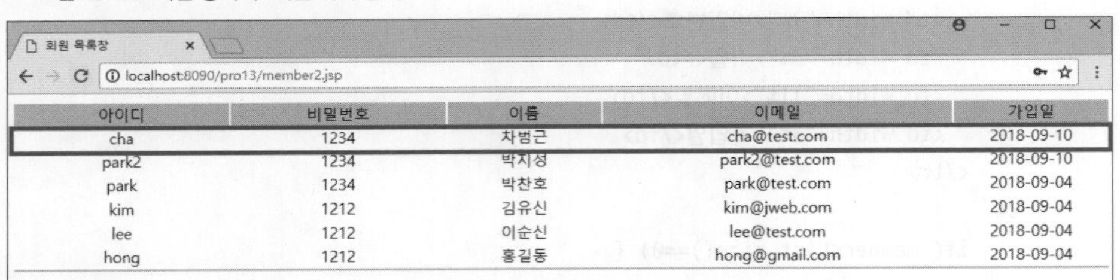

아이디	비밀번호	이름	이메일	가입일
cha	1234	차범근	cha@test.com	2018-09-10
park2	1234	박지성	park2@test.com	2018-09-10
park	1234	박찬호	park@test.com	2018-09-04
kim	1212	김유신	kim@jweb.com	2018-09-04
lee	1212	이순신	lee@test.com	2018-09-04
hong	1212	홍길동	hong@gmail.com	2018-09-04

눈으로 보는 출력 결과는 같지만 유즈빈 액션 태그를 사용하면 굳이 자바 코드를 사용하지 않고도 JSP 페이지에서 처리할 수 있다는 점에서 효율적입니다.

13.3.3 setProperty/getProperty 액션 태그를 이용한 회원 정보 조회 실습

앞 절에서는 useBean 액션 태그를 사용해 자바 코드를 사용하지 않고 자바 빈을 생성했습니다. 그러나 여전히 빈의 속성에 값을 설정할 때는 자바 코드에서 setter를 사용하고 있습니다. useBean에 접근해 속성 값을 설정하거나 가져오는 <jsp:setProperty> 액션 태그와 <jsp:getProperty> 액션 태그를 사용하는 방법을 표 13-2에 정리해 두었으니 참고하기 바랍니다.

❤ 표 13-3 setProperty와 getProperty 태그의 특징

이름	정의	형식
setProperty	useBean의 속성에 값을 설정하는 태그	<jsp:setProperty name="자바 빈 이름" property=" 속성 이름" value="값" /> - name: <jsp:useBean> 액션 태그의 id 속성에 지정한 이름 - property: 값을 설정할 속성 이름 - value: 속성에 설정할 속성 값
getProperty	useBean의 속성 값을 얻는 태그	<jsp:getProperty name="자바 빈 이름" property="속성 이름" /> - name: <jsp:useBean> 액션 태그의 id 속성에 지정한 이름 - property: 값을 얻을 속성 이름

이번에는 자바의 setter를 사용하지 않고 빈 속성을 설정해 보겠습니다.

1. 다음과 같이 실습 파일 member3~7.jsp를 준비합니다.

❤ 그림 13-24 실습 파일 위치

2. member3.jsp에서 `<jsp:useBean>` 액션 태그로 생성된 빈에 대해 `<jsp:setProperty>` 액션 태그를 이용해 빈의 속성을 설정합니다. 이번에는 회원 가입창에서 전송한 회원 정보를 자바 코드, 즉 setter를 사용해 일일이 설정하지 않았다는 것이 큰 차이입니다.

코드 13-13 pro13/WebContent/member3.jsp

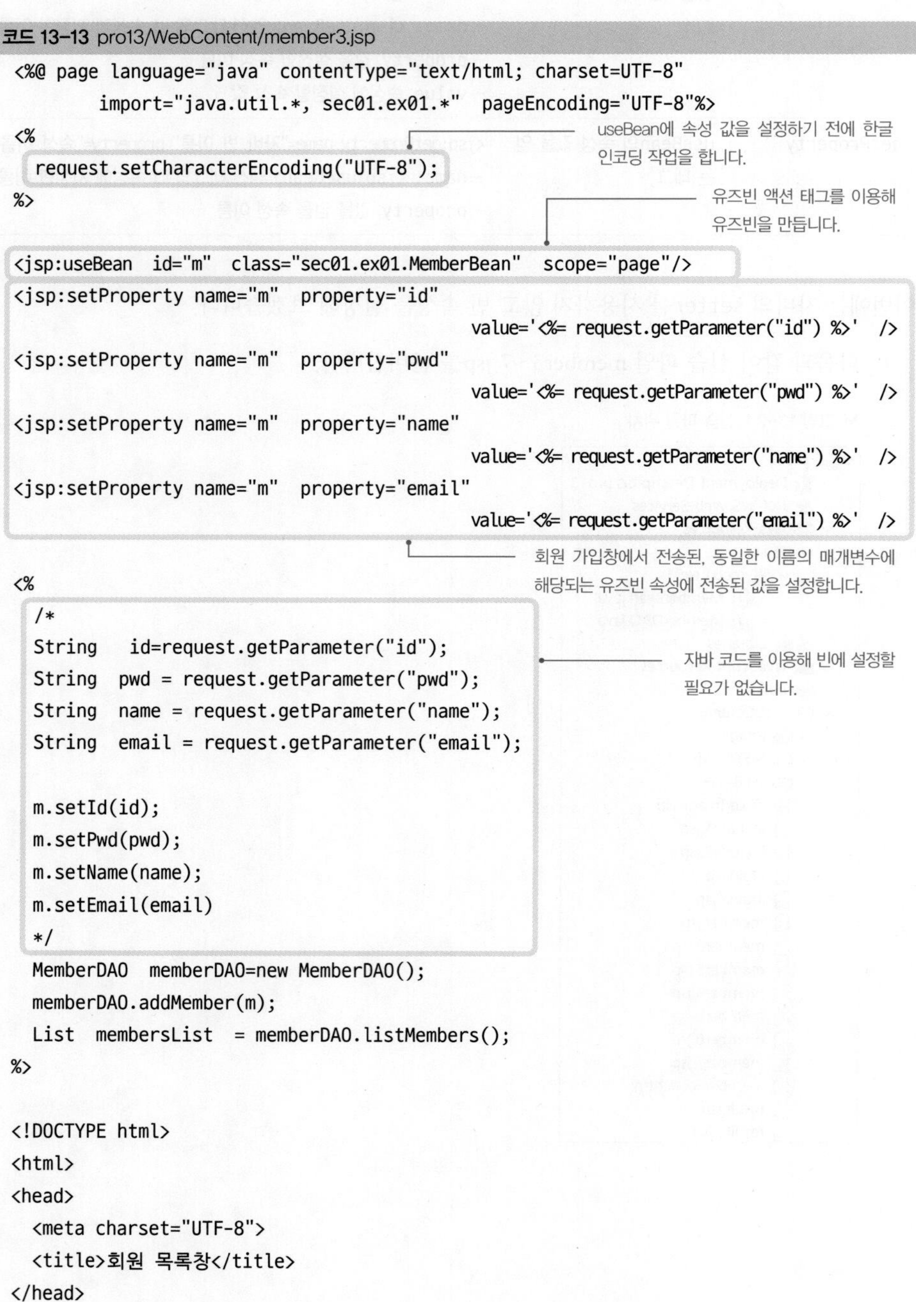

```
<%@ page language="java" contentType="text/html; charset=UTF-8"
        import="java.util.*, sec01.ex01.*"  pageEncoding="UTF-8"%>
<%
  request.setCharacterEncoding("UTF-8");
%>

<jsp:useBean  id="m"  class="sec01.ex01.MemberBean"  scope="page"/>
<jsp:setProperty name="m"  property="id"
                                      value='<%= request.getParameter("id") %>'  />
<jsp:setProperty name="m"  property="pwd"
                                      value='<%= request.getParameter("pwd") %>'  />
<jsp:setProperty name="m"  property="name"
                                      value='<%= request.getParameter("name") %>'  />
<jsp:setProperty name="m"  property="email"
                                      value='<%= request.getParameter("email") %>'  />

<%
  /*
  String   id=request.getParameter("id");
  String  pwd = request.getParameter("pwd");
  String  name = request.getParameter("name");
  String  email = request.getParameter("email");

  m.setId(id);
  m.setPwd(pwd);
  m.setName(name);
  m.setEmail(email)
  */
  MemberDAO  memberDAO=new MemberDAO();
  memberDAO.addMember(m);
  List  membersList  = memberDAO.listMembers();
%>

<!DOCTYPE html>
<html>
<head>
  <meta charset="UTF-8">
  <title>회원 목록창</title>
</head>
```

useBean에 속성 값을 설정하기 전에 한글 인코딩 작업을 합니다.
유즈빈 액션 태그를 이용해 유즈빈을 만듭니다.
회원 가입창에서 전송된, 동일한 이름의 매개변수에 해당되는 유즈빈 속성에 전송된 값을 설정합니다.
자바 코드를 이용해 빈에 설정할 필요가 없습니다.

```
<body>
  <table align="center" width="100%">
  <tr align="center" bgcolor="#99ccff">
    <td width="7%">아이디</td>
    <td width="7%">비밀번호</td>
    <td width="5%">이름</td>
    <td width="11%">이메일</td>
    <td width="5%">가입일</td>
  </tr>
  <%
    if( membersList.size()==0) {
  %>
    ...
```

3. 실행 결과는 자바 빈을 사용했을 때와 같습니다.

4. 이번에는 회원 가입창에서 전달된 회원 정보를 <jsp:setProperty> 액션 태그를 이용해 유즈빈의 속성에 좀 더 편리하게 설정하는 방법을 알아보겠습니다.

   먼저 회원 가입창의 각 입력창의 매개변수 이름을 자바 빈 속성 이름과 동일하게 설정합니다.

▼ 그림 13-25 회원 가입창의 각 매개변수 이름

```
<table  align="center">
        <tr>
           <td width="200"><p align="right">아이디</td>
           <td width="400"><input type="text" name="id"></td>
        </tr>
        <tr>
             <td width="200"><p align="right">비밀번호</td>
             <td width="400"><input type="password"  name="pwd"></td>
        </tr>
        <tr>
             <td width="200"><p align="right">이름</td>
             <td width="400"><p><input type="text"  name="name"></td>
        </tr>
        <tr>
             <td width="200"><p align="right">이메일</td>
             <td width="400"><p><input type="text"  name="email"></td>
        </tr>
        <tr>
             <td width="200"><p> </p></td>
             <td width="400">
               <input type="submit" value="가입하기">
               <input type="reset" value="다시입력">
             </td>
```

MemberBean의 속성 이름과 동일하게 설정합니다.

5. member4.jsp를 다음과 같이 작성합니다. `<jsp:setProperty>` 액션 태그의 `param` 속성을 이용해 회원 가입창에서 전달된 매개변수 이름으로 해당 `useBean`의 속성에 자동으로 값을 설정합니다.

코드 13-14 pro13/WebContent/member4.jsp

```
<%@ page language="java"  contentType="text/html; charset=UTF-8"
     import="java.util.*, sec03.ex02.*"   pageEncoding="UTF-8"%>
<%
request.setCharacterEncoding("UTF-8");
%>
<jsp:useBean  id="m"  class="sec01.ex01.MemberBean"  scope="page"/>
<jsp:setProperty name="m"  property="id"  param="id"  />
<jsp:setProperty name="m"  property="pwd"  param="pwd"  />
<jsp:setProperty name="m"  property="name"  param="name"/>
<jsp:setProperty name="m"  property="email"  param="email" />
<%
  MemberDAO  memberDAO=new MemberDAO();
  memberDAO.addMember(m);
  List membersList  = memberDAO.listMembers();
%>
...
```

회원 가입창에서 전달된 매개변수 이름과 속성 이름이 같으면 같은 이름으로 값을 설정합니다

6. member5.jsp를 다음과 같이 작성합니다. `<jsp:setProperty>` 액션 태그에 `param` 속성을 생략하고 `property` 속성 이름만 지정하면 회원 가입창에서 전달받은 매개변수 중 같은 매개변수 값을 자동으로 설정해 줍니다.

코드 13-15 pro13/WebContent/member5.jsp

```
<%@ page language="java"  contentType="text/html; charset=UTF-8"
      import="java.util.*, sec01.ex01.*"   pageEncoding="UTF-8"%>
<%
    request.setCharacterEncoding("UTF-8");
%>
<jsp:useBean  id="m"  class="sec01.ex01.MemberBean"  scope="page"/>
<jsp:setProperty name="m" property="id"  />
<jsp:setProperty name="m" property="pwd"  />
<jsp:setProperty name="m" property="name"   />
<jsp:setProperty name="m" property="email" />
<%
  MemberDAO  memberDAO=new MemberDAO();
  memberDAO.addMember(m);
  List  membersList  = memberDAO.listMembers();
%>
    ...
```

회원 가입창에서 전달받은 매개변수 이름이 일치하는 useBean 속성에 자동으로 값을 설정해 줍니다.

7. member6.jsp를 다음과 같이 작성합니다. <jsp:setProperty> 액션 태그의 property 속성에 *를 지정하면 JSP 페이지에서 자동으로 매개변수 이름과 속성 이름을 비교한 후 같은 이름의 속성 이름에 전달된 값을 알아서 설정해 줍니다. 따라서 JSP나 HTML 페이지에서 전달된 데이터를 처리할 때 미리 매개변수 이름과 속성 이름을 동일하게 설정하여 편리하게 사용할 수 있습니다.

코드 13-16 pro13/WebContent/member6.jsp

```
<%@ page language="java"   contentType="text/html; charset=UTF-8"
  import="java.util.*,sec01.ex01.*"
  pageEncoding="UTF-8"%>
<%
  request.setCharacterEncoding("UTF-8");
%>

<jsp:useBean  id="m"  class="sec01.ex01.MemberBean"  scope="page"/>
<jsp:setProperty name="m" property="*" />

<%
  MemberDAO  memberDAO=new MemberDAO();
  memberDAO.addMember(m);
  List membersList = memberDAO.listMembers();
%>
 ...
```

전송된 매개변수 이름과 빈 속성을 비교한 후 동일한 빈에 값을 자동으로 설정합니다.

8. 마지막으로 member7.jsp를 다음과 같이 작성합니다. 회원 가입창에서 전달받은 회원 정보를 일단 <jsp:setProperty> 액션 태그를 이용해 useBean 속성에 저장한 후 <jsp:getProperty> 액션 태그를 이용해 useBean의 속성에 접근하여 값을 출력합니다.

코드 13-17 pro13/WebContent/member7.jsp

```
<%@ page language="java"  contentType="text/html; charset=UTF-8"
    import="java.util.*, sec01.ex01.*" pageEncoding="UTF-8"%>
<%
   request.setCharacterEncoding("UTF-8");
%>
<jsp:useBean  id="m"  class="sec01.ex01.MemberBean"  scope="page"/>
<jsp:setProperty name="m" property="*" />
<!DOCTYPE html>
<html>
<head>
  <meta charset="UTF-8">
  <title>회원 목록창</title>
</head>
```

```
<body>
<table align="center" width="100%">
  <tr align="center" bgcolor="#99ccff">
    <td width="7%">아이디</td>
    <td width="7%">비밀번호</td>
    <td width="5%">이름</td>
    <td width="11%">이메일</td>
  </tr>
  <tr align="center">
    <td>
      <jsp:getProperty name="m" property="id" />
    </td>
    <td>
      <jsp:getProperty name="m" property="pwd" />
    </td>
    <td>
      <jsp:getProperty name="m" property="name" />
    </td>
    <td>
      <jsp:getProperty name="m" property="email" />
    </td>
  </tr>
  <tr height="1" bgcolor="#99ccff">
    <td colspan="5"></td>
  </tr>
</table>
</body>
</html>
```

<jsp:getProperty> 태그를 이용해 useBean 속성 값에 접근합니다.

9. http://localhost:8090/pro13/memberForm.html로 요청하여 회원 가입창에 회원 정보를 입력한 후 **가입하기**를 클릭합니다.

그림 13-26 회원 가입창에 회원 정보 입력 후 **가입하기** 클릭

10. 그러면 전송된 회원 정보를 `<jsp:getProperty>` 액션 태그를 이용해 출력합니다.

▼ 그림 13-27 〈jsp:getProperty〉 태그 이용해 회원 정보 출력

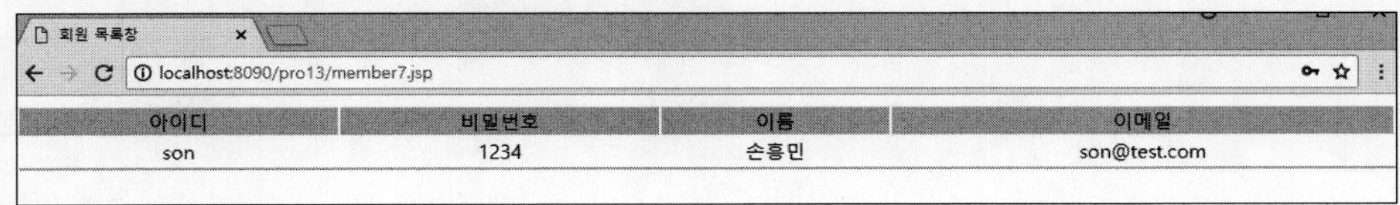

마지막으로 `<jsp:param>` 액션 태그는 `<include>` 액션 태그와 `<forward>` 액션 태그 사용 시 다른 JSP로 매개변수 값을 전송할 때 사용합니다.

14장

표현 언어와 JSTL

14.1 표현 언어란?

JSP의 발전 과정을 한 번 더 정리해 보겠습니다. 초기에는 HTML 태그를 중심으로 자바를 이용해 화면을 구현했으나 화면에 대한 요구 사항이 복잡해지면서 자바 코드를 대체하는 액션 태그가 등장했습니다. 이어서 JSP 2.0에서는 페이지 안에서 복잡한 자바 코드를 제거하는 쪽으로 발전했습니다. 디자이너 입장에서는 JSP 페이지 안에 복잡한 자바 코드가 있으면 화면 작업을 하기가 어려웠기 때문입니다. 그리고 현재 JSP 페이지는 스크립트 요소보다는 **표현 언어**(EL, Expression Language)와 JSTL(JSP Standard Tag Library, JSP 표준 태그 라이브러리)[1]을 사용해서 구현합니다.

표현 언어는 자바 코드가 들어가는 표현식을 좀 더 편리하게 사용하기 위해 JSP 2.0부터 도입된 데이터 출력 기능입니다. 표현식에는 자바 변수나 여러 가지 자바 코드로 된 식을 사용하는데, 표현식의 자바 코드가 복잡해짐에 따라 JSP 2.0부터는 자바 코드로 출력하는 표현식을 대체하기 위해 표현 언어라는 것이 등장했습니다.

그림 14-1은 JSP에서 표현식을 사용해 회원 정보를 출력하는 코드입니다.

Tip JSP 페이지에서 표현 언어를 사용하려면 페이지 디렉티브 태그의 속성인 isELIgnored을 false로 설정해야 합니다.

▼ 그림 14-1 JSP 페이지에서 표현식을 이용한 값 출력

```
<table border="1"  align="center" >
   <tr align="center" bgcolor="#99ccff">
      <td width="20%"><b>아이디</b></td>
      <td width="20%"><b>비밀번호</b></td>
      <td width="20%" ><b>이름</b></td>
      <td width="20%"><b>이메일</b></td>
   </tr>
   <tr align="center">
      <td><%=id %> </td>
      <td><%=pwd%> </td>
      <td><%=name %></td>
      <td><%=email %> </td>
   </tr>
```

1 JSP 페이지에서 일반적인 핵심 기능을 캡슐화하여 제공하는 JSP 태그 컬렉션을 의미합니다.

표현 언어의 특징은 다음과 같습니다.

- 기존 표현식보다 편리하게 값을 출력합니다.
- 변수와 여러 가지 연산자를 포함할 수 있습니다.
- JSP의 내장 객체에 저장된 속성 및 자바의 빈 속성도 표현 언어에서 출력할 수 있습니다.
- 표현 언어 자체 내장 객체도 제공됩니다.
- JSP 페이지 생성 시 기본 설정은 표현 언어를 사용할 수 없습니다.
- 페이지 디렉티브 태그에서는 반드시 `isELIgnored=false`로 설정해야 합니다.

다음은 표현 언어의 형식입니다.

```
${표현식 or 값}
```

14.1.1 표현 언어에서 사용되는 자료형과 연산자

이번에는 표현 언어에서 다루는 자료형과 연산자에 대해 알아보겠습니다.

표 14-1에 표현 언어에서 사용되는 여러 가지 자료형을 정리했습니다.

▼ 표 14-1 표현 언어에서 사용되는 자료형

자료형	설명
불	`true`와 `false` 값을 가집니다.
정수	0~9로 이루어진 값을 가지고 음수인 경우 마이너스(-)가 붙습니다.
실수	소수점(.)을 사용할 수 있고, 1.4e5와 같이 지수형으로 표현할 수 있습니다.
문자열	따옴표(`'hello'`나 `"hello"`)와 같이 사용됩니다.
널	`null`을 가집니다.

그리고 표 14-2에는 표현 언어에서 사용되는 여러 가지 연산자의 기능을 정리했습니다.

▼ 표 14-2 표현 언어의 여러 가지 연산자

연산자 종류	연산자	설명
산술 연산자	+	덧셈
	-	뺄셈
	*	곱셈
	/ 또는 div	나눗셈
	% 또는 mod	나머지
비교 연산자	== 또는 eq	두 값이 같은지 비교합니다.
	!= 또는 ne	두 값이 다른지 비교합니다.
	< 또는 lt	값이 다른 값보다 작은지 비교합니다.
	> 또는 gt	값이 다른 값보다 큰지 비교합니다.
	<= 또는 le	값이 다른 값보다 작거나 같은지 비교합니다.
	>= 또는 ge	값이 다른 값보다 크거나 같은지 비교합니다.
논리 연산자	&& 또는 and	논리곱 연산을 합니다.
	|| 또는 or	논리합 연산을 합니다.
	! 또는 not	부정 연산을 합니다.
empty 연산자	empty 〈값〉	〈값〉이 null이거나 빈 문자열이면 true를 반환합니다.
조건 연산자	〈수식〉 ? 〈값1〉 : 〈값2〉	〈수식〉의 결괏값이 true이면 〈값1〉을 반환하고, false이면 〈값2〉를 반환합니다.

14.1.2 JSP에서 표현 언어 사용 실습

JSP에서 표현 언어를 사용해 여러 가지 데이터를 출력해 보겠습니다.

1. 다음과 같이 실습 파일 elTest1.jsp를 준비합니다.

▼ 그림 14-2 실습 파일 위치

pro14
Deployment Descriptor: pro14
JAX-WS Web Services
Java Resources
JavaScript Resources
build
WebContent
META-INF
WEB-INF
elTest1.jsp

2. 다음과 같이 elTest1.jsp를 작성합니다. 문자열과 숫자를 더하면 자동으로 숫자로 변환해 합을 구하고, null과 숫자를 더하면 null을 0으로 인식하도록 합니다.

코드 14-1 pro14/WebContent/elTest1.jsp

```
<%@ page language="java" contentType="text/html; charset=UTF-8"
    pageEncoding="UTF-8"
    isELIgnored="false" %>        표현 언어 기능을 활성화합니다.

<html>
<head>
  <meta charset="UTF-8">
  <title>표현 언어에서 사용되는 데이터들</title>
</head>
<body>
  <h1>표현 언어로 여러 가지 데이터 출력하기</h1>
  <h1>
    \${100}: ${100}<br>
    \${"안녕하세요"}: ${"안녕하세요"}<br>
    \${10+1}: ${10+1}<br>
    \${"10"+1} : ${"10"+1 }<br>
    <%-- \${null+10 }: ${null+10 }<br> --%>
    <%-- \${"안녕"+11 }: ${"안녕"+11 }<br> --%>
    <%-- \${"hello"+"world"}:${"hello"+"world"}<br> --%>
  </h1>
</body>
</html>
```

숫자형 문자열과 실제 숫자를 더하면 문자열을 자동으로 숫자로 변환하여 더합니다.

null과 10을 더하면 10이 됩니다.

문자열끼리는 더할 수 없습니다.

문자열과 숫자는 더할 수 없습니다.

3. http://localhost:8090/pro14/elTest1.jsp로 요청하여 실행 결과를 확인합니다.

▼ 그림 14-3 실행 결과

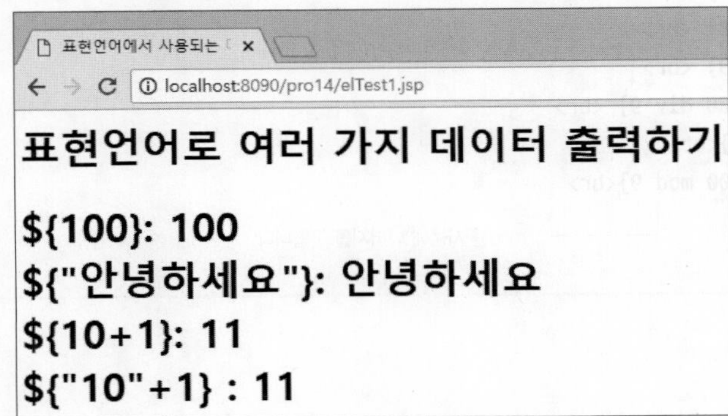

지금부터는 표현 언어의 여러 가지 연산자들을 사용해 몇 가지 예제를 실습해 보겠습니다.

14.1.3 표현 언어의 산술 연산자

표현 언어에서는 사칙 연산자를 어떻게 사용하는지 알아보겠습니다.

1. 실습 파일 MemberBean.java와 elTest2~5.jsp를 준비합니다.

▼ 그림 14-4 실습 파일 위치

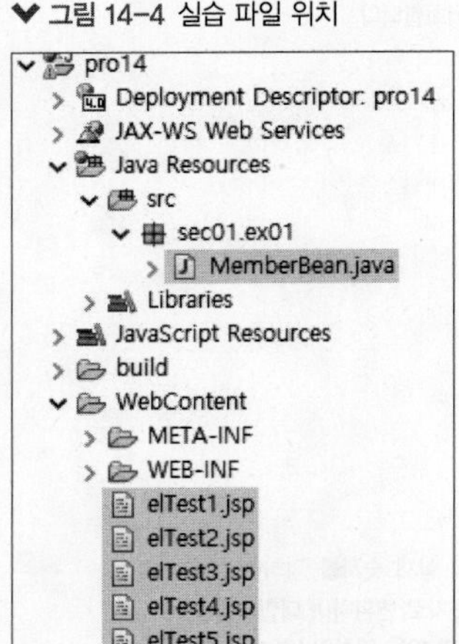

2. elTest2.jsp를 다음과 같이 작성합니다. 나누기 연산을 하려면 **div**를 사용하고, 나머지 연산을 하려면 **mod**를 사용하면 됩니다.

코드 14-2 pro14/WebContent/elTest2.jsp

```
<body>
  <h2>여러 가지 산술 연산자</h2>
  <h1>
    \${10+10}  : ${10+10} <br>
    \${20-10}  : ${20-10} <br>
    \${10*10}  : ${10*10} <br>
    \${100/9}  : ${100/9} <br>
    \${100 div 9} : ${100 div 9} <br>
    \${100%9} : ${100%9}<br>
    \${100 mod 9} : ${100 mod 9}<br>
  </h1>
</html>
```

div를 사용해 나누기 연산을 합니다.

mod를 사용해 나머지를 구합니다.

3. http://localhost:8090/pro14/elTest2.jsp로 요청합니다. 표현 언어에서 나누기 연산 시 나누어지지 않으면 소수점 이하까지 표시합니다.

❯ 그림 14-5 실행 결과

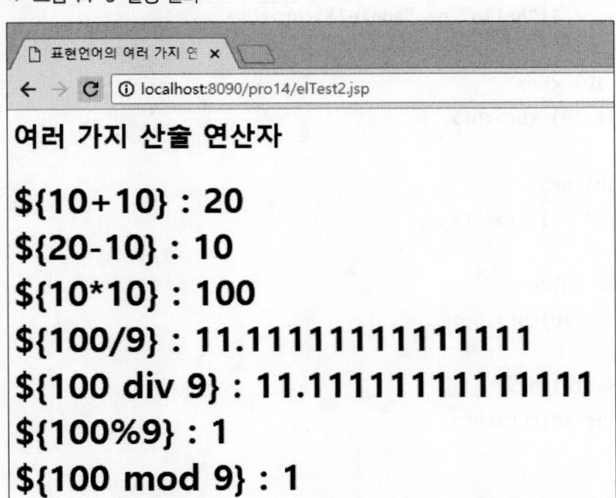

14.1.4 표현 언어의 비교 연산자

이번에는 표현 언어에서 비교 연산자를 사용해 보겠습니다.

- 값이 같은지 비교할 때는 == 또는 eq 연산자를 사용합니다.
- 값이 같지 않은지 비교할 때는 != 또는 ne 연산자를 사용합니다.
- 대소 비교 시 >와 < 연산자 그리고 gt와 lt도 각각 연산자로 사용할 수 있습니다.
- 대소 및 동등 비교를 동시에 할 때는 >=와 <= 연산자 그리고 ge와 le도 각각 연산자로 사용할 수 있습니다.

1. 다음과 같이 elTest3.jsp를 작성합니다.

코드 14-3 pro14/WebContent/elTest3.jsp

```
<body>
  <h2>여러 가지 비교 연산자</h2>
  <h3>
    \${10==10}  : ${10==10} <br>
    \${10 eq 10}  : ${10 eq 10} <br><br>
    \${"hello"=="hello"}  : ${"hello"=="hello"} <br>
    \${"hello" eq "hello"}  : ${"hello" eq "hello"} <br><br>
```

문장열이 서로 같은지 비교할 때는 ==나 eq를 연산자로 사용합니다.

```
    \${20!=10}  : ${20!=10}<br>
    \${20 ne 10}  : ${20 ne 10}<br><br>

    \${"hello"!="apple"}  : ${"hello"!="apple"} <br>
    \${"hello" ne "apple"}  : ${"hello" ne "apple"} <br><br>

    \${10 < 10}  : ${10 < 10} <br>
    \${10 lt 10}  : ${10 lt 10} <br><br>

    \${100>10} : ${100 > 10}<br>
    \${100 gt 10} : ${100 gt 10}<br><br>

    \${100 <=10} : ${100 <= 10}<br>
    \${100 le 10} : ${100 le 10}<br><br>

    \${100 >=10} : ${100 >= 10}<br>
    \${100 ge 10} : ${100 ge 10}<br><br>
  </h3>
</body>
```

문자열이 서로 다른지 비교할 때는 !=나 ne를 연산자로 사용합니다.

2. http://localhost:8090/pro14/elTest3.jsp로 요청하여 실행 결과를 확인합니다.

▼ 그림 14-6 실행 결과

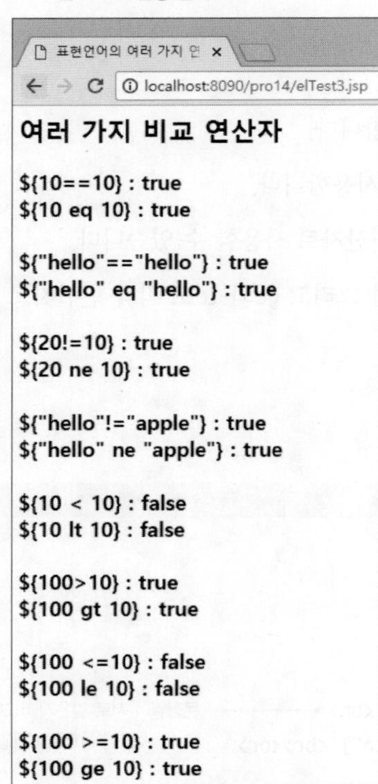

표현언어의 여러 가지 연
localhost:8090/pro14/elTest3.jsp
여러 가지 비교 연산자
${10==10} : true
${10 eq 10} : true
${"hello"=="hello"} : true
${"hello" eq "hello"} : true
${20!=10} : true
${20 ne 10} : true
${"hello"!="apple"} : true
${"hello" ne "apple"} : true
${10 < 10} : false
${10 lt 10} : false
${100>10} : true
${100 gt 10} : true
${100 <=10} : false
${100 le 10} : false
${100 >=10} : true
${100 ge 10} : true

14.1.5 표현 언어의 논리 연산자

이번에는 논리 연산자를 알아보겠습니다.

- && 연산자나 and 연산자는 논리곱 연산을 합니다.
- || 연산자나 or 연산자는 논리합 연산을 합니다.
- ! 연산자나 not 연산자는 반대의 결과를 출력합니다.

1. 다음과 같이 elTest4.jsp를 작성합니다.

코드 14-4 pro14/WebContent/elTest4.jsp

```
<body>
  <h2>여러 가지 논리연산자</h2>
  <h2>
    \${(10==10) && (20==20)}  : ${(10==10)&&(20==20)} <br>
    \${(10==10) and (20!=20)}  : ${(10==10) and (20!=20)} <br><br>

    \${(10==10) || (20!=30)}  : ${(10==10)||(20!=30)} <br>
    \${(10!=10) or (20!=20)}  : ${(10!=10) or (20!=20)} <br><br>

    \${!(20==10)}  : ${!(20==10)}<br>
    \${not (20==10)}  : ${not (20==10)}<br><br>

    \${!(20!=10)}  : ${!(20!=10)}<br>
    \${not(20!=10)}  : ${not(20!=10)}<br><br>
  </h2>
</body>
```

연산자 양쪽 값이 true일 때만 true를 반환합니다.

연산자 양쪽 값 중 하나라도 true면 true를 반환합니다.

비교 연산자의 결괏값이 false이므로 true를 출력합니다.

비교 연산자의 결괏값이 true이므로 false를 출력합니다.

2. http://localhost:8090/pro14/elTest4.jsp로 요청하여 실행 결과를 확인합니다.

▼ 그림 14-7 실행 결과

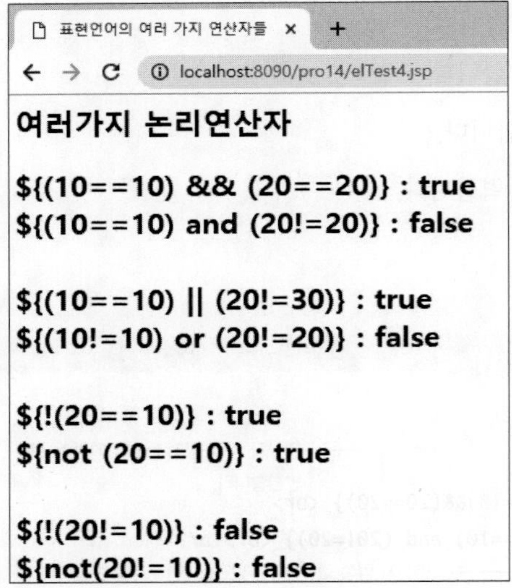

14.1.6 표현 언어의 empty 연산자

empty 연산자는 자바 빈의 속성이 값으로 설정되었는지 또는 List, Map 같은 저장 객체에 값(객체)이 존재하는지를 판단하는 연산자입니다.

1. elTest5.jsp를 다음과 같이 작성합니다. <useBean> 액션 태그로 생성한 빈 m1은 생성 후 name 속성에 값을 설정했기 때문에 empty 연산자를 적용하면 false를 반환합니다. <useBean> 액션 태그로 생성한 빈 m2는 생성 후 아무 값도 저장하지 않았기 때문에 empty 연산자를 적용하면 true를 반환합니다.

코드 14-5 pro14/WebContent/elTest5.jsp

```
<%@ page language="java" contentType="text/html; charset=UTF-8"
     import="java.util.*"
    pageEncoding="UTF-8"
    isELIgnored="false" %>
<jsp:useBean  id="m1"  class="sec01.ex01.MemberBean" scope="page"  />
<jsp:setProperty  name="m1"  property="name" value="이순신"/>
<jsp:useBean  id="m2"  class="java.util.ArrayList" scope="page"  />

<html>
```

유즈빈(useBean)을 생성합니다.
빈의 name 속성에 값을 설정합니다.
ArrayList 객체를 빈으로 생성합니다.

```
<head>
  <meta charset="UTF-8">
  <title>표현 언어의 여러 가지 연산자들</title>
</head>
<body>
  empty 연산자
  <h2>
    \${empty m1 } : ${empty m1 } <br>
    \${not empty m1 } : ${not empty m1 } <br><br>

    \${empty m2 } : ${empty m2 } <br>
    \${not empty m2} : ${not empty m2 } <br><br>

    \${empty "hello"} : ${empty "hello" } <br>
    \${empty null} : ${empty null } <br>
    \${empty ""} : ${empty "" } <br>
  </h2>
</body>
</html>
```

- m1의 name 속성에 값이 설정되어 있으므로 false를 반환합니다.
- true를 반환합니다.
- ArrayList 객체인 m2는 비어 있으므로 true를 반환합니다.
- false를 반환합니다.
- 문자열에 대해 false를 반환합니다.
- null은 true를 반환합니다.
- 빈 문자열은 true를 반환합니다.

2. http://localhost:8090/pro14/elTest5.jsp로 요청하여 실행 결과를 확인합니다.

그림 14-8 실행 결과

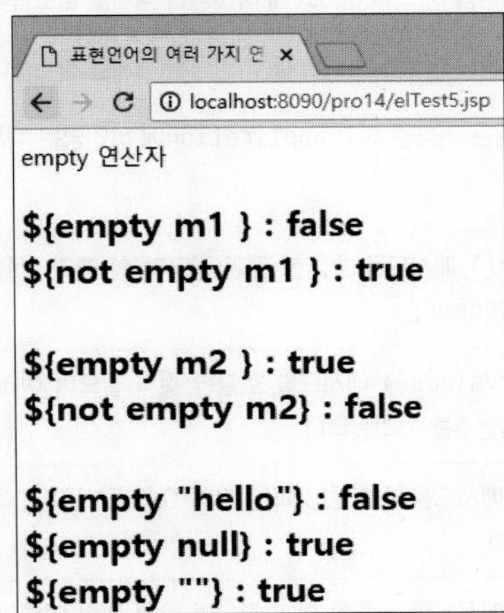

14.2 표현 언어 내장 객체(내장 변수)

이번에는 표현 언어에서 제공하는 여러 가지 내장 객체에 대해 알아보겠습니다.

JSP는 기본적으로 내장 객체들을 제공하지만 이 객체들은 표현식에서만 사용할 수 있습니다. 따라서 표현 언어에서는 따로 내장 객체들을 제공합니다. 표현 언어에서 제공하는 내장 객체들은 ${} 안에서만 사용할 수 있습니다.

14.2.1 표현 언어에서 제공하는 내장 객체의 종류와 기능

표현 언어에서 제공하는 여러 가지 내장 객체들은 표 14-3과 같습니다.

▼ 표 14-3 표현 언어에서 제공하는 여러 가지 내장 객체

구분	내장 객체	설명
스코프	pageScope	JSP의 page와 같은 기능을 하고 page 영역에 바인딩된 객체를 참조합니다.
	requestScope	JSP의 request와 같은 기능을 하고 request에 바인딩된 객체를 참조합니다.
	sessionScope	JSP의 session과 같은 기능을 하고 session에 바인딩된 객체를 참조합니다.
	applicationScope	JSP의 application과 같은 기능을 하고 application에 바인딩된 객체를 참조합니다.
요청 매개변수	param	request.getParameter() 메서드를 호출한 것과 같으며 한 개의 값을 전달하는 요청 매개변수를 처리합니다.
	paramValues	request.getParameterValues() 메서드를 호출한 것과 같으며 여러 개의 값을 전달하는 요청 매개변수를 처리합니다.
헤더 값	header	request.getHeader() 메서드를 호출한 것과 같으며 요청 헤더 이름의 정보를 단일 값으로 반환합니다.
	headerValues	request.getHeader() 메서드를 호출한 것과 같으며 요청 헤더 이름의 정보를 배열로 반환합니다.
쿠키 값	Cookies	쿠키 이름의 값을 반환합니다.
JSP 내용	pageContext	pageContext 객체를 참조할 때 사용합니다.
초기 매개변수	initParam	컨텍스트의 초기화 매개변수 이름의 값을 반환합니다.

14.2.2 param 내장 객체 사용 실습

회원 가입창에서 회원 정보를 입력하고 JSP로 전송하면 `getParameter()` 메서드를 이용하지 않고 `param` 내장 객체를 이용해 전송된 회원 정보를 출력하는 예제를 실습해 보겠습니다.

1. WebContent 폴더 하위에 test01 폴더를 생성한 후 다음과 같이 여러 개의 JSP 파일을 준비합니다.

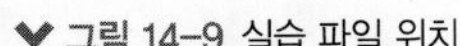
그림 14-9 실습 파일 위치

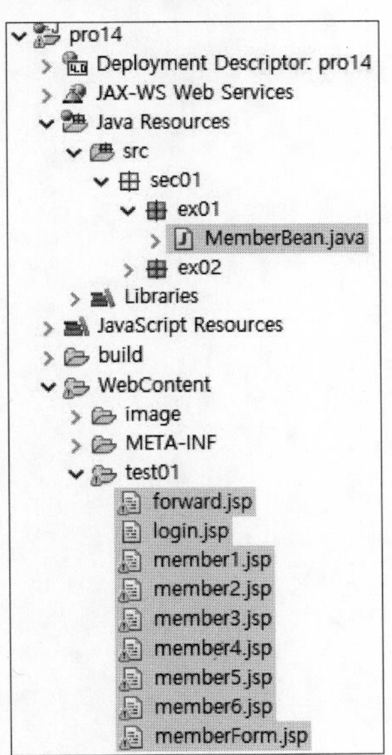

2. memberForm.jsp를 다음과 같이 작성합니다. 회원 가입창에서 회원 정보를 입력하고 member1.jsp로 전송합니다.

코드 14-6 pro14/WebContent/test01/memberForm.jsp

```
<%@ page language="java" contentType="text/html; charset=UTF-8"
    pageEncoding="UTF-8"%>
<!DOCTYPE html>
<html>
<head>
  <meta charset="UTF-8">
  <title>회원 가입창</title>
</head>
<body>
  <form method="post" action="member1.jsp">
    <h1 style="text-align:center">회원 가입창</h1>
```

실습 파일에서 이 부분을 member1.jsp로 수정합니다. 이 부분은 계속 고쳐가면서 진행하겠습니다.

```
      <table align="center">
        <tr>
          <td width="200">
            <p align="right">아이디
          </td>
          <td width="400"><input type="text" name="id"></td>
        </tr>
        <tr>
          <td width="200">
            <p align="right">비밀번호
          </td>
          <td width="400"><input type="password" name="pwd"></td>
        </tr>
        <tr>
          <td width="200">
            <p align="right">이름
          </td>
          <td width="400">
            <p><input type="text" name="name">
          </td>
        </tr>
        <tr>
          <td width="200">
            <p align="right">이메일
          </td>
          <td width="400">
            <p><input type="text" name="email">
          </td>
        </tr>
        <tr>
          <td width="200">
            <p> </p>
          </td>
          <td width="400">
            <input type="submit" value="가입하기">
            <input type="reset" value="다시입력">
          </td>
        </tr>
      </table>
    </form>
  </body>
  </html>
```

3. member1.jsp를 다음과 같이 작성합니다. 첫 번째 방법은 전송된 회원 정보를 getParameter() 메서드를 이용해 출력합니다. 두 번째 방법은 param 내장 객체를 이용해 전송된 매개변수 이름으로 바로 회원 정보를 출력합니다.

코드 14-7 pro14/WebContent/test01/member1.jsp

```
<%@ page language="java" contentType="text/html; charset=UTF-8"
    pageEncoding="UTF-8"
    isELIgnored="false"  %>
<%
  request.setCharacterEncoding("UTF-8");
  String id=request.getParameter("id");
  String pwd=request.getParameter("pwd");
  String name= request.getParameter("name");
  String email= request.getParameter("email");
%>

<html>
<head>
  <meta charset="UTF-8">
  <title>회원 정보 출력창</title>
</head>
<body>
  <table border="1"  align="center" >
    <tr align="center" bgcolor="#99ccff">
      <td width="20%"><b>아이디</b></td>
      <td width="20%"><b>비밀번호</b></td>
      <td width="20%" ><b>이름</b></td>
      <td width="20%"><b>이메일</b></td>
    </tr>
    <tr align=center>
      <td><%=id %> </td>
      <td><%=pwd%> </td>
      <td><%=name %> </td>
      <td><%=email %> </td>
    </tr>
    <tr align=center>
      <td>${param.id } </td>
      <td>${param.pwd } </td>
      <td>${param.name } </td>
      <td>${param.email }</td>
    </tr>
  </table>
</body>
</html>
```

- request.setCharacterEncoding("UTF-8"); → 회원 정보를 표시하기 전에 한글 인코딩을 설정합니다.
- String id ~ email → 표현식으로 출력하기 위해 getParameter() 메서드를 이용해 회원 정보를 가져옵니다.
- <td><%=id %> ~ <%=email %> → getParameter()로 가져온 회원 정보를 표현식으로 출력합니다.
- <td>${param.id } ~ ${param.email } → param 객체를 이용해 getParameter() 메서드를 이용하지 않고 바로 회원 정보를 출력합니다.

4. http:localhost:8090/pro14/test01/memberForm.jsp로 요청하여 회원 정보를 입력하고 **가입하기**를 클릭합니다.

▼ 그림 14-10 회원 가입창에서 회원 정보 입력 후 **가입하기** 클릭

5. 실행 결과를 보면 회원 정보가 두 번 출력된 것을 알 수 있습니다. 첫 번째 회원 정보는 `getParameter()` 메서드로 가져온 후 출력한 것이고, 두 번째 회원 정보는 `param` 내장 객체로 출력한 결과입니다.

▼ 그림 14-11 회원 정보 출력

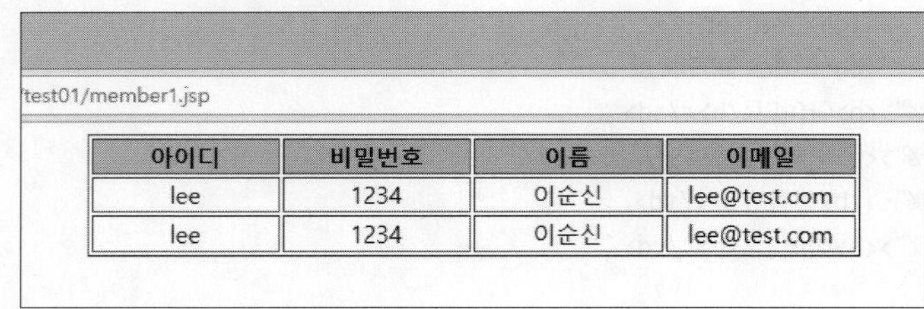

아이디	비밀번호	이름	이메일
lee	1234	이순신	lee@test.com
lee	1234	이순신	lee@test.com

따라서 `param` 내장 객체를 사용하면 굳이 전송된 매개변수를 `getParameter()` 메서드를 이용하지 않고 바로 매개변수 이름으로 접근해서 값을 얻을 수 있습니다.

14.2.3 requestScope 사용 실습

이번에는 `request` 객체와 동일한 기능을 하는 `requestScope`를 사용해 보겠습니다.

1. 회원 가입창인 memberForm.jsp의 `action` 속성을 forward.jsp로 수정하고 회원 정보를 입력한 후 forward.jsp로 전송합니다.

```
<form method="post"  action="forward.jsp">
```

Tip 실습 파일에서 forward.jsp 부분은 계속 고쳐가면서 진행하겠습니다.

2. forward.jsp를 다음과 같이 작성합니다. 회원 가입창의 request 객체에 setAttribute() 메서드를 이용해 address를 바인딩한 후 다시 member2.jsp로 포워딩합니다.

코드 14-8 pro14/WebContent/test01/forward.jsp

```
<%@ page language="java" contentType="text/html; charset=UTF-8"
    pageEncoding="UTF-8"%>
<%
  request.setCharacterEncoding("utf-8");
  request.setAttribute("address","서울시 강남구");
%>

<html>
<head>
   <meta charset="UTF-8">
   <title>forward</title>
</head>
<body>
  <jsp:forward page="member2.jsp"></jsp:forward>
</body>
</html>
```

- 회원 가입창의 request에 대해 다시 주소 정보를 바인딩합니다.
- member2.jsp로 포워딩합니다.

3. member2.jsp를 다음과 같이 작성합니다. requestScope를 이용해 바인딩된 address에 접근해서 주소를 출력합니다.

코드 14-9 pro14/WebContent/test01/member2.jsp

```
...
<body>
  <table border="1" align="center"  >
    <tr align="center" bgcolor="#99ccff">
      <td width="20%"><b>아이디</b></td>
      <td width="20%"><b>비밀번호</b></td>
      <td width="20%" ><b>이름</b></td>
      <td width="20%"><b>이메일</b></td>
      <td width="20%" ><b>주소</b></td>
    </tr>
    <tr align=center>
      <td>${param.id } </td>
```

```
            <td>${param.pwd} </td>
            <td>${param.name } </td>
            <td>${param.email }</td>
            <td>${requestScope.address}</td>
        </tr>
    </table>
</body>
```

requestScope를 이용해 바인딩된 주소 정보를 출력합니다.

4. http://localhost:8090/pro14/test01/memberForm.jsp로 다시 요청하여 회원 가입창에 회원 정보를 입력하고 **가입하기**를 클릭합니다.

▼ 그림 14-12 회원 가입창에서 회원 정보 입력 후 **가입하기** 클릭

5. 회원 가입창에서 회원 정보와 함께 forward.jsp에서 request 객체에 바인딩한 주소도 출력합니다.

▼ 그림 14-13 주소와 함께 회원 정보 출력

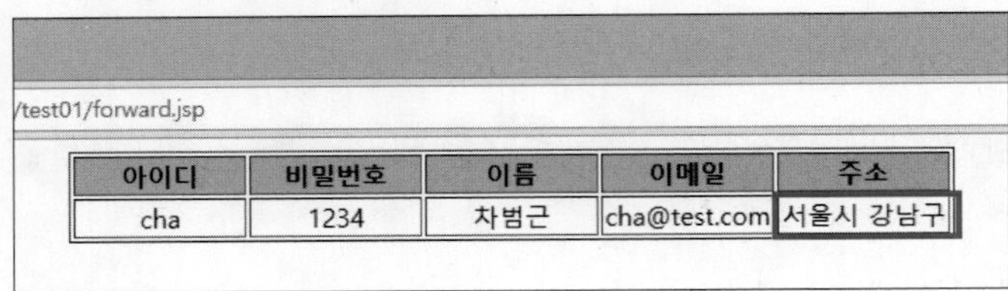

아이디	비밀번호	이름	이메일	주소
cha	1234	차범근	cha@test.com	서울시 강남구

requestScope를 이용하면 request 객체에 바인딩된 데이터에 접근할 수 있습니다. 마찬가지로 session이나 application 객체에 바인딩된 데이터는 sessionScope나 applicationScope로 접근할 수 있습니다.

14.2.4 pageContext 객체 사용 실습

pageContext 객체는 javax.servlet.jsp.PageContext 클래스를 상속해 웹 컨테이너가 JSP 실행 시 자동으로 생성해서 제공하는 내장 객체입니다. 이번에는 pageContext 객체의 편리한 기능을 사용해 보겠습니다.

<a> 태그를 이용해 다른 서블릿이나 JSP를 요청하는 방법은 다음의 두 가지입니다.

첫 번째는 컨텍스트 이름(pro14)을 직접 입력하는 방법입니다.

```
<a href="/pro14/test01/memberForm.jsp"> 회원 가입하기</a>
```

두 번째는 getContextPath() 메서드를 이용해 컨텍스트 이름을 가져오는 방법입니다.

```
<a href="<%=request.getContextPath() %>/test01/memberForm.jsp">회원 가입하기</a>
```

그런데 첫 번째 방법은 컨텍스트 이름(pro14)이 바뀌면 일일이 찾아서 수정해야 한다는 단점이 있고, 두 번째 방법은 자바 코드가 사용되므로 화면 작업이 복잡해진다는 단점이 있습니다. 그러나 pageContext 객체의 속성인 request의 contextPath 속성을 이용하면 쉽게 컨텍스트 이름을 가져올 수 있습니다.

1. 다음과 같이 login.jsp를 작성합니다.

코드 14-10 pro14/WebContent/test01/login.jsp

```
<%@ page language="java" contentType="text/html; charset=UTF-8"
pageEncoding="UTF-8"
isELIgnored="false"  %>
<!DOCTYPE html>
<html>
<head>
  <meta charset="UTF-8">
  <title>로그인창</title>
</head>
<body>
  <form action="result.jsp">
    아이디 : <input type="text" size=20 /><br>
    비밀번호: <input type="password" size=20 /><br>
    <input type="submit" value="로그인" /> <input type="reset" value="다시입력" />
  </form>
  <br><br>
  <!--  <a href="http://localhost:8090/pro14/test01/memberForm.jsp">회원가입하기</a> -->
  <%--
  <a href="<%=request.getContextPath() %>/test01/memberForm.jsp">회원가입하기</a>
```

직접 컨텍스트 이름을 입력해 요청합니다.

request의 getContextPath() 메서드를 이용해 컨텍스트 이름을 가져옵니다.

```
--%>
    <a href="${pageContext.request.contextPath}/test01/memberForm.jsp">회원가입하기</a>
  </body>
```

자바 코드를 사용하지 않고 pageContext의 속성인 request 하위의 contextPath 속성으로 컨텍스트 이름을 가져옵니다.

2. http://localhost:8090/pro14/test01/login.jsp로 로그인창을 요청하여 **회원가입하기**를 클릭합니다.

▼ 그림 14-14 로그인창에서 **회원가입하기** 클릭

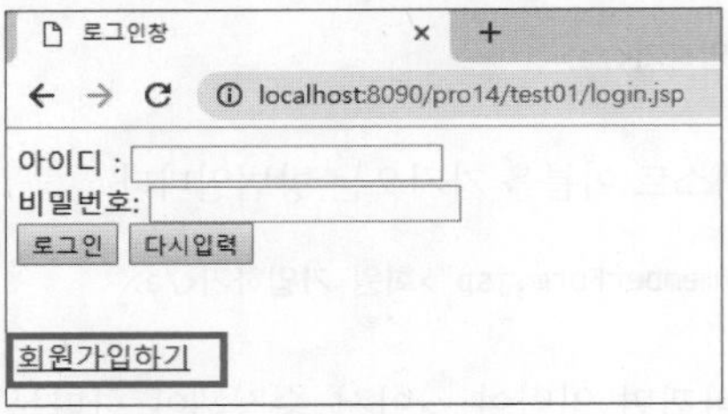

3. 회원 가입창으로 이동합니다.

▼ 그림 14-15 회원 가입창으로 이동

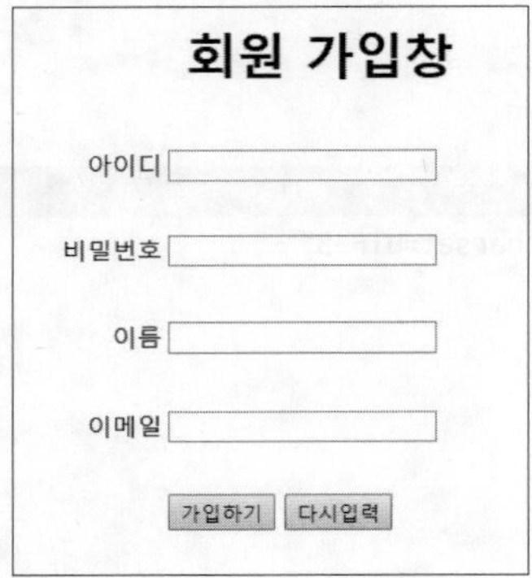

14.2.5 빈 사용 실습

표현 언어에서 빈 속성에 접근하는 방법을 알아보겠습니다. 빈의 속성에 접근할 때는 다음과 같은 형식을 사용합니다.

```
${빈이름.속성이름}
```

그럼 빈에 회원 정보를 저장한 후 표현 언어를 이용해 빈의 회원 정보를 출력해 보겠습니다.

1. memberForm.jsp의 action 값을 member3.jsp로 수정합니다.

2. 다음과 같이 member3.jsp를 작성합니다. 표현 언어에서는 getter를 사용하지 않고, 바로 빈 id 다음에 .(마침표) 연산자를 사용하여 속성에 바로 접근할 수 있습니다.

코드 14-11 pro14/WebContent/test01/member3.jsp

```
<%@ page language="java" contentType="text/html; charset=UTF-8"
    pageEncoding="UTF-8"
    isELIgnored="false" %>
<%
  request.setCharacterEncoding("UTF-8");
%>
<jsp:useBean id="m" class="sec01.ex01.MemberBean" />   ← 회원 정보를 저장할 빈을 생성합니다.
<jsp:setProperty name="m" property="*" />   ← 전송된 회원 정보를 빈의 속성에 설정합니다.

<meta charset="UTF-8">
<html>
<head>
  <title>회원 정보 출력창</title>
</head>
<body>
  <table align="center" border="1">
    <tr align="center" bgcolor="#99ccff">
      <td width="20%"><b>아이디</b></td>
      <td width="20%"><b>비밀번호</b></td>
      <td width="20%"><b>이름</b></td>
      <td width="20%"><b>이메일</b></td>
    </tr>
    <tr align="center">
      <td><%=m.getId() %></td>   ← 표현식을 이용해 회원 정보를 출력합니다
      <td><%=m.getPwd() %></td>
      <td><%=m.getName() %></td>
      <td><%=m.getEmail() %></td>
    </tr>
    <tr align="center">
      <td>${m.id }</td>   ← 빈 id와 속성 이름으로 접근해 회원 정보를 출력합니다.
      <td>${m.pwd}</td>
      <td>${m.name }</td>
      <td>${m.email }</td>
    </tr>
  </table>
</body>
</html>
```

3. http://localhost:8090/pro14/test01/login.jsp로 요청하여 회원 가입창에서 회원 정보를 입력한 후 **가입하기**를 클릭합니다.

❯ 그림 14-16 회원 가입창에서 회원 정보 입력 후 **가입하기** 클릭

회원 가입창

아이디 hong

비밀번호 ····

이름 홍길동

이메일 hong@test.com

가입하기 다시입력

4. 빈에 저장된 회원 정보를 출력합니다.

❯ 그림 14-17 회원 정보 출력

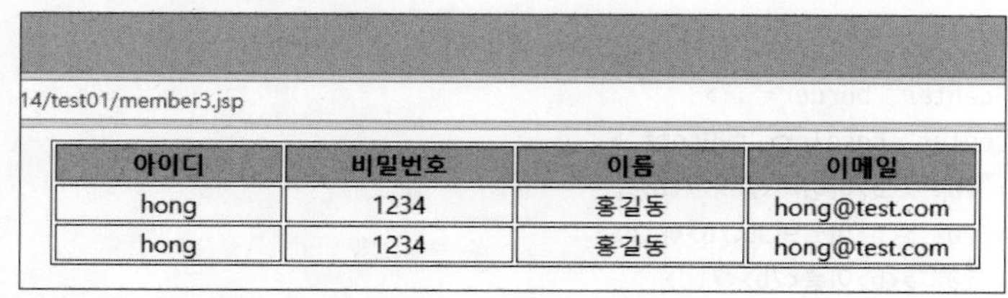

14/test01/member3.jsp

아이디	비밀번호	이름	이메일
hong	1234	홍길동	hong@test.com
hong	1234	홍길동	hong@test.com

이처럼 표현 언어에서는 자바 코드를 사용하지 않고 바로 빈 id로 속성에 접근해 값을 출력할 수 있습니다.

14.2.6 Collection 객체 사용 실습

표현 언어에서 `Collection` 객체에 접근하는 방법을 알아보겠습니다. `Collection` 객체에 접근할 때는 다음과 같은 형식을 사용합니다.

```
${Collection객체이름[index].속성이름 }
```

Tip 여기서 `index`는 `Collection`에 저장된 순서를 의미합니다.

지금부터 Collection 객체 중 가장 많이 사용되는 ArrayList에 회원 정보 빈을 저장한 후 다시 출력해 보겠습니다.

1. memberForm.jsp의 action 값을 member4.jsp로 수정합니다.
2. 다음과 같이 member4.jsp를 작성합니다. 회원 가입창에서 전송된 회원 정보를 빈 m1에 저장한 후 다시 ArrayList에 저장합니다. 그리고 자바 코드로 두 번째 MemberBean 객체를 생성한 후 회원 정보를 설정하여 ArrayList에 저장합니다. 그리고 인덱스로 각 속성에 순차적으로 접근해서 ArrayList의 값을 출력합니다.

코드 14-12 pro14/WebContent/test01/member4.jsp

```
<%@ page language="java" contentType="text/html; charset=UTF-8"
  import="java.util.*, sec01.ex01.*" pageEncoding="UTF-8"
  isELIgnored="false"  %>
<%
  request.setCharacterEncoding("UTF-8");
%>
<jsp:useBean  id="m1" class="sec01.ex01.MemberBean"/>
<jsp:setProperty name="m1" property="*"  />
<jsp:useBean  id="membersList" class="java.util.ArrayList" />
<%
   MemberBean m2 = new MemberBean("son", "1234", "손흥민", "son@test.com");
   membersList.add(m1);
   membersList.add(m2);
%>
<html>
<head>
   <meta charset="UTF-8">
   <title>회원 정보 출력창</title>
</head>
<body>
   <table border=1  align="center"   >
     <tr align="center"  bgcolor=" #99ccff">
       <td width="20%"><b>아이디</b></td>
       <td width="20%"><b>비밀번호</b></td>
       <td width="20%" ><b>이름</b></td>
       <td width="20%"><b>이메일</b></td>
     </tr>
     <tr align="center">
       <td>${membersList[0].id}</td>
       <td>${membersList[0].pwd}</td>
       <td>${membersList[0].name}</td>
       <td>${membersList[0].email}</td>
     </tr>
```

회원 가입창에서 전송된 회원 정보를 빈 속성에 설정합니다.

membersList로 ArrayList 객체를 생성합니다.

자바 코드로 새로운 회원 정보를 저장하는 MemberBean 객체를 생성합니다

두 개의 MemberBean 객체를 ArrayList에 저장합니다.

인덱스가 0이므로 첫 번째 회원 정보를 출력합니다.

```
    <tr align="center">
      <td>${membersList[1].id}</td>
      <td>${membersList[1].pwd}</td>
      <td>${membersList[1].name}</td>
      <td>${membersList[1].email}</td>
    </tr>
  </table>
</body>
</html>
```

인덱스가 1이므로 두 번째 회원 정보를 출력합니다.

3. http://localhost:8090/pro14/test01/memberForm.jsp로 요청하여 회원 정보를 입력한 후 전송합니다.

▼ 그림 14-18 회원 가입창에서 회원 정보 입력

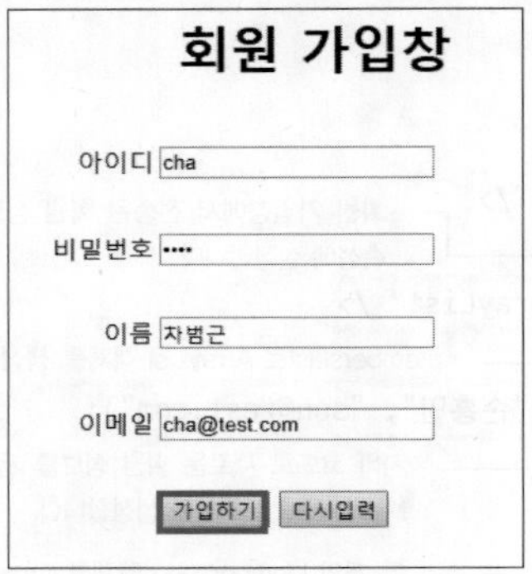

4. ArrayList에 저장된 회원 정보를 출력합니다.

▼ 그림 14-19 회원 정보 출력

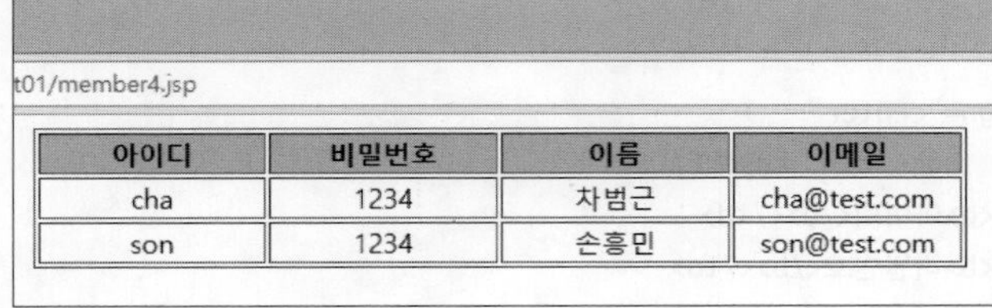

아이디	비밀번호	이름	이메일
cha	1234	차범근	cha@test.com
son	1234	손흥민	son@test.com

14.2.7 HashMap 사용 실습

다음은 표현 언어에서 자바 HashMap에 저장된 객체에 접근하는 방법입니다.

```
${HashMap객체이름.키이름}
```

HashMap에 객체를 저장한 후 다시 출력해 보겠습니다.

1. memberForm.jsp의 action 값을 member5.jsp로 수정합니다.

2. member5.jsp를 다음과 같이 작성합니다. 전송된 회원 정보를 첫 번째 빈 m1 속성에 설정합니다. <useBean> 태그를 이용해 HashMap 객체인 membersMap을 생성하고 membersMap에 회원 정보를 key/value로 저장합니다. memberMap에 ArrayList를 저장한 다음 membersMap에 key로 접근하여 value를 출력합니다.

코드 14-13 pro14/WebContent/test01/member5.jsp

```
<%@ page language="java" contentType="text/html; charset=UTF-8"
  import="java.util.*, sec01.ex01.*"
  pageEncoding="UTF-8"
  isELIgnored="false"  %>
<%
  request.setCharacterEncoding("UTF-8");
%>
<jsp:useBean  id="m1" class="sec01.ex01.MemberBean"/>
<jsp:setProperty name="m1" property="*"  />
<jsp:useBean  id="membersList" class="java.util.ArrayList" />
<jsp:useBean  id="membersMap" class="java.util.HashMap" />
<%
  membersMap.put("id", "park2");
  membersMap.put("pwd", "4321");
  membersMap.put("name", ",박지성");
  membersMap.put("email", "park2@test.com");

  MemberBean m2 = new MemberBean("son", "1234", "손흥민", "son@test.com");
  membersList.add(m1);
  membersList.add(m2);
  membersMap.put("membersList",  membersList);
%>
<html>
<head>
  <meta charset="UTF-8">
  <title>회원 정보 출력창</title>
</head>
<body>
```

MemberBean 객체를 저장할 ArrayList 객체를 생성합니다.

회원 정보를 저장할 HashMap 객체를 <useBean> 액션 태그를 이용해 생성합니다.

HashMap에 key/value 쌍으로 회원 정보를 저장합니다.

회원 정보를 저장하는 MemberBean 객체를 생성합니다.

전송된 회원 정보와 자바 코드로 생성한 회원 정보를 ArrayList에 저장합니다.

회원 정보가 저장된 membersList를 memberList라는 key로 HashMap에 저장합니다.

```
    <table border=1  align="center" >
      <tr align=center bgcolor="#99ccff">
        <td width="20%"><b>아이디</b></td>
        <td width="20%"><b>비밀번호</b></td>
        <td width="20%" ><b>이름</b></td>
        <td width="20%"><b>이메일</b></td>
      </tr>
      <tr align=center>
        <td>${membersMap.id}</td>
        <td>${membersMap.pwd}</td>
        <td>${membersMap.name}</td>
        <td>${membersMap.email }</td>
      </tr>
      <tr align=center>
        <td>${membersMap.membersList[0].id}</td>
        <td>${membersMap.membersList[0].pwd}</td>
        <td>${membersMap.membersList[0].name}</td>
        <td>${membersMap.membersList[0].email}</td>
      </tr>
      <tr align=center>
        <td>${membersMap.membersList[1].id}</td>
        <td>${membersMap.membersList[1].pwd}</td>
        <td>${membersMap.membersList[1].name}</td>
        <td>${membersMap.membersList[1].email}</td>
      </tr>
    </table>
  </body>
```

HashMap 이름 뒤에 .(마침표) 연산자로 저장 시 사용한 key를 사용하여 value를 가져옵니다.

HashMap에 저장된 ArrayList에 .(마침표)로 접근한 후 다시 각각의 속성에 .(마침표)를 이용해 접근하여 첫 번째 회원 정보를 출력합니다.

ArrayList에 저장된 두 번째 회원 정보를 출력합니다.

3. http://localhost:8090/pro14/test01/memberForm.jsp로 요청하여 회원 정보를 입력한 후 **가입하기**를 클릭합니다.

✔ 그림 14-20 회원 가입창에서 회원 정보 입력 후 **가입하기** 클릭

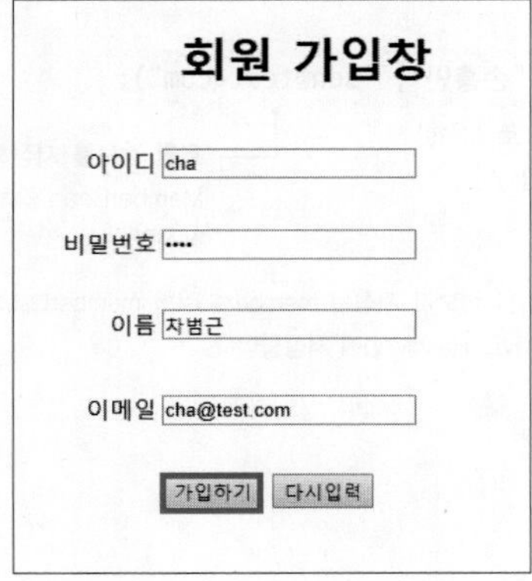

4. HashMap에 저장된 회원 정보를 출력합니다.

▼ 그림 14-21 회원 정보 출력

4/test01/member5.jsp

아이디	비밀번호	이름	이메일
park2	4321	박지성	park2@test.com
cha	1234	차범근	cha@test.com
son	1234	손흥민	son@test.com

14.2.8 has-a 관계 빈 사용 실습

이번에는 표현 언어에서 has-a 관계를 가지는 빈의 자식 빈 속성에 접근하는 방법을 알아보겠습니다.

객체가 다른 객체를 속성으로 가지는 경우를 **has-a 관계**라고 합니다. 사용 형식은 다음과 같이 '속성 이름'과 .(마침표) 연산자로 자식 속성에 접근하면 됩니다.

```
${부모빈이름.자식속성이름.속성이름}
```

그러면 has-a 관계를 가지는 빈의 자식 속성에 접근하여 값을 출력하는 예제를 실습해 보겠습니다.

1. sec01.ex02 패키지를 만들고 MemberBean 클래스와 Address 클래스를 준비합니다.

▼ 그림 14-22 MemberBean과 Address 클래스 위치

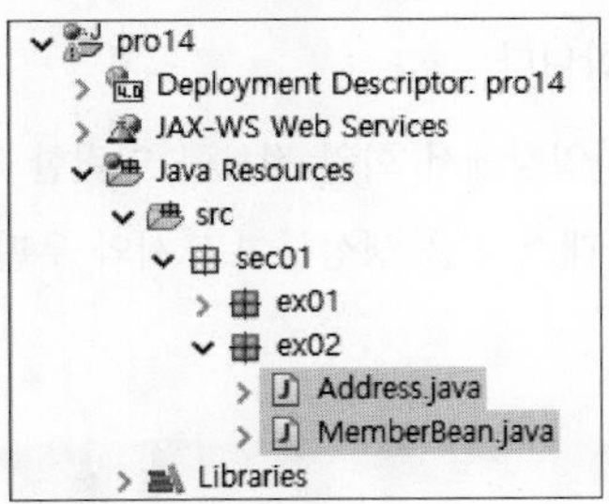

2. MemberBean 클래스를 다음과 같이 작성합니다. 이번에는 회원의 주소를 저장하는 Address 클래스 타입으로 선언된 addr을 속성으로 가집니다. 이처럼 속성으로 다른 자바 빈을 가지는 경우를 has-a 관계라고 합니다.

코드 14-14 pro14/src/sec01/ex02/MemberBean.java

```
package sec01.ex02;
...
```

```
public class MemberBean {
  private String id;
  private String pwd;
  private String name;
  private String email;
  private Date joinDate;
  private Address addr;

  public MemberBean() {

  }
  // 속성에 대한 getter/setter
}
```

주소 정보를 저장하는 Address 클래스 타입 속성을 선언합니다.

3. 회원의 거주 도시와 우편번호를 저장하는 자식 클래스 Address를 다음과 같이 작성합니다.

코드 14-15 pro14/src/sec01/ex02/Address.java

```
public class Address {
  private String city;
  private String zipcode;

  public Address() {
  }
  // 속성에 대한 getter/setter
}
```

회원의 거주 도시와 우편번호를 저장합니다.

4. memberForm.jsp의 action 값을 member6.jsp로 수정합니다.

5. member6.jsp를 다음과 같이 작성합니다. 먼저 회원 가입창에서 회원 정보를 입력한 후 전달받아 빈 속성에 설정합니다. 그리고 다시 Address 클래스 빈을 생성하여 도시와 우편번호 정보를 설정합니다.

코드 14-16 pro14/WebContent/test01/member6.jsp

```
<%@ page language="java" contentType="text/html; charset=UTF-8"
    pageEncoding="UTF-8"
    isELIgnored="false"  %>
<%
  request.setCharacterEncoding("UTF-8");
%>
<jsp:useBean  id="m" class="sec01.ex02.MemberBean" />
<jsp:setProperty  name="m" property="*" />
<jsp:useBean  id="addr" class="sec01.ex02.Address"/>
```

```
<jsp:setProperty  name="addr" property="city" value="서울"/>
<jsp:setProperty  name="addr" property="zipcode" value="07654"/>
<%
 m.setAddr(addr);
%>
<html>
<head>
  <meta charset="UTF-8">
  <title>회원 정보 출력창</title>
</head>
<body>
  <table border=1 align="center"   >
    <tr align="center"  bgcolor="#99ccff" >
      <td width="7%"><b>아이디</b></td>
      <td width="7%"><b>비밀번호</b></td>
      <td width="5%" ><b>이름</b></td>
      <td width="5%"><b>이메일</b></td>
      <td width="5%" ><b>도시</b></td>
      <td width="5%" ><b>우편번호</b></td>
    </tr>
    <tr align="center">
      <td>${m.id } </td>
      <td>${m.pwd } </td>
      <td>${m.name } </td>
      <td>${m.email}</td>
      <td><%=m.getAddr().getCity() %></td>
      <td><%=m.getAddr().getZipcode() %></td>
    </tr>
    <tr align="center">
      <td>${m.id } </td>
      <td>${m.pwd } </td>
      <td>${m.name} </td>
      <td>${m.email}</td>
      <td>${m.addr.city}</td>
      <td>${m.addr.zipcode}</td>
    </tr>
  </table>
</body>
</html>
```

Address 빈을 생성한 후 도시(city)와 우편번호(zipcode)를 설정합니다.

MemberBean의 addr 속성에 Addres 빈을 설정합니다.

① 속성들의 getter를 두 번 호출해서 주소를 출력합니다.

② 자바 빈의 속성 이름과 .(마침표) 연산자를 이용해 주소를 출력합니다.

①에서는 표현식을 이용해 getter를 두 번 호출해서 표시했는데 이 방법은 불편합니다. 반면에 ②에서는 빈 이름만을 이용해 .(마침표) 연산자로 주소 정보를 표시했습니다.

6. 브라우저에 요청하여 회원 가입창에서 회원 정보를 입력하고 **가입하기**를 클릭합니다.

❤ 그림 14-23 회원 가입창에서 회원 정보 입력 후 **가입하기** 클릭

7. 출력창에서 has-a 관계의 속성 값인 주소 정보를 출력합니다.

❤ 그림 14-24 .(마침표) 연산자로 자식 속성에 접근해 주소 정보 출력

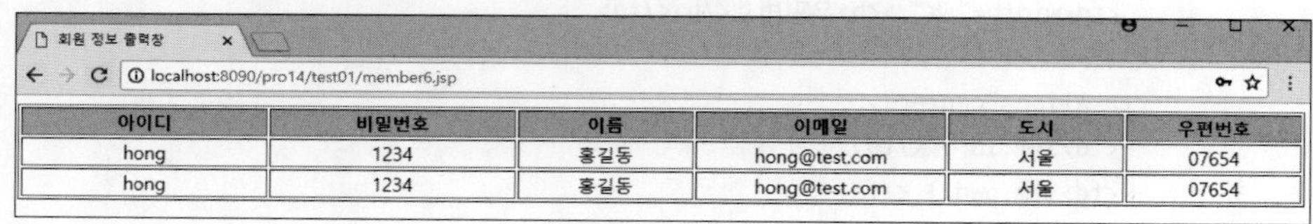

아이디	비밀번호	이름	이메일	도시	우편번호
hong	1234	홍길동	hong@test.com	서울	07654
hong	1234	홍길동	hong@test.com	서울	07654

14.3 표현 언어로 바인딩 속성 출력하기

JAVA WEB

request, session, application 내장 객체에 속성을 바인딩한 후 다른 서블릿이나 JSP에 전달할 수 있습니다. 표현 언어를 사용하면 자바 코드를 사용하지 않고 바인딩된 속성 이름으로 바로 값을 출력할 수 있습니다.

14.3.1 내장 객체 속성 값 출력 실습

먼저 request, session, application 내장 객체에 바인딩된 속성 값을 표현 언어를 이용해 JSP에서 출력해 보겠습니다.

1. 첫 번째 JSP인 forward1.jsp를 다음과 같이 작성합니다. 브라우저에서 요청 시 request, session, application 내장 객체에 회원 정보를 바인딩한 후 다시 member1.jsp로 포워딩합니다.

코드 14-17 pro14/WebContent/test02/forward1.jsp

```
<%@ page language="java" contentType="text/html; charset=UTF-8"
    pageEncoding="UTF-8"%>
<%
  request.setCharacterEncoding("utf-8");
  request.setAttribute("id","hong");            // request 내장 객체에 바인딩합니다.
  request.setAttribute("pwd", "1234");
  session.setAttribute("name", "홍길동");        // session 내장 객체에 바인딩합니다.
  application.setAttribute("email", "hong@test.com");  // application 내장 객체에 바인딩합니다.
%>
<html>
<head>
  <meta  charset="UTF-8">
  <title>forward1</title>
</head>
<body>
  <jsp:forward page="member1.jsp" />            // member1.jsp로 포워딩합니다.
</html>
```

2. 두 번째 JSP인 member1.jsp를 다음과 같이 작성합니다. 우선 첫 번째 방법으로 getAttribute() 메서드에 속성 이름을 인자로 하여 값을 가져옵니다. 그리고 두 번째 방법으로 표현 언어에서 자바 코드를 사용하지 않고 바로 속성 이름으로 회원 정보를 가져와 출력합니다.

코드 14-18 pro14/WebContent/test02/member1.jsp

```
<%@ page language="java" contentType="text/html; charset=UTF-8"
pageEncoding="UTF-8"  isELIgnored="false"  %>
<%
request.setCharacterEncoding("UTF-8");
String id= (String)request.getAttribute("id");      // 각 내장 객체에 바인딩된 속성 값들을 getAttribute() 메서드를 이용해 가져옵니다.
String pwd= (String)request.getAttribute("pwd");
String name= (String)session.getAttribute("name");
String email= (String)application.getAttribute("email");
```

```
%>
<html>
<head>
  <meta charset="UTF-8">
  <title>회원 정보 출력창</title>
</head>
<body>
  <table border="1"  align="center" >
    <tr align="center" bgcolor="#99ccff">
      <td width="20%"><b>아이디</b></td>
      <td width="20%"><b>비밀번호</b></td>
      <td width="20%" ><b>이름</b></td>
      <td width="20%"><b>이메일</b></td>
    </tr>
    <tr align="center">
      <td><%=id %></td>          표현식으로 회원 정보를 출력합니다.
      <td><%=pwd%></td>
      <td><%=name %></td>
      <td><%=email %></td>
     </tr>
     <tr align="center">
       <td>${id}</td>          자바 코드 없이 바로 바인딩된 속성
       <td>${pwd}</td>         이름으로 회원 정보를 출력합니다.
       <td>${name}</td>
       <td>${email}</td>
    </tr>
  </table>
</body>
</html>
```

3. http://localhost:8090/pro14/test02/forward1.jsp로 요청합니다. 첫 번째 회원 정보는 getAttribute() 메서드를 이용해 출력하고, 두 번째 회원 정보는 표현 언어에서 속성 이름으로 바로 출력합니다.

▼ 그림 14-25 실행 결과

4/test02/forward1.jsp

아이디	비밀번호	이름	이메일
hong	1234	홍길동	hong@test.com
hong	1234	홍길동	hong@test.com

이번에는 request에 회원 정보를 저장한 MemberBean 객체를 바인딩한 후 다시 출력해 보겠습니다.

4. 다음과 같이 forward2.jsp에서 MemberBean 객체를 생성하고 속성에 회원 정보를 설정합니다. 그리고 request 내장 객체에 속성 이름 member로 MemberBean 객체를 바인딩한 후 member2.jsp로 포워딩합니다.

코드 14-19 pro14/WebContent/test02/forward2.jsp

```
<%@ page language="java" contentType="text/html; charset=UTF-8"
  import="sec01.ex01.*"  pageEncoding="UTF-8"%>
<%
  request.setCharacterEncoding("utf-8");
  MemberBean member = new MemberBean("lee", "1234", "이순신", "lee@test.com");
  request.setAttribute("member", member);
%>
<html>
<head>
  <meta  charset="UTF-8">
  <title>forward2</title>
</head>
<body>
  <jsp:forward page="member2.jsp" />
</html>
```

MemberBean 객체 생성 후 회원 정보를 속성에 설정합니다.

속성 이름 member로 MemberBean 객체를 바인딩합니다.

5. member2.jsp를 다음과 같이 작성합니다. request 내장 객체에 속성 이름 member로 접근한 후 MemberBean 속성 값을 출력합니다.

코드 14-20 pro14/WebContent/test02/member2.jsp

```
...
<body>
  <table border="1"  align="center" >
    <tr align="center" bgcolor="#99ccff">
      <td width="20%"><b>아이디</b></td>
      <td width="20%"><b>비밀번호</b></td>
      <td width="20%" ><b>이름</b></td>
      <td width="20%"><b>이메일</b></td>
    </tr>
    <tr align="center">
      <td>${member.id} </td>
      <td>${member.pwd} </td>
      <td>${member.name} </td>
      <td>${member.email}</td>
    </tr>
  </table>
</body>
```

바인딩 시 속성 이름으로 각각의 MemberBean 속성에 접근하여 회원 정보를 출력합니다.

6. http://localhost:8090/pro14/test02/forward2.jsp로 요청하여 실행 결과를 확인합니다.

▼ 그림 14-26 실행 결과

2/forward2.jsp

아이디	비밀번호	이름	이메일
lee	1234	이순신	lee@test.com

7. 이번에는 request에 회원 정보를 저장한 ArrayList를 바인딩하고 다시 출력해 보겠습니다. forward3.jsp에서 다음과 같이 ArrayList 객체를 생성하고 MemberBean 객체를 저장합니다. 그리고 request 내장 객체에 ArrayList 객체를 다시 membersList 속성 이름으로 바인딩한 후 두 번째 JSP로 포워딩합니다.

코드 14-21 pro14/WebContent/test02/forward3.jsp

```
<%@ page language="java" contentType="text/html; charset=UTF-8"
  import="java.util.*, sec01.ex01.*"  pageEncoding="UTF-8"
  isELIgnored="false"  %>
<%
  request.setCharacterEncoding("UTF-8");
  List membersList = new ArrayList();
  MemberBean m1 = new MemberBean("lee", "1234", "이순신", "lee@test.com");
  MemberBean m2 = new MemberBean("son", "1234", "손흥민", "son@test.com");
  membersList.add(m1);
  membersList.add(m2);
  request.setAttribute("membersList", membersList);
%>
<!DOCTYPE html>
<html>
<head>
  <meta charset="UTF-8">
  <title>forward3</title>
</head>
<body>
  <jsp:forward page="member3.jsp" />
</body>
</html>
```

ArrayList 객체를 생성합니다.

두 개의 MemberBean 객체를 ArrayList에 저장합니다.

MemberBean 객체를 생성한 후 두 명의 회원 정보를 저장합니다.

request 내장 객체에 ArrayList를 속성 이름 membersList로 바인딩합니다.

8. member3.jsp를 다음과 같이 작성합니다. 바인딩 시 속성 이름 membersList로 바로 ArrayList 객체에 접근합니다. 그런 다음 저장 순서인 인덱스를 이용해 각각의 MemberBean에 접근한 후 속성 이름으로 회원 정보를 출력합니다.

코드 14-22 pro14/WebContent/test02/member3.jsp

```
...
<body>
  <table border=1  align="center"   >
    <tr align="center"  bgcolor="#99ccff">
      <td width="20%"><b>아이디</b></td>
      <td width="20%"><b>비밀번호</b></td>
      <td width="20%" ><b>이름</b></td>
      <td width="20%"><b>이메일</b></td>
    </tr>
    <tr align="center">
      <td>${membersList[0].id}</td>
      <td>${membersList[0].pwd}</td>
      <td>${membersList[0].name}</td>
      <td>${membersList[0].email}</td>
    </tr>
    <tr align="center">
      <td>${membersList[1].id}</td>
      <td>${membersList[1].pwd}</td>
      <td>${membersList[1].name}</td>
      <td>${membersList[1].email}</td>
    </tr>
  </table>
</body>
```

표현 언어에서 속성 이름으로 ArrayList에 접근한 후 인덱스를 이용해 첫 번째 회원 정보를 출력합니다.

표현 언어에서 속성 이름으로 ArrayList에 접근한 후 인덱스를 이용해 두 번째 회원 정보를 출력합니다.

9. http://localhost:8090/pro14/test02/forwar3.jsp로 요청합니다. 복잡한 자바 코드를 사용하지 않고 바로 속성 이름과 인덱스만으로 회원 정보가 출력된 결과를 확인할 수 있습니다.

▼ 그림 14-27 실행 결과

14/test02/forward3.jsp

아이디	비밀번호	이름	이메일
lee	1234	이순신	lee@test.com
son	1234	손흥민	son@test.com

14 표현 언어와 JSTL

14.3.2 스코프 우선순위

request, session, application 내장 객체에서는 데이터를 바인딩해서 다른 JSP로 전달합니다. 그런데 각 내장 객체에 바인딩하는 속성 이름이 같은 경우 JSP에서는 각 내장 객체에 지정된 출력 우선순위에 따라 순서대로 속성에 접근합니다. 이번에는 각 내장 객체에 같은 속성 이름으로 바인딩할 때의 출력 우선순위를 알아보겠습니다.

1. forward4.jsp를 다음과 같이 작성합니다. request에 address를 바인딩한 후 다시 member4.jsp로 포워딩합니다.

코드 14-23 pro14/WebContent/test02/forward4.jsp

```
<%@ page language="java" contentType="text/html; charset=UTF-8"
    pageEncoding="UTF-8"  isELIgnored="false"%>
<%
  request.setCharacterEncoding("utf-8");
  request.setAttribute("id","hong");
  request.setAttribute("pwd", "1234");
  session.setAttribute("name", "홍길동");
  application.setAttribute("email", "hong@test.com");
  request.setAttribute("address", "서울시 강남구");
%>

<html>
<head>
  <meta  charset="UTF-8">
  <title>forward4</title>
</head>
<body>
  <jsp:forward page="member4.jsp" />
</html>
```

request에 address 속성 이름으로 바인딩합니다.

2. member4.jsp를 다음과 같이 작성합니다. session에 다시 동일한 속성 이름 address로 바인딩합니다. 만약 표현 언어로 address 값을 출력하면 session보다 request가 우선순위가 높으므로 request의 address 값이 출력됩니다.

코드 14-24 pro14/WebContent/test02/member4.jsp

```
<%@ page language="java" contentType="text/html; charset=UTF-8"
    pageEncoding="UTF-8"  isELIgnored="false" %>
<%
  session.setAttribute("address", "수원시 팔달구");
%>
```

session에 address 속성 이름으로 바인딩합니다.

```
<html>
<head>
  <meta charset="UTF-8">
  <title>회원 정보 출력창</title>
</head>
<body>
  <table border="1"  align="center"   >
    <tr align="center"  bgcolor="#99ccff">
      <td width="7%"><b>아이디</b></td>
      <td width="7%"><b>비밀번호</b></td>
      <td width="5%" ><b>이름</b></td>
      <td width="5%"><b>이메일</b></td>
      <td width="5%" ><b>주소</b></td>
    <tr>
    <tr align="center">
      <td>${id } </td>
      <td>${pwd } </td>
      <td>${name } </td>
      <td>${email }</td>
      <td>${address }</td>   ← request에서 바인딩된 address 값이 출력됩니다.
   </tr>
  </table>
</html>
```

3. http://localhost:8090/pro14/test02/forwar4.jsp로 요청합니다. 주소를 보면 request에 바인딩된 값이 출력된 것을 알 수 있습니다.

✔ 그림 14-28 실행 결과

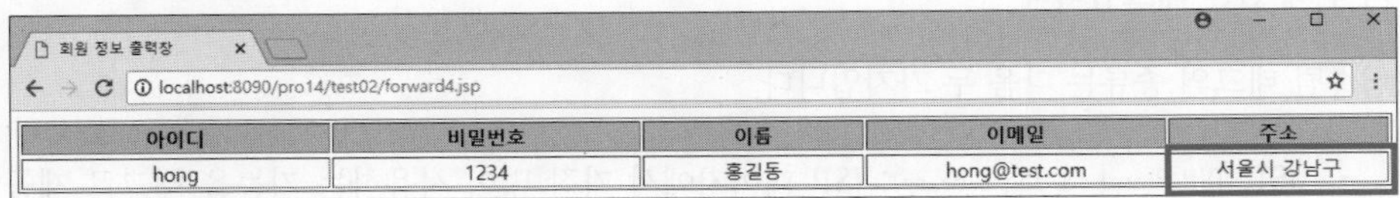

4. 이번에는 forward4.jsp의 request에 바인딩하는 부분을 주석 처리합니다.

✔ 그림 14-29 request에 바인딩 부분 주석 처리

```
<%@ page language="java" contentType="text/html; charset=UTF-8"
    pageEncoding="UTF-8"%>
<%
  request.setCharacterEncoding("utf-8");
  request.setAttribute("id","hong");
  request.setAttribute("pwd", "1234");
  session.setAttribute("name", "홍길동");
  application.setAttribute("email", "hong@test.com");
  //request.setAttribute("address","서울시 강남구");
%>
```

5. 다시 회원 가입창에서 **가입하기**를 클릭하면 다음과 같이 session에서 바인딩한 주소가 출력되는 것을 확인할 수 있습니다.

▼ 그림 14-30 session의 바인딩 값 출력

아이디	비밀번호	이름	이메일	주소
hong	1234	홍길동	hong@test.com	수원시 팔달구

6. 표현 언어에서는 동일한 속성 이름에 접근할 경우 page 객체의 속성이 우선순위가 가장 높습니다. 표현 언어에서 같은 속성에 대한 우선순위는 다음과 같습니다.

page 〉 request 〉 session 〉 application

JAVA WEB

14.4 커스텀 태그

앞에서 구현한 JSP 페이지의 기능을 보면 액션 태그나 표현 언어를 사용하더라도 조건식이나 반복문에서는 여전히 자바 코드를 사용하고 있습니다. 이러한 자바 코드를 제거하기 위해 JSTL이나 커스텀 태그가 등장했습니다. 커스텀 태그란 JSP 페이지에서 자주 사용하는 자바 코드를 대체하기 위해 만든 태그입니다.

커스텀 태그의 종류는 다음 두 가지입니다.

- **JSTL**(JSP Standard Tag Library): JSP 페이지에서 가장 많이 사용하는 기능을 태그로 제공하며, JSTL 라이브러리를 따로 설치해서 사용합니다.
- **개발자가 만든 커스텀 태그**: 개발자가 필요에 의해 만든 태그로, 스트러츠나 스프링 프레임워크에서 미리 만들어서 제공합니다.

JSP에서는 개발자가 필요할 때 태그를 만들어 사용할 수 있지만 스트러츠나 스프링 프레임워크에서는 프레임워크 기능과 편리하게 연동할 수 있도록 미리 태그를 만들어서 제공하기도 합니다.

먼저 JSTL부터 알아봅시다.

14.5 JSP 표준 태그 라이브러리(JSTL)

JSTL(JSP Standard Tag Library)이란 커스텀 태그 중 가장 많이 사용되는 태그를 표준화하여 라이브러리로 제공하는 것을 말합니다. JSTL에서는 여러 가지 태그를 지원하는데, 이를 표 14-4에 정리했습니다.

▼ 표 14-4 여러 가지 JSTL 태그 종류

라이브러리	세부 기능	접두어	관련 URI
코어	변수 지원, 흐름 제어, 반복문 처리, URL 처리	c	http://java.sun.com/jsp/jstl/core
국제화	지역, 메시지 형식, 숫자 및 날짜 형식	fmt	http://java.sun.com/jsp/jstl/fmt
XML	XML 코어, 흐름 제어, XML 변환	x	http://java.sun.com/jsp/jstl/xml
데이터베이스	SQL	sql	http://java.sun.com/jsp/jstl/sql
함수	컬렉션 처리, 문자열 처리	fn	http://java.sun.com/jsp/jstl/functions

JSTL은 JSP 2.0 규약부터 추가된 기능이므로 현재는 톰캣에서 기본으로 제공되지 않습니다. 따라서 다음 사이트에서 라이브러리를 다운로드해 설치해야 합니다.

- http://tomcat.apache.org/download-taglibs.cgi

1. 사이트에 접속한 후 네 개의 jar 파일을 각각 다운로드합니다.

▼ 그림 14-31 JSTL 관련 네 개의 라이브러리 다운로드

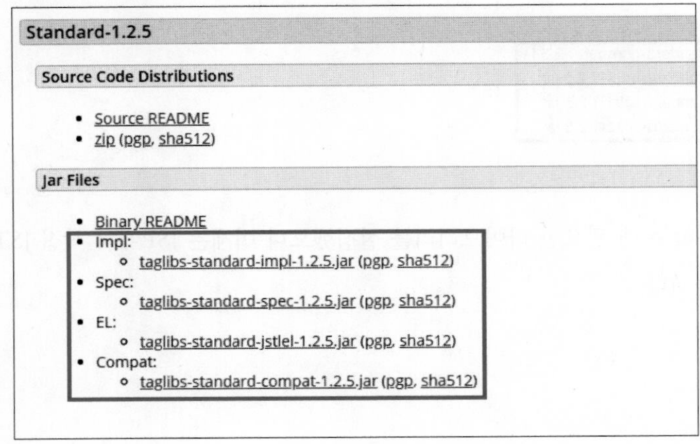

2. 네 개의 파일을 모두 로컬 PC에 저장합니다.

▼ 그림 14-32 JSTL 관련 라이브러리 다운로드 확인

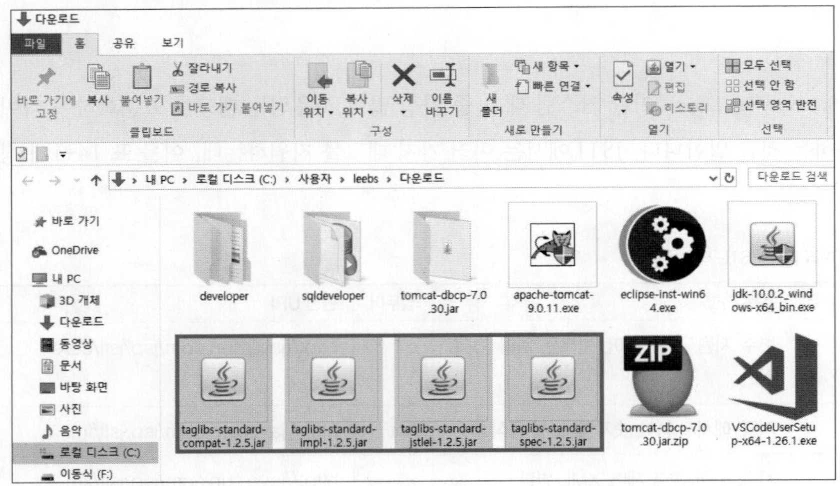

3. 이 파일들을 복사해 프로젝트의 lib 폴더에 붙여 넣습니다.

▼ 그림 14-33 JSTL 라이브러리 lib 폴더에 복사 & 붙여 넣기

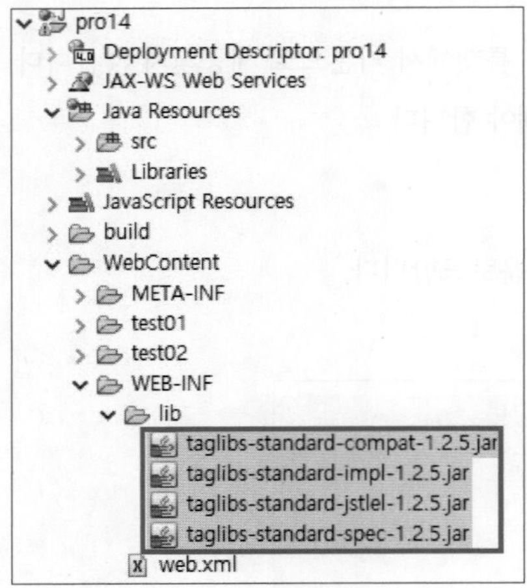

이렇게 해서 JSTL을 사용하는 데 필요한 라이브러리를 설정했으니 이제는 JSP에서 직접 JSTL의 기능을 하나씩 알아보겠습니다.

14.6 Core 태그 라이브러리 사용하기

이번 절에서는 기본 기능을 제공하는 코어 라이브러리를 사용해 보겠습니다. 아직 JSP에서는 변수 선언, 조건식, 반복문 기능은 자바 코드를 이용해서 구현합니다. 코어 라이브러리를 사용하면 이런 자바 기능을 태그로 대체할 수 있습니다. 톰캣에서는 JSTL 라이브러리를 기본으로 제공하지 않고 외부 라이브러리에서 가져와 기능을 수행합니다.

따라서 자바의 `import`문처럼 코어 태그 라이브러리를 사용하려면 반드시 JSP 페이지 상단에 다음과 같이 `taglib` 디렉티브 태그를 추가해서 톰캣에게 알려주어야 합니다. 만약 선언하지 않으면 JSP 실행 시 오류가 발생합니다.

```
<%@ taglib prefix="c" uri="http://java.sun.com/jsp/jstl/core" %>
```

표 14-5에 Core 태그 라이브러리의 기능을 수행하는 태그의 종류와 각각의 기능에 대해 정리했습니다.

▼ 표 14-5 Core 태그 라이브러리 기능

기능	태그	설명
변수 지원	<c:set>	JSP 페이지에서 변수를 지정합니다.
	<c:remove>	지정된 변수를 제거합니다.
흐름 제어	<c:if>	조건문을 사용합니다.
	<c:choose>	switch문을 사용합니다. <c:when>과 <c:otherwise> 서브 태그를 갖습니다.
	<c:forEach>	반복문을 사용합니다.
	<c:forTokens>	구분자로 분리된 각각의 토큰을 처리할 때 사용합니다.
URL 처리	<c:import>	URL을 이용해 다른 자원을 JSP 페이지에 추가합니다.
	<c:redirect>	response.sendRedirect() 기능을 수행합니다.
	<c:url>	요청 매개변수로부터 URL을 생성합니다.
기타 태그	<c:catch>	예외 처리에 사용합니다.
	<c:out>	JspWriter에 내용을 처리한 후 출력합니다.

14.6.1 <c:set> 태그를 이용한 실습

JSP에서 변수를 사용하려면 자바 코드에서 선언합니다. 그러나 `<c:set>` 태그를 이용하면 변수를 대체할 수 있습니다. 변수 선언 형식은 다음과 같습니다.

```
<c:set  var="변수 이름" value="변수값" [scope="scope 속성 중 하나"] />
```

여기서 var은 변수 이름을, `value`는 변수에 저장할 값을, `scope`는 변수 스코프를 지정합니다(page, request, session, application 중 하나).

그럼 `<c:set>` 태그로 변수를 선언한 후 값을 출력해 보겠습니다.

1. 프로젝트의 WebContext 디렉터리 하위에 test03 디렉터리를 만들고 실습에 관련된 JSP 파일을 만듭니다.

▼ 그림 14-34 실습 파일 위치

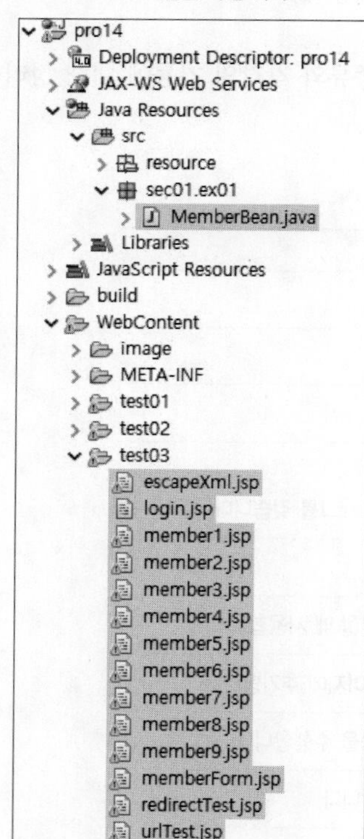

2. 먼저 member1.jsp를 작성합니다. 상단에 taglib 디렉티브 태그를 선언하고 <c:set> 태그를 이용해 회원 정보를 저장하는 변수를 선언한 후 값을 초기화합니다. 이때 <c:set> 태그의 value 속성은 표현 언어로 값을 설정할 수 있습니다. 그리고 표현 언어에서 변수 이름을 사용해 값을 출력합니다.

코드 14-25 pro14/WebContent/test03/member1.jsp

```
<%@ page language="java" contentType="text/html; charset=UTF-8"
    pageEncoding="UTF-8"
    isELIgnored="false" %>
<%@ taglib prefix="c" uri="http://java.sun.com/jsp/jstl/core" %>
<%
  request.setCharacterEncoding("UTF-8");
%>
<c:set  var="id"  value="hong"  scope="page" />
<c:set  var="pwd"  value="1234"  scope="page" />
<c:set  var="name"  value="${'홍길동'}"  scope="page" />
<c:set  var=" age"  value="${22}"  scope="page" />
<c:set  var="height"  value="${177}"  scope="page" />
<head>
 <meta charset="UTF-8">
  <title>회원 정보 출력창</title>
</head>
<html>
<body>
  <table  align="center"  border=1  >
    <tr align="center"  bgcolor="lightgreen" >
      <td width="7%" ><b>아이디</b></td>
      <td width="7%" ><b>비밀번호</b></td>
      <td width="7%" ><b>이름</b></td>
      <td width="7%"><b>나이</b></td>
      <td width="7%" ><b>키</b></td>
    </tr>
    <tr align="center">
      <td>${id}</td>
      <td>${pwd}</td>
      <td>${name}</td>
      <td>${age}</td>
      <td>${height}</td>
    </tr>
  </table>
</body>
</html>
```

core 태그 라이브러리를 사용하기 위해 반드시 선언해야 합니다.

<c:set> 태그를 이용해 변수를 선언합니다. value 속성에는 표현 언어를 사용해서 초기화할 수 있습니다.

표현 언어로 변수에 바로 접근하여 값을 출력합니다.

3. http://localhost:8090/pro14/test03/member1.jsp로 요청합니다. 표현 언어로 변수의 값을 출력합니다.

❤ 그림 14-35 실행 결과

정보 출력창 ×

localhost:8090/pro14/test03/member1.jsp

아이디	비밀번호	이름	나이	키
hong	1234	홍길동	22	177

이번에는 <c:set> 태그를 이용해 너무 길어서 사용하기 불편한 변수나 속성 이름을 간결하게 만들어 보겠습니다. 먼저 JSP에서 <a> 태그를 이용해 다른 페이지로 이동하는 방법입니다. 지금까지는 표현 언어로 pageContext.request.contextPath 같은 긴 속성을 그대로 사용했는데, <c:set> 태그를 이용하면 긴 이름의 속성이나 변수를 줄여서 사용할 수 있습니다.

```
<a href="${pageContext.request.contextPath}/memberForm.jsp">회원가입하기</a>
```

로그인창에서 회원 가입창으로 이동할 때 미리 <c:set> 태그를 이용해 pageContext.request.contextPath 속성 이름을 contextPath로 줄여서 사용하고 있습니다. 복잡한 웹 페이지에서 속성 이름을 짧게 줄이면 코드의 가독성이 좋아집니다.

코드 14-26 pro14/WebContent/test03/login.jsp

```
<%@ page language="java" contentType="text/html; charset=UTF-8"
    pageEncoding="UTF-8"
     isELIgnored="false"  %>
<%@ taglib prefix="c" uri="http://java.sun.com/jsp/jstl/core"  %>
<c:set var="contextPath" value="${pageContext.request.contextPath}"  />
<!DOCTYPE html>
<html>
<head>
  <meta charset="UTF-8">
  <title>로그인창</title>
</head>
<body>
  <form action="result.jsp">
     아이디 : <input type="text" size=20 /><br>
     비밀번호: <input  type="password"  size=20 /><br>
     <input  type="submit" value="로그인" /> <input type="reset" value="다시입력"  />
  </form>
  <br><br>
  <%--
  <a href="${pageContext.request.contextPath}/memberForm.jsp">회원가입하기</a>
```

<c:set> 태그 이용해 pageContext 내장 객체의 컨텍스트 이름을 변수 contextPath에 미리 설정합니다.

```
 --%>
  <a href='${contextPath}/test03/memberForm.jsp'>회원가입하기</a>
</body>
</html>
```

긴 내장 객체의 속성을 사용할 필요 없이 간단한 변수 이름으로 컨텍스트 이름을 설정합니다.

이번에는 <c:set> 태그를 이용해 바인딩된 속성 이름이 긴 경우 더 짧은 변수로 대체해서 사용하는 방법을 알아보겠습니다.

다음은 앞 절에서 실습한 코드 14-14에서 HashMap에 저장된 ArrayList의 MemberBean 속성을 출력하는 표현 언어입니다.

```
${membersMap.membersList[0].id}
```

속성 이름이 길면 사용하기가 불편하고 가독성도 떨어집니다. 그래서 미리 <c:set> 태그를 이용해 사용하기 편리한 이름인 membersList로 설정한 후 인덱스를 이용해 회원 정보를 출력했습니다.

코드 14-27 pro14/WebContent/test03/member2.jsp

```
<%@ page language="java" contentType="text/html; charset=UTF-8"
    import="java.util.*, sec01.ex01.*"
    pageEncoding="UTF-8"  isELIgnored="false"  %>
<%@ taglib prefix="c" uri="http://java.sun.com/jsp/jstl/core" %>
<%
  request.setCharacterEncoding("UTF-8");
%>
<jsp:useBean  id="membersList" class="java.util.ArrayList" />
<jsp:useBean  id="membersMap" class="java.util.HashMap" />
<%
  membersMap.put("id", "park2");
  membersMap.put("pwd", "4321");
  membersMap.put("name", "박지성");
  membersMap.put("email", "park2@test.com");
  MemberBean m1 = new MemberBean("son", "1234", "손흥민", "son@test.com");
  MemberBean m2 = new MemberBean("ki", "4321", "기성용", "ki@test.com");
  membersList.add(m1);
  membersList.add(m2);
  membersMap.put("membersList",  membersList);
%>
<c:set var="membersList" value="${membersMap.membersList}"  />

<html>
<head>
  <meta  charset="UTF-8">
  <title>회원 정보 출력창</title>
```

<c:set> 태그를 이용해 HashMap에 저장된 ArrayList에 접근하기 위해 사용하기 편리한 이름으로 설정합니다.

```
</head>
<body>
  <table border="1"  align="center" >
    <tr align=center bgcolor="#99ccff">
      <td width="20%"><b>아이디</b></td>
      <td width="20%"><b>비밀번호</b></td>
      <td width="20%" ><b>이름</b></td>
      <td width="20%"><b>이메일</b></td>
    </tr>
    <tr align="center">
      <td>${membersMap.id}</td>
      <td>${membersMap.pwd}</td>
      <td>${membersMap.name}</td>
      <td>${membersMap.email }</td>
    </tr>
    <tr align="center">
      <td>${membersList[0].id}</td>
      <td>${membersList[0].pwd}</td>
      <td>${membersList[0].name}</td>
      <td>${membersList[0].email}</td>
    </tr>
    <tr align="center">
      <td>${membersList[1].id}</td>
      <td>${membersList[1].pwd}</td>
      <td>${membersList[1].name}</td>
      <td>${membersList[1].email}</td>
    </tr>
  </table>
</body>
</html>
```

〈c:set〉 태그로 설정한 변수 이름으로 접근하여 출력합니다.

〈c:set〉 태그로 설정한 변수 이름으로 접근하여 출력합니다.

다음은 실행 결과입니다.

▼ 그림 14-36 실행 결과

아이디	비밀번호	이름	이메일
park2	4321	박지성	park2@test.com
son	1234	손흥민	son@test.com
ki	4321	기성용	ki@test.com

14.6.2 <c:remove> 태그를 이용한 실습

JSP 페이지에서 변수를 선언했으면 <c:remove> 태그를 이용해 변수를 제거할 수도 있습니다. <c:remove> 태그를 이용하는 형식은 다음과 같습니다.

```
<c:remove  var="변수이름"  [scope="scope 속성 중 하나"] />
```

여기서 var은 제거할 변수 이름을, scope는 변수 범위(scope)를 지정합니다(page, request, session, application 중 하나).

1. member3.jsp를 다음과 같이 작성합니다. <c:remove> 태그를 이용해 <c:set>으로 선언한 변수를 삭제합니다.

코드 14-28 pro14/WebContent/test03/member3.jsp

```
<%@ page language="java" contentType="text/html; charset=UTF-8"
    pageEncoding="UTF-8"
    isELIgnored="false" %>
<%@ taglib prefix="c" uri="http://java.sun.com/jsp/jstl/core" %>
<%
  request.setCharacterEncoding("UTF-8");
%>
<c:set  var="id"  value="hong"  scope="page" />
<c:set  var="pwd"  value="1234"  scope="page" />
<c:set  var="name"  value="${'홍길동'}"  scope="page" />
<c:set  var="age"  value="${22}"  scope="page" />
<c:set  var="height"  value="${177}"  scope="page" />
<c:remove var="age"  />
<c:remove var="height"  />

<html>
<head>
  <meta charset="UTF-8">
  <title>회원 정보 출력창</title>
</head>
<body>
  <table  align="center"  border="1" >
    <tr align="center"  bgcolor="lightgreen" >
      <td width="7%" ><b>아이디</b></td>
      <td width="7%" ><b>비밀번호</b></td>
      <td width="7%" ><b>이름</b></td>
      <td width="7%"><b>나이</b></td>
      <td width="7%" ><b>키</b></td>
    </tr>
```

core 태그 라이브러리를 사용하기 전에 설정해야 합니다.

변수 age와 height를 삭제합니다.

```
        <tr align="center">
          <td>${id}</td>
          <td>${pwd}</td>
          <td>${name}</td>
          <td>${age}</td>
          <td>${height}</td>
        </tr>
      </table>
    </body>
    </html>
```

표현 언어에서 변수 값을 출력합니다.

2. http://localhost:8090/pro14/test03/member3.jsp로 요청합니다. <c:remove> 태그를 이용해 변수 age와 height를 삭제했기 때문에 아무 값도 출력되지 않습니다.

▼ 그림 14-37 실행 결과

아이디	비밀번호	이름	나이	키
hong	1234	홍길동		

14.6.3 <c:if> 태그를 이용한 실습

<c:if> 태그는 이름에서도 알 수 있듯이 JSP 페이지에서 조건문을 대체해 사용하는 태그이며, 사용 형식은 다음과 같습니다.

```
<c:if test="${조건식}" var="변수이름" [scope="scope 속성 중 하나"] />
  ..
</c:if>
```

여기서 test는 표현 언어를 이용해 수행할 조건식 위치를, var은 조건식의 결괏값을 저장합니다. 또한 scope는 변수의 스코프를 지정(page, request, session, application 중 하나)합니다.

그럼 <c:if> 태그를 이용해 조건문을 사용해 보겠습니다.

1. 다음과 같이 member4.jsp를 작성합니다. <c:if> 태그의 test 속성에는 표현 언어 안에 비교 연산자나 논리 연산자로 조건식을 수행합니다.

코드 14-29 pro14/WebContent/test03/member4.jsp

```
<%@ page language="java" contentType="text/html; charset=UTF-8"
```

```
    pageEncoding="UTF-8"
    isELIgnored="false" %>
<%@ taglib prefix="c" uri="http://java.sun.com/jsp/jstl/core" %>
<%
  request.setCharacterEncoding("UTF-8");
%>
<c:set  var="id"  value="hong"  scope="page" />
<c:set  var="pwd"  value="1234"  scope="page" />
<c:set  var="name"  value="${'홍길동'}"  scope="page" />
<c:set  var="age"  value="${22}"  scope="page" />
<c:set  var="height"  value="${177}"  scope="page" />

<html>
<head>
  <meta charset="UTF-8">
  <title>조건문 실습</title>
</head>
<body>
  <c:if test="${true}">                    조건식이 true이므로 항상 참입니다.
    <h1>항상 참입니다.</h1>
  </c:if>

  <c:if test="${11==11}">                  조건식에 비교 연산자를 사용합니다.
    <h1>두 값은 같습니다.</h1>
  </c:if>

  <c:if test="${11!=31}">                  조건식에 비교 연산자를 사용합니다.
    <h1>두 값은 같지 않습니다.</h1>
  </c:if>

  <c:if test="${(id=='hong') && (name=='홍길동')}">    조건식에 논리 연산자를 사용합니다.
    <h1>아이디는 ${id}이고, 이름은 ${name }입니다.</h1>
  </c:if>

  <c:if test="${age==22}">
    <h1>${name }의 나이는 ${age}살입니다.</h1>
  </c:if>

  <c:if test="${height>160}">
    <h1>${name }의 키는 160보다 큽니다.</h1>
  </c:if>
</body>
</html>
```

2. http://localhost:8090/pro14/test03/member4.jsp로 요청하여 실행 결과를 확인합니다.

▼ 그림 14-38 실행 결과

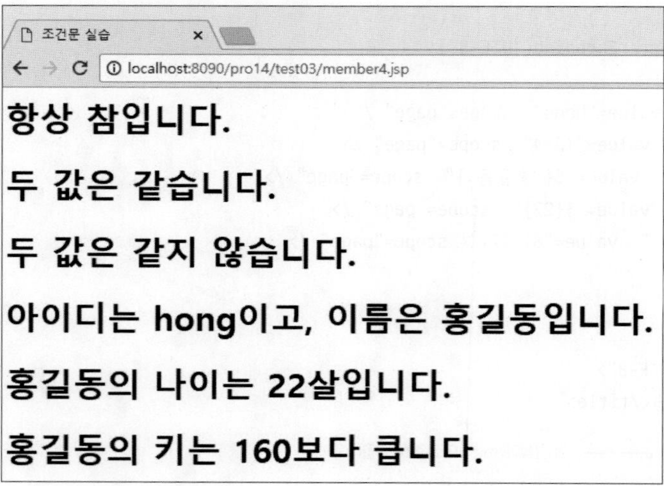

14.6.4 <c:choose> 태그를 이용한 실습

<c:choose> 태그는 JSP 페이지에서 switch문의 기능을 수행하며, 사용 형식은 다음과 같습니다

```
<c:choose>
    <c:when test="조건식1" >본문내용1</c:when>
    <c:when test="조건식2" >본문내용2</c:when>
     ..
    <c:otherwise>본문내용n</c:otherwise>
</c:choose>
```

첫 번째 <c:when> 태그의 조건식1을 체크해서 참이면 본문내용1을 수행하고 만약 거짓이면 다음 <c:when>의 조건식2를 체크해서 참이면 본문내용2를 수행합니다. 모든 조건이 거짓이면 <c:otherwise> 태그의 본문 내용을 수행합니다.

그럼 실습을 통해 알아보겠습니다.

1. 다음과 같이 member5.jsp를 작성합니다. <c:choose> 태그를 이용해 name 값의 유무에 따라 다른 결과를 표시합니다. 만약 name 값이 정상적이면 회원 정보를 출력하고 name이 null이거나 빈 문자열이면 오류 메시지를 출력합니다.

코드 14-30 pro14/WebContent/test03/member5.jsp

```
...
<body>
  <table align="center" border="1" >
    <tr align="center"  bgcolor="lightgreen">
      <td width="7%" ><b>아이디</b></td>
      <td width="7%" ><b>비밀번호</b></td>
      <td width="7%" ><b>이름</b></td>
      <td width="7%"><b>나이</b></td>
      <td width="7%" ><b>키</b></td>
    </tr>
  <c:choose>
    <%-- <c:when test="${name==null}"> --%>
    <c:when test="${empty name}">
      <tr align="center">            변수 name이 null이거나 빈 문자열인지 체크합니다.
        <td colspan=5 >이름을 입력하세요!!</td>
      </tr>
    </c:when>
    <c:otherwise >                   name이 정상적이면 회원 정보를 출력합니다.
        <tr align="center">
          <td>${id}</td>
          <td>${pwd}</td>
          <td>${name}</td>
          <td>${age}</td>
          <td>${height}</td>
        </tr>
      </c:otherwise>
    </c:choose>
  </table>
</html>
```

2. http://localhost:8090/pro14/test03/member5.jsp로 요청합니다. 먼저 name 변수를 정상적으로 선언한 후 브라우저에서 요청 시 회원 정보를 출력합니다.

▼ 그림 14-39 정상적인 회원 정보 출력 결과

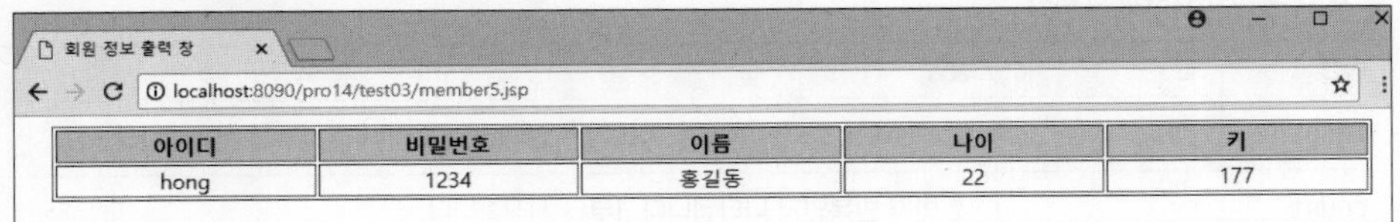

아이디	비밀번호	이름	나이	키
hong	1234	홍길동	22	177

3. 이번에는 다음과 같이 name 변수를 주석 처리합니다.

▼ 그림 14-40 변수 name 주석 처리

```
<c:set var="id" value="hong" scope="page" />
<c:set var="pwd" value="1234" scope="page" />
<%-- <c:set var="name" value="${'홍길동'}" scope="page" /> --%>
<c:set var="age" value="${22}" scope="page" />
<c:set var="height" value="${177}" scope="page" />
<html>
```

4. 브라우저에서 재요청 시 오류 메시지를 출력합니다.

▼ 그림 14-41 오류 메시지 출력!

14.6.5 <c:forEach> 태그를 이용한 실습

<c:forEach> 태그는 JSP 페이지에서 반복문을 수행하는 태그이며, 사용 형식은 다음과 같습니다.

```
<c:forEach var="변수이름" items="반복할객체이름" begin="시작값" end="마지막값"
           step="증가값  varStatus="반복상태변수이름">
    ...
</c:forEach>
```

여기서 var는 반복할 변수 이름을, items는 반복할 객체 이름을 지정합니다. begin과 end는 각각 반복 시작 및 종료 값을, step은 한 번 반복할 때마다 반복 변수를 증가시킬 값을, varStatus는 반복 상태 속성을 지정합니다.

표 14-6에 varStatus의 여러 가지 속성들을 정리했습니다

▼ 표 14-6 varStatus의 속성

속성	값	설명
index	int	items에서 정의한 항목을 가리키는 index 번호입니다. 0부터 시작합니다.
count	int	몇 번째 반복인지 나타냅니다. 1부터 시작합니다.
first	boolean	첫 번째 반복인지 나타냅니다.
last	boolean	마지막 반복인지 나타냅니다.

<c:forEach>로 반복문을 만들어 사용해 보겠습니다.

1. member6.jsp를 다음과 같이 작성합니다. 먼저 자바 코드로 ArrayList 객체를 생성하여 문자열을 저장한 후 <c:forEach> 태그에서 사용할 수 있도록 <c:set> 태그로 변수 list에 재할당합니다. 그리고 varStatus의 loop 속성을 이용해 반복 횟수를 출력합니다. <c:forEach> 태그의 items에 ArrayList를 설정한 후 반복문 수행 시 ArrayList에 저장된 문자열을 반복 변수 data에 한 개씩 가져와 출력합니다.

코드 14-31 pro14/WebContent/test03/member6.jsp

```
<%@ page language="java" contentType="text/html; charset=UTF-8"
    import="java.util.*"
    pageEncoding="UTF-8"
    isELIgnored="false" %>
<%@ taglib prefix="c" uri="http://java.sun.com/jsp/jstl/core" %>
<%
  List dataList=new ArrayList();
  dataList.add("hello");
  dataList.add("world");
  dataList.add("안녕하세요!!");
%>
<c:set  var="list"  value="<%=dataList  %>" />
<html>
  <head>
  <meta charset="UTF-8">
  <title>반복문 실습</title>
</head>
<body>
  <c:forEach  var="i" begin="1" end="10" step="1"  varStatus="loop">
   i=  ${i}        반복횟수: ${loop.count} <br>
  </c:forEach>
  <br>
  <c:forEach  var="i" begin="1" end="10" step="2" >
    5 * ${i} = ${5*i}<br>
  </c:forEach>
  <br>
  <c:forEach  var="data" items="${list}" >
    ${data } <br>
  </c:forEach>
  <br>
  <c:set var="fruits" value="사과, 파인애플, 바나나, 망고, 귤"  />
  <c:forTokens  var="token" items="${fruits}" delims="," >
    ${token} <br>
  </c:forTokens>
```

- 표현 언어에서 사용할 수 있도록 <c:set> 태그를 이용해 변수에 dataList를 할당합니다.
- 반복 변수 i를 1부터 10까지 1씩 증가시키면서 반복문을 수행합니다.
- 반복 변수 i를 1부터 10까지 2씩 증가시키면서 반복문을 수행합니다.
- ArrayList 같은 컬렉션 객체에 저장된 객체(데이터)를 반복해서 반복 변수 data에 하나씩 가져와 처리합니다.
- 구분자 ,(콤마)를 이용해 문자열을 분리해서 출력합니다.

```
</body>
</html>
```

2. http://localhost:8090/pro14/test03/member6.jsp로 요청하여 결과를 확인합니다.

▼ 그림 14-42 실행 결과

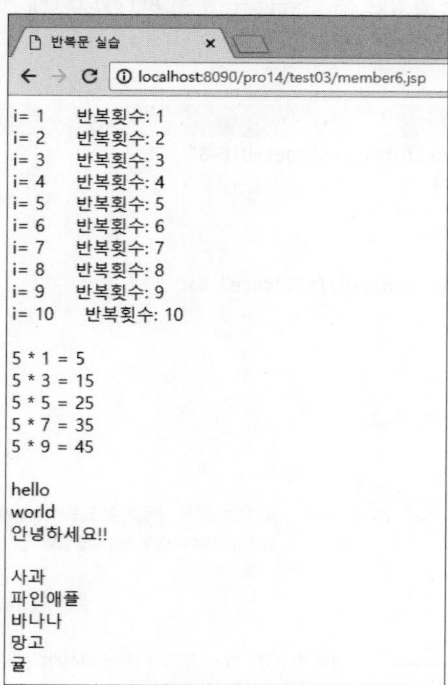

3. 이번에는 <c:forEach> 태그를 이용해 ArrayList에 저장된 회원 정보를 출력해 보겠습니다. <c:forEach> 태그를 이용하면 ArrayList에 저장된 객체에 편리하게 접근할 수 있습니다. 다음과 같이 <c:forEach> 태그의 반복 변수 i를 ArrayList의 인덱스로 사용해서 저장된 회원 정보를 차례대로 출력하도록 member7.jsp를 작성합니다.

코드 14-32 pro14/WebContent/test03/member7.jsp

```
<%@ page language="java" contentType="text/html; charset=UTF-8"
    import="java.util.*, sec01.ex01.*"
    pageEncoding="UTF-8"
    isELIgnored="false"  %>
<%@ taglib prefix="c" uri="http://java.sun.com/jsp/jstl/core"  %>
<%
  request.setCharacterEncoding("UTF-8");
  List membersList = new ArrayList();
```

```
    MemberBean m1 = new MemberBean("son","1234", "손흥민", "son@test.com");
    MemberBean m2 = new MemberBean("ki","4321", "기성용", "ki@test.com");
    MemberBean m3 = new MemberBean("park", "1212", "박지성", "park@test.com");
    membersList.add(m1);
    membersList.add(m2);
    membersList.add(m3);
  %>
  <c:set var="membersList" value="<%= membersList%>" />
  <html>
  <head>
    <meta charset="UTF-8">
    <title>회원 정보 출력창</title>
  </head>
  <body>
    <table border="1"  align="center" >
      <tr align="center" bgcolor="lightgreen">
          <td width="7%"><b>아이디</b></td>
          <td width="7%"><b>비밀번호</b></td>
          <td width="5%" ><b>이름</b></td>
          <td width="5%"><b>이메일</b></td>
      </tr>
      <c:forEach var="i" begin="0" end="2" step="1" >
      <tr align="center">
        <td>${membersList[i].id}</td>
        <td>${membersList[i].pwd}</td>
        <td>${membersList[i].name}</td>
        <td>${membersList[i].email}</td>
      </tr>
      </c:forEach>
    </table>
  </body>
  </html>
```

세 명의 회원 정보를 MemberBean에 저장한 후 다시 ArrayList에 저장합니다.

memberList에 저장된 회원 수만큼 반복 변수 i를 0부터 1씩 증가시키면서 forEach문을 실행합니다.

반복 변수 i를 ArrayList의 인덱스로 사용해 회원 정보를 차례대로 출력합니다.

4. http://localhost:8090/pro14/test03/member7.jsp로 요청하여 결과를 확인합니다.

▼ 그림 14-43 실행 결과

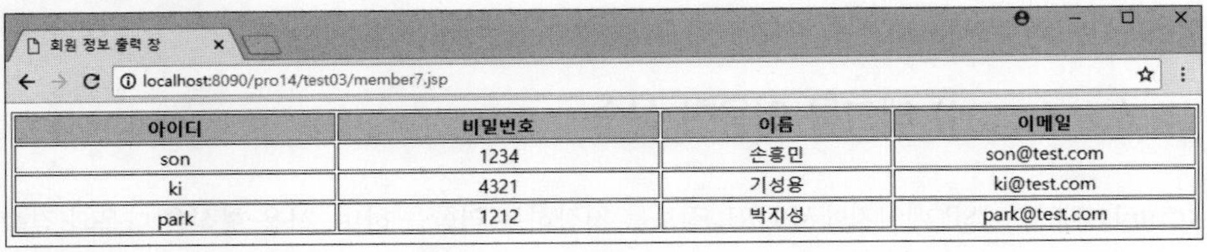

회원 정보 출력 창

localhost:8090/pro14/test03/member7.jsp

아이디	비밀번호	이름	이메일
son	1234	손흥민	son@test.com
ki	4321	기성용	ki@test.com
park	1212	박지성	park@test.com

5. 이번에는 `<c:forEach>`문의 `items` 속성에 `membersList`를 할당한 후 실행하여 자동으로 `var`의 `member`에 `membersList`의 `MemberBean` 객체가 차례대로 할당되도록 member8.jsp를 작성합니다.

코드 14-33 pro14/WebContent/test03/member8.jsp

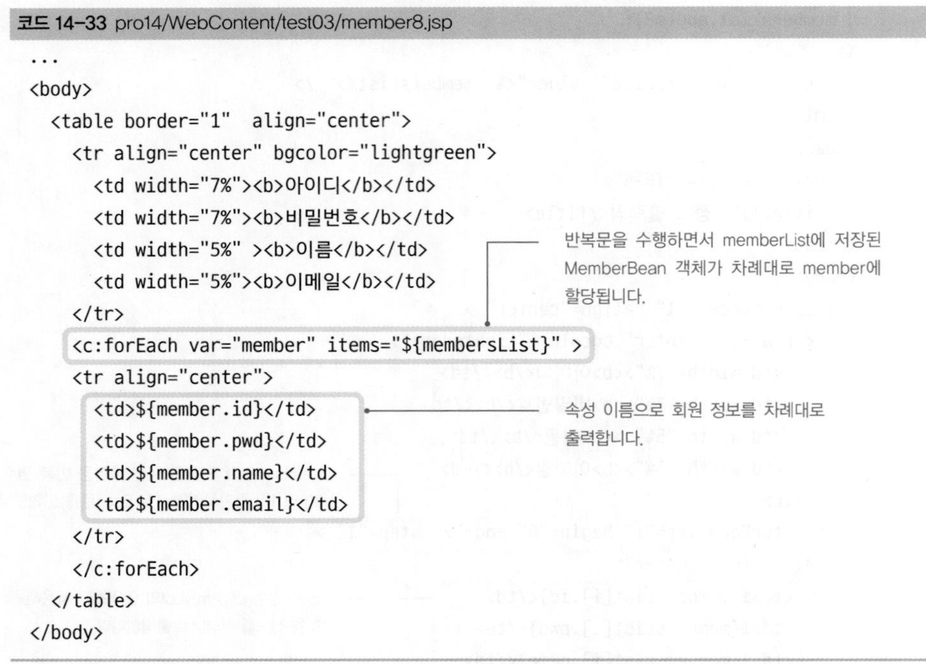

```
...
<body>
  <table border="1"  align="center">
    <tr align="center" bgcolor="lightgreen">
      <td width="7%"><b>아이디</b></td>
      <td width="7%"><b>비밀번호</b></td>
      <td width="5%" ><b>이름</b></td>
      <td width="5%"><b>이메일</b></td>
    </tr>
    <c:forEach var="member" items="${membersList}" >
    <tr align="center">
      <td>${member.id}</td>
      <td>${member.pwd}</td>
      <td>${member.name}</td>
      <td>${member.email}</td>
    </tr>
    </c:forEach>
  </table>
</body>
```

반복문을 수행하면서 memberList에 저장된 MemberBean 객체가 차례대로 member에 할당됩니다.
속성 이름으로 회원 정보를 차례대로 출력합니다.

6. http://localhost:8090/pro14/test03/member8.jsp로 요청하여 결과를 확인합니다.

▼ 그림 14-44 실행 결과

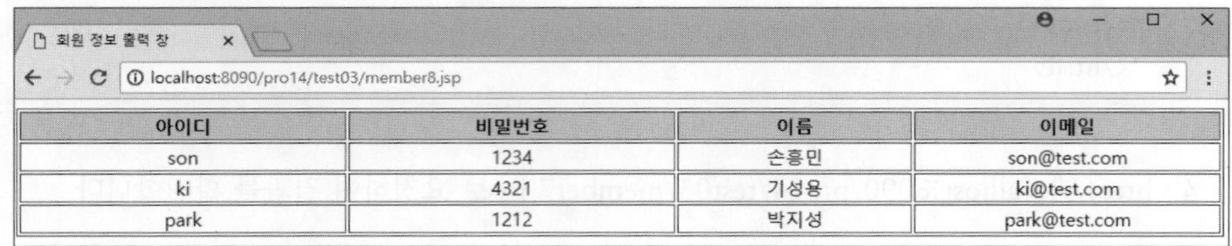

회원 정보 출력 창
localhost:8090/pro14/test03/member8.jsp

아이디	비밀번호	이름	이메일
son	1234	손흥민	son@test.com
ki	4321	기성용	ki@test.com
park	1212	박지성	park@test.com

14.6.6 <c:url> 태그를 이용한 실습

`<c:url>` 태그는 JSP 페이지에서 URL 정보를 저장하는 역할을 하며, 사용 형식은 다음과 같습니다.

```
<c:url  var="변수이름" value="URL경로" [scope="scope 속성 중 하나"]
   [ <c:param  name="매개변수이름"  value="전달값" /> ]
```

```
..
</c:url>
```

여기서 var은 생성된 URL이 저장될 변수를, value는 생성할 URL을, scope는 scope 속성의 값을 지정합니다.

1. urlTest.jsp를 다음과 같이 작성합니다. <c:url> 태그를 이용해 다른 페이지로 이동하면서 데이터를 전달합니다. 따라서 이동할 페이지로 전달할 데이터가 많을 경우에 사용하면 편리합니다.

코드 14-34 pro14/WebContent/test03/urlTest.jsp

```
<%@ page language="java" contentType="text/html; charset=UTF-8"
    import="java.util.*"
    pageEncoding="UTF-8"
    isELIgnored="false" %>
<%@ taglib prefix="c" uri="http://java.sun.com/jsp/jstl/core" %>
<c:set var="contextPath" value="${pageContext.request.contextPath}"  />
<c:url var="url1"  value="/test01/member1.jsp"  >
  <c:param  name="id" value="hong" />
  <c:param  name="pwd" value="1234" />
  <c:param  name="name" value="홍길동" />
  <c:param  name="email" value="hong@test.com" />
</c:url>
<html>
<head>
  <meta charset="UTF-8">
  <title> c:url 태그 실습</title>
</head>
<body>
  <%-- <a href='${contextPath }/test01/member1.jsp'>회원정보출력</a> --%>
  <a href='${url1}'>회원정보출력</a>
</body>
</html>
```

<c:url> 태그로 이동할 페이지를 설정합니다.

이동할 페이지로 전달할 데이터를 설정합니다.

<c:url> 태그의 변수 이름을 간단하게 설정합니다.

2. http://localhost:8090/pro14/test03/urlTest.jsp로 요청한 후 **회원정보출력**을 클릭합니다.

▼ 그림 14-45 브라우저로 요청 후 **회원정보출력** 클릭

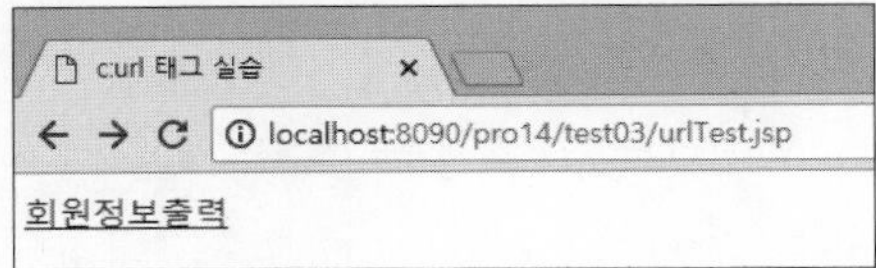

3. 매개변수로 전달된 회원 정보를 출력합니다(member1.jsp에서 ${속성}을 ${param.속성}으로 수정해 주세요.)

▼ 그림 14-46 실행 결과

4/test01/member1.jsp?id=hong&pwd=1234&name=홍길동&email=hong%40test.com

아이디	비밀번호	이름	이메일
hong	1234	홍길동	hong@test.com
hong	1234	홍길동	hong@test.com

14.6.7 〈c:redirect〉 태그를 이용한 실습

<c:redirect> 태그는 지정된 JSP 페이지로 리다이렉트할 때 사용합니다. response.sendRedirect() 기능과 동일하며 <c:redirect> 태그로 리다이렉트할 때 매개변수를 전달할 수 있습니다. 사용 형식은 다음과 같습니다.

```
<c:redirect url="redirect할 URL">
  [ <c:param  name="매개변수이름" value="전달값" /> ]
  ...
</c:redirect>
```

여기서 url은 리다이렉트 될 URL이 저장될 변수를 지정합니다.

1. <c:redirect> 태그를 이용해 회원 정보 출력창으로 리다이렉트합니다. 리다이렉트하면서 회원 정보를 매개변수로 전달합니다.

코드 14-35 pro14/WebContent/test03/redirectTest.jsp

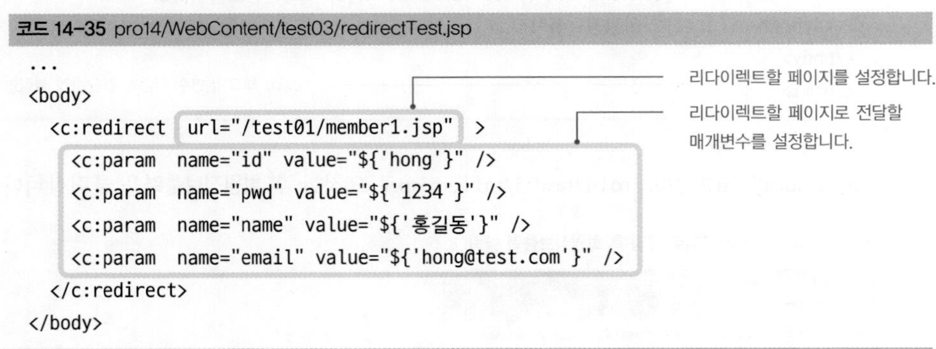

```
...
<body>
  <c:redirect  url="/test01/member1.jsp"  >
    <c:param  name="id" value="${'hong'}" />
    <c:param  name="pwd" value="${'1234'}" />
    <c:param  name="name" value="${'홍길동'}" />
    <c:param  name="email" value="${'hong@test.com'}" />
  </c:redirect>
</body>
```

리다이렉트할 페이지를 설정합니다.
리다이렉트할 페이지로 전달할 매개변수를 설정합니다.

2. http:localhost:8090/pro14/test03/redirectTest.jsp로 요청하면 test01/member1.jsp로 리다이렉트됩니다. 그러면서 매개변수로 전달한 회원 정보를 출력합니다.

▼ 그림 14-47 실행 결과

/test01/member1.jsp?id=hong&pwd=1234&name=홍길동&email=hong%40test.com

아이디	비밀번호	이름	이메일
hong	1234	홍길동	hong@test.com
hong	1234	홍길동	hong@test.com

14.6.8 <c:out> 태그를 이용한 실습

`<c:out>` 태그는 화면에 지정한 값을 출력해 주는 태그입니다. 표현 언어와 기능은 거의 동일하지만 기본값 설정 기능 등을 제공하므로 더 편리하게 사용할 수 있습니다. 사용 형식은 다음과 같습니다.

```
<c:out   value="출력값" default="기본값" [escapeXml="boolean값"] />
```

여기서 `value`는 출력할 값을, `default`는 `value` 속성에 지정된 값이 없을 때 출력할 기본값을, `escapeXml`은 escape 문자를 변환하는 역할을 합니다(생략할 수 있으며 기본값은 true).

1. 다음은 회원 가입창에서 입력한 회원 정보를 전달받아 `<c:out>` 태그를 이용해 화면에 출력하는 예제입니다. 다음과 같이 memberForm.jsp를 작성하여 회원 가입창에서 회원 정보를 입력한 후 member9.jsp로 전달합니다.

코드 14-36 pro14/WebContent/test03/memberForm.jsp

```
...
<body>
  <form method="post" action="member9.jsp">
    <h1 style="text-align:center">회원 가입창</h1>
    <table align="center">
      <tr>
        <td width="200">
          <p align="right">아이디
        </td>
        <td width="400"><input type="text" name="id"></td>
      </tr>
      <tr>
```

```
        <td width="200">
          <p align="right">비밀번호
        </td>
        <td width="400"><input type="password" name="pwd"></td>
      </tr>
   ....
```

2. member9.jsp를 다음과 같이 작성합니다. <c:out> 태그를 이용해 전송된 매개변수 값들을 출력합니다.

코드 14-37 pro14/WebContent/test03/member9.jsp

```
...
<body>
  <table align="center" border="1">
    <tr align="center" bgcolor="lightgreen">
      <td width="7%"><b>아이디</b></td>
      <td width="7%"><b>비밀번호</b></td>
      <td width="7%"><b>이름</b></td>
      <td width="7%"><b>이메일</b></td>
    </tr>
    <c:choose>
      <c:when test="${empty param.id}">
        <tr align="center">
          <td colspan=5> 아이디를 입력하세요!!</td>
        </tr>
      </c:when>
      <c:otherwise>
        <tr align="center">
          <td><c:out value="${param.id}" /></td>
          <td><c:out value="${param.pwd}" /></td>
          <td><c:out value="${param.name}" /></td>
          <td><c:out value="${param.email}" /></td>
        </tr>
      </c:otherwise>
    </c:choose>
  </table>
</body>
```

3. http:localhost:8090/pro14/test03/memberForm.jsp로 요청하여 회원 가입창에서 회원 정보를 입력한 후 **가입하기**를 클릭합니다.

회원 가입창

아이디 cha

비밀번호 ····

이름 차범근

이메일 cha@test.com

가입하기 다시입력

▼ 그림 14-48 회원 가입창에서 회원 정보 입력 후 **가입하기** 클릭

4. 그러면 <c:out> 태그를 이용해 전송된 회원 정보를 출력합니다.

▼ 그림 14-49 회원 정보 출력

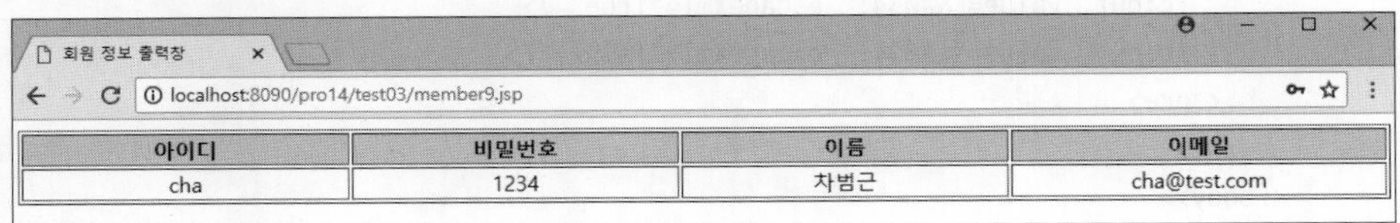

프로그래밍을 하다 보면 > 또는 < 그리고 작은따옴표(')나 큰따옴표(") 같은 특수 문자를 출력해야 하는 경우가 있습니다. 그런데 이런 특수 문자들은 HTML 태그에도 사용되므로 각각의 특수 문자에 지정된 문자를 이용해서 브라우저에 출력해야 합니다.

표 14-7은 각 특수 문자가 어떤 문자로 변화되는지 보여줍니다.

▼ 표 14-7 escapeXml이 false일 때 변환되는 문자

특수 문자	변환된 문자
<	<
>	>
&	&
'	'
"	"
...	...

간단히 특수 문자 사용 예를 실습해 보겠습니다.

1. escapeXml.jsp를 다음과 같이 작성합니다. `<c:out>` 태그의 `escapeXml` 속성을 이용해 변환된 문자를 특수 문자로 변환합니다.

코드 14-38 pro14/WebContent/test03/escapeXml.jsp

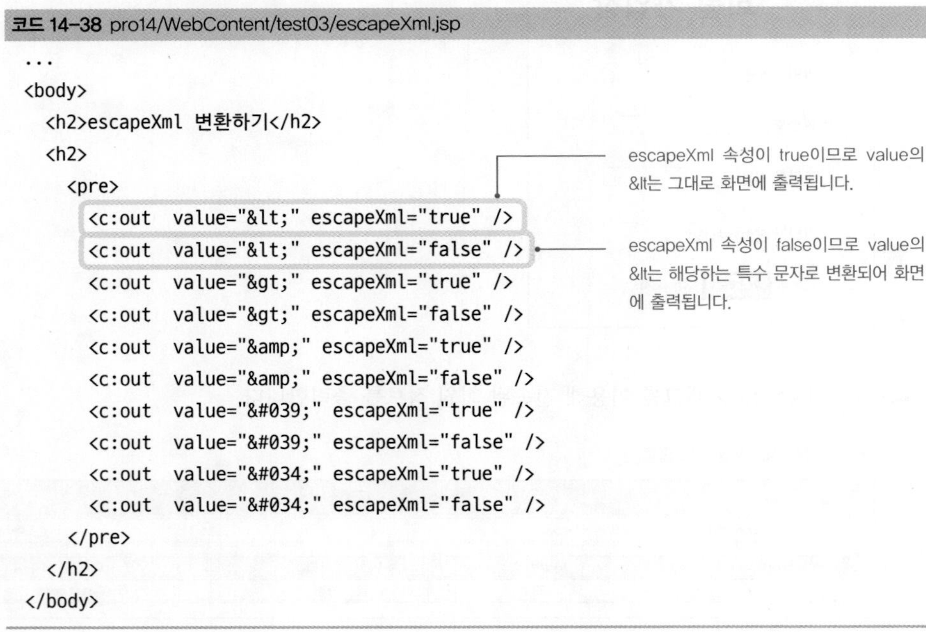

```
...
<body>
  <h2>escapeXml 변환하기</h2>
  <h2>
    <pre>
      <c:out  value="&lt;" escapeXml="true" />
      <c:out  value="&lt;" escapeXml="false" />
      <c:out  value="&gt;" escapeXml="true" />
      <c:out  value="&gt;" escapeXml="false" />
      <c:out  value="&amp;" escapeXml="true" />
      <c:out  value="&amp;" escapeXml="false" />
      <c:out  value="&#039;" escapeXml="true" />
      <c:out  value="&#039;" escapeXml="false" />
      <c:out  value="&#034;" escapeXml="true" />
      <c:out  value="&#034;" escapeXml="false" />
    </pre>
  </h2>
</body>
```

escapeXml 속성이 true이므로 value의 &lt는 그대로 화면에 출력됩니다.
escapeXml 속성이 false이므로 value의 &lt는 해당하는 특수 문자로 변환되어 화면에 출력됩니다.

2. http:localhost:8090/pro14/test03/escapeXml.jsp로 요청하여 결과를 확인합니다.

▼ 그림 14-50 실행 결과

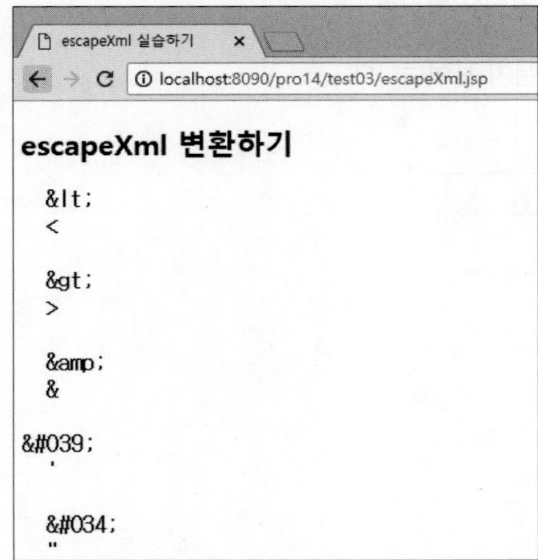
escapeXml 실습하기
localhost:8090/pro14/test03/escapeXml.jsp
escapeXml 변환하기
<
<
>
>
&
&
'
'
"
"

지금까지 일반적으로 많이 사용하는 코어 라이브러리에 대해 알아봤습니다. 그 외 <c:import> 태그는 <jsp:include>와 같은 기능을 수행합니다.

14.7 Core 태그 라이브러리 실습 예제

그럼 지금까지 배운 Core 태그 라이브러리에 좀 더 익숙해지기 위해 로그인, 학점 변환, 구구단 출력 기능을 Core 태그 라이브러리를 이용해서 구현해 보겠습니다. 12장에서 스크립트릿으로 구현했던 예제들과 결과는 같지만 구현 방법은 다릅니다. 그럼 스크립트릿의 구현 방법과 어떻게 다른지 비교하면서 실습해 보세요. 표준 태그 라이브러리 사용법을 금방 익힐 수 있을 것입니다.

14.7.1 로그인 예제

1. 프로젝트의 WebContent 폴더에 실습 파일들을 저장할 test04 폴더를 만들고 다음과 같이 여러 개의 JSP 파일들을 준비합니다.

▼ 그림 14-51 실습 파일 위치

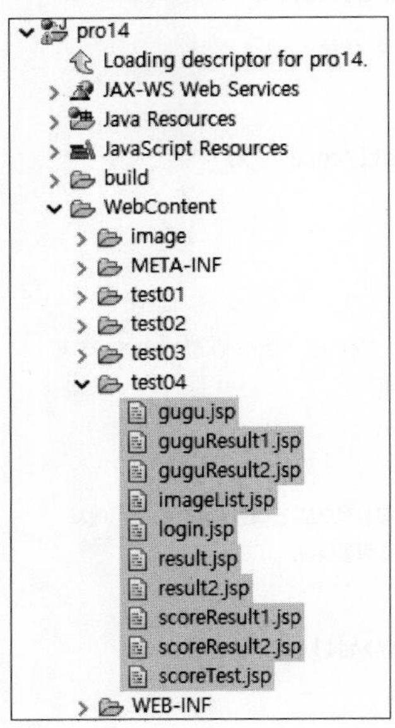

2. 로그인창에서 ID와 비밀번호를 입력한 후 로그인을 클릭할 수 있도록 login.jsp를 작성합니다.

코드 14-39 pro14/WebContent/test04/login.jsp

```
<%@ page language="java" contentType="text/html; charset=UTF-8"
    pageEncoding="UTF-8"%>
<%
   request.setCharacterEncoding("utf-8");
%>
<!DOCTYPE html>
<html>
<head>…</head>
<body>
  <form  action="result.jsp"  method="post">
    아이디:  <input type="text"  name="userID"><br>
    비밀번호:  <input type="password"  name="userPw"><br>
    <input type="submit"  value="로그인">
    <input type="reset"  value="다시입력">
  </form>
</body>
</html>
```

3. 이번에는 result.jsp를 다음과 같이 작성합니다. 로그인창에서 ID를 입력한 경우와 입력하지 않은 경우 <c:if> 태그를 이용해 각기 다른 화면을 출력하도록 설정합니다.

코드 14-40 pro14/WebContent/test04/result.jsp

```
<%@ page language="java" contentType="text/html; charset=utf-8"
    pageEncoding="utf-8"
    isELIgnored="false"
%>
<%@ taglib prefix="c" uri="http://java.sun.com/jsp/jstl/core"  %>
<%
  request.setCharacterEncoding("utf-8");
%>

<html>…</head>
<body>
  <c:if test="${empty param.userID  }">
    아이디를 입력하세요.<br>
    <a href="login.jsp">로그인창 </a>
  </c:if>
  <c:if test="${not empty param.userID }">
    <h1> 환영합니다. <c:out value="${param.userID }" />님!!!</h1>
  </c:if>
```

empty 연산자를 이용해 ID 값이 비었는지 체크합니다.

ID를 정상적으로 입력한 경우 로그인 메시지를 출력합니다

```
</body>
</html>
```

4. http:localhost:8090/pro14/test04/login.jsp로 요청하여 ID와 비밀번호를 입력한 후 **로그인**을 클릭합니다.

▼ 그림 14-52 로그인창에서 **로그인** 클릭

5. ID를 정상적으로 입력한 경우 로그인 메시지를 출력합니다.

▼ 그림 14-53 로그인 메시지 출력

6. ID를 입력하지 않고 로그인한 경우 다시 로그인하라는 메시지를 출력합니다.

▼ 그림 14-54 로그인창으로 이동 메시지 출력

7. 이번에는 <c:if>로 이중 조건문을 구현하도록 다음과 같이 result2.jsp를 작성합니다. 로그인 시 admin으로 로그인하면 관리자 화면을 출력합니다.

코드 14-41 pro14/WebContent/test04/result2.jsp

```
...
<body>
  <c:if test="${empty param.userID}">
    아이디를 입력하세요.<br>
    <a href="login.jsp">로그인창 </a>
  </c:if>
```

14 표현 언어와 JSTL

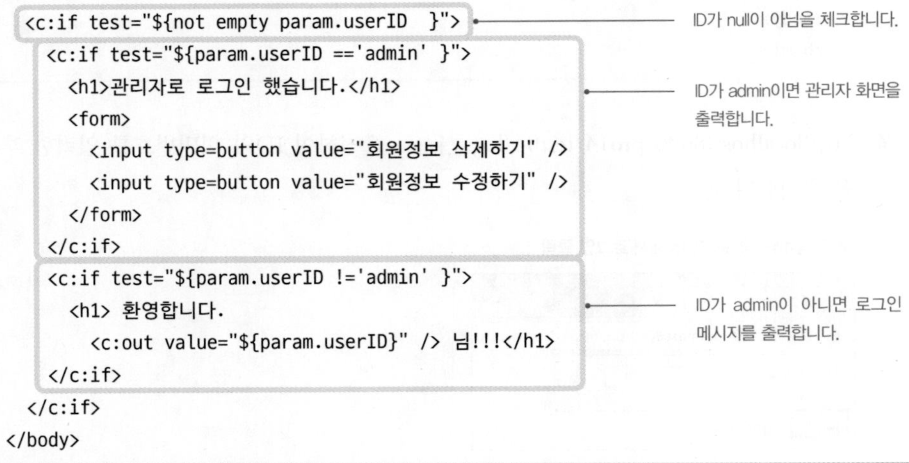

```
  <c:if test="${not empty param.userID  }">
    <c:if test="${param.userID =='admin' }">
      <h1>관리자로 로그인 했습니다.</h1>
      <form>
        <input type=button value="회원정보 삭제하기" />
        <input type=button value="회원정보 수정하기" />
      </form>
    </c:if>
    <c:if test="${param.userID !='admin' }">
      <h1> 환영합니다.
        <c:out value="${param.userID}" /> 님!!!</h1>
    </c:if>
  </c:if>
</body>
```


8. http:localhost:8090/pro14/test04/login.jsp로 요청하여 **admin**으로 로그인합니다.

▼ 그림 14-55 관리자로 로그인

9. 그러면 다음과 같이 관리자 화면을 출력합니다.

▼ 그림 14-56 관리자 화면 출력

10. 다른 ID로 로그인 시 로그인 메시지를 출력합니다.

▼ 그림 14-57 다른 ID로 로그인 시 로그인 메시지 출력

14.7.2 학점 변환기 예제

시험 점수를 입력하면 해당하는 학점으로 변환해 주는 프로그램을 Core 태그 라이브러리를 사용해 만들어 보겠습니다. 앞에서 구현했던 방법과 어떻게 다른지 비교하면서 실습하는 것도 도움이 될 것입니다.

1. 다음과 같이 scoreTest.jsp를 작성합니다. 학점으로 변환할 시험 점수를 입력한 후 scoreResult1.jsp로 전송합니다.

코드 14-42 pro14/WebContent/test04/scoreTest.jsp

```
<%@ page language="java" contentType="text/html; charset=UTF-8"
    pageEncoding="UTF-8"%>
<!DOCTYPE html>
<html>
<head>
  <meta charset="UTF-8">
  <title>시험 점수 입력 페이지</title>
</head>
<body>
  <h1>시험 점수를 입력해 주세요</h1>
  <form method=get action="scoreResult1.jsp">
    시험점수 : <input type=text name="score" /> <br>
    <input type="submit" value="학점변환">
  </form>
</body>
</html>
```

입력한 시험 점수를 scoreResult1.jsp로 전송합니다(제공하는 예제 파일의 매핑 이름을 확인한 후 실행하세요).

2. 다음과 같이 scoreResult1.jsp를 작성합니다. 조건이 여러 개이므로 이번에는 `<c:choose>` 태그의 `<c:when>` 태그에 설정하여 학점을 변환합니다.

코드 14-43 pro14/WebContent/test04/scoreResult1.jsp

```
...
<body>
  <c:set var="score" value="${param.score }" />
  <h1>시험점수
    <c:out value="${score}" />
  </h1><br>
  <c:choose>
    <c:when test="${score>=90 && score<=100 }">
      <h1>A학점입니다.</h1>
    </c:when>
    <c:when test="${score>=80 && score<90 }">
```

param.score를 score 변수에 할당해서 사용합니다.

조건이 여러 개인 경우 <c:choose> 안의 <c:when> 태그를 이용해 점수를 해당하는 학점으로 변환합니다

```
        <h1>B학점입니다.</h1>
      </c:when>
      <c:when test="${score>=70 && score<80 }">
        <h1>C학점입니다.</h1>
      </c:when>
      <c:when test="${score>=60 && score<70 }">
        <h1>D학점입니다.</h1>
      </c:when>
      <c:otherwise>
        <h1>F학점입니다.</h1>
      </c:otherwise>
    </c:choose>
  </body>
```

3. http:localhost:8090/pro14/test04/scoreTest.jsp로 요청하여 시험 점수 입력 페이지에서 점수를 입력하고 **학점변환**을 클릭합니다.

▼ 그림 14-58 시험 점수 입력 페이지

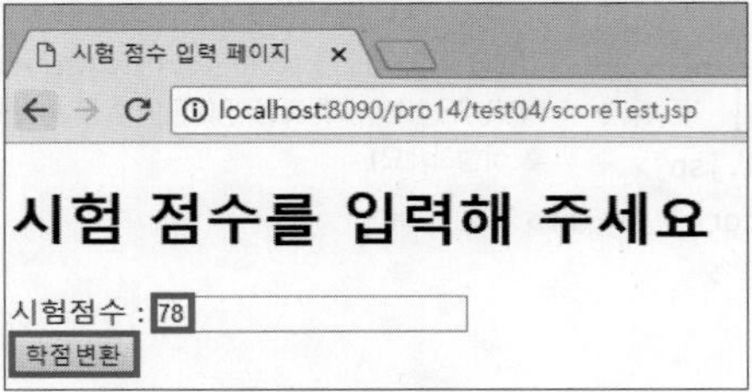

4. 변환된 학점을 출력합니다.

▼ 그림 14-59 시험 점수가 학점으로 변환

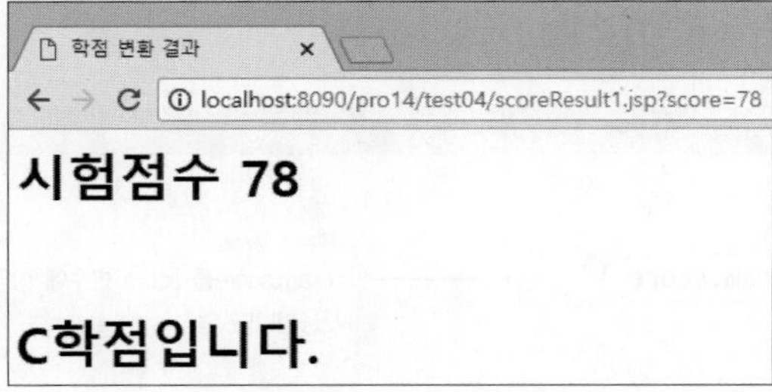

하지만 현재는 입력한 시험 점수가 0~100점 사이인지 유효성 검사를 하는 기능이 빠져 있으므로 학점 변환기 프로그램을 조금 수정해 보겠습니다.

5. 학점 변환 시 <c:choose> 태그를 이용해 시험 점수가 0~100점 사이인지를 먼저 체크한 후 전송된 시험 점수가 유효 범위이면 그 다음에 학점을 변환하도록 다음과 같이 scoreResult2.jsp를 작성합니다. 만약 유효 범위를 벗어나면 새로 점수를 입력하라는 메시지를 출력합니다.

코드 14-44 pro14/WebContent/test04/scoreResult2.jsp

```
...
<body>
  <c:set var="score" value="${param.score }" />
  <h1>시험점수
    <c:out value="${score }" />
  </h1><br>
  <c:choose>
    <c:when test="${score>=0 && score<=100 }">
      <c:choose>
        <c:when test="${score>=90 && score<100 }">
          <h1>A학점입니다.</h1>
        </c:when>
        <c:when test="${score>=80 && score<90 }">
          <h1>B학점입니다.</h1>
        </c:when>
        <c:when test="${score>=70 && score<80 }">
          <h1>C학점입니다.</h1>
        </c:when>
        <c:when test="${score>=60 && score<70 }">
          <h1>D학점입니다.</h1>
        </c:when>
        <c:otherwise>
          <h1>F학점입니다.</h1>
        </c:otherwise>
      </c:choose>
    </c:when>
    <c:otherwise>
      <h1>점수를 잘못 입력했습니다. 다시입력하세요</h1>
      <a href="scoreTest.jsp">점수 입력 창으로 이동</a>
    </c:otherwise>
  </c:choose>
</body>
```

<c:choose> 태그를 이용해 시험 점수의 유효성을 체크합니다.

정상적인 점수이면 학점으로 변환됩니다.

시험 점수가 범위를 벗어났으면 입력 창으로 다시 이동합니다.

6. http:localhost:8090/pro14/test04/scoreTest.jsp로 다시 요청하여 정상적인 시험 점수를 입력합니다.

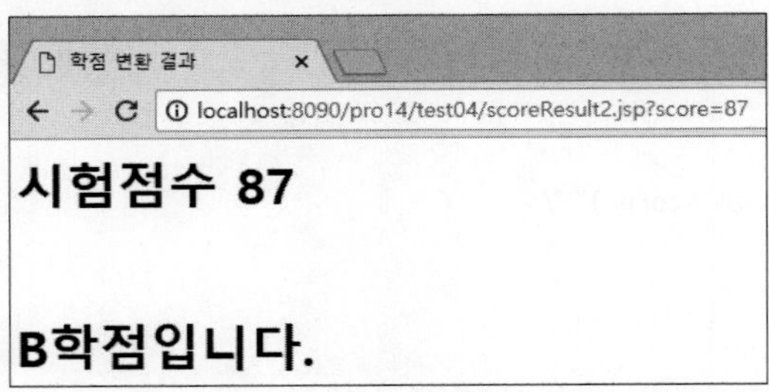

▼ 그림 14-60 정상적인 시험 점수의 학점 변환

7. 이번에는 시험 점수의 유효 범위인 0~100을 벗어나는 값을 일부러 입력합니다. 그러면 점수를 잘못 입력했으니 다시 입력하라는 메시지를 출력합니다.

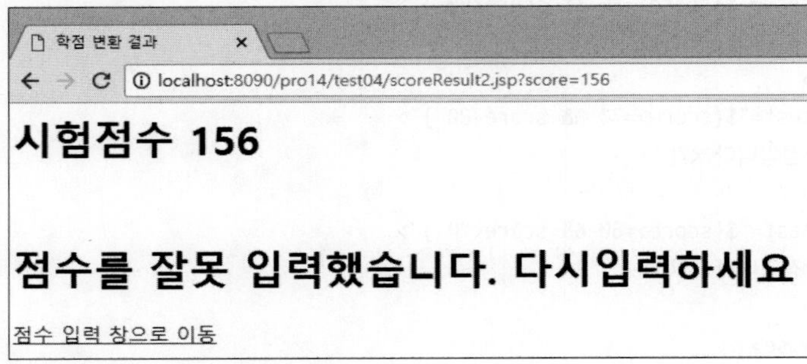

▼ 그림 14-61 유효 범위를 벗어난 시험 점수를 입력했을 경우

14.7.3 구구단 출력 예제

이번에는 Core 태그 라이브러리를 사용한 구구단 출력 예제를 실습해 보겠습니다.

1. 다음과 같이 gugu.jsp를 작성합니다. 구구단 입력창에서 구구단 수를 입력한 후 입력한 단수를 guguResult1.jsp로 전송합니다.

코드 14-45 pro14/WebContent/test04/gugu.jsp

```
<body>
  <h1>출력할 구구단의 수를 지정해 주세요.</h1>
  <form method=get action='guguResult1.jsp'>   ← 입력한 단수를 guguResult1.jsp로 전송합니다.
    출력할 구구단 : <input type=text name="dan" /> <br>
    <input type="submit" value="구구단 출력">
```

```
  </form>
</body>
```

2. 전송된 단수를 가져와 `<c:forEach>` 태그를 이용해서 `<tr>` 태그에 연속적으로 구구단을 출력하도록 guguResult1.jsp를 작성합니다.

코드 14-46 pro14/WebContent/test04/guguResult1.jsp

```
...
<body>
  <c:set var="dan" value="${param.dan }" />
  <table border="1" width="800" align="center">
    <tr align="center" bgcolor="lightgreen">
      <td colspan="2">
        <c:out value="${dan}" />단 출력 </td>
    </tr>

    <c:forEach var="i" begin="1" end="9" step="1">
      <tr align="center">
        <td width="400">
          <c:out value="${dan}" /> *
          <c:out value="${i}" />
        </td>
        <td width="400">
          <c:out value="${i*dan }" />
        </td>
      </tr>
    </c:forEach>
  </table>
</body>
```

〈c:forEach〉 태그를 이용해 구구단을 출력합니다.

3. http:localhost:8090/pro14/test04/gugu.jsp로 요청하여 구구단 입력창에서 단수를 입력한 후 **구구단 출력**을 클릭합니다.

▼ 그림 14-62 구구단 수 입력 후 **구구단 출력** 클릭

4. 전송된 단수를 이용해 구구단을 출력합니다.

▼ 그림 14-63 실행 결과

host:8090/pro14/test04/guguResult1.jsp?dan=7

7단 출력	
7 * 1	7
7 * 2	14
7 * 3	21
7 * 4	28
7 * 5	35
7 * 6	42
7 * 7	49
7 * 8	56
7 * 9	63

5. 앞에서와 마찬가지로 이 예제를 응용해 보겠습니다. <c:if> 태그를 이용해 구구단을 출력하면서 테이블 각 행의 배경색을 교대로 출력하도록 수정해 보겠습니다. guguResult2.jsp를 다음과 같이 작성합니다.

코드 14-47 pro14/WebContent/test04/guguResult2.jsp

```
...
<body>
  <c:set var="dan" value="${param.dan }" />
  <table border="1" width="800" align="center">
    <tr align="center" bgcolor="lightgreen">
      <td colspan="2">
        <c:out value="${dan}" />단 출력 </td>
    </tr>
    <c:forEach var="i" begin="1" end="9" step="1">
      <c:if test="${i%2==0 }">
        <tr align="center" bgcolor="#CCFF66">
      </c:if>
      <c:if test="${i%2==1 }">
        <tr align="center" bgcolor="#CCCCFF">
      </c:if>
      <td width="400">
        <c:out value="${dan}" /> *
        <c:out value="${i}" />
      </td>
      <td width="400">
        <c:out value="${i*dan }" />
      </td>
```

<c:forEach> 태그의 반복 변수 i가 홀수인지 짝수인지 체크하여 행의 배경색을 교대로 출력합니다.

```
      </tr>
    </c:forEach>
  </table>
</body>
```

6. http:localhost:8090/pro14/test04/gugu.jsp로 요청하여 구구단 입력창에서 단수 입력 후 전송하면 행들의 색이 교대로 변경되어 출력됩니다.

▼ 그림 14-64 실행 결과: 행의 배경색이 교대로 출력

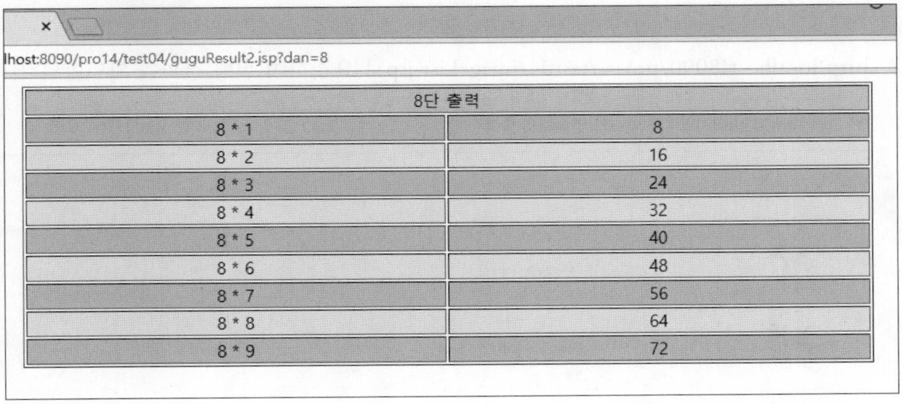

lhost:8090/pro14/test04/guguResult2.jsp?dan=8

8단 출력	
8 * 1	8
8 * 2	16
8 * 3	24
8 * 4	32
8 * 5	40
8 * 6	48
8 * 7	56
8 * 8	64
8 * 9	72

14.7.4 이미지 리스트 출력 예제

이번에는 여러 가지 이미지와 체크박스를 연속적으로 출력하는 프로그램을 <c:forEach> 태그를 사용해 만들어 보겠습니다.

1. 다음과 같이 imageList.jsp를 작성합니다. <c:forEach> 태그를 이용해 <ul> 태그 안에 <li> 태그를 연속해서 출력하여 이미지를 나타냅니다.

코드 14-48 pro14/WebContent/test04/imageList.jsp

```
...
<body>
  <ul class="lst_type">
    <li>
      <span style='margin-left:50px'>이미지 </span>
      <span>이미지 이름</span>
      <span>선택하기</span>
    </li>
```

```
      <c:forEach var="i" begin="1" end="9" step="1">
        <li>
          <a href='#' style='margin-left:50px'>
            <img src='../image/duke.png' width='90' height='90' alt='' /></a>
          <a href='#'><strong>이미지 이름: 듀크${i} </strong></a>
          <a href='#'> <input name='chk${i}' type='checkbox' /></a>
        </li>
      </c:forEach>
    </ul>
  </body>
```

<c:forEach> 태그를 이용해 이미지와 체크박스를 연속해서 나타냅니다.

2. http:localhost:8090/pro14/test04/imageList.jsp로 요청하여 실행 결과를 확인합니다.

그림 14-65 이미지와 체크박스가 연속해서 출력

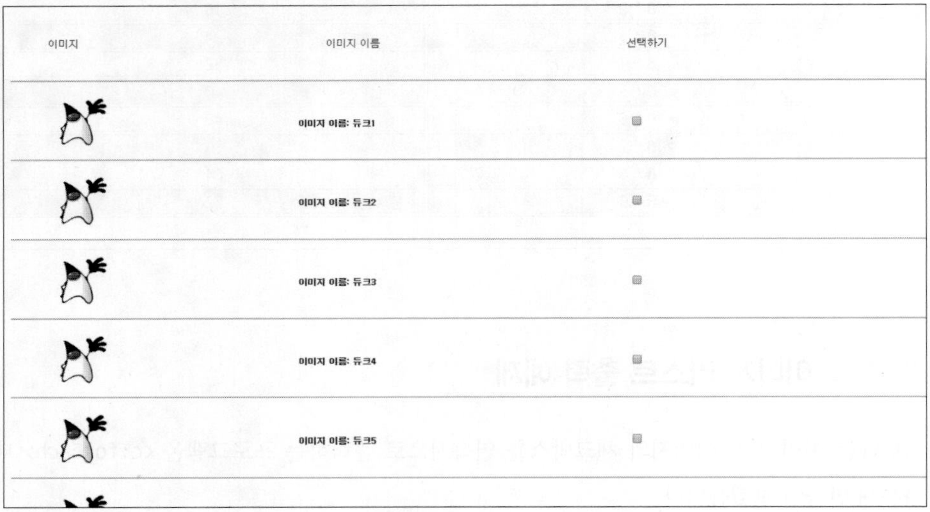

이미지	이미지 이름	선택하기
	이미지 이름: 듀크1	
	이미지 이름: 듀크2	
	이미지 이름: 듀크3	
	이미지 이름: 듀크4	
	이미지 이름: 듀크5	

지금까지 Core 태그 라이브러리를 사용해 실습해 봤습니다. 현재 JSP 페이지는 JSTL로 구현하므로 라이브러리를 사용하는 방법에 익숙해지면 실제로 개발하는 데 많은 도움이 될 것입니다. 라이브러리를 사용해서 구현한 예제와 12장에서 스크립트릿으로 실습한 내용을 비교해 보세요.

14.8 다국어 태그 라이브러리 사용하기

여러 온라인 쇼핑몰을 이용하다 보면 간혹 영어나 일본어로 언어를 변환해서 표시해 주는 화면을 보았을 것입니다.

✔ 그림 14-66 다국어를 지원하는 온라인 쇼핑몰 사이트

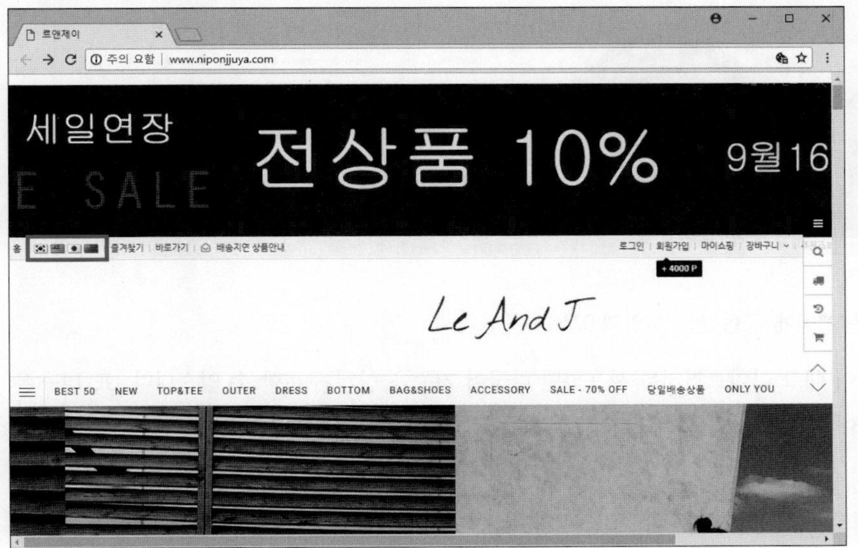

이 쇼핑몰에서 해당 언어에 해당하는 국기를 클릭하면 다음과 같이 쇼핑몰 사이트가 해당 국가의 언어로 표시됩니다.

▼ 그림 14-67 해당 국가 언어로 변환된 모습

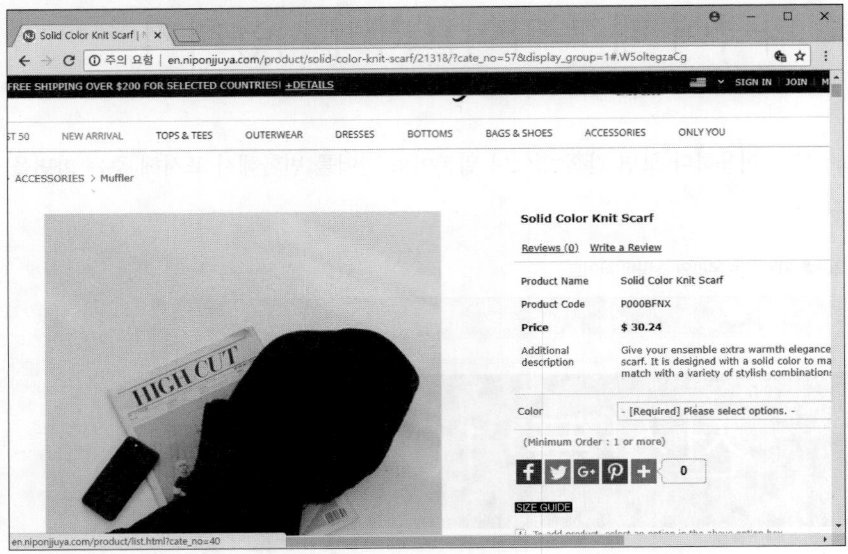

이러한 기능은 어떻게 구현하는 것일까요?

JSP에서 다국어 태그 라이브러리를 사용하면 다국어 기능을 쉽게 구현할 수 있습니다. 표 14-8은 JSP에서 다국어 기능을 구현하는 태그들입니다.

▼ 표 14-8 다국어 태그 라이브러리 종류

분류	태그	설명
다국어	<fmt:setLocale>	Locale(언어)을 지정합니다.
	<fmt:message>	지정한 언어에 해당하는 언어를 표시합니다.
	<fmt:setBundle>	사용할 번들을 지정합니다.
	<fmt:setParam>	전달할 매개변수를 지정합니다.
	<fmt:requestEncoding>	요청 매개변수의 문자 인코딩을 지정합니다.

실제로 다국어 태그 라이브러리를 어떻게 사용하는지는 14.9.3절에서 살펴보겠습니다.

14.9 한글을 아스키 코드로 변환하기

다국어 기능을 사용하려면 미리 한글을 아스키 코드로 변환한 형태로 저장하고 있다가 요청 시 이 아스키 코드를 다시 한글로 변환해서 표시합니다. 따라서 표시할 한글을 아스키 코드로 변환하는 방법부터 알아보겠습니다.

14.9.1 Properties Editor 설치하기

그럼 먼저 이클립스에 한글을 아스키 코드로 변환하는 기능을 제공하는 Properties Editor 플러그인을 설치합니다.

1. 이클립스 상단 메뉴에서 Help > Install New Software를 선택합니다.

❤ 그림 14-68 상단 메뉴에서 Help > Install New Software 선택

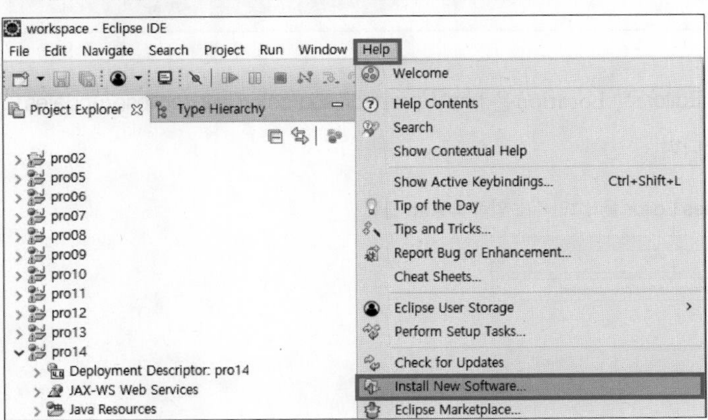

2. Add...를 클릭합니다.

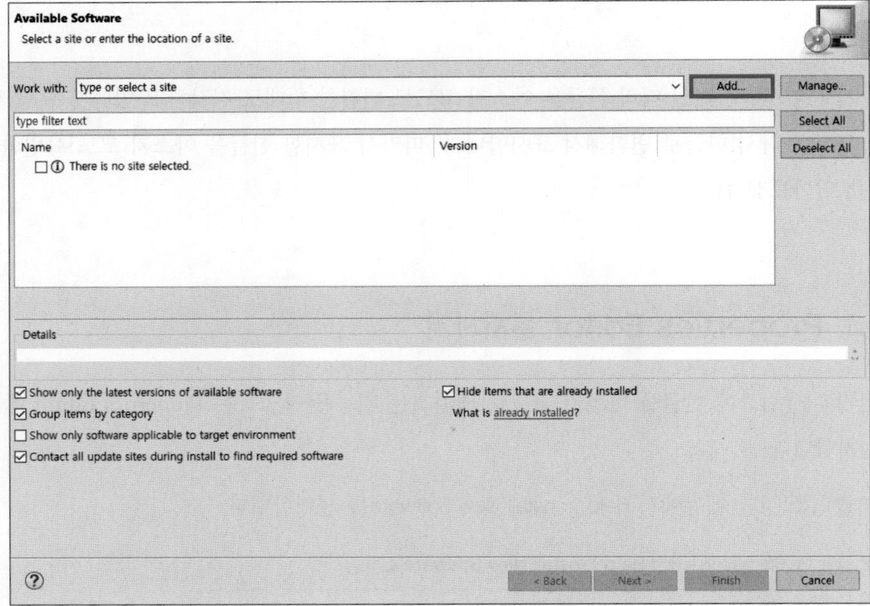

▼ 그림 14-69 Add... 클릭

3. Name은 Properties Editor로, Location은 http://propedit.sourceforge.jp/eclipse/updates로 입력하고 Add를 클릭합니다.

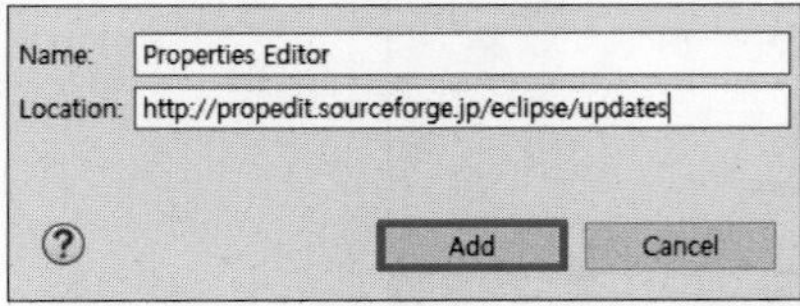

▼ 그림 14-70 Properties Editor 플러그인 주소 입력 후 **Add** 클릭

4. PropertiesEditor 항목을 선택한 후 Next를 클릭합니다.

▼ 그림 14-71 PropertiesEditor 선택 후 Next 클릭

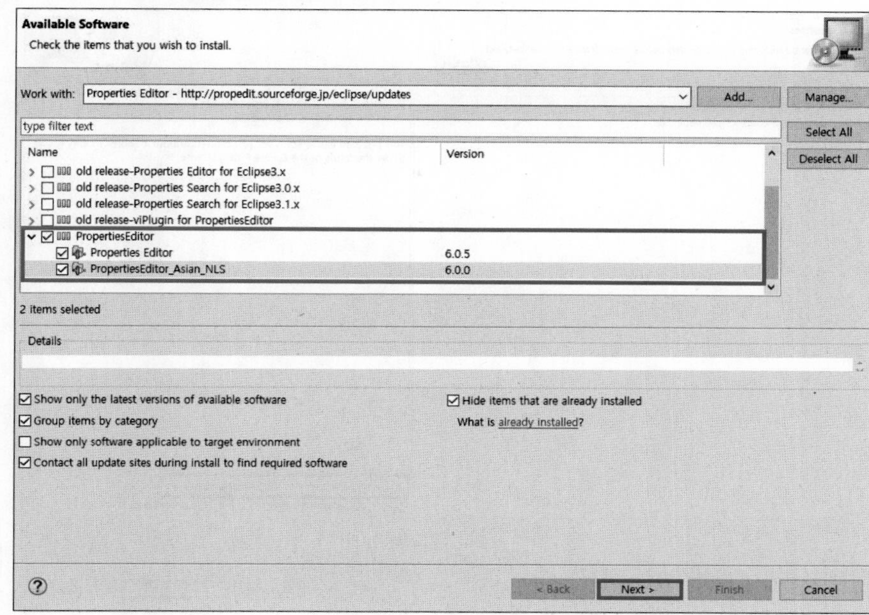

5. Install Details 화면이 나타나면 Next를 클릭합니다.

▼ 그림 14-72 Next 클릭

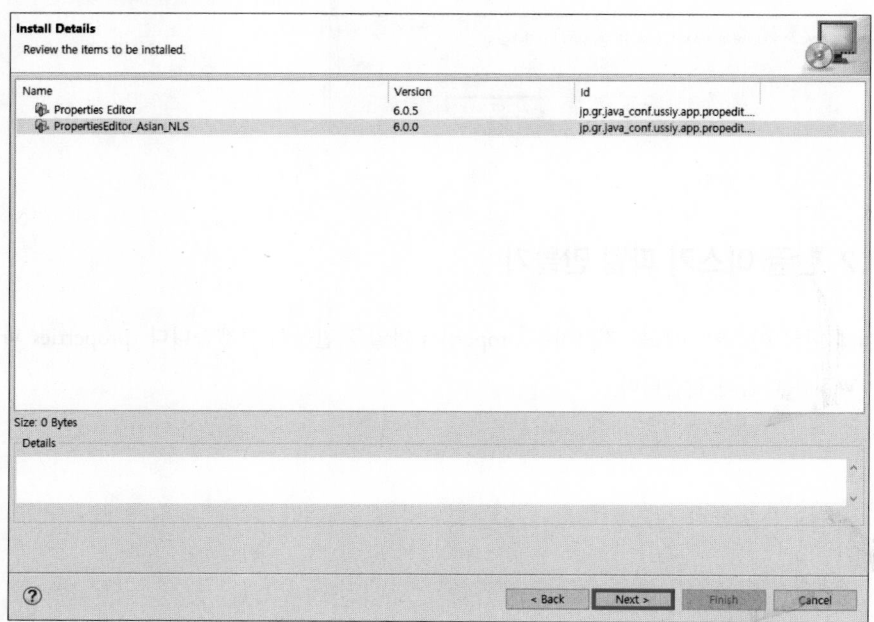

6. 라이선스 정책에 동의한 후 Finish를 클릭합니다.

▼ 그림 14-73 사용 동의에 체크 후 Finish 클릭

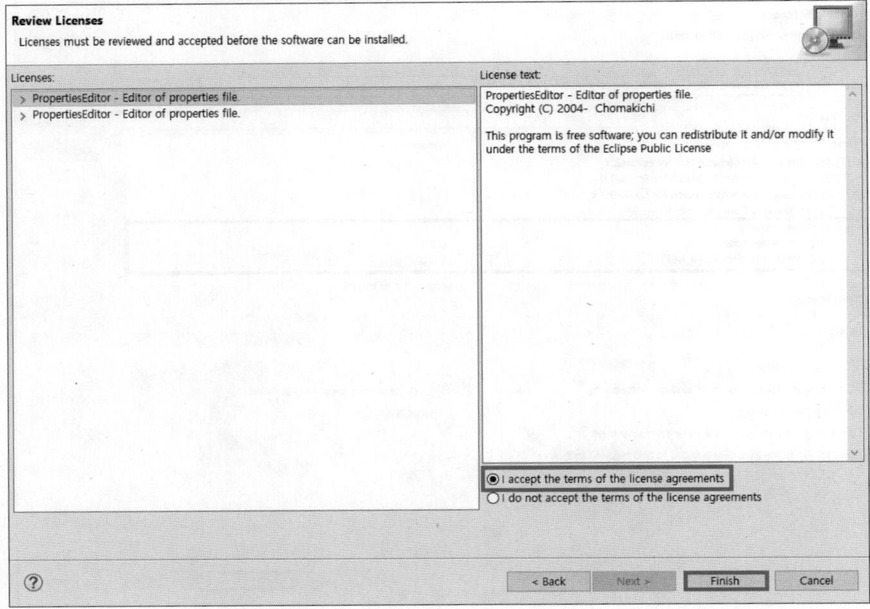
Review Licenses
Licenses must be reviewed and accepted before the software can be installed.
Licenses:
PropertiesEditor - Editor of properties file.
PropertiesEditor - Editor of properties file.
License text:
PropertiesEditor - Editor of properties file.
Copyright (C) 2004- Chomakichi
This program is free software; you can redistribute it and/or modify it under the terms of the Eclipse Public License
I accept the terms of the license agreements
I do not accept the terms of the license agreements
< Back
Next >
Finish
Cancel

7. 설치 후 이클립스를 재실행할지 묻는 창이 나타나면 Restart Now를 클릭합니다

▼ 그림 14-74 이클립스 재실행 위해 Restart Now 클릭

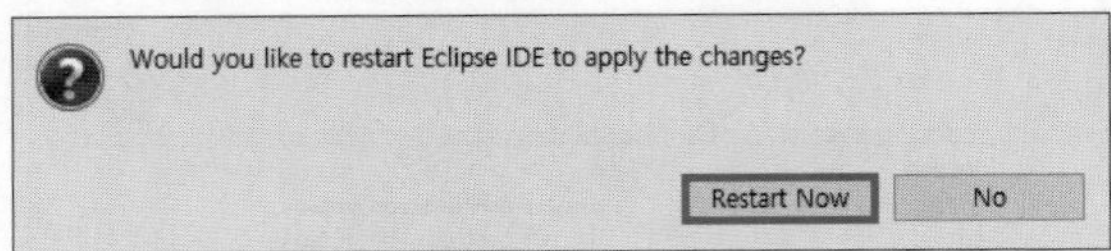
Would you like to restart Eclipse IDE to apply the changes?
Restart Now
No

14.9.2 한글 아스키 파일 만들기

그럼 이제 한글 아스키 코드를 저장하는 properties 파일을 만들어 보겠습니다. properties 파일을 만드는 과정은 다음과 같습니다.

1. 프로젝트의 src 폴더에 resource 패키지를 생성하고 마우스 오른쪽 버튼을 클릭한 후 New 〉 Other...를 선택합니다.

▼ 그림 14-75 resource 패키지 생성 후 New 〉 Other... 선택

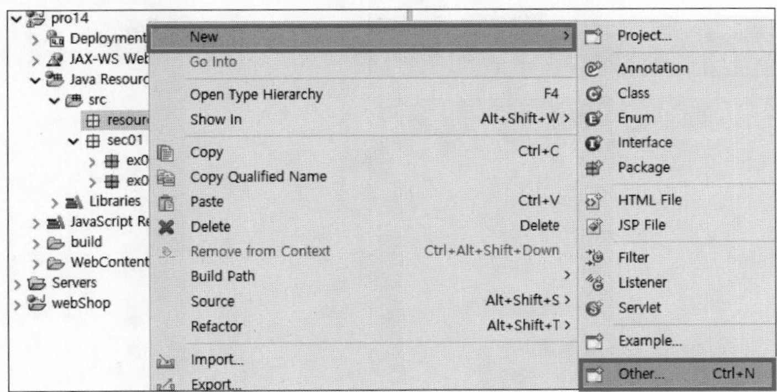

2. General 항목의 File을 선택한 후 Next를 클릭합니다.

▼ 그림 14-76 File 선택 후 Next 클릭

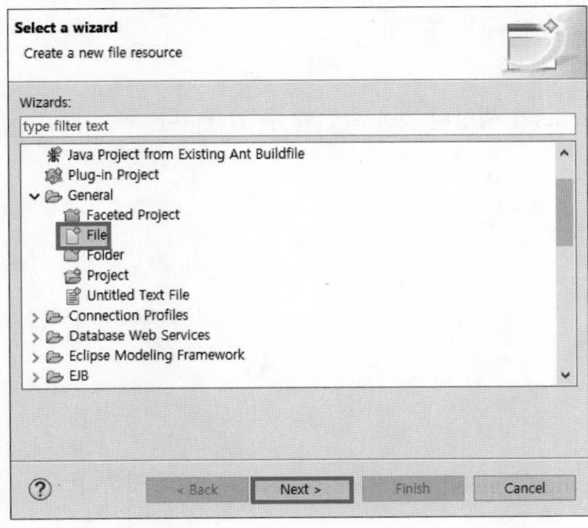

3. 파일 이름으로 member.properties를 입력한 후 Finish를 클릭합니다.

✔ 그림 14-77 파일 이름으로 member.properties 입력 후 Finish 클릭

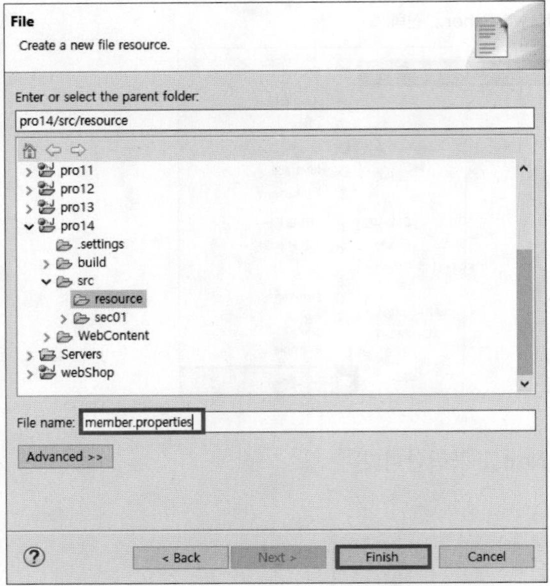

4. resource 패키지에 member.properties가 생성된 것을 확인할 수 있습니다.

✔ 그림 14-78 프로퍼티 파일 생성 확인

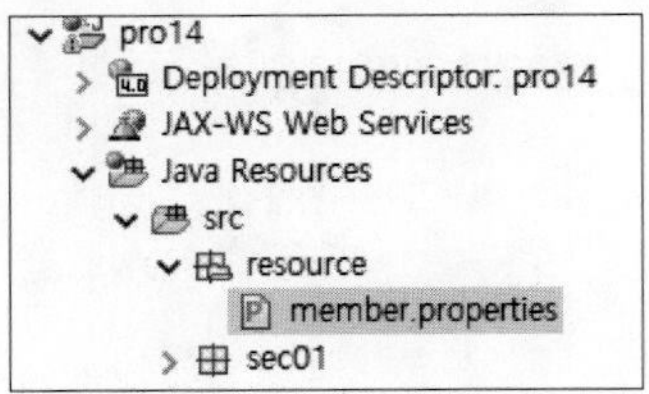

5. 같은 방법으로 member_ko.properties와 member_en.properties 파일을 생성합니다.

✔ 그림 14-79 다른 프로퍼티 파일 생성

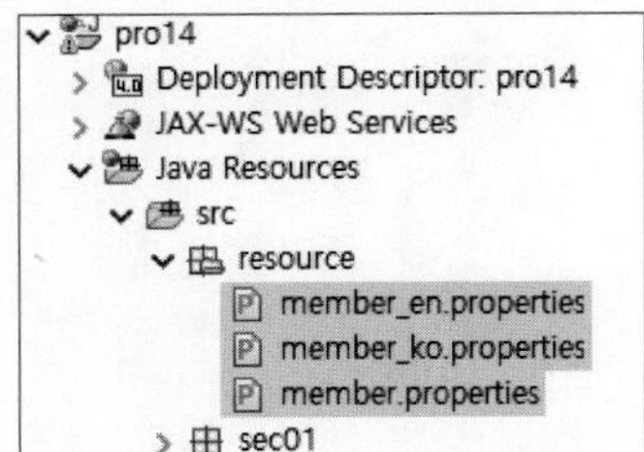

6. member.properties 파일을 열어 키/값 쌍으로 회원 정보를 한글로 작성한 후 저장합니다.

▼ 그림 14-80 member.properties에 한글로 정보 입력

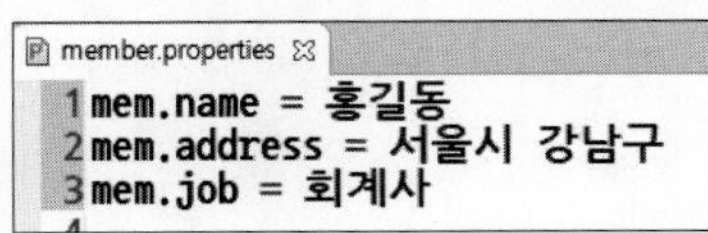

7. 작성한 회원 정보 전체를 마우스로 드래그한 후 오른쪽 버튼을 클릭해 **Unicode표시**를 선택합니다.

▼ 그림 14-81 전체 선택 후 **Unicode표시** 선택

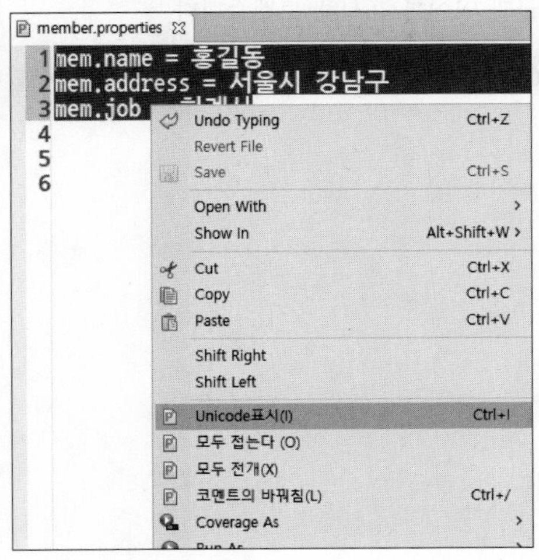

8. 창에 표시된 아스키 코드 전체를 마우스로 드래그한 후 Ctrl+C를 눌러 복사합니다.

▼ 그림 14-82 한글이 변환된 아스키 코드 복사

9. member_ko.properties 파일을 열어 붙여 넣은 후 저장합니다.

▼ 그림 14-83 member_ko.properties에 아스키 코드 붙여 넣기

10. member_en.properties 파일을 열어 동일한 key에 대한 회원 정보를 영어로 따로 입력합니다.

✔ 그림 14-84 영어로 회원 정보 입력

member_en.properties

```
mem.name = hong kil-dong
mem.address = kang-name gu, seoul
mem.job = account
```

14.9.3 JSP 페이지에 다국어 표시하기

자, 그럼 앞에서 만든 아스키 코드를 이용해 한글과 영어를 표시해 보겠습니다.

1. 먼저 프로젝트의 WebContent 폴더에 test05 폴더를 만든 후 message1.jsp 파일을 저장합니다.

✔ 그림 14-85 다국어 관련 실습 파일 위치

2. message1.jsp 파일을 다음과 같이 작성합니다. `<fmt:setLocale>` 태그를 이용해 표시할 locale(언어)을 지정한 후 `<fmt:bundle>` 태그를 이용해 `resource` 패키지의 프로퍼티 파일을 읽어옵니다. 그리고 `<fmt:message>` 태그를 이용해 프로퍼티 파일의 키(key)에 대한 값을 각각 출력합니다.

코드 14-49 pro14/WebContent/test05/message1.jsp

```
<%@ page language="java" contentType="text/html; charset=UTF-8"
    pageEncoding="UTF-8"
    isELIgnored="false" %>
<%@ taglib prefix="fmt" uri="http://java.sun.com/jsp/jstl/fmt" %>
<%@ taglib prefix="c" uri="http://java.sun.com/jsp/jstl/core" %>
<%
```

<fmt> 태그를 이용하기 전에 반드시 설정해야 합니다.

```
  request.setCharacterEncoding("UTF-8");
%>

<html>
<head>
  <meta charset="UTF-8">
  <title>JSTL 다국어 기능</title>
</head>
<body>
<%--
  <fmt:setLocale value="en_US" />          locale을 영어로 지정합니다.
  --%>
  <fmt:setLocale value="ko_KR" />          locale을 한글로 지정합니다.
  <h1>
    회원정보<br><br>
    <fmt:bundle basename="resource.member" >        resource 패키지 아래 member
    이름 <fmt:message key="mem.name" /><br>          프로퍼티 파일을 읽어옵니다.
    주소:<fmt:message key="mem.address" /><br>
    직업:<fmt:message key="mem.job" />
    </fmt:bundle>          <fmt:message> 태그의 key 속성에 프로퍼티 파일의
  </h1>                    key를 지정하여 값(value)을 출력합니다.
</body>
</html>
```

3. http://localhost:8090/pro14/test05/message1.jsp로 요청합니다. 최초 요청 시 한글로 회원 정보를 출력합니다.

▼ 그림 14-86 한글로 회원 정보 출력

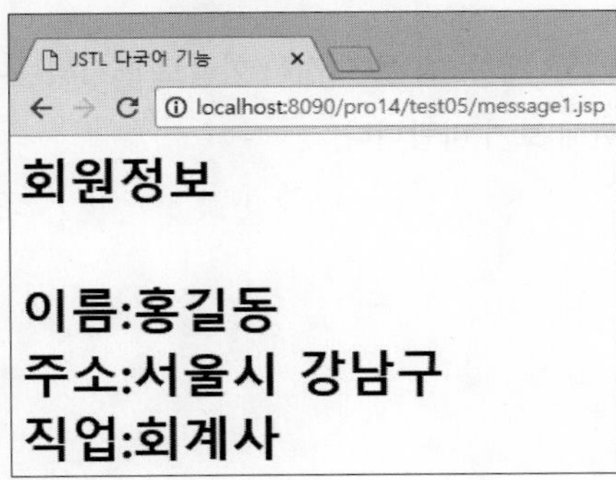

4. message1.jsp에서 한글 locale을 주석 처리하고 영어 locale을 활성화합니다.

▼ 그림 14-87 영어 표시 설정

```
<fmt:setLocale value="en_US" />
<%-- <fmt:setLocale value="ko_KR" /> --%>

<h1>
  회원정보<br><br>
  <fmt:bundle basename="resource.member" >
    이름:<fmt:message key="mem.name" /><br>
    주소:<fmt:message key="mem.address" /><br>
    직업:<fmt:message key="mem.job" />
</fmt:bundle>
```

Tip ☆ 제공하는 예제 파일에는 미리 설정되어 있으므로 해제하고 다시 테스트해 보세요!

5. 브라우저에서 다시 요청하면 다음과 같이 영어로 회원 정보를 출력합니다.

▼ 그림 14-88 영어로 회원 정보 출력

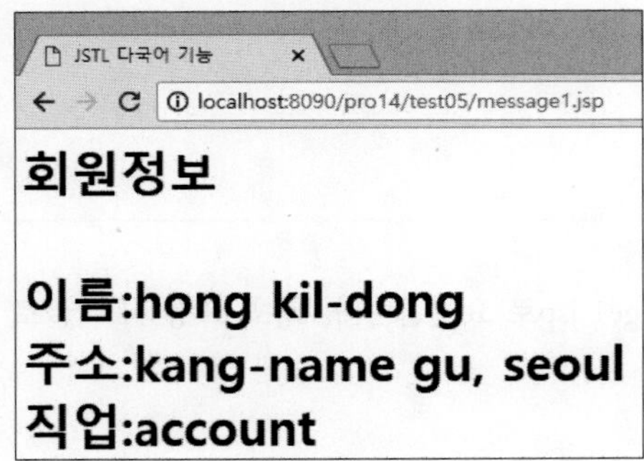

그런데 브라우저에 출력되는 '이름', '주소', '직업'과 JSP 제목(title)은 여전히 한글로 표시되는데, 이 부분은 여러분이 직접 다국어 기능을 이용해서 구현해 보기 바랍니다.

14.10 포매팅 태그 라이브러리 사용하기

쇼핑몰의 상품 가격은 숫자 데이터로 테이블에 저장됩니다. 그런데 쇼핑몰에서 상품 가격을 보면 보통 5,000원, 18,000원, 120,000원 등 세 자리마다 콤마(,)가 찍혀 있습니다. JSTL 포매팅 라이브러리를 사용하면 쉽게 원하는 형태로 숫자, 날짜, 문자열을 표시할 수 있습니다.

표 14-9는 숫자 또는 날짜와 관련된 포매팅 태그 라이브러리의 종류입니다.

▼ 표 14-9 포매팅 태그 라이브러리 종류

분류	태그	설명
포매팅	<fmt:timeZone>	둘 다 지정한 국가의 시간을 지정하는 태그입니다. 그러나 <fmt:timeZone> 태그의 경우 태그를 열고 닫는 영역 안에서만 적용된다는 차이점이 있습니다.
	<fmt:setTimeZone>	
	<fmt:formatNumber>	표시할 숫자의 형식을 지정합니다.
	<fmt:formatDate>	지정한 형식의 날짜를 표시합니다.

그리고 각각의 포매팅 태그 라이브러리들은 표 14-10, 표 14-11처럼 상세한 설정을 위해 여러 가지 속성을 가집니다.

▼ 표 14-10 <formatNumber> 태그의 여러 가지 속성

속성	설명
value	출력될 숫자를 지정합니다.
type	출력된 타입을 지정합니다. percent인 경우 %, number인 경우 숫자, currency인 경우 통화 형식으로 출력합니다.
dateStyle	날짜의 출력 형식을 지정합니다. DateFormat 클래스의 full, long, medium, short 등이 지정되어 있습니다.
groupingUsed	콤마(,)등 기호로 구분 여부를 지정합니다. 이 속성이 true이면 50000이 50,000으로 표시됩니다. 기본값은 true입니다.
currencyCode	통화 코드를 지정합니다. 한국 원화는 KRW입니다.
currentSimbol	통화를 표시할 때 사용할 기호를 표시합니다.
var	<formatNumber> 태그 결과를 저장할 변수의 이름을 지정합니다.
scope	변수의 접근 범위를 지정합니다.
pattern	숫자가 출력될 양식을 지정합니다. 자바의 DecimalFormat 클래스에 정의된 형식을 따릅니다.

✔ 표 14-11 <formatDate> 태그의 여러 가지 속성

속성	설명
value	포맷될 날짜를 지정합니다.
type	포매팅할 타입을 지정합니다. date인 경우 날짜만, time인 경우 시간만, both인 경우 모두 지정합니다.
dateStyle	날짜의 출력 형식을 지정합니다. DateFormat 클래스의 full, long, medium, short 등이 지정되어 있습니다.
timeStyle	시간 출력 형식을 지정합니다. 자바 클래스 DateFormat에 정의된 형식을 사용합니다.
pattern	직접 출력 형식을 지정합니다. 자바 클래스 SimpleDateFormat에 지정된 패턴을 사용합니다.
timeZone	특정 나라 시간대로 시간을 설정합니다.

14.10.1 포매팅 태그 라이브러리 사용 실습

다음은 포매팅 태그 라이브러리를 사용하여 여러 가지 숫자와 날짜 정보를 표시해 보겠습니다.

1. 다음과 같이 formatTest.jsp 파일을 준비합니다.

✔ 그림 14-89 포매팅 태그 라이브러리 관련 실습 파일 위치

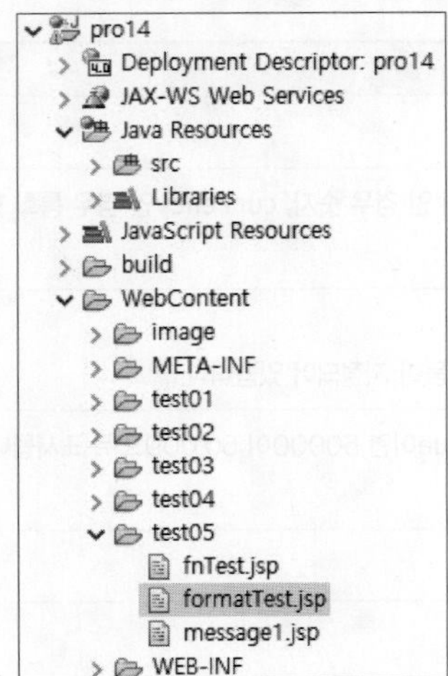

2. 다음과 같이 formatTest.jsp를 작성합니다. 변수 price를 <fmt:formatNumber> 태그를 이용해 숫자를 포매팅하고 price 값을 각각의 형식에 맞게 출력합니다. 이때 price의 값을 세 자리마다 콤마(,)로 구분해서 표시합니다. 단, groupingUsed를 false로 설정한 경우는 콤마(,)를 표시하지 않으며 <fmt:formatNumber> 태그의 var 속성에 설정한 priceNumber로 포매팅한 숫자를 표현 언어에서 출력합니다.

코드 14-50 pro14/WebContent/test05/formatTest.jsp

```
<%@ page language="java" contentType="text/html; charset=UTF-8"
    import="java.util.Date"
   pageEncoding="UTF-8"
   isELIgnored="false" %>
<%@ taglib prefix="fmt" uri="http://java.sun.com/jsp/jstl/fmt" %>
<%@ taglib prefix="c" uri="http://java.sun.com/jsp/jstl/core" %>
<%
  request.setCharacterEncoding("UTF-8");
%>
<html>
<head>
  <meta charset="UTF-8">
  <title>포매팅 태그 라이브러리 예제</title>
</head>

<body>
  <h2>fmt의 number 태그를 이용한 숫자 포맷팅 예제.</h2>
  <c:set var="price" value="100000000" />
  <fmt:formatNumber value="${price}" type="number" var="priceNumber" />
  통화로 표현 시 :
  <fmt:formatNumber type="currency" currencySymbol="₩" value="${price}"
                                    groupingUsed="true" /><br>
  퍼센트로 표현 시 :
  <fmt:formatNumber value="${price}" type="percent" groupingUsed="false' /><br>
  일반 숫자로 표현 시 : ${priceNumber}<br>
  <h2>formatDate 예제</h2>
  <c:set var="now" value="<%=new Date() %>" />
  <fmt:formatDate value="${now }" type="date" dateStyle="full" /><br>
  <fmt:formatDate value="${now }" type="date" dateStyle="short" /><br>
  <fmt:formatDate value="${now }" type="time" /><br>
  <fmt:formatDate value="${now }" type="both" dateStyle="full" timeStyle="full" /><br>
  <fmt:formatDate value="${now }" pattern="YYYY-MM-dd :hh:mm:ss" /><br>

  <br><br>
  한국 현재 시간:
```

- 포매팅 태그 라이브러리를 사용하기 위해 반드시 선언해야 합니다. (taglib prefix="fmt")
- 숫자를 원화로 표시합니다. (currencySymbol="₩")
- 세 자리 숫자마다 콤마(,)로 표시합니다. 설정하지 않으면 기본값이 true입니다. (groupingUsed="true")
- groupingUsed가 false이므로 세 자리마다 콤마(,)가 표시되지 않습니다.
- <fmt:formatNumber> 태그에서 var 속성에 정한 변수 이름으로 표현 언어에서 출력합니다.
- <fmt:formatDate> 태그의 pattern 속성에 출력한 날짜 포맷을 지정합니다.

```
    <fmt:formatDate value="${now }"
                type="both" dateStyle="full" timeStyle="full" /><br><br>

    <fmt:timeZone value="America/New York">  ← 뉴욕 시간대로 변경합니다.
      뉴욕 현재 시간:
      <fmt:formatDate value="${now }"
                  type="both" dateStyle="full" timeStyle="full" /><br>
    </fmt:timeZone>
  </body>
  </html>
```

3. http://localhost:8090/pro14/test05/formatTest.jsp로 요청하여 실행 결과를 확인합니다. 앞에서 설명했듯이 `<fmt:formatNumber>` 태그의 `groupingUsed` 속성을 `false`로 설정한 경우에는 콤마(,)가 표시되지 않습니다.

▼ 그림 14-90 실행 결과

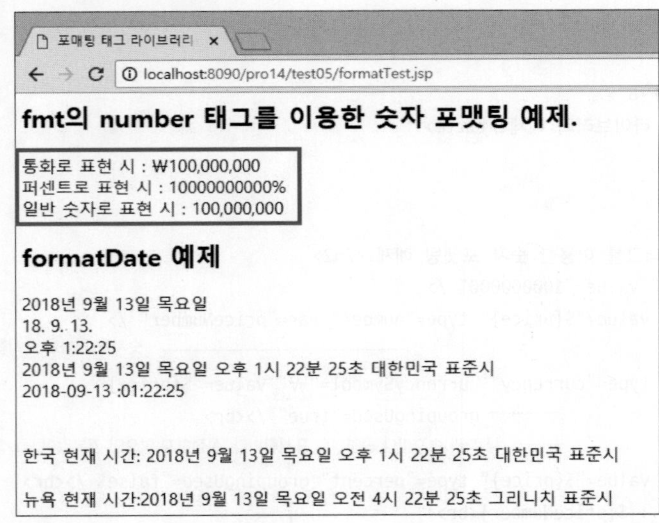

14.11 문자열 처리 함수 사용하기

자바에서 문자열을 처리할 때 사용하는 문자열 관련 기능을 JSTL에서 제공하는 함수를 이용해 JSP에서도 사용할 수 있습니다.

표 14-12는 JSTL에서 제공하는 문자열 함수들입니다. 표에 나오지 않는 문자열 기능은 자바 String 클래스의 메서드 기능을 참고하기 바랍니다.

▼ 표 14-12 JSTL에서 제공하는 여러 가지 문자열 함수

함수	반환	설명
fn:contains(A,B)	boolean	문자열 A에 문자열 B가 포함되어 있는지 확인합니다.
fn:endWith(A, B)	boolean	문자열 A의 끝이 B로 끝나는지 확인합니다.
fn:indexOf(A, B)	int	문자열 A에서 B가 처음으로 위치하는 인덱스(index)를 반환합니다.
fn:length(A)	int	문자열 A의 전체 길이를 반환합니다.
fn:replace(A, B, C)	String	문자열 A에서 B까지 해당되는 문자를 찾아 C로 변환합니다.
fn:toLowerCase(A)	String	A를 모두 소문자로 변환합니다.
fn:toUpperCase(A)	String	A를 모두 대문자로 변환합니다.
fn:substring(A, B, C)	String	A에서 인덱스 번호 B에서 C까지 해당하는 문자열을 반환합니다.
fn:split(A, B)	String[]	A에서 B에서 지정한 문자열로 나누어 배열로 반환합니다.
fn:trim(A)	String	문자열 A에서 앞뒤 공백을 제거합니다.

1. 그럼 JSTL의 문자열 함수를 사용하여 문자열을 출력하는 예제를 실습해 보겠습니다. 다음과 같이 실습 파일 fnTest.jsp를 준비합니다.

▼ 그림 14-91 JSTL의 문자열 함수 실습 파일 위치

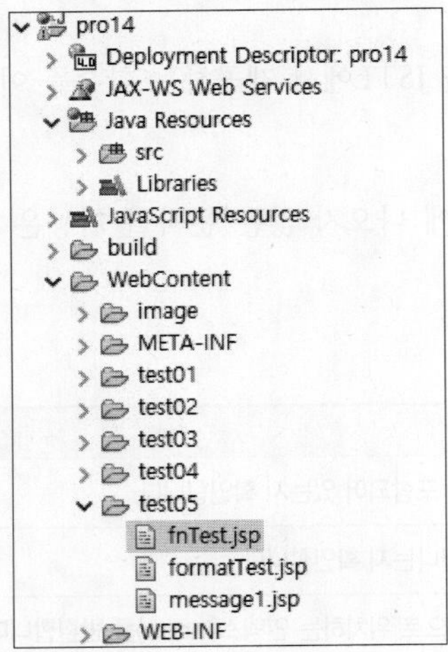

2. fnTest.jsp를 다음과 같이 작성합니다. 문자열 함수를 사용하려면 먼저 **taglib** 디렉티브 태그를 선언해야 합니다. 문자열 관련 함수 기능은 자바의 **String** 클래스에서 제공하는 메서드 기능과 같습니다.

코드 14-51 pro14/WebContent/test05/fnTest.jsp

```
<%@ page language="java" contentType="text/html; charset=UTF-8"
    pageEncoding="UTF-8"
    isELIgnored="false"%>
<%@ taglib prefix="c" uri="http://java.sun.com/jsp/jstl/core"  %>
<%@ taglib prefix="fn" uri="http://java.sun.com/jsp/jstl/functions"  %>
<%
  request.setCharacterEncoding("utf-8");
%>
<html>
<head>…</head>
<body>
  <c:set var="title1" value="hello world!" />
  <c:set var="title2" value="쇼핑몰 중심 JSP입니다!" />
  <c:set  var="str1" value="중심" />
  <h2>여러 가지 문자열 함수 기능</h2>
  title1="hello world"<br>
  title2="쇼핑몰 중심 JSP 입니다.!"<br>
  str1="중심"<br><br>
```

함수를 사용하기 전에 반드시 선언합니다.

```
fn:length(title1)=${fn:length(title1) } <br>
fn:toUpperCase(title1)=${fn:toUpperCase(title1)} <br>
fn:toLowerCase(title1)=${fn:toLowerCase(title1)} <br><br>

fn:substring(title1,3,6)=${fn:substring(title1,3,6)} <br>
fn:trim(title1)=${fn:trim(title1)}<br>
fn:replace(title1, " ","/")=${fn:replace(title1," ","/")} <br><br>

fn:indexOf(title2,str1)=${fn:indexOf(title2,str1) }<br>
fn:contains(title1,str1)=${fn:contains(title1,str1) }<br>
fn:contains(title2,str1)=${fn:contains(title2,str1) } <br>
</body>
</html>
```

- 문자열 길이를 반환합니다. (fn:length)
- 문자열을 대문자로 변환합니다. (fn:toUpperCase)
- 문자열을 소문자로 변환합니다. (fn:toLowerCase)
- 문자열에서 4~5번째 문자열을 반환합니다. (fn:substring)
- 문자열에서 공백을 /로 대체합니다. (fn:replace)
- title2 문자열에서 str1의 위치를 구합니다. (fn:indexOf)
- title1 문자열에 str1 문자열이 있는지 판별합니다. (fn:contains(title1,str1))
- 첫 번째 문자열이 두 번째 문자열을 포함하는지 판별합니다. (fn:contains(title2,str1))

3. http://localhost:8090/pro14/test05/fnTest.jsp로 요청하여 실행 결과를 확인합니다.

▼ 그림 14-92 실행 결과

이처럼 JSTL의 문자열 함수를 이용하면 간단한 문자열은 바로 JSP에서 처리하여 사용할 수 있습니다. 다음은 표현 언어와 JSTL을 이용하여 회원 관리 프로그램을 실습해 보겠습니다.

14.12 표현 언어와 JSTL을 이용한 회원 관리 실습

표현 언어와 JSTL에 익숙해졌나요? 지금의 JSP는 표현 언어와 JSTL을 사용하여 개발합니다. 그럼 이번에는 좀 더 익숙해지기 위해 13장에서 실습한 회원 가입 및 조회 과정을 표현 언어와 JSTL을 이용하여 구현해 보겠습니다.

1. sec02.ex01 패키지를 만들고 13장에서 사용한 `MemberBean` 클래스와 `MemberDAO` 클래스를 복사해 붙여 넣습니다. 그리고 test06 폴더를 만들고 member_action.jsp, memberForm.jsp, memberList.jsp를 생성합니다.

    ❤ 그림 14-93 실습 파일 위치

    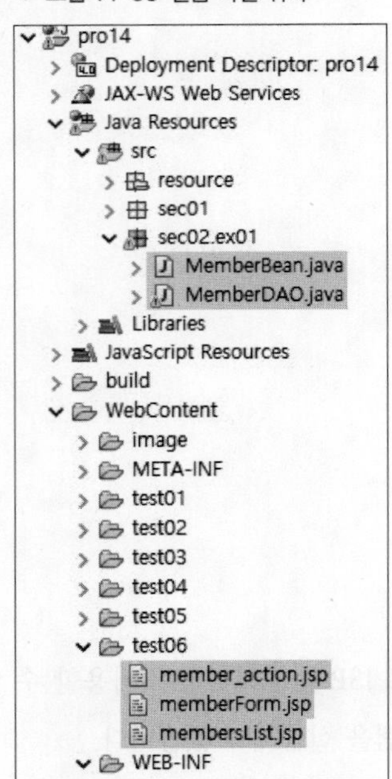

2. memberForm.jsp를 다음과 같이 작성합니다. 회원 가입창에서 회원 정보를 입력한 후 action의 member_action.jsp로 전송합니다.

코드 14-52 pro14/WebContent/test06/memberForm.jsp

```
...
<body>
  <form method="post" action="member_action.jsp">
    <h1 style="text-align:center">회원 가입창</h1>
    <table align="center">
      <tr>
        <td width="200">
          <p align="right">아이디
        </td>
        <td width="400"><input type="text" name="id"></td>
      </tr>
      <tr>
        <td width="200">
          <p align="right">비밀번호
        </td>
        <td width="400"><input type="password" name="pwd"></td>
      </tr>
      ....
```

회원 정보를 입력한 후 member_action.jsp로 전송합니다.

3. member_action.jsp를 다음과 같이 작성합니다. member_action.jsp는 화면 기능을 수행하지 않고 데이터베이스 연동 기능만 수행합니다. 회원 정보를 추가한 후 다시 회원 정보를 조회하고, 조회한 회원 정보를 request에 바인딩한 후 memberList.jsp로 포워딩합니다.

코드 14-53 pro14/WebContent/test06/member_action.jsp

```
<%@ page language="java" contentType="text/html; charset=UTF-8"
    import=" java.util.*,sec02.ex01.*"
    pageEncoding="UTF-8"
    isELIgnored="false" %>
<%@ taglib prefix="fmt" uri="http://java.sun.com/jsp/jstl/fmt" %>
<%@ taglib prefix="c" uri="http://java.sun.com/jsp/jstl/core" %>
<%
  request.setCharacterEncoding("UTF-8");
%>
<html>
<head>
<meta charset="UTF-8">
<jsp:useBean  id="m" class="sec02.ex01.MemberBean" />
<jsp:setProperty name="m" property="*"  />
```

```
<%
  MemberDAO memDAO=new MemberDAO();
  memDAO.addMember(m);
  List membersList =memDAO.listMembers();
  request.setAttribute("membersList", membersList);
%>
</head>
<body>
<jsp:forward  page="membersList.jsp" />
</body>
</html>
```

회원 정보를 추가합니다.

회원 정보를 조회합니다.

조회한 회원 정보를 request에 바인딩합니다.

다시 membersList.jsp로 포워딩합니다.

4. memberList.jsp를 다음과 같이 작성합니다. 자바 코드를 이용하지 않고 표현 언어와 JSTL만 사용하여 회원 정보를 표시합니다.

코드 14-54 pro14/WebContent/test06/memberList.jsp

```
...
<body>
  <table align="center" border="1">
    <tr align="center" bgcolor="lightgreeen">
      <td width="7%"><b>아이디</b></td>
      <td width="7%"><b>비밀번호</b></td>
      <td width="7%"><b>이름</b></td>
      <td width="7%"><b>이메일</b></td>
      <td width="7%"><b>가입일</b></td>
    </tr>
    <c:choose>
  <%--
   ArrayList list =request.getAttribute("membersList");
  --%>
      <c:when test="${ membersList==null}">
        <tr>
          <td colspan=5>
            <b>등록된 회원이 없습니다.</b>
          </td>
        </tr>
      </c:when>
      <c:when test="${membersList!= null}">
       <c:forEach var="mem" items="${membersList }">
          <tr align="center">
            <td>${mem.id }</td>
            <td>${mem.pwd}</td>
            <td>${mem.name}</td>
```

자바 코드를 사용하지 않습니다.

표현 언어에서 바인딩된 속성 이름으로 바로 접근합니다.

membersList에 저장된 memberBean을 mem에 차례대로 가져와 속성 이름으로 출력합니다.

```
                <td>${mem.email}</td>
                <td>${mem.joinDate}</td>
              </tr>
            </c:forEach>
          </c:when>
        </c:choose>
      </table>
    </body>
```

5. http://localhost:8090/pro14/test06/memberForm.jsp로 요청합니다. 회원 가입창에서 회원 정보를 입력한 후 **가입하기**를 클릭합니다.

▼ 그림 14-94 회원 가입창에서 회원 정보 입력 후 **가입하기** 클릭

▼ 그림 14-95 회원 목록 출력

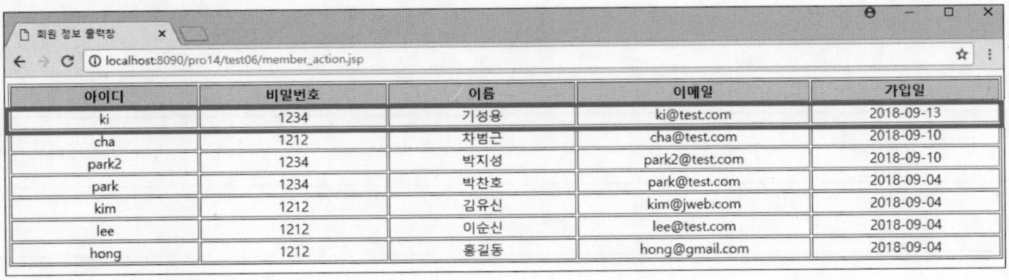

아이디	비밀번호	이름	이메일	가입일
ki	1234	기성용	ki@test.com	2018-09-13
cha	1212	차범근	cha@test.com	2018-09-10
park2	1234	박지성	park2@test.com	2018-09-10
park	1234	박찬호	park@test.com	2018-09-04
kim	1212	김유신	kim@jweb.com	2018-09-04
lee	1212	이순신	lee@test.com	2018-09-04
hong	1212	홍길동	hong@gmail.com	2018-09-04

지금까지 JSP에서 자바 코드를 사용하지 않고 표현 언어와 JSTL을 사용해 화면 기능을 어떻게 구현하는지 알아보았습니다. 우리가 13장에서 자바 코드를 사용해 실습한 회원 정보 출력 예제 코드와 비교해 보면 어떻게 다른지 더 잘 이해할 수 있을 것입니다.

15장

JSP 페이지를 풍부하게 하는 오픈 소스 기능

15.1 JSP에서 파일 업로드

지금까지 JSP와 직접 관련 있는 기능들에 대해 알아보았습니다. 15장에서는 오픈 소스 라이브러리로 제공되는 기능을 알아봅니다. JSP는 대부분의 기능을 오픈 소스로 제공합니다. 대표적인 기능이 파일 업로드와 파일 다운로드 기능이며, 이 외에도 이메일 등 수많은 오픈 소스 라이브러리를 제공하고 있습니다. 먼저 파일 업로드 기능부터 알아보겠습니다.

15.1.1 파일 업로드 라이브러리 설치

파일 업로드 기능을 사용하려면 오픈 소스 라이브러리를 설치해야 합니다. 파일 업로드 라이브러리를 설치하는 과정은 다음과 같습니다.

1. jakarta.apache.org로 접속한 후 왼쪽 메뉴에서 Commons를 클릭합니다.

▼ 그림 15-1 jakarta.apache.org로 접속 후 Commons 선택

2. 페이지 왼쪽 중간쯤에 위치한 FileUpload를 클릭합니다.

▼ 그림 15-2 FileUpload 클릭

DbUtils	JDBC helper library.
Digester	XML-to-Java-object mapping utility.
Email	Library for sending e-mail from Java.
Exec	API for dealing with external process execution and environment management in Java.
FileUpload	File upload capability for your servlets and web applications.
Functor	A functor is a function that can be manipulated as an object, or an object representing a single, generic function.
Geometry	Space and coordinates.
Imaging (previously called Sanselan)	A pure-Java image library.
IO	Collection of I/O utilities.

3. FileUpload 1.3.3 버전을 찾아서 here를 클릭합니다.

▼ 그림 15-3 다운로드 페이지에서 1.3.3 버전 선택

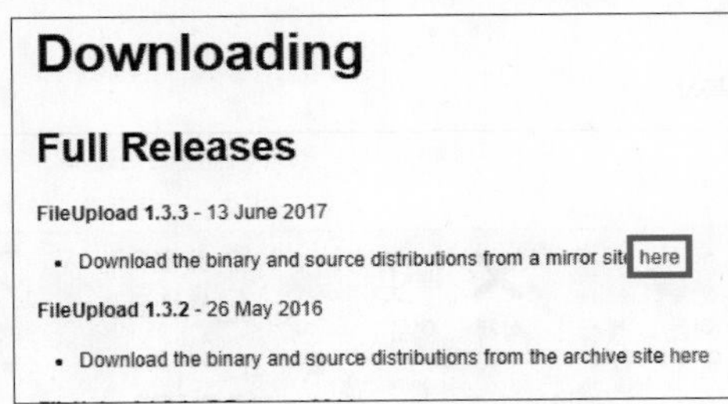

Downloading
Full Releases
FileUpload 1.3.3 - 13 June 2017
• Download the binary and source distributions from a mirror site here
FileUpload 1.3.2 - 26 May 2016
• Download the binary and source distributions from the archive site here

4. commons-fileupload-1.3.3-bin.zip을 클릭해 다운로드합니다.

▼ 그림 15-4 commons-fileupload-1.3.3-bin.zip 클릭

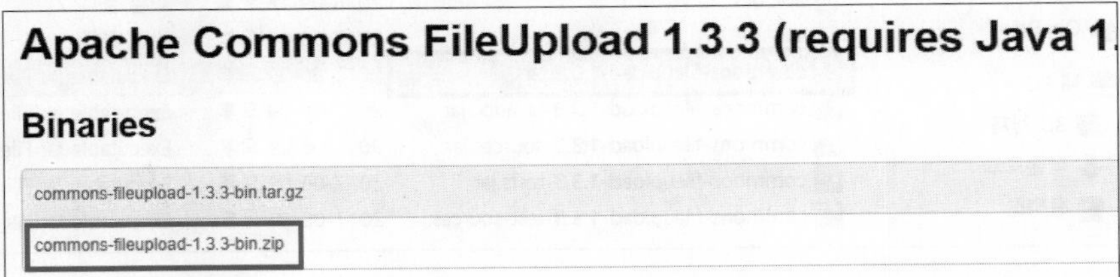

5. zip 파일의 압축을 풉니다.

▼ 그림 15-5 압축 파일 풀기

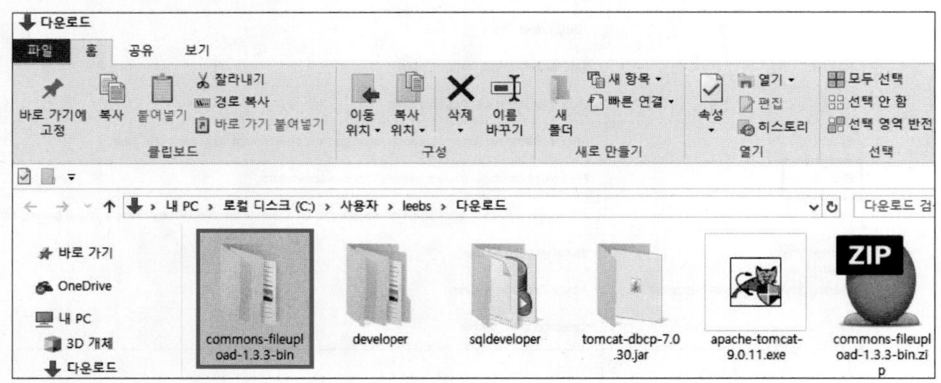

6. 압축을 푼 폴더의 하위 폴더인 commons-fileupload-1.3.3-bin에 위치한 commons-fileupload-1.3.3.jar 파일을 복사합니다.

▼ 그림 15-6 commons-fileupload-1.3.3.jar 파일 복사

7. 프로젝트 pro15의 WEB-INF 하위에 있는 lib 폴더에 붙여 넣습니다.

✔ 그림 15-7 commons-fileupload-1.3.3.jar 붙여 넣기

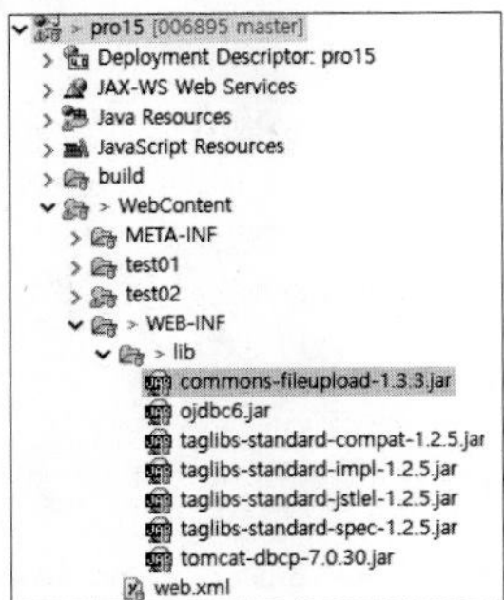

15.1.2 commons-io-2.6.jar 파일 설치

1. 다음 링크로 접속한 후 commons-io-2.6-bin.zip을 클릭해 다운로드합니다.

    • https://commons.apache.org/proper/commons-io/download_io.cgi

✔ 그림 15-8 commons-io-2.6-bin.zip 클릭

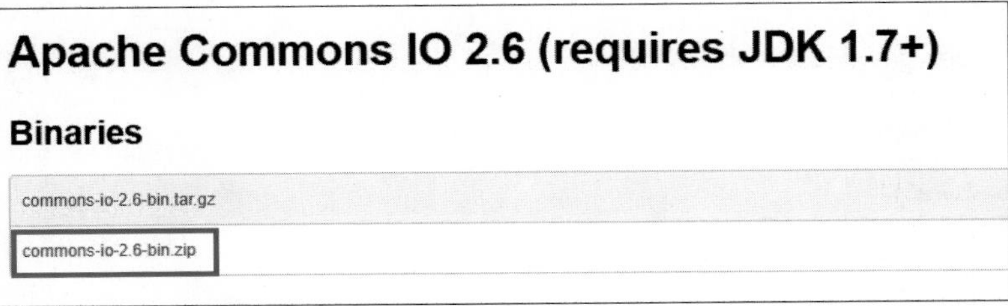

2. 로컬 PC의 여러분이 원하는 폴더에 zip 파일의 압축을 풉니다.

✔ 그림 15-9 압축 파일 풀기

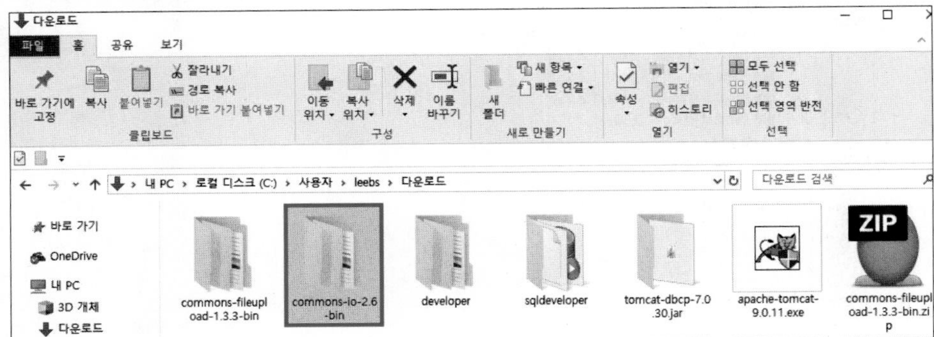

3. commons-io-2.6-bin 폴더로 이동한 후 commons-io-2.6.jar 파일을 복사해 이클립스 프로젝트의 WEB-INF/lib 폴더에 붙여 넣습니다.

▼ 그림 15-10 commons-io-2.6.jar 파일 복사

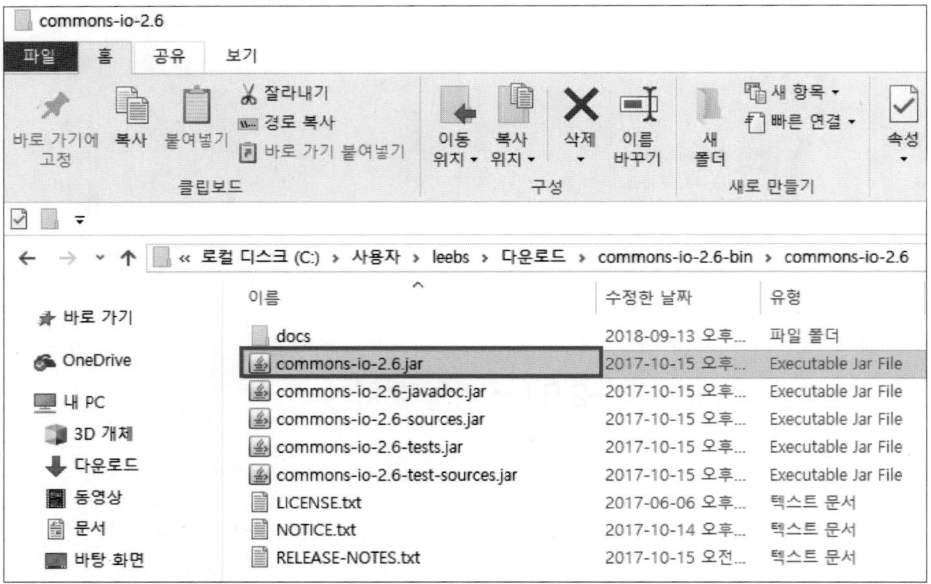

▼그림 15-11 commons-io-2.6.jar 파일 붙여 넣기

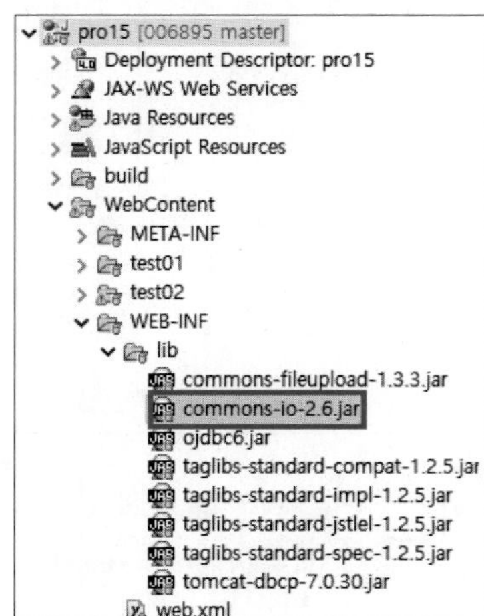

15.1.3 파일 업로드 관련 API

파일 업로드 라이브러리에서 제공하는 클래스에는 `DiskFileItemFactory`, `ServletFileUpload`가 있습니다. 각 클래스에서 제공하는 기능을 표 15-1, 15-2에 정리해 두었으니 참고하세요.

▼ 표 15-1 DiskFileItemFactory 클래스가 제공하는 메서드

메서드	기능
setRepository()	파일을 저장할 디렉터리를 설정합니다.
setSizeThreadhold()	최대 업로드 가능한 파일 크기를 설정합니다.

▼ 표 15-2 ServletFileUpload 클래스가 제공하는 메서드

메서드	기능
parseRequest()	전송된 매개변수를 List 객체로 얻습니다.
getItemIterator()	전송된 매개변수를 Iterator 타입으로 얻습니다.

15.1.4 JSP 페이지에서 파일 업로드

이제 설치한 라이브러리를 이용해 파일을 업로드해 보겠습니다.

1. sec01.ex01 패키지를 만들고 `FileUpload` 클래스를 생성합니다. 또 test01 폴더를 생성하고 실습 파일 uploadForm.jsp를 추가합니다.

▼ 그림 15-12 실습 파일 위치

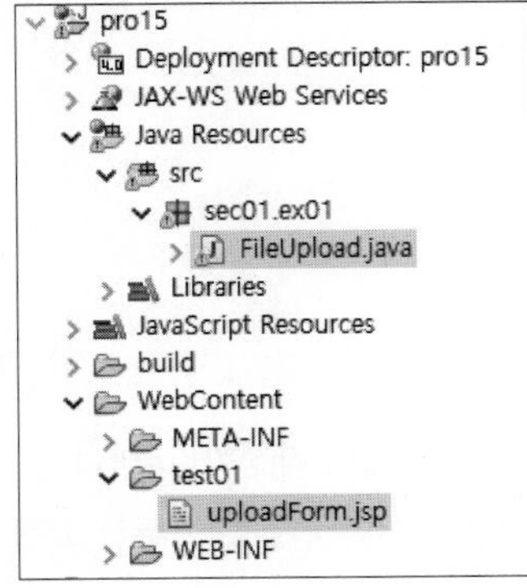

2. 파일을 업로드할 때 사용할 저장소를 다음과 같이 C 드라이브 아래에 만듭니다. 여기서는 폴더 이름을 file_repo로 하였습니다.

▼ 그림 15-13 업로드 파일 저장 폴더 생성

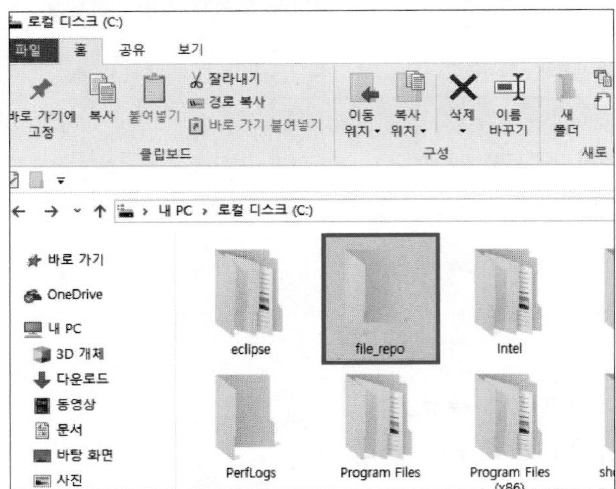

3. uploadForm.jsp를 다음과 같이 작성합니다. 파일 업로드창에서 파일을 업로드할 때 `<form>` 태그의 `encType` 속성은 반드시 `multipart/form-data`로 지정해야 합니다.

코드 15-1 pro15/WebContent/test01/uploadForm.jsp

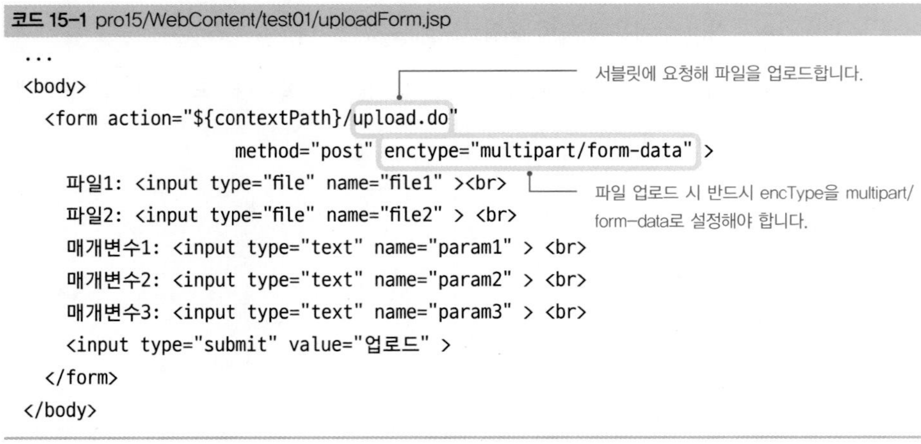

```
...
<body>
  <form action="${contextPath}/upload.do"
                    method="post" enctype="multipart/form-data" >
    파일1: <input type="file" name="file1" ><br>
    파일2: <input type="file" name="file2" > <br>
    매개변수1: <input type="text" name="param1" > <br>
    매개변수2: <input type="text" name="param2" > <br>
    매개변수3: <input type="text" name="param3" > <br>
    <input type="submit" value="업로드" >
  </form>
</body>
```


4. 파일 업로드를 처리하는 서블릿인 `FileUpload` 클래스를 다음과 같이 작성합니다. 라이브러리에서 제공하는 `DiskFileItemFactory` 클래스를 이용해 저장 위치와 업로드 가능한 최대 파일 크기를 설정합니다. 그리고 `ServletFileUpload` 클래스를 이용해 파일 업로드창에서 업로드된 파일과 매개변수에 대한 정보를 가져와 파일을 업로드하고 매개변수 값을 출력합니다.

코드 15-2 pro15/src/sec01/ex01/FileUpload.java

```
package sec01.ex01;
...
@WebServlet("/upload.do")
public class FileUpload extends HttpServlet {
  protected void doGet(HttpServletRequest request,HttpServletResponse response )
  throws ServletException, IOException {
    doHandle (request, response);
  }
  protected void doPost(HttpServletRequest request, HttpServletResponse response)
  throws ServletException, IOException {
    doHandle (request,response);
  }
  private void doHandle(HttpServletRequest request, HttpServletResponse response)
  throws ServletException, IOException {
    request.setCharacterEncoding("utf-8");
    String encoding="utf-8";
    File currentDirPath =new File("C:\\file_repo");   // 업로드할 파일 경로를 지정합니다.
    DiskFileItemFactory factory = new DiskFileItemFactory();
    factory.setRepository(currentDirPath );   // 파일 경로를 설정합니다.
    factory.setSizeThreshold(1024*1024);   // 최대 업로드 가능한 파일 크기를 설정합니다.
    ServletFileUpload upload=new ServletFileUpload(factory);
    try{
      List items = upload.parseRequest(request);   // request 객체에서 매개변수를 List로 가져옵니다.
      for(int i=0; i < items.size();i++) {   // 파일 업로드창에서 업로드된 항목들을 하나씩 가져옵니다.
        FileItem fileItem = (FileItem) items.get(i);
        if(fileItem.isFormField()) {   // 폼 필드이면 전송된 매개변수 값을 출력합니다.
          System.out.println(fileItem.getFieldName()+ "=" +fileItem.getString(encoding));
        }else{
          System.out.println("매개변수이름:"+fileItem.getFieldName());
          System.out.println("파일이름:"+fileItem.getName());
          System.out.println("파일크기:"+fileItem.getSize( ) + "bytes");
          if(fileItem.getSize() > 0) {
            int idx = fileItem.getName().lastIndexOf("\\");
            if(idx ==-1) {
              idx = fileItem.getName().lastIndexOf("/");
            }
            String fileName = fileItem.getName().substring(idx+1);
            File uploadFile = new  File(currentDirPath +"\\"+ fileName);
            fileItem.write(uploadFile);
          } //end if
        } //end if
      }//end for
    } catch(Exception e) {
      e.printStackTrace();
```

- 폼 필드가 아니면 파일 업로드 기능을 수행합니다.
- 업로드한 파일 이름을 가져옵니다.
- 업로드한 파일 이름으로 저장소에 파일을 업로드합니다.

```
        }
      }
    }
```

5. http://localhost:8090/pro15/test01/uploadForm.jsp로 요청하여 파일 업로드창을 엽니다. 그런 다음 이미지 파일(여기서는 duke.png와 duke2.png)을 첨부하고 해당하는 텍스트 필드 값을 입력한 후 **업로드**를 클릭합니다.

▼ 그림 15-14 파일 업로드창에서 파일 첨부

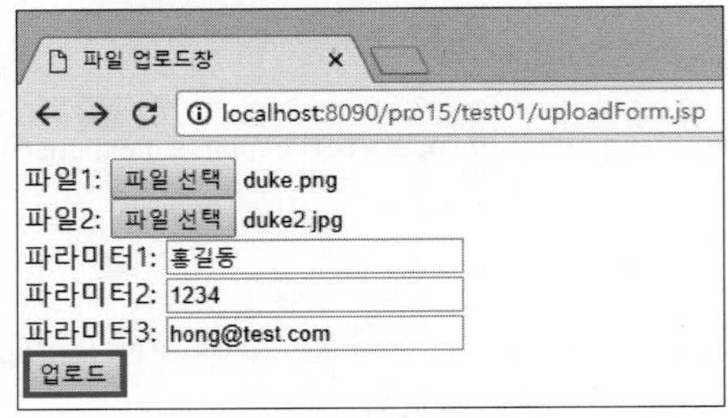

6. 2번 과정에서 만든 파일 저장소(C:\file_repo)에 가면 업로드된 파일들을 볼 수 있습니다.

▼ 그림 15-15 파일 저장소에 업로드된 파일들

7. 또한 이클립스의 Console 탭을 보면 업로드한 매개변수 정보와 파일 정보가 출력된 것을 확인할 수 있습니다.

▼ 그림 15-16 업로드된 파일 정보와 매개변수 정보 출력

```
Tomcat v9.0 Server at localhost [Apache Tomcat]
매개변수명:file1
파일명:duke.png
파일크기:4437bytes
매개변수명:file2
파일명:duke2.png
파일크기:5103bytes
param1=홍길동
param2=1234
param3=hong@test.com
```

15.2 JSP에서 파일 다운로드

JAVA WEB

파일 업로드를 구현했으니 이번에는 서블릿 기능을 이용해 업로드한 파일을 다운로드하여 출력하는 예제를 실습해 보겠습니다.

1. 다음과 같이 sec01.ex02 패키지를 만들고 `FileDownload` 서블릿을 생성합니다. 이어서 test02 폴더를 만들고 실습 파일 first.jsp와 result.jsp를 추가합니다.

▼ 그림 15-17 실습 파일 위치

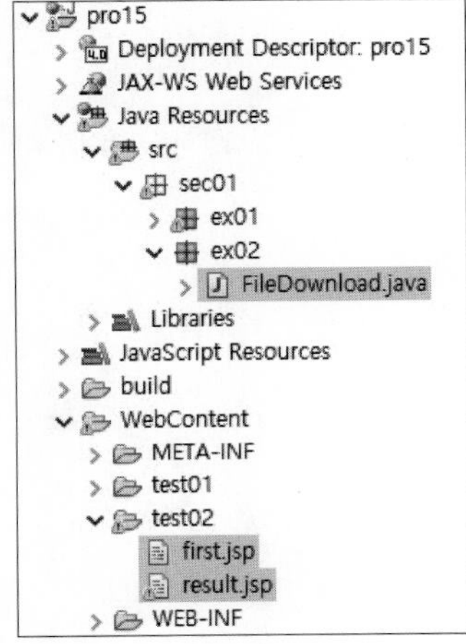

2. 첫 번째 JSP에서 다운로드할 이미지 파일 이름을 두 번째 JSP로 전달하도록 first.jsp를 작성합니다.

코드 15-3 pro15/WebContent/test02/first.jsp

```
...
<body>
  <form method="post"  action="result.jsp" >
    <input type=hidden  name="param1" value="duke.png" /> <br>
    <input type=hidden  name="param2" value="duke2.jpg" /> <br>
    <input type ="submit" value="이미지 다운로드">
  </form>
</body>
```

다운로드할 파일 이름을 매개변수로 전달합니다 (duke.png나 duke2.png가 아닌 다른 파일을 업로드했다면 해당 파일 이름으로 수정하세요).

3. 두 번째 JSP인 result.jsp를 다음과 같이 작성합니다. 이미지 파일 표시창에서 `<img>` 태그의 `src` 속성에 다운로드를 요청할 서블릿 이름 `download.do`와 파일 이름을 GET 방식으로 전달합니다. 다운로드한 이미지 파일을 바로 `<img>` 태그에 표시하고, `<a>` 태그를 클릭해 서블릿에 다운로드를 요청하면 파일 전체를 로컬 PC에 다운로드합니다.

코드 15-4 pro15/WebContent/test02/result.jsp

```
<%@ page language="java" contentType="text/html; charset=UTF-8"
    pageEncoding="UTF-8"
    isELIgnored="false"%>
<%@ taglib prefix="c" uri="http://java.sun.com/jsp/jstl/core"  %>
<c:set var="contextPath" value="${pageContext.request.contextPath}" />
<%
  request.setCharacterEncoding("utf-8");
%>
<html>
<head>
  <meta charset="UTF-8">
  <c:set var="file1" value="${param.param1}" />
  <c:set var="file2" value="${param.param2}" />

  <title>이미지 파일 출력하기</title>
</head>
<body>
  매개변수 1 :
  <c:out value="${file1}" /><br>
  매개변수 2 :
  <c:out value="${file2}" /><br>

  <c:if test="${not empty file1 }">
```

다운로드할 파일 이름을 가져옵니다.

```
    <img src=" ${contextPath}/download.do?fileName=${file1}" width=300 height=300 /><br>
  </c:if>
  <br>
  <c:if test="${not empty file2 }">
    <img src="${contextPath}/download.do?fileName=${file2}" width=300 height=300 /><br>
  </c:if>
  파일 내려받기 :<br>
  <a href="${contextPath}/download.do?fileName=${file2}">
    파일 내려받기 </a><br>
</body>
</html>
```

파일 이름으로 서블릿에서 이미지를 다운로드해 표시합니다.

파일 이름으로 서블릿에서 이미지를 다운로드해 표시합니다.

이미지를 파일로 다운로드합니다.

4. 파일 다운로드 기능을 할 서블릿인 FileDownload 클래스를 다음과 같이 작성합니다. 파일 다운로드 기능은 자바 IO를 이용해 구현합니다. 먼저 response.getOutputStream();를 호출해 OutputStream을 가져옵니다. 그리고 배열로 버퍼를 만든 후 while 반복문을 이용해 파일에서 데이터를 한 번에 8KB씩 버퍼에 읽어옵니다. 이어서 OutputStream의 write() 메서드를 이용해 다시 브라우저로 출력합니다.

코드 15-5 pro15/src/sec01/ex02/FileDownload.java

```
package sec01.ex02;
...
@WebServlet("/download.do")
public class FileDownload extends HttpServlet {
  protected void doGet(HttpServletRequest request, HttpServletResponse response)
  throws ServletException,IOException{
    doHandle(request, response);
  }
  protected void doPost(HttpServletRequest request,HttpServletResponse response)
  throws ServletException, IOException{
    doHandle(request, response);
  }
  private void doHandle(HttpServletRequest request,HttpServletResponse response)
  throws ServletException, IOException{
    request.setCharacterEncoding("utf-8");
    response.setContentType("text/html; charset=utf-8");
    String file_repo="C:\\file_repo";
    String fileName = (String)request.getParameter("fileName");
    System.out.println("fileName="+fileName);
    OutputStream out = response.getOutputStream();
    String downFile=file_repo+"\\"+fileName;
    File f=new File(downFile);
    response.setHeader("Cache-Control","no-cache");
    response.addHeader("Content-disposition", "attachment; fileName="+fileName);
```

매개변수로 전송된 파일 이름을 읽어옵니다.

response에서 OutputStream 객체를 가져옵니다.

파일을 다운로드할 수 있습니다.

```
    FileInputStream in=new FileInputStream(f);
    byte[] buffer=new byte[1024*8];
    while(true) {
      int count=in.read(buffer);
      if(count==-1)
        break;
      out.write(buffer,0,count);
    }
    in.close();
    out.close();
  }
}
```

버퍼 기능을 이용해 파일에서 버퍼로 데이터를 읽어와 한꺼번에 출력합니다.

5. http://localhost:8090/pro15/test02/first.jsp로 요청한 후 **이미지 다운로드**를 클릭합니다.

▼ 그림 15-18 **이미지 다운로드** 클릭

6. 업로드한 이미지가 브라우저에 출력되면 **파일 내려받기**를 클릭해 로컬 PC에 파일을 저장합니다.

❤ 그림 15-19 화면에 이미지가 출력되면 **파일 내려받기** 클릭

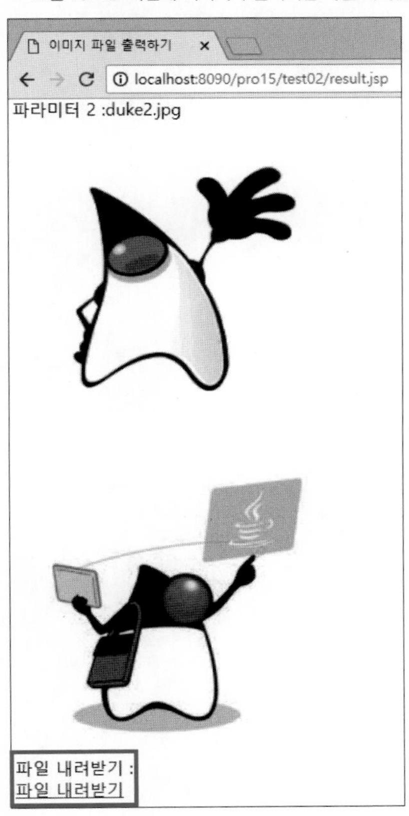

❤ 그림 15-20 로컬 PC에 파일 저장

JSP는 수많은 오픈 소스 라이브러리를 제공합니다. 15장에서 다루지 않은 그 외의 라이브러리들은 이책 뒷부분에서 스프링 프레임워크를 배울 때 상세히 알아보겠습니다.

16장에서는 JSP의 화면을 구현하는 요소들의 추가된 기능(HTML 태그나 자바스크립트에 많은 변화가 있었습니다)에 대해 좀 더 알아보겠습니다.

16장

HTML5와 제이쿼리

16.1 HTML5 주요 개념

웹 브라우저는 웹 사이트를 만드는 프로그래밍 언어인 HTML(Hypertext Markup Language), CSS와 자바스크립트로 이루어진 구문만 인식하여 화면에 나타냅니다. 그리고 JSP는 웹 사이트 화면을 구성하는 HTML을 좀 더 동적으로 구현하기 위해 도입된 기능입니다. HTML 기능도 꾸준히 업그레이드되어 지금은 HTML5 버전(HTML의 최신 버전)이 사용되고 있습니다. 이 장에서는 JSP에서 사용되는 HTML5 기능을 간단히 알아보고, 자바스크립트 기반의 제이쿼리(jQuery)도 살펴보겠습니다.

HTML5는 기존 HTML4에서는 지원하지 않는 동영상이나 오디오 기능 그리고 지리 위치 정보 등을 지원합니다. 플러그인을 따로 설치하지 않아도 화려한 그래픽 효과를 구현할 수 있으며, 운영체제에 상관없이 스마트폰, 태블릿 같은 모바일 환경에서도 기능을 구현할 수 있습니다.

HTML5에서 제공하는 기능들을 표 16-1에 정리했습니다.

▼ 표 16-1 HTML5의 여러 가지 기능

기능	설명
Web Form	입력 형태를 보다 다양하게 제공합니다.
Video	동영상 재생을 위한 API를 제공합니다.
Audio	음성 재생을 위한 API를 제공합니다.
Offline Web	인터넷 연결이 되지 않은 상태에서도 정상적인 기능을 지원하는 API를 제공합니다.
Web DataBase	표준 SQL을 사용해 데이터를 저장할 수 있는 기능을 제공합니다.
Web Storage	웹 애플리케이션에서 데이터를 저장할 수 있는 기능을 제공합니다.
Canvas	2차원 그래픽 그리기 및 객체에 대한 각종 효과를 주는 기능을 제공합니다.
SVG	XML 기반 2차원 벡터 그래픽을 표현하기 위한 SVG 언어를 지원합니다.
Geolocation	디바이스의 지리적 위치 정보를 가져오는 기능을 제공합니다.
Web Worker	웹 애플리케이션을 위한 스레드 기능을 제공합니다.
Web Socket	웹 애플리케이션과 서버 간의 양방향 통신 기능을 제공합니다.
CSS3	웹 애플리케이션의 다양한 스타일 및 효과를 나타내기 위한 CSS3를 제공합니다.

HTML4와 HTML5의 문서 구조를 비교해 보면 HTML5가 훨씬 간단하다는 것을 알 수 있습니다.

코드 HTML4의 문서 구조

```
<!DOCTYPE html PUBLIC "-//W3C//DTD HTML 4.01 Transitional//EN" "http://www.w3.org/TR/
html4/loose.dtd">
<html>
<head>
  <meta http-equiv="Content-Type" content="text/html; charset=UTF-8">
  <title>HTML4 구조</title>
</head>
<body>
  hello world!!!
</body>
</html>
```

코드 HTML5의 문서 구조

```
<!DOCTYPE html>
<html>
<head>
  <meta charset="UTF-8" />
  <title>HTML5 구조</title>
</head>
<body>
  hello world!!!
</body>
</html>
```

Tip ☆ 이미 HTML5와 제이쿼리에 대해 잘 알고 있는 독자라면 이 장을 건너뛰어도 괜찮습니다.

16.2 HTML5 시맨틱 웹을 위한 구성 요소

시맨틱 웹(Semantic Web)의 사전적 정의는 기계가 이해할 수 있고 처리할 수 있는 웹 콘텐츠를 만드는 것으로, 1998년 월드와이드웹(WWW)의 창시자인 팀 버너스 리(Tim Berners Lee)에 의해 개발되고 정의된 개념입니다.

16.2.1 HTML5에 추가된 웹 페이지 구조 관련 태그

HTML4에서는 웹 페이지 구조에 해당하는 머리말, 메뉴, 본문, 하단부를 만들 때 <div> 태그에 CSS를 적용하는 방식으로 작업을 했습니다. 그러다 보니 <div> 태그만 봐서는 그 의미를 잘 알 수 없다는 문제가 있었지요.

따라서 HTML5에서는 이 문제를 보완하기 위해 의미 있는 구조를 나타낼 수 있는 태그들을 추가하여 가독성을 높였습니다. HTML5에 추가된 태그를 표 16-2에 정리했습니다.

▼ 표 16-2 HTML5에 추가된 여러 가지 태그

태그	설명
<header>	머리말을 나타내는 태그
<hgroup>	제목과 부제목을 묶는 태그
<nav>	메뉴 부분을 나타내는 태그
<section>	제목별로 나눌 수 있는 태그
<article>	개별 콘텐츠를 나타내는 태그
<aside>	왼쪽 또는 오른쪽에 위치하는 사이드 바를 나타내는 태그
<footer>	하단의 정보를 표시하는 태그

이것만 봐서는 이해가 잘 되지 않을 것입니다. 그림을 통해 HTML4와 HTML5의 웹 페이지 구조가 어떻게 다른지 비교해 보겠습니다. 먼저 HTML4의 <div> 태그를 이용해 화면의 레이아웃을 구성하는 방법을 그림 16-1에 나타내었습니다.

❤ 그림 16-1 기존의 화면 레이아웃 구성

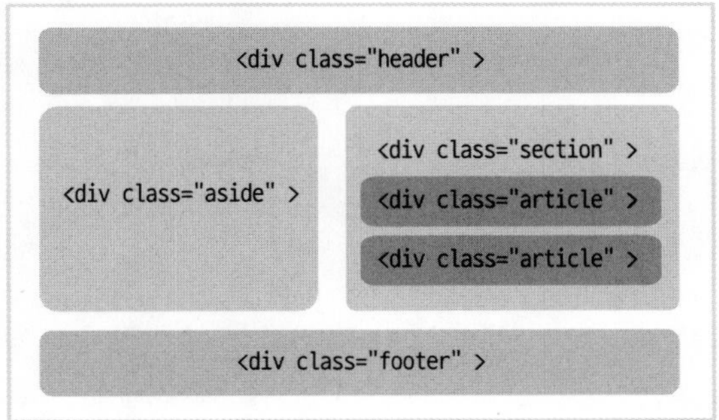

다음은 시맨틱 웹의 자체 태그를 이용해 구성한 레이아웃입니다. 그림 16-1과 비교했을 때 디자이너가 좀 더 쉽게 레이아웃을 구성할 수 있을 것 같죠?

❤ 그림 16-2 HTML5를 이용한 화면 레이아웃 구성

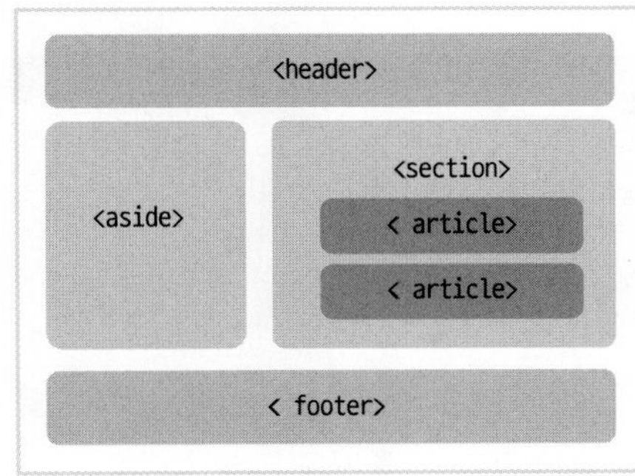

가독성이 향상된 것을 한눈에 알 수 있을 것입니다.

16.2.2 HTML5 웹 페이지 구조 관련 태그 사용

그럼 지금부터는 웹 페이지 구조를 나타내는 여러 가지 태그를 사용해 보겠습니다.

먼저 `<section>` 태그를 이용해 제목을 표시하는 방법을 실습해 보겠습니다. 이 절은 HTML5를 처음 접하거나 익숙하지 않은 사람을 대상으로 설명하므로 이미 잘 알고 있는 사람이라면 16.3절로 바로 넘어가도 됩니다.

1. 새 프로젝트 pro16을 만들고, test01 폴더를 만든 다음 section1.html, section2.html, section3.html, section4.html을 추가합니다.

▼ 그림 16-3 실습 파일 위치

2. 다음과 같이 section1.html을 작성합니다.

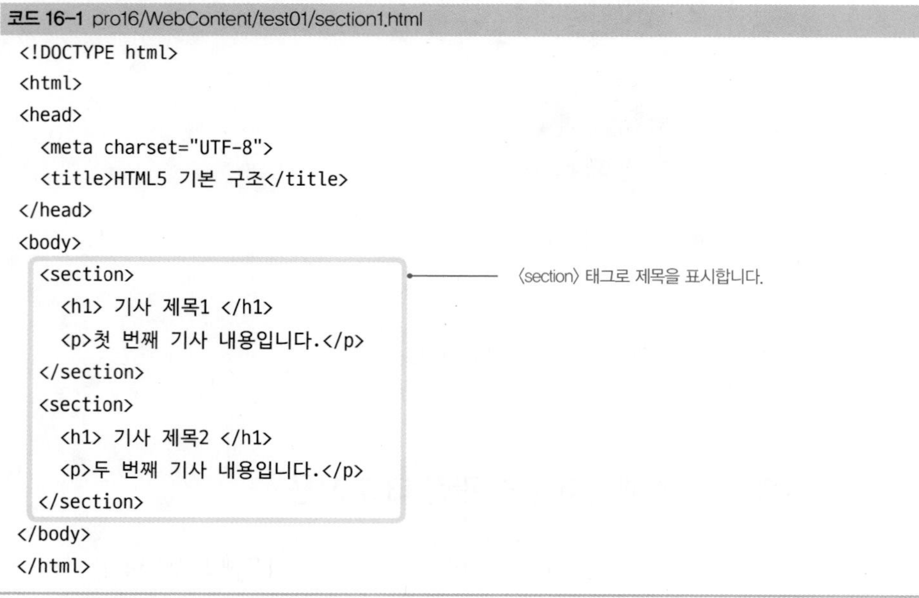

코드 16-1 pro16/WebContent/test01/section1.html

```
<!DOCTYPE html>
<html>
<head>
  <meta charset="UTF-8">
  <title>HTML5 기본 구조</title>
</head>
<body>
  <section>
    <h1> 기사 제목1 </h1>
    <p>첫 번째 기사 내용입니다.</p>
  </section>
  <section>
    <h1> 기사 제목2 </h1>
    <p>두 번째 기사 내용입니다.</p>
  </section>
</body>
</html>
```

〈section〉 태그로 제목을 표시합니다.

3. http://localhost:8090/pro16/test01/section1.html로 요청하여 결과를 확인합니다.

▼ 그림 16-4 실행 결과

4. section2.html을 다음과 같이 작성합니다. `<section>` 태그 안에 `<article>` 태그를 사용해 본문을 표시합니다.

코드 16-2 pro16/WebContent/test01/section2.html

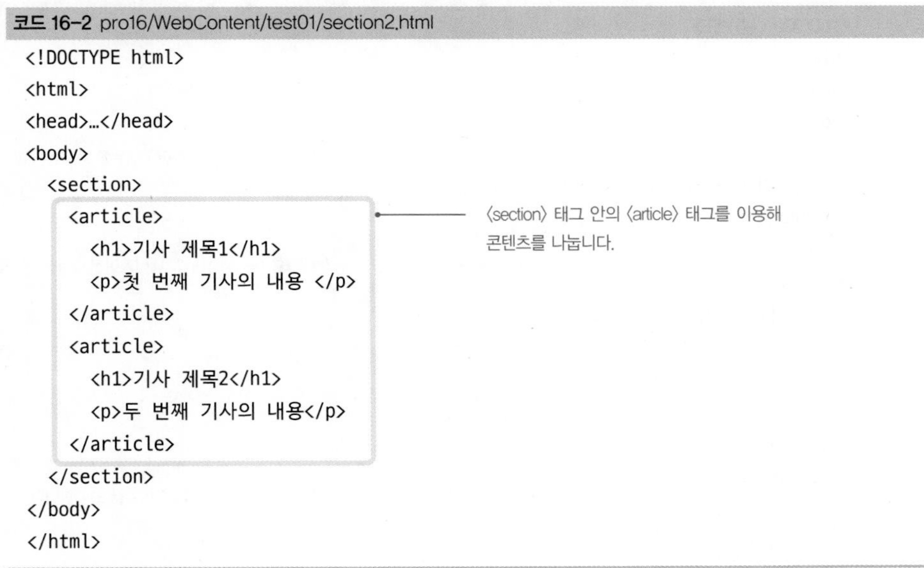

```
<!DOCTYPE html>
<html>
<head>…</head>
<body>
  <section>
    <article>
      <h1>기사 제목1</h1>
      <p>첫 번째 기사의 내용 </p>
    </article>
    <article>
      <h1>기사 제목2</h1>
      <p>두 번째 기사의 내용</p>
    </article>
  </section>
</body>
</html>
```

<section> 태그 안의 <article> 태그를 이용해
콘텐츠를 나눕니다.

5. http://localhost:8090/pro16/test01/section2.html로 요청하여 결과를 확인합니다.

▼ 그림 16-5 실행 결과

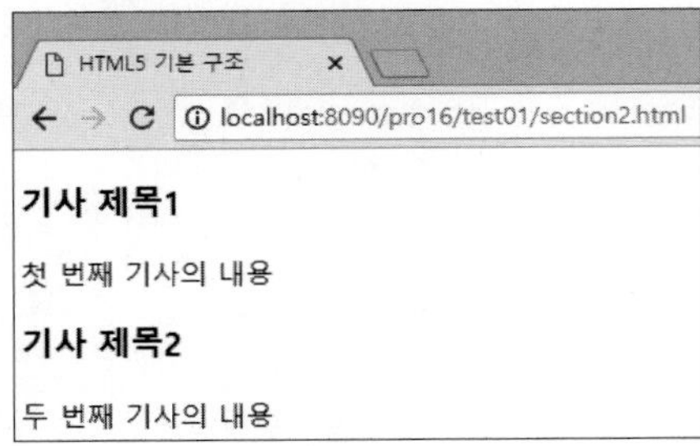

6. 이번에는 section3.html을 다음과 같이 작성합니다. 여러 가지 시맨틱 웹의 태그를 이용해 화면의 레이아웃을 구성하는 내용입니다.

코드 16-3 pro16/WebContent/test01/section3.html

```
<!DOCTYPE html>
<html>
<head>…</head>
<body>
  <header>
    <h1>HTML5 강좌를 시작합니다.</h1>
  </header>
  <nav>
    <ul>
      <li>1.개념익히기</li>
      <li>2.문법익히기</li>
      <li>3.실전응용하기</li>
    </ul>
  </nav>
  <aside>
    사이드 메뉴
  </aside>
  <section>
    <article>
      <h1> 첫 번째 강좌 제목 </h1>
      <p> 첫 번째 강좌 내용 </p>
    </article>
    <article>
     <h1> 두 번째 강좌 제목 </h1>
      <p> 두 번째 강좌 내용 </p>
    </article>
    <article>
```

〈header〉 태그를 이용해 로고나 메뉴를 표시합니다.

〈nav〉 태그를 이용해 상단의 내비게이션 메뉴를 표시합니다.

〈aside〉 태그를 이용해 사이드 메뉴를 표시합니다.

〈section〉 태그를 이용해 본문을 표시합니다.

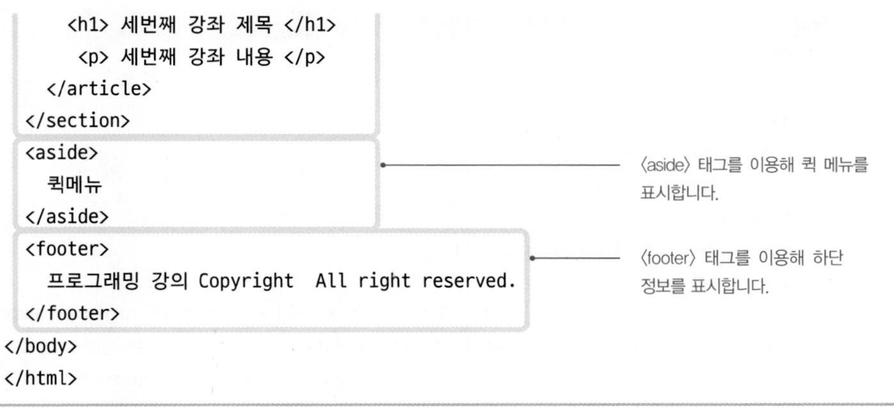

```
      <h1> 세번째 강좌 제목 </h1>
       <p> 세번째 강좌 내용 </p>
    </article>
  </section>
  <aside>
    퀵메뉴
  </aside>
  <footer>
    프로그래밍 강의 Copyright  All right reserved.
  </footer>
</body>
</html>
```

<aside> 태그를 이용해 퀵 메뉴를 표시합니다.

<footer> 태그를 이용해 하단 정보를 표시합니다.

7. http://localhost:8090/pro16/test01/section3.html로 요청하여 결과를 확인합니다.

▼ 그림 16-6 실행 결과

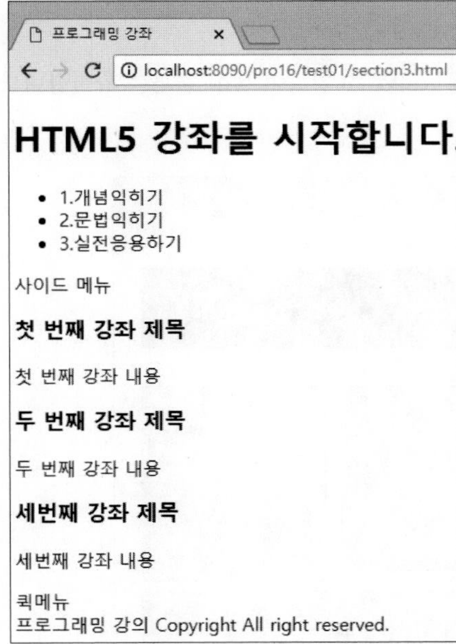

그런데 실행 결과를 보니 레이아웃이 제대로 적용되지 않았네요. 레이아웃을 표시하려면 각 태그에 CSS를 적용해야 합니다.

section4.html은 HTML 태그에 CSS를 적용한 코드 예입니다.

코드 16-4 pro16/WebContent/test01/section4.html 일부

```
<!DOCTYPE html>
<html>
<head>
  <meta charset="UTF-8">
  <title>도서쇼핑몰</title>
  <style type="text/css">
    html,body{width:100%;height:70%}
    html{overflow-y:scroll}
    body,div,dl,dt,dd,ul,ol,li,h1,h2,h3,h4,h5,form,fieldset,p,button{margin:0;padding:0}
    body,h1,h2,h3,h4,input,button{font-family:NanumGothicWeb,verdana,dotum,
                                          sans-serif;font-size:13px;color:#383d41}

      ...
  </style>
 ...
</html>
```

CSS 속성을 HTML 태그에 적용해 레이아웃을 구성합니다.

http://localhost:8090/pro16/test01/section4.html로 요청하여 실행 결과를 확인합니다.

▼ 그림 16-7 실행 결과

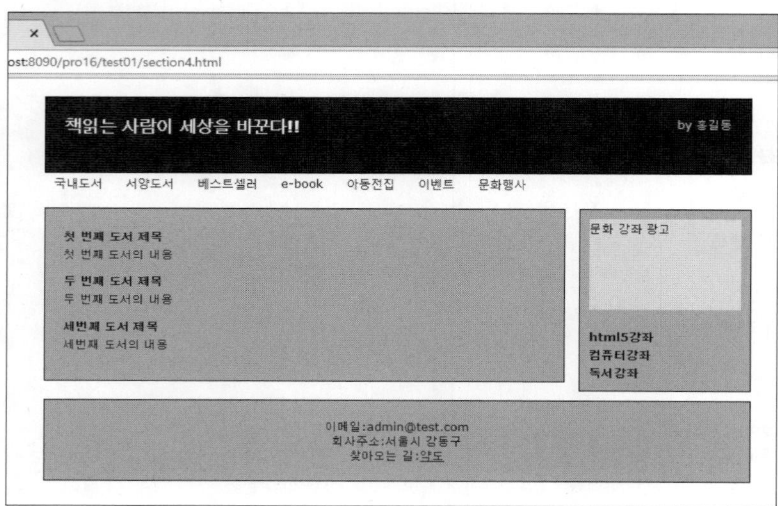

Tip ☆ 이 책은 HTML5&CSS3 책이 아니므로 태그에 관한 자세한 설명은 생략하고 넘어갑니다. 태그의 기능을 더 자세히 알고 싶은 사람은 HTML5, CSS3와 관련된 입문서를 읽어보기 바랍니다.

16.3 제이쿼리 주요 개념

제이쿼리란 화면의 동적 기능을 자바스크립트보다 좀 더 쉽고 편리하게 개발할 수 있게 해주는 자바스크립트 기반 라이브러리입니다. 제이쿼리는 여러 가지 효과나 이벤트를 간단한 함수 호출만으로 빠르게 개발할 수 있어 유용합니다.

다음은 제이쿼리의 주요 특징입니다.

- CSS 선택자를 사용해 각 HTML 태그에 접근해서 작업하므로 명료하면서도 읽기 쉬운 형태로 표현할 수 있습니다.
- 메서드 체인 방식으로 수행하므로 여러 개의 동작(기능)이 한 줄로 나열되어 코드가 불필요하게 반복되는 것을 피할 수 있습니다.
- 풍부한 플러그인을 제공하므로 이미 개발된 많은 플러그인을 쉽고 빠르게 이용할 수 있습니다.
- 크로스 브라우징을 제공하므로 브라우저 종류에 상관 없이 동일하게 기능을 수행합니다.

제이쿼리를 사용하는 방법으로는 다음 두 가지가 있습니다. 첫 번째는 www.jquery.com에서 라이브러리를 다운로드해서 사용하는 방법이고, 두 번째는 네트워크로 CDN 호스트를 설정해서 사용하는 방법입니다. 이 책은 제이쿼리를 집중적으로 다루는 책이 아니므로 상대적으로 간편하게 설정할 수 있는 두 번째 방법을 사용해 실습을 진행하겠습니다.

다음은 HTML이나 JSP에서 제이쿼리 CDN 호스트를 설정하는 방법입니다.

- `<script src="http://code.jquery.com/jquery-2.2.1.min.js"></script>`

  : 지정한 버전의 제이쿼리를 사용합니다.
- `<script  src="http://code.jquery.com/jquery-latest.min.js"></script>`

  : 가장 최신 버전의 제이쿼리를 사용합니다.

Tip ☆ HTML5와 마찬가지로 이 책은 제이쿼리 입문서가 아니므로 주요 개념만 정리하고 넘어갑니다. 보다 자세한 설명은 제이쿼리 입문서를 참고하기 바랍니다.

16.4 제이쿼리의 여러 가지 기능

제이쿼리는 HTML 객체(DOM)를 탐색하는 방법으로 CSS 선택자를 이용합니다. 표 16-3에 제이쿼리의 선택자 종류와 이를 표현하는 방법을 정리했습니다.

▼ 표 16-3 제이쿼리의 여러 가지 선택자

선택자 종류	선택자 표현 방법	설명
All selector	$("*")	모든 DOM을 선택합니다.
ID selector	$("#id")	해당되는 id를 가지는 DOM을 선택합니다.
Element selector	$("elementName")	해당되는 이름을 가지는 DOM을 선택합니다.
class selector	$(".className")	CSS 중 해당되는 클래스 이름을 가지는 DOM을 선택합니다.
Multiple selector	$("selector1,selector2, selector3, ..., selectorN")	해당되는 선택자를 가지는 모든 DOM을 선택합니다.

16.4.1 제이쿼리 선택자 사용 실습

그럼 앞에서 알아본 제이쿼리 선택자를 이용해 HTML 태그에 접근하여 여러 가지 작업을 수행해 보겠습니다. 먼저 제이쿼리의 id 선택자 기능을 이용해 HTML 태그의 `id`에 접근하는 방법입니다.

1. 다음과 같이 test02 폴더에 제이쿼리 실습 html을 생성합니다. 그리고 책에서 제공하는 이미지 파일인 duke.png, duke2.png, image1.jpg, image2.jpg를 image 폴더를 만들어 저장합니다.

▼ 그림 16-8 실습 파일 위치

2. jQuery1.html을 다음과 같이 작성합니다. 페이지 로드 시 `$("#unique2")`는 # 다음에 오는 id가 `unique2`인 태그를 웹 페이지에서 검색합니다. id에 해당하는 태그(객체)를 얻은 후 제이쿼리의 `html()` 메서드를 호출해 태그의 값을 얻습니다.

코드 16-5 pro16/WebContent/test02/jQuery1.html

```
<!DOCTYPE html>
<html>
<head>
  <meta charset="UTF-8">
  <title>ID 선택자 연습1</title>
  <script src="http://code.jquery.com/jquery-latest.min.js"></script>
  <script type="text/javascript">
    $(document).ready(function () {
      alert($("#unique2").html());
    });
  </script>
</head>

<body>
  <div class="class1">안녕하세요.</div>
  <div id="unique2">제이쿼리입니다!</div>
  <div id="unique3">
    <p>제이쿼리는 아주 쉽습니다!!! </p>
  </div>
</body>

</html>
```

제이쿼리를 사용하기 위해 반드시 설정해 줍니다.

document에 DOM(Document Object Model)이 로드되는 이벤트 처리 함수입니다.

페이지 로드 시 id가 unique2인 태그를 검색한 후 html() 메서드를 이용해 태그의 값을 가져옵니다.

3. http://localhost:8090/pro16/test02/jQuery1.html로 요청하여 실행 결과를 확인합니다. 웹 페이지가 브라우저에 로드되는 즉시 id에 해당되는 엘리먼트의 값을 출력합니다.

▼ 그림 16-9 실행 결과

localhost:8090 내용:
제이쿼리입니다!!
확인

4. 다음은 제이쿼리의 id 선택자를 이용해 해당 id를 가지는 <p> 엘리먼트에 접근하여 동적으로 텍스트를 추가해 보겠습니다. jQuery2.html을 다음과 같이 작성합니다.

코드 16-6 pro16/WebContent/test02/jQuery2.html

```
<!DOCTYPE html>
<html>
<head>
  <meta charset="UTF-8">
  <title>ID 선택자 연습2</title>
  <script src="http://code.jquery.com/jquery-latest.min.js"></script>
  <script type="text/javascript">
    function addHtml() {
      $("#article").html('안녕하세요' + '<br>');
    }
  </script>
</head>
<body>
  <div>
    <p id="article"></p>
  </div>
  <input type="button" value="추가하기" onClick="addHtml()" />
</body>

</html>
```

제이쿼리로 id가 article인 태그를 찾아서 html() 메서드의 인자 값을 태그에 설정합니다.

버튼 클릭 시 addHtml() 함수를 호출합니다.

5. http://localhost:8090/pro16/test02/jQuery2.html로 요청한 후 **추가하기**를 클릭합니다.

▼ 그림 16-10 웹 페이지 요청 후 **추가하기** 클릭

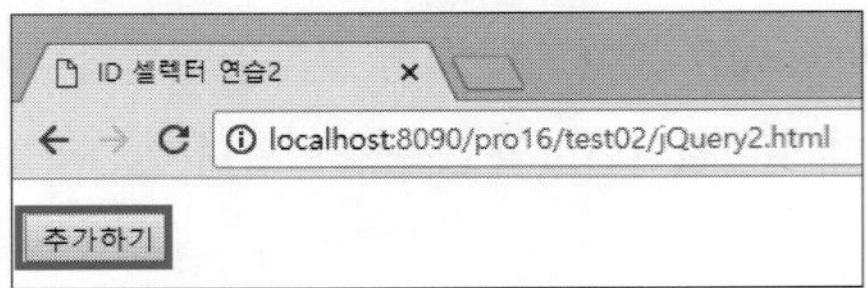

6. <p> 태그에 "**안녕하세요**"라는 텍스트를 추가하고 결과를 확인합니다.

▼ 그림 16-11 id로 접근해 텍스트 추가

7. 이번에는 class 선택자로 <div> 태그에 접근하여 기능을 수행해 보겠습니다. 버튼을 클릭하면 함수에서 제이쿼리의 클래스 선택자를 사용해 class1 클래스 이름을 갖는 <div> 태그에 접근하여 이미지를 나타냅니다.

코드 16-7 pro16/WebContent/test02/jQuery3.html

```
<!DOCTYPE html>
<html>
<head>
  <meta charset="UTF-8">
  <title>Class 선택자 연습</title>
  <script src="http://code.jquery.com/jquery-latest.min.js"></script>
  <script type="text/javascript">
    function addImage() {
      $(".class1").html("<img src='../image/duke.png'>");
    }
  </script>
</head>
<body>
  <div class="class1"></div>
  <div class="class1"></div>
  <input type="button" value="이미지 추가하기" onClick="addImage()" />
</body>
</html>
```

버튼 클릭 시 클래스 이름이 class1인 태그를 찾아서 〈img〉 태그를 추가합니다.

클래스 이름이 class1로 지정되어 있습니다.

8. http://localhost:8090/pro16/test02/jQuery3.html로 요청하여 **이미지 추가하기**를 클릭하면 이미지가 두 개의 `<div>`에 추가됩니다.

▼ 그림 16-12 실행 결과

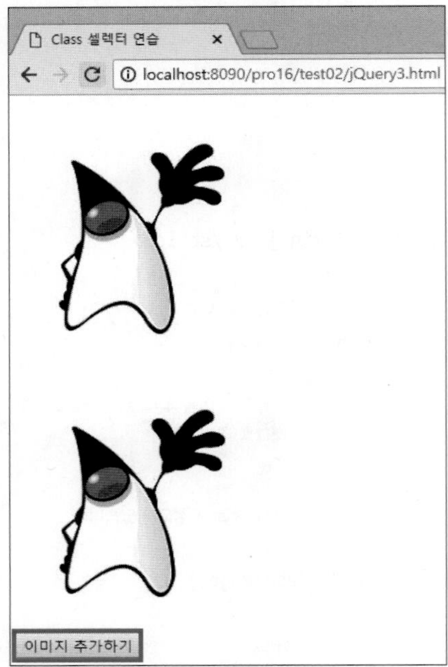

9. 다음은 제이쿼리에서 `<div>` 엘리먼트에 직접 접근하여 이미지를 추가해 보겠습니다. jQuery4.html을 다음과 같이 작성합니다.

코드 16-8 pro16/WebContent/test02/jQuery4.html

```
<script src="http://code.jquery.com/jquery-latest.min.js"></script>
<script type="text/javascript">
  function addImage() {
    $("div").html("<img src='../image/duke.png'>");
  }
</script>
</head>
<body>
  <div></div>
  <div></div>
  <input type="button" value="이미지 추가하기" onClick="addImage()" />
</body>
```

제이쿼리로 〈div〉 엘리먼트에 직접 접근하여 〈img〉 태그를 추가합니다.

10. http://localhost:8090/pro16/test02/jQuery4.html로 요청하여 `<div>` 엘리먼트에 이미지를 추가합니다.

❤ 그림 16-13 실행 결과

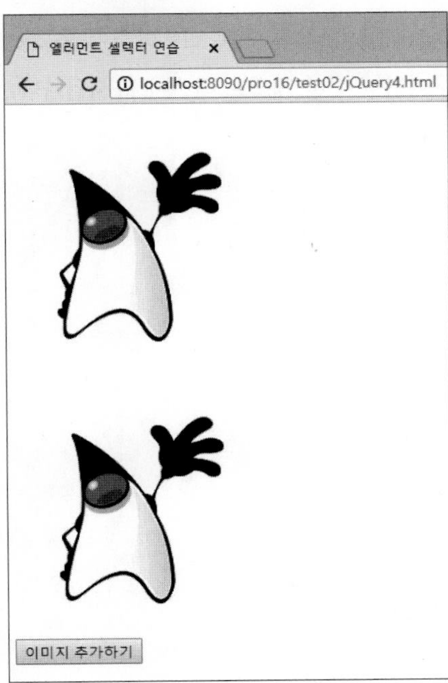

11. jQuery5.html을 다음과 같이 작성합니다. 사용자가 텍스트 박스에 입력한 내용을 제이쿼리 id 선택자를 이용해 가져온 후 다시 텍스트 박스에 출력하는 내용입니다. 제이쿼리의 `val()` 메서드는 해당 엘리먼트의 값을 가져오거나 엘리먼트로 값을 출력하는 기능을 합니다.

코드 16-9 pro16/WebContent/test02/jQuery5.html

```
<script type="text/javascript">
  function fn_process() {
    var value = $("#t_input").val();
    $("#t_output").val(value);
  }
</script>
…

<body>
  <input type="text" id="t_input" />
  <input type="button" value="입력하기" onClick="fn_process()" /><br><br>
  <div>
    결과:<br>
```

- `var value = $("#t_input").val();` : 제이쿼리에서 id로 텍스트 박스에 접근하여 val() 메서드를 이용해서 입력 값을 가져옵니다.
- `$("#t_output").val(value);` : 제이쿼리에서 id로 텍스트 박스에 접근하여 val() 메서드를 이용해서 값을 출력합니다.

```
      <input type="text" id="t_output" disabled />
    </div>
  </body>
```

12. http://localhost:8090/pro16/test02/jQuery5.html로 요청하여 텍스트 박스에 **홍길동**이라고 이름을 입력한 후 **입력하기**를 클릭하면 입력한 이름이 다른 텍스트 박스에 표시됩니다.

▼ 그림 16-14 실행 결과

16.5 제이쿼리 Ajax 기능

JAVA WEB

온라인 쇼핑몰에서 회원 가입을 하려면 먼저 ID 중복 여부부터 체크합니다. 이때 보통 회원 가입 페이지는 브라우저에 표시된 채 ID 중복 여부를 확인하는 창만 서버에 질의하여 다음과 같이 화면에 따로 보여줍니다.

▼ 그림 16-15 회원 가입 시 아이디 중복 여부 체크

이처럼 클라이언트 측에서의 작업과는 상관 없이 비동기적으로 서버와 작업을 수행할 때 Ajax 기능을 사용합니다. Ajax란 Asynchronous Javascript(비동기 자바스크립트) + XML의 의미로 자바스크립트를 사용한 비동기 통신, 즉 클라이언트와 서버 간의 XML이나 JSON 데이터를 주고받는 기술을 의미합니다.

Ajax는 페이지 이동 없이 데이터 처리가 가능하며, 서버의 처리를 기다리지 않고 비동기 요청이 가능하다는 특징이 있습니다.

그림 16-16과 그림 16-17을 통해 기존 웹 페이지의 처리 방식과 Ajax를 이용한 웹 페이지의 처리 방식을 비교할 수 있습니다. 먼저 JSP 페이지의 동작 방식인 그림 16-16을 봅시다.

▼ 그림 16-16 기존 웹 페이지 동작 방식

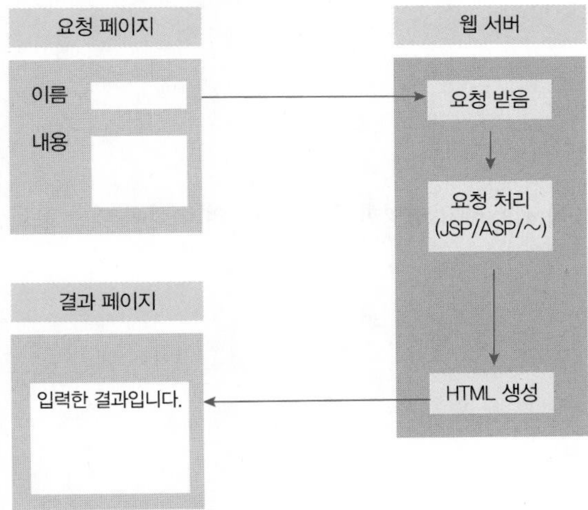

개인 정보를 입력하고 서버에 요청하면 서버에서 결과를 처리한 후 HTML 태그를 클라이언트의 브라우저에 전송하여 다른 페이지를 보여줍니다. 즉, 페이지 이동이 발생합니다.

반면에 그림 16-17의 Ajax로 페이지를 처리하는 경우를 보면 요청 페이지의 결과를 서버에서 처리한 후 다시 XML이나 JSON으로 원래 요청 페이지로 전송합니다. 즉, 페이지 이동이 발생하지 않습니다.

▼ 그림 16-17 Ajax 웹 페이지 동작 방식

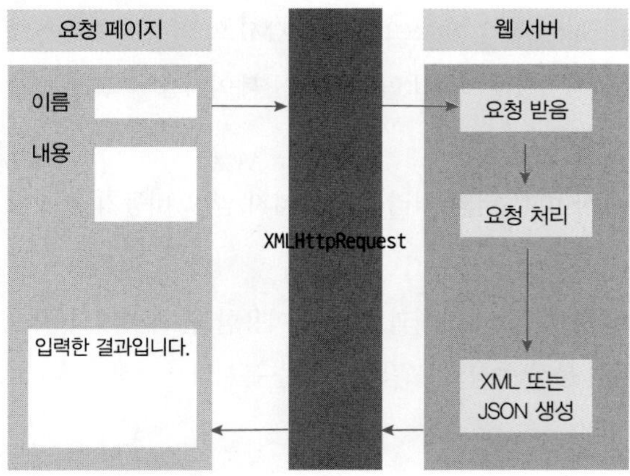

16.5.1 제이쿼리 Ajax 사용법

제이쿼리에서 Ajax를 사용하려면 $ 기호 다음에 ajax라고 명명한 후 표 16-4의 속성에 대한 값을 설정해야 합니다.

```
$.ajax({
  type: "post 또는 get",
  async:"true 또는 false",
  url: "요청할 URL",
  data: {서버로 전송할 데이터 },
  dataType: "서버에서 전송받을 데이터형식",
  success:{
     //정상 요청, 응답 시 처리
  },
  error: function(xhr,status,error){
     //오류 발생 시 처리
  },
  complete:function(data,textStatus){
     //작업 완료 후 처리
  }
});
```

✔ 표 16-4 제이쿼리 Ajax 기능 관련 속성들

속성	설명
type	통신 타입을 설정합니다(post 또는 get 방식으로 선택합니다).
url	요청할 url을 설정합니다.
async	비동기식으로 처리할지의 여부를 설정합니다(false인 경우 동기식으로 처리합니다).
data	서버에 요청할 때 보낼 매개변수를 설정합니다.
dataType	응답 받을 데이터 타입을 설정합니다(XML, TEXT, HTML, JSON 등).
success	요청 및 응답에 성공했을 때 처리 구문을 설정합니다.
error	요청 및 응답에 실패했을 때 처리 구문을 설정합니다.
complete	모든 작업을 마친 후 처리 구문을 설정합니다.

16.5.2 제이쿼리 Ajax 사용하기

그럼 이제 제이쿼리 Ajax를 사용해 서블릿과 비동기 방식으로 데이터를 송수신해 보겠습니다.

1. sec01.ex01 패키지를 만들고 AjaxTest1.java, AjaxTest2.java를 생성합니다. 그리고 test03 폴더에 ajax1.html, ajax2.html을 추가합니다.

✔ 그림 16-18 실습 파일 위치

2. AjaxTest1.java를 다음과 같이 작성합니다. 클라이언트에서 Ajax로 메시지를 보내면 이를 처리하는 서블릿입니다. 브라우저에서 매개변수 이름인 param으로 데이터를 보내면 getParameter()를 이용해 데이터를 가져옵니다. 그리고 서블릿에서는 PrintWriter의 print() 메서드의 인자로 응답 메시지를 브라우저에 보냅니다.

코드 16-10 pro16/src/sec01/ex01/AjaxTest1.java

```
package sec01.ex01;
...
@WebServlet("/ajaxTest1")
public class AjaxTest1 extends HttpServlet {
  protected void doGet(HttpServletRequest request, HttpServletResponse response)
  throws ServletException, IOException {
     doHandle(request, response);
  }

  protected void doPost(HttpServletRequest request, HttpServletResponse response)
  throws ServletException, IOException{
    doHandle(request, response);
  }

  private void doHandle(HttpServletRequest request, HttpServletResponse response)
  throws ServletException, IOException{
    request.setCharacterEncoding("utf-8");
    response.setContentType("text/html; charset=utf-8");
    String param = (String)request.getParameter("param");   // getParameter() 메서드를 이용해 ajax로 전송된 매개변수를 가져옵니다.
    System.out.println("param = " +param);
    PrintWriter writer = response.getWriter();
    writer.print("안녕하세요! 서버입니다.");   // PrintWriter의 print() 메서드를 이용해 브라우저에 응답 메시지를 보냅니다.
  }
}
```

3. ajax1.html을 다음과 같이 작성합니다. 제이쿼리 Ajax 기능을 이용해 서블릿에 매개변수 이름 param으로 "Hello, jquery"를 서버로 전송하면 서버로부터 받은 메시지를 id가 message인 <div> 태그에 표시합니다.

코드 16-11 pro16/test03/ajax1.html

```
<script type="text/javascript">
      function fn_process() {
       $.ajax({
         type:"get",   // get 방식으로 전송합니다.
```

```
            dataType:"text",
            async:false,
            url:"http://localhost:8090/pro16/ajaxTest1",
            data: {param:"Hello,jquery"},
            success:function (data,textStatus) {
               $('#message').append(data);
            },
            error:function(data,textStatus) {
               alert("에러가 발생했습니다.");
            },
            complete:function(data,textStatus) {
               alert("작업을 완료했습니다");
            }
         });
      }
   </script>
   </head>
   <body>
     <input type="button" value="전송하기" onClick="fn_process()" /><br><br>
     <div id="message"></div>
   </body>
```

- dataType: 응답 데이터를 텍스트로 지정합니다.
- async: false인 경우 동기식으로 처리합니다.
- url: 전송할 서블릿을 지정합니다.
- data: 서버로 매개변수와 값을 설정합니다.
- success: 전송과 응답이 성공했을 경우의 작업을 설정합니다.
- $('#message').append(data): 서버 응답 메시지를 <div> 엘리먼트에 표시합니다.
- error: 작업 중 오류가 발생했을 경우에 수행할 작업을 설정합니다.
- complete: 완료 시 수행할 작업을 설정합니다.

4. http://localhost:8090/pro16/test03/ajax1.html로 요청하여 **전송하기**를 클릭하면 서버에서 ajax로 전송된 데이터를 **<div>** 엘리먼트에 표시합니다.

▼ 그림 16-19 브라우저로 요청해 **전송하기** 클릭

5. 서버의 서블릿에서는 ajax로 전달된 매개변수 값을 콘솔로 출력합니다.

▼ 그림 16-20 이클립스 콘솔 결과

```
Tomcat v9.0 Server at localhost [Apache To
param = Hello,jquery
```

16.5.3 XML 데이터 연동하기

이번에는 Ajax 응답 시 도서 정보를 XML로 전달받아 출력하는 예제를 실습해 보겠습니다.

1. 다음과 같이 AjaxTest2 클래스를 작성합니다. <title>, <writer>, <image> 태그를 이용해 도서 정보를 XML 형식으로 작성한 후 브라우저로 전송합니다.

코드 16-12 pro16/src/sec01/ex01/AjaxTest2.java

```java
package sec01.ex01;
...
@WebServlet("/ajaxTest2")
public class AjaxTest2 extends HttpServlet {
   ...
  private void doHandle(HttpServletRequest request, HttpServletResponse response)
  throws ServletException, IOException {
    request.setCharacterEncoding("utf-8");
    response.setContentType("text/html; charset=utf-8");
    String result="";
    PrintWriter writer = response.getWriter();
    result="<main><book>"+
      "<title><![CDATA[초보자를 위한 자바 프로그래밍]]></title>" +
      "<writer><![CDATA[인포북스 저 | 이병승]]></writer>" +
      "<image><![CDATA[http://localhost:8090/pro16/image/image1.jpg]]></image>"+
      "</book>"+
      "<book>"+
      "<title><![CDATA[모두의 파이썬]]></title>" +
      "<writer><![CDATA[길벗 저 | 이승찬]]></writer>" +
      "<image><![CDATA[http://localhost:8090/pro16/image/image2.jpg]]></image>"+
      "</book></main>";
    ...
  }
}
```

도서 정보를 XML로 작성한 후 클라이언트로 전송합니다.

pro16으로 접근 시 WebContent 하위 image 폴더의 image1.jpg를 표시합니다.

2. 브라우저에서는 XML 데이터를 받은 후 제이쿼리의 find() 메서드에 <title>, <writer>, <image> 태그 이름으로 호출하여 각각의 도서 정보를 가져옵니다.

코드 16-13 pro16/WebContent/test03/ajax2.html

```html
<script type="text/javascript">
  function fn_process() {
    $.ajax({
        type:"post",
        async:false,
```

```
          url:"http://localhost:8090/pro16/ajaxTest2",
          dataType:"xml",                                    // 데이터를 XML 형태로 받습니다.
          success:function (info,textStatus) {
            $(info).find("book").each(function() {
              var title=$(this).find("title").text();        // 전송된 XML 데이터에서 엘리먼트
              var writer=$(this).find("writer").text();      // 이름으로 데이터를 가져옵니다.
              var image=$(this).find("image").text();
              $("#bookInfo").append(                         // id가 bookInfo인 <div> 엘리먼트에
                   "<p>" +title+ "</p>" +                    // 도서 정보를 표시합니다.
                   "<p>" +writer + "</p>"+
                   "<img src="+image + " />"
                );
            });
          },
  ...
</script>
```

3. http://localhost:8090/pro16/test03/ajax2.html로 요청하여 **도서정보 요청**을 클릭하면 도서 정보와 이미지가 나타납니다.

▼ 그림 16-21 실행 결과

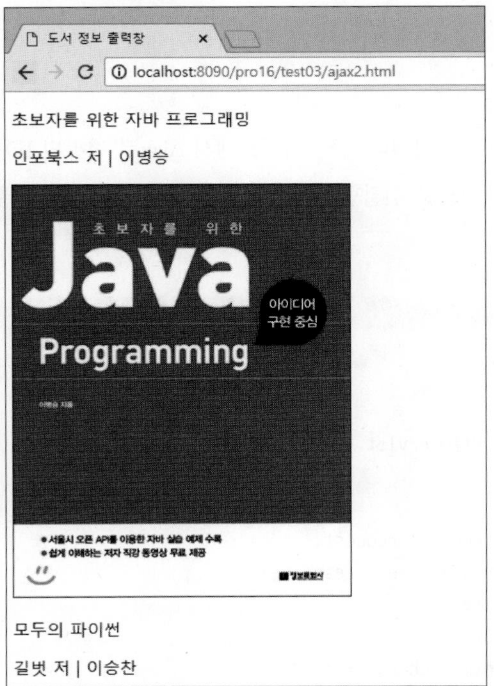

16.5.4 ID 중복 여부 확인하기

이번에는 Ajax를 이용해 회원 가입 시 사용자 ID 중복 여부를 판별해 보겠습니다.

1. sec02.ex01 패키지를 만들고 `MemberDAO`, `MemberServlet` 클래스를 만듭니다. 그리고 ajax3.html을 추가합니다.

▼ 그림 16-22 실습 파일 위치

2. `MemberServlet` 클래스를 다음과 같이 작성합니다. 클라이언트에서 Ajax로 전송된 ID를 받아서 `MemberDAO`의 `overlappedID()` 메서드로 전달합니다. 그리고 그 결과를 이용해 클라이언트에게 다른 메시지를 전달합니다.

코드 16-14 pro16/src/sec02/ex01/MemberServlet.java

```
package sec02.ex01;
 ...
@WebServlet("/mem")
public class MemberServlet extends HttpServlet {
 ...

  private void doHandle(HttpServletRequest request,
                            HttpServletResponse response)
  throws ServletException, IOException {
    request.setCharacterEncoding("utf-8");
    response.setContentType("text/html; charset=utf-8");
    PrintWriter writer = response.getWriter();
    String id = (String)request.getParameter("id");
```

```
    System.out.println("id = " +id);
    MemberDAO memberDAO=new MemberDAO();
    boolean overlappedID=memberDAO.overlappedID(id);   ← ID 중복 여부를 체크합니다.

    if(overlappedID == true) {                          ← 결과를 메시지로 전송합니다.
      writer.print("not_usable");
    }else{
      writer.print("usable");
    }
  }
}
```

3. MemberDAO를 다음과 같이 작성합니다. 서블릿에서 전달된 ID로 SQL문의 조건식에 설정한 후 ID에 대한 회원 정보를 조회하여 그 결과를 true 또는 false로 반환합니다.

코드 16-15 pro16/src/sec02/ex01/MemberDAO.java

```
package sec01.ex02;
 ...
public class MemberDAO{
 ...
  public boolean overlappedID(String id)
  {
    boolean result = false;
    try
    {
      con = dataFactory.getConnection();
      String query = "select decode(count(*),1,'true','false') as result from t_member";   ← 오라클의 decode() 함수를 이용해 ID가 존재하면 true, 존재하지 않으면 false를 문자열로 조회합니다.
      query += " where id=?";
      System.out.println("prepareStatememt: " + query);
      pstmt = con.prepareStatement(query);
      pstmt.setString(1, id);
      ResultSet rs = pstmt.executeQuery();
      rs.next();
      result = Boolean.parseBoolean(rs.getString("result"));   ← 문자열을 불(Boolean) 자료형으로 변환합니다.
      pstmt.close();
    } catch (Exception e)
    {
      e.printStackTrace();
    }
    return result;
  }
}
```

4. ajax3.html을 다음과 같이 작성합니다. **ID 중복 체크하기**를 클릭하면 텍스트 박스에 입력한 ID를 `val()` 메서드로 가져와 ajax를 이용해서 서블릿으로 전송합니다. 그러면 서블릿에서 결과를 전달받아 화면에 표시합니다.

코드 16-16 pro16/WebContent/test03/ajax3.html

```
<script type="text/javascript">
  function fn_process() {
    var _id = $("#t_id").val();  ← 텍스트 박스에 입력한 ID를 가져옵니다.
    if (_id == '') {
      alert("ID를 입력하세요");  ← ID를 입력하지 않으면 오류 메시지를 출력합니다.
      return;
    }
    $.ajax({
      type: "post",
      async: true,
      url: "http://localhost:8090/pro16/mem",
      dataType: "text",
      data: { id: _id },  ← ID를 서블릿으로 전송합니다.
      success: function (data, textStatus) {
        if (data == 'usable') {  ← 서버에서 전송된 결과에 따라 메시지를 표시합니다.
          $('#message').text("사용할 수 있는 ID입니다.");
          $('#btn_duplicate').prop("disabled", true);  ← 사용할 수 있는 ID면 버튼을 비활성화시킵니다.
        } else {
          $('#message').text("사용할 수 없는 ID입니다.");
        }
      },
      ...
</script>

</head>
<body>
  <input type="text" id="t_id" />
  <input type="button" id="btn_duplicate" value="ID 중복체크하기"
                       onClick="fn_process()" /><br><br>
  <div id="message"></div>  ← 결과를 표시합니다.
</body>
</html>
```

5. http://localhost:8090/pro16/test03/ajax3.html로 요청하여 ID를 입력합니다. SQL Developer로 회원 정보를 조회한 후 테이블에 등록된 ID와 등록되지 않은 ID를 각각 입력하여 결과를 확인합니다.

Tip 필자의 경우 hong은 테이블에 등록된 ID이고, hong2는 등록되지 않은 ID입니다.

❤ 그림 16-23 중복되는 아이디 입력 후 출력

❤ 그림 16-24 중복되지 않는 ID 입력 후 출력

JAVA WEB

16.6 제이쿼리에서 JSON 사용하기

PC 브라우저와 서버 그리고 Ajax를 연동할 때는 XML 형식으로 데이터를 주고받습니다. 모바일 사용량이 많은 요즘은 모바일에서도 서버와 Ajax로 연동해 작업을 많이 합니다. 그런데 XML로 연동할 경우 내부적으로 여러 단계의 처리 과정을 거치게 되므로 자원이 열악한 모바일 환경은 속도 면에서 불리합니다. 따라서 모바일에서는 대부분 XML보다 형식이 단순한 JSON으로 데이터를 주고받습니다. 이번에는 JSON을 이용해 Ajax 기능을 사용해 보겠습니다.

JSON(Javascript Object Notation)은 name/value 쌍으로 이루어진 데이터 객체를 전달하기 위해 인간이 읽을 수 있는 텍스트를 사용하는 개방형 표준 데이터 형식입니다. 비동기 브라우저/서버 통신(Ajax)을 위해 XML을 대체하는 데이터 전송 형식 중 하나라고 이해하면 됩니다. 근본은 자바스크립트에서 파생된 것이므로 자바스크립트의 구문 형식을 따르지만 프로그래밍 언어나 플랫폼에 독립적이어서 쉽게 사용할 수 있습니다.

JSON에서 사용하는 기본 자료형은 표 16-5와 같습니다.

▼ 표 16-5 JSON의 여러 가지 자료형

자료형	종류	예
수(Number)	정수	76,197,750,-11,-234
	실수(고정소수점)	3.14, -2.717, 45.78
	실수(부동소수점)	1e4, 2.5e34, 5.67e-9, 7.66E-3
문자열	문자열	"1234" "true" "apple-num" "사랑" "₩"JSP₩""
	제어 문자	₩b (백스페이스) ₩f (폼 피드) ₩n (개행) ₩r (캐리지 반환) ₩t (탭) ₩" (따옴표) ₩/ (슬래시) ₩₩ (역슬래시)
배열	배열은 대괄호[]로 나타냅니다. 배열의 각 요소는 기본 자료형이거나 배열, 객체입니다. 각 요소들은 콤마(,)로 구별합니다.	"name": ["홍길동", "이순신", "임꺽정"] // 대괄호 안에 배열 요소를 콤마(,)로 구분해서 나열합니다.

객체	JSON 객체는 중괄호{}로 둘러싸서 표현합니다.
	콤마(,)를 사용해 여러 프로퍼티를 포함할 수 있습니다.
		{
		"name": "홍길동",
		"age": 16,
		"weight": 67
		}
		// 중괄호 안에 name/value 쌍을 콤마(,)로 구분해서 나열합니다.

다음은 배열 이름이 members이고 JSON 객체를 배열 요소로 가지는 JSON 배열의 예시입니다.

배열 이름 members

배열 요소에는 name/value 쌍으로 회원 정보를 저장하는 객체를 저장합니다.

```
"members": [
    {"name": "홍길동", "age": 22, "gender": "남", "nick": "날센돌이"},
    {"name": "손흥민", "age": 30, "gender": "남", "nick": "탱크"},
    {"name": "김연아", "age": 24, "gender": "여", "nick": "갈치"}
]
```

16.6.1 JSON의 자료형 사용 실습

이번에는 JSON 자료형을 실제로 사용하여 값을 출력하는 예제를 실습해 보겠습니다.

1. 다음과 같이 test04 폴더를 만들고 json1~4까지 jsp 파일을 생성합니다.

▼ 그림 16-25 실습 파일 위치

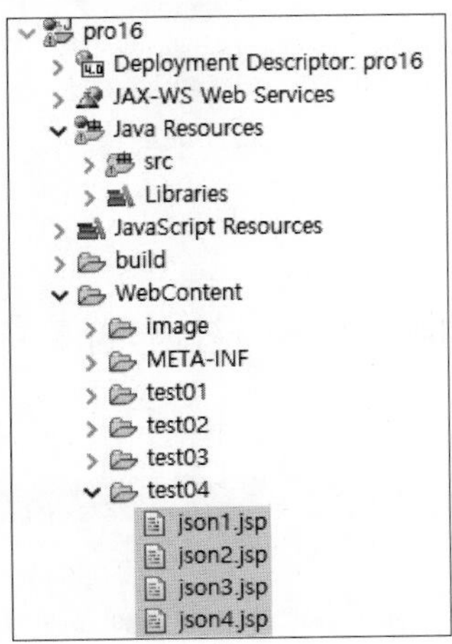

2. json1.jsp를 다음과 같이 작성합니다. JSON 배열에 문자열을 저장한 후 웹 페이지에 출력하는 내용입니다.

코드 16-17 pro16/WebContent/test04/json1.jsp

```
<script src="http://code.jquery.com/jquery-latest.min.js"></script>
<script>
  $(function () {
    $("#checkJson").click(function () {
      var jsonStr = '{ "name": ["홍길동", "이순신", "임꺽정"] }';
      var jsonInfo = JSON.parse(jsonStr);
      var output = "회원 이름<br>";
      output += "=======<br>";
      for (var i in jsonInfo.name) {
        output += jsonInfo.name[i] + "<br>";
      }
      $("#output").html(output);
    });
  });
</script>
```

- 이름을 저장하는 JSON 배열을 name으로 선언합니다.
- 제이쿼리의 JSON 기능인 parse() 메서드를 이용해 JSON 자료형을 가져옵니다.
- 배열 이름 name으로 배열 요소에 반복 변수를 이용해 차례로 접근하여 값을 가져옵니다.
- 회원 이름을 출력합니다.

3. http://localhost:8090/pro16/test04/json1.jsp로 요청하여 **출력**을 클릭하면 배열 요소의 값을 출력합니다.

▼ 그림 16-26 **출력** 클릭 시 배열 요소의 값 출력

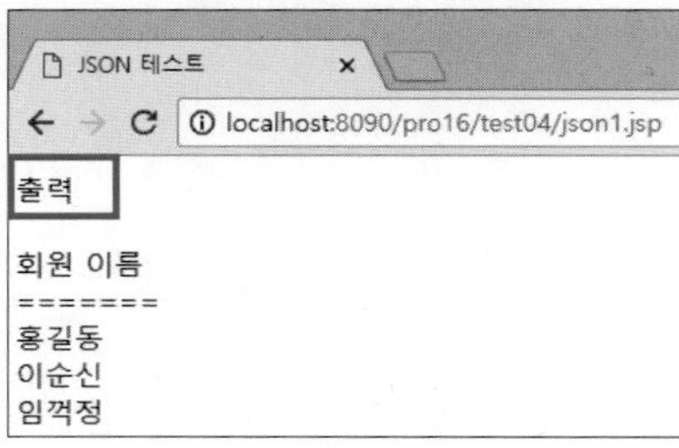

4. 이번에는 정수 자료형을 배열로 저장한 후 화면에 출력해 보겠습니다. json2.jsp를 다음과 같이 작성합니다.

코드 16-18 pro16/WebContent/test04/json2.jsp

```
<script>
  $(function () {
    $("#checkJson").click(function () {
      var jsonStr = '{ "age": [22, 33, 44] }';
      var jsonInfo = JSON.parse(jsonStr);
      var output = "회원 나이<br>";
      output += "=======<br>";
      for (var i in jsonInfo.age) {
        output += jsonInfo.age[i] + "<br>";
      }
      $("#output").html(output);
    });
  });
</script>
```

- 정수형 데이터를 가지는 이름이 age인 배열을 선언합니다.
- parse() 메서드로 배열을 구합니다.
- 배열 요소(나이)를 차례대로 출력합니다.

5. http://localhost:8090/pro16/test04/json2.jsp로 요청한 후 **출력**을 클릭하여 결과를 확인합니다.

▼ 그림 16-27 **출력** 클릭 시 회원 나이 출력

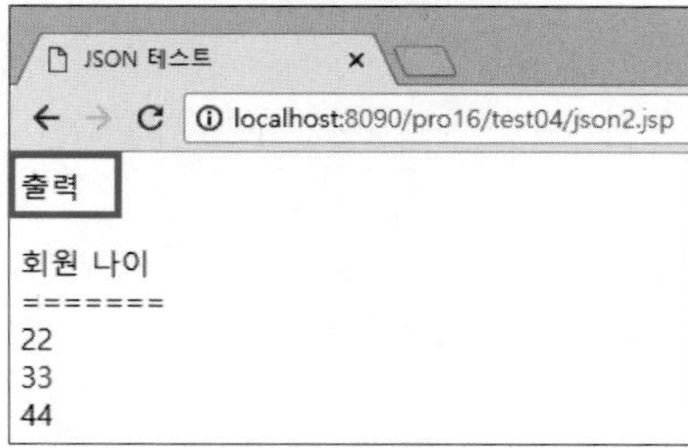

6. 이번에는 JSON 객체에 회원 정보를 저장한 후 다시 회원 정보를 출력해 보겠습니다. json3.jsp를 다음과 같이 작성합니다.

코드 16-19 pro16/WebContent/test04/json3.jsp

```
<script>
  $(function () {
    $("#checkJson").click(function () {
      var jsonStr = '{"name":"박지성","age":25,"gender":"남자","nickname":"날센돌이"}';
      var jsonObj = JSON.parse(jsonStr);
      var output = "회원 정보<br>";
      output += "=======<br>";
      output += "이름: " + jsonObj.name + "<br>";
      output += "나이: " + jsonObj.age + "<br>";
      output += "성별: " + jsonObj.gender + "<br>";
      output += "별명: " + jsonObj.nickname + "<br>";
      $("#output").html(output);
    });
  });
</script>
```

- `var jsonObj = JSON.parse(jsonStr);` → parse() 메서드로 JSON 데이터를 가져옵니다.
- `output += "이름: " ...` ~ `output += "별명: " ...` → 문자열에서 JSON 객체의 속성을 가져옵니다.

7. http://localhost:8090/pro16/test04/json3.jsp로 요청하여 실행 결과를 확인합니다.

▼ 그림 16-28 실행 결과

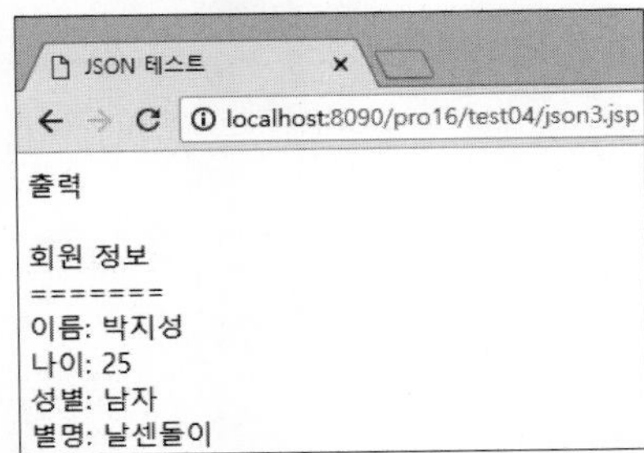

8. 마지막으로 이번에는 JSON 배열의 요소에 JSON 객체를 저장한 후 다시 배열에 접근하여 JSON 객체의 속성 값을 출력해 보겠습니다. json4.jsp를 다음과 같이 작성합니다.

코드 16-20 pro16/WebContent/test04/json4.jsp

```
<script>
  $(function () {
    $("#checkJson").click(function () {
      var jsonStr =
          '{"members":[{"name":"박지성","age":"25","gender":"남자","nickname":"날센돌이"}'
          + ', {"name":"손흥민","age":"30","gender":"남자","nickname":"탱크"}] }';
```

- `var jsonStr = ...` → members 배열에 회원 정보를 객체의 name/value 쌍으로 저장합니다.

```
        var jsonInfo = JSON.parse(jsonStr);
        var output = "회원 정보<br>";
        output += "=======<br>";
        for (var i in jsonInfo.members) {
          output += "이름: " + jsonInfo.members[i].name + "<br>";
          output += "나이: " + jsonInfo.members[i].age + "<br>";
          output += "성별: " + jsonInfo.members[i].gender + "<br>";
          output += "별명: " + jsonInfo.members[i].nickname + "<br><br><br>";
        }
        $("#output").html(output);
      });
    });
  </script>
```

각 배열 요소에 접근하여 객체의 name으로 value를 출력합니다.

9. 다음은 실행 결과입니다.

그림 16-29 실행 결과

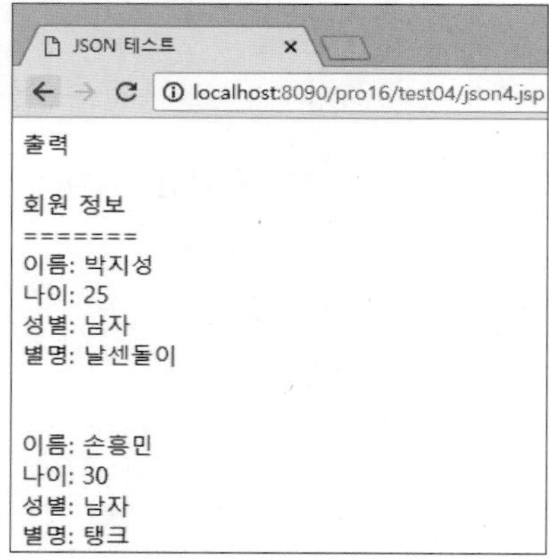

16.6.2 Ajax 이용해 서버와 JSON 데이터 주고받기

이번에는 서버의 서블릿과 JSON 자료를 주고받는 기능을 알아보겠습니다. 서버의 서블릿에서 JSON을 사용하려면 JSON 라이브러리를 설치해야 합니다.

1. 다음 사이트로 접속합니다.

    - https://code.google.com/archive/p/json-simple/downloads

2. json-simple-1.1.1.jar를 클릭해 다운로드합니다.

▼ 그림 16-30 json-simple-1.1.1.jar 클릭해 다운로드

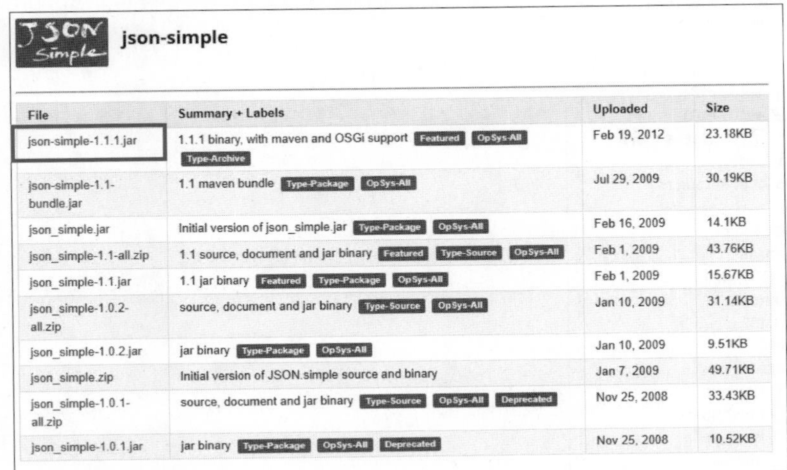

json-simple

File	Summary + Labels	Uploaded	Size
json-simple-1.1.1.jar	1.1.1 binary, with maven and OSGi support Featured OpSys-All Type-Archive	Feb 19, 2012	23.18KB
json-simple-1.1-bundle.jar	1.1 maven bundle Type-Package OpSys-All	Jul 29, 2009	30.19KB
json_simple.jar	Initial version of json_simple.jar Type-Package OpSys-All	Feb 16, 2009	14.1KB
json_simple-1.1-all.zip	1.1 source, document and jar binary Featured Type-Source OpSys-All	Feb 1, 2009	43.76KB
json_simple-1.1.jar	1.1 jar binary Featured Type-Package OpSys-All	Feb 1, 2009	15.67KB
json_simple-1.0.2-all.zip	source, document and jar binary Type-Source OpSys-All	Jan 10, 2009	31.14KB
json_simple-1.0.2.jar	jar binary Type-Package OpSys-All	Jan 10, 2009	9.51KB
json_simple.zip	Initial version of JSON.simple source and binary	Jan 7, 2009	49.71KB
json_simple-1.0.1-all.zip	source, document and jar binary Type-Source OpSys-All Deprecated	Nov 25, 2008	33.43KB
json_simple-1.0.1.jar	jar binary Type-Package OpSys-All Deprecated	Nov 25, 2008	10.52KB

3. 이클립스 프로젝트의 /WebContent/lib 폴더에 붙여 넣습니다.

▼ 그림 16-31 /WebContent/lib 폴더에 붙여 넣기

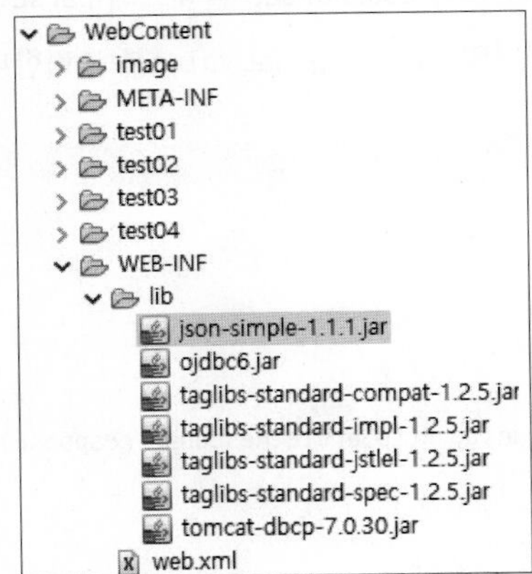

4. 이번에는 JSP에서 제이쿼리 Ajax 기능을 이용해 서블릿으로 JSON 데이터를 전송하기 위해 sec03.ex01 패키지를 만들고 `JsonServlet` 클래스를 추가합니다.

▼ 그림 16-32 실습 파일 위치

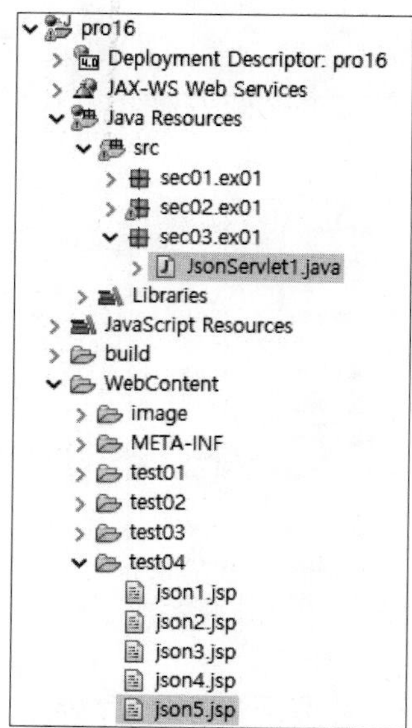

5. `JsonServlet1` 클래스를 다음과 같이 작성합니다. 먼저 Ajax로 전달된 JSON 문자열을 `getParameter()` 메서드를 이용해 가져옵니다. 그런 다음 `JSONParser` 클래스의 `parse()` 메서드를 이용해 `JSONObject`를 가져오고 JSON 데이터의 `name` 속성으로 `value`를 출력합니다.

코드 16-21 pro16/src/sec03/ex01/JsonServlet1.java

```
package ex02;
...
@WebServlet("/json")
public class JsonServlet1 extends HttpServlet {
  ...
  private void doHandle(HttpServletRequest request, HttpServletResponse response)
  throws ServletException, IOException {
    request.setCharacterEncoding("utf-8");
    response.setContentType("text/html; charset=utf-8");

    String jsonInfo = request.getParameter("jsonInfo");
      try {
        JSONParser jsonParser = new JSONParser();
        JSONObject jsonObject = (JSONObject) jsonParser.parse(jsonInfo);
        System.out.println("* 회원 정보*");
```

문자열로 전송된 JSON 데이터를 getParameter()를 이용해 가져옵니다.

JSON 데이터를 처리하기 위해 JSONParser 객체를 생성합니다.

전송된 JSON 데이터를 파싱합니다.

```
            System.out.println(jsonObject.get("name"));
            System.out.println(jsonObject.get("age"));
            System.out.println(jsonObject.get("gender"));
            System.out.println(jsonObject.get("nickname"));
        } catch(Exception e) {
            e.printStackTrace();
        }
    }
}
```

JSON 데이터의 name 속성들을 get()에 전달하여 value를 출력합니다.

6. json5.jsp를 다음과 같이 작성합니다. 자바스크립트에서 회원 정보를 JSON 객체로 만들어 매개변수 이름 `jsonInfo`로 ajax를 이용해 서블릿으로 전송합니다.

코드 16-22 pro16/WebContent/test04/json5.jsp

```
<script>
  $(function() {
    $("#checkJson").click(function() {
      var _jsonInfo = '{"name":"박지성","age":"25","gender":"남자","nickname":"날센돌이"}';
      $.ajax({
        type:"post",
        async:false,
        url:"${contextPath}/json",
        data : {jsonInfo: _jsonInfo},
        success:function (data,textStatus) {
      },
      error:function(data,textStatus) {
      alert("에러가 발생했습니다.");
      },
      complete:function(data,textStatus) {
      }
    });  //end ajax
  });
});
</script>
```

전송할 회원 정보를 JSON 형식으로 만듭니다.

매개변수 이름 jsonInfo로 JSON 데이터를 ajax로 전송합니다.

7. http://localhost:8090/pro16/test04/json5.jsp로 요청하여 JSP 페이지에서 **전송**을 클릭하면 이클립스 콘솔에 다음과 같이 회원 정보가 출력됩니다.

▼ 그림 16-33 실행 결과

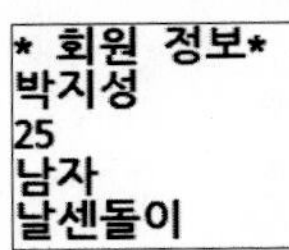

```
* 회원 정보*
박지성
25
남자
날센돌이
```

8. 이번에는 반대로 서버의 서블릿에서 웹 페이지로 JSON 형식의 회원 정보를 전송해 보겠습니다. JsonServlet2 클래스를 생성합니다.

❤ 그림 16-34 실습 파일 위치

9. JsonServlet2 클래스를 다음과 같이 작성합니다.

JSON 배열에 회원 정보를 저장하여 JSP 페이지로 전송하고 JSON 배열에 정보를 저장하는 과정은 다음과 같습니다.

❶ memberInfo로 JSONObject 객체를 생성한 후 회원 정보를 name/value 쌍으로 저장합니다.

❷ membersArray의 JSONArray 객체를 생성한 후 회원 정보를 저장한 JSON 객체를 차례대로 저장합니다.

❸ membersArray 배열에 회원 정보를 저장한 후 totalObject로 JSONObject 객체를 생성하여 name에는 자바스크립트에서 접근할 때 사용하는 이름인 members를, value에는 membersArray를 최종적으로 저장합니다.

코드 16-23 pro16/src/sec03/ex01/JsonServlet2.java

```
package ex02;
 ...
@WebServlet("/json2")
public class JsonServlet2 extends HttpServlet {
 ...
```

```java
private void doHandle(HttpServletRequest request, HttpServletResponse response)
throws ServletException, IOException {
  request.setCharacterEncoding("utf-8");
  response.setContentType("text/html; charset=utf-8");
  PrintWriter writer = response.getWriter();

  JSONObject totalObject = new JSONObject();
  JSONArray membersArray = new JSONArray();
  JSONObject memberInfo = new JSONObject();
  memberInfo.put("name", "박지성");
  memberInfo.put("age", "25");
  memberInfo.put("gender", "남자");
  memberInfo.put("nickname", "날센돌이");
  membersArray.add(memberInfo);

  memberInfo = new JSONObject();
  memberInfo.put("name", "김연아");
  memberInfo.put("age", "21");
  memberInfo.put("gender", "여자");
  memberInfo.put("nickname", "칼치");
  membersArray.add(memberInfo);

  totalObject.put("members", membersArray);

  String jsonInfo = totalObject.toJSONString();
  System.out.print(jsonInfo);
  writer.print(jsonInfo);
 }
}
```

- 배열을 저장할 totalObject를 선언합니다.
- memberInfo JSON 객체를 저장할 membersArray 배열을 선언합니다.
- 회원 한 명의 정보가 들어갈 memberInfo JSON 객체를 선언합니다.
- 회원 정보를 name/value 쌍으로 저장합니다.
- 회원 정보를 다시 membersArray 배열에 저장합니다.
- 다른 회원 정보를 name/value 쌍으로 저장한 후 membersArray에 다시 저장합니다.
- totalObject에 members라는 name으로 membersArray를 value로 저장합니다.
- JSONObject를 문자열로 변환합니다.
- JSON 데이터를 브라우저로 전송합니다.

10. json6.jsp를 다음과 같이 작성합니다.

코드 16-24 pro16/WebContent/test04/json6.jsp

```html
<script>
  $(function () {
    $("#checkJson").click(function () {
      $.ajax({
        type: "post",
        async: false,
        url: "${contextPath}/json2",
        success: function (data, textStatus) {
          var jsonInfo = JSON.parse(data);
          var memberInfo = "회원 정보<br>";
          memberInfo += "=======<br>";
```

- 서버에서 전송한 JSON 데이터를 파싱합니다.

```
            for (var i in jsonInfo.members) {
              memberInfo += "이름: " + jsonInfo.members[i].name + "<br>";
              memberInfo += "나이: " + jsonInfo.members[i].age + "<br>";
              memberInfo += "성별: " + jsonInfo.members[i].gender + "<br>";
              memberInfo += "별명: " + 
                                jsonInfo.members[i].nickname + "<br><br><br>";
            }
            $("#output").html(memberInfo);
          },
          error: function (data, textStatus) {
            alert("에러가 발생했습니다.");
          },
          complete: function (data, textStatus) {
          }
        });
      });
    });
  </script>
```

배열 이름 members로 각 배열 요소에 접근한 후 name으로 value를 출력합니다.

11. http://localhost:8090/pro16/test04/json6.jsp로 요청하여 **회원 정보 수신하기**를 클릭합니다. 그러면 서블릿에서 만든 JSON 데이터를 전달받아 다음과 같이 화면에 회원 정보를 출력합니다.

▼ 그림 16-35 실행 결과

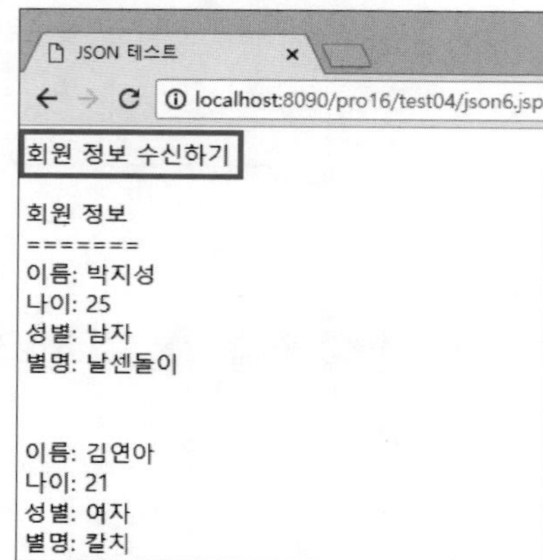

12. 마지막으로 여러 개의 배열을 JSON으로 전달하는 예제를 만들어 보겠습니다. JsonServlet3 클래스를 추가로 생성합니다.

▼ 그림 16-36 실습 파일 위치

13. JsonServlet3 클래스를 다음과 같이 작성합니다.

여러 개의 배열을 전송하는 과정은 다음과 같습니다.

❶ bookInfo의 JSONObject 객체를 생성한 후 도서 정보를 name/value 쌍으로 저장합니다.

❷ bookArray의 JSONArray 객체를 생성한 후 도서 정보를 저장한 bookInfo를 차례대로 저장합니다.

❸ 이미 회원 배열을 저장하고 있는 totaObject의 name에는 배열 이름에 해당하는 books를, value에는 bookArray를 최종적으로 저장합니다.

코드 16-25 pro16/src/sec03/ex01/JsonServlet3.java

```
packate sec03.ex01;
...
@WebServlet("/json3")
public class JsonServlet3 extends HttpServlet {
   ...
  private void doHandle(HttpServletRequest request, HttpServletResponse response)
```

```
    throws ServletException, IOException {
      request.setCharacterEncoding("utf-8");
      response.setContentType("text/html; charset=utf-8");
      PrintWriter writer = response.getWriter();

      JSONObject totaObject = new JSONObject();
      JSONArray membersArray = new JSONArray();
      JSONObject memberInfo = new JSONObject();
      memberInfo.put("name", "박지성");
      memberInfo.put("age", "25");
      memberInfo.put("gender", "남자");
      memberInfo.put("nickname", "날센돌이");
      membersArray.add(memberInfo);

      memberInfo = new JSONObject();
      memberInfo.put("name", "김연아");
      memberInfo.put("age", "21");
      memberInfo.put("gender", "여자");
      memberInfo.put("nickname", "칼치");
      membersArray.add(memberInfo);
      totaObject.put("members", membersArray);

      JSONArray bookArray = new JSONArray();
      JSONObject bookInfo = new JSONObject();
      bookInfo.put("title", "초보자를 위한 자바 프로그래밍");
      bookInfo.put("writer", "이병승");
      bookInfo.put("price", "30000");
      bookInfo.put("genre", "IT");
      bookInfo.put("image", "http://localhost:8090/pro16/image/image1.jpg");
      bookArray.add(bookInfo);

      bookInfo = new JSONObject();
      bookInfo.put("title", "모두의 파이썬");
      bookInfo.put("writer", "이승찬");
      bookInfo.put("price", "12000");
      bookInfo.put("genre", "IT");
      bookInfo.put("image", "http://localhost:8090/pro16/image/image1.jpg");
      bookArray.add(bookInfo);

      totaObject.put("books", bookArray);
      String jsonInfo = totaObject.toJSONString();
      System.out.print(jsonInfo);
      writer.print(jsonInfo);
    }
  }
```

- `JSONObject totaObject = new JSONObject();` : 배열을 최종적으로 저장할 JSONObject 객체를 생성합니다.
- `totaObject.put("members", membersArray);` : 회원 정보를 저장한 배열을 배열 이름 members로 totalObject에 저장합니다
- `JSONArray bookArray = new JSONArray();` : JSONArray 객체를 생성합니다.
- 첫 번째 `bookInfo.put(...)` 블록 : JSONObject 객체를 생성한 후 책 정보를 저장합니다.
- 첫 번째 `bookArray.add(bookInfo);` : bookArray에 객체를 저장합니다.
- 두 번째 `bookInfo` 블록 : JSONObject 객체를 생성한 후 책 정보를 저장합니다.
- 두 번째 `bookArray.add(bookInfo);` : bookArray에 객체를 저장합니다.
- `totaObject.put("books", bookArray);` : 도서 정보를 저장한 배열을 배열 이름 books로 totalObject에 저장합니다

14. json7.jsp를 다음과 같이 작성합니다. ajax로 JSON 데이터를 가져온 후 서블릿에서 각각의 배열에 대해 지정한 배열 이름으로 회원 정보와 도서 정보를 가져와 출력합니다.

코드 16-26 pro16/WebContent/test04/json7.jsp

```
<script>
  $(function () {
    $("#checkJson").click(function () {
      $.ajax({
        type: "post",
        async: false,
        url: "${contextPath}/json3",
        success: function (data, textStatus) {
          var jsonInfo = JSON.parse(data);
          var memberInfo = "회원 정보<br>";
          memberInfo += "=======<br>";
          for (var i in jsonInfo.members) {        // 배열 이름 members로 회원 정보를 출력합니다.
            memberInfo += "이름: " + jsonInfo.members[i].name + "<br>";
            memberInfo += "나이: " + jsonInfo.members[i].age + "<br>";
            memberInfo += "성별: " + jsonInfo.members[i].gender + "<br>";
            memberInfo += "별명: " + jsonInfo.members[i].nickname + "<br><br><br>";
          }
          var booksInfo = "<br><br><br>도서 정보<br>";
          booksInfo += "===========<br>";
          for (var i in jsonInfo.books) {        // 배열 이름 books로 도서 정보를 출력합니다.
            booksInfo += "제목: " + jsonInfo.books[i].title + "<br>";
            booksInfo += "저자: " + jsonInfo.books[i].writer + "<br>";
            booksInfo += "가격: " + jsonInfo.books[i].price + "원 <br>";
            booksInfo += "장르: " + jsonInfo.books[i].genre + "<br>";
            imageURL = jsonInfo.books[i].image;
            booksInfo += "<img src=" + imageURL + " />" + "<br><br><br>";
          }
          $("#output").html(memberInfo + "<br>" + booksInfo);
        },
        error: function (data, textStatus) {
          alert("에러가 발생했습니다.");
        }
      });
    });
  });
</script>
```

이미지 URL을 구해 <img> 태그의 src 속성에 설정합니다.

16 HTML5와 제이쿼리

15. http://localhost:8090/pro16/test04/json7.jsp로 요청하여 **데이터 수신하기**를 클릭하면 다음과 같이 회원 정보를 출력합니다. 이번에는 회원 정보는 물론 도서 정보도 배열로 전달받아 출력합니다.

❤ 그림 16-37 회원 정보 및 도서 정보 출력

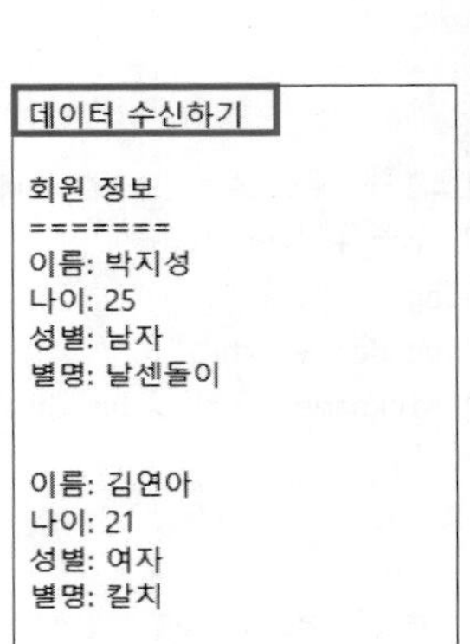

지금까지 웹 프로그래밍에서 많이 사용하는 HTML5의 핵심 내용과 제이쿼리의 기능을 알아봤습니다. 꼭 필요한 내용 위주로 간단하게 살펴보았으므로 더 상세한 내용은 온라인 검색이나 관련 서적을 참고하기 바랍니다.

17장

모델2 방식으로 효율적으로 개발하기

17.1 웹 애플리케이션 모델

보통 웹 애플리케이션을 개발할 때 화면은 디자이너가 맡아서 구현하고, 데이터베이스 연동 같은 비즈니스 로직은 프로그래머가 맡아서 구현합니다. 즉, 각자 맡은 기능을 좀 더 분업화해서 개발을 하는 것이죠.

일반적으로 어떤 일을 맡아 진행하게 되면 일단은 기존에 주로 사용했던 방법이나 방식을 따르게 마련입니다. 웹 애플리케이션을 개발할 때도 마찬가지입니다. 일일이 처음부터 새로 개발하는 것이 아니라 기존에 웹 애플리케이션 개발 방법이나 방식을 따릅니다.

따라서 지금의 웹 애플리케이션 개발은 일반적으로 많이 사용하는 표준화 소스 구조를 만들어 개발을 진행합니다. 이러한 표준화된 소스 구조를 **웹 애플리케이션 모델**이라고 합니다. 웹 애플리케이션 모델의 종류에는 모델1과 모델2 방식이 있습니다.

17.1.1 모델1 방식

지금까지 JSP 실습 예제를 구현한 방식이 바로 모델1 방식입니다. 이는 데이터베이스 연동 같은 비즈니스 로직 작업과 그 작업 결과를 나타내주는 작업을 동일한 JSP에서 수행합니다. 즉, 모든 클라이언트의 요청과 비즈니스 로직 처리를 JSP가 담당하는 구조입니다.

그림 17-1은 모델1 방식으로 웹 애플리케이션이 동작하는 과정을 나타낸 것입니다.

▼ 그림 17-1 모델1로 구현한 애플리케이션 동작 방식

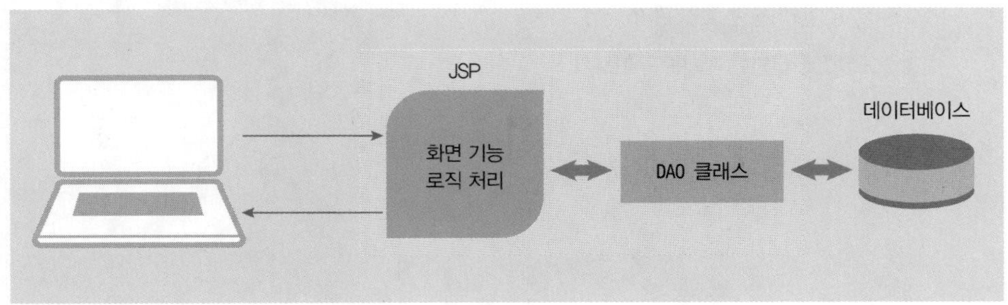

모델1 방식은 기능 구현이 쉽고 편리하다라는 장점이 있는 반면에 요즘처럼 웹 사이트 화면 기능이 복잡해지면 화면 기능과 비즈니스 로직 기능이 섞이면서 유지보수에 문제가 생깁니다.

예를 들어 의류 쇼핑몰을 모델1 방식으로 구현해 운영하고 있다고 합시다. 계절이 가을에서 겨울로 바뀌면 화면에 나타낼 의류 상품의 이미지도 바꿔줘야 합니다.

❤ 그림 17-2 의류 쇼핑몰의 경우 계절에 따라 화면에 나타내는 이미지도 바꿔줘야 함

디자이너가 이 작업을 하려면 JSP에 개발자가 관계되는 비즈니스 로직 기능도 알아야 하므로 작업하기가 쉽지 않을 뿐 아니라 비즈니스 로직과 화면 기능이 섞여 코드 재사용성도 떨어집니다. 이렇듯 모델1 방식으로 웹 애플리케이션을 구현할 경우 조금만 기능이 복잡해져도 유지보수가 어렵다는 단점이 있습니다. 모델1 방식의 이러한 단점을 보완한 것이 바로 모델2 방식입니다.

17.1.2 모델2 방식

모델2 방식의 핵심은 웹 애플리케이션의 각 기능(클라이언트의 요청 처리, 응답 처리, 비즈니스, 로직 처리)을 분리해서 구현하자는 것입니다. 객체 지향 프로그래밍에서 각각의 기능을 모듈화해서 개발하자는 것과 같은 원리죠.

웹 프로그램 개발 시 개발자가 전체 기능을 몰라도 각 기능이 모듈화되어 있으므로 자신이 맡은 부분만 개발하면 됩니다. 각 부분을 조립만 하면 나중에 전체를 사용할 수 있어 개발 효율성도 높습니다. 물론 모델2 방식으로 개발하기 위해서는 필요한 기술이나 개념을 숙지해야 하는 번거로움은 있지만 초급자라면 우선 자신이 맡은 부분만 개발하면 되므로 훨씬 효율적인 개발 방식이라고 할 수 있습니다. 그리고 개발 후 서비스를 제공할 때도 유지보수가 편할 뿐만 아니라 개발한 모듈들은 비슷한 프로그램을 만들 때 사용할 수 있어 코드 재사용성도 높습니다. 현재 모든 웹 프로그램은 모델2 방식으로 개발한다고 보면 됩니다.

모델2 방식의 특징은 다음과 같습니다.

- 각 기능이 서로 분리되어 있어 개발 및 유지보수가 쉽습니다.
- 각 기능(모듈)의 재사용성이 높습니다.
- 디자이너와 개발자의 작업을 분업화해서 쉽게 개발할 수 있습니다.
- 모델2 방식과 관련된 기능이나 개념의 학습이 필요합니다.

그림 17-3은 모델2 방식으로 동작하는 웹 사이트를 나타낸 것입니다.

❤ 그림 17-3 모델2 동작 방식

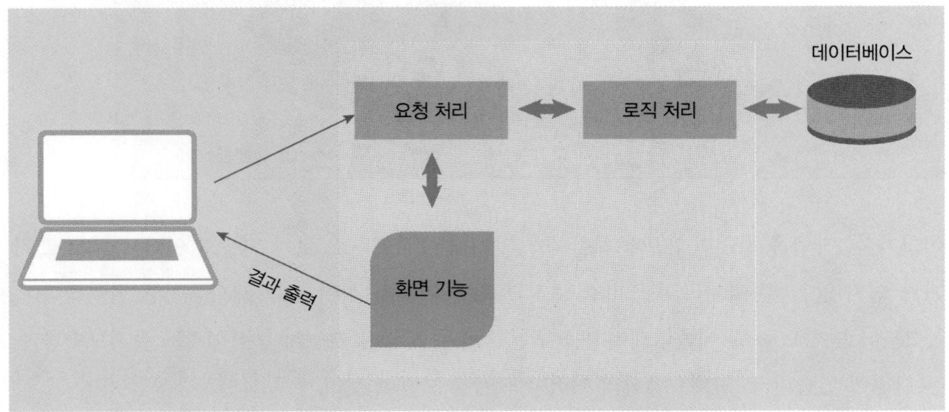

17.2 MVC 디자인 패턴

앞서 살펴본 모델2 구조에는 여러 가지 개념들이 사용되는데 그중 가장 자주 사용되는 개념이 MVC입니다. MVC란 Model-View-Controller(모델-뷰-컨트롤러)의 약자로, 일반 PC 프로그램 개발에 사용되는 디자인 패턴을 웹 애플리케이션에 도입한 것입니다. 즉, 웹 애플리케이션을 화면 부분, 요청 처리 부분, 로직 처리 부분으로 나누어 개발하는 방법이죠.

원래 모델2 방식의 구조가 MVC를 포함하는 개념이지만 MVC가 모델2 방식의 뼈대를 이루므로 모델2 방식으로 구현한다는 말은 곧 MVC로 구현한다는 것과 같은 의미로 보면 됩니다.

MVC의 특징은 다음과 같습니다.

- 각 기능이 분리되어 있어 개발 및 유지보수가 편리합니다.
- 각 기능의 재사용성이 높아집니다.
- 디자이너와 개발자의 작업을 분업화해서 쉽게 개발할 수 있습니다.

그림 17-4는 MVC로 이루어진 웹 애플리케이션의 동작 과정을 나타낸 것입니다.

▼ 그림 17-4 MVC 구조와 구성 요소

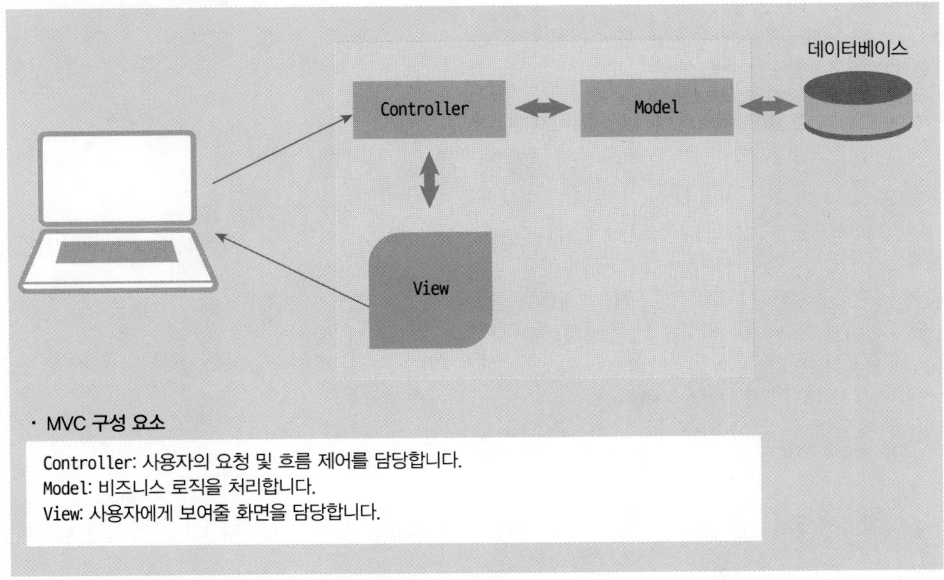

데이터베이스
Controller
Model
View
· MVC 구성 요소
Controller: 사용자의 요청 및 흐름 제어를 담당합니다.
Model: 비즈니스 로직을 처리합니다.
View: 사용자에게 보여줄 화면을 담당합니다.

컨트롤러는 사용자로부터 요청을 받아 어떤 비즈니스 로직을 처리해야 할지 제어합니다. 모델은 데이터베이스 연동 같은 비즈니스 로직을 처리하고, 뷰는 모델에서 처리한 결과를 화면에 구현하여 클라이언트로 전송합니다.

17.2.1 MVC 구성 요소와 기능

그럼 MVC로 구현한 웹 애플리케이션은 어떤 구조인지 조금 더 면밀히 살펴보겠습니다.

▼ 그림 17-5 MVC로 구현된 웹 애플리케이션과 각 구성 요소의 기능

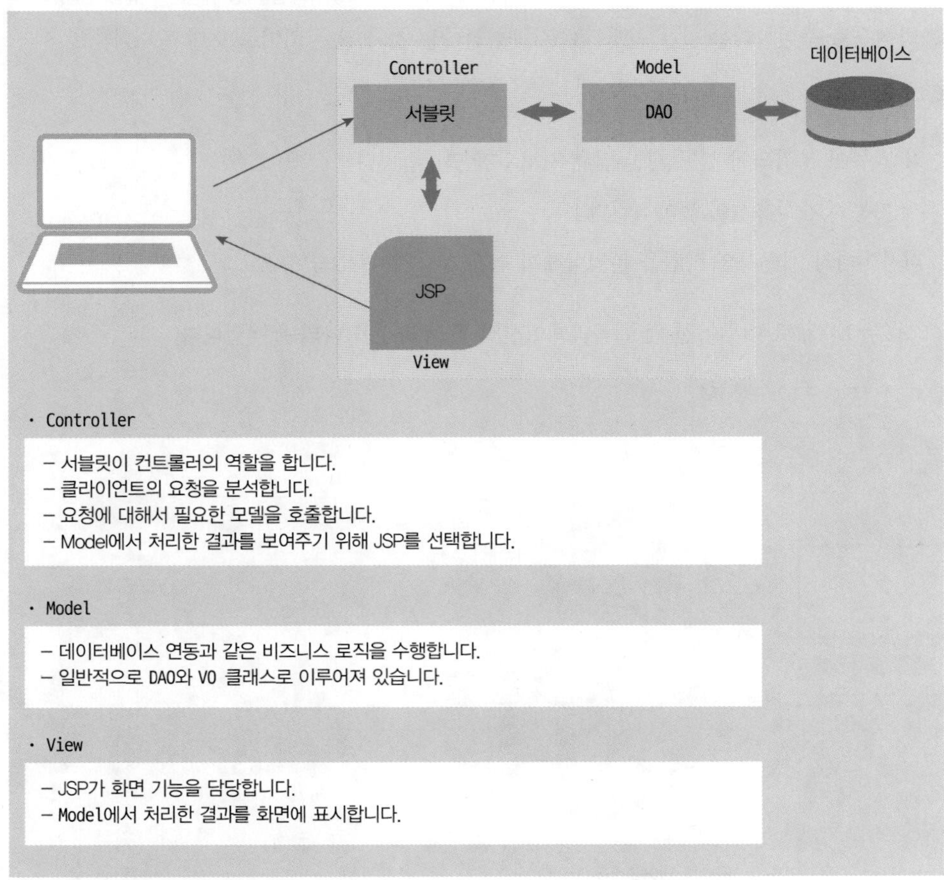

Controller
Model
데이터베이스
서블릿
DAO
JSP
View
· Controller
– 서블릿이 컨트롤러의 역할을 합니다.
– 클라이언트의 요청을 분석합니다.
– 요청에 대해서 필요한 모델을 호출합니다.
– Model에서 처리한 결과를 보여주기 위해 JSP를 선택합니다.
· Model
– 데이터베이스 연동과 같은 비즈니스 로직을 수행합니다.
– 일반적으로 DAO와 VO 클래스로 이루어져 있습니다.
· View
– JSP가 화면 기능을 담당합니다.
– Model에서 처리한 결과를 화면에 표시합니다.

웹 애플리케이션에서 컨트롤러 역할은 서블릿이 담당합니다. 모델은 DAO나 VO 클래스가 담당하고, 뷰 역할은 JSP가 담당합니다.

17.3 MVC를 이용한 회원 관리

우리는 앞에서 JSP를 이용해 모델1 방식으로 회원 관리 기능을 구현한 적이 있습니다(14장 참고). 기억하나요? 모델1 방식이었기 때문에 모든 기능을 JSP에서 처리하였습니다.

이번에는 MVC 방식으로 브라우저의 요청은 서블릿이 맡고, 비즈니스 처리는 모델이 맡고, 화면은 JSP가 맡는 방식으로 회원 관리 기능을 다시 구현해 보겠습니다. 결국 같은 프로그램을 개발하는 것이지만 방법을 달리함으로써 개발 원리를 쉽게 익히는 것이 학습 목표입니다.

17.3.1 회원 정보 조회 기능 구현

다음은 MVC로 구현한 회원 정보 조회 기능을 실행하는 과정입니다.

▼ 그림 17-6 회원 조회 기능 흐름도

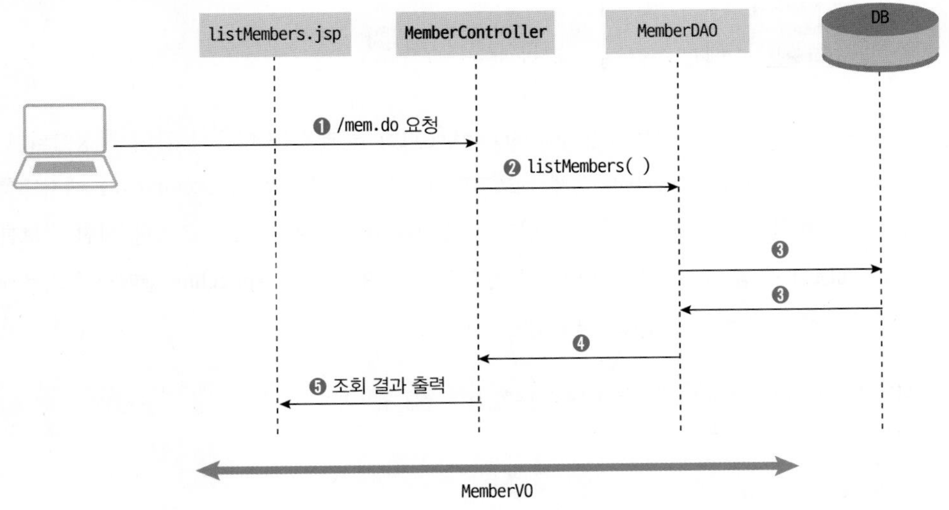

❶ 브라우저에서 /mem.do로 요청합니다.

❷ 서블릿 MemberController가 요청을 받아 MemberDAO의 listMembers() 메서드를 호출합니다.

❸ MemberDAO의 listMembers() 메서드에서 SQL문으로 회원 정보를 조회한 후 회원 정보를 MemberVO에 설정하여 반환합니다.

❹ 다시 MemberController에서는 조회한 회원 정보를 회원 목록창(listMembers.jsp)으로 포워딩합니다.

❺ 회원 목록창(listMembers.jsp)에서 포워딩한 회원 정보를 목록으로 출력합니다.

그럼 지금부터 회원 정보 조회 기능을 실제로 구현해 보겠습니다.

1. 새 프로젝트 pro17에 sec01.ex01 패키지를 만든 후 MemberController, MemberDAO, MemberVO 클래스를 추가합니다. 그리고 test01 폴더를 만들고 listMembers.jsp를 추가합니다.

▼ 그림 17-7 실습 파일 위치

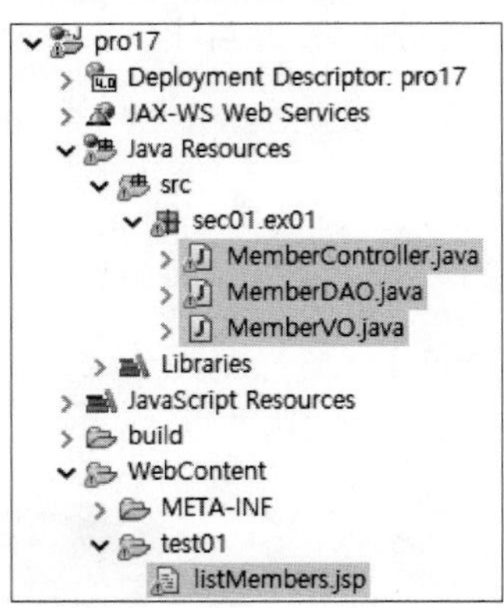

2. 컨트롤러 역할을 하는 서블릿인 MemberController 클래스를 다음과 같이 작성합니다. init() 메서드에서 MemberDAO 객체를 초기화하고 MemberDAO의 listMembers() 메서드를 호출하여 회원 정보를 ArrayList로 반환 받습니다. 이때 request에 조회한 회원 정보를 membersList 속성 이름으로 바인딩합니다. 그런 다음 RequestDispatcher 클래스를 이용해 회원 목록창(listMembers.jsp)으로 포워딩합니다.

코드 17-1 pro17/src/sec01/ex01/MemberController.java

```
package sec01.ex01;
...
@WebServlet("/mem.do")
public class MemberController extends HttpServlet
{
  private static final long serialVersionUID = 1L;
  MemberDAO memberDAO;

  public void init() throws ServletException
  {
    memberDAO = new MemberDAO();   // MemberDAO를 생성합니다.
```

```
    }

    /**
     * @see HttpServlet#doGet(HttpServletRequest request, HttpServletResponse
     *      response)
     */
    protected void doGet(HttpServletRequest request, HttpServletResponse response)
    throws ServletException, IOException
    {
      doHandle(request, response);
    }

    /**
     * @see HttpServlet#doPost(HttpServletRequest request, HttpServletResponse
     *      response)
     */
    protected void doPost(HttpServletRequest request, HttpServletResponse response)
    throws ServletException, IOException
    {
      doHandle(request, response);
    }

    private void doHandle(HttpServletRequest request, HttpServletResponse response)
    throws ServletException, IOException
    {
      request.setCharacterEncoding("utf-8");
      response.setContentType("text/html;charset=utf-8");
      List<MemberVO> membersList = memberDAO.listMembers();
      request.setAttribute("membersList", membersList);
      RequestDispatcher dispatch = request.getRequestDispatcher("/test01/listMembers.jsp");
      dispatch.forward(request, response);
    }
  }
```

요청에 대해 회원 정보를 조회합니다.

조회한 회원 정보를 request에 바인딩합니다.

컨트롤러에서 표시하고자 하는 JSP로 포워딩합니다.

3. MemberDAO 클래스를 다음과 같이 작성합니다. listMembers() 메서드 호출 시 SQL문을 이용해 회원 정보를 조회한 후 결과를 ArrayList로 반환합니다.

코드 17-2 pro17/src/sec01/ex01/MemberDAO.java

```
package sec01.ex01;
 ...
public class MemberDAO
{
  private DataSource dataFactory;
  private Connection conn;
```

```
    private PreparedStatement pstmt;

    public MemberDAO()
    {
      try
      {
        Context ctx = new InitialContext();
        Context envContext = (Context) ctx.lookup("java:/comp/env");
        dataFactory = (DataSource) envContext.lookup("jdbc/oracle");
      } catch (Exception e)
      {
        e.printStackTrace();
      }
    }

    public List<MemberVO> listMembers()
    {
      List<MemberVO> membersList = new ArrayList<MemberVO>();
      try
      {
        conn = dataFactory.getConnection();
        String query = "select * from  t_member order by joinDate desc";
        System.out.println(query);
        pstmt = conn.prepareStatement(query);
        ResultSet rs = pstmt.executeQuery();
        while (rs.next())
        {
          String id = rs.getString("id");
          String pwd = rs.getString("pwd");
          String name = rs.getString("name");
          String email = rs.getString("email");
          Date joinDate = rs.getDate("joinDate");
          MemberVO memberVO = new MemberVO(id, pwd, name, email, joinDate);
          membersList.add(memberVO);
        }
        rs.close();
        pstmt.close();
        conn.close();
      } catch (SQLException e)
      {
        e.printStackTrace();
      }
      return membersList;
    }
```

SQL문을 작성합니다.

PrepareStatement 객체를 생성하면서 SQL문을 인자로 전달합니다.

조회한 회원 정보를 레코드별로 MemberVO 객체의 속성에 저장합니다.

membersList에 MemberVO 객체들을 차례대로 저장합니다.

```
public void addMember(MemberVO m)
{
  try
  {
    conn = dataFactory.getConnection();
    String id = m.getId();
    String pwd = m.getPwd();
    String name = m.getName();
    String email = m.getEmail();
    String query = "INSERT INTO t_member(id, pwd, name, email)" + " VALUES(?, ? ,? ,?)";
    System.out.println(query);
    pstmt = conn.prepareStatement(query);   // PrepareStatement 객체를 생성하면서 SQL문을 인자로 전달합니다.
    pstmt.setString(1, id);
    pstmt.setString(2, pwd);
    pstmt.setString(3, name);
    pstmt.setString(4, email);
    pstmt.executeUpdate();   // SQL문을 실행합니다.
    pstmt.close();
    conn.close();
  } catch (SQLException e)
  {
    e.printStackTrace();
  }
 }
}
```

4. MemberVO 클래스를 다음과 같이 작성합니다. 인자 네 개를 갖는 생성자와 인자 다섯 개를 갖는 생성자를 만듭니다.

코드 17-3 pro17/src/sec01/ex01/MemberVO.java

```
package sec01.ex01;

import java.sql.Date;

public class MemberVO
{
 ...
  public MemberVO()
  {
    System.out.println("MemberVO 생성자 호출");
  }

  public MemberVO(String id, String pwd, String name, String email)
```

```
  {
    this.id = id;
    this.pwd = pwd;
    this.name = name;
    this.email = email;
  }

  public MemberVO(String id, String pwd, String name, String email, Date joinDate)
  {
    this.id = id;
    this.pwd = pwd;
    this.name = name;
    this.email = email;
    this.joinDate = joinDate;
  }

// 각 속성에 대한 getter/setter
// ...
```

5. listMembers.jsp를 다음과 같이 작성하여 바인딩된 회원 정보를 차례대로 표시합니다.

코드 17-4 pro17/WebContent/test01/listMembers.jsp

```
<%@ page language="java" contentType="text/html; charset=UTF-8"
  import=" java.util.*,sec01.ex01.*"
  pageEncoding="UTF-8"
  isELIgnored="false"
%>
<%@ taglib prefix="fmt" uri="http://java.sun.com/jsp/jstl/fmt" %>
<%@ taglib prefix="c" uri="http://java.sun.com/jsp/jstl/core" %>
<%
  request.setCharacterEncoding("UTF-8");
%>
<html>
<head>
  <meta charset="UTF-8">
  <title>회원 정보 출력창</title>
  <style>
    .cls1 {
      font-size: 40px;
      text-align: center;
    }
    .cls2 {
      font-size: 20px;
      text-align: center;
```

```
    }
  </style>
</head>
<body>
  <p class="cls1">회원정보</p>
  <table align="center" border="1">
    <tr align="center" bgcolor="lightgreen">
      <td width="7%"><b>아이디</b></td>
      <td width="7%"><b>비밀번호</b></td>
      <td width="7%"><b>이름</b></td>
      <td width="7%"><b>이메일</b></td>
      <td width="7%"><b>가입일</b></td>
    </tr>

    <c:choose>
      <c:when test="${ empty membersList}">
        <tr>
          <td colspan=5>
            <b>등록된 회원이 없습니다.</b>
          </td>
        </tr>
      </c:when>
      <c:when test="${!empty membersList }">
        <c:forEach var="mem" items="${membersList }">
          <tr align="center">
            <td>${mem.id }</td>
            <td>${mem.pwd }</td>
            <td>${mem.name}</td>
            <td>${mem.email }</td>
            <td>${mem.joinDate}</td>
          </tr>
        </c:forEach>
      </c:when>
    </c:choose>
  </table>
  <a href="#">
    <p class="cls2">회원 가입하기</p>
  </a>
</body>
</html>
```

6. http://localhost:8090/pro17/mem.do로 요청하여 실행 결과를 확인합니다.

▼ 그림 17-8 실행 결과

회원정보

아이디	비밀번호	이름	이메일	가입일
ki	1234	기성용	ki@test.com	2018-09-13
kim	1212	김유신	kim@jweb.com	2018-09-04
lee	1212	이순신	lee@test.com	2018-09-04
hong	1212	홍길동	hong@gmail.com	2018-09-04

회원 가입하기

지금까지 회원 정보 조회 기능을 구현해 보았습니다. 하지만 회원 조회만으로는 큰 의미가 없습니다. 지금부터는 새 회원을 추가하고 수정, 삭제할 수 있는 기능까지 MVC 방식으로 차례대로 구현해 보겠습니다.

17.3.2 회원 정보 추가 기능 구현

이번에는 컨트롤러에서 회원 정보 조회뿐만 아니라 회원 정보 등록까지 구현해 보겠습니다. 앞에서보다 브라우저로부터 전달되는 요청 사항이 많아졌기 때문에 우선은 컨트롤러가 브라우저로부터 어떤 요청을 받았는지 알아내야 합니다. 그런 다음 그 요청에 대해 해당하는 모델을 선택하여 작업을 요청해야 하는데, 이 역할을 하는 방법을 커맨드(command) 패턴이라고 합니다.

커맨드 패턴이란 한마디로 브라우저가 URL 패턴을 이용해 컨트롤러에게 수행 작업을 요청하는 방법입니다. 컨트롤러는 `HttpServletRequest`의 `getPathInfo()` 메서드를 이용해 URL 패턴에서 요청명을 받아와 작업을 수행합니다.

URL을 이용해 컨트롤러에 요청하는 형식은 다음과 같습니다. 보통 두 단계로 요청이 이루어집니다.

- http://localhost:8090/pro17/member/listMembers.do

❶ /member : 첫 번째 단계의 요청은 회원 기능을 의미합니다.

❷ /listMembers.do : 두 번째 단계의 요청은 회원 기능 중 회원 조회 기능을 의미합니다.

그림 17-9는 커맨드 패턴을 이용해 회원 가입 기능을 구현하기에 앞서 회원 가입 과정을 그림으로 나타낸 것입니다.

▼ 그림 17-9 회원 정보 등록 기능 흐름도

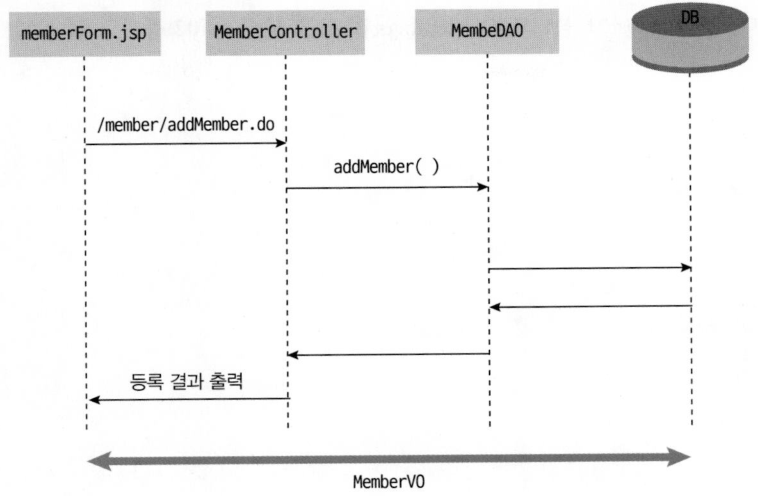

❶ 회원 가입창에서 회원 정보를 입력하고 URL 패턴을 /member/addMember.do로 서버에 요청합니다.

❷ MemberController에서 getPathInfo() 메서드를 이용해 요청명인 /addMember.do를 받아옵니다.

❸ 요청명에 대해 MemberDAO의 addMember() 메서드를 호출합니다.

❹ addMember() 메서드에서 SQL문으로 테이블에 회원 정보를 추가합니다.

1. sec02.ex01 패키지를 만들고 MemberDAO와 MemberVO 클래스는 sec01.ex01 패키지의 것을 복사해 붙여 넣습니다. 그리고 test01 폴더의 listMembers.jsp도 복사해 test02 폴더로 붙여 넣습니다.

▼ 그림 17-10 실습 파일 위치

2. 컨트롤러 역할을 하는 MemberController 클래스를 다음과 같이 작성합니다. 이 컨트롤러에서는 getPathInfo() 메서드를 이용해 두 단계로 이루어진 요청을 가져옵니다. action 값에 따라 if문을 분기해서 요청한 작업을 수행하는데 action 값이 null이거나 /listMembers.do인 경우에 회원 조회 기능을 수행합니다. 만약 action 값이 /memberForm.do면 회원 가입창을 나타내고 action 값이 /addMember.do면 전송된 회원 정보들을 테이블에 추가합니다.

코드 17-5 pro17/src/sec02/ex01/MemebeController.java

```
package sec02.ex01;
 ...
@WebServlet("/member/*")  ← 브라우저에서 요청 시 두 단계로 요청이 이루어집니다.
public class MemberController extends HttpServlet
{
  private static final long serialVersionUID = 1L;
  MemberDAO memberDAO;

  public void init() throws ServletException
  {
    memberDAO = new MemberDAO();
  }

  /**
   * @see HttpServlet#doGet(HttpServletRequest request, HttpServletResponse
```

```
 *      response)
 */
protected void doGet(HttpServletRequest request, HttpServletResponse response)
throws ServletException, IOException
{
  doHandle(request, response);
}

/**
 * @see HttpServlet#doPost(HttpServletRequest request, HttpServletResponse
 *      response)
 */
protected void doPost(HttpServletRequest request, HttpServletResponse response)
throws ServletException, IOException
{
  doHandle(request, response);
}

private void doHandle(HttpServletRequest request, HttpServletResponse response)
throws ServletException, IOException
{
  String nextPage = null;
  request.setCharacterEncoding("utf-8");
  response.setContentType("text/html;charset=utf-8");
  String action = request.getPathInfo();          // URL에서 요청명을 가져옵니다.
  System.out.println("action:" + action);         // 최초 요청이거나 action 값이 /memberList.do면 회원 목록을 출력합니다.
  if (action == null || action.equals("/listMembers.do"))
  {
    List<MemberVO> membersList = memberDAO.listMembers();
    request.setAttribute("membersList", membersList);
    nextPage = "/test02/listMembers.jsp";         // test02 폴더의 listMember.jsp로 포워딩합니다.
  } else if (action.equals("/addMember.do"))      // action 값이 /addMember.do면 전송된 회원 정보를 가져와서 테이블에 추가합니다.
  {
    String id = request.getParameter("id");
    String pwd = request.getParameter("pwd");
    String name = request.getParameter("name");
    String email = request.getParameter("email");
    MemberVO memberVO = new MemberVO(id, pwd, name, email);
    memberDAO.addMember(memberVO);
    nextPage = "/member/listMembers.do";          // 회원 등록 후 다시 회원 목록을 출력합니다.
  } else if (action.equals("/memberForm.do"))     // action 값이 /memberForm.do면 회원 가입창을 화면에 출력합니다.
  {
    nextPage = "/test02/memberForm.jsp";          // test02 폴더의 memberForm.jsp로 포워딩합니다.
```

17 모델2 방식으로 효율적으로 개발하기

```
    } else
    {
      List<MemberVO> membersList = memberDAO.listMembers();
      request.setAttribute("membersList", membersList);
      nextPage = "/test02/listMembers.jsp";
    }
    RequestDispatcher dispatch = request.getRequestDispatcher(nextPage);
    dispatch.forward(request, response);
  }

}
```

그 외 다른 action 값은 회원 목록을 출력합니다.

nextPage에 지정한 요청명으로 다시 서블릿에 요청합니다.

3. 다음과 같이 listMember.jsp에 회원 가입창으로 이동하는 <a> 태그를 추가합니다.

코드 17-6 pro17/WebContent/test02/listMembers.jsp

```
<a href="${contextPath}/member/memberForm.do"><p class="cls2">회원 가입하기</p></a>
```

회원가입하기 클릭 시 서블릿에 /member/memberForm.do로 요청합니다.

4. 회원 가입창에서 회원 정보를 입력하고 action 속성에서 /member/addMember.do로 요청하도록 memberForm.jsp를 작성합니다.

코드 17-7 pro17/WebContent/test02/MemberForm.jsp

```
<%@ page language="java" contentType="text/html; charset=UTF-8"
    pageEncoding="UTF-8"
    isELIgnored="false" %>

<%@ taglib prefix="fmt" uri="http://java.sun.com/jsp/jstl/fmt" %>
<%@ taglib prefix="c" uri="http://java.sun.com/jsp/jstl/core" %>
<c:set var="contextPath" value="${pageContext.request.contextPath}" />
<!DOCTYPE html>
<html>
<head>
  <meta charset="UTF-8">
  <title>회원 가입창</title>
<body>
  <form method="post" action="${contextPath}/member/addMember.do">
    <h1 style="text-align:center">회원 가입창</h1>
    <table align="center">
      <tr>
        <td width="200">
          <p align="right">아이디
        </td>
```

```
      <td width="400"><input type="text" name="id"></td>
    </tr>
    <tr>
      <td width="200">
        <p align="right">비밀번호
      </td>
      <td width="400"><input type="password" name="pwd"></td>
    </tr>
    <tr>
      <td width="200">
        <p align="right">이름
      </td>
      <td width="400">
        <p><input type="text" name="name">
      </td>
    </tr>
    <tr>
      <td width="200">
        <p align="right">이메일
      </td>
      <td width="400">
        <p><input type="text" name="email">
      </td>
    </tr>
    <tr>
      <td width="200">
        <p> </p>
      </td>
      <td width="400">
        <input type="submit" value="가입하기">
        <input type="reset" value="다시입력">
      </td>
    </tr>
  </table>
</form>
</body>
</html>
```

5. http://localhost:8090/pro17/member/listMembers.do로 요청하여 회원 목록창이 나타나면 하단에 있는 **회원 가입하기**를 클릭합니다.

▼ 그림 17-11 **회원 가입하기** 클릭

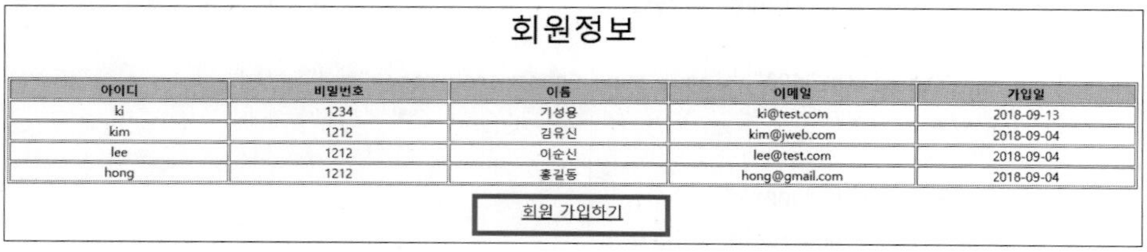

회원정보

아이디	비밀번호	이름	이메일	가입일
ki	1234	기성용	ki@test.com	2018-09-13
kim	1212	김유신	kim@jweb.com	2018-09-04
lee	1212	이순신	lee@test.com	2018-09-04
hong	1212	홍길동	hong@gmail.com	2018-09-04

회원 가입하기

6. 회원 가입창이 나타나면 다음과 같이 새 회원 차두리의 정보를 입력하고 **가입하기**를 클릭합니다.

▼ 그림 17-12 회원 가입창에서 회원 정보 입력 후 **가입하기** 클릭

회원 가입창

아이디 cha2

비밀번호 ••••

이름 차두리

이메일 cha2@test.com

가입하기 다시입력

7. 6번 과정에서 등록한 새 회원(차두리)이 추가된 회원 목록창이 다시 나타납니다.

▼ 그림 17-13 새 회원 추가해 목록 표시

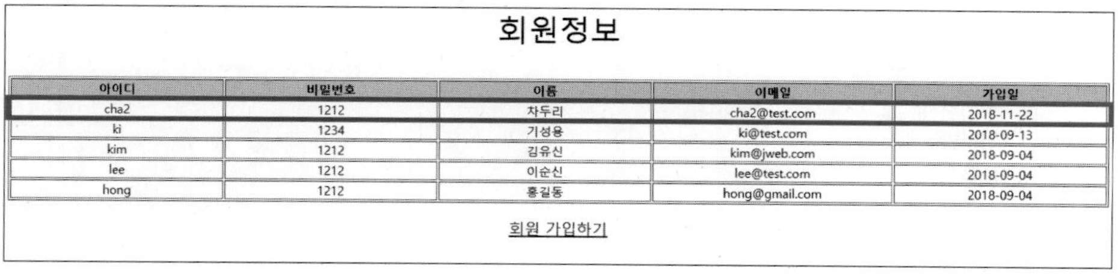

회원정보

아이디	비밀번호	이름	이메일	가입일
cha2	1212	차두리	cha2@test.com	2018-11-22
ki	1234	기성용	ki@test.com	2018-09-13
kim	1212	김유신	kim@jweb.com	2018-09-04
lee	1212	이순신	lee@test.com	2018-09-04
hong	1212	홍길동	hong@gmail.com	2018-09-04

회원 가입하기

17.3.3 회원 정보 수정 및 삭제 기능 구현

이번에는 회원 정보를 수정하고 삭제하는 기능을 구현해 보겠습니다. 회원 정보를 수정하는 과정은 다음과 같습니다.

❶ 회원 정보 수정창에서 회원 정보를 수정하고 **수정하기**를 클릭해 `/member/modMember.do`로 컨트롤러에 요청합니다.

❷ 컨트롤러는 전송된 회원 수정 정보를 가져온 후 테이블에서 회원 정보를 수정합니다.

❸ 수정을 마친 후 컨트롤러는 다시 회원 목록창을 보여줍니다.

삭제하는 과정도 크게 다르지 않습니다.

❶ 회원 목록창에서 **삭제**를 클릭해 요청명 `/member/delMember.do`와 회원 ID를 컨트롤러로 전달합니다.

❷ 컨트롤러는 `request`의 `getPathInfo()` 메서드를 이용해 요청명을 가져옵니다.

❸ 회원 ID를 SQL문으로 전달해 테이블에서 회원 정보를 삭제합니다.

1. sec02.ex02 패키지를 만들고 앞에서 사용한 자바 실습 파일들을 붙여 넣습니다. 그리고 test03 폴더를 만들고 JSP 파일들을 붙여 넣습니다.

▼ 그림 17-14 실습 파일 위치

2. 브라우저에서 컨트롤러에 요청하면 request의 getPathInfo() 메서드를 이용해 수정 요청명인 /modMemberForm.do와 /modMember.do를 가져온 후 분기하여 작업을 수행하도록 MemberController 클래스를 다음과 같이 작성합니다.

> Tip 소스 코드의 길이가 긴 관계로 주요 부분만 발췌해서 나타내었습니다. 전체 코드는 제공하는 예제 파일을 참고하기 바랍니다.

코드 17-8 pro17/src/sec02/ex02/MemberController.java

```
package sec02.ex02;
 ...
@WebServlet("/member/*")
public class MemberController extends HttpServlet
{
  private static final long serialVersionUID = 1L;
  MemberDAO memberDAO;

  public void init() throws ServletException
  {
    memberDAO = new MemberDAO();
  }

 ...

private void doHandle(HttpServletRequest request, HttpServletResponse response)
throws ServletException, IOException
  {
    String nextPage = null;
    request.setCharacterEncoding("utf-8");
    response.setContentType("text/html;charset=utf-8");
    String action = request.getPathInfo();
    System.out.println("action:" + action);

    if (action == null || action.equals("/listMembers.do"))
    {
      ...
    } else if (action.equals("/modMemberForm.do"))
    {
      String id = request.getParameter("id");
      MemberVO memInfo = memberDAO.findMember(id);
      request.setAttribute("memInfo", memInfo);
      nextPage = "/test03/modMemberForm.jsp";
    } else if (action.equals("/modMember.do"))
    {
```

- 회원 수정창 요청 시 ID로 회원 정보를 조회한 후 수정창으로 포워딩합니다.
- 회원 정보 수정창을 요청하면서 전송된 ID를 이용해 수정 전 회원 정보를 조회합니다.
- request에 바인딩하여 회원 정보 수정창에 수정하기 전 회원 정보를 전달합니다.
- 테이블의 회원 정보를 수정합니다.

```
      String id = request.getParameter("id");
      String pwd = request.getParameter("pwd");
      String name = request.getParameter("name");
      String email = request.getParameter("email");
      MemberVO memberVO = new MemberVO(id, pwd, name, email);
      memberDAO.modMember(memberVO);
      request.setAttribute("msg", "modified");
      nextPage = "/member/listMembers.do";
    } else if (action.equals("/delMember.do"))
    {
      String id = request.getParameter("id");
      memberDAO.delMember(id);
      request.setAttribute("msg", "deleted");
      nextPage = "/member/listMembers.do";
    } else
    {
      List<MemberVO> membersList = memberDAO.listMembers();
      request.setAttribute("membersList", membersList);
      nextPage = "/test03/listMembers.jsp";
    }
    RequestDispatcher dispatch = request.getRequestDispatcher(nextPage);
    dispatch.forward(request, response);
  }
}
```

회원 정보 수정창에서 전송된 수정 회원 정보를 가져온 후 MemberVO 객체 속성에 설정합니다.

회원 목록창으로 수정 작업 완료 메시지를 전달합니다.

회원 ID를 SQL문으로 전달해 테이블의 회원 정보를 삭제합니다.

삭제할 회원 ID를 받아옵니다.

회원 목록창으로 삭제 작업 완료 메시지를 전달합니다.

3. MemberDAO 클래스를 다음과 같이 작성합니다. 회원 ID를 이용해 회원 정보를 조회하고, 수정 회원 정보를 갱신하고, 회원 ID로 회원 정보를 삭제하는 메서드를 추가합니다.

코드 17-9 pro17/src/sec02/ex02/MemberDAO.java

```
package sec02.ex02;
 ...
public class MemberDAO
{
   ...
  public MemberVO findMember(String _id)
  {
    MemberVO memInfo = null;
    try
    {
      conn = dataFactory.getConnection();
      String query = "select * from  t_member where id=?";
      pstmt = conn.prepareStatement(query);
      pstmt.setString(1, _id);
```

전달된 ID로 회원 정보를 조회합니다.

```java
      System.out.println(query);
      ResultSet rs = pstmt.executeQuery();
      rs.next();
      String id = rs.getString("id");
      String pwd = rs.getString("pwd");
      String name = rs.getString("name");
      String email = rs.getString("email");
      Date joinDate = rs.getDate("joinDate");
      memInfo = new MemberVO(id, pwd, name, email, joinDate);
      pstmt.close();
      conn.close();
    } catch (Exception e)
    {
      e.printStackTrace();
    }
    return memInfo;
  }

  public void modMember(MemberVO memberVO)
  {
    String id = memberVO.getId();
    String pwd = memberVO.getPwd();
    String name = memberVO.getName();
    String email = memberVO.getEmail();
    try
    {
      conn = dataFactory.getConnection();
      String query = "update t_member set pwd=?,name=?,email=?  where id=?";
      System.out.println(query);
      pstmt = conn.prepareStatement(query);
      pstmt.setString(1, pwd);
      pstmt.setString(2, name);
      pstmt.setString(3, email);
      pstmt.setString(4, id);
      pstmt.executeUpdate();
      pstmt.close();
      conn.close();
    } catch (Exception e)
    {
      e.printStackTrace();
    }
  }

  public void delMember(String id)
  {
```

전달된 수정 회원 정보를 update문을 이용해 수정합니다.

SQL문을 실행합니다.

```
    try
    {
      conn = dataFactory.getConnection();
      String query = "delete from t_member where id=?";
      System.out.println(query);
      pstmt = conn.prepareStatement(query);
      pstmt.setString(1, id);
      pstmt.executeUpdate();
    } catch (Exception e)
    {
      e.printStackTrace();
    }
  }

}
```

delete문을 이용해 전달된 ID의 회원 정보를 삭제합니다.

SQL 문을 실행합니다.

4. listMembers.jsp를 다음과 같이 작성합니다. 회원 추가, 수정, 삭제 작업 후에 다시 회원 목록 창을 요청할 경우 컨트롤러에서 가져온 msg 값에 따라 작업 결과를 alert 창에 출력합니다.

코드 17-10 pro17/WebContent/test03/listMembers.jsp

```
<%@ page language="java" contentType="text/html; charset=UTF-8"
  pageEncoding="UTF-8"
  isELIgnored="false"
%>
<%@ taglib prefix="fmt" uri="http://java.sun.com/jsp/jstl/fmt" %>
<%@ taglib prefix="c" uri="http://java.sun.com/jsp/jstl/core" %>
<c:set var="contextPath" value="${pageContext.request.contextPath}" />
<%
request.setCharacterEncoding("UTF-8");
%>
<html>

<head>
  <c:choose>
    <c:when test='${msg=="addMember" }'>
      <script>
        window.onload = function () {
          alert("회원을 등록했습니다.");
        }
      </script>
    </c:when>
    <c:when test='${msg=="modified" }'>
      <script>
```

회원 추가, 수정, 삭제 작업 후 컨트롤러에서 넘긴 msg 값에 따라 작업 결과를 alert 창에 출력합니다.

```
        window.onload = function () {
          alert("회원 정보를 수정했습니다.");
        }
      </script>
    </c:when>
    <c:when test='${msg=="deleted" }'>
      <script>
        window.onload = function () {
          alert("회원 정보를 삭제했습니다.");
        }
      </script>
    </c:when>
  </c:choose>

  <meta charset="UTF-8">
  <title>회원 정보 출력창</title>
  <style>
    .cls1 {
      font-size: 40px;
      text-align: center;
    }

    .cls2 {
      font-size: 20px;
      text-align: center;
    }
  </style>
</head>

<body>
  <p class="cls1">회원정보</p>
  <table align="center" border="1">
    <tr align="center" bgcolor="lightgreen">
      <td width="7%"><b>아이디</b></td>
      <td width="7%"><b>비밀번호</b></td>
      <td width="7%"><b>이름</b></td>
      <td width="7%"><b>이메일</b></td>
      <td width="7%"><b>가입일</b></td>
      <td width="7%"><b>수정</b></td>
      <td width="7%"><b>삭제</b></td>

    </tr>

    <c:choose>
```

```
            <c:when test="${ empty membersList}">
              <tr>
                <td colspan=5>
                  <b>등록된 회원이 없습니다.</b>
                </td>
              </tr>
            </c:when>
            <c:when test="${!empty membersList }">
              <c:forEach var="mem" items="${membersList }">
                <tr align="center">
                  <td>${mem.id }</td>
                  <td>${mem.pwd }</td>
                  <td>${mem.name}</td>
                  <td>${mem.email }</td>
                  <td>${mem.joinDate}</td>
                  <td><a href="${contextPath}/member/modMemberForm.do?id=${mem.id }">수정</a></td>
                  <td><a href="${contextPath}/member/delMember.do?id=${mem.id }">삭제</a></td>

                </tr>
              </c:forEach>
            </c:when>
          </c:choose>
        </table>
        <a href="${contextPath}/member/memberForm.do">
          <p class="cls2">회원 가입하기</p>
        </a>
      </body>
      </html>
```

ID를 전달해 수정과 삭제를 요청합니다.

5. modMemberForm.jsp를 다음과 같이 작성합니다. 회원 정보 수정창에서 수정된 회원 정보를 입력하고 **수정하기**를 클릭하면 action 속성에 설정한 요청명 /member/modMember.do와 회원 ID를 전달해 수정을 요청하도록 구현합니다.

코드 17-11 pro17/WebContent/test03/modMemberForm.jsp

```
<%@ page language="java" contentType="text/html; charset=UTF-8"
  pageEncoding="UTF-8"
  isELIgnored="false" %>
<%@ taglib prefix="fmt" uri="http://java.sun.com/jsp/jstl/fmt" %>
<%@ taglib prefix="c" uri="http://java.sun.com/jsp/jstl/core" %>
<c:set var="contextPath" value="${pageContext.request.contextPath}" />
<%
  request.setCharacterEncoding("UTF-8");
```

```
%>

<head>
  <meta charset="UTF-8">
  <title>회원 정보 수정창</title>
  <style>
   .cls1 {
    font-size:40px;
    text-align:center;
   }
 </style>
</head>

<body>
  <h1 class="cls1">회원 정보 수정창</h1>
  <form method="post" action="${contextPath}/member/modMember.do?id=${memInfo.id}">
   <table align="center">
     <tr>
       <td width="200">
         <p align="right">아이디
       </td>
       <td width="400"><input type="text" name="id" value="${memInfo.id}" disabled></td>
     </tr>
     <tr>
       <td width="200">
         <p align="right">비밀번호
       </td>
       <td width="400"><input type="password" name="pwd" value="${memInfo.pwd}">
       </td>
     </tr>
     <tr>
       <td width="200">
         <p align="right">이름
       </td>
       <td width="400"><input type="text" name="name" value="${memInfo.name}"></td>
     </tr>
     <tr>
       <td width="200">
         <p align="right">이메일
       </td>
       <td width="400"><input type="text" name="email" value="${memInfo.email}"></td>
     </tr>
     <tr>
       <td width="200">
         <p align="right">가입일
```

수정하기 클릭 시 컨트롤러에 /member/modMember.do로 요청합니다.

조회한 회원 정보를 텍스트 박스에 표시합니다.

조회한 회원 정보를 텍스트 박스에 표시합니다.

```
          </td>
          <td width="400"><input type="text" name="joinDate"
           value="${memInfo.joinDate }" disabled></td>
        </tr>
        <tr align="center">
          <td colspan="2" width="400"><input type="submit" value="수정하기">
            <input type="reset" value="다시입력"> </td>
        </tr>
      </table>
    </form>
    </html>
```

6. 회원 목록창에서 차두리의 회원 정보를 수정해 볼까요? **수정**을 클릭하여 http:localhost:8090/pro17/member/modMemberForm.do로 요청합니다.

▼ 그림 17-15 회원 목록창에서 **수정** 클릭

회원정보

아이디	비밀번호	이름	이메일	가입일	수정	삭제
cha2	1212	차두리	cha2@test.com	2018-11-22	수정	삭제
ki	1234	기성용	ki@test.com	2018-09-13	수정	삭제
kim	1212	김유신	kim@jweb.com	2018-09-04	수정	삭제
lee	1212	이순신	lee@test.com	2018-09-04	수정	삭제
hong	1212	홍길동	hong@gmail.com	2018-09-04	수정	삭제

회원 가입하기

7. 회원 정보 수정창이 나타납니다. 차두리의 회원 정보(비밀번호, 이메일 주소)를 다음과 같이 수정하고 **수정하기**를 클릭한 후 http:localhost:8090/pro17/member/modMember.do로 요청합니다.

▼ 그림 17-16 회원 정보 수정 후 **수정하기** 클릭

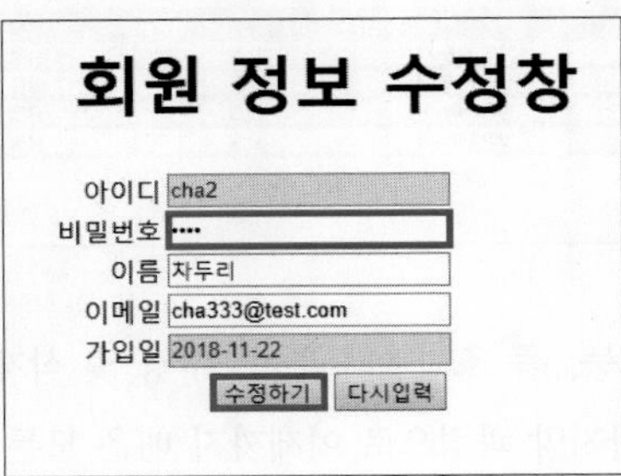

8. '수정 완료' 메시지가 나타나고 다음과 같이 수정된 회원 목록을 표시합니다. 차두리의 회원 정보가 제대로 수정되었나요?

▼ 그림 17-17 수정된 회원 목록 표시

회원정보

아이디	비밀번호	이름	이메일	가입일	수정	삭제
cha2	4321	차두리	cha333@test.com	2018-11-22	수정	삭제
ki	1234	기성용	ki@test.com	2018-09-13	수정	삭제
kim	1212	김유신	kim@jweb.com	2018-09-04	수정	삭제
lee	1212	이순신	lee@test.com	2018-09-04	수정	삭제
hong	1212	홍길동	hong@gmail.com	2018-09-04	수정	삭제

회원 가입하기

9. 이번에는 차두리의 회원 정보를 삭제해 보겠습니다. 다음과 같이 **삭제**를 클릭합니다.

▼ 그림 17-18 회원 목록창에서 차두리의 **삭제** 클릭

회원정보

아이디	비밀번호	이름	이메일	가입일	수정	삭제
cha2	3333	차두리	cha333@test.com	2018-11-12	수정	삭제
ki	1234	기성용	ki@test.com	2018-09-13	수정	삭제
kim	1212	김유신	kim@jweb.com	2018-09-04	수정	삭제
lee	1212	이순신	lee@test.com	2018-09-04	수정	삭제
hong	1212	홍길동	hong@gmail.com	2018-09-04	수정	삭제

회원 가입하기

10. 그러면 '삭제 완료' 메시지가 나타난 후 다시 회원 목록을 표시합니다. 목록에서 차두리가 사라진 것을 볼 수 있습니다.

▼ 그림 17-19 삭제 후 회원 목록 다시 표시

회원정보

아이디	비밀번호	이름	이메일	가입일	수정	삭제
ki	1234	기성용	ki@test.com	2018-09-13	수정	삭제
kim	1212	김유신	kim@jweb.com	2018-09-04	수정	삭제
lee	1212	이순신	lee@test.com	2018-09-04	수정	삭제
hong	1212	홍길동	hong@gmail.com	2018-09-04	수정	삭제

회원 가입하기

지금까지 커맨드 패턴을 이용해 기본적인 회원 관리 기능, 즉 조회부터 추가, 수정 및 삭제까지 MVC로 구현해 봤습니다. 다음 절에서는 JSP 학습의 마지막 과정으로 이제까지 배운 모든 서블릿과 JSP 기능을 활용하여 모델2 기반의 답변형 게시판을 구현해 보겠습니다.

17.4 모델2로 답변형 게시판 구현하기

게시판 기능은 모든 웹 페이지의 기본 기능을 포함하기 때문에 게시판을 만들 수 있다면 모든 웹 페이지를 쉽게 만들 수 있습니다.

이번에 우리가 실습을 통해 구현할 답변형 게시판의 글 목록은 그림 17-20과 같은 형태입니다. 부모 글이 목록에 나열되면 각 부모 글에 대해 답변 글(자식 글)이 계층 구조로 나열되어 표시됩니다. 그리고 답변 글에 대한 답변 글은 또 다시 계층 구조로 표시됩니다. 즉, 답변 글에 또 답변 글을 올릴 수 있는 기능을 하는 게시판입니다.

▼ 그림 17-20 답변형 게시판 실제 구현 화면

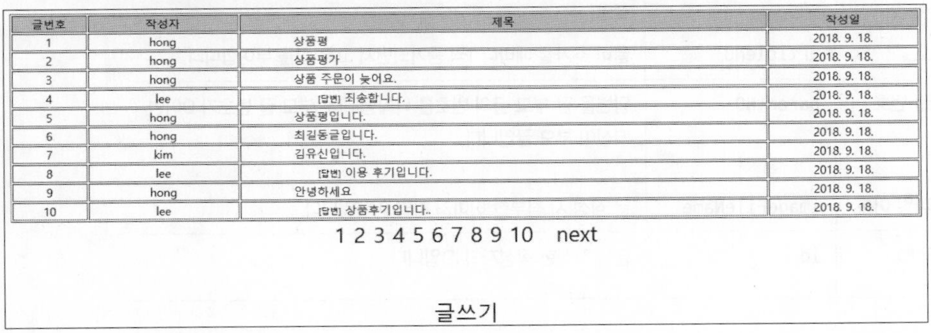

글번호	작성자	제목	작성일
1	hong	상품평	2018. 9. 18.
2	hong	상품평가	2018. 9. 18.
3	hong	상품 주문이 늦어요.	2018. 9. 18.
4	lee	[답변] 죄송합니다.	2018. 9. 18.
5	hong	상품평입니다.	2018. 9. 18.
6	hong	최길동글입니다.	2018. 9. 18.
7	kim	김유신입니다.	2018. 9. 18.
8	lee	[답변] 이용 후기입니다.	2018. 9. 18.
9	hong	안녕하세요	2018. 9. 18.
10	lee	[답변] 상품후기입니다..	2018. 9. 18.

1 2 3 4 5 6 7 8 9 10 next

글쓰기

표 17-1은 답변형 게시판 글을 저장하는 테이블 컬럼입니다. 게시판의 글을 작성하려면 회원이 로그인 상태여야 합니다. 즉, 각 글에는 작성자 ID가 저장됩니다. 따라서 게시판 테이블의 ID 컬럼은 회원 테이블의 ID 컬럼에 대해 외래키를 속성으로 가집니다.

▼ 표 17-1 답변형 게시판 테이블(t_board) 구조

no	컬럼 이름	속성	자료형	크기	유일키 여부	NULL 여부	키	기본값
1	articleNO	글 번호	number	10	Y	N	기본키	
2	parentNO	부모 글 번호	number	10	N	N		0
3	title	글 제목	varchar2	100	N	N		
4	content	글 내용	varchar2	4000	N	N		

no	컬럼 이름	속성	자료형	크기	유일키 여부	NULL 여부	키	기본값
5	imageFileName	이미지 파일 이름	varchar2	100	N			
6	writeDate	작성일	date		N	N		sysdate
7	id	작성자 ID	varchar2	20	N	N	외래키	

또한 다음은 테이블 컬럼의 주요 속성들입니다. 여기서 부모 글 번호는 답변을 단 글 번호를 의미합니다. 자신이 최초 글이면 부모 글 번호는 0입니다. ID는 작성자의 ID를 의미하고, ID 컬럼은 항상 t_member 테이블의 ID 컬럼을 참조합니다.

▼ 표 17-2 테이블의 주요 속성

속성	컬럼	설명
글 번호	articleNO	글이 추가될 때마다 1씩 증가되면서 고유 값을 부여합니다.
부모 글 번호	parentNO	답변을 단 부모 글의 번호를 나타냅니다. 부모 글 번호가 0이면 자신이 부모 글입니다.
첨부 파일 이름	imageFileName	글 작성 시 첨부한 이미지 파일 이름입니다.
작성자 ID	id	글을 작성한 작성자의 ID입니다.

그림 17-21을 보면 게시판 테이블이 회원 테이블에 대해서 참조 관계가 있음을 알 수 있습니다.

▼ 그림 17-21 게시판 테이블의 참조 관계

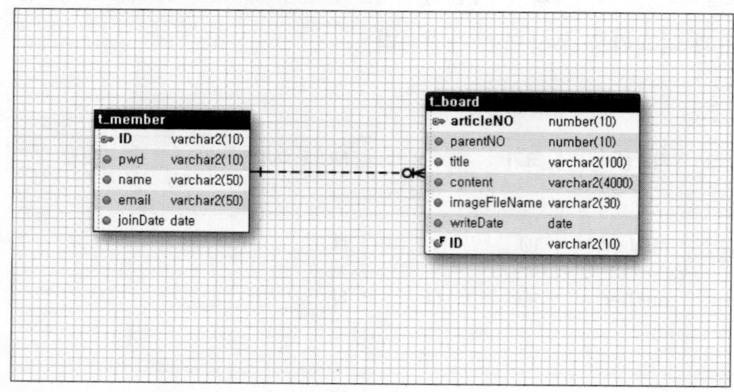

우리가 알고 있는 일반적인 게시판처럼 부모 글에 대한 답변 글을 계층 구조로 나타내려면 어떻게 해야 할까요?

가장 쉬운 방법은 각 글을 테이블에 추가할 때 해당 글의 부모 글 번호(parentNO)를 같이 등록한 후 글 조회 시 부모 글 번호에 대해 계층형 SQL문을 수행하여 계층 구조로 표시하는 것입니다.

먼저 SQL Developer를 이용해 다음과 같이 테이블을 생성하고 테스트 글을 테이블에 추가합니다.

코드 17-12 게시판 기능 테이블 생성 및 데이터 추가하기

```
DROP TABLE t_Board CASCADE CONSTRAINTS;

--게시판 테이블을 생성합니다.
create table t_Board(
    articleNO number( 10 )  primary key,
    parentNO number(10) default 0,
    title varchar2( 500 ) not null,
    content varchar2( 4000 ),
    imageFileName varchar2(100),
    writedate date default sysdate not null ,
    id varchar2(10),
    CONSTRAINT FK_ID FOREIGN KEY(id)     -- ID 컬럼을 회원 테이블의 ID 컬럼에 대해 외래키로 지정합니다.
    REFERENCES t_member(id)
);

-- 테이블에 테스트 글을 추가합니다.
insert into t_board(articleNO, parentNO, title, content, imageFileName, writedate, id)
 values(1, 0, '테스트글입니다.', '테스트글입니다.', null, sysdate,  'hong');

insert into t_board(articleNO, parentNO, title, content, imageFileName, writedate, id)
 values(2, 0,'안녕하세요', '상품 후기입니다.', null,sysdate, 'hong' );

insert into t_board(articleNO, parentNO, title, content, imageFileName, writedate, id)
 values(3, 2,'답변입니다.', '상품 후기에 대한 답변입니다.', null, sysdate, 'hong' );

insert into t_board(articleNO, parentNO, title, content, imageFileName, writedate, id)
 values(5, 3,'답변입니다.', '상품 좋습니다.', null,sysdate, 'lee' );

insert into t_board(articleNO, parentNO, title, content, imageFileName, writedate, id)
 values(4, 0, '김유신입니다.', '김유신 테스트글입니다.', null, sysdate, 'kim');

insert into t_board(articleNO, parentNO, title, content, imageFileName, writedate, id)
  values(6, 2, '상품 후기입니다..', '이순신씨의 상품 사용 후기를 올립니다!!', null, sysdate, 'lee' );

commit;     -- 추가 후 반드시 커밋을 해줍니다.
select * from t_board;
```

본격적으로 코드를 작성하기에 앞서 답변형 게시판의 기능을 담당하는 클래스와 JSP의 MVC 구조를 살펴보겠습니다(그림 17-22).

▼ 그림 17-22 답변형 게시판 MVC 구조

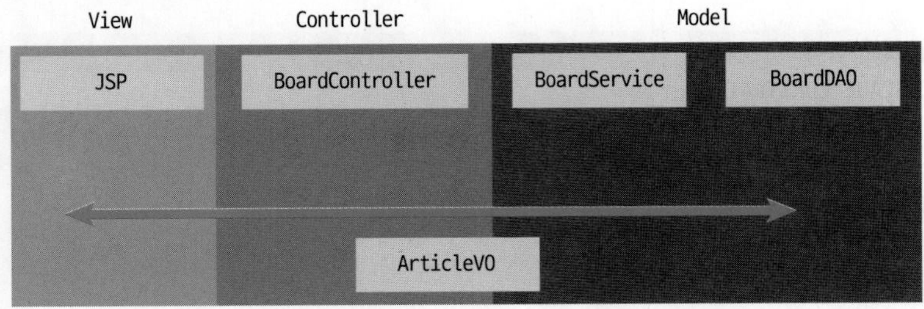

뷰와 컨트롤러는 그대로 JSP와 서블릿이 기능을 수행하지만 모델은 기존의 DAO 클래스 외에 BoardService 클래스가 추가된 것을 볼 수 있습니다.

지금까지 MVC로 기능을 구현할 때 모델 기능은 DAO 클래스가 수행했습니다. 하지만 실제로 개발을 할 때는 Service 클래스를 거쳐서 DAO 클래스의 기능을 수행하도록 구현합니다. 그렇다면 모델에서 Service 클래스를 두는 이유는 무엇일까요?

DAO는 데이터베이스에 접근하는 기능을 수행하고 Service는 실제 프로그램을 업무에 적용하는 사용자 입장에서 업무 단위, 즉 트랜잭션(Transaction)으로 작업을 수행합니다. 여기서 업무 단위란 '단위 기능'이라고도 하며, 사용자 입장에서 하나의 논리적인 기능을 의미합니다.

웹 애플리케이션에서 일반적으로 묶어서 처리하는 단위 기능에는 다음과 같은 것들이 있습니다.

- 게시판 글 조회 시 해당 글을 조회하는 기능과 조회 수를 갱신하는 기능
- 쇼핑몰에서 상품 주문 시 주문 상품을 테이블에 등록 후 주문자의 포인트를 갱신하는 기능
- 은행에서 송금 시 송금자의 잔고를 갱신하는 기능과 수신자의 잔고를 갱신하는 기능

그림 17-23처럼 단위 기능1은 자신의 기능을 수행할 때 DAO와 연동해 한 개의 SQL문으로 기능을 수행하지만 단위 기능2나 단위 기능3은 여러 SQL문을 묶어서 하나의 단위 기능을 수행합니다.

▼ 그림 17-23 일반적인 모델 구조

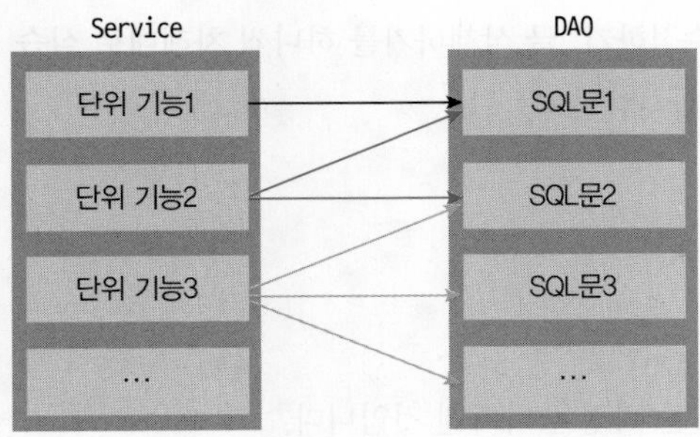

실제 개발을 할 때에도 Service 클래스의 메서드를 이용해 큰 기능을 단위 기능으로 나눈 후 Service 클래스의 각 메서드는 자신의 기능을 더 세부적인 기능을 하는 DAO의 SQL문들을 조합해서 구현합니다. 이렇게 하는 이유는 유지보수나 시스템의 확장성 면에서 훨씬 유리하기 때문입니다.

예를 들어 가장 흔한 게시판 기능은 크게 다음과 같이 나눌 수 있습니다.

- 새 글 쓰기
- 글 보기
- 글 수정하기
- 글 삭제하기

즉, 각 글과 관련해 세부 기능을 수행하는 SQL문들을 DAO에서 구현하고, Service 클래스의 단위 기능 메서드에서 DAO에 만들어 놓은 SQL문들을 조합해서 단위 기능을 구현하는 것입니다.

그림 17-24는 실제 답변형 게시판의 모델 구조를 나타낸 것입니다.

▼ 그림 17-24 답변형 게시판 기능의 모델 구조

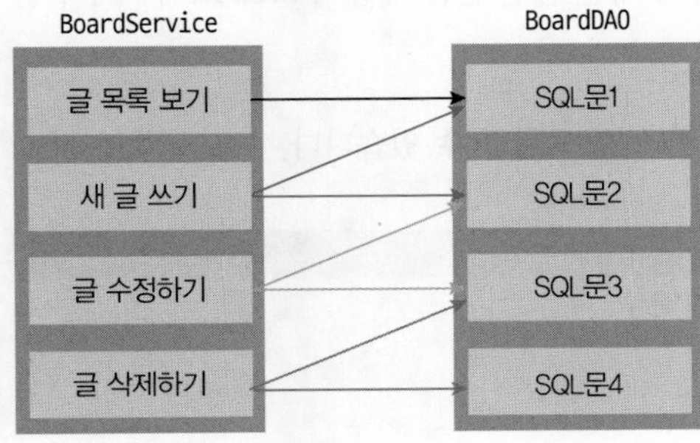

보통 게시판의 Service 클래스 기능은 BoardDAO의 각 메서드의 SQL문 조합으로 기능을 구현합니다. 그럼 지금부터 글 목록 보기, 새 글쓰기, 글 수정하기, 글 삭제하기를 하나씩 차례대로 실습해 보겠습니다. 먼저 글 목록을 보는 기능부터 시작합니다.

17.4.1 게시판 글 목록 보기 구현

그림 17-25는 게시판의 글 목록 보기 기능을 구현하는 과정을 나타낸 것입니다.

▼ 그림 17-25 글 목록 보기 흐름도

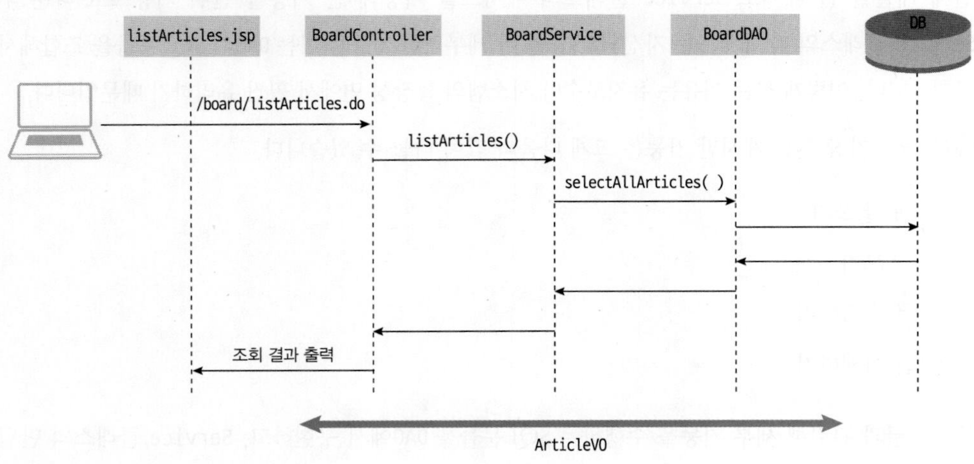

브라우저에서 /board/listArticles.do로 요청하면 Controller가 전달받아 Service와 DAO를 거쳐 글 정보를 조회한 후 listArticles.jsp로 전달하여 화면에 글 목록을 보여줍니다. 여기서 문제는 글 목록을 그냥 나열만 하는 것이 아니라 부모 글에 대한 답변 글을 계층 구조로 보여주어야 한다는 것입니다. 이렇게 하려면 어떻게 해야 할까요?

오라클에서 제공하는 계층형 SQL문 기능을 이용하면 이를 구현할 수 있습니다.

코드 17-13 글 목록 조회 계층형 SQL문

```
SELECT LEVEL,
       articleNO,
       parentNO,
       LPAD(' ', 4*(LEVEL-1)) || title  title,
       content,
       writeDate,
       id
```

LEVEL: 오라클에서 제공하는 가상 컬럼으로 글의 깊이를 나타냅니다(부모 글은 1입니다).

```
FROM  t_board
START WITH  parentNO=0  ❶
CONNECT BY PRIOR articleNO=parentNO  ❷
ORDER SIBLINGS BY articleNO DESC;  ❸
```

SQL문의 각 문법을 조금 들여다볼까요?

❶ 계층형 구조에서 최상위 계층의 로우(row)를 식별하는 조건을 명시합니다. parentNO가 0, 즉 부모 글부터 시작해 계층형 구조를 만든다는 의미입니다.

❷ 계층 구조가 어떤 식으로 연결되는지를 기술하는 부분입니다. parentNO에 부모 글 번호가 있으므로 이를 표현하려면 CONNECT BY PRIOR articleNO = parentNO로 기술해야 합니다.

❸ 계층 구조로 조회된 정보를 다시 articleNO를 이용해 내림차순으로 정렬하여 최종 출력합니다.

코드 17-13과 같은 계층형 SQL문을 SQL Developer에서 실행하면 그림 17-26처럼 자식 글이 부모 글 아래에 출력됩니다.

▼ 그림 17-26 계층형 SQL문 실행 결과

	LEVEL	ARTICLENO	PARENTNO	TITLE	CONTENT	WRITEDATE	ID
1	1	4	0	김유신입니다.	김[illegible]	18/09/18	kim
2	1	2	0	안녕하세요	상[illegible]	18/09/18	hong
3	2	6	2	상품후기입니다..	이[illegible]립니다!!	18/09/18	lee
4	2	3	2	답변입니다.	상품[illegible]	18/09/18	hong
5	3	5	3	답변입니다.	상품 좋습니다.	18/09/18	lee
6	1	1	0	테스트글입니다.	테스트글입니다.	18/09/18	hong

부모 글에 대한 자식 글이 계층형으로 표시되어 있습니다.

Note ≡ 계층형 SQL문에 관한 자세한 설명은 오라클 관련 교재나 인터넷 검색을 통해 참고하기 바랍니다.

그럼 실제로 클래스와 JSP를 사용해 이를 구현해 보겠습니다.

1. sec03.brd01 패키지를 새로 만들고 관련된 클래스를 추가합니다. 또한 board01 폴더를 만들고 listArticles.jsp를 추가합니다.

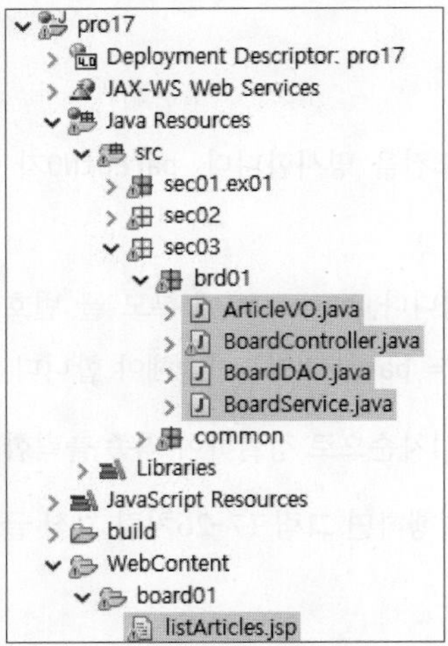

❖ 그림 17-27 실습 파일 위치

2. BoardController 클래스를 다음과 같이 작성합니다. 이 클래스는 /board/listArticles.do로 요청 시 화면에 글 목록을 출력하는 역할을 합니다. getPathInfo() 메서드를 이용해 action 값을 가져오고 action 값이 null이거나 /listArticles.do일 경우 BoardService 클래스의 listArticles() 메서드를 호출해 전체 글을 조회합니다. 그리고 조회한 글을 articlesList 속성으로 바인딩하고 글 목록창(listArticles.jsp)으로 포워딩합니다.

코드 17-14 pro17/src/sec03/brd01/BoardController.java

```
package sec03.brd01;

...
@WebServlet("/board/*")    // 제공하는 실습 파일의 주석 처리를 해제합니다.
public class BoardController extends HttpServlet
{
  BoardService boardService;
  ArticleVO articleVO;

  public void init() throws ServletException
  {
    boardService = new BoardService();    // 서블릿 초기화 시 BoardService 객체를 생성합니다.
  }

  protected void doGet(HttpServletRequest request, HttpServletResponse response)
```

```
throws ServletException, IOException
  {
    doHandle(request, response);
  }

  protected void doPost(HttpServletRequest request, HttpServletResponse response)
  throws ServletException, IOException
  {
    doHandle(request, response);
  }

  private void doHandle(HttpServletRequest request, HttpServletResponse response)
  throws ServletException, IOException
  {
    String nextPage = "";
    request.setCharacterEncoding("utf-8");
    response.setContentType("text/html; charset=utf-8");
    String action = request.getPathInfo();   // 요청명을 가져옵니다.
    System.out.println("action:" + action);
    try
    {
      List<ArticleVO> articlesList = new ArrayList<ArticleVO>();
      if (action == null)
      {
        articlesList = boardService.listArticles();
        request.setAttribute("articlesList", articlesList);
        nextPage = "/board01/listArticles.jsp";
      } else if (action.equals("/listArticles.do"))   // action 값이 /listArticles.do이면 전체 글을 조회합니다.
      {
        articlesList = boardService.listArticles();   // 전체 글을 조회합니다.
        request.setAttribute("articlesList", articlesList);
        nextPage = "/board01/ listArticles.jsp";   // 조회된 글 목록을 articlesList로 바인딩한 후 listArticles.jsp로 포워딩합니다.
      }
      RequestDispatcher dispatch = request.getRequestDispatcher(nextPage);
      dispatch.forward(request, response);
    } catch (Exception e)
    {
      e.printStackTrace();
    }
  }
}
```

3. BoardService 클래스를 다음과 같이 작성합니다. BoardDAO 객체를 생성한 후 selectAllArticle() 메서드를 호출해 전체 글을 가져옵니다.

코드 17-15 pro17/src/sec03/brd01/BoardService.java

```
package sec03.brd01;
...
public class BoardService
{
  BoardDAO boardDAO;

  public BoardService()
  {
    boardDAO = new BoardDAO();   // 생성자 호출 시 BoardDAO 객체를 생성합니다.
  }

  public List<ArticleVO> listArticles()
  {
    List<ArticleVO> articlesList = boardDAO.selectAllArticles();
    return articlesList;
  }
}
```

Note ☰ BoardDAO 클래스의 메서드 이름은 보통 각 메서드들이 실행하는 SQL문에 의해 결정됩니다. 예를 들어 selectAllArticles() 메서드는 전체 글 정보를 조회하는 SQL문을 실행하므로 메서드 이름에 selectAll이 들어갑니다.

4. BoardDAO 클래스를 다음과 같이 작성합니다. BoardService 클래스에서 BoardDAO의 selectAllArticles() 메서드를 호출하면 계층형 SQL문을 이용해 계층형 구조로 전체 글을 조회한 후 반환합니다.

코드 17-16 pro17/src/sec03/brd01/BoardDAO.java

```
package sec03.brd01;
...
public class BoardDAO
{
  private DataSource dataFactory;
  Connection conn;
  PreparedStatement pstmt;
```

```
public BoardDAO()
{
  try
  {
    Context ctx = new InitialContext();
    Context envContext = (Context) ctx.lookup("java:/comp/env");
    dataFactory = (DataSource) envContext.lookup("jdbc/oracle");
  } catch (Exception e)
  {
    e.printStackTrace();
  }
}

public List<ArticleVO> selectAllArticles()
{
  List<ArticleVO> articlesList = new ArrayList();
  try
  {
    conn = dataFactory.getConnection();
    String query = "SELECT LEVEL, articleNO, parentNO,
                    title, content, id, writeDate"
                           + " from t_board"
                           + " START WITH  parentNO=0"
                           + " CONNECT BY PRIOR articleNO=parentNO"
                           + " ORDER SIBLINGS BY articleNO DESC";
    System.out.println(query);
    pstmt = conn.prepareStatement(query);
    ResultSet rs = pstmt.executeQuery();
    while (rs.next())
    {
      int level = rs.getInt("level");
      int articleNO = rs.getInt("articleNO");
      int parentNO = rs.getInt("parentNO");
      String title = rs.getString("title");
      String content = rs.getString("content");
      String id = rs.getString("id");
      Date writeDate = rs.getDate("writeDate");
      ArticleVO article = new ArticleVO();
      article.setLevel(level);
      article.setArticleNO(articleNO);
      article.setParentNO(parentNO);
      article.setTitle(title);
      article.setContent(content);
      article.setId(id);
```

오라클의 계층형 SQL문을 실행합니다.

각 글의 깊이(계층)를 level 속성에 저장합니다.

글 번호는 숫자형이므로 getInt()로 값을 가져옵니다.

글 정보를 ArticleVO 객체의 속성에 설정합니다.

```
        article.setWriteDate(writeDate);
        articlesList.add(article);
      }
      rs.close();
      pstmt.close();
      conn.close();
    } catch (Exception e)
    {
      e.printStackTrace();
    }
    return articlesList;
  }
}
```

5. ArticleVO 클래스를 다음과 같이 작성합니다. 조회한 글을 저장하는 ArticleVO 클래스에 글의 깊이를 저장하는 level 속성을 추가합니다.

코드 17-17 pro17/src/sec03/brd01/ArticleVO.java

```
package sec03.brd01;
...
public class ArticleVO
{
  private int level;
  private int articleNO;
  private int parentNO;
  private String title;
  private String content;
  private String imageFileName;
  private String id;
  private Date writeDate;

  public ArticleVO()
  {
  }

  public ArticleVO(int level, int articleNO, int parentNO, String title, String content,
                                String imageFileName, String id) {
  this.level = level;
  this.articleNO = articleNO;
  this.parentNO = parentNO;
  this.title = title;
  this.content = content;
  this.imageFileName = imageFileName;
```

```
        this.id = id;
    }
    // 각 속성에 대한 getter/setter
    ...
    public void setImageFileName(String imageFileName) { // 파일 이름에 특수 문자가 있을
    경우 인코딩
    ...
     }
```

6. 이제 JSP에 글 목록을 표시해 보겠습니다. listArticles.jsp를 다음과 같이 작성합니다. 첫 번째 `<forEach>` 태그를 이용해 `articlesList` 속성으로 포워딩된 글 목록을 차례로 전달받아 표시합니다. `<forEach>` 태그 반복 시 각 글의 level 값이 1보다 크면 답글이므로 다시 내부 `<forEach>` 태그를 이용해 1부터 level 값까지 반복하면서 공백을 만들고(들여쓰기) 답글을 표시합니다. 이때 level 값이 1보다 크지 않으면 부모 글이므로 공백 없이 표시합니다.

코드 17-18 pro17/WebContent/board01/listArticles.jsp

```
<%@ page language="java" contentType="text/html; charset=UTF-8"
    pageEncoding="UTF-8"
    isELIgnored="false" %>
<%@ taglib prefix="fmt" uri="http://java.sun.com/jsp/jstl/fmt" %>
<%@ taglib prefix="c" uri="http://java.sun.com/jsp/jstl/core" %>
<c:set var="contextPath" value="${pageContext.request.contextPath}" />
<%
  request.setCharacterEncoding("UTF-8");
%>
<!DOCTYPE html>
<html>
<head>
  <style>
    .cls1 {
      text-decoration: none;
    }
    .cls2 {
      text-align: center;
      font-size: 30px;
    }
  </style>
  <meta charset="UTF-8">
  <title>글목록창</title>
</head>
<body>
  <table align="center" border="1" width="80%">
```

```
<tr height="10" align="center" bgcolor="lightgreen">
  <td>글번호</td>
  <td>작성자</td>
  <td>제목</td>
  <td>작성일</td>
</tr>
<c:choose>
  <c:when test="${empty articlesList }">
    <tr height="10">
      <td colspan="4">
        <p align="center">
          <b><span style="font-size:9pt;">등록된 글이 없습니다.</span></b>
        </p>
      </td>
    </tr>
  </c:when>
  <c:when test="${!empty articlesList }">
   <c:forEach var="article" items="${articlesList }" varStatus="articleNum">
      <tr align="center">
        <td width="5%">${articleNum.count }</td>
        <td width="10%">${article.id }</td>
        <td align='left' width="35%">
          <span style="padding-right:30px"></span>
          <c:choose>
           <c:when test='${article.level > 1 }'>
            <c:forEach begin="1" end="${article.level }" step="1">
              <span style="padding-left:20px"></span>
            </c:forEach>
            <span style="font-size:12px;">[답변]</span>
            <a class='cls1' href="${contextPath}/board/viewArticle.do?
                     articleNO=${article.articleNO}">${article.title}</a>
           </c:when>
           <c:otherwise>
            <a class='cls1' href="${contextPath}/board/viewArticle.do?
                     articleNO=${article.articleNO}">${article.title
                }</a>
           </c:otherwise>
          </c:choose>
        </td>
        <td width="10%">
          <fmt:formatDate value="${article.writeDate}" />
        </td>
      </tr>
    </c:forEach>
  </c:when>
```

articlesList로 포워딩된 글 목록을 〈forEach〉 태그를 이용해 표시합니다.

〈forEach〉 태그의 varStatus의 count 속성을 이용해 글 번호를 1부터 자동으로 표시합니다.

왼쪽으로 30px만큼 여백을 준 후 글 제목들을 표시합니다.

level 값이 1보다 큰 경우는 자식 글이므로 level 값만큼 부모 글 밑에 공백으로 들여쓰기하여 자식 글임을 표시합니다.

부모 글 기준으로 왼쪽 여백을 level 값만큼 채워 답글을 부모 글에 대해 들여쓰기합니다.

공백 다음에 자식 글을 표시합니다.

```
        </c:choose>
      </table>
      <a class="cls1" href="#">
        <p class="cls2">글쓰기</p>
      </a>
    </body>
    </html>
```

7. http://localhost:8090/pro17/board/listArticles.do로 요청하여 글 목록이 우리가 원하는 대로 출력되는지 확인합니다. 자식 글은 앞에 level 값만큼 들여쓰기가 되고 [답변]이라는 텍스트 다음에 표시됩니다.

✔ 그림 17-28 실행 결과

글번호	작성자	제목	작성일
1	kim	김유신입니다.	2018. 9. 18.
2	hong	안녕하세요	2018. 9. 18.
3	lee	[답변] 상품후기입니다..	2018. 9. 18.
4	hong	[답변] 답변입니다.	2018. 9. 18.
5	lee	[답변] 답변입니다.	2018. 9. 18.
6	hong	테스트글입니다.	2018. 9. 18.

글쓰기

게시판 글 목록을 계층형으로 구현하는 데 성공했습니다. 이제 세부적인 기능들을 하나씩 구현해 보겠습니다.

17.4.2 게시판 글쓰기 구현

게시판의 글쓰기 기능을 구현하는 과정은 다음과 같습니다.

❶ 글 목록창(listArticles.jsp)에서 글쓰기창을 요청합니다.

❷ 글쓰기창에서 글을 입력하고 컨트롤러에 /board/addArticle.do로 글쓰기를 요청합니다.

❸ 컨트롤러에서 Service 클래스로 글쓰기창에서 입력한 글 정보를 전달해 테이블에 글을 추가합니다.

❹ 새 글을 추가하고 컨트롤러에서 다시 /board/listArticles.do로 요청하여 전체 글을 표시합니다.

Tip 글 추가는 한 개의 글을 추가하므로 /addArticle.do이고, 글 목록에 출력하는 경우는 여러 개의 글을 조회하므로 /listArticles.do이며 s가 붙습니다.

클래스와 JSP를 구현하기 전에 프로젝트의 WebContent\lib 폴더에 파일 업로드와 관련된 라이브러리를 미리 복사해 붙여 넣습니다. 그리고 파일 저장소인 C:\board\article_image 폴더를 만듭니다.

❤ 그림 17-29 파일 저장소 위치 생성

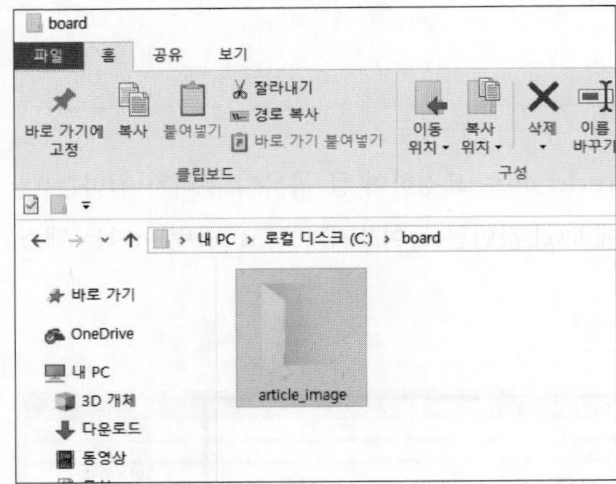

그럼 지금부터 실제 클래스와 JSP로 글쓰기창에서 글과 이미지 파일을 업로드할 수 있는 기능을 구현해 보겠습니다.

1. sec03.brd02 패키지를 만들고 클래스 파일들을 추가합니다. 그리고 board02 폴더와 관련된 JSP 파일들을 추가합니다.

❤ 그림 17-30 실습 파일 위치

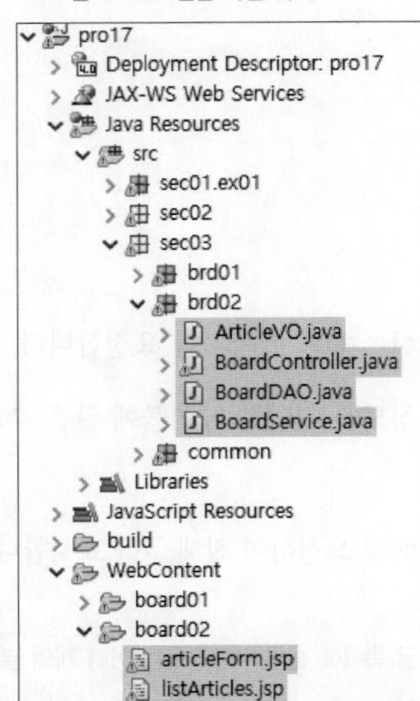

2. 컨트롤러를 담당하는 BoardController 클래스를 다음과 같이 작성합니다. action 값이 /articleForm.do면 글쓰기창을 브라우저에 표시하고, acion 값이 /addArticle.do면 다음 과정으로 새 글을 추가합니다. upload() 메서드를 호출해 글쓰기창에서 전송된 글 관련 정보를 Map에 key/value 쌍으로 저장합니다.
파일을 첨부한 경우 먼저 파일 이름을 Map에 저장한 후 첨부한 파일을 저장소에 업로드합니다. upload() 메서드를 호출한 후에는 반환한 Map에서 새 글 정보를 가져옵니다. 그런 다음 Service 클래스의 addArticle() 메서드 인자로 새 글 정보를 전달하면 새 글이 등록됩니다.

코드 17-19 pro17/src/sec03/brd02/BoardController.java

```
package sec03.brd02;
...
@WebServlet("/board/*")
public class BoardController extends HttpServlet
{
  private static String ARTICLE_IMAGE_REPO = "C:\\board\\article_image";
  BoardService boardService;
  ArticleVO articleVO;

  public void init(ServletConfig config) throws ServletException
  {
    boardService = new BoardService();
    articleVO = new ArticleVO();
  }
  ...
  private void doHandle(HttpServletRequest request, HttpServletResponse response)
  throws ServletException, IOException
  {
  ...
      } else if (action.equals("/articleForm.do"))
      {
        nextPage = "/board02/articleForm.jsp";
      } else if (action.equals("/addArticle.do"))
      {
        Map<String, String> articleMap = upload(request, response);
        String title = articleMap.get("title");
        String content = articleMap.get("content");
        String imageFileName = articleMap.get("imageFileName");

        articleVO.setParentNO(0);
        articleVO.setId("hong");
        articleVO.setTitle(title);
        articleVO.setContent(content);
```

- 글에 첨부한 이미지 저장 위치를 상수로 선언합니다.
- action 값 /articleForm.do로 요청 시 글쓰기창이 나타납니다.
- /addArticle.do로 요청 시 새 글 추가 작업을 수행합니다.
- 파일 업로드 기능을 사용하기 위해 upload()로 요청을 전달합니다.
- articleMap에 저장된 글 정보를 다시 가져옵니다.
- 새 글의 부모 글 번호를 0으로 설정합니다.
- 새 글 작성자 ID를 hong으로 설정합니다.

```
      articleVO.setImageFileName(imageFileName);
      boardService.addArticle(articleVO);
      nextPage = "/board/listArticles.do";
    }

    RequestDispatcher dispatch = request.getRequestDispatcher(nextPage);
    dispatch.forward(request, response);
  } catch (Exception e)
  {
    e.printStackTrace();
  }
}

private Map<String, String> upload(HttpServletRequest request,
                                   HttpServletResponse response)
                                   throws ServletException, IOException
{
  Map<String, String> articleMap = new HashMap<String, String>();
  String encoding = "utf-8";
  File currentDirPath = new File(ARTICLE_IMAGE_REPO);
  DiskFileItemFactory factory = new DiskFileItemFactory();
  factory.setRepository(currentDirPath);
  factory.setSizeThreshold(1024 * 1024);
  ServletFileUpload upload = new ServletFileUpload(factory);
  try
  {
    List items = upload.parseRequest(request);
    for (int i = 0; i < items.size(); i++)
    {
      FileItem fileItem = (FileItem) items.get(i);
      if (fileItem.isFormField())
      {
        System.out.println(fileItem.getFieldName()
                           + "=" + fileItem.getString(encoding));
        articleMap.put(fileItem.getFieldName(), fileItem.getString(encoding));
      } else
      {
        System.out.println("파라미터이름:" + fileItem.getFieldName());
        System.out.println("파일이름:" + fileItem.getName());
        System.out.println("파일크기:" + fileItem.getSize() + "bytes");
```

글쓰기창에서 입력된 정보를 ArticleVO 객체에 설정한 후 addArticle()로 전달합니다.

글 이미지 저장 폴더에 대해 파일 객체를 생성합니다.

파일 업로드로 같이 전송된 새 글 관련 매개변수를 Map에 (key,value)로 저장한 후 반환하고, 새 글과 관련된 title, content를 Map에 저장합니다.

```
          if (fileItem.getSize() > 0)
          {
            int idx = fileItem.getName().lastIndexOf("\\");
            if (idx == -1)
            {
              idx = fileItem.getName().lastIndexOf("/");
            }

            String fileName = fileItem.getName().substring(idx + 1);
            articleMap.put(fileItem.getFieldName(), fileName);
            File uploadFile = new File(currentDirPath + "\\" + fileName);
            fileItem.write(uploadFile);

          } // end if
        } // end if
      } // end for
    } catch (Exception e)
    {
      e.printStackTrace();
    }
    return articleMap;
  }

}
```

업로드된 파일의 파일 이름을 Map에 ("imageFileName","업로드파일이름")로 저장합니다.

업로드한 파일이 존재하는 경우 업로드한 파일의 파일 이름으로 저장소에 업로드합니다.

3. BoardDAO 클래스의 insertNewArticle() 메서드를 호출하면서 글 정보를 인자로 전달합니다.

코드 17-20 pro17/src/sec03/brd02/BoardService.java

```
package sec03.brd02;
 ...
public class BoardService {
BoardDAO  boardDAO;
 ...
public void addArticle(ArticleVO article) {
  boardDAO.insertNewArticle(article);
}
 ...
```

4. insertNewArticle() 메서드의 SQL문을 실행하기 전에 getNewArticleNo() 메서드를 호출해 새 글에 대한 글 번호를 먼저 가져옵니다.

코드 17-21 pro17/src/sec03/brd02/BoardDAO.java

```
package sec03.brd02;
...
public class BoardDAO
{
  private DataSource dataFactory;
  Connection conn;
  PreparedStatement pstmt;

  ...
  private int getNewArticleNO()
  {
    try
    {
      conn = dataFactory.getConnection();
      String query = "SELECT  max(articleNO) from t_board ";
      System.out.println(query);
      pstmt = conn.prepareStatement(query);
      ResultSet rs = pstmt.executeQuery();
      if (rs.next())
        return (rs.getInt(1) + 1);
      rs.close();
      pstmt.close();
      conn.close();
    } catch (Exception e)
    {
      e.printStackTrace();
    }
    return 0;
  }

  public void insertNewArticle(ArticleVO article)
  {
    try
    {
      conn = dataFactory.getConnection();
      int articleNO = getNewArticleNO();
      int parentNO = article.getParentNO();
      String title = article.getTitle();
      String content = article.getContent();
      String id = article.getId();
```

기본 글 번호 중 가장 큰 번호를 조회합니다.

가장 큰 번호에 1을 더한 번호를 반환합니다.

새 글을 추가하기 전에 새 글에 대한 글 번호를 가져옵니다.

```
        String imageFileName = article.getImageFileName();
        String query = "INSERT INTO t_board (articleNO, parentNO, title,
                                                content, imageFileName, id)"
                        + " VALUES (?, ? ,?, ?, ?, ?)";
        System.out.println(query);
        pstmt = conn.prepareStatement(query);
        pstmt.setInt(1, articleNO);
        pstmt.setInt(2, parentNO);
        pstmt.setString(3, title);
        pstmt.setString(4, content);
        pstmt.setString(5, imageFileName);
        pstmt.setString(6, id);
        pstmt.executeUpdate();
        pstmt.close();
        conn.close();
      } catch (Exception e)
      {
        e.printStackTrace();
      }
    }
  }
```

insert문을 이용해 글 정보를 추가합니다.

5. 다음은 글쓰기와 관련된 JSP 페이지를 작성할 차례입니다. listArticles.jsp를 다음과 같이 작성합니다.

코드 17-22 pro17/WebContent/board02/listArticles.jsp

```
<a class="cls1" href="${ contextPath }/board/articleForm.do">
  <p class="cls2">글쓰기</p>
</a>
```

글쓰기를 클릭하면 글쓰기창인 articleForm.jsp가 나타납니다.

6. articleForm.jsp를 다음과 같이 작성합니다. 쇼핑몰 게시판에 글을 쓸 때는 보통 사진을 첨부하는 경우가 많죠? 이처럼 글쓰기 작업을 할 때 첨부 파일도 같이 업로드할 수 있도록 반드시 <form> 태그의 enctype 속성을 multipart/form-data로 설정합니다.

코드 17-23 pro17/WebContent/board02/articleForm.jsp

```
<%@ page language="java" contentType="text/html; charset=UTF-8"
     pageEncoding="UTF-8"
    isELIgnored="false" %>
<%@ taglib prefix="fmt" uri="http://java.sun.com/jsp/jstl/fmt" %>
<%@ taglib prefix="c" uri="http://java.sun.com/jsp/jstl/core" %>
<%
```

```
    request.setCharacterEncoding("UTF-8");
  %>
  <c:set var="contextPath" value="${pageContext.request.contextPath}" />

  <head>
    <meta charset="UTF-8">
    <title>글쓰기창</title>
    <script src="http://code.jquery.com/jquery-latest.min.js"></script>
    <script type="text/javascript">
      function readURL(input) {
        if (input.files && input.files[0]) {
          var reader = new FileReader();
          reader.onload = function (e) {
            $('#preview').attr('src', e.target.result);
          }
          reader.readAsDataURL(input.files[0]);
        }
      }
      function backToList(obj) {
        obj.action  =  "${contextPath}/board/listArticles.do";
        obj.submit();
      }
    </script>
    <title>새글 쓰기창</title>
  </head>

  <body>
    <h1 style = "text-align:center">새 글 쓰기</h1>
    <form name = "articleForm" method = "post"
                                  action = "${contextPath}/board/addArticle.do"
                                  enctype = "multipart/form-data">
      <table border = "0" align = "center">
        <tr>
          <td align = "right">글제목: </td>
          <td colspan = "2"><input type = "text" size = "67" maxlength="500"
                                                          name="title" /></td>
        </tr>
        <tr>
          <td align = "right" valign = "top"><br>글내용: </td>
          <td colspan = 2><textarea name = "content" rows = "10" cols = "65"
                                            maxlength = "4000"></textarea> </td>
        </tr>
        <tr>
          <td align = "right">이미지파일 첨부: </td>
          <td> <input type = "file" name = "imageFileName" onchange = "readURL(this);" /></td>
```

제이쿼리 이용해 이미지 파일 첨부 시 미리 보기 기능을 구현합니다.

action 값을 /addArticle.do로 해서 '새 글 등록'을 요청합니다.

파일 업로드 기능을 위한 것입니다.

```
      <td><img id = "preview" src = "#" width = 200 height = 200 /></td>
    </tr>                                     첨부한 이미지를 미리 보기로 표시합니다.
    <tr>
      <td align = "right"> </td>
      <td colspan = "2">
        <input type = "submit" value = "글쓰기" />
        <input type = button value = "목록보기" onClick = "backToList(this.form)" />
      </td>
    </tr>
  </table>
</form>
</body>

</html>
```

7. /board/listArticle.do로 글 목록창을 요청한 후 다시 **글쓰기**를 클릭해 board/articleForm.do로 글쓰기창을 요청합니다. 그리고 글쓰기창에서 "상품 후기입니다."라는 새 글을 작성하고 **글쓰기**를 클릭해 /board/addArticle.do로 요청합니다.

▼ 그림 17-31 새 글을 입력한 후 **글쓰기** 클릭

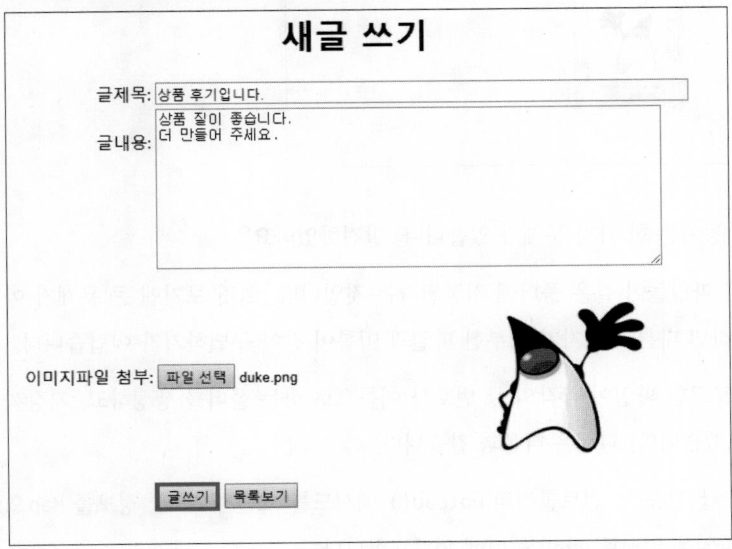

17 모델2 방식으로 효율적으로 개발하기

8. 글 목록에 새 글이 추가된 것을 볼 수 있습니다.

▼ 그림 17-32 새 글 추가 후 나타난 목록창

글번호	작성자	제목	작성일
1	hong	상품 후기입니다.	2018. 9. 18.
2	kim	김유신입니다.	2018. 9. 18.
3	hong	안녕하세요	2018. 9. 18.
4	lee	[답변] 상품후기입니다..	2018. 9. 18.
5	hong	[답변] 답변입니다.	2018. 9. 18.
6	lee	[답변] 답변입니다.	2018. 9. 18.
7	hong	테스트글입니다.	2018. 9. 18.

글쓰기

9. 글을 작성할 때 첨부한 파일은 로컬 PC의 다음 경로에 업로드됩니다.

▼ 그림 17-33 새 글 추가 시 로컬 PC에 파일 업로드

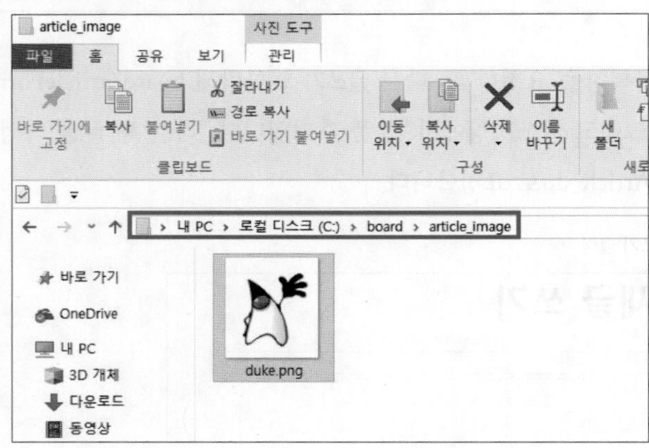

그런데 이 글쓰기 기능에는 한 가지 문제가 있습니다. 발견하였나요?

바로 새 글에 첨부한 파일들이 같은 폴더에 저장된다는 것입니다. 얼핏 보기엔 큰 문제가 아닌 것 같지만 이렇게 저장하면 다른 사용자가 첨부한 파일과 이름이 같아 구별하기가 어렵습니다.

따라서 이번에는 업로드한 파일이 각각의 글 번호를 이름으로 하는 폴더를 생성하고, 저장까지 할 수 있도록 구현해 보겠습니다. 과정은 다음과 같습니다.

❶ 글쓰기창에서 새 글 전송 시 컨트롤러의 `upload()` 메서드를 호출해 새 글 정보를 `Map`으로 반환 받고 첨부한 파일은 임시로 temp 폴더에 업로드합니다.

❷ 컨트롤러는 `Service` 클래스의 `addNewArticle()` 메서드를 호출하면서 새 글 정보를 인자로 전달해 테이블에 추가한 후 새 글 번호를 반환 받습니다.

❸ 컨트롤러에서 반환 받은 새 글 번호를 이용해 파일 저장소에 새 글 번호로 폴더를 생성하고 temp 폴더의 파일을 새 글 번호 폴더로 이동합니다.

1. 로컬 PC의 파일 저장소에 temp 폴더를 생성합니다.

❤ 그림 17-34 파일 저장소에 temp 폴더 생성

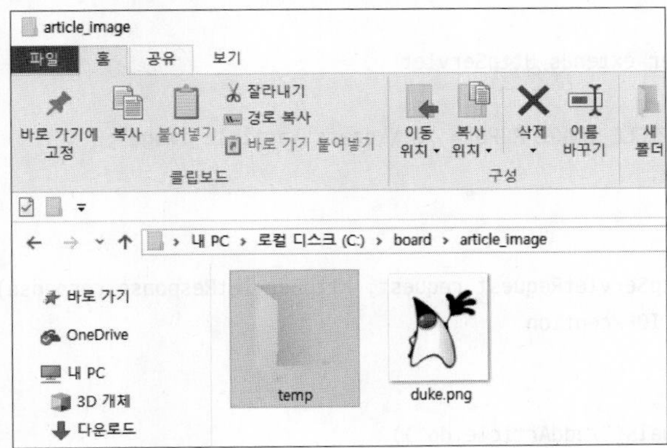

2. sec03.brd03 패키지를 만들고 다음과 같이 클래스 파일을 추가합니다.

❤ 그림 17-35 실습 파일 위치

3. `BoardController` 클래스를 다음과 같이 작성합니다. `upload()` 메서드를 호출해 첨부한 파일을 temp 폴더에 업로드한 후 새 글 정보를 `Map`으로 가져옵니다. 그리고 새 글을 테이블에 추가한 후 반환 받은 새 글 번호로 폴더를 생성하고 temp 폴더의 이미지를 새 글 번호 폴더로 이동합니다.

코드 17-24 pro17/src/sec03/brd03/BoardController.java

```
package sec03.brd03;
 ...
@WebServlet("/board/*")
public class BoardController extends HttpServlet
{
  private static String ARTICLE_IMAGE_REPO = "C:\\board\\article_image";
  BoardService boardService;
  ArticleVO articleVO;
   ...
  private void doHandle(HttpServletRequest request, HttpServletResponse response)
  throws ServletException, IOException
  {
     ...
      } else if (action.equals("/addArticle.do"))
      {
        int articleNO = 0;
        Map<String, String> articleMap = upload(request, response);
        String title = articleMap.get("title");
        String content = articleMap.get("content");
        String imageFileName = articleMap.get("imageFileName");
        articleVO.setParentNO(0);
        articleVO.setId("hong");
        articleVO.setTitle(title);
        articleVO.setContent(content);
        articleVO.setImageFileName(imageFileName);
        articleNO = boardService.addArticle(articleVO);   // 테이블에 새 글을 추가한 후 새 글에 대한 글 번호를 가져옵니다.
                                                          // 파일을 첨부한 경우에만 수행합니다.
        if (imageFileName != null && imageFileName.length() != 0)
        {
          File srcFile = new File(ARTICLE_IMAGE_REPO + "\\" + "temp" + "\\"
                                                       + imageFileName);   // temp 폴더에 임시로 업로드된 파일 객체를 생성합니다.
          File destDir = new File(ARTICLE_IMAGE_REPO + "\\" + articleNO);
          destDir.mkdirs();   // CURR_IMAGE_REPO_PATH의 경로 하위에 글 번호로 폴더를 생성합니다.
          FileUtils.moveFileToDirectory(srcFile, destDir, true);
        }   // temp 폴더의 파일을 글 번호를 이름으로 하는 폴더로 이동시킵니다.
        PrintWriter pw = response.getWriter();
        pw.print("<script>" + "  alert('새글을 추가했습니다.');"
                            + " location.href='"
                            + request.getContextPath()
                            + "/board/listArticles.do';" + "</script>");
                            // 새 글 등록 메시지를 나타낸 후 자바스크립트 location 객체의 href 속성을 이용해 글 목록을 요청합니다.
        return;
      }
```

```
      RequestDispatcher dispatch = request.getRequestDispatcher(nextPage);
      dispatch.forward(request, response);
    } catch (Exception e)
    {
      e.printStackTrace();
    }
  }

  private Map<String, String> upload(HttpServletRequest request,
                                     HttpServletResponse response)
                                     throws ServletException, IOException
  {
        ...
          String fileName = fileItem.getName().substring(idx + 1);
          File uploadFile = new File(currentDirPath + "\\temp\\" + fileName);
          fileItem.write(uploadFile);   // 첨부한 파일을 먼저 temp 폴더에 업로드합니다.
        } // end if
      } // end if
    } // end for
    } catch (Exception e)
    {
      e.printStackTrace();
    }
    return articleMap;
  }
}
```

4. BoardService 클래스를 다음과 같이 작성합니다. addArticle() 메서드의 반환 타입을 int로 변경합니다. 그리고 BoardDAO의 insertNewArticle() 메서드를 호출해 새 글 번호를 받아서 반환합니다.

코드 17-25 pro17/src/sec03/brd03/BoardService.java

```
package sec03.brd03;
...
public class BoardService {
  ...
public int addArticle(ArticleVO article) {    // 새 글 번호를 컨트롤러로 반환합니다.
  return boardDAO.insertNewArticle(article);
}
...
```

17 모델2 방식으로 효율적으로 개발하기

5. BoardDAO 클래스에서는 insertNewArticle() 메서드를 호출해 SQL문을 실행한 후 새 글 번호를 반환합니다.

코드 17-26 pro17/src/sec03/brd03/BoardDAO.java

```
package sec03.brd03;
 ...
  public int insertNewArticle(ArticleVO article)
  {
    int articleNO = getNewArticleNO();
    try
    {
      conn = dataFactory.getConnection();
      int parentNO = article.getParentNO();
      String title = article.getTitle();
      String content = article.getContent();
      String id = article.getId();
      String imageFileName = article.getImageFileName();
      String query = "INSERT INTO t_board (articleNO, parentNO, title, content,
                                          imageFileName, id)"
                                          + " VALUES (?, ? ,?, ?, ?, ?)";
      System.out.println(query);
      pstmt = conn.prepareStatement(query);
      pstmt.setInt(1, articleNO);
      pstmt.setInt(2, parentNO);
      pstmt.setString(3, title);
      pstmt.setString(4, content);
      pstmt.setString(5, imageFileName);
      pstmt.setString(6, id);
      pstmt.executeUpdate();
      pstmt.close();
      conn.close();
    } catch (Exception e)
    {
      e.printStackTrace();
    }

    return articleNO;
  }
}
```

insert문을 이용해 글 정보를 추가합니다.

SQL문으로 새 글을 추가하고 새 글 번호를 반환합니다.

6. 그림 17-36은 새 글 쓰기를 실행한 후 생성된 파일 저장소를 나타낸 것입니다.

✔ 그림 17-36 글 번호로 파일 저장 폴더 생성

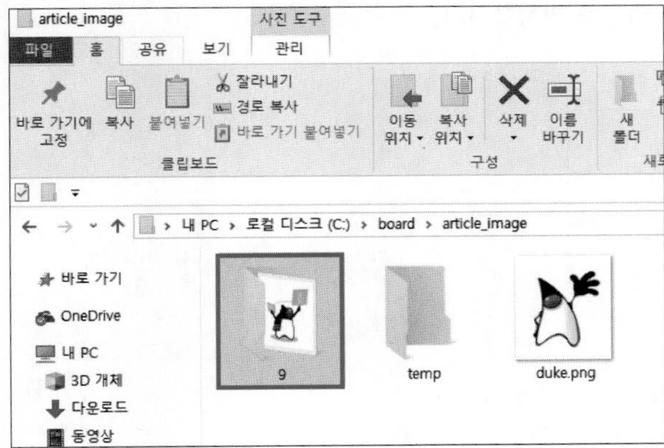

임시로 저장하는 temp 폴더 외에도 각각의 글 번호에 대한 폴더가 만들어진 것을 볼 수 있습니다. 이러면 보다 관리하기가 편하겠죠?

17.4.3 글 상세 기능 구현

글 목록에서 글 제목을 클릭했을 때 글의 상세 내용을 보여주는 기능을 구현해 보겠습니다.

다음은 글 상세 기능을 구현하는 과정입니다.

❶ 글 목록창에서 글 제목을 클릭해 컨트롤러에 /board/viewArticle.do?articleNO=글번호로 요청합니다.

❷ 컨트롤러는 전송된 글 번호로 글 정보를 조회하여 글 상세창(viewArticle.jsp)으로 포워딩합니다.

❸ 글 상세창(viewArticle.jsp)에 글 정보와 이미지 파일이 표시됩니다.

1. 글 상세 기능에 관련된 자바 코드와 JSP 파일을 다음과 같이 추가합니다. 글 상세 기능을 구현하는 데 필요한 첨부 이미지를 표시하기 위해 sec03.common 패키지를 만든 후 `FileDownloadController` 클래스를 생성합니다.

▼ 그림 17-37 실습 파일 위치

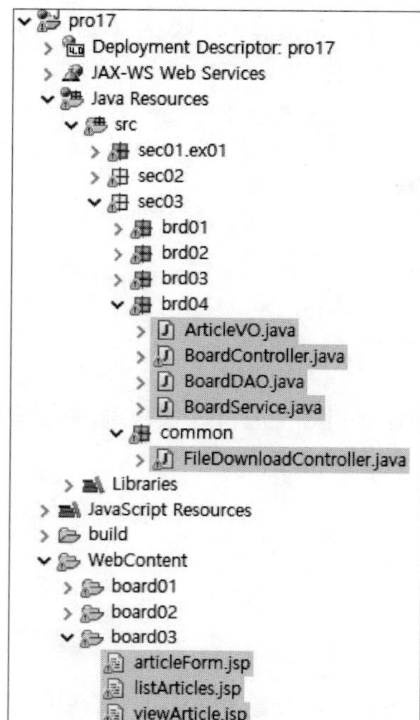

2. `FileDownloadController` 클래스를 다음과 같이 작성합니다. viewArticle.jsp에서 전송한 글 번호와 이미지 파일 이름으로 파일 경로를 만든 후 해당 파일을 내려 받습니다.

코드 17-27 pro17/src/sec03/common/FileDownloadController.java

```
package sec03.common;
 ...
@WebServlet("/download.do")
 ...
private void doHandle(HttpServletRequest request, HttpServletResponse response)
throws ServletException, IOException
  {
    request.setCharacterEncoding("utf-8");
    response.setContentType("text/html; charset=utf-8");
    String imageFileName = (String) request.getParameter("imageFileName");
    String articleNO = request.getParameter("articleNO");
    System.out.println("imageFileName=" + imageFileName);
    OutputStream out = response.getOutputStream();
```

이미지 파일 이름과 글 번호를 가져옵니다.

```
    String path = ARTICLE_IMAGE_REPO + "\\" + articleNO + "\\" + imageFileName;
    File imageFile = new File(path);
```
글 번호에 대한 파일 경로를 설정합니다.

```
    response.setHeader("Cache-Control", "no-cache");
    response.addHeader("Content-disposition", "attachment;fileName=" + imageFileName);
    FileInputStream in = new FileInputStream(imageFile);
```
이미지 파일을 내려 받는 데 필요한 response에 헤더 정보를 설정합니다.

```
    byte[] buffer = new byte[1024 * 8];
    while (true)
    {
      int count = in.read(buffer);
      if (count == -1)
        break;
      out.write(buffer, 0, count);
    }
    in.close();
    out.close();
  }

}
```
버퍼를 이용해 한 번에 8Kb씩 전송합니다.

3. BoardController 클래스를 다음과 같이 작성합니다. /viewArticle.do로 요청하여 글 번호를 받아옵니다. 그리고 그 번호에 해당하는 글 정보를 가져와 article 속성으로 바인딩한 후 viewArticle.jsp로 포워딩합니다.

코드 17-28 pro17/src/sec03/brd04/BoardController.java

```
package sec03.brd04;
 ...
@WebServlet("/board/*")
 ...
private void doHandle(HttpServletRequest request, HttpServletResponse response)
throws ServletException,IOException{
  String nextPage ="";
  request.setCharacterEncoding("utf-8");
  response.setContentType("text/html; charset=utf-8");
  ...
  else if(action.equals("/viewArticle.do")) {
    String articleNO = request.getParameter("articleNO");
    articleVO=boardService.viewArticle(Integer.parseInt(articleNO));
    request.setAttribute("article",articleVO);
    nextPage = "/board03/viewArticle.jsp";
  }
  RequestDispatcher dis=  request.getRequestDispatcher(nextPage);
  dis.forward(request, response
   ...
```
실습 파일의 주석을 해제하고 사용하세요.

글 상세창을 요청할 경우 articleNO 값을 가져옵니다.

articleNO에 대한 글 정보를 조회하고 acticle 속성으로 바인딩합니다.

4. 컨트롤러에서 전달받은 글 번호로 다시 selectArticle() 메서드를 호출합니다.

코드 17-29 pro17/src/sec03/brd04/BoardService.java

```
...
public ArticleVO viewArticle(int articleNO)
{
  ArticleVO article = null;
  article = boardDAO.selectArticle(articleNO);
  return article;
}
```

5. 전달받은 글 번호를 이용해 글 정보를 조회합니다.

코드 17-30 pro17/src/sec03/brd04/BoardDAO.java

```
...
public ArticleVO selectArticle(int articleNO)
{
  ArticleVO article = new ArticleVO();
  try
  {
    conn = dataFactory.getConnection();
    String query = "select articleNO,parentNO,title,content, imageFileName,id,writeDate"
                 + " from t_board"
                 + " where articleNO=?";
    System.out.println(query);
    pstmt = conn.prepareStatement(query);
    pstmt.setInt(1, articleNO);
    ResultSet rs = pstmt.executeQuery();
    rs.next();
    int _articleNO = rs.getInt("articleNO");
    int parentNO = rs.getInt("parentNO");
    String title = rs.getString("title");
    String content = rs.getString("content");
    String imageFileName = rs.getString("imageFileName");
    String id = rs.getString("id");
    Date writeDate = rs.getDate("writeDate");

    article.setArticleNO(_articleNO);
    article.setParentNO(parentNO);
    article.setTitle(title);
    article.setContent(content);
    article.setImageFileName(imageFileName);
    article.setId(id);
    article.setWriteDate(writeDate);
```

전달받은 글 번호를 이용해 글 정보를 조회합니다.

```
        rs.close();
        pstmt.close();
        conn.close();
      } catch (Exception e)
      {
        e.printStackTrace();
      }
      return article;
    }
```

6. viewArticle.jsp를 다음과 같이 작성합니다. 컨트롤러에서 바인딩한 글 정보 속성을 이용해 표시합니다. 이미지 파일이 존재하는 경우는 글 번호와 이미지 파일 이름을 FileDownloadController로 전송한 후 <img> 태그에 다운로드하여 표시합니다.

코드 17-31 pro17/WebContent/board03/viewArticle.jsp

```
<td width="20%" align="center" bgcolor="#FF9933">글제목</td>
<td>
  <input type="text" value="${article.title }" name="title" id="i_title" disabled
/>
</td>
</tr>
<tr>
  <td width="20%" align="center" bgcolor="#FF9933">글내용</td>
  <td>
    <textarea rows="20" cols="60" name="content"
     id="i_content" disabled />${article.content }</textarea>
  </td>
</tr>
<c:if test="${not empty article.imageFileName && article.imageFileName!='null' }">
  <tr>
    <td width="20%" align="center" bgcolor="#FF9933" rowspan="2">이미지</td>
    <td>
      <input type="hidden" name="originalFileName" value="${article.imageFileName }" />
      <img src="${contextPath}/download.do?
                                   imageFileName=${article.imageFileName}
                                   &articleNO=${article.articleNO}" id="preview" /><br>
    </td>
  </tr>
  <tr>
```

- 글 제목을 표시합니다.
- 글 내용을 표시합니다.
- imageFileName 값이 있으면 이미지를 표시합니다.
- 〈hidden〉 태그에 원래 이미지 파일 이름을 저장합니다.
- FileDownloadController 서블릿에 이미지 파일 이름과 글 번호를 전송해 이미지를 〈img〉 태그에 표시합니다.

7. /board/listArticles.do로 글 목록창을 요청하여 글 제목(**상품 후기입니다.**)을 클릭하세요. 그러면 /board/viewArticle.do?articleNO=7로 요청합니다.

▼ 그림 17-38 글 번호로 글 상세 화면 요청

글번호	작성자	제목	작성일
1	hong	상품 후기입니다.	2018. 9. 18.
2	kim	김유신입니다.	2018. 9. 18.
3	hong	안녕하세요	2018. 9. 18.
4	lee	[답변] 상품후기입니다..	2018. 9. 18.
5	hong	[답변] 답변입니다.	2018. 9. 18.
6	lee	[답변] 답변입니다.	2018. 9. 18.
7	hong	테스트글입니다.	2018. 9. 18.

글쓰기

8. 전달받은 글 번호로 글 정보를 조회한 후 글 상세 화면에 내용을 표시합니다.

▼ 그림 17-39 글 상세 화면에 이미지 표시

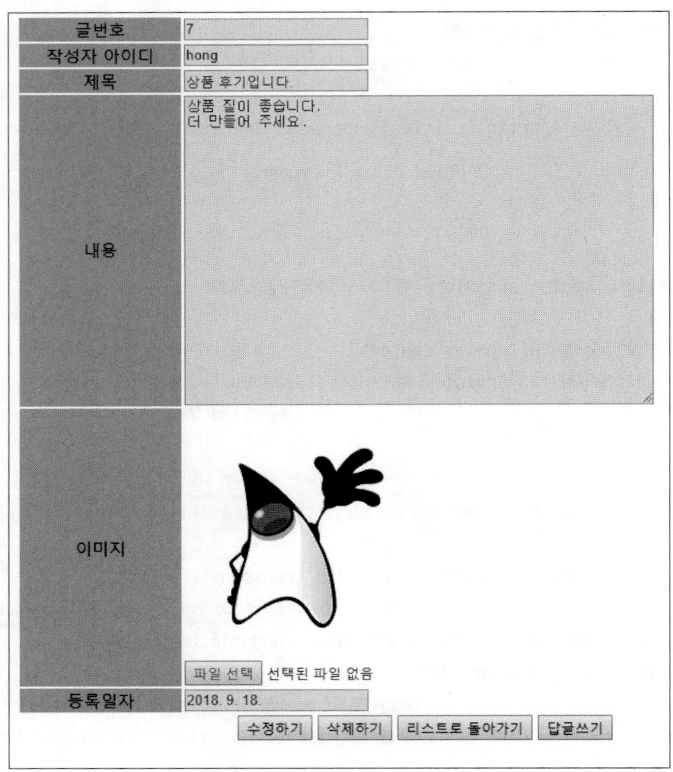

17.4.4 글 수정 기능 구현

이번에는 기존에 작성한 글을 수정하는 기능을 구현해 보겠습니다.

글 수정 기능을 구현하는 과정은 다음과 같습니다.

❶ 글 상세창(viewArticle.jsp)에서 **수정하기**를 클릭해 글 정보를 표시하는 입력창들을 활성화합니다.

❷ 글 정보와 이미지를 수정한 후 **수정반영하기**를 클릭해 컨트롤러에 /board/modArticle.do로 요청합니다.

❸ 컨트롤러는 요청에 대해 `upload()` 메서드를 이용하여 수정된 데이터를 `Map`에 저장하고 반환합니다.

❹ 컨트롤러는 수정된 데이터를 테이블에 반영한 후 temp 폴더에 업로드된 수정 이미지를 글 번호 폴더로 이동합니다.

❺ 마지막으로 글 번호 폴더에 있던 원래 이미지 파일을 삭제합니다.

1. sec03.brd05 패키지를 만들고 글 수정 기능과 관련된 클래스를 다음과 같이 추가합니다.

▼ 그림 17-40 실습 파일 위치

```
pro17
  > Deployment Descriptor: pro17
  > JAX-WS Web Services
  Java Resources
    src
      > sec01.ex01
      > sec02
      sec03
        > brd01
        > brd02
        > brd03
        > brd04
        brd05
          > ArticleVO.java
          > BoardController.java
          > BoardDAO.java
          > BoardService.java
        > common
    > Libraries
  > JavaScript Resources
  > build
  WebContent
    > board01
    > board02
    > board03
    board04
      articleForm.jsp
      listArticles.jsp
      viewArticle.jsp
```

2. BoardController 클래스를 다음과 같이 작성합니다. 컨트롤러에서 수정을 요청하면 upload() 메서드를 이용해 수정 데이터를 Map으로 가져옵니다. Map의 데이터를 다시 ArticleVO 객체의 속성에 저장한 후 SQL문으로 전달하여 수정 데이터를 반영합니다. 마지막으로 temp 폴더에 업로드된 수정 이미지를 다시 글 번호 폴더로 이동하고 글 번호 폴더의 원래 이미지를 삭제합니다.

코드 17-32 pro17/src/sec03/brd05/BoardController.java

```
package sec03.brd05;
...
@WebServlet("/board/*")  // 실습 파일의 주석을 해제합니다.
public class BoardController extends HttpServlet
{
  private static String ARTICLE_IMAGE_REPO = "C:\\board\\article_image";
  BoardService boardService;
  ArticleVO articleVO;
 ...
  private void doHandle(HttpServletRequest request, HttpServletResponse response)
  throws ServletException, IOException{
      ...
    } else if (action.equals("/modArticle.do"))
    {
      Map<String, String> articleMap = upload(request, response);
      int articleNO = Integer.parseInt(articleMap.get("articleNO"));
      articleVO.setArticleNO(articleNO);
      String title = articleMap.get("title");
      String content = articleMap.get("content");
      String imageFileName = articleMap.get("imageFileName");
      articleVO.setParentNO(0);
      articleVO.setId("hong");
      articleVO.setTitle(title);
      articleVO.setContent(content);
      articleVO.setImageFileName(imageFileName);
      boardService.modArticle(articleVO);  // 전송된 글 정보를 이용해 글을 수정합니다.
      if (imageFileName != null && imageFileName.length() != 0)
      {
        String originalFileName = articleMap.get("originalFileName");
        File srcFile = new File(ARTICLE_IMAGE_REPO + "\\" + "temp" + "\\" +
                                                    imageFileName);
        File destDir = new File(ARTICLE_IMAGE_REPO + "\\" + articleNO);
        destDir.mkdirs();
        FileUtils.moveFileToDirectory(srcFile, destDir, true);
        // 수정된 이미지 파일을 폴더로 이동합니다.
```

```
      File oldFile = new File(ARTICLE_IMAGE_REPO + "\\" + articleNO + "\\"
                                                   + originalFileName);
      oldFile.delete();
    }
    PrintWriter pw = response.getWriter();
    pw.print("<script>" + "  alert('글을 수정했습니다.');" + " location.href='"
                       + request.getContextPath()
                       + "/board/viewArticle.do?articleNO="
                       + articleNO + "';" + "</script>");
    return;
  }

  RequestDispatcher dispatch = request.getRequestDispatcher(nextPage);
  dispatch.forward(request, response);
} catch (Exception e)
{
  e.printStackTrace();
}
}
```

전송된 originalImageFileName을 이용해 기존의 파일을 삭제합니다.

글 수정 후 location 객체의 href 속성을 이용해 글 상세 화면을 나타냅니다.

3. BoardService 클래스를 다음과 같이 작성합니다. 컨트롤러에서 modArticle() 메서드를 호출하면 다시 BoardDAO의 updateArticle() 메서드를 호출하면서 수정 데이터를 전달합니다.

코드 17-33 pro17/src/sec03/brd05/BoardService.java

```
...
public void modArticle(ArticleVO article) {
  boardDAO.updateArticle(article);
}
```

4. BoardDAO 클래스를 다음과 같이 작성합니다. 전달된 수정 데이터에 대해 이미지 파일을 수정하는 경우와 이미지 파일을 수정하지 않는 경우를 구분해 동적으로 SQL문을 생성하여 수정 데이터를 반영합니다.

코드 17-34 pro17/src/sec03/brd05/BoardDAO.java

```
...
public void updateArticle(ArticleVO article)
{
  int articleNO = article.getArticleNO();
  String title = article.getTitle();
  String content = article.getContent();
  String imageFileName = article.getImageFileName();
  try
```

```
    {
      conn = dataFactory.getConnection();
      String query = "update t_board  set title=?,content=?";
      if (imageFileName != null && imageFileName.length() != 0)
      {
        query += ",imageFileName=?";
      } else {
        query += " where articleNO = ?";
      }

      System.out.println(query);
      pstmt = conn.prepareStatement(query);
      pstmt.setString(1, title);
      pstmt.setString(2, content);
      if (imageFileName != null && imageFileName.length() != 0)
      {
        pstmt.setString(3, imageFileName);
        pstmt.setInt(4, articleNO);
      } else
      {
        pstmt.setInt(3, articleNO);
      }
      pstmt.executeUpdate();
      pstmt.close();
      conn.close();
    } catch (Exception e)
    {
      e.printStackTrace();
    }
  }
```

수정된 이미지 파일이 있을 때만 imageFileName을 SQL문에 추가합니다.

이미지 파일을 수정하는 경우와 그렇지 않은 경우를 구분해서 설정합니다.

5. viewArticle.jsp를 다음과 같이 작성합니다. **수정하기**를 클릭해 fn_enable() 함수를 호출하여 비활성화된 텍스트 박스를 수정할 수 있도록 활성화시킵니다. 또한 글 정보와 이미지를 수정한 후 **수정반영하기**를 클릭하면 fn_modify_article() 함수를 호출하여 컨트롤러로 수정 데이터를 전송합니다.

코드 17-35 pro17/WebContent/board04/viewArticle.jsp

```
<script type="text/javascript">
...
  function fn_enable(obj)
    document.getElementById("i_title").disabled = false;
    document.getElementById("i_content").disabled = false;
    document.getElementById("i_imageFileName").disabled = false;
    document.getElementById("tr_btn_modify").style.display = "block";
```

텍스트 박스의 id로 접근해 disabled 속성을 false로 설정합니다.

수정하기 클릭 시 텍스트 박스를 활성화시킵니다.

```
      document.getElementById("tr_btn").style.display = "none";
    }

    function fn_modify_article(obj) {
      obj.action = "${contextPath}/board/modArticle.do";
      obj.submit();
    }

</script>
</head>

<body>
  <form name="frmArticle" method="post" action="${contextPath}"
                                         enctype="multipart/form-data">
    <table border="0" align="center">
      <tr>
        <td width="150" align="center" bgcolor="#FF9933">
          글번호
        </td>
        <td>
          <input type="text" value="${article.articleNO }" disabled />
          <input type="hidden" name="articleNO" value="${article.articleNO}" />
        </td>
      </tr>
      <tr>
        <td width="150" align="center" bgcolor="#FF9933">
          작성자 아이디
        </td>
        <td>
          <input type=text value="${article.id }" name="writer" disabled />
        </td>
      </tr>
      <tr>
        <td width="150" align="center" bgcolor="#FF9933">
          제목
        </td>
        <td>
          <input type=text value="${article.title }" name="title" id="i_title"
                                                        disabled />
        </td>
      </tr>
      <tr>
        <td width="150" align="center" bgcolor="#FF9933">
          내용
        </td>
```

수정반영하기 클릭 시 컨트롤러에 수정 데이터를 전송합니다.

글 수정 시 글 번호를 컨트롤러로 전송하기 위해 미리 <hidden> 태그를 이용해 글 번호를 저장합니다.

```
      <td>
        <textarea rows="20" cols="60" name="content" id="i_content" disabled />
        ${article.content }</textarea>
      </td>
    </tr>

    <c:if test="${not empty article.imageFileName && article.imageFileName!='null' }">
      <tr>
        <td width="150" align="center" bgcolor="#FF9933" rowspan="2">
          이미지
        </td>
        <td>
          <input type="hidden" name="originalFileName"
                               value="${article.imageFileName }" />
          <img src="${contextPath}/download.do?articleNO=${article.articleNO}
                                   &imageFileName=${article.imageFileName}"
                                   id="preview" /><br>
        </td>
      </tr>
      <tr>
        <td>
          <input type="file" name="imageFileName " id="i_imageFileName"
                               disabled onchange="readURL(this);" />
        </td>
      </tr>
    </c:if>
    <tr>
      <td width=20% align=center bgcolor=#FF9933>
        등록일자
      </td>
      <td>
        <input type=text value="<fmt:formatDate value=" ${article.writeDate}" />"
                                                       disabled />
      </td>
    </tr>
    <tr id="tr_btn_modify">
      <td colspan="2" align="center">
        <input type=button value="수정반영하기" onClick="fn_modify_article(frmArticle)">
        <input type=button value="취소" onClick="backToList(frmArticle)">
      </td>
    </tr>
...
 <tr  id="tr_btn">
   <td colspan=2 align=center>
     <input type=button value="수정하기" onClick="fn_enable(this.form)">
```

이미지 수정에 대비해 미리 원래 이미지 파일 이름을 <hidden> 태그에 저장합니다.

수정된 이미지 파일 이름을 전송합니다.

```
        <input type=button value="삭제하기"
                onClick="fn_remove_article('${contextPath}/board/removeArticle.do'
                                              ,${article.articleNO})">
        <input type=button value="리스트로 돌아가기"
                onClick="backToList(this.form)">
        <input type=button value="답글쓰기"
                onClick="fn_reply_form('${contextPath}/board/replyForm.do'
                                         ,${article.articleNO})">
      </td>
    </tr>
  ...
```

6. 글 상세창에서 **수정하기**를 클릭해 글 정보가 표시된 텍스트 박스를 활성화시킵니다.

▼ 그림 17-41 **수정하기** 클릭

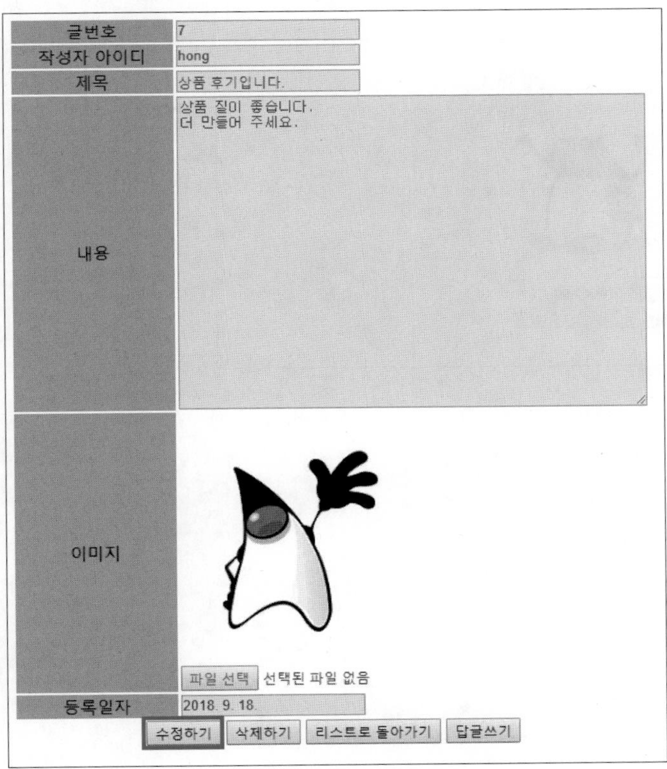

7. 글 정보와 이미지 파일을 수정한 후 **수정반영하기**를 클릭해 /board/modArticle.do로 요청합니다.

❖ 그림 17-42 글 정보와 이미지 수정 후 **수정반영하기** 클릭

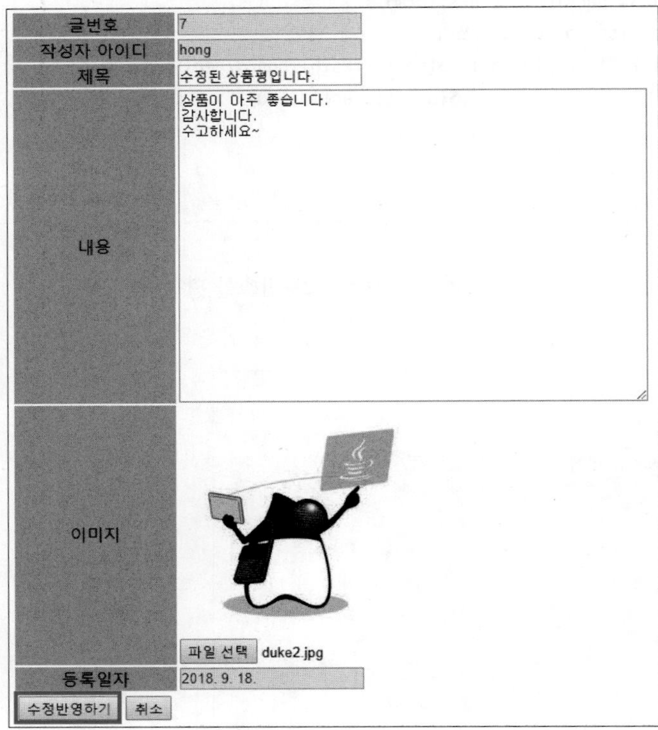

8. 글 수정 후 수정된 내용으로 글 상세 화면에 표시합니다.

▼ 그림 17-43 수정 반영 후 글 상세 화면에 표시

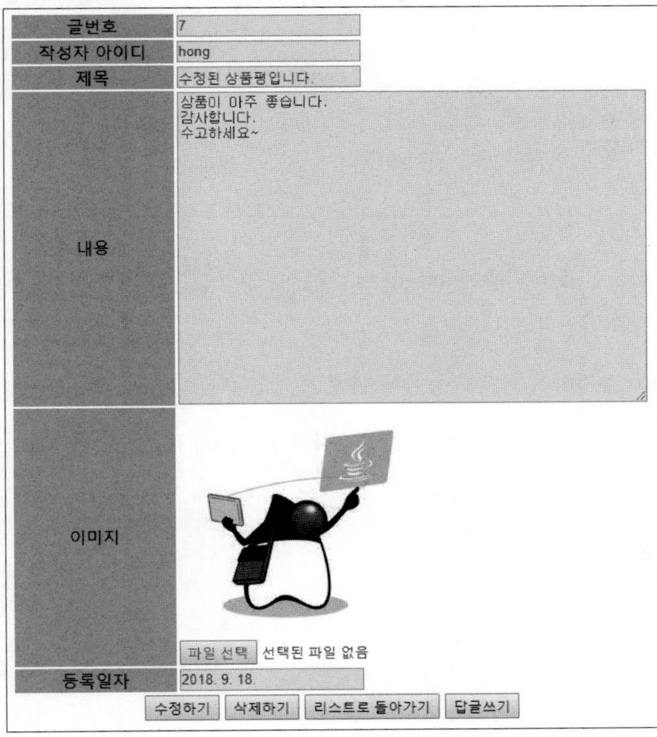

17.4.5 글 삭제 기능 구현

이제 게시판의 글을 삭제하는 과정을 구현할 차례입니다. 글을 삭제할 때는 테이블의 글뿐만 아니라 그 글의 자식 글과 이미지 파일도 함께 삭제해야 합니다.

글 삭제 과정은 다음과 같습니다.

❶ 글 상세창(viewArticle.jsp)에서 **삭제하기**를 클릭하면 /board/removeArticle.do로 요청합니다.

❷ 컨트롤러에서는 글 상세창에서 전달받은 글 번호에 대한 글과 이에 관련된 자식 글들을 삭제합니다.

❸ 삭제된 글에 대한 이미지 파일 저장 폴더도 삭제합니다.

코드 17-36은 오라클의 계층형 SQL문을 이용해 부모 글에 대한 자식 글을 삭제하는 SQL문입니다.

코드 17-36 자식 글이 있는 부모 글 삭제 SQL문

```
DELETE FROM t_board
WHERE articleNO in (
            SELECT articleNO FROM  t_board
            START WITH articleNO= 2          글 번호가 2인 글과 자식 글을 삭제합니다.
            CONNECT BY PRIOR  articleNO = parentNO
          );
```

다시 말해 delete문에서는 start with 다음에 articleNO의 값이 2이므로 글 번호가 2인 글과 그 자식 글들을 모두 삭제하라는 의미입니다.

그럼 이를 BoardDAO 클래스에 추가하여 삭제 기능을 구현해 보겠습니다.

1. sec04.brd06 패키지를 만들고 다음과 같이 삭제 기능 자바 클래스와 JSP를 추가합니다.

❤ 그림 17-44 실습 파일 위치

2. BoardController 클래스를 다음과 같이 작성합니다. 브라우저에서 삭제를 요청하면 글 번호를 메서드로 전달해 글 번호에 대한 글과 그 자식 글을 삭제하기 전에 먼저 삭제할 글 번호와 자식 글 번호를 목록으로 가져옵니다. 그리고 글을 삭제한 후 글 번호로 이루어진 이미지 저장 폴더까지 모두 삭제합니다.

코드 17-37 pro17/src/sec03/brd06/BoardController.java

```
package sec03.brd06;
...
@WebServlet("/board/*")
private void doHandle(HttpServletRequest request, HttpServletResponse response)
throws ServletException, IOException{
    ...
      } else if (action.equals("/removeArticle.do"))
      {
        int articleNO = Integer.parseInt(request.getParameter("articleNO"));
        List<Integer> articleNOList = boardService.removeArticle(articleNO);
        for (int _articleNO : articleNOList)
        {
          File imgDir = new File(ARTICLE_IMAGE_REPO + "\\" + _articleNO);
          if (imgDir.exists())
          {
            FileUtils.deleteDirectory(imgDir);
          }
        }

        PrintWriter pw = response.getWriter();
        pw.print("<script>" + "  alert('글을 삭제했습니다.');" + " location.href='"
                            + request.getContextPath() + "/board/listArticles.do';"
                            + "</script>");
        return;
      }

      RequestDispatcher dispatch = request.getRequestDispatcher(nextPage);
      dispatch.forward(request, response);
  ...
```

articleNO 값에 대한 글을 삭제한 후 삭제된 부모 글과 자식 글의 articleNO 목록을 가져옵니다.

삭제된 글들의 이미지 저장 폴더들을 삭제합니다.

3. BoardService 클래스를 다음과 같이 작성합니다. 컨트롤러에서 removeArticle() 메서드 호출 시 매개변수 articleNO로 글 번호를 전달받아 BoardDAO의 selectRemovedArticles()를 먼저 호출해 글 번호에 대한 글과 그 자식 글의 글 번호를 articleNOList에 저장합니다. 그런 다음 deleteArticle () 메서드를 호출해 글 번호에 대한 글과 자식 글을 삭제하고 글 번호를 반환합니다.

코드 17-38 pro17/src/sec03/brd06/BoardService.java

```
...
public List<Integer>  removeArticle(int articleNO) {
  List<Integer> articleNOList =boardDAO.selectRemovedArticles(articleNO);
  boardDAO.deleteArticle(articleNO);
  return articleNOList;
```

글을 삭제하기 전 글 번호들을 ArrayList 객체에 저장합니다.

삭제한 글 번호 목록을 컨트롤러로 반환합니다.

4. BoardDAO 클래스를 다음과 같이 작성합니다. selectRemovedArticles() 메서드는 삭제할 글에 대한 글 번호를 가져옵니다. deleteArticle() 메서드는 전달된 articleNO에 대한 글을 삭제합니다.

코드 17-39 pro17/src/sec03/brd06/BoardDAO.java

```
....
  public void deleteArticle(int articleNO)
  {
    try
    {
      conn = dataFactory.getConnection();
      String query = "DELETE FROM t_board ";
      query += " WHERE articleNO in (";
      query += "  SELECT articleNO FROM  t_board ";
      query += " START WITH articleNO = ?";
      query += " CONNECT BY PRIOR  articleNO = parentNO )";
      System.out.println(query);
      pstmt = conn.prepareStatement(query);
      pstmt.setInt(1, articleNO);
      pstmt.executeUpdate();
      pstmt.close();
      conn.close();
    } catch (Exception e)
    {
      e.printStackTrace();
    }
  }

  public List<Integer> selectRemovedArticles(int articleNO)
  {
    List<Integer> articleNOList = new ArrayList<Integer>();
    try
    {
      conn = dataFactory.getConnection();
      String query = "SELECT articleNO FROM  t_board  ";
      query += " START WITH articleNO = ?";
      query += " CONNECT BY PRIOR  articleNO = parentNO";
```

오라클의 계층형 SQL문을 이용해 삭제 글과 관련된 자식 글까지 모두 삭제합니다.

삭제한 글들의 articleNO를 조회합니다.

```
      System.out.println(query);
      pstmt = conn.prepareStatement(query);
      pstmt.setInt(1, articleNO);
      ResultSet rs = pstmt.executeQuery();
      while (rs.next())
      {
        articleNO = rs.getInt("articleNO");
        articleNOList.add(articleNO);
      }
      pstmt.close();
      conn.close();
    } catch (Exception e)
    {
      e.printStackTrace();
    }
    return articleNOList;
  }
```

5. viewArticle.jsp에서 **삭제하기**를 클릭하면 `fn_remove_article()` 자바스크립트 함수를 호출해 글 번호인 `articleNO`를 컨트롤러로 전송하도록 구현합니다.

코드 17-40 pro17/WebContent/board05/viewArticle.jsp

```
...
  function fn_remove_article(url,articleNO) {
    var form = document.createElement("form");
    form.setAttribute("method", "post");
    form.setAttribute("action", url);
    var articleNOInput = document.createElement("input");
    articleNOInput.setAttribute("type","hidden");
    articleNOInput.setAttribute("name","articleNO");
    articleNOInput.setAttribute("value", articleNO);
    form.appendChild(articleNOInput);
    document.body.appendChild(form);
    form.submit();
  }
 ...
</script>
 ...
<tr >
  <td colspan=2 align=center>
    <input type=button value="수정하기" onClick="fn_enable(this.form)">
    <input type=button value="삭제하기"
        onClick="fn_remove_article('${contextPath}/board/removeArticle.do',
                                    ${article.articleNO})">
```

- 자바스크립트를 이용해 동적으로 <form> 태그를 생성합니다.
- 자바스크립트를 이용해 동적으로 <input> 태그를 생성한 후 name과 value를 articleNO와 글 번호로 설정합니다.
- 동적으로 생성된 <input> 태그를 동적으로 생성한 <form> 태그에 append합니다.
- <form> 태그를 <body> 태그에 추가(append)한 후 서버에 요청합니다.
- **삭제하기** 클릭 시 fn_remove_article() 자바스크립트 함수를 호출하면서 articleNO를 전달합니다.

```
        <input type=button value="리스트로 돌아가기"  onClick="backToList(this.form)">
      </td>
    </tr>
```

6. 글 상세창에서 **삭제하기**를 클릭해 /board/removeArticle.do?articleNO=8로 요청합니다.

❤ 그림 17-45 삭제하기 클릭

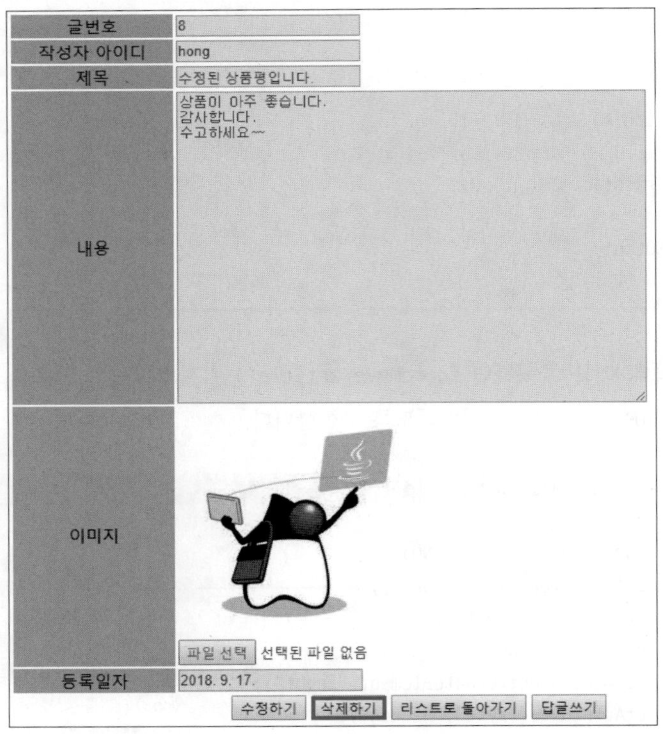

7. 글을 삭제한 후 다시 글 목록을 표시합니다.

❤ 그림 17-46 삭제 후 다시 글 목록 표시

글번호	작성자	제목	작성일
1	kim	김유신입니다.	2018. 9. 18.
2	hong	안녕하세요	2018. 9. 18.
3	lee	[답변] 상품후기입니다..	2018. 9. 18.
4	hong	[답변] 답변입니다.	2018. 9. 18.
5	lee	[답변] 답변입니다.	2018. 9. 18.
6	hong	테스트글입니다.	2018. 9. 18.

글쓰기

8. 로컬 PC를 확인해 보면 8번 글에 해당하는 저장소 폴더가 삭제된 것을 확인할 수 있습니다.

▼ 그림 17-47 삭제된 글에 해당하는 이미지 저장 폴더 삭제

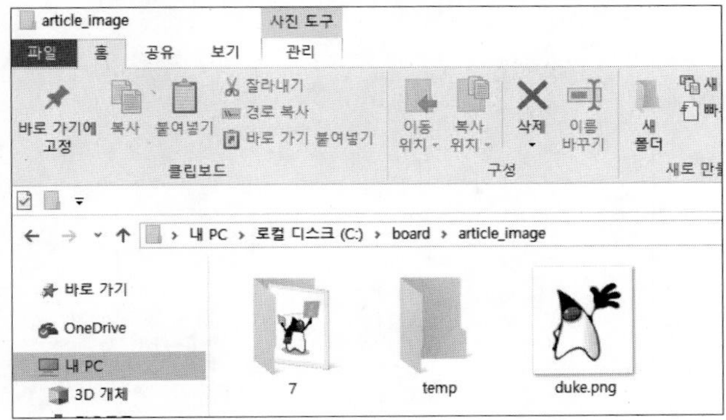

17.4.6 답글 쓰기 기능 구현

지금까지 게시판에서 글 목록을 보고, 새 글을 쓰고, 글 상세를 보고, 수정 및 삭제하는 기능까지 구현해 보았습니다. 얼추 게시판의 기능을 모두 갖춘 것 같습니다. 하지만 아직 빠진 것이 있습니다. 보통 쇼핑몰 게시판을 보면 댓글, 즉 답글을 쓸 수 있는 기능이 있습니다.

▼ 그림 17-48 흔히 볼 수 있는 쇼핑몰 게시판의 답글 쓰기 기능

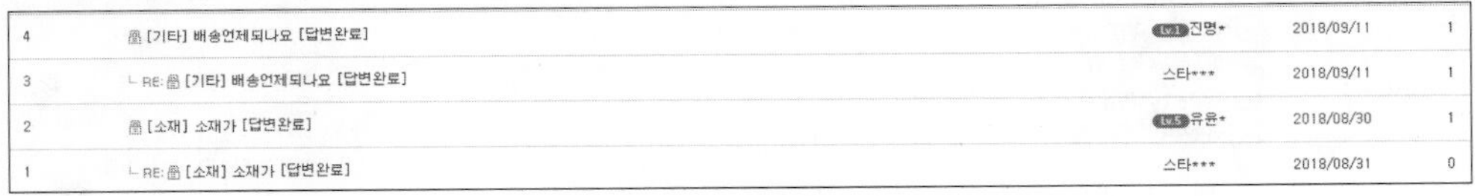

4	[기타] 배송언제되나요 [답변완료]	Lv.1 진명*	2018/09/11	1
3	ㄴ RE: [기타] 배송언제되나요 [답변완료]	스타***	2018/09/11	1
2	[소재] 소재가 [답변완료]	Lv.5 유윤*	2018/08/30	1
1	ㄴ RE: [소재] 소재가 [답변완료]	스타***	2018/08/31	0

따라서 이번에는 게시판의 답글 쓰는 기능을 구현해 보겠습니다. 다음은 그 과정입니다.

❶ 글 상세창(viewArticle.jsp)에서 **답글쓰기**를 클릭하면 요청명을 /board/replyForm.do로 하여 부모 글 번호(parentNO)를 컨트롤러로 전송합니다.

❷ 답글 쓰기창(replyForm.jsp)에서 답변 글을 작성한 후 요청명을 /board/addReply.do로 하여 컨트롤러로 요청합니다.

❸ 컨트롤러에서는 전송된 답글 정보를 게시판 테이블에 부모 글 번호와 함께 추가합니다.

1. sec03.brd07 패키지를 만들고 관련된 클래스 파일을 복사해 붙여 넣은 후 board06 폴더를 만들고 JSP 파일을 추가합니다.

▼ 그림 17-49 실습 파일 위치

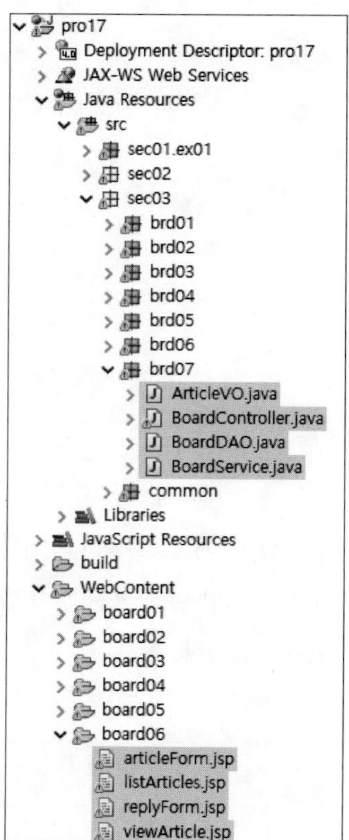

2. 답글도 새 글이므로 답글 기능도 새 글 쓰기 기능과 비슷합니다. 다른 점은 답글창 요청(/replyForm.do) 시 미리 부모 글 번호를 `parentNO` 속성으로 세션(session)에 저장해 놓고, 답글을 작성한 후 등록을 요청(/addReply.do)하면 세션에서 `parentNO`를 가져와 테이블에 추가한다는 점입니다.

코드 17-41 pro17/src/sec03/brd07/BoardController.java

```
...
private void doHandle(HttpServletRequest request, HttpServletResponse response)
throws ServletException, IOException
  {
    String nextPage = "";
    request.setCharacterEncoding("utf-8");
    response.setContentType("text/html; charset=utf-8");
```

```
  HttpSession session;
...
  else if (action.equals("/replyForm.do"))
    {
      int parentNO = Integer.parseInt(request.getParameter("parentNO"));
      session = request.getSession();
      session.setAttribute("parentNO", parentNO);
      nextPage = "/board06/replyForm.jsp";
    } else if (action.equals("/addReply.do"))
    {
      session = request.getSession();
      int parentNO = (Integer) session.getAttribute("parentNO");
      session.removeAttribute("parentNO");
      Map<String, String> articleMap = upload(request, response);
      String title = articleMap.get("title");
      String content = articleMap.get("content");
      String imageFileName = articleMap.get("imageFileName");
      articleVO.setParentNO(parentNO);
      articleVO.setId("lee");
      articleVO.setTitle(title);
      articleVO.setContent(content);
      articleVO.setImageFileName(imageFileName);
      int articleNO = boardService.addReply(articleVO);
      if (imageFileName != null && imageFileName.length() != 0)
      {
        File srcFile = new
                    File(ARTICLE_IMAGE_REPO + "\\" + "temp" + "\\" + imageFileName);
        File destDir = new File(ARTICLE_IMAGE_REPO + "\\" + articleNO);
        destDir.mkdirs();
        FileUtils.moveFileToDirectory(srcFile, destDir, true);
      }
      PrintWriter pw = response.getWriter();
      pw.print("<script>" + "  alert('답글을 추가했습니다.');"
                    + " location.href='"
                    + request.getContextPath()
                    + "/board/viewArticle.do?articleNO="
                    + articleNO + "';" + "</script>");
      return;
    }

    RequestDispatcher dispatch = request.getRequestDispatcher(nextPage);
    dispatch.forward(request, response);
     ...
```

답글에 대한 부모 글 번호를 저장하기 위해 세션을 사용합니다.

답글창 요청 시 미리 부모 글 번호를 parentNO 속성으로 세션에 저장합니다.

답글 전송 시 세션에 저장된 parentNO를 가져옵니다.

답글의 부모 글 번호를 설정합니다.

답글 작성자 ID를 lee로 설정합니다.

답글을 테이블에 추가합니다.

답글에 첨부한 이미지를 temp 폴더에서 답글 번호 폴더로 이동합니다.

3. 답글 쓰기는 새 글 쓰기와 동일하게 BoardDAO의 insertNewArticle() 메서드를 이용합니다. BoardService 클래스를 다음과 같이 수정합니다.

코드 17-42 pro17/src/sec03/brd07/BoardService.java

```
public int addReply(ArticleVO article) {
  return boardDAO insertNewArticle(article);
}
```

새 글 추가 시 사용한 insertNewArticle() 메서드를 이용해 답글을 추가합니다.

4. 글 상세창(viewArticle.jsp)에서 **답글쓰기**를 클릭하면 fn_reply_form() 함수를 호출하면서 글 번호와 요청명을 함께 전달합니다. 그리고 다시 <form> 태그와 <input> 태그를 이용해 글 번호를 parentNO 속성으로 컨트롤러에 전달합니다.

코드 17-43 pro17/WebContent/board06/viewArticle.jsp

```
<c:set var="contextPath" value="${pageContext.request.contextPath}" />
<script>
  function fn_reply_form(url, parentNO) {
    var form = document.createElement("form");
    form.setAttribute("method", "post");
    form.setAttribute("action", url);
    var parentNOInput = document.createElement("input");
    parentNOInput.setAttribute("type", "hidden");
    parentNOInput.setAttribute("name", "parentNO");
    parentNOInput.setAttribute("value", parentNO);
    form.appendChild(parentNOInput);
    document.body.appendChild(form);
    form.submit();
  }
  ...
</script>
  ...
  <input type=button value="답글쓰기"
onClick="fn_reply_form('${contextPath}/board/replyForm.do', ${article.articleNO})">
  ...
```

전달된 요청명을 〈form〉 태그의 action 속성 값에 설정합니다.

함수 호출 시 전달된 articleNO 값을 〈input〉 태그를 이용해 컨트롤러에 전달합니다.

답글쓰기 클릭 시 fn_reply_form() 함수를 호출하면서 요청명과 글 번호를 전달합니다.

5. 답글을 입력한 후 컨트롤러에 /board/addReply.do로 요청하도록 replyForm.jsp를 다음과 같이 작성합니다.

코드 17-44 pro17/WebContent/board06/replyForm.jsp

```
<body>
  <h1 style="text-align:center">답글쓰기</h1>
  <form name="frmReply" method="post"
```

```
  action="${contextPath}/board/addReply.do" enctype="multipart/form-data">
    <table align="center">
      <tr>
        <td align="right"> 글쓴이:  </td>
        <td><input type="text" size="5" value="lee" disabled /> </td>
      </tr>
      <tr>
        <td align="right">글제목:  </td>
        <td><input type="text" size="67" maxlength="100" name="title" /></td>
      </tr>
      <tr>
        <td align="right" valign="top"><br>글내용:  </td>
        <td><textarea name="content" rows="10" cols="65" maxlength="4000">
        </textarea> </td>
      </tr>
      <tr>
        <td align="right">이미지파일 첨부: </td>
        <td> <input type="file" name="imageFileName" onchange="readURL(this);" />
        </td>
        <td><img id="preview" src="#" width=200 height=200 /></td>
      </tr>
      <tr>
        <td align="right"> </td>
        <td>
          <input type=submit value="답글반영하기" />
          <input type=button value="취소" onClick="backToList(this.form)" />
        </td>
      </tr>
    </table>
  </form>
</body>
```

답글 입력 후 전송 시 컨트롤러에 /board/addReply.do로 요청합니다.

6. /board/listArticle.do로 요청하여 게시글 중에 부모 글을 클릭합니다.

▼ 그림 17-50 부모 글 클릭

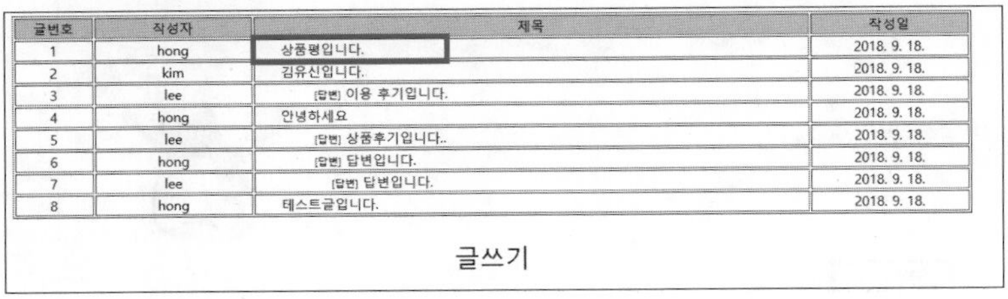

글번호	작성자	제목	작성일
1	hong	상품평입니다.	2018. 9. 18.
2	kim	김유신입니다.	2018. 9. 18.
3	lee	[답변] 이용 후기입니다.	2018. 9. 18.
4	hong	안녕하세요	2018. 9. 18.
5	lee	[답변] 상품후기입니다..	2018. 9. 18.
6	hong	[답변] 답변입니다.	2018. 9. 18.
7	lee	[답변] 답변입니다.	2018. 9. 18.
8	hong	테스트글입니다.	2018. 9. 18.

글쓰기

7. 글 상세창에서 **답글쓰기**를 클릭합니다.

▼ 그림 17-51 **답글쓰기** 클릭

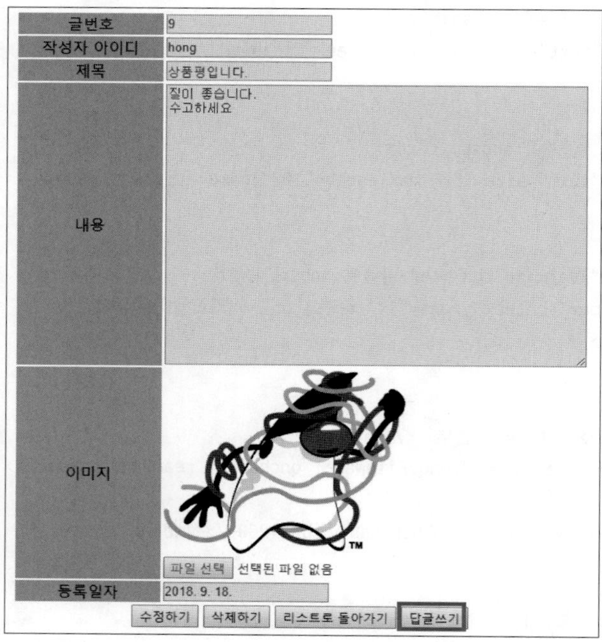

8. "상품평입니다."에 대한 답글("이용 후기입니다.")을 작성한 후 **답글반영하기**를 클릭합니다.

▼ 그림 17-52 답글 작성 후 **답글반영하기** 클릭

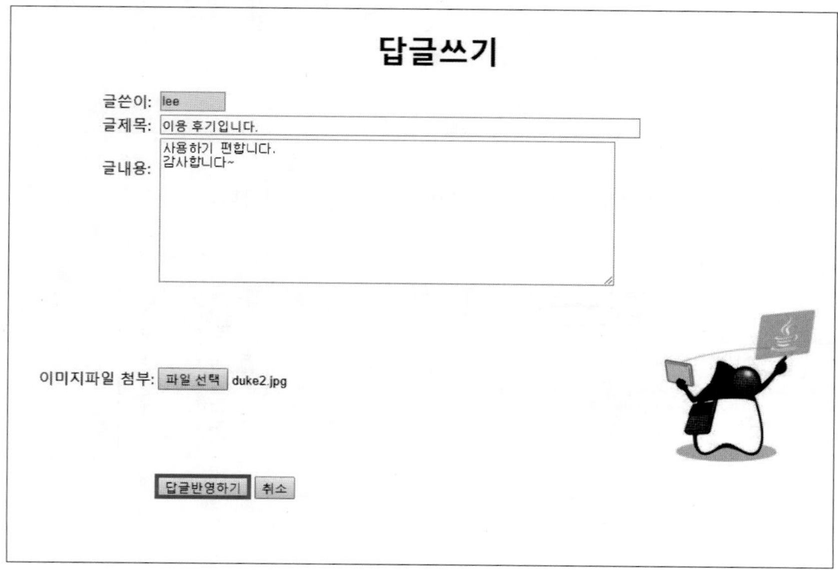

Tip 지금은 개발 과정을 보여주기 위한 것이므로 부모 글과 댓글의 내용은 큰 상관이 없습니다.

9. 내가 작성한 답글의 내용을 한 번 더 표시합니다.

▼ 그림 17-53 답글 결과 표시

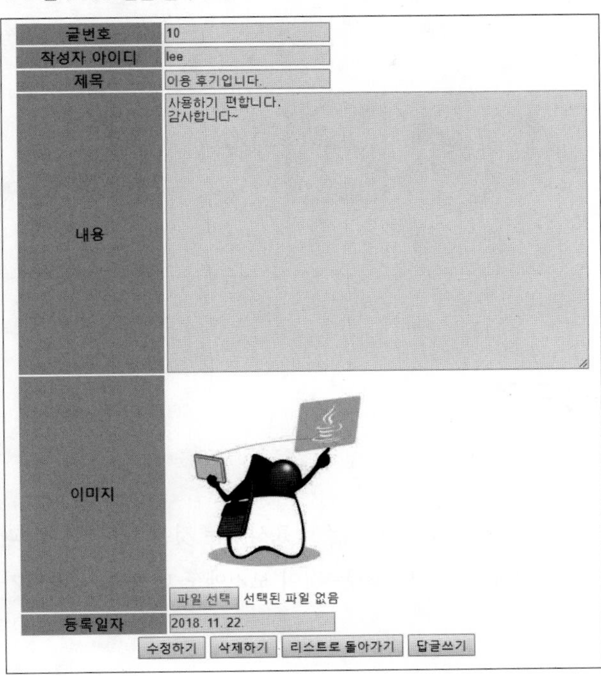

10. 글 목록을 보면 답글이 추가된 것을 볼 수 있습니다.

▼ 그림 17-54 부모 글에 답글 표시

글번호	작성자	제목	작성일
1	hong	상품평입니다.	2018. 9. 18.
2	lee	[답변] 이용 후기입니다.	2018. 11. 22.
3	kim	김유신입니다.	2018. 9. 18.
4	lee	[답변] 이용 후기입니다.	2018. 9. 18.
5	hong	안녕하세요	2018. 9. 18.
6	lee	[답변] 상품후기입니다..	2018. 9. 18.
7	hong	[답변] 답변입니다.	2018. 9. 18.
8	lee	[답변] 답변입니다.	2018. 9. 18.
9	hong	테스트글입니다.	2018. 9. 18.

글쓰기

11. 또한 답글에 추가한 이미지도 폴더에 저장됩니다.

▼ 그림 17-55 답글에 첨부한 이미지가 로컬 PC의 저장소에 저장

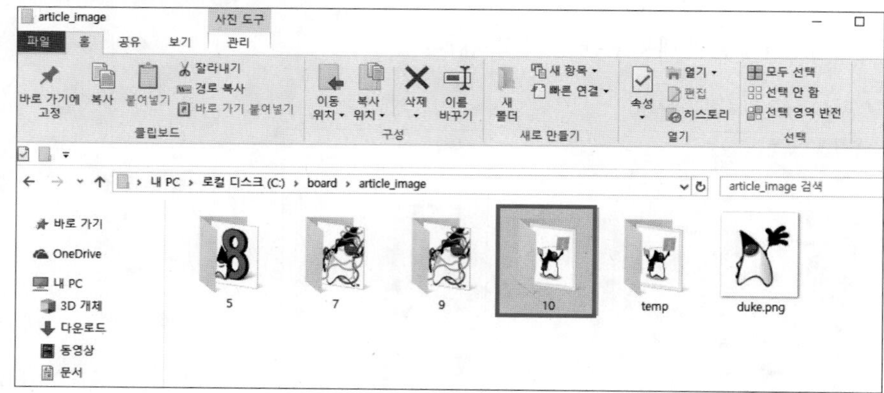

17.4.7 게시판 페이징 기능 구현

게시판 만들기 프로젝트의 마지막 단계입니다.

어떤 게시판이든 목록의 글이 많아지면 한 페이지에 모든 글이 표시되는 것이 아니라 다음과 같이 [1], [2], [3] .. 이렇게 페이지별로 표시됩니다. 이렇게 하는 것이 보기에도 더 좋고 사용자가 이용하기에도 편리하기 때문입니다.

▼ 그림 17-56 게시판의 페이징 기능

61559	2018 시나공 컴퓨터활용능력 2급 실기(엑셀 2010 사용자용) 최신기출 이메일서비스	서진희	2018.09.28	5	27/1
61558	[2013] 정보처리산업기사 실기 2017 정보처리산업기사 실기 관련입니다_도서 선택에 2017년판이 없어서 2013으로 문의합니다.	조현숙	2018.09.27	0	12/1
61557	시나공 토익 실전 모의고사 시즌 2 문장 질문	이순혁	2018.09.26	1	16/1
61556	모두의 알고리즘 with 파이썬 하노이의 탑 문제 관련	김재영	2018.09.25	75	16/2
61555	모두의 딥러닝 설치에러 외	김재형	2018.09.23	26	15/1
61554	애프터이펙트 CC 2018 무작정 따라하기 360 VR (part 4, part 5)	전수진	2018.09.23	524	12/1
61553	시나공 혼자서 끝내는 토익 950 실전 모의고사 Test3회 109번 질문	이예주	2018.09.23	118	17/1

1 | 2 | 3 | 4 | 5 | 6 | 7 | 8 | 9 | 10

문의/요청하기

검색 검색

이번에는 게시판의 **페이징 기능**을 구현해 보겠습니다. 먼저 글 목록에 페이징 기능이 어떻게 구현되는지 그 원리부터 살펴봅시다.

그림 17-57은 게시판에 페이징 기능을 적용한 후 글 목록을 표시한 것입니다.

▼ 그림 17-57 게시판에 페이징 기능 적용

글번호	작성자	제목	작성일
1	hong	상품평	2018. 9. 18.
2	hong	상품평가	2018. 9. 18.
3	hong	상품 주문이 늦어요.	2018. 9. 18.
4	lee	[답변] 죄송합니다.	2018. 9. 18.
5	hong	상품평입니다.	2018. 9. 18.
6	hong	최길동글입니다.	2018. 9. 18.
7	kim	김유신입니다.	. 18.
8	lee	[답변] 이용 후기입니다.	. 18.
9	hong	안녕하세요	. 18.
10	lee	[답변] 상품후기입니다..	. 18.

1 2 3 4 5 6 7 8 9 10 next

글쓰기

한 섹션은 페이지 열 개로 이루어집니다.

여기서 하단에 보이는 숫자는 페이지 번호입니다. 한 페이지마다 10개의 글이 표시되고, 이 페이지 10개가 모여 한 개의 섹션(section)이 됩니다. 첫 번째 섹션은 첫 번째 페이지부터 열 번째 페이지까지입니다.

두 번째 섹션은 열한 번째 페이지부터 스무 번째 페이지까지입니다. 따라서 사용자가 글 목록 페이지에서 [2]를 클릭하면 브라우저는 서버에 `section` 값으로는 1을, `pageNum` 값으로는 2를 전송하는 것이죠. 그리고 글 목록에는 두 번째 페이지에 해당하는 글인 11에서 20번째 글을 테이블에서 조회한 후 표시합니다.

코드 17-45는 페이징 기능을 추가한 글 목록 조회 SQL문입니다.

코드 17-45 section과 pageNum으로 글 목록 조회하는 SQL문

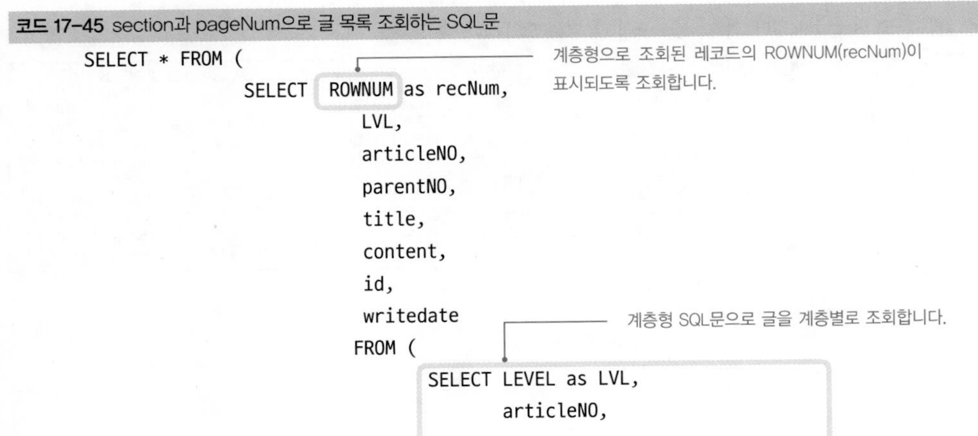

```
SELECT * FROM (
        SELECT ROWNUM as recNum,
               LVL,
               articleNO,
               parentNO,
               title,
               content,
               id,
               writedate
              FROM (
                  SELECT LEVEL as LVL,
                         articleNO,
```

계층형으로 조회된 레코드의 ROWNUM(recNum)이 표시되도록 조회합니다.
계층형 SQL문으로 글을 계층별로 조회합니다.

```
            parentNO,
            title,
            content,
            id,
            writedate
         FROM t_board
       START WITH  parentNO=0
       CONNECT BY PRIOR articleNO=parentNO
        ORDER SIBLINGS BY articleNO DESC
                  ))
where
recNum between(section-1)*100+(pageNum-1)*10+1 and (section-1)*100+pageNum*10;
--recNum between 1 and 10;
```

section과 pageNum 값으로 조건식의 recNum 범위를 정한 후 조회된 글 중 해당하는 값이 있는 경우 최종적으로 조회합니다.

section 값이 1이고 pageNum 값이 1인 경우입니다.

페이징 기능을 구현하기 위해 서브 쿼리문과 오라클에서 제공하는 가상 컬럼인 ROWNUM을 이용합니다. ROWNUM은 select문으로 조회된 레코드 목록에 대해 오라클 자체에서 순서를 부여하여 레코드 번호를 순서대로 할당해 줍니다.

이 서브쿼리문의 실행 순서는 다음과 같습니다.

❶ 기존 계층형 구조로 글 목록을 일단 조회합니다.

❷ 그 결과에 대해 다시 ROWNUM(recNum)이 표시되도록 서브 쿼리문을 이용해 다시 한번 조회합니다.

❸ ROWNUM이 표시된 두 번째 결과에서 section과 pageNum으로 계산된 where절의 between 연산자 사이의 값에 해당하는 ROWNUM이 있는 레코드들만 최종적으로 조회합니다.

다음은 SQL Developer에서 section 값이 1이고 pageNum이 1인 경우, 즉 첫 번째 페이지에 표시되는 10개의 글을 조회한 결과입니다.

▼ 그림 17-58 section 값이 1이고 pageNum이 1인 경우 조회된 글

	RECNUM	LVL	ARTICLENO	PARENTNO	TITLE	CONTENT	ID	WRITEDATE
1	1	1	13	0	상품평	잘쓰고 있습니다.배송이 약간 늦습니다.	hong	18/09/18
2	2	1	12	0	상품평가	상품이 좋습니다.감사합니다.	hong	18/09/18
3	3	1	10	0	상품 주문이 늦어요.	상품이 아직 도착하지 않았어요.처리해 주세요.	hong	18/09/18
4	4	2	11	10	죄송합니다.	죄송합니다.확인하고 빨리 처리해 드릴께요.	lee	18/09/18
5	5	1	9	0	상품평입니다.	질이 좋습니다.수고하세요	hong	18/09/18
6	6	1	8	0	최길동글입니다.	배송이 빨라요.	hong	18/09/18
7	7	1	4	0	김유신입니다.	김유신 테스트글입니다.	kim	18/09/18
8	8	2	7	4	이용 후기입니다.	사용하기 편합니다.감사합니다~~	lee	18/09/18
9	9	1	2	0	안녕하세요	상품 후기 입니다.	hong	18/09/18
10	10	2	6	2	상품후기입니다..	이순신씨의 상품 사용 후기를 올립니다!!	lee	18/09/18

1. 본격적인 실습을 위해 페이지 기능을 구현한 자바 클래스와 JSP를 다음과 같이 추가합니다.

▼ 그림 17-59 실습 파일 위치

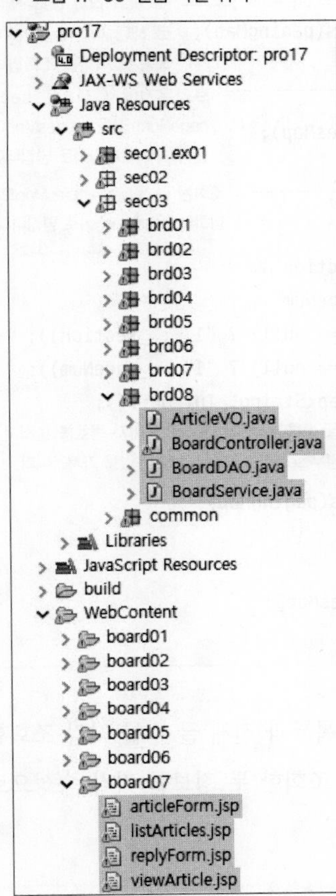

2. BoardController 클래스를 다음과 같이 작성합니다. /listArticle.do로 최초 요청 시 section과 pagenNum의 기본값을 1로 초기화합니다. 컨트롤러에서는 전달된 section과 pageNum을 HashMap에 저장한 후 DAO로 전달합니다.

코드 17-46 pro17/src/sec03/brd08/BoardController.java

```
...
if (action == null)
{
  String _section = request.getParameter("section");
  String _pageNum = request.getParameter("pageNum");
  int section = Integer.parseInt(((_section == null) ? "1" : _section));
  int pageNum = Integer.parseInt(((_pageNum == null) ? "1" : _pageNum));
```

최초 요청 시 또는 /listArticle.do로 요청 시 section 값과 pageNum 값을 구합니다.

최초 요청 시 section 값과 pageNum 값이 없으면 각각 1로 초기화합니다

```
    Map<String, Integer> pagingMap = new HashMap<String, Integer>();
    pagingMap.put("section", section);
    pagingMap.put("pageNum", pageNum);
    Map articlesMap = boardService.listArticles(pagingMap);
    articlesMap.put("section", section);
    articlesMap.put("pageNum", pageNum);
    request.setAttribute("articlesMap", articlesMap);
    nextPage = "/board07/ listArticles.jsp";
  } else if (action.equals("/listArticles.do"))
  {
    String _section = request.getParameter("section");
    String _pageNum = request.getParameter("pageNum");
    int section = Integer.parseInt(((_section == null) ? "1" : _section));
    int pageNum = Integer.parseInt(((_pageNum == null) ? "1" : _pageNum));
    Map<String, Integer> pagingMap = new HashMap<String, Integer>();
    pagingMap.put("section", section);
    pagingMap.put("pageNum", pageNum);
    Map articlesMap = boardService.listArticles(pagingMap);
    articlesMap.put("section", section);
    articlesMap.put("pageNum", pageNum);
    request.setAttribute("articlesMap", articlesMap);
    nextPage = "/board07/listArticles.jsp";
```

- section 값과 pageNum 값을 HashMap에 저장한 후 메서드로 넘깁니다.
- section 값과 pageNum 값으로 해당 섹션과 페이지에 해당되는 글 목록을 조회합니다.
- 브라우저에서 전송된 section과 pageNum 값을 articlesMap에 저장한 후 listArticles.jsp로 넘깁니다.
- 조회된 글 목록을 articlesMap으로 바인딩하여 listArticles.jsp로 넘깁니다.
- 글 목록에서 명시적으로 페이지 번호를 눌러서 요청한 경우 section 값과 pageNum 값을 가져옵니다.

3. BoardService 클래스에서는 페이징 기능에 필요한 글 목록과 전체 글 수를 각각 조회할 수 있도록 다음과 같이 구현합니다. HashMap을 생성한 후 조회한 두 정보를 각각 속성으로 저장합니다.

> Tip JSP로 넘겨줘야 할 정보가 많을 경우에는 각 request에 바인딩해서 넘겨도 되지만 HashMap을 사용해 같은 종류의 정보를 묶어서 넘기면 편리합니다.

코드 17-47 pro17/src/sec03/brd08/BoardService.java

```
  ...
public Map listArticles(Map pagingMap)
{
  Map articlesMap = new HashMap();
  List<ArticleVO> articlesList = boardDAO.selectAllArticles(pagingMap);
  int totArticles = boardDAO.selectTotArticles();
  articlesMap.put("articlesList", articlesList);
  articlesMap.put("totArticles", totArticles);
  return articlesMap;
}
```

- 전달된 pagingMap을 사용해 글 목록을 조회합니다.
- 테이블에 존재하는 전체 글 수를 조회합니다.
- 조회된 글 목록을 ArrayList에 저장한 후 다시 articlesMap에 저장합니다.
- 전체 글 수를 articlesMap에 저장합니다.

```
public List<ArticleVO> listArticles()
{
  List<ArticleVO> articlesList = boardDAO.selectAllArticles();
  return articlesList;
}
...
```

4. BoardDAO 클래스를 다음과 같이 작성합니다. 전달받은 section과 pageNum 값을 이용해 SQL문으로 조회합니다.

코드 17-48 pro17/src/sec03/brd08/BoardDAO.java

```
public List<String, Integer> selectAllArticles(Map<String, Integer> pagingMap)
{
  List<ArticleVO> articlesList = new ArrayList<ArticleVO>();
  int section = (Integer) pagingMap.get("section");
  int pageNum = (Integer) pagingMap.get("pageNum");
  try
  {
    conn = dataFactory.getConnection();
    String query = "SELECT * FROM ( " + "select ROWNUM  as recNum,"
                  + "LVL," + "articleNO,"
                  + "parentNO," + "title,"
                  + "id," + "writeDate"
                  + " from (select LEVEL as LVL, "
                  + "articleNO," + "parentNO," + "title," + "id,"
                  + "writeDate" + " from t_board"
                  + " START WITH  parentNO=0" + " CONNECT BY PRIOR articleNO = parentNO"
                  + "   ORDER SIBLINGS BY articleNO DESC)" + ") "
                  + " where recNum between(?-1)*100+(?-1)*10+1 and (?-1)*100+?*10";

    System.out.println(query);
    pstmt = conn.prepareStatement(query);
    pstmt.setInt(1, section);
    pstmt.setInt(2, pageNum);
    pstmt.setInt(3, section);
    pstmt.setInt(4, pageNum);
    ResultSet rs = pstmt.executeQuery();
    while (rs.next())
    {
      int level = rs.getInt("lvl");
      int articleNO = rs.getInt("articleNO");
      int parentNO = rs.getInt("parentNO");
      String title = rs.getString("title");
```

전송된 section과 pageNum 값을 가져옵니다.

section과 pageNum 값으로 레코드 번호의 범위를 조건으로 정합니다(이들 값이 각각 1로 전송되었으면 between 1 and 10이 됩니다).

```
        String id = rs.getString("id");
        Date writeDate = rs.getDate("writeDate");
        ArticleVO article = new ArticleVO();
        article.setLevel(level);
        article.setArticleNO(articleNO);
        article.setParentNO(parentNO);
        article.setTitle(title);
        article.setId(id);
        article.setWriteDate(writeDate);
        articlesList.add(article);
      } // end while
      rs.close();
      pstmt.close();
      conn.close();
    } catch (Exception e)
    {
      e.printStackTrace();
    }
    return articlesList;
  }

  ...

  public int selectTotArticles()
  {
    try
    {
      conn = dataFactory.getConnection();
      String query = "select count(articleNO) from t_board ";   // 전체 글 수를 조회합니다.
      System.out.println(query);
      pstmt = conn.prepareStatement(query);
      ResultSet rs = pstmt.executeQuery();
      if (rs.next())
        return (rs.getInt(1));
      rs.close();
      pstmt.close();
      conn.close();
    } catch (Exception e)
    {
      e.printStackTrace();
    }
    return 0;
  }

}
```

5. 이제 화면을 구현하는 JSP 페이지인 listArticles.jsp를 다음과 같이 작성합니다. 전체 글 수(totArticles)가 100개를 넘는 경우, 100인 경우, 100개를 넘지 않는 경우로 나누어 페이지 번호를 표시하도록 구현합니다.

전체 글 수가 100개가 넘지 않으면 전체 글 수를 10으로 나눈 몫에 1을 더한 값이 페이지 번호로 표시됩니다. 예를 들어 전체 글 수가 13개이면 10으로 나누었을 때의 몫인 1에 1을 더해 2가 페이지 번호로 표시됩니다.

만약 전체 글 수가 100개일 때는 정확히 10개의 페이지가 표시되며, 100개를 넘을 때는 다음 section으로 이동할 수 있도록 마지막 페이지 번호 옆에 next를 표시합니다.

코드 17-49 pro17/WebContent/board07/listArticles.jsp

```
<%@ page language="java" contentType="text/html; charset=UTF-8"
  pageEncoding="UTF-8"
  isELIgnored="false" %>
<%@ taglib prefix="fmt" uri="http://java.sun.com/jsp/jstl/fmt" %>
<%@ taglib prefix="c" uri="http://java.sun.com/jsp/jstl/core" %>
<%
  request.setCharacterEncoding("UTF-8");
%>
<c:set var="contextPath"  value="${pageContext.request.contextPath}"  />
<c:set  var="articlesList"  value="${articlesMap.articlesList}" />
<c:set  var="totArticles"  value="${articlesMap.totArticles}" />
<c:set  var="section"  value="${articlesMap.section}" />
<c:set  var="pageNum"  value="${articlesMap.pageNum}" />
<style>
.no-uline {text-decoration:none;}
.sel-page{text-decoration:none;color:red;}
.cls1 {text-decoration:none;}
.cls2{text-align:center; font-size:30px;}
</style>
...
  ...
<c:when test="${ !empty articlesList }">
  <c:forEach var="article" items="${articlesList }" varStatus="articleNum">
    <tr align=center>
      <td width="5%">${articleNum.count}</td>
      <td>${article.writer }</td>
      ...
      <div class="txt_center">
        <c:if test="${ totArticles != null }">
          <c:choose>
            <c:when test="${ totArticles >100 }">
```

HashMap으로 저장해서 넘어온 값들은 이름이 길어 사용하기 불편하므로 <c:set> 태그를 이용해 각 값들을 짧은 변수 이름으로 저장합니다.

선택된 페이지 번호를 빨간색으로 표시합니다.

전체 글 수에 따라 페이징 표시를 다르게 합니다.

전체 글 수가 100보다 클 때입니다.

```
          <c:forEach var="page" begin="1" end="10" step="1">
            <c:if test="${section >1 && page==1 }">
              <a class="no-uline" href="
                                        ${contextPath}/board/listArticles.do?section
                                        =${section-1}&pageNum=${(section-1)*10
                                        }"> 
                pre </a>
            </c:if>
            <a class="no-uline" href="${contextPath}/board/listArticles.do?section=
                            ${section}&pageNum=${page}">${(section-1)*10
              +page } </a>
            <c:if test="${page ==10 }">
              <a class="no-uline" href="${contextPath}/board/listArticles.do?section=
                            ${section+1}&pageNum=${section*10+1}"> 
                next</a>
            </c:if>
          </c:forEach>
        </c:when>
        <c:when test="${totArticles ==100 }">
          <c:forEach var="page" begin="1" end="10" step="1">
            <a class="no-uline" href="#">${page} </a>
          </c:forEach>
        </c:when>
        <c:when test="${totArticles< 100 }">
          <c:forEach var="page" begin="1" end="${ totArticles/10 +1}" step="1">
            <c:choose>
              <c:when test="${page==pageNum }">
                <a class="sel-page" href="${contextPath}/board/listArticles.do?section=
                            ${section}&pageNum=${page}">${page
                  } </a>
              </c:when>
              <c:otherwise>
                <a class="no-uline" href="${contextPath}/board/listArticles.do?section=
                            ${section}&pageNum=${page}">${page

                  } </a>
              </c:otherwise>
            </c:choose>
          </c:forEach>
        </c:when>
      </c:choose>
    </c:if>
  </div>
...
```

섹션 값 2부터는 앞 섹션으로 이동할 수 있는 pre를 표시합니다.

페이지 번호 10 오른쪽에는 다음 섹션으로 이동할 수 있는 next를 표시합니다.

전체 글 수가 100개일 때는 첫 번째 섹션의 10개 페이지만 표시하면 됩니다.

전체 글 수가 100개보다 적을 때 페이징을 표시합니다.

글 수가 100개가 되지 않으므로 표시되는 페이지는 10개가 되지 않고, 전체 글 수를 10으로 나누어 구한 몫에 1을 더한 페이지까지 표시됩니다.

페이지 번호와 컨트롤러에서 넘어온 pageNum이 같은 경우 페이지 번호를 빨간색으로 표시하여 현재 사용자가 보고 있는 페이지임을 알립니다.

페이지 번호를 클릭하면 section 값과 pageNum 값을 컨트롤러로 전송합니다.

6. http://localhost:8090/pro17/board/listArticles.do로 요청하여 실행 결과를 확인합니다.

그림 17-60은 전체 글 수를 13으로 하여 요청한 결과입니다(전체 글 수가 적으면 먼저 글쓰기 기능을 이용해 원하는 개수만큼 글을 추가합니다).

▼ 그림 17-60 글 목록창 요청 결과

글번호	작성자	제목	작성일
1	hong	상품평	2018. 9. 18.
2	hong	상품평가	2018. 9. 18.
3	hong	상품 주문이 늦어요.	2018. 9. 18.
4	lee	[답변] 죄송합니다.	2018. 9. 18.
5	hong	상품평입니다.	2018. 9. 18.
6	hong	최길동글입니다.	2018. 9. 18.
7	kim	김유신입니다.	2018. 9. 18.
8	lee	[답변] 이용 후기입니다.	2018. 9. 18.
9	hong	안녕하세요	2018. 9. 18.
10	lee	[답변] 상품후기입니다..	2018. 9. 18.

1 2

전체 글 수에 대해 총 두 페이지가 표시됩니다.

글쓰기

7. 여기서 두 번째 페이지인 [2]를 클릭하면 http://localhost:8090/pro17/board/listArticles.do?section=1&pageNum=2로 요청합니다.

▼ 그림 17-61 두 번째 페이지 요청 결과

글번호	작성자	제목	작성일
1	hong	[답변] 답변입니다.	2018. 9. 18.
2	lee	[답변] 답변입니다.	2018. 9. 18.
3	hong	테스트글입니다.	2018. 9. 18.

1 2

글쓰기

8. 글 수를 좀 더 늘려볼까요? BoardServic 클래스에서 totArticles를 170으로 설정합니다.

▼ 그림 17-62 전체 글 수를 170으로 설정

```
    public Map listArticles(Map pagingMap) {
        Map articlesMap = new HashMap();
        List<ArticleVO> articlesList = boardDAO.selectAllArticles(pagingMap);
        int totArticles = boardDAO.selectTotArticles();
        articlesMap.put("articlesList", articlesList);
        //articlesMap.put("totArticles", totArticles);
        articlesMap.put("totArticles", 170);
        return articlesMap;
    }
```

9. 브라우저에서 글 목록창을 출력합니다. 전체 글 수가 100개를 넘으므로 next가 표시된 것을 볼 수 있습니다.

▼ 그림 17-63 전체 글 수가 100개가 넘는 경우 next 표시

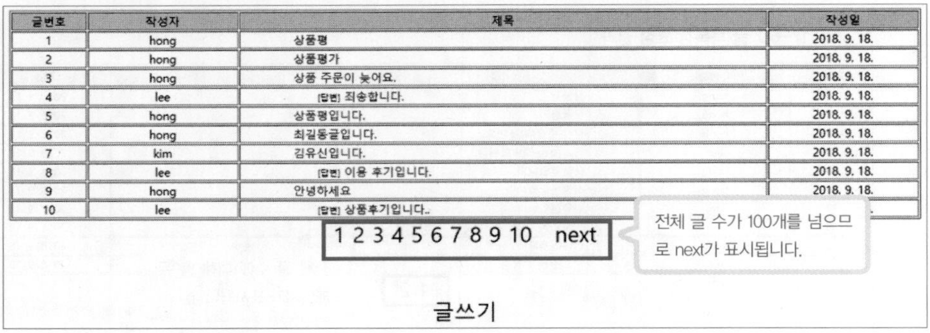

글번호	작성자	제목	작성일
1	hong	상품평	2018. 9. 18.
2	hong	상품평가	2018. 9. 18.
3	hong	상품 주문이 늦어요.	2018. 9. 18.
4	lee	[답변] 죄송합니다.	2018. 9. 18.
5	hong	상품평입니다.	2018. 9. 18.
6	hong	최길동글입니다.	2018. 9. 18.
7	kim	김유신입니다.	2018. 9. 18.
8	lee	[답변] 이용 후기입니다.	2018. 9. 18.
9	hong	안녕하세요	2018. 9. 18.
10	lee	[답변] 상품후기입니다..	

1 2 3 4 5 6 7 8 9 10 next

전체 글 수가 100개를 넘으므로 next가 표시됩니다.

글쓰기

지금까지 답변형 게시판을 구현해 봤습니다. 지면의 한계로 소스 코드 중 중요한 부분 위주로 살펴봤는데, 예제 파일로 제공하는 실제 소스 코드를 보면서 직접 구현해 보기 바랍니다.

한걸음 더 나아가 전체 글 수가 100개를 넘을 경우 사용자가 위치한 페이지 번호가 빨간색으로 표시되도록 구현할 수도 있습니다. CSS 속성을 사용하면 현재 클릭해서 보고 있는 페이지 번호를 빨간색으로 표시하여 구분할 수 있겠죠?

이처럼 아직 구현하지 않은 여러 가지 세부 기능들은 여러분이 직접 구현해 보기 바랍니다. 게시판 기능은 모든 웹 프로그래밍의 기본이므로 게시판 기능만 구현할 수 있다면 다른 기능도 쉽게 구현할 수 있을 것입니다.

18장

스프링 프레임워크 시작하기

앞에서 모델2 구조로 웹 애플리케이션을 구현해 봤습니다. 모델2 기반으로 애플리케이션을 개발할 경우 개발과 유지관리가 모델1 방식보다 쉽습니다. 하지만 새로운 애플리케이션을 개발할 때마다 일일이 처음부터 다시 개발해야 한다는 단점이 있습니다. 모든 웹 애플리케이션에서 필요한 공통 기능들을 각각 처음부터 다시 개발해야 한다는 것은 비효율적입니다.

이보다 더 좋은 방법은 애플리케이션 개발 시 일반적인 웹 애플리케이션에서 많이 사용하는 기능은 미리 만들어서 제공하고, 그 외에 필요한 부분만 추가 및 수정하는 것입니다. 이렇게 하면 훨씬 효율적일 뿐만 아니라 일정한 형식에 따라 개발을 진행하므로 표준화가 이루어져 생산성도 높일 수 있습니다.

애플리케이션 규모가 커질수록 각 기능을 개발자가 따로 개발하는 것보다는 표준화된 방법으로 개발하는 것이 유리합니다. 따라서 지금은 대부분의 웹 애플리케이션을 스프링이나 스트러츠 같은 프레임워크 환경에서 개발합니다.

JAVA WEB

18.1 프레임워크란?

프레임워크(Framework)의 사전적 의미는 '어떤 것을 구성하는 구조 또는 뼈대'입니다.

▼ 그림 18-1 건물의 뼈대와 같은 역할을 하는 프레임워크

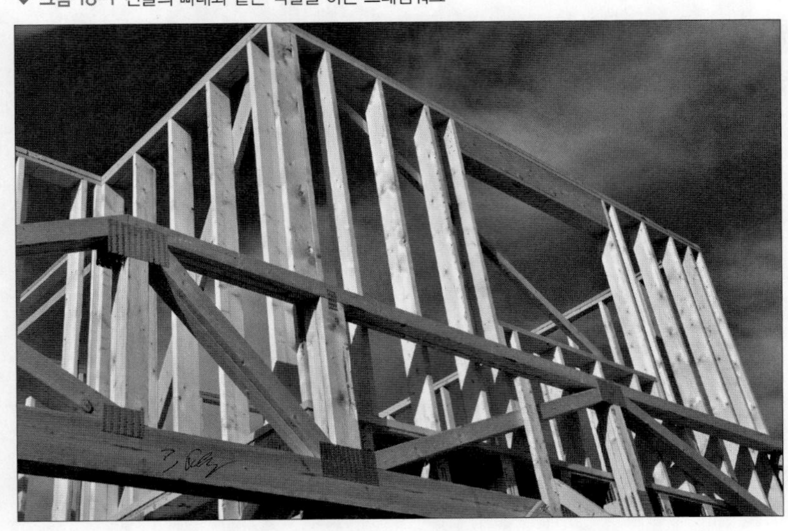

소프트웨어적 의미로는 '기능을 미리 클래스나 인터페이스 등으로 만들어 제공하는 반제품' 정도로 해석할 수 있습니다. 즉, 어느 정도 완성된 상태로 제공하는 기능인 셈이지요.

우리는 현실에서 컴퓨터를 사용하다가 비디오 카드가 고장 나면 어떻게 하나요? 비디오 카드를 사서 교체하기만 하면 됩니다. 비디오 카드는 미리 만들어진 상태로 제공됩니다. 이처럼 프레임워크도 애플리케이션 개발 시 자주 사용하는 기능을 클래스나 인터페이스 등으로 미리 어느 정도 만들어서 제공하면 개발자가 자신의 상황에 맞게 변형 및 추가해서 이를 사용하는 것입니다. 그러면 처음부터 개발할 필요 없이 자신이 원하는 애플리케이션을 짧은 시간에 만들 수 있겠죠. 그리고 일정한 틀 속에서 개발을 하기 때문에 개발 후 유지보수 및 기능의 확장성에서도 고품질이 보장됩니다.

즉, 프레임워크를 사용하는 이유를 한마디로 정리하면 일정한 기준에 따라 개발이 이루어지므로 개발 생산성과 품질이 보장된 애플리케이션을 개발할 수 있기 때문입니다.

18.1.1 스프링 프레임워크

프레임워크 중 현재 가장 많이 사용되는 것이 스프링 프레임워크(Spring Framework)입니다. 스프링 프레임워크(이하 스프링)는 자바 웹 애플리케이션 개발을 위한 오픈 소스 프레임워크로, 기존 프레임워크보다 가벼운 경량 프레임워크(lightWeight Framework)입니다.

또한 스프링은 경량 컨테이너(lightWeight Container)라고도 부릅니다. '컨테이너'라고 하면 대표적인 것으로 톰캣을 들 수 있습니다. 톰캣은 서블릿 컨테이너라고 부르는데, 그 이유는 톰캣을 실행하면 톰캣은 서블릿의 생성, 초기화, 서비스 실행, 소멸에 관한 모든 권한을 가지고 서블릿을 관리하기 때문입니다.

스프링도 마찬가지입니다. 애플리케이션에서 사용되는 여러 가지 빈(클래스 객체)을 개발자가 아닌 스프링이 권한을 가지고 직접 관리합니다. 스프링 이전에 사용되던 프레임워크로 EJB(Enterprise JavaBeans, 엔터프라이즈 자바빈즈)[1]라는 것이 있는데, EJB는 실행 시 무거워 여러 가지 문제를 일으키는 단점이 있습니다. 스프링은 이런 EJB의 단점은 개선하고 좋은 점은 더 발전시켜서 탄생한 프레임워크입니다.

1 기업 환경 시스템을 구축하기 위한 서버 측 컴포넌트 모델, 즉 애플리케이션의 비즈니스 로직을 가진 서버 애플리케이션을 의미합니다.

스프링의 특징은 다음과 같습니다.

- EJB보다 가볍고 배우기도 쉬우며 경량 컨테이너의 기능을 수행합니다.
- 제어 역행(IoC, Inversion of Control) 기술을 이용해 애플리케이션 간의 느슨한 결합을 제어합니다.
- 의존성 주입(DI, Dependency Injection) 기능을 지원합니다.
- 관점 지향(AOP, Aspect-Oriented Programming) 기능을 이용해 자원 관리를 합니다.
- 영속성과 관련된 다양한 서비스를 지원합니다.
- 수많은 라이브러리와의 연동 기능을 지원합니다.

그림 18-2는 스프링의 특징을 그림으로 나타낸 것입니다.

❤ 그림 18-2 스프링 프레임워크의 특징

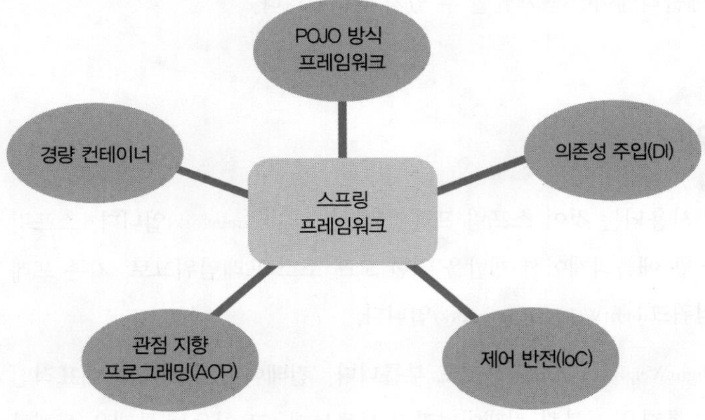

Note ≡ **용어 정리**

의존성 주입(DI)이나 제어 역행(IoC), 관점 지향(AOP) 기능은 EJB에서부터 이미 사용된 기술들이므로 이 책에서는 간단히 용어만 설명하고 넘어갑니다.

- **의존성 주입**: 클래스 객체를 개발자가 코드에서 생성하지 않고 프레임워크가 생성하여 사용하는 방법입니다.
- **제어 역행**: 서블릿이나 빈 등을 개발자가 코드에서 생성하지 않고 프레임워크가 직접 수행하는 방법입니다.
- **관점 지향**: 핵심 기능 외 부수 기능들을 분리 구현함으로써 모듈성을 증가시키는 방법입니다.

그림 18-3은 스프링에서 제공하는 주요 기능을 나타낸 것입니다.

▼ 그림 18-3 스프링 프레임워크의 주요 기능

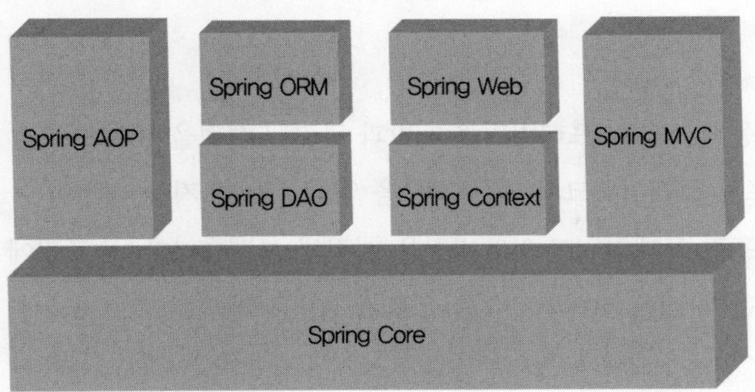

여기서 스프링 Core 기능은 스프링의 다른 기능을 수행하는 데 필요한 기반 기능을 제공합니다. 그리고 스프링 MVC 기능을 이용해 애플리케이션을 MVC로 쉽게 개발할 수 있습니다. 그 외 스프링의 주요 기능에 대한 상세한 설명은 표 18-1을 참고하기 바랍니다.

▼ 표 18-1 스프링의 주요 기능

스프링 기능	설명
Core	다른 기능과 설정을 분리하기 위한 IoC 기능을 제공합니다.
Context	스프링의 기본 기능으로서 애플리케이션의 각 기능을 하는 빈(Bean)에 대한 접근 방법을 제공합니다.
DAO	JDBC 기능을 좀 더 편리하게 사용할 수 있도록 합니다.
ORM	하이버네이트나 마이바티스 같은 영속성 관련 프레임워크와 연동된 기능을 제공합니다.
AOP	관점 지향 기능을 제공합니다.
Web	웹 애플리케이션 개발에 필요한 기능을 제공합니다.
WebMVC	스프링에서 MVC 구현에 관련된 기능을 제공합니다.

18.2 스프링 프레임워크 환경 설정하기

현재는 메이븐 같은 자동화 도구를 사용해 스프링 프레임워크 개발과 관련된 설정을 자동으로 할 수 있습니다. 그러나 이 책에서는 스프링 프레임워크의 기본 기능을 익히기 위해 자동 설정이 아닌 수동으로 이클립스 프로젝트에 스프링 프레임워크 3.0 버전을 설정해 보겠습니다. 스프링에 대해 이미 어느 정도 익숙한 사람이라면 이 절을 건너뛰고 자동으로 스프링 프레임워크 기능을 설정해도 괜찮습니다.

스프링 개발 환경 설정은 간단합니다. 다음과 같이 새 프로젝트 pro18을 만들고 책과 함께 제공하는 예제 소스에서 스프링 3.0 라이브러리 파일을 복사해 /WEB-INF/lib 폴더에 붙여 넣으면 애플리케이션에서 바로 사용할 수 있습니다.

❤ 그림 18-4 lib 폴더에 스프링 프레임워크 3.0 라이브러리 복사 & 붙여 넣기

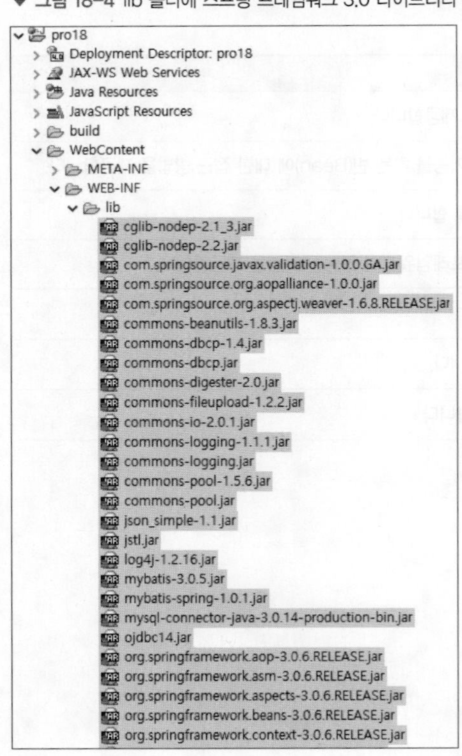

정말 간단하죠? 그럼 다음 장부터는 스프링 라이브러리 기능 중 의존성 주입과 제어 역전에 대해 알아보겠습니다.

19장

스프링 의존성 주입과 제어 역전 기능

자바와 같은 객체 지향 프로그래밍 언어에서 클래스는 특정 기능을 수행하는 부품 역할을 합니다. 우리가 살아가는 현실 세계에서도 어떤 부품을 사용하다가 이상이 있거나 오래 되면 다른 부품으로 교체해서 사용합니다. 마찬가지로 애플리케이션에서도 사용자의 요구 사항에 따라 클래스 기능을 변경하거나 다른 클래스 기능으로 대체해야 하는 경우가 자주 생깁니다. 이러한 상황에서 좀 더 수월하게 대체할 수 있게 도입된 기능이 바로 의존성 주입(DI)과 제어 역행(IoC)입니다.

19.1 의존성 주입하기

JAVA WEB

지금까지 우리가 프로그래밍을 할 때는 어떤 한 클래스가 다른 클래스의 기능을 사용하려면 당연히 개발자가 직접 코드에서 사용할 클래스의 생성자를 호출해서 사용했습니다. 즉, 사용할 클래스와 사용될 클래스의 관계는 개발자에 의해 직접 코드에서 부여됩니다.

의존성 주입이란 이런 연관 관계를 개발자가 직접 코딩을 통해 컴포넌트(클래스)에 부여하는 것이 아니라 컨테이너가 연관 관계를 직접 규정하는 것입니다. 그러면 코드에서 직접적인 연관 관계가 발생하지 않으므로 각 클래스들의 변경이 자유로워집니다(loosely coupled, 약한 결합).

Note ≡ **강한 결합과 약한 결합**

현실에서 우리는 자동차의 에어컨이 고장 나면 당연히 에어컨만 수리하거나 교체하면 됩니다. 하지만 만약 에어컨 기능이 자동차 엔진과 관련 있게 설계되었다면 어떨까요? 에어컨에 작은 문제라도 생기면 자동차 엔진까지 손을 봐야 하는 상황이 됩니다. 난감하겠죠. 즉, 자동차의 부품은 같은 기능끼리는 강하게 결합하고, 큰 관련이 없는 기능과는 서로 영향을 주지 않게 만들어야 좋은 자동차라고 할 수 있습니다.

프로그램도 마찬가지입니다. 프로그램은 각각의 독립적인 기능들로 구성되어 있습니다. 쇼핑몰의 경우 크게 상품 관리, 주문 관리, 회원 관리, 게시판 관리 등으로 구성됩니다. 각 기능들은 또 세부 기능을 하는 여러 클래스들로 이루어집니다. 그런데 부품 기능을 하는 클래스에 변경 사항이 발생했을 때 그 클래스의 기능과 관련 없는 다른 클래스까지 손봐야 한다면 자동차의 예처럼 여러 가지 문제가 발생할 수 있습니다.

따라서 서로 관련이 있는 기능들은 강하게 결합(tightly coupled)하고, 관련이 없는 기능들은 약하게 결합(loosely coupled)해야 좋은 프로그램입니다. 그 반대가 되면 안 되겠죠.

전체 애플리케이션은 각각의 기능을 담당하는 컴포넌트들로 이루어집니다. 그리고 각 컴포넌트들은 다시 세부 기능을 수행하는 클래스들로 이루어집니다. 그런데 컴포넌트를 이루는 클래스들이 다른 클래스의 기능을 사용하려면 어떻게 해야 할까요? 소스 코드에서 다른 클래스의 생성자를 호출해서 사용할 경우 기능을 구현하는 과정에서 다른 변경 사항이 발생하면 빠르게 대처하기가 어렵습니다. 또다시 관련이 있는 모든 클래스들의 소스 코드를 수정해 주어야 하기 때문입니다.

따라서 스프링 프레임워크에서는 각 클래스들의 연관 관계를 클래스들 사이에서 맺는 것이 아니라 스프링 프레임워크에서 설정을 통해 맺어줌으로써 클래스들이 연관 관계를 갖지 않게 구현했습니다. 이렇게 이론으로 설명하니 잘 와 닿지 않을 수 있으니 예제를 통해 더 확실히 알아보겠습니다.

19.1.1 의존성 주입을 사용하기 전 게시판 기능

코드 19-1~19-3은 17장에서 실습한 게시판의 소스 코드입니다. 각 클래스들의 기능을 보면 다른 클래스의 기능을 사용하기 위해 소스 코드에서 직접 다른 클래스 객체를 생성한 후 메서드를 호출하여 연동합니다.

코드 19-1 BoardController.java

```
@WebServlet("/board/*")

public class BoardController extends HttpServlet
{
  BoardService boardService;

  public void init() throws ServletException {
    boardService = new BoardService();
  }

protected void doHandle(HttpServletRequest request, HttpServletResponse response)
throws ServletException, IOException {
  String nextPage ="";
  request.setCharacterEncoding("utf-8");
  response.setContentType("text/html; charset=utf-8");
  HttpSession session;
  String action = request.getPathInfo();
  try{
    List<ArticleVO> articlesList =new ArrayList<ArticleVO>();
    if (action==null){
     ...
    }
```

BoardService 객체를 코드에서 직접 생성해 사용합니다.

코드 19-2 BoardService.java

```
public class BoardService {
  BoardDAO  boardDAO;
  public BoardService() {
    boardDAO=new BoardDAO();
  }
...
```

BoardDAO 객체를 코드에서 직접 생성해 데이터베이스와 연동합니다.

코드 19-3 BoardDAO.java

```
public class BoardDAO
{
  private DataSource dataFactory;
  Connection conn;
  PreparedStatement pstmt;

  public BoardDAO() {
    try {
      Context ctx = new InitialContext();
      Context envContext  = (Context) ctx.lookup("java:/comp/env");
      dataFactory = (DataSource) envContext.lookup("jdbc/oracle");
    } catch (Exception e) {
        e.printStackTrace();
  }
 ...
```

현재 BoardDAO 클래스에서는 오라클과 연동해 게시판 기능을 구현하고 있습니다. 그런데 만약 중간에 오라클에서 MySQL로 데이터베이스를 변경한다고 가정해 봅시다. 지금과 같은 경우는 BoardDAO 클래스의 기능을 일일이 변경해 주어야 합니다. 그뿐만 아니라 경우에 따라서는 BoardDAO 클래스를 사용하는 BoardService 클래스의 기능도 변경해야 할 수도 있습니다.

이제까지는 클래스를 사용하려면 자바에서 배웠듯이 자바 코드에서 클래스 생성자를 호출해 객체를 생성했습니다. 하지만 지금처럼 프로젝트 규모가 점점 커지는 상황에서 이렇게 자바 코드에서 직접 객체를 생성해서 사용하는 것(tightly coupled)은 복잡한 문제를 일으킬 수도 있습니다. 다른 클래스의 변경 사항이 연속적으로 다른 부분에 영향을 미친다면 이 방법(자바 코드에서 직접 객체를 생성해 사용하는 것)은 좋은 방법이 아니겠죠.

19.1.2 인터페이스를 적용한 게시판 기능

그럼 이번에는 앞에서 다룬 게시판 기능 구현 시의 문제점을 인터페이스를 사용해서 해결해 보겠습니다.

그림 19-1은 게시판 기능과 관련된 클래스들의 계층 구조를 나타낸 것입니다. 각각의 클래스가 인터페이스를 구현하는 구조를 이룹니다.

▼ 그림 19-1 오라클과 연동하는 게시판 클래스 계층 구조

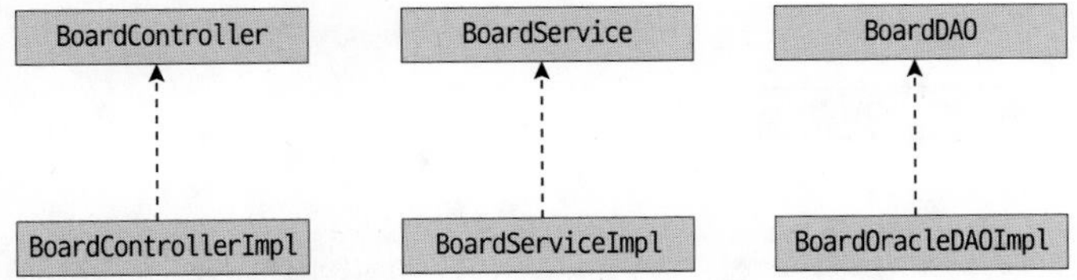

코드 19-4와 19-5는 각 클래스들이 상위 인터페이스를 구현한 후 오라클 데이터베이스와 연동하는 기능을 구현하는 소스입니다.

코드 19-4 BoardServiceImpl.java

```
public class BoardServiceImpl implements BoardService{
  BoardDAO boardDAO;
  public BoardService() {
    boardDAO=new BoardOracleDAOImpl();
  }
```

인터페이스를 이용해 하위 클래스 객체를 생성한 후 오라클 데이터베이스와 연동합니다.

코드 19-5 BoardOracleDAOImpl.java

```
public class BoardOracleDAOImpl implements BoardDAO{
  private DataSource dataFactory;
  Connection conn;
  PreparedStatement pstmt;
  public BoardDAO() {
    try {
      Context ctx = new InitialContext();
      Context envContext = (Context) ctx.lookup("java:/comp/env");
      dataFactory = (DataSource) envContext.lookup("jdbc/oracle");
    } catch (Exception e) {
       e.printStackTrace();
  }
...
```

이번에는 개발 중에 MySQL과 연동하는 기능이 생겼다고 가정합시다. 지금처럼 인터페이스로 구현한 경우에는 기존의 BoardOracleDAOImpl 클래스를 변경할 필요가 없습니다.

그림 19-2처럼 BoardDAO 인터페이스를 구현한 또 다른 BoardMySqlDAOImpl 클래스를 구현한 후 코드 19-6처럼 BoardServiceImpl에서 사용하면 됩니다.

▼ 그림 19-2 MySQL과 연동하는 게시판 계층 구조

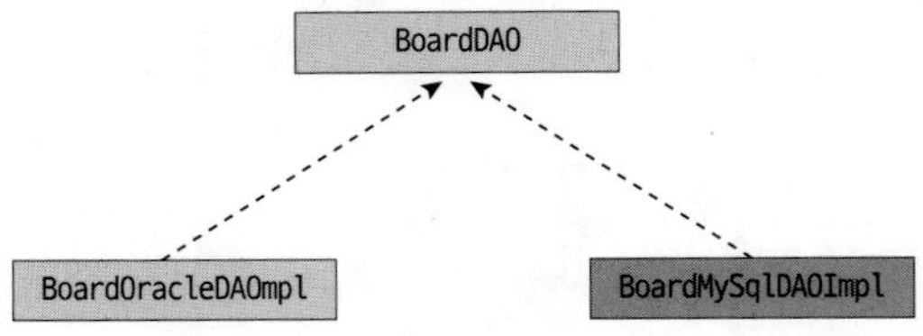

코드 19-6 BoardServiceImpl.java

```
public class BoardServiceImpl implements BoardService{
  BoardDAO boardDAO;
  public BoardService() {
    // boardDAO=new BoardOracleDAOImpl();
    boardDAO=new BoardMySqlDAOImpl();  ← 인터페이스를 이용해 하위 클래스 객체를 생성한 후 MySql 데이터베이스와 연동합니다.
  }
```

인터페이스를 이용해 각 클래스를 구현한 후 각 클래스의 객체를 사용할 때는 인터페이스 타입으로 선언한 참조 변수로 접근해서 사용하면 됩니다. 그러면 완전하지는 않아도 앞의 경우보다 훨씬 클래스들 간 의존 관계가 약해집니다. 그러나 인터페이스를 사용해도 BoardServiceImpl 클래스 자체는 여전히 소스 코드에서 직접 수정해야 합니다.

19.1.3 의존성 주입을 적용한 게시판 기능

앞의 게시판 예제를 통해 클래스들의 의존 관계가 강하게 결합되어 있으면 여러 가지 문제가 발생할 수 있음을 알았습니다. 이번에는 스프링의 의존성 주입 기능을 이용해 각 클래스들 사이의 의존 관계를 완전히 분리하는 작업을 실습해 보겠습니다.

다음은 의존성 주입을 적용했을 때 얻을 수 있는 장점들입니다.

- 클래스들 간의 의존 관계를 최소화하여 코드를 단순화할 수 있습니다.
- 애플리케이션을 더 쉽게 유지 및 관리할 수 있습니다.

- 기존 구현 방법은 개발자가 직접 코드 안에서 객체의 생성과 소멸을 제어했습니다. 하지만 의존성 주입은 객체의 생성, 소멸과 객체 간의 의존 관계를 컨테이너가 제어합니다.

스프링에서 의존성 주입(이하 DI)을 구현하려면 XML이나 애너테이션을 이용해 객체를 주입하여 객체들의 의존 관계를 맺어주면 됩니다. 즉, DI를 사용하여 각 객체들 간의 의존 관계를 최소화함으로써 코드를 단순화하고 유지보수를 쉽게 할 수 있습니다.

DI는 객체의 생성, 소멸, 의존 관계를 개발자가 직접 설정하는 것이 아니라 XML이나 애너테이션 설정을 통해 경량 컨테이너에 해당하는 스프링 프레임워크가 제어합니다. 따라서 기존 코드에서는 개발자가 직접 객체를 제어했지만 스프링 프레임워크에서는 객체의 제어를 스프링이 직접 담당하므로 제어의 역전(이하 IoC)이라고 하는 것입니다. IoC의 종류도 여러 가지이며, 일반적으로 스프링에서는 DI로 IoC의 기능을 구현하므로 IoC보다는 DI라는 용어를 더 많이 사용합니다.

코드 19-7은 DI를 적용해 게시판 기능을 구현한 것입니다.

코드 19-7 BoardServiceImpl.java

```
public class BoardServiceImpl implements BoardService{
  private BoardDAO boardDAO;
  public BoardServiceImpl(BoardDAO boardDAO){      ← DI 적용 예시
    this.boardDAO = boardDAO;
  }
...
```

BoardServiceImpl 클래스는 의존하는 BoardDAOImpl 객체를 전달받기 위해 new 키워드를 사용해 객체를 생성하지 않고 생성자를 호출할 때 외부에서 객체를 주입 받아 사용했습니다. 이것이 바로 DI를 적용한 예입니다. 소스 코드에서 new를 사용해 객체를 생성하는 것이 아니라 BoardServiceImpl 생성자를 호출할 때 컨테이너에 의해 주입되는 객체로 boardDAO 변수를 초기화한 것입니다.

DI를 사용하면 객체의 의존 관계를 외부에서 설정한다고 했습니다. 외부 설정에 의해 각 의존 객체가 어떻게 주입되는지 그 과정을 그림 19-3에 나타내었습니다.

그림 19-3 외부 설정에 의한 의존 객체 주입

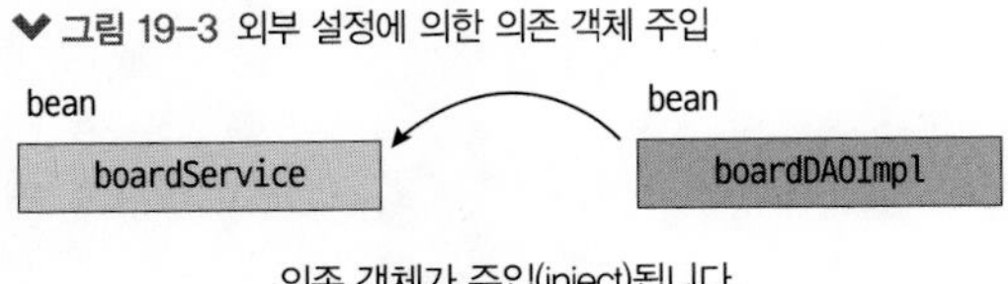

의존 객체가 주입(inject)됩니다.

그림 19-3처럼 스프링에서는 의존(dependency)하는 객체를 컨테이너 실행 시 주입(inject)하기 때문에 DI(Dependency Injection)라고 부릅니다. 여기서 각 클래스 객체를 bean(이하 빈)이라고 부르는데, 이는 의존 관계를 설정하는 외부 XML 파일에서 각각의 객체를 <bean> 태그로 표시하기 때문입니다.

이번에는 스프링에서 의존 객체를 주입하는 방식을 알아보겠습니다. 스프링의 의존 객체 주입 방식은 생성자를 이용해서 주입하는 방식과 setter를 이용해서 주입하는 방식이 있습니다.

앞의 코드 19-7은 생성자를 이용한 주입 방식이고 코드 19-8은 setter를 이용한 의존 객체 주입 방식입니다.

코드 19-8 BoardServiceImpl.java

```
public class BoardServiceImpl implements BoardService{
  private BoardDAO boardDAO;
  public  void setBoardDAO(BoardDAO boardDAO){
    this.boardDAO = boardDAO;
  }
   ...
```

setter를 이용해 컨테이너에서 생성된 BoardDAOImpl 객체를 주입

19.2 의존성 주입 실습하기

JAVA WEB

이 절에서는 의존성 주입의 두 방법인 setter를 이용한 방식과 생성자를 이용한 방식을 각각 실습을 통해 확인해 보겠습니다. 먼저 setter를 이용해 DI를 실습하는 방식부터 알아봅시다.

19.2.1 setter를 이용한 DI 기능

그림 19-4는 setter를 이용해 실습할 클래스들의 계층 구조입니다.

▼ 그림 19-4 클래스 계층 구조

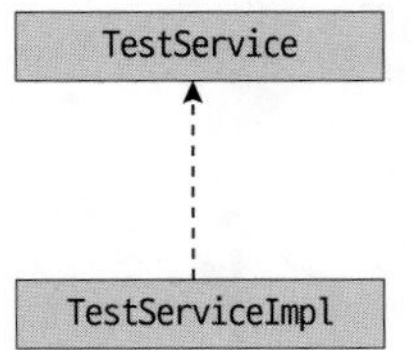

자바 프로젝트에서 DI 기능을 실습하려면 우선 스프링 관련 라이브러리의 패스를 설정해 주어야 합니다.

1. 이클립스 상단에서 New > Project...를 선택한 후 Java Project를 선택하고 Next를 클릭합니다.

▼ 그림 19-5 Java Project... 선택하고 Next 클릭

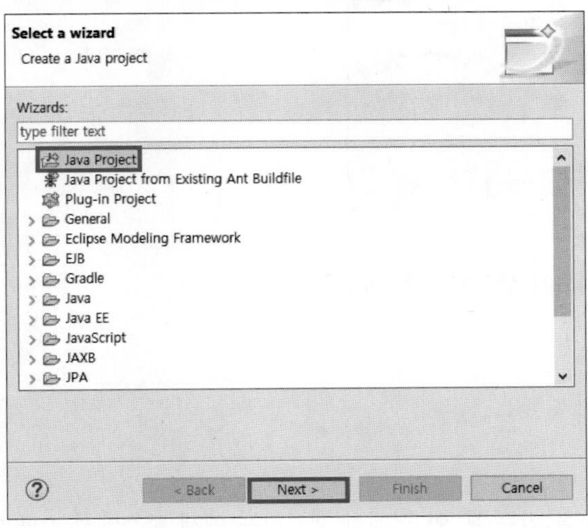

2. 프로젝트 이름으로 pro19를 입력하고 Finish를 클릭합니다.

▼ 그림 19-6 프로젝트 이름으로 pro19 입력 후 Finish 클릭

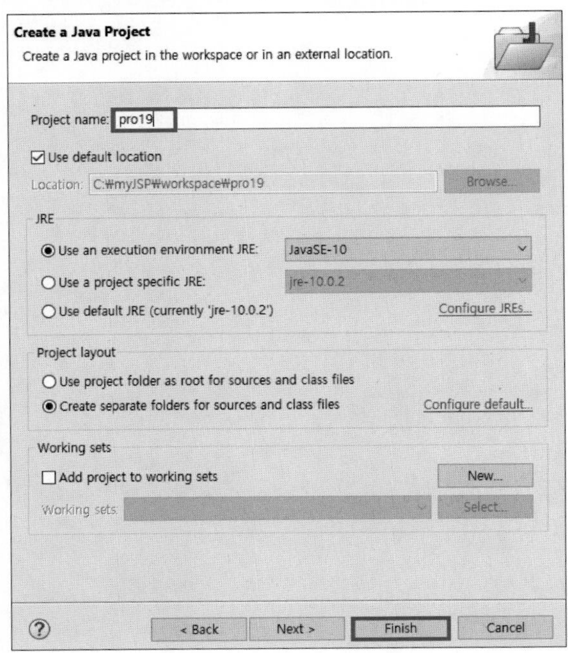

3. 이클립스에서 자바 프로젝트를 생성합니다. 자바 프로젝트 생성 시 이클립스의 Perspective를 자바 모드로 변경할지 물으면 **Remember my decision** 체크박스에 체크하고 **Open Perspective**를 클릭합니다.

▼ 그림 19-7 자바 Perspective 변경 유무 동의

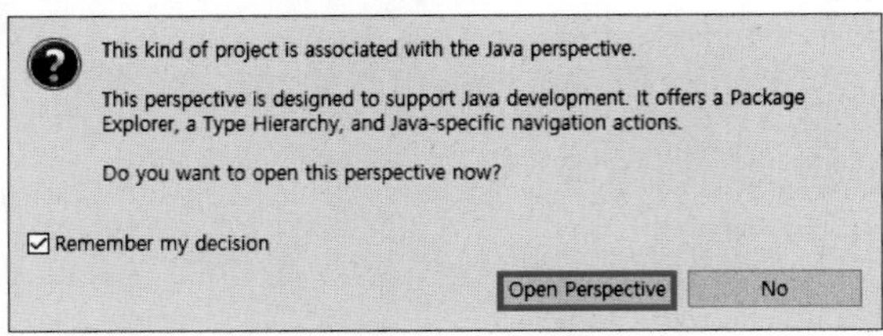

4. Project Explorer에서 자바 프로젝트가 생성된 것을 확인할 수 있습니다.

▼ 그림 19-8 자바 프로젝트 생성 확인

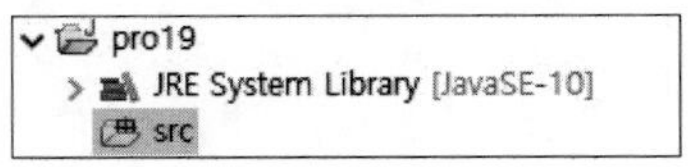

5. 프로젝트 pro19 아래 새 폴더 lib를 만든 후 이 책에서 제공하는 예제 소스에서 스프링 DI 관련 라이브러리를 복사해 붙여 넣습니다.

▼ 그림 19-9 lib 폴더 생성 후 스프링 DI 관련 라이브러리 복사 & 붙여 넣기

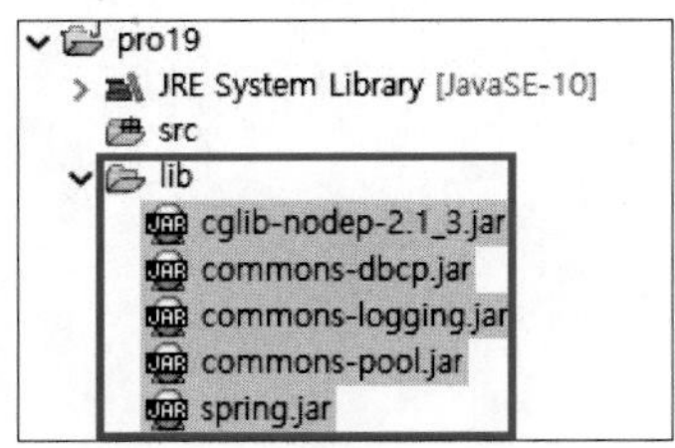

6. pro19를 선택하고 마우스 오른쪽 버튼을 클릭한 후 Build Path 〉 Configure Build Path...를 선택합니다.

▼ 그림 19-10 Build Path 〉 Configure Build Path... 선택

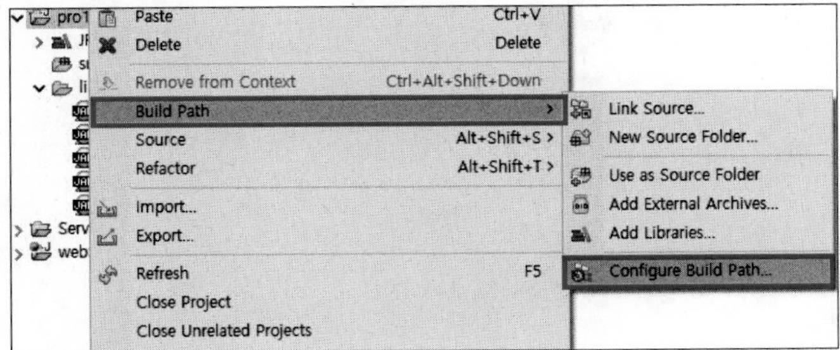

7. Libraries 탭에서 Classpath를 선택하고 Add JARs...를 클릭합니다.

▼ 그림 19-11 Classpath 〉 Add JARs... 클릭

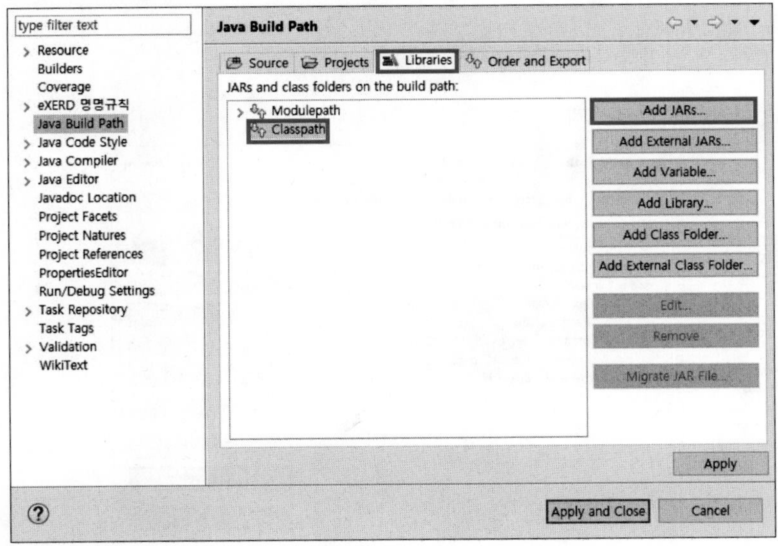

8. 앞에서 미리 만든 lib 폴더의 라이브러리들을 모두 선택한 후 OK를 클릭합니다.

▼ 그림 19-12 pro19 〉 lib 폴더의 라이브러리 모두 선택 후 OK 클릭

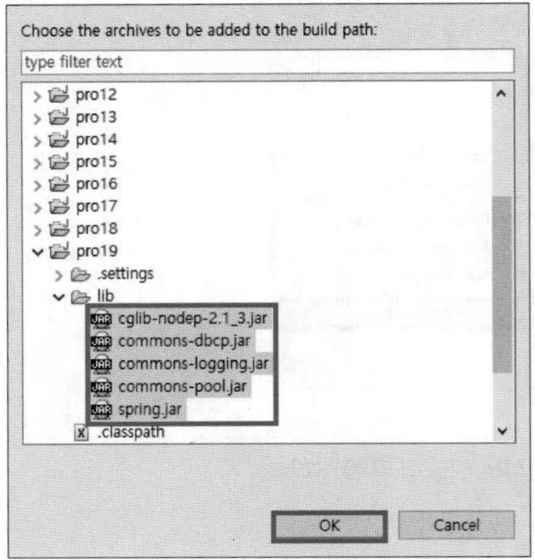

9. Apply and Close를 클릭하여 이 내용을 적용합니다.

▼ 그림 19-13 Apply and Close 클릭

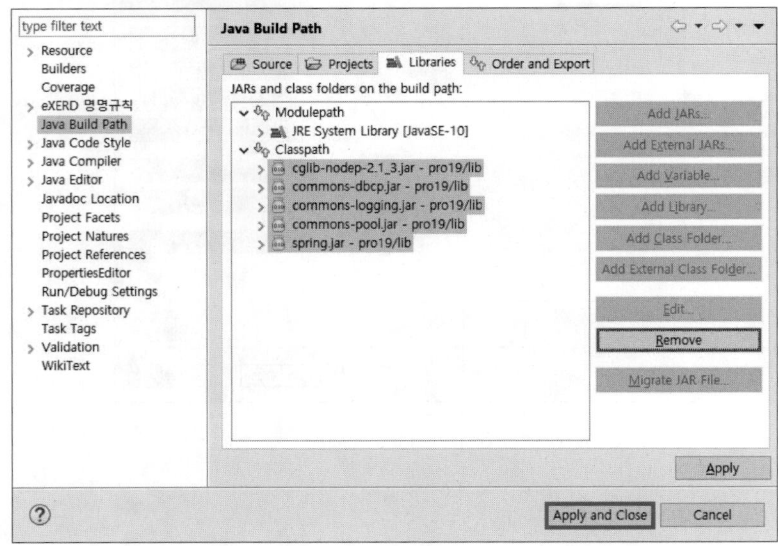

10. Project Explorer의 Referenced Libraries에서 jar 파일들을 확인할 수 있습니다.

▼ 그림 19-14 Referenced Libraries에서 jar 파일들 확인

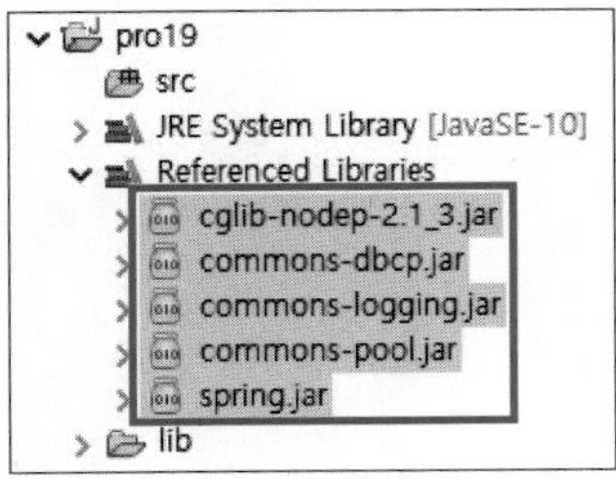

11. 이제 DI 설정을 할 차례입니다. 스프링에서 DI 설정은 XML 파일에서 합니다. 따라서 빈을 설정하는 person.xml 파일을 생성해야 합니다. pro19 위에서 마우스 오른쪽 버튼을 클릭한 후 New 〉 Other...를 선택하고 선택 창에서 XML 〉 XML File을 선택하고 Next를 클릭합니다.

▼ 그림 19-15 New 〉 Other... 〉 XML 〉 XML File 선택 후 Next 클릭

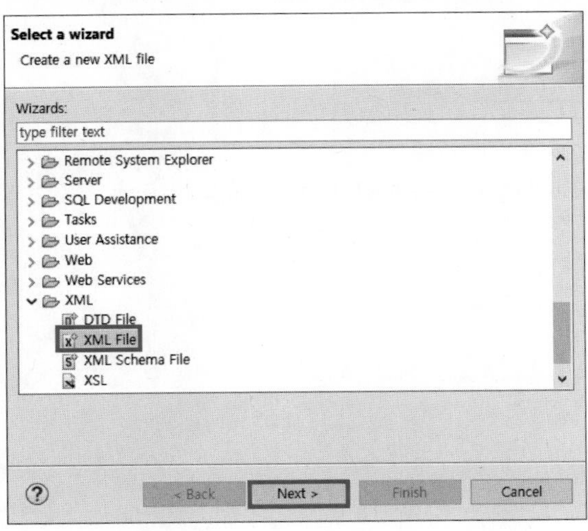

19 스프링 의존성 주입과 제어 역전 기능

12. 파일 이름으로 person.xml을 입력하고 Finish를 클릭합니다.

▼ 그림 19-16 파일 이름으로 person.xml 입력 후 Finish 클릭

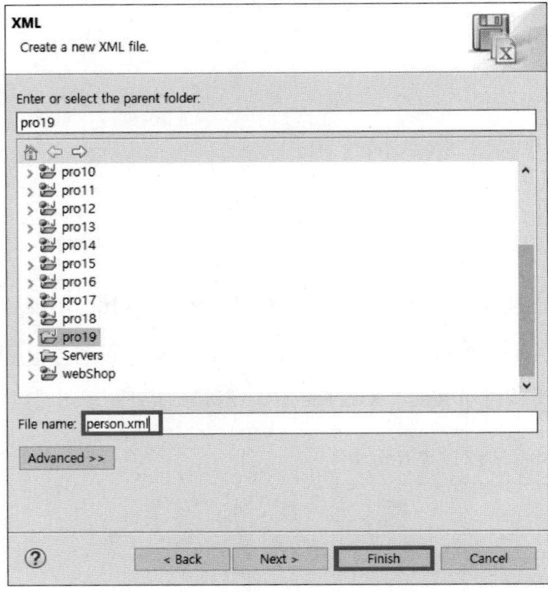

13. 프로젝트 이름 하위에 person.xml이 생성된 것을 확인할 수 있습니다.

▼ 그림 19-17 person.xml 생성 확인

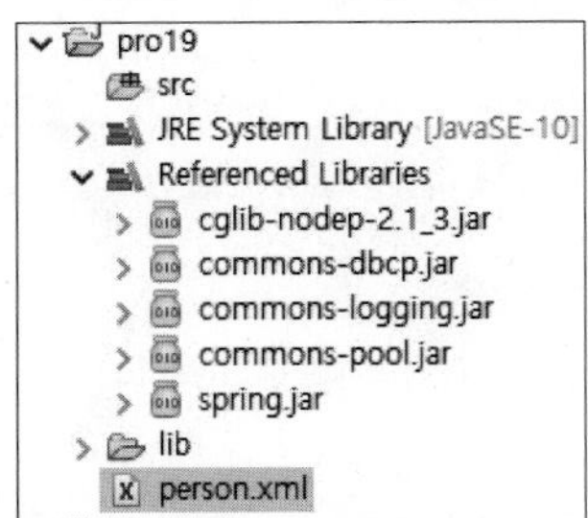

다음은 XML 파일에서 빈을 생성하는 데 사용되는 <bean> 태그의 속성들을 살펴보겠습니다. 표 19-1에 <bean> 태그에 사용되는 여러 속성들을 정리했습니다.

▼ 표 19-1 <bean> 태그에 사용되는 여러 가지 속성들

속성 이름	설명
id	빈 객체의 고유 이름으로, 빈 id를 이용해 빈에 접근합니다.
name	객체의 별칭입니다.
class	생성할 클래스입니다. 패키지 이름까지 입력해야 합니다.
constructor-arg	생성자를 이용해 값을 주입할 때 사용합니다.
property	setter를 이용해 값을 주입할 때 사용합니다.

14. 다음과 같이 person.xml을 작성합니다. <beans> 태그로 스프링 실행 시 생성할 빈을 설정합니다. 빈은 앞에서도 언급했듯이 스프링을 실행할 때 사용하는 클래스 객체(인스턴스)입니다.

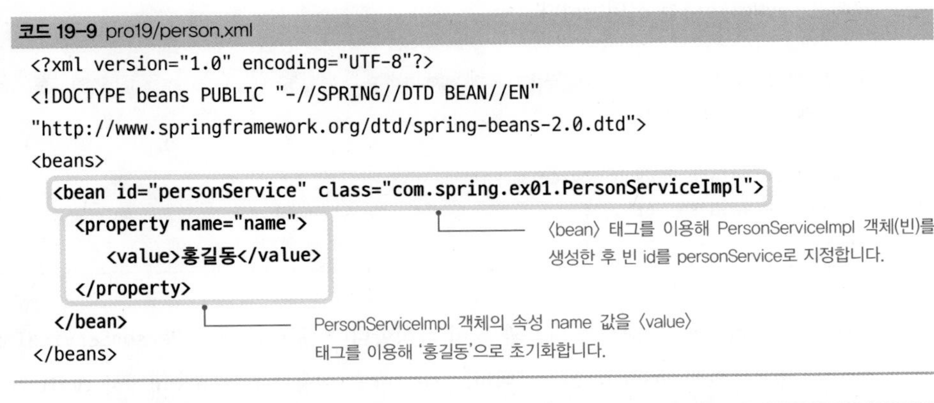

코드 19-9 pro19/person.xml

```
<?xml version="1.0" encoding="UTF-8"?>
<!DOCTYPE beans PUBLIC "-//SPRING//DTD BEAN//EN"
"http://www.springframework.org/dtd/spring-beans-2.0.dtd">
<beans>
  <bean id="personService" class="com.spring.ex01.PersonServiceImpl">
    <property name="name">
      <value>홍길동</value>
    </property>
  </bean>
</beans>
```

〈bean〉 태그를 이용해 PersonServiceImpl 객체(빈)를 생성한 후 빈 id를 personService로 지정합니다.
PersonServiceImpl 객체의 속성 name 값을 〈value〉 태그를 이용해 '홍길동'으로 초기화합니다.

Tip 이 부분은 직접 작성하면 오류가 발생할 수 있으니 예제 파일에 있는 것을 복사해 붙여 넣으세요. 단, 예제 파일에는 <bean> … </bean> 부분이 주석 처리되어 있으니 주석을 해제하기 바랍니다.

코드 19-9처럼 실행 클래스 실행 시 <bean> 태그를 이용해 com.spring.ex01.PersonServiceImpl 클래스에 대한 빈을 생성합니다. 그리고 이 빈에 대해 접근할 수 있는 빈 id를 personService로 지정한 후 <property> 태그를 이용해 PersonServiceImple 클래스 객체의 name 속성에 <value> 태그의 값으로 초기화합니다. 소스 코드에서 new를 이용해 직접 객체를 생성하던 것을 person.xml에서 설정한 것입니다.

15. 이번에는 실습 관련 클래스를 구현할 차례입니다. com.spring.ex01 패키지를 만들고 클래스 파일을 생성합니다.

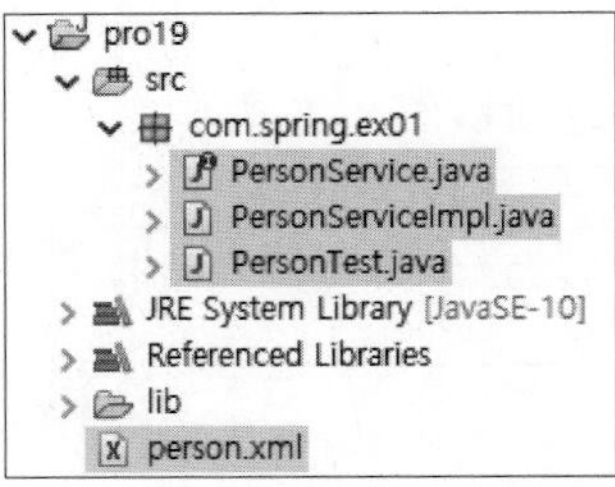

▼ 그림 19-18 실습 파일 위치

16. PersonService 인터페이스를 다음과 같이 작성합니다. 인터페이스 PersonService에 추상 메서드 sayHello()를 선언합니다.

코드 19-10 pro19/com.spring/ex01/PersonService.java

```
package com.spring.ex01;

public interface PersonService {
   public void sayHello();
}
```

17. PersonServiceImpl 클래스를 다음과 같이 작성합니다. 구현 클래스 PersonServiceImpl에서 인터페이스 PersonService를 구현하고 setter를 이용해 person.xml에서 <value> 태그로 설정한 값을 name 속성에 주입합니다. 단, age 속성은 setter가 없으므로 빈이 생성되더라도 값이 초기화되지 않습니다.

코드 19-11 pro19/com.spring/ex01/PersonServiceImpl.java

```
package com.spring.ex01;

public class PersonServiceImpl implements PersonService
{
  private String name;
  private int age;

  public void setName(String name)    // <value> 태그의 값을 setter를 이용해 설정합니다.
  {
    this.name = name;
  }
```

```
    @Override
    public void sayHello()
    {
      System.out.println("이름: " + name);
      System.out.println("나이: " + age);
    }
  }
```

18. 다음과 같이 실행 클래스인 `PersonTest` 클래스를 작성합니다. 라이브러리에서 제공하는 클래스를 이용해 XML 파일을 읽어와서 빈을 생성해 사용합니다. 실행 클래스를 실행하면 스프링의 `XmlBeanFactory` 클래스를 이용해 person.xml의 설정대로 `PersonServiceImpl` 빈을 메모리에 생성합니다. 이 빈에 대한 `id`인 `personService`로 접근하여 `sayHello()` 메서드를 호출합니다.

코드 19-12 pro19/com.spring/ex01/PersonTest.java

```
package com.spring.ex01;

import org.springframework.beans.factory.BeanFactory;
import org.springframework.beans.factory.xml.XmlBeanFactory;
import org.springframework.core.io.FileSystemResource;

public class PersonTest
{
  public static void main(String[] args)
  {
    BeanFactory factory = new XmlBeanFactory(new FileSystemResource("person.xml"));
    PersonService person = (PersonService) factory.getBean("personService");
    // PersonService person = new PersonServiceImpl();
    person.sayHello();
  }
}
```

- 실행 시 person.xml을 읽어 들여 빈을 생성합니다.
- id가 personService인 빈을 가져옵니다.
- 더 이상 자바 코드에서 객체를 직접 생성하지 않아도 되므로 주석 처리합니다.
- 생성된 빈을 이용해 name 값을 출력합니다.

19. main() 메서드가 있는 실행 클래스(PersonTest.java)가 보이는 상태에서 이클립스 상단의 녹색 아이콘을 클릭해 자바 프로젝트를 실행합니다.

▼ 그림 19-19 이클립스에서 자바 프로젝트 실행

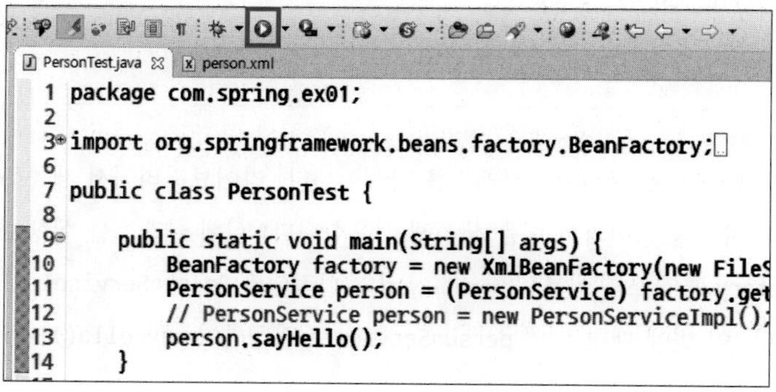

PersonTest.java
person.xml
1 package com.spring.ex01;
2
3 import org.springframework.beans.factory.BeanFactory;
6
7 public class PersonTest {
8
9 public static void main(String[] args) {
10 BeanFactory factory = new XmlBeanFactory(new FileS
11 PersonService person = (PersonService) factory.get
12 // PersonService person = new PersonServiceImpl();
13 person.sayHello();
14 }

20. 콘솔에 name 속성 값은 person.xml에서 <value> 태그로 설정한 값이 출력되지만 age 속성 값은 0이 출력됩니다.

▼ 그림 19-20 실행 결과

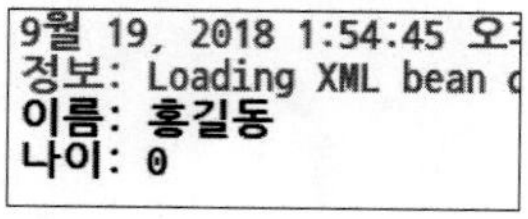

9월 19, 2018 1:54:45 오
정보: Loading XML bean
이름: 홍길동
나이: 0

19.2.2 생성자를 이용한 DI 기능

이번에는 생성자 주입 방식으로 DI를 실습해 보겠습니다.

1. com.spring.ex02 패키지를 만들고 다음과 같이 클래스를 추가합니다.

▼ 그림 19-21 실습 파일 위치

pro19
src
com.spring.ex01
com.spring.ex02
PersonService.java
PersonServiceImpl.java
PersonTest2.java
JRE System Library [JavaSE-10]
Referenced Libraries
lib
person.xml

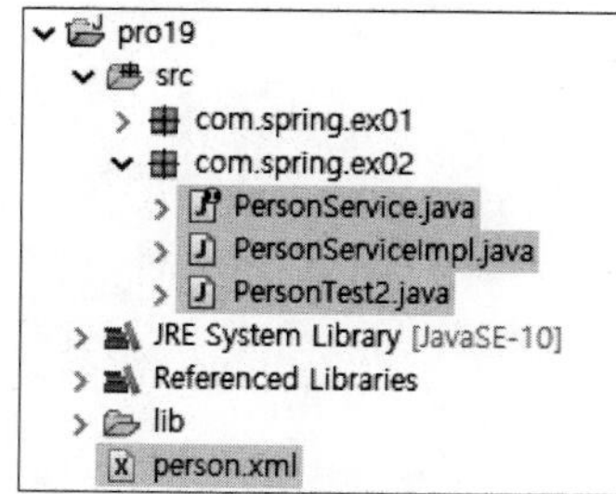

2. person.xml를 다음과 같이 작성합니다. <bean> 태그를 이용해 id가 personService1인 빈을 생성하고 <constructor-arg> 태그를 이용해 생성자 호출 시 생성자 매개변수로 <value> 태그의 값을 전달하여 속성을 초기화합니다. 이처럼 PersonServiceImpl 클래스의 인자가 한 개인 생성자를 이용하여 name 속성에 <value> 태그의 값이 주입됩니다. 두 번째 <bean> 태그에서는 빈 생성 시 인자가 두 개인 생성자를 호출하면서 두 개의 값을 전달하여 각각의 속성을 초기화합니다. 즉, PersonServiceImpl 클래스의 인자가 두 개인 생성자를 이용해 name과 age 속성에 <value> 태그의 값이 차례대로 주입됩니다.

코드 19-13 pro19/person.xml

```
<?xml version="1.0" encoding="UTF-8"?>
<!DOCTYPE beans PUBLIC "-//SPRING//DTD BEAN//EN"
"http://www.springframework.org/dtd/spring-beans-2.0.dtd">
<beans>
  <bean id="personService1" class="com.spring.ex02.PersonServiceImpl">
    <constructor-arg   value="이순신" />
  </bean>

  <bean id="personService2" class="com.spring.ex02.PersonServiceImpl">
    <constructor-arg   value="손흥민"  />
    <constructor-arg   value="23"  />
  </bean>
</beans>
```

인자가 한 개인 생성자로 id가 personService1인 빈을 생성합니다. 생성자로 value인 이순신을 전달하여 속성 name을 초기화합니다.

인자가 두 개인 생성자로 id가 personService2인 빈을 생성합니다. 생성자로 두 개의 값을 전달하여 name과 age를 초기화합니다.

3. PersonServiceImpl 클래스에서는 인자가 한 개인 생성자와 두 개인 생성자를 구현합니다.

코드 19-14 pro19/com.spring/ex02/PersonServiceImpl.java

```
package com.spring.ex02;

public class PersonServiceImpl implements PersonService
{
  private String name;
  private int age;

  public PersonServiceImpl(String name)
  {
    this.name = name;
  }

  public PersonServiceImpl(String name, int age)
  {
```

person.xml에서 인자가 한 개인 생성자 설정 시 사용됩니다.

person.xml에서 인자가 두 개인 생성자 설정 시 사용됩니다.

```
    this.name = name;
    this.age = age;
  }

  @Override
  public void sayHello()
  {
    System.out.println("이름: " + name);
    System.out.println("나이: " + age + "살");
  }
}
```

4. 실행 클래스인 PersonTest2를 다음과 같이 작성합니다. id가 personService1인 빈에 접근하여 sayHello() 메서드를 호출하면 age는 0으로 출력됩니다. 반면에 id가 personService2인 빈에 접근한 후 sayHello() 메서드를 호출하면 두 속성 값이 모두 출력됩니다.

코드 19-15 pro19/com.spring/ex02/PersonTest2.java

```
package com.spring.ex02;

import org.springframework.beans.factory.BeanFactory;
import org.springframework.beans.factory.xml.XmlBeanFactory;
import org.springframework.core.io.FileSystemResource;

public class PersonTest2
{
  public static void main(String[] args)
  {
    BeanFactory factory = new XmlBeanFactory(new FileSystemResource("person.xml"));
    PersonService person1 = (PersonService) factory.getBean("personService1");
    person1.sayHello();
    System.out.println();

    PersonService person2 = (PersonService) factory.getBean("personService2");
    person2.sayHello();
  }
}
```

- 빈의 sayHello()를 호출합니다.
- id가 personService1인 빈을 가져옵니다.
- id가 personService2인 빈을 가져옵니다.

5. 다음은 main() 메서드가 있는 실행 클래스(PersonTest2.java)가 보이는 상태에서 **실행** 버튼을 클릭하여 실행한 결과입니다.

▼ 그림 19-22 실행 결과

```
9월 19, 2018 2:
정보: Loading X
이름: 이순신
나이: 0살

이름: 손흥민
나이: 23살
```

19.3 회원 기능 이용해 DI 실습하기

앞 절에서는 설정 파일에서 기본형 데이터를 빈의 속성 값으로 직접 주입해서 사용했습니다. 이번에는 빈에 주입되는 값이 의존 관계에 있는 다른 빈을 주입하는 경우를 살펴보겠습니다.

그림 19-23에 회원 기능 관련 Service 클래스와 DAO 클래스의 계층 구조를 나타내었습니다. Service 클래스는 데이터베이스와의 연동을 위해 DAO 클래스에 의존하는 관계임을 알 수 있습니다.

▼ 그림 19-23 회원 관리 기능 클래스 계층 구조

17장에서 다룬 게시판 실습 예제를 기억하나요? 이때 Service 클래스는 소스 코드에서 직접 DAO 객체를 생성한 후 DAO에서 제공하는 메서드를 이용하여 데이터베이스와 연동했습니다. 그러면 17장의 경우와 DI를 이용하는 경우가 어떻게 다른지 다음 실습을 통해 살펴보겠습니다.

1. 같은 프로젝트에 member.xml을 생성합니다.

❤ 그림 19-24 실습 파일 위치

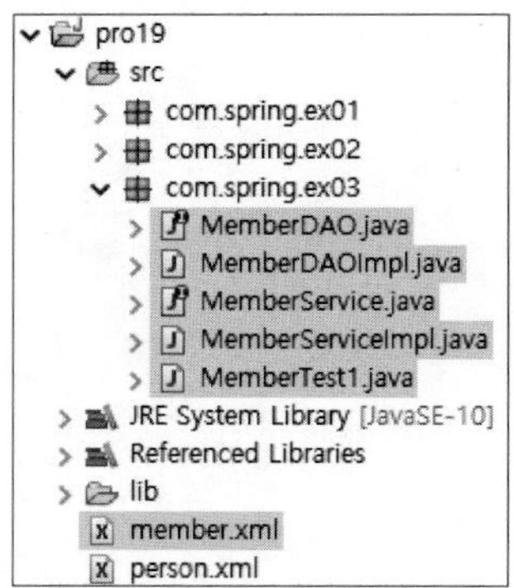

2. member.xml에서는 두 개의 빈을 동시에 생성한 후 `id`가 `memberService`인 빈이 `id`가 `memberDAO`인 빈을 자신의 속성 `memberDAO`에 바로 주입합니다.

코드 19-16 pro19/member.xml

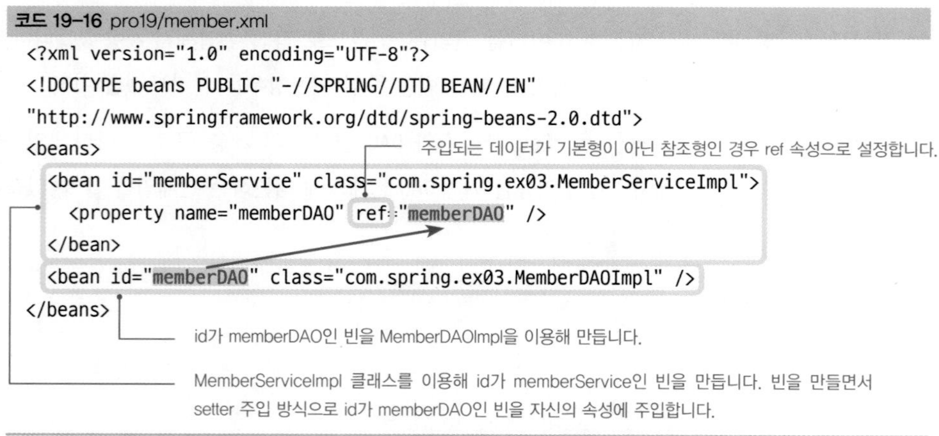

```
<?xml version="1.0" encoding="UTF-8"?>
<!DOCTYPE beans PUBLIC "-//SPRING//DTD BEAN//EN"
"http://www.springframework.org/dtd/spring-beans-2.0.dtd">
<beans>
  <bean id="memberService" class="com.spring.ex03.MemberServiceImpl">
    <property name="memberDAO" ref="memberDAO" />
  </bean>
  <bean id="memberDAO" class="com.spring.ex03.MemberDAOImpl" />
</beans>
```

주입되는 데이터가 기본형이 아닌 참조형인 경우 ref 속성으로 설정합니다.
id가 memberDAO인 빈을 MemberDAOImpl을 이용해 만듭니다.
MemberServiceImpl 클래스를 이용해 id가 memberService인 빈을 만듭니다. 빈을 만들면서 setter 주입 방식으로 id가 memberDAO인 빈을 자신의 속성에 주입합니다.

의존하는 빈을 주입할 때는 주입되는 타입이 기본형 데이터가 아닌 참조형 데이터일 경우 `ref` 속성을 이용해 주입해야 한다는 것을 잊지 마세요. member.xml에서 빈을 주입하는 과정은 다음과 같습니다.

❤ 그림 19-25 `member.xml`의 빈 주입 과정

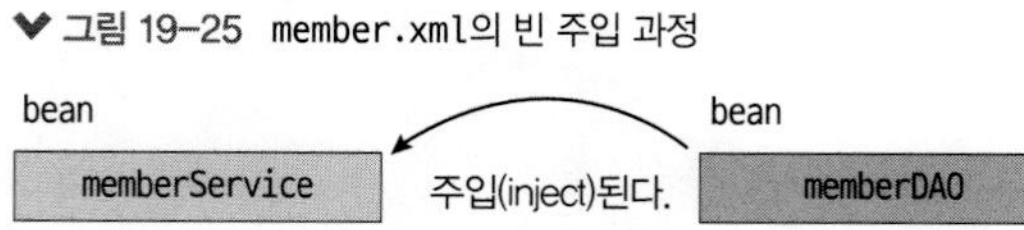

3. MemberServiceImpl 클래스는 다음과 같이 setter로 주입되는 빈을 받을 MemberDAO 타입의 속성과 setter를 이용해 구현합니다.

코드 19-17 pro19/com/spring/ex03/MemberServiceImpl.java

```
package com.spring.ex03;

public class MemberServiceImpl implements MemberService
{
  private MemberDAO memberDAO;

  public void setMemberDAO(MemberDAO memberDAO)
  {
    this.memberDAO = memberDAO;
  }

  @Override
  public void listMembers()
  {
    memberDAO.listMembers();
  }
}
```

- private MemberDAO memberDAO; → 주입되는 빈을 저장할 MemberDAO 타입의 속성을 선언합니다.
- setMemberDAO() → 설정 파일에서 memberDAO 빈을 생성한 후 setter로 속성 memberDAO에 주입합니다.
- memberDAO.listMembers(); → 주입된 빈을 이용해 listMembers() 메서드를 호출합니다.

4. 다음은 주입되는 빈에 해당하는 MemberDAOImpl 클래스입니다.

코드 19-18 pro19/com/spring/ex03/MemberDAOImpl.java

```
package com.spring.ex03;

public class MemberDAOImpl implements MemberDAO
{
  @Override
  public void listMembers()
  {
    System.out.println("listMembers 메서드 호출");
    System.out.println("회원정보를 조회합니다.");
  }
}
```

5. 실행 클래스인 MemberTest1에서는 member.xml을 읽어 들인 후 빈을 생성합니다. 그리고 setter 주입 방식으로 주입한 후 빈 id인 memberService로 접근하여 listMembers() 메서드를 호출합니다.

코드 19-19 pro19/com/spring/ex03/MemberTest1.java

```
package com.spring.ex03;

import org.springframework.beans.factory.BeanFactory;
import org.springframework.beans.factory.xml.XmlBeanFactory;
import org.springframework.core.io.FileSystemResource;

public class MemberTest01
{
  public static void main(String[] args)
  {
    BeanFactory factory = new XmlBeanFactory(new FileSystemResource("member.xml"));
    MemberService service = (MemberService) factory.getBean("memberService");
    service.listMembers();
  }
}
```

실행 시 member.xml에 설정한 대로 빈을 생성한 후 주입합니다.

id가 membrService인 빈을 가져옵니다.

6. main() 메서드가 있는 실행 클래스(MemberTest1.java)가 보이는 상태에서 **실행** 버튼을 클릭해 실행합니다. 이클립스 콘솔에서 MemberDAO의 listMembers() 메서드를 호출한다는 결과를 확인할 수 있습니다.

▼ 그림 19-26 실행 결과

```
9월 19, 2018 2:24:46 오후 o
정보: Loading XML bean defi
listMembers 메서드 호출
회원정보를 조회합니다.
```

이 예제에서는 자바 코드로 어떤 클래스 객체도 생성하지 않았습니다. 오로지 스프링의 DI 기능을 이용해 빈을 생성했고, 의존 관계에 있는 빈을 속성에 주입한 후 빈의 기능을 사용했습니다.

이후 진행할 스프링 관련 실습에서도 지금 실습한 방식으로 빈을 생성한 후 사용합니다. 자바 코드로 직접 빈을 생성해서 사용하는 방식과 DI를 이용해서 실습한 방식이 어떻게 다른지 잘 구분해 두세요.

20장

스프링 AOP 기능

20.1 관점 지향 프로그래밍의 등장

가끔 어떤 사이트가 해킹을 당해 피해를 입었다는 소식을 듣곤 합니다. 그러다 보니 요즘은 웹 애플리케이션 개발 시 해킹에 대비한 보안 기능 구현은 필수가 되고 있습니다. 그리고 모든 웹 애플리케이션은 로깅 기능을 적용해 사용자의 접속 내역을 로그로 기록합니다. 그 외 트랜잭션, 예외처리, 이메일 통보 기능은 모든 웹 애플리케이션에서 공통으로 사용하는 기능입니다. 따라서 웹 애플리케이션에 주기능을 추가할 때마다 앞에서 언급한 공통 기능도 일일이 구현해 주어야 합니다. 하지만 이는 결국 배보다 배꼽이 더 큰 결과를 초래하게 됩니다. 스프링에서는 이런 문제를 관점 지향 프로그래밍(AOP, Aspect Oriented Programming)으로 해결할 수 있습니다.

예를 들어 살펴보겠습니다. 코드 20-1은 회원 관련 기능을 수행하는 Service 클래스입니다.

코드 20-1 MemberService.java

```
public class MemberService {
  MemberDAO memberDAO;
  Log logger;
  TransactionServie transactionServie;
  SecurityService securityService;
  NotificationPolicy notiPolicy;
  EmailService emailService;
  public void upgradeLevel(List<MemberVO> memberList, int newLevel){
    if(logger.isDebug()){                                         로깅 기능
      logger.debug("회원 등급 ",memberList,newLevel);
    }

    if(!securityService.checkAuthorityForModify(MemberVO)){
     if(!logger.isWarnEnabled()){
       logger.warn("보안 등급 위반:회원 정보 수정 권한 없음",new Date());
     }
       throw new SecurityException(MemberVO);
    }
                                                                  보안 기능
    Transaction tx;
      try{
        tx=transactionServie.beginTransaction();                  트랜잭션 기능
        for(MemberVO member: memberList){                         회원 등급 기능(주기능)
          member.changeLevel(newLevel);
          memberDAO.updateMemnber(member);
        }
```

```
            tx=transactionServie.endTransaction();   // 트랜잭션 기능
        }catch(Exception e){
            e.printStackTrace();
        }
    }
    ...
}
```

여기서 upgradeLevel() 메서드는 회원 등급을 관리하는 메서드로, 실제 회원 등급을 관리하는 부분은 for문을 이용해 수행합니다. 그러나 회원 등급 기능을 구현하더라도 로깅 기능, 보안 기능, 트랜잭션 같은 보조 기능을 같이 구현해 주어야 합니다.

이런 상황에서 회원 정보나 등급이 수정되면 해당 회원에게 수정된 사항을 이메일로 보내는 기능을 추가해 달라고 해야 합니다. 그러면 upgradeLevel() 메서드에 직접 코드를 작성해서 추가해야 하지요.

그런데 규모가 있는 웹 애플리케이션일 경우 클래스의 메서드마다 이런 작업을 일일이 수작업으로 하기에는 시간도 많이 걸리고 소스 코드도 복잡해집니다. 즉, 유지관리에 문제가 생길 수 있습니다. 그래서 필요한 것이 관점 지향 프로그래밍(Aspect Oriented Programming, 이하 AOP)입니다.

AOP는 메서드 안의 주기능과 보조 기능을 분리한 후 선택적으로 메서드에 적용해서 사용한다는 개념입니다. AOP를 사용하면 전체 코드에 흩어져 있는 보조 기능을 하나의 장소에 모아서 관리할 수 있습니다. 또 보조 기능을 자신이 원하는 주기능에 선택적으로 적용할 수 있어 코드가 단순해지고 가독성도 향상됩니다.

따라서 앞의 회원 등급 관리 기능처럼 메서드마다 보조 기능을 일일이 구현할 필요 없이 한 번의 설정으로 메서드마다 보조 기능을 적용할 수 있습니다. 일단 보조 기능을 만들어 놓고 원할 때 설정 한번으로 부품을 가져다 쓰듯이 사용하면 되는 겁니다. 당연히 코드가 단순해지고 가독성도 좋아질 수밖에 없습니다.

그림 20-1은 AOP를 이용해 쇼핑몰의 주기능에 대해 여러 가지 보조 기능들이 적용된 쇼핑몰 구조를 나타낸 것입니다. 각각의 보조 기능을 미리 만들어 놓고 설정만 해주면 각각의 주기능을 수행하는 메서드나 클래스에 선택적으로 보조 기능이 적용됩니다.

▼ 그림 20-1 AOP를 적용한 쇼핑몰 구조도

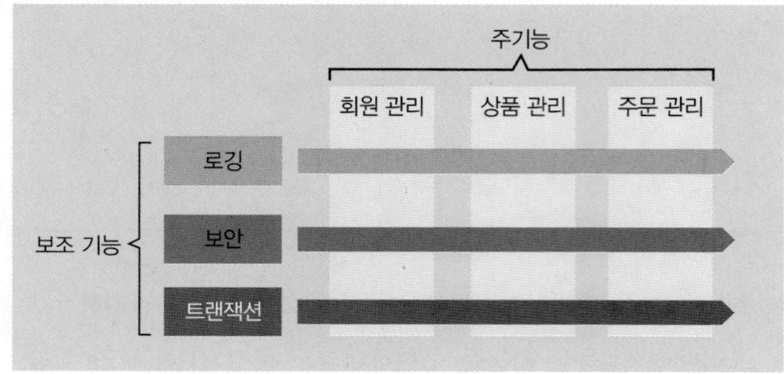

20.2 스프링에서 AOP 기능 사용하기

JAVA WEB

이번에는 실제 스프링에서 제공하는 AOP 기능을 사용해 보겠습니다.

표 20-1은 AOP와 관련된 여러 가지 용어에 대한 설명입니다. 입문자에게는 용어의 개념을 이해하기가 다소 어려울 수 있지만 실습을 하고 나면 확실히 이해할 수 있을 것입니다. 따라서 지금은 용어 자체가 잘 이해되지 않더라도 그냥 읽고 넘어가기 바랍니다.

▼ 표 20-1 여러 가지 AOP 관련 용어

용어	설명
aspect	구현하고자 하는 보조 기능을 의미합니다.
advice	aspect의 실제 구현체(클래스)를 의미합니다. 메서드 호출을 기준으로 여러 지점에서 실행됩니다.
joinpoint	advice를 적용하는 지점을 의미합니다. 스프링은 method 결합점만 제공합니다.
pointcut	advice가 적용되는 대상을 지정합니다. 패키지이름/클래스이름/메서드이름을 정규식으로 지정하여 사용합니다.
target	advice가 적용되는 클래스를 의미합니다.
weaving	advice를 주기능에 적용하는 것을 의미합니다.

스프링 프레임워크에서 AOP 기능을 구현하는 방법으로는 스프링 프레임워크에서 제공하는 AOP 관련 API를 이용하는 방법과 애너테이션을 이용하는 방법이 있습니다.

- 스프링 프레임워크에서 제공하는 API를 이용하는 방법
- `@Aspect` 애너테이션을 이용하는 방법

20.2.1 스프링 API를 이용한 AOP 기능 구현 과정

두 가지 방법 중 먼저 스프링 프레임워크에서 제공하는 API를 이용한 AOP 기능을 살펴보겠습니다. AOP 기능을 구현하는 과정은 다음과 같습니다.

❶ 타깃(Target) 클래스를 지정합니다.

❷ 어드바이스(Advice) 클래스를 지정합니다.

❸ 설정 파일에서 포인트컷(Pointcut)을 설정합니다.

❹ 설정 파일에서 어드바이스와 포인트컷을 결합하는 어드바이저를 설정합니다.

❺ 설정 파일에서 스프링의 `ProxyFactoryBean` 클래스를 이용해 타깃에 어드바이스를 설정합니다.

❻ `getBean()` 메서드로 빈 객체에 접근해 사용합니다.

그리고 스프링 프레임워크에서 제공하는 메서드를 호출했을 때 AOP 기능을 수행하는 어드바이스(Advice) 인터페이스들의 추상 메서드 기능을 표 20-2에 정리했으니 참고하기 바랍니다.

▼ 표 20-2 스프링 API에서 제공하는 여러 가지 Advice 인터페이스

인터페이스	추상 메서드	설명
MethodBeforeAdvice	void before(Method method, Object[] args, Object target) throws Throwable	해당 메서드가 실행되기 전 실행

- `Method method`: 대상 객체에서 실행된 메서드를 나타내는 메서드 객체
- `Object[] args`: 메서드 인자 목록
- `Object target`: 대상 객체

<table>
<tr><th>인터페이스</th><th>추상 메서드</th><th>설명</th></tr>
<tr><td>AfterReturningAdvice</td><td>void afterReturning(
Object returnValue,
Method method,
Object[] args,
Object target)
throws Throwable</td><td>해당 메서드가 실행된 후 실행</td></tr>
<tr><td colspan="3">• Object returnValue : 대상 객체의 메서드가 반환하는 값
• Method method: 대상 객체에서 실행된 메서드를 나타내는 메서드 객체
• Object[] args: 메서드 인자 목록
• Object target: 대상 객체</td></tr>
<tr><td>ThrowsAdvice</td><td>void afterThrowing(
Method method,
Object[] args,
Object target,
Exception ex)</td><td>해당 메서드에서 예외 발생 시 실행</td></tr>
<tr><td colspan="3">• Method method: 대상 객체에서 메서드를 나타내는 메서드 객체
• Object[] args: 메서드 인자 목록
• Object target: 대상 객체
• Exception ex: 발생한 예외 타입</td></tr>
<tr><td>MethodInterceptor</td><td>Object invoke(
MethodInvocation
invocation)
throws Throwable</td><td>해당 메서드의 실행 전/후와 예외 발생 시 실행</td></tr>
<tr><td colspan="3">MethodInvocation invocation: 대상 객체의 모든 정보를 담고 있는 객체(호출된 메서드, 인자 등)</td></tr>
</table>

이 중 인터페이스 **MethodInterceptor**는 **invoke()** 메서드를 이용해 다른 세 가지 인터페이스들의 기능을 동시에 수행할 수 있습니다. 다음 절에서 이를 직접 실습해 보겠습니다.

20.2.2 스프링 API를 이용한 AOP 기능 실습

1. 새 프로젝트 pro20을 만들고 lib 폴더를 만들어 라이브러리 클래스 패스를 설정합니다(19장 참고). 그리고 AOP 설정 파일인 AOPTest.xml를 src 패키지에 생성합니다.

▼ 그림 20-2 실습 파일 위치

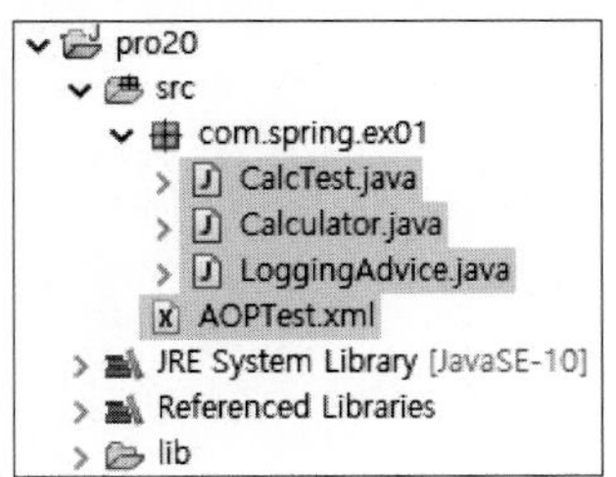
pro20
src
com.spring.ex01
CalcTest.java
Calculator.java
LoggingAdvice.java
AOPTest.xml
JRE System Library [JavaSE-10]
Referenced Libraries
lib

2. AOP를 설정하는 AOPTest.xml을 다음과 같이 작성합니다. `<bean>` 태그를 이용해 타깃 빈과 어드바이스 빈을 생성한 후 스프링의 `ProxyFactoryBean` 클래스 빈 생성 시 `<property>` 태그를 이용해 타깃 빈과 어드바이스 빈을 엮어줍니다. 그리고 사용할 어드바이스가 여러 개이면 `<value>` 태그로 추가하면 됩니다.

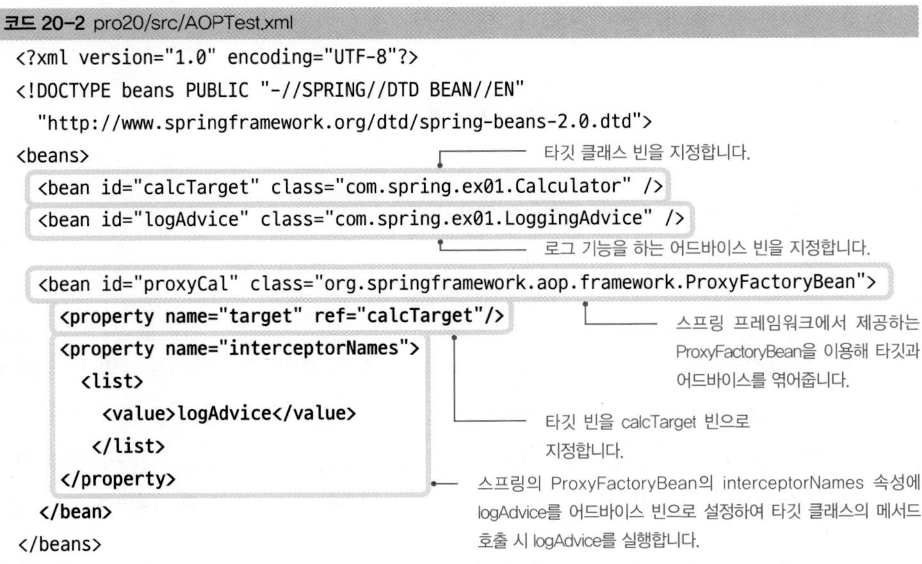
코드 20-2 pro20/src/AOPTest.xml

```xml
<?xml version="1.0" encoding="UTF-8"?>
<!DOCTYPE beans PUBLIC "-//SPRING//DTD BEAN//EN"
  "http://www.springframework.org/dtd/spring-beans-2.0.dtd">
<beans>
  <bean id="calcTarget" class="com.spring.ex01.Calculator" />
  <bean id="logAdvice" class="com.spring.ex01.LoggingAdvice" />

  <bean id="proxyCal" class="org.springframework.aop.framework.ProxyFactoryBean">
    <property name="target" ref="calcTarget"/>
    <property name="interceptorNames">
      <list>
        <value>logAdvice</value>
      </list>
    </property>
  </bean>
</beans>
```

타깃 클래스 빈을 지정합니다.
로그 기능을 하는 어드바이스 빈을 지정합니다.
스프링 프레임워크에서 제공하는 ProxyFactoryBean을 이용해 타깃과 어드바이스를 엮어줍니다.
타깃 빈을 calcTarget 빈으로 지정합니다.
스프링의 ProxyFactoryBean의 interceptorNames 속성에 logAdvice를 어드바이스 빈으로 설정하여 타깃 클래스의 메서드 호출 시 logAdvice를 실행합니다.

3. 이번에는 타깃 클래스인 Calculator 클래스를 작성합니다.

코드 20-3 pro20/src/com.spring/ex01/Calculator.java

```
package com.spring.ex01;

public class Calculator
{
  public void add(int x, int y)
  {
    int result = x + y;
    System.out.println("결과:" + result);
  }

  public void subtract(int x, int y)
  {
    int result = x - y;
    System.out.println("결과:" + result);
  }

  public void multiply(int x, int y)
  {
    int result = x * y;
    System.out.println("결과:" + result);
  }

  public void divide(int x, int y)
  {
    int result = x / y;
    System.out.println("결과:" + result);
  }
}
```

4. 어드바이스 클래스인 LoggingAdvice를 다음과 같이 작성합니다. 먼저 인터페이스 MethodInterceptor를 구현하고 invocation.proceed() 메서드를 기준으로 메서드 호출 전과 후를 분리하여 로그 메시지를 출력합니다. proceed() 메서드 호출 전 구문은 타깃 메서드 호출 전에 실행하는 기능이고, 호출 후 구문은 타깃 메서드 호출 후에 실행하는 기능입니다.

코드 20-4 pro20/src/com.spring/ex01/LoggingAdvice.java

```
package com.spring.ex01;

import org.aopalliance.intercept.MethodInterceptor;
import org.aopalliance.intercept.MethodInvocation;
```

```
public class LoggingAdvice implements MethodInterceptor
{
  public Object invoke(MethodInvocation invocation) throws Throwable
  {
    System.out.println("[메서드 호출 전 : LogginAdvice");
    System.out.println(invocation.getMethod() + "메서드 호출 전");

    Object object = invocation.proceed();

    System.out.println("[메서드 호출 후 : loggingAdvice");
    System.out.println(invocation.getMethod() + "메서드 호출 후");
    return object;
  }
}
```

인터페이스 MethodInterceptor를 구현해 어드바이스 클래스를 만듭니다.

메서드 호출 전에 수행하는 구문입니다.

invocation을 이용해 메서드를 호출합니다.

메서드 호출 후에 수행하는 구문입니다.

5. 실행 클래스인 CalcTest를 다음과 같이 작성합니다. AOPTest.xml을 읽어 들여 빈을 생성한 후 타깃 클래스의 메서드를 호출하면 결과 출력 전후에 어드바이스에서 설정한 로그가 출력됩니다.

코드 20-5 pro20/src/com.spring/ex01/CalcTest.java

```
package com.spring.ex01;

import org.springframework.context.ApplicationContext;
import org.springframework.context.support.ClassPathXmlApplicationContext;

public class CalcTest
{
  public static void main(String[] args)
  {
    ApplicationContext context = new ClassPathXmlApplicationContext("AOPTest.xml");
    Calculator cal = (Calculator) context.getBean("proxyCal");
    cal.add(100, 20);
    System.out.println();
    cal.subtract(100, 20);
    System.out.println();
    cal.multiply(100, 20);
    System.out.println();
    cal.divide(100, 20);
  }
}
```

AOPTest.xml을 읽어 들여 빈을 생성합니다.

id가 proxyCal인 빈에 접근합니다.

메서드 호출 전후에 어드바이스 빈이 적용됩니다.

20 스프링 AOP 기능

6. `main()` 메서드가 있는 실행 클래스(CalcTest.java)가 보이는 상태에서 **실행** 버튼을 클릭해 실행합니다.

▼ 그림 20-3 실행 결과

```
[메서드 호출 전 : LogginAdvice
public void com.spring.ex01.Calculator.add(int,int)메서드 호출 전
결과:120
[메서드 호출 후 : loggingAdvice
public void com.spring.ex01.Calculator.add(int,int)메서드 호출 후
[메서드 호출 전 : LogginAdvice
public void com.spring.ex01.Calculator.subtract(int,int)메서
결과:80
[메서드 호출 후 : loggingAdvice
public void com.spring.ex01.Calculator.subtract(int,int)메서드 호출 후
```

결과 출력 전후 add() 메서드 정보를 출력합니다.

이상으로 스프링 프레임워크에서 제공하는 API를 이용해 AOP 기능을 알아봤습니다. 지금 실습한 AOP 기능은 타깃 클래스인 `Calculator`의 모든 메서드에 적용됩니다. 실제 스프링에서는 특정 패키지 이름이나 특정 클래스 이름 또는 특정 메서드 이름에만 AOP 기능을 적용할 수도 있습니다.

이런 세부 기능은 다른 기능을 학습하면서 조금씩 적용해 보기로 하겠습니다. 지금은 AOP의 개념을 확실히 이해해 두기 바랍니다.

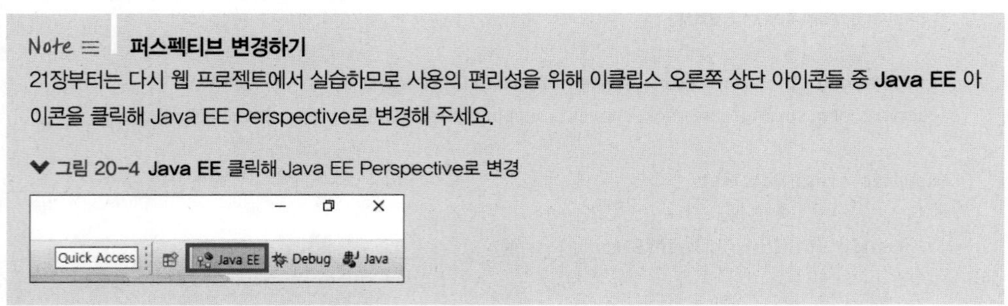

Note ≡ **퍼스펙티브 변경하기**

21장부터는 다시 웹 프로젝트에서 실습하므로 사용의 편리성을 위해 이클립스 오른쪽 상단 아이콘들 중 **Java EE** 아이콘을 클릭해 Java EE Perspective로 변경해 주세요.

▼ 그림 20-4 **Java EE** 클릭해 Java EE Perspective로 변경

21장

스프링 MVC 기능

21.1 스프링 프레임워크 MVC의 특징

스프링 프레임워크는 웹 애플리케이션 개발에 필요한 여러 가지 기능을 미리 만들어서 제공합니다. MVC 기능도 그중 하나입니다. 스프링에서 제공하는 기능 사용법을 익히고 나면 MVC 기능을 일일이 만들 필요 없이 편리하게 MVC 기능을 사용할 수 있습니다.

스프링에서 지원하는 MVC 기능의 특징은 다음과 같습니다.

- 모델2 아키텍처를 지원합니다.
- 스프링과 다른 모듈과의 연계가 쉽습니다.
- 타일즈(tiles)나 사이트메시(sitemesh) 같은 View 기술과의 연계가 쉽습니다.
- 태그 라이브러리를 통해 message 출력, theme 적용 그리고 입력 폼을 보다 쉽게 구현할 수 있습니다.

스프링에서는 애플리케이션 개발 시 많이 사용되는 모델2 기반의 MVC 기능을 제공하므로 편리하게 애플리케이션을 개발할 수 있습니다. 그리고 타일즈나 사이트메시처럼 화면 관련 프레임워크와도 쉽게 연동할 수 있습니다.

그림 21-1을 보면 스프링 프레임워크의 MVC 구조를 한눈에 볼 수 있습니다.

✔ 그림 21-1 스프링 프레임워크의 MVC 구조도

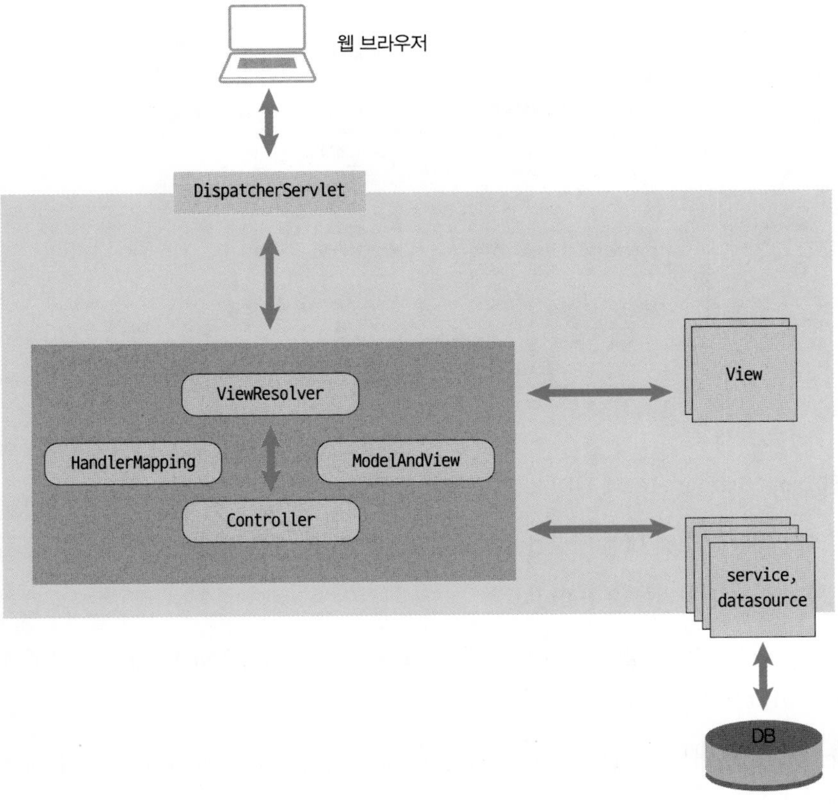

그림 21-1의 각 구성 요소들에 대한 설명은 표 21-1과 같습니다. 지금은 한번 읽어보기만 하고 나중에 실습을 하고 나면 이해하기 쉬울 것입니다.

✔ 표 21-1 스프링 프레임워크 MVC 구성 요소

구성 요소	설명
DispatcherServlet	클라이언트의 요청을 전달받아 해당 요청에 대한 컨트롤러를 선택하여 클라이언트의 요청을 전달합니다. 또한 컨트롤러가 반환한 값을 View에 전달하여 알맞은 응답을 생성합니다.
HandlerMapping	클라이언트가 요청한 URL을 처리할 컨트롤러를 지정합니다.
Controller	클라이언트의 요청을 처리한 후 그 결과를 DispatcherServlet에 전달합니다.
ModelAndView	컨트롤러가 처리한 결과 및 뷰 선택에 필요한 정보를 저장합니다.
ViewResolver	컨트롤러의 처리 결과를 전달할 뷰를 지정합니다.
View	컨트롤러의 처리 결과 화면을 생성합니다.

그리고 그림 21-2에는 각 MVC 구성 요소들이 서로 어떻게 기능을 수행하는지 그 실행 과정을 나타내었습니다.

▼ 그림 21-2 스프링 프레임워크 MVC 기능 수행 과정

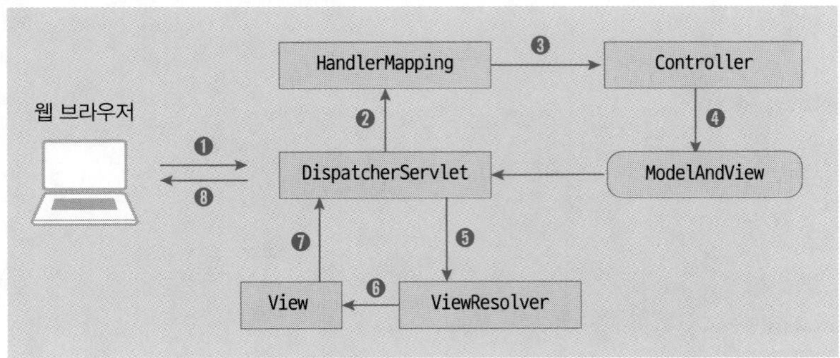

❶ 브라우저가 `DispatcherServlet`에 URL로 접근하여 해당 정보를 요청합니다.

❷ 핸들러 매핑에서 해당 요청에 대해 매핑된 컨트롤러가 있는지 요청합니다.

❸ 매핑된 컨트롤러에 대해 처리를 요청합니다.

❹ 컨트롤러가 클라이언트의 요청을 처리한 결과와 `View` 이름을 `ModelAndView`에 저장해서 `DispatcherServlet`으로 반환합니다.

❺ `DispatcherServlet`에서는 컨트롤러에서 보내온 `View` 이름을 `ViewResolver`로 보내 해당 `View`를 요청합니다.

❻ `ViewResolver`는 요청한 `View`를 보냅니다.

❼ `View`의 처리 결과를 `DispatcherServlet`으로 보냅니다.

❽ `DispatcherServlet`은 최종 결과를 브라우저로 전송합니다.

21.2 SimpleUrlController 이용해 스프링 MVC 실습하기

이번에는 브라우저의 요청 URL에 대해 미리 매핑해 놓은 컨트롤러를 호출하여 컨트롤러에서 지정한 JSP를 브라우저로 전송하는 과정을 실습해 보겠습니다.

브라우저에서 요청한 URL(http://locahost:8090/pro21/test/index.do)에 대해 매핑된 컨트롤러를 선택하고 요청명에 대한 JSP 파일을 브라우저로 전송하는 과정을 그림 21-3에 나타내었습니다.

▼ 그림 21-3 SimpleUrlController 실행 과정

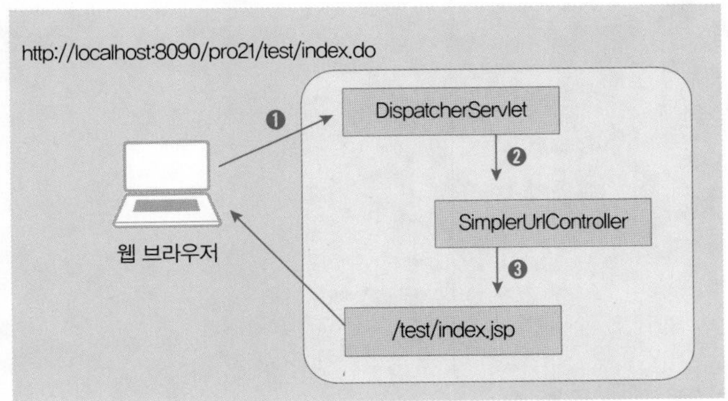

❶ 브라우저에서 http://locahost:8090/pro21/test/index.do로 요청합니다.

❷ DispatcherServlet은 요청에 대해 미리 action-servlet.xml에 매핑된 SimpleUrlController를 요청합니다.

❸ 컨트롤러는 요청에 대해 test 폴더에 있는 index.jsp를 브라우저로 전송합니다.

서블릿에서는 브라우저 요청 처리 시 서블릿에서 제공하는 메서드를 이용해 요청명을 일일이 가져왔습니다. 그러나 스프링에서는 브라우저의 요청을 쉽게 가져올 수 있는 여러 가지 기능을 제공합니다. 그중 SimpleUrlController를 사용해 보겠습니다. 먼저 스프링을 설정합니다.

1. 새 프로젝트 pro21을 만들고 이 책과 함께 제공하는 스프링 3.0 라이브러리 파일들을 복사해 /WebContent/WEB-INF/lib 폴더에 붙여 넣습니다.

▼ 그림 21-4 스프링 라이브러리 설치

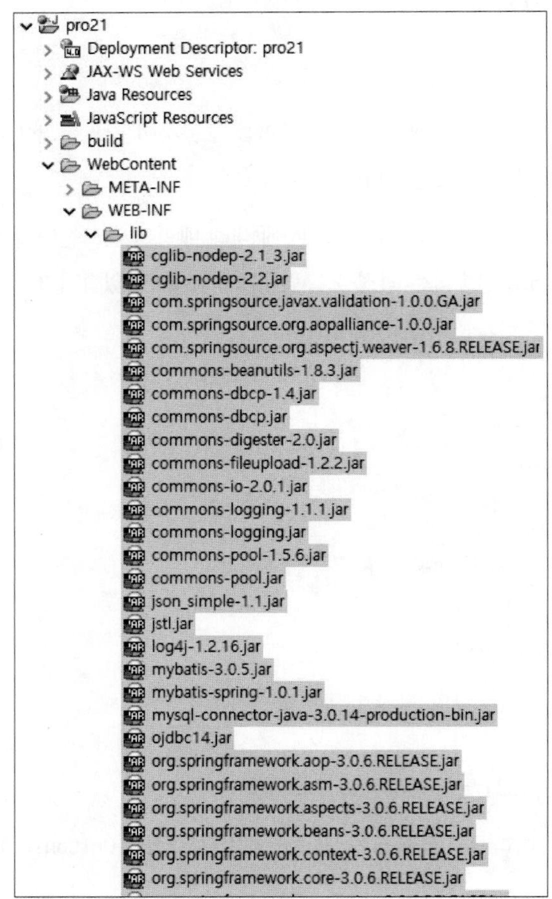

스프링 설정을 마쳤으니 `SimpleUrlController`를 이용해 요청을 처리해 보겠습니다.

2. com.spring.ex01 패키지와 test 폴더를 만들고 요청 처리에 사용할 파일인 web.xml, action-servlet.xml, SimpleUrlController.java, index.jsp를 각각 생성합니다.

▼ 그림 21-5 실습 파일 위치

그리고 각 실습 파일에 대한 간단한 설명은 표 21-2를 참고하세요.

▼ 표 21-2 실습에 필요한 여러 가지 파일에 관한 설명

파일	설명
web.xml	브라우저에서 *.do로 요청 시 스프링의 DispatcherServlet 클래스가 요청을 받을 수 있게 서블릿 매핑을 합니다.
action-servlet.xml	스프링 프레임워크에서 필요한 빈들을 설정합니다.
SimpleUrlController.java	매핑된 요청에 대해 컨트롤러의 기능을 수행합니다.
index.jsp	요청에 대해 컨트롤러가 브라우저로 전송하는 JSP입니다.

3. web.xml을 다음과 같이 작성합니다. 브라우저에서 *.do로 요청하면 스프링의 DispatcherServlet 클래스가 요청을 받을 수 있게 서블릿 매핑을 설정합니다. 또한 <load-on-startup> 태그를 이용해 톰캣 실행 시 미리 스프링의 DispatcherServlet을 메모리에 로드합니다.

코드 21-1 pro21/WebContent/WEB-INF/web.xml

```
<?xml version="1.0" encoding="UTF-8"?>
<web-app xmlns:xsi="http://www.w3.org/2001/XMLSchema-instance" xmlns="http://xmlns.
jcp.org/xml/ns/javaee" xsi:schemaLocation="http://xmlns.jcp.org/xml/ns/javaee
http://xmlns.jcp.org/xml/ns/javaee/web-app_3_1.xsd" id="WebApp_ID" version="3.1">
  <servlet>
```

```
    <servlet-name>action</servlet-name>
    <servlet-class>org.springframework.web.servlet.DispatcherServlet</servlet-class>
    <load-on-startup>1</load-on-startup>
  </servlet>

  <servlet-mapping>
    <servlet-name>action</servlet-name>
    <url-pattern>*.do</url-pattern>
  </servlet-mapping>
</web-app>
```

값이 1 이상이면 톰캣 실행 시 DispatcherServlet을 미리 메모리에 로드합니다(지정하지 않거나 음수로 지정하면 브라우저에서 요청 시 메모리에 로드합니다).

4. 프로젝트의 WEB-INF 아래 action-servlet.xml을 생성합니다.

▼ 그림 21-6 action-servlet.xml 파일 위치

5. action-servlet.xml을 열고 이 책에서 제공하는 action-servlet.xml에서 <beans> 태그 부분을 복사해 붙여 넣습니다.

▼ 그림 21-7 <beans> 태그 속성

```
action-servlet.xml
<?xml version="1.0" encoding="UTF-8" ?>
<beans xmlns="http://www.springframework.org/schema/beans"
    xmlns:p="http://www.springframework.org/schema/p"
    xmlns:aop="http://www.springframework.org/schema/aop"
    xmlns:context="http://www.springframework.org/schema/context"
    xmlns:xsi="http://www.w3.org/2001/XMLSchema-instance"
    xsi:schemaLocation="http://www.springframework.org/schema/beans
        http://www.springframework.org/schema/beans/spring-beans-3.0.xsd
        http://www.springframework.org/schema/aop
        http://www.springframework.org/schema/aop/spring-aop-3.0.xsd
        http://www.springframework.org/schema/context
        http://www.springframework.org/schema/context/spring-context-3.0.xsd">


    <bean id="simpleUrlController" class="com.spring.ex01.SimpleUrlController"
        /> <bean id="urlMapping" class="org.springframework.web.servlet.handler.SimpleUrlHandler
        <property name="mappings"> <props> <prop key="/test/test.do">simpleUrlController</prop>
        </props> </property> </bean>
```

6. action-servlet.xml에 필요한 빈들을 다음과 같이 설정합니다. SimpleUrlController 클래스에 대해 id가 simpleUrlController인 빈을 생성합니다. 스프링의 SimpleUrlHandlerMapping 클래스 빈을 생성하면 요청명 /test/index.do에 대해 처리하는 컨트롤러를 SimpleUrl Controller로 설정합니다.

코드 21-2 pro21/WebContent/WEB-INF/action-servlet.xml

```
<?xml version="1.0" encoding="UTF-8" ?>
<beans xmlns="http://www.springframework.org/schema/beans"
  xmlns:p="http://www.springframework.org/schema/p"
  xmlns:aop="http://www.springframework.org/schema/aop"
  xmlns:context="http://www.springframework.org/schema/context"
  xmlns:xsi="http://www.w3.org/2001/XMLSchema-instance"
  xsi:schemaLocation="http://www.springframework.org/schema/beans
http://www.springframework.org/schema/beans/spring-beans-3.0.xsd
http://www.springframework.org/schema/aop
http://www.springframework.org/schema/aop/spring-aop-3.0.xsd
http://www.springframework.org/schema/context
http://www.springframework.org/schema/context/spring-context-3.0.xsd">
                                           id가 simpleUrlController인 빈을 생성합니다.
 <bean id="simpleUrlController" class="com.spring.ex01.SimpleUrlController"/>
 <bean id="urlMapping"
       class="org.springframework.web.servlet.handler.SimpleUrlHandlerMapping">
   <property  name="mappings">
     <props>
       <prop key="/test/index.do">simpleUrlController</prop>
     </props>
   </property>
 </bean>
</beans>
```

SimpleUrlHandlerMapping 클래스를 이용해 /test/index.do로 요청 시 simpleUrlController를 호출하도록 매핑합니다.

> **Caution** 설정 파일 이름은 반드시 web.xml의 서블릿 매핑 시 사용했던 <servlet-name> 태그 값인 action으로 시작해야 합니다(pro21에서는 web.xml에서 태그 값을 action으로 설정했으므로 action1-servlet.xml로 지정하면 톰캣 실행 시 오류가 발생합니다).

7. SimpleUrlContoller 클래스를 다음과 같이 작성합니다. 설정 파일의 요청을 처리하기 위해서는 반드시 Controller 인터페이스를 구현해야 하며, SimplerUrlController 클래스로 요청 시 ModelAndView 객체를 생성해 응답할 JSP 이름인 index.jsp로 설정하여 반환합니다.

코드 21-3 pro21/src/com/spring/ex01/SimpleUrlController.java

```
package com.spring.ex01;
```

```
...
public class SimpleUrlController implements Controller {
  @Override
  public ModelAndView handleRequest(HttpServletRequest request,
  HttpServletResponse response) throws Exception {
    return new ModelAndView("index.jsp");
  }
}
```

스프링에서 제공하는 Controller 인터페이스를 반드시 구현합니다.

작업을 마친 후 뷰이름을 ModelAndView에 index.jsp로 설정하여 반환합니다.

8. 컨트롤러에서 ModelAndView의 인자로 설정된 index.jsp를 화면에 출력하도록 설정합니다.

코드 21-4 pro21/WebContent/test/index.jsp

```
<%@ page language="java" contentType="text/html; charset=UTF-8"
  pageEncoding="UTF-8"
  isELIgnored="false" %>
<!DOCTYPE html>
<html>
<head>
  <meta  charset="UTF-8">
  <title>spring 테스트입니다.</title>
</head>
<body>
  <h1>index.jsp파일입니다.</h1>
  <p>Hello Spring!!</p>
</body>
</html>
```

9. http:localhost:8090/pro21/test/index.do로 요청하여 실행 결과를 확인합니다.

▼ 그림 21-8 요청 결과

21.3 MultiActionController 이용해 스프링 MVC 실습하기

SimplerUrlController를 이용해 요청을 처리하려면 각 요청명에 대해 다시 스프링의 Controller 인터페이스를 구현한 각각의 컨트롤러 클래스를 만들어야만 합니다. 하지만 MultiActionController를 이용하면 여러 요청명에 대해 한 개의 컨트롤러에 구현된 각 메서드로 처리할 수 있어 편리합니다.

이번에는 MultiActionController를 이용해 스프링 MVC를 실습해 보겠습니다. 우리가 실습에 사용할 클래스들은 표 21-3과 같습니다.

▼ 표 21-3 실습에 사용되는 스프링 클래스들

클래스	설명
MultiActionController	URL 요청명으로 바로 컨트롤러를 지정해서 사용할 수 있습니다.
PropertiesMethodNameResolver	URL 요청명으로 컨트롤러의 설정 파일에서 미리 설정된 메서드를 바로 호출해서 사용할 수 있습니다.
InternalResourceViewResolver	JSP나 HTML 파일과 같이 웹 애플리케이션의 내부 자원을 이용해 뷰를 생성하는 기능을 제공합니다. 기본적으로 사용하는 View 클래스이며 prefix와 suffix 프로퍼티를 이용해 경로를 지정할 수 있습니다.

또한 MultiActionController를 이용한 실습에 필요한 파일들은 표 21-4와 같습니다.

▼ 표 21-4 MultiActionController 실습에 사용되는 파일들

파일	설명
web.xml	브라우저에서 *.do로 요청하면 스프링의 DispatcherServlet 클래스가 요청을 받을 수 있게 서블릿 매핑을 설정합니다.
action-servlet.xml	스프링에서 필요한 빈들을 설정합니다.
UserController.java	매핑된 요청에 대해 컨트롤러의 기능을 수행합니다.
loginForm.jsp	로그인창입니다.
result.jsp	로그인 결과를 보여주는 JSP입니다.

그럼 브라우저의 요청명에 따라 실행되는 컨트롤러와 메서드를 각각 지정해서 사용해 볼까요?

1. com.spring.ex02 패키지를 만들고 UserController 클래스를 추가합니다. 그리고 loginForm.jsp, result.jsp 등 필요한 파일을 준비합니다.

▼ 그림 21-9 실습 파일 위치

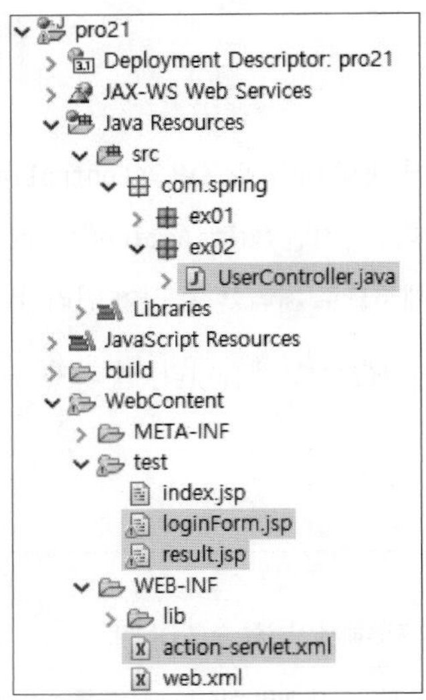

2. action-servlet.xml을 다음과 같이 수정합니다. 브라우저에서 /test/*.do로 호출하면 userUrlMapping 빈을 이용해 userController 빈을 호출합니다.

   userController 빈의 methodNameResolver 프로퍼티에는 userMethodNameResolver가 주입되어 있으므로 /test/login.do로 요청하면 userController 빈의 login 메서드를 호출합니다. 또한 userMethodNameResolver는 스프링의 PropertiesMethodNameResolver 클래스를 이용해 요청명에 대해 호출할 메서드를 바로 지정합니다.

코드 21-5 pro21/WebContent/WEB-INF/action-servlet.xml

```
<?xml version="1.0" encoding="UTF-8" ?>
<beans xmlns="http://www.springframework.org/schema/beans"
  ...
  <bean id="viewResolver"
      class="org.springframework.web.servlet.view.InternalResourceViewResolver">
    <property name="viewClass"
                       value="org.springframework.web.servlet.view.JstlView"/>
    <property name="prefix" value="/test/" />
    <property name="suffix" value=".jsp" />
  </bean>

  <bean id="userUrlMapping"
```

컨트롤러에서 ModelAndView 인자로 뷰이름이 반환되면 InternalResourceViewResolver의 프로퍼티 prefix 속성에 지정된 /test 폴더에서 ModelAndView 인자로 넘어온 뷰이름에 해당되는 JSP를 선택해 DispatcherServlet으로 보냅니다.

```
    class="org.springframework.web.servlet.handler.SimpleUrlHandlerMapping">
  <property name="mappings">
    <props>
      <prop key="/test/*.do">userController</prop>
    </props>
  </property>
</bean>

<bean id="userController" class="com.spring.ex02.UserController">
  <property name="methodNameResolver">
      <ref local="userMethodNameResolver"/>
  </property>
</bean>

<bean id="userMethodNameResolver"
        class="org.springframework.web.servlet.mvc.multiaction.
                                       PropertiesMethodNameResolver">
   <property name="mappings">
     <props>
       <prop key="/test/login.do">login</prop>
     </props>
   </property>
 </bean>
</beans>
```

URL 요청명이 /test/*.do로 시작되면 userController를 요청합니다.

methodNameResover 프로퍼티에 userMethodNameResolver를 주입해서 지정한 요청명에 대해 직접 메서드를 호출하게 합니다.

PropertiesMethodNameResolver를 이용해 /test/login.do로 요청하면 userController의 login 메서드를 호출합니다.

Tip 예제 소스의 주석 처리된 부분을 해제하여 사용하세요.

3. UserController 클래스를 다음과 같이 작성합니다. UserController 클래스는 MultiActionController를 상속받음으로써 지정한 요청명에 대해 바로 메서드를 호출할 수 있으며 ModelAndView 객체에 JSP에 전달할 값을 바인딩할 수 있습니다. ModelAndView 객체를 이용하면 더 이상 request 객체에 바인딩해서 포워딩할 필요가 없고, 문자열 이외의 다른 객체들도 ModelAndView 객체에 바인딩할 수 있습니다. 따라서 ModelAndView의 setViewName() 메서드를 이용해 JSP 이름을 설정한 후 반환합니다.

코드 21-6 pro21/src/com/spring/ex02/UserController.java

```
package com.spring.ex02;
...
public class UserController extends MultiActionController{
  public ModelAndView  login(HttpServletRequest request,
                              HttpServletResponse response)throws Exception {
```

설정 파일의 userMethodNameResolver 프로퍼티를 사용하려면 반드시 MultiActionController를 상속받아야 합니다.

```
        String userID = "";
        String passwd = "";
        ModelAndView mav=new ModelAndView();
        request.setCharacterEncoding("utf-8");
        userID=request.getParameter("userID");
        passwd=request.getParameter("passwd");
        mav.addObject("userID", userID);  // ModelAndView에 로그인 정보를 바인딩합니다.
        mav.addObject("passwd", passwd);
        mav.setViewName("result");  // ModelAndView 객체에 포워딩할 JSP 이름을 설정합니다.
        return mav;
    }
}
```

4. loginForm.jsp를 다음과 같이 작성합니다. 로그인창에서 ID와 비밀번호를 입력하고 **로그인**을 클릭하면 /test/login.do로 DispatcherServlet에 요청합니다.

코드 21-7 pro21/WebContent/test/loginForm.jsp

```
...
<form name="frmLogin" method="post"  action="${contextPath}/test/login.do">  // /test/login.do로 DispatcherServlet에 요청합니다.
  <table border="1"  width="80%" align="center" >
  <tr align="center" >
    <td>아이디</td>
    <td>비밀번호</td>
  </tr>
  <tr align="center" >
    <td><input type="text" name="userID" value="" size="20"></td>
    <td ><input type="password" name="passwd" value="" size="20"></td>
  </tr>
    ...
  </table>
</form>
</body>
</html>
```

Note ≡ DispatcherServlet 클래스는 ModelAndView에 설정된 뷰이름("result")과 action-servlet.xml의 InternalResourceViewResolver에 설정한 뷰이름을 조합하여 /test 폴더에서 뷰이름에 해당하는 JSP('result.jsp')를 찾아 브라우저로 전송합니다.

5. result.jsp를 다음과 같이 작성합니다. 로그인창에서 전송된 ID와 비밀번호를 컨트롤러에서 바인딩해 넘긴 후 결과창에서 출력합니다.

코드 21-8 pro21/WebContent//test/result.jsp

```
...
  <table border="1" width="50%" align="center" >
    <tr align="center">
      <td>아이디</td>
      <td>비밀번호</td>
    </tr>
    <tr align="center">
      <td>${userID}</td>
      <td>${passwd}</td>
    </tr>
  </table>
...
```

컨트롤러에서 바인딩해 넘어온 회원 정보를 출력합니다.

6. http://localhost:8090/pro21/test/loginForm.jsp로 요청합니다. 로그인창에서 ID와 비밀번호를 입력하고 **로그인**을 클릭하면 /test/login.do로 요청하여 결과를 출력합니다

▼ 그림 21-10 로그인 후 결과 출력

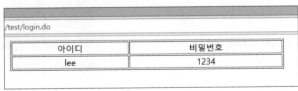

/test/login.do

아이디	비밀번호
lee	1234

21.4 MultiActionController 이용해 회원 정보 표시하기

이번에는 로그인창이 아닌, 회원 정보 입력창에서 회원 정보를 입력한 후 요청 시 전송된 회원 정보를 표시해 보겠습니다.

✔ 그림 21-11 실습 파일 위치

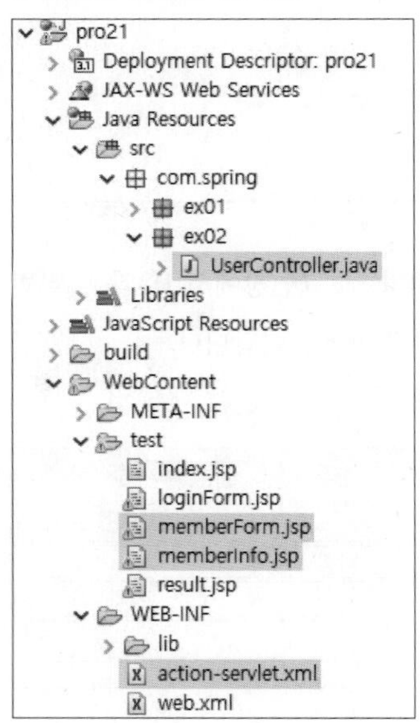

1. 회원 정보를 표시하기 위해 action-servlet.xml을 다음과 같이 수정합니다. 회원 정보 요청 URL에 대해 처리할 메서드를 추가한 후 /test/memberInfo.do로 요청하면 요청명과 같은 meberInfo() 메서드를 호출합니다.

코드 21-9 pro21/WebContent/WEB-INF/action-servlet.xml

```
...
  <bean id="userMethodNameResolver"
                  <class="org.springframework.web.servlet.mvc.multiaction.
                                              PropertiesMethodNameResolver">
    <property name="mappings">
      <props>
        <prop key="/test/login.do">login</prop>
        <prop key="/test/memberInfo.do">memberInfo</prop>
```

URL 요청명과 메서드 이름을 동일하게 하여 회원 정보를 요청합니다.

```
        </props>
      </property>
    </bean>
  ...
```

2. UserController 클래스를 다음과 같이 수정합니다. 회원 가입창에서 전송된 회원 정보를 가져온 후 ModelAndView를 이용해 회원 정보를 바인딩하여 memberInfo.jsp로 전달하는 memberInfo() 메서드를 추가합니다.

코드 21-10 pro21/src/com/spring/ex02/UserController.java

```
...
  public ModelAndView memberInfo(HttpServletRequest request,
                                  HttpServletResponse response)throws Exception {
    request.setCharacterEncoding("utf-8");
    ModelAndView mav=new ModelAndView();
    String id=request.getParameter("id");
    String pwd=request.getParameter("pwd");
    String name=request.getParameter("name");
    String email=request.getParameter("email");
    mav.addObject("id",id);
    mav.addObject("pwd",pwd);
    mav.addObject("name",name);
    mav.addObject("email",email);
    mav.setViewName("memberInfo");
    return mav;
  }
...
```

회원 가입창에서 전송된 회원 정보를 addObject() 메서드를 이용해 ModelAndView 객체에 바인딩합니다.

memberInfo.jsp로 포워딩합니다.

3. 회원 가입창에서 회원 정보를 입력한 후 /test/memberInfo.do로 요청하도록 action 속성을 설정합니다.

코드 21-11 pro21/WebContent/test/memberForm.jsp

```
...
  <form method="post" action="${contextPath}/test/memberInfo.do">
    <h1  class="text_center">회원 가입창</h1>
    <table  align="center">
      <tr>
        <td width="200"><p align="right">아이디</td>
        <td width="400"><input type="text" name="id"></td>
      </tr>
...
```

4. memberInfo.jsp를 다음과 같이 작성합니다. `UserController`의 `memberInfo()` 메서드에서 바인딩해 전달된 회원 정보를 출력합니다.

코드 21-12 pro21/WebContent/test/memberInfo.jsp

```
...
  <table border="1" align="center" width="100%" >
    <tr align=center   bgcolor="lightgreen">
      <td><b>아이디</b></td>
      <td><b>비밀번호</b></td>
      <td><b>이름</b></td>
      <td><b>이메일</b></td>
    </tr>
    <tr align="center">
      <td>${id}</td>
      <td>${pwd}</td>
      <td>${name}</td>
      <td>${email}</td>
    </tr>
  </table>
...
```

5. http://localhost:8090/pro21/test/memberForm.jsp로 요청하여 새 회원 정보를 입력하고 **가입하기**를 클릭하면 /test/memberInfo.do로 요청한 후 전송된 회원 정보를 출력합니다.

▼ 그림 21-12 회원 정보 입력 후 **가입하기** 클릭해 회원 정보 출력

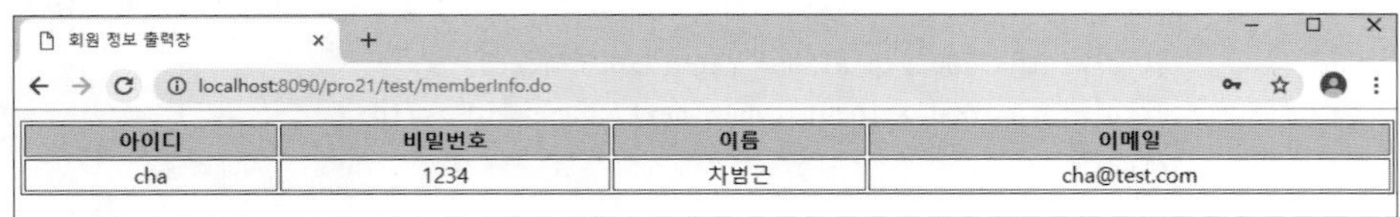

표 21-5는 앞의 MultiActionController를 이용한 실습 예제들의 요청명과 수행하는 메서드 이름의 관계를 나타낸 것입니다. MutliActionController와 PropertiesMethodNameResolver를 이용하면 요청명과 같은 이름으로 메서드를 설정할 수 있어 코드 가독성이 좋습니다.

▼ 표 21-5 MutliActionController와 PropertiesMethodNameResolver를 이용한 메서드 이름 설정 방법

요청명	호출 메서드 이름
/test/login.do	login()
/test/memberInfo.do	memberInfo()

JAVA WEB

21.5 요청명과 동일한 JSP 표시하기

앞서 우리는 실습 예제를 통해 요청명과 동일한 이름의 메서드를 호출했습니다. 이번에는 요청명과 동일한 JSP를 출력해 보겠습니다.

1. 21.3절에서 사용했던 UserController 클래스를 다음과 같이 수정합니다. URL 요청명에서 .do를 제외한 요청명을 가져오는 메서드인 getViewName()을 추가한 후 request 객체를 getViewName() 인자로 전달하여 URL 요청명에서 .do를 제외한 뷰이름을 가져옵니다(/test/login.do인 경우 login을 가져옵니다). 그리고 setViewName()을 이용해 뷰이름으로 설정하면 /test/login.do로 요청 시 폴더 이름을 포함한 JSP 이름은 /test/login.jsp가 됩니다(단, login.jsp는 새로 만들어야 합니다).

코드 21-13 pro21/src/com/spring/ex02/UserController.java

```
...
public class UserController extends MultiActionController {
  public ModelAndView login(HttpServletRequest request,
                         HttpServletResponse response) throws Exception {
    String userID = "";
    String passwd = "";
    String viewName=getViewName(request);
    ModelAndView mav=new ModelAndView();
    request.setCharacterEncoding("utf-8");
```

getViewName() 메서드를 호출해 요청명에서 확장명 .do를 제외한 뷰이름을 가져옵니다.

```
    userID = request.getParameter("userID");
    passwd = request.getParameter("passwd");
    mav.addObject("userID", userID);
    mav.addObject("passwd", passwd);
    //mav.setViewName("result");
    mav.setViewName(viewName);
    System.out.println("ViewName:"+viewName);
    return mav;
  }

  private  String getViewName(HttpServletRequest request) throws Exception {
    String contextPath = request.getContextPath();
    String uri = (String)request.getAttribute("javax.servlet.include.request_uri");
    if(uri == null || uri.trim().equals("")) {
      uri = request.getRequestURI();
    }

    int begin = 0;
    if(!((contextPath==null)||("".equals(contextPath)))){
      begin = contextPath.length();
    }

    int end;
    if(uri.indexOf(";")!=-1){
      end=uri.indexOf(";");
    } else if(uri.indexOf("?")!=-1){
      end=uri.indexOf("?");
    } else{
      end=uri.length();
    }

    String fileName=uri.substring(begin,end);
    if(fileName.indexOf(".")!=-1){
      fileName=fileName.substring(0,fileName.lastIndexOf("."));
    }
    if(fileName.lastIndexOf("/")!=-1){
      fileName=fileName.substring(fileName.lastIndexOf("/"),fileName.length());
    }
    return fileName;
  }
}
```

뷰이름을 지정합니다.

request 객체에서 URL 요청명을 가져와 .do를 제외한 요청명을 구합니다.

2. http://localhost:8090/pro21/test/loginForm.jsp로 요청한 후 아이디와 비밀번호를 입력하고 **로그인**을 클릭합니다. 그러면 /test/login.do로 요청하므로 login.jsp에 결과를 출력합니다.

✔ 그림 21-13 로그인창에서 **로그인** 클릭 후 결과 출력

아이디	비밀번호
hong	••••
로그인 다시입력	

아이디	비밀번호
hong	1234

이번 실습에서는 보여줄 뷰이름을 개발자가 일일이 직접 코딩하지 않고 URL 요청명에서 뷰이름을 가져와 일정하게 연동시켰습니다. 실제 프로그래밍에서도 URL 요청명을 컨트롤러에서 호출되는 메서드 이름 그리고 보여주는 JSP 페이지 이름과 일치하도록 구현함으로써 가독성을 높일 수 있습니다. 또한 이렇게 하면 유지관리도 편합니다.

마지막으로, 우리는 회원 가입창을 요청하고 브라우저 주소창에서 직접 memberForm.jsp로 입력했습니다. 이 역시 요청명에서 뷰이름을 가져와서 보여줄 수 있습니다. 즉, /memberForm.do로 요청하면 컨트롤러에서 `memberForm()` 메서드를 호출해 보여주고, 회원 정보를 입력한 후 등록을 요청하면 회원 정보를 보여줄 수 있겠죠. 이는 여러분이 직접 만들어 보기 바랍니다.

22장

스프링 JDBC 기능

22.1 스프링 JDBC로 데이터베이스와의 연동 설정하기

JDBC(Java Database Connectivity)는 자바 데이터 접근 기술의 근간이라 할 정도로 대부분의 개발자가 쉽게 이해할 수 있어 많이 사용하는 데이터 액세스 기술입니다. 그러나 시간이 지남에 따라 SQL문이 지나치게 복잡해지면서 개발이나 유지관리에 어려움이 생기기 시작했습니다. 특히 `Connection` 객체 같은 공유 리소스를 제대로 처리해 주지 않으면 버그를 발생시키는 원인이 되곤 했습니다.

스프링에서 제공하는 JDBC는 이러한 기존 JDBC의 장점과 단순함을 유지하면서 단점을 보완했습니다. 간결한 API뿐만 아니라 확장된 JDBC의 기능도 제공합니다.

> **Note** 실제 개발을 진행할 때는 스프링 JDBC 기능보다는 마이바티스나 하이버네이트 같은 데이터베이스 연동 관련 프레임워크를 사용하지만 스프링 JDBC의 기본적인 기능을 알아두면 도움이 됩니다. 따라서 이 장에서는 아주 기초적인 것만 짚고 넘어가겠습니다. 마이바티스에 관해서는 23장에서 따로 다룹니다.

1. 새 프로젝트 pro22를 만들고 pro21의 lib 폴더의 라이브러리와 web.xml, action-servlet.xml를 복사한 후 동일한 위치에 붙여 넣습니다.

▼ 그림 22-1 스프링 라이브러리와 설정 XML 파일 복사해 붙여 넣기

2. 그리고 스프링 JDBC 실습에 필요한 XML 파일들을 다음과 같이 만들어 준비합니다.

❤ 그림 22-2 실습 XML 파일 위치

각 XML 파일들에 대한 설명은 표 22-1을 참고하세요.

❤ 표 22-1 스프링 JDBC 설정 파일들

파일	설명
web.xml	`ContextLoaderListener`를 이용해 빈 설정 XML 파일들을 읽어 들입니다.
action-servlet.xml	스프링에서 필요한 여러 가지 빈을 설정합니다.
action-dataSource.xml	스프링 JDBC 설정에 필요한 정보를 설정합니다.
jdbc.properties	데이터베이스 연결 정보를 저장합니다.
action-service.xml	서비스 빈 생성을 설정합니다.

3. action-servlet.xml과 action-dataSource.xml의 `<beans>` 태그는 21장에서 실습한 action-servlet.xml의 것을 복사해서 붙여 넣으면 됩니다.

❤ 그림 22-3 action-servlet.xml의 <beans> 태그

action-servlet.xml

```
<?xml version="1.0" encoding="UTF-8" ?>
<beans xmlns="http://www.springframework.org/sc
    xmlns:p="http://www.springframework.org/schem
    xmlns:aop="http://www.springframework.org/sc
    xmlns:context="http://www.springframework.org/schema/context"
    xmlns:xsi="http://www.w3.org/2001/XMLSchema-instance"
    xsi:schemaLocation="http://www.springframework.org/schema/beans
http://www.springframework.org/schema/beans/spring-beans-3.0.xsd
http://www.springframework.org/schema/aop
http://www.springframework.org/schema/aop/spring-aop-3.0.xsd
http://www.springframework.org/schema/context
http://www.springframework.org/schema/context/spring-context-3.0.xsd">
```

복사한 후 각각의 XML 파일에 붙여 넣으세요.

4. web.xml을 다음과 같이 작성합니다. 한 개의 XML 파일에서 모든 빈을 설정하면 복잡해서 관리하기 어려우므로 빈의 종류에 따라 XML 파일에 나누어 설정합니다. 그러면 톰캣 실행 시 web.xml에서 스프링의 `ContextLoaderListener`를 이용해 빈 설정 XML 파일들을 읽어 들입니다.

코드 22-1 pro22/WebContent/WEB-INF/web.xml

```
<?xml version="1.0" encoding="UTF-8"?>
<web-app xmlns:xsi="http://www.w3.org/2001/XMLSchema-instance" xmlns="http://xmlns.
jcp.org/xml/ns/javaee" xsi:schemaLocation="http://xmlns.jcp.org/xml/ns/javaee
http://xmlns.jcp.org/xml/ns/javaee/web-app_3_1.xsd" id="WebApp_ID" version="3.1">
  <listener>
    <listener-class>
      org.springframework.web.context.ContextLoaderListener
    </listener-class>
  </listener>

  <context-param>
    <param-name>contextConfigLocation</param-name>
    <param-value>
      /WEB-INF/config/action-service.xml
      /WEB-INF/config/action-dataSource.xml
    </param-value>
  </context-param>

  <servlet>
    <servlet-name>action</servlet-name>
    <servlet-class>org.springframework.web.servlet.DispatcherServlet</servlet-class>
    <load-on-startup>1</load-on-startup>
  </servlet>
  <servlet-mapping>
    <servlet-name>action</servlet-name>
    <url-pattern>*.do</url-pattern>
  </servlet-mapping>
</web-app>
```

여러 설정 파일을 읽어 들이기 위해 스프링의 ContextLoaderListener를 설정합니다.

애플리케이션 실행 시 ContextLoaderListener로 해당 위치의 설정 파일을 읽어 들입니다.

5. action-servlet.xml을 다음과 같이 작성합니다. 여기서는 뷰 관련 빈과 요청을 처리할 빈 그리고 메서드를 설정합니다. 이때 주의할 점은 빈 주입 시 주입 받는 클래스에서는 주입되는 빈에 대한 setter를 반드시 구현해야 한다는 것입니다.

코드 22-2 pro22/WebContent/WEB-INF/action-servlet.xml

```
...
  <bean id="viewResolver"
      class="org.springframework.web.servlet.view.InternalResourceViewResolver" >
    <property name="viewClass" value="org.springframework.web.servlet.view.JstlView" />
    <property name="prefix" value="/WEB-INF/views/" />
    <property name="suffix" value=".jsp" />
  </bean>
  <bean id="memberController" class="com.spring.member.controller.MemberControllerImpl">
    <property name="methodNameResolver">
       <ref local="methodResolver"/>
    </property>
    <property name="memberService" ref="memberService"/>
  </bean>

  <bean id="methodResolver"
      class="org.springframework.web.servlet.mvc.multiaction.
                                                PropertiesMethodNameResolver" >
    <property  name="mappings" >
      <props>
        <prop key="/member/listMembers.do" >listMembers</prop>
        <prop key="/member/addMember.do" >addMember</prop>
        <prop key="/member/memberForm.do" >memberForm</prop>
        <prop key="/member/memberDetail.do">memberDetail</prop>
      </props>
    </property>
  </bean>

  <bean id="urlMapping"
     class="org.springframework.web.servlet.handler.SimpleUrlHandlerMapping" >
    <property  name="mappings" >
      <props>
        <prop key="/member/*.do" >memberController</prop>
      </props>
    </property>
  </bean>
</beans>
```

URL 요청명에 대해 /WEB-INF/views 폴더의 JSP를 선택합니다.

memberController 빈에 methodNameResolver 빈과 memberService 빈을 주입합니다.

URL 요청명에 대해 동일한 이름의 메서드를 호출하도록 설정합니다.

6. action-service.xml에서 memberService 빈을 설정하도록 작성합니다. 데이터베이스와 연동할 때 필요한 memberDAO 빈을 주입하는 기능을 합니다.

코드 22-3 pro22/WebContent/WEB-INF/config/action-service.xml

```
...

  <bean id="memberService" class="com.spring.member.service.MemberServiceImpl">
    <property name="memberDAO" ref="memberDAO"/>
  </bean>
</beans>
```

memberService 빈의 memberDAO 속성에 memberDAO 빈을 주입합니다.

7. 다음으로 action-dataSource.xml을 작성합니다. 이 파일은 스프링에서 사용할 데이터베이스 연동 정보를 설정합니다. 먼저 jbdc.properties 파일에서 데이터베이스 연결 정보를 가져온 후 이 연결 정보를 이용해 스프링에서 제공하는 SimpleDriverDataSource로 id가 dataSource인 빈을 생성합니다. 그리고 dataSource 빈을 memberDAO 빈으로 주입합니다.

코드 22-4 pro22/WebContent/WEB-INF/config/action-dataSource.xml

```
...
  <bean id="propertyConfigurer"
       class="org.springframework.beans.factory.config.PropertyPlaceholderConfigurer" >
    <property name="locations" >
       <list>
         <value>/WEB-INF/config/jdbc.properties</value>
       </list>
    </property>
  </bean>
  <bean id="dataSource"  class="org.springframework.jdbc.datasource.SimpleDriverDataSource">
    <property name="driverClass"  value="${jdbc.driverClassName}" />
    <property name="url" value="${jdbc.url}" />
    <property name="username" value="${jdbc.username}" />
    <property name="password" value="${jdbc.password}" />
  </bean>

  <bean id="memberDAO"   class="com.spring.member.dao.MemberDAOImpl" >
    <property name="dataSource" ref="dataSource" />
  </bean>
  ...
```

jdbc.properties 파일에서 데이터베이스 연결에 필요한 4가지 설정 정보를 가져옵니다.

jdbc.properties 파일의 4가지 설정 정보로 스프링의 SimpleDriverDataSource 빈 생성 시 데이터베이스에 연결합니다.

생성된 dataSource 빈을 memberDAO 빈에 주입합니다.

8. config 폴더를 선택하고 마우스 오른쪽 버튼을 클릭한 후 New > File을 선택하여 파일 이름을 jdbc.properties로 입력합니다. 그리고 다음과 같이 데이터베이스 연결 정보를 작성합니다.

코드 22-5 pro22/WebContent/WEB-INF/config/jdbc.properties

```
jdbc.driverClassName=oracle.jdbc.driver.OracleDriver
jdbc.url=jdbc:oracle:thin:@localhost:1521:XE
jdbc.username=scott
jdbc.password=tiger
```

XML 설정 파일에 의해 생성된 각 빈의 주입 과정은 다음과 같습니다.

▼ 그림 22-4 XML 파일 설정에 의한 빈 주입 과정

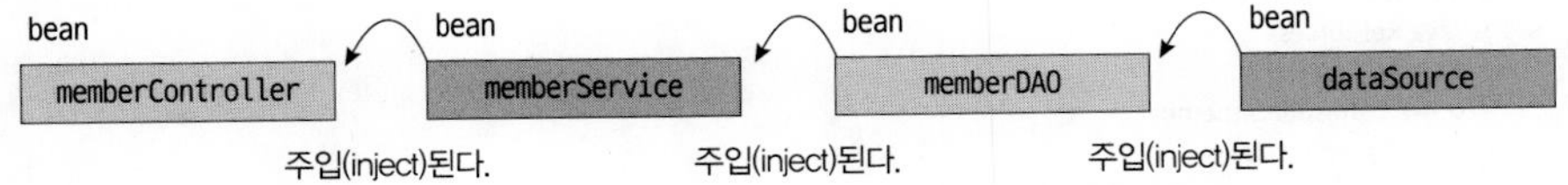

22.2 JdbcTemplate 클래스 이용해 회원 정보 조회하기

이제 자바 클래스와 JSP를 이용해 회원 테이블에서 조회한 회원 정보를 JSP에 출력해 보겠습니다.

1. 실습에 필요한 파일들을 다음과 같이 준비합니다.

❤ 그림 22-5 실습 파일 위치

우선 이 파일들이 어떤 역할을 하는지, 즉 스프링을 이용해 회원 정보 테이블에 접근하여 회원 정보를 조회하는 과정을 그림 22-6에 나타내었습니다.

▼ 그림 22-6 JdbcTemplate를 이용한 회원 조회 과정

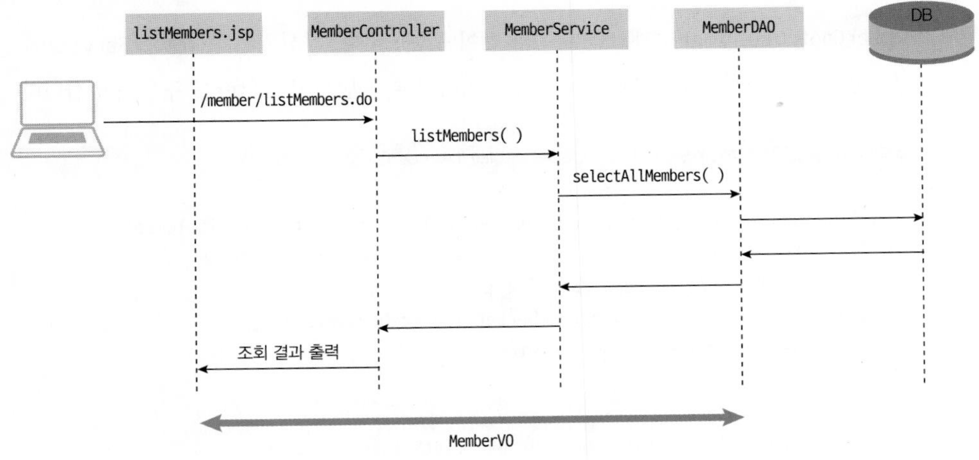

DAO 클래스에서 실제 스프링의 JDBC 기능을 제공하는 클래스는 JdbcTemplate입니다.

표 22-2는 이 클래스가 제공하는 여러 가지 SQL 관련 메서드들을 정리한 것입니다.

▼ 표 22-2 JdbcTemplate 클래스에서 제공하는 SQL 관련 메서드

기능	메서드
insert, update, delete 관련 메서드	int update(String query)
	int update(String query, Object[] args)
	int update(String query, Object[] args, int[] argTypes)
select 기능 메서드	int queryForInt(String query)
	int queryForInt(String query, Object[] args)
	long queryForLong(String query)
	long queryForLong(String query, Object[] args)
	Object queryForObject(String query, Class requiredType)
	List queryForList(String query)
	List queryForList(String query, Object[] args)

그럼 본격적으로 JdbcTemplate 클래스를 이용해 회원 정보 조회를 실습해 보겠습니다.

1. MemberControllerImpl 클래스를 다음과 같이 구현합니다. 자신의 속성 memberService에 설정 파일에서 생성된 memberService 빈을 주입하기 위해 반드시 setter를 구현해야 합니다.

코드 22-6 pro22/src/com/spring/member/controller/MemberControllerImpl.java

```
...
public class MemberControllerImpl extends MultiActionController implements
MemberController {
  private MemberService memberService;
  public void setMemberService(MemberService memberService) {
    this.memberService = memberService;
  }

  public ModelAndView listMembers(HttpServletRequest request,
                                  HttpServletResponse response)
                                  throws Exception {
    String viewName = getViewName(request);
    List membersList = memberService.listMembers();
    ModelAndView mav = new ModelAndView(viewName);
    mav.addObject("membersList", membersList);
    return mav;
  }
  ...
}
```

반드시 setter를 구현해야 합니다.

addObject() 메서드를 이용해 조회한 회원 정보를 바인딩합니다.

/member/listmembers.do로 요청 시 호출됩니다.

2. MemberServiceImpl 클래스에서는 자신의 속성인 memberDAO에 빈을 주입하기 위해 setter를 구현합니다.

코드 22-7 pro22/src/com/spring/member/service/MemberServiceImpl.java

```
package com.spring.member.service;
...
public class MemberServiceImpl implements MemberService {
  private MemberDAO memberDAO;
  public void setMemberDAO(MemberDAO memberDAO) {
    this.memberDAO = memberDAO;
  }

  @Override
  public List listMembers() throws DataAccessException {
    List membersList = null;
    membersList = memberDAO.selectAllMembers();
    return membersList;
  }
}
```

memberDAO 속성에 setter를 이용하여 설정 파일에서 생성된 memberDAO 빈을 주입합니다.

3. MemberDAOImpl 클래스에서는 자신의 속성 jdbcTemplate에 dataSource 빈을 주입하기 위해 setter를 이용합니다.

코드 22-8 pro22/src/com/spring/member/dao/MemberDAOImpl.java

```
...
public class MemberDAOImpl implements MemberDAO {
  private JdbcTemplate jdbcTemplate;
  public void setDataSource(DataSource dataSource) {
    this.jdbcTemplate = new JdbcTemplate(dataSource);
  }

  @Override
  public List selectAllMembers() throws DataAccessException {
    String query = "select id,pwd,name,email,joinDate"
                 + " from t_member "
                 + " order by joinDate desc";
    List membersList = new ArrayList();
    membersList = this.jdbcTemplate.query(query, new RowMapper() {
      public Object mapRow(ResultSet rs, int rowNum) throws SQLException {
        MemberVO memberVO = new MemberVO();
        memberVO.setId(rs.getString("id"));
        memberVO.setPwd(rs.getString("pwd"));
        memberVO.setName(rs.getString("name"));
        memberVO.setEmail(rs.getString("email"));
        memberVO.setJoinDate(rs.getDate("joinDate"));
        return memberVO;
      }
    });
    return membersList;
  }

  @Override
  public int addMember(MemberVO memberVO) throws DataAccessException {
    String id = memberVO.getId();
    String pwd = memberVO.getPwd();
    String name = memberVO.getName();
    String email = memberVO.getEmail();
    String query = "insert into t_member(id,pwd, name,email) values  ("
               + "'" + id + "' ,"
               + "'" + pwd + "' ,"
               + "'" + name + "' ,"
               + "'" + email + "') ";
    System.out.println(query);
    int result = jdbcTemplate.update(query);
```

설정 파일에서 생성한 dataSource 빈을 setter를 이용해 JdbcTemplate 클래스 생성자의 인자로 입력합니다.

JdbcTemplate 클래스의 query() 메서드 인자로 select문을 전달해 조회한 레코드의 개수만큼 MemberVO 객체를 생성합니다. 각 레코드의 값을 속성에 저장하고 다시 memberList에 저장합니다.

JdbcTemplate 클래스의 update() 메서드로 회원 정보를 추가합니다.

```
    System.out.println(result);
    return result;
  }
}
```

4. listMembers.jsp에서는 조회한 회원 정보를 표시해 줍니다.

코드 22-9 pro22/WebContent/WEB-INF/views/listMembers.jsp

```
 ...
  <table border="1"  align="center"  width="80%">
    <tr align="center"   bgcolor="lightgreen">
      <td ><b>아이디</b></td>
      <td><b>비밀번호</b></td>
      <td><b>이름</b></td>
      <td><b>이메일</b></td>
      <td><b>가입일</b></td>
    </tr>
  <c:forEach var="member" items="${membersList}" >
    <tr align="center">
      <td>${member.id}</td>
      <td>${member.pwd}</td>
      <td>${member.name}</td>
      <td>${member.email}</td>
      <td>${member.joinDate}</td>
    </tr>
  </c:forEach>
  </table>
 ...
```

컨트롤러에서 바인딩한 memberList로 접근합니다.

5. http:localhost:8090/pro22/member/listMembers.do로 요청하여 회원 목록을 표시합니다.

▼ 그림 22-7 실행 결과

아이디	비밀번호	이름	이메일	가입일
ki	1234	기성용	ki@test.com	2018-09-13
park2	1234	박지성	park2@test.com	2018-09-10
park	1234	박찬호	park@test.com	2018-09-04
kim	1212	김유신	kim@jweb.com	2018-09-04
lee	1212	이순신	lee@test.com	2018-09-04
hong	1212	홍길동	hong@gmail.com	2018-09-04

회원가입

Note ≡ **회원가입** 링크를 클릭한 후 회원 가입창을 열어 회원 정보를 추가하는 기능은 각자 구현해 보세요.

실제 개발에서는 스프링의 JDBC보다는 다음 장에서 배울 마이바티스를 이용해서 데이터베이스와 연동합니다. 이에 대해서는 다음 장인 23장에서 알아봅니다.

23장

마이바티스 프레임워크 사용하기

23.1 마이바티스란?

애플리케이션의 규모가 작을 때는 JDBC를 이용해 충분히 개발할 수 있었습니다. 그러나 인터넷 사용자가 폭발적으로 증가하고 애플리케이션의 기능이 복잡해짐에 따라 기존의 JDBC로 개발하는 데는 한계가 드러나게 되었습니다.

기존 JDBC로 개발할 경우 반복적으로 구현해야 할 SQL문도 많을 뿐만 아니라 SQL문도 복잡합니다. 따라서 자연스럽게 마이바티스(MyBatis)나 하이버네이트 같은 데이터베이스 연동 관련 프레임워크가 등장하게 되었습니다. 이번 장에서는 마이바티스 프레임워크에 대해 알아볼 것입니다. 우선 마이바티스를 왜 사용하게 되었는지 그 등장 배경부터 알아보겠습니다.

기존의 JDBC를 연동하려면 다음과 같은 과정을 거쳐야 했습니다.

connection → Statement 객체 생성 → SQL문 전송 → 결과 반환 → close

이 방식의 단점은 SQL문이 프로그래밍 코드에 섞여 코드를 복잡하게 만든다는 것입니다. 이 방법을 개선해 SQL문의 가독성을 높여 사용하기 편하게 만든 것이 바로 마이바티스 프레임워크입니다.

코드 23-1은 쇼핑몰에서 자바의 JDBC 기능을 이용해 상품 정보를 추가하는 insert문입니다. 문자열로 SQL문을 만들어 사용하는 방식입니다.

코드 23-1 AdminDAO.java

```
...
  public void addGoods(GoodsVO goodsVO) throws SQLException {
    Connection con = dataFactory.getConnection();
    Statement stmt = con.createStatement();
    String query = "insert into t_Goods_info (goods_id,"+
                   "goods_sort,"+
                   "goods_title,"+
                   "goods_writer,"+
                   "goods_publisher,"+
                   "goods_price,"+
                   "goods_sales_price,"+
                   "goods_point,"+
                   "goods_published_date,"+
                   "goods_total_page,"+
                   "goods_isbn,"+
                   "goods_delivery_price,"+
```

```
                    "goods_delivery_date,"+
                    "goods_type,"+
                    "goods_writer_intro,"+
                    "goods_intro,"+
                    "goods_publisher_comment,"+
                    "goods_recommendation,"+
                    "goods_contents_order)";
  query+=" values('"+
                    goodsVO.getGoods_id()+"','"+
                    goodsVO.getGoods_sort()+"','"+
                    goodsVO.getGoods_title()+"','"+
                    goodsVO.getGoods_writer()+"','"+
                    goodsVO.getGoods_publisher()+"',"+
                    goodsVO.getGoods_price()+","+
                    goodsVO.getGoods_sales_price()+","+
                    goodsVO.getGoods_point()+",'"+
                    goodsVO.getGoods_published_date()+"',"+
                    goodsVO.getGoods_page_total()+",'"+
                    goodsVO.getGoods_isbn()+"',"+
                    goodsVO.getGoods_delivery_price()+",'"+
                    goodsVO.getGoods_delivery_date()+"','"+
                    goodsVO.getGoods_type()+"','"+
                    goodsVO.getGoods_writer_intro()+"','"+
                    goodsVO.getGoods_intro()+"','"+
                    goodsVO.getGoods_publisher_comment()+"','"+
                    goodsVO.getGoods_recommendation()+"','"+
                    goodsVO.getGoods_contents_order()+"')";
                    System.out.println(query);
                    stmt.executeUpdate(query);
                    String goods_id=goodsVO.getGoods_id();
 }
 ...
```

애플리케이션의 기능이 복잡해지면 해당 기능과 관련된 SQL문의 길이가 보통 몇 십 줄씩 됩니다. 그런데 길이가 긴 SQL문을 코드 23-1처럼 다시 문자열로 만들어서 사용한다면 상당히 불편하겠죠. 그뿐만 아니라 SQL문 실행 시 오류도 많이 발생하고 유지보수에도 문제가 많이 발생합니다.

하지만 마이바티스를 사용하면 복잡한 SQL문이라도 SQL Developer 같은 도구에서 SQL문을 사용하는 것처럼 표준화된 방법으로 사용할 수 있습니다. 코드 23-2처럼 개발자가 작성하기 쉬울 뿐 아니라 코드 가독성도 좋습니다.

코드 23-2 SQL Developer에서 실행한 SQL문

```
insert into t_shopping_order (order_id,
                              member_id,
                              goods_id,
                              goods_title,
                              order_goods_qty,
                              order_total_price,
                              orderer_name,
                              receiver_name,
                              receiver_hp1,
                              receiver_hp2,
                              receiver_hp3,
                              delivery_address,
                              delivery_message,
                              delivery_method,
                              smssts_yn,
                              gift_wrapping,
                              pay_method,
                              card_com_name,
                              card_pay_month,
                              pay_orderer_hp_num)
            values('1',
                   'lee',
                   '19','아이디어 구현 중심 자바',
                   1,
                   27000,
                   '이병승',
                   '이병승',
                   '011',
                   '1212',
                   '6666',
                   '우편번호:05762<br>도로명
                   주소:서울 송파구 <br>[지번 주소:서울 송파구 277-5]<br>강남 빌딩 301호',
                   '택배 기사님께 전달할 메시지를 남겨주세요.','일반택배',
                   'no',
                   '신용카드<Br>카드사:삼성<br>할부개월수:3개월',
                   '삼성',
                   '3개월',
                   '해당 없음');
```

마이바티스 프레임워크의 특징은 다음과 같습니다.

- SQL 실행 결과를 자바 빈즈 또는 `Map` 객체에 매핑해 주는 Persisitence 솔루션으로 관리합니다. 즉, SQL을 소스 코드가 아닌 XML로 분리합니다.
- SQL문과 프로그래밍 코드를 분리해서 구현합니다.
- 데이터소스(DataSource) 기능과 트랜잭션 처리 기능을 제공합니다.

그림 23-1에 마이바티스 프레임워크의 구조를 나타내었습니다.

❤ 그림 23-1 퍼시스턴스 프레임워크로 사용된 마이바티스 구조

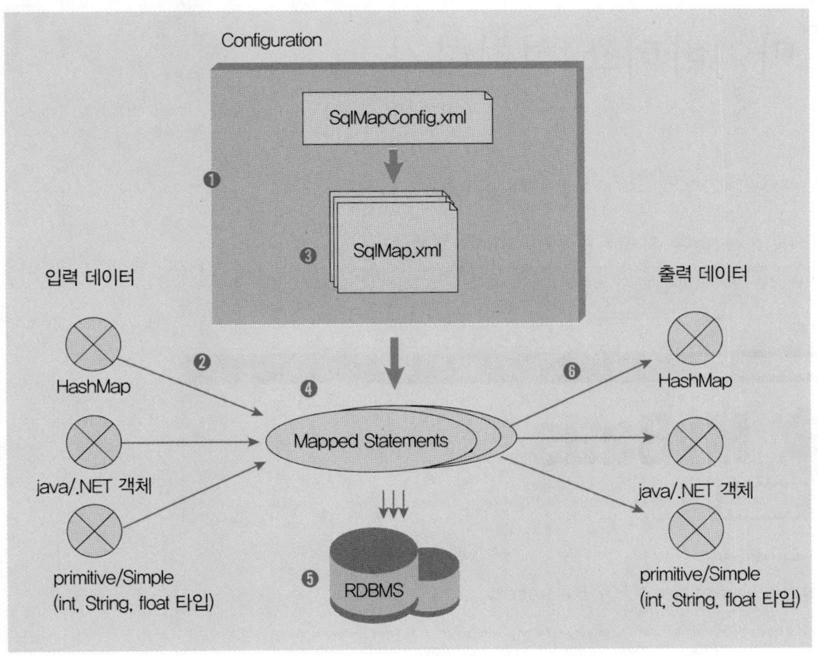

❶ SqlMapConfig.xml에 각 기능별로 실행할 SQL문을 SqlMap.xml에 미리 작성한 후 등록합니다.

❷ 애플리케이션에서 데이터베이스와 연동하는 데 필요한 데이터를 각각의 매개변수에 저장한 후 마이바티스에 전달합니다.

❸ 애플리케이션에서 요청한 SQL문을 SqlMap.xml에서 선택합니다.

❹ 전달한 매개변수와 선택한 SQL문을 결합합니다.

❺ 매개변수와 결합된 SQL문을 DBMS에서 실행합니다.

❻ DBMS에서 반환된 데이터를 애플리케이션에서 제공하는 적당한 매개변수에 저장한 후 반환합니다.

다시 정리하면 데이터베이스 연동 시 사용되는 SQL문을 미리 SqlMapConfig.xml에 작성해 놓고 애플리케이션에서 데이터베이스 연동 시 해당 SQL문에서 사용될 데이터를 지원하는 해당 매개변수에 저장한 후 SQL문에 전달합니다. 전달된 매개변수와 SQL문을 결합해 SQL문을 DBMS로 전송하여 실행합니다. 그리고 그 결과를 애플리케이션에서 제공하는 자료형으로 반환합니다.

이제 실습에 필요한 마이바티스를 다운로드하여 설치해 보겠습니다.

JAVA WEB

23.2 마이바티스 설치하기

1. http://www.mybatis.org에 접속한 후 Products 탭을 클릭합니다.

❯ 그림 23-2 http://www.mybatis.org로 접속 후 **Products** 탭 클릭

2. MyBatis 3 옆에 있는 download 링크를 클릭합니다.

▼ 그림 23-3 download 클릭

3. mybatis-3.4.6.zip 파일을 클릭해 다운로드합니다.

▼ 그림 23-4 마이바티스 설치 파일 다운로드

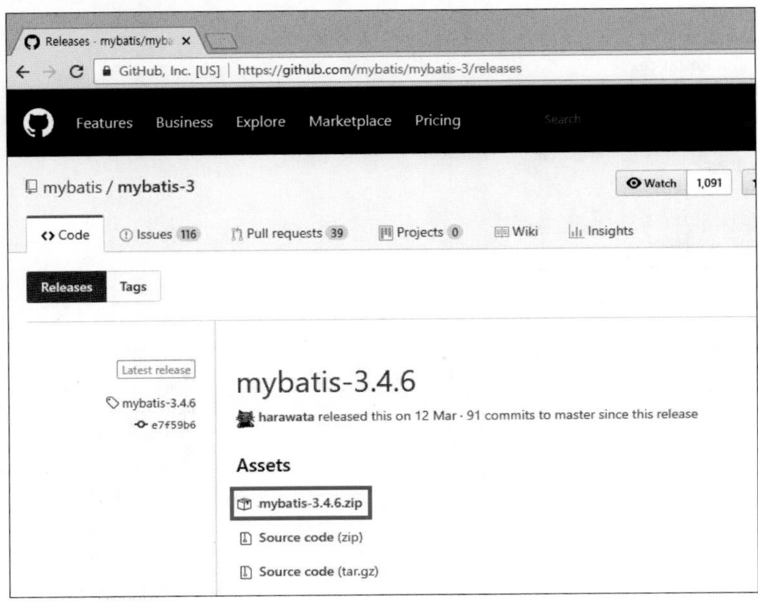

4. 다운로드한 압축 파일의 압축을 해제합니다.

▼ 그림 23-5 mybatis-3.4.6.zip 압축 해제

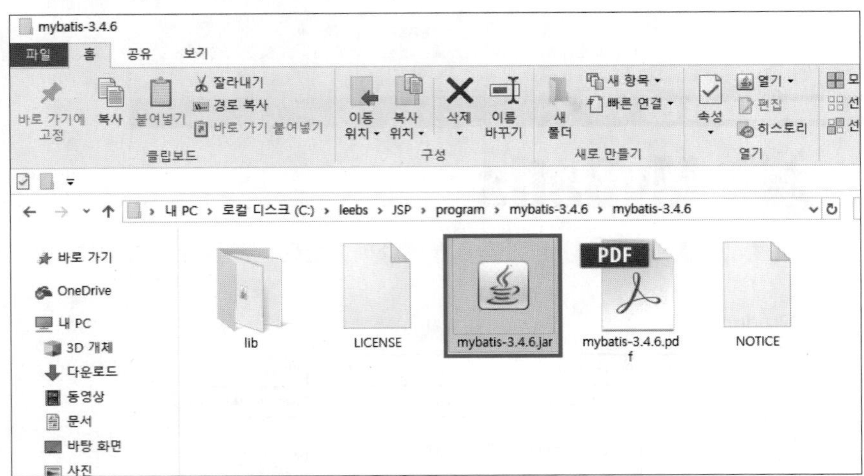

5. mybatis-3.4.6.jar를 복사해 새로 만든 프로젝트의 lib 폴더에 붙여 넣습니다. 그리고 이 버전에 대응하는 ojdbc6.jar 파일도 복사해 붙여 넣습니다. JSTL 관련 라이브러리도 14장을 참고하여 복사해 붙여 넣습니다.

▼ 그림 23-6 프로젝트에 mybatis-3.4.6.jar와 ojdbc6.jar 파일 복사해 붙여 넣기

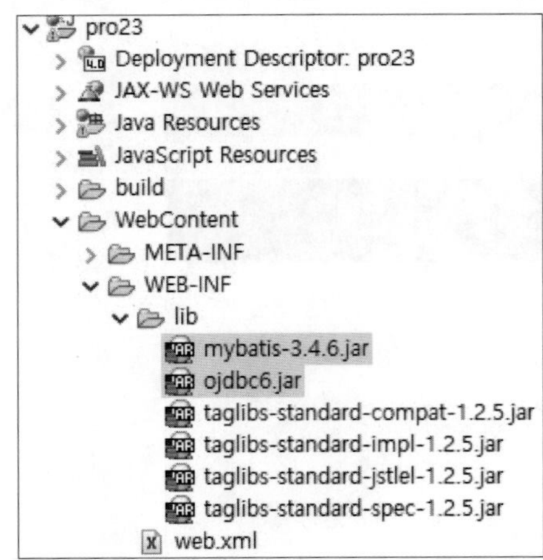

23.3 마이바티스 이용해 회원 기능 실습하기

이번에는 마이바티스를 이용해 회원 테이블과 연동하여 다양한 회원 관련 기능을 수행해 보겠습니다.

23.3.1 마이바티스 설정 파일 작성

마이바티스에서는 표 23-1에 있는 두 가지 설정 파일을 사용합니다.

▼ 표 23-1 마이바티스 관련 설정 파일

설정 파일	기능
SqlMapConfig.xml	데이터베이스 연동 시 반환되는 값을 저장할 빈이나 트랜잭션, 데이터소스 등 마이바티스 관련 정보를 설정합니다.
member.xml	회원 정보 관련 SQL문을 설정합니다.

스프링처럼 마이바티스도 SqlMapConfig.xml에서 데이터소스(DataSource)를 설정해 데이터베이스와 연동할 수 있는 기능을 제공합니다. 그리고 실제 개발 시 마이바티스에서 제공하는 데이터소스를 사용해 데이터베이스와 연동합니다.

1. 다음과 같이 설정 파일들을 추가합니다. 이때 **각 설정 파일은 src 패키지 아래에 위치**해야 한다는 것을 잊지 마세요

▼ 그림 23-7 마이바티스 설정 파일 위치

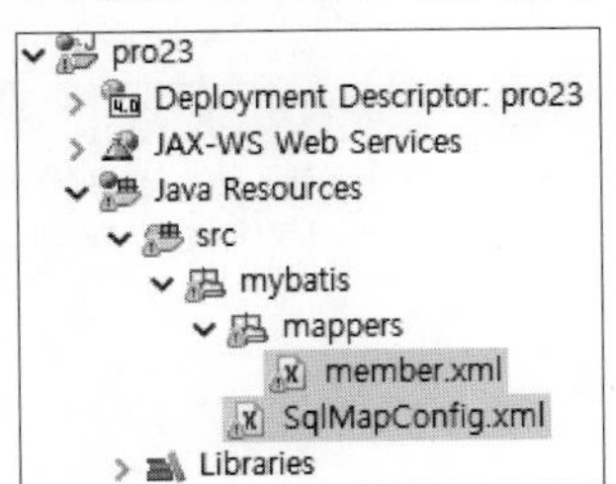

src 패키지 아래에 SqlMapConfig.xml은 mybatis 패키지에, member.xml은 /mybatis/mappers 패키지에 위치합니다.

2. 또한 src 아래 mybatis 패키지에서 마우스 오른쪽 버튼을 클릭한 후 New 〉 other 〉 XML File을 선택합니다. 파일 이름을 SqlMapConfig.xml로 입력하여 파일을 생성합니다.

▼ 그림 23-8 SqlMapConfig.xml 위치

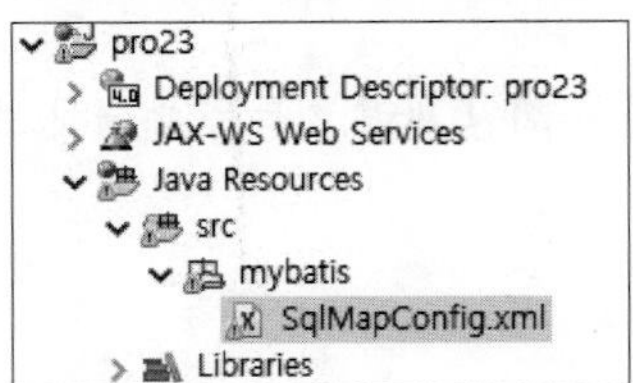

3. 다시 mybatis 패키지를 선택하고 mybatis.mappers 패키지를 만든 다음 mappers 패키지에 member.xml을 생성합니다.

▼ 그림 23-9 member.xml 위치

pro23
Deployment Descriptor: pro23
JAX-WS Web Services
Java Resources
src
mybatis
mappers
member.xml
SqlMapConfig.xml

4. SqlMapConfig.xml을 다음과 같이 작성합니다. <typeAlias> 태그는 애플리케이션에서 SQL문으로 값을 전달하거나 마이바티스에서 DBMS로 SQL문 실행 시 반환되는 레코드를 저장하는 용도로 사용하기 위한 빈인 memberVO 빈을 생성합니다. 또한 <dataSource> 태그를 이용해 마이바티스가 연동하는 데이터베이스에 대한 데이터소스를 설정합니다. 마지막으로 <mappers> 태그를 이용해 마이바티스에서 사용하는 SQL문이 있는 XML 파일의 위치를 지정합니다.

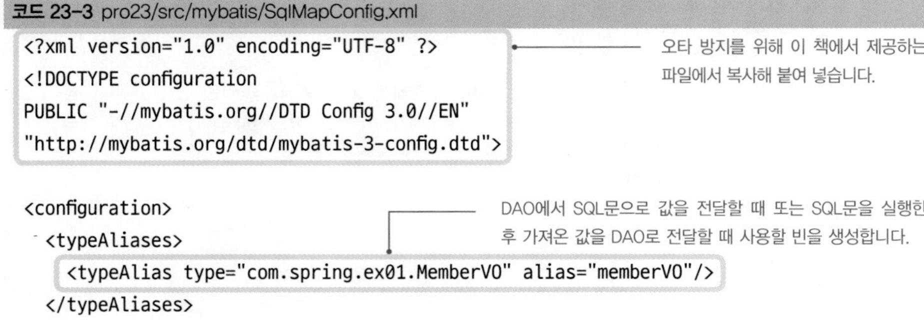

코드 23-3 pro23/src/mybatis/SqlMapConfig.xml

```
<?xml version="1.0" encoding="UTF-8" ?>
<!DOCTYPE configuration
PUBLIC "-//mybatis.org//DTD Config 3.0//EN"
"http://mybatis.org/dtd/mybatis-3-config.dtd">

<configuration>
  <typeAliases>
    <typeAlias type="com.spring.ex01.MemberVO" alias="memberVO"/>
  </typeAliases>
```

```
  <environments default="development">
    <environment id="development">
      <transactionManager type="JDBC"/>
      <dataSource  type="POOLED">
        <property name="driver" value="oracle.jdbc.driver.OracleDriver" />
        <property  name="url"  value="JDBC:oracle:thin:@localhost:1521:XE" />
        <property name="username" value="scott" />
        <property name="password"  value="tiger"/>
      </dataSource>
    </environment>
  </environments>

  <mappers>
    <mapper resource="mybatis/mappers/member.xml"/>
  </mappers>
</configuration>
```

데이터베이스 연결을 설정합니다.

회원 기능 관련 SQL문이 있는 member.xml을 읽어 들입니다. 이때 반드시 지정한 패키지 이름과 일치해야 한다는 것에 주의하세요.

5. member.xml을 다음과 같이 작성하여 회원 기능과 관련된 SQL문을 설정합니다. 먼저 다른 파일의 SQL문과 구별하기 위해 **mapper.member**로 네임스페이스를 지정하고 SQL문을 실행한 후 반환되는 회원 정보 레코드를 저장하기 위한 **resultMap**을 지정합니다. 각 레코드는 한 개의 **MemberVO** 객체를 생성한 후 지정한 속성에 따라 레코드의 컬럼 값을 저장합니다. **<select>** 태그의 **id** 속성은 **MemberDAO**에서 SQL문을 구분해서 호출하는 용도로 사용되며, 반환되는 레코드를 **id**가 **memResult**인 **resulMap**에 저장합니다.

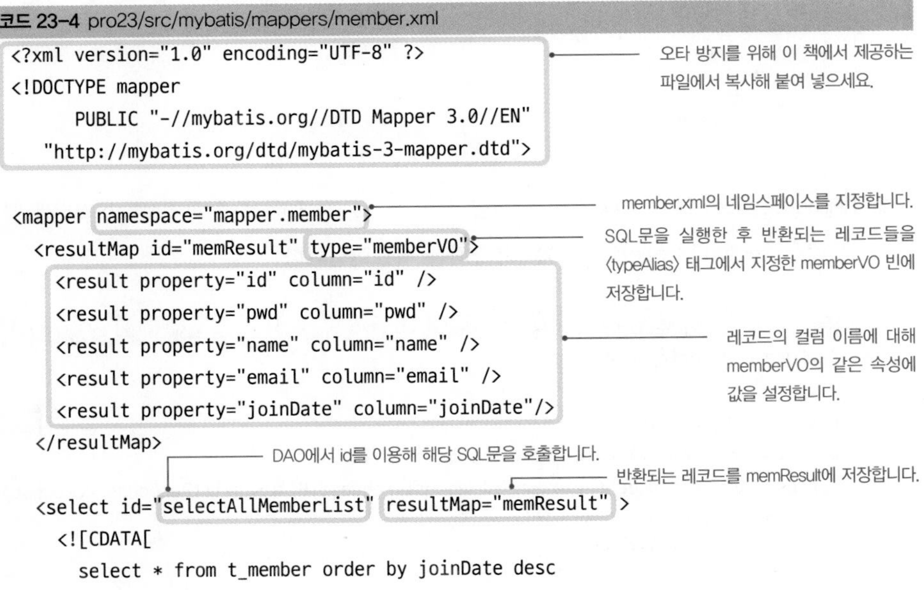

코드 23-4 pro23/src/mybatis/mappers/member.xml

```
<?xml version="1.0" encoding="UTF-8" ?>
<!DOCTYPE mapper
      PUBLIC "-//mybatis.org//DTD Mapper 3.0//EN"
   "http://mybatis.org/dtd/mybatis-3-mapper.dtd">

<mapper namespace="mapper.member">
  <resultMap id="memResult" type="memberVO">
    <result property="id" column="id" />
    <result property="pwd" column="pwd" />
    <result property="name" column="name" />
    <result property="email" column="email" />
    <result property="joinDate" column="joinDate"/>
  </resultMap>

  <select id="selectAllMemberList" resultMap="memResult" >
    <![CDATA[
      select * from t_member order by joinDate desc
```

오타 방지를 위해 이 책에서 제공하는 파일에서 복사해 붙여 넣으세요.
member.xml의 네임스페이스를 지정합니다.
SQL문을 실행한 후 반환되는 레코드들을 <typeAlias> 태그에서 지정한 memberVO 빈에 저장합니다.
레코드의 컬럼 이름에 대해 memberVO의 같은 속성에 값을 설정합니다.
DAO에서 id를 이용해 해당 SQL문을 호출합니다.
반환되는 레코드를 memResult에 저장합니다.

```
    ]]>
  </select>
</mapper>
```

Tip SQL문의 >, <, <=, >= 같은 연산자들을 XML 파일에서 작성하면 연산자가 아닌 특수 문자로 인식하므로 오류가 발생합니다. 이러한 연산자들도 SQL문의 일부라는 것을 알려주기 위해 `<![CDATA[ ... ]]>` 태그 안에 작성해야 합니다.

23.3.2 마이바티스를 이용한 회원 정보 조회 실습

그럼 본격적으로 마이바티스를 이용해 회원 정보를 조회해 보겠습니다.

1. 실제 마이바티스와 연동하기 위한 자바 클래스와 JSP를 다음과 같이 준비합니다.

▼ 그림 23-10 자바 클래스와 JSP 파일 위치

2. `MemberServlet`을 다음과 같이 작성합니다. 브라우저에서 요청 시 `MemberDAO` 객체를 생성한 후 `selectAllMemberList()`를 호출하는 서블릿입니다.

코드 23-5 pro23/src/com/spring/ex01/MemberServlet.java

```
package com.spring.ex01;
...
@WebServlet("/mem.do")
public class MemberServlet  extends HttpServlet {
  protected void doGet(HttpServletRequest request,HttpServletResponse response)
  throws ServletException, IOException {
    doHandle(request,response);
```

```
    }

    protected void doPost(HttpServletRequest request,HttpServletResponse response)
    throws ServletException , IOException {
      doHandle(request,response);
    }

    private void doHandle(HttpServletRequest request,HttpServletResponse response)
    throws ServletException, IOException {
      request.setCharacterEncoding("utf-8");
      response.setContentType("text/html;charset=utf-8");
      MemberDAO dao = new MemberDAO();
      List<MemberVO> membersList = dao.selectAllMemberList();
      request.setAttribute("membersList", membersList);
      RequestDispatcher dispatch =
                          request.getRequestDispatcher("test01/listMembers.jsp");
      dispatch.forward(request, response);
    }
  }
```

MemberDAO 객체를 생성하고 selectAllMemberList()를 호출합니다.

3. MemberDAO 클래스를 다음과 같이 작성합니다. SqlMapConfig.xml 파일을 이용해 SqlMapper 객체를 생성합니다. 그런 다음 selectAllMemberList() 메서드를 호출하면서 인자로 mapper.member.selectAllMemberList를 전달해 memeber.xml에서 해당 네임스페이스와 id에 해당하는 SQL문을 실행합니다.

코드 23-6 pro23/src/com/spring/ex01/MemberDAO.java

```
package com.spring.ex01;
...
public class MemberDAO{
  private static SqlSessionFactory sqlMapper=null;
  public static SqlSessionFactory getInstance(){
    if(sqlMapper==null) {
      try{
        String resource = "mybatis/SqlMapConfig.xml";
        Reader reader = Resources.getResourceAsReader(resource);
        sqlMapper=new SqlSessionFactoryBuilder().build(reader);
        reader.close();
      }catch(Exception e){
        e.printStackTrace();
      }
    }
    return sqlMapper;
  }
```

MemberDAO의 각 메서드 호출 시 src/mybatis/SqlMapConfig.xml에서 설정 정보를 읽은 후 데이터베이스와의 연동 준비를 합니다.

마이바티스를 이용하는 sqlMapper 객체를 가져옵니다.

```
  public List<MemberVO> selectAllMemberList(){
    sqlMapper=getInstance();
    SqlSession session=sqlMapper.openSession();
    List<MemberVO> memlist=null;
    memlist=session.selectList("mapper.member.selectAllMemberList");
    return memlist;
  }
}
```

실제 member.xml의 SQL문을 호출하는 데 사용되는 SqlSession 객체를 가져옵니다.

여러 개의 레코드를 조회하므로 selectList() 메서드에 실행하고자 하는 SQL문의 id를 인자로 전달합니다.

4. MemberVO 클래스를 다음과 같이 작성합니다. SQL문으로 전달할 값이나 SQL문을 실행한 후 반환되는 레코드들의 값을 각 속성에 저장합니다.

코드 23-7 pro23/src/com/spring/ex01/MemberVO.java

```
package com.spring.ex01;
...
public class MemberVO {
  private String id;
  private String pwd;
  private String name;
  private String email;
  private Date joinDate;

  public MemberVO() {
  }

  public MemberVO(String id, String pwd, String name, String email) {
    this.id = id;
    this.pwd = pwd;
    this.name = name;
    this.email = email;
  }

  // 각 속성에 대한 getter와 setter
...
```

5. 회원 정보를 표시하는 listMembers.jsp는 22장의 listMembers.jsp를 복사해서 사용합니다.

코드 23-8 pro23/WebContent/test01/listMembers.jsp

```
...
<c:forEach var="member" items="${membersList}" >
  <tr align="center">
    <td>${member.id}</td>
```

```
        <td>${member.pwd}</td>
        <td>${member.name}</td>
        <td>${member.email}</td>
        <td>${member.joinDate}</td>
    </tr>
    </c:forEach>
    ...
```

6. http://localhost:8090/pro23/mem.do로 요청하여 실행 결과를 확인합니다.

▼ 그림 23-11 실행 결과

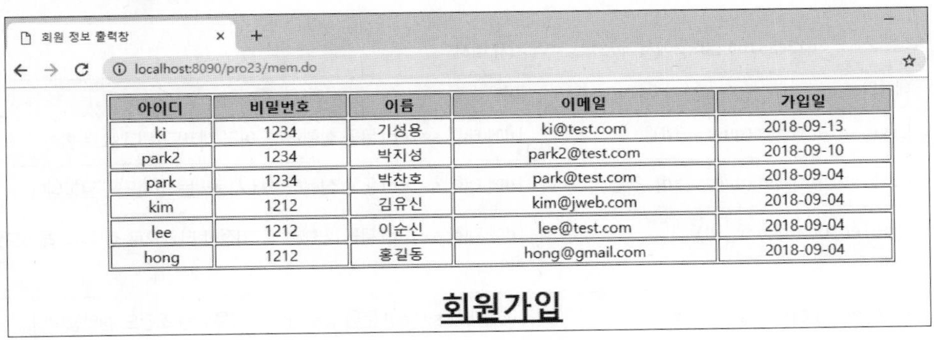

아이디	비밀번호	이름	이메일	가입일
ki	1234	기성용	ki@test.com	2018-09-13
park2	1234	박지성	park2@test.com	2018-09-10
park	1234	박찬호	park@test.com	2018-09-04
kim	1212	김유신	kim@jweb.com	2018-09-04
lee	1212	이순신	lee@test.com	2018-09-04
hong	1212	홍길동	hong@gmail.com	2018-09-04

23.4 마이바티스 이용해 회원 정보 CRUD 실습하기

이번에는 앞에서 실습한 selectList() 메서드 외에 마이바티스에서 제공하는 다른 메서드를 사용해 보겠습니다. 마이바티스의 SqlSession 클래스에서 제공하는 CRUD[1]를 실행할 때 많이 사용되는 메서드를 표 23-2에 정리했습니다.

▼ 표 23-2 SqlSession 클래스에서 제공하는 여러 가지 메서드

메서드	기능
List selectList(query_id)	id에 대한 select문을 실행한 후 여러 레코드를 List로 반환합니다.
List selectList(query_id, 조건)	id에 대한 select문을 실행하면서 사용되는 조건도 전달합니다.
T selectOne(query_id)	id에 대한 select문을 실행한 후 지정한 타입으로 한 개의 레코드를 반환합니다.
T selectOne(query_id, 조건)	id에 대한 select문을 실행하면서 사용되는 조건도 전달합니다.
Map<K, V> selectMap(query_id, 조건)	id에 대한 select문을 실행하면서 사용되는 조건도 전달합니다. Map 타입으로 레코드를 반환합니다.
int insert(query_id, Object obj)	id에 대한 insert문을 실행하면서 obj 객체의 값을 테이블에 추가합니다.
int update(query_id, Object obj)	obj 객체의 값을 조건문의 수정 값으로 사용해 id에 대한 update문을 실행합니다.
int delete(query_id, Object obj)	obj 객체의 값을 조건문의 조건 값으로 사용해 id에 대한 delete문을 실행합니다.

그럼 이번에는 마이바티스의 메서드들을 이용해 회원 조회부터 추가, 수정, 삭제까지 회원 관리 기능(CRUD)을 구현해 보겠습니다.

1 게시판을 포함해 대부분의 프로그램이 갖고 있는 Create(생성), Read(읽기), Update(갱신), Delete(삭제) 기능을 CRUD라고 부릅니다.

23.4.1 회원의 ID와 비밀번호 조회

테이블의 회원 정보 중 문자열이나 정수와 같은 기본형 데이터를 조회해 보겠습니다.

1. 우선 다음과 같이 com.spring.ex02 패키지를 만들고 필요한 실습 파일을 준비합니다.

▼ 그림 23-12 실습 파일 위치

2. member.xml에 다음과 같이 SQL문을 작성합니다. `<select>` 태그의 SQL문에 접근하기 위해 `id`를 설정합니다. `resultType`은 SQL문을 실행했을 때 한 개의 데이터를 조회하므로 `String`(문자열), `int`(정수)로 지정합니다.

코드 23-9 pro23/src/mybatis/mappers/member.xml

```
...
<mapper namespace="mapper.member">
  ...
  <select id="selectName" resultType="String">
    <![CDATA[
      select name from t_member
      where id = 'hong'
    ]]>
  </select>
  <select id="selectPwd" resultType="int" >
    <![CDATA[
      select pwd from t_member
      where id= 'hong'
    ]]>
  </select>
</mapper>
```

- id="selectName": MemberDAO에서 접근 시 사용할 SQL문의 id를 지정합니다.
- resultType="String": resultType 속성을 문자열로 지정해 SQL문으로 조회한 이름(문자열)을 호출한 메서드로 반환합니다.
- id="selectPwd": MemberDAO에서 접근 시 사용할 SQL문의 id를 지정합니다.
- resultType="int": resultType 속성을 int로 지정해 SQL문으로 조회한 정수를 호출한 메서드로 반환합니다.

3. MemberServlet을 다음과 같이 작성합니다. 서블릿에서는 MemberDAO의 selectName()과 selectPwd() 메서드를 호출한 후 각 데이터를 브라우저에 알림창으로 출력합니다.

코드 23-10 pro23/src/com/spring/ex02/MemberServlet.java

```
...
@WebServlet("/mem2.do")
public class MemberServlet extends HttpServlet {
  protected void doGet(HttpServletRequest request, HttpServletResponse response)
  throws ServletException, IOException {
    doHandle(request, response);
  }

  protected void doPost(HttpServletRequest request, HttpServletResponse response)
  throws ServletException , IOException {
    doHandle(request, response);
  }

  private void doHandle(HttpServletRequest request, HttpServletResponse response)
  throws ServletException, IOException {
    request.setCharacterEncoding("utf-8");
    response.setContentType("text/html;charset=utf-8");
    MemberDAO dao = new MemberDAO();
    String name = dao.selectName();        // MemberDAO의 selectName() 메서드를 호출합니다.
    //int pwd = dao.selectPwd();           // MemberDAO의 selectPwd() 메서드를 호출합니다.
    PrintWriter pw = response.getWriter();
    pw.write("<script>");
    pw.write("alert(' 이름: " + name +"');");    // 조회한 이름을 브라우저로 출력합니다.
    //pw.write("alert(' 비밀번호 : "+ pwd+"');");
    pw.write("</script>");
  }
}
```

4. MemberDAO 클래스를 다음과 같이 작성합니다. member.xml의 <select> 태그의 id로 각각의 SQL문을 호출한 후 각 <select> 태그의 resultType에 설정한 같은 타입의 변수로 한 개의 데이터를 반환합니다.

코드 23-11 pro23/src/com/spring/ex02/MemberDAO.java

```
...
public class MemberDAO {
  private static SqlSessionFactory sqlMapper = null;
  private static SqlSessionFactory getInstance() {
    if (sqlMapper == null) {
```

```java
      try {
        String resource = "mybatis/SqlMapConfig.xml";
        Reader reader = Resources.getResourceAsReader(resource);
        sqlMapper = new SqlSessionFactoryBuilder().build(reader);
        reader.close();
      } catch (Exception e) {
        e.printStackTrace();
      }
    }
    return sqlMapper;
  }

  public String  selectName() {
    sqlMapper = getInstance();
    SqlSession session = sqlMapper.openSession();
    String name = session.selectOne("mapper.member.selectName");
    return name;
  }

  public int  selectPwd() {
    sqlMapper = getInstance();
    SqlSession session = sqlMapper.openSession();
    int pwd = session.selectOne("mapper.member.selectPwd");
    return pwd;
  }
}
```

selectOne() 메서드로 인자로 지정한 SQL문을 실행한 후 한 개의 데이터(문자열)를 반환합니다.

selectOne() 메서드로 지정한 SQL문을 실행한 후 한 개의 데이터(정수)를 반환합니다

5. http://localhost:8090/pro23/mem2.do로 요청합니다. 서블릿에서 selectName() 메서드로 조회한 경우 아이디에 해당하는 회원 이름을 알림창으로 출력합니다.

▼ 그림 23-13 selectName() 메서드로 조회한 결과

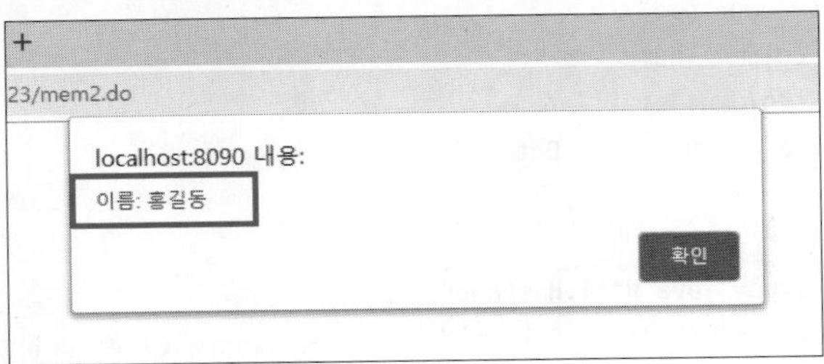

6. 서블릿에서 selectPwd() 메서드로 조회한 경우 아이디에 해당하는 비밀번호를 알림창으로 출력합니다.

▼ 그림 23-14 selectPwd() 메서드로 조회한 결과

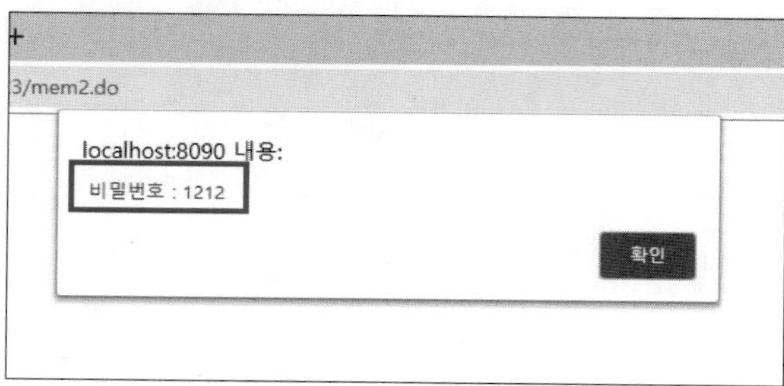

23.4.2 HashMap을 이용한 모든 회원 정보 조회

이번에는 자바의 HashMap을 이용해 모든 회원을 조회하는 기능을 실습해 보겠습니다.

<resultMap> 태그의 type 속성에는 HashMap이 지정되어 있습니다. 즉, SQL문 실행 시 레코드의 컬럼 이름을 key로 지정하고, 그 값을 value로 해서 HashMap에 차례대로 저장합니다.

1. member.xml을 다음과 같이 수정합니다.

코드 23-12 pro23/src/mybatis/mappers/member.xml

```
...
<mapper namespace="mapper.member">
  <!--
  <resultMap id="memResult" type="memberVO">
    <result property="id" column="id" />
    <result property="pwd" column="pwd" />
    <result property="name" column="name" />
    <result property="email" column="email" />
    <result property="joinDate" column="joinDate" />
  </resultMap>
  -->
  <resultMap id="memResult" type="java.util.HashMap">
    <result property="id" column="id" />
    <result property="pwd" column="pwd" />
    <result property="name" column="name" />
    <result property="email" column="email" />
    <result property="joinDate" column="joinDate" />
  </resultMap>
```

type 속성을 memberVO로 설정하는 <resultMap>은 주석 처리합니다.

조회한 레코드를 지정한 컬럼 이름을 key, 값을 value로 해서 저장합니다.

```
  <select id="selectAllMemberList" resultMap="memResult"   >
    <![CDATA[
      select * from t_member order by joinDate desc
    ]]>
  </select>
</mapper>
```

조회한 회원 정보를 HashMap에 저장합니다.

2. 브라우저에서 서블릿에 요청하면 `selectAllMemberList()` 메서드를 호출하여 조회한 회원 정보를 바인딩한 후 listMembers.jsp로 포워딩합니다.

코드 23-13 pro23/src/com/spring/ex01/MemberServlet.java

```
...
@WebServlet("/mem.do")
public class MemberServlet extends HttpServlet {
   ...
  private void doHandle(HttpServletRequest request, HttpServletResponse response)
  throws ServletException ,IOException {
    MemberDAO dao = new MemberDAO();
    // List<MemberVO> membersList = dao.selectAllMemberList();
    List<HashMap<String, String>> membersList = dao.selectAllMemberList();
    request.setAttribute("membersList", membersList);
    RequestDispatcher dispatch = request.getRequestDispatcher("test01/listMembers.jsp");
    dispatch.forward(request, response);
  }
}
```

조회한 회원 정보를 List에 저장합니다.

조회한 회원 정보를 바인딩하고 JSP로 포워딩합니다.

3. `MemberDAO` 클래스에서는 `selectList()` 메서드를 호출하면서 `id`가 `selectAllMemberList`인 SQL문을 실행하도록 다음과 같이 코드를 수정합니다.

코드 23-14 pro23/src/com/spring/ex01/MemberDAO.java

```
...
public class MemberDAO {
  ...
  public List<MemberVO> selectAllMemberList() {
    sqlMapper = getInstance();
    SqlSession session = sqlMapper.openSession();
    //List<MemberVO> memlist = null;
    List<HashMap<String, String>> memlist = null;
    membersList = session.selectList("mapper.member.selectAllMemberList");
    return membersList;
  }
}
```

모든 회원 정보를 조회합니다.

4. 다음은 실행 결과입니다. 이번에는 조회한 회원 정보를 HashMap에 저장해서 표시합니다.

❤ 그림 23-15 실행 결과

아이디	비밀번호	이름	이메일	가입일
ki	1234	기성용	ki@test.com	2018-09-13 14:45:48.0
park2	1234	박지성	park2@test.com	2018-09-10 16:30:42.0
park	1234	박찬호	park@test.com	2018-09-04 22:27:18.0
kim	1212	김유신	kim@jweb.com	2018-09-04 21:35:51.0
lee	1212	이순신	lee@test.com	2018-09-04 21:35:48.0
hong	1212	홍길동	hong@gmail.com	2018-09-04 21:35:46.0

회원가입

23.4.3 조건 값으로 회원 정보 조회

다음은 검색창에서 검색 조건을 입력한 후 member.xml의 SQL문에 전달하여 조건에 대한 회원 정보를 조회하는 예제를 실습해 보겠습니다.

1. 다음과 같이 실습 파일을 준비합니다.

❤ 그림 23-16 실습 파일 위치

2. member.xml을 다음과 같이 편집합니다. 조건 값으로 조회하는 경우는 브라우저에서 전달되는 값이 있으므로 `<select>` 태그에 `parameterType` 속성을 전달되는 조건 값의 데이터 타입으로 지정합니다. 조건 값이 문자열인 경우는 `parameterType` 속성을 `String`으로, 정수인 경우는 `int`로 설정합니다.

`MemberDAO`에서 메서드 호출 시 전달된 조건 값은 매개변수 이름으로 SQL문의 조건식에 `#{전달된 매개변수이름}` 형식으로 사용합니다. 그리고 조회되는 레코드가 한 개인 경우는 `resultType` 속성에 레코드를 저장할 `memberVO`를 설정합니다.

코드 23-15 pro23/src/mybatis/mappers/member.xml

```
...
<mapper namespace="mapper.member">
  <resultMap id="memResult" type="memberVO">
    <result property="id" column="id" />
    <result property="pwd" column="pwd" />
    <result property="name" column="name" />
    <result property="email" column="email" />
    <result property="joinDate" column="joinDate" />
</resultMap>

  <select id="selectAllMemberList" resultMap="memResult"   >
    <![CDATA[
      select * from t_member order by joinDate desc
    ]]>
  </select>

  <select id="selectMemberById" resultType="memberVO" parameterType="String" >
    <![CDATA[
      select * from t_member
      where
      id= #{id}
    ]]>
  </select>

  <select id="selectMemberByPwd" resultMap="memResult" parameterType="int" >
    <![CDATA[
      select * from t_member
      where
      pwd = #{pwd}
    ]]>
  </select>
  ...
</mapper>
```

MemberDAO에서 호출하는 id를 지정합니다.

조회되는 한 개의 레코드를 memberVO에 저장합니다.

MemebrDAO에서 SQL문 호출 시 전달되는 매개변수의 데이터 타입을 지정합니다.

MemberDAO에서 메서드를 호출하면서 parameterType으로 전달된 매개변수 이름을 select문의 id의 조건 값으로 사용합니다

SQL문 실행 시 매개변수 이름을 pwd의 조건 값으로 사용합니다.

3. 서블릿에서는 브라우저의 요청에 대해 MemberDAO 클래스의 메서드를 호출한 후 그 결과를 브라우저로 출력합니다.

코드 23-16 pro23/src/com/spring/ex03/MemberServlet.java

```
...
  private void doHandle(HttpServletRequest request, HttpServletResponse response)
  throws ServletException, IOException {
    request.setCharacterEncoding("utf-8");
    MemberDAO dao=new MemberDAO();
    MemberVO memberVO=new MemberVO();
    String action=request.getParameter("action");
    String nextPage="";
    if(action== null || action.equals("listMembers")){
      List<MemberVO> membersList=dao.selectAllMemberList();
      request.setAttribute("membersList", membersList);
      nextPage="test02/listMembers.jsp";
    }else if(action.equals("selectMemberById")){
      String id=request.getParameter("value");
      memberVO=dao.selectMemberById(id);
      request.setAttribute("member",memberVO);
      nextPage="test02/memberInfo.jsp";
    }else if(action.equals("selectMemberByPwd")){
      int pwd =Integer.parseInt(request.getParameter("value"));
      List<MemberVO> membersList=dao.selectMemberByPwd(pwd);
      request.setAttribute("membersList",membersList);
      nextPage="test02/listMembers.jsp";
    }
    RequestDispatcher dispatch = request.getRequestDispatcher(nextPage);
    dispatch.forward(request, response);
  }
}
```

검색 조건이 selectMemberById이면 전송된 값을 getParameter()로 가져온 후 SQL문의 조건식에서 id의 조건 값으로 전달합니다.

검색 조건이 selectMemberByPwd이면 전송된 값을 getParameter()로 가져온 후 SQL문의 조건식 pwd의 조건 값으로 전달합니다.

4. selectOne() 메서드는 하나의 레코드를 조회할 때 사용합니다. selectOne() 메서드의 두 번째 인자는 첫 번째 인자의 SQL문에서 매개변수 이름 **id**로 조건 값을 전달합니다.

코드 23-17 pro23/src/com/spring/ex03/MemberDAO.java

```
...
public class MemberDAO{
  ...
  public MemberVO selectMemberById(String id){
    sqlMapper=getInstance();
    SqlSession session=sqlMapper.openSession();
    MemberVO memberVO=session.selectOne("mapper.member.selectMemberById", id);
```

서블릿에서 넘어온 id의 값을 selectOne() 메서드 호출 시 해당 SQL문의 조건 값으로 전달합니다.

레코드 한 개만 조회할 때 사용합니다.

```
    return memberVO;
  }

  public List<MemberVO> selectMemberByPwd(int pwd) {
    sqlMapper = getInstance();
    SqlSession session = sqlMapper.openSession();
    List<MemberVO> membersList = null;
    membersList= session.selectList("mapper.member.selectMemberByPwd", pwd);
    return membersList;
  }
  ...
}
```

정수 데이터인 pwd를 SQL문의 조건 값으로 전달합니다.

비밀번호가 같은 회원은 여러 명이 있을 수 있으므로 selectList() 메서드로 조회합니다.

5. search.jsp를 다음과 같이 작성합니다. 검색창에 입력한 값과 셀렉트 박스의 검색 조건을 선택해 서블릿으로 전송합니다.

코드 23-18 pro23/WebContent/test02/search.jsp

```
...
  <title>회원 검색창</title>
</head>
<body>
 <form action="${pageContext.request.contextPath}/mem3.do">
   입력 : <input  type="text" name="value"/>
   <select name="action">
     <option value="listMembers" >전체</option>
     <option value="selectMemberById" >아이디</option>
     <option  value="selectMemberByPwd">비밀번호</option>
   </select> <br>
   <input type="submit" value="검색" />
</form>
</body>
</html>
```

검색할 값을 입력합니다.

셀렉트 박스의 검색 조건을 선택합니다.

6. memberInfo.jsp에서는 검색 조건으로 조회한 회원 정보를 출력합니다.

코드 23-19 pro23/WebContent/test02/memberInfo.jsp

```
...
  <table border="1" align="center" width="100%" >
    <tr align="center"   bgcolor="lightgreen">
      <td ><b>아이디</b></td>
      <td><b>비밀번호</b></td>
      <td><b>이름</b></td>
      <td><b>이메일</b></td>
```

```
        <td><b>가입일</b></td>
      </tr>
      <tr align="center">
        <td>${member.id}</td>
        <td>${member.pwd}</td>
        <td>${member.name}</td>
        <td>${member.email}</td>
        <td>${member.joinDate}</td>
      </tr>
    </table>
  ...
```

7. http://localhost:8090/pro23/test02/search.jsp로 요청하여 셀렉트 박스에서 **아이디**를 선택하여 검색 조건을 설정합니다. 입력 칸에 **park**이라고 입력한 후 **검색**을 클릭합니다.

❯ 그림 23-17 아이디로 검색

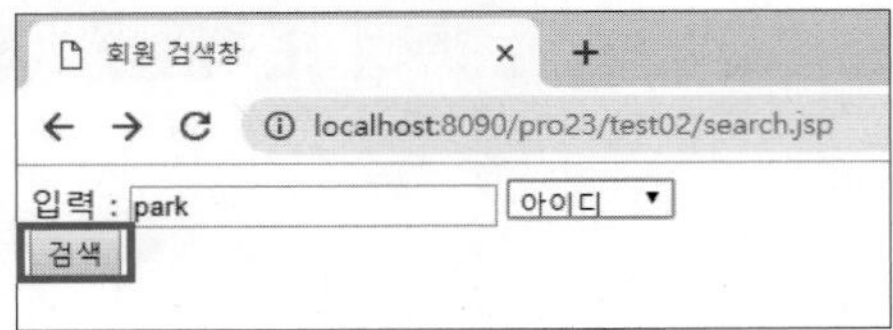

8. 조회된 결과가 memberInfo.jsp에 표시됩니다.

❯ 그림 23-18 아이디로 검색한 결과

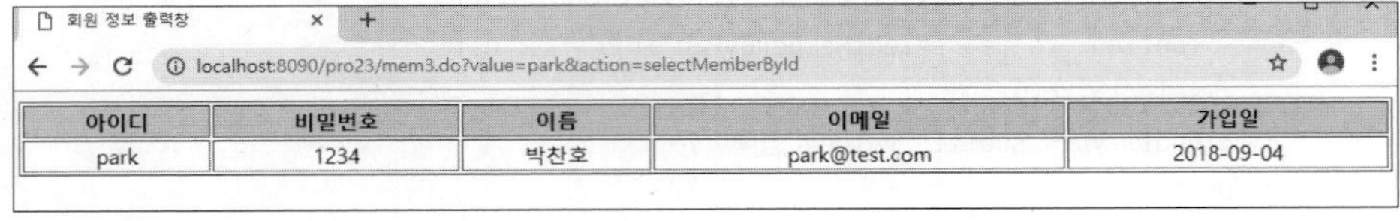

아이디	비밀번호	이름	이메일	가입일
park	1234	박찬호	park@test.com	2018-09-04

9. 이번에는 셀렉트 박스에서 검색 조건을 **비밀번호**로 설정한 후 **검색**을 클릭합니다. 그러면 입력한 값과 같은 비밀번호를 가지는 회원 정보가 모두 표시됩니다.

▼ 그림 23-19 비밀번호로 검색한 결과

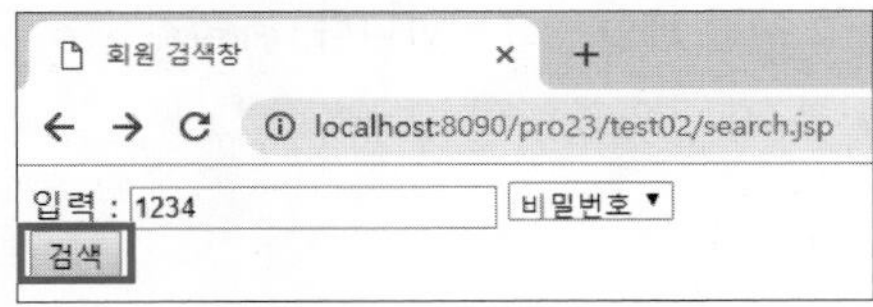

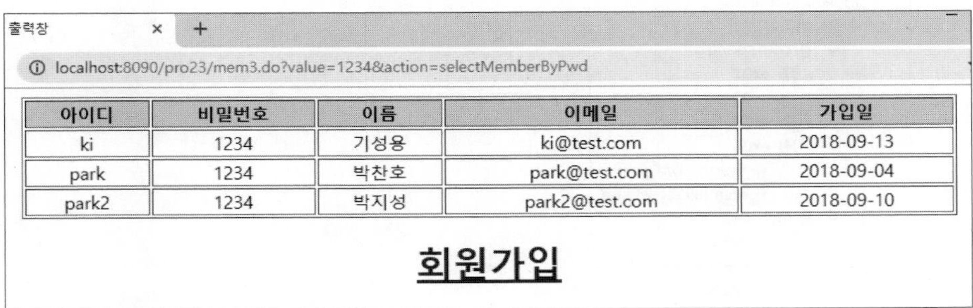

아이디	비밀번호	이름	이메일	가입일
ki	1234	기성용	ki@test.com	2018-09-13
park	1234	박찬호	park@test.com	2018-09-04
park2	1234	박지성	park2@test.com	2018-09-10

회원가입

10. 검색 조건을 **전체**로 설정해서 요청하면 전체 회원 정보가 표시됩니다.

▼ 그림 23-20 전체 회원 정보 검색 결과

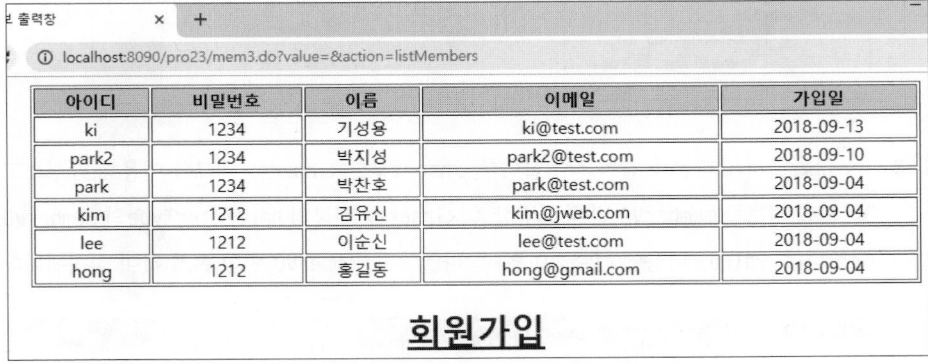

아이디	비밀번호	이름	이메일	가입일
ki	1234	기성용	ki@test.com	2018-09-13
park2	1234	박지성	park2@test.com	2018-09-10
park	1234	박찬호	park@test.com	2018-09-04
kim	1212	김유신	kim@jweb.com	2018-09-04
lee	1212	이순신	lee@test.com	2018-09-04
hong	1212	홍길동	hong@gmail.com	2018-09-04

회원가입

23.4.4 회원 정보 추가

이번에는 회원 가입창에서 입력한 회원 정보를 마이바티스를 이용해 등록해 보겠습니다.

1. 다음과 같이 com.spring.ex04 패키지를 만들고 실습 파일을 준비합니다.

그림 23-21 실습 파일 위치

2. member.xml을 다음과 같이 작성합니다. insert문은 <insert> 태그를 이용해 작성하고 등록할 회원 정보를 memberVO 빈에 설정한 후 <insert> 태그의 parameterType의 memberVO로 전달합니다. values 다음에 #{속성이름}을 나열하면 memberVO 빈의 속성 값이 설정됩니다.

코드 23-20 pro23/src/mybatis/mappers/member.xml

```
...
<mapper namespace="mapper.member">
  ...
  <insert id="insertMember" parameterType="memberVO">
    <![CDATA[
      insert into t_member(id,pwd, name, email)
      values(#{id}, #{pwd}, #{name}, #{email})
    ]]>
  </insert>
  ...
```

MemberDAO에서 회원 정보를 memberVO의 속성에 저장해서 넘깁니다.

memberVO의 속성 이름에 저장된 값을 value로 설정합니다.

3. 브라우저에서 전송된 action 값이 insertMember면 함께 전송된 회원 정보를 가져와 MemberVO 객체에 설정합니다. 그런 다음 MemberDAO의 insertMember() 메서드를 호출하면서 인자로 전달합니다.

코드 23-21 pro23/src/com/spring/ex04/MemberServlet.java

```
...
 private void doHandle(HttpServletRequest request, HttpServletResponse response)
 throws ServletException, IOException {
        ...
   } else if(action.equals("insertMember")) {
     String id=request.getParameter("id");
     String pwd=request.getParameter("pwd");
     String name=request.getParameter("name");
     String email = request.getParameter("email");
     memberVO.setId(id);
     memberVO.setPwd(pwd);
     memberVO.setName(name);
     memberVO.setEmail(email);
     dao.insertMember(memberVO);
     nextPage="/mem4.do?action=listMembers";
   }
   RequestDispatcher dispatch = request.getRequestDispatcher(nextPage);
   dispatch.forward(request, response);
 }
 ...
```

회원 가입창에서 전송된 회원 정보를 MemberVO에 설정한 후 insertMember() 메서드로 전달합니다.

4. MemberDAO 클래스에서 insert문을 사용하려면 SqlSession 클래스의 insert() 메서드를 이용해야 합니다. 다음과 같이 insert() 메서드의 첫 번째 인자에는 실행하고자 하는 SQL문의 id를 입력하고 두 번째 인자에는 SQL문으로 전달할 데이터를 지정합니다. SQL문으로 전달할 데이터는 <insert> 태그의 parameterType 속성의 데이터 타입인 MemberVO 클래스와 일치해야 합니다.

코드 23-22 pro23/src/com/spring/ex04/MemberDAO.java

```
...
public class MemberDAO {
  ...
  public int insertMember(MemberVO memberVO) {
    sqlMapper = getInstance();
    SqlSession session = sqlMapper.openSession();
    int result = 0;
    result = session.insert("mapper.member.insertMember", memberVO);
```

지정한 id의 SQL문에 memberVO의 값을 전달하여 회원 정보를 테이블에 추가합니다.

```
        session.commit();
        return result;
    }
```

수동 커밋이므로 반드시 commit() 메서드를 호출하여 영구 반영합니다.

5. 회원 가입창에서 회원 정보를 전송하면 action 값으로 insertMember를 전달합니다.

코드 23-23 pro23/WebContent/test03/memberForm.jsp

```
...
  <form method="post" action="${ contextPath}/mem4.do?action=insertMember">
    <h1  class="text_center">회원 가입창</h1>
    <table  align="center">
      <tr>
        <td width="200"><p align="right">사용자 아이디</td>
        <td width="400"><input type="text" name="id"></td>
    </tr>
...
```

action 값으로 insertMember를 MemberServlet으로 전달합니다.

6. http://localhost:8090/pro23/test03/memberForm.jsp로 요청하여 회원 정보를 입력하고 **가입하기**를 클릭하면 새 회원 정보가 추가되고 회원 목록이 표시됩니다.

▼ 그림 23-22 회원 정보 추가 후 회원 목록 표시

아이디	비밀번호	이름	이메일	가입일
jspark	1234	박지성	jspark@test.com	2018-09-29
ki	1234	기성용	ki@test.com	2018-09-13
park	1234	박찬호	park@test.com	2018-09-04
kim	1212	김유신	kim@jweb.com	2018-09-04
lee	1212	이순신	lee@test.com	2018-09-04
hong	1212	홍길동	hong@gmail.com	2018-09-04

회원가입

23.4.5 HashMap을 이용한 회원 정보 추가

앞 절에서는 MemberVO에 회원 정보를 설정한 후 SQL문으로 전달하여 테이블에 추가했습니다. 이번에는 HashMap에 회원 정보를 설정한 후 추가해 보겠습니다.

1. member.xml을 다음과 같이 수정합니다. insert문의 parameterType을 HashMap으로 지정합니다. 회원 정보들은 HashMap의 key를 이용해 가져옵니다.

코드 23-24 pro23/src/mybatis/mappers/member.xml

```
...
  <insert id="insertMember2"  parameterType="java.util.HashMap">
    <![CDATA[
      insert into t_member(id,pwd, name, email)
      values(#{id}, #{pwd}, #{name}, #{email})
    ]]>
  </insert>
...
```

MemberDAO에서 회원 정보를 HashMap에 담아서 전달합니다.

HashMap에 각각의 key로 저장된 value를 가져와 테이블에 추가합니다.

2. MemberServlet 클래스를 다음과 같이 작성합니다. 브라우저에서 전달된 회원 정보를 HashMap에 key/value로 저장한 후 MemberDAO의 insertMember2() 메서드로 전달합니다.

코드 23-25 pro23/src/com/spring/ex04/MemberServlet.java

```
...
private void doHandle(HttpServletRequest request,HttpServletResponse response)
throws ServletException,  IOException {
  ...
  } else if(action.equals("insertMember2")) {
    String id=request.getParameter("id");
    String pwd=request.getParameter("pwd");
    String name=request.getParameter("name");
    String email = request.getParameter("email");
    Map memberMap=new HashMap();
    memberMap.put("id", id);
    memberMap.put("pwd", pwd);
    memberMap.put("name", name);
    memberMap.put("email", email);
    dao.insertMember2(memberMap);
    nextPage="/mem4.do?action=listMembers";
  }
  RequestDispatcher dispatch = request.getRequestDispatcher(nextPage);
  dispatch.forward(request, response);
}
...
```

회원 가입창에서 전송된 회원 정보를 HashMap에 key/value로 저장한 후 MemberDAO의 insertMember2() 인자로 전달합니다.

3. 이번에는 SqlSession 클래스의 insert() 메서드 호출 시 두 번째 인자로 HashMap을 전달합니다.

코드 23-26 pro23/src/com/spring/ex04/MemberDAO.java

```
...
public int insertMember2(Map<String,String> memberMap){
  sqlMapper=getInstance();
  SqlSession session=sqlMapper.openSession();
  int result= session.insert("mapper.member.insertMember2", memberMap);
  session.commit();
  return result;
}
...
```

메서드로 전달된 HashMap을 다시 SQL문으로 전달합니다.

4. memberForm.jsp의 <form> 태그의 action 속성을 ${contextPath}/mem4.do?action=insertMember2로 변경합니다.

5. http:localhost:8090/pro23/test03/memberForm.jsp로 요청하여 회원 정보를 입력하고 **가입하기**를 클릭한 후 회원 정보를 등록하고 결과를 확인합니다.

✔ 그림 23-23 회원 정보 등록 후 회원 목록 표시

아이디	비밀번호	이름	이메일	가입일
cha	1212	차범근	cha@test.com	2018-11-22
ki	1234	기성용	ki@test.com	2018-09-13
kim	1212	김유신	kim@jweb.com	2018-09-04
lee	1212	이순신	lee@test.com	2018-09-04
hong	1212	홍길동	hong@gmail.com	2018-09-04

회원가입

실행 결과를 보면 MemberVO로 테이블에 추가할 때와 같은 결과가 표시됩니다. HashMap으로 추가하는 방법도 많이 사용하니 기억해 두기 바랍니다.

23.4.6 회원 정보 수정

이번에는 insert문을 이용해 추가한 회원 정보를 update문을 이용해 수정해 보겠습니다.

1. 회원 정보 수정에 필요한 modMember.jsp를 추가합니다.

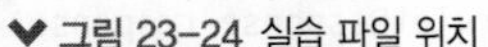

2. member.xml을 다음과 같이 수정합니다. update문은 <update> 태그를 이용해 작성하고, parameterType 속성은 MemberDAO에서 메서드를 호출할 때 전달될 MemberVO 클래스 타입으로 지정합니다. update문에서 수정할 컬럼 값들을 MemberVO 속성 이름으로 지정하고, 수정할 회원 ID에 해당하는 조건 값도 MemberVO의 id 속성 값으로 지정합니다.

코드 23-27 pro23/src/mybatis/mappers/member.xml

```
...
  <update id="updateMember" parameterType="memberVO">
    <![CDATA[
      update t_member
      set pwd=#{pwd}, name=#{name}, email=#{email}
      where
```

SQL문에 사용될 데이터를 memberVO 빈에 설정해 전달합니다.

memberVO 빈의 속성 값을 각 컬럼의 수정 값으로 설정합니다.

```
    id=#{id}
  ]]>
</update>
...
```

membrVO 빈의 id 속성 값을 조건 값으로 사용합니다.

3. MemberServlet을 다음과 같이 작성합니다. 회원 수정창에서 전달받은 회원 정보를 memberVO에 설정한 후 SQL문으로 전달합니다.

코드 23-28 pro23/src/com/spring/ex04/MemberServlet.java

```
...
  private void doHandle(HttpServletRequest request,HttpServletResponse response)
  throws ServletException , IOException {
    ...
    } else if(action.equals("updateMember")){
      String id=request.getParameter("id");
      String pwd=request.getParameter("pwd");
      String name=request.getParameter("name");
      String email = request.getParameter("email");
      memberVO.setId(id);
      memberVO.setPwd(pwd);
      memberVO.setName(name);
      memberVO.setEmail(email);
      dao.updateMember(memberVO);
      nextPage="/mem4.do?action=listMembers";
    }
    RequestDispatcher dispatch = request.getRequestDispatcher(nextPage);
    dispatch.forward(request, response);
  }
  ...
```

회원 수정창에서 전송된 회원 정보를 MemberVO의 속성에 설정한 후 updateMember()를 호출하면서 MemberVO 객체를 전달합니다.

4. MemberDAO에서 SqlSession 클래스의 update() 메서드를 이용해서 update문을 실행하도록 다음과 같이 설정합니다. update() 메서드를 호출하면서 서블릿에서 전달된 memberVO를 update문으로 전달합니다. update() 메서드로 SQL문을 실행한 후에는 반드시 commit() 메서드를 사용해서 커밋을 해주어야 합니다.

코드 23-29 pro23/src/com/spring/ex04/MemberDAO.java

```
...
  public int updateMember(MemberVO memberVO) {
    sqlMapper = getInstance();
    SqlSession session = sqlMapper.openSession();
    int result = session.update("mapper.member.updateMember", memberVO);
```

updagte문 호출 시 SqlSession의 updadte() 메서드를 이용합니다.

```
      session.commit();
      return result;
   }
   ...
```

5. modMember.jsp를 다음과 같이 작성합니다. 수정할 회원 정보를 입력하고 `action` 값으로 `updateMember`를 설정하여 서블릿으로 전달합니다.

코드 23-30 pro23/WebContent/test03/modMember.jsp

```
...
<form method="post"  action="${contextPath}/mem4.do?action=updateMember">
  <h1  class="text_center">회원 정보 수정창</h1>
  <table  align="center">
    <tr>
      <td width="200"><p align="right">사용자 아이디</td>
      <td width="400"><input type="text"  name="id"></td>
    </tr>
    ....
    ....
    <input type="submit"  value="수정하기">
...
```

updateMember 서블릿에 전달합니다.

6. http://localhost:8090/pro23/test03/modMember.jsp로 요청하여 ID가 cha인 회원의 수정 정보를 입력하고 **수정하기**를 클릭하면 수정된 회원 정보가 표시됩니다.

❯ 그림 23-25 ID가 cha인 회원 정보를 수정한 결과

아이디	비밀번호	이름	이메일	가입일
cha	4321	차범근	cha2@test.com	2018-11-22
ki	1234	기성용	ki@test.com	2018-09-13
kim	1212	김유신	kim@jweb.com	2018-09-04
lee	1212	이순신	lee@test.com	2018-09-04
hong	1212	홍길동	hong@gmail.com	2018-09-04

회원가입

23.4.7 회원 정보 삭제

이번에는 회원 목록창에서 회원 ID를 전송 받아 회원 정보를 삭제해 보겠습니다.

1. member.xml에 다음 내용을 추가합니다. delete문은 <delete> 태그를 이용해 작성하며 parameterType 속성을 String으로 설정합니다. 매개변수 이름 id로 전달된 값을 delete문의 조건 값으로 사용합니다.

코드 23-31 pro23/src/mybatis/mappers/member.xml

```
...
  <delete id="deleteMember" parameterType="String">
    <![CDATA[
      delete from  t_member
      where
      id=#{id}
    ]]>
  </delete>
...
```

- parameterType="String": 회원 ID는 문자열이므로 parameterType을 String으로 설정합니다.
- #{id}: 전달된 ID를 조건 값으로 해당 회원 정보를 삭제합니다.

2. MemberServlet 클래스는 다음과 같이 작성합니다. 브라우저에서 서블릿으로 전달된 action 값이 deleteMember면 같이 전달된 ID 값을 받아 MemberDAO로 전달합니다.

코드 23-32 pro23/src/com/sring/ex04/MemberServlet.java

```
...
  private void doHandle(HttpServletRequest request,HttpServletResponse response)
  throws ServletException, IOException {
    ...
    } else if(action.equals("deleteMember")){
      String id=request.getParameter("id");
      dao.deleteMember(id);
      nextPage="/mem4.do?action=listMembers";
    }
    RequestDispatcher dispatch = request.getRequestDispatcher(nextPage);
    dispatch.forward(request, response);
  }
  ...
```

- String id=request.getParameter("id");: 회원 ID를 가져옵니다.
- dao.deleteMember(id);: 회원 목록창에서 전달된 ID를 deleteMember() 메서드를 호출하면서 SQL문으로 전달합니다.

3. MemberDAO 클래스는 다음과 같이 작성합니다. SqlSession 클래스의 delete() 메서드를 이용해 delete문을 실행하고 전달된 ID를 다시 delete() 메서드를 호출하면서 delete문으로 전달합니다.

코드 23-33 pro23/src/com/sring/ex04/MemberDAO.java

```
...
public int deleteMember(String id) {
  sqlMapper = getInstance();
  SqlSession session = sqlMapper.openSession();
  int result = 0;
  result = session.delete("mapper.member.deleteMember", id);
  session.commit();
  return result;
}
...
```

delete문을 실행하려면 SqlSession의 delete() 메서드를 이용해야 합니다.

SQL문을 실행한 후 반드시 커밋합니다.

4. listMembers.jsp를 다음과 같이 작성합니다. 회원 목록창에 삭제하기 링크를 추가합니다. **삭제하기**를 클릭하면 action 값과 회원의 ID를 서블릿으로 전송하도록 합니다.

코드 23-34 pro23/WebContent/test03/listMembers.jsp

```
...
  <table border="1"  align="center"  width="80%">
    <tr align="center"   bgcolor="lightgreen">
      <td ><b>아이디</b></td>
      <td><b>비밀번호</b></td>
      <td><b>이름</b></td>
      <td><b>이메일</b></td>
      <td><b>가입일</b></td>
      <td><b>삭제</b></td>
    </tr>
 <c:forEach var="member" items="${membersList}" >
    <tr align="center">
      <td>${member.id}</td>
      <td>${member.pwd}</td>
      <td>${member.name}</td>
      <td>${member.email}</td>
      <td>${member.joinDate}</td>
      <td><a href="${contextPath}/mem4.do?action=deleteMember&id=${member.id}">
      삭제하기</a></td>
    </tr>
 </c:forEach>
  </table>
  ...
```

삭제하기 클릭 시 action 값과 회원 ID를 서블릿으로 전송합니다.

5. http://localhost:8090/pro23/mem4.do로 회원 목록을 요청한 후 **삭제하기**를 클릭합니다. 그러면 해당 회원 정보를 삭제한 후 회원 목록을 표시합니다.

❤ 그림 23-26 회원 목록에서 삭제 요청 결과

아이디	비밀번호	이름	이메일	가입일	삭제
cha	4321	차범근	cha2@test.com	2018-11-22	삭제하기
ki	1234	기성용	ki@test.com	2018-09-13	삭제하기
kim	1212	김유신	kim@jweb.com	2018-09-04	삭제하기
lee	1212	이순신	lee@test.com	2018-09-04	삭제하기
hong	1212	홍길동	hong@gmail.com	2018-09-04	삭제하기

회원가입

아이디	비밀번호	이름	이메일	가입일	삭제
ki	1234	기성용	ki@test.com	2018-09-13	삭제하기
kim	1212	김유신	kim@jweb.com	2018-09-04	삭제하기
lee	1212	이순신	lee@test.com	2018-09-04	삭제하기
hong	1212	홍길동	hong@gmail.com	2018-09-04	삭제하기

회원가입

JAVA WEB

23.5 마이바티스의 동적 SQL문 사용하기

이번에는 마이바티스의 동적 SQL 기능이 왜 등장했는지 그리고 어떻게 사용하는지 알아보겠습니다.

다음 첫 번째 SQL문은 아무 조건 없이 모든 회원 정보를 조회하는 SQL문입니다. 두 번째와 세 번째 SQL문은 첫 번째 SQL문에 대해, 두 번째는 ID로, 세 번째는 ID와 비밀번호를 조건절로 하여 회원 정보를 조회하는 SQL문입니다.

```
select * from t_member;      ①

select * from  t_member      ②
where
id = 'hong';

select * from t_member       ③
where
id='hong'
and pwd='1234';
```

이 SQL문들은 select문에 대해 각각의 조건절에 따라 각각의 SQL문을 따로 작성해야 합니다. 그런데 세 개의 SQL문을 분석해 보면 조건절만 다르지 동일한 select문을 사용하고 있습니다. 그러면 세 개의 SQL문을 일일이 만드는 것보다는 마이바티스의 동적 SQL 기능을 이용하면 각 조건절에 대해 한 개의 SQL문으로 구현할 수 있어 더 편리합니다. 즉, 공통 SQL문에 대해 조건 값의 유무에 따라 동적으로 공통 SQL문에 조건절을 추가하는 것입니다. 이것이 바로 동적 SQL문이 등장하게 된 배경입니다.

동적 SQL문은 주로 where절을 동적으로 추가합니다. 그리고 마이바티스의 동적 SQL문에 사용되는 태그들은 JSP의 JSTL에서 사용되는 코어 태그들과 유사합니다.

마이바티스의 동적 SQL문의 특징은 다음과 같습니다.

- SQL문의 조건절에서 사용합니다.
- 조건절(where)에 조건을 동적으로 추가합니다.
- JSTL과 XML 기반으로 동적 SQL문을 작성합니다.

동적 SQL문을 구성하는 요소들은 다음과 같습니다.

- if
- choose(when, otherwise)
- trim(where, set)
- foreach

그럼 지금부터 하나씩 실습을 통해 알아보겠습니다.

23.5.1 〈if〉 태그로 동적 SQL문 만들기

동적 SQL문을 작성할 때 각 조건에 대해 동적으로 SQL문에 조건식을 추가해 주는 <if> 태그에 대해 알아보겠습니다. <if> 태그는 <where> 태그 안에서 사용됩니다. <where> 태그는 <if> 태그에 따라 조건식이 존재하면 공통 SQL문에 where절을 추가합니다. 반대로 조건식이 없으면 추가하지 않습니다.

<if> 태그는 JSTL의 <c:if> 코어 태그의 사용법과 같습니다.

코드 <if> 태그 사용법

```
<where>
  <if test="조건식">
     추가할 구문
  </if>
</where>
```

1. 다음과 같이 실습 파일을 준비합니다.

❖ 그림 23-27 실습 파일 위치

2. member.xml에 모든 회원 정보를 조회하는 select문에 대해 <where>를 이용한 조건절을 다음과 같이 추가합니다. 첫 번째 <if> 태그는 parameterType 속성의 memberVO의 name 속성으로 전달된 값이 있으면 select문에 이름으로 조회하는 내용입니다. 두 번째 <if> 태그는 parameterType 속성의 memberVO의 email 속성으로 전달된 값이 있으면 select문에 이메일로 조회하는 내용입니다.

코드 23-35 pro23/src/mybatis/mappers/member.xml

```
...
  <select id="searchMember" parameterType="memberVO" resultMap="memResult">
    <![CDATA[
```

```
    select * from t_member        ●──── 공통 SQL문입니다.
  ]]>
  <where>  ●──── <where> 태그를 이용해 SQL문의 where절을 구성합니다.
    <if test="name != ''  and name != null">  ●──── name 속성 값을 체크해 공백이 아니거나 null이 아니면 'name=name 속성 값' 조건절을 공통 SQL문 뒤에 추가합니다.
      name = #{name}
    </if>
    <if test=" email != ''  and email != null ">  ●──── email 속성 값을 체크해 공백과 null이 아니면 'email =email 속성 값' 구문을 공통 SQL문 뒤에 추가합니다.
      and  email=#{email}
    </if>
  </where>
  order by joinDate desc
 </select>
</mapper>
```

3. MemberServlet 클래스를 다음과 같이 작성합니다. 브라우저에서 action 값 searchMember를 전송할 때 검색창에 입력한 name과 email 값을 가져옵니다. 그런 다음 MemberDAO의 searchMember() 메서드를 호출하면서 SQL문의 조건 값으로 전달합니다.

코드 23-36 pro23/src/com/spring/ex04/MemberServlet.java

```
...
  private void doHandle(HttpServletRequest request,HttpServletResponse response)
  throws ServletException, IOException {
    ...
    } else if(action.equals("searchMember")){
      String name=request.getParameter("name");      ●──── 검색창에 입력한 검색 조건을 가져옵니다.
      String email=request.getParameter("email");
      memberVO.setName(name);
      memberVO.setEmail(email);
      List<MemberVO> membersList =dao.searchMember(memberVO);
      request.setAttribute("membersList",membersList);
      nextPage="test03/listMembers.jsp";
    }
  ...
```

4. MemberDAO 클래스를 다음과 같이 작성합니다. 서블릿에서 전달된 이름과 이메일을 MemberVO 객체의 각 속성에 저장한 후 다시 SqlSession 클래스의 selectList() 메서드를 호출하면서 SQL문으로 전달합니다.

코드 23-37 pro23/src/com/spring/ex04/MemberDAO.java

```
  ...
  public List<MemberVO> searchMember(MemberVO  memberVO){
```

23 마이바티스 프레임워크 사용하기

```
    sqlMapper=getInstance();
    SqlSession session=sqlMapper.openSession();
    List<MemberVO> list=session.selectList("mapper.member.searchMember",memberVO);
    return list;
  }
  ...
```

회원 검색창에서 전달된 이름과 나이 값을 memberVO에 설정하여 SQL문으로 전달합니다.

5. searchMember.jsp에서는 검색 조건을 입력하고 <hidden> 태그의 action 값을 searchMember로 설정해 서블릿으로 전송합니다.

코드 23-38 pro23/WebContent/test03/searchMember.jsp

```
...
<body>
  <h1>회원검색</h1>
  <form action="${contextPath}/mem4.do">
    <input  type="hidden" name="action" value="searchMember" />
    이름 : <input  type="text" name="name" /><br>
    이메일 : <input  type="text" name="email" /><br>
   <input type="submit" value="검색"  />
  </form>
</body>
...
```

〈hidden〉 태그를 이용해 서블릿으로 action 값을 전달합니다.

6. http://localhost:8090/pro23/test03/searchMember.jsp로 요청하여 이름과 이메일로 조회합니다. 그러면 이름과 이메일을 동시에 만족하는 회원 정보를 출력합니다.

▼ 그림 23-28 이름과 이메일로 조회한 결과

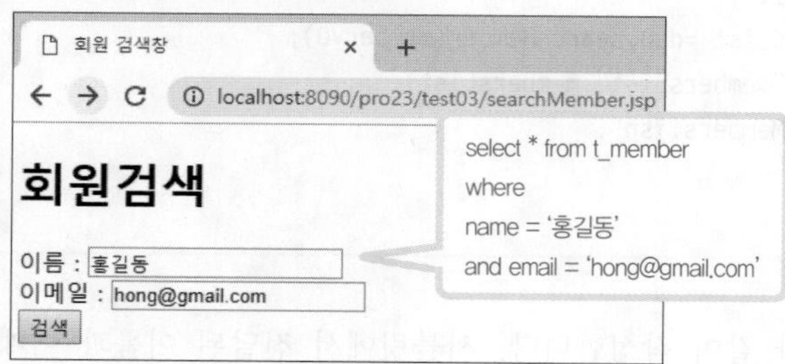

아이디	비밀번호	이름	이메일	가입일
hong	1212	홍길동	hong@gmail.com	2018-09-04

회원가입

7. 이번에는 이름으로만 조회해 보겠습니다. 그러면 이름에 해당하는 회원 정보를 출력합니다.

▼ 그림 23-29 이름으로만 조회한 결과

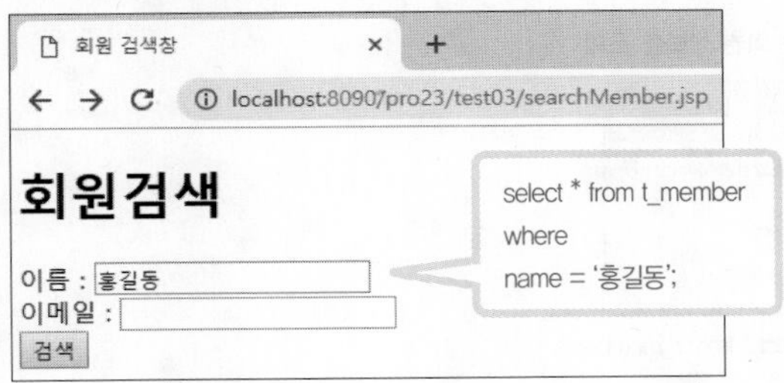

아이디	비밀번호	이름	이메일	가입일
hong	1212	홍길동	hong@gmail.com	2018-09-04

회원가입

8. 마찬가지로 이메일로만 조회하면 이메일에 해당하는 모든 회원 정보를 표시합니다.

▼ 그림 23-30 이메일로만 조회한 결과

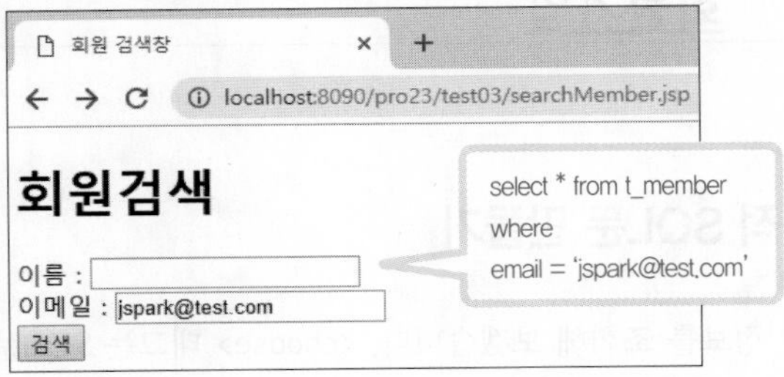

아이디	비밀번호	이름	이메일	가입일
jspark	1234	박지성	jspark@test.com	2018-09-29

회원가입

9. 마지막으로 회원 검색창에 아무것도 입력하지 않고 **검색**을 클릭하면 모든 회원 정보를 조회합니다.

▼ 그림 23-31 아무것도 클릭하지 않으면 모든 회원 정보를 조회

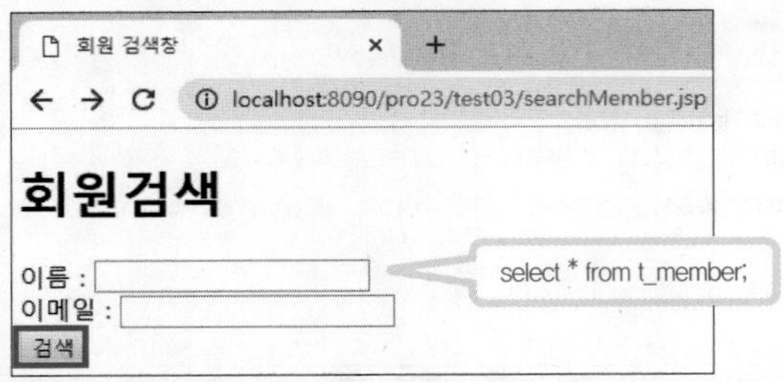

아이디	비밀번호	이름	이메일	가입일
jspark	1234	박지성	jspark@test.com	2018-09-29
ki	1234	기성용	ki@test.com	2018-09-13
park	1234	박찬호	park@test.com	2018-09-04
kim	1212	김유신	kim@jweb.com	2018-09-04
lee	1212	이순신	lee@test.com	2018-09-04
hong	1212	홍길동	hong@gmail.com	2018-09-04

회원가입

23.5.2 〈choose〉 태그로 동적 SQL문 만들기

이번에는 <choose> 태그를 이용해 회원 정보를 조회해 보겠습니다. <choose> 태그는 SQL문에서 자바의 switch문과 같은 기능을 구현한다고 생각하면 됩니다. 이때 <otherwise> 태그는 생략할 수 있습니다.

코드 〈choose〉 태그 사용법

```
<choose>
  <when test="조건식1">
     구문1
  </when>
  <when test="조건식2">
     구문2
  </when>
   ...
  <otherwise>
     구문 n+1;
```

```
    </otherwise>
  </choose>
```

<c:choose> 태그를 이용해 이름과 이메일로 회원을 조회하는 SQL문을 작성합니다.

코드 23-39 pro23/src/mybatis/mappers/member.xml

```
...
  <select id="searchMember" parameterType="memberVO" resultMap="memResult">
     <![CDATA[
          select * from t_member
     ]]>
     <where>
       <choose>
         <when test="name != '' and name != null and  email != '' and email != null">
           name=#{name} and email=#{email}
         </when>
         <when test="name != '' and name != null">
           name = #{name}
         </when>
         <when test="email != '' and email != null">
           email = #{email}
         </when>
       </choose>
     </where>
     order by joinDate desc
  </select>
</mapper>
```

- SQL문 id를 searchMember로 지정합니다.
- name과 email 속성 값이 모두 있는 경우 'name=name 속성 값 and email=email 속성 값' 조건식을 where절에 추가합니다.
- name 속성 값만 있을 경우 'name=name 속성 값' 조건식을 where절에 추가합니다.
- email 속성값만 있을 경우 'email=email 속성 값' 조건식을 where절에 추가합니다.

실행 결과는 <if> 태그를 사용했을 때와 같습니다.

23.5.3 〈foreach〉 태그로 회원 정보 조회하기

<foreach> 태그를 이용하면 SQL문에서 한 번에 여러 개의 데이터를 처리할 수 있습니다. 사용법은 다음과 같습니다.

코드 〈foreach〉 태그 사용법

```
<foreach item="item"  collection="list" index="index"  open=" (" close=")" separator=",">
    #{item}
</foreach>
```

표 23-3은 <foreach> 태그의 여러 가지 속성을 정리한 것입니다.

▼ 표 23-3 〈foreach〉 태그에 관련된 속성들

속성	설명
collection	전달받은 인자 값을 의미하며, 배열과 List 계열 인스턴스를 전달할 수 있습니다. List 인스턴스 전달 시에는 list로 표시하고 배열 전달 시에는 array로 표시합니다.
index	foreach문이 반복될 때마다 1씩 증가시키면서 접근하는 값의 위치를 나타냅니다. 최초 값의 위치는 0입니다.
item	반복문이 실행될 때마다 collection 속성에 지정된 값에 접근하여 차례대로 사용합니다.
open	해당 구문이 시작될 때의 지정한 기호를 추가합니다.
close	해당 구문이 끝날 때의 지정한 기호를 추가합니다.
separator	한 번 이상 반복될 때 반복되는 사이에 지정한 기호를 추가합니다.

그럼 <foreach> 태그를 이용해 회원 정보를 조회해 볼까요?

1. 다음과 같이 member.xml을 작성하여 SQL문으로 Map 데이터가 전달되면 <foreach> 태그로 Map 데이터의 값을 반복해서 접근한 후 in 조건절에 조건 값으로 추가합니다.

코드 23-40 pro23/src/mybatis/mappers/member.xml

```
...
  <select id="foreachSelect" resultMap="memResult" parameterType="java.util.Map">
    <![CDATA[
      select * from t_member
    ]]>
    where name in
    <foreach item="item" collection="list" open="(" separator="," close=")" >
      #{item}
    </foreach>
    order by joinDate desc
  </select>
</mapper>
```

SQL문에 List 인스턴스나 배열을 전달하면 자동으로 Map에 전달되어 이름을 키(key)로 사용합니다. List 인스턴스는 list를 키로 사용하고 배열은 array를 키로 사용합니다.

foreach문을 이용해 반복해서 list의 값을 표시합니다.

2. MemberServlet 클래스에서는 브라우저에서 action 값 foreachSelect로 요청하면 ArrayList에 회원 이름을 저장하여 SQL문으로 전달합니다.

코드 23-41 pro23/src/com/spring/ex04/MemberServlet.java

```
...
  private void doHandle(HttpServletRequest request,HttpServletResponse response)
  throws ServletException, IOException {
```

```
...
} else if(action.equals("foreachSelect")) {
  List<String> nameList = new ArrayList();
  nameList.add("홍길동");
  nameList.add("차범근");
  nameList.add("이순신");
  List<MemberVO> membersList=dao.foreachSelect(nameList);
  request.setAttribute("membersList",membersList);
  nextPage="test03/listMembers.jsp";
}
RequestDispatcher dispatch = request.getRequestDispatcher(nextPage);
dispatch.forward(request, response);
}
...
```

ArrayList에 검색할 이름을 저장한 후 SQL문으로 ArrayList를 전달합니다.

3. MemberDAO 클래스에서는 이름이 저장된 ArrayList를 다시 SqlSession의 selectList() 메서드를 호출하면서 SQL문으로 전달합니다.

코드 23-42 pro23/src/com/spring/ex04/MemberDAO.java

```
...
  public List<String> foreachSelect(List<String> nameList){
    sqlMapper=getInstance();
    SqlSession session=sqlMapper.openSession();
    List<String> list=session.selectList("mapper.member.foreachSelect",nameList);
    return list;
  }
...
```

검색 이름이 저장된 nameList를 SQL문으로 전달합니다.

4. http://localhost:8090/pro23/mem4.do?action=foreachSelect로 요청하여 결과를 확인합니다.

▼ 그림 23-32 <foreach> 태그를 이용한 검색 결과

select * from t_member
where name in('홍길동', '이순신', '차범근')

아이디	비밀번호	이름	이메일	가입일
lee	1212	이순신	lee@test.com	2018-09-04
hong	1212	홍길동	hong@gmail.com	2018-09-04

회원가입

23.5.4 <foreach> 태그로 회원 정보 추가하기

MySQL과 달리 오라클에서는 insert문을 동시에 여러 개 사용하면 오류가 발생합니다. 따라서 오라클에서는 <foreach> 태그의 open과 close 속성에 SQL문을 설정한 후 서브 쿼리 형식으로 다중 insert문을 구현합니다. 이처럼 <foreach> 태그를 이용하면 여러 정보를 한꺼번에 테이블에 추가할 수 있습니다.

1. member.xml을 다음과 같이 작성합니다.

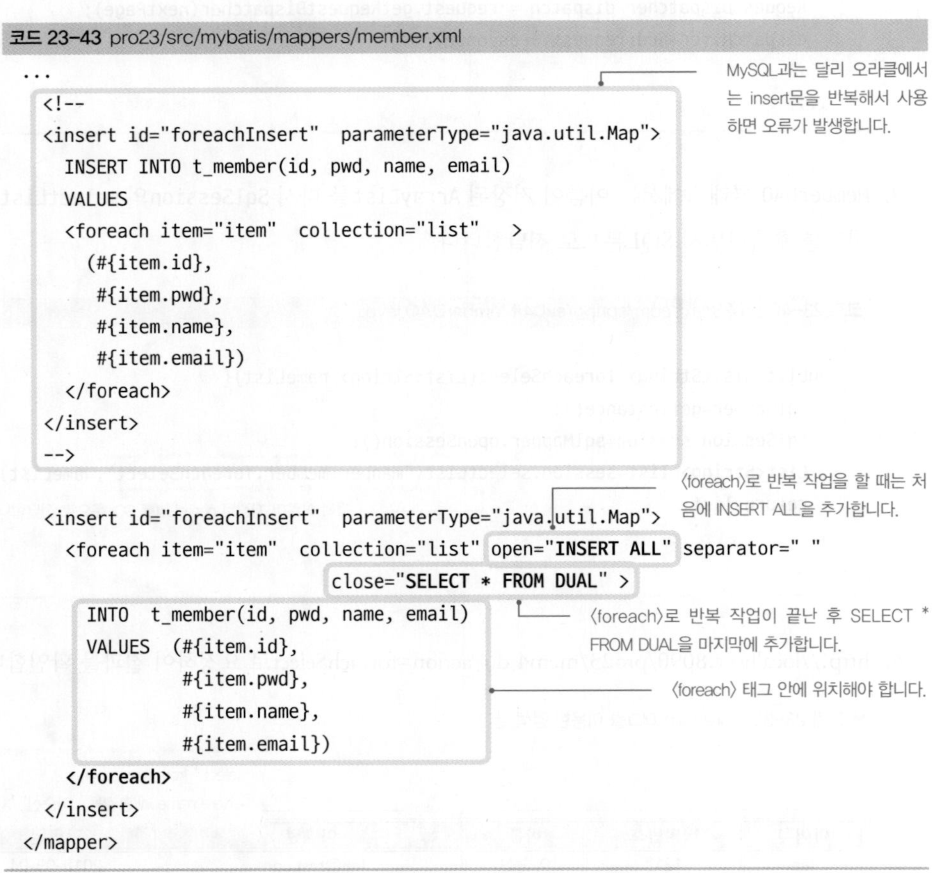

코드 23-43 pro23/src/mybatis/mappers/member.xml

```
...
  <!--
  <insert id="foreachInsert"  parameterType="java.util.Map">
    INSERT INTO t_member(id, pwd, name, email)
    VALUES
    <foreach item="item"  collection="list"   >
      (#{item.id},
       #{item.pwd},
       #{item.name},
       #{item.email})
    </foreach>
  </insert>
  -->

  <insert id="foreachInsert"  parameterType="java.util.Map">
    <foreach item="item"  collection="list" open="INSERT ALL" separator=" "
                          close="SELECT * FROM DUAL" >
      INTO  t_member(id, pwd, name, email)
      VALUES  (#{item.id},
               #{item.pwd},
               #{item.name},
               #{item.email})
    </foreach>
  </insert>
</mapper>
```

MySQL과는 달리 오라클에서는 insert문을 반복해서 사용하면 오류가 발생합니다.
<foreach>로 반복 작업을 할 때는 처음에 INSERT ALL을 추가합니다.
<foreach>로 반복 작업이 끝난 후 SELECT * FROM DUAL을 마지막에 추가합니다.
<foreach> 태그 안에 위치해야 합니다.

2. 서블릿에서는 브라우저에서 전송된 action 값 foreachInsert에 대해 세 명의 회원 정보를 memList에 저장한 후 SQL문으로 전달하도록 구현합니다.

코드 23-44 pro23/src/com/spring/ex04/MemberServlet.java

```
...
  private void doHandle(HttpServletRequest request,HttpServletResponse response)
  throws ServletException, IOException {
```

```
    ...
    } else if(action.equals("foreachInsert")) {
      List<MemberVO> memList = new ArrayList();
      memList.add(new MemberVO("m1", "1234", "박길동", "m1@test.com"));
      memList.add(new MemberVO("m2", "1234", "이길동", "m2@test.com"));
      memList.add(new MemberVO("m3", "1234", "김길동", "m3@test.com"));
      int result= dao.foreachInsert(memList);
      nextPage="/mem4.do?action=listMembers";
    }
    RequestDispatcher dispatch = request.getRequestDispatcher(nextPage);
    dispatch.forward(request, response);
  }
  ...
```

테이블에 추가할 회원 정보를 memList에 저장합니다.

SQL문으로 memList를 전달합니다.

3. MemberDAO 클래스에서는 서블릿에서 회원 정보로 설정된 MemberVO 객체를 저장한 memList를 전달받습니다. 그리고 이를 다시 SqlSession의 insert() 메서드로 전달합니다.

코드 23-45 pro23/src/com/spring/ex04/MemberDAO.java

```
...
  public int  foreachInsert(List<MemberVO> memList){
    sqlMapper=getInstance();
    SqlSession session=sqlMapper.openSession();
    int result = session.insert("mapper.member.foreachInsert",memList);
    session.commit();
    return result ;
  }
...
```

회원 정보가 저장된 memList를 SQL문으로 전달합니다.

반드시 commit()을 호출합니다.

insert문이 성공적으로 실행되면 양수를 반환합니다

4. http://localhost:8090/pro23/mem4.do?action=foreachInsert로 요청하면 다음과 같이 박길동, 이길동, 김길동 이렇게 세 명의 회원 정보가 한꺼번에 추가된 것을 볼 수 있습니다.

▼ 그림 23-33 〈foreach〉 태그를 이용한 회원 정보 추가 결과

아이디	비밀번호	이름	이메일	가입일
m2	1234	이길동	m2@test.com	2018-09-30
m1	1234	박길동	m1@test.com	2018-09-30
m3	1234	김길동	m3@test.com	2018-09-30
jspark	1234	박지성	jspark@test.com	2018-09-29
ki	1234	기성용	ki@test.com	2018-09-13
park	1234	박찬호	park@test.com	2018-09-04
kim	1212	김유신	kim@jweb.com	2018-09-04
lee	1212	이순신	lee@test.com	2018-09-04
hong	1212	홍길동	hong@gmail.com	2018-09-04

회원가입

23.5.5 <sql> 태그와 <include> 태그로 SQL문 중복 제거하기

마이바티스에서는 `<sql>` 태그를 제공하여 매퍼 파일에서 SQL문을 재사용할 수 있게 해줍니다.

코드 23-46을 볼까요?

코드 23-46 pro23/src/mybatis/mappers/member.xml

```
...
  <sql id="a">
    <![CDATA[
      select * from t_member
    ]]>
  </sql>

  <select id="searchMember" parameterType="memberVO" resultMap="memResult">
    <include refid="a" />
    <where>
    <choose>
      <when test="name != '' and name != null and  email != '' and email != null">
        name=#{name} and email=#{email}
      </when>
      <when test="name != '' and name != null">
        name = #{name}
      </when>
      <when test="email !='' and email != null">
        email = #{email}
      </when>
    </choose>
    </where>
    order by joinDate desc
  </select>

  <select id="foreachSelect" resultMap="memResult" parameterType="java.util.Map">
    <include refid="a" />
    where name in
    <foreach item="item"  collection="list" open="(" separator="," close=")" >
      #{item}
    </foreach>
  </select>
</mapper>
```

- <sql> 태그를 이용해 공통 SQL문의 refid를 a로 지정합니다.
- <include> 태그를 이용해 공통 SQL문을 재사용합니다.
- <include> 태그를 이용해 공통 SQL문을 재사용합니다.

매퍼 파일에서 공통 SQL문에 `<sql>` 태그를 적용해 refid를 할당하였습니다. 그런 다음 다른 SQL문에서 `<include>` 태그의 refid에 미리 설정한 공통 SQL문의 `id`를 설정하여 편리하게 사용하고 있습니다.

이처럼 매퍼 파일의 SQL문이 복잡할 때는 공통으로 사용하는 SQL문에 미리 `<sql>` 태그를 적용한 후 다른 SQL문에서 재사용하는 방법이 유용합니다.

> **Note** **마이바티스에서 오라클 연동해 like 검색하는 방법**
>
> 마이바티스에서 오라클의 like 연산자로 검색할 때는'%' 기호와 조건 값 사이에 반드시 || 기호를 사용해서 연결해 주어야 합니다.
>
> ▼ 그림 23-34 오라클의 like 연산자 사용 시 주의점

```
<!--
 <select id="selectLike" resultMap="memResult"  parameterType="String" >
   <![CDATA[
     select * from t_member
     where
     name like '%'#{name}'%'
   ]]>
 </select>
 -->
<!--  like 검색 -->
<select id="selectLike" resultMap="memResult"  parameterType="String" >
   <![CDATA[
     select * from t_member
     where
     name like '%' || #{name} || '%'
   ]]>
 </select>
```

이렇게 작성하면 실행 시 오류 발생!

#{name} 앞에는 '%' ||를 붙입니다. 그리고 뒤에는 || '%'를 붙입니다.

지금까지 마이바티스의 동적 SQL 기능을 알아보았습니다. 이와 관련해 더 자세한 내용은 다음 링크를 참고하기 바랍니다.

- http://www.mybatis.org/mybatis-3/ko/dynamic-sql.html

24장

스프링과 마이바티스 연동하기

24.1 스프링–마이바티스 연동 관련 XML 파일 설정하기

우리는 23장을 통해 웹 프로젝트에서 마이바티스 라이브러리를 추가하여 독립적으로 사용할 수 있음을 알았습니다. 스프링 기반 웹 애플리케이션을 개발할 때 마이바티스는 데이터베이스 연동 기능을 담당하기 때문에 스프링에서는 간단한 설정만으로 쉽게 마이바티스를 사용할 수 있습니다.

이번 장에는 스프링과 마이바티스를 연동해 회원 관리 기능을 구현해 보겠습니다. 우선 스프링 버전 3.0.1을 기준으로 수동으로 직접 설정한 후 관련 XML 파일들을 설정합니다.

> Tip ✩ 메이븐을 이용해 중앙 서버에서 자동으로 라이브러리를 받아서 사용하는 방법도 있는데, 이는 27장에서 알아봅니다.

1. 새 프로젝트 pro24를 만들고 이 책에서 제공하는 스프링 라이브러리를 복사해 lib 폴더에 붙여 넣습니다.

▼ 그림 24-1 스프링과 마이바티스 연동 관련 라이브러리

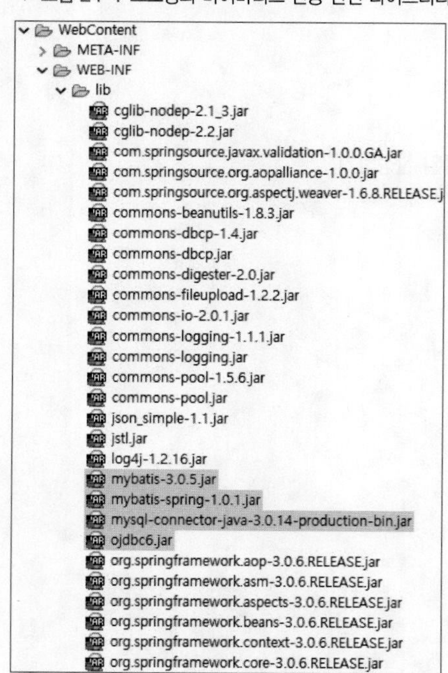

실습에서 사용하는 스프링 버전은 3.0.1이고 호환되는 마이바티스 라이브러리는 myBatis-3.0.5.jar입니다.

2. 스프링에서 사용할 빈을 생성하는 데 필요한 XML 파일을 설정하겠습니다. 먼저 XML 관련 파일들을 다음과 같이 준비합니다.

▼ 그림 24-2 설정 파일 위치

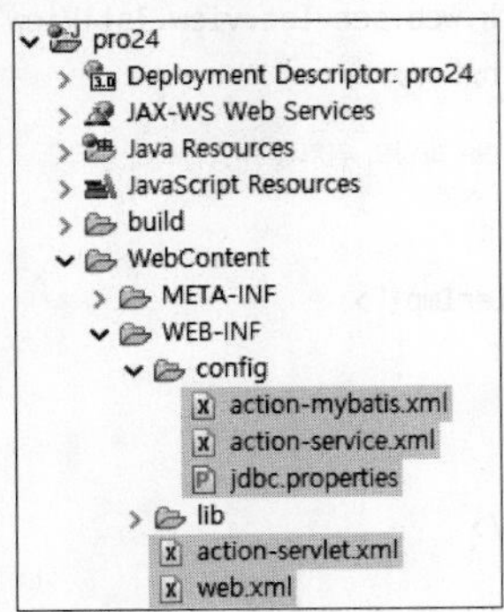

3. web.xml을 다음과 같이 작성하여 애플리케이션 실행 시 여러 설정 파일들을 /WEB-INF/config 폴더에서 읽어 들이도록 합니다.

코드 24-1 pro24/WebContent/WEB-INF/web.xml

```
<web-app ...>
  <listener>
    <listener-class>
      org.springframework.web.context.ContextLoaderListener
    </listener-class>
  </listener>
  <context-param>
    <param-name>contextConfigLocation</param-name>
    <param-value>
      /WEB-INF/config/action-mybatis.xml   ← 마이바티스 설정 파일을 읽어 들입니다.
      /WEB-INF/config/action-service.xml
    </param-value>
  </context-param>
  ...
</web-app>
```

4. action-servlet.xml에서는 뷰 관련 빈과 각 URL 요청명에 대해 호출할 메서드들을 설정합니다.

코드 24-2 pro24/WebContent/WEB-INF/action-servlet.xml

```
...
<beans>
  <bean id="viewResolver"
        class="org.springframework.web.servlet.view.InternalResourceViewResolver">
    <property name="viewClass" value="org.springframework.web.servlet.view.JstlView"/>
    <property name="prefix" value="/WEB-INF/views/member/" />
    <property name="suffix" value=".jsp"/>
  </bean>
  <bean id="memberController"
        class="com.spring.member.controller.MemberControllerImpl">
    <property name="methodNameResolver">
      <ref local="memberMethodNameResolver"/>
    </property>
    <property name="memberService" ref="memberService"/>
  </bean>

  <bean id="memberMethodNameResolver"
                      class="org.springframework.web.servlet.mvc.multiaction.
                                                PropertiesMethodNameResolver">
    <property name="mappings">
      <props>
        <prop key="/member/listMembers.do">listMembers</prop>
        <prop key="/member/addMember.do">addMember</prop>
        <prop key="/member/removeMember.do">removeMember</prop>
        <prop key="/member/memberForm.do">form</prop>
      </props>
    </property>
  </bean>

  <bean id="memberUrlMapping"
        class="org.springframework.web.servlet.handler.SimpleUrlHandlerMapping">
    <property name="mappings">
      <props>
        <prop key="/member/*.do">memberController</prop>
      </props>
    </property>
  </bean>
</beans>
```

JSP 파일의 위치를 지정합니다.

5. action-mybatis.xml을 다음과 같이 작성합니다. 이 파일은 23장에서 사용된 sqlMapConfig.xml 파일을 대체합니다. 스프링에서는 마이바티스 관련 클래스들을 설정 파일에서 설정하여 빈들을 자동으로 생성합니다. 따라서 action-mybatis.xml에서는 스프링의 SqlSessionFactoryBean 클래스 빈을 생성하면서 매퍼 파일인 member.xml과 빈 생성 설정 파일인 modelConfig.xml을 읽어 들입니다. 또한 스프링의 sqlSession 빈을 생성하면서 sqlSessonFactoryBean 빈을 주입하고, 다시 memberDAO 빈을 생성하면서 sqlSession 빈을 주입합니다.

> **Note** jdbc.properties 파일은 22장의 jdbc.properties 파일을 복사해 붙여 넣은 것입니다.

코드 24-3 pro24/WebContent/WEB-INF/config/action-mybatis.xml

```
...
 <bean id="propertyPlaceholderConfigurer"
          class="org.springframework.beans.factory.config.PropertyPlaceholderConfigurer">
   <property name="locations">
     <value>/WEB-INF/config/JDBC.properties</value>
   </property>
 </bean>

<bean id="dataSource" class="org.apache.ibatis.datasource.pooled.PooledDataSource">
  <property name="driver" value="${jdbc.driverClassName}" />
  <property name="url" value="${jdbc.url}" />
  <property name="username" value="${jdbc.username}" />
  <property name="password" value="${jdbc.password}" />
</bean>

 <bean id="sqlSessionFactory" class="org.mybatis.spring.SqlSessionFactoryBean">
   <property name="dataSource" ref="dataSource" />
   <property name='configLocation" value="classpath:mybatis /model/modelConfig.xml"  />
   <property name= "mapperLocations" value="classpath:mybatis/mappers/*.xml" />
 </bean>

 <bean id="sqlSession" class="org.mybatis.spring.SqlSessionTemplate">
   <constructor-arg index="0" ref="sqlSessionFactory"></constructor-arg>
 </bean>

 <bean id="memberDAO" class="com.spring.member.dao.MemberDAOImpl">
   <property name="sqlSession" ref="sqlSession"></property>
 </bean>
</beans>
```

PropertyPlaceholderConfigurer 클래스를 이용해 데이터베이스 설정 관련 정보를 jdbc.properties 파일에서 읽어 들입니다.

마이바티스에서 제공하는 PooledDataSource 클래스를 이용해서 dataSource 빈을 생성합니다.

SqlSessionFactoryBean 클래스를 이용해 dataSource 속성에 dataSource 빈을 설정합니다.

configLoation 속성에 modelConfig.xml을 설정합니다.

mapperLocations 속성에 mybatis/mappers 패키지의 모든 매퍼 파일들을 읽어 들여와 설정합니다.

SqlSessionTemplate 클래스를 이용해 sqlSession 빈을 생성합니다.

sqlSession 빈을 memberDAO 빈 속성에 주입합니다.

6. MemberDAO 빈을 사용할 memberService 빈을 설정합니다.

코드 24-4 pro24/WebContent/WEB-INF/config/action-service.xml

```
...
  <bean id="memberService" class="com.spring.member.service.MemberServiceImpl">
    <property name="memberDAO" ref="memberDAO"/>
  </bean>
</beans>
```

memberDAO 빈을 memberService 빈의 속성에 주입합니다.

다음 절에서 마이바티스를 사용하기 위한 설정 파일과 자바 클래스를 구현해 보겠습니다.

24.2 마이바티스 관련 XML 파일 설정하기

JAVA WEB

1. src 패키지 아래에 mybatis.mappers 패키지를 만들고 23장에서 실습한 member.xml을 복사해 붙여 넣습니다. 또한 SQL문에서 데이터를 전달할 때 사용할 memberVO 빈을 설정하기 위해 mybatis 아래에 model 패키지를 만들고 modelConfig.xml 파일을 생성합니다.

▼ 그림 24-3 마이바티스 관련 설정 파일 위치

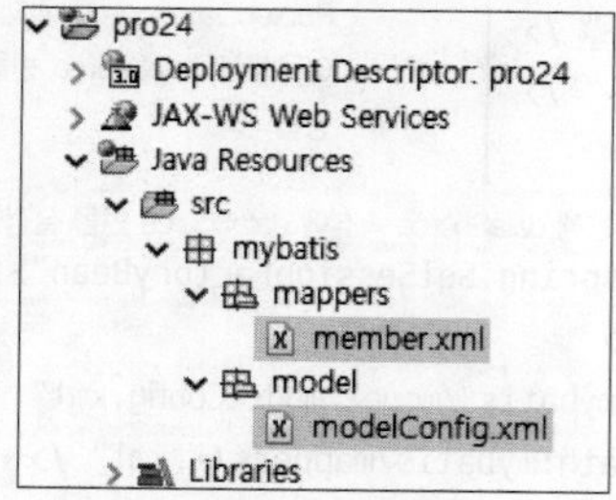

2. 회원 관련 기능 SQL문이 있는 매퍼 파일인 member.xml입니다. 23장에서 실습한 member.xml을 그대로 복사해 붙여 넣습니다.

코드 24-5 pro24/src/mybatis/mappers/member.xml

```
...
<mapper namespace="mapper.member">
  <resultMap id="memResult" type="memberVO">
    <result property="id" column="id" />
```

```
    <result property="pwd" column="pwd" />
    <result property="name" column="name" />
    <result property="email" column="email" />
    <result property="joinDate" column="joinDate" />
  </resultMap>

  <select id="selectAllMemberList" resultMap="memResult">
    <![CDATA[
      select * from t_member  order by joinDate desc
    ]]>
  </select>

  <insert id="insertMember"  parameterType="memberVO">
    <![CDATA[
      insert into t_member(id,pwd, name, email)
      values(#{id}, #{pwd}, #{name}, #{email})
    ]]>
  </insert>

  <update id="updateMember"  parameterType="memberVO">
    <![CDATA[
      update t_member
      set pwd=#{pwd}, name=#{name}, email=#{email}
      where
      id=#{id}
    ]]>
  </update>

  <delete id="deleteMember"  parameterType="String">
    <![CDATA[
      delete from  t_member
      where
      id=#{id}
    ]]>
  </delete>
...
</mappers>
```

3. modelConfig.xml에서는 <typeAlias> 태그를 이용해 매퍼 파일에서 긴 이름의 클래스를 별칭으로 사용할 수 있게 설정합니다.

코드 24-6 pro24/src/mybatis/model/modelConfig.xml

```
...
<configuration>
```

```
<typeAliases>
  <typeAlias type="com.spring.member.vo.MemberVO" alias="memberVO" />
</typeAliases>
</configuration>
```

<typeAliases> 태그로 마이바티스에서 데이터 전달에 사용될 memberVO 빈을 설정합니다.

24.3 자바 클래스와 JSP 파일 구현하기

JAVA WEB

이제 자바 클래스와 JSP 파일을 구현할 차례입니다.

1. 자바 클래스는 다음과 같이 com.spring.member 패키지 아래에 다시 패키지별로 위치시킵니다. 또 JSP 파일은 WEB-INF/views/member 폴더에 위치하도록 준비합니다.

▼ 그림 24-4 실습 파일 위치

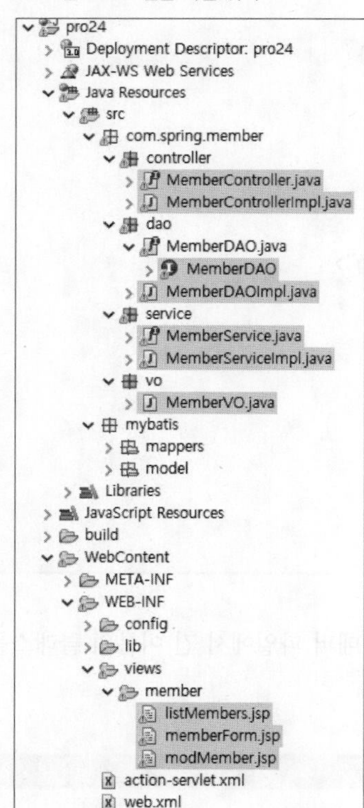

2. 컨트롤러 역할을 하는 MemberControllerImpl 클래스에서는 memberService 속성에 빈을 주입하기 위해 setter를 구현합니다. 상속 받는 MultiActionController 클래스에서 제공하는 bind() 메서드를 이용해 회원 가입창에서 전송된 매개변수들을 편리하게 MemberVO 속성에 설정할 수 있습니다. 그리고 ModelAndView를 뷰리졸버로 반환할 때 viewName을 redirect :/member/listMembers.do로 설정해 회원 목록창으로 리다이렉트되도록 합니다.

코드 24-7 pro24/src/com/spring/member/controller/MemberControllerImpl.java

```
package com.spring.member.controller;
 ...
public class MemberControllerImpl extends MultiActionController implements
MemberController {
  private MemberService memberService;
  public void setMemberService(MemberServiceImpl memberService) {
    this.memberService = memberService;
  }

  @Override
  public ModelAndView listMembers(HttpServletRequest request,
                                  HttpServletResponse response) throws Exception {
    String viewName = getViewName(request);
    List<MemberVO> membersList = memberService.listMembers();
    ModelAndView mav = new ModelAndView(viewName);
    mav.addObject("membersList", membersList);
    return mav;
  }

  @Override
  public ModelAndView addMember(HttpServletRequest request,
                                HttpServletResponse response) throws Exception {
    request.setCharacterEncoding("utf-8");
    MemberVO memberVO = new MemberVO();
    /*
    String id=request.getParameter("id");
    String pwd=request.getParameter("pwd");
    String name=request.getParameter("name");
    String email = request.getParameter("email");
    memberVO.setId(id);
    memberVO.setPwd(pwd);
    memberVO.setName(name);
    memberVO.setEmail(email);
    */
    bind(request, memberVO);
    int result = 0;
```

memberService 빈을 주입하기 위해 setter를 구현합니다.

조회한 회원 정보를 ModelAndView의 addObject() 메서드를 이용해 바인딩합니다.

회원 가입창에서 전송된 회원 정보를 bind() 메서드를 이용해 memberVO 해당 속성에 자동으로 설정합니다.

```java
    result = memberService.addMember(memberVO);
    ModelAndView mav = new ModelAndView("redirect:/member/listMembers.do");
    return mav;
  }
```

회원 정보 추가 후 ModelAndView 클래스의 redirect 속성을 이용해 /member/listMembers.do로 리다이렉트합니다.

```java
  @Override
  public ModelAndView removeMember(HttpServletRequest request,
                                   HttpServletResponse response) throws Exception{
    request.setCharacterEncoding("utf-8");
    String id=request.getParameter("id");
    memberService.removeMember(id);
    ModelAndView mav = new ModelAndView("redirect:/member/listMembers.do");
    return mav;
  }
```

회원 정보를 삭제하고 회원 목록창으로 리다이렉트합니다.

```java
  public ModelAndView form(HttpServletRequest request, HttpServletResponse response)
  throws Exception {
    String viewName = getViewName(request);
    ModelAndView mav = new ModelAndView();
    mav.setViewName(viewName);
    return mav;
  }
}
```

데이터베이스 연동 작업이 없는 입력창 요청 시 뷰이름만 ModelAndView로 반환합니다.

3. 속성 memberDAO에 memberDAO 빈을 주입하기 위해 setter를 구현합니다.

코드 24-8 pro24/src/com/spring/member/service/MemberServiceImpl.java

```java
package com.spring.member.service;
...
public class MemberServiceImpl  implements MemberService{
  private MemberDAO memberDAO;
  public void setMemberDAO(MemberDAO memberDAO){
    this.memberDAO = memberDAO;
  }

  @Override
  public List<MemberVO> listMembers() throws DataAccessException {
    List<MemberVO> membersList = null;
    membersList = memberDAO.selectAllMemberList();
    return membersList;
  }

  @Override
  public int addMember(MemberVO memberVO) throws DataAccessException {
```

속성 memberDAO에 memberDAO 빈을 주입하기 위해 setter를 구현합니다.

```
    return memberDAO.insertMember(memberVO);
  }

  @Override
  public int removeMember(String id) throws DataAccessException {
    return memberDAO.deleteMember(id);
  }
}
```

4. 설정 파일에서 만든 sqlSession 빈을 속성 sqlSession에 주입하기 위해 setter를 구현합니다. sqlSession 빈의 메서드들을 이용해 매퍼 파일에 정의된 SQL문을 사용합니다.

코드 24-9 pro24/src/com/spring/member/dao/MemberDAOImpl.java

```
package com.spring.member.dao;
...
public class MemberDAOImpl implements MemberDAO {
  private SqlSession sqlSession;
  public void setSqlSession(SqlSession sqlSession) {
    this.sqlSession = sqlSession;
  }
```

속성 sqlSession에 sqlSession 빈을 주입하기 위해 setter를 구현합니다.

```
  @Override
  public List selectAllMemberList() throws DataAccessException {
    List<MemberVO> membersList = null;
    membersList = sqlSession.selectList("mapper.member.selectAllMemberList");
    return membersList;
  }
```

주입된 sqlSession 빈으로 selectList() 메서드를 호출하면서 SQL문의 id를 전달합니다.

```
  @Override
  public int insertMember(MemberVO memberVO) throws DataAccessException {
    int result = sqlSession.insert("mapper.member.insertMember", memberVO);
    return result;
  }
```

주입된 sqlSession 빈으로 insert() 메서드를 호출하면서 SQL문의 id와 memberVO를 전달합니다.

```
  @Override
  public int deleteMember(String id) throws DataAccessException {
    int result = sqlSession.delete("mapper.member.deleteMember", id);
    return result;
  }
}
```

주입된 sqlSession 빈으로 delete() 메서드를 호출하면서 SQL문의 id와 회원 ID를 전달합니다.

5. listMembers.jsp를 다음과 같이 작성합니다. 회원 목록창에서 회원 정보를 표시하면서 삭제하기 링크도 추가합니다.

코드 24-10 pro24/WebContent/WEB-INF/view/member/listMembers.jsp

```
...
<c:forEach var="member" items="${membersList}" >
   <tr align=center>
      <td>${member.id}</td>
      <td>${member.pwd}</td>
      <td>${member.name}</td>
      <td>${member.email }</td>
      <td>${member.joinDate }</td>
      <td><a href="${contextPath}/member/removeMember.do?id=${member.id}">삭제하기</a></td>
   </tr>
</c:forEach>
  </table>
  <a href="${contextPath}/member/memberForm.do">
    <h1 style="text-align:center">회원가입</h1>
  </a>
  ...
```

삭제하기 클릭 시 /member/removeMember.do로 요청합니다.

회원가입 클릭 시 /member/memberForm.do로 요청합니다.

6. 회원 가입창에서 회원 정보를 입력한 후 action 값을 /member/addMember.do 서블릿으로 전송합니다.

코드 24-11 pro24/WebContent/WEB-INF/view/member/memberForm.jsp

```
  ...
  <form method="post" action="${contextPath}/member/addMember.do">
  <h1  class="text_center">회원 가입창</h1>
  <table  align="center">
    <tr>
      <td width="200"><p align="right">사용자 아이디</td>
      <td width="400"><input type="text" name="id"></td>
    </tr>
    ...
    ...
    <tr>
      <td width="200"><p> </p></td>
      <td width="400"><
        input type="submit" value="가입하기"><input type="reset" value="다시입력">
      </td>
  </tr>
  ...
```

회원 가입창에서 **가입하기** 클릭 시 /member/addMember.do로 요청합니다.

7. http://localhost:8090/pro24/member/listMembers.do로 요청하면 다음과 같이 회원 정보를 표시합니다. 하단의 **회원가입**을 클릭합니다.

▼ 그림 24-5 실행 결과

아이디	비밀번호	이름	이메일	가입일	삭제
m2	1234	이길동	m2@test.com	2018-09-30	삭제하기
m1	1234	박길동	m1@test.com	2018-09-30	삭제하기
m3	1234	김길동	m3@test.com	2018-09-30	삭제하기
ki	1234	기성용	ki@test.com	2018-09-13	삭제하기
park	1234	박찬호	park@test.com	2018-09-04	삭제하기
kim	1212	김유신	kim@jweb.com	2018-09-04	삭제하기
lee	1212	이순신	lee@test.com	2018-09-04	삭제하기
hong	1212	홍길동	hong@gmail.com	2018-09-04	삭제하기

회원가입

8. **김동준**이라는 새 회원 정보를 입력하고 **가입하기**를 클릭합니다.

▼ 그림 24-6 회원 정보 입력 후 **가입하기** 클릭

회원 가입창

아이디 djkim

비밀번호 ••••

이름 김동준

이메일 djkim@test.com

가입하기 다시입력

9. 그러면 컨트롤러에 http://localhost:8090/pro24/member/addMember.do로 요청하여 회원을 추가하고 다시 회원 목록을 표시합니다. 이번에는 **삭제하기**를 클릭해 앞에서 추가한 '김동준' 회원을 삭제해 볼까요?

▼ 그림 24-7 추가된 회원 정보 표시

아이디	비밀번호	이름	이메일	가입일	삭제
djkim	1234	김동준	djkim@test.com	2018-10-01	삭제하기
m2	1234	이길동	m2@test.com	2018-09-30	삭제하기
m1	1234	박길동	m1@test.com	2018-09-30	삭제하기
m3	1234	김길동	m3@test.com	2018-09-30	삭제하기
ki	1234	기성용	ki@test.com	2018-09-13	삭제하기
park	1234	박찬호	park@test.com	2018-09-04	삭제하기
kim	1212	김유신	kim@jweb.com	2018-09-04	삭제하기
lee	1212	이순신	lee@test.com	2018-09-04	삭제하기
hong	1212	홍길동	hong@gmail.com	2018-09-04	삭제하기

회원가입

10. **삭제하기**를 클릭하면 서버의 http://localhost:8090/pro24/member/removeMember.do로 요청합니다. 다음과 같이 '김동준' 회원 정보가 삭제된 것을 볼 수 있습니다.

▼ 그림 24-8 회원 삭제 후 다시 회원 목록 표시

아이디	비밀번호	이름	이메일	가입일	삭제
m2	1234	이길동	m2@test.com	2018-09-30	삭제하기
m1	1234	박길동	m1@test.com	2018-09-30	삭제하기
m3	1234	김길동	m3@test.com	2018-09-30	삭제하기
ki	1234	기성용	ki@test.com	2018-09-13	삭제하기
park	1234	박찬호	park@test.com	2018-09-04	삭제하기
kim	1212	김유신	kim@jweb.com	2018-09-04	삭제하기
lee	1212	이순신	lee@test.com	2018-09-04	삭제하기
hong	1212	홍길동	hong@gmail.com	2018-09-04	삭제하기

회원가입

지금까지 스프링과 마이바티스를 연동하여 회원 관리 프로그램을 실습해 보았습니다. 이 외에도 매퍼 파일에 회원 정보 수정 SQL문과 modMember.jsp 파일도 있으니 이를 이용해 회원 정보 수정 기능을 여러분이 직접 구현해 보기 바랍니다.

25장

스프링 트랜잭션 기능 사용하기

25.1 트랜잭션 기능

스프링은 트랜잭션 기능을 마이바티스 기능과 연동해서 사용합니다. 트랜잭션 기능은 XML 파일에서 설정하는 방법과 애너테이션을 이용하는 방법이 있습니다. XML로 설정하는 방법은 설정 파일이 복잡해지면 불편하므로 현재는 애너테이션으로 트랜잭션을 적용하는 방법을 더 선호합니다. 따라서 이 장에서는 애너테이션을 이용해 트랜잭션 기능을 구현해 보겠습니다.

트랜잭션(Transaction)은 여러 개의 DML 명령문을 하나의 논리적인 작업 단위로 묶어서 관리하는 것으로, All 또는 Nothing 방식으로 작업 단위가 처리됩니다. 즉, SQL 명령문들이 모두 정상적으로 처리되었다면 모든 작업의 결과를 데이터베이스에 영구 반영(commit)하지만 그중 하나라도 잘못된 것이 있으면 모두 취소(rollback)합니다. 일단 웹 애플리케이션의 구조와 기능이 실행되는 과정을 보면 트랜잭션이 실제로 어떻게 동작하는지를 쉽게 이해할 수 있습니다.

그림 25-1에 일반적인 애플리케이션 Service 클래스의 메서드 구조를 나타내었습니다.

▼ 그림 25-1 일반적인 웹 애플리케이션의 Service 클래스와 DAO 클래스 구조

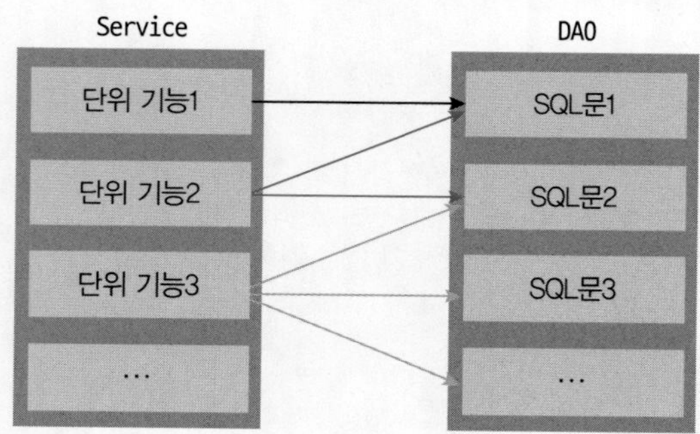

Service 클래스의 각 메서드가 애플리케이션의 단위 기능을 수행합니다. 단위 기능1은 DAO 클래스의 SQL문 하나로 기능을 수행하는 반면에 단위 기능2나 단위 기능3은 여러 개의 SQL문을 묶어서 작업을 처리합니다. 그런데 묶어서 작업을 처리할 때 어느 하나의 SQL문이라도 잘못되면 이전에 수행한 모든 작업을 취소해야만 작업의 일관성이 유지됩니다.

따라서 트랜잭션은 각 단위 기능 수행 시 이와 관련된 데이터베이스 연동 작업을 한꺼번에 묶어서 관리한다는 개념입니다.

보통 웹 애플리케이션에서 묶어서 처리하는 단위 기능은 다음과 같습니다.

- 게시판 글 조회 시 해당 글을 조회하는 기능과 조회 수를 갱신하는 기능
- 쇼핑몰에서 상품 주문 시 주문 상품을 테이블에 등록하는 기능과 주문자의 포인트를 갱신하는 기능
- 은행에서 송금 시 송금자의 잔고를 갱신하는 기능과 수신자의 잔고를 갱신하는 기능

25.2 은행 계좌 이체를 통한 트랜잭션 기능

트랜잭션의 개념을 좀 더 이해하기 쉽게 두 예금자 사이의 계좌 이체 과정을 예로 들어 살펴보겠습니다. 그림 25-2는 트랜잭션을 적용하지 않고 홍길동이 김유신에게 500만 원을 인터넷 뱅킹으로 계좌 이체하는 과정을 나타낸 것입니다.

❯ 그림 25-2 트랜잭션 적용 전 은행 계좌 이체

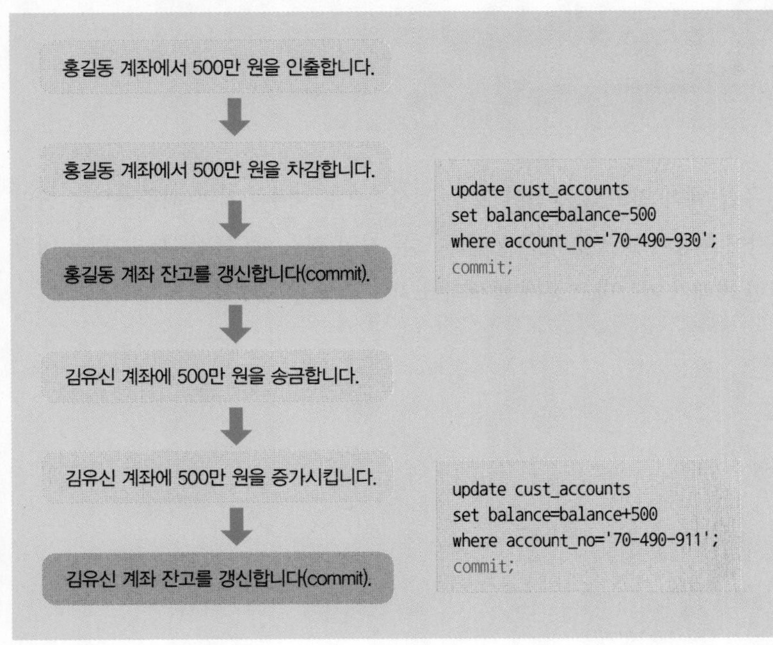

그런데 홍길동의 계좌에서 500만 원이 인출되고 커밋한 후 김유신 계좌의 잔고(balance)를 갱신하려고 할 때 시스템에 이상이 생기면 어떻게 될까요? 김유신의 계좌가 갱신되지 않으면 다음 날 김유신은 홍길동에게 자신의 계좌에 500만 원이 입금되지 않았다고 말하겠지요. 그런데 이미 홍길동의 계좌는 반영이 되었으므로 홍길동은 김유신에게 자신은 분명히 500만 원을 송금했다고 말할 것입니다. 즉, 두 사람 사이에 엄청난 문제가 발생하겠죠.

그림 25-3은 트랜잭션을 적용한 계좌 이체 과정입니다.

▼ 그림 25-3 트랜잭션 적용 후 은행 계좌 이체

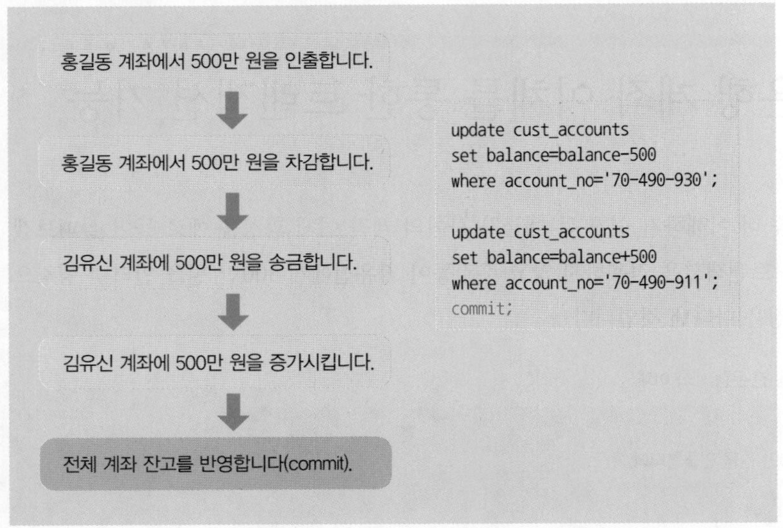

이번에는 홍길동과 김유신 계좌 잔고의 갱신이 모두 정상적으로 이루어지면 최종적으로 반영(commit)합니다. 즉, 중간에 이상이 발생할 경우 이전의 모든 작업 취소, 즉 롤백(rollback)되어 버립니다. 앞에서보다 안전한 거래가 가능하고 문제 발생의 소지도 줄일 수 있겠죠.

25.3 스프링의 트랜잭션 속성 알아보기

스프링에서 사용하는 트랜잭션 기능의 속성은 표 25-1과 같습니다. 지금은 일단 내용을 읽어 보기만 하고 이후 실습을 통해 확실하게 이해하도록 합시다.

▼ 표 25-1 스프링의 여러 가지 트랜잭션 속성들

속성	기능
propagation	트랜잭션 전파 규칙 설정
isolation	트랜잭션 격리 레벨 설정
realOnly	읽기 전용 여부 설정
rollbackFor	트랜잭션을 롤백(rollback)할 예외 타입 설정
norollbackFor	트랜잭션을 롤백하지 않을 예외 타입 설정
timeout	트랜잭션 타임아웃 시간 설정

표 25-2와 표 25-3은 각각 propagation 속성과 isolation 속성에 관련된 값을 나타낸 것입니다.

▼ 표 25-2 propagation 속성이 가지는 값

값	의미
REQUIRED	• 트랜잭션 필요, 진행 중인 트랜잭션이 있는 경우 해당 트랜잭션 사용 • 트랜잭션이 없으면 새로운 트랜잭션 생성, 디폴트 값
MANDATORY	• 트랜잭션 필요 • 진행 중인 트랜잭션이 없는 경우 예외 발생
REQUIRED_NEW	• 항상 새로운 트랜잭션 생성 • 진행 중인 트랜잭션이 있는 경우 기존 트랜잭션을 일시 중지시킨 후 새로운 트랜잭션 시작 • 새로 시작된 트랜잭션이 종료되면 기존 트랜잭션 계속 진행
SUPPORTS	• 트랜잭션 필요 없음 • 진행 중인 트랜잭션이 있는 경우 해당 트랜잭션 사용
NOT_SUPPORTED	• 트랜잭션 필요 없음 • 진행 중인 트랜잭션이 있는 경우 기존 트랜잭션을 일시 중지시킨 후 메서드 실행 • 메서드 실행이 종료되면 기존 트랜잭션 계속 진행
NEVER	• 트랜잭션 필요 없음 • 진행 중인 트랜잭션이 있는 경우 예외 발생

값	의미
NESTED	• 트랜잭션 필요 • 진행 중인 트랜잭션이 있는 경우 기존 트랜잭션에 중첩된 트랜잭션에서 메서드 실행 • 트랜잭션이 없으면 새로운 트랜잭션 생성

▼ 표 25-3 isolation 속성이 가지는 값

속성	기능
DEFAULT	데이터베이스에서 제공하는 기본 설정 사용
READ_UNCOMMITED	다른 트랜잭션에서 커밋하지 않은 데이터 읽기 가능
READ_COMMITED	커밋한 데이터만 읽기 가능
REPEATABLE_READ	현재 트랜잭션에서 데이터를 수정하지 않았다면 처음 읽어온 데이터와 두 번째 읽어온 데이터가 동일
SERIALIZABLE	같은 데이터에 대해 한 개의 트랜잭션만 수행 가능

JAVA WEB

25.4 스프링 트랜잭션 기능 적용해 계좌 이체 실습하기

이번에는 계좌 이체 기능을 스프링의 트랜잭션 기능을 적용하여 실습해 보겠습니다.

먼저 SQL Developer로 예금자 계좌 정보를 저장하는 테이블을 생성합니다. 그리고 예금자의 계좌 정보를 다음과 같이 추가합니다.

코드 25-1 계좌 테이블 생성 코드

```
create table cust_account(
   accountNo varchar2(20)  primary key,     계좌 번호
   custName varchar2(50),                    예금자
   balance  number(20,4)                     계좌 잔고
);

insert into cust_account(accountNo,custName,balance)    '홍길동'과 '김유신'의 계좌 정보를 생성합니다.
values('70-490-930','홍길동',10000000);
```

```
insert into cust_account(accountNo,custName,balance)
values('70-490-911','김유신',10000000);

commit;  // insert문 실행 후 반드시 커밋을 해야 합니다.

select * from cust_account;
```

다음은 계좌 정보를 조회한 결과입니다. 모든 예금자의 계좌 잔고는 10,000,000원입니다.

✔ 그림 25-4 테이블에 저장된 예금자들의 잔고 현황

	ACCOUNTNO	CUSTNAME	BALANCE
1	70-490-930	홍길동	10000000
2	70-490-911	김유신	10000000

25.4.1 트랜잭션 관련 XML 파일 설정하기

1. 스프링과 연동해 트랜잭션 기능을 구현하는 데 필요한 XML 파일들을 다음과 같이 준비합니다. web.xml은 24장의 것을 복사해 붙여 넣습니다.

✔ 그림 25-5 실습 파일 위치

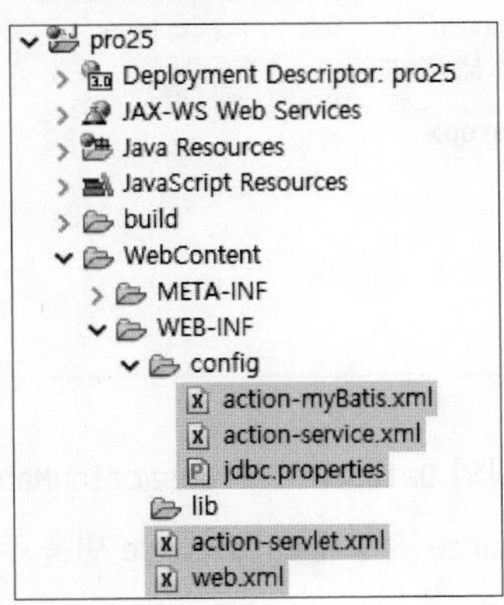

2. action-servlet.xml에서는 뷰 관련 빈과 각 URL 요청명에 대해 호출될 메서드들을 설정합니다.

코드 25-2 pro25/WebContent/WEB-INF/action-servlet.xml

```
...
<bean id="viewResolver"
      class="org.springframework.web.servlet.view.InternalResourceViewResolver">
  <property name="viewClass"
        value="org.springframework.web.servlet.view.JstlView"/>
```

```
    <property name="prefix" value="/WEB-INF/views/account/" />
    <property name="suffix" value=".jsp"/>
  </bean>

  <bean id="accController
        class="com.spring.account.AccountController">
    <property name="methodNameResolver">
      <ref local="methodResolver"/>
    </property>
    <property name="accService" ref="accService"/>
  </bean>

  <bean id="methodResolver"
          class="org.springframework.web.servlet.mvc.multiaction.
                                              PropertiesMethodNameResolver" >
    <property  name="mappings" >
      <props>
        <prop key="/account/sendMoney.do" >sendMoney</prop>
      </props>
    </property>
  </bean>
  <bean id="urlMapping"
        class="org.springframework.web.servlet.handler.SimpleUrlHandlerMapping">
    <property name="mappings">
      <props>
        <prop key="/account/*.do">accController</prop>
      </props>
    </property>
  </bean>
</beans>
```

accService 빈을 주입합니다.

/account/sendMoney.do로 요청 시 sendMoney 메서드를 호출합니다.

/account/*.do로 요청 시 accController 빈을 실행합니다.

3. action-mybatis.xml을 다음과 같이 작성합니다. 스프링의 DataSourceTransactionManager 클래스를 이용해 트랜잭션 처리 빈을 생성한 후 dataSource 속성에 dataSource 빈을 주입하여 데이터베이스 연동 시 트랜잭션을 적용합니다. 그리고 txManager 빈에 <tx:annotation-driven> 태그를 설정해 애너테이션을 적용할 수 있게 합니다.

코드 25-3 pro25/WebContent/WEB-INF/config/action-mybatis.xml

```
...
  <bean id="accDAO" class="com.spring.account.AccountDAO">
    <property name="sqlSession" ref="sqlSession" />
  </bean>
```

```
<bean id="txManager"
        class="org.springframework.jdbc.datasource.DataSourceTransactionManager">
  <property name="dataSource" ref="dataSource" />
</bean>
```

DataSourceTransactionManager 클래스를 이용해 dataSource 빈에 트랜잭션을 적용합니다.

```
<tx:annotation-driven transaction-manager="txManager" />
</beans>
```

애너테이션을 사용하여 트랜잭션을 적용하기 위해 txManager 빈을 설정합니다.

4. action-service.xml에서는 AccountService의 accDAO 속성에 accDAO 빈을 주입하도록 구현합니다.

코드 25-4 pro25/WebContent/WEB-INF/config/action-service.xml

```
...
<bean id="accService" class="com.spring.account.AccountService">
  <property name="accDAO" ref="accDAO"/>
</bean>
</beans>
```

accService 빈의 속성에 accDAO 빈을 주입합니다.

25.4.2 마이바티스 관련 XML 파일 설정하기

이번에는 계좌 이체 기능을 SQL문으로 구현한 매퍼 파일을 설정해 보겠습니다.

1. 다음과 같이 매퍼 파일인 account.xml을 준비합니다.

✔ 그림 25-6 매퍼 파일 위치

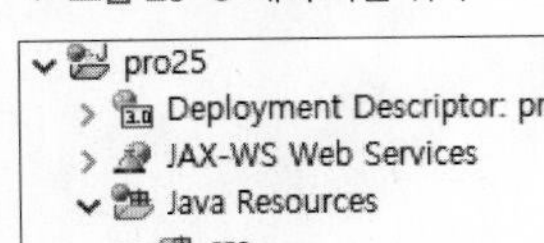

2. 매퍼 파일에서는 두 개의 update문으로 두 명의 계좌 잔고를 갱신합니다.

코드 25-5 pro25/src/mybatis/mappers/account.xml

```
...
<mapper namespace="mapper.account">
  <update id="updateBalance1">
  <![CDATA[
    update cust_account
```

```
    set balance=balance-5000000    ← 잔고를 5000000원 감액합니다.
    where
      accountNo = '70-490-930'
  ]]>
  </update>

  <update id="updateBalance2">
    <![CDATA[
      update cust_account
      set balance=balance+5000000    ← 잔고를 5000000원 증액합니다.
      where
        accountNo = '70-490-911'
      ]]>
  </update>
</mapper>
```

25.4.3 트랜잭션 관련 자바 클래스와 JSP 파일 구현하기

1. 계좌 이체 기능에 필요한 자바 파일과 JSP 파일들을 다음과 같이 준비합니다.

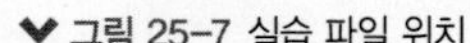
✔ 그림 25-7 실습 파일 위치

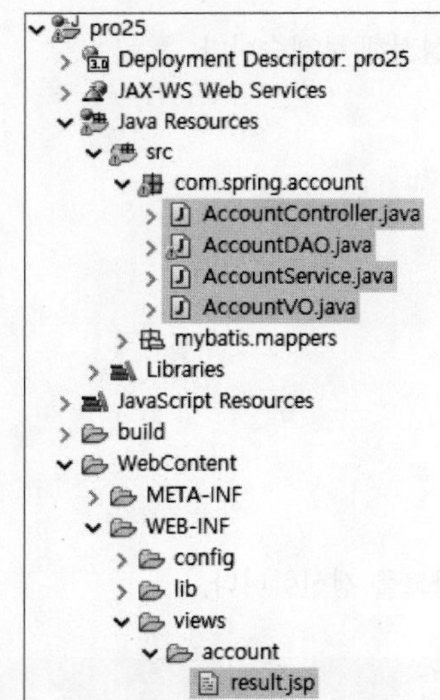

2. 컨트롤러에서는 속성 accService에 빈을 주입하기 위해 setter를 구현합니다. /account/sendMoney.do로 요청 시 sendMoney() 메서드를 호출해 계좌 이체 작업을 수행합니다.

코드 25-6 pro25/src/com/spring/account/AccountController.java

```
package com.spring.account;
...
public class AccountController  extends MultiActionController  {
  private AccountService accService ;
  public void setAccService(AccountService accService){
    this.accService = accService;
  }

  public ModelAndView sendMoney(HttpServletRequest request,
                                HttpServletResponse response) throws Exception {
    ModelAndView mav=new ModelAndView();
    accService.sendMoney();
    mav.setViewName("result");
    return mav;
  }
}
```

- setAccService(): 속성 accService에 빈을 주입하기 위해 setter를 구현합니다.
- accService.sendMoney(): 금액을 이체합니다.

3. AccountService 클래스를 다음과 같이 작성합니다. 서비스 클래스의 메서드는 단위 기능을 수행하므로 @Transactional 애너테이션을 서비스 클래스에 적용해 메서드별로 트랜잭션을 적용합니다.

코드 25-7 pro25/src/com/spring/account/AccountService.java

```
package com.spring.account;
...
@Transactional(propagation=Propagation.REQUIRED)
public class AccountService {
  private AccountDAO accDAO;
  public void setAccDAO(AccountDAO accDAO) {
    this.accDAO = accDAO;
  }

  public void sendMoney() throws Exception {
    accDAO.updateBalance1();
    accDAO.updateBalance2();
  }
}
```

- @Transactional: @Transactional을 이용해 AccountService 클래스의 모든 메서드에 트랜잭션을 적용합니다.
- setAccDAO(): 속성 accDAO에 빈을 주입하기 위해 setter를 구현합니다.
- sendMoney(): sendMoney() 메서드 호출 시 accDAO의 두 개의 SQL문을 실행합니다.

4. AccountDAO 클래스에서는 각 예금자 계좌를 갱신하는 메서드를 구현합니다.

코드 25-8 pro25/src/com/spring/account/AccountDAO.java

```
package com.spring.account;
...
public class AccountDAO {
  private SqlSession sqlSession;
  public void setSqlSession(SqlSession sqlSession) {
    this.sqlSession = sqlSession;
  }

  public void updateBalance1() throws DataAccessException {
    sqlSession.update("mapper.account.updateBalance1");
  }

  public void updateBalance2() throws DataAccessException {
    sqlSession.update("mapper.account.updateBalance2");
  }
}
```

- 속성 sqlSession에 빈을 주입하기 위해 setter를 구현합니다.
- 첫 번째 update문을 실행해 홍길동 계좌에서 5000000원을 차감합니다.
- 두 번째 update문을 실행해 김유신 계좌에서 5000000원을 증액합니다.

5. 트랜잭션을 적용하지 않은 경우와 적용한 경우의 실행 결과를 각각 확인해 보겠습니다. 먼저 http://localhost:8090/pro25/account/sendMoney.do로 요청하여 정상적으로 계좌 이체가 이루어진 경우의 결과를 확인합니다.

▼ 그림 25-8 실행 결과

6. SQL Developer로 조회하면 홍길동의 계좌에서 김유신의 계좌로 5,000,000만 원이 이체된 것을 확인할 수 있습니다.

▼ 그림 25-9 정상 송금 후 계좌 잔고

	ACCOUNTNO	CUSTNAME	BALANCE
1	70-490-930	홍길동	5000000
2	70-490-911	김유신	15000000

7. 이번에는 트랜잭션을 적용하지 않은 경우의 실행 결과를 보겠습니다. AccountService.java에서 다음 부분을 주석 처리합니다.

코드 25-9 pro25/src/com/spring/account/AccountService.java

```
...
/*@Transactional(propagation=Propagation.REQUIRED) */
public class AccountService {
  ...
}
```

8. account.xml의 두 번째 SQL문에 일부러 문법 오류를 발생시킵니다.

코드 25-10 pro25/src/mybatis/mappers/account.xml

```
...
  <update id="updateBalance1" >
    <![CDATA[
      update cust_account
      set balance=balance-5000000
      where  accountNo = '70-490-930'
    ]]>
  </update>

  <update id="updateBalance2" >
  <![CDATA[
    update cust_account
    set balance=balance+5000000
    where  accountNo = 70-490-911
  ]]>
  </update>
...
```

계좌 번호의 양쪽 작은따옴표(")를 삭제하여 오류를 발생시킵니다.

9. SQL Developer에서 예금자들의 잔고를 원래대로 되돌린 후, 즉 10,000,000원으로 갱신한 후 브라우저에서 http://localhost:8090/pro25/account/sendMoney.do로 요청하면 다음과 같은 오류가 발생합니다.

▼ 그림 25-10 이체 요청 시 오류 발생

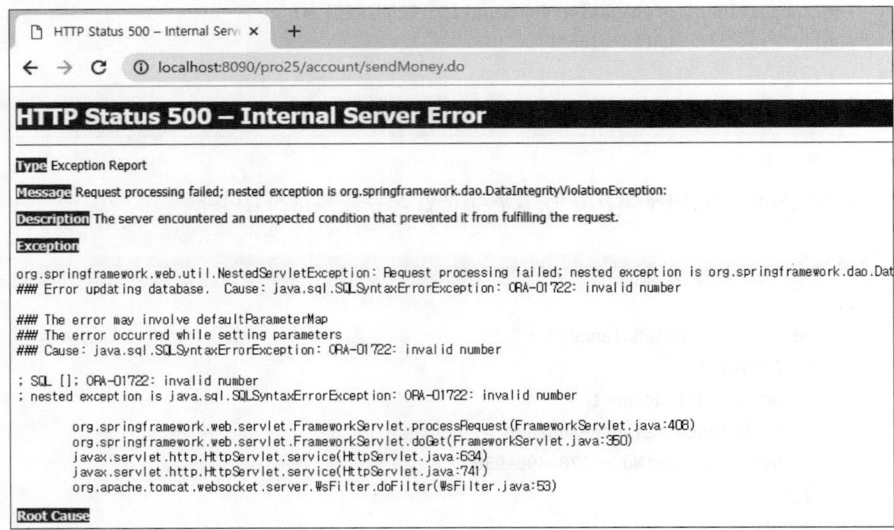

10. SQL Developer로 각 계좌 잔고를 조회해 보면 홍길동의 잔고는 5,000,000원이 감소했으나 김유신의 잔고는 10,000,000원 그대로인 것을 확인할 수 있습니다.

▼ 그림 25-11 오류 발생 후 계좌 잔고

	ACCOUNTNO	CUSTNAME	BALANCE
1	70-490-930	홍길동	5000000
2	70-490-911	김유신	10000000

11. 트랜잭션을 적용한 후 브라우저에서 요청한 결과를 확인하기에 앞서 원래대로 주석을 해제합니다. 그리고 SQL Developer로 다시 예금자들의 잔고를 10,000,000원으로 변경합니다.

코드 25-11 pro25/src/com/spring/account/AccountService.java

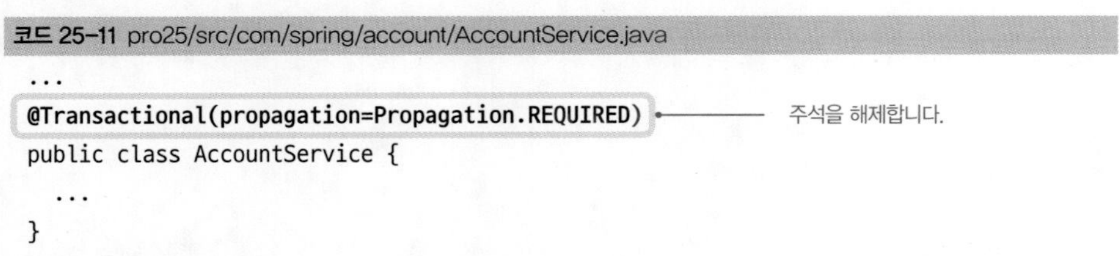

```
...
@Transactional(propagation=Propagation.REQUIRED)   // 주석을 해제합니다.
public class AccountService {
  ...
}
```

12. http://localhost:8090/pro25/account/sendMoney.do로 요청하면 또다시 오류가 발생합니다.

▼ 그림 25-12 송금 요청 시 오류 발생

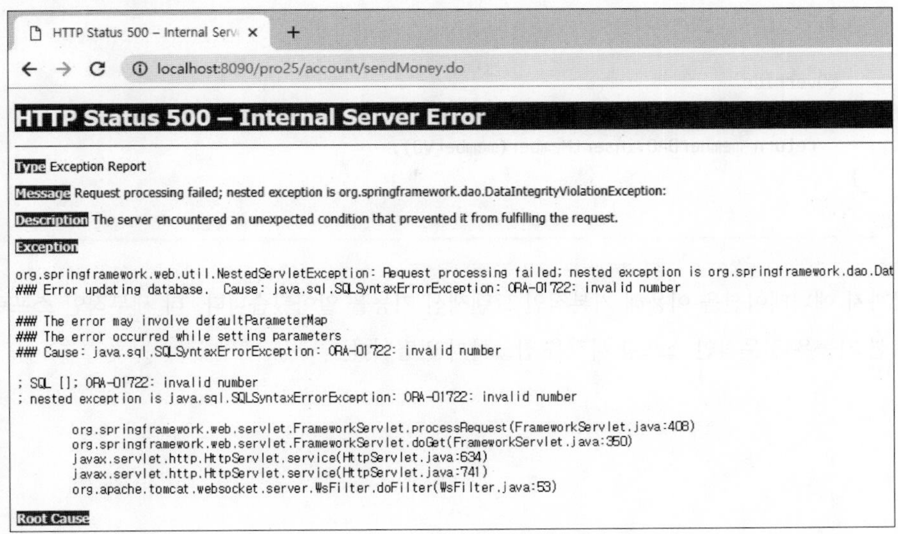

13. SQL Developer로 각 계좌 잔고를 조회합니다. 이번에는 트랜잭션이 적용되었으므로 김유신의 잔고는 물론이고 오류가 발생하지 않은 홍길동의 잔고도 원래의 금액으로 롤백이 됩니다.

▼ 그림 25-13 오류 발생 후 계좌 잔고

	ACCOUNTNO	CUSTNAME	BALANCE
1	70-490-930	홍길동	10000000
2	70-490-911	김유신	10000000

대부분의 애플리케이션에서는 이처럼 Service 클래스에 트랜잭션을 적용합니다. 사실 우리가 24장에서 구현한 회원 기능 프로그램에서 MemberServiceImpl 클래스에도 트랜잭션 애너테이션을 적용했었습니다.

코드 25-12 pro24/src/com/spring/member/service/MemberServiceImpl.java

```
...
@Transactional(propagation=Propagation.REQUIRED)
public class MemberServiceImpl  implements MemberService{
  private MemberDAO memberDAO;
  public void setMemberDAO(MemberDAO memberDAO){
    this.memberDAO = memberDAO;
  }

  @Override
  public List listMembers() throws DataAccessException {
```

```
    List membersList = null;
    membersList = memberDAO.selectAllMemberList();
    return membersList;
  }

  @Override
  public int addMember(MemberVO memberVO) throws DataAccessException {
    return memberDAO.insertMember(memberVO);
}
...
```

지금까지 애너테이션을 이용해 기본적인 트랜잭션 기능을 알아봤습니다. 더 세부적인 스프링 트랜잭션 기능은 전문적인 스프링 서적을 참고하기 바랍니다.

26장

스프링 애너테이션 기능

26.1 스프링 애너테이션이란?

앞 장에서 실습해 봤듯이 스프링 2.5까지는 DI나 AOP 같은 기능은 따로 XML 파일로 설정한 후 애플리케이션에서 사용했습니다. 그러나 애플리케이션의 기능이 복잡해짐에 따라 XML 설정 파일의 내용도 복잡해졌고 관리에도 문제가 생기기 시작했습니다.

따라서 스프링 3.0부터는 DI 같은 자바 코드와 관련된 설정은 직접 코드에서 할 수 있게 애너테이션(Annotation)이라는 기능을 제공합니다. 현재 스프링 기반 애플리케이션에서는 XML에서 설정하는 방법과 애너테이션 기능을 사용하는 방법 두 가지를 혼합해서 사용하고 있습니다.

그럼 지금부터 스프링에서 애너테이션 관련 기능을 제공하는 클래스와 태그에 대해 알아보겠습니다.

26.1.1 스프링 애너테이션 제공 클래스

스프링에서 애너테이션을 사용하려면 먼저 스프링에서 제공하는 애너테이션 관련 클래스를 XML 설정 파일에서 빈으로 설정해야 합니다.

▼ 표 26-1 브라우저 URL 요청 처리 애너테이션 관련 클래스

클래스	기능
DefaultAnnotationHandlerMapping	클래스 레벨에서 @RequestMapping을 처리합니다.
AnnotationMethodHandlerAdapter	메서드 레벨에서 @RequestMapping을 처리합니다.

26.1.2 <context:component-scan > 태그 기능

<context:component-scan> 태그를 사용해 패키지 이름을 지정하면 애플리케이션 실행 시 해당 패키지에서 애너테이션으로 지정된 클래스를 빈으로 만들어 줍니다.

```
<context:component-scan base-package="패키지이름"  />
```

표 26-2는 <context:component-scan> 태그로 지정한 패키지에 위치하는 클래스에 지정하는 여러 가지 애너테이션입니다.

✔ 표 26-2 여러 가지 스테레오 타입 애너테이션

애너테이션	기능
@Controller	스프링 컨테이너가 component-scan에 의해 지정한 클래스를 컨트롤러 빈으로 자동 변환합니다.
@Service	스프링 컨테이너가 component-scan에 의해 지정한 클래스를 서비스 빈으로 자동 변환합니다.
@Repository	스프링 컨테이너가 component-scan에 의해 지정한 클래스를 DAO 빈으로 자동 변환합니다.
@Component	스프링 컨테이너가 component-scan에 의해 지정한 클래스를 빈으로 자동 변환합니다.

이러한 클래스들은 스프링 실행 시 자동으로 빈으로 생성됩니다. 자세한 것은 실습을 통해 알아보겠습니다.

JAVA WEB

26.2 스프링 애너테이션 이용해 URL 요청 실습하기

그럼 스프링 애너테이션 기능을 이용해 실습해 보겠습니다.

1. 새 프로젝트 pro26을 만들고 스프링 애너테이션 기능을 실습하기 위한 XML 설정 파일인 action-servlet.xml을 다음과 같이 추가합니다.

✔ 그림 26-1 설정 XML 파일 위치

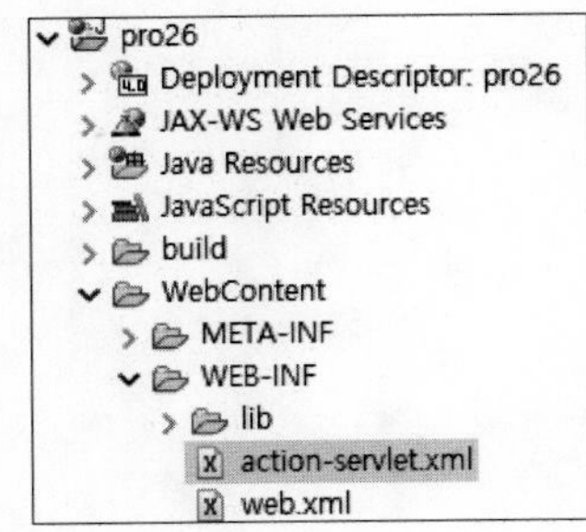

26 스프링 애너테이션 기능

2. action-servlet.xml을 다음과 같이 작성합니다. 스프링에서 제공하는 `DefaultAnnotationHandlerMapping`과 `AnnotationMethodHandlerAdapter` 클래스의 빈을 설정합니다. `<context:component-scan base-package="com.spring"/>` 태그를 이용해 com.spring 하위 패키지에 애너테이션이 적용되도록 설정합니다.

코드 26-1 pro26/WebContent/WEB-INF/action-servlet.xml

```
...
<bean class="org.springframework.web.servlet.view.InternalResourceViewResolver">
  <property name="prefix" value="/WEB-INF/views/test/" />
  <property name="suffix" value=".jsp"/>
</bean>
<bean class="org.springframework.web.servlet.mvc.annotation.
                                         DefaultAnnotationHandlerMapping"/>
<bean class="org.springframework.web.servlet.mvc.annotation.
                                          AnnotationMethodHandlerAdapter"/>
<context:component-scan base-package="com.spring"/>
</beans>
```

- 클래스 레벨에 @RequestMapping을 처리합니다.
- 메서드 레벨에 @RequestMapping을 처리합니다.
- com.spring 패키지에 존재하는 클래스에 애너테이션이 적용되도록 설정합니다.

3. 애너테이션 기능을 수행하는 자바 클래스와 JSP 파일을 추가합니다.

▼ 그림 26-2 실습 파일 위치

4. MainController 클래스가 하는 일은 다음과 같습니다. @Controller("mainController") 애너테이션은 주로 Controller 클래스에 위치해 빈을 만듭니다. @RequestMapping("/test")은 URL 요청 시 첫 번째 단계의 요청이 /test이면 mainController 빈에게 요청을 전달합니다. 그리고 @RequestMapping(value="/main1.do", method=RequestMethod.GET)을 메서드에 위치시킨 후 각 요청을 구분하여 메서드를 호출합니다.

코드 26-2 pro26/src/com/spring/ex01/MainController.java

```
package com.spring.ex01;
...
@Controller("mainController")
@RequestMapping("/test")
public class MainController {
  @RequestMapping(value="/main1.do" ,method=RequestMethod.GET)
  public ModelAndView main1(HttpServletRequest request,
                        HttpServletResponse response) throws Exception {
    ModelAndView mav=new ModelAndView();
    mav.addObject("msg","main1");
    mav.setViewName("main");
    return mav;
  }

  @RequestMapping(value="/main2.do", method = RequestMethod.GET)
  public ModelAndView main2(HttpServletRequest request,
                        HttpServletResponse response) throws Exception {
    ModelAndView mav=new ModelAndView();
    mav.addObject("msg","main2");
    mav.setViewName("main");
    return mav;
  }
}
```

- package com.spring.ex01; → 애너테이션이 적용되도록 하려면 해당 클래스가 반드시 <component-scan>에서 설정한 패키지나 하위 패키지에 존재해야 합니다.
- @Controller("mainController") → @Controller 애너테이션을 이용해 MainController 클래스를 빈으로 자동 변환합니다. 빈 id는 mainController입니다.
- @RequestMapping("/test") → @RequestMapping을 이용해 첫 번째 단계의 URL 요청이 /test이면 mainController 빈을 요청합니다.
- @RequestMapping(value="/main1.do" ,method=RequestMethod.GET) → @RequestMapping을 이용해 두 번째 단계의 URL 요청이 /main1.do이면 mainController 빈의 main1() 메서드에게 요청합니다. method=RequestMethod.GET으로 지정하면 GET 방식으로 요청 시 해당 메서드가 호출됩니다.
- @RequestMapping(value="/main2.do", method = RequestMethod.GET) → @RequestMapping을 이용해 두 번째 단계의 URL 요청이 /main2.do이면 mainController 빈의 main2() 메서드에게 요청합니다. method=RequestMethod.GET으로 지정하면 GET 방식으로 요청 시 해당 메서드가 호출됩니다.

5. 다음은 컨트롤러에서 ModelAndView에 뷰이름으로 설정한 main.jsp입니다.

코드 26-3 pro26/WebContent/WEB-INF/views/test/main.jsp

```
<%@ page language="java" contentType="text/html; charset=UTF-8"
  pageEncoding="UTF-8"
  isELIgnored="false"  %>
<%@ taglib prefix="c" uri="http://java.sun.com/jsp/jstl/core"  %>
<%
  request.setCharacterEncoding("UTF-8");
%>
<html>
```

```
<head>
  <meta charset="UTF-8">
  <title>결과창</title>
</head>
<body>
  <h1>안녕하세요!!</h1>
  <h1>${msg} 페이지입니다!!</h1>
</body>   └──── 컨트롤러에서 넘긴 메시지를 출력합니다.
</html>
```

6. http://localhost:8090/pro26/test/main1.do, http://localhost:8090/pro26/test/main2.do 로 각각 요청하여 결과를 확인합니다.

▼ 그림 26-3 /test/main1.do로 요청했을 때(좌)와 /test/main2.do로 요청했을 때(우) 실행 결과

26.3 스프링 애너테이션 이용해 로그인 기능 구현하기

이번에는 스프링 애너테이션을 이용해 로그인 기능을 구현해 보겠습니다.

1. 다음은 로그인 기능과 관련된 자바 파일과 JSP 위치입니다.

❤ 그림 26-4 실습 파일 위치

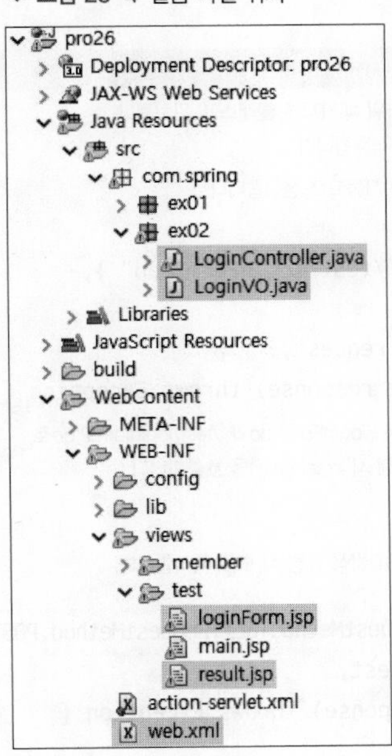

2. 실습 시 한글 깨짐 현상을 방지하기 위해 web.xml에 한글 필터 기능을 설정합니다.

코드 26-4 pro26/WebContent/WEB-INF/web.xml

```
...
<filter>
  <filter-name>encodingFilter</filter-name>
  <filter-class>org.springframework.web.filter.CharacterEncodingFilter</filter-class>
  <init-param>
    <param-name>encoding</param-name>
    <param-value>UTF-8</param-value>
  </init-param>
</filter>
```

```
    <filter-mapping>
      <filter-name>encodingFilter</filter-name>
      <url-pattern>/*</url-pattern>
    </filter-mapping>
...
```

3. 스프링 애너테이션 기능을 이용해 로그인 시 전송된 ID와 이름을 JSP에 출력하도록 LoginController 클래스를 작성합니다. method={RequestMethod.GET,RequestMethod.POST}) 설정은 GET 방식과 POST 방식을 모두 처리할 수 있습니다. 또한 @RequestMapping(...)을 사용하면 한 메서드에 여러 개의 요청 URL을 설정하여 동시에 호출할 수 있습니다.

코드 26-5 pro26/src/com/spring/ex02/LoginController.java

```
package com.spring.ex02;
...
@Controller("loginController")
public class LoginController {
  @RequestMapping(value = { "/test/loginForm.do", "/test/loginForm2.do" },
                  method={RequestMethod.GET})
  public ModelAndView loginForm(HttpServletRequest request,
                                HttpServletResponse response) throws Exception {
    ModelAndView mav=new ModelAndView();
    mav.setViewName("loginForm");
    return mav;
  }

  @RequestMapping(value = "/test/login.do", method={RequestMethod.GET,RequestMethod.POST})
  public ModelAndView login(HttpServletRequest request,
                            HttpServletResponse response) throws Exception {
    request.setCharacterEncoding("utf-8");
    ModelAndView mav=new ModelAndView();
    mav.setViewName("result");
    String userID=request.getParameter("userID");
    String userName =request.getParameter("userName");
    mav.addObject("userID", userID);
    mav.addObject("userName", userName);
    return mav;
  }
}
```

- package com.spring.ex02; → com.spring 하위 패키지에 클래스가 위치해야 애너테이션이 적용됩니다.
- @Controller("loginController") → 컨트롤러 빈을 자동으로 생성합니다.
- @RequestMapping(value = { "/test/loginForm.do", "/test/loginForm2.do" }, ...) → /test/loginForm.do와 /test/loginform2.do로 요청 시 loginForm()을 호출합니다.
- method={RequestMethod.GET,RequestMethod.POST} → GET 방식과 POST 방식 요청 시 모두 처리합니다.

4. 로그인창에서 ID와 이름을 전송하도록 loginForm.jsp를 다음과 같이 작성합니다.

코드 26-6 pro26/WebContent/WEB-INF/test/loginForm.jsp

```
...
<form   method="post"   action="${contextPath}/test/login.do">
<table width="400">
<tr>
  <td>아이디 <input type="text" name="userID" size="10"></td>
</tr>
<tr>
  <td>이름 <input type="text" name="userName" size="10"></td>
</tr>
...
```

로그인 클릭 시 /test/login.do로 요청합니다.

5. 로그인창에서 전송된 ID와 이름이 결과창에 나타나도록 result.jsp를 다음과 같이 작성합니다.

코드 26-7 pro26/WebContent/WEB-INF/test/result.jsp

```
...
<h1>아이디 : ${userID}</h1>
<h1>이름   : ${userName}</h1>
...
```

6. http://localhost:8090/pro26/test/loginForm.do로 요청하여 로그인창에 ID와 이름을 입력한 후 **로그인**을 클릭합니다.

❯ 그림 26-5 로그인창에서 **로그인** 클릭

7. http://localhost:8090/test/login.do로 요청을 보냅니다.

❯ 그림 26-6 로그인 요청 결과

26
스프링 애너테이션 기능

26.3.1 메서드에 @RequestParam 적용하기

지금까지는 브라우저에서 매개변수를 전송하면 getParameter() 메서드를 이용해 값을 얻었습니다. 그런데 전송되어 온 매개변수의 수가 많아지면 일일이 getParameter() 메서드를 이용하는 방법은 불편합니다. 이번에는 @RequestParam을 메서드에 적용해 쉽게 값을 얻는 방법을 알아보겠습니다. @RequestParam을 이용해 로그인창에서 전송받은 매개변수를 설정한 후 브라우저에서 매개변수를 전달하면 지정한 변수에 자동으로 값이 설정됩니다. 그러면 getParameter() 메서드를 이용하지 않아도 됩니다.

1. spring.ex02 패키지를 만들고 LoginController 클래스를 다음과 같이 작성합니다.

코드 26-8 pro26/src/com/spring/ex02/LoginController.java

```
package com.spring.ex02;
...
@Controller("loginController")
public class LoginController {
...
  @RequestMapping(value = "/test/login2.do",
                              method = { RequestMethod.GET, RequestMethod.POST })
  public ModelAndView login2(@RequestParam("userID") String userID ,
                              @RequestParam("userName") String userName,
                  HttpServletRequest request, HttpServletResponse response) throws Exception {
    request.setCharacterEncoding("utf-8");
    ModelAndView mav = new ModelAndView();
    mav.setViewName("result");

    /*
    String iD = request.getParameter("userID");
    tring name = request.getParameter("userName");
    */

    System.out.println("userID: "+userID);
    System.out.println("userName: "+userName);
    mav.addObject("userID", userID);
    mav.addObject("userName", userName);
    return mav;
  }
}
```

@RequestParam을 이용해 매개변수가 userID이면 그 값을 변수 userID에 자동으로 설정합니다.

@RequestParam을 이용해 매개변수가 userName이면 그 값을 변수 userName에 자동으로 설정합니다.

getParameter() 메서드를 이용할 필요가 없습니다.

> Tip 예제 파일에서 실습할 경우 주석을 해제하면서 사용하기 바랍니다.

2. 로그인창에서 ID와 이름을 컨트롤러로 전송하도록 loginForm.jsp를 작성합니다.

코드 26-9 pro26/WebContent/WEB-INF/test/loginForm.jsp

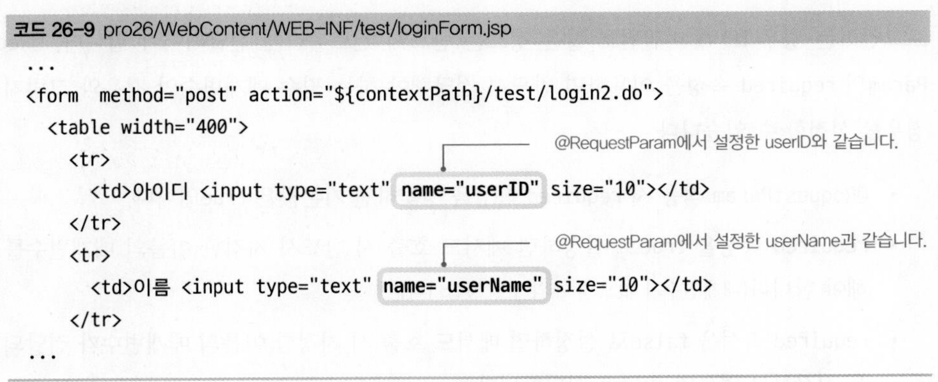

```
...
<form  method="post" action="${contextPath}/test/login2.do">
  <table width="400">
    <tr>
      <td>아이디 <input type="text" name="userID" size="10"></td>
    </tr>
    <tr>
      <td>이름 <input type="text" name="userName" size="10"></td>
    </tr>
...
```


3. http://localhost:8090/pro26/test/loginForm.do로 요청하여 ID와 이름을 입력하고 **로그인**을 클릭합니다.

✔ 그림 26-7 로그인창에서 **로그인** 클릭

4. 그러면 /test/login2.do로 요청을 보내어 다음과 같은 결과 화면을 출력합니다.

✔ 그림 26-8 로그인 결과

26.3.2 @RequestParam의 required 속성 사용하기

로그인하는 경우 ID와 비밀번호 같은 정보는 반드시 컨트롤러에 전달되어야 합니다. @RequestParam의 required 속성을 이용하면 반드시 전달해야 하는 필수 매개변수인 경우와 그렇지 않은 경우를 설정할 수 있습니다.

- @RequestParam 적용 시 required 속성을 생략하면 기본값은 true입니다.
- required 속성을 true로 설정하면 메서드 호출 시 반드시 지정한 이름의 매개변수를 전달해야 합니다(매개변수가 없으면 예외가 발생합니다).
- required 속성을 false로 설정하면 메서드 호출 시 지정한 이름의 매개변수가 전달되면 값을 저장하고 없으면 null을 할당합니다.

1. LoginController 클래스를 다음과 같이 작성합니다.

코드 26-10 pro26/src/com/spring/ex02/LoginController.java

```
package com.spring.ex02;
...
@Controller("loginController")
public class LoginController {
  ...
  @RequestMapping(value = "/test/login2.do",
                  method = { RequestMethod.GET, RequestMethod.POST })
  public ModelAndView login2(@RequestParam("userID") String userID,
                  @RequestParam(value="userName", required=true) String userName,
                  @RequestParam(value="email", required=false) String email,
                    HttpServletRequest request,
                    HttpServletResponse response) throws Exception {
    request.setCharacterEncoding("utf-8");
    ModelAndView mav = new ModelAndView();
    mav.setViewName("result");
    System.out.println("userID: "+userID);
    System.out.println("userName: "+userName);
    System.out.println("email: "+ email);
    mav.addObject("userID", userID);
    mav.addObject("userName", userName);
    return mav;
  }
}
```

required 속성을 생략하면 required의 기본값은 true입니다.

required 속성을 명시적으로 true로 설정합니다.

required 속성을 명시적으로 false로 설정합니다.

2. 로그인창에서 <hidden> 태그를 이용해 이메일 정보를 컨트롤러로 전송합니다.

코드 26-11 pro26/WebContent/WEB-INF/test/loginForm.jsp

```
...
<form  method="post" action="${contextPath}/test/login2.do">
  <input  type="hidden"  name="email" value="hong@test.com" />
  <table width="400">
    <tr>
      <td>아이디 <input type="text" name="userID" size="10"></td>
    </tr>
    <tr>
      <td>이름 <input type="text" name="userName" size="10"></td>
    </tr>
...
```

〈hidden〉 태그를 이용해 이메일 정보를 전송합니다.

3. 브라우저에 요청하여 로그인창이 나타나면 ID와 이름을 입력하고 **로그인**을 클릭하면 콘솔에 이메일 정보를 출력합니다.

▼ 그림 26-9 이메일 정보 추가 후 실행 결과

```
userID: hong
userName: 1234
email: hong@test.com
```

4. 로그인창에서 이메일 관련 <hidden> 태그를 주석 처리한 후 요청하면 이메일 정보를 null로 출력합니다.

▼ 그림 26-10 이메일 정보 주석 처리 후 실행 결과

```
userID: hong
userName: 1234
email: null
```

26.3.3 @RequestParam 이용해 Map에 매개변수 값 설정하기

전송되는 매개변수의 수가 많을 경우 일일이 변수를 지정해서 사용하려면 불편합니다. 이번에는 전달되는 매개변수 값들을 Map에 저장해 보겠습니다.

1. LoginController 클래스를 다음과 같이 작성합니다. @RequestParam Map<String, String> info는 이름이 info인 Map에 매개변수 이름을 key로, 매개변수 값을 value로 저장하는 구문입니다.

코드 26-12 pro26/src/com/spring/ex02/LoginController.java

```
package com.spring.ex02;
...
@Controller("loginController")
public class LoginController {
  ...
  @RequestMapping(value = "/test/login3.do",
                        method = { RequestMethod.GET,RequestMethod.POST })
  public ModelAndView login3(@RequestParam Map<String, String> info,
                             HttpServletRequest request,
                             HttpServletResponse response) throws Exception {
    request.setCharacterEncoding("utf-8");
    ModelAndView mav = new ModelAndView();
    String userID = info.get("userID");
    String userName = info.get("userName");
    System.out.println("userID:  "+userID);
    System.out.println("userName: "+userName);
    mav.addObject("info", info);
    mav.setViewName("result");
    return mav;
  }
}
```

@RequestParam을 이용해 Map에 전송된 매개변수 이름을 key, 값을 value로 저장합니다.

Map에 저장된 매개변수의 이름으로 전달된 값을 가져옵니다.

@RequestParam에서 설정한 Map 이름으로 바인딩합니다.

2. 결과창에서 바인딩한 속성 이름으로 출력합니다.

코드 26-13 pro26/WebContent/WEB-INF/views/test/result.jsp

```
...
<h1>아이디 : ${info.userID} </h1>
<h1>이름   : ${info.userName} </h1>
...
```

Map에 key로 접근하여 값을 출력합니다.

3. 로그인창에서 아이디와 이름을 입력한 후 **로그인**을 클릭하면 /test/login3.do로 요청하여 결과를 출력합니다.

▼ 그림 26-11 로그인 요청 결과

26.3.4 @ModelAttribute 이용해 VO에 매개변수 값 설정하기

이번에는 여러 개의 매개변수를 전달해 보겠습니다. 우선 `@ModelAttribute`를 이용해 `VO` 클래스의 속성에 매개변수 값이 자동으로 설정되도록 해보겠습니다.

1. `LoginController` 클래스를 다음과 같이 작성합니다. `@ModelAttribute("info") LoginVO loginVO`는 전달된 매개변수에 대해 `LoginVO` 클래스 객체를 생성합니다. 이어서 매개변수 이름과 같은 속성에 매개변수 값을 설정한 후 `info` 이름으로 바인딩합니다. 예를 들어 로그인창에서 전달된 매개변수 이름이 `userID`이고, 값이 `hong`일 경우, `@Model Attritbue`로 `LoginVO`를 지정하면 전달 시 `LoginVO`의 속성 `userID`에 전달된 값 `hong`을 자동으로 설정해 줍니다.

코드 26-14 pro26/src/com/spring/ex02/LoginController.java

```
package com.spring.ex02;
...
@Controller("loginController")
public class LoginController {
  ...
  @RequestMapping(value = "/test/login4.do",
                        method = { RequestMethod.GET, RequestMethod.POST })
  public ModelAndView login4(@ModelAttribute("info") LoginVO loginVO,
            HttpServletRequest request,
            HttpServletResponse response) throws Exception {
    request.setCharacterEncoding("utf-8");
    ModelAndView mav = new ModelAndView();
    System.out.println("userID: "+loginVO.getUserID());
    System.out.println("userName: "+loginVO.getUserName());
    mav.setViewName("result");
```

@ModelAttribute를 이용해 전달되는 매개변수 값을 LoginVO 클래스와 이름이 같은 속성에 자동으로 설정합니다.
addObject()를 이용할 필요 없이 info를 이용해 바로 JSP에서 LoginVO 속성에 접근할 수 있습니다.

```
        return mav;
    }
}
```

2. LoginVO 클래스를 다음과 같이 작성합니다. 로그인창에서 입력한 ID와 비밀번호를 속성에 저장합니다.

코드 26-15 pro26/src/com/spring/ex02/LoginVO.java

```
package com.spring.ex02;

public class LoginVO {
  private String userID;
  private String userName;
  //각 속성에 대한 getter/setter 메서드
  ...
}
```

3. 로그인창에 입력한 ID와 비밀번호가 출력되도록 result.jsp를 작성합니다.

코드 26-16 pro26/WebContent/WEB-INF/views/test/result.jsp

```
  ...
  <h1>아이디 : ${info.userID}  </h1>
  <h1>이름   : ${info.userName} </h1>
  ...
```

@ModelAttribute("info")에서 지정한 이름으로 속성에 접근합니다.

4. 로그인창에서 로그인을 하면 ID와 이름을 출력합니다.

✔ 그림 26-12 로그인 요청 후 결과

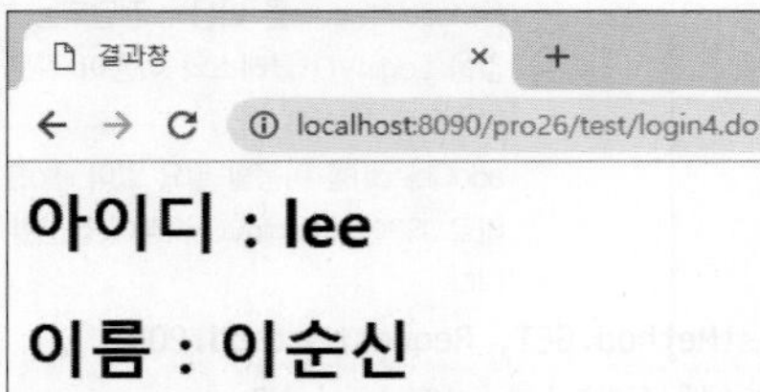

26.3.5 Model 클래스 이용해 값 전달하기

Model 클래스를 이용하면 메서드 호출 시 JSP로 값을 바로 바인딩하여 전달할 수 있습니다.

Model 클래스의 addAttribute() 메서드는 ModelAndView의 addObject() 메서드와 같은 기능을 합니다. Model 클래스는 따로 뷰 정보를 전달할 필요가 없을 때 사용하면 편리합니다.

1. LoginController 클래스를 다음과 같이 작성합니다.

코드 26-17 pro26/src/com/spring/ex02/LoginController.java

```
package com.spring.ex02;
import org.springframework.ui.Model;
...
@Controller("loginController")
public class LoginController {
  ...
  @RequestMapping(value = "/test/login5.do",
                       method = { RequestMethod.GET, RequestMethod.POST })
  public String login5(Model model ,
                    HttpServletRequest request,
                    HttpServletResponse response) throws Exception {
    request.setCharacterEncoding("utf-8");
    model.addAttribute("userID", "hong");
    model.addAttribute("userName", "홍길동");
    return "result";
  }
}
```

메서드 호출 시 Model 클래스 객체를 생성합니다.

JSP에 전달할 데이터를 model에 addAttritbute() 메서드를 이용해서 바인딩합니다.

2. 로그인창에서 입력한 ID와 비밀번호가 출력되도록 result.jsp를 작성합니다.

코드 26-18 pro26/WebContent/WEB-INF/views/test/result.jsp

```
...
<h1>아이디 : ${userID}</h1>
<h1>이름   : ${userName}</h1>
...
```

3. 다음은 로그인창에서 요청한 실행 결과입니다.

❤ 그림 26-13 로그인 요청 후 결과

JAVA WEB

26.4 @Autowired 이용해 빈 주입하기

XML에서 빈을 설정한 후 애플리케이션이 실행될 때 빈을 주입해서 사용하면 XML 파일이 복잡해지면서 사용 및 관리가 불편하다는 단점이 있습니다.

❤ 그림 26-14 XML 파일에서 빈 설정 후 주입하는 방법의 단점: 복잡하다

```
<bean id="memberController"
                    class="com.spring.member.controller.MemberControllerImpl">
   <property name="methodNameResolver">
      <ref local="memberMethodResolver"/>
   </property>
   <property name="memberService" ref="memberService"/>
</bean>
<bean id="memberService" class="com.spring.member.service.MemberServiceImpl">
   <property name="memberDAO" ref="memberDAO"/>
</bean>
```

현재 스프링에서는 `@Autowired`를 이용해서 개발자가 만든 클래스들의 빈을 직접 자바 코드에서 생성하여 사용합니다.

`@Autowired`의 특징은 다음과 같습니다.

- 기존 XML 파일에서 각각의 빈을 DI로 주입했던 기능을 코드에서 애너테이션으로 자동으로 수행합니다.
- `@Autowired`를 사용하면 별도의 setter나 생성자 없이 속성에 빈을 주입할 수 있습니다.

그럼 이번에는 24장에서 실습한 회원 관리 기능을 `@Autowired`를 적용하여 구현해 보겠습니다.

1. 먼저 회원 관리 기능과 관련된 XML 파일을 설정하겠습니다. action-mybatis.xml과 jdbc.properties 파일은 24장의 파일을 복사해 config 폴더에 붙여 넣습니다.

▼ 그림 26-15 회원 관리 기능 XML 파일 위치

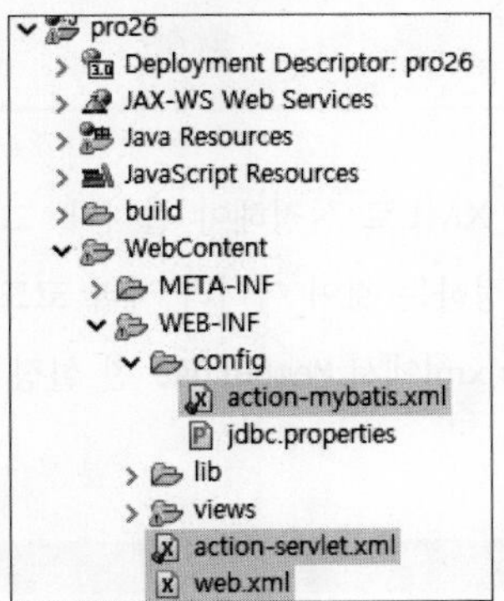

2. web.xml을 다음과 같이 작성합니다. ContextLoaderListener를 이용해 애플리케이션이 실행될 때 action-mybatis.xml을 읽어 들이도록 설정합니다.

코드 26-19 pro26/WebContent/WEB-INF/web.xml

```
...
  <listener>
    <listener-class> org.springframework.web.context.ContextLoaderListener</
listener-class>
  </listener>
  <context-param>
    <param-name>contextConfigLocation</param-name>
    <param-value>
      /WEB-INF/config/action-mybatis.xml
    </param-value>
  </context-param>
...
```

3. action-serlvet.xml의 JSP 경로를 /WEB-INF/views/member/로 변경합니다.

코드 26-20 pro26/WebContent/WEB-INF/action-servlet.xml

```
<bean class="org.springframework.web.servlet.view.InternalResourceViewResolver">
  <property name="prefix" value="/WEB-INF/views/member/" />
  <property name="suffix" value=".jsp"/>      JSP 경로를 변경합니다.
</bean>
```

```
    <bean class="org.springframework.web.servlet.mvc.annotation.
                                         DefaultAnnotationHandlerMapping"/>
    <bean class="org.springframework.web.servlet.mvc.annotation.
                                         AnnotationMethodHandlerAdapter"/>
    <context:component-scan base-package="com.spring"/>
  </beans>
```

4. 스프링에서 제공하는 클래스의 빈을 사용하려면 여전히 XML로 설정해야 합니다. 그러나 MemberDAO는 개발자가 만든 클래스이므로 XML에서 설정하는 것이 아니라 자바 코드에서 애너테이션으로 설정해야 합니다. 따라서 action-mybatis.xml에서 MemberDAO 빈 설정 부분을 주석 처리합니다.

코드 26-21 pro26/WebContent/WEB-INF/config/action-mybatis.xml

```
  ...
    <bean id="dataSource" class="org.apache.ibatis.datasource.pooled.PooledDataSource">
      <property name="driver"  value="${jdbc.driverClassName}" />
      <property name="url" value="${jdbc.url}" />
      <property name="username" value="${jdbc.username}" />
      <property name="password" value="${jdbc.password}" />
    </bean>

    <bean id="sqlSessionFactory" class="org.mybatis.spring.SqlSessionFactoryBean">
      <property name="dataSource" ref="dataSource" />
      <property name="configLocation" value="classpath:mybatis/models/modelConfig.xml" />
      <property name="mapperLocations" value="classpath:mybatis/mappers/*.xml" />
    </bean>

    <bean id="sqlSession" class="org.mybatis.spring.SqlSessionTemplate">
      <constructor-arg index="0" ref="sqlSessionFactory"></constructor-arg>
    </bean>
    <!--
    <bean id="memberDAO" class="com.spring.member.dao.MemberDAOImpl">
      <property name="sqlSession" ref="sqlSession"></property>
    </bean>
    -->
  </beans>
```

MemberDAO는 개발자가 만든 클래스이므로 XML에서 설정하지 않고 자바 코드에서 애너테이션으로 설정합니다.

5. 이번에는 회원 관리 기능 매퍼 파일을 설정해 보겠습니다. 매퍼 파일들은 24장에서 만든 파일과 같은 패키지 구조로 만든 후 실습한 member.xml과 modelConfig.xml을 복사해 붙여 넣습니다.

❤ 그림 26-16 회원 관리 기능 매퍼 파일 위치

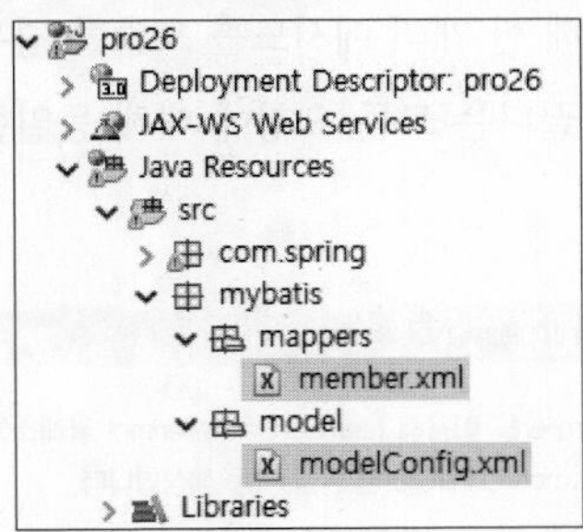

6. 회원 관리 기능 관련 자바 파일과 JSP를 다음과 같이 준비합니다. 일단 JSP는 24장에서 실습할 때 사용한 파일과 동일하므로 views 폴더 하위에 member 폴더를 만든 후 파일을 복사해 붙여 넣습니다.

❤ 그림 26-17 실습 자바 파일과 JSP 파일

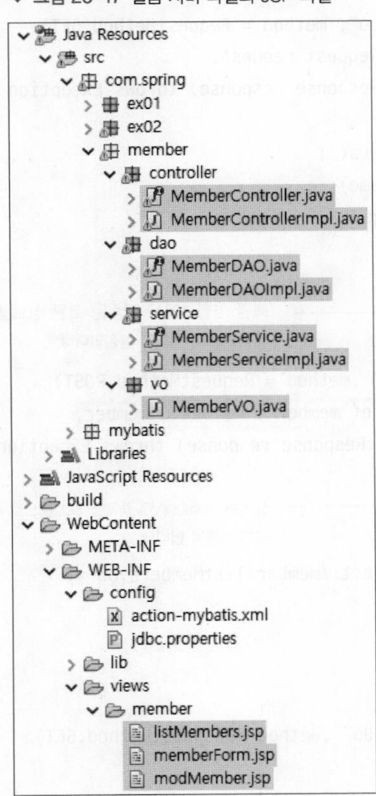

7. MemberControllerImpl 클래스를 작성합니다. @Controller 애너테이션으로 컨트롤러 빈을 자동 생성하고 @Autowired 애너테이션을 이용해 setter를 사용하지 않고 생성된 빈을 속성에 주입합니다. 또한 @ModelAttribute 애너테이션을 이용해 회원 가입창에서 전달된 회원 정보를 바로 MemberVO 객체 속성에 설정합니다. @RequestMapping(value = "/*Form.do", method = RequestMethod.GET) 구문은 여러 요청에 대해 한 개의 메서드를 호출할 경우 정규식을 이용해 매핑하는 역할을 합니다. 즉 Form.do로 끝나는 모든 요청에 대해 동일한 메서드를 호출합니다.

코드 26-22 pro26/src/com/spring/member/controller/MemberControllerImpl.java

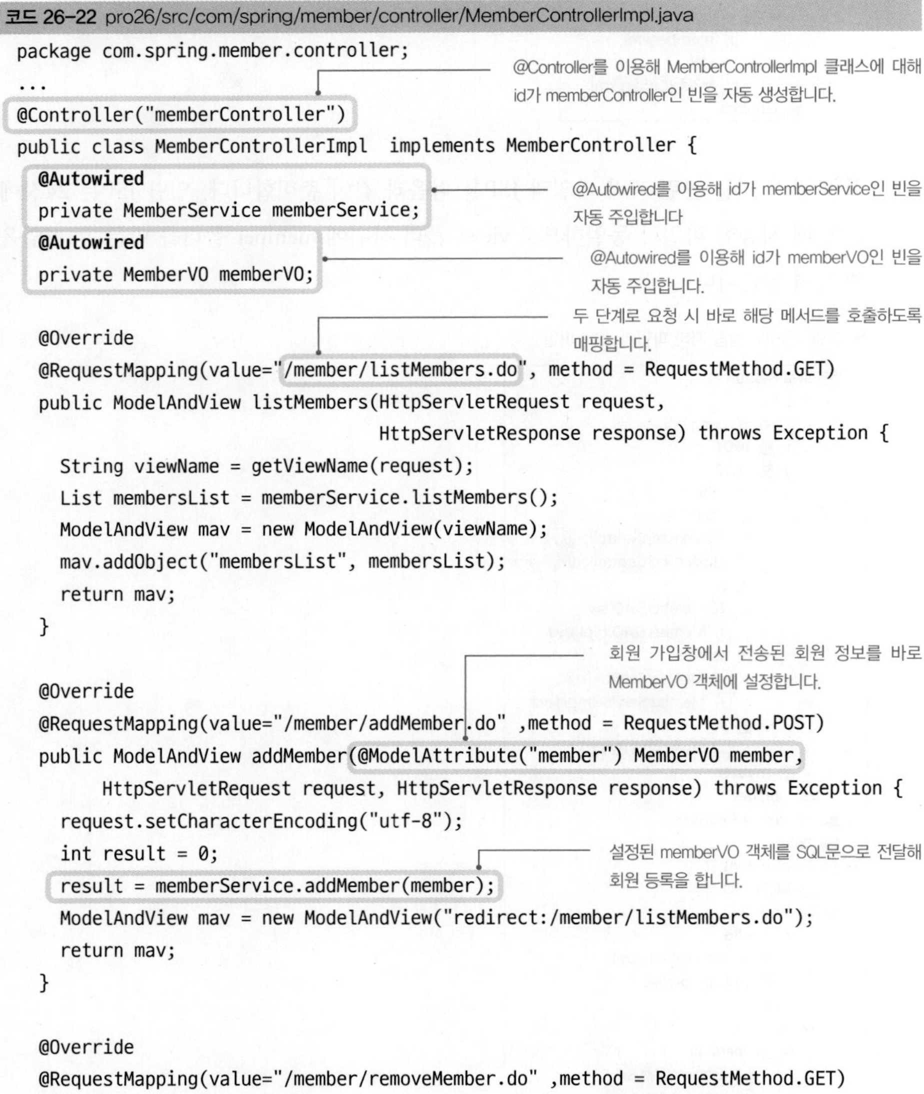

```
package com.spring.member.controller;
...
@Controller("memberController")
public class MemberControllerImpl  implements MemberController {
  @Autowired
  private MemberService memberService;
  @Autowired
  private MemberVO memberVO;

  @Override
  @RequestMapping(value="/member/listMembers.do", method = RequestMethod.GET)
  public ModelAndView listMembers(HttpServletRequest request,
                                  HttpServletResponse response) throws Exception {
    String viewName = getViewName(request);
    List membersList = memberService.listMembers();
    ModelAndView mav = new ModelAndView(viewName);
    mav.addObject("membersList", membersList);
    return mav;
  }

  @Override
  @RequestMapping(value="/member/addMember.do" ,method = RequestMethod.POST)
  public ModelAndView addMember(@ModelAttribute("member") MemberVO member,
        HttpServletRequest request, HttpServletResponse response) throws Exception {
    request.setCharacterEncoding("utf-8");
    int result = 0;
    result = memberService.addMember(member);
    ModelAndView mav = new ModelAndView("redirect:/member/listMembers.do");
    return mav;
  }

  @Override
  @RequestMapping(value="/member/removeMember.do" ,method = RequestMethod.GET)
```

@Controller를 이용해 MemberControllerImpl 클래스에 대해 id가 memberController인 빈을 자동 생성합니다.
@Autowired를 이용해 id가 memberService인 빈을 자동 주입합니다
@Autowired를 이용해 id가 memberVO인 빈을 자동 주입합니다.
두 단계로 요청 시 바로 해당 메서드를 호출하도록 매핑합니다.
회원 가입창에서 전송된 회원 정보를 바로 MemberVO 객체에 설정합니다.
설정된 memberVO 객체를 SQL문으로 전달해 회원 등록을 합니다.

```
public ModelAndView removeMember(@RequestParam("id") String id,
            HttpServletRequest request,   // 전송된 ID를 변수 id에 설정합니다.
            HttpServletResponse response) throws Exception{
  request.setCharacterEncoding("utf-8");
  memberService.removeMember(id);
  ModelAndView mav = new ModelAndView("redirect:/member/listMembers.do");
  return mav;
}
                                   // 정규식을 이용해 요청명이 Form.do로 끝나면
                                   // form() 메서드를 호출합니다.
@RequestMapping(value = "/member/*Form.do", method =  RequestMethod.GET)
public ModelAndView form(HttpServletRequest request,
                   HttpServletResponse response) throws Exception {
  String viewName = getViewName(request);
  ModelAndView mav = new ModelAndView();
  mav.setViewName(viewName);
  return mav;
}
...
```

8. MemberServiceImpl 클래스를 다음과 같이 작성합니다. 여기서는 @Service("memberService")를 이용해 id가 memberService인 빈을 자동 생성합니다. 그리고 @Autowired를 이용해 memberDAO 빈을 속성에 자동 주입합니다.

코드 26-23 pro26/src/com/spring/member/service/MemberServiceImpl.java

```
package com.spring.member.service;
...                               // MemberServiceImpl 클래스를 이용해 id가
                                  // memberService인 빈을 자동 생성합니다.
@Service("memberService")
@Transactional(propagation = Propagation.REQUIRED)
public class MemberServiceImpl implements MemberService {
  @Autowired
  private MemberDAO memberDAO;    // id가 memberDAO인 빈을 자동 주입합니다.

  @Override
  public List listMembers() throws DataAccessException {
    List membersList = null;
    membersList = memberDAO.selectAllMemberList();
    return membersList;
  }

  @Override
  public int addMember(MemberVO member) throws DataAccessException {
    return memberDAO.insertMember(member);
  }
```

```
    @Override
    public int removeMember(String id) throws DataAccessException {
      return memberDAO.deleteMember(id);
    }
  }
```

9. 계속해서 MemberDAOImpl 클래스를 다음과 같이 작성합니다.

코드 26-24 pro26/src/com/spring/member/dao/MemberDAOImpl.java

```
package com.spring.member.dao;
...
@Repository("memberDAO")
public class MemberDAOImpl implements MemberDAO {
  @Autowired
  private SqlSession sqlSession;

  @Override
  public List selectAllMemberList() throws DataAccessException {
    List<MemberVO> membersList = null;
    membersList = sqlSession.selectList("mapper.member.selectAllMemberList");
    return membersList;
  }

  @Override
  public int insertMember(MemberVO memberVO) throws DataAccessException {
    int result = sqlSession.insert("mapper.member.insertMember", memberVO);
    return result;
  }

  @Override
  public int deleteMember(String id) throws DataAccessException {
    int result = sqlSession.delete("mapper.member.deleteMember", id);
    return result;
  }
}
```

- @Repository("memberDAO"): id가 memberDAO인 빈을 자동 생성합니다.
- @Autowired private SqlSession sqlSession;: XML 설정 파일에서 생성한 id가 sqlSession인 빈을 자동 주입합니다.

10. MemberVO 클래스의 경우 @Component("memberVO")를 이용해 id가 memberVO인 빈을 자동 생성하도록 설정합니다.

코드 26-25 pro26/src/com/spring/member/vo/MemberVO.java

```
package com.spring.member.vo;

import org.springframework.stereotype.Component;

@Component("memberVO")
public class MemberVO {
  private String id;
  private String pwd;
  private String name;
  private String email;
  private Date joinDate;

  public MemberVO() {

  }
  public MemberVO(String id, String pwd, String name, String email) {
    this.id = id;
    this.pwd = pwd;
    this.name = name;
    this.email = email;
  }
  //각 속성에 대한 getter와 setter
  ...
```

그림 26-18은 애플리케이션을 실행한 후 애너테이션을 이용해 빈이 주입되는 과정을 나타낸 것입니다. 주입되는 과정은 XML 파일로 설정한 것과 동일합니다.

▼ 그림 26-18 @Autowired와 스테레오 타입 애너테이션으로 주입한 빈 상태

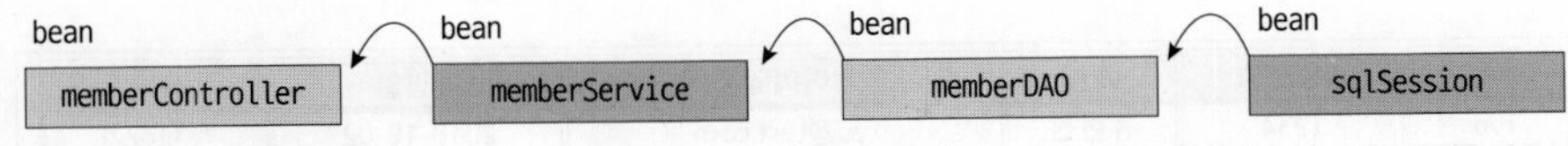

11. http://localhost:8090/pro26/member/listMembers.do로 요청하면 다음과 같이 회원 목록을 표시합니다. **회원가입**을 클릭하여 http://localhost:8090/pro26/member/memberForm.do로 요청하면 회원 가입창이 표시됩니다.

▼ 그림 26-19 실행 결과

아이디	비밀번호	이름	이메일	가입일	삭제
m2	1234	이길동	m2@test.com	2018-09-30	삭제하기
m1	1234	박길동	m1@test.com	2018-09-30	삭제하기
m3	1234	김길동	m3@test.com	2018-09-30	삭제하기
ki	1234	기성용	ki@test.com	2018-09-13	삭제하기
park	1234	박찬호	park@test.com	2018-09-04	삭제하기
kim	1212	김유신	kim@jweb.com	2018-09-04	삭제하기
lee	1212	이순신	lee@test.com	2018-09-04	삭제하기
hong	1212	홍길동	hong@gmail.com	2018-09-04	삭제하기

회원가입

12. 새 회원 '류현진'에 대한 정보를 입력한 후 **가입하기**를 클릭하여 http://localhost:8090/pro26/member/addMember.do로 요청하면 회원 등록 결과가 표시됩니다.

▼ 그림 26-20 회원 가입창에서 회원 정보를 입력한 결과

회원 가입창

아이디 ryu

비밀번호 ····

이름 류현진

이메일 ryu@test.com

가입하기 다시입력

아이디	비밀번호	이름	이메일	가입일	삭제
ryu	1234	류현진	ryu@test.com	2018-10-02	삭제하기
m2	1234	이길동	m2@test.com	2018-09-30	삭제하기
m1	1234	박길동	m1@test.com	2018-09-30	삭제하기
m3	1234	김길동	m3@test.com	2018-09-30	삭제하기
ki	1234	기성용	ki@test.com	2018-09-13	삭제하기
kim	1212	김유신	kim@jweb.com	2018-09-04	삭제하기
lee	1212	이순신	lee@test.com	2018-09-04	삭제하기
hong	1212	홍길동	hong@gmail.com	2018-09-04	삭제하기

회원가입

13. 이번에는 '류현진' 회원을 삭제해 보겠습니다. **삭제하기**를 클릭하여 http://localhost:8090/pro26/member/deleteMember.do로 요청하면 회원이 삭제되어 표시됩니다.

▼ 그림 26-21 회원 '류현진'이 삭제되어 표시

아이디	비밀번호	이름	이메일	가입일	삭제
m2	1234	이길동	m2@test.com	2018-09-30	삭제하기
m1	1234	박길동	m1@test.com	2018-09-30	삭제하기
m3	1234	김길동	m3@test.com	2018-09-30	삭제하기
ki	1234	기성용	ki@test.com	2018-09-13	삭제하기
kim	1212	김유신	kim@jweb.com	2018-09-04	삭제하기
lee	1212	이순신	lee@test.com	2018-09-04	삭제하기
hong	1212	홍길동	hong@gmail.com	2018-09-04	삭제하기

회원가입

애너테이션이 적용되는 클래스는 주로 개발자들이 만든 클래스들입니다. 그러나 앞의 예제처럼 스프링에서 제공하는 클래스로 생성되는 빈인 `sqlSession`은 여전히 XML 파일에서 설정하여 생성합니다.

27장

메이븐과 스프링 STS 사용법

지금까지는 웹 애플리케이션을 구현할 때 이클립스에서 웹 프로젝트를 직접 생성한 후 스프링 기능에 필요한 라이브러리를 직접 다운로드하여 사용했습니다. 스프링이 나온 초기에는 이런 방식으로 프로그램을 개발했었죠. 하지만 스프링 버전이 자주 업데이트됨에 따라 불편함이 따랐습니다. 다시 말해 업데이트할 때마다 관련 기능의 라이브러리를 일일이 수정해야 했고, 라이브러리의 기능 사용법이 달라지면 소스도 같이 수정해 주어야 해서 불편했습니다. 그래서 현재는 메이븐과 같은 도구를 이용해 자동으로 스프링의 라이브러리 기능을 관리하면서 프로그램을 개발합니다.

먼저 메이븐 실습에 필요한 환경을 설정해 보겠습니다.

27.1 메이븐 설치하기

1. maven.apache.org에 접속한 후 Download를 클릭합니다.

▼ 그림 27-1 메이븐 공식 홈페이지에서 Download 클릭

2. apache-maven-3.5.4-bin.zip 파일을 다운로드합니다.

▼ 그림 27-2 메이븐 설치 파일 다운로드

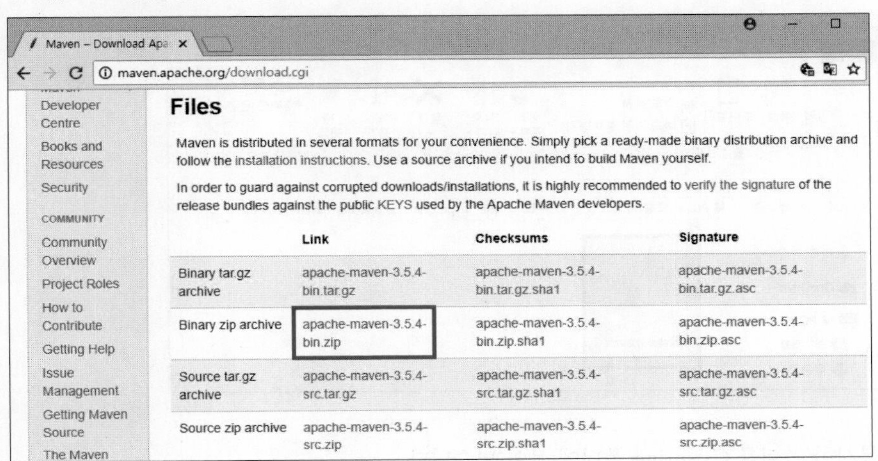

3. 원하는 폴더에 apache-maven-3.5.4-bin.zip 파일의 압축을 해제합니다.

▼ 그림 27-3 원하는 폴더에 파일 압축 해제

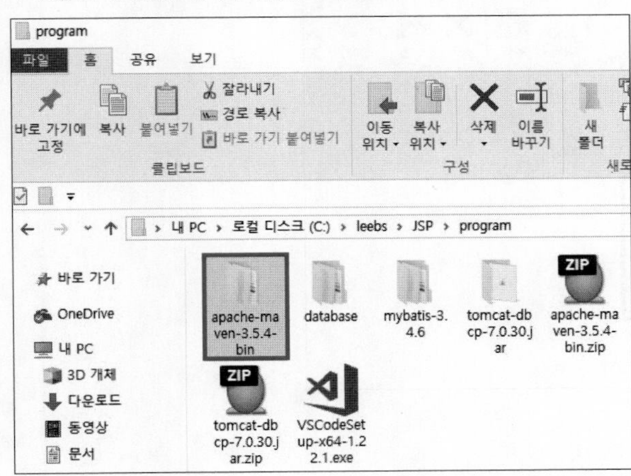

4. apache-maven-3.5.4-bin 폴더 안에 있는 apache-maven-3.5.4 폴더를 복사합니다.

▼ 그림 27-4 apache-maven-3.5.4 폴더 복사

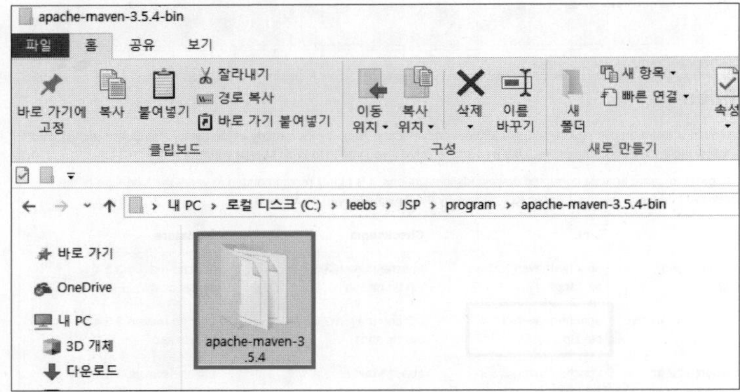

5. 복사한 폴더를 C:\spring 폴더에 붙여 넣습니다.

▼ 그림 27-5 C:₩spring 폴더에 붙여 넣기

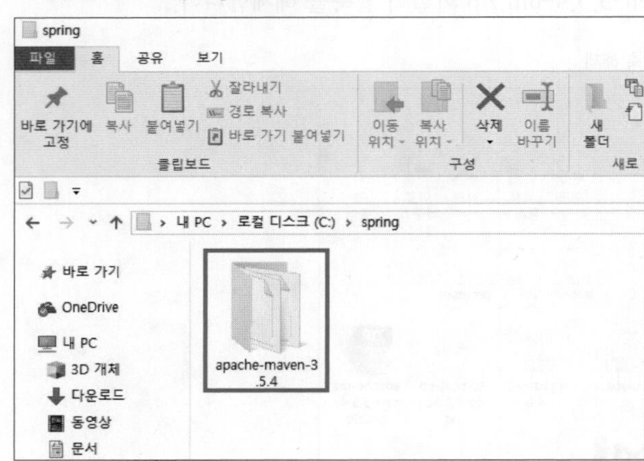

27.2 메이븐 환경 변수 설정하기

이번에는 메이븐을 환경 변수에 등록해 보겠습니다.

1. 윈도 탐색기에서 메이븐의 홈 디렉터리 경로를 복사합니다.

▼ 그림 27-6 메이븐 홈 디렉터리 경로 복사

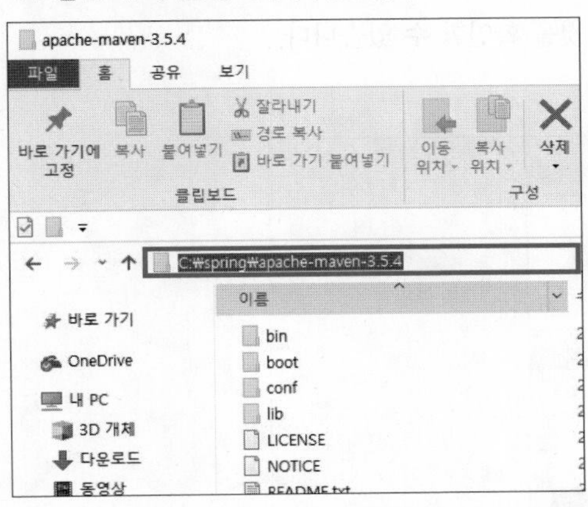

2. 환경 변수 설정창에서 시스템 변수의 **새로 만들기**를 클릭합니다.

▼ 그림 27-7 환경 변수창에서 **새로 만들기** 클릭

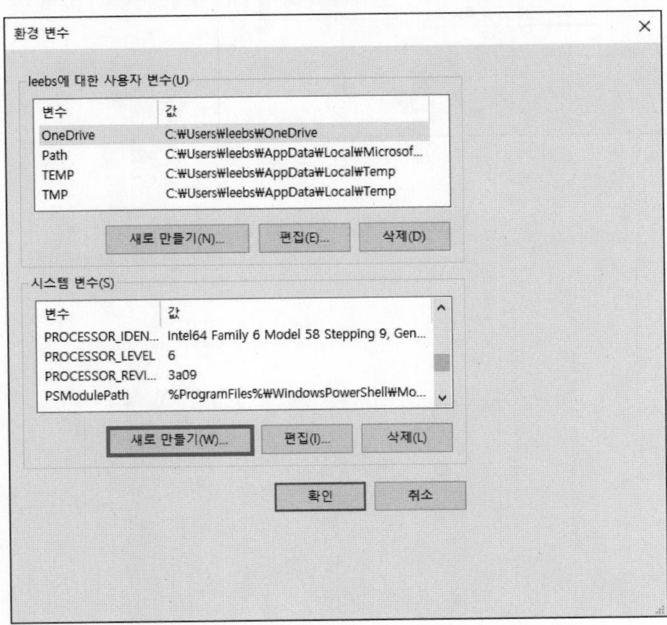

3. 변수 이름은 **MAVEN_HOME**으로 설정하고, 변수 값에는 **1**번 과정에서 복사한 메이븐 홈 디렉터리 경로를 붙여 넣은 후 **확인**을 클릭합니다.

▼ 그림 27-8 변수 이름과 변수 값 설정

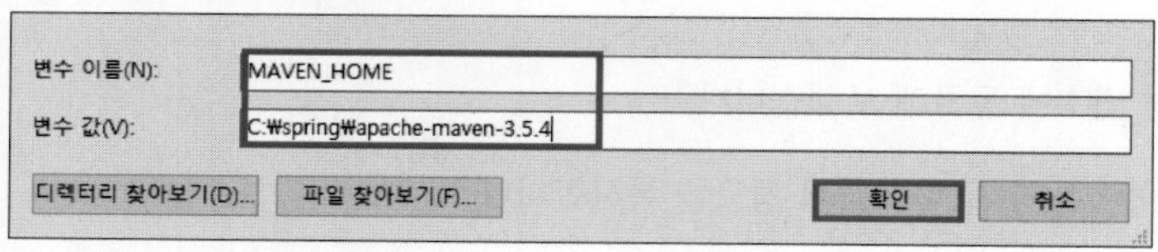

4. MAVEN_HOME 환경 변수가 등록된 것을 확인할 수 있습니다.

▼ 그림 27-9 환경 변수 등록 확인

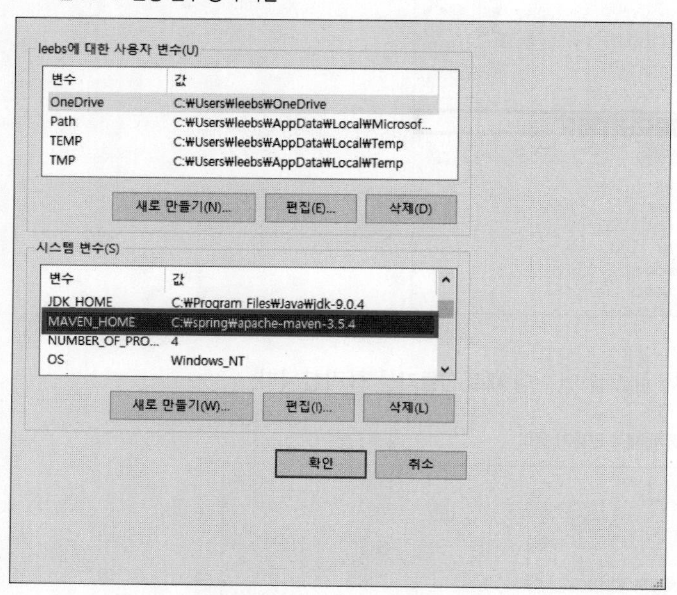

5. 이번에는 시스템 변수의 Path를 선택합니다.

❤ 그림 27-10 시스템 변수 Path 선택

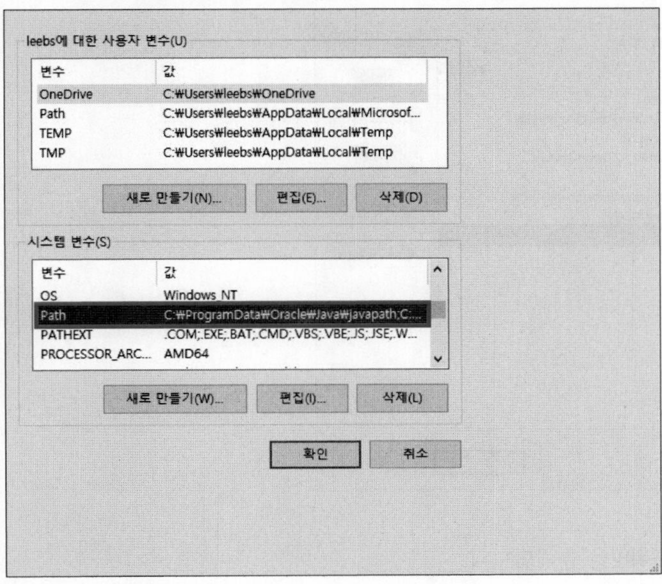

6. **새로 만들기**를 클릭합니다.

❤ 그림 27-11 **새로 만들기** 클릭

7. MAVEN_HOME 환경 변수를 이용해 bin 디렉터리 경로를 설정하고 **확인**을 클릭합니다.

❤ 그림 27-12 bin 디렉터리 경로 설정 후 **확인** 클릭

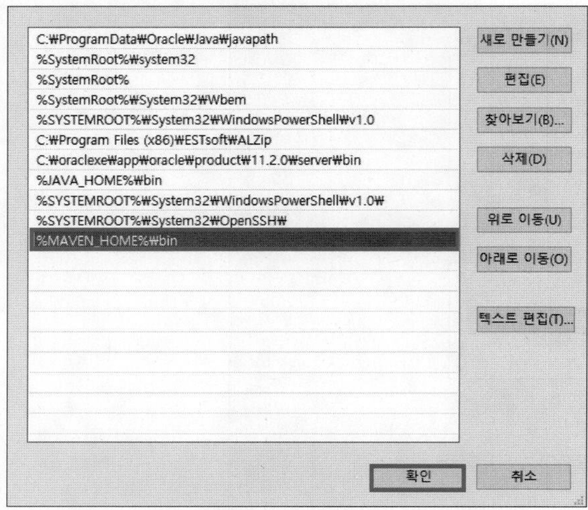

8. 다시 환경 변수창에서 **확인**을 클릭합니다.

❤ 그림 27-13 환경 변수창에서 **확인** 클릭

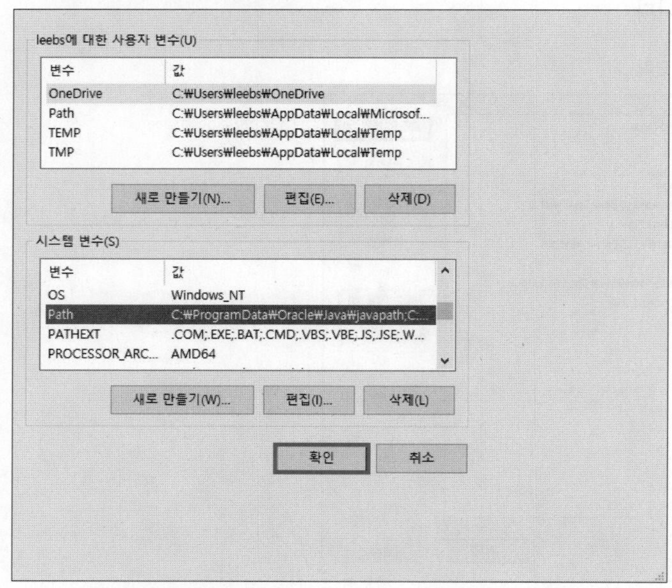

9. 정상적으로 설치되었는지 확인하기 위해 명령 프롬프트에서 mvn을 입력하고 Enter를 누릅니다. 다음과 같은 메이븐 관련 메시지가 표시되면 제대로 설치된 것입니다.

✔ 그림 27-14 명령 프롬프트에서 메이븐 정상 설치 확인

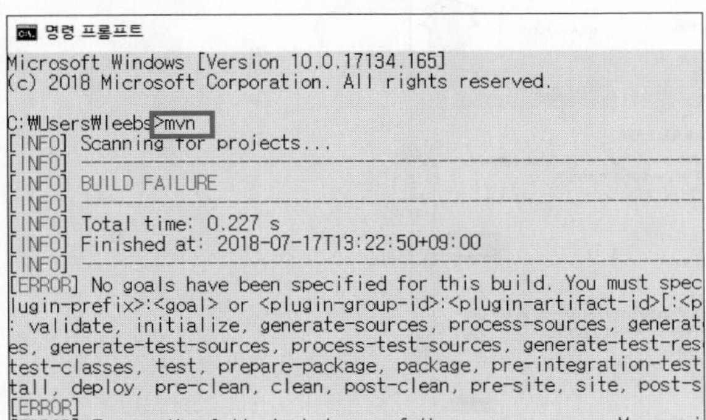

명령 프롬프트
Microsoft Windows [Version 10.0.17134.165]
(c) 2018 Microsoft Corporation. All rights reserved.
C:₩Users₩leebs>mvn
[INFO] Scanning for projects...
[INFO] --
[INFO] BUILD FAILURE
[INFO] --
[INFO] Total time: 0.227 s
[INFO] Finished at: 2018-07-17T13:22:50+09:00
[INFO] --
[ERROR] No goals have been specified for this build. You must spec
lugin-prefix>:<goal> or <plugin-group-id>:<plugin-artifact-id>[:<p
: validate, initialize, generate-sources, process-sources, generat
es, generate-test-sources, process-test-sources, generate-test-res
test-classes, test, prepare-package, package, pre-integration-test
tall, deploy, pre-clean, clean, post-clean, pre-site, site, post-s
[ERROR]

JAVA WEB

27.3 STS 설치하기

STS(Spring Tool Suite)는 그 이름에서도 알 수 있듯이 이클립스를 기반으로 만들어진 스프링 기반 애플리케이션 개발용 도구입니다. STS를 사용하는 방법은 이클립스에 STS 플러그인을 설치하는 방법과 스프링 홈페이지인 http://spring.io에서 직접 다운로드해서 설치하는 방법이 있습니다. 이 책에서는 이제까지 실습한 이클립스에 STS 플러그인을 설치하여 실습합니다.

1. 이클립스 상단 메뉴에서 Help 〉 Eclipse Marketplace...를 선택하고 검색창에 sts를 입력한 후 Go를 클릭합니다.

✔ 그림 27-15 Eclipse Marketplace를 열어 **sts** 입력 후 **Go** 클릭

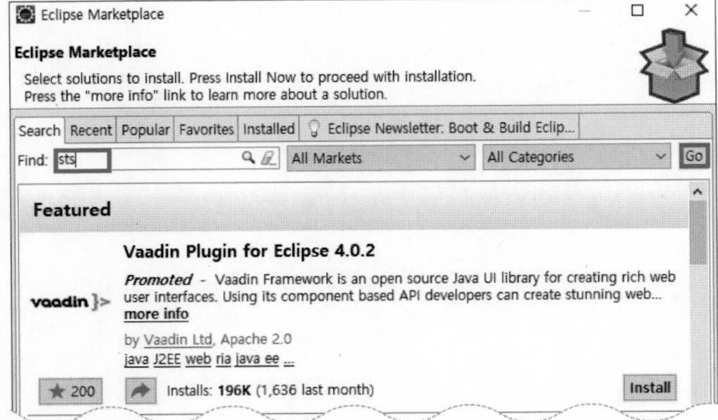

2. Spring Tools 3 (Standalone Edition) 3.9.9.RELEASE 항목의 Install을 클릭합니다.

▼ 그림 27-16 Spring Tools 3 (Standalone Edition) 3.9.9.RELEASE 항목의 Install 클릭

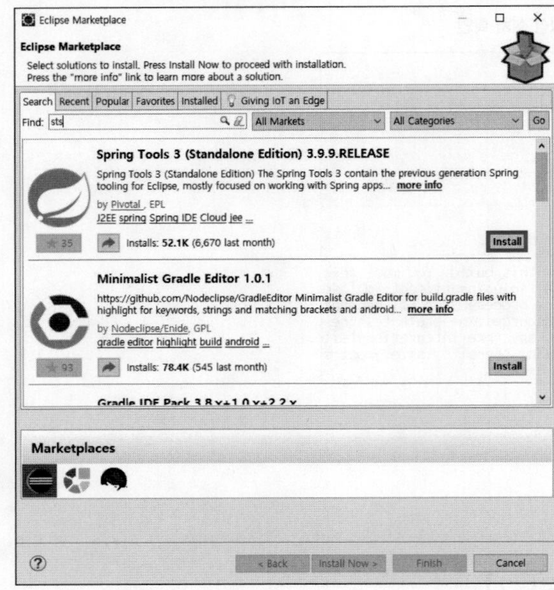

3. (required)라고 표시된 항목 외의 항목들은 모두 체크를 해제한 후 Confirm을 클릭합니다 (3.9.6.RELEASE 버전과 다른 경우는 해당 항목을 직접 체크합니다).

✔ 그림 27-17 필수 항목(required) 외 체크 해제 후 Confirm 클릭

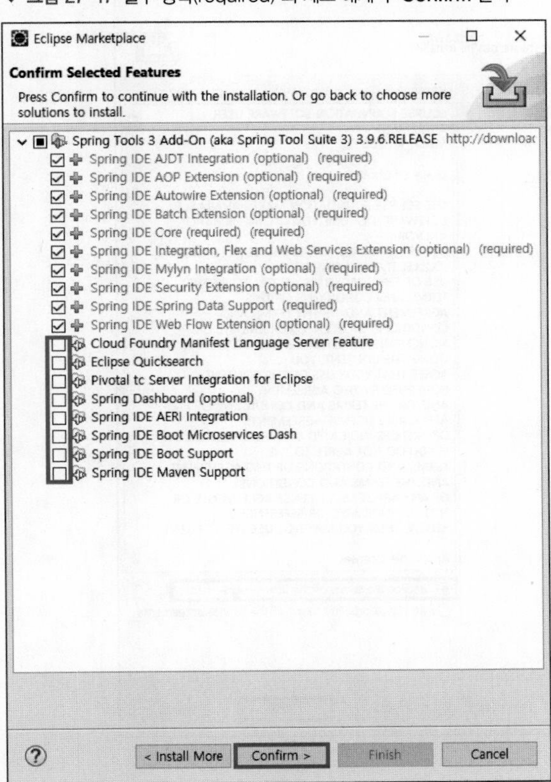

4. 사용 저작권에 동의한다고 체크한 후 Finish를 클릭합니다.

▼ 그림 27-18 설치 동의에 체크 후 Finish 클릭

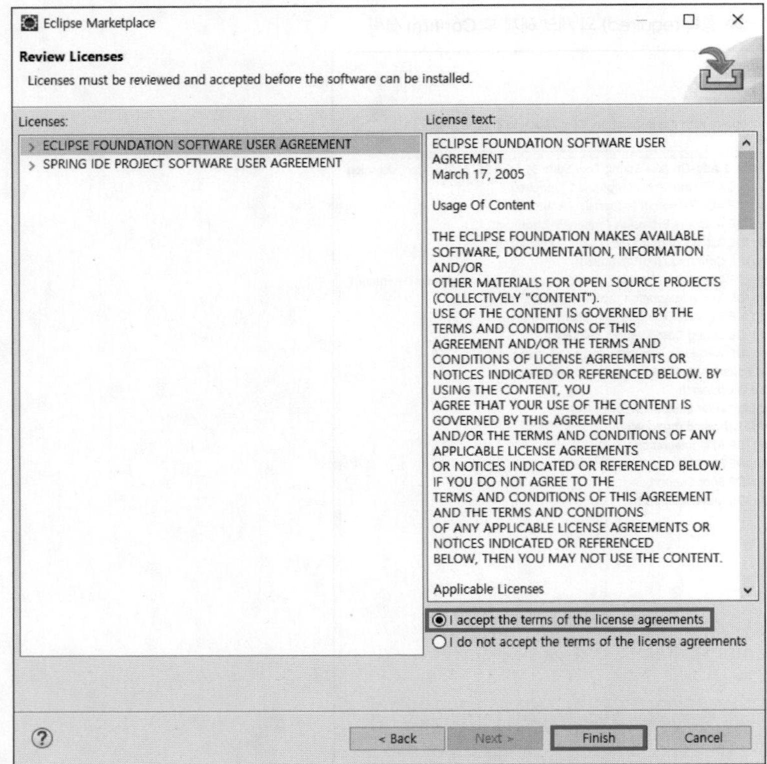

Tip 설치하는 데는 몇 분에서 몇 십분 정도까지 소요되므로 여유를 가지고 기다리세요.

5. 설치 완료 후 이클립스를 재실행할 것인지 묻는 메시지가 나오면 Restart Now를 클릭합니다.

▼ 그림 27-19 이클립스 재실행 여부를 물으면 Restart Now 클릭

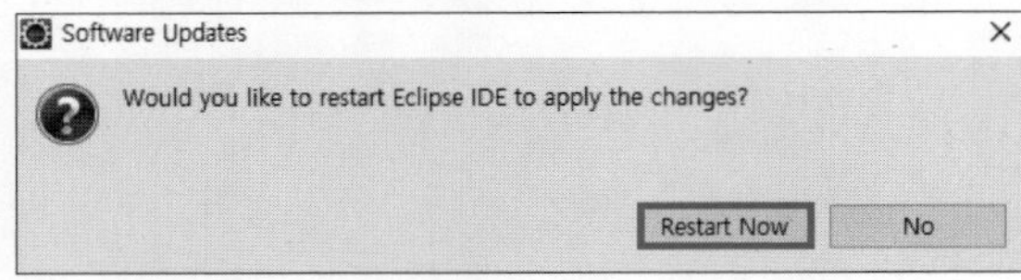

6. 이클립스 재실행 후 Welcome 페이지가 나타나면 정상적으로 설치된 것이므로 Welcome 페이지를 닫습니다.

▼ 그림 27-20 이클립스 재실행 후 표시되는 Welcome 페이지 닫기

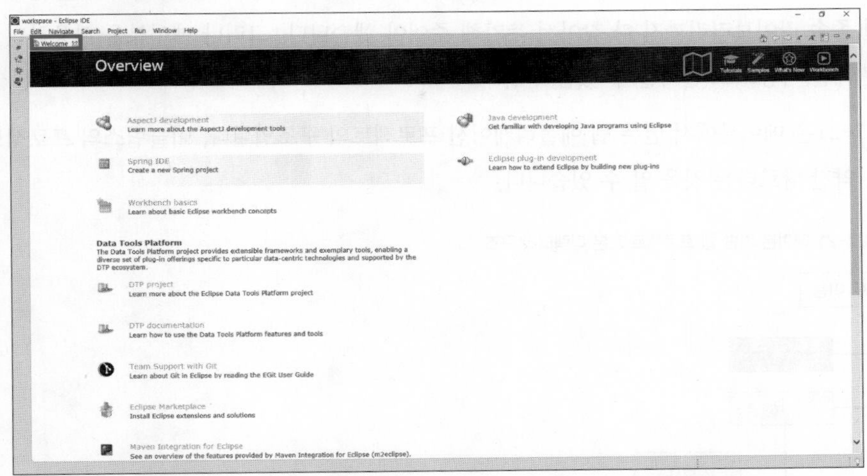

이제 메이븐과 STS를 설치했으니 본격적으로 실습을 진행해 보겠습니다.

27.4 메이븐 프로젝트의 구조와 구성 요소

메이븐은 프로젝트 구조와 내용을 기술하는 선언적 접근 방식의 오픈 소스 빌드 툴입니다. 메이븐을 사용하면 프로젝트 종속 라이브러리들과 그 라이브러리에 의존하는 Dependency 자원까지 관리할 수 있습니다. 메이븐은 프로젝트 전반의 리소스 관리와 설정 파일 그리고 이와 관련된 표준 디렉터리 구조를 처음부터 일관된 형태로 구성하여 관리합니다.

> Note ≡ 일반적인 애플리케이션은 단지 코드를 컴파일했다고 해서 동작하는 것이 아닙니다. 우리가 사용한 오픈 소스 라이브러리들은 컴파일할 때 합쳐져 하나의 기능을 이룹니다. 그리고 컴파일 과정 외에 테스팅, 배포 같은 과정도 거쳐야 합니다. 즉, 애플리케이션을 만들 때는 컴파일보다 더 많은 과정을 거치게 됩니다. 이런 과정을 빌드라고 하고 이런 작업을 자동으로 수행해 주는 툴을 빌드 툴이라고 합니다. 이런 빌드 툴에는 Ant, Apache Ivy, Maven, Gradle 등이 있습니다.

메이븐을 사용하면 컴파일과 동시에 빌드를 수행할 수 있을 뿐만 아니라 관련된 라이브러리도 일관성 있게 관리할 수 있어 편리합니다.

지금까지 스프링 실습에서는 라이브러리 관련 jar 파일을 내려 받아 프로젝트에 추가할 경우 이와 연관된 종속 라이브러리까지 다 찾아서 추가해 주어야 했습니다. 그러나 메이븐을 사용하면 이런 의존 관계를 자동으로 관리할 수 있습니다.

그림 27-21은 메이븐에서 만든 웹 애플리케이션 프로젝트의 구조입니다. 이클립스의 프로젝트 구조와는 약간 다르다는 것을 알 수 있습니다.

▼ 그림 27-21 메이븐 기반 웹 프로젝트 기본 디렉터리 구조

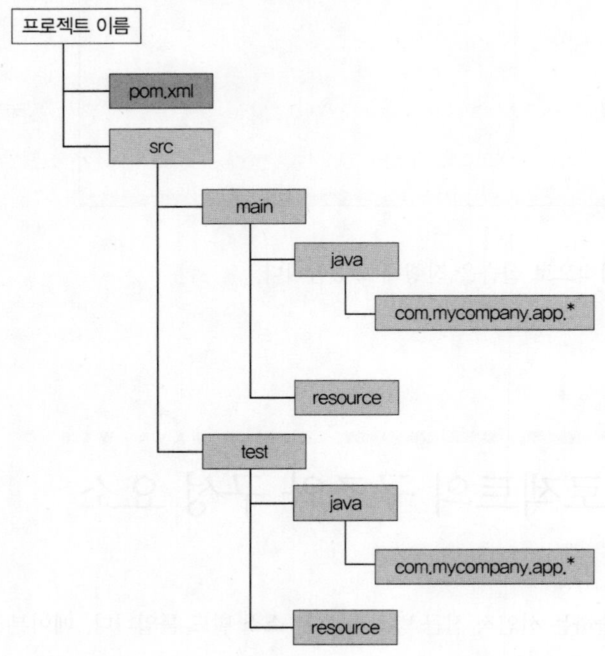

표 27-1은 메이븐에서 생성한 웹 애플리케이션 프로젝트의 각 구성 요소들을 정리한 것입니다.

▼ 표 27-1 메이븐 프로젝트 구성 요소들

구성 요소	설명
pom.xml	프로젝트 정보가 표시되며 스프링에서 사용되는 여러 가지 라이브러리를 설정해 다운로드할 수 있습니다.
src/main/java	자바 소스 파일이 위치합니다.
src/main/resources	프로퍼티 파일이나 XML 파일 등 리소스 파일이 위치합니다.

구성 요소	설명
src/main/webapp	WEB_INF 등 웹 애플리케이션 리소스가 위치합니다.
src/test/java	JUnit 등 테스트 파일이 위치합니다.
src/test/resources	테스트 시에 필요한 resource 파일이 위치합니다.

다음은 메이븐 프로젝트의 pom.xml 파일입니다.

코드 27-1 pom.xml

```
<?xml version="1.0" encoding="UTF-8"?>
<project xmlns="http://maven.apache.org/POM/4.0.0" xmlns:xsi="http://www.w3.org/2001/
XMLSchema-instance"
xsi:schemaLocation="http://maven.apache.org/POM/4.0.0 http://maven.apache.org/
maven-v4_0_0.xsd">
  <modelVersion>4.0.0</modelVersion>
  <groupId>com.spring</groupId>
  <artifactId>mytest2</artifactId>
  <name>spring_test2</name>
  <packaging>war</packaging>
  <version>1.0.0-BUILD-SNAPSHOT</version>
  <properties>
    <java-version>1.6</java-version>
    <org.springframework-version>4.0.0.RELEASE</org.springframework-version>
    <org.aspectj-version>1.6.10</org.aspectj-version>
    <org.slf4j-version>1.6.6</org.slf4j-version>
  </properties>
  <dependencies>
    <dependency>
      <groupId>org.springframework</groupId>
      <artifactId>spring-context</artifactId>
      <version>${org.springframework-version}</version>
    </dependency>
    <dependency>
      <groupId>org.springframework</groupId>
      <artifactId>spring-webmvc</artifactId>
      <version>${org.springframework-version}</version>
    </dependency>
  </dependencies>
</project>
```

이 파일은 프로젝트의 전반적인 정보를 표 27-2의 태그를 이용해 나타냅니다. 그리고 <dependencies> 태그를 이용해 이 프로젝트가 의존하는 여러 가지 라이브러리를 설정합니다.

▼ 표 27-2 pom.xml의 프로젝트 정보 설정 태그 구성 요소

속성	설명
groupId	프로젝트 그룹 id를 나타내며 일반적으로 도메인 이름을 사용해 설정합니다.
artifactId	프로젝트 아티팩트 id를 설정합니다. 대개는 패키지 이름으로 설정합니다.
version	프로젝트의 버전을 설정합니다.
packaging	애플리케이션 배포 시 패키징 타입을 설정합니다. 이 경우는 war 파일로 패키징됩니다.

다음은 <dependencies> 태그 안에서 사용되는 여러 가지 태그들입니다.

▼ 표 27-3 pom.xml의 dependencies 정보 설정 태그 구성 요소

속성	설명
dependency	해당 프로젝트에서 의존하는 다른 라이브러리 정보를 기술합니다.
groupId	의존하는 프로젝트의 그룹 id
artifactId	의존하는 프로젝트의 artifact id
version	의존하는 프로젝트 버전 정보

pom.xml에 대해서는 실습을 통해 구체적으로 알아보겠습니다.

27.5 스프링 프로젝트 만들기

메이븐 단독으로 프로젝트를 생성해서 실습해도 되지만 실제로는 개발 환경이 편리한 STS에서 프로젝트를 만들어 메이븐을 사용합니다. 그럼 STS에서 스프링 프로젝트를 생성해 보겠습니다.

1. 메뉴에서 New 〉 project 항목을 선택하고 Spring 항목의 Spring Legacy Project를 선택한 후 Next를 클릭합니다.

▼ 그림 27-22 Spring Legacy Project 선택 후 Next 클릭

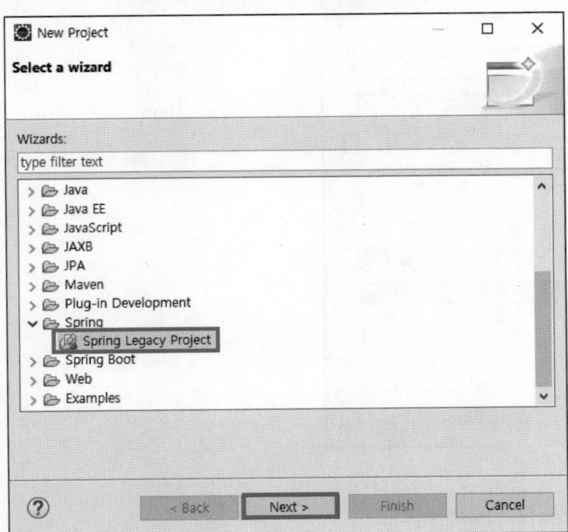

2. 프로젝트 이름으로 pro27을 입력한 후 Templates를 Spring MVC Project로 선택합니다.

▼ 그림 27-23 프로젝트 이름으로 pro27 입력 후 Spring MVC Project 선택

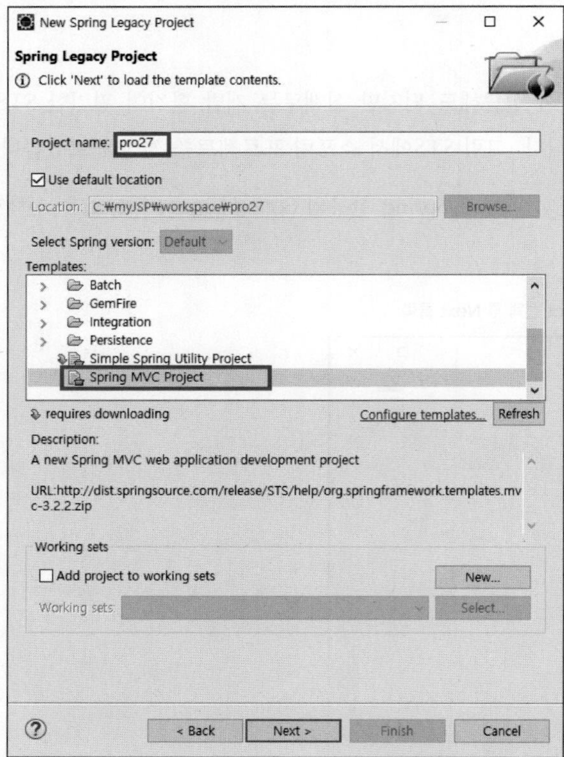

3. 다운로드 메시지창이 나타나면 Yes를 클릭합니다.

▼ 그림 27-24 프로젝트의 추가 기능 다운로드 메시지창의 Yes 클릭

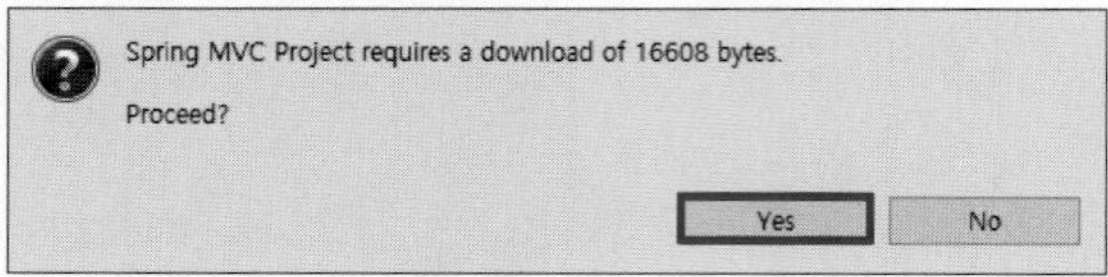

4. 패키지 이름으로 com.myspring.pro27(세 번째 단계의 패키지 이름, 즉 pro27이 브라우저에서 요청하는 컨텍스트 이름입니다)을 입력하고 Finish를 클릭합니다.

▼ 그림 27-25 패키지 이름 입력 후 Finish 클릭

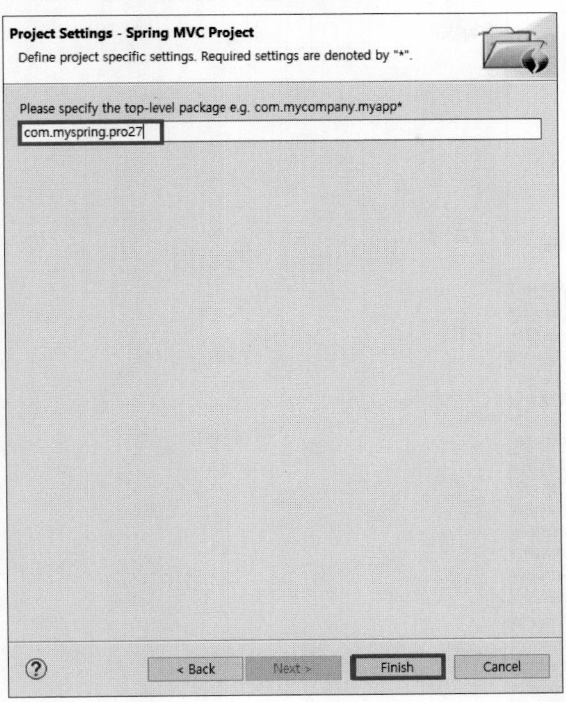

5. 이클립스에서 프로젝트가 생성된 것을 확인할 수 있습니다.

▼ 그림 27-26 프로젝트 생성 확인

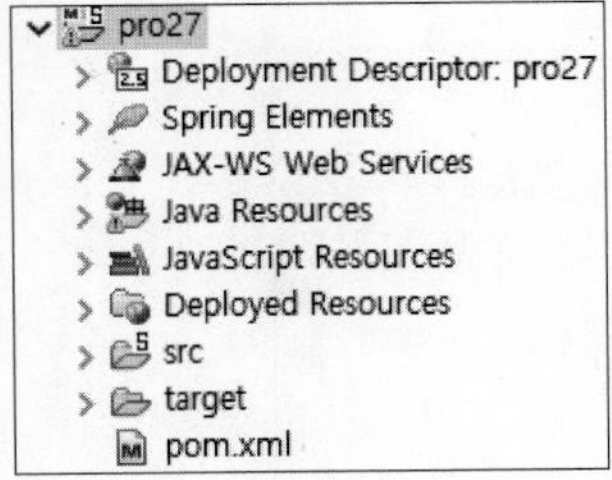

6. 프로젝트의 Maven Dependencies 폴더를 클릭하면 자동으로 다운로드된 스프링 관련 라이브러리들이 보입니다.

▼ 그림 27-27 스프링 관련 라이브러리가 자동으로 추가

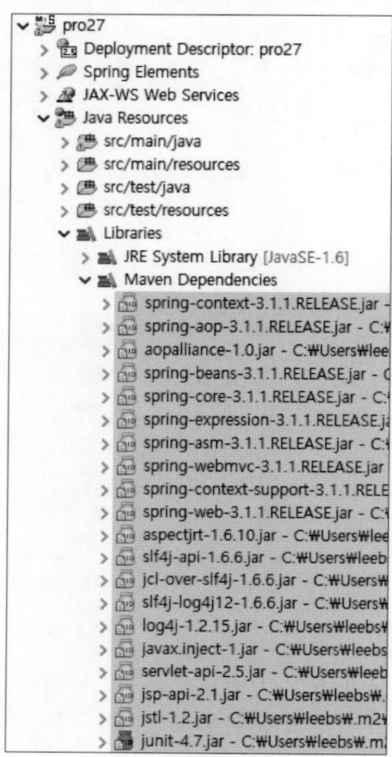

7. 라이브러리 옆에 표시된 경로를 통해 설치된 라이브러리 파일들을 볼 수 있습니다.

▼ 그림 27-28 로컬 PC에 설치된 라이브러리 파일들

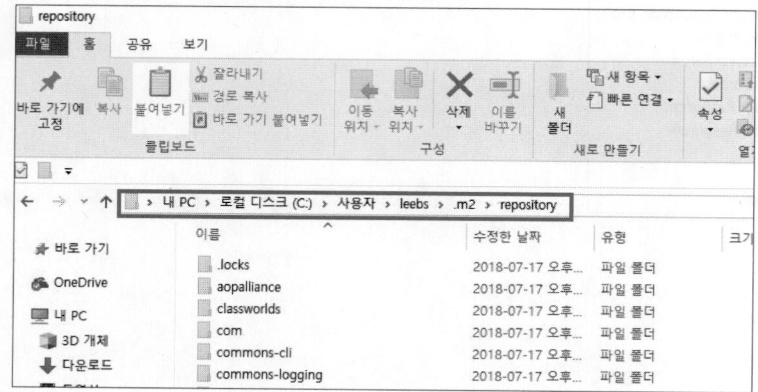

27.6 STS 프로젝트 실행하기

그림 27-29는 프로젝트 pro27의 소스 파일 구조입니다.

❤ 그림 27-29 STS 프로젝트 구조

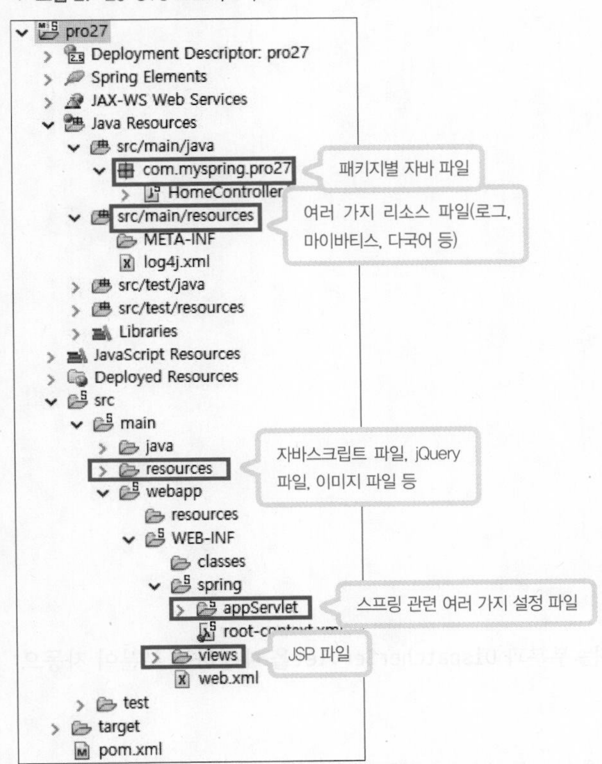

이처럼 STS에서는 프로젝트 생성 시 미리 각 기능에 대한 폴더를 자동으로 만들어 줍니다. 우선 생성된 프로젝트에 대해 알아본 후 프로젝트를 실행해 보겠습니다.

27.6.1 XML 파일 설정하기

프로젝트를 만들면 다음과 같이 XML 설정 파일이 자동으로 생성됩니다.

▼ 그림 27-30 XML 파일 위치

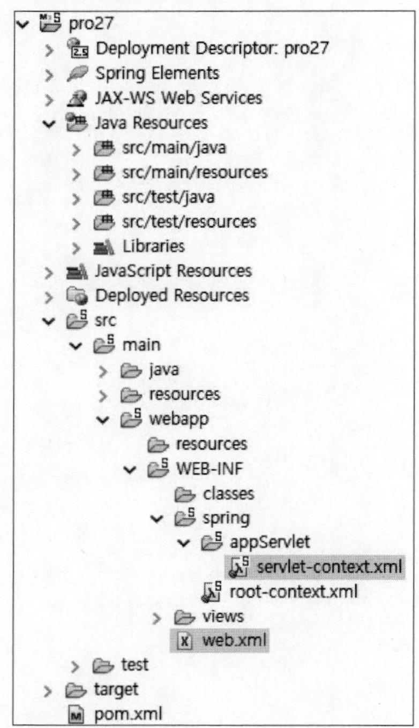

web.xml은 다른 설정 파일을 읽어 들이는 부분과 DispatcherServlet을 매핑하는 부분이 자동으로 만들어집니다.

코드 27-2 pro27/src/main/webapp/WEB-INF/web.xml

```
...

  <!-- The definition of the Root Spring Container shared by all Servlets and Filters -->
  <context-param>
    <param-name>contextConfigLocation</param-name>
    <param-value>/WEB-INF/spring/root-context.xml</param-value>
  </context-param>

  <!-- Creates the Spring Container shared by all Servlets and Filters -->
  <listener>
    <listener-class>org.springframework.web.context.ContextLoaderListener</listener-class>
```

```
  </listener>

  <!-- Processes application requests -->
  <servlet>
    <servlet-name>appServlet</servlet-name>
    <servlet-class>org.springframework.web.servlet.DispatcherServlet
  </servlet-class>
    <init-param>
      <param-name>contextConfigLocation</param-name>
      <param-value>/WEB-INF/spring/appServlet/servlet-context.xml</param-value>
    </init-param>
    <load-on-startup>1</load-on-startup>
  </servlet>

  <servlet-mapping>
    <servlet-name>appServlet</servlet-name>
    <url-pattern>/</url-pattern>
  </servlet-mapping>
</web-app>
```

스프링 실행 시 servlet-context.xml의 설정 정보를 읽어 들입니다.

또한 servlet-context.xml에는 JSP의 위치를 지정하는 뷰리졸버와 JSP에서 사용하는 자바스크립트 파일 또는 이미지 같은 리소스 경로, 애너테이션 설정 등이 프로젝트 생성 시 자동으로 만들어집니다.

코드 27-3 pro27/src/main/webapp/WEB-INF/spring/appServlet/servlet-context.xml

```
...
  <!-- DispatcherServlet Context:
defines this servlet's request-processing infrastructure -->
  <!-- Enables the Spring MVC @Controller programming model -->
  <annotation-driven />

  <!-- Handles HTTP GET requests for /resources/**
    by efficiently serving up static resources in the ${webappRoot}/resources directory -->
  <resources mapping="/resources/**" location="/resources/" />

  <!-- Resolves views selected for rendering by
         @Controllers to .jsp resources in the /WEB-INF/views directory -->
  <beans:bean
         class="org.springframework.web.servlet.view.InternalResourceViewResolver">
    <beans:property name="prefix" value="/WEB-INF/views/" />
    <beans:property name="suffix" value=".jsp" />
  </beans:bean>
```

JSP에서 사용될 자바스크립트나 이미지 파일 경로를 지정합니다.

뷰리졸버 빈을 생성하면서 응답할 JSP의 경로를 지정합니다.

```
    <context:component-scan base-package="com.spring.pro27" />
/beans:beans>
```

패키지와 애너테이션을 지정합니다.

Tip InternalResourceViewResolver 기능은 21.3절을 참고하세요.

27.6.2 자바 클래스와 JSP 파일 만들기

1. 프로젝트를 만들면 다음과 같이 자동으로 자바 클래스와 JSP 파일이 생성됩니다. 일일이 추가했던 이전 실습과 비교하면 참 편리하죠?

❤ 그림 27-31 자바 클래스와 JSP 위치

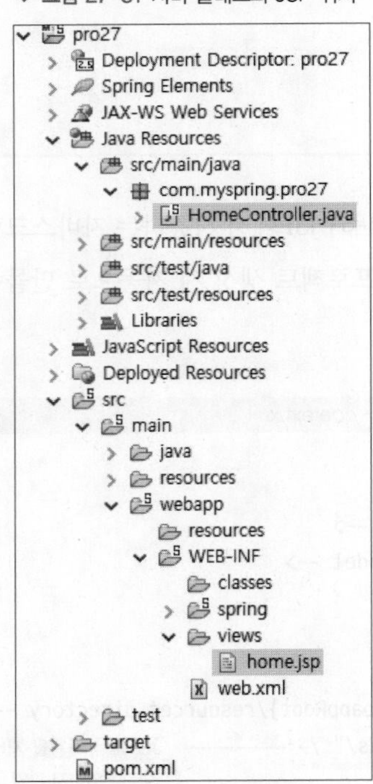

2. HomeController 클래스를 다음과 같이 작성합니다. 모든 요청에 대해 home() 메서드를 호출하여 요청 시각을 home.jsp로 포워딩합니다.

Tip 이 책에서 제공하는 예제 파일로 실습할 때는 필요한 부분의 주석을 해제하고 사용하세요.

코드 27-4 pro27/src/main/java/com/myspring/pro27/HomeController.java

```
package com.myspring.pro27;
...
/**
* Handles requests for the application home page.
*/
@Controller
public class HomeController {
  private static final Logger logger = LoggerFactory.getLogger(HomeController.class);
  /**
  * Simply selects the home view to render by returning its name.
  */
  @RequestMapping(value = "/", method = RequestMethod.GET)
  public String home(Locale locale, Model model) {
    logger.info("Welcome home! The client locale is {}.", locale);

    Date date = new Date();
    DateFormat dateFormat = DateFormat.getDateTimeInstance(DateFormat.LONG,
    DateFormat.LONG, locale);
    String formattedDate = dateFormat.format(date);
    model.addAttribute("serverTime", formattedDate );
    return "home";
  }
}
```

- @Controller: @Controller를 적용합니다.
- @RequestMapping(value = "/", method = RequestMethod.GET): 모든 요청에 대해 home() 메서드를 호출합니다
- model.addAttribute("serverTime", formattedDate): 브라우저에서 요청한 시각을 JSP로 전달합니다.
- "home": 뷰리졸버로 JSP 이름을 반환합니다.

3. home.jsp는 컨트롤러에서 전달된 요청 시각을 출력하도록 작성합니다.

코드 27-5 pro27/src/main/webapp/WEB-INF/views/home.jsp

```
<%@ taglib uri="http://java.sun.com/jsp/jstl/core" prefix="c" %>
<%@ page session="false" %>
<html>
<head>
  <title>Home</title>
</head>
<body>
<h1>
  Hello world!
</h1>

<P> The time on the server is ${serverTime}. </P>
</body>
</html>
```

- ${serverTime}: 브라우저에서 요청한 시각을 브라우저에 출력합니다.

4. 톰캣에 pro27을 등록해서 실행한 후 브라우저에서 http://localhost:8090/pro27로 요청하면 요청 시각이 표시됩니다.

▼ 그림 27-32 브라우저 요청 결과

JAVA WEB

27.7 STS 환경에서 마이바티스 사용하기

먼저 pom.xml에 설정을 추가해 마이바티스 관련 라이브러리를 설치해 보겠습니다.

27.7.1 pom.xml 이용해 마이바티스 라이브러리 설치하기

1. 다음과 같이 pom.xml을 준비합니다.

▼ 그림 27-33 pom.xml 위치

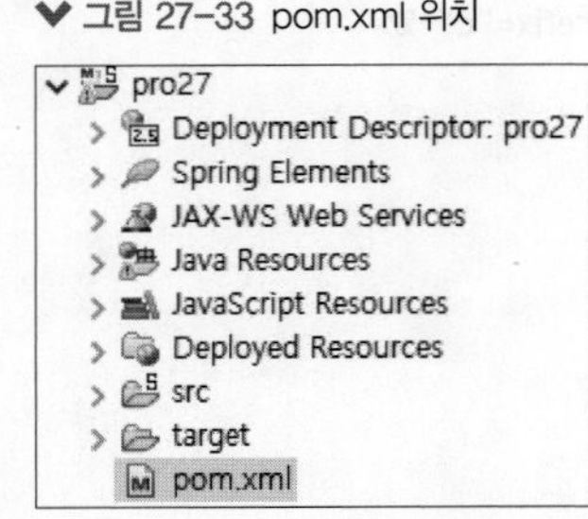

2. MySQL과는 다르게 오라클은 오픈 소스가 아니므로 드라이버를 직접 다운로드하여 설치해야 합니다. 따라서 다음과 같이 lib 폴더를 생성한 후 오라클 드라이버를 lib 폴더에 복사하여 붙여 넣습니다.

❤ 그림 27-34 프로젝트에 오라클 드라이버 설치

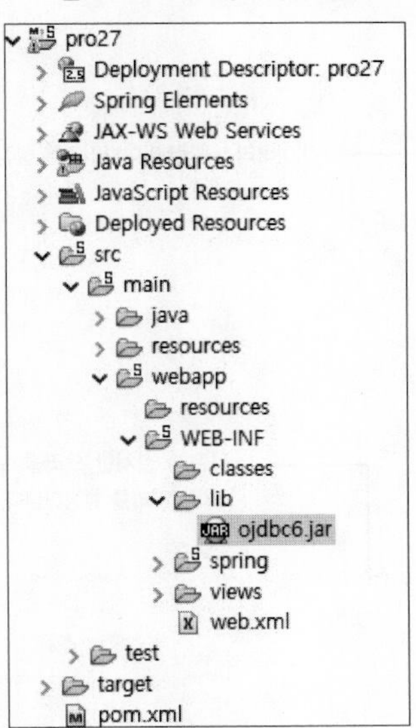

3. pom.xml을 다음과 같이 작성합니다. <dependency> 태그를 이용해 라이브러리를 설정하고 commons-beanutils.jar, commons-dbcp.jar, cglib-nodep.jar 등 데이터베이스 기능 관련 라이브러리를 설정합니다. 또한 mybatis.jar와 mybatis-spring.jar 라이브러리를 설정하고 MySQL 드라이버와 오라클 드라이버를 설정합니다. MySQL 드라이버는 오픈 소스이므로 설정 후 자동으로 다운로드할 수 있지만 오라클 드라이버는 오픈 소스가 아니므로 기존의 실습처럼 드라이버를 직접 다운로드한 후 lib 폴더에 복사하여 pom.xml에서 드라이버 경로를 설정해야 합니다.

코드 27-6 pro27/pom.xml

```
...
<dependency>
  <groupId>commons-beanutils</groupId>
  <artifactId>commons-beanutils</artifactId>
  <version>1.8.0</version>
</dependency>
<dependency>
  <groupId>commons-dbcp</groupId>
  <artifactId>commons-dbcp</artifactId>
```

데이터소스 관련 라이브러리를 설정합니다.

```
    <version>1.2.2</version>
  </dependency>
  <dependency>
    <groupId>cglib</groupId>
    <artifactId>cglib-nodep</artifactId>
    <version>2.2</version>
  </dependency>

  <dependency>
    <groupId>org.mybatis</groupId>
    <artifactId>mybatis</artifactId>
    <version>3.1.0</version>
  </dependency>
  <dependency>
    <groupId>org.mybatis</groupId>
    <artifactId>mybatis-spring</artifactId>
    <version>1.1.0</version>
  </dependency>

 <dependency>
    <groupId>jdbc.oracle</groupId>
    <artifactId>OracleDriver</artifactId>
    <version>12.1.0.2.0</version>
    <scope>system</scope>
    <systemPath>${basedir}/src/main/webapp/WEB-INF/lib/ojdbc6.jar</systemPath>
  </dependency>
 </dependencies>
 ...
```

마이바티스 관련 라이브러리를 설정합니다.

로컬에 설치한 오라클 드라이버 라이브러리를 설정합니다.

<systemPath>로 로컬에 설치한 위치를 지정합니다. ${basedir}은 프로젝트 루트 디렉터리입니다.

4. pom.xml에 <dependency> 태그로 설정한 후 저장할 때 다운로드한 라이브러리들을 이클립스에서 확인할 수 있습니다.

▼ 그림 27-35 pom.xml 설정 후 추가된 라이브러리들

> jsp-api-2.1.jar - C:₩Users₩leebs₩.m2₩
> jstl-1.2.jar - C:₩Users₩leebs₩.m2₩repo
> junit-4.7.jar - C:₩Users₩leebs₩.m2₩rep
> commons-beanutils-1.8.0.jar - C:₩User
> commons-logging-1.1.1.jar - C:₩Users₩
> commons-dbcp-1.2.2.jar - C:₩Users₩le
> commons-pool-1.3.jar - C:₩Users₩leeb
> cglib-nodep-2.2.jar - C:₩Users₩leebs₩.
> mybatis-3.1.0.jar - C:₩Users₩leebs₩.m
> mybatis-spring-1.1.0.jar - C:₩Users₩lee
> spring-tx-3.1.1.RELEASE.jar - C:₩Users₩
> spring-jdbc-3.1.1.RELEASE.jar - C:₩User
> mysql-connector-java-5.1.29.jar - C:₩U
> ojdbc6.jar - C:₩myJSP₩workspace₩pro

27.7.2 마이바티스 관련 XML 파일 추가하기

이번에는 마이바티스 관련 XML 파일들을 추가해 보겠습니다.

1. 먼저 jdbc.properties 파일은 26장의 회원 관리 기능을 구현할 때 사용한 것을 재사용합니다. WEB-INF 하위에 config 폴더를 만들고 다시 jdbc 폴더를 만든 다음 복사하여 붙여 넣습니다. action-mybatis.xml도 26장의 것을 복사하여 WEB-INF/spring 폴더에 붙여 넣습니다.

▼ 그림 27-36 XML 설정 파일 위치

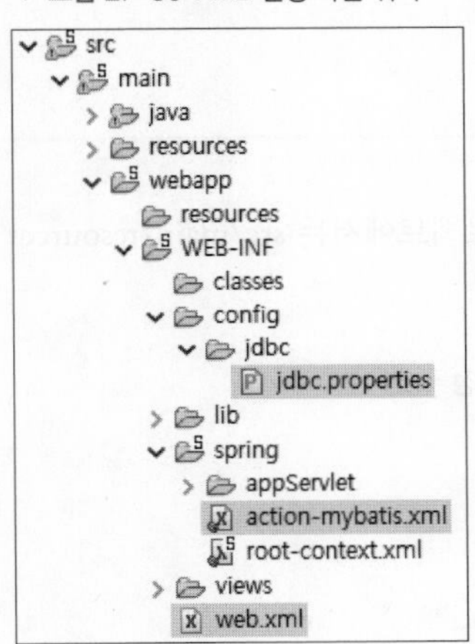

2. web.xml에서 action-mybatis.xml을 읽어 들이도록 수정합니다.

코드 27-7 pro27/src/main/webapp/WEB-INF/web.xml

```
...
<context-param>
  <param-name>contextConfigLocation</param-name>
  <param-value>/WEB-INF/spring/action-mybatis.xml</param-value>
</context-param>

<!-- Creates the Spring Container shared by all Servlets and Filters -->
<listener>
  <listener-class>
    org.springframework.web.context.ContextLoaderListener
  </listener-class>
</listener>
...
```

web.xml에서 root-context.xml 대신 action-mybatis.xml로 수정합니다.

3. action-mybatis.xml을 열어 jdbc.properties 경로를 수정합니다.

코드 27-8 pro27/src/main/webapp/WEB-INF/spring/action-mybatis.xml

```
...
<bean id="propertyPlaceholderConfigurer"
      class="org.springframework.beans.factory.config.PropertyPlaceholderConfigurer">
  <property name="locations">
    <value>/WEB-INF/config/jdbc/jdbc.properties</value>
  </property>        jdbc.properties를 읽어옵니다.
</bean>
...
</beans>
```

4. 이번에는 매퍼 파일을 추가해 보겠습니다. 메이븐 프로젝트에서는 src/main/resources 패키지 하위에 mybatis 패키지를 생성합니다.

✔ 그림 27-37 src/main/resources 패키지 하위에 mybatis 패키지 생성

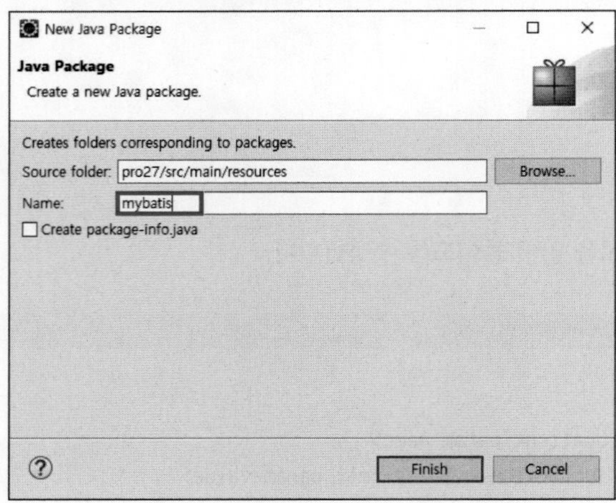

5. 다시 mybatis 하위에 mappers 패키지와 model 패키지를 생성합니다.

✔ 그림 27-38 mybatis 패키지 하위에 mappers와 model 패키지 생성

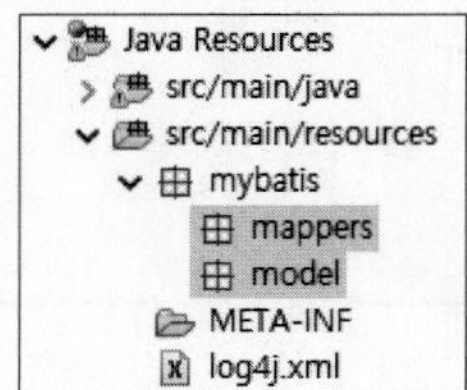

6. 26장에서 사용한 member.xml과 modelConfig.xml을 각각 mappers와 model 패키지에 붙여 넣습니다.

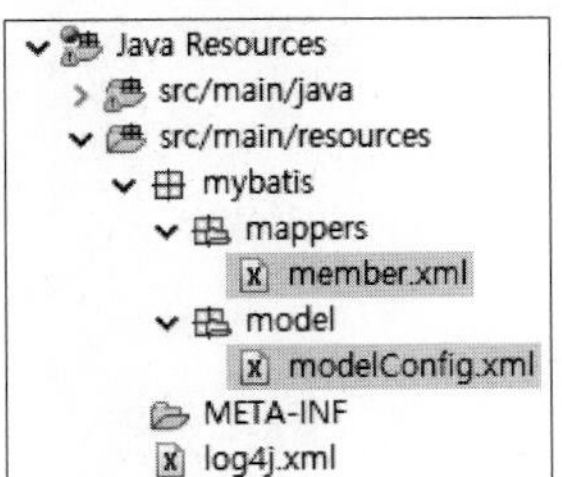

▼ 그림 27-39 각 패키지에 설정 파일 복사해 붙여 넣기

7. modelConfig.xml을 열어 패키지 이름을 수정합니다.

코드 27-9 pro27/src/main/resources/mybatis/model/modelConfig.xml

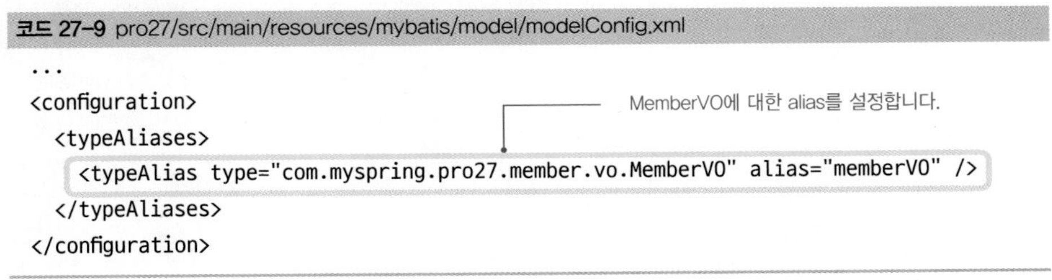

```
...
<configuration>
  <typeAliases>
    <typeAlias type="com.myspring.pro27.member.vo.MemberVO" alias="memberVO" />
  </typeAliases>
</configuration>
```

MemberVO에 대한 alias를 설정합니다.

27.7.3 자바 클래스와 JSP 구현하기

이번에는 자바 클래스 파일과 JSP 파일을 구현해 보겠습니다.

1. 자바 클래스 파일과 JSP 파일은 26장의 것을 재사용하면 됩니다. 따라서 자바 파일은 src/main/java 하위에 있는 com.myspring.pro27 패키지에 member 패키지를 만든 후 각각의 하위 패키지를 생성해 붙여 넣습니다(26장 참조). JSP는 WEB-INF/views 폴더 하위에 member 폴더를 만든 후 26장의 파일을 붙여 넣습니다.

♥ 그림 27-40 자바 클래스와 JSP 위치

2. 브라우저의 URL 요청명에서 뷰리졸버 설정 없이 기능별로 해당 폴더에 쉽게 접근할 수 있도록 `MemberControllerImpl` 클래스를 열어 `getViewName()` 메서드를 수정합니다. 요청 URL에서 응답 JSP 파일을 얻는 `getViewName()`을 호출할 경우 `fileName.lastIndexOf("/",1)`을 사용해 JSP가 저정된 폴더 이름에 해당하는 첫 번째 요청부터 가져옵니다(/member/listMembers.do로 요청할 경우에는 첫 번째 요청명이 포함된 member/listMembers를 가져옵니다).

코드 27-10 pro27/src/main/java/com/myspring/pro27/member/controller/MemberControllerImpl.java

```
@Controller
package com.myspring.pro27.member.controller;
...
@Controller("memberController")
public class MemberControllerImpl implements MemberController {
  @Autowired
  private MemberService memberService;
  @Autowired
  private MemberVO memberVO;
```

```
    @Override
    @RequestMapping(value="/member/listMembers.do" ,method = RequestMethod.GET)
    public ModelAndView listMembers(HttpServletRequest request,
                                    HttpServletResponse response) throws Exception {
      String viewName = getViewName(request);
      List membersList = memberService.listMembers();
      ModelAndView mav = new ModelAndView(viewName);
      mav.addObject("membersList", membersList);
      return mav;
    }

    ...
    private String getViewName(HttpServletRequest request) throws Exception {
      ...
      if(viewName.lastIndexOf("/") != -1) {
        viewName = viewName.substring(viewName.lastIndexOf("/",1), viewName.length());
      }
      return viewName;
    }
  }
```

/member/listMembers.do로 요청할 경우 member/listMember를 파일 이름으로 가져옵니다.

3. http://localhost:8090/pro27/member/listMembers.do로 요청하면 다음과 같이 회원 목록을 표시합니다.

▼ 그림 27-41 실행 결과

아이디	비밀번호	이름	이메일	가입일	삭제
hong	1212	홍길동	hong@gmail.com	2018-09-04	삭제하기
lee	1212	이순신	lee@test.com	2018-09-04	삭제하기
kim	1212	김유신	kim@jweb.com	2018-09-04	삭제하기
ki	1234	기성용	ki@test.com	2018-09-13	삭제하기
m1	1234	박길동	m1@test.com	2018-09-30	삭제하기
m2	1234	이길동	m2@test.com	2018-09-30	삭제하기
m3	1234	김길동	m3@test.com	2018-09-30	삭제하기

회원가입

27.8 log4j란?

지금까지의 실습이 정상적으로 실행되었는지 확인하기 위해 그림 27-42처럼 자바의 `println()` 메서드를 이용해 데이터를 콘솔로 출력해서 살펴보겠습니다.

▼ 그림 27-42 URL 요청명에서 응답할 JSP 이름 콘솔로 출력

```
    @Override
    @RequestMapping(value="/listMembers.do" ,method = Request
    public ModelAndView listMembers(HttpServletRequest reques
        String viewName = getViewName(request);
        System.out.println("viewName = "+ viewName);

        List membersList = memberService.listMembers();
        ModelAndView mav = new ModelAndView(viewName);
        mav.addObject("membersList", membersList);
        return mav;
    }
```

그런데 개발이 끝나고 실제 서비스를 한 후로는 더 이상 메시지를 출력하는 구문은 필요가 없어집니다. 따라서 주석 처리를 하거나 삭제해야 합니다. 하지만 유지관리를 하다 보면 필요한 경우 다시 콘솔에 메시지를 출력해야 하는 경우가 발생하기도 합니다. 그러면 번거롭겠죠. 게다가 애플리케이션의 코드 양이 많아지면 이렇게 관리하기는 어렵습니다.

실제 애플리케이션에서는 유지관리를 위해 웹 사이트에 접속한 사용자 정보나 각 클래스의 메서드 호출 시각 등 여러 가지 정보를 파일로 저장해서 관리합니다. 이런 로그 관련 기능을 제공하는 것이 `log4j`입니다. `log4j` 기능은 독립적으로 라이브러리를 설치해서 사용할 수 있으며, 메이븐 같은 빌드 툴에서는 프로젝트 생성 시 자동으로 `log4j` 라이브러리가 설치됩니다.

log4j 기능 관련 설정은 log4j.xml 파일에서 수행합니다.

▼ 그림 27-43 log4j.xml의 위치

```
> pro27 [006895 master]
  > Deployment Descriptor: pro27
  > JAX-WS Web Services
  Java Resources
    > src/main/java
    src/main/resources
      > mybatis
      > tiles
        log4j.xml
    > src/test/resources
    > Libraries
```

그럼 log4j의 사용법에 대해 간단히 알아보겠습니다.

log4j.xml을 이루는 태그들의 특징은 표 27-4와 같습니다.

▼ 표 27-4 log4j.xml을 이루는 태그

태그	설명
<Appender>	로그의 출력 위치를 결정(파일, 콘솔, DB 등)합니다. log4J API 문서의 XXXAppender로 끝나는 클래스들의 이름을 보면 출력 위치를 알 수 있습니다.
<Layout>	Appender가 어디에 출력할 것인지 결정했다면 어떤 형식으로 출력할지 출력 레이아웃을 결정합니다.
<Logger>	로깅 메시지를 Appender에 전달합니다. 개발자가 로그 레벨을 이용해 로그 출력 여부를 조정할 수 있습니다. logger는 로그 레벨을 가지고 있으며, 로그의 출력 여부는 로그문의 레벨과 로거의 레벨을 가지고 결정합니다.

<Appender> 태그를 이용해 로그를 콘솔로 출력할지 파일로 출력할지와 출력 위치를 설정합니다. 그리고 <Layout> 태그로 출력 시 어떤 형식으로 출력할지를 설정합니다. <Logger> 태그에서 로그 레벨을 설정해 선택적으로 로그를 출력할 수 있습니다.

표 27-5는 출력 위치를 지정할 수 있는 여러 가지 Appender 클래스들입니다.

▼ 표 27-5 여러 가지 Appender 클래스

Appender 클래스	설명
ConsoleAppender	org.apache.log4j.ConsoleAppender 클래스로, 콘솔에 로그 메시지를 출력합니다.
FileAppender	org.apache.log4j.FileAppender 클래스로, 파일에 로그 메시지를 출력합니다.
RollingFileAppender	org.apache.log4j.rolling.RollingFileAppedner 클래스로, 파일 크기가 일정 기준을 넘으면 기존 파일을 백업 파일로 바꾸고 처음부터 다시 기록합니다.
DailyRollingAppender	org.apache.log4j.DailyRollingFileAppender 클래스로, 설정한 기간 단위로 새 파일을 만들어 로그 메시지를 기록합니다.

표 27-6은 일반적으로 많이 사용되는 PatternLayout 클래스의 출력 형식을 지정하는 속성들입니다.

▼ 표 27-6 PatternLayout 클래스에서 사용되는 여러 가지 출력 속성들

속성	설명
%p	debug, info, error, fatal 등 로그 레벨 이름 출력
%m	로그 메시지 출력
%d	로깅 이벤트 발생 시각 출력

속성	설명
%F	로깅이 발생한 프로그램 파일 이름 출력
%l	로깅이 발생한 caller의 정보 출력
%L	로깅이 발생한 caller의 라인 수 출력
%M	로깅이 발생한 method 이름 출력
%c	로깅 메시지 앞에 전체 패키지 이름이나 전체 파일 이름 출력
...	...

log4j의 레벨은 표 27-7과 같이 총 6단계로 나누어집니다.

▼ 표 27-7 log4j의 여러 가지 로그 레벨들

레벨	설명
FATAL	시스템 차원에서 심각한 문제가 발생해 애플리케이션 작동이 불가능할 경우에 해당하는 레벨입니다. 일반적으로 애플리케이션에서는 사용할 일이 없습니다.
ERROR	실행 중 문제가 발생한 상태를 나타냅니다.
WARN	향후 시스템 오류의 원인이 될 수 있는 경고 메시지를 나타냅니다.
INFO	로그인, 상태 변경과 같은 실제 애플리케이션 운영과 관련된 정보 메시지를 나타냅니다.
DEBUG	개발 시 디버깅 용도로 사용한 메시지를 나타냅니다.
TRACE	DEBUG 레벨보다 상세한 로깅 정보를 출력하기 위해 도입된 레벨입니다.

낮은 레벨로 코드의 메시지를 설정했다면 그 레벨보다 높게 설정한 메시지들은 모두 출력됩니다. 예를 들어 log4j.xml에서 DEBUG로 애플리케이션 레벨을 설정했다면 실제 코드에서 그 이상의 레벨로 설정된 메시지들은 모두 출력됩니다. 더 자세한 내용은 log4j 홈페이지를 참고하기 바랍니다.

- http://logging.apache.org/log4j/1.2/manual.html

27.8.1 log4j.xml 이용해 로그 메시지 출력하기

그럼 회원 조회 시 log4j.xml을 이용해 응답할 JSP 이름을 출력해 보겠습니다.

1. 다음과 같이 log4j.xml을 작성합니다.

코드 27-11 pro27/src/main/resources/log4j.xml

```
...
<!-- Console Appenders -->
```

```
<appender name="console" class="org.apache.log4j.ConsoleAppender">
  <param name="Target" value="System.out" />
  <layout class="org.apache.log4j.PatternLayout">
    <param name="ConversionPattern" value="%-5p: %c - %m%n" />
  </layout>
</appender>

<!-- DailyRollingFile Appenders -->
<appender name="dailyFileAppender" class="org.apache.log4j.DailyRollingFileAppender">
  <param name="File" value="C:\\spring\\logs\\output.log" />
  <param name="Append" value="true" />
  <layout class="org.apache.log4j.PatternLayout">
    <param name="DatePattern"   value="'.'yyyy-MM-dd"/>
    <param name="ConversionPattern"   value="[%d{HH:mm:ss}][%-5p](%F:%L)-%m%n"/>
  </layout>
</appender>

...
<!-- Application Loggers -->
<logger name="com.myspring.pro27">
  <level value="info" />
</logger>
...
<!-- Root Logger -->
<root>
  <priority value="info" />
  <appender-ref ref="console" />
  <appender-ref ref="dailyFileAppender" />
</root>
```

- ConsoleAppender를 이용해서 로그 메시지를 콘솔로 출력합니다.
- PatternLayout의 출력 형식을 지정합니다.
- DailyRollingAppender를 이용해서 로그 메시지를 파일로 출력합니다.
- 로그 파일 생성 위치를 설정합니다.
- PatternLayout의 출력 형식을 지정합니다.
- <logger> 태그로 com.myspring.pro27 패키지에 존재하는 클래스들의 로그 레벨을 info로 설정합니다.
- 애플리케이션 전체 로그를 콘솔로 출력합니다.
- 애플리케이션 전체 로그를 파일로 출력합니다.

2. MemberControllerImpl 클래스를 다음과 같이 작성합니다.

코드 27-12 pro27/src/main/java/com/myspring/pro27/member/controller/MemberControllerImpl.java

```
...
@Controller("memberController")
@RequestMapping("/member")
public class MemberControllerImpl   implements MemberController {
  private static final Logger logger =
                          LoggerFactory.getLogger(MemberControllerImpl.class);
  ...
  @Override
  @RequestMapping(value="/listMembers.do" ,method = RequestMethod.GET)
  public ModelAndView listMembers(HttpServletRequest request,
                                HttpServletResponse response) throws Exception {
    String viewName = getViewName(request);
    //System.out.println("viewName = "+ viewName);
    logger.info("info 레벨 : viewName = "+ viewName);
    logger.debug("debug 레벨 : viewName = "+ viewName);
    List membersList = memberService.listMembers();
```

- LoggerFactory 클래스를 이용해 Logger 클래스 객체를 가져옵니다.
- Logger 클래스의 info() 메서드로 로그 메시지 레벨을 info로 설정합니다.
- Logger 클래스의 debug() 메서드로 로그 메시지 레벨을 debug로 설정합니다.

```
        ModelAndView mav = new ModelAndView(viewName);
        mav.addObject("membersList", membersList);
        return mav;
    }
    ...
```

다음은 브라우저에서 회원 목록을 요청하여 콘솔로 출력된 메시지입니다. log4j.xml에서 로그 레벨을 `info`로 설정했기 때문에 `debug()` 메서드로 설정한 메시지는 레벨이 낮아 출력되지 않습니다.

▼ 그림 27-44 로그 레벨을 info로 출력한 결과

```
Markers  Properties  Servers  Data Source Explorer  Snippets  Problems  Console
Tomcat v9.0 Server at localhost [Apache Tomcat] C:₩Program Files₩Java₩jre-10.0.2₩bin₩javaw.exe (2018. 10. 9. 오후 2:17:51)
INFO : com.myspring.pro27.member.controller.MemberControllerImpl - info레벨 : viewName = /member/listMembers
```

log4j.xml의 로그 레벨을 `debug`로 변경한 후 브라우저에서 요청하면 이번에는 `debug` 레벨 메시지와 상위의 `info` 레벨 메시지가 모두 출력됩니다.

▼ 그림 27-45 로그 레벨을 debug로 출력한 결과

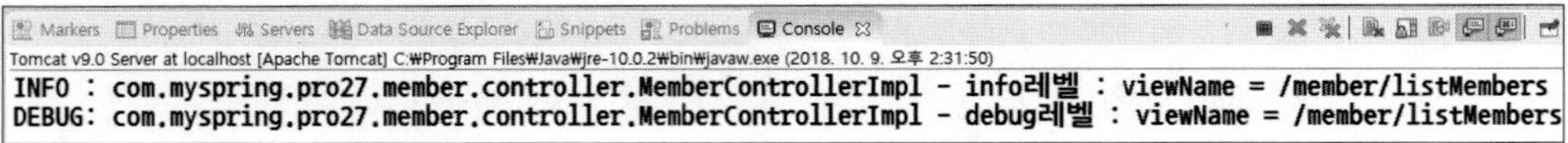

소스 코드에서 메서드를 이용해 로그를 설정하면 log4j.xml에서 설정한 로그 레벨보다 높게 설정한 로그 메시지들이 출력되는 것을 알 수 있습니다. 그리고 C:\\spring\\logs 폴더에는 날짜별로 output.log 파일이 생성됩니다.

▼ 그림 27-46 DailyRolling Appender를 이용해 로그 메시지 출력 결과

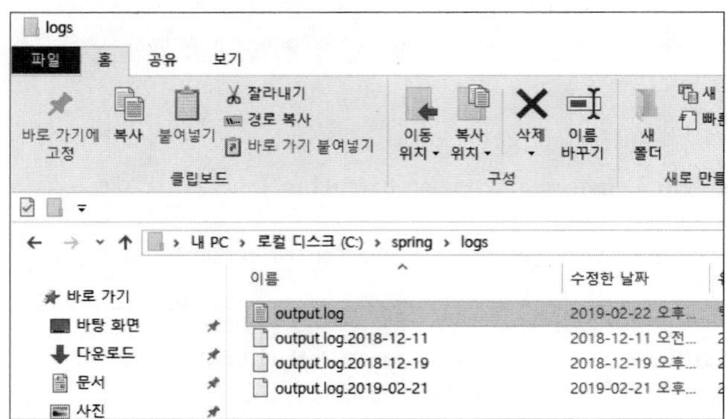

27.8.2 마이바티스 SQL문을 로그로 출력하기

지금까지는 매퍼 파일에 작성한 SQL문을 실행할 경우 로그를 출력할 수 없었습니다. 그러나 log4j.xml을 이용하면 개발 시 SQL문과 관련된 정보를 로그로 출력함으로써 정상적으로 실행되는지 확인할 수 있습니다.

log4j.xml을 다음과 같이 작성합니다. <root> 태그는 애플리케이션 전체에 적용되는 로그 레벨을 설정합니다. <root> 태그의 하위 <priority> 태그의 value 속성 값을 debug로 변경한 후 다시 회원 조회를 요청하면 요청 시 실행되는 SQL문 관련 정보를 로그로 출력할 수 있습니다.

코드 27-13 pro27/src/main/resources/log4j.xml

```
  ...
  <!-- Root Logger -->
  <root>
    <priority value="debug" />
      <appender-ref ref="console" />
  </root>
</log4j:configuration>
```

전체 애플리케이션 로그 레벨을 설정합니다.

value 속성 값을 debug로 설정합니다.

❤ 그림 27-47 마이바티스로 실행하는 SQL문 관련 정보를 로그로 출력

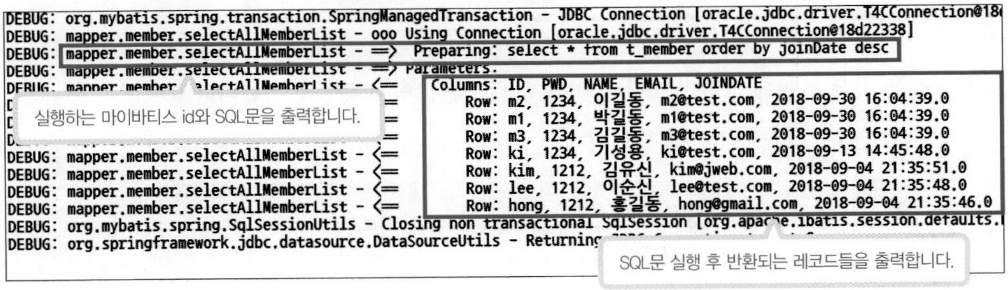

```
DEBUG: org.mybatis.spring.transaction.SpringManagedTransaction - JDBC Connection [oracle.jdbc.driver.T4CConnection@18
DEBUG: mapper.member.selectAllMemberList - ooo Using Connection [oracle.jdbc.driver.T4CConnection@18d22338]
DEBUG: mapper.member.selectAllMemberList - ==>  Preparing: select * from t_member order by joinDate desc
DEBUG: mapper.member.selectAllMemberList - ==> Parameters:
DEBUG: mapper.member.selectAllMemberList - <==    Columns: ID, PWD, NAME, EMAIL, JOINDATE
D                                          <==        Row: m2, 1234, 이길동, m2@test.com, 2018-09-30 16:04:39.0
D                                          <==        Row: m1, 1234, 박길동, m1@test.com, 2018-09-30 16:04:39.0
D                                          <==        Row: m3, 1234, 김길동, m3@test.com, 2018-09-30 16:04:39.0
DEBUG: mapper.member.selectAllMemberList - <==        Row: ki, 1234, 기성용, ki@test.com, 2018-09-13 14:45:48.0
DEBUG: mapper.member.selectAllMemberList - <==        Row: kim, 1212, 김유신, kim@jweb.com, 2018-09-04 21:35:51.0
DEBUG: mapper.member.selectAllMemberList - <==        Row: lee, 1212, 이순신, lee@test.com, 2018-09-04 21:35:48.0
DEBUG: mapper.member.selectAllMemberList - <==        Row: hong, 1212, 홍길동, hong@gmail.com, 2018-09-04 21:35:46.0
DEBUG: org.mybatis.spring.SqlSessionUtils - Closing non transactional SqlSession [org.apache.ibatis.session.defaults.
DEBUG: org.springframework.jdbc.datasource.DataSourceUtils - Returning
```

실행하는 마이바티스 id와 SQL문을 출력합니다.

SQL문 실행 후 반환되는 레코드들을 출력합니다.

그리고 Service와 DAO 클래스의 메서드 호출 시 스프링 AOP를 이용해서 로그를 출력하는 기능은 필자가 운영하는 카페의 동영상을 참고하기 바랍니다.

27.9 타일즈란?

일반적으로 JSP는 모든 화면 기능을 일일이 구현하는 것이 아니라 그림 27-48처럼 전체 화면 틀을 일정하게 만들어 놓고 본문 부분만 변경해서 사용합니다.

▼ 그림 27-48 쇼핑몰 메인 화면

그러면 상품 상세 화면에서 화면 상단은 변하지 않고 본문의 내용만 변경됩니다.

▼ 그림 27-49 상품 상세 화면

일반적인 웹 애플리케이션 화면 구조는 상단 부분이나 왼쪽 메뉴 그리고 하단 부분을 담당하는 페이지를 따로 만들어 놓고 브라우저에서 웹 페이지를 요청하면 본문 화면만 추가하여 보여줍니다. 이러한 화면 레이아웃 기능을 제공하는 것이 바로 **타일즈**(tiles) 기능입니다.

타일즈는 화면의 레이아웃을 쉽게 구현하기 위해 도입된, JSP 페이지 레이아웃을 위한 프레임워크입니다. 스프링이나 스트러츠에서도 제공하지만 독립적으로 타일즈 기능을 사용할 수도 있습니다. 타일즈를 사용하면 다음과 같은 장점이 있습니다.

- 페이지 레이아웃을 쉽고 단순하게 구현할 수 있습니다.
- 공통된 레이아웃을 사용하므로 유지관리가 쉽습니다.

타일즈 기능 역시 pom.xml을 통해 쉽게 라이브러리를 설치하고 사용할 수 있습니다.

코드 27-14 pro27/pom.xml

```
...
<!-- 타일즈 관련 라이브러리 -->
<dependency>
  <groupId>org.apache.tiles</groupId>
  <artifactId>tiles-core</artifactId>
  <version>2.2.2</version>
</dependency>
<dependency>
  <groupId>org.apache.tiles</groupId>
  <artifactId>tiles-jsp</artifactId>
  <version>2.2.2</version>
</dependency>
<dependency>
  <groupId>org.apache.tiles</groupId>
  <artifactId>tiles-servlet</artifactId>
  <version>2.2.2</version>
</dependency>
...
```

타일즈 관련 라이브러리를 설치합니다.

▼ 그림 27-50 타일즈 관련 라이브러리가 설치된 상태

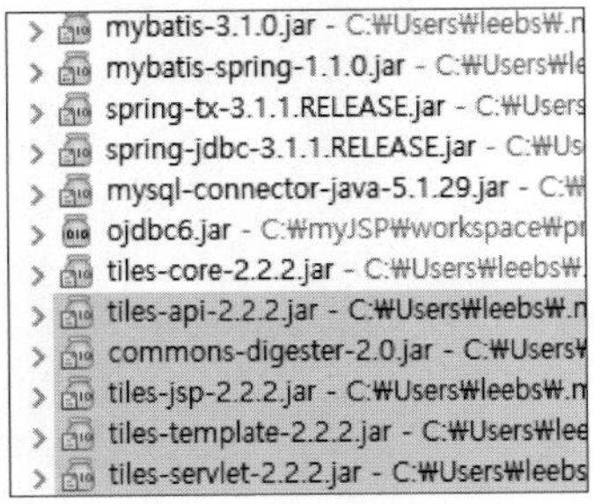
mybatis-3.1.0.jar - C:₩Users₩leebs₩.m
mybatis-spring-1.1.0.jar - C:₩Users₩le
spring-tx-3.1.1.RELEASE.jar - C:₩Users
spring-jdbc-3.1.1.RELEASE.jar - C:₩Us
mysql-connector-java-5.1.29.jar - C:₩
ojdbc6.jar - C:₩myJSP₩workspace₩pr
tiles-core-2.2.2.jar - C:₩Users₩leebs₩.
tiles-api-2.2.2.jar - C:₩Users₩leebs₩.m
commons-digester-2.0.jar - C:₩Users₩
tiles-jsp-2.2.2.jar - C:₩Users₩leebs₩.m
tiles-template-2.2.2.jar - C:₩Users₩lee
tiles-servlet-2.2.2.jar - C:₩Users₩leebs

그럼 지금부터 타일즈 관련 XML 파일을 설정해 보겠습니다.

▼ 그림 27-51 servlet-context.xml 위치

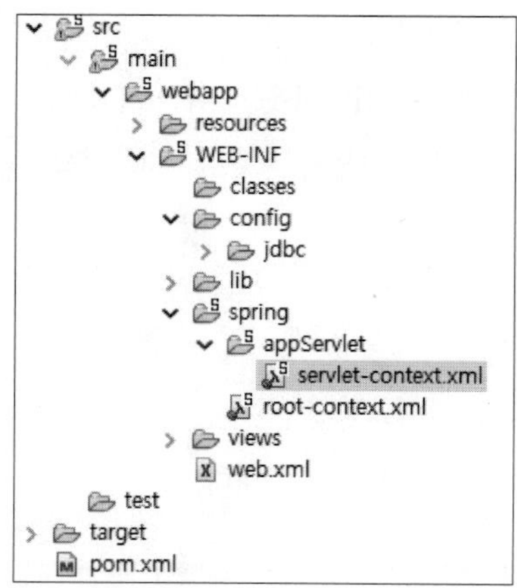

servlet-context.xml에서는 기존에 JSP를 표시하기 위해 사용했던 `InternalResourceViewResolver`를 더 이상 사용하지 않으므로 주석 처리한 다음 타일즈 기능에 관련된 빈들을 설정합니다. 그리고 스프링의 `TilesConfigurer` 클래스 빈을 생성하면서 URL 요청에 대해 브라우저에 나타낼 정보가 저장된 타일즈 설정 파일을 패키지 `tiles`에서 읽어 들입니다.

> Tip 이 책에서 제공하는 예제 파일로 실습할 때는 필요한 부분을 주석 해제한 후 사용하세요.

코드 27-15 pro27/src/main/webapp/WEB-INF/spring/appServlet/servlet-context.xml

```
...
<!--
<beans:bean class="org.springframework.web.servlet.view.InternalResourceViewResolver">
<beans:property name="prefix" value="/WEB-INF/views/" />
<beans:property name="suffix" value=".jsp" />
</beans:bean>
-->
<beans:bean id="tilesConfigurer"
                class="org.springframework.web.servlet.view.tiles2.TilesConfigurer">
  <beans:property name="definitions">
    <beans:list>
      <beans:value>classpath:tiles/*.xml</beans:value>
    </beans:list>
  </beans:property>
  <beans:property name="preparerFactoryClass"
```

더 이상 JSP 뷰리졸버를 사용하지 않으므로 주석 처리합니다.

스프링의 TilesConfigurer 클래스를 이용해 tilesConfigurer 빈을 생성합니다.

패키지 tiles의 모든 설정 XML 파일을 읽어 들입니다.

```
                value="org.springframework.web.servlet.view.tiles2.
                SpringBeanPreparerFactory"/>
</beans:bean>
<beans:bean id="viewResolver"
               class="org.springframework.web.servlet.view.UrlBasedViewResolver">
<beans:property name="viewClass"           타일즈 뷰리졸버를 사용해 화면을 표시합니다.
               value="org.springframework.web.servlet.view.tiles2.TilesView"/>
</beans:bean>
<context:component-scan  base-package="com.myspring.pro27" />
</beans:beans>
```

JAVA WEB

27.10 JSP에 타일즈 사용하기

그럼 본격적으로 브라우저에서 요청 시 타일즈를 적용하여 JSP를 표시해 보겠습니다. 다음은 JSP에 타일즈 기능을 적용하는 과정입니다.

❶ tile.xml을 작성합니다.

❷ 레이아웃용 JSP를 작성합니다.

❸ 레이아웃에 표시할 JSP를 작성합니다.

❹ 컨트롤러에서 tiles.xml에 설정한 뷰이름을 반환합니다.

그럼 순서대로 실습을 진행해 보겠습니다. 먼저 각 JSP에 대한 화면 레이아웃을 설정하는 tiles.xml부터 작성합니다.

27.10.1 tiles.xml 작성하기

1. src/main/resources 패키지에 tiles 패키지를 만든 후 tiles_member.xml 파일을 생성합니다.

▼ 그림 27-52 tiles_member.xm 위치

2. tiles_member.xml을 볼까요? 먼저 <definition> 태그를 이용해 전체 화면의 공통 레이아웃을 baseLayout으로 지정합니다. 그리고 다른 <definition> 태그는 baseLayout 레이아웃을 상속받으면서 title과 body 속성만 변경하여 사용합니다.

코드 27-16 pro27/src/main/resources/tiles/tiles_member.xml

```
...
<tiles-definitions>
  <definition name="baseLayout" template="/WEB-INF/views/common/layout.jsp">
    <put-attribute name="title" value="" />
    <put-attribute name="header" value="/WEB-INF/views/common/header.jsp" />
    <put-attribute name="side" value="/WEB-INF/views/common/side.jsp" />
    <put-attribute name="body" value="" />
    <put-attribute name="footer" value="/WEB-INF/views/common/footer.jsp" />
  </definition>

  <definition name="main" extends=" baseLayout">
    <put-attribute name="title" value="메인 페이지" />
    <put-attribute name="body" value="/WEB-INF/views/main.jsp" />
  </definition>
</tiles-definitions>
```

- 공통 레이아웃의 뷰이름을 지정합니다.
- 전체 레이아웃을 정하는 JSP의 위치를 지정합니다.
- 레이아웃에서 상단(헤더)을 구성하는 JSP의 위치를 지정합니다.
- 레이아웃에서 사이드 메뉴를 구성하는 JSP의 위치를 지정합니다.
- 메인 화면의 뷰이름을 지정합니다.
- 레이아웃에서 하단을 구성하는 JSP의 위치를 지정합니다.
- 기본적인 레이아웃은 baseLayout을 상속받습니다.
- 레이아웃의 제목에 표시할 구문을 지정합니다.
- 레이아웃의 본문에 표시할 JSP를 지정합니다.

27.10.2 레이아웃에 사용되는 JSP 작성하기

레이아웃 관련 JSP와 JSP에 표시될 이미지 저장 폴더를 만들어 보겠습니다.

1. 반드시 tiles_member.xml에서 지정한 경로에 레이아웃 관련 JSP들이 위치해야 합니다.

▼ 그림 27-53 레이아웃 관련 JSP와 이미지 위치

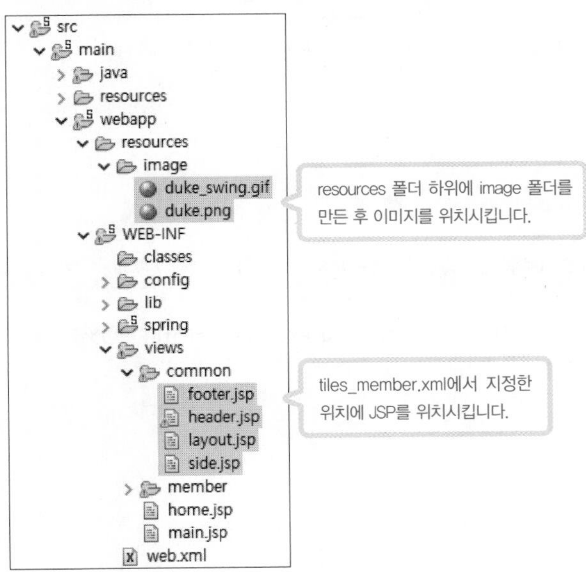
src
main
java
resources
webapp
resources
image
duke_swing.gif
duke.png
WEB-INF
classes
config
lib
spring
views
common
footer.jsp
header.jsp
layout.jsp
side.jsp
member
home.jsp
main.jsp
web.xml
resources 폴더 하위에 image 폴더를 만든 후 이미지를 위치시킵니다.
tiles_member.xml에서 지정한 위치에 JSP를 위치시킵니다.

2. 먼저 화면 전체의 구조를 정의하는 layout.jsp부터 작성해 보겠습니다. tiles_member.xml 설정에 따라서 각각의 위치에 JSP를 표시합니다.

코드 27-17 pro27/src/main/webapp/WEB-INF/views/common/layout.jsp

```
<%@ page language="java" contentType="text/html; charset=UTF-8"
  pageEncoding="UTF-8"  isELIgnored="false"
%>
<%@ taglib uri="http://tiles.apache.org/tags-tiles" prefix="tiles" %>
<%@ taglib prefix="c" uri="http://java.sun.com/jsp/jstl/core"%>
...
<title><tiles:insertAttribute name="title" /></title>
</head>
<body>
  <div id="container">
    <div id="header">
      <tiles:insertAttribute name="header"/>
    </div>
    <div id="sidebar-left">
```

자바의 import문처럼 타일즈를 사용하기 위해 반드시 추가해야 합니다.
tiles_member.xml의 <definition>의 하위 태그인 <put-attribute> 태그의 name이 title인 값(value)을 표시합니다.
tiles_member.xml의 <definition>의 하위 태그인 <put-attribute> 태그의 name이 header인 JSP를 표시합니다.

```
    <tiles:insertAttribute name="side"/>
  </div>
  <div id="content">
    <tiles:insertAttribute name="body"/>
  </div>
  <div id="footer">
    <tiles:insertAttribute name="footer"/>
  </div>
 </div>
</body>
</html>
```

tiles_member.xml의 <definition>의 하위 태그인 <put-attribute> 태그의 name이 side인 JSP를 표시합니다.

tiles_member.xml의 <definition>의 하위 태그인 <put-attribute> 태그의 name이 body인 JSP를 표시합니다.

tiles_member.xml의 <definition>의 하위 태그인 <put-attribute> 태그의 name이 footer인 JSP를 표시합니다.

3. hearder.jsp를 다음과 같이 작성합니다.

코드 27-18 pro27/src/main/webapp/WEB-INF/views/common/header.jsp

```
...
<c:set var="contextPath"  value="${pageContext.request.contextPath}"  />

<!DOCTYPE html>
<html>
<head>
  <meta charset="UTF-8">
  <title>상단부</title>
</head>
<body>
<table border=0 width="100%">
  <tr>
    <td>
      <a href="${contextPath}/main.do">
        <img src="${contextPath}/resources/image/duke_swing.gif" />
      </a>
    </td>
    <td>
      <h1><font size=30>스프링실습 홈페이지!!</font></h1>
    </td>
    <td>
      <a href="#"><h3>로그인</h3></a>
    </td>
  </tr>
</table>
</body>
</html>
```

src/main/webapp/resources/image 폴더의 이미지를 표시합니다.

4. 페이지 왼쪽 메뉴와 하단을 담당하는 side.jsp, footer.jsp를 각각 다음과 같이 작성합니다.

코드 27-19 pro27/src/main/webapp/WEB-INF/views/common/side.jsp

```
...
  <title>사이드 메뉴</title>
</head>
<body>
  <h1>사이드 메뉴</h1>
  <h1>
    <a href="#"  class="no-underline">회원관리</a><br>
    <a href="#"  class="no-underline">게시판관리</a><br>
    <a href="#"  class="no-underline">상품관리</a><br>
  </h1>
</body>
</html>
```

코드 27-20 pro27/src/main/webapp/WEB-INF/views/common/footer.jsp

```
...
<body>
  <p> e-mail:admin@test.com</p>
  <p> 회사주소:서울시 강동구</p>
  <p>찾아오는 길:<a href="#">약도</a></p>
</body>
</html>
```

27.10.3 레이아웃에 표시되는 JSP 파일 작성하기

이번에는 본문에 표시되는 main.jsp 파일을 작성해 보겠습니다.

1. 타일즈 설정 파일에서 설정한 위치에 레이아웃 본문에 표시할 JSP 파일인 main.jsp를 준비합니다.

▼ 그림 27-54 main.jsp 위치

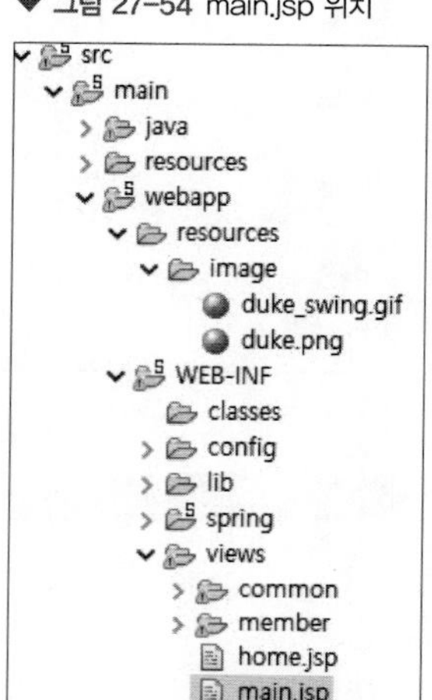

2. main.jsp를 다음과 같이 작성합니다. 브라우저에서 요청하면 이 내용이 레이아웃의 본문에 표시됩니다.

코드 27-21 pro27/src/main/webapp/WEB-INF/views/main.jsp

```
...
<!DOCTYPE html>
<html>
<head>
  <meta charset="UTF-8">
  <title>메인 페이지</title>
  <script src="http://code.jquery.com/jquery-latest.js"></script>
</head>
<body>
   <h1>메인 페이지입니다!!</h1>
</body>
</html>
```

27.10.4 뷰이름 요청 컨트롤러 만들기

마지막으로 <definition> 태그 name 속성의 뷰이름을 타일즈 뷰리졸버로 반환할 컨트롤러를 만들어 보겠습니다.

1. 컨트롤러를 담당하는 HomeController 클래스를 다음과 같이 준비합니다.

▼ 그림 27-55 자바 컨트롤러 위치

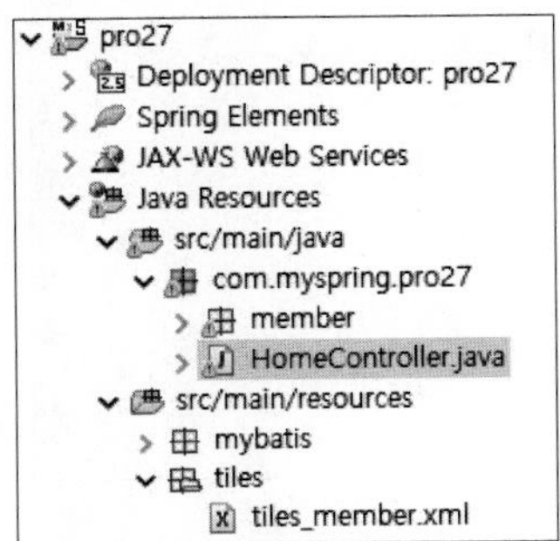

2. return문 다음의 문자열이 <definition> 태그의 뷰이름과 동일합니다.

Tip 이 책에서 제공하는 예제 파일로 실습할 때는 필요한 부분의 주석을 해제한 후 사용하세요.

코드 27-22 pro27/src/java/com/myspring/pro27/HomeController.java

```
...
@Controller
public class HomeController {
  private static final Logger logger = LoggerFactory.getLogger(HomeController.class);
  @RequestMapping(value = "/main.do", method = RequestMethod.GET)
  public String home(Locale locale, Model model) {
    return "main";
  }
}
```

/main.do로 요청 시 컨트롤러에서는 〈definion〉 태그에서 설정한 뷰이름 main을 타일즈 뷰리졸버로 반환합니다.

3. http://localhost:8090/pro27/main.do로 요청하여 결과를 확인합니다.

▼ 그림 27-56 실행 결과

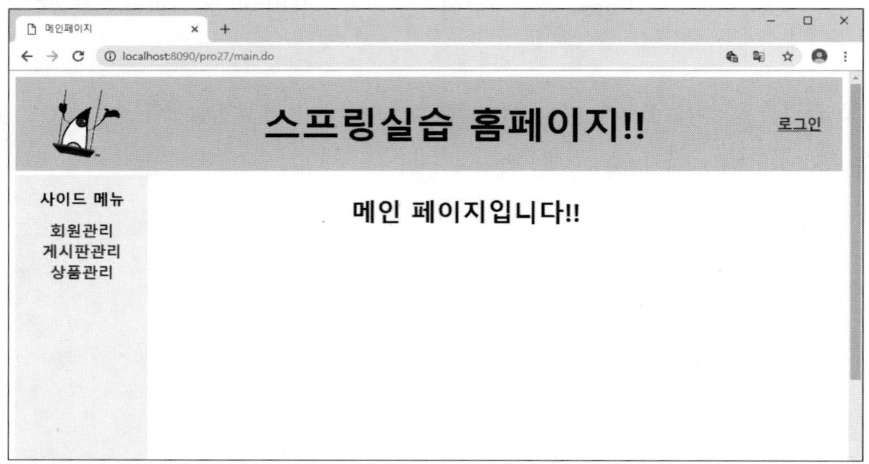

27.11 JSP에 회원 목록창 나타내기

JAVA WEB

이제 타일즈를 이용해 페이지 본문에 회원 목록창이 나타나도록 구현해 보겠습니다.

1. 먼저 tiles_member.xml에 /member/listMember.do로 요청했을 때 표시할 <definition> 태그를 추가합니다. name의 값은 URL 요청명에서 .do를 제외한 요청명과 일치해야 합니다.

코드 27-23 pro27/src/main/resources/tiles/tiles_member.xml

```
  ...
  <definition name="/member/listMembers" extends="baseLayout">
    <put-attribute name="title" value="회원목록창" />
    <put-attribute name="body" value="/WEB-INF/views/member/listMembers.jsp" />
  </definition>
</tiles-definitions>
```

- 컨트롤러에서 반환되는 뷰이름을 지정합니다.
- 기본 레이아웃을 상속받습니다.
- JSP 페이지의 제목을 지정합니다.
- 레이아웃 페이지의 본문에 표시할 JSP를 지정합니다.

2. 브라우저에서 컨트롤러 요청 시 요청명에 대해 뷰이름을 가져옵니다. 그리고 다시 ModelAndView 객체에 설정한 후 뷰리졸버로 반환합니다.

코드 27-24 pro27/src/main/java/com/myspring/pro27/member/controller/MemberControllerImpl.java

```
...
@Controller("memberController")
public class MemberControllerImpl   implements MemberController {
  private static final Logger logger =
                              LoggerFactory.getLogger(MemberControllerImpl.class);

  @Autowired
  private MemberService memberService;
  @Autowired
  private MemberVO memberVO;

  @Override
  @RequestMapping(value="/member/listMembers.do" ,method = RequestMethod.GET)
  public ModelAndView listMembers(HttpServletRequest request,
                              HttpServletResponse response) throws Exception {
    String viewName = getViewName(request);
    logger.debug("debug레벨 : viewName = "+ viewName);
    List membersList = memberService.listMembers();
    ModelAndView mav = new ModelAndView(viewName);
    mav.addObject("membersList", membersList);
    return mav;
  }
  ...
```

viewName이 <definition> 태그에 설정한 뷰이름과 일치합니다.

ModelAndView 객체에 설정한 뷰이름을 타일즈 뷰리졸버로 반환합니다.

3. 톰캣을 재실행한 후 http://localhost:8090/pro27/member/listMembers.do로 요청합니다.

▼ 그림 27-57 실행 결과

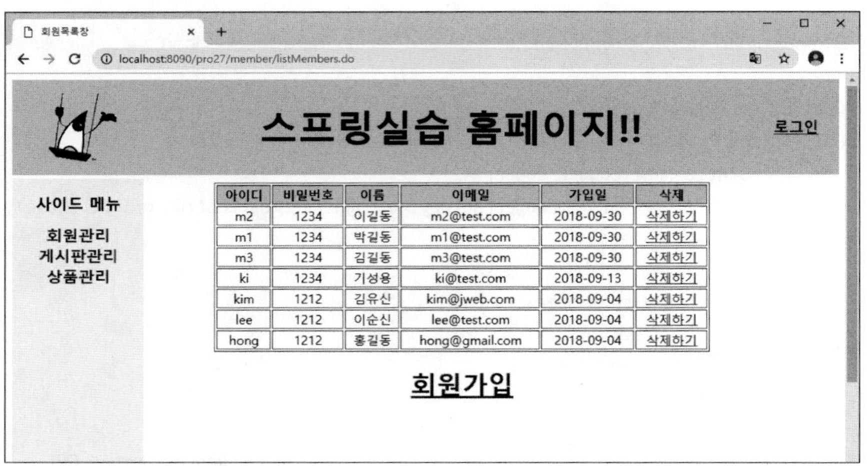

아이디	비밀번호	이름	이메일	가입일	삭제
m2	1234	이길동	m2@test.com	2018-09-30	삭제하기
m1	1234	박길동	m1@test.com	2018-09-30	삭제하기
m3	1234	김길동	m3@test.com	2018-09-30	삭제하기
ki	1234	기성용	ki@test.com	2018-09-13	삭제하기
kim	1212	김유신	kim@jweb.com	2018-09-04	삭제하기
lee	1212	이순신	lee@test.com	2018-09-04	삭제하기
hong	1212	홍길동	hong@gmail.com	2018-09-04	삭제하기

마찬가지로 회원 가입창도 페이지 본문에 나타나도록 여러분이 직접 추가해 보세요.

JAVA WEB

27.12 로그인 기능 구현하기

이번에는 회원 관리 기능에 로그인 기능을 추가해 보겠습니다.

1. 먼저 타일즈를 설정합니다. tiles_member.xml에 요청했을 때 로그인창을 나타내주는 `<definition>` 태그를 추가합니다.

코드 27-25 pro27/src/main/resources/tiles/tiles_member.xml

```
...
  <definition name="/member/loginForm" extends="baseLayout">
    <put-attribute name="title" value="로그인창" />
    <put-attribute name="body" value="/WEB-INF/views/member/loginForm.jsp" />
  </definition>
...
```

2. 로그인창에서 입력한 ID와 비밀번호로 회원 정보를 조회하는 SQL문을 매퍼 파일에 추가합니다.

코드 27-26 pro27/src/main/resources/mybatis/mappers/member.xml

```
...
<select id="loginById"  resultType="memberVO"   parameterType="memberVO" >
  <![CDATA[
    select * from t_member
    where id = #{id} and pwd = #{pwd}
  ]]>
</select>
...
```

3. MemberControllerImpl 클래스를 다음과 같이 수정합니다. RedirectAttributes 클래스를 이용해 리다이렉트 시 로그인창으로 로그인 실패 메시지를 매개변수로 전달할 수 있습니다. ID와 비밀번호로 회원 정보를 조회하여 해당 회원 정보가 존재하면 로그인 상태와 회원 정보를 세션에 저장합니다. 그리고 로그아웃 요청을 받으면 세션의 정보를 모두 삭제합니다.

코드 27-27 pro27/src/main/java/com/myspring/pro27/member/controller/MemberControllerImpl.java

```
...
@Override
@RequestMapping(value = "/member/login.do", method = RequestMethod.POST)
public ModelAndView login(@ModelAttribute("member") MemberVO member,
                          RedirectAttributes rAttr,
                          HttpServletRequest request,
                          HttpServletResponse response) throws Exception {
  ModelAndView mav = new ModelAndView();
  memberVO = memberService.login(member);
  if(memberVO != null) {
    HttpSession session = request.getSession();
    session.setAttribute("member", memberVO);
    session.setAttribute("isLogOn", true);
    mav.setViewName("redirect:/member/listMembers.do");
  }else {
    rAttr.addAttribute("result","loginFailed");
    mav.setViewName("redirect:/member/loginForm.do");
  }
  return mav;
}

@Override
@RequestMapping(value = "/member/logout.do", method =  RequestMethod.GET)
```

로그인창에서 전송된 ID와 비밀번호를 MemberVO 객체인 member에 저장합니다.

RedirectAttributes 클래스를 이용해 로그인 실패 시 다시 로그인창으로 리다이렉트하여 실패 메시지를 전달합니다.

login() 메서드를 호출하면서 로그인 정보를 전달합니다.

세션에 회원 정보를 저장합니다.

세션에 로그인 상태를 true로 설정합니다.

memberVO로 반환된 값이 있으면 세션을 이용해 로그인 상태를 true로 합니다.

로그인 실패 시 실패 메시지를 로그인창으로 전달합니다.

로그인 실패 시 다시 로그인창으로 리다이렉트합니다.

```
public ModelAndView logout(HttpServletRequest request,
                           HttpServletResponse response) throws Exception {
  HttpSession session = request.getSession();
  session.removeAttribute("member");
  session.removeAttribute("isLogOn");
  ModelAndView mav = new ModelAndView();
  mav.setViewName("redirect:/member/listMembers.do");
  return mav;
}

@RequestMapping(value = "/member/*Form.do", method =  RequestMethod.GET)
private ModelAndView form(@RequestParam(value= "result", required=false) String result,
                          HttpServletRequest request,
                          HttpServletResponse response) throws Exception {
  String viewName = getViewName(request);
  ModelAndView mav = new ModelAndView();
  mav.addObject("result",result);
  mav.setViewName(viewName);
  return mav;
}
...
```

로그아웃 요청 시 세션에 저장된 로그인 정보와 회원 정보를 삭제합니다

로그인창 요청 시 매개변수 result가 전송되면 변수 result에 값을 저장합니다. 최초로 로그인창을 요청할 때는 매개변수 result가 전송되지 않으므로 무시합니다.

4. Service 클래스에서는 다시 MemberDAO의 loginById() 메서드를 호출하면서 전달된 ID와 비밀번호를 전달하도록 구현합니다.

코드 27-28 pro27/src/main/java/com/myspring/pro27/member/service/MemberServiceImpl.java

```
...
@Override
public MemberVO login(MemberVO memberVO) throws Exception{
  return memberDAO.loginById(memberVO);
}
...
```

5. Service 클래스에서 전달된 memberVO 객체를 다시 SQL문으로 전달하여 ID와 비밀번호를 이용해 회원 정보를 조회하도록 DAO 클래스를 수정합니다.

코드 27-29 pro27/src/main/java/com/myspring/pro27/memberdao/MemberDAOImpl.java

```
...
public MemberVO loginById(MemberVO memberVO) throws DataAccessException{
  MemberVO vo = sqlSession.selectOne("mapper.member.loginById",memberVO);
  return vo;
}
...
```

메서드 호출 시 전달된 memberVO를 SQL문으로 전달해 ID와 비밀번호에 대한 회원 정보를 MemberVO 객체로 반환합니다.

6. 마지막으로 JSP 파일을 구현할 차례입니다. 또한 컨트롤러에서 설정한 세션의 속성인 `isLogOn`의 값이 `true`이면 회원 이름과 **로그아웃**이 표시되도록 header.jsp를 작성합니다.

코드 27-30 pro27/src/main/webapp/WEB-INF/views/common/header.jsp

```
...
    <td>
      <!-- <a href="#"><h3>로그인</h3></a> -->
      <c:choose>
        <c:when test="${isLogOn == true  && member!= null}">
          <h3>환영합니다. ${member.name }님!</h3>
          <a href="${contextPath}/member/logout.do"><h3>로그아웃</h3></a>
        </c:when>
        <c:otherwise>
          <a href="${contextPath}/member/loginForm.do"><h3>로그인</h3></a>
        </c:otherwise>
      </c:choose>
    </td>
  </tr>
</table>
...
```

로그아웃 링크를 클릭하면 로그인을 표시합니다.

로그인 링크를 클릭하면 로그인창을 요청합니다.

isLogOn 속성 값을 체크하여 로그인 상태 시 로그아웃이 표시되게 합니다.

7. loginForm.jsp에서는 로그인창이 브라우저에 표시될 때 컨트롤러에서 로그인 실패 메시지가 전달되면 로그인 실패 경고 문구를 먼저 표시해 줍니다.

코드 27-31 pro27/src/main/webapp/WEB-INF/views/member/loginForm.jsp

```
...
<c:set var="result"   value="${param.result}"  />
...
<head>
  <meta charset="UTF-8">
  <title>로그인창</title>
  <c:choose>
    <c:when test="${result=='loginFailed' }">
      <script>
        window.onload=function(){
          alert("아이디나 비밀번호가 틀립니다. 다시 로그인 하세요!");
        }
      </script>
    </c:when>
  </c:choose>
</head>
...
```

로그인 실패 시 리다이렉트되면서 로그인 실패 메시지를 표시합니다.

8. 실행 결과를 볼까요? 다음과 같이 상단의 **로그인**을 클릭한 후 로그인창에서 ID와 비밀번호를 입력하여 로그인합니다.

▼ 그림 27-58 로그인창에서 **로그인** 클릭

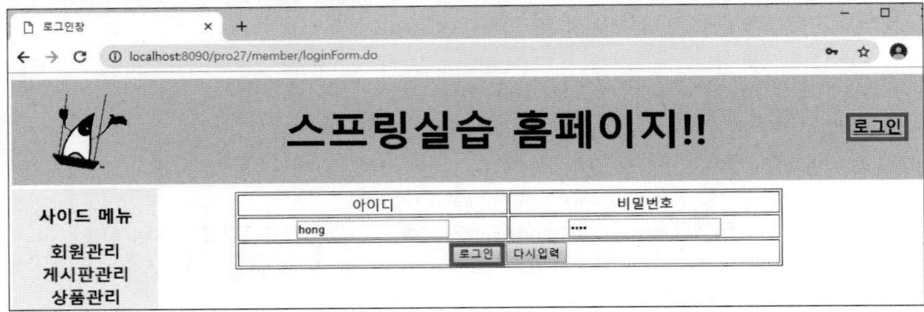

9. 로그인에 성공하면 사용자 이름과 함께 로그아웃 링크를 표시합니다.

▼ 그림 27-59 로그인 성공 시 로그아웃 링크 표시

아이디	비밀번호	이름	이메일	가입일	삭제
m2	1234	이길동	m2@test.com	2018-09-30	삭제하기
m1	1234	박길동	m1@test.com	2018-09-30	삭제하기
m3	1234	김길동	m3@test.com	2018-09-30	삭제하기
ki	1234	기성용	ki@test.com	2018-09-13	삭제하기
kim	1212	김유신	kim@jweb.com	2018-09-04	삭제하기
lee	1212	이순신	lee@test.com	2018-09-04	삭제하기
hong	1212	홍길동	hong@gmail.com	2018-09-04	삭제하기

10. 반대로 **로그아웃**을 클릭하면 다시 로그인 링크를 표시합니다.

❤ 그림 27-60 로그아웃 시 다시 로그인 링크 표시

11. ID와 비밀번호가 잘못된 경우에는 로그인 실패 메시지를 출력하고 다시 로그인창을 표시합니다.

❤ 그림 27-61 로그인 실패 시 경고 메시지와 함께 다시 로그인창 표시

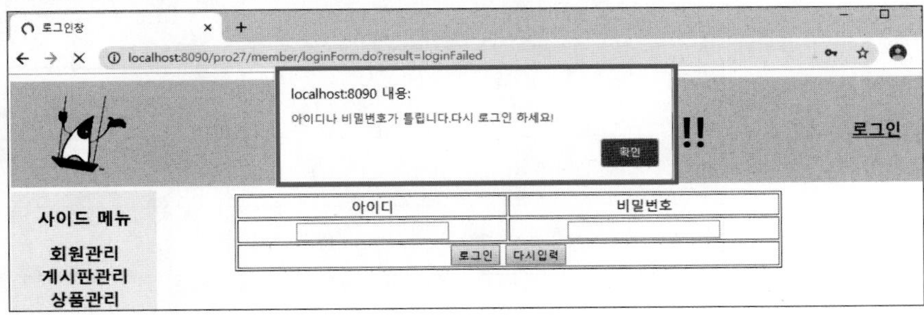

회원 가입 기능 등 다른 기능들도 여러분이 직접 추가해 보세요.

28장

스프링에서 지원하는 여러 가지 기능

스프링 프레임워크는 오픈 소스이기 때문에 상당히 많은 기능을 지원합니다. 이 장에서는 여러 오픈 소스 라이브러리를 사용해 다중 파일 업로드, 썸네일 이미지, 이메일, 인터셉터 등 여러 가지 기능을 구현해 보겠습니다.

28.1 다중 파일 업로드하기

스프링의 CommonsMultipartResolver 클래스를 이용하면 여러 개의 파일을 한꺼번에 업로드할 수 있습니다. 표 28-1에 CommonsMultipartResolver 클래스의 여러 가지 속성을 정리했습니다.

▼ 표 28-1 CommonsMultipartResolver 클래스 속성

속성	설명
maxUploadSize	최대로 업로드가 가능한 파일의 크기를 설정합니다.
maxInMemorySize	디스크에 임시 파일을 생성하기 전 메모리에 보관할 수 있는 최대 바이트 크기를 설정합니다.
defaultEncoding	전달되는 매개변수의 인코딩을 설정합니다.

1. 다음과 같이 파일을 준비합니다.

▼ 그림 28-1 파일 위치

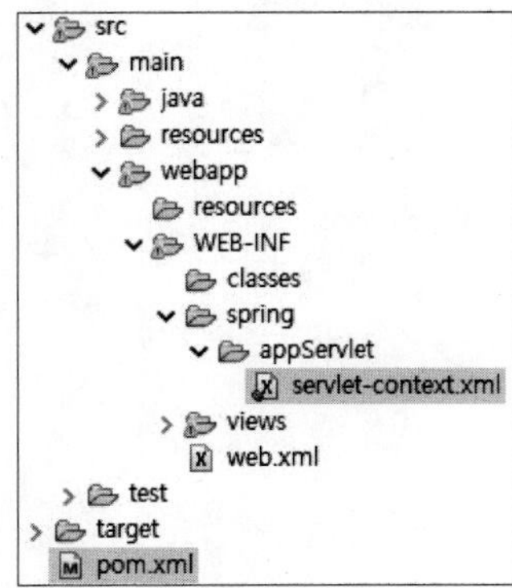

2. 파일 업로드에 필요한 라이브러리를 설치하도록 pom.xml을 작성합니다.

코드 28-1 pro28/pom.xml

```
...
  <dependency>
    <groupId>commons-fileupload</groupId>
    <artifactId>commons-fileupload</artifactId>
    <version>1.2.1</version>
  </dependency>
  <dependency>
    <groupId>commons-io</groupId>
    <artifactId>commons-io</artifactId>
    <version>1.4</version>
  </dependency>
<dependencies>
...
```

3. servlet-context.xml 파일에서 `CommonsMultipartResolver` 클래스를 `multipartResolver` 빈으로 설정합니다.

코드 28-2 pro28/src/main/webapp/WEB-INF/spring/appServlet/servlet-context.xml

```
...
  <beans:bean id="multipartResolver"
            class="org.springframework.web.multipart.commons.CommonsMultipartResolver">
    <beans:property name="maxUploadSize" value="52428800" />
    <beans:property name="maxInMemorySize" value="1000000" />
    <beans:property name="defaultEncoding" value="utf-8" />
  </beans:bean>
  ...
```

4. 파일 업로드 및 다운로드 기능 컨트롤러를 구현하기 위한 자바 파일들을 준비합니다.

▼ 그림 28-2 파일 업로드/다운로드 컨트롤러 클래스 위치

```
pro28
  Deployment Descriptor: pro28
  Spring Elements
  JAX-WS Web Services
  Java Resources
    src/main/java
      com.myspring.pro28
        ex01
          FileDownloadController.java
          FileUploadController.java
        HomeController.java
    src/main/resources
    src/test/java
    src/test/resources
```

5. 먼저 파일 다운로드 컨트롤러인 FileDownloadController 클래스를 다음과 같이 작성합니다. 버퍼 기능을 이용해 빠르게 브라우저로 이미지 파일을 전송합니다.

코드 28-3 pro28/src/main/java/com/myspring/pro28/ex01/FileDownloadController.java

```
package com.myspring.pro28.ex01;
...
@Controller
public class FileDownloadController {
  private static String CURR_IMAGE_REPO_PATH = "c:\\spring\\image_repo";

  @RequestMapping("/download")
  public void download(@RequestParam("imageFileName") String imageFileName,
                       HttpServletResponse response)throws Exception {
    OutputStream out = response.getOutputStream();
    String downFile = CURR_IMAGE_REPO_PATH + "\\" + imageFileName;
    File file = new File(downFile);

    response.setHeader("Cache-Control", "no-cache");
    response.addHeader("Content-disposition", "attachment; fileName=" + imageFileName);
    FileInputStream in = new FileInputStream(file);
    byte[] buffer = new byte[1024 * 8];
    while (true) {
      int count = in.read(buffer);
      if (count == -1) break;
      out.write(buffer, 0, count);
    }
    in.close();
    out.close();
  }
}
```

파일 저장 위치를 지정합니다.

다운로드할 이미지 파일 이름을 전달합니다.

다운로드할 파일 객체를 생성합니다.

헤더에 파일 이름을 설정합니다.

버퍼를 이용해 한 번에 8Kbyte씩 브라우저로 전송합니다.

6. 파일 업로드 컨트롤러를 구현합니다. 파일과 매개변수를 같이 전송하므로 Map을 사용합니다. 매개변수의 name/value를 다시 map의 key/value로 저장합니다. 파일 이름을 ArrayList에 저장한 후 다시 map에 key/value로 저장합니다.

코드 28-4 pro28/src/main/java/com/myspring/pro28/ex01/FileUploadController.java

```
package com.myspring.pro28.ex01;
...
@Controller
public class FileUploadController  {
  private static final String CURR_IMAGE_REPO_PATH = "c:\\spring\\image_repo";
  @RequestMapping(value="/form")
```

```
public String form() {
  return "uploadForm";
}

@RequestMapping(value="/upload",method = RequestMethod.POST)
public ModelAndView upload(MultipartHttpServletRequest multipartRequest,
                           HttpServletResponse response) throws Exception{
  multipartRequest.setCharacterEncoding("utf-8");
  Map map = new HashMap();
  Enumeration enu=multipartRequest.getParameterNames();
  while(enu.hasMoreElements()){
    String name=(String)enu.nextElement();
    String value=multipartRequest.getParameter(name);
    map.put(name,value);
  }
  List fileList= fileProcess(multipartRequest);
  map.put("fileList", fileList);
  ModelAndView mav = new ModelAndView();
  mav.addObject("map", map);
  mav.setViewName("result");
  return mav;
}

private List<String> fileProcess(MultipartHttpServletRequest multipartRequest)
throws Exception{
  List<String> fileList= new ArrayList<String>();
  Iterator<String> fileNames = multipartRequest.getFileNames();
  while(fileNames.hasNext()){
    String fileName = fileNames.next();
    MultipartFile mFile = multipartRequest.getFile(fileName);
    String originalFileName=mFile.getOriginalFilename();
    fileList.add(originalFileName);
    File file = new File(CURR_IMAGE_REPO_PATH +"\\"+ fileName);
    if(mFile.getSize()!=0){
      if(! file.exists()){
        if(file.getParentFile().mkdirs()){
          file.createNewFile();
        }
      }
      mFile.transferTo(new File(CURR_IMAGE_REPO_PATH +"\\"+ originalFileName));
    }
  }
  return fileList;
}
}
```

- public String form(): 업로드창인 uploadForm.jsp를 반환합니다.
- Map map = new HashMap();: 매개변수 정보와 파일 정보를 저장할 Map을 생성합니다.
- while(enu.hasMoreElements()) 블록: 전송된 매개변수 값을 key/value로 map에 저장합니다.
- List fileList= fileProcess(multipartRequest); map.put("fileList", fileList);: 파일을 업로드한 후 반환된 파일 이름이 저장된 fileList를 다시 map에 저장합니다.
- mav.addObject("map", map); mav.setViewName("result");: map을 결과창으로 포워딩합니다.
- Iterator<String> fileNames = multipartRequest.getFileNames();: 첨부된 파일 이름을 가져옵니다.
- MultipartFile mFile = multipartRequest.getFile(fileName);: 파일 이름에 대한 MultipartFile 객체를 가져옵니다.
- String originalFileName=mFile.getOriginalFilename();: 실제 파일 이름을 가져옵니다.
- fileList.add(originalFileName);: 파일 이름을 하나씩 fileList에 저장합니다.
- if(mFile.getSize()!=0){: 첨부된 파일이 있는지 체크합니다.
- if(! file.exists()) 블록: 경로에 파일이 없으면 그 경로에 해당하는 디렉터리를 만든 후 파일을 생성합니다.
- mFile.transferTo(...): 임시로 저장된 multipartFile을 실제 파일로 전송합니다.
- return fileList: 첨부한 파일 이름이 저장된 fileList를 반환합니다.

7. 파일 업로드창과 업로드한 파일을 표시해 주는 결과창을 나타낼 JSP 파일을 다음과 같이 준비합니다.

▼ 그림 28-3 JSP 파일 위치

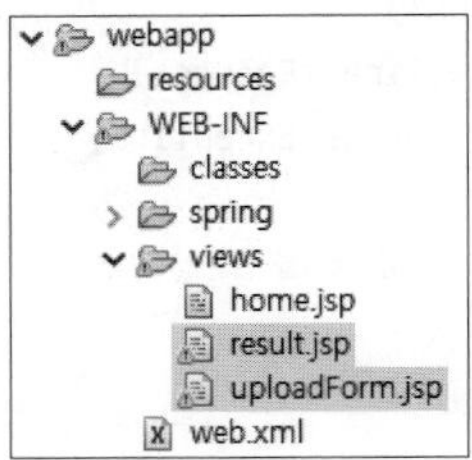

8. 파일 업로드창인 uploadForm.jsp를 다음과 같이 작성합니다.

코드 28-5 pro28/src/main/webapp/WEB-INF/views/uploadForm.jsp

```
...
<!DOCTYPE html >
<html>
<head>
  <meta "charset=utf-8">
  <title>파일 업로드 하기</title>
<script src="http://code.jquery.com/jquery-latest.js"></script>
<script>
  var cnt=1;
  function fn_addFile(){
    $("#d_file").append("<br>"+"<input  type='file' name='file"+cnt+"' />");
    cnt++;
  }
</script>
</head>
<body>
  <h1>파일 업로드 하기</h1>
  <form method="post" action="${contextPath}/upload" enctype="multipart/form-data" >
  <label>아이디:</label>
    <input type="text" name="id"><br>
  <label>이름:</label>
    <input type="text" name="name"><br>
    <input type="button" value="파일 추가" onClick="fn_addFile()"/><br>
    <div id="d_file">
    </div>
    <input type="submit" value="업로드"/>
  </form>
</body>
</html>
```

- var cnt=1; → 파일 업로드 name 값을 다르게 하는 변수입니다.
- fn_addFile() → **파일 추가**를 클릭하면 동적으로 파일 업로드를 추가합니다. name 속성의 값으로 'file'+cnt를 설정함으로써 값을 다르게 해줍니다.
- enctype → 파일 업로드 시 encType은 반드시 multipart/form-data로 설정해야 합니다.
- name="id" → 텍스트 박스에 ID를 입력 받아 전송합니다.
- name="name" → 텍스트 박스에 이름을 입력 받아 전송합니다.
- onClick → **파일 추가**를 클릭하면 동적으로 파일 업로드를 추가합니다.
- d_file → 자바스크립트를 이용해 <div> 태그 안에 파일 업로드를 추가합니다.

9. 결과창을 나타내는 result.jsp를 다음과 같이 작성합니다.

코드 28-6 pro28/src/main/webapp/WEB-INF/views/result.jsp

```
...
<!DOCTYPE html>
<html>
<head>
  <meta "charset=UTF-8">
  <title>결과창</title>
</head>
<body>
  <h1>업로드가 완료되었습니다.</h1>
  <label>아이디:</label>
  <input type="text" name="id" value='${map.id}' readonly><br>
  <label>이름:</label>
  <input type="text" name="name" value='${map.name}' readonly><br>

  <div class="result-images">
  <c:forEach var="imageFileName" items="${map.fileList}"  >
    <img src="${contextPath }/download?imageFileName=${imageFileName }">
    <br><br>
  </c:forEach>
  </div>
  <a href='${contextPath }/form'> 다시 업로드 하기 </a>
</body>
</html>
```

map으로 넘어온 매개변수 값을 표시합니다.

map으로 넘어온 매개변수 값을 표시합니다.

업로드한 파일들을 forEach문을 이용해 <img> 태그에 표시합니다.

10. http://localhost:8090/pro28/form으로 요청하여 ID와 이름을 입력하고 **파일추가**를 클릭하여 duke.png, duke2.jpg, duke3.png 세 개의 파일을 첨부합니다. 그리고 **업로드**를 클릭합니다.

> Tip 이미지 파일의 종류와 개수는 여러분이 원하는 대로 지정해도 됩니다.

▼ 그림 28-4 ID와 이름을 입력하고 파일 첨부 후 **업로드** 클릭

11. 결과창으로 넘어가면서 전송된 매개변수 값들과 업로드된 이미지 세 개가 표시됩니다.

▼ 그림 28-5 업로드된 이미지 표시

12. 지정한 경로의 폴더를 보면 업로드된 파일들을 볼 수 있습니다.

▼ 그림 28-6 지정한 경로에 업로드된 이미지 파일들

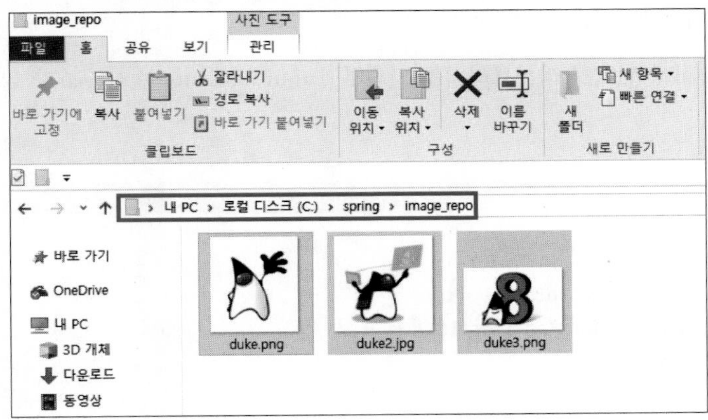

28.2 썸네일 이미지 사용하기

JAVA WEB

웹 애플리케이션에서 이미지를 표시할 때는 다음과 같이 썸네일(thumbnail) 이미지를 사용하는 경우가 많습니다.

▼ 그림 28-7 상품 이미지 목록에 표시되는 썸네일 이미지

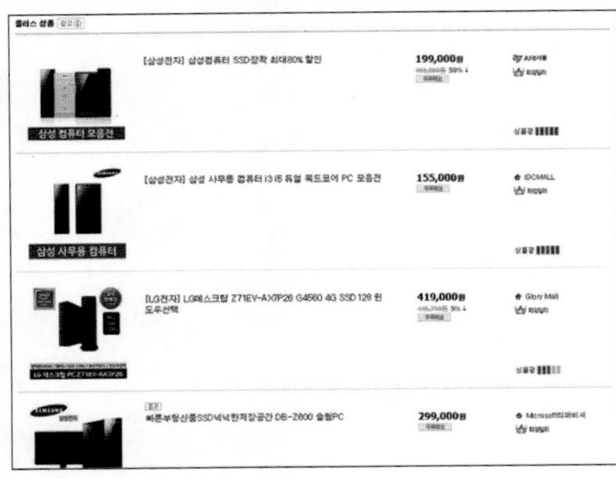

만약 브라우저가 원본 이미지를 모두 전달받는 경우라면 어떨까요? 표시할 이미지 개수가 많을 경우에는 시간이 꽤 오래 걸리겠죠. 이처럼 상품 목록에 이미지를 축소해서 표시하는 경우에는 썸네일 기능을 사용하면 신속하게 표시할 수 있습니다.

1. 다음과 같이 pom.xml에 썸네일 라이브러리를 설정하면 thumbnailator-0.4.8.jar가 설치됩니다.

코드 28-7 pro28/pom.xml

```
...
  <dependency>
    <groupId>net.coobird</groupId>
    <artifactId>thumbnailator</artifactId>
    <version>0.4.8</version>
  </dependency>
<dependencies>
```

▼ 그림 28-8 썸네일 라이브러리 설치

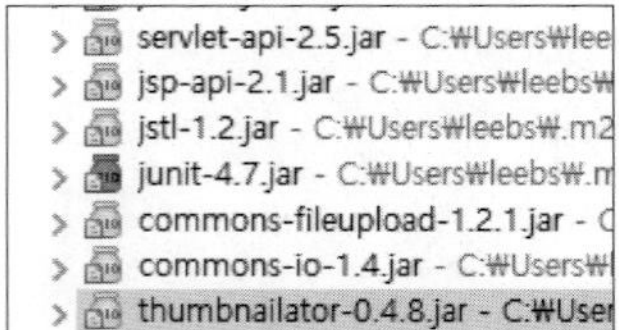

2. 컨트롤러에 요청해 썸네일 이미지를 생성한 후 다운로드해 보겠습니다. 다음 위치에 `FileDownloadController` 클래스 파일을 준비합니다.

▼ 그림 28-9 자바 파일 위치

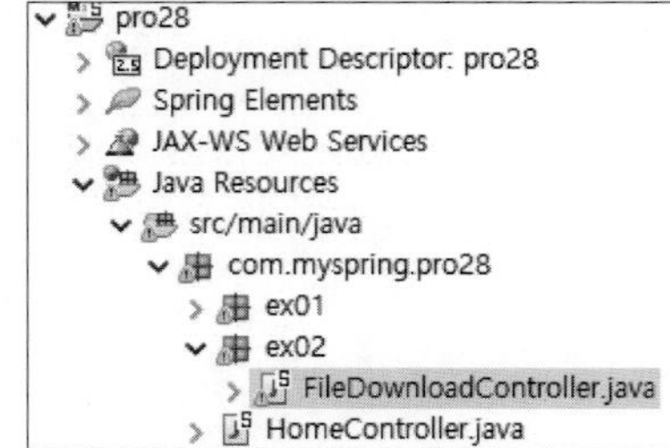

3. 원본 이미지에 대해 썸네일 이미지 파일을 생성한 후 다운로드할 수 있도록 다음과 같이 작성합니다. Thumbnails.of(image).size(50, 50).outputFormat("png").toFile(thumbnail)은 가로세로 크기가 50픽셀인 png 썸네일 이미지를 생성한 후 파일로 저장하는 구문입니다.

코드 28-8 pro28/src/main/java/com/myspring/pro28/ex02/FileDownController.java

```
package com.myspring.pro28.ex02;
...
import net.coobird.thumbnailator.Thumbnails;

@Controller
public class FileDownloadController {
  private static String CURR_IMAGE_REPO_PATH = "c:\\spring\\image_repo";
  @RequestMapping("/download")
  protected void download(@RequestParam("imageFileName") String imageFileName,
                          HttpServletResponse response) throws Exception {
    OutputStream out = response.getOutputStream();
    String filePath = CURR_IMAGE_REPO_PATH + "\\" + imageFileName;
    File image = new File(filePath);
    int lastIndex = imageFileName.lastIndexOf(".");
    String fileName = imageFileName.substring(0,lastIndex);
    File thumbnail = new File(CURR_IMAGE_REPO_PATH+"\\"+"thumbnail"+"\\"+fileName+".png");
    if (image.exists()) {
      thumbnail.getParentFile().mkdirs();
      Thumbnails.of(image).size(50,50).outputFormat("png").toFile(thumbnail);
    }

    FileInputStream in = new FileInputStream(thumbnail);
    byte[] buffer = new byte[1024 * 8];
    while (true) {
      int count = in.read(buffer);
      if (count == -1)
      break;
      out.write(buffer, 0, count);
    }
    in.close();
    out.close();
  }
}
```

확장자를 제외한 원본 이미지 파일의 이름을 가져옵니다.

원본 이미지 파일 이름과 같은 이름의 썸네일 파일에 대한 File 객체를 생성합니다.

원본 이미지 파일을 가로세로가 50픽셀인 png 형식의 썸네일 이미지 파일로 생성합니다.

생성된 썸네일 파일을 브라우저로 전송합니다.

4. 다음은 실행 결과입니다. /form으로 요청한 후 세 개의 이미지 파일을 첨부하고 **업로드**를 클릭합니다.

▼ 그림 28-10 세 개의 이미지 파일 첨부 후 **업로드** 클릭

5. 결과창에 각 이미지에 대한 썸네일 이미지가 표시됩니다.

▼ 그림 28-11 썸네일 이미지 표시

6. 이미지 저장 폴더 하위에 있는 thumbnail 폴더를 보면 다음과 같이 썸네일 이미지들이 있습니다.

❤ 그림 28-12 thumbnail 폴더에 생성된 썸네일 이미지 파일들

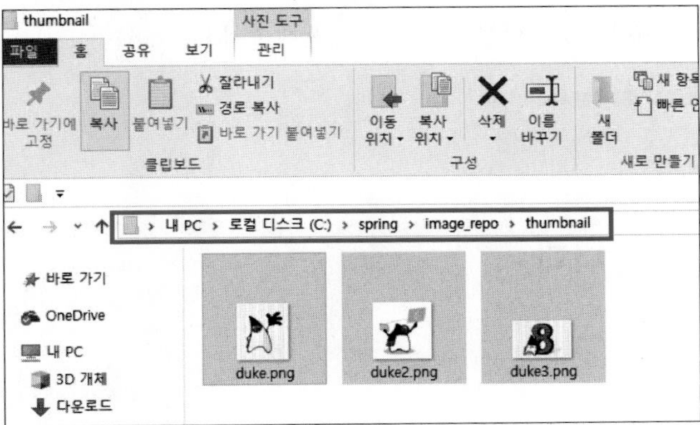

28.2.1 썸네일 이미지 바로 출력하기

쇼핑몰의 상품 목록 이미지 같은 경우 썸네일 이미지 파일을 따로 생성할 필요 없이 썸네일 이미지를 바로 다운로드하면 훨씬 빨리 표시할 수 있습니다.

1. 원본 이미지를 썸네일 이미지로 바로 출력하는 방법은 다음과 같습니다.

코드 28-9 pro28/src/main/java/com/myspring/pro28/ex01/FileDownloadController.java

```
...
@RequestMapping("/download")
protected void download(@RequestParam("imageFileName") String imageFileName,
                        HttpServletResponse response) throws Exception {
  OutputStream out = response.getOutputStream();
  String filePath = CURR_IMAGE_REPO_PATH + "\\" + imageFileName;
  File image = new File(filePath);
  int lastIndex = imageFileName.lastIndexOf(".");
  String fileName = imageFileName.substring(0,lastIndex);
  File thumbnail = new File(CURR_IMAGE_REPO_PATH+"\\"+"thumbnail"+"\\"+fileName+".png");
  if(image.exists()) {
    Thumbnails.of(image).size(50,50).outputFormat("png").toOutputStream(out);
  }else{
    return;
  }
  byte[] buffer = new byte[1024 * 8];
  out.write(buffer);
```

원본 이미지에 대한 썸네일 이미지를 생성한 후 OutputStream 객체에 할당합니다

썸네일 이미지를 OutputStream 객체를 이용해 브라우저로 전송합니다.

```
      out.close();
    }
  }
```

2. 썸네일 이미지 저장 폴더의 이미지들을 삭제한 후 다시 실행해 보세요.

▼ 그림 28-13 매개변수 값과 썸네일 이미지 표시

3. 브라우저에 표시되는 결과는 앞에서와 같지만 해당 경로의 폴더를 보면 썸네일 이미지 파일은 따로 생성되지 않았습니다.

▼ 그림 28-14 썸네일 이미지 파일은 생성되지 않음

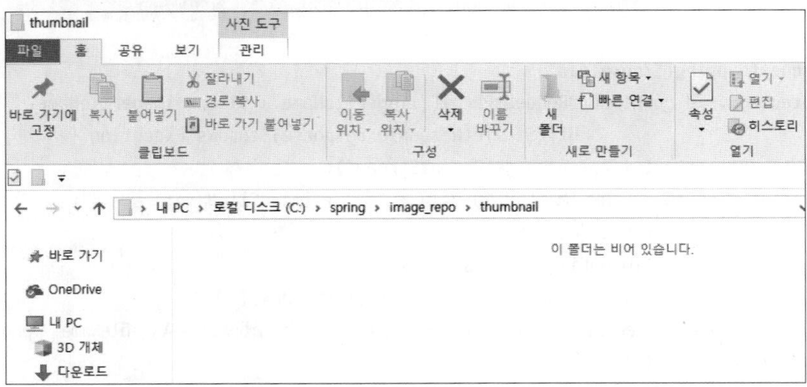

28.3 스프링 이메일 사용하기

스프링에서는 이메일 기능도 설정만으로 쉽게 구현할 수 있습니다. 이 책에서는 구글에서 제공하는 SMTP 서버를 이용해 메일을 보낼 것이므로 www.google.com으로 접속하여 구글 메일 계정을 미리 만들어 놓아야 합니다.

1. 이메일 기능 설정을 위한 XML 파일들을 준비합니다.

▼ 그림 28-15 web.xml 파일 위치

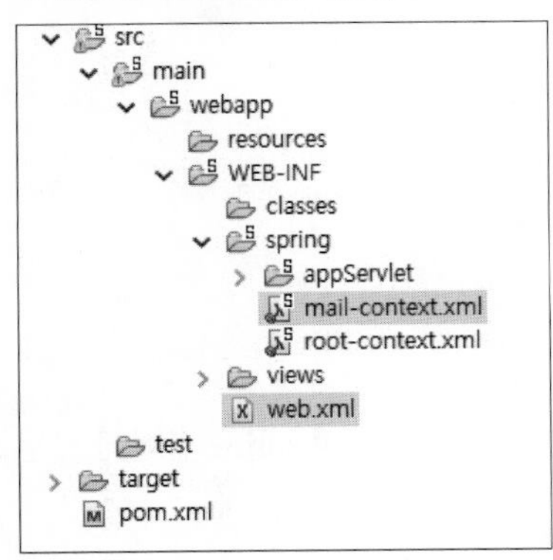

2. pom.xml 파일을 다음과 같이 작성합니다. 이메일 기능을 사용하기 위해 코어 스프링 라이브러리 버전을 4.1.1.RELEASE로 변경한 후 관련 라이브러리를 추가합니다.

코드 28-10 pro28/pom.xml

```
<?xml version="1.0" encoding="UTF-8"?>
<project xmlns="http://maven.apache.org/POM/4.0.0"
     xmlns:xsi="http://www.w3.org/2001/XMLSchema-instance"
     xsi:schemaLocation="http://maven.apache.org/POM/4.0.0
     http://maven.apache.org/maven-v4_0_0.xsd"> <modelVersion>4.0.0</modelVersion>
    <groupId>com.myspring</groupId>
    <artifactId>pro28</artifactId>
    <name>pro28</name>
    <packaging>war</packaging>
    <version>1.0.0-BUILD-SNAPSHOT</version>
    <properties>
    <java-version>1.6</java-version>
    <org.springframework-version>4.1.1.RELEASE</org.springframework-version>
    <org.aspectj-version>1.6.10</org.aspectj-version>
```

스프링 라이브러리 버전을 4.1.1.RELEASE로 변경합니다.

```
    <org.slf4j-version>1.6.6</org.slf4j-version>
  </properties>
...
<dependency>
  <groupId>org.springframework</groupId>
  <artifactId>spring-context-support</artifactId>
  <version>${org.springframework-version}</version>
</dependency>

<dependency>
  <groupId>javax.mail</groupId>
  <artifactId>javax.mail-api</artifactId>
  <version>1.5.4</version>
</dependency>
<dependency>
  <groupId>com.sun.mail</groupId>
  <artifactId>javax.mail</artifactId>
  <version>1.5.3</version>
</dependency>
  ...
```

스프링 4 이상 사용 시 추가합니다.

자바 메일 라이브러리들을 추가합니다.

3. web.xml에서는 설정 파일이 여러 개인 경우 톰캣 컨테이너 실행 시 spring 폴더에 있는 모든 설정 파일들을 읽어 들이도록 지정합니다.

코드 28-11 pro28/src/main/webapp/WB-INF/web.xml

```
  ...
  <!-- The definition of the Root Spring Container shared by all Servlets and
Filters -->
  <context-param>
    <param-name>contextConfigLocation</param-name>
    <param-value>/WEB-INF/spring/*.xml</param-value>
  </context-param>
  ...
```

4. 구글 SMTP 서버와 연동해서 실습하므로 스프링의 `JavaMailSenderImpl` 클래스를 이용해 메일 서버와 관련된 정보를 설정하도록 mail-context.xml을 작성합니다.

코드 28-12 pro28/src/main/webapp/WEB-INF/spring/mail-context.xml

```
  ...
  <bean id="mailSender" class="org.springframework.mail.javamail.JavaMailSenderImpl">
    <property name="host" value="smtp.gmail.com"/>
    <property name="port" value="465" />
```

구글 SMTP 메일 서버의 포트는 465 또는 587입니다.

메일을 보냈을 때 실제 수신자에게 메일을 보내는 host 서버에 구글의 SMTP 서버를 설정합니다.

```
<property name="username" value="****@gmail.com" />
<property name="password" value="메일비밀번호"/>
<property name="javaMailProperties">
  <props>
    <prop key="mail.transport.protocol">smtp</prop>
    <prop key="mail.smtp.auth">true</prop>
    <prop key="mail.smtp.starttls.enable">true</prop>
    <prop key="mail.smtp.socketFactory.class">javax.net.ssl.SSLSocketFactory</prop>
    <prop key="mail.debug">true</prop>
  </props>
</property>
</bean>

<bean id="preConfiguredMessage" class="org.springframework.mail.SimpleMailMessage">
    <property name="to" value="수신메일주소"></property>
    <property name="from" value="****@gmail.com"></property>
    <property name="subject" value="테스트 메일입니다."/>
</bean>
...
```

자신의 구글 메일 계정과 비밀번호를 설정합니다.

메일 전달 프로토콜 세부 속성을 설정합니다.

수신자에게 메일을 정기적으로 보내는 경우 송수신 메일 주소와 제목을 미리 지정해서 보낼 수 있습니다.

5. 이제 실제 자바 코드로 메일을 전송해 보겠습니다. 다음과 같이 자바 클래스 파일들을 준비합니다.

그림 28-16 자바 클래스 위치

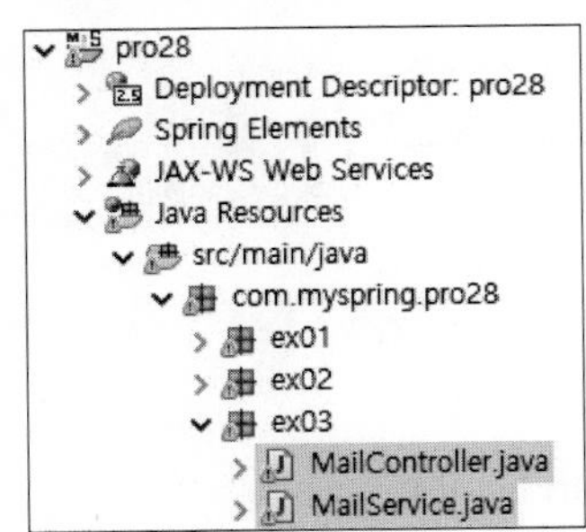

6. `MailController` 클래스를 다음과 같이 작성합니다. **@EnableAsync**를 지정해서 메서드를 호출할 경우 비동기로 동작하게 하는 **@Async** 애너테이션 기능을 사용할 수 있습니다.

코드 28-13 pro28/src/main/java/com/myspring/pro28/ex03/MailController.java

```
package com.myspring.pro28.ex03;
...
@Controller
@EnableAsync
```

```
public class MailController {
  @Autowired
  private MailService mailService;

  @RequestMapping(value = "/sendMail.do", method = RequestMethod.GET)
  public void sendSimpleMail(HttpServletRequest request,
                             HttpServletResponse response) throws Exception{
    request.setCharacterEncoding("utf-8");
    response.setContentType("text/html;charset=utf-8");
    PrintWriter out = response.getWriter();
    mailService.sendMail("******@naver.com","테스트 메일", "안녕하세요.테스트 메일입니다.");
    mailService.sendPreConfiguredMail("테스트 메일입니다.");
    out.print("메일을 보냈습니다!!");
  }
}
```

mailService의 sendMail() 메서드로 메일 관련 값(주소, 제목, 내용)을 전달합니다.

mail-context.xml에 설정한 메일 주소로 내용을 보냅니다.

7. 이번에는 MailService 클래스입니다. @Async 애너테이션으로 지정된 메서드는 비동기로 동작합니다. 따라서 보내는 메일 수가 많을 경우에는 메일 보내는 작업을 따로 수행하므로 작업이 끝날 때까지 기다릴 필요가 없습니다.

코드 28-14 pro28/src/main/java/com/myspring/pro28/ex03/MailService.java

```
package com.myspring.pro28.ex03;
...
@Service("mailService")
public class MailService {
  @Autowired
  private JavaMailSender mailSender;
  @Autowired
  private SimpleMailMessage preConfiguredMessage;

  @Async
  public void sendMail(String to, String subject, String body) {
    MimeMessage message = mailSender.createMimeMessage();
    try {
      MimeMessageHelper messageHelper =
                          new MimeMessageHelper(message, true, "UTF-8");
      messageHelper.setCc("#####@naver.com");
      messageHelper.setFrom("xxxxxx@naver.com", "홍길동");
      messageHelper.setSubject(subject);
      messageHelper.setTo(to);
      messageHelper.setText(body);
      mailSender.send(message);
    }catch(Exception e){
```

mail-context.xml에서 설정한 빈을 자동으로 주입합니다.

MimeMessage 타입 객체를 생성합니다.

메일을 보내기 위해 MimeMessageHelper 객체를 생성합니다.

메일 수신 시 지정한 이름으로 표시되게 합니다. 지정하지 않으면 송신 메일 주소가 표시됩니다.

제목, 수신처, 내용을 설정해 메일을 보냅니다.

```
        e.printStackTrace();
      }
    }

    @Async
    public void sendPreConfiguredMail(String message) {
      SimpleMailMessage mailMessage = new SimpleMailMessage(preConfiguredMessage);
      mailMessage.setText(message);
      mailSender.send(mailMessage);
    }
}
```

mail-context.xml에서 미리 설정한 수신 주소로 메일 내용을 보냅니다

8. http://localhost:8090/pro28/sendMail.do로 요청합니다.

▼ 그림 28-17 실행 결과

9. 설정한 메일 계정에 접속하여 수신 메일함을 확인해 보면 홍길동으로부터 메일이 온 것을 볼 수 있습니다.

▼ 그림 28-18 수신 메일함 확인

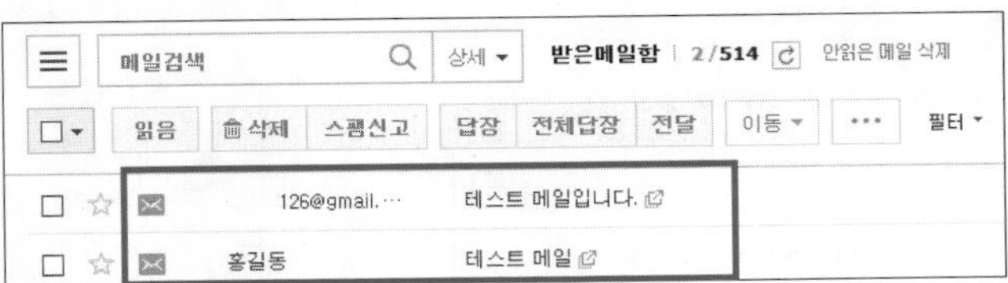

Note ≡ **메일 보내기 실행 시 오류가 발생했다면?**

브라우저에서 메일을 보내려는데 그림 28-19처럼 이클립스 콘솔에서 오류 메시지가 출력되었나요?

▼ 그림 28-19 메일 발송 시 오류가 발생한 경우

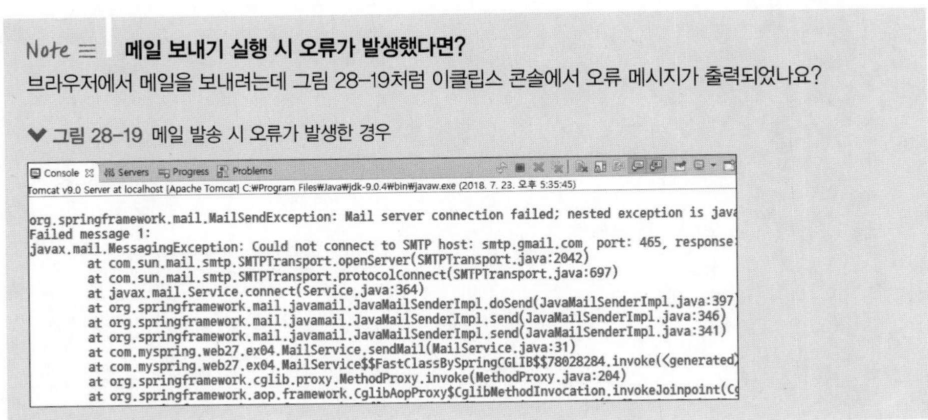

그러면 구글 계정 관리에서 보안 설정을 다시 해줘야 합니다.

1. 구글 계정으로 로그인한 후 사용자 계정의 **Google 계정**을 클릭합니다.

▼ 그림 28-20 아이콘 〉 **Google 계정** 클릭

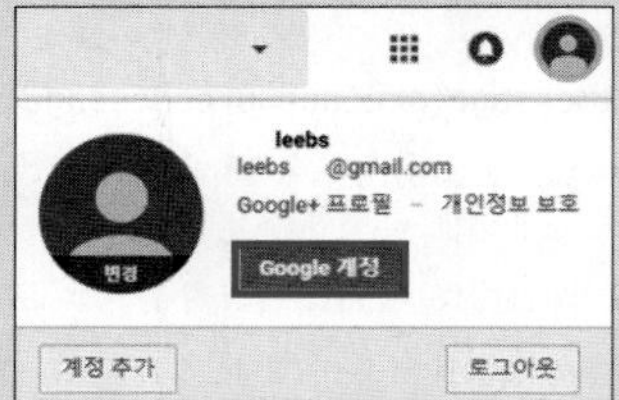

2. Signin & securiry(로그인 및 보안) 항목 중 **Apps with account access**를 클릭합니다.

▼ 그림 28-21 **Apps with account access** 클릭

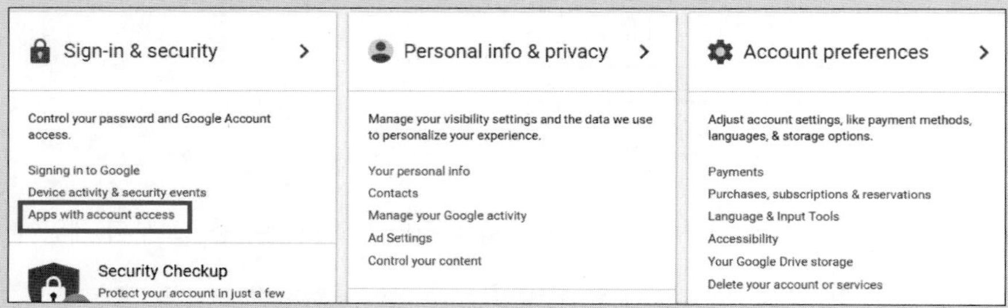

3. 항목들 중 Allow less secure apps를 **ON**으로 설정합니다.

▼ 그림 28-22 Allow less secure apps를 **ON**으로 설정

28.4 HTML 형식 메일 보내기

28.3절에서는 스프링의 이메일 기능을 알아보기 위해 일부러 짧은 텍스트로만 작성된 메일을 보냈습니다.

하지만 실제로 쇼핑몰 등에서 보내온 판촉 메일을 열어보면 짧은 텍스트로만 이뤄진 메일은 거의 없습니다. 대부분은 그림 28-23처럼 상품 이미지나 링크 등으로 구성된 HTML 형식의 이메일로, 이를 클릭하면 해당 상품 페이지로 이동하도록 되어 있죠.

▼ 그림 28-23 상품 이미지와 링크가 포함된 판촉 이메일

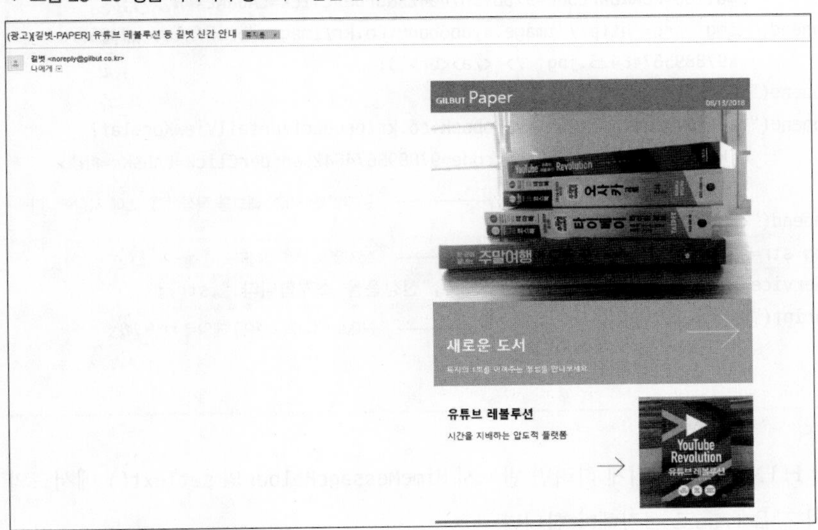

그럼 이번에는 HTML로 작성된 메일 내용을 보내보겠습니다.

1. 다음과 같이 `MailController` 클래스에 HTML 태그를 작성해 `StringBuffer`에 저장한 후 문자열로 내용을 보냅니다.

코드 28-15 pro28/src/main/java/com/myspring/pro28/ex04/MailController.java

```
package com.myspring.pro28.ex04;
...
@Controller
@EnableAsync
public class MailController {
  @Autowired
```

```
    private MailService mailService;

    @RequestMapping(value = "/sendMail.do", method = RequestMethod.GET)
    public void sendSimpleMail(HttpServletRequest request,
                               HttpServletResponse response) throws Exception{
      request.setCharacterEncoding("utf-8");
      response.setContentType("text/html;charset=utf-8");
      PrintWriter out = response.getWriter();
      StringBuffer sb = new StringBuffer();  ←── StringBuffer 변수 sb를 선언합니다.
      sb.append("<html><body>");
      sb.append("<meta http-equiv='Content-Type' content='text/html; charset=euc-kr'>");
      sb.append("<h1>"+"제품소개"+"</h1><br>");
      sb.append("신간 도서를 소개합니다.<br><br>");
      sb.append("<a href='http://www.kyobobook.co.kr/product/detailViewKor.laf?ejkGb=KOR
            &mallGb=KOR&barcode=9788956746425&orderClick=LAG&Kc=#N'>");
      sb.append("<img  src='http://image.kyobobook.co.kr/images/book/xlarge/425/
            x9788956746425.jpg' /> </a><br>");
      sb.append("</a>");
      sb.append("<a href='http://www.kyobobook.co.kr/product/detailViewKor.laf?
            ejkGb=KOR&mallGb=KOR&barcode=9788956746425&orderClick=LAG&Kc=#N'>
            상품보기</a>");                    ←── 문자열로 HTML 태그를 작성한 후 sb에 저장합니다.
      sb.append("</body></html>");
      String str=sb.toString();  ←── 문자열로 변환합니다.
      mailService.sendMail("*******@naver.com","신상품을 소개합니다.",str);
      out.print("메일을 보냈습니다!!");   ←── HTML 형식의 내용을 메일로 보냅니다.
    }
  }
```

2. 메일 내용이 HTML로 표시되게 하려면 반드시 MimeMessageHelper의 setText() 메서드의 두 번째 인자 값을 true로 설정해야 합니다.

코드 28-16 pro28/src/main/java/com/myspring/pro28/ex04/MailService.java

```
  ...
  @Async
  public void sendMail(String to, String subject, String body){
    MimeMessage message = mailSender.createMimeMessage();
    try {
      MimeMessageHelper messageHelper = new MimeMessageHelper(message, true, "UTF-8");
      messageHelper.setSubject(subject);
      messageHelper.setTo(to);
      messageHelper.setFrom("******@naver.com", "홍길동");
      messageHelper.setText(body,true);  ←── 반드시 true로 설정해야 합니다
      mailSender.send(message);
```

```
        }catch(Exception e){
          e.printStackTrace();
        }
      }
      ...
```

3. 브라우저에 요청하여 메일을 수신합니다. 그리고 수신 메일 본문에 있는 이미지를 클릭합니다.

❤ 그림 28-24 메일 본문에 있는 이미지 클릭

4. 그러면 지정한 웹 페이지가 브라우저에 나타납니다.

▼ 그림 28-25 지정한 웹 페이지가 열림

> **Note** pom.xml에 설정하는 라이브러리 정보를 찾는 방법
>
> 스프링 프레임워크에서 라이브러리가 필요할 경우 pom.xml에 <dependency> 태그를 이용해 중앙 서버에서 라이브러리를 설치했습니다. 그러면 필요한 라이브러리 정보는 어떻게 찾을까요?
>
> 다음은 MySQL 드라이버에 대한 설정 정보를 가져오는 과정입니다.
>
> 1. http://mvnrepository.com으로 접속합니다.
>
> ▼ 그림 28-26 mvnrepository.com으로 접속
>
> 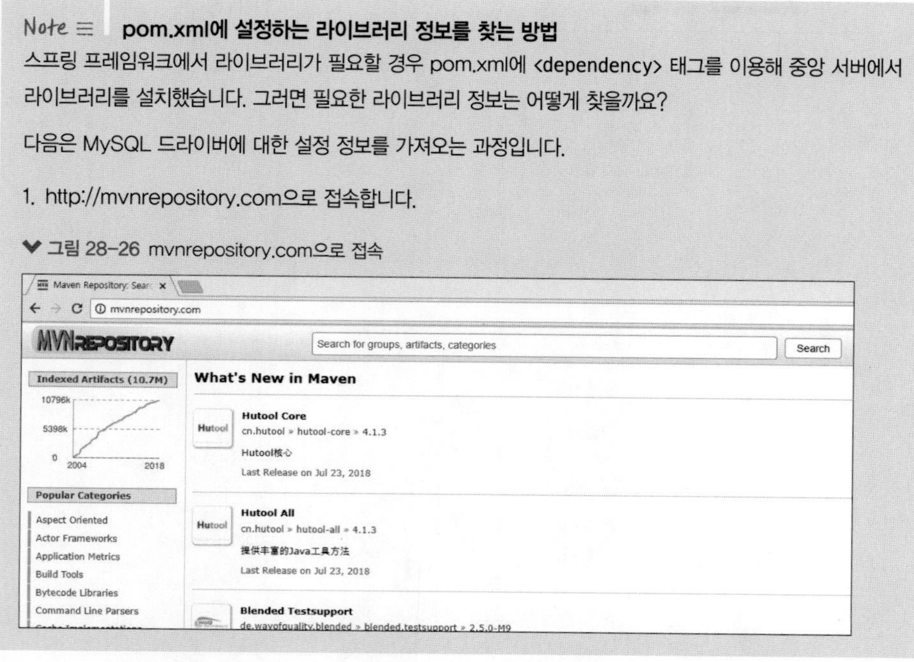

2. 검색창에 **mysql**이라 입력하고 **Search**를 클릭합니다.

▼ 그림 28-27 검색창에 **mysql** 입력 후 **Search** 클릭

3. 검색 목록에서 **MySQL Connector/J**를 클릭합니다.

▼ 그림 28-28 **MySQL Connector/J** 클릭

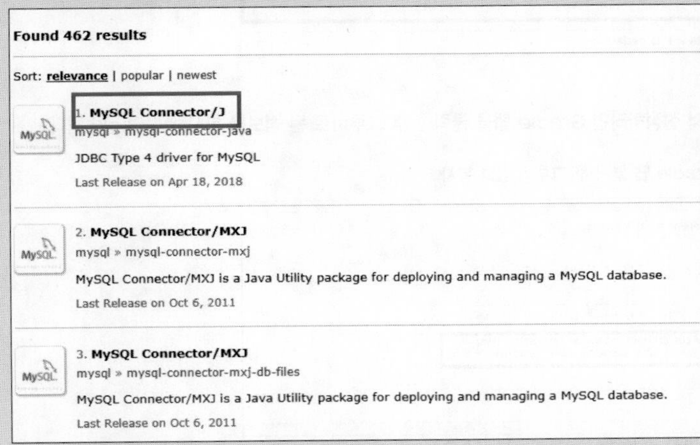

4. **6.0.6** 버전을 클릭합니다.

▼ 그림 28-29 **6.0.6** 버전 클릭

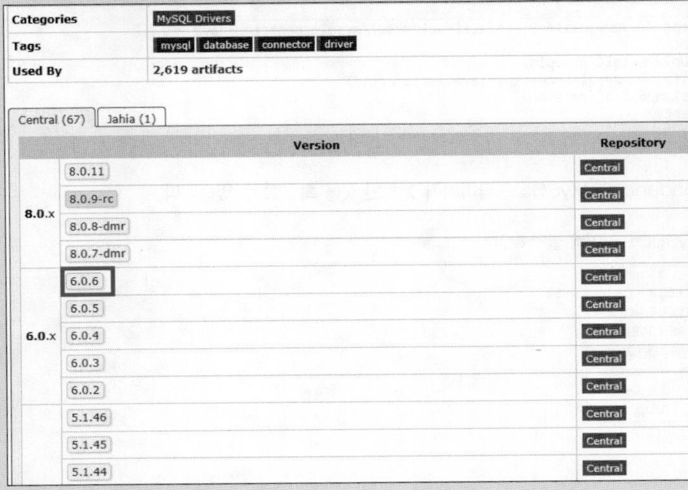

5. **Maven** 탭의 <dependency> 태그 부분을 복사해 pom.xml에 붙여 넣습니다.

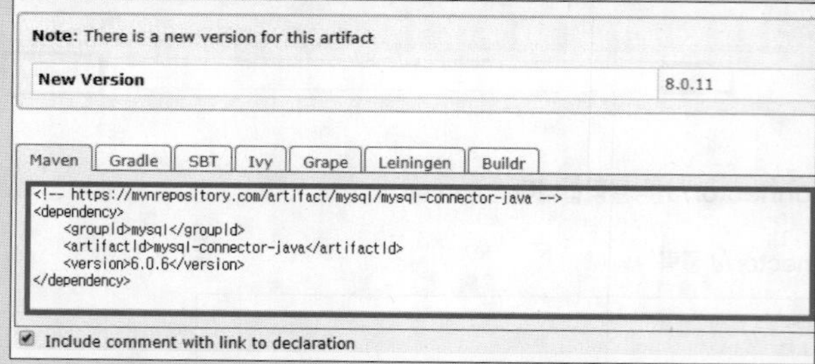

▼ 그림 28-30 **Maven** 탭 클릭 후 <dependency> 태그 부분 복사

6. 스프링 부트에서 설정하려면 **Gradle** 탭을 클릭한 후 그루비로 된 정보를 복사해 붙여 넣습니다.

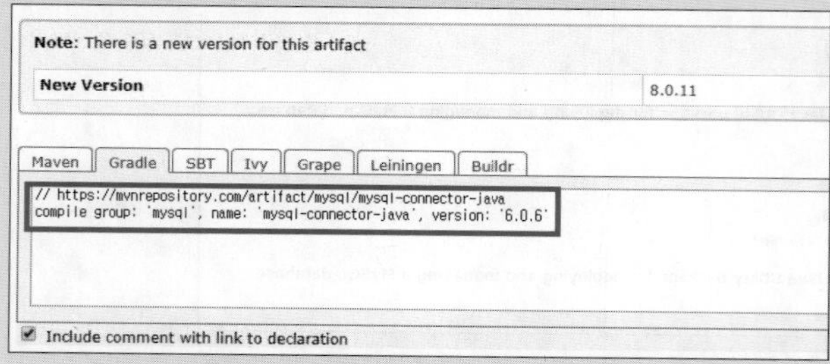

▼ 그림 28-31 **Gradle** 탭 클릭 후 그루비 정보 복사

7. pom.xml에 설정한 후 라이브러리를 다운로드합니다

▼ 그림 28-32 복사한 <dependency> 태그 pom.xml에 붙여 넣기

```
    <!-- https://mvnrepository.com/artifact/mysql/mysql-connector-java -->
    <dependency>
        <groupId>mysql</groupId>
        <artifactId>mysql-connector-java</artifactId>
        <version>6.0.6</version>
    </dependency>
```

8. Maven Dependency에 MySQL 드라이버가 설치된 것을 확인할 수 있습니다.

▼ 그림 28-33 MySQL 드라이버 설치 확인

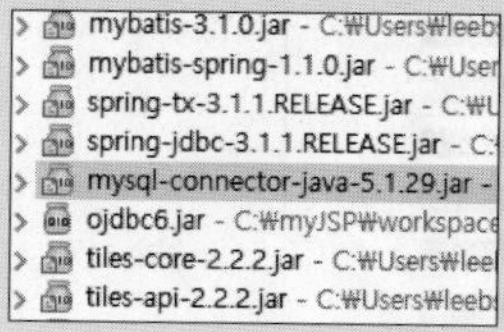

```
> mybatis-3.1.0.jar - C:₩Users₩leeb
> mybatis-spring-1.1.0.jar - C:₩User
> spring-tx-3.1.1.RELEASE.jar - C:₩U
> spring-jdbc-3.1.1.RELEASE.jar - C:
> mysql-connector-java-5.1.29.jar -
> ojdbc6.jar - C:₩myJSP₩workspace
> tiles-core-2.2.2.jar - C:₩Users₩lee
> tiles-api-2.2.2.jar - C:₩Users₩leeb
```

28.5 스프링 인터셉터 사용하기

이번에는 스프링에서 제공하는 기능인 인터셉터(Interceptor)에 대해 알아보겠습니다. 인터셉터를 사용하면 브라우저 요청이 있을 때 요청 메서드 호출 전후에 개발자가 원하는 기능을 수행할 수 있습니다.

무슨 말인지 좀 더 자세히 알아보겠습니다. 그림 28-34를 볼까요?

▼ 그림 28-34 인터셉터와 필터 동작 과정

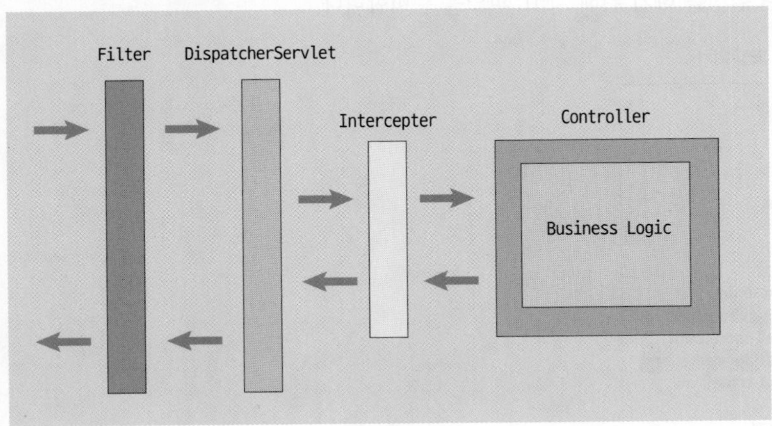

그림 28-34와 같이 브라우저의 요청을 해당 컨트롤러의 메서드가 처리하기 전후에 인터셉터를 두어 특정 작업을 수행합니다. 인터셉터는 필터와 비슷한 기능을 하지만 필터는 웹 애플리케이션의 특정한 위치에서만 동작하는 데 반해 인터셉터는 좀 더 자유롭게 위치를 변경해서 기능을 수행할 수 있습니다. 즉, 인터셉터는 애플리케이션 안에서 적용 범위를 설정할 수 있습니다. 주로 쿠키(cookie) 제어, 파일 업로드 작업 등에 사용합니다.

표 28-2는 스프링에서 인터셉터 기능을 구현하는 데 사용되는 `HandlerInterceptor` 클래스의 메서드들입니다.

✔ 표 28-2 스프링 HandlerInterceptor 클래스의 여러 가지 메서드

메서드	기능
preHandle()	컨트롤러 실행 전 호출됩니다.
postHandle()	컨트롤러 실행 후 DispatcherServlet이 뷰로 보내기 전에 호출됩니다.
afterCompletion()	뷰까지 수행하고 나서 호출됩니다.

28.5.1 인터셉터 사용해 다국어 기능 구현하기

이번에는 인터셉터를 사용해 다국어 기능을 구현해 보겠습니다.

1. 다국어 기능 관련 설정을 하기 위해 XML 파일을 준비합니다.

✔ 그림 28-35 설정 파일 위치

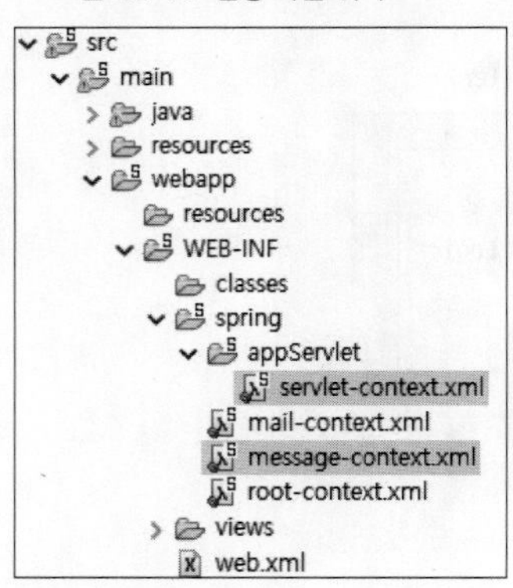

2. servlet-context.xml에서 브라우저의 요청에 대해 수행할 인터셉터를 빈으로 설정합니다.

코드 28-17 pro28/src/main/webapp/WEB-INF/spring/appSevlet/servlet-context.xml

```
<?xml version="1.0" encoding="UTF-8"?>
<beans:beans xmlns="http://www.springframework.org/schema/mvc"
                xmlns:xsi="http://www.w3.org/2001/XMLSchema-instance"
                xmlns:beans="http://www.springframework.org/schema/beans"
                xmlns:mvc="http://www.springframework.org/schema/mvc"
                xmlns:context="http://www.springframework.org/schema/context"
                xsi:schemaLocation="http://www.springframework.org/schema/mvc
                    http://www.springframework.org/schema/mvc/spring-mvc.xsd
                    http://www.springframework.org/schema/beans
                    http://www.springframework.org/schema/beans/spring-beans.xsd
                    http://www.springframework.org/schema/context
                    http://www.springframework.org/schema/context/spring-context.xsd">
 ...
```

<mvc:~> 태그를 사용하기 위해 추가합니다.

```
<mvc:interceptors>
  <mvc:interceptor>
    <mvc:mapping path="/test/*.do"/>
    <mvc:mapping path="/*/*.do"/>
    <beans:bean class="com.myspring.pro28.ex05.LocaleInterceptor" />
  </mvc:interceptor>
</mvc:interceptors>
</beans:beans>
```

- `<mvc:interceptors>`: 인터셉터 기능을 사용하도록 설정합니다.
- `<mvc:mapping path="/test/*.do"/>`: 특정 요청, 즉 /test/*.do에 대해서만 인터셉터 빈을 수행합니다.
- `<mvc:mapping path="/*/*.do"/>`: 모든 요청에 대해 인터셉터 빈을 수행합니다.
- `<beans:bean ... />`: 인터셉터 기능을 수행할 빈을 설정합니다.

3. 그런 다음 다국어 기능과 관련된 빈과 메시지 파일을 읽어 들이는 message-context.xml을 작성합니다. ReloadableResourceBundleMessageSource 클래스를 사용해 message 프로퍼티 파일을 읽어 들이면 다국어 기능을 사용할 수 있습니다.

코드 28-18 pro28/src/main/webapp/WEB-INF/spring/message-context.xml

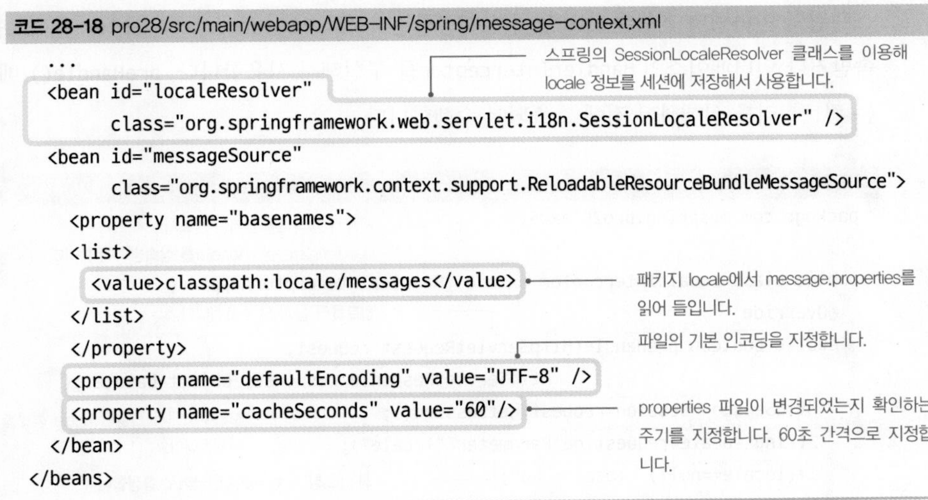

```
...
<bean id="localeResolver"
        class="org.springframework.web.servlet.i18n.SessionLocaleResolver" />
<bean id="messageSource"
        class="org.springframework.context.support.ReloadableResourceBundleMessageSource">
  <property name="basenames">
  <list>
    <value>classpath:locale/messages</value>
  </list>
  </property>
  <property name="defaultEncoding" value="UTF-8" />
  <property name="cacheSeconds" value="60"/>
</bean>
</beans>
```

- localeResolver: 스프링의 SessionLocaleResolver 클래스를 이용해 locale 정보를 세션에 저장해서 사용합니다.
- `<value>classpath:locale/messages</value>`: 패키지 locale에서 message.properties를 읽어 들입니다.
- defaultEncoding: 파일의 기본 인코딩을 지정합니다.
- cacheSeconds: properties 파일이 변경되었는지 확인하는 주기를 지정합니다. 60초 간격으로 지정합니다.

4. 다국어 메시지들을 저장한 프로퍼티 파일을 생성합니다. 프로젝트의 /src/main/resource 패키지 하위에 locale 패키지를 만든 후 책에서 제공하는 프로퍼티 파일들을 붙여 넣습니다(프로퍼티 파일을 만드는 방법은 14.9절을 참고하세요).

❖ 그림 28-36 프로퍼티 파일 위치

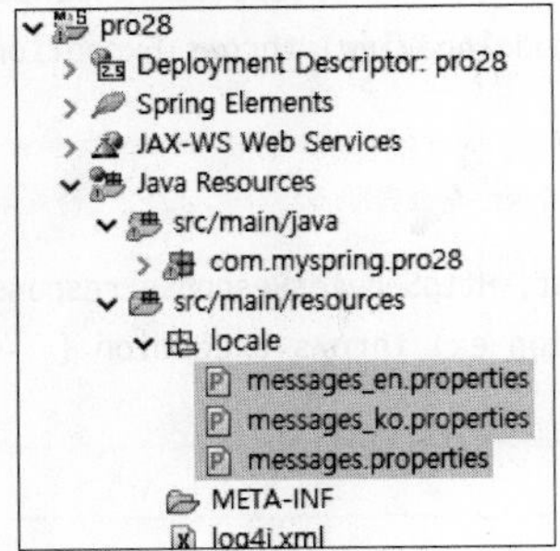

5. 사용자가 직접 만든 인터셉터를 구현하는 데 필요한 자바 클래스 파일들을 준비합니다.

▼ 그림 28-37 자바 클래스 위치

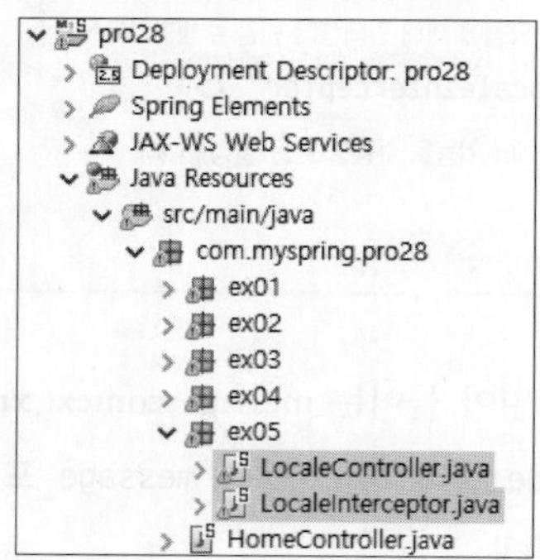

6. 스프링의 인터셉터 기능은 스프링에서 제공하는 `HandlerInterceptorAdapter` 클래스를 상속받거나 인터페이스인 `HandlerInterceptor`를 구현해서 사용합니다. `preHandle()` 메서드는 컨트롤러를 실행하기 전에 호출되어 수행합니다.

코드 28-19 pro28/src/main/java/com/myspring/pro28/ex05/LocaleInterceptor.java

```
package com.myspring.pro28.ex05;
...
public class LocaleInterceptor extends HandlerInterceptorAdapter{
  @Override
  public boolean preHandle(HttpServletRequest request,
                                   HttpServletResponse response, Object handler){
    HttpSession session=request.getSession();
    String locale=request.getParameter("locale");
    if(locale==null)  locale="ko";

    session.setAttribute("org.springframework.web.servlet.i18n.SessionLocaleResolver.
                                                     LOCALE", new Locale(locale));
    return true;
  }

  @Override
  public void postHandle(HttpServletRequest request, HttpServletResponse response,
                         Object handler, ModelAndView modelAndView) throws Exception {
  }

  @Override
  public void afterCompletion(HttpServletRequest request, HttpServletResponse response,
                                  Object handler, Exception ex) throws Exception {
  }
}
```

- 사용자 정의 인터셉터는 반드시 HandlerInterceptorAdapter를 상속받아야 합니다.
- 컨트롤러 실행 전 호출됩니다.
- 브라우저에서 전달한 locale 정보를 가져옵니다.
- 최초 요청 시 locale을 한국어로 설정합니다.
- LOCALE 속성 값을 세션에 저장해 SessionLocaleResolver가 사용할 수 있게 합니다.
- 컨트롤러 실행 후 호출됩니다.
- 뷰(JSP)를 수행한 후 호출됩니다.

7. 컨트롤러는 요청에 대해 JSP 이름만 뷰리졸버로 반환합니다.

코드 28-20 pro28/src/main/java/com/myspring/pro28/ex05/LocaleController.java

```
package com.myspring.pro28.ex05;
...
@Controller("localeController")
public class LocaleController {
  @RequestMapping(value="/test/locale.do", method={RequestMethod.GET})
  public String locale(HttpServletRequest request,
                       HttpServletResponse response) throws Exception {
    System.out.println("localeController입니다.");
    return "locale";  ---- 컨트롤러는 뷰이름만 반환합니다.
  }
}
```

8. locale 값에 따라 다국어로 표시되는 JSP 페이지를 구현합니다.

▼ 그림 28-38 JSP 파일 위치

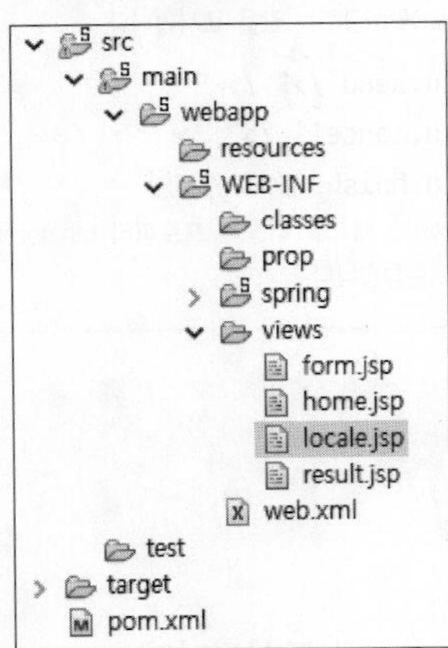

9. JSP에서 다국어들을 표시하기 위해 스프링의 <spring:message> 태그를 이용합니다. code에 properties 파일의 키를 입력하면 키에 대한 값이 표시되고, code에 해당하는 값이 없으면 기본값으로 표시됩니다.

코드 28-21 pro28/src/main/webapp/WEB-INF/views/locale.jsp

```
<%@ page language="java" contentType="text/html; charset=UTF-8"
    pageEncoding="UTF-8"isELIgnored="false" %>
<%@ taglib prefix="c" uri="http://java.sun.com/jsp/jstl/core" %>
<%@ taglib uri="http://www.springframework.org/tags" prefix="spring" %>
  └──── 〈spring:message〉 태그를 이용할 수 있도록 설정합니다.
<c:set var="contextPath"  value="${pageContext.request.contextPath}"  />
```

```
<%
  request.setCharacterEncoding("UTF-8");
%>
<!DOCTYPE html >
<html>
<head>
  <meta charset="UTF-8">
  <title><spring:message code="site.title" text="Member Info" /></title>
</head>

<body>
  <a href="${contextPath }/test/locale.do?locale=ko">한국어</a>
  <a href="${contextPath }/test/locale.do?locale=en">ENGLISH</a>
  <h1><spring:message code="site.title" text="Member Info" /></h1>

  <p><spring:message code="site.name" text="no name" /> :
     <spring:message code="name" text="no name" /></p>
  <p><spring:message code="site.job" text="no job" /> :
     <spring:message code="job" text="no job" /></p>

  <input type="button" value="<spring:message code='btn.send'/>" />
  <input type="button" value="<spring:message code='btn.cancel' />" />
  <input type="button" value="<spring:message code='btn.finish' />" />
</body>
</html>
```

- <spring:message> 태그를 이용해 code 속성에 프로퍼티 파일의 site.title 값을 표시합니다.
- 한국어를 요청합니다.
- 영어를 요청합니다.
- 프로퍼티 site.name에 해당하는 값을 표시합니다.
- 프로퍼티 name에 해당하는 값을 표시합니다.
- <spring:message> 태그를 이용해 프로퍼티 btn.send를 버튼 이름으로 설정합니다.

Note <spring:message>의 사용 형식은 다음과 같습니다.

```
<spring:message code="properties의 키" text="기본값" />
```

10. http://localhost:8090/pro28/test/locale.do로 최초 요청 시 한글로 표시됩니다.

▼ 그림 28-39 실행 결과

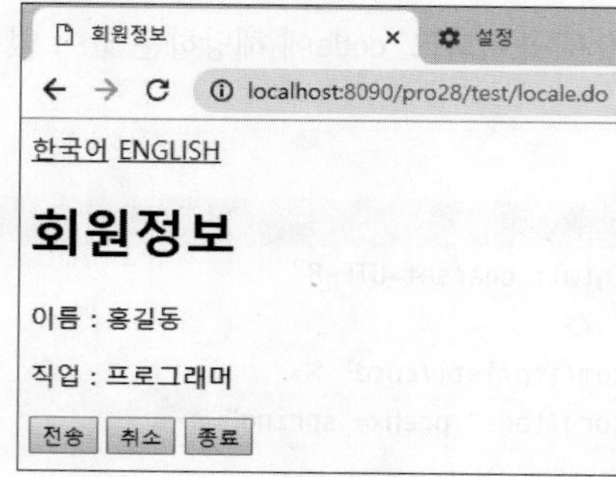

11. ENGLISH를 클릭하면 페이지의 텍스트가 영어로 표시됩니다.

▼ 그림 28-40 ENGLISH를 클릭하면 영어로 표시

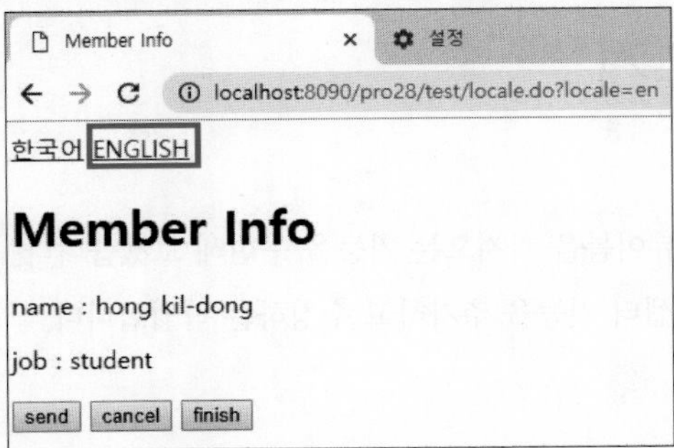

12. **한국어**를 클릭하면 다시 한국어로 표시됩니다.

▼ 그림 28-41 **한국어**를 클릭하면 다시 한글로 표시

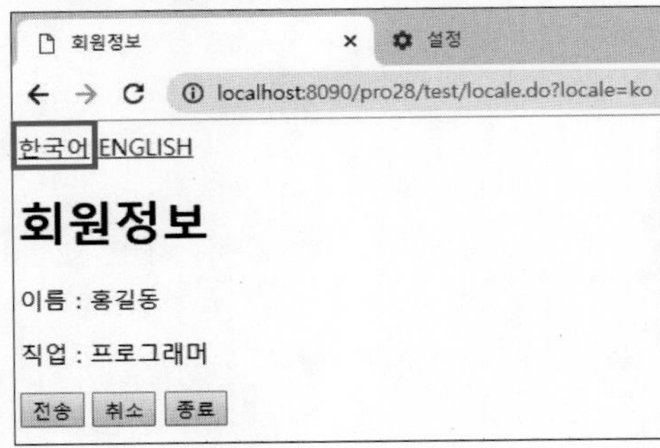

이상으로 인터셉터 기능에 대해 알아봤습니다.

> Tip 만약 애플리케이션에서 필터와 인터셉터가 동시에 적용되면 필터 기능이 먼저 수행된 후 인터셉터 기능이 수행됩니다(그림 28-34 참조).

28.6 인터셉터 사용해 요청명에서 뷰이름 가져오기

이번에는 인터셉터를 사용해 요청 URL에서 뷰이름을 가져오는 기능을 구현해 보겠습니다. 이 예제는 27장에서 실습한 회원 관리 기능에 인터셉터 기능을 추가하고 수정하는 작업입니다.

1. 실습에 필요한 파일은 다음과 같습니다.

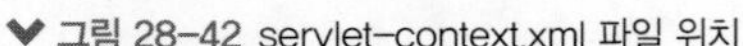

▼ 그림 28-42 servlet-context.xml 파일 위치

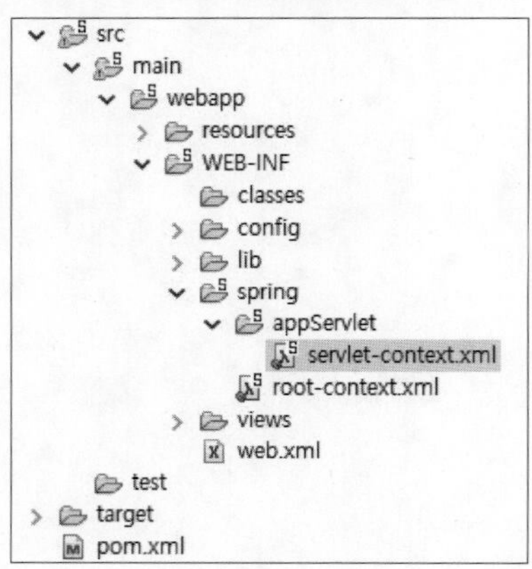

2. servlet.context.xml에 인터셉터를 설정합니다.

> Tip 이 책에서 제공하는 예제 파일로 실습할 때는 필요한 부분의 주석을 해제한 후 사용하세요.

코드 28-22 pro27/src/main/webapp/WEB-INF/spring/appServlet/servlet-context.xml

```
<?xml version="1.0" encoding="UTF-8"?>
<beans:beans
        xmlns="http://www.springframework.org/schema/mvc"
        xmlns:xsi="http://www.w3.org/2001/XMLSchema-instance"
        xmlns:beans="http://www.springframework.org/schema/beans"
        xmlns:mvc="http://www.springframework.org/schema/mvc"
        xmlns:context="http://www.springframework.org/schema/context"
        xsi:schemaLocation="http://www.springframework.org/schema/mvc
                    http://www.springframework.org/schema/mvc/spring-mvc.xsd
                    http://www.springframework.org/schema/beans
```

〈mvc:~〉 태그를 이용하기 위해 추가합니다.

```
                    http://www.springframework.org/schema/beans/spring-beans.xsd
                    http://www.springframework.org/schema/context
                http://www.springframework.org/schema/context/spring-context.xsd">
...
  <mvc:interceptors>
    <mvc:interceptor>
      <mvc:mapping path="/*/*.do"/>
      <beans:bean class="com.myspring.pro27.member.interceptor.ViewNameInterceptor" />
    </mvc:interceptor>
  </mvc:interceptors>
```

모든 요청에 대해 인터셉터를 수행합니다.

3. member 패키지 하위에 interceptor 패키지를 만든 후 `ViewNameInterceptor` 클래스를 작성합니다.

▼ 그림 28-43 인터셉터 클래스 위치

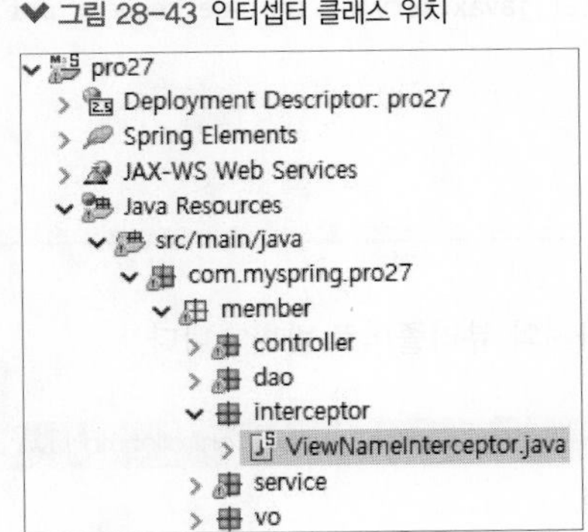

4. 인터셉터 수행 시 `preHandle()` 메서드로 전달된 `request`에서 추가한 `getViewName()` 메서드를 이용해 뷰이름을 가져온 후 `request`에 바인딩합니다.

코드 28-23 pro27/src/main/java/com/myspring/pro27/member/interceptor/ViewNameInterceptor.java

```
package com.myspring.pro27.member.interceptor;
...
public class ViewNameInterceptor extends HandlerInterceptorAdapter {
  @Override
  public boolean preHandle(HttpServletRequest request,
                           HttpServletResponse response, Object handler) {
    try {
      String viewName = getViewName(request);
      request.setAttribute("viewName", viewName);
    } catch (Exception e) {
      e.printStackTrace();
    }
```

getViewName() 메서드를 이용해 브라우저의 요청명에서 뷰이름을 가져옵니다.

뷰이름을 request에 바인딩합니다.

```
        return true;
    }

    @Override
    public void postHandle(HttpServletRequest request, HttpServletResponse response,
                           Object handler, ModelAndView modelAndView) throws Exception {
    }

    @Override
    public void afterCompletion(HttpServletRequest request, HttpServletResponse response,
                                Object handler, Exception ex) throws Exception {
    }

    private String getViewName(HttpServletRequest request) throws Exception {
      String contextPath = request.getContextPath();
      String uri = (String) request.getAttribute("javax.servlet.include.request_uri");
      if (uri == null || uri.trim().equals("")) {
        uri = request.getRequestURI();
      }
      ...
```

요청명에서 뷰이름을 반환합니다.

5. 컨트롤러에서는 request에 바인딩된 뷰이름을 가져와 뷰리졸버로 반환합니다.

코드 28-24 pro27/src/main/java/com/myspring/pro28/member/controller/MemberControllerImpl.java

```
package com.myspring.pro27.member.controller;
...
@Controller("memberController")
public class MemberControllerImpl   implements MemberController {
  @Autowired
  private MemberService memberService;
  @Autowired
  MemberVO memberVO ;

  @Override
  @RequestMapping(value="/member/listMembers.do" ,method = RequestMethod.GET)
  public ModelAndView listMembers(HttpServletRequest request,
                                  HttpServletResponse response) throws Exception {
    //String viewName = getViewName(request);
    String viewName = (String)request.getAttribute("viewName");
    List membersList = memberService.listMembers();
    ModelAndView mav = new ModelAndView(viewName);
    mav.addObject("membersList", membersList);
    return mav;
  }
```

인터셉터에서 바인딩된 뷰이름을 가져옵니다.

```
...
@RequestMapping(value = "/member/*Form.do", method =  RequestMethod.GET)
private ModelAndView form(@RequestParam(value= "result", required=false) String result,
          HttpServletRequest request,
          HttpServletResponse response) throws Exception {
  //String viewName = getViewName(request);
  String viewName = (String)request.getAttribute("viewName");
  ModelAndView mav = new ModelAndView();    인터셉터에서 바인딩된 뷰이름을 가져옵니다.
  mav.addObject("result",result);
  mav.setViewName(viewName);
  return mav;
}
...
```

6. http://localhost:8090/pro27/member/loginForm.do로 로그인창을 요청하여 뷰이름을 인터셉터에서 가져옵니다. 그리고 이를 컨트롤러에 전달합니다.

▼ 그림 28-44 실행 결과

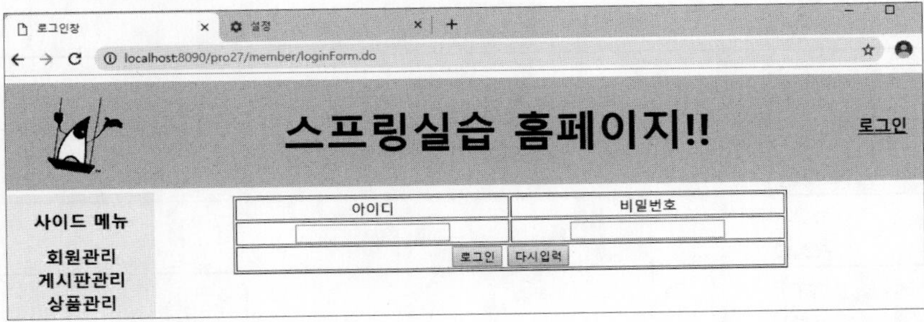

지금까지 스프링에서 제공하는 여러 가지 오픈 소스 라이브러리에 대해 알아봤습니다. 이 외에도 제공하는 기능이 많으므로 스프링 관련 사이트를 참고하기 바랍니다.

29장

스프링 REST API 사용하기

스프링을 사용하는 웹 애플리케이션이 브라우저에 응답하는 방식은 주로 웹 페이지였습니다. 그러나 최근 모바일 기기가 등장하면서 다른 데이터 방식으로 연동하는 일이 잦아졌습니다. 이 장에서는 스프링에서 다양한 기기들과 연동하는 방식을 알아보겠습니다.

29.1 REST란?

JAVA WEB

지금은 PC뿐만 아니라 스마트폰, 태블릿, 스마트 TV 등에서도 인터넷 기반으로 웹 애플리케이션을 실행하여 기능을 제공합니다. PC에서는 네트워크 전송 속도나 메모리 등이 풍부하므로 지금까지 실습한 대로 브라우저에서 요청 시 화면 정보(HTML, CSS, 자바스크립트 등)도 일일이 다시 전송해서 표시해도 아무 문제가 없었습니다. 그러나 스마트폰 같은 모바일 기기는 다르게 동작하는 경우가 많습니다.

그림 29-1과 29-2는 모바일 기기에서 상품을 조회한 후 나타나는 최초의 상품 목록 화면과 **더보기**를 클릭하면 상품 정보만 서버에서 가져와 기존 상품 목록에 추가하여 보여주는 화면입니다.

▼ 그림 29-1 최초 상품 목록 화면

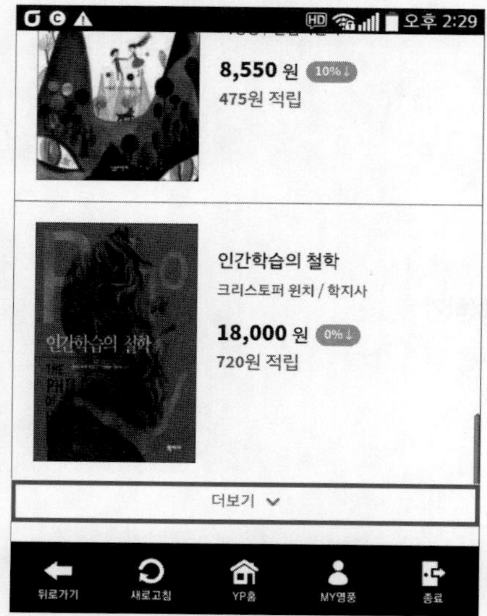

❯ 그림 29-2 **더보기** 클릭 시 기존 상품 목록에 추가된 상품들

모바일 기기는 네트워크 전송량이 유선 기기보다 떨어지므로 PC에서 동작하는 것과는 달리 화면은 그대로 유지하면서 필요한 데이터만 전송 받아 빠르게 결과를 표시합니다(Ajax를 이용하는 것이 대표적인 경우입니다). 스프링에서도 모바일 기기와 연동하는 경우가 많아지면서 데이터만 전송하는 기능을 지원하게 되었고, 자연히 표준화의 필요성도 대두되었습니다. 그 결과 REST라는 방식이 그 대안으로 등장하여 사용되고 있습니다.

REST란 Representational State Transfer의 약자로, 하나의 URI가 고유한 리소스를 처리하는 공통 방식입니다. 예를 들어 /board/112로 요청할 경우 이는 게시글 중 112번째 글을 의미합니다. 그리고 전송 방식을 나타내는 `method` 속성의 값에 따라 리소스에 대한 추가 작업을 요청합니다. REST 방식으로 제공되는 API를 REST API(또는 RESTful API)라고 하며, 이는 트위터와 같은 Open API에서 많이 사용하고 있습니다.

29.2 @RestController 사용하기

스프링 3버전에서는 `@ResponseBody` 애너테이션을 지원하면서 REST 방식의 데이터 처리를 지원했습니다. 하지만 스프링4 버전에서는 `@RestController` 애너테이션을 이용해 REST 방식의 데이터 처리를 지원합니다.

29.2.1 @RestController 이용해 REST 기능 구현하기

이번에는 스프링에서 지원하는 `@RestController`를 이용해 컨트롤러에서 브라우저로 기본형 데이터, `VO` 객체의 속성 값, `Map`에 저장된 데이터를 전송해 보겠습니다. Spring Legacy Project로 프로젝트 pro29를 만든 후 pom.xml을 통해 스프링 버전을 4.1.1로 업그레이드합니다.

1. pom.xml을 열어 스프링 버전을 4.1.1로 변경한 후 저장합니다.

▼ 그림 29-3 스프링 버전을 4.1.1로 업그레이드

```
<?xml version="1.0" encoding="UTF-8"?>
<project xmlns="http://maven.apache.org/POM/4.0.0" xmlns:xsi="http://www.w3.c
  xsi:schemaLocation="http://maven.apache.org/POM/4.0.0 http://maven.apache.c
  <modelVersion>4.0.0</modelVersion>
  <groupId>com.myspring</groupId>
  <artifactId>pro29</artifactId>
  <name>pro29</name>
  <packaging>war</packaging>
  <version>1.0.0-BUILD-SNAPSHOT</version>
  <properties>
    <java-version>1.6</java-version>
    <org.springframework-version>4.1.1.RELEASE</org.springframework-version>
    <org.aspectj-version>1.6.10</org.aspectj-version>
    <org.slf4j-version>1.6.6</org.slf4j-version>
  </properties>
```

2. Maven Dependencies에서 스프링 4 버전으로 업그레이드되어 있는 것을 확인할 수 있습니다.

▼ 그림 29-4 스프링 4 업그레이드 확인

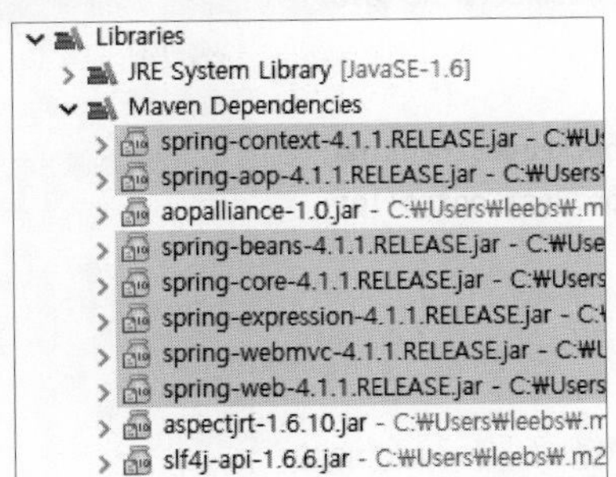

29.2.2 @RestController 이용해 문자열 전달하기

그럼 브라우저로 `@RestController`를 이용해 문자열과 기본형 데이터를 전달해 보겠습니다.

1. `TestController` 클래스 파일을 준비합니다.

▼ 그림 29-5 실습 파일 위치

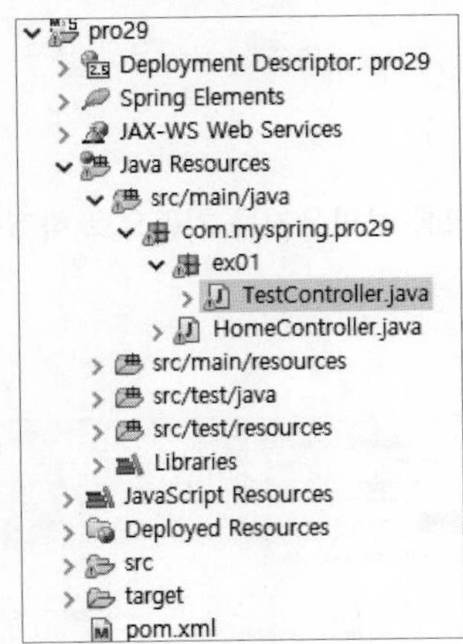

2. JSP 같은 뷰를 반환하는 것이 아니고 JSON, XML 같은 데이터를 브라우저로 전송하는 컨트롤러인 `@RestController`를 설정합니다.

코드 29-1 pro29/src/main/java/com/myspring/pro29/ex01/TestController.java

```
package com.myspring.pro29.ex01;

import org.springframework.web.bind.annotation.RequestMapping;
import org.springframework.web.bind.annotation.RestController;

@RestController
@RequestMapping("/test/*")
public class TestController {
  @RequestMapping("/hello")
  public String hello() {
    return "Hello REST!!";
  }
}
```

/hello로 요청 시 브라우저로 문자열을 전송합니다.

3. http://localhost:8090/pro29/test/hello로 요청하여 전송된 문자열을 표시합니다.

▼ 그림 29-6 실행 결과

4. 그럼 전송된 데이터의 종류는 어떤 것인지 알아볼까요? 크롬 브라우저를 기준으로 하겠습니다. F12를 눌러 콘솔창을 엽니다.

▼ 그림 29-7 크롬에서 F12 클릭

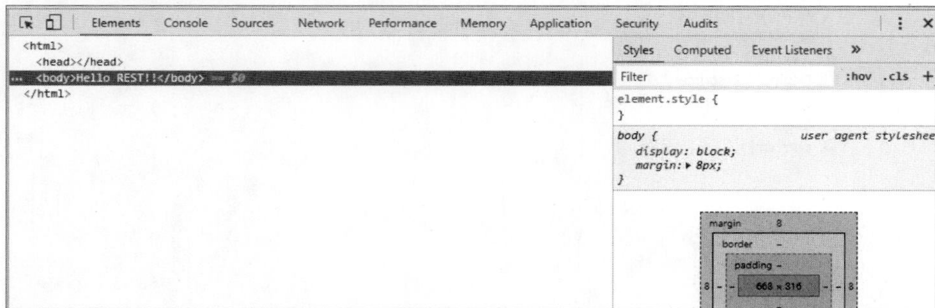

5. Network 탭을 클릭합니다.

✔ 그림 29-8 Network 탭 클릭

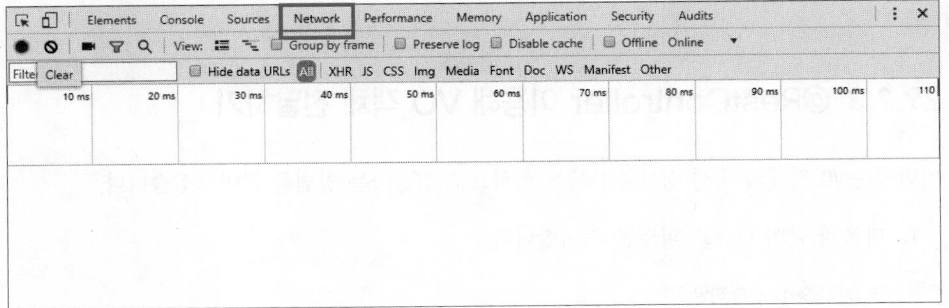

6. All을 클릭한 후 다시 브라우저에 재요청합니다.

✔ 그림 29-9 All 클릭해 브라우저에 재요청

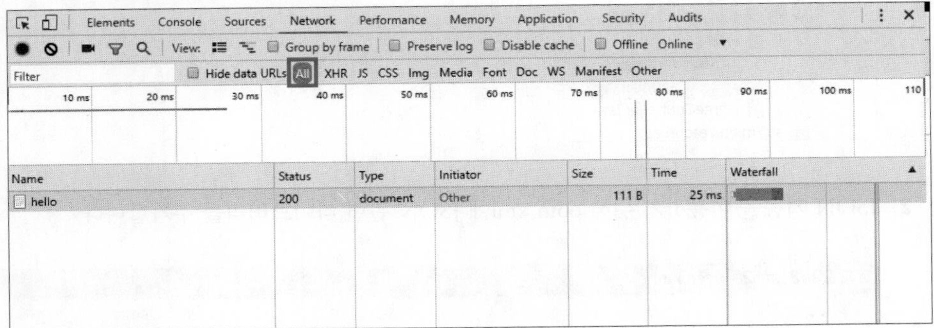

7. Name의 hello를 클릭해 'Response Headers'의 Content-Type 속성을 확인합니다.

✔ 그림 29-10 Name의 hello 클릭해 Content-Type 속성 확인

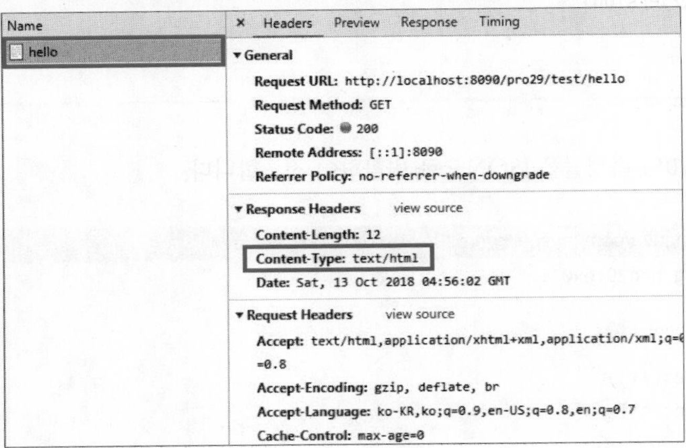

Response Headers 항목을 보면 전송된 데이터 타입을 나타내는 `Content-Type` 속성이 `text/html`로 지정된 것을 확인할 수 있습니다.

29.2.3 @RestController 이용해 VO 객체 전달하기

이번에는 `VO` 객체의 속성 정보를 JSON 형식으로 전달하는 방법을 알아보겠습니다.

1. 다음과 같이 클래스 파일을 준비합니다.

▼ 그림 29-11 실습 파일 위치

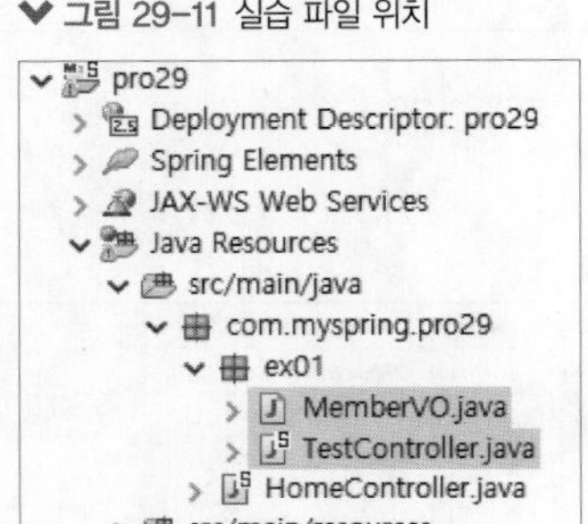

2. JSON 기능을 이용하기 위해 pom.xml에 JSON 관련 라이브러리를 추가합니다.

코드 29-2 pro29/pom.xml

```
...
<!-- JSON  -->
<dependency>
  <groupId>com.fasterxml.jackson.core</groupId>
  <artifactId>jackson-databind</artifactId>
  <version>2.5.4</version>
</dependency>
...
```

3. 컨트롤러에서 `MemberVO`의 속성들을 JSON으로 변환하여 전송합니다.

코드 29-3 pro29/src/main/java/com/myspring/pro29/ex01/TestController.java

```
package com.myspring.pro29.ex01;
...
@RestController
@RequestMapping("/test/*")
public class TestController {
...
```

```
  @RequestMapping("/member")
  public MemberVO member() {
    MemberVO vo = new MemberVO();
    vo.setId("hong");
    vo.setPwd("1234");
    vo.setName("홍길동");
    vo.setEmail("hong@test.com");
    return vo;
  }
}
```

MemberVO 객체의 속성 값을 저장한 후 JSON으로 전송합니다.

4. 회원 정보를 저장할 MemberVO 클래스를 구현합니다.

코드 29-4 pro29/src/main/java/com/myspring/pro29/ex01/MemberVO.java

```
package com.myspring.pro29.ex01;

public class MemberVO {
  private String id;
  private String pwd;
  private String name;
  private String email;

  //각 속성에 대한 getter/setter
    ...
    @Override
    public String toString() {
      String info = id+", "+ pwd+", "+ name+", "+ email;
      return info;
    }
}
```

회원 속성 정보를 출력합니다.

5. http://localhost:8090/pro29/test/member로 요청하여 객체의 속성 값들이 JSON 형태로 전달되는 것을 확인할 수 있습니다.

▼ 그림 29-12 실행 결과

29.2.4 @RestController 이용해 컬렉션 객체 전달하기

이번에는 List 같은 컬렉션을 JSON으로 만들어 전송해 보겠습니다.

코드 29-5 pro29/src/main/java/com/myspring/pro29/ex01/TestController.java

```
package com.myspring.pro29.ex01;
...
@RestController
@RequestMapping("/test/*")
public class TestController {
  ...
  @RequestMapping("/membersList")
  public List<MemberVO> listMembers () {
    List<MemberVO> list = new ArrayList<MemberVO>();
    for (int i = 0; i < 10; i++) {
      MemberVO vo = new MemberVO();
      vo.setId("hong"+i);
      vo.setPwd("123"+i);
      vo.setName("홍길동"+i);
      vo.setEmail("hong"+i+"@test.com");
      list.add(vo);
    }
    return list;
  }
}
```

MemberVO 객체를 저장할 ArrayList 객체를 생성합니다.

MemberVO 객체를 10개 생성해 ArrayList에 저장합니다.

ArrayList를 JSON으로 브라우저에 전송합니다.

브라우저에서 요청 시 List의 객체들을 JSON으로 전송합니다.

그림 29-13 실행 결과: List 객체를 JSON으로 전송

localhost:8090/pro29/test/membersList

[{"id":"hong0","pwd":"1230","name":"홍길동0","email":"hong0@test.com"},
{"id":"hong1","pwd":"1231","name":"홍길동1","email":"hong1@test.com"},
{"id":"hong2","pwd":"1232","name":"홍길동2","email":"hong2@test.com"},
{"id":"hong3","pwd":"1233","name":"홍길동3","email":"hong3@test.com"},
{"id":"hong4","pwd":"1234","name":"홍길동4","email":"hong4@test.com"},
{"id":"hong5","pwd":"1235","name":"홍길동5","email":"hong5@test.com"},
{"id":"hong6","pwd":"1236","name":"홍길동6","email":"hong6@test.com"},
{"id":"hong7","pwd":"1237","name":"홍길동7","email":"hong7@test.com"},
{"id":"hong8","pwd":"1238","name":"홍길동8","email":"hong8@test.com"},
{"id":"hong9","pwd":"1239","name":"홍길동9","email":"hong9@test.com"}]

29.2.5 @RestController 이용해 Map 전달하기

이번에는 Map에 저장된 데이터를 전송해 보겠습니다.

코드 29-6 pro29/src/main/java/com/myspring/pro29/ex01/TestController.java

```
package com.myspring.pro29.ex01;
...
@RestController
@RequestMapping("/test/*")
public class TestController {
  ...
  @RequestMapping("/membersMap")
  public Map<Integer, MemberVO> membersMap() {
    Map<Integer, MemberVO> map = new HashMap<Integer, MemberVO>();
    for (int i = 0; i < 10; i++) {
      MemberVO vo = new MemberVO();
      vo.setId("hong" + i);
      vo.setPwd("123"+i);
      vo.setName("홍길동" + i);
      vo.setEmail("hong"+i+"@test.com");
      map.put(i, vo);
    }
    return map;
  }
}
```

MemberVO 객체를 저장할 HashMap 객체를 생성합니다.

MemberVO 객체를 HashMap에 저장합니다.

HashMap 객체를 브라우저로 전송합니다.

브라우저에서 요청 시 map 데이터를 JSON으로 전송합니다.

▼ 그림 29-14 실행 결과: map 데이터를 JSON으로 전송

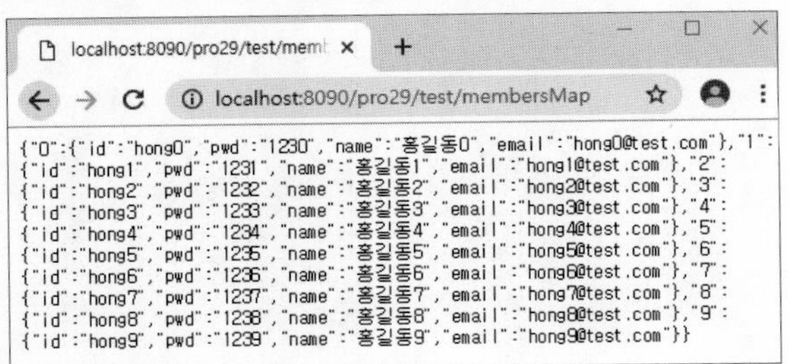
localhost:8090/pro29/test/memb
localhost:8090/pro29/test/membersMap
{"0":{"id":"hong0","pwd":"1230","name":"홍길동0","email":"hong0@test.com"},"1":
{"id":"hong1","pwd":"1231","name":"홍길동1","email":"hong1@test.com"},"2":
{"id":"hong2","pwd":"1232","name":"홍길동2","email":"hong2@test.com"},"3":
{"id":"hong3","pwd":"1233","name":"홍길동3","email":"hong3@test.com"},"4":
{"id":"hong4","pwd":"1234","name":"홍길동4","email":"hong4@test.com"},"5":
{"id":"hong5","pwd":"1235","name":"홍길동5","email":"hong5@test.com"},"6":
{"id":"hong6","pwd":"1236","name":"홍길동6","email":"hong6@test.com"},"7":
{"id":"hong7","pwd":"1237","name":"홍길동7","email":"hong7@test.com"},"8":
{"id":"hong8","pwd":"1238","name":"홍길동8","email":"hong8@test.com"},"9":
{"id":"hong9","pwd":"1239","name":"홍길동9","email":"hong9@test.com"}}

29.3 @PathVariable 사용하기

@PathVariable을 사용하면 브라우저에서 요청 URL로 전달된 매개변수를 가져올 수 있습니다.

코드 29-7 pro29/src/main/java/com/myspring/pro29/ex01/TestController.java

```
package com.myspring.pro29.ex01;
...
@RestController
@RequestMapping("/test/*")
public class TestController {
  ...
  @RequestMapping(value= "/notice/{num}" , method = RequestMethod.GET)
  public int notice(@PathVariable("num") int num) throws Exception {
    return num;
  }
}
```

- 브라우저에서 요청 시 {num} 부분의 값이 @PathVariable로 지정됩니다.
- 요청 URL에서 지정된 값이 num에 자동으로 할당됩니다.

브라우저에 요청하여 notice/112로 전송할 경우 112가 num에 할당됩니다.

▼ 그림 29-15 notice/112로 전송한 결과

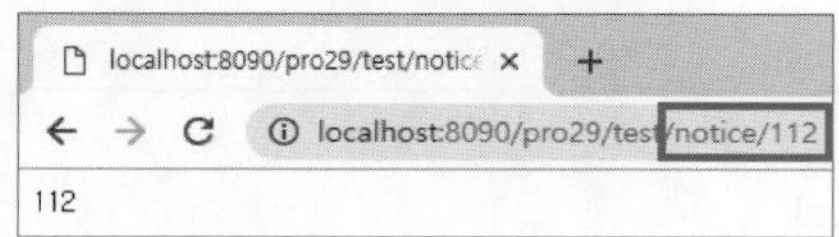

29.4 @RequestBody와 @ResponseBody 사용하기

실제로 REST는 Ajax 기능과 연동해서 자주 사용합니다. 브라우저에서 JSON 데이터를 컨트롤러로 전송할 때 컨트롤러에서 JSON을 객체로 변환하는 기능을 구현해 보겠습니다.

29.4.1 @RequestBody 사용하기

`@RequestBody`를 사용하면 브라우저에서 전달되는 JSON 데이터를 객체로 자동 변환해 줍니다.

1. 관련된 자바 클래스와 JSP 파일을 다음과 같이 추가합니다.

▼ 그림 29-16 자바 클래스와 JSP 위치

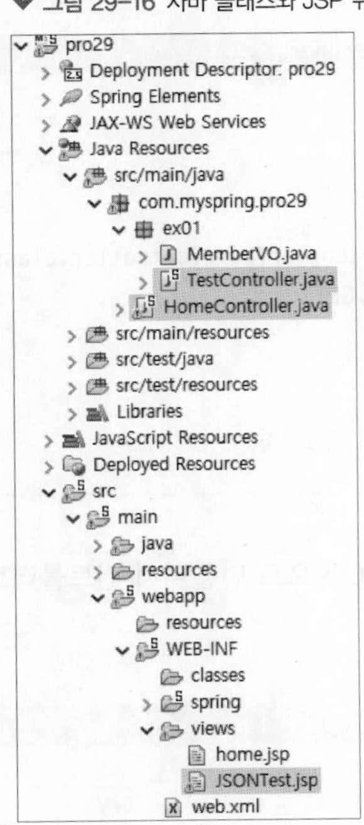

2. TestController를 다음과 같이 작성합니다. @RequestBody를 이용해 JSON 데이터를 MemberVO 객체로 자동 변환합니다.

코드 29-8 pro29/src/main/java/com/myspring/pro29/ex01/TestController.java

```
package com.myspring.pro29.ex01;
...
@RestController
@RequestMapping("/test/*")
public class TestController {
  static Logger logger = LoggerFactory.getLogger(TestController.class);
  ...
  @RequestMapping(value= "/info", method = RequestMethod.POST)
  public void modify(@RequestBody MemberVO vo) {
    logger.info(vo.toString());
  }
}
```

JSON으로 전송된 데이터를 MemberVO 객체의 속성에 자동으로 설정해 줍니다.

3. /pro29로 요청 시 JSONTest.jsp를 표시하도록 지정합니다.

코드 29-9 pro29/src/main/java/com/myspring/pro29/HomeController.java

```
package com.myspring.pro29;
...
@Controller
public class HomeController {
  private static final Logger logger = LoggerFactory.getLogger(HomeController.class);
  @RequestMapping(value = "/", method = RequestMethod.GET)
  public String home(Locale locale, Model model) {
    return "JSONTest";
  }
}
```

4. **회원 정보 보내기**를 클릭하면 Ajax를 이용해 회원 정보를 JSON으로 만들어서 컨트롤러로 전송합니다.

코드 29-10 pro29/src/main/webapp/WEB-INF/views/JSONTest.jsp

```
...
<title>Home</title>
<script src="http://code.jquery.com/jquery-latest.js"></script>
<script>
  $(function() {
    $("#checkJson").click(function() {
```

```
var member = { id:"park",
    name:"박지성",
    pwd:"1234",
    email:"park@test.com" };
$.ajax({
    type:"post",
    url:'${contextPath}/test/info',
    contentType: "application/json",
    data :JSON.stringify(member),
  success:function (data,textStatus){
  },
  error:function(data,textStatus){
    alert("에러가 발생했습니다.");
  },
   complete:function(data,textStatus){
  }
  });
 });
});
</script>
</head>
<body>
  <input type="button" id="checkJson" value="회원 정보 보내기"/><br><br>
  <div id="output"></div>
</body>
</html>
```

- 회원 정보를 JSON으로 생성합니다.
- /test/info로 요청합니다.
- 회원 정보를 JSON 문자열로 변환합니다

5. http://localhost:8090/pro29로 JSONTest.jsp로 요청한 후 **회원 정보 보내기**를 클릭합니다.

❤ 그림 29-17 **회원 정보 보내기**를 클릭해 JSON 전송

6. 이클립스 콘솔에 JSON으로 전송된 회원 정보가 출력된 것을 볼 수 있습니다.

❤ 그림 29-18 회원 정보 출력

```
Tomcat v9.0 Server at localhost [Apache Tomcat] C:\Program Files\Java\jre-10.0.2\bin\javaw.exe (2018. 10. 13. 오후 5:00:56)
INFO : com.myspring.pro29.ex01.TestController - park, 1234, 박지성, park@test.com
```

29.4.2 @ResponseBody 사용하기

지금까지 사용한 컨트롤러의 메서드들은 JSP를 뷰리졸버로 리턴한 후 브라우저에 결과를 표시했습니다. 그런데 컨트롤러의 특정 메서드에 `@ResponseBody`를 적용하면 JSP가 아닌 텍스트나 JSON으로 결과를 전송할 수 있습니다.

1. 다음과 같이 실습에 필요한 파일들을 준비합니다.

❤ 그림 29-19 자바 클래스와 JSP 파일 위치

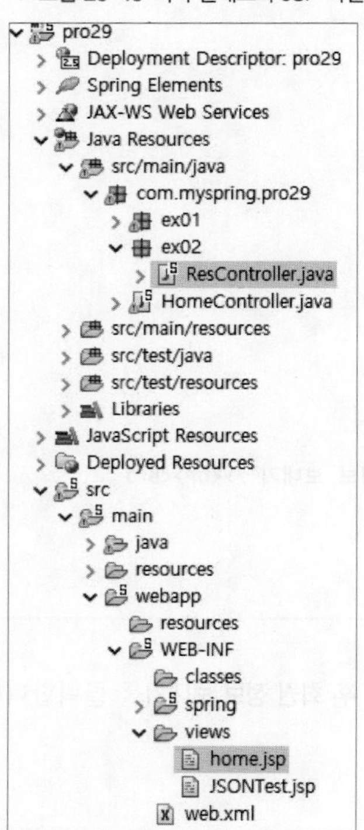

2. `ResController` 클래스를 다음과 같이 작성합니다. `@RestController`로 지정하지 않았으므로 결과를 JSP로 표시합니다. 그러나 `@ResponseBody`가 적용된 메서드는 데이터를 브라우저로 전송합니다.

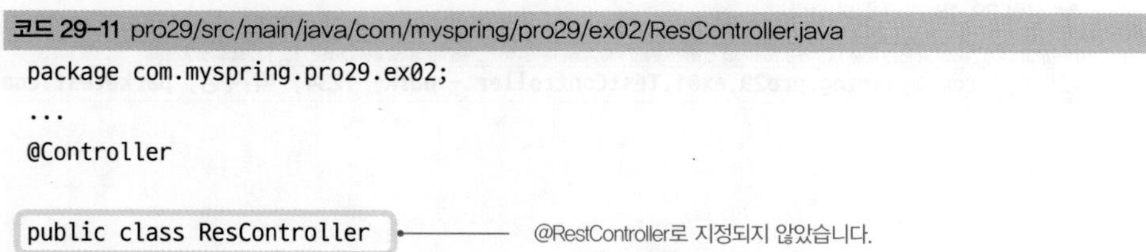

코드 29-11 pro29/src/main/java/com/myspring/pro29/ex02/ResController.java

```
package com.myspring.pro29.ex02;
...
@Controller

public class ResController
```

@RestController로 지정되지 않았습니다.

```
    @RequestMapping(value = "/res1")
    @ResponseBody                                   메서드 호출 시 데이터를 전송하도록 설정합니다.
    public Map<String, Object> res1() {
      Map<String, Object> map = new HashMap<String, Object>();   Map 데이터를 브라우저로
      map.put("id", "hong");                                      전송합니다.
      map.put("name", "홍길동");
      return map;
    }

    @RequestMapping(value = "/res2")                 메서드 호출 시 home.jsp를
      public ModelAndView res2() {                   브라우저로 전송합니다.
      return new ModelAndView("home");
    }
  }
```

3. http://localhost:8090/pro29/res1로 요청하여 JSON 데이터를 표시합니다.

▼ 그림 29-20 JSON 데이터를 표시

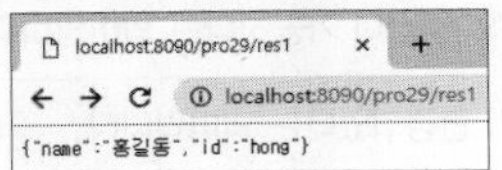

4. http://localhost:8090/pro29/res2로 요청하면 home.jsp를 표시합니다.

▼ 그림 29-21 home.jsp를 표시

29.4.3 @ResponseEntity 사용해서 응답하기

@RestController는 별도의 View를 제공하지 않은 채 데이터를 전달하므로 전달 과정에서 예외가 발생할 수 있습니다. 예외에 대해 좀 더 세밀한 제어가 필요한 경우 ResponseEntity 클래스를 사용하면 됩니다.

예를 들어 안드로이드 기반의 어떤 모바일 쇼핑몰 앱이 있는데, 명절 기간에 주문자가 한꺼번에 몰리면서 서버에 부하가 걸렸다고 가정합시다. 일정 시간이 지나도 주문이 처리되지 않으면 서버

에서 ResponseEntity 클래스에 HTTP 상태 코드를 설정하여 앱으로 전송하도록 합니다. 그러면 앱에서 HTTP 상태 코드를 인식할 수 있는 기능을 이용해 주문 상태나 예외 발생을 알려줍니다.

표 29-1은 ResponseEntity에 설정할 수 있는 여러 가지 HTTP 상태 코드들입니다.[1]

▼ 표 29-1 HTTP 상태 코드 표

그룹	코드	상수	설명
정보 응답	100	CONTINUE	상태가 괜찮으며 클라이언트가 계속해서 요청하거나 요청이 완료된 경우에는 무시해도 된다는 정보를 알려줍니다.
	101	SWITCHING_PROTOCOL	클라이언트가 보낸 upgrade 요청 헤더에 대한 응답으로, 서버에서 프로토콜을 변경할 것임을 알려줍니다.
성공 응답	200	OK	요청이 성공적으로 완료되었다는 의미입니다.
	201	CREATED	요청이 성공적이었으며 그 결과로 새로운 리소스가 생성되었다는 의미입니다.
	202	ACCEPTED	요청을 수신했지만 그에 응하여 행동할 수 없다는 의미입니다.
리다이렉션 메시지	300	MULTIPLE_CHOICE	요청에 대해 하나 이상의 응답이 가능하다는 의미입니다.
	301	MOVED_PERMANENTLY	요청한 리소스의 URI가 변경되었다는 의미입니다.
	302	FOUND	요청한 리소스의 URI가 일시적으로 변경되었다는 의미입니다.
	303	SEE_OTHER	클라이언트가 요청한 리소스를 다른 URI에서 GET 요청을 통해 얻어야 할 경우 서버가 클라이언트로 직접 보내는 응답입니다.
클라이언트 오류 응답	400	BAD_REQUEST	이 응답은 잘못된 문법으로 인해 서버가 요청을 이해할 수 없다는 의미입니다.
	401	UNAUTHORIZED	인증되지 않았다는 의미입니다.
	403	FORBIDDEN	클라이언트가 콘텐츠에 접근할 권리를 가지고 있지 않다는 의미입니다.
	404	NOT_FOUND	서버는 요청 받은 리소스를 찾을 수 없다는 의미입니다.
서버 오류 응답	500	INTERNAL_SERVER_ERROR	처리할 수 없는 내부 오류가 발생했다는 의미입니다.
	501	NOT_IMPLEMENTED	요청 메서드는 서버가 지원하지 않거나 처리할 수 없다는 의미입니다.
	503	SERVICE_UNAVAILABLE	서버는 요청을 처리할 준비가 되지 않았다는 의미입니다.

1 출처: https://developer.mozilla.org/ko/docs/Web/HTTP/Status

자, 그럼 TestController 클래스를 작성해 볼까요? 컨트롤러에 추가된 메서드는 ResponseEntity에 오류 코드를 설정하여 응답합니다.

코드 29-12 pro29/src/main/java/com/myspring/pro29/ex01/TestController.java

```
package com.myspring.pro29.ex01;
...
@RestController
@RequestMapping("/test/*")
public class TestController {
  ...
  @RequestMapping("/membersList2")
  public ResponseEntity<List<MemberVO>> listMembers2() {
    List<MemberVO> list = new ArrayList<MemberVO>();
    for (int i = 0; i < 10; i++) {
      MemberVO vo = new MemberVO();
        vo.setId("lee" + i);
        vo.setPwd("123"+i);
        vo.setName("이순신" + i);
        vo.setEmail("lee"+i+"@test.com");
        list.add(vo);
    }
    return new ResponseEntity(list, HttpStatus.INTERNAL_SERVER_ERROR);
  }
}
```

ResponseEntity로 응답합니다.

오류 코드 500으로 응답합니다.

브라우저에서 요청 시 정상적으로 데이터를 표시합니다.

그림 29-22 실행 결과

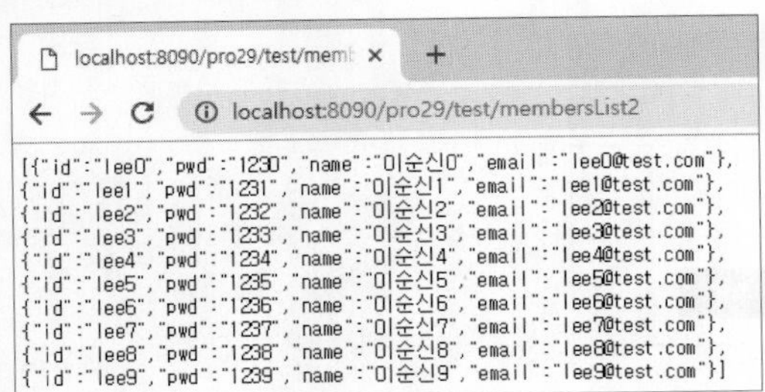

localhost:8090/pro29/test/memb
localhost:8090/pro29/test/membersList2
[{"id":"lee0","pwd":"1230","name":"이순신0","email":"lee0@test.com"},
{"id":"lee1","pwd":"1231","name":"이순신1","email":"lee1@test.com"},
{"id":"lee2","pwd":"1232","name":"이순신2","email":"lee2@test.com"},
{"id":"lee3","pwd":"1233","name":"이순신3","email":"lee3@test.com"},
{"id":"lee4","pwd":"1234","name":"이순신4","email":"lee4@test.com"},
{"id":"lee5","pwd":"1235","name":"이순신5","email":"lee5@test.com"},
{"id":"lee6","pwd":"1236","name":"이순신6","email":"lee6@test.com"},
{"id":"lee7","pwd":"1237","name":"이순신7","email":"lee7@test.com"},
{"id":"lee8","pwd":"1238","name":"이순신8","email":"lee8@test.com"},
{"id":"lee9","pwd":"1239","name":"이순신9","email":"lee9@test.com"}]

크롬 개발자 도구로 확인하면 Status Code(상태 코드)가 ResponseEntity에서 설정한 500임을 알 수 있습니다.

✔ 그림 29-23 개발자 도구로 상태 코드를 조회한 결과

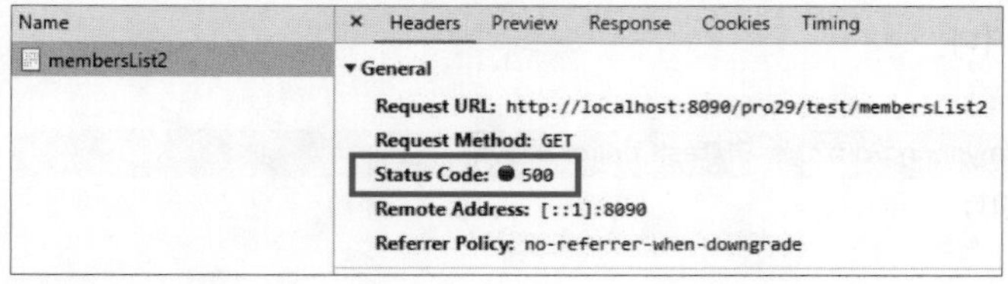

이번에는 HttpHeaders 클래스를 이용해 ResponseEntity로 전송할 데이터의 종류와 한글 인코딩을 설정해 보겠습니다.

코드 29-13 pro29/src/main/java/com/myspring/pro29/ex01/TestController.java

```
...
@RequestMapping(value = "/res3")
public ResponseEntity res3() {
  HttpHeaders responseHeaders = new HttpHeaders();
  responseHeaders.add("Content-Type", "text/html; charset=utf-8");
  String message = "<script>";
  message += " alert('새 회원을 등록합니다.');";
  message += " location.href='/pro29/test/membersList2'; ";
  message += " </script>";
  return  new ResponseEntity(message, responseHeaders, HttpStatus.CREATED);
}
...
```

전송할 데이터의 종류와 인코딩을 설정합니다.

전송할 자바스크립트 코드를 문자열로 작성합니다.

ResponseEntity를 이용해 HTML 형식으로 전송합니다.

브라우저에서 /test/res3으로 요청하면 다음과 같이 전송된 자바스크립트 경고 메시지를 표시합니다.

✔ 그림 29-24 실행 결과

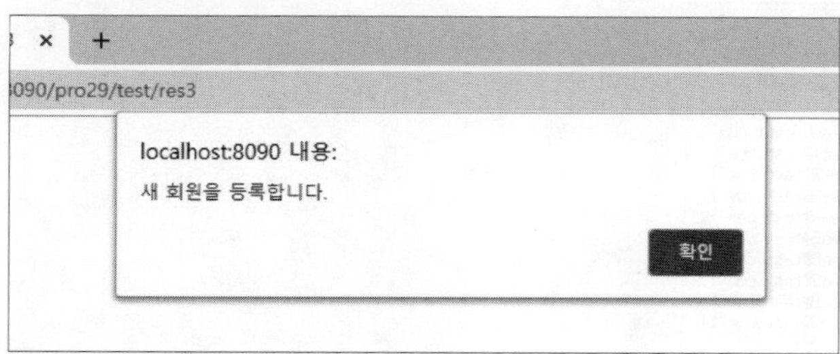

이처럼 ResponseEntity를 이용하면 JSON뿐만 아니라 HTML이나 자바스크립트를 브라우저로 전송할 수 있어 결과 메시지나 오류 메시지를 전송할 때 편리합니다.

29.5 REST 방식으로 URI 표현하기

서버에 데이터를 조회하는 것뿐만 아니라 추가, 수정, 삭제 기능도 REST 방식으로 요청해야 합니다. 이때 서버에 어떤 행위를 요청할 것인가는 HTTP 메서드를 이용해 처리합니다.

▼ 표 29-2 HTTP 메서드의 기능

메서드	설명
POST	추가(Create)
GET	조회(Select)
PUT	수정(Update)
DELETE	삭제(Delete)

다음은 각 작업을 REST 방식으로 요청하는 전형적인 URI의 예입니다.

```
/작업명/기본키 + 메서드 + 데이터
```

- 작업명: 요청하는 작업 종류
- 기본키: 요청하는 작업에 해당하는 대상의 기본키
- 메서드: 요청하는 기능
- 데이터: 기능 수행에 필요한 JSON 데이터

표 29-3은 게시판 기능과 관련된 URI입니다.

▼ 표 29-3 REST로 게시판 기능 관련 URI 만들기

메서드	URI	설명
POST	/boards + 데이터	새 글 등록하기
GET	/boards/133	133번 글 조회하기
PUT	/boards/133 + 데이터	133번 글 수정하기
DELETE	/boards/133	133번 글 삭제하기

URI 항목에서 /boards는 게시판 작업을 의미하고 /133은 게시판 테이블의 133번 글에 대해 작업을 하겠다는 의미입니다. 메서드는 각 URI의 구체적인 기능을 의미합니다. 예를 들어 GET이면

'133번 글의 조회를 요청한다'는 의미이고, POST면 '전달된 데이터를 새 글로 등록하겠다'는 의미입니다.

29.5.1 게시판 기능 REST API 만들기

이번에는 REST 방식으로 URI 요청 시 처리하는 컨트롤러의 메서드를 구현해 보겠습니다.

1. 게시판 글에 대한 CRUD 기능을 하는 BoardController와 관련된 파일들을 준비합니다.

▼ 그림 29-25 자바 파일과 JSP 파일 위치

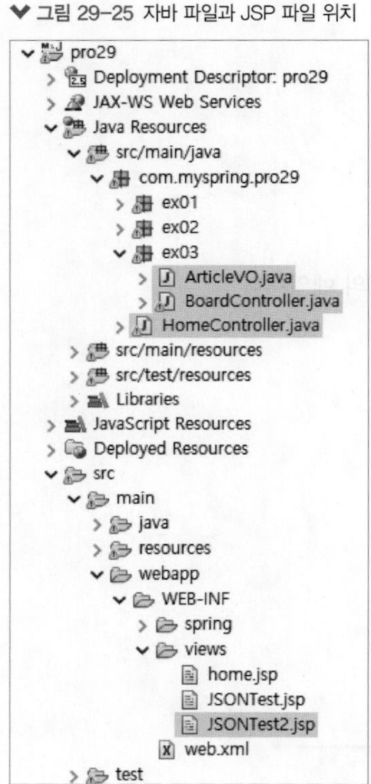

2. 앞에서 설명한 REST 방식으로 컨트롤러의 메서드들을 구현합니다. method의 속성에 GET, POST, PUT, DELETE를 지정하여 각 메서드들의 기능을 정의합니다.

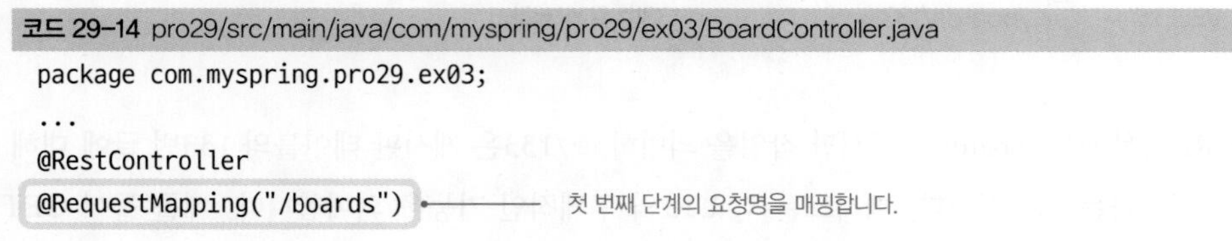

코드 29-14 pro29/src/main/java/com/myspring/pro29/ex03/BoardController.java

```
package com.myspring.pro29.ex03;
...
@RestController
@RequestMapping("/boards")    // 첫 번째 단계의 요청명을 매핑합니다.
```

```
public class BoardController {
  static Logger logger = LoggerFactory.getLogger(BoardController.class);
                                              GET 방식으로 요청하므로 모든 글의 정보를 조회합니다.
  @RequestMapping(value = "/all", method = RequestMethod.GET)
  public ResponseEntity<List<ArticleVO>> listArticles() {
    logger.info("listArticles 메서드 호출");
    List<ArticleVO> list = new ArrayList<ArticleVO>();
    for (int i = 0; i < 10; i++) {
      ArticleVO vo = new ArticleVO();
      vo.setArticleNO(i);
      vo.setWriter("이순신"+i);
      vo.setTitle("안녕하세요"+i);
      vo.setContent("새 상품을 소개합니다."+i);
      list.add(vo);
    }
    return new ResponseEntity(list,HttpStatus.OK);
  }                                          GET 방식으로 요청하면서 글 번호를 전달하므로
                                             글 번호에 대한 글 정보를 조회합니다.
  @RequestMapping(value = "/{articleNO}", method = RequestMethod.GET)
  public ResponseEntity<ArticleVO> findArticle (
                          @PathVariable("articleNO") Integer articleNO) {
    logger.info("findArticle 메서드 호출");
    ArticleVO vo = new ArticleVO();
    vo.setArticleNO(articleNO);
    vo.setWriter("홍길동");
    vo.setTitle("안녕하세요");
    vo.setContent("홍길동 글입니다");
    return new ResponseEntity(vo,HttpStatus.OK);
  }
                                             POST 방식으로 요청하므로 요청 시 JSON으로
                                             전달되는 객체를 새 글로 추가합니다.
  @RequestMapping(value = "", method = RequestMethod.POST)
  public ResponseEntity<String> addArticle (@RequestBody ArticleVO articleVO) {
    ResponseEntity<String>  resEntity = null;
    try {
      logger.info("addArticle 메서드 호출");
      logger.info(articleVO.toString());
      resEntity =new ResponseEntity("ADD_SUCCEEDED",HttpStatus.OK);
    }catch(Exception e) {
      resEntity = new ResponseEntity(e.getMessage(),HttpStatus.BAD_REQUEST);
    }
    return resEntity;
  }                                          PUT 방식으로 요청하므로 articleNO에 대한 글을
                                             전달되는 JSON 정보로 수정합니다.
  @RequestMapping(value = "/{articleNO}", method = RequestMethod.PUT)
```

```
    public ResponseEntity<String> modArticle(@PathVariable("articleNO") Integer
                                      articleNO, @RequestBody ArticleVO articleVO) {
      ResponseEntity<String>  resEntity = null;
      try {
        logger.info("modArticle 메서드 호출");
        logger.info(articleVO.toString());
        resEntity =new ResponseEntity("MOD_SUCCEEDED",HttpStatus.OK);
      }catch(Exception e) {
        resEntity = new ResponseEntity(e.getMessage(),HttpStatus.BAD_REQUEST);
      }

      return resEntity;
    }

    @RequestMapping(value = "/{articleNO}", method = RequestMethod.DELETE)
    public ResponseEntity<String> removeArticle (@PathVariable("articleNO") Integer articleNO) {
      ResponseEntity<String>  resEntity = null;
      try {
        logger.info("removeArticle 메서드 호출");
        logger.info(articleNO.toString());
        resEntity =new ResponseEntity("REMOVE_SUCCEEDED",HttpStatus.OK);
      }catch(Exception e) {
        resEntity = new ResponseEntity(e.getMessage(),HttpStatus.BAD_REQUEST);
      }

      return resEntity;
    }
  }
```

전송된 JSON 회원 정보를 바로 ArticleVO 객체의 속성에 설정합니다.

DELETE 방식으로 요청하므로 전달되는 articleNO에 대한 글을 삭제합니다.

3. 앞에서 실습한 HomeController 클래스의 반환 값을 JSONTest2로 변경합니다(코드 29-9 참조).

4. 새 글 등록, 수정, 삭제에 사용할 JSONTest2.jsp를 다음과 같이 작성합니다. Ajax 요청 시 type 속성에는 메서드의 속성을 지정하고, url 속성에는 REST에서 지정한 URI 형식으로 요청하도록 지정합니다.

코드 29-15 pro29/src/main/webapp/WEB-INF/views/JSONTest2.jsp

```
...
<script src="http://code.jquery.com/jquery-latest.js"></script>
<script>
  $(function() {
    $("#checkJson").click(function() {
      var article = {articleNO:"114",
          writer:"박지성",
          title:"안녕하세요",
```

새 글 정보를 JSON으로 생성합니다.

```
    content:"상품 소개 글입니다."
  };

  $.ajax({
    type:"POST",                              새 글 등록은 POST 방식으로 요청합니다.
    url:"${contextPath}/boards",              새 글을 등록하는 메서드를 호출합니다.
    /*
    type:"PUT",                               글 번호 114번에 대해 수정을 요청합니다.
    url:"${contextPath}/boards/114",
    */
    contentType: "application/json",
    data:JSON.stringify(article),             글 정보를 JSON 형식으로 전송합니다.
    success:function (data,textStatus){
      alert(data);
    },
    error:function(data,textStatus){
      alert("에러가 발생했습니다.");
    },
    complete:function(data,textStatus){
    }
  });
 });
});
</script>
</head>
<body>
  <input type="button" id="checkJson" value="새글 쓰기"/><br><br>
  <div id="output"></div>
</body>
```

5. 브라우저 주소창에서 http://localhost:8090/pro29/boards/all로 요청할 경우 다음과 같이 전체 글 정보를 전송합니다.

▼ 그림 29-26 http://localhost:8090/pro29/boards/all로 요청한 결과

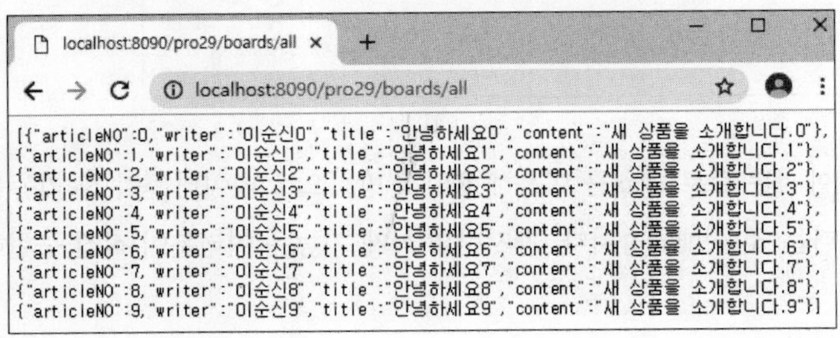

6. 브라우저 주소창에서 http://localhost:8090/pro29/boards/144로 요청하면 144번 글에 대한 정보만 조회합니다.

❤ 그림 29-27 http://localhost:8090/pro29/boards/144로 요청한 결과

7. 브라우저 주소창에서 http://localhost:8090/pro29/로 요청하여 JSONTest2.jsp를 표시한 후 새글 쓰기를 클릭합니다.

❤ 그림 29-28 http://localhost:8090/pro29/로 요청한 결과

8. JSONTest2.jsp에서 Ajax로 전송한 새 글을 이클립스 콘솔로 출력합니다.

❤ 그림 29-29 JSONTest2.jsp에서 Ajax로 전송한 새 글

```
INFO : com.myspring.pro29.ex03.BoardController - addArticle 메서드 호출
INFO : com.myspring.pro29.ex03.BoardController -
114
 박지성
안녕하세요
상품 소개 글입니다.
```

9. JSONTest2.jsp의 Ajax 구문에서 type을 PUT으로, url 속성을 /boards/114로 수정하여 다시 요청합니다. 그러면 다음과 같이 글 수정 메서드를 호출합니다.

❤ 그림 29-30 JSONTest2.jsp에서 수정한 후 /boards/114로 요청한 글

```
INFO : com.myspring.pro29.ex03.BoardController - modArticle 메서드 호출
INFO : com.myspring.pro29.ex03.BoardController - 114
INFO : com.myspring.pro29.ex03.BoardController -
114
 박지성
안녕하세요
상품 소개 글입니다.
```

이번 장에서는 모바일 기기에서는 주로 Ajax를 이용해 REST 방식으로 데이터 송수신 기능을 구현하기 때문에 실행이 빠르다는 것을 배웠습니다. 게시판의 삭제 기능은 여러분이 직접 구현해 보기 바랍니다.

30장

스프링으로 답변형 게시판 만들기

일반적인 웹 애플리케이션은 여러 기능들이 합쳐져 만들어집니다. 즉, 개발자들이 기능들을 각각 구현한 다음 이를 합쳐서 하나의 웹 애플리케이션을 만드는 것이죠. 우리는 지금까지 회원 관리 기능을 구현하면서 스프링 기능을 익혔습니다. 이 장에는 이제까지 구현한 회원 관리 기능에 답변형 게시판 기능을 추가해 보겠습니다. 이를 통해 일반적인 웹 애플리케이션 구현 과정에 한 발 더 다가갈 수 있을 것입니다.

30.1 기존 소스 코드 변경하기

새 프로젝트 pro30을 만든 후 27장에서 만든 회원 기능 소스 코드를 복사해 수정하는 방식으로 실습을 진행하겠습니다.

1. pro30의 pom.xml에 27장의 pom.xml의 설정을 복사하여 타일즈와 마이바티스 관련 라이브러리를 추가합니다

코드 30-1 pro30/pom.xml

```
...
<!-- 마이바티스 -->
<dependency>
  <groupId>commons-beanutils</groupId>
  <artifactId>commons-beanutils</artifactId>
  <version>1.8.0</version>
</dependency>
...
<!-- 타일즈 관련 라이브러리 -->
<dependency>
  <groupId>org.apache.tiles</groupId>
  <artifactId>tiles-core</artifactId>
  <version>2.2.2</version>
</dependency>
...
```

2. lib 폴더를 만든 후 오라클 드라이버를 복사하여 붙여 넣습니다(27.7.1절 참조).

▼ 그림 30-1 오라클 드라이버 복사해 붙여 넣기

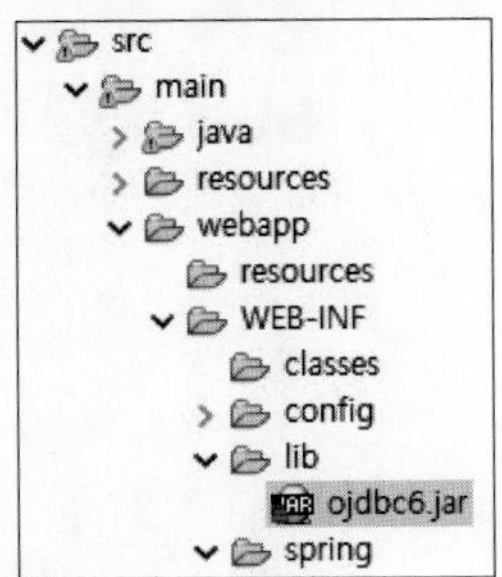

3. 인터셉터를 추가하겠습니다. com/myspring/pro30 패키지 하위에 다시 common/interceptor 패키지를 만든 후 27장의 인터셉터 실습 파일을 그대로 복사하여 붙여 넣습니다.

▼ 그림 30-2 27장의 인터셉터 파일 복사해 붙여 넣기

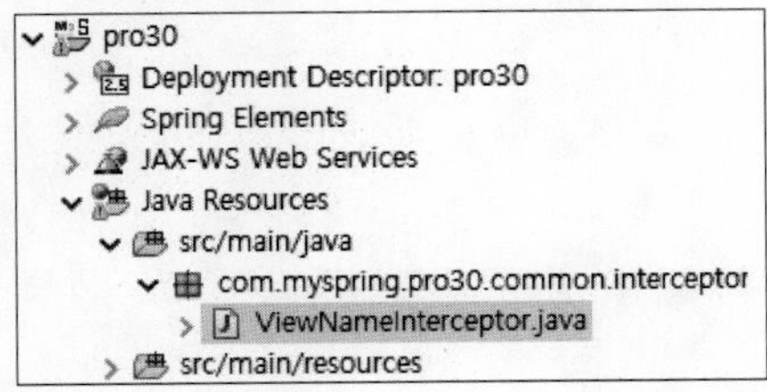

4. 27장의 회원 관리 기능에 사용된 XML 설정 파일, 자바 클래스, JSP 파일 순으로 동일한 패키지와 폴더를 만든 후 복사하여 붙여 넣습니다. 화면에 나타낼 이미지도 resources 폴더에서 복사한 후 동일한 폴더에 붙여 넣습니다.

▼ 그림 30-3 27장 회원 관리 기능과 동일한 구조 생성

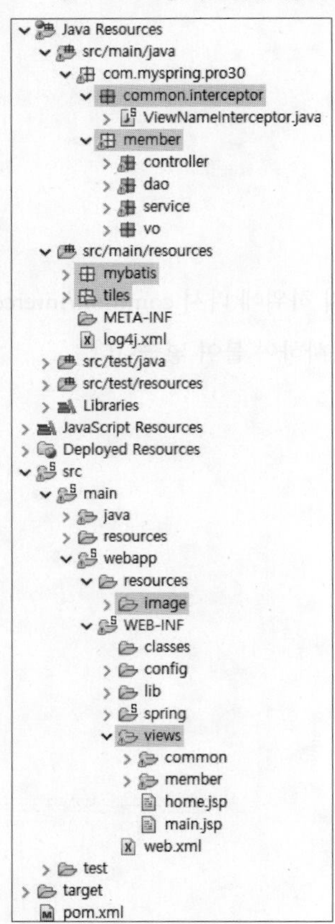

5. 회원 기능 중 게시판 실습에 필요한 자바 코드와 JSP 파일을 수정해 보겠습니다. 컨트롤러에 /main.do로 요청하면 main.jsp를 표시해 주는 main() 메서드를 추가합니다.

코드 30-2 pro30/src/main/java/com/myspring/pro30/member/controller/MemberControllerImpl.java

```
package com.myspring.pro30.member.controller;
.....
@Controller("memberController")
public class MemberControllerImpl   implements MemberController {
  @Autowired
  private MemberService memberService;
  @Autowired
  MemberVO memberVO ;
```

```
@RequestMapping(value = { "/","/main.do"}, method = RequestMethod.GET
private ModelAndView main(HttpServletRequest request,
                          HttpServletResponse response) throws Exception {
  String viewName = (String)request.getAttribute("viewName");
  ModelAndView mav = new ModelAndView();
  mav.setViewName(viewName);
  return mav;
}
...
```

/pro30/main.do로 요청 시 메인 페이지를 보여 줍니다.

/main.do로 요청하면 메인 페이지를 나타내 주는 기능을 추가했습니다. 이어서 마이바티스와 타일즈 기능도 설정해 보겠습니다.

30.2 마이바티스 관련 XML 파일 설정하기

1. src/main/resources/ 패키지에 게시판 기능 관련 매퍼 파일인 board.xml을 추가합니다.
2. member.xml 위에서 마우스 오른쪽 버튼을 클릭한 후 Copy를 선택하고 다시 Paste를 선택합니다.

▼ 그림 30-4 member.xml 파일 복사 & 붙여 넣기

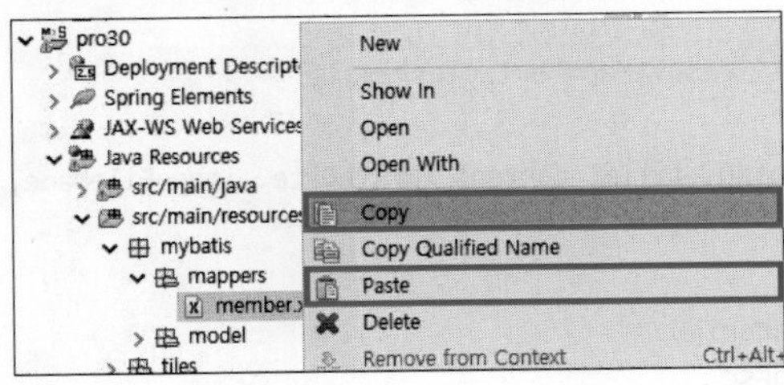

3. 복사한 member.xml의 파일 이름을 board.xml로 변경한 후 OK를 클릭합니다.

▼ 그림 30-5 파일 이름 변경 후 OK 클릭

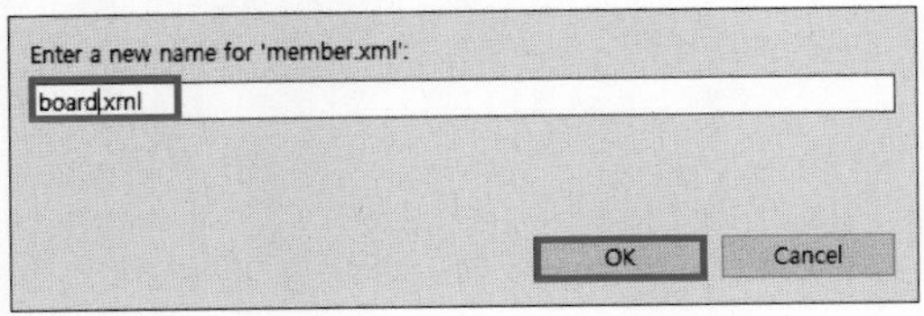

4. 게시판 관련 매퍼 파일인 board.xml이 생성된 것을 확인할 수 있습니다.

▼ 그림 30-6 board.xml 매퍼 파일 생성 확인

5. 기존 파일 내용을 삭제한 후 `<select>` 태그로 id가 `selectAllArticlesList`인 SQL문을 추가합니다.

코드 30-3 pro30/src/main/resources/mybatis/mappers/board.xml

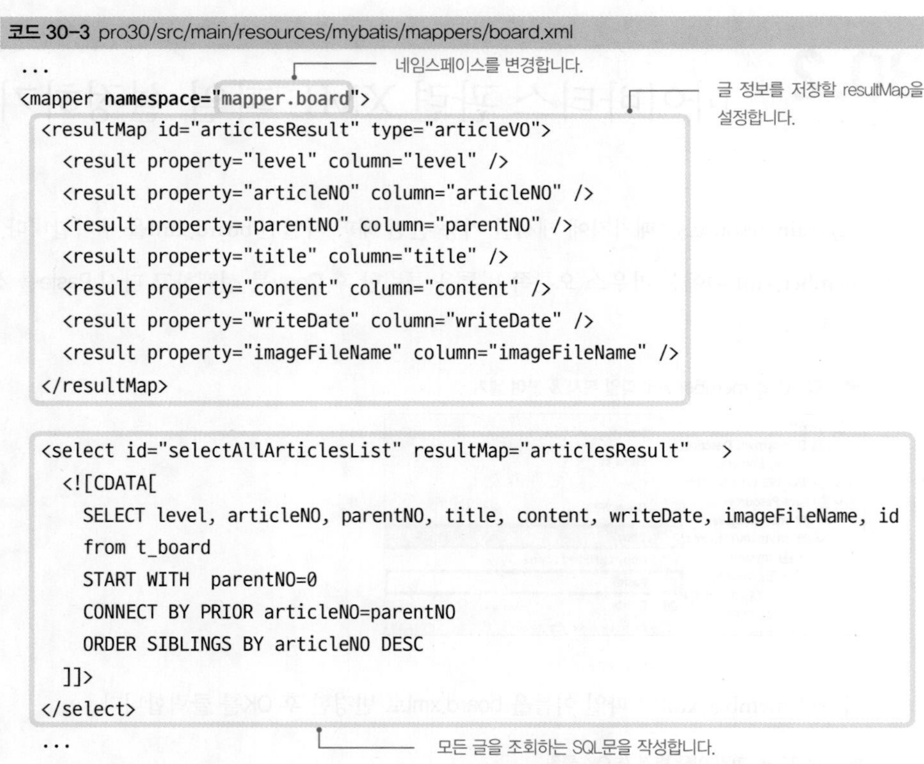

네임스페이스를 변경합니다.
글 정보를 저장할 resultMap을 설정합니다.
모든 글을 조회하는 SQL문을 작성합니다.

```
...
<mapper namespace="mapper.board">
  <resultMap id="articlesResult" type="articleVO">
    <result property="level" column="level" />
    <result property="articleNO" column="articleNO" />
    <result property="parentNO" column="parentNO" />
    <result property="title" column="title" />
    <result property="content" column="content" />
    <result property="writeDate" column="writeDate" />
    <result property="imageFileName" column="imageFileName" />
  </resultMap>

  <select id="selectAllArticlesList" resultMap="articlesResult"   >
    <![CDATA[
      SELECT level, articleNO, parentNO, title, content, writeDate, imageFileName, id
      from t_board
      START WITH  parentNO=0
      CONNECT BY PRIOR articleNO=parentNO
      ORDER SIBLINGS BY articleNO DESC
    ]]>
  </select>
...
```

6. modelConfig.xml에는 매퍼 파일에서 사용할 articleVO를 추가합니다.

코드 30-4 pro30/src/main/resources/mybatis/model/modelConfig.xml

```
...
<configuration>
  <typeAliases>
    <typeAlias type="com.myspring.pro30.member.vo.MemberVO" alias="memberVO" />
    <typeAlias type="com.myspring.pro30.board.vo.ArticleVO" alias="articleVO" />
  </typeAliases>
</configuration>
```

매퍼 파일에서 사용할 articleVO를 설정합니다.

JAVA WEB

30.3 타일즈 설정하기

이번에는 게시판 화면을 나타내 줄 타일즈 설정 파일을 만들어 보겠습니다.

1. 30.2절에서와 마찬가지로 tiles_member.xml을 복사해 붙여 넣은 후 파일 이름을 tiles_board.xml로 변경합니다.

▼ 그림 30-7 tiles_board.xml 만들기

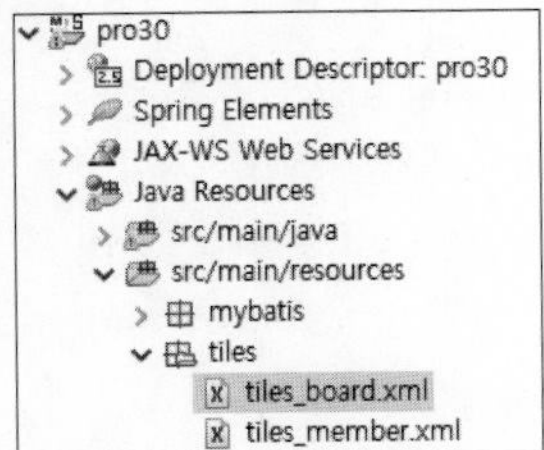

2. 기존 내용을 삭제한 후 게시판 화면 기능은 tiles_board.xml에 설정해서 사용합니다. 글목록창을 <definition> 태그로 설정합니다.

코드 30-5 pro30/src/main/resources/tiles/tiles_board.xml

```
...
<tiles-definitions>
  <definition name="/board/listArticles" extends="baseLayout">
    <put-attribute name="title" value="글목록창" />
    <put-attribute name="body" value="/WEB-INF/views/board/listArticles.jsp" />
  </definition>
</tiles-definitions>
```

/board/listArticles 요청에 대해 같은 경로의 listArticles.jsp를 표시합니다.

tiles_member.xml의 기본 레이아웃을 상속받습니다.

30.4 게시판 목록 표시하기

게시판 글목록창은 17장에서 이미 실습해 봤습니다. 이번에는 스프링에서 마이바티스와 타일즈를 이용해 게시판 글목록창을 나타내 보겠습니다.

30.4.1 자바 클래스 구현하기

1. 먼저 src/main/java 패키지 하위에 board 패키지를 만든 후 그림 30-8처럼 패키지를 구성합니다. 그리고 JSP는 17장에서 실습한 게시판 관련 JSP 파일을 재사용할 것이므로 프로젝트 pro17의 board07 폴더에 있는 JSP 파일을 모두 복사해 views/board 폴더에 붙여 넣습니다.

❤ 그림 30-8 자바 파일과 JSP 파일 위치

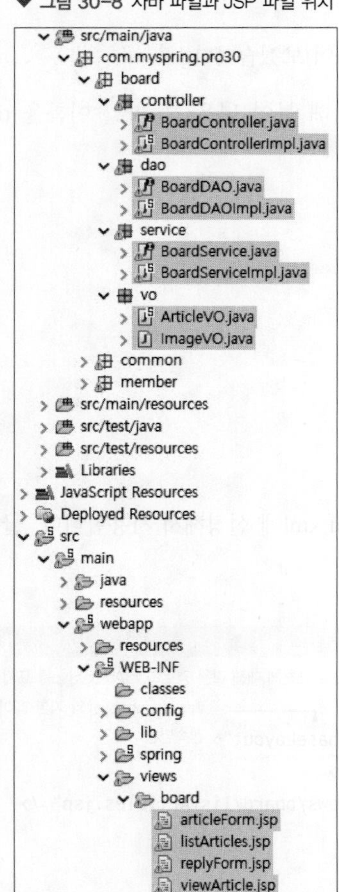

2. 컨트롤러 클래스인 BoardControllerImpl를 다음과 같이 작성합니다. 브라우저에서 요청하면 모든 글 정보를 조회한 후 ModelAndView 객체에 바인딩하여 JSP로 전달합니다.

코드 30-6 pro30/src/main/java/com/myspring/pro30/board/controller/BoardControllerImpl.java

```
package com.myspring.pro30.board.controller;
...
@Controller("boardController")
public class BoardControllerImpl  implements BoardController{
  private static final String CURR_IMAGE_REPO_PATH = "C:\\board\\article_image";
  @Autowired
  private BoardService boardService;
  @Autowired
  private ArticleVO articleVO

  @Override
  @RequestMapping(value= "/board/listArticles.do",
                              method = {RequestMethod.GET, RequestMethod.POST})
  public ModelAndView listArticles(HttpServletRequest request,
                              HttpServletResponse response) throws Exception {
 {
    String viewName = (String)request.getAttribute("viewName");
    List articlesList = boardService.listArticles();
    ModelAndView mav = new ModelAndView(viewName);
    mav.addObject("articlesList", articlesList);
    return mav;
  }
}
```

- 인터셉터에서 전달된 뷰이름을 가져옵니다.
- 모든 글 정보를 조회합니다.
- 조회한 글 정보를 바인딩한 후 JSP로 전달합니다.

3. 서비스 클래스에서는 boardDAO의 selectAllArticlesList() 메서드를 호출합니다.

코드 30-7 pro30/src/main/java/com/myspring/pro30/board/service/BoardServiceImpl.java

```
package com.myspring.pro30.board.service;
...
@Service("boardService")
@Transactional(propagation = Propagation.REQUIRED)
public class BoardServiceImpl  implements BoardService{
  @Autowired
  private BoardDAO boardDAO;

  public List<ArticleVO> listArticles() throws Exception{
    List<ArticleVO> articlesList = boardDAO.selectAllArticlesList();
    return articlesList;
  }
}
```

- boardDAO의 selectAllArticlesList() 메서드를 호출합니다.

4. DAO 클래스는 다시 매퍼 파일인 board.xml에서 지정한 id로 SQL문을 실행합니다.

코드 30-8 pro30/src/main/java/com/myspring/pro30/board/dao/BoardDAOImpl.java

```
package com.myspring.pro30.board.dao;
...
@Repository("boardDAO")
public class BoardDAOImpl implements BoardDAO {
  @Autowired
  private SqlSession sqlSession;

  @Override
  public List selectAllArticlesList() throws Exception {
    List<ArticleVO> articlesList =
                       sqlSession.selectList("mapper.board.selectAllArticlesList");
    return articlesList;
  }
}
```

id가 selectAllArticlesList인 SQL문을 요청합니다.

5. 글 정보를 저장할 ArticleVO 클래스를 다음과 같이 작성합니다.

코드 30-9 pro30/src/main/java/com/myspring/pro30/board/vo/ArticleVO.java

```
package com.myspring.pro30.board.vo;
...
@Component("articleVO")
public class ArticleVO {
  private int  level;
  private int articleNO;
  private int parentNO;
  private String title;
  private String content;
  private String imageFileName;
  private String id;
  private Date  writeDate;

  //각 속성에 대한 getter/setter
  ...
```

30.4.2 JSP 파일 구현하기

이번에는 조회한 글을 표시할 JSP를 작성할 차례입니다. 자세한 설명은 17.5절 내용을 참고하세요.

1. 글목록창에 해당하는 listArticles.jsp를 다음과 같이 작성합니다.

코드 30-10 pro30/src/main/webapp/WEB-INF/views/board/listArticles.jsp

```
...
    <c:when test="${articlesList !=null }" >
     <c:forEach  var="article" items="${articlesList }" varStatus="articleNum" >
       <tr align="center">
         <td width="5%">${articleNum.count}</td>
         <td width="10%">${article.id }</td>
         <td align='left'  width="35%">
           <span style="padding-right:30px"></span>
           <c:choose>
             <c:when test='${article.level > 1 }'>
               <c:forEach begin="1" end="${article.level }" step="1">
                 <span style="padding-left:20px"></span>
               </c:forEach>
               <span style="font-size:12px;">[답변]</span>
               <a class='cls1' href="${contextPath}/board/viewArticle.do?
                                   articleNO=${article.articleNO}">${article.title}</a>
             </c:when>
             <c:otherwise>
               <a class='cls1' href="${contextPath}/board/viewArticle.do?
                                  articleNO=${article.articleNO}">${article.title }</a>
             </c:otherwise>
           </c:choose>
         </td>
         <td  width="10%">${article.writeDate}</td>
       </tr>
     </c:forEach>
    </c:when>
  </c:choose>
...
```

(level이 1보다 크면 답글을 표시합니다.)
(level이 1보다 작으면 부모 글을 표시합니다.)

2. 왼쪽 메뉴의 각 항목을 클릭할 경우 해당 목록창으로 이동하도록 작성합니다.

코드 30-11 pro30/src/main/webapp/WEB-INF/views/common/side.jsp

```
...
  <h1>
    <a href="${contextPath}/member/listMembers.do" class="no-underline">회원관리</a><br>
```

(**회원관리** 클릭 시 회원 목록창으로 이동합니다.)

```
        <a href='${contextPath}/board/listArticles.do' class="no-underline">게시판관리</a><br>
        <a href="#"  class="no-underline">상품관리</a><br>
    </h1>
  ...
```

게시판관리 클릭 시 글목록창으로 이동합니다.

3. http://localhost:8090/pro30/main.do로 요청하면 메인 페이지가 나타납니다.

▼ 그림 30-9 메인 페이지 표시

4. 왼쪽 메뉴에 있는 **게시판관리**를 클릭하면 글목록창이 나타납니다.

▼ 그림 30-10 **게시판관리** 클릭 시 글목록창 표시

30.5 새 글 추가하기

이번에는 새 글을 추가해 보겠습니다. 단, 새글 쓰기는 로그인 상태에서만 가능하다는 점에 유의하세요.

30.5.1 XML 파일 설정하기

1. 파일 업로드와 관련된 설정을 실습해 보겠습니다. pom.xml에 파일 첨부 기능과 관련된 라이브러리를 설정합니다.

코드 30-12 pro30/pom.xml

```
...
<dependency>
  <groupId>commons-fileupload</groupId>
  <artifactId>commons-fileupload</artifactId>
  <version>1.2.1</version>
</dependency>

<dependency>
  <groupId>commons-io</groupId>
  <artifactId>commons-io</artifactId>
  <version>1.4</version>
</dependency>
...
```

2. servlet-context.xml에 다중 파일 업로드 기능을 위한 멀티파트 리졸버 빈을 설정합니다.

코드 30-13 pro30/src/main/webapp/WEB-INF/spring/appServlet/servlet-context.xml

```
...
<beans:bean id="multipartResolver"
         class="org.springframework.web.multipart.commons.
                                    CommonsMultipartResolver">
  <beans:property name="maxUploadSize" value="52428800" />
  <beans:property name="maxInMemorySize" value="1000000" />
  <beans:property name="defaultEncoding" value="utf-8" />
</beans:bean>
...
```

3. 매퍼 파일인 board.xml에 새 글 추가 기능에 사용할 **insert**문을 작성합니다.

코드 30-14 pro30/src/main/resources/mybatis/mappers/board.xml

```
...
<insert id="insertNewArticle" parameterType="java.util.Map">
  <![CDATA[
    INSERT into t_board(articleNO,  title, content, imageFileName, id)
    VALUES(#{articleNO},#{title},  #{content}, #{imageFileName}, #{id})
  ]]>
</insert>

<select id="selectNewArticleNO" resultType="int" >
  <![CDATA[
    SELECT nvl(max(articleNO, 0) + 1 from t_board
  ]]>
</select>
...
```

글 정보를 Map으로 전달합니다.

추가하는 새 글에 대한 글 번호를 가져옵니다.

4. 글쓰기창을 타일즈 파일인 tiles_board.xml에 설정합니다.

코드 30-15 pro30/src/main/resources/tiles/tiles_board.xml

```
...
<definition name="/board/articleForm" extends="baseLayout">
  <put-attribute name="title" value="글쓰기창" />
  <put-attribute name="body" value="/WEB-INF/views/board/articleForm.jsp" />
</definition>
...
```

/board/articleForm 요청에 대해 글쓰기창을 나타냅니다.

30.5.2 자바 클래스 구현하기

쇼핑몰에서 상품평을 작성하려면 당연히 로그인 상태에서 글을 작성해야 합니다. 그런데 로그인을 하지 않은 상태에서 **상품평 작성하기**를 클릭하면 먼저 로그인창으로 이동하여 로그인을 한 후 다시 상품평 작성창으로 이동해야 합니다. 여러분도 몇 번 경험한 적이 있을 것입니다.

게시판 글을 작성할 때도 마찬가지입니다. 먼저 로그인 상태를 체크한 후 로그인했으면 바로 글쓰기창으로 이동하고 그렇지 않으면 로그인 과정을 거친 후 다시 글쓰기창으로 이동합니다.

로그인 과정은 다음과 같습니다.

❶ 글목록창(listArticles.jsp) 요청 시 미리 세션의 isLogOn 속성을 자바스크립트 함수의 인자로 저장합니다.

❷ 글쓰기를 클릭하면 자바스크립트 함수에서 isLogOn 속성 값을 체크하여 true가 아니면 memberController로 로그인창을 요청하면서 다음에 수행할 URL을 action 값으로 전송합니다.

❸ memberController는 action 값을 세션에 저장합니다.

❹ 로그인창에서 ID와 비밀번호를 입력하여 memberController로 전송한 후 로그인에 성공하면 세션의 action 속성 값을 가져와서 글쓰기창으로 바로 이동합니다.

❺ ❷에서 isLogOn 속성이 true이면 바로 글쓰기창으로 이동합니다.

먼저 로그인을 하지 않은 상태에서 글쓰기를 요청할 경우 로그인을 처리하는 MemberControllerImpl 클래스를 수정해 보겠습니다.

1. MemberControllerImpl 클래스를 다음과 같이 작성합니다. 로그인창을 나타내 주는 form() 메서드를 이용해 로그인한 다음 다시 나타낼 글쓰기창을 요청하기 위해 변수 action에 요청명을 저장한 후 세션에 다시 바인딩합니다. 그리고 로그인 기능을 수행하는 login() 메서드를 이용해 로그인에 성공하면 세션의 action 값을 가져와 글쓰기창으로 바로 이동합니다.

코드 30-16 pro30/src/main/java/com/myspring/pro30/member/controller/MemberControllerImpl.java

```
package com.myspring.pro30.member.controller;
...
@Controller("memberController")
public class MemberControllerImpl implements MemberController {
  @Autowired
  private MemberService memberService;
  @Autowired
  private MemberVO memberVO ;
  ...
  @Override
  @RequestMapping(value = "/member/login.do", method = RequestMethod.POST)
  public ModelAndView login(@ModelAttribute("member") MemberVO member,
                            RedirectAttributes rAttr,
                            HttpServletRequest request,
                            HttpServletResponse response) throws Exception {
    ModelAndView mav = new ModelAndView();
    memberVO = memberService.login(member);
    if(memberVO != null) {
      HttpSession session = request.getSession();
      session.setAttribute("member", memberVO);
      session.setAttribute("isLogOn", true);
```

리다이렉트 시 매개변수를 전달합니다.

로그인 성공 시 조건문을 수행합니다.

30 스프링으로 답변형 게시판 만들기

```
        String action = (String)session.getAttribute("action");
        session.removeAttribute("action");
        if(action!= null) {
          mav.setViewName("redirect:"+action);
        }else {
          mav.setViewName("redirect:/member/listMembers.do");
        }
      }else {
        rAttr.addAttribute("result","loginFailed");
        mav.setViewName("redirect:/member/loginForm.do");
      }
      return mav;
    }

    @Override
    @RequestMapping(value = "/member/logout.do", method =  RequestMethod.GET)
    public ModelAndView logout(HttpServletRequest request,
                               HttpServletResponse response) throws Exception {
      HttpSession session = request.getSession();
      session.removeAttribute("member");
      session.removeAttribute("isLogOn");
      ModelAndView mav = new ModelAndView();
      mav.setViewName("redirect:/member/listMembers.do");
      return mav;
    }

    @RequestMapping(value = "/member/*Form.do", method =  RequestMethod.GET)
    public ModelAndView form(@ModelAttribute("member") MemberVO member,
                              RedirectAttributes rAttr,
                              HttpServletRequest request,
                              HttpServletResponse response) throws Exception {
      String viewName = (String)request.getAttribute("viewName");
      HttpSession session = request.getSession();
      session.setAttribute("action", action);
      ModelAndView mav = new ModelAndView();
      mav.addObject("result",result);
      mav.setViewName(viewName);
      return mav;
    }
    ...
  }
```

로그인 성공 시 세션에 저장된 action 값을 가져옵니다.

action 값이 null이 아니면 action 값을 뷰이름으로 지정해 글쓰기창으로 이동합니다.

로그인 실패 시 다시 로그인창으로 이동합니다.

로그인 후 수행할 글쓰기 요청명을 action에 저장합니다. 로그인 성공 후 바로 글쓰기창으로 이동합니다.

글쓰기창 요청명을 action 속성으로 세션에 저장합니다.

2. 이번에는 글쓰기 기능을 구현할 BoardControllerImpl 클래스를 작성합니다. 글쓰기창에서 글 정보를 전송할 때 MultipartHttpServletRequest 클래스로 전달된 글 정보를 articleMap에 저장합니다. upload() 메서드를 호출하여 이미지 파일을 temp 폴더에 업로드한 후 이미지 파일 이름을 가져옵니다. 마지막으로 articleMap에 글 정보를 저장한 후 BoardServiceImpl 클래스의 addNewArticle() 메서드를 호출하면서 전달합니다.

코드 30-17 pro30/src/main/java/com/myspring/pro30/board/controller/BoardControllerImpl.java

```
package com.myspring.pro30.board.controller;
...
@Controller("boardController")
public class BoardControllerImpl  implements BoardController{
private static final String ARTICLE_IMAGE_REPO = "C:\\board\\article_image";
  @Autowired
  private BoardService boardService;
  @Autowired
  private ArticleVO articleVO;
  ...
  @Override
  @RequestMapping(value="/board/addNewArticle.do", method = RequestMethod.POST)
  @ResponseBody
  public ResponseEntity addNewArticle(MultipartHttpServletRequest multipartRequest,
                          HttpServletResponse response) throws Exception {
    multipartRequest.setCharacterEncoding("utf-8");
    Map<String,Object> articleMap = new HashMap<String, Object>();
    Enumeration enu=multipartRequest.getParameterNames();
    while(enu.hasMoreElements()){
      String name=(String)enu.nextElement();
      String value=multipartRequest.getParameter(name);
      articleMap.put(name,value);
    }

    String imageFileName= upload(multipartRequest);
    HttpSession session = multipartRequest.getSession();
    MemberVO memberVO = (MemberVO) session.getAttribute("member");
    String id = memberVO.getId();
    articleMap.put("parentNO", 0);
    articleMap.put("id", id);
    articleMap.put("imageFileName", imageFileName);

    String message;
    ResponseEntity resEnt=null;
    HttpHeaders responseHeaders = new HttpHeaders();
    responseHeaders.add("Content-Type", "text/html; charset=utf-8");
```

- 글 정보를 저장하기 위한 articleMap을 생성합니다.
- 글쓰기창에서 전송된 글 정보를 Map에 key/value로 저장합니다.
- 업로드한 이미지 파일 이름을 가져옵니다.
- 세션에 저장된 회원 정보로부터 회원 ID를 가져옵니다.
- 회원 ID, 이미지 파일 이름, 부모 글 번호를 articleMap에 저장합니다.

글 정보가 저장된 articleMap을 Service 클래스의 addArticle() 메서드로 전달합니다.

```
    try {
      int articleNO = boardService.addNewArticle(articleMap);
      if(imageFileName!=null && imageFileName.length()!=0) {
        File srcFile = new
                    File(ARTICLE_IMAGE_REPO+"\\"+"temp"+"\\"+imageFileName);
        File destDir = new File(ARTICLE_IMAGE_REPO+"\\"+articleNO);
        FileUtils.moveFileToDirectory(srcFile, destDir,true);
      }
      message = "<script>";
      message += " alert('새글을 추가했습니다.');";
      message += " location.href='"
                  +multipartRequest.getContextPath()+"/board/listArticles.do'; ";
      message +="</script>";
      resEnt = new ResponseEntity(message, responseHeaders, HttpStatus.CREATED);
    }catch(Exception e) {
      File srcFile = new File(ARTICLE_IMAGE_REPO+"\\"+"temp"+"\\"+imageFileName);
      srcFile.delete();
```

글 정보를 추가한 후 업로드한 이미지 파일을 글 번호로 명명한 폴더로 이동합니다.

새 글을 추가한 후 메시지를 전달합니다.

오류 발생 시 오류 메시지를 전달합니다.

```
      message = " <script>";
      message +=" alert('오류가 발생했습니다. 다시 시도해 주세요');');";
      message +=" location.href='
                  + multipartRequest.getContextPath()+"/board/articleForm.do'; ";
      message +=" </script>";
      resEnt = new ResponseEntity(message, responseHeaders, HttpStatus.CREATED);
      e.printStackTrace();
    }
  return resEnt;
  }
```

글쓰기창을 나타냅니다.

```
  @RequestMapping(value = "/board/*Form.do", method =  RequestMethod.GET)
    private ModelAndView form(HttpServletRequest request, HttpServletResponse response)
    throws Exception {
    String viewName = (String)request.getAttribute("viewName");
    ModelAndView mav = new ModelAndView();
    mav.setViewName(viewName);
    return mav;
  }

  private String upload(MultipartHttpServletRequest multipartRequest)
  throws Exception{
    String imageFileName= null;
    Iterator<String> fileNames = multipartRequest.getFileNames();
```

```
      while(fileNames.hasNext()){
        String fileName = fileNames.next();
        MultipartFile mFile = multipartRequest.getFile(fileName);
        imageFileName=mFile.getOriginalFilename();
        File file = new File(ARTICLE_IMAGE_REPO +"\\"+"temp"+"\\" + fileName);
        if(mFile.getSize()!=0){
            if(!file.exists()){
                file.getParentFile().mkdirs();
                mFile.transferTo(new File(ARTICLE_IMAGE_REPO +"\\"+"temp"+
"\\"+imageFileName));
            }
        }
}
```

업로드한 파일 이름을 얻은 후 반환합니다.

3. Service 클래스에서는 컨트롤러에서 전달된 articleMap을 다시 DAO의 insertNewArticle() 메서드 인자로 전달합니다.

코드 30-18 pro30/src/main/java/com/myspring/pro30/board/service/BoardServiceImpl.java

```
package com.myspring.pro30.board.service;
...
@Service("boardService")
@Transactional(propagation = Propagation.REQUIRED)
public class BoardServiceImpl  implements BoardService{
  @Autowired
  private BoardDAO boardDAO;
  ...
  @Override
  public int addNewArticle(Map articleMap) throws Exception{
    return boardDAO.insertNewArticle(articleMap);

  }
```

4. DAO에서는 새 글에 대한 글 번호를 조회한 후 전달된 articleMap에 글 번호를 설정합니다. 그리고 insert() 메서드를 호출하면서 articleMap을 해당 id의 insert문으로 전달합니다.

코드 30-19 pro30/src/main/java/com/myspring/pro30/board/dao/BoardDAOImpl.java

```
package com.myspring.pro30.board.dao;
...
@Repository("boardDAO")
```

```
public class BoardDAOImpl implements BoardDAO {
@Autowired
private SqlSession sqlSession;
  ...
  @Override
  public int insertNewArticle(Map articleMap) throws DataAccessException {
    int articleNO = selectNewArticleNO();
    articleMap.put("articleNO", articleNO);
    sqlSession.insert("mapper.board.insertNewArticle",articleMap)
    return articleNO;
  }

  private int selectNewArticleNO() throws DataAccessException {
    return sqlSession.selectOne("mapper.board.selectNewArticleNO");
  }
  ...
```

새 글에 대한 글 번호를 가져옵니다.

글 번호를 articleMap에 저장합니다.

id에 대한 insert문을 호출하면서 articleMap을 전달합니다.

새 글 번호를 가져옵니다.

30.5.3 JSP 파일 구현하기

글목록창에서는 로그인 상태(isLogOn)를 미리 가져옵니다. 따라서 사용자가 게시판의 글쓰기 링크를 클릭하면 작성자의 로그인 여부에 따라 구분하여 화면에 나타냅니다.

1. 글목록창에서 회원 로그인 상태(`${isLogOn}`)를 함수 인자 값으로 미리 저장해 놓습니다. **글쓰기**를 클릭하면 자바스크립트 함수를 호출하면서 로그인 상태 여부에 따라 각각 다른 요청을 수행합니다.

코드 30-20 pro30/src/main/webapp/WEB-INF/views/board/listArticles.jsp

```
...
<script>
  function fn_articleForm(isLogOn,articleForm,loginForm){
    if(isLogOn != '' && isLogOn != 'false'){
      location.href=articleForm;
    }else{
      alert("로그인 후 글쓰기가 가능합니다.")
      location.href=loginForm+'?action=/board/articleForm.do';
    }
  }
</script>
  ...
  <a  class="cls1"
      href="javascript:fn_articleForm('${isLogOn}','${contextPath}/board/articleForm.do',
```

로그인 상태이면 글쓰기창으로 이동합니다.

로그아웃 상태이면 action 값으로 다음에 수행할 URL인 /board/articleForm.do를 전달하면서 로그인창으로 이동합니다.

현재 로그인 상태를 함수 인자로 미리 전달합니다.

로그인 상태일 경우 이동할 글쓰기창 요청 URL을 인자로 전달합니다.

```
                    '${contextPath}/member/loginForm.do')"><p class="cls2">글쓰기</p></a>
</body>                   └── 로그인 상태가 아닐 경우 로그인창 요청 URL을 전달합니다.
</html>
```


2. 글쓰기창에서는 글 정보와 함께 이미지 파일을 첨부하여 컨트롤러로 전송합니다.

코드 30-21 pro30/src/main/webapp/WEB-INF/views/board/articleForm.jsp

```
...
</script>
<title>글쓰기창</title>
</head>
<body>
<h1 style="text-align:center">글쓰기</h1>
<form name="articleForm" method="post"
                         action="${contextPath}/board/addNewArticle.do"
                         enctype="multipart/form-data">
<table border="0" align="center">
  <tr>
    <td align="right"> 작성자</td>
    <td colspan=2  align="left">
      <input type="text" size="20" maxlength="100"
                                  value="${member.name}" readonly/>
    </td>                              └── 로그인하면 작성자의 이름을 표시합니다.
  </tr>
...
```

3. 브라우저로 요청하여 글목록창을 나타낸 후 **글쓰기**를 클릭합니다.

✔ 그림 30-11 글목록창에서 **글쓰기** 클릭

글번호	작성자	제목	작성일
1	hong	이용후기입니다.	2018-10-15
2	hong	테스트글	2018-10-15
3	hong	상품평	2018-09-18
4	hong	상품평입니다.	2018-09-18
5	hong	최길동글입니다.	2018-09-18
6	kim	김유신입니다.	2018-09-18
7	lee	[답변] 이용 후기입니다.	2018-09-18
8	hong	안녕하세요	2018-09-18
9	lee	[답변] 상품후기입니다..	2018-09-18
10	hong	[답변] 답변입니다.	2018-09-18
11	lee	[답변] 답변입니다.	2018-09-18
12	hong	테스트글입니다.	2018-09-18

글쓰기

4. 로그인 상태가 아닐 경우 로그인창으로 이동하여 **로그인**을 클릭합니다.

❤ 그림 30-12 로그인창으로 이동해 **로그인** 클릭

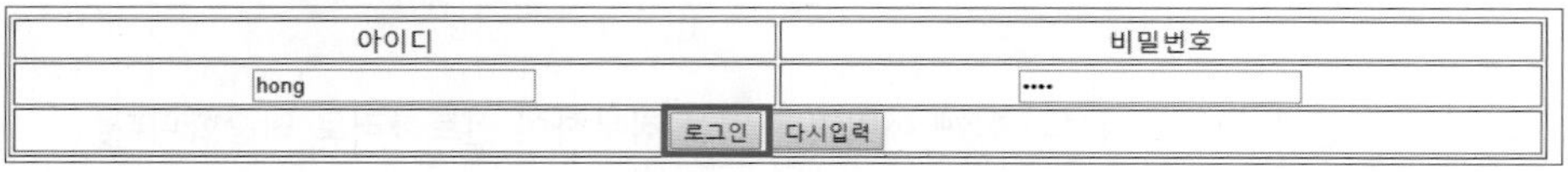

아이디	비밀번호
hong	••••
로그인 다시입력	

5. 로그인에 성공하면 다시 글쓰기창으로 이동하여 글 정보를 입력하고 **글쓰기**를 클릭합니다.

❤ 그림 30-13 새 글 작성 후 **글쓰기** 클릭

글쓰기

작성자 홍길동

글제목: 상품정보입니다.

글내용: 새 상품이 곧 출시됩니다.
기대하세요~

이미지파일 첨부: 파일 선택 duke.png

글쓰기 목록보기

6. 다음과 같이 새 글 제목이 목록에 나타납니다.

❤ 그림 30-14 새 글 등록 완료

글번호	작성자	제목	작성일
1	hong	상품정보입니다.	2018-10-25
2	hong	이용후기입니다.	2018-10-15
3	hong	테스트글	2018-10-15
4	hong	상품평	2018-09-18
5	hong	상품평입니다.	2018-09-18
6	hong	최길동글입니다.	2018-09-18
7	kim	김유신입니다.	2018-09-18
8	lee	[답변] 이용 후기입니다.	2018-09-18
9	hong	안녕하세요	2018-09-18
10	lee	[답변] 상품후기입니다..	2018-09-18
11	hong	[답변] 답변입니다.	2018-09-18
12	lee	[답변] 답변입니다.	2018-09-18
13	hong	테스트글입니다.	2018-09-18

글쓰기

30.6 글상세창 구현하기

이번에는 글상세창을 표시하는 기능을 구현해 보겠습니다.

1. 매퍼 파일 board.xml에 전달된 글 번호에 대해 글 정보를 조회하는 SQL문을 추가합니다.

코드 30-22 pro30/src/main/resources/mybatis/mappers/board.xml

```
...
<select id="selectArticle" resultType="articleVO"   parameterType="int">
  <![CDATA[
    SELECT * from t_board
    where articleNO = #{articleNO}
  ]]>
</select>
...
```

2. 글상세창(viewArticle.jsp)을 나타낼 타일즈 기능을 설정합니다.

코드 30-23 pro30/src/main/resources/tiles/tiles_board.xml

```
...
<definition name="/board/viewArticle" extends="baseLayout">
  <put-attribute name="title" value="글상세창" />
  <put-attribute name="body" value="/WEB-INF/views/board/viewArticle.jsp" />
</definition>
...
```

3. 첨부 파일을 표시할 파일 다운로드 컨트롤러인 `FileDownloadController`를 common/file 패키지에 구현합니다.

▼ 그림 30-15 실습 파일 위치

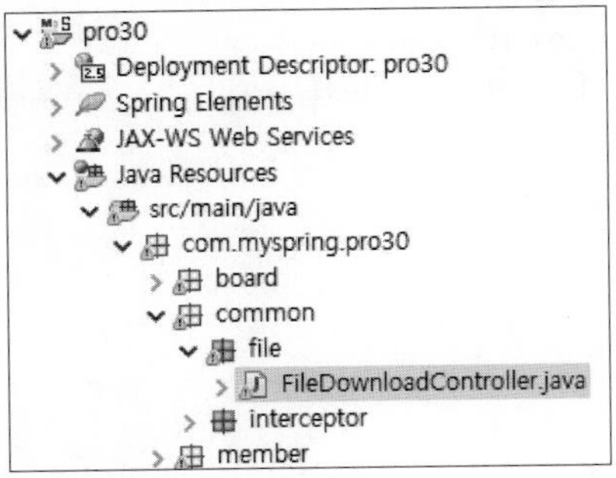

```
pro30
  Deployment Descriptor: pro30
  Spring Elements
  JAX-WS Web Services
  Java Resources
    src/main/java
      com.myspring.pro30
        board
        common
          file
            FileDownloadController.java
          interceptor
        member
```

4. 28장의 `FileDownloadController` 클래스를 복사해 붙여 넣은 후 다음과 같이 수정합니다.

코드 30-24 pro30/src/main/java/com/myspring/pro30/common/file/FileDownloadController.java

```
package com.myspring.pro30.common.file;
...
@Controller
public class FileDownloadController {
  private static final String ARTICLE_IMAGE_REPO = "C:\\board\\article_image";
  @RequestMapping("/download.do")
  protected void download(@RequestParam("imageFileName") String imageFileName,
                          @RequestParam("articleNO") String articleNO,
                          HttpServletResponse response)throws Exception {
    OutputStream out = response.getOutputStream();
    String downFile = ARTICLE_IMAGE_REPO + "\\"+articleNO+"\\" + imageFileName;
    File file = new File(downFile);
    ...
```

- 이미지 파일 이름을 바로 설정합니다.
- 글 번호와 파일 이름으로 다운로드할 파일 경로를 설정합니다.

5. 글목록창에서 전달된 글 번호를 이용하여 해당 글 정보를 조회합니다.

코드 30-25 pro30/src/main/java/com/myspring/pro30/board/controller/BoardControllerImpl.java

```
package com.myspring.pro30.board.controller;
...
@Controller("boardController")
public class BoardControllerImpl  implements BoardController{
private static final String ARTICLE_IMAGE_REPO = "C:\\board\\article_image";
  @Autowired
  private BoardService boardService;
  @Autowired
  private ArticleVO articleVO;
  ...
  @RequestMapping(value="/board/viewArticle.do" ,method = RequestMethod.GET)
  public ModelAndView viewArticle(@RequestParam("articleNO") int articleNO,
                                  HttpServletRequest request,
                                  HttpServletResponse response) throws Exception{
    String viewName = (String)request.getAttribute("viewName");
    articleVO=boardService.viewArticle(articleNO);
    ModelAndView mav = new ModelAndView();
    mav.setViewName(viewName);
    mav.addObject("article", articleVO);
    return mav;
  }
  ...
```

- 조회할 글 번호를 가져옵니다.
- 조회한 글 정보를 articleVO에 설정합니다.

6. `Service` 클래스와 `DAO` 클래스의 메서드는 제공하는 소스 파일을 참고하기 바랍니다.

7. 마지막으로 글 상세 정보를 표시할 JSP 파일을 다음과 같이 작성합니다. 단, 글 수정과 삭제는 자신이 작성한 글일 경우에만 할 수 있도록 설정합니다.

코드 30-26 pro30/src/main/webapp/WEB-INF/views/board/viewArticle.jsp

```
...
  <tr id="tr_btn">
    <td colspan="2" align="center">
      <c:if test="${member.id == article.id }">
        <input type=button value="수정하기" onClick="fn_enable(this.form)">
        <input type=button value="삭제하기" onClick="fn_remove_article(
                 '${contextPath}/board/removeArticle.do', ${article.articleNO})">
      </c:if>
      <input type=button value="리스트로 돌아가기" onClick="backToList(this.form)">
      <input type=button value="답글쓰기" onClick="fn_reply_form(
               ${contextPath}/board/replyForm.do', ${article.articleNO})">
    </td>
  </tr>
</table>
...
```

로그인 ID가 작성자 ID와 같은 경우에만 수정하기, 삭제하기 버튼이 표시됩니다.

8. 다음은 실행 결과입니다. 로그인하지 않았을 때와 로그인했을 때의 결과가 어떻게 다른지 비교해 보세요.

▼ 그림 30-16 로그인하지 않았을 때

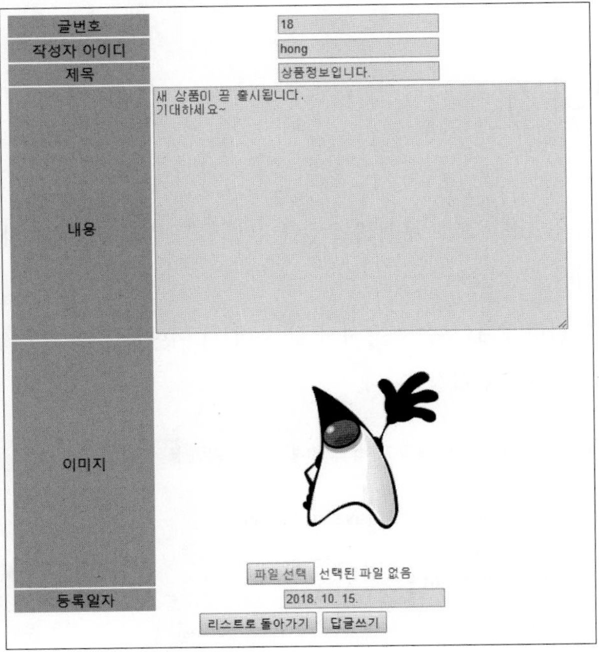

▼ 그림 30-17 로그인했을 때: 수정하기와 삭제하기 버튼이 보임

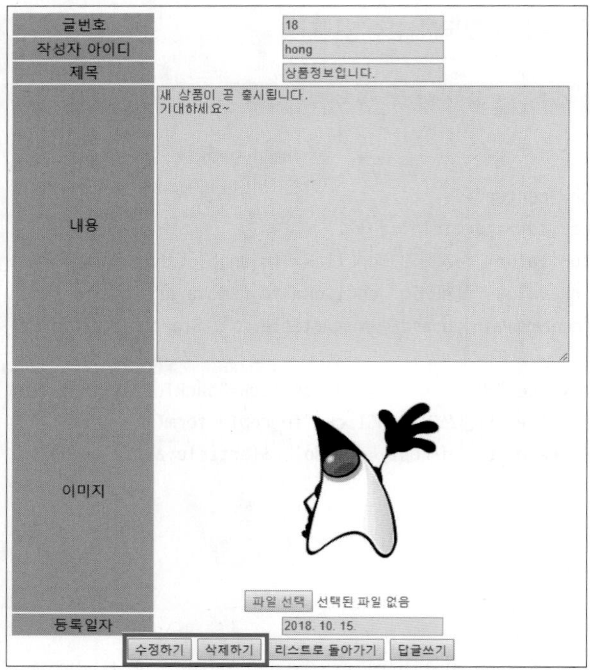

30.7 글 수정하기

JAVA WEB

이번에는 글을 수정할 수 있는 기능을 스프링으로 구현해 보겠습니다. 글을 추가하는 기능과 유사하므로 쉽게 이해할 수 있을 것입니다.

1. 매퍼 파일에 update문을 추가합니다. if문을 사용하여 글 수정 시 이미지를 수정한 경우에만 이미지 파일 이름을 업데이트하도록 지정합니다.

코드 30-27 pro30/src/main/resources/mybatis/mappers/board.xml

```
...
<update id="updateArticle"  parameterType="java.util.Map">
  update t_board
  set title=#{title}, content=#{content}
```

Map으로 글 정보를 가져옵니다.

```
    <if test="imageFileName!='' and imageFileName!=null">
        ,imageFileName=#{imageFileName}
    </if>
    where articleNO=#{articleNO}
  </update>
  ...
```

이미지를 수정한 경우에만 이미지 파일 이름을 수정합니다.

2. 자바 파일을 작성할 차례입니다. 글 수정 시 이미지 파일도 수정해서 업로드해야 하므로 MultipartHttpServletRequest를 사용해 업로드한 후 글 정보를 articleMap에 key/value로 담아 테이블에 추가합니다. 그리고 수정된 새 이미지를 글 번호 폴더에 업로드한 후에는 반드시 기존 이미지를 삭제해야 합니다. 글 수정을 마친 후에는 다시 글상세창을 나타냅니다.

코드 30-28 pro30/src/main/java/com/myspring/pro30/board/controller/BoardControllerImpl.java

```
...
@RequestMapping(value="/board/modArticle.do", method = RequestMethod.POST)
@ResponseBody
public ResponseEntity modArticle(MultipartHttpServletRequest multipartRequest,
                                  HttpServletResponse response) throws Exception{
  multipartRequest.setCharacterEncoding("utf-8");
  Map<String,Object> articleMap = new HashMap<String, Object>();
  Enumeration enu=multipartRequest.getParameterNames();
  while(enu.hasMoreElements()){
    String name=(String)enu.nextElement();
    String value=multipartRequest.getParameter(name);
    articleMap.put(name,value);
  }

  String imageFileName= upload(multipartRequest);
  HttpSession session = multipartRequest.getSession();
  MemberVO memberVO = (MemberVO) session.getAttribute("member");
  String id = memberVO.getId();
  articleMap.put("id", id);
  articleMap.put("imageFileName", imageFileName);

  String articleNO=(String)articleMap.get("articleNO");
  String message;
  ResponseEntity resEnt=null;
  HttpHeaders responseHeaders = new HttpHeaders();
  responseHeaders.add("Content-Type", "text/html; charset=utf-8");
  try {
    boardService.modArticle(articleMap);
    if(imageFileName!=null && imageFileName.length()!=0) {
```

```
        File srcFile = new File(ARTICLE_IMAGE_REPO+"\\"+"temp"+"\\"+imageFileName);
        File destDir = new File(ARTICLE_IMAGE_REPO+"\\"+articleNO);
        FileUtils.moveFileToDirectory(srcFile, destDir, true);
                              새로 첨부한 파일을 폴더로 이동합니다.
        String originalFileName = (String)articleMap.get("originalFileName");
        File oldFile = new File(ARTICLE_IMAGE_REPO+"\\"+articleNO+"\\"+originalFileName);
        oldFile.delete();
      }                       기존 파일을 삭제합니다.
      ...
    }
    return resEnt;
  }
  ...
```

3. Service 클래스와 DAO 클래스는 이 책에서 제공하는 소스 코드를 참고하기 바랍니다.

4. 17장에서 글상세창을 구현할 때 사용한 viewArticle.jsp를 복사해서 붙여 넣습니다. 그리고 첨부 파일이 없는 글을 수정할 때는 파일 업로드 기능이 표시되도록 수정해야 합니다.

코드 30-29 pro30/src/main/webapp/WEB-INF/views/board/viewArticle.jsp

```
...
<c:choose>
  <c:when test="${not empty article.imageFileName && article.imageFileName!='null' }">
  <tr>
    <td width="150" align="center" bgcolor="#FF9933" rowspan="2">
      이미지
    </td>
    <td>
      <input type= "hidden"   name="originalFileName"
                              value="${article.imageFileName }" />
      <img src="${contextPath}/download.do?articleNO=${article.articleNO}&
                 imageFileName=${article.imageFileName}" id="preview"  /><br>
    </td>
  </tr>
  <tr>
  <td>
    <input  type="file" name="imageFileName " id="i_imageFileName" disabled
                                                   onchange="readURL(this);" />
  </td>
  </tr>
  </c:when>
  <c:otherwise>
    <tr  id="tr_file_upload" >
      <td width="150" align="center" bgcolor="#FF9933" rowspan="2">
```

```
        이미지
      </td>
      <td>
        <input  type= "hidden" name="originalFileName" value="${article.
                                                        imageFileName }" />
      </td>
    </tr>
    <tr>
      <td ></td>
      <td>
        <img id="preview"  /><br>
        <input  type="file"  name="imageFileName " id="i_imageFileName" disabled
                                                    onchange="readURL(this);" />
      </td>
    </tr>
  </c:otherwise>
</c:choose>
...
```

첨부 파일이 없는 글을 수정할 때는 파일 업로드가 표시되게 합니다.

5. 다음은 실행 결과입니다. 글상세창에서 **수정하기**를 클릭하면 글을 수정할 수 있는 상태로 바뀝니다. 글 내용과 이미지를 수정한 후 **수정반영하기**를 클릭합니다.

▼ 그림 30-18 글을 수정할 수 있는 상태로 바뀌면 내용과 이미지를 수정

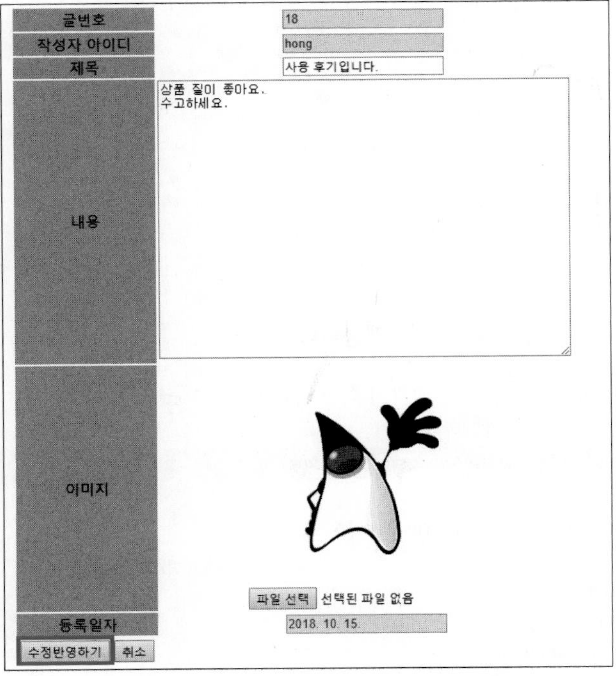

6. 그러면 다음과 같이 수정된 글 정보를 테이블에 반영하고 새로운 이미지를 업로드한 후 다시 글상세창을 나타냅니다.

▼ 그림 30-19 내용과 이미지 수정 완료

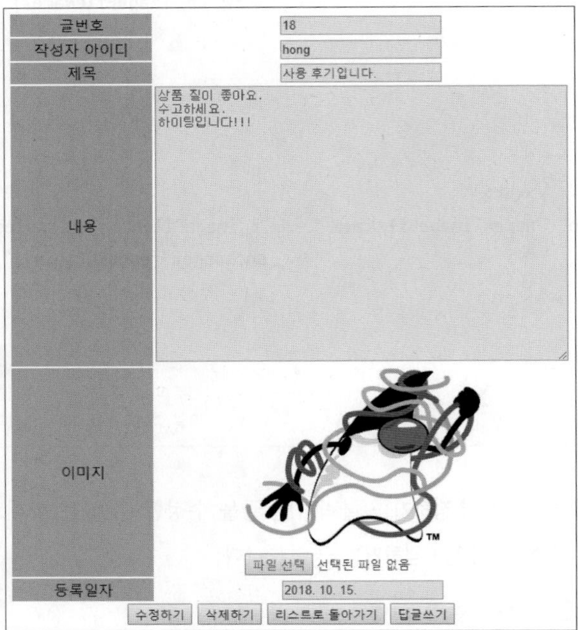

30.8 글 삭제하기

JAVA WEB

이번에는 게시판에서 글을 삭제하는 기능을 추가해 보겠습니다.

1. 매퍼 파일에 글 번호를 가져와 관련된 자식 글까지 삭제하는 delete문을 추가합니다.

코드 30-30 pro30/src/main/resources/mybatis/mappers/board.xml

```
...
  <delete id="deleteArticle" parameterType="int">
    <![CDATA[
      delete from t_board
      where articleNO in (
          SELECT articleNO FROM  t_board
```

글 번호를 가져옵니다.

```
          START WITH articleNO = #{articleNO}
          CONNECT BY PRIOR articleNO = parentNO )
    ]]>
  </delete>
  ...
```


2. 컨트롤러에서는 글 번호를 가져와 해당 글을 삭제합니다. 그리고 해당되는 이미지가 저장된 폴더도 함께 삭제합니다.

코드 30-31 pro30/src/main/java/com/myspring/pro30/board/controller/BoardControllerImpl.java

```
...
@Override
@RequestMapping(value="/board/removeArticle.do" ,method = RequestMethod.POST)
@ResponseBody
public ResponseEntity  removeArticle(@RequestParam("articleNO") int articleNO,
                                     HttpServletRequest request,
                                     HttpServletResponse response) throws Exception{
  response.setContentType("text/html; charset=UTF-8");
  String message;
  ResponseEntity resEnt=null;
  HttpHeaders responseHeaders = new HttpHeaders();
  responseHeaders.add("Content-Type", "text/html; charset=utf-8");
  try {
    boardService.removeArticle(articleNO);
    File destDir = new File(ARTICLE_IMAGE_REPO+"\\"+articleNO);
    FileUtils.deleteDirectory(destDir);
    ...
  }catch(Exception e) {
     ...
  }
 return resEnt;
 }
 ...
```

삭제할 글 번호를 가져옵니다.

글 번호를 전달해서 글을 삭제합니다.

글에 첨부된 이미지 파일이 저장된 폴더도 삭제합니다.

3. Service 클래스와 DAO 클래스는 이 책에서 제공하는 소스 파일을 참고하기 바랍니다.

4. 다음은 실행 결과입니다. **삭제하기**를 클릭합니다.

❯ 그림 30-20 글상세창에서 **삭제하기** 클릭

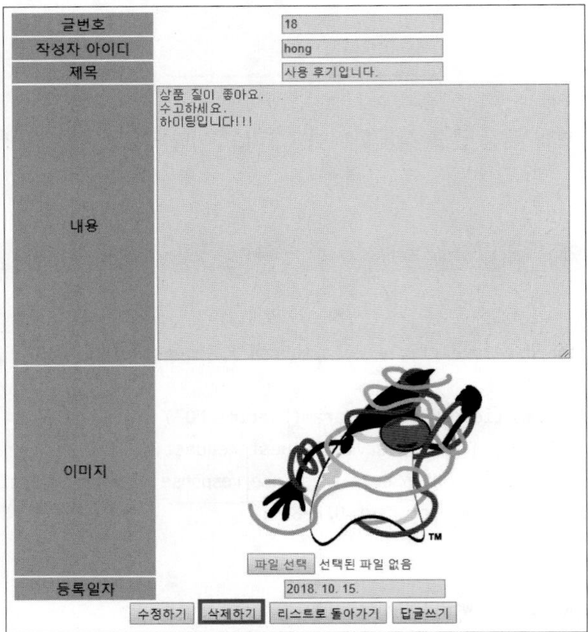

5. 해당 글을 삭제한 후 글목록창을 다시 표시합니다.

❯ 그림 30-21 글 삭제 후 글목록창 표시

글번호	작성자	제목	작성일
1	hong	상품평	2018. 9. 18.
2	hong	상품평가	2018. 9. 18.
3	hong	상품 주문이 늦어요.	2018. 9. 18.
4	lee	[답변] 상품평입니다.	2018. 9. 19.
5	lee	[답변] 222	2018. 9. 19.
6	lee	[답변] 죄송합니다.	2018. 9. 18.
7	lee	[답변] 테스트글	2018. 9. 19.
8	lee	[답변] 사용 후기입니다.	2018. 9. 19.
9	hong	상품평입니다.	2018. 9. 18.
10	hong	최길동글입니다.	2018. 9. 18.
11	kim	김유신입니다.	2018. 9. 18.
12	lee	[답변] 이용 후기입니다.	2018. 9. 18.
13	hong	안녕하세요	2018. 9. 18.
14	lee	[답변] 상품후기입니다..	2018. 9. 18.
15	hong	[답변] 답변입니다.	2018. 9. 18.
16	lee	[답변] 답변입니다.	2018. 9. 18.
17	hong	테스트글입니다.	2018. 9. 18.

글쓰기

30.9 새 글 추가 시 여러 이미지 파일 첨부하기

새 글을 작성할 때 이미지를 한 개만 첨부하는 것이 아니라 원하는 개수만큼 첨부해서 업로드할 수 있다면 더 좋겠죠. 여기에서는 여러 이미지 파일을 첨부하는 기능을 구현해 보겠습니다.

그림 30-22와 같이 이미지 파일 정보를 따로 저장할 테이블이 필요합니다.

▼ 그림 30-22 이미지 정보 테이블 생성

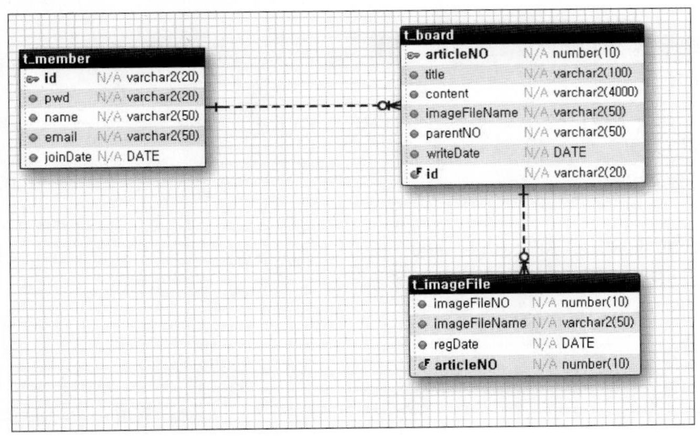

이미지 테이블에는 글을 작성할 때 첨부한 파일 정보가 저장됩니다. 따라서 이미지 테이블에 저장된 파일 정보는 반드시 그 파일이 어떤 글에 첨부된 파일인지를 나타내는 글 번호(`articleNO`)가 있어야 합니다.

그런데 이미지 테이블에 파일 정보를 추가할 때 게시판에 없는 글 번호라면 그 파일 정보는 게시판 테이블에 없는 글에 대한 파일 정보가 됩니다. 이런 오류가 발생하면 안 되겠죠. 이런 오류를 참조 무결성 오류라고 합니다. 따라서 이미지 테이블에 파일 정보를 추가할 때는 먼저 글 번호가 게시판에 존재하는 글 번호인지부터 확인해야 합니다.

따라서 SQL문으로 테이블에 값을 추가할 때는 항상 게시판 테이블의 글 번호를 참조하도록 만들어 주어야 합니다. 더 자세한 내용은 데이터베이스 관련 서적을 참고하기 바랍니다.

▼ 표 30-1 이미지 정보 테이블 구조

no	컬럼 이름	속성 이름	자료형	크기	유일키 여부	NULL 여부	키	기본값
1	imageFileNO	이미지 파일 번호	number	10	Y		기본키	
2	imageFileName	이미지 파일 이름	varchar2	50	N	N		
3	regData	등록일자	date					sysdate
4	articleNO	글 번호	number	10	Y	N	참조키	

1. SQL Developer를 이용해 이미지 테이블을 생성합니다. SQL문 실행 시 마지막에 게시판 테이블의 articleNO 컬럼을 참조하는 구문을 추가합니다.

코드 30-32 이미지 저장 테이블 생성 SQL문

```
CREATE TABLE t_imageFile (
  imageFileNO number(10)  primary key,
  imageFileName varchar2(50),
  regDate  date default sysdate,
  articleNO number(10),
    CONSTRAINT FK_ARTICLENO FOREIGN KEY(articleNO)
    REFERENCES t_board(articleNO) ON DELETE CASCADE
);
```

게시판 글을 삭제할 경우 해당 글 번호를 참조하는 이미지 정보도 자동으로 삭제됩니다.

2. 매퍼 파일에 다음과 같이 SQL문을 추가합니다. 새 글 추가 시 여러 개의 이미지 파일을 첨부할 수 있기 때문에 insert문에서 <foreach> 태그를 이용해 한꺼번에 추가할 수 있게 합니다.

코드 30-33 pro30/src/main/resources/mybatis/mappers/board.xml

```
...
<insert id="insertNewArticle" parameterType="java.util.Map">
  <![CDATA[
    insert into t_board(articleNO, id, title, content, imageFileName)
    values(#{articleNO}, #{id}, #{title}, #{content}, null)
  ]]>
</insert>

<insert id="insertNewImage"  parameterType="java.util.Map">
  <foreach item="item" collection="list" open="INSERT ALL"
                                separator=" " close="SELECT * FROM DUAL" >
    INTO t_imageFile(imageFileNO, imageFileName, articleNO, regDate)
    VALUES (#{item.imageFileNO}, #{item.imageFileName}, #{item.articleNO}, sysdate)
  </foreach>
</insert>
```

imageFileName 컬럼은 더 이상 사용하지 않으므로 null을 입력합니다.

한꺼번에 여러 개의 레코드를 추가합니다.

```
<select id="selectNewImageFileNO" resultType="int"  >
  <![CDATA[
   SELECT  nvl(max(imageFileNO),0) from t_imageFile
  ]]>
</select>
...
```

새로 추가할 이미지 정보의 이미지 번호를 가져옵니다.

3. 이번에는 자바 파일을 수정할 차례입니다. 컨트롤러에서 새 글 정보와 이미지 파일 정보를 가져오려면 먼저 `upload()` 메서드를 호출해서 첨부한 이미지 파일 이름이 저장된 `fileList`를 받아와야 합니다. 그런 다음 `fileList`에서 이미지 파일 이름을 가져와 `ImageVO` 객체의 속성에 설정한 후 다시 `imageFileList`에 저장해야 합니다. 마지막으로 `imageFileList`를 `Map`에 담아 서비스의 메서드를 호출하면서 전달합니다.

코드 30-34 pro30/src/main/java/com/myspring/pro30/board/controller/BoardControllerImpl.java

```
...
@Override
@RequestMapping(value="/board/addNewArticle.do", method = RequestMethod.POST)
@ResponseBody
public ResponseEntity  addNewArticle(MultipartHttpServletRequest multipartRequest,
                                   HttpServletResponse response) throws Exception {
  ...
  List<String> fileList = upload(multipartRequest);
  List<ImageVO> imageFileList = new ArrayList<ImageVO>();
  if(fileList!= null && fileList.size()!=0) {
    for(String fileName : fileList) {
      ImageVO imageVO = new ImageVO();
      imageVO.setImageFileName(fileName);
      imageFileList.add(imageVO);
    }
    articleMap.put("imageFileList", imageFileList);
  }
  ...
  try {
    int articleNO = boardService.addNewArticle(articleMap);
    if(imageFileList!=null && imageFileList.size()!=0) {
    for(ImageVO  imageVO:imageFileList) {
      imageFileName = imageVO.getImageFileName();
      File srcFile = new File(ARTICLE_IMAGE_REPO+"\\"+"temp"+"\\"+imageFileName);
      File destDir = new File(ARTICLE_IMAGE_REPO+"\\"+articleNO);
      //destDir.mkdirs();
      FileUtils.moveFileToDirectory(srcFile, destDir,true);
    }
  }
```

- 첨부한 이름을 fileList로 반환합니다.
- 전송된 이미지 정보를 ImageVO 객체의 속성에 차례대로 저장한 후 imageFileList에 다시 저장합니다.
- imageFileList를 다시 articleMap에 저장합니다.
- articleMap을 서비스 클래스로 전달합니다.
- 첨부한 이미지들을 for문을 이용해 업로드합니다.

```
  ...

   }catch(Exception e) {
    if(imageFileList!=null && imageFileList.size()!=0) {
      for(ImageVO imageVO:imageFileList) {
        imageFileName = imageVO.getImageFileName();
        File srcFile = new File(ARTICLE_IMAGE_REPO+"\\"+"temp"+"\\"+imageFileName);
        srcFile.delete();
      }
    }          오류 발생 시 temp 폴더의 이미지들을 모두 삭제합니다.
    ...
  }
 return resEnt;
 }
  ...
                       이미지 파일 이름이 저장된 List를 반환합니다.
  private List<String> upload(MultipartHttpServletRequest multipartRequest)
  throws Exception{
    List<String> fileList= new ArrayList<String>();
    Iterator<String> fileNames = multipartRequest.getFileNames();
    while(fileNames.hasNext()){
      String fileName = fileNames.next();
      MultipartFile mFile = multipartRequest.getFile(fileName);
      String originalFileName=mFile.getOriginalFilename();
      fileList.add(originalFileName);     첨부한 이미지 파일의 이름들을 차례대로 저장합니다.
      File file = new File(ARTICLE_IMAGE_REPO +"\\"+"temp"+"\\" + fileName);
      if(mFile.getSize()!=0){
          if(!file.exists()){
              file.getParentFile().mkdirs();
              mFile.transferTo(new File(ARTICLE_IMAGE_REPO +"\\"+"temp"+
"\\"+originalFileName));
          }
      }
    }
    return fileList;
  }
```

4. Service 클래스와 DAO 클래스를 각각 다음과 같이 작성합니다. 새 글과 이미지 파일 정보를 추가하려면 먼저 insertNewArticle() 메서드로 articleMap을 전달해 글 정보를 게시판 테이블에 추가해야 합니다. 그런 다음 글 번호를 다시 articleMap에 저장하고 insertNewImage() 메서드를 호출하여 이미지 정보를 저장하는 식으로 구현합니다.

코드 30-35 pro30/src/main/java/com/myspring/pro30/board/service/BoardServiceImpl.java

```
...
@Override
public int addNewArticle(Map articleMap) throws Exception{
  int articleNO = boardDAO.insertNewArticle(articleMap);
  articleMap.put("articleNO", articleNO);
  boardDAO.insertNewImage(articleMap);
  return articleNO;
}
...
```

글 정보를 저장한 후 글 번호를 가져옵니다.

글 번호를 articleMap에 저장한 후 이미지 정보를 저장합니다.

코드 30-36 pro30/src/main/java/com/myspring/pro30/board/service/BoardDAOImpl.java

```
...
public int insertNewArticle(Map articleMap) throws DataAccessException {
  int articleNO = selectNewArticleNO();
  articleMap.put("articleNO", articleNO);
  sqlSession.insert("mapper.board.insertNewArticle",articleMap);
  return articleNO;
}
```

글 정보를 게시판 테이블에 추가한 후 글 번호를 반환합니다.

```
@Override
public void insertNewImage(Map articleMap) throws DataAccessException {
  List<ImageVO> imageFileList = (ArrayList)articleMap.get("imageFileList");
  int articleNO = (Integer)articleMap.get("articleNO");
  int imageFileNO = selectNewImageFileNO();
  for(ImageVO imageVO : imageFileList){
    imageVO.setImageFileNO(++imageFileNO);
    imageVO.setArticleNO(articleNO);
  }
  sqlSession.insert("mapper.board.insertNewImage",imageFileList);
}
...
private int selectNewImageFileNO() throws DataAccessException {
  return sqlSession.selectOne("mapper.board.selectNewImageFileNO");
}
...
```

articleMap이 글 번호를 가져옵니다.

이미지 번호를 가져옵니다.

ImageVO 객체를 차례대로 가져와 이미지 번호와 글 번호 속성을 설정합니다.

5. 이미지 테이블의 각 컬럼 이름에 대응하도록 ImageVO 클래스를 생성합니다.

코드 30-37 pro30/src/main/java/com/myspring/pro30/board/service/ImageVO.java

```
package com.myspring.pro30.board.vo;
...
public class ImageVO {
```

```
    private int imageFileNO;
    private String imageFileName;
    private Date regDate;
    private int articleNO;

    //각 속성에 대한 getter/setter
  ...
  public String getImageFileName() {
      return imageFileName;
  }

  public void setImageFileName(String imageFileName) {
      try {
          this.imageFileName = URLEncoder.encode(imageFileName,"UTF-8");
      } catch (UnsupportedEncodingException e) {
          e.printStackTrace();
      }
  }
   ...
```

6. 28.1절의 다중 파일 업로드 기능을 참고하여 새 글 등록창에 파일 업로드를 할 수 있는 기능을 다음과 같이 자바스크립트로 구현합니다.

코드 30-38 pro30/src/main/webapp/WEB-INF/views/board/articleForm.jsp

```
   ...
  var cnt=1;
  function fn_addFile(){
    $("#d_file").append("<br>"+"<input type='file' name='file"+cnt+"' />");
    cnt++;
  }
</script>
  ...
  <tr>
    ...
    <td align="right">이미지파일 첨부</td>
    <td align="left"> <input type="button" value="파일 추가" onClick="fn_addFile()"/></td>
    <td><div id="d_file"></div></td>
  </tr>
  ...
```

파일 업로드 기능을 동적으로 추가합니다.

파일 추가를 클릭하면 <div>에 동적으로 파일 업로드가 추가됩니다.

7. 브라우저에 요청하여 로그인한 후 다음과 같이 새 글을 작성합니다. 그리고 여러 개의 이미지 파일을 첨부한 후 **글쓰기**를 클릭하면 새 글이 등록됩니다.

▼ 그림 30-23 여러 개의 이미지 파일과 함께 새 글 등록

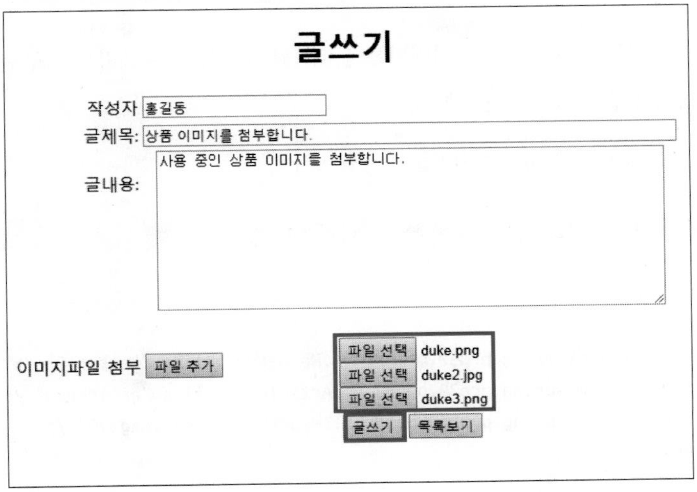

글쓰기

작성자 홍길동
글제목: 상품 이미지를 첨부합니다.
글내용: 사용 중인 상품 이미지를 첨부합니다.

이미지파일 첨부 파일 추가
파일 선택 duke.png
파일 선택 duke2.jpg
파일 선택 duke3.png
글쓰기 목록보기

8. 글 번호에 해당하는 폴더를 열어 보면 첨부한 여러 개의 이미지 파일들이 실제로 업로드된 것을 확인할 수 있습니다.

▼ 그림 30-24 글 번호 폴더에 업로드된 이미지 파일

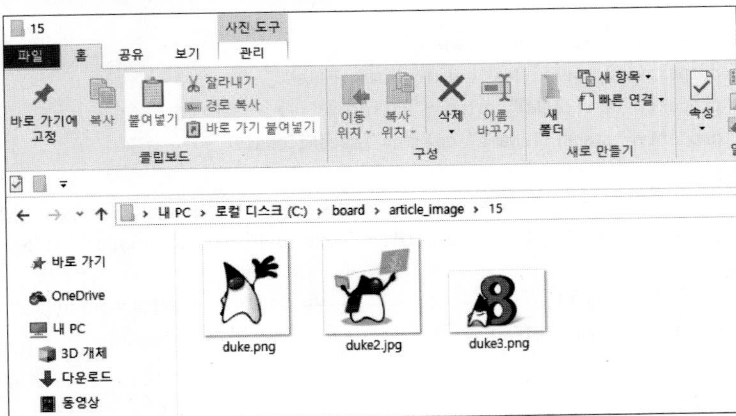

30.10 글상세창에 여러 이미지 표시하기

마지막으로 이번에는 글상세창에서 여러 개의 이미지를 볼 수 있는 기능을 스프링으로 구현해 보겠습니다. 방법은 지금까지 실습한 것과 비슷합니다.

1. modelConfig.xml에 ImageVO에 대한 alias를 설정합니다.

코드 30-39 pro30/src/main/resources/mybatis/model/modelConfig.xml

```
...
<configuration>
  <typeAliases>
    <typeAlias type="com.myspring.pro30.member.vo.MemberVO" alias="memberVO" />
    <typeAlias type="com.myspring.pro30.board.vo.ArticleVO" alias="articleVO" />
    <typeAlias type="com.myspring.pro30.board.vo.ImageVO" alias="imageVO" />
    </typeAliases>
</configuration>
```

2. 이미지 파일 정보를 저장할 resultMap을 imageVO를 이용해 설정합니다.

코드 30-40 pro30/src/main/resources/mybatis/mappers/board.xml

```
...
<resultMap id="imgResult" type="imageVO">
  <result property="imageFileNO" column="imageFileNO" />
  <result property="articleNO" column="articleNO" />
  <result property="imageFileName" column="imageFileName" />
</resultMap>
...
<select  id="selectImageFileList" resultMap="imgResult" parameterType="int">
 <![CDATA[
   SELECT * from t_imageFile
   where articleNO = #{articleNO}
 ]]>
</select>
...
```

이미지 파일 테이블에서 조회한 레코드를 저장하는 resultMap을 설정합니다.

이미지 테이블에서 글 번호에 대한 이미지 파일 정보를 조회합니다.

3. JSP로 글 정보와 이미지 파일 정보를 한꺼번에 넘기도록 자바 파일을 수정하겠습니다. articleMap에 각 정보를 key/value로 저장하여 JSP로 전달합니다.

코드 30-41 pro30/src/main/java/com/myspring/pro30/board/controller/BoardControllerImpl.java

```
...
  @RequestMapping(value="/board/viewArticle.do", method = RequestMethod.GET)
  public ModelAndView viewArticle(@RequestParam("articleNO") int articleNO,
                                  HttpServletRequest request,
                                  HttpServletResponse response) throws Exception{
    String viewName = (String)request.getAttribute("viewName");
    Map articleMap = boardService.viewArticle(articleNO);
    ModelAndView mav = new ModelAndView();
    mav.setViewName(viewName);
    mav.addObject("articleMap", articleMap);
    return mav;
  }
  ...
```

서비스에서 조회한 글 정보와 이미지 파일 정보를 담은 Map을 가져옵니다.

articleMap을 JSP에 전달합니다.

4. 새 글과 이미지 파일 정보를 조회하도록 서비스 파일을 수정합니다.

코드 30-42 pro30/src/main/java/com/myspring/pro30/board/service/BoardServiceImpl.java

```
...
@Override
public Map viewArticle(int articleNO) throws Exception {
  Map articleMap = new HashMap();
  ArticleVO articleVO = boardDAO.selectArticle(articleNO);
  List<ImageVO> imageFileList = boardDAO.selectImageFileList(articleNO);
  articleMap.put("article", articleVO);
  articleMap.put("imageFileList", imageFileList);
  return articleMap;
}
...
```

글 정보를 조회합니다.

이미지 파일 정보를 조회합니다.

글 정보와 이미지 파일 정보를 Map에 담습니다.

5. BoardDAOImpl 클래스는 소스 파일을 참고하기 바랍니다.

6. JSP 파일에서는 이미지 파일 정보가 imageFileList로 전달되도록 설정합니다. <c:forEach> 태그를 이용해 imageFileList에 저장된 ImageVO의 개수만큼 이미지를 표시합니다.

코드 30-43 pro30/src/main/webapp/WEB-INF/views/board/viewArticle.jsp

```
...
<c:set var="article" value="${articleMap.article}" />
<c:set var="imageFileList" value="${articleMap.imageFileList}"/>
...
 <c:if test="${not empty imageFileList && imageFileList!='null' }">
   <c:forEach var="item" items="${imageFileList}" varStatus="status" >
     <tr>
```

Map으로 넘어온 속성들의 이름을 다시 간단하게 설정합니다.

imageFileList가 비어 있지 않으면 이미지를 표시합니다.

```
    <td width="150" align="center" bgcolor="#FF9933" rowspan="2">
      이미지${status.count }
    </td>
    <td>
      <input type= "hidden"   name="originalFileName" value="${item.imageFileName }" />
      <img src="${contextPath}/download.do?articleNO=${article.articleNO}
                    &imageFileName=${item.imageFileName}" id="preview" /><br>
    </td>
  </tr>
  <tr>
    <td>
      <input type="file" name="imageFileName " id="i_imageFileName"
                                   disabled  onchange="readURL(this);"   />
    </td>
  </tr>
</c:forEach>
</c:if>
...
```

<forEach> 태그를 이용해 이미지 개수만큼 반복해서 다운로드합니다.

7. 실행 결과를 보면 첨부한 세 개의 이미지가 나타나 있습니다.

❤ 그림 30-25 첨부한 여러 개의 이미지 파일을 모두 표시

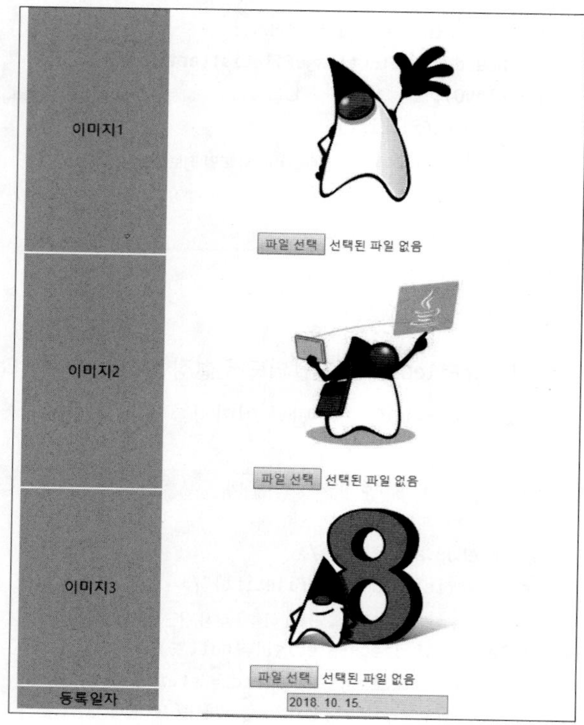

이 장에서는 스프링으로 답변형 게시판을 만들어 보았습니다. 여러 개의 이미지를 첨부한 글을 수정하는 기능, 답글을 쓰는 기능은 아직 구현하지 않았습니다. 17장에서 실습한 내용을 참고하여 여러분이 직접 구현해 보기 바랍니다. 한 발 더 나아가 글 조회 수를 확인하는 기능도 추가해 보세요.

31장

도서 쇼핑몰 만들기

31.1 쇼핑몰 애플리케이션 설치하기

31.2 도서 쇼핑몰 기능 알아보기

31.3 메인 페이지 구현하기

31.4 상품 상세 구현하기

31.5 Ajax 이용해 검색 자동 완성 기능 구현하기

31.6 로그인과 회원 가입하기

31.7 장바구니 기능 구현하기

31.8 주문 기능 구현하기

31.9 마이페이지 기능 구현하기

31.10 상품 관리 기능 구현하기

31.11 주문 관리 기능 구현하기

지금까지 배운 내용을 기반으로 온라인 서점, 즉 도서 쇼핑몰을 만들어 보겠습니다. 이 장부터는 스프링의 기능을 충분히 알고 있다는 전제하에 설명하므로 처음 사용하는 기능이나 특별히 설명이 필요하다고 생각되는 부분만 자세히 설명하고 앞에서 배운 내용과 중복되는 경우에는 설명을 생략하도록 하겠습니다.

JAVA WEB

31.1 쇼핑몰 애플리케이션 설치하기

먼저 쇼핑몰 애플리케이션을 로컬 PC에 설치해 보겠습니다. 다음 설치 과정 중 1~6단계까지는 앞 장에서 실습한 내용입니다. 만약 앞의 내용을 건너뛰고 이 장부터 학습하는 독자라면 해당하는 장을 참조하여 실습을 진행하기 바랍니다.

1. JDK를 설치합니다(1장).
2. JDK 환경 변수를 설정합니다(1장).
3. 톰캣 컨테이너를 설치합니다(3장).
4. 메이븐을 다운로드해 설치합니다(27장).
5. STS 플러그인을 설치합니다(27장).
6. exERD를 설치합니다(1장).
7. 쇼핑몰에서 사용할 데이터베이스 구조를 만드는 SQL 파일을 SQL Developer로 설치합니다.
    - 예제 소스 pro31/shopping_table_schema.sql
8. 쇼핑몰 상품 이미지가 담긴 shopping 폴더를 통째로 복사하여 로컬 PC의 C 드라이브에 붙여 넣습니다.
    - 예제 소스 pro31/shopping

❤ 그림 31-1 상품 이미지 다운로드해 C 드라이브에 복사

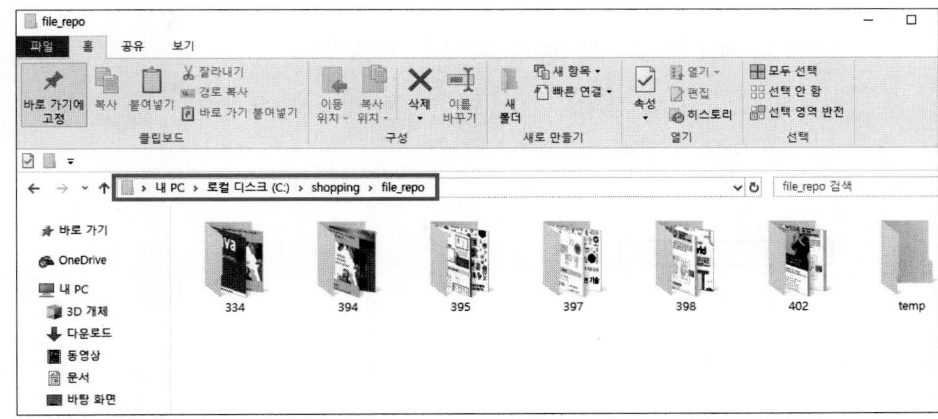

9. 이클립스 상단 메뉴에서 File 〉 Import...를 선택합니다.

❤ 그림 31-2 이클립스 상단 메뉴에서 **File 〉 Import...** 선택

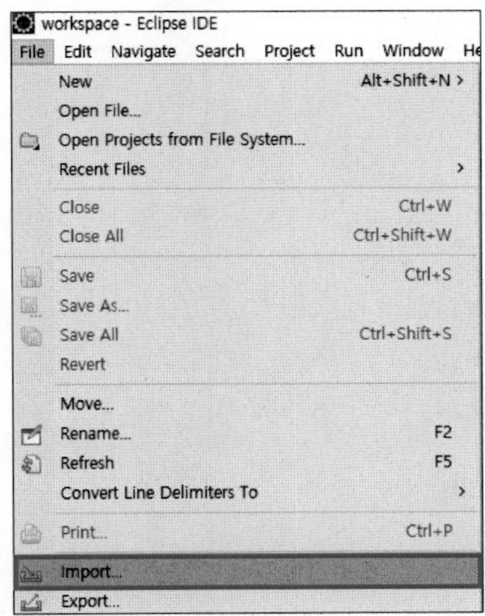

10. General 항목의 Existing Projects into Workspace를 선택하고 Next를 클릭합니다.

▼ 그림 31-3 Existing Projects into Workspace 선택 후 Next 클릭

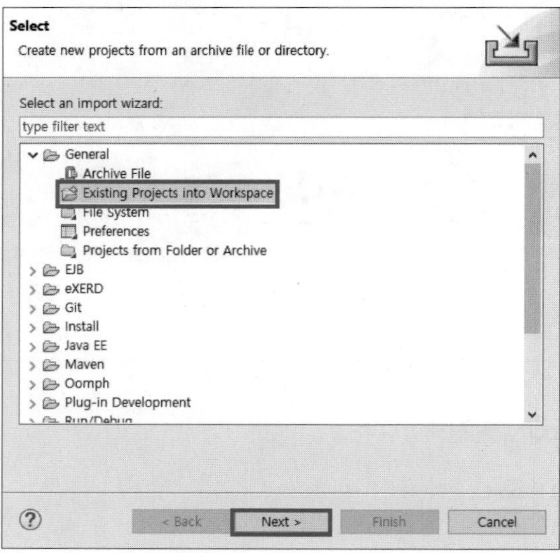

11. Imort Projects 창에서 Browse... 를 클릭합니다.

▼ 그림 31-4 Browse... 클릭

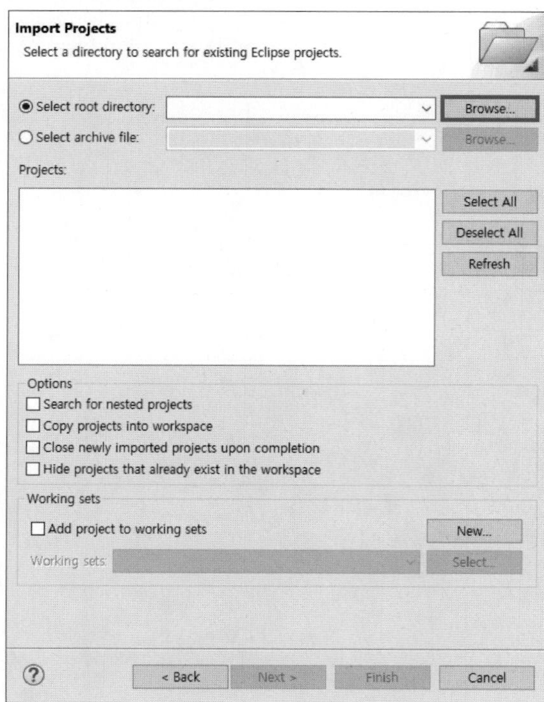

12. bookshop01 프로젝트의 루트 디렉터리로 경로를 이동한 후 **폴더 선택**을 클릭합니다.

▼ 그림 31-5 임포트할 프로젝트의 루트 디렉터리 선택

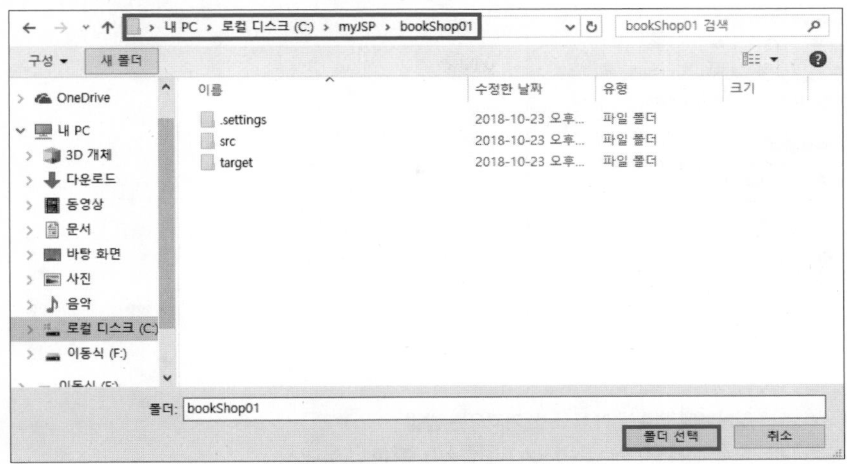

13. 다시 한번 경로를 확인하고 **Finish**를 클릭합니다.

▼ 그림 31-6 프로젝트 경로 확인 후 **Finish** 클릭

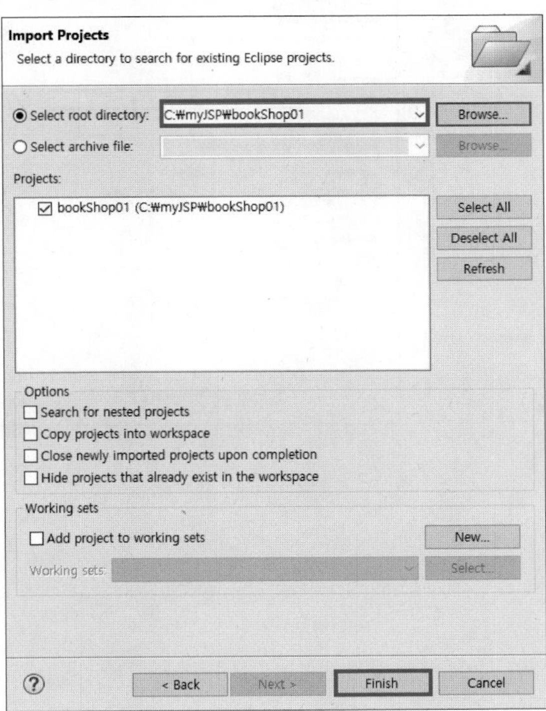

14. 프로젝트 탐색기에 bookshop01 프로젝트가 만들어진 것을 확인할 수 있습니다.

❤ 그림 31-7 프로젝트 탐색기에 임포트한 프로젝트 표시

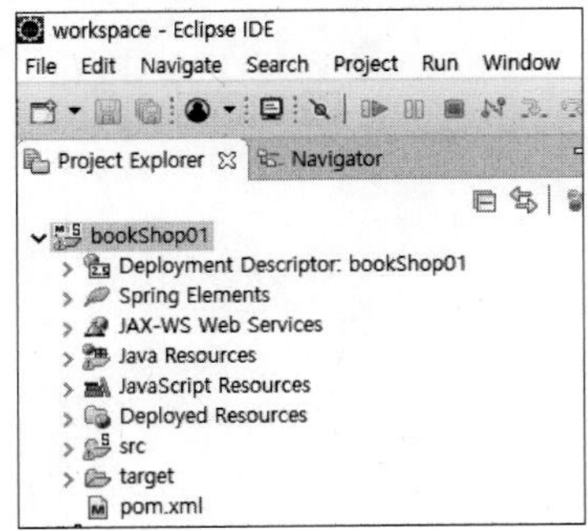

Note ☰ **깃허브에 접속해 예제 소스 가져오는 방법**

다음 깃허브 주소에서 예제 소스를 가져와 이클립스에 추가하면 됩니다.

- https://github.com/gilbutITbook/006895

❤ 그림 31-8 이 책에서 제공하는 예제 소스 깃허브에서 가져오기

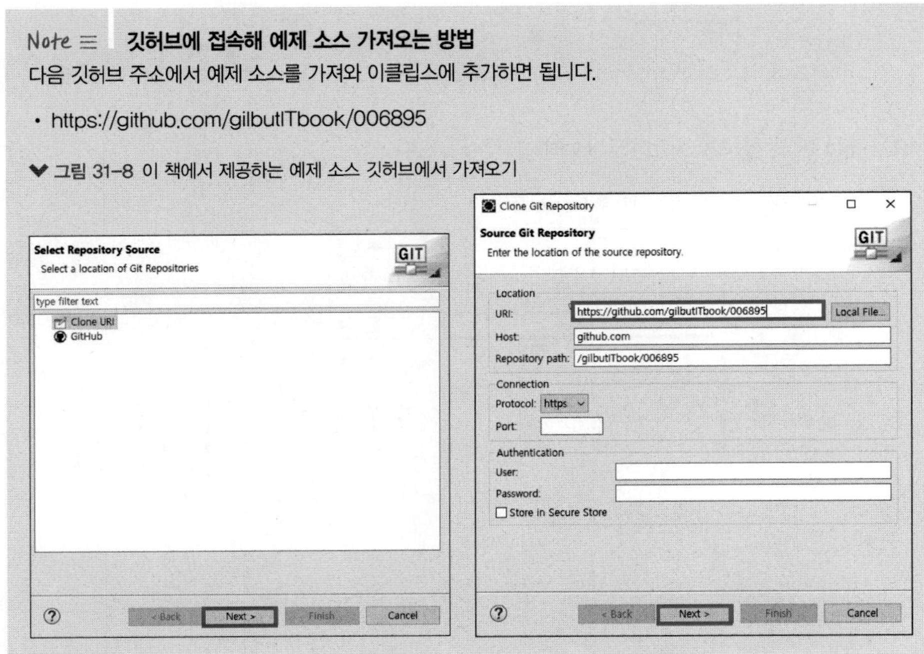

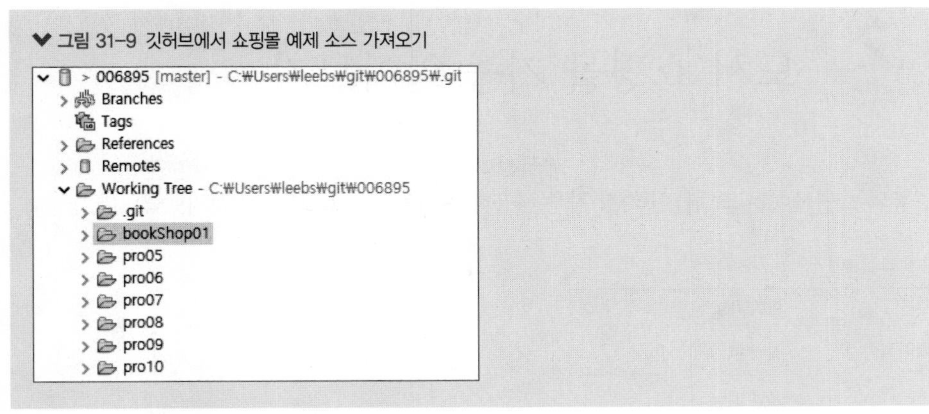

▼ 그림 31-9 깃허브에서 쇼핑몰 예제 소스 가져오기

15. bookShop01 프로젝트를 톰캣에 추가해 실행시킨 후 브라우저에서 http://localhost:8090/bookshop01/main/main.do로 요청합니다.

▼ 그림 31-10 요청 결과

31.2 도서 쇼핑몰 기능 알아보기

어떤 종류의 쇼핑몰이든 고객들이 가장 자주 사용하는 기능들을 표 31-1에 정리했습니다.

▼ 표 31-1 쇼핑몰에 구현된 기능

기능	세부 기능
메인 페이지	메인 페이지
	빠른 메뉴
회원 기능	로그인
	회원 가입
상품 기능	상품 검색
장바구니 기능	장바구니 상품 조회
	장바구니 상품 추가
	장바구니 상품 수정
	장바구니 상품 삭제
주문 기능	상품 주문
	주문 상품 조회
	주문 수정
	주문 취소
마이페이지 기능	주문 내역 조회
	회원 정보 수정
	회원 탈퇴

지금부터 각 기능을 차례대로 알아보겠습니다. 먼저 쇼핑몰의 프로젝트 및 데이터베이스 구조를 살펴보겠습니다.

31.2.1 쇼핑몰 프로젝트 및 데이터베이스 구조

먼저 우리가 만들 도서 쇼핑몰의 데이터베이스 구조를 볼까요?

▼ 그림 31-11 쇼핑몰 ERD 파일 위치

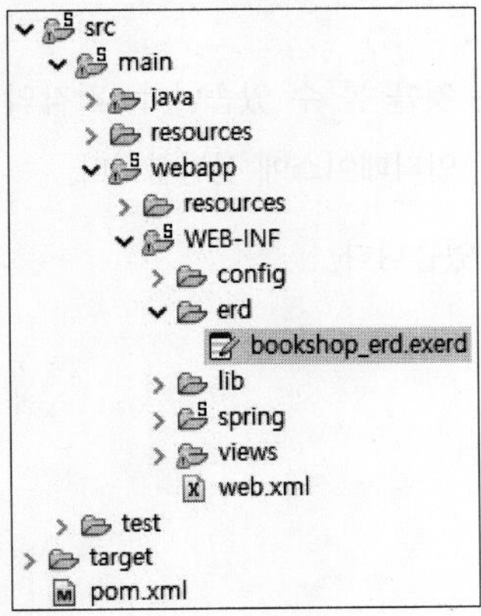

▼ 그림 31-12 쇼핑몰 전체 데이터베이스 구조

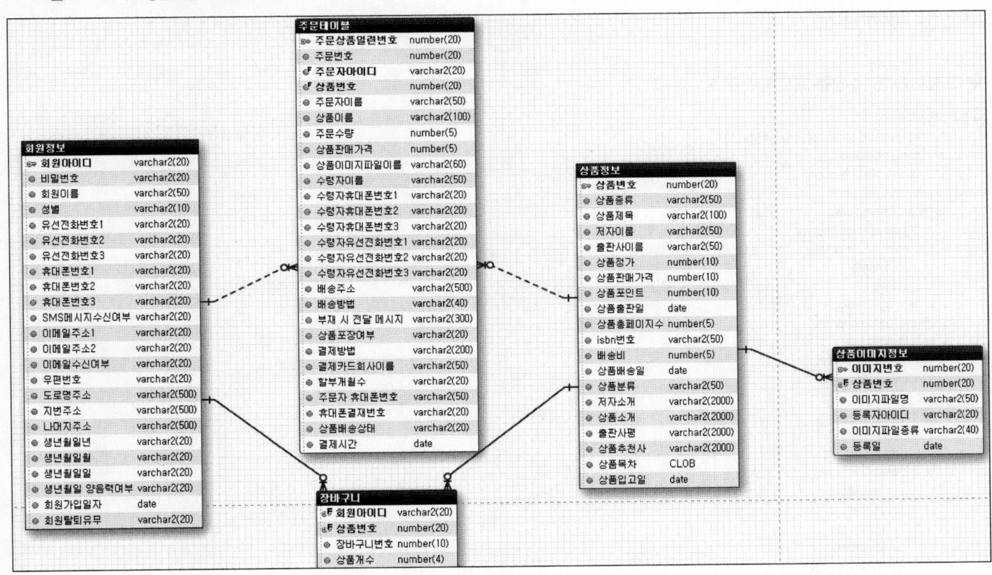

크게 5개의 테이블(회원정보, 주문테이블, 상품정보, 상품이미지정보, 장바구니)로 이루어져 있네요. 각 테이블과 관련된 기능은 실습하면서 차차 설명하겠습니다.

이 프로젝트에서 사용할 `Controller` 클래스들의 계층 구조를 그림 31-13에 나타내었습니다.

▼ 그림 31-13 각 Controller 클래스의 계층 구조

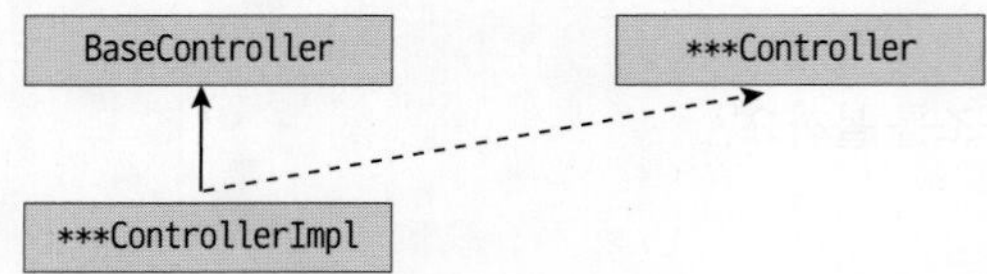

모든 Controller 클래스들은 BaseController 클래스를 상속받는 것을 볼 수 있습니다. 각각의 구현 클래스(*** ControllerImpl)에서 사용할 메서드를 ***Controller 인터페이스에 선언합니다.

또한 그림 31-14에는 Service와 DAO 클래스의 계층 구조를 나타내었습니다.

▼ 그림 31-14 각 Service 클래스와 DAO 클래스의 계층 구조

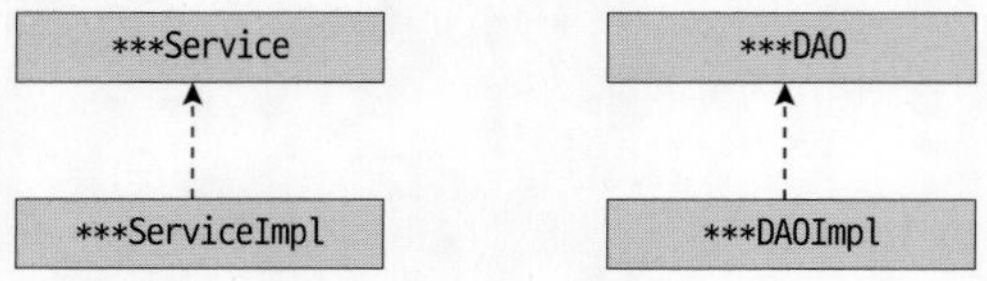

이제는 도서 쇼핑몰 중 메인 페이지와 상품 조회 기능을 구현하는 bookshop01 프로젝트의 소스 구조를 볼까요?

▼ 그림 31-15 쇼핑몰 프로젝트 구조

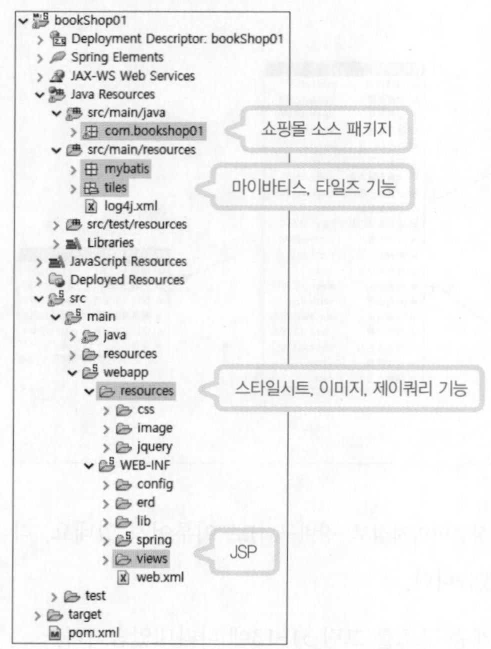

이 프로젝트에 사용되는 CSS 이미지 파일, 제이쿼리, 자바스크립트 파일 등은 모두 src/main/webapp/resources 폴더에 있습니다.

톰캣을 실행하면 servlet-context.xml에서 src/main/webapp/resources의 CSS, 이미지 파일, 제이쿼리, 자바스크립트 파일을 읽어 들여 설정합니다.

코드 31-1 bookshop01/src/main/webapp/WEB-INF/spring/appServlet/servlet-context.xml

```
...
<resources mapping="/resources/**" location="/resources/" />
...
  <beans:bean id="tilesConfigurer"
            class="org.springframework.web.servlet.view.tiles2.TilesConfigurer">
  <beans:property name="definitions">
    <beans:list>
      <beans:value>classpath:tiles/*.xml</beans:value>
    </beans:list>
  </beans:property>
  <beans:property name="preparerFactoryClass"
         value="org.springframework.web.servlet.view.tiles2.SpringBeanPreparerFactory"/>
</beans:bean>
<beans:bean id="viewResolver"
           class="org.springframework.web.servlet.view.UrlBasedViewResolver">
  <beans:property name="viewClass"
                value="org.springframework.web.servlet.view.tiles2.TilesView"/>
</beans:bean>
<context:component-scan base-package="com.bookshop01" />

<mvc:interceptors>
  <mvc:interceptor>
    <mvc:mapping path="/*/*.do"/>
    <mvc:mapping path="/*/*/*.do"/>
    <beans:bean class="com.bookshop01.common.interceptor.ViewNameInterceptor" />
  </mvc:interceptor>
</mvc:interceptors>

 <beans:bean id="multipartResolver"
            class="org.springframework.web.multipart.commons.CommonsMultipartResolver">
   <beans:property name="maxUploadSize" value="52428800" />
   <beans:property name="maxInMemorySize" value="1000000" />
   <beans:property name="defaultEncoding" value="utf-8" />
</beans:bean>
...
```

/resources 폴더의 HTML, 자바스크립트, 제이쿼리, 이미지들을 읽어 들여 설정합니다.

타일즈 기능을 설정합니다.

2단계와 3단계 요청에 대해 인터셉터를 설정합니다.

멀티파트 뷰리졸버를 설정합니다.

31.3 메인 페이지 구현하기

우리가 만들 도서 쇼핑몰 메인 페이지에는 신간, 베스트셀러, 스테디셀러가 다음과 같이 한 줄에 4권씩 표시됩니다.

▼ 그림 31-16 베스트셀러를 한 줄에 4권씩 표시

또한 메인 페이지와 관련된 테이블을 보면 상품정보 테이블과 상품이미지정보 테이블의 데이터를 조회한 후 메인 페이지에 표시한다는 것을 알 수 있습니다.

▼ 그림 31-17 상품 관련 테이블의 논리적 구조

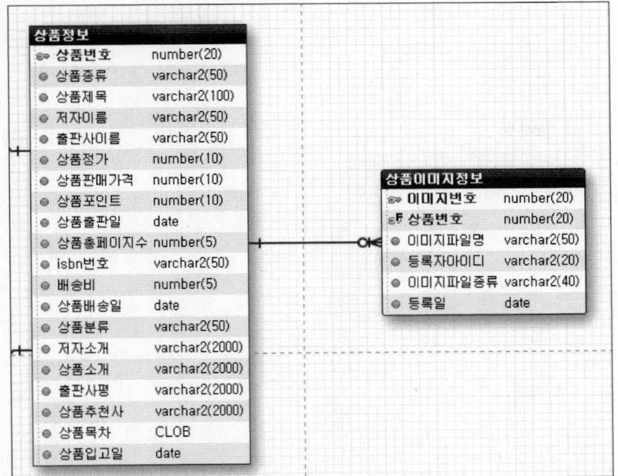

▼ 그림 31-18 상품 관련 테이블의 물리적 구조

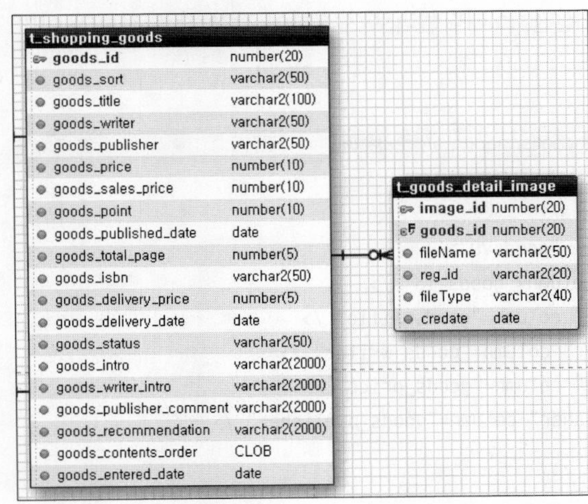

그럼 본격적으로 진행해 보겠습니다. 먼저 매퍼 파일을 구현합니다.

1. 메인 페이지에 표시할 상품을 조회하는 SQL문에 대한 매퍼 파일인 goods.xml을 준비합니다.

▼ 그림 31-19 매퍼 파일 위치

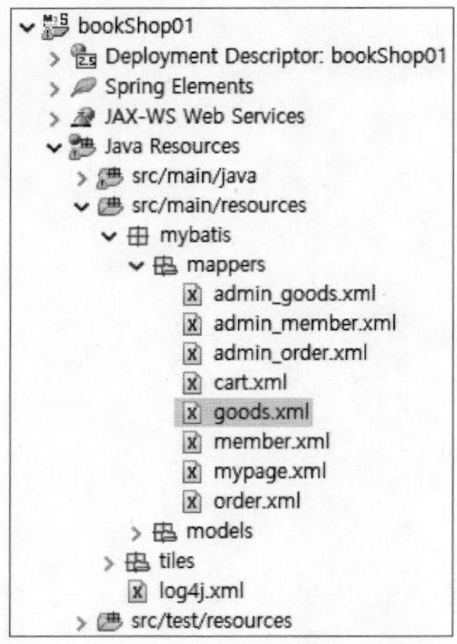

2. goods.xml에서 조건 값을 베스트셀러, 신간, 스테디셀러로 지정하여 각각 상품 정보와 이미지 정보를 15개씩 조회합니다.

코드 31-2 bookshop01/src/main/resources/mybatis/mappers/goods.xml

```
...
<mapper namespace="mapper.goods">
  <resultMap id="goodsResult" type="goodsVO">
    <result property="goods_id" column="goods_id" />
    <result property="goods_title" column="goods_title" />
    <result property="goods_writer" column="goods_writer" />
    <result property="goods_price" column="goods_price" />
    <result property="goods_publisher" column="goods_publisher" />
    ...
  </resultMap>
```

상품 정보를 저장하는 resultMap입니다.

```
  </resultMap>
    <resultMap id="imageResult" type="ImageFileVO">
    <result property="goods_id" column="goods_id" />
    <result property="fileName" column="fileName" />
    <result property="reg_id" column="reg_id" />
    <result property="image_id" column="image_id" />
    <result property="fileType" column="fileType" />
  </resultMap>
```

상품 이미지 정보를 저장하는 resultMap입니다.

```
<select id="selectGoodsList" parameterType="String" resultMap="goodsResult"   >
  <![CDATA[
```

```
  select t.*
    from(
         select g.*,d.fileName from t_shopping_goods g, t_goods_detail_image d
         where g.goods_id=d.goods_id
         and d.filetype='main_image'
         and goods_status=#{goodsStatus}
         order by g.goods_creDate desc)  t
  where   rowNum <16
  ]]>
</select>
...
```

goods_status의 조건 값으로 '신상품', '베스트셀러', '스테디셀러'를 전달해 각각의 상품을 15개까지 조회합니다.

3. 다음으로 메인 페이지를 나타낼 타일즈를 설정하는 tiles_main.xml 파일을 생성합니다.

▼ 그림 31-20 타일즈 파일 위치

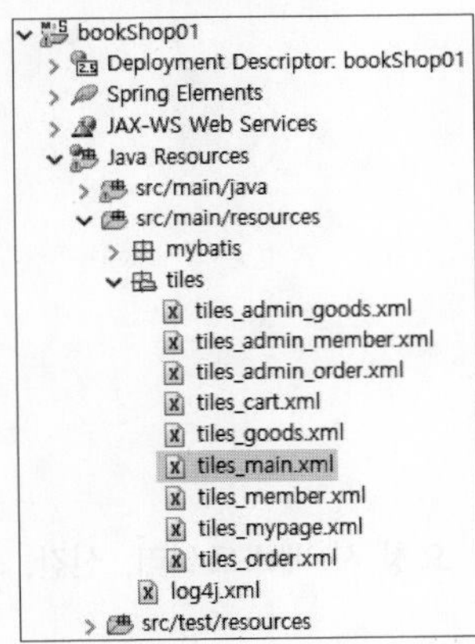

4. tiles_main.xml을 다음과 같이 작성합니다.

코드 31-3 bookshop01/src/main/resources/tiles/tiles_main.xml

```
...
<definition name="baseLayout" template="/WEB-INF/views/common/layout.jsp">
  <put-attribute name="title" value="레이아웃 페이지" />
  <put-attribute name="header" value="/WEB-INF/views/common/header.jsp" />
  <put-attribute name="side" value="/WEB-INF/views/common/side.jsp" />
  <put-attribute name="body" value="" />
  <put-attribute name="footer" value="/WEB-INF/views/common/footer.jsp" />
  <put-attribute name="quickMenu" value="/WEB-INF/views/common/quickMenu.jsp" />
</definition>
```

쇼핑몰 기본 레이아웃을 설정합니다.

```
<definition name="/main/main" extends="baseLayout">
  <put-attribute name="title" value="쇼핑몰 메인페이지" />
```

```
  <put-attribute name="body" value="/WEB-INF/views/main/main.jsp" />
</definition>
...
```

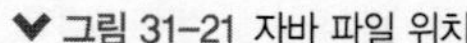
쇼핑몰 메인 페이지 레이아웃을 설정합니다.

5. 메인 페이지에도 상품 정보가 표시되므로 goods 패키지 기능을 사용합니다. 필요한 자바 클래스는 다음과 같습니다.

▼ 그림 31-21 자바 파일 위치

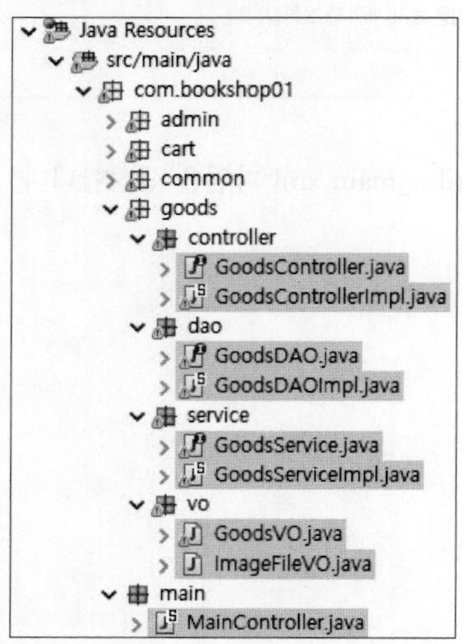

6. 메인 컨트롤러인 MainController 클래스에서는 브라우저 요청 시 베스트셀러, 신간, 스테디셀러를 조회한 후 Map에 저장하여 JSP로 전달합니다.

코드 31-4 bookshop01/src/main/java/com/bookshop01/main/MainController.java

```
...
@Controller("mainController")
@Enable AspectjAutoProxy
public class MainController extends BaseController {
  @Autowired
  private GoodsService goodsService;

  @RequestMapping(value= "/main/main.do", method={RequestMethod.POST, RequestMethod.GET})
  public ModelAndView main(HttpServletRequest request, HttpServletResponse response)
  throws Exception{
    HttpSession session;
    ModelAndView mav=new ModelAndView();
    String viewName=(String)request.getAttribute("viewName");
    mav.setViewName(viewName);
```

```
        session=request.getSession();
        session.setAttribute("side_menu", "user");
        Map<String,List<GoodsVO>> goodsMap=goodsService.listGoods();
        mav.addObject("goodsMap", goodsMap);
        return mav;
    }
}
```

속성, 즉 side_menu의 값에 따라 화면 왼쪽에 표시되는 메뉴 항목을 다르게 합니다.

베스트셀러, 신간, 스테디셀러 정보를 조회해 Map에 저장합니다.

메인 페이지로 상품 정보를 전달합니다.

7. Service 클래스인 GoodsServiceImpl에서는 베스트셀러, 신간, 스테디셀러를 SQL문의 조건으로 전달하여 각각의 도서 정보를 조회해서 HashMap에 저장한 후 컨트롤러로 반환합니다.

코드 31-5 bookshop01/src/main/java/com/bookshop01/goods/service/GoodsServiceImpl.java

```
...
@Service("goodsService")
@Transactional(propagation=Propagation.REQUIRED)
public class GoodsServiceImpl implements GoodsService{
    @Autowired
    private GoodsDAO goodsDAO;

    public Map<String,List<GoodsVO>> listGoods() throws Exception {
        Map<String,List<GoodsVO>> goodsMap=new HashMap<String,List<GoodsVO>>();
        List<GoodsVO> goodsList=goodsDAO.selectGoodsList("bestseller");
        goodsMap.put("bestseller", goodsList);

        goodsList=goodsDAO.selectGoodsList("newbook");
        goodsMap.put("newbook", goodsList);

        goodsList=goodsDAO.selectGoodsList("steadyseller");
        goodsMap.put("steadyseller", goodsList);
        return goodsMap;
    }
...
```

newbook, bestseller, steadyseller를 조건으로 각각 도서 정보를 조회해서 HashMap에 저장한 후 반환합니다.

8. GoodsDAOImpl 클래스를 다음과 같이 작성합니다.

코드 31-6 bookshop01/src/main/java/com/bookshop01/goods/dao/GoodsDAOImpl.java

```
...
@Repository("goodsDAO")
public class GoodsDAOImpl  implements GoodsDAO{
    @Autowired
    private SqlSession sqlSession;
```

```
@Override
public List<GoodsVO> selectGoodsList(String goodsStatus ) throws DataAccessException {
  List<GoodsVO> goodsList =
      (ArrayList)sqlSession.selectList("mapper.goods.selectGoodsList",goodsStatus);
  return goodsList;
}
...
```

메서드 호출 시 전달된 조건으로 도서 정보를 조회합니다.

9. 이제는 각 상품의 이미지를 다운로드하는 컨트롤러를 구현할 차례입니다.

❖ 그림 31-22 자바 파일 위치

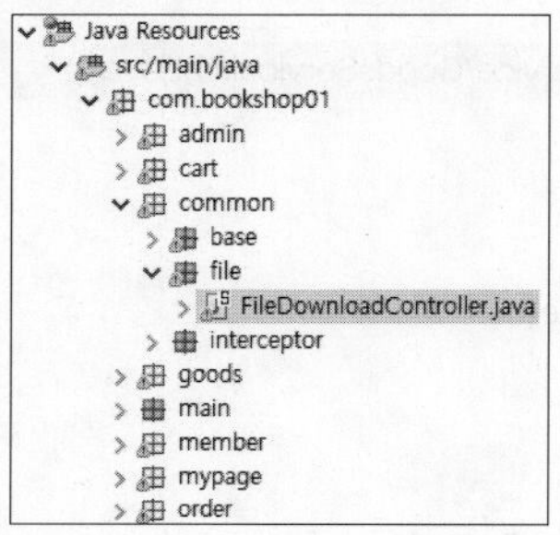

10. FileDownloadController 클래스를 다음과 같이 작성합니다.

코드 31-7 bookshop01/src/main/java/com/bookshop01/common/file/FileDownloadController.java

```
...
@Controller
public class FileDownloadController {
  private static String CURR_IMAGE_REPO_PATH = "C:\\shopping\\file_repo";

  @RequestMapping("/download")
  protected void download(@RequestParam("fileName") String fileName,
                          @RequestParam("goods_id") String goods_id,
                          HttpServletResponse response) throws Exception {
  ...
  }

  @RequestMapping("/thumbnails.do")
  protected void thumbnails(@RequestParam("fileName") String fileName,
                            @RequestParam("goods_id") String goods_id,
                            HttpServletResponse response) throws Exception {
    OutputStream out = response.getOutputStream();
    String filePath=CURR_IMAGE_REPO_PATH+"\\"+goods_id+"\\"+fileName;
    File image=new File(filePath);
```

이미지 파일 이름과 상품 id를 가져옵니다.

```
    int lastIndex = fileName.lastIndexOf(".");
    String imageFileName = fileName.substring(0,lastIndex);
    if (image.exists()) {
      Thumbnails.of(image).size(121,154).outputFormat("png").toOutputStream(out);
    }
    byte[] buffer = new byte[1024 * 8];
    out.write(buffer);
    out.close();
  }
}
```

메인 페이지 이미지를 썸네일로 표시합니다

11. 마지막으로 메인 페이지와 왼쪽 메뉴를 표시하는 JSP 파일들을 준비합니다.

❤ 그림 31-23 JSP 파일 위치

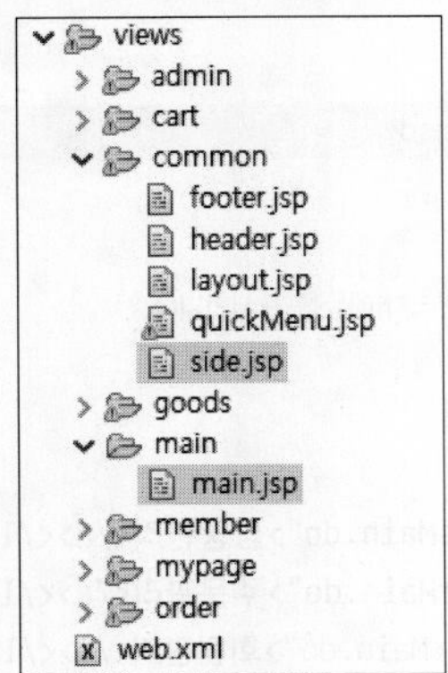

12. main.jsp를 다음과 같이 작성합니다.

코드 31-8 bookshop01/src/main/webapp/WEB-INF/views/main/main.jsp

```
...
<div class="main_book">
  <c:set  var="goods_count" value="0" />
  <h3>베스트셀러</h3>
  <c:forEach var="item" items="${goodsMap.bestseller }">
    <c:set  var="goods_count" value="${goods_count+1 }" />
    <div class="book">
      <a href="${contextPath}/goods/goodsDetail.do?goods_id=${item.goods_id}">
              <img class="link"  src="${contextPath}/resources/image/1px.gif"> </a>
      <img width="121" height="154" src="${contextPath}/thumbnails.do?
                              goods_id=${item.goods_id}&fileName=${item.goods_fileName}">
      <div class="title">${item.goods_title}</div>
      <div class="price">
        <fmt:formatNumber value="${item.goods_price}" type="number" var="goods_price" />
```

베스트셀러를 표시합니다.

이미지 클릭 시 상품 상세 페이지로 넘어갑니다.

썸네일 이미지를 표시합니다.

```
        ${goods_price}원
      </div>
    </div>
    <c:if test="${goods_count==15  }">
      <div class="book">
        <font size=20> <a href="#">more</a></font>
      </div>
    </c:if>
  </c:forEach>
</div>
...
```

베스트셀러가 15개 이상이면 16번째 이미지에는 more를 표시합니다.

13. side.jsp에서는 컨트롤러에서 전달된 side_menu의 값에 따라 사용자, 관리자, 마이페이지 각각의 메뉴 항목을 표시합니다.

코드 31-9 bookshop01/src/main/webapp/WEB-INF/views/common/side.jsp

```
...
<c:choose>
  <c:when test="${side_menu=='admin_mode' }">
    <li>
      <H3>주요기능</H3>
      <ul>
        <li><a href="${contextPath}/admin/goods/adminGoodsMain.do">상품관리</a></li>
        <li><a href="${contextPath}/admin/order/adminOrderMain.do">주문관리</a></li>
        <li><a href="${contextPath}/admin/member/adminMemberMain.do">회원관리</a></li>
        <li><a href="#">배송관리</a></li>
        <li><a href="#">게시판관리</a></li>
      </ul>
    </li>
  </c:when>
  <c:when test="${side_menu=='my_page' }">
    <li>
      <h3>주문내역</h3>
      <ul>
        <li><a href="${contextPath}/mypage/listMyOrderHistory.do">주문내역/배송 조회
        </a></li>
        <li><a href="#">반품/교환 신청 및 조회</a></li>
        <li><a href="#">취소 주문 내역</a></li>
        <li><a href="#">세금 계산서</a></li>
      </ul>
    </li>
    <li>
      <h3>정보내역</h3>
```

관리자 메뉴를 표시합니다.

마이페이지 메뉴를 표시합니다.

```
        <ul>
          <li><a href="${contextPath}/mypage/myDetailInfo.do">회원정보관리</a></li>
          <li><a href="#">나의 주소록</a></li>
          <li><a href="#">개인정보 동의내역</a></li>
          <li><a href="#">회원탈퇴</a></li>
        </ul>
      </li>
    </c:when>
    <c:otherwise>
      ...
    </c:otherwise>
  </c:choose>
```

그 외 사용자 메뉴를 표시합니다.

14. 실행하면 화면 왼쪽에 일반 사용자를 위한 메뉴 항목이 표시됩니다.

❤ 그림 31-24 메인 페이지에 사용자 메뉴 항목 표시

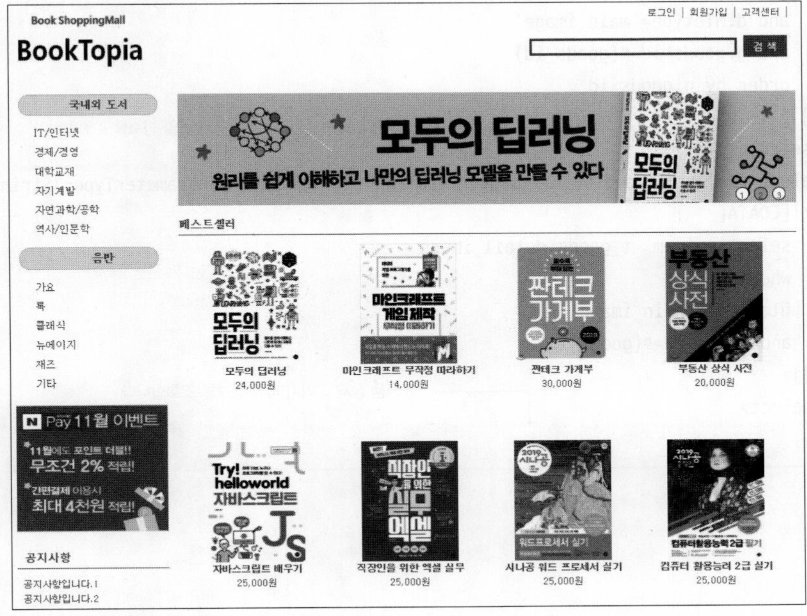

31.4 상품 상세 구현하기

이번에는 상품 상세 페이지와 상품 조회 기능을 구현해 보겠습니다.

1. 매퍼 파일인 goods.xml에 상품 상세 페이지에 표시한 상품 정보와 상품 메인 이미지 및 상세 이미지 정보를 조회하는 SQL문을 추가합니다.

코드 31-10 bookshop01/src/main/resources/mybatis/mappers/goods.xml

```
...
<select id="selectGoodsDetail" resultMap="goodsResult" parameterType="String">
  <![CDATA[
    select g.*,d.fileName from t_shopping_goods g, t_goods_detail_image d
    where g.goods_id=d.goods_id
    and d.filetype='main_image'
    and g.goods_id=#{goods_id}
    order by g.goods_id
  ]]>
</select>
<select id="selectGoodsDetailImage" resultMap="imageResult" parameterType="String">
  <![CDATA[
    select * from  t_goods_detail_image
    where
    fileType!='main_image'
    and goods_id=#{goods_id}
  ]]>
</select>
...
```

- 첫 번째 select: 상품 정보와 상품 메인 이미지 파일 정보를 조회합니다.
- 두 번째 select: 상품 상세 이미지 파일 정보를 조회합니다

2. 상품 관련 기능을 구현한 자바 클래스를 준비합니다.

▼ 그림 31-25 자바 파일 위치

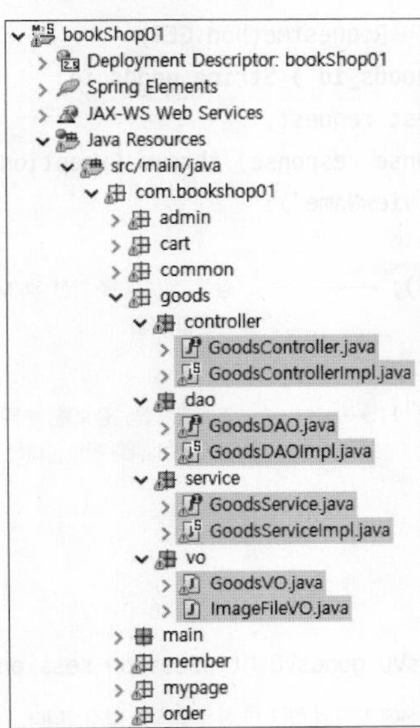

상품 상세 이미지를 표시하면서 빠른 메뉴(퀵 메뉴라고도 함)에 최근 본 상품을 추가하여 표시합니다. 빠른 메뉴에는 최대 네 개까지 상품을 저장할 수 있습니다.

다음은 빠른 메뉴에 최근 본 상품을 추가하고 표시하는 과정입니다.

❶ 세션에 저장된 최근 본 상품 목록을 가져옵니다.

❷ 상품 목록에 저장된 상품 개수가 네 개 미만이고 방금 본 상품이 상품 목록에 있는지 체크합니다.

❸ 없으면 상품 목록에 추가합니다.

❹ 다시 상품 목록을 세션에 저장합니다.

❺ 화면에 상품을 표시하는 quickMenu.jsp에서는 세션의 최근 본 상품 목록을 가져와 차례대로 표시합니다.

3. 이 과정을 GoodsControllerImpl 클래스에 다음과 같이 구현합니다.

코드 31-11 bookshop01/src/main/java/com/bookshop01/goods/controller/GoodsControllerImpl.java

```
...
@Controller("goodsController")
@RequestMapping(value="/goods")
public class GoodsControllerImpl extends BaseController implements GoodsController {
```

```
@Autowired
private GoodsService goodsService;
                                                    조회할 상품 번호를 전달받습니다.

@RequestMapping(value="/goodsDetail.do" ,method = RequestMethod.GET)
public ModelAndView goodsDetail(@RequestParam("goods_id") String goods_id,
                                HttpServletRequest request,
                                HttpServletResponse response) throws Exception {
  String viewName=(String)request.getAttribute("viewName");
  HttpSession session=request.getSession();
  Map goodsMap=goodsService.goodsDetail(goods_id);        상품 정보를 조회한 후 Map으로
  ModelAndView mav = new ModelAndView(viewName);          반환합니다.
  mav.addObject("goodsMap", goodsMap);
  GoodsVO goodsVO=(GoodsVO)goodsMap.get("goodsVO");       조회한 상품 정보를 빠른 메뉴에
  addGoodsInQuick(goods_id,goodsVO,session);              표시하기 위해 전달합니다.
  return mav;
}
...

private void addGoodsInQuick(String goods_id,GoodsVO goodsVO,HttpSession session) {
  boolean already_existed=false;
  List<GoodsVO> quickGoodsList;              세션에 저장된 최근 본 상품 목록을 가져옵니다.
  quickGoodsList=(ArrayList<GoodsVO>)session.getAttribute("quickGoodsList");

  if(quickGoodsList != null)                 최근 본 상품이 있는 경우
    if(quickGoodsList.size() < 4) {          상품 목록이 네 개 이하인 경우
      for(int i=0; i<quickGoodsList.size(); i++) {
        GoodsVO _goodsBean=(GoodsVO)quickGoodsList.get(i);
        if(goods_id.equals(_goodsBean.getGoods_id())) {
          already_existed=true;
          break;
        }
      }
      if(already_existed == false) {         상품 목록을 가져와 이미 존재하는 상품인지 비교합니다.
        quickGoodsList.add(goodsVO);         이미 존재할 경우 already_existed를 true로 설정합니다.
      }                                      already_existed가 false이면 상품 정보를 목록에
    }                                        저장합니다.
  }else {
    quickGoodsList =new ArrayList<GoodsVO>();   최근 본 상품 목록이 없으면 생성하여 상품
    quickGoodsList.add(goodsVO);                정보를 저장합니다.
  }                                          최근 본 상품 목록을 세션에 저장합니다.
  session.setAttribute("quickGoodsList", quickGoodsList);
  session.setAttribute("quickGoodsListNum", quickGoodsList.size());
}                                            최근 본 상품 목록에 저장된 상품 개수를 세션에 저장합니다.
}
```

4. GoodsServiceImpl 클래스를 다음과 같이 작성합니다.

코드 31-12 bookshop01/src/main/java/com/bookshop01/goods/service/GoodsServiceImpl.java

```
...
@Service("goodsService")
@Transactional(propagation=Propagation.REQUIRED)
public class GoodsServiceImpl implements GoodsService{
  @Autowired
  private GoodsDAO goodsDAO;
  ...
  public Map goodsDetail(String _goods_id) throws Exception {
    Map goodsMap=new HashMap();
    GoodsVO goodsVO = goodsDAO.selectGoodsDetail(_goods_id);
    goodsMap.put("goodsVO", goodsVO);
    List imageList =goodsDAO.selectGoodsDetailImage(_goods_id);
    goodsMap.put("imageList", imageList);
    return goodsMap;
  }
  ...
```

상품 정보와 이미지 정보를 조회한 후 HashMap에 저장합니다.

5. 상품 상세를 화면에 표시할 JSP 파일을 준비합니다.

▼ 그림 31-26 JSP 파일 위치

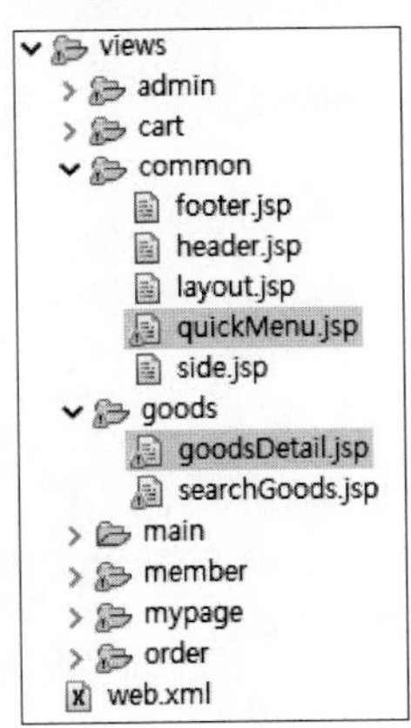

6. goodsDetail.jsp에서는 상품 상세 페이지를 보여주는 페이지로 테이블에서 조회한 상품 정보를 표시합니다. 상품 목차 등에 개행문자(\r\n)가 포함되어 있으면 웹 페이지에서는 이를 `<br>` 태그를 사용해 바꿔줘야 합니다. 즉, 테이블의 상품 목차를 웹 페이지에 표시하면서 개행 기능을 유지하려면 개행문자(\r\n)를 `<br>` 태그로 대체해서 표시해야 상품 목차를 등록할 때의 형태로 웹 페이지에 표시됩니다.

코드 31-13 bookshop01/src/main/webapp/WEB-INF/views/goods/goodsDetail.jsp

```
...
<c:set var="contextPath"  value="${pageContext.request.contextPath}"  />
<c:set var="goods"  value="${goodsMap.goodsVO}"  />
<c:set var="imageList"  value="${goodsMap.imageList }"  />
<%
 pageContext.setAttribute("crcn", "\r\n");
 pageContext.setAttribute("br", "<br/>");
%>
...
<div id="container">
  <ul class="tabs">
    <li><a href="#tab1">책소개</a></li>
    <li><a href="#tab2">저자소개</a></li>
    <li><a href="#tab3">책목차</a></li>
    <li><a href="#tab4">출판사서평</a></li>
    <li><a href="#tab5">추천사</a></li>
    <li><a href="#tab6">리뷰</a></li>
  </ul>
  <div class="tab_container">
    <div class="tab_content" id="tab1">
      <h4>책소개</h4>
      <p>${fn:replace(goods.goods_intro,crcn,br)}</p>
      <c:forEach var="image" items="${imageList }">
        <img src="${contextPath}/download.do?
                goods_id=${goods.goods_id}&fileName=${image.fileName}">
      </c:forEach>
    </div>
    <div class="tab_content" id="tab2">
      <h4>저자소개</h4>
      <p>
      <div class="writer">저자 : ${goods.goods_writer}</div>
      <p>${fn:replace(goods.goods_writer_intro,crcn,br) }</p>
    </div>
    <div class="tab_content" id="tab3">
      <h4>책목차</h4>
      <p>${fn:replace(goods.goods_contents_order,crcn,br)}</p>
      </div>
      <div class="tab_content" id="tab4">
      <h4>출판사서평</h4>
      <p>${fn:replace(goods.goods_publisher_comment ,crcn,br)}</p>
    </div>
    <div class="tab_content" id="tab5">
      <h4>추천사</h4>
      <p>${fn:replace(goods.goods_recommendation,crcn,br)}</p>
```

- 텍스트 개행문자를 변수 crcn으로 대체합니다.
- 〈br〉 태그를 변수 br로 대체합니다.
- replace 함수를 이용해 저자 소개에 포함된 crcn(개행문자)을 br(〈br〉 태그)로 대체합니다.
- 마찬가지로 상품 목차에 포함된 crcn(개행문자)을 br(〈br〉 태그)로 대체합니다.
- 상품 목차에 포함된 crcn(개행문자)을 br(〈br〉 태그)로 대체합니다.
- 상품 추천평에 포함된 crcn(개행문자)을 br(〈br〉 태그)로 대체합니다.

```
      </div>
      <div class="tab_content" id="tab6">
        <h4>리뷰</h4>
      </div>
    </div>
  </div>
  ...
```


7. 이번에는 최근 본 상품 이미지를 표시하는 quickMenu.jsp를 작성합니다. '최근 본 상품'은 상품 목록에서 상품 정보를 가져온 다음 첫 번째 상품 이미지만 표시하고 다른 상품 이미지는 **<hidden>** 태그에 저장합니다(동일한 **<hidden>** 태그에 여러 개의 데이터 저장 시 자동으로 배열로 저장됩니다). 사용자가 **다음**을 클릭하면 **<hidden>** 태그의 상품 정보를 자바스크립트 함수로 전달하여 이미지를 표시합니다.

코드 31-14 bookshop01/src/main/webapp/WEB-INF/views/common/quickMenu.jsp

```
...
<script>
  var array_index=0;
  var SERVER_URL="${contextPath}/thumbnails.do";
  function fn_show_next_goods() {
    var img_sticky=document.getElementById("img_sticky");
    var cur_goods_num=document.getElementById("cur_goods_num");
    var _h_goods_id=document.frm_sticky.h_goods_id;
    var _h_goods_fileName=document.frm_sticky.h_goods_fileName;
    if(array_index <_h_goods_id.length-1)
      array_index++;
    var goods_id=_h_goods_id[array_index].value;
    var fileName=_h_goods_fileName[array_index].value;
    img_sticky.src=SERVER_URL+"?goods_id="+goods_id+"&fileName="+fileName;
    cur_goods_num.innerHTML=array_index+1;
  }
  ...
</script>
  ...
  ...
  <div class="recent">
    <h3>최근 본 상품</h3>
    <ul>
    <c:choose>
      <c:when test="${ empty quickGoodsList }">
        <strong>상품이 없습니다.</strong>
      </c:when>
```

- **다음** 클릭 시 배열의 인덱스를 1 증가시킵니다.
- 증가된 인덱스에 대한 배열 요소의 상품 번호와 이미지 파일 이름을 가져와 표시합니다.
- 빠른 메뉴의 **다음** 클릭 시 〈hidden〉 태그에 저장된 상품 정보를 가져와 이미지를 표시합니다.

```
<c:otherwise>
  <form name="frm_sticky"  >
  <c:forEach var="item" items="${quickGoodsList}" varStatus="itemNum">
    <c:choose>
      <c:when test="${itemNum.count==1 }">
        <a href="javascript:goodsDetail();">
          <img width="75" height="95" id="img_sticky"
                    src="${contextPath}/thumbnails.do?goods_id=${item.goods_id}
                                                   &fileName=${item.goods_fileName}">
        </a>
        <input type="hidden"  name="h_goods_id" value="${item.goods_id}" />
        <input type="hidden" name="h_goods_fileName" value="${item.goods_fileName}" />
        <br>
      </c:when>
      <c:otherwise>
        <input type="hidden"  name="h_goods_id" value="${item.goods_id}" />
        <input type="hidden" name="h_goods_fileName" value="${item.goods_fileName}" />
      </c:otherwise>
    </c:choose>
  </c:forEach>
</c:otherwise>
</c:choose>
</ul>
</form>
</div>
...
```

세션에 저장된 빠른 메뉴 목록의 이미지 정보를 〈hidden〉 태그에 차례대로 저장합니다.

동일한 〈hidden〉 태그에 연속해서 저장하면 배열로 저장됩니다.

8. 실행 결과를 볼까요? 상품 상세를 요청하면 다음과 같이 페이지 오른쪽에 있는 빠른 메뉴에 최근 본 상품이 추가됩니다.

❤ 그림 31-27 상품 상세 페이지가 표시됨과 동시에 빠른 메뉴에 상품이 추가

9. 빠른 메뉴에서 **다음**을 클릭하면 두 번째 상품 이미지가 표시됩니다.

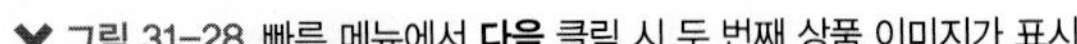

▼ 그림 31-28 빠른 메뉴에서 **다음** 클릭 시 두 번째 상품 이미지가 표시

JAVA WEB

31.5 Ajax 이용해 검색 자동 완성 기능 구현하기

아마 여러분도 웹 사이트에서 검색하기 위해 키워드를 입력했을 때 관련 키워드를 자동으로 표시해 주는 '자동 완성 기능'을 자주 사용하고 있을 것입니다.

▼ 그림 31-29 온라인 서점에서 '리액트'로 검색하면 리액트 관련 도서를 자동으로 표시

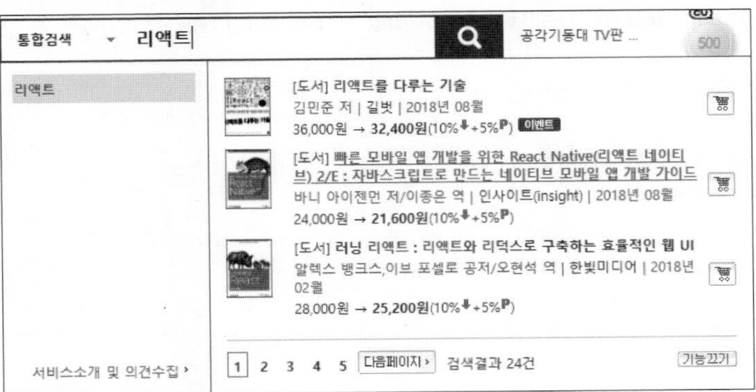

이번 절에서는 Ajax를 이용해 검색 자동 완성 기능을 구현해 보겠습니다.

1. 먼저 JSON을 사용하기 위해 pom.xml에 의존성(dependency)을 설정합니다.

코드 31-15 bookshop01/pom.xml

```
...
<dependency>
  <groupId>net.sf.json-lib</groupId>
  <artifactId>json-lib</artifactId>
  <version>2.4</version>
  <classifier>jdk15</classifier>
</dependency>
...
```

2. 키워드 검색을 위해 SQL문에서 like 연산자를 사용합니다.

코드 31-16 bookshop01/src/main/resources/mybatis/mappers/goods.xml

```
...
<select id="selectGoodsBySearchWord" resultMap="goodsResult"   parameterType="String"  >
  <![CDATA[
    select g.*,d.fileName from t_shopping_goods g, t_goods_detail_image d
    where g.goods_id=d.goods_id
    and d.filetype='main_image'
    and g.goods_title like '%'|| #{searchWord} || '%'
    order by g.goods_creDate desc
  ]]>
</select>

<select id="selectKeywordSearch" resultType="String"   parameterType="String"  >
  <![CDATA[
    select goods_title from t_shopping_goods
    where
    goods_title like '%'|| #{keyword} || '%'
    order by goods_creDate desc
  ]]>
</select>
...
```

검색창에 입력한 단어를 가져와 그 단어가 포함된 상품 제목을 조회합니다.

검색창에 입력한 키워드를 가져와 그 키워드가 포함된 상품 제목을 조회합니다.

3. 브라우저에서 Ajax로 전송된 키워드를 가져와 그 키워드가 포함된 제목 목록을 JSON으로 만들어 다시 브라우저로 전송합니다.

코드 31-17 bookshop01/src/main/java/com/bookshop01/goods/GoodsControllerImpl.java

```
...
@RequestMapping(value="/keywordSearch.do", method = RequestMethod.GET,
                                           produces = "application/text; charset=utf8")
public @ResponseBody String  keywordSearch(@RequestParam("keyword") String keyword,
                                           HttpServletRequest request,
                                           HttpServletResponse response) throws Exception{
  response.setContentType("text/html;charset=utf-8");
  response.setCharacterEncoding("utf-8");
  if(keyword == null || keyword.equals(""))
  return null ;

  keyword = keyword.toUpperCase();
  List keywordList =goodsService.keywordSearch(keyword);
  JSONObject jsonObject = new JSONObject();
  jsonObject.put("keyword", keywordList);
  String jsonInfo = jsonObject.toString();
  return jsonInfo ;
}

@RequestMapping(value="/searchGoods.do" ,method = RequestMethod.GET)
public ModelAndView searchGoods(@RequestParam("searchWord") String searchWord,
                                HttpServletRequest request,
                                HttpServletResponse response) throws Exception{
  String viewName=(String)request.getAttribute("viewName");
  List goodsList=goodsService.searchGoods(searchWord);
  ModelAndView mav = new ModelAndView(viewName);
  mav.addObject("goodsList", goodsList);
  return mav;
}
...
```

- 브라우저로 전송하는 JSON 데이터의 한글 인코딩을 지정합니다.
- JSON 데이터를 브라우저로 출력합니다.
- 검색할 키워드를 가져옵니다.
- 가져온 키워드가 포함된 상품 제목을 조회합니다.
- 조회한 데이터를 JSON에 저장합니다.
- JSON을 문자열로 변환한 후 브라우저로 출력합니다.
- 검색창에서 가져온 단어가 포함된 상품 제목을 조회합니다.

4. 다음과 같이 JSP 파일을 준비합니다.

▼ 그림 31-30 JSP 파일 위치

5. 사용자가 검색창에 검색 키워드를 입력하면 Ajax 기능을 이용해 해당 키워드가 포함된 목록을 가져옵니다. 그런 다음 id가 suggest인 <div> 태그에 차례대로 표시합니다. header.jsp에 이를 구현해 보겠습니다.

코드 31-18 bookshop01/src/main/webapp/WEB-INF/views/common/header.jsp

```
...
<script type="text/javascript">
  var loopSearch=true;
  function keywordSearch() {
    if(loopSearch==false)
      return;
    var value=document.frmSearch.searchWord.value;
    $.ajax({
      type : "get",
      async : true,
      url : "${contextPath}/goods/keywordSearch.do",
      data : {keyword:value},
      success : function(data, textStatus) {
        var jsonInfo = JSON.parse(data);
        displayResult(jsonInfo);
      },
      error : function(data, textStatus) {
        alert("에러가 발생했습니다."+data);
      },
      complete : function(data, textStatus) {
        //alert("작업을 완료했습니다");

      }
```

- var loopSearch=true; : 제시된 키워드를 클릭하면 keywordSearch() 함수의 실행을 중지시킵니다.
- async : true, : false인 경우 동기식으로 처리합니다.
- JSON.parse(data) : 전송된 데이터를 JSON으로 파싱합니다.
- displayResult(jsonInfo); : 전송된 JSON 데이터를 표시합니다.

```
    });
  }

  function displayResult(jsonInfo) {
    var count = jsonInfo.keyword.length;
    if(count > 0) {
      var html = '';
      for(var i in jsonInfo.keyword) {
        html += "<a href="javascript:select('"+jsonInfo.keyword[i]+"')">"
             +jsonInfo.keyword[i]+"</a><br>";
      }
      var listView = document.getElementById("suggestList");
      listView.innerHTML = html;
      show('suggest');
    }else {
      hide('suggest');
    }
  }
  ...
</script>
  ...
```

JSON 데이터 개수를 구합니다.

JSON 데이터를 차례대로 <a> 태그를 이용해 키워드 목록을 만듭니다.

<a> 태그로 만든 키워드 목록을 <div> 태그에 차례대로 표시합니다.

6. searchGoods.jsp에서는 키워드 검색이나 검색창에서 단어 검색 결과를 표시하는 기능을 구현합니다. 이는 이 책에서 제공하는 예제 소스를 참고하기 바랍니다.

7. 실행 결과에서 검색창에 **자**를 입력하면 '자'가 들어간 키워드 목록이 표시됩니다.

▼ 그림 31-31 검색창에 '자'로 검색하면 키워드 목록이 표시

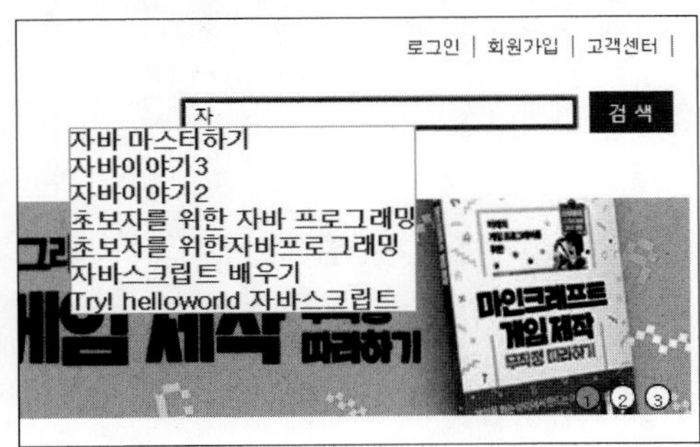

8. 이번에는 검색창에 **자바**를 입력한 후 **검색**을 클릭해 볼까요?

▼ 그림 31-32 '자바'로 검색

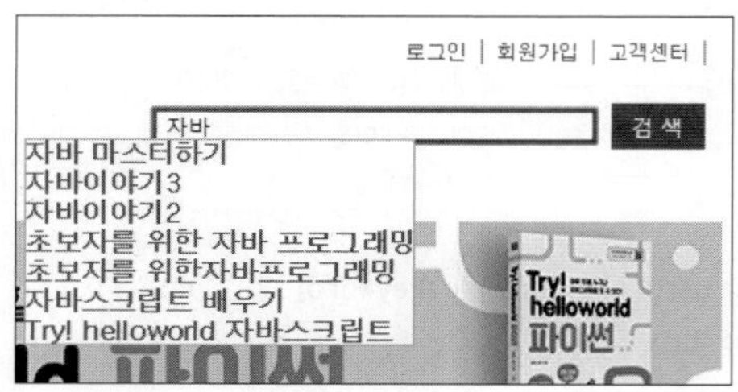

9. '자바'가 포함된 도서가 다음과 같이 결과 페이지에 표시됩니다.

▼ 그림 31-33 자바 관련 도서 표시

31.6 로그인과 회원 가입하기

이번에는 모든 애플리케이션에서 사용하는 로그인 기능과 회원 가입 기능을 구현해 보겠습니다.

31.6.1 회원 정보 저장 테이블 생성하기

다음은 회원 가입 시 회원 정보가 저장되는 테이블의 논리적 구조와 물리적 구조입니다.

✔ 그림 31-34 회원 정보 테이블의 논리적 구조(왼쪽) 및 물리적 구조(오른쪽)

회원정보		t_shopping_member	
회원아이디	varchar2(20)	member_id	varchar2(20)
비밀번호	varchar2(20)	member_pw	varchar2(20)
회원이름	varchar2(50)	member_name	varchar2(50)
성별	varchar2(10)	member_gender	varchar2(10)
유선전화번호1	varchar2(20)	tel1	varchar2(20)
유선전화번호2	varchar2(20)	tel2	varchar2(20)
유선전화번호3	varchar2(20)	tel3	varchar2(20)
휴대폰번호1	varchar2(20)	hp1	varchar2(20)
휴대폰번호2	varchar2(20)	hp2	varchar2(20)
휴대폰번호3	varchar2(20)	hp3	varchar2(20)
SMS메시지수신여부	varchar2(20)	smssts_yn	varchar2(20)
이메일주소1	varchar2(20)	email1	varchar2(20)
이메일주소2	varchar2(20)	email2	varchar2(20)
이메일수신여부	varchar2(20)	emaists_yn	varchar2(20)
우편번호	varchar2(20)	zipcode	varchar2(20)
도로명주소	varchar2(500)	roadAddress	varchar2(500)
지번주소	varchar2(500)	jibunAddress	varchar2(500)
나머지주소	varchar2(500)	namujiAddress	varchar2(500)
생년월일년	varchar2(20)	member_birth_y	varchar2(20)
생년월일월	varchar2(20)	member_birth_m	varchar2(20)
생년월일일	varchar2(20)	member_birth_d	varchar2(20)
생년월일 양음력여부	varchar2(20)	member_birth_gn	varchar2(20)
회원가입일자	date	joinDate	date
회원탈퇴유무	varchar2(20)	del_yn	varchar2(20)

먼저 로그인 기능부터 구현해 보겠습니다.

31.6.2 로그인 기능 구현하기

1. 로그인과 회원 가입 기능을 구현하기 위한 SQL문을 member.xml에 작성합니다.

코드 31-19 bookshop01/src/main/resources/mybatis/mappers/member.xml

회원 정보를 저장할 resultMap을 정의합니다.

```
...
<mapper namespace="mapper.member">
  <resultMap id="memberResult" type="MemberVO">
    <result property="member_id" column="member_id" />
    <result property="member_pw" column="member_pw" />
    <result property="member_name" column="member_name" />
```

```
  <result property="member_gender" column="member_gender" />
  ...
</resultMap>

<select id="login" resultType="memberVO" parameterType="java.util.Map">
  <![CDATA[
    select * from t_shopping_member
    where member_id=#{member_id}
    and member_pw=#{member_pw}
  ]]>
</select>
...
```

2. 로그인 및 회원 가입과 관련된 자바 클래스를 다음과 같이 준비합니다.

❤ 그림 31-35 자바 파일 위치

3. 로그인창에서 전송된 ID와 비밀번호를 Map에 담아 SQL문으로 전달합니다. 로그인하지 않은 상태에서 상품을 주문할 경우 로그인창으로 이동하면서 `action` 값으로 상품 주문 페이지 요청 URL을 저장하여 세션에 바인딩합니다. 그리고 로그인 후 다시 `action` 값을 가져와 상품 주문 페이지로 이동하도록 설정합니다.

코드 31-20 bookshop01/src/main/java/com/bookshop01/member/controller/MemberControllerImpl.java

```
...
@RequestMapping(value="/member")
public class MemberControllerImpl extends BaseController implements
MemberController{
  @Autowired
```

```
private MemberService memberService;
@Autowired
private MemberVO memberVO;

@Override
@RequestMapping(value="/login.do" ,method = RequestMethod.POST)
public ModelAndView login(@RequestParam Map<String, String> loginMap,
                          HttpServletRequest request,
                          HttpServletResponse response) throws Exception {
  ModelAndView mav = new ModelAndView();
  memberVO = memberService.login(loginMap);
  if(memberVO!= null && memberVO.getMember_id()!=null) {
    HttpSession session=request.getSession();
    session=request.getSession();
    session.setAttribute("isLogOn", true);
    session.setAttribute("memberInfo",memberVO);

    String action = (String)session.getAttribute("action");
    if(action != null && action.equals("/order/orderEachGoods.do")) {
      mav.setViewName("forward:"+action);
    }else {
      mav.setViewName("redirect:/main/main.do");
    }
  }else {
    String message="아이디나  비밀번호가 틀립니다. 다시 로그인해주세요";
    mav.addObject("message", message);
    mav.setViewName("/member/loginForm");
  }
  return mav;
}

...
@Override
@RequestMapping(value="/overlapped.do" ,method = RequestMethod.POST)
public ResponseEntity overlapped(@RequestParam("id") String id,
                                 HttpServletRequest request,
                                 HttpServletResponse response) throws Exception{
  ResponseEntity resEntity = null;
  String result = memberService.overlapped(id);
  resEntity =new ResponseEntity(result, HttpStatus.OK);
  return resEntity;
}
...
```

ID와 비밀번호를 Map에 저장합니다.

SQL문으로 전달합니다.

조회한 회원 정보를 가져와 isLogOn 속성을 true로 설정하고 memberInfo 속성으로 회원 정보를 저장합니다.

상품 주문 과정에서 로그인했으면 로그인 후 다시 주문 화면으로 진행하고 그 외에는 메인 페이지를 표시합니다.

ID 중복 검사를 합니다.

4. Service 클래스와 DAO 클래스는 예제 소스를 참고하세요.

5. header.jsp에서는 로그인 상태에서는 '로그아웃'이, 로그아웃 상태에서는 '로그인'이 표시되도록 합니다.

코드 31-21 bookshop01/src/main/webapp/WEB-INF/views/common/header.jsp

```
...
  <div id="head_link">
  <ul>
    <c:choose>
      <c:when test="${isLogOn==true and not empty memberInfo }">
        <li><a href="${contextPath}/member/logout.do">로그아웃</a></li>
        <li><a href="${contextPath}/mypage/myPageMain.do">마이페이지</a></li>
        <li><a href="${contextPath}/cart/myCartList.do">장바구니</a></li>
        <li><a href="#">주문배송</a></li>
      </c:when>
      <c:otherwise>
        <li><a href="${contextPath}/member/loginForm.do">로그인</a></li>
        <li><a href="${contextPath}/member/memberForm.do">회원가입</a></li>
      </c:otherwise>
    </c:choose>
    <li><a href="#">고객센터</a></li>
    <c:if test="${isLogOn==true and memberInfo.member_id =='admin' }">
      <li class="no_line"><a href="${contextPath}/admin/goods/adminGoodsMain.do">
                                                              관리자</a></li>
    </c:if>
  </ul>
  </div>
  ...
```

로그인 시 '로그아웃'을 표시합니다.
로그아웃 시 '로그인'을 표시합니다.
관리자로 로그인 시 '관리자'를 표시합니다.

6. 다음은 실행 결과입니다. 상단 메뉴의 **로그인**을 클릭하고 로그인창에서 ID와 비밀번호를 입력한 후 하단에 있는 **로그인**을 클릭합니다.

▼ 그림 31-36 **로그인** 클릭

7. 로그인에 성공하면 상단 메뉴에 '로그아웃'과 '마이페이지' 항목이 표시됩니다.

▼ 그림 31-37 로그인 상태에서는 '로그아웃'과 '마이페이지'가 표시

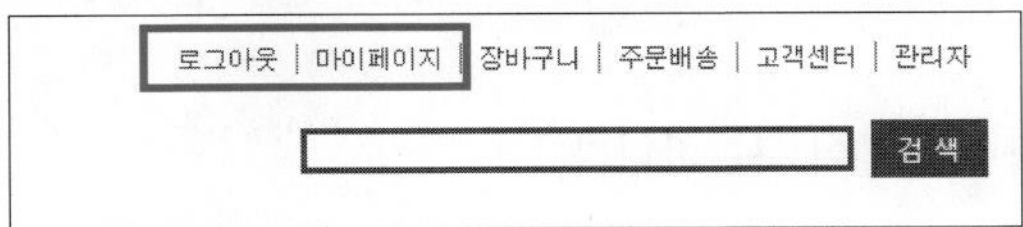

8. **로그아웃**을 클릭하면 다시 '로그인'이 표시됩니다.

▼ 그림 31-38 로그아웃 상태에서는 다시 '로그인'이 표시

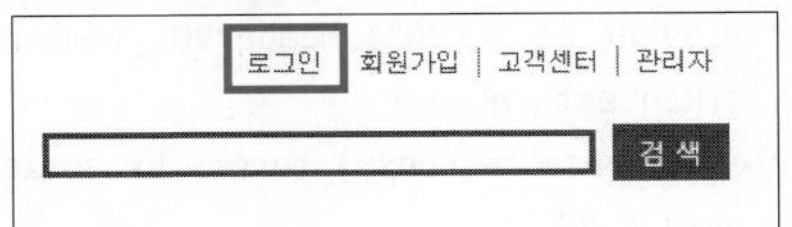

31.6.3 회원 가입 기능 구현하기

이번에는 회원 가입 기능을 구현할 차례입니다.

1. member.xml을 다음과 같이 작성합니다.

코드 31-22 bookshop01/src/main/resources/mybatis/mappers/member.xml

```
...
<select id="selectOverlappedID" parameterType="String" resultType="String">
  <![CDATA[
   select decode(count(*),1, 'true', 0, 'false')
   from t_shopping_member
   where member_id = #{id}
  ]]>
</select>
```

회원 가입 시 입력한 ID로 ID 중복 검사를 합니다.

```
<insert id="insertNewMember" parameterType="memberVO">
  <![CDATA[
   insert into t_shopping_member(member_id,
                                 member_pw,
                                 member_name,
                                 member_gender,
                                 member_birth_y,
                                 member_birth_m,
                                 member_birth_d,
                                 member_birth_gn,
```

```
                    tel1,
                    tel2,
                    ...
```

회원 가입창에서 입력한 회원 정보를 테이블에 추가합니다.

2. MemberControllerImpl 클래스를 다음과 같이 구현합니다.

코드 31-23 bookshop01/src/main/java/com/bookshop01/member/controller/MemberControllerImpl.java

```
  ...
  @Override
  @RequestMapping(value="/addMember.do" ,method = RequestMethod.POST)
  public ResponseEntity addMember(@ModelAttribute("memberVO") MemberVO _memberVO,
                                  HttpServletRequest request,
                                  HttpServletResponse response) throws Exception {
  response.setContentType("text/html; charset=UTF-8");
  request.setCharacterEncoding("utf-8");
  String message = null;
  ResponseEntity resEntity = null;
  HttpHeaders responseHeaders = new HttpHeaders();
  responseHeaders.add("Content-Type", "text/html; charset=utf-8");
  try {
    memberService.addMember(_memberVO);
    ...
  }catch(Exception e) {
    ...
    e.printStackTrace();
  }
  resEntity =new ResponseEntity(message, responseHeaders, HttpStatus.OK);
  return resEntity;
}

@Override
@RequestMapping(value="/overlapped.do" ,method = RequestMethod.POST)
public ResponseEntity overlapped(@RequestParam("id") String id,
                                 HttpServletRequest request,
                                 HttpServletResponse response) throws Exception{
  ResponseEntity resEntity = null;
  String result = memberService.overlapped(id);
  resEntity =new ResponseEntity(result, HttpStatus.OK);
  return resEntity;
}
...
```

회원 가입창에서 전송된 회원 정보를 _memberVO에 설정합니다.

회원 정보를 SQL문으로 전달합니다.

ID로 중복 검사를 합니다.

3. memberForm.jsp를 다음과 같이 구현합니다. 회원 주소를 검색할 때는 다음(Daum) 사이트에서 제공하는 우편번호 검색 API를 사용합니다. 자세한 것은 http://postcode.map.daum.net/guide를 참고하세요.

코드 31-24 bookshop01/src/main/webapp/WEB-INF/views/member/memberForm.jsp

```
...
<script src="http://dmaps.daum.net/map_js_init/postcode.v2.js"></script>
<script>                                  Daum에서 제공하는 주소 검색을 사용하기 위해 포함시킵니다.
  function execDaumPostcode() {
    new daum.Postcode({
      oncomplete: function(data) {

      var fullRoadAddr = data.roadAddress;
      var extraRoadAddr = '';

      if(data.bname !== '' && /[동|로|가]$/g.test(data.bname)) {
        extraRoadAddr += data.bname;
      }
      if(data.buildingName !== '' && data.apartment === 'Y') {
        extraRoadAddr += (extraRoadAddr !== '' ? ', ' + data.buildingName : data.
        buildingName);
      }

      if(extraRoadAddr !== '') {
        extraRoadAddr = ' (' + extraRoadAddr + ')';
      }

      if(fullRoadAddr !== '') {
        fullRoadAddr += extraRoadAddr;
      }                                   지번 주소와 도로명 주소를 텍스트 창에 표시합니다.

      document.getElementById('zipcode').value = data.zonecode;
      document.getElementById('roadAddress').value = fullRoadAddr;
      document.getElementById('jibunAddress').value = data.jibunAddress;
      ...
 지번 주소:<br><input type="text" id="roadAddress"  name="roadAddress" size="50"><br><br>
 도로명 주소: <input type="text" id="jibunAddress" name="jibunAddress" size="50"><br><br>
 나머지 주소: <input type="text" name="namujiAddress" size="50" />
 ...
```

4. 다음은 실행 결과입니다. 브라우저에서 회원 가입창을 요청한 후 ID를 입력하고 **중복체크**를 클릭하여 사용 가능한 ID인지 확인합니다. 그런 다음 회원 정보를 입력하고 **우편번호검색**을 클릭합니다.

▼ 그림 31-39 회원 정보 입력 후 **우편번호검색** 클릭

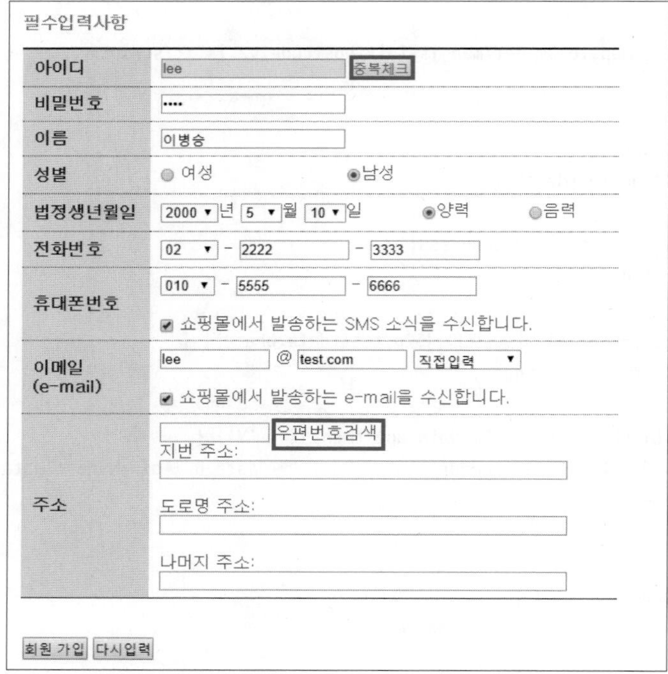

5. '한남동'처럼 검색할 동 이름을 입력하고 Enter를 누릅니다.

▼ 그림 31-40 검색할 동 이름 입력

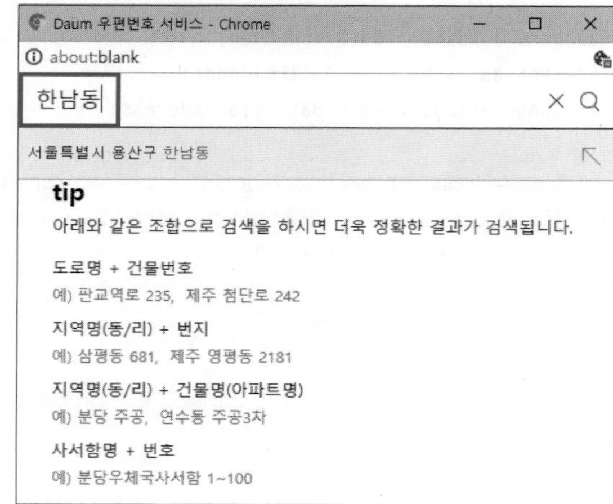

6. 조회된 주소 목록에서 해당되는 주소를 선택합니다.

▼ 그림 31-41 도로명 주소 선택

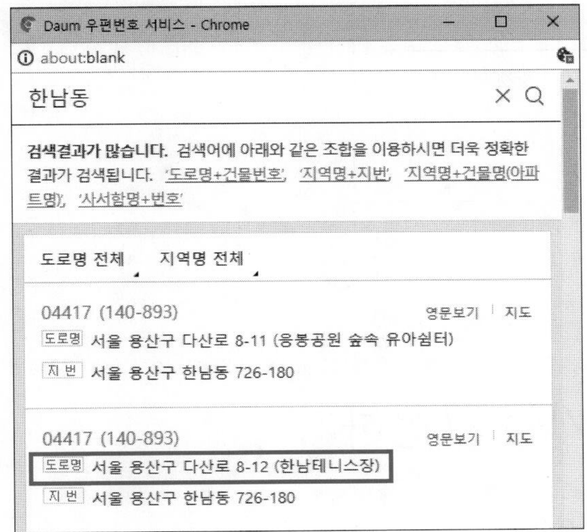

7. 나머지 주소를 입력한 후 **회원 가입**을 클릭합니다.

▼ 그림 31-42 나머지 주소 입력 후 **회원 가입** 클릭

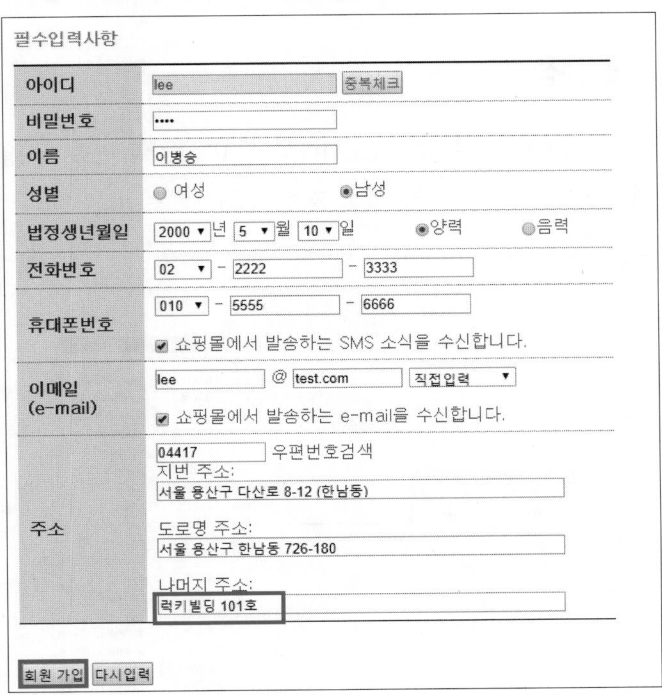

8. 회원 가입을 제대로 마쳤으면 로그인창으로 이동하여 **로그인**을 클릭합니다.

❤ 그림 31-43 회원 가입 후 로그인창에서 **로그인** 클릭

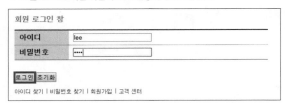

회원 로그인 창

아이디	lee
비밀번호	••••

로그인 초기화

아이디 찾기 | 비밀번호 찾기 | 회원가입 | 고객 센터

31.7 장바구니 기능 구현하기

JAVA WEB

쇼핑몰에서 장바구니가 빠져선 안 되겠죠? 이번에는 상품을 담고 주문할 수 있는 장바구니 기능을 구현해 보겠습니다.

31.7.1 장바구니 테이블 생성

그림 31-44는 장바구니 정보를 저장하는 테이블의 구조입니다. 회원 ID와 상품 번호를 이용해 회원정보 테이블과 상품정보 테이블을 동시에 참조하는 것을 볼 수 있습니다.

❤ 그림 31-44 장바구니 정보를 저장하는 테이블의 구조

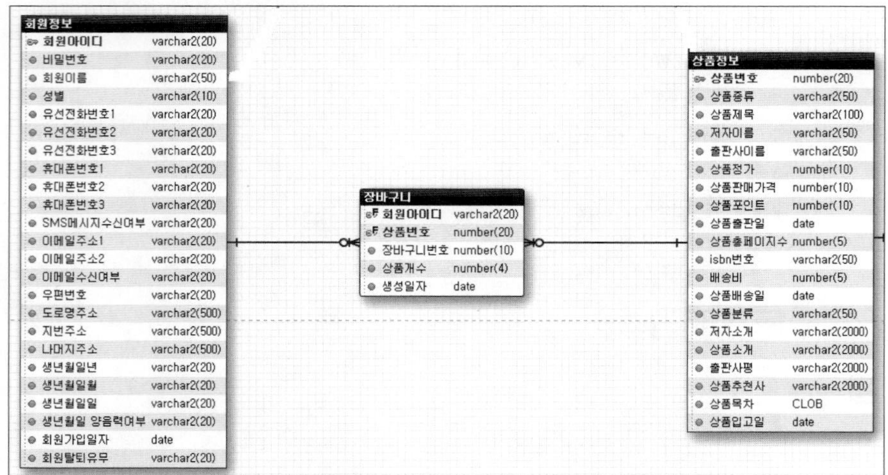

31.7.2 상품을 장바구니에 추가

그럼 상품 상세 페이지에서 원하는 상품을 장바구니에 추가하는 기능을 구현해 보겠습니다.

1. 매퍼 파일 cart.xml을 다음과 같이 준비합니다.

▼ 그림 31-45 매퍼 파일 위치

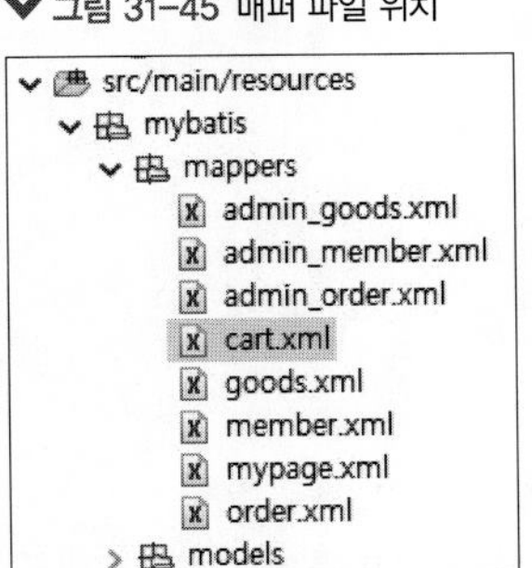

2. 장바구니 CRUD 기능을 수행할 SQL문을 cart.xml에 작성합니다. 상품 번호를 이용해 장바구니에 상품을 추가하기 전인지 혹은 이미 추가된 상품인지를 체크합니다.

코드 31-25 bookshop01/src/main/resources/mybatis/mappers/cart.xml

```
...
<mapper namespace="mapper.cart">
  ...
 <select id="selectCountInCart" resultType="String"   parameterType="cartVO">
   <![CDATA[
     select decode(count(*),0,'false','true') from t_shopping_cart
     where goods_id=#{goods_id}
     and member_id=#{member_id}
   ]]>
 </select>
 <insert id="insertGoodsInCart" parameterType="cartVO"  >
   <![CDATA[
     insert into t_shopping_cart(cart_id, goods_id, member_id)
     values(#{cart_id}, #{goods_id}, #{member_id})
   ]]>
 </insert>
  ...
```

장바구니 테이블에 추가하기 전에 그 상품 번호가 장바구니에 담겨 있는지 조회합니다.

상품을 추가합니다.

3. 다음은 필요한 자바 클래스 파일들입니다.

▼ 그림 31-46 자바 파일 위치

4. 상품을 장바구니에 추가하려면 우선 브라우저에서 전송된 상품 번호를 이용해 그 상품이 장바구니 테이블에 이미 추가된 상품인지 확인해야 합니다. 그리고 장바구니에 없으면 상품 번호를 장바구니 테이블에 추가합니다.

코드 31-26 bookshop01/src/main/java/com/bookshop01/cart/controller/CartControllerImpl.java

```
...
@Controller("cartController")
@RequestMapping(value="/cart")
public class CartControllerImpl extends BaseController implements CartController{
  @Autowired
  private CartService cartService;
  @Autowired
  private CartVO cartVO;
  @Autowired
  private MemberVO memberVO;
  ...
  @RequestMapping(value="/addGoodsInCart.do" ,method = RequestMethod.POST,
                                        produces = "application/text; charset=utf8")
  public  @ResponseBody String addGoodsInCart(@RequestParam("goods_id") int goods_id,
                                             HttpServletRequest request,
                                             HttpServletResponse response) throws Exception{
    HttpSession session=request.getSession();
    memberVO=(MemberVO)session.getAttribute("memberInfo");
    String member_id=memberVO.getMember_id();
    cartVO.setMember_id(member_id);
    cartVO.setGoods_id(goods_id);
    boolean isAreadyExisted=cartService.findCartGoods(cartVO);
    System.out.println("isAreadyExisted:"+isAreadyExisted);
```

전송된 상품 번호를 받습니다.

상품 번호가 장바구니 테이블에 있는지 조회합니다.

```
    if(isAreadyExisted==true) {
      return "already_existed";
    }else {
      cartService.addGoodsInCart(cartVO);
      return "add_success";
    }
  }
  ...
```

상품 번호가 이미 장바구니 테이블에 있으면 이미 추가되었다는 메시지를 브라우저로 전송하고, 없으면 장바구니 테이블에 추가합니다.

5. 상품 번호로 해당 상품의 개수를 조회합니다. 상품 개수가 0이면 현재 등록된 상품이 없다는 것을 의미합니다.

코드 31-27 bookshop01/src/main/java/com/bookshop01/cart/service/CartServiceImpl.java

```
...
@Service("cartService")
@Transactional(propagation=Propagation.REQUIRED)
public class CartServiceImpl  implements CartService{
  @Autowired
  private CartDAO cartDAO;
  ...
  public boolean findCartGoods(CartVO cartVO) throws Exception{
    return cartDAO.selectCountInCart(cartVO);
  }

  public void addGoodsInCart(CartVO cartVO) throws Exception{
    cartDAO.insertGoodsInCart(cartVO);
  }
  ...
```

테이블에 추가하기 전에 동일한 상품 번호의 개수를 조회합니다.

장바구니에 추가합니다.

6. DAO 클래스에서는 다음과 같이 호출할 메서드를 구현합니다.

코드 31-28 bookshop01/src/main/java/com/bookshop01/cart/dao/CartDAOImpl.java

```
...
@Repository("cartDAO")
public class CartDAOImpl  implements  CartDAO{
  @Autowired
  private SqlSession sqlSession;
  ...
  public boolean selectCountInCart(CartVO cartVO) throws DataAccessException {
    String  result=sqlSession.selectOne("mapper.cart.selectCountInCart",cartVO);
    return Boolean.parseBoolean(result);
  }
```

이미 장바구니에 추가된 상품인지 조회합니다.

```
public void insertGoodsInCart(CartVO cartVO) throws DataAccessException{
  int cart_id=selectMaxCartId();
  cartVO.setCart_id(cart_id);
  sqlSession.insert("mapper.cart.insertGoodsInCart",cartVO);
}
...
```

장바구니에 추가합니다.

7. 마지막으로 상품 상세 페이지에서 장바구니를 표시할 JSP 파일을 준비합니다.

▼ 그림 31-47 JSP 파일 위치

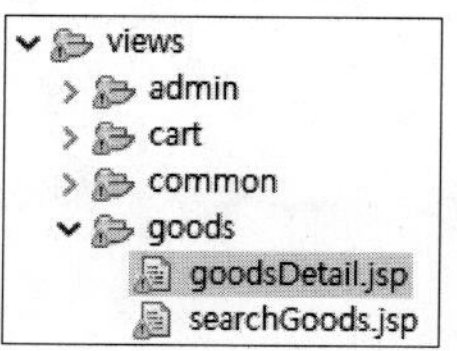

8. 상품 상세 페이지에서 **장바구니**를 클릭하면 Ajax를 이용해 상품 번호를 컨트롤러로 전송합니다. 그러면 결괏값에 따라 알림창을 표시합니다.

코드 31-29 bookshop01/src/main/webapp/WEB-INF/views/goods/goodsDetail.jsp

```
...
<script type="text/javascript">
  function add_cart(goods_id) {
    $.ajax({
      type : "post",
      async : false,
      url : "${contextPath}/cart/addGoodsInCart.do",
      data : { goods_id:goods_id },
      success : function(data, textStatus) {
        if(data.trim()=='add_success') {
          imagePopup('open', '.layer01');
        } else if(data.trim()=='already_existed') {
          alert("이미 카트에 등록된 제품입니다.");
        }
      },
      error : function(data, textStatus) {
        alert("에러가 발생했습니다."+data);
      },
      complete : function(data, textStatus) {
        //alert("작업을 완료했습니다");
      }
    });
  }
```

Ajax를 이용해 장바구니에 추가할 상품 번호를 전송합니다

장바구니에 추가하면 알림창을 표시합니다

```
  ...
</script>
...
  <ul>
    <li><a class="buy" href="#">구매하기 </a></li>
    <li><a class="cart"
        href="javascript:add_cart('${goodsMap.goods.goods_id}')">장바구니</a></li>
    <li><a class="wish" href="#">위시리스트</a></li>
  </ul>
  ...
```

장바구니를 클릭하면 추가할 상품 번호를 함수로 전달합니다.

9. 다음은 실행 결과입니다. 로그인 후 상품 상세 페이지에서 **장바구니**를 클릭합니다.

❤ 그림 31-48 **장바구니** 클릭

10. 장바구니에 없는 상품이라면 장바구니에 추가됩니다.

❤ 그림 31-49 장바구니에 없는 상품이면 추가

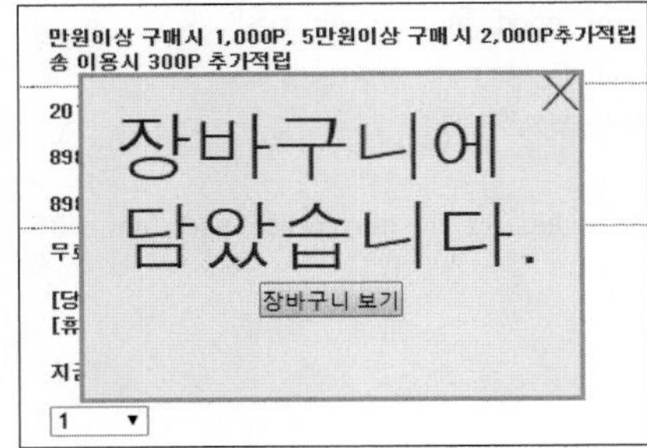

11. 반면에 이미 장바구니에 추가된 상품이면 "이미 카트에 등록된 상품입니다."라는 알림창이 나타납니다.

▼ 그림 31-50 존재하는 상품이면 알림창 표시

localhost:8090 내용:
이미 카트에 등록된 상품입니다.
확인

31.7.3 장바구니 목록 보기

'장바구니 목록 보기'는 상품을 장바구니에 추가한 후 또는 상단의 장바구니 메뉴를 클릭했을 때 장바구니에 담긴 상품 목록을 보여주는 기능입니다.

1. 장바구니 테이블에 담긴 상품 번호에 대해 in 연산자와 <foreach> 태그를 이용해 상품 정보를 조회한 후 장바구니 페이지에 표시하도록 cart.xml을 편집합니다.

코드 31-30 bookshop01/src/main/resources/mybatis/mappers/cart.xml

```
...
<mapper namespace="mapper.cart">
  <resultMap id="cartResult" type="CartVO">
    <result property="cart_id" column="cart_id" />
    <result property="goods_id" column="goods_id" />
    <result property="member_id" column="member_id" />
    <result property="cart_goods_qty" column="cart_goods_qty" />
    <result property="creDate" column="creDate" />
  </resultMap>

  <resultMap id="goodsResult" type="GoodsVO">
    <result property="goods_id" column="goods_id" />
    <result property="goods_title" column="goods_title" />
    <result property="goods_writer" column="goods_writer" />
    <result property="goods_price" column="goods_price" />
    <result property="goods_publisher" column="goods_publisher" />
    ...
  </resultMap>

  <select id="selectCartList"  resultMap="cartResult"  parameterType="cartVO"  >
    <![CDATA[
      select * from t_shopping_cart
      where member_id=#{member_id}
```

장바구니 정보를 저장할 resultMap입니다.

장바구니 페이지에 표시할 상품 정보를 저장할 resultMap입니다.

```
  ]]>
</select>
```

모든 장바구니 정보를 조회합니다.

```
<select id="selectGoodsList" resultMap="goodsResult" parameterType="java.util.Map">
  <![CDATA[
    select g.*,d.fileName from t_shopping_goods g, t_goods_detail_image d
    where g.goods_id=d.goods_id
    and d.filetype='main_image'
    and g.goods_id in
  ]]>
  <foreach item="item" collection="list" open="(" separator="," close=")" >
    #{item.goods_id}
  </foreach>
  order by g.goods_creDate desc
</select>
...
```

장바구니 테이블에 등록된 상품 번호를 이용해 상품 정보를 조회합니다.

2. 자바 클래스를 구현하겠습니다. CartControllerImpl 클래스에서는 조회한 장바구니 목록과 상품 정보 목록을 Map에 저장합니다. 그리고 장바구니 목록을 표시하는 페이지에서 상품을 주문할 경우에 대비해 상품 정보를 미리 세션에 바인딩합니다.

코드 31-31 bookshop01/src/main/java/com/bookshop01/cart/controller/CartControllerImpl.java

```
...
@Controller("cartController")
@RequestMapping(value="/cart")
public class CartControllerImpl extends BaseController implements CartController{
  ...
  @RequestMapping(value="/myCartList.do", method = RequestMethod.GET)
  public ModelAndView myCartMain(HttpServletRequest request,
                                HttpServletResponse response) throws Exception {
    String viewName = (String)request.getAttribute("viewName");
    ModelAndView mav = new ModelAndView(viewName);
    HttpSession session = request.getSession();
    MemberVO memberVO = (MemberVO)session.getAttribute("memberInfo");
    String member_id = memberVO.getMember_id();
    cartVO.setMember_id(member_id);
    Map<String ,List> cartMap = cartService.myCartList(cartVO);
    session.setAttribute("cartMap", cartMap);
    return mav;
  }
  ...
```

장바구니 페이지에 표시할 상품 정보를 조회합니다.

장바구니 목록을 세션에 저장합니다.

3. Service 클래스를 구현합니다. 고객이 **장바구니 담기**를 클릭하면 장바구니 테이블에는 해당 상품의 상품 번호만 저장됩니다. 따라서 장바구니 페이지에 상품 정보를 같이 표시하려면 장바구니 테이블에 저장된 상품 번호를 이용해 상품 정보를 따로 조회한 후 장바구니 페이지로 전달해서 표시해야 합니다. Service 클래스에서는 회원 ID로 상품 번호를 조회한 후 이를 이용해 다시 상품 상세 정보를 조회합니다. 그리고 조회한 장바구니 정보와 상품 정보를 Map에 각각 저장한 후 컨트롤러로 반환합니다.

코드 31-32 bookshop01/src/main/java/com/bookshop01/cart/service/CartServiceImpl.java

```
...
@Service("cartService")
@Transactional(propagation=Propagation.REQUIRED)
public class CartServiceImpl  implements CartService{
  @Autowired
  private CartDAO cartDAO;

  public Map<String ,List> myCartList(CartVO cartVO) throws Exception{
    Map<String, List> cartMap=new HashMap<String, List>();
    List<CartVO> myCartList=cartDAO.selectCartList(cartVO);
    if(myCartList.size()==0) {
      return null;
    }
    List<GoodsVO> myGoodsList=cartDAO.selectGoodsList(myCartList);
    cartMap.put("myCartList",  myCartList);
    cartMap.put("myGoodsList", myGoodsList);
    return cartMap;
  }
  ...
```

장바구니 페이지에 표시할 장바구니 정보를 조회합니다.

장바구니에 상품이 없는 경우 null을 반환합니다.

장바구니 페이지에 표시할 상품 정보를 조회합니다.

장바구니 정보와 상품 정보를 cartMap에 저장하여 반환합니다.

4. DAO 클래스는 이 책에서 제공하는 예제 소스를 참고하세요.

5. 마지막으로 JSP를 구현하겠습니다. 컨트롤러에서 세션에 바인딩한 장바구니 목록과 상품 목록을 이용해 장바구니 페이지를 구현해 보겠습니다.

▼ 그림 31-51 JSP 파일 위치

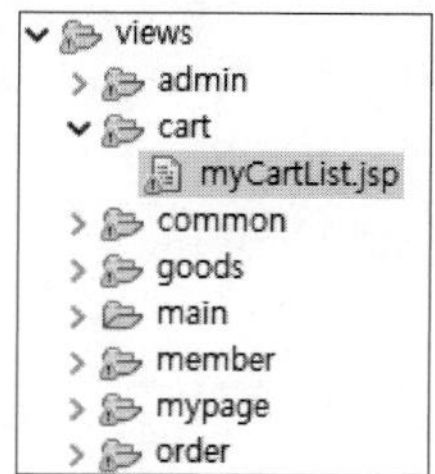

코드 31-33 bookshop01/src/main/webapp/WEB-INF/views/cart/myCartList.jsp

```
...
<c:set var="contextPath"  value="${pageContext.request.contextPath}"  />
<c:set var="myCartList"  value="${cartMap.myCartList}"  />
<c:set var="myGoodsList"  value="${cartMap.myGoodsList}"  />
<c:set  var="totalGoodsNum" value="0" />          장바구니에 추가된 상품의 총 개수입니다.
<c:set  var="totalDeliveryPrice" value="0" />     장바구니에 추가된 상품의 총 배송비입니다.
<c:set  var="totalDiscountedPrice" value="0" />   장바구니에 추가된 상품의 총 주문 금액입니다.
  ...
  <table class="list_view">
    <tbody align=center >
      <tr style="background:#33ff00" >
        <td class="fixed" >구분</td>
        <td colspan=2 class="fixed">상품명</td>
        <td>정가</td>
        <td>판매가</td>
        <td>수량</td>
        <td>합계</td>
        <td>주문</td>
      </tr>
    <c:choose>
     <c:when test="${empty myCartList}">
       <tr>
         <td colspan=8 class="fixed">
           <strong>장바구니에 상품이 없습니다.</strong>
         </td>
       </tr>
     </c:when>
     <c:otherwise>
       <tr>
         <form name="frm_order_all_cart">
       <c:forEach var="item" items="${myGoodsList}" varStatus="cnt">
         <c:set var="cart_goods_qty" value="${myCartList[cnt.count-1].cart_goods_qty}" />
         <c:set var="cart_id" value="${myCartList[cnt.count-1].cart_id}" />
         <td>
           <input type="checkbox" name="checked_goods" checked  value="${item.goods_id }"
                         onClick="calcGoodsPrice(${item.goods_sales_price },this)">
         </td>
         <td class="goods_image">
           <a href="${contextPath}/goods/goodsDetail.do?goods_id=${item.goods_id }">
           <img width="75" alt="" src="${contextPath}/thumbnails.do?
                         goods_id=${item.goods_id}&fileName=${item.goods_fileName}"/>
           </a>
         </td>
         <td>
```

- 장바구니에 등록된 상품 번호로 조회한 상품 목록을 표시합니다. (c:forEach)
- 장바구니에 담긴 상품 수량을 표시하기 위해 변수를 설정합니다. (cart_goods_qty)
- 상품의 이미지를 표시합니다. (img)

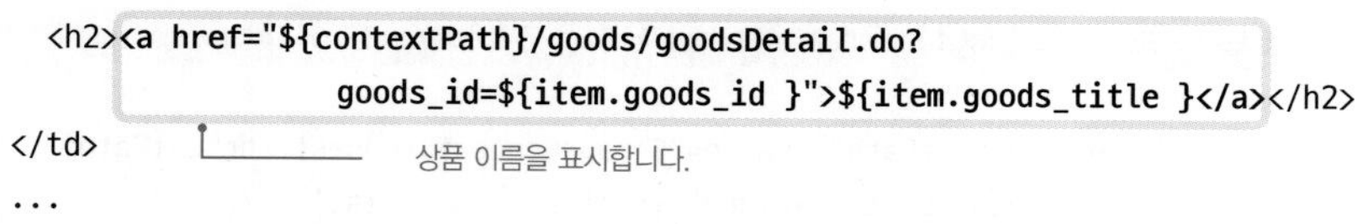

```
<h2><a href="${contextPath}/goods/goodsDetail.do?
                goods_id=${item.goods_id }">${item.goods_title }</a></h2>
</td>
...
```


6. 다음은 실행 결과입니다. 상품 상세 페이지에서 상품들을 장바구니에 담은 후 **장바구니 보기**를 클릭합니다.

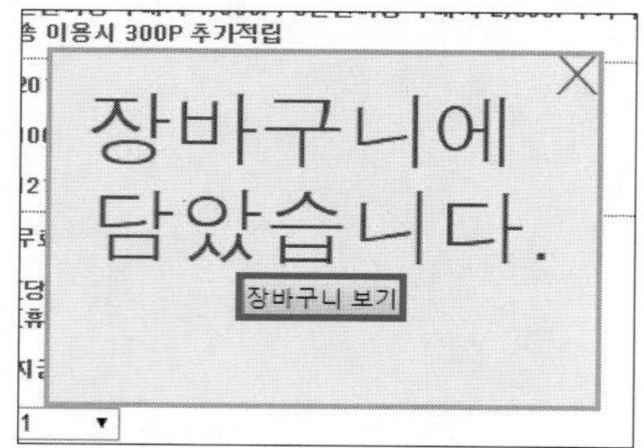

✔ 그림 31-52 **장바구니 보기** 클릭

7. 화면 상단 메뉴의 **장바구니**를 클릭해도 장바구니에 담긴 상품 목록을 볼 수 있습니다.

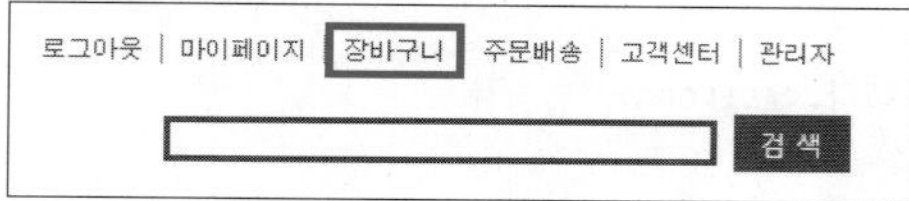

✔ 그림 31-53 **장바구니** 클릭

구분	상품명	정가	판매가	수량	합계	주문
✔	모두의 딥러닝	~~24000원~~	19,440원(10%할인)	1 변경	19,440원	주문하기 나중에 주문 리스트 넣기 삭제
✔	마인크래프트 무작정 따라하기	~~14000원~~	10,800원(10%할인)	1 변경	10,800원	주문하기 나중에 주문 리스트 넣기 삭제
✔	초보자를 위한 자바프로그래밍	~~30000원~~	27,000원(10%할인)	1 변경	27,000원	주문하기 나중에 주문 리스트 넣기 삭제

총 상품수	총 상품금액		총 배송비		총 할인 금액		최종 결제금액
3개	57,240원	+	0원	−	0원	=	57,240원

✔ 그림 31-54 **장바구니**를 클릭하면 상품 목록이 표시

이 외에도 장바구니 목록 수정하기, 상품 삭제하기도 이 책에서 제공하는 예제 소스에 구현되어 있으니 참고하세요.

31.8 주문 기능 구현하기

이번에는 상품 주문 시 주문을 처리하는 기능을 구현해 보겠습니다. 단, 상품 주문은 로그인 상태일 때만 가능합니다.

31.8.1 주문 정보 저장 테이블 생성하기

그림 31-55는 상품 주문 정보를 저장하는 주문테이블입니다. 회원정보 테이블과 상품정보 테이블을 동시에 참조하고 있습니다.

여기서 주문상품일련번호는 주문자가 한 번에 여러 개의 상품을 주문했을 때 테이블의 레코드로 추가되는 각 상품을 구분하기 위한 번호입니다. 그리고 주문번호는 주문 시 부여되는 번호입니다.

▼ 그림 31-55 상품 주문 정보 저장 테이블 구조

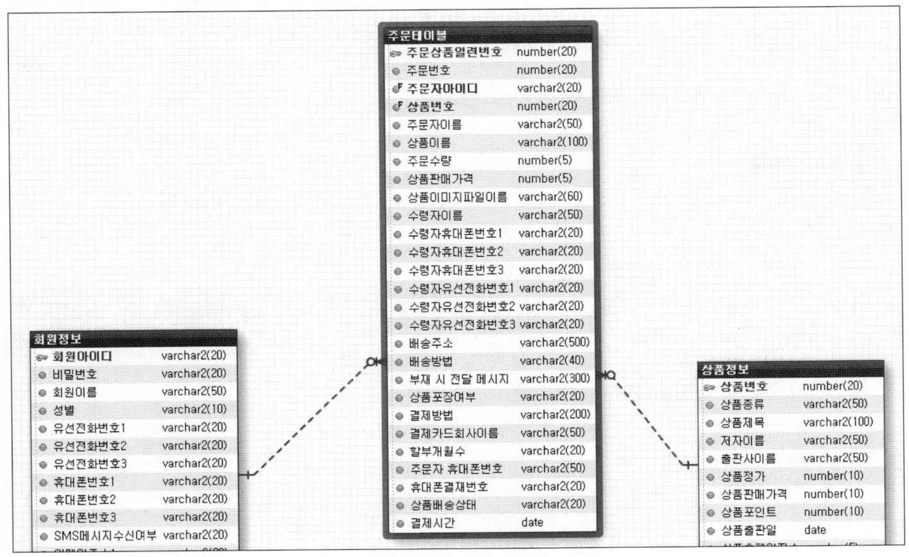

만약 한 번에 5권의 상품을 주문하면 주문번호는 한 개, 주문상품일련번호는 다섯 개가 됩니다.

▼ 표 31-2 주문 테이블의 주요 속성

no	컬럼 이름	속성 이름	설명
1	order_seq_num	주문상품일련번호	주문자의 개별 주문 상품을 구분하는 번호입니다.
2	order_id	주문번호	주문자들의 주문을 구분하는 번호입니다.

31.8.2 상품 상세 페이지에서 주문하기

상품 상세 페이지에서 장바구니에 넣지 않고 바로 **주문하기**를 클릭해 한 개의 상품을 주문하는 기능을 구현해 보겠습니다.

1. 필요한 매퍼 파일은 다음과 같습니다.

▼ 그림 31-56 매퍼 파일 위치

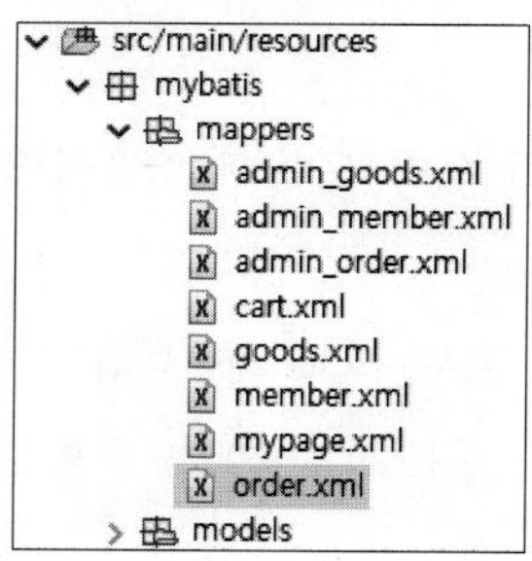

2. 먼저 주문상품일련번호를 나타내는 오라클 시퀀스를 하나 생성합니다.

▼ 그림 31-57 주문상품일련번호에 해당하는 오라클 시퀀스 생성

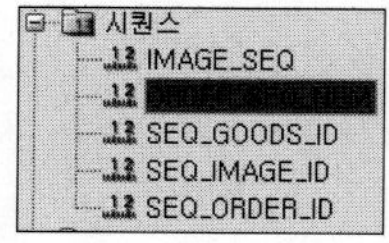

코드

```
CREATE SEQUENCE  order_seq_num
          MINVALUE 400
          MAXVALUE 10000000
          NOCYCLE
          INCREMENT BY 1;
```

> Tip 오라클 시퀀스는 최초의 애플리케이션을 설정할 때 미리 만들어집니다. 만약 확인해서 없다면 다시 만들어야 합니다.

3. 마이바티스에서 제공하는 <selectKey> 태그를 이용하면 주문상품일련번호를 가져오는 SQL문을 따로 실행하지 않아도 됩니다. 다음과 같이 바로 시퀀스에서 주문상품일련번호를 가져와 주문테이블에 추가할 수 있습니다.

코드

```
<selectKey resultType="int" keyProperty="order_seq_num" order="BEFORE">
        select order_seq_num.nextval  from  dual
 </selectKey>
```

여기서 resultType은 얻어오는 결괏값의 타입을, keyProperty는 결괏값을 받는 컬럼 이름을 의미합니다. order는 <selectKey> 태그를 포함하는 부모 SQL문이 있는 경우 부모 SQL문을 실행하기 전 또는 후에 실행할지의 여부를 지정합니다(AFTER로 지정할 경우 부모 SQL문을 실행한 후 수행합니다).

4. 주문테이블에 주문 정보를 추가하기 전 <selectKey> 태그를 이용해 주문일련번호를 가져옵니다. 그리고 insert문을 사용해 주문상품일련번호를 주문테이블에 추가합니다.

코드 31-34 bookshop01/src/main/resources/mybatis/mappers/order.xml

```
...
<mapper namespace="mapper.order">
  <resultMap id="orderGoodsResult" type="OrderVO">
  <result property="order_seq_num" column="order_seq_num" />
  <result property="order_id" column="order_id" />
  <result property="member_id" column="member_id" />
  <result property="goods_id" column="goods_id" />
  <result property="goods_title" column="goods_title" />
  <result property="goods_sales_price" column="goods_sales_price" />
  <result property="order_total_price" column="order_total_price" />
  <result property="order_goods_qty" column="order_goods_qty" />
  ...
</resultMap>
```

```
]]>
</select>
<insert id="insertNewOrder" parameterType="orderVO" >
  <selectKey resultType="int" keyProperty="order_seq_num" order="BEFORE">
    select order_seq_num.nextval from dual
  </selectKey>
  <![CDATA[
    insert into t_shopping_order(order_seq_num,
                                 order_id,
                                 ...)
                          values(#{order_seq_num},
                                 #{order_id},
                                 #{member_id},
                                 #{goods_id},
                                 ...)
  ]]>
</insert>

<select id="selectOrderID" resultType="int"  >
  <![CDATA[
    select seq_order_id.nextval from dual
  ]]>
</select>
...
```

<selectKey> 태그를 이용해 오라클의 시퀀스 번호를 가져온 다음 주문테이블의 각 레코드 구분 번호로 사용합니다.

<select> 태그를 이용해서 가져온 주문상품 일련번호를 사용합니다.

주문번호를 가져옵니다.

5. 이제 타일즈 기능으로 상품 주문 페이지를 구현할 차례입니다.

▼ 그림 31-58 타일즈 파일 위치

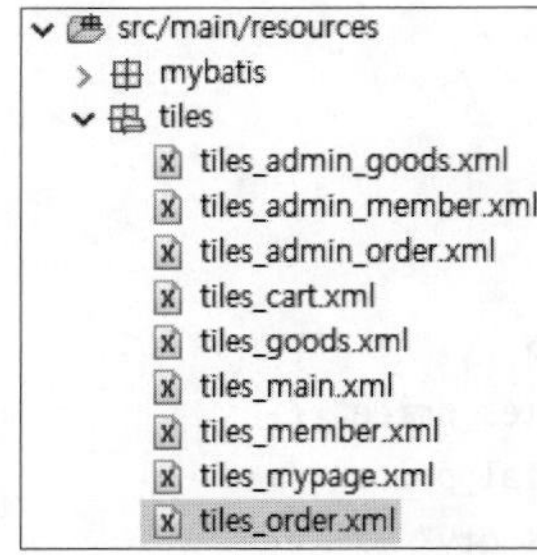

6. 상품 상세 페이지나 장바구니 페이지에서 개별 상품 또는 장바구니에 담긴 모든 상품을 주문할 때 주문 페이지를 표시하도록 tiles_order.xml을 구현합니다.

코드 31-35 bookshop01/src/main/resources/tiles/tiles_order.xml

```
...
<tiles-definitions>
  <definition name="/order/orderEachGoods" extends="baseLayout">
    <put-attribute name="title" value="상품 주문 페이지" />
    <put-attribute name="body" value="/WEB-INF/views/order/orderGoodsForm.jsp" />
  </definition>

  <definition name="/order/orderAllCartGoods" extends="baseLayout">
    <put-attribute name="title" value="상품 주문 페이지" />
    <put-attribute name="body" value="/WEB-INF/views/order/orderGoodsForm.jsp" />
  </definition>

  <definition name="/order/payToOrderGoods" extends="baseLayout">
    <put-attribute name="title" value="상품 주문 결과 페이지" />
    <put-attribute name="body" value="/WEB-INF/views/order/orderResult.jsp" />
  </definition>
</tiles-definitions>
...
```

- 상품 상세 페이지나 장바구니에서 한 개의 상품을 주문할 경우 주문 페이지를 표시합니다.
- 장바구니에 담긴 모든 상품을 주문할 경우 주문 페이지를 표시합니다.
- 주문 결과를 표시합니다.

7. 실제로 상품 주문 기능을 구현할 자바 클래스들은 다음과 같습니다.

▼ 그림 31-59 자바 클래스 위치

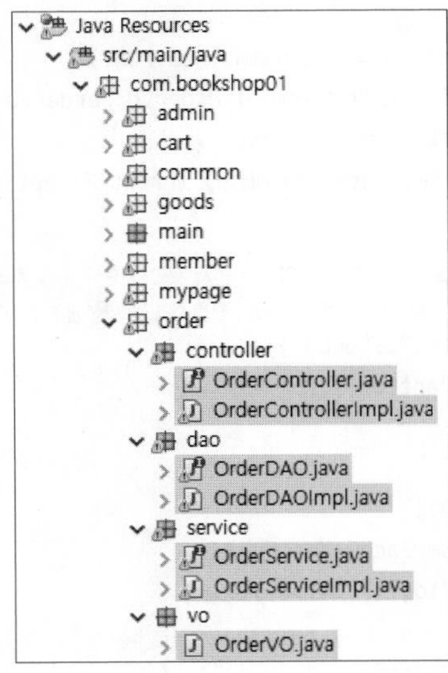

8. 상품 주문은 로그인을 한 상태에서만 가능합니다. 만약 로그인하지 않은 상태에서 **주문하기**를 클릭할 경우 로그인창으로 이동합니다. 그래서 로그인 과정을 수행한 후 주문 페이지로 이동하도록 해야 합니다.

상품 주문을 처리하는 과정은 다음과 같습니다.

❶ **주문하기**를 클릭하면 브라우저에서 전송된 주문 상품 정보를 ArrayList에 저장해 세션에 바인딩한 후 주문 페이지로 이동합니다.

❷ 주문 페이지에서 수령자 정보와 배송지 정보를 입력 받습니다. 최종 주문 시 컨트롤러에서 미리 세션에 저장된 주문 상품 목록을 가져와 전송된 수령자 정보와 배송지 정보를 합칩니다.

❸ 주문 정보를 합친 최종 ArrayList를 SQL문으로 전달하여 주문을 처리합니다.

이를 코드로 구현하면 다음과 같습니다.

코드 31-36 bookshop01/src/main/java/com/bookshop01/order/controller/OrderControllerImpl.java

```
...
@Controller("orderController")
@RequestMapping(value="/order")
public class OrderControllerImpl extends BaseController implements OrderController {
  @Autowired
  private OrderService orderService;
  @Autowired
  private OrderVO orderVO;

  @RequestMapping(value="/orderEachGoods.do", method = RequestMethod.POST)
  public ModelAndView orderEachGoods(@ModelAttribute("orderVO") OrderVO _orderVO,
                                    HttpServletRequest request,
                                    HttpServletResponse response) throws Exception{
    request.setCharacterEncoding("utf-8");
    HttpSession session=request.getSession();
    session=request.getSession();
    Boolean isLogOn=(Boolean)session.getAttribute("isLogOn");
    String action=(String)session.getAttribute("action");

    if(isLogOn==null || isLogOn==false) {
      session.setAttribute("orderInfo", _orderVO);
      session.setAttribute("action", "/order/orderEachGoods.do");
      return new ModelAndView("redirect:/member/loginForm.do");
    }else {
      if(action!=null && action.equals("/order/orderEachGoods.do")) {
        orderVO=(OrderVO)session.getAttribute("orderInfo");
        session.removeAttribute("action");
```

로그인을 하지 않았다면 먼저 로그인 후 주문을 처리하도록 주문 정보와 주문 페이지 요청 URL을 세션에 저장합니다.

로그인 후 세션에서 주문 정보를 가져와 바로 주문창으로 이동합니다.

```
    }else {
      orderVO=_orderVO;
    }
  }

  String viewName=(String)request.getAttribute("viewName");
  ModelAndView mav = new ModelAndView(viewName);
  List myOrderList=new ArrayList<OrderVO>();
  myOrderList.add(orderVO);
  MemberVO memberInfo=(MemberVO)session.getAttribute("memberInfo");
  session.setAttribute("myOrderList", myOrderList);
  session.setAttribute("orderer", memberInfo);
  return mav;
}
...

@RequestMapping(value="/payToOrderGoods.do" ,method = RequestMethod.POST)
public ModelAndView payToOrderGoods(@RequestParam Map<String, String> receiverMap,
                                    HttpServletRequest request,
                                    HttpServletResponse response) throws Exception{
  String viewName=(String)request.getAttribute("viewName");
  ModelAndView mav = new ModelAndView(viewName);

  HttpSession session=request.getSession();
  MemberVO memberVO=(MemberVO)session.getAttribute("orderer");
  String member_id=memberVO.getMember_id();
  String orderer_name=memberVO.getMember_name();
  String orderer_hp = memberVO.getHp1()+"-"+memberVO.getHp2()+"-"+memberVO.getHp3();
  List<OrderVO> myOrderList=(List<OrderVO>)session.getAttribute("myOrderList");

  for(int i=0; i<myOrderList.size();i++) {
    OrderVO orderVO=(OrderVO)myOrderList.get(i);
    orderVO.setMember_id(member_id);
    orderVO.setOrderer_name(orderer_name);
    orderVO.setReceiver_name(receiverMap.get("receiver_name"));

    orderVO.setReceiver_hp1(receiverMap.get("receiver_hp1"));
    orderVO.setReceiver_hp2(receiverMap.get("receiver_hp2"));
    orderVO.setReceiver_hp3(receiverMap.get("receiver_hp3"));
    orderVO.setReceiver_tel1(receiverMap.get("receiver_tel1"));
    orderVO.setReceiver_tel2(receiverMap.get("receiver_tel2"));
    orderVO.setReceiver_tel3(receiverMap.get("receiver_tel3"));
    ...
    myOrderList.set(i, orderVO);
  }
  orderService.addNewOrder(myOrderList);
```

미리 로그인을 했다면 바로 주문을 처리합니다.

주문 정보를 저장할 주문 ArrayList를 생성합니다.

브라우저에서 전달한 주문 정보를 ArrayList에 저장합니다.

주문 정보와 주문자 정보를 세션에 바인딩한 후 주문창으로 전달합니다.

주문창에서 입력한 상품 수령자 정보와 배송지 정보를 Map에 바로 저장합니다

주문창에서 입력한 수령자 정보와 배송지 정보를 주문 상품 정보 목록과 합칩니다.

각 orderVO에 수령자 정보를 설정한 후 다시 myOrderList에 저장합니다.

주문 정보를 SQL문으로 전달합니다.

```
    mav.addObject("myOrderInfo",receiverMap);
    mav.addObject("myOrderList", myOrderList);
    return mav;
  }
}
```

주문 완료 결과창에 주문자 정보를 표시하도록 전달합니다.

주문 완료 결과창에 주문 상품 목록을 표시하도록 전달합니다.

9. Service 클래스에서는 주문 목록을 가져와 주문 테이블에 추가합니다. 장바구니에서 주문한 경우 해당 상품을 장바구니에서 삭제합니다.

코드 31-37 bookshop01/src/main/java/com/bookshop01/order/service/OrderServiceImpl.java

```
...
@Service("orderService")
@Transactional(propagation=Propagation.REQUIRED)
public class OrderServiceImpl implements OrderService {
  @Autowired
  private OrderDAO orderDAO;
  ...
  public void addNewOrder(List<OrderVO> myOrderList) throws Exception{
    orderDAO.insertNewOrder(myOrderList);
    orderDAO.removeGoodsFromCart(myOrderList);
  }
  ...
```

주문 상품 목록을 테이블에 추가합니다.

장바구니에서 주문한 경우 해당 상품을 장바구니에서 삭제합니다.

10. 주문 상품이 저장된 myOrderList의 orderVO 객체에 주문 번호를 설정한 후 SQL문으로 전달합니다. 한 번에 한 개의 상품을 주문하든 여러 개의 상품을 주문하든 각 주문 상품의 주문 번호를 동일하게 설정합니다.

코드 31-38 bookshop01/src/main/java/com/bookshop01/order/dao/OrderDAOImpl.java

```
...
@Repository("orderDAO")
public class OrderDAOImpl implements OrderDAO {
  @Autowired
  private SqlSession sqlSession;

  public void insertNewOrder(List<OrderVO> myOrderList) throws DataAccessException{
    int order_id=selectOrderID();
    for(int i=0; i<myOrderList.size();i++) {
      OrderVO orderVO =(OrderVO)myOrderList.get(i);
      orderVO.setOrder_id(order_id);
      sqlSession.insert("mapper.order.insertNewOrder",orderVO);
    }
```

각 orderVO에 설정할 주문 번호를 가져옵니다.

주문 목록에서 차례대로 orderVO를 가져와 주문 번호를 설정합니다.

```
  }
  ...
  public void removeGoodsFromCart(List<OrderVO> myOrderList)throws DataAccessException{
    for(int i=0; i<myOrderList.size();i++) {
      OrderVO orderVO =(OrderVO)myOrderList.get(i);
      sqlSession.delete("mapper.order.deleteGoodsFromCart", orderVO);
    }
  }
```

장바구니에서 주문한 경우 해당 상품을 장바구니에서 삭제합니다.

```
  private int selectOrderID() throws DataAccessException{
   return sqlSession.selectOne("mapper.order.selectOrderID");
  }
}
```

테이블에 저장할 주문 번호를 가져옵니다.

11. 이제 JSP를 구현할 차례입니다.

▼ 그림 31-60 JSP 파일 위치

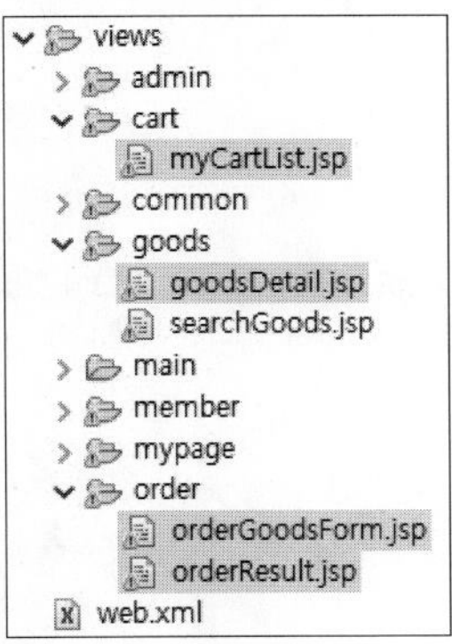

12. 먼저 상품 상세 페이지에서 **주문하기**를 클릭하면 자바스크립트 함수를 호출해 로그인 상태를 먼저 체크합니다. 그리고 동적으로 hidden 태그를 생성한 후 상품 정보를 저장해 컨트롤러로 전송합니다.

코드 31-39 bookshop01/src/main/webapp/WEB-INF/views/goods/goodsDetail.jsp

```
...
<script type="text/javascript">
...
function fn_order_each_goods(goods_id,goods_title,goods_sales_price,fileName) {
  var _isLogOn=document.getElementById("isLogOn");
  var isLogOn=_isLogOn.value;

  if(isLogOn=="false" || isLogOn=='' ) {
    alert("로그인 후 주문이 가능합니다!!!");
  }
```

<hidden> 태그의 id로 로그인 상태를 가져옵니다.

로그인 상태를 확인합니다.

```
    var total_price,final_total_price;
    var order_goods_qty=document.getElementById("order_goods_qty")
                                                  └ 상품 주문 개수를 가져옵니다.
    var formObj=document.createElement("form"); ← <form> 태그를 동적으로 생성합니다.
    var i_goods_id = document.createElement("input");
    var i_goods_title = document.createElement("input");
    var i_goods_sales_price=document.createElement("input");
    var i_fileName=document.createElement("input");
    var i_order_goods_qty=document.createElement("input");
                          └ 주문 상품 정보를 전송할 <input> 태그를 동적으로 생성합니다.
    i_goods_id.name="goods_id";                        ← <input> 태그에 name/value로 값을 설정합니다.
    i_goods_title.name="goods_title";
    i_goods_sales_price.name="goods_sales_price";
    i_fileName.name="goods_fileName";
    i_order_goods_qty.name="order_goods_qty";

    i_goods_id.value=goods_id;
    i_order_goods_qty.value=order_goods_qty.value;
    i_goods_title.value=goods_title;
    i_goods_sales_price.value=goods_sales_price;
    i_fileName.value=fileName;

    formObj.appendChild(i_goods_id);          ← 동적으로 생성한 <input> 태그에 값을 설정한 후 다시 <form> 태그에 추가합니다.
    formObj.appendChild(i_goods_title);
    formObj.appendChild(i_goods_sales_price);
    formObj.appendChild(i_fileName);
    formObj.appendChild(i_order_goods_qty);

    document.body.appendChild(formObj);
    formObj.method="post";
    formObj.action="${contextPath}/order/orderEachGoods.do";
    formObj.submit();
  }                      └ 컨트롤러로 요청하면서 <input> 태그의 값을 매개변수로 전달합니다.
  </script>
  ...
    <tr>
      <td class="fixed">수량</td>
      <td class="fixed">                  ┌ 셀렉트 박스로 주문 수량을 선택합니다.
        <select style="width: 60px;" id="order_goods_qty">
          <option>1</option>
          <option>2</option>
          <option>3</option>
          <option>4</option>
          <option>5</option>
        </select>
```

```
        </td>
    </tr>
...
<ul>
    <li><a class="buy" href="javascript:fn_order_each_goods('${goods.goods_id }',
                    '${goods.goods_title }','${goods.goods_sales_price}',
                    '${goods.goods_fileName}');">
                    구매하기 </a></li>
    <li><a class="cart" href="javascript:add_cart('${goods.goods_id }')">장바구니</a></li>
    <li><a class="wish" href="#">위시리스트</a></li>
</ul>
...
<input type="hidden" name="isLogOn" id="isLogOn" value="${isLogOn}"/>
```

구매하기 클릭 시 자바스크립트 함수로 상품 번호, 상품명, 판매 가격, 이미지 파일 이름을 전달합니다.

로그인 상태를 〈hidden〉 태그에 저장합니다.

13. 이번에는 상품을 주문할 수 있는 페이지를 다음과 같이 구현합니다. 배송지 정보와 결제 정보를 입력 받아서 자바스크립트에서 동적으로 `<input>` 태그를 생성한 후 컨트롤러로 전송합니다.

코드 31-40 bookshop01/src/main/webapp/WEB-INF/views/order/orderGoodsForm.jsp

```
...
<script type="text/javascript">
...
window.onload=function() {
    init();
}

function init() {
    var form_order=document.form_order;
    var h_tel1=form_order.h_tel1;
    var h_hp1=form_order.h_hp1;
    var tel1=h_tel1.value;
    var hp1=h_hp1.value;
    var select_tel1=form_order.tel1;
    var select_hp1=form_order.hp1;
    select_tel1.value=tel1;
    select_hp1.value=hp1;
}
...
function fn_process_pay_order() {
    alert("최종 결제하기");
    var formObj=document.createElement("form");
    var i_receiver_name=document.createElement("input");
```

상품 주문 페이지가 표시되면 주문자의 휴대폰 번호와 유선 전화번호를 셀렉트 박스에 표시합니다.

최종 결제하기를 클릭하면 〈input〉 태그를 동적으로 생성한 후 주문창에서 입력한 수령자 정보를 설정하여 컨트롤러로 전송합니다.

```
  var i_receiver_hp1=document.createElement("input");
  var i_receiver_hp2=document.createElement("input");
  var i_receiver_hp3=document.createElement("input");
  ...
  i_receiver_name.name="receiver_name";
  i_receiver_hp1.name="receiver_hp1";
  i_receiver_hp2.name="receiver_hp2";
  i_receiver_hp3.name="receiver_hp3";

  ...
  i_card_com_name.name="card_com_name";
  i_card_pay_month.name="card_pay_month";
  i_pay_orderer_hp_num.name="pay_orderer_hp_num";

  i_receiver_name.value=receiver_name;
  i_receiver_hp1.value=hp1;
  i_receiver_hp2.value=hp2;
  i_receiver_hp3.value=hp3;


  ...
  i_delivery_address.value=delivery_address;
  i_delivery_message.value=delivery_message;
  i_delivery_method.value=delivery_method;
  i_gift_wrapping.value=gift_wrapping;
  i_pay_method.value=pay_method;
  i_card_com_name.value=card_com_name;
  i_card_pay_month.value=card_pay_month;
  i_pay_orderer_hp_num.value=pay_orderer_hp_num;
  ...
  formObj.appendChild(i_delivery_address);
  formObj.appendChild(i_delivery_message);
  formObj.appendChild(i_delivery_method);
  formObj.appendChild(i_gift_wrapping);
  ...
  document.body.appendChild(formObj);
  formObj.method="post";
  formObj.action="${contextPath}/order/payToOrderGoods.do";
  formObj.submit();
  imagePopup('close');
}
</script>
...
  <tr>
    <td colspan=2 align=center>
      <input  name="btn_process_pay_order" type="button" onClick="fn_process_pay_order()"
```

최종결제하기 클릭 시 호출됩니다.

```
                                        value="최종결제하기">
    </td>
  </tr>
  ...
```


14. 다음은 실행 결과입니다. 상품 상세 페이지에서 **구매하기**를 클릭합니다.

▼ 그림 31-61 **구매하기** 클릭

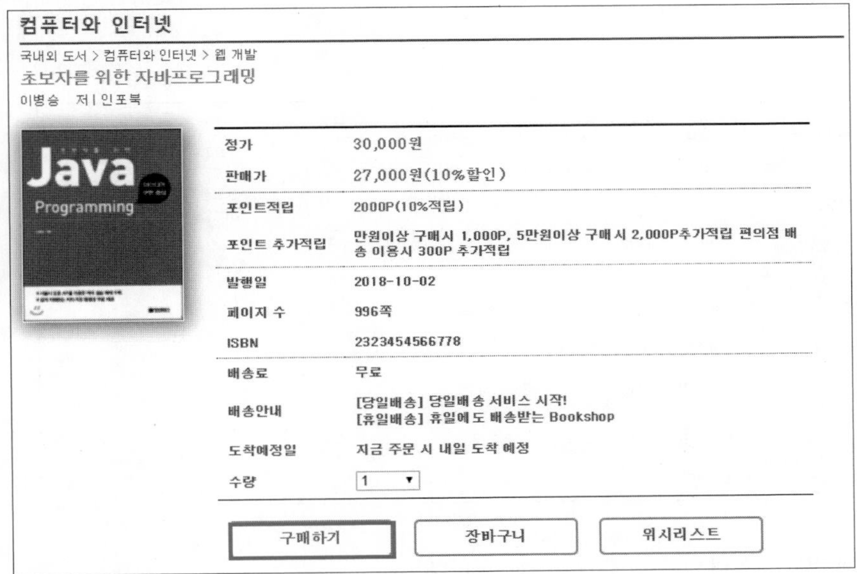

15. 만약 로그인 상태가 아닐 경우 로그인창으로 이동하여 **로그인**을 클릭합니다.

▼ 그림 31-62 로그인하지 않았으면 로그인창으로 이동

회원 로그인 창

아이디	lee
비밀번호	••••

로그인 초기화

아이디 찾기 | 비밀번호 찾기 | 회원가입 | 고객 센터

16. 로그인 후 다시 주문 페이지로 이동하여 배송지 정보를 입력합니다.

▼ 그림 31-63 주문 페이지에서 배송지 정보 입력

1.주문확인

주문상품명	수량	주문금액	배송비	예상적립금	주문금액합계
초보자를 위한 자바프로그래밍	1개	30000원 (10% 할인)	0원	1500원	30000원

2.배송지 정보

배송방법	◉일반택배 ◉편의점택배 ◉해외배송
배송지 선택	◉기본배송지 ◉새로입력 ◉최근배송지
받으실 분	이병승
휴대폰번호	010 - 2222 - 3333
유선전화(선택)	02 - 1111 - 2222
주소	13547 우편번호검색 지번 주소: 경기 성남시 분당구 고기로 25 (동원동) 도로명 주소: 경기 성남시 분당구 동원동 79-1 나머지 주소:

주문고객
이름 이병승
핸드폰 010-2222-3333
이메일 lee@test.com,non

17. 결제 정보를 입력한 후 **결제하기**를 클릭합니다.

▼ 그림 31-64 **결제하기** 클릭

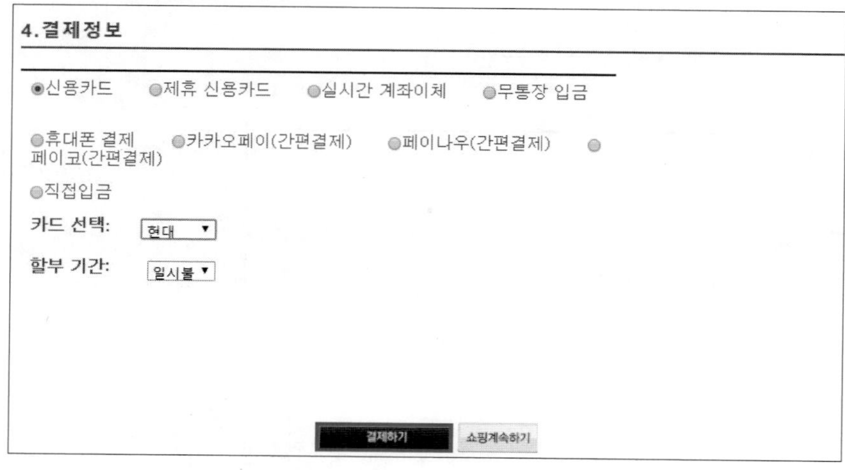

18. 주문 완료 결과 페이지가 나타납니다.

▼ 그림 31-65 주문 완료 결과 페이지

1.최종 주문 내역서

주문번호	주문상품명	수량	주문금액	배송비	예상적립금	주문금액합계
92	Java Programming 초보자를 위한 자바프로그래밍	1개	30000원 (10% 할인)	0원	1500원	30000원

2.배송지 정보

배송방법	일반택배
받으실 분	이병승
휴대폰번호	010-2222-3333
유선전화(선택)	02-1111-2222
주소	우편번호:13547 도로명 주소:경기 성남시 분당구 고기로 25 (동원동) [지번 주소:경기 성남시 분당구 동원동 79-1] 럭키빌딩 101호
배송 메시지	
선물 포장	no

주문고객

이름	이병승
핸드폰	010-2222-3333
이메일	lee@test.com,non

31.8.3 장바구니 상품 주문하기

이번에는 장바구니에 담긴 상품들을 한꺼번에 주문하는 기능을 구현해 보겠습니다. 상품 여러 개를 주문하는 SQL문 역시 한 개를 주문할 때와 동일합니다(31.8.2절 참조).

장바구니에 담긴 상품들을 선택한 후 상품을 주문하는 과정은 다음과 같습니다.

❶ 장바구니 페이지를 나타내기 전 장바구니에 추가된 상품 정보를 미리 세션에 저장합니다.

❷ 장바구니 페이지에서 주문할 상품을 선택한 후 주문할 상품 번호와 각 상품 주문 수량을 배열에 담아 컨트롤러에 전송합니다.

❸ 컨트롤러에서는 전송된 상품 번호와 세션에 저장된 상품들의 상품 번호를 비교해 같으면 상품 정보를 주문 목록의 `OrderVO` 속성에 설정합니다.

❹ 전송된 각 상품별 주문 수량을 `OrderVO` 속성에 설정합니다.

❺ 다시 `OrderVO` 객체를 `myOrderList`에 저장한 후 세션에 바인딩합니다.

1. 이 과정을 `OrderControllerImpl` 클래스에 구현합니다.

코드 31-41 bookshop01/src/main/java/com/bookshop01/order/controller/OrderControllerImpl.java

```
...
@RequestMapping(value="/orderAllCartGoods.do" ,method = RequestMethod.POST)
public ModelAndView orderAllCartGoods(
        @RequestParam("cart_goods_qty")  String[] cart_goods_qty,
        HttpServletRequest request,
        HttpServletResponse response) throws Exception{
  String viewName=(String)request.getAttribute("viewName");
  ModelAndView mav = new ModelAndView(viewName);
  HttpSession session=request.getSession();

  Map cartMap=(Map)session.getAttribute("cartMap");
  List myOrderList=new ArrayList<OrderVO>();
  List<GoodsVO> myGoodsList=(List<GoodsVO>)cartMap.get("myGoodsList");
  MemberVO memberVO=(MemberVO)session.getAttribute("memberInfo");

  for(int i=0; i<cart_goods_qty.length;i++) {
    String[] cart_goods=cart_goods_qty[i].split(":");

    for(int j = 0; j< myGoodsList.size();j++) {
      GoodsVO goodsVO = myGoodsList.get(j);
      int goods_id = goodsVO.getGoods_id();

      if(goods_id==Integer.parseInt(cart_goods[0])) {
        OrderVO _orderVO=new OrderVO();
        String goods_title=goodsVO.getGoods_title();
        int goods_sales_price=goodsVO.getGoods_sales_price();
        String goods_fileName=goodsVO.getGoods_fileName();
        _orderVO.setGoods_id(goods_id);
        _orderVO.setGoods_title(goods_title);
        _orderVO.setGoods_sales_price(goods_sales_price);
        _orderVO.setGoods_fileName(goods_fileName);
        _orderVO.setOrder_goods_qty(Integer.parseInt(cart_goods[1]));
        myOrderList.add(_orderVO);
        break;
      }
    }
  }
  session.setAttribute("myOrderList", myOrderList);
  session.setAttribute("orderer", memberVO);
  return mav;
}
...
```

- 선택한 상품 수량을 배열로 받습니다.
- 미리 세션에 저장한 장바구니 상품 목록을 가져옵니다.
- 장바구니 상품 개수만큼 반복합니다.
- 문자열로 결합되어 전송된 상품 번호와 주문 수량을 split() 메서드를 이용해 분리합니다.
- 장바구니 목록에서 차례로 GoodsVO를 가져옵니다.
- GoodsVO의 상품 번호를 가져옵니다.
- 전송된 상품 번호와 GoodsVO의 상품 번호가 같으면 주문하는 상품이므로 OrderVO 객체를 생성한 후 상품 정보를 OrderVO에 설정합니다. 그리고 다시 myOrderList에 저장합니다.
- 장바구니 목록에서 주문하기 위해 선택한 상품만 myOrderList에 저장한 후 세션에 바인딩합니다.

2. 이제 JSP를 구현하겠습니다. 장바구니 페이지에서 주문할 상품을 선택하고 **주문하기**를 클릭하면 주문 상품에 대해 각각 '**상품번호:주문수량**' 형식으로 문자열을 만듭니다. 여러 상품을 체크한 경우는 '**상품번호:주문수량**'을 문자열 배열로 만들어서 컨트롤러로 전송합니다.

코드 31-42 bookshop01/src/main/webapp/WEB-INF/views/cart/myCartList.jsp

```
...
<script type="text/javascript">
...

function fn_order_all_cart_goods() {
  var order_goods_qty;
  var order_goods_id;
  var objForm=document.frm_order_all_cart;
  var cart_goods_qty=objForm.cart_goods_qty;
  var h_order_each_goods_qty=objForm.h_order_each_goods_qty;
  var checked_goods=objForm.checked_goods;   // 상품 주문 여부를 체크하는 체크박스 객체를 가져옵니다.
  var length=checked_goods.length;   // 주문용으로 선택한 총 상품 개수를 가져옵니다.
  if(length>1) {
    for(var i=0; i<length;i++) {
      if(checked_goods[i].checked==true) {
      order_goods_id=checked_goods[i].value;
      order_goods_qty=cart_goods_qty[i].value;
      cart_goods_qty[i].value="";
      cart_goods_qty[i].value=order_goods_id+":"+order_goods_qty;
      console.log(cart_goods_qty[i].value);
    }
  } else {
    order_goods_id=checked_goods.value;
    order_goods_qty=cart_goods_qty.value;
    cart_goods_qty.value=order_goods_id+":"+order_goods_qty;
  }
  objForm.method="post";
  objForm.action="${contextPath}/order/orderAllCartGoods.do";
  objForm.submit();
}
</script>
...
```

(if(length>1) 블록: 여러 상품을 주문할 경우 하나의 상품에 대해 '상품번호:주문수량' 문자열을 만든 후 전체 상품 정보를 배열로 전송합니다.)

(else 블록: 상품을 하나만 주문할 경우 문자열로 전송합니다.)

3. 다음은 실행 결과 화면입니다. 장바구니 페이지에서 주문할 상품을 선택한 후 주문 수량을 입력하고 **주문하기**를 클릭합니다.

❯ 그림 31-66 장바구니 페이지에서 **주문하기** 클릭

4. 주문확인 페이지에는 선택한 주문 상품만 표시됩니다.

❯ 그림 31-67 주문 상품 정보 확인

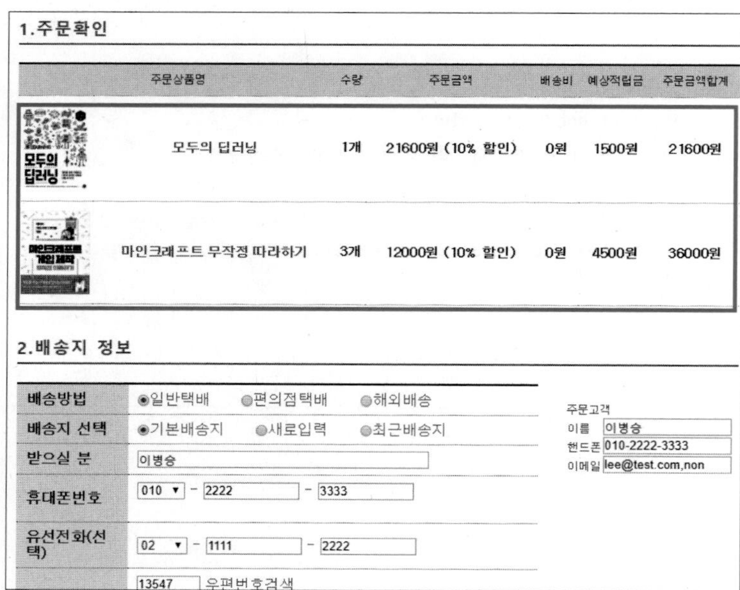

31.9 마이페이지 기능 구현하기

이번에는 쇼핑몰 회원들이 자신의 정보를 관리하고 주문 상품의 배송 상태도 확인할 수 있는 마이페이지 기능을 구현해 보겠습니다.

31.9.1 마이페이지 메인 화면 구현하기

먼저 로그인한 상태에서 **마이페이지**를 클릭하면 나타나는 화면을 구현해 보겠습니다. 마이페이지 메인 화면에는 최근 주문 내역과 계좌 내역이 표시됩니다.

1. 마이페이지 관련 SQL문을 작성할 매퍼 파일을 다음과 같이 준비합니다.

▼ 그림 31-68 매퍼 파일 위치

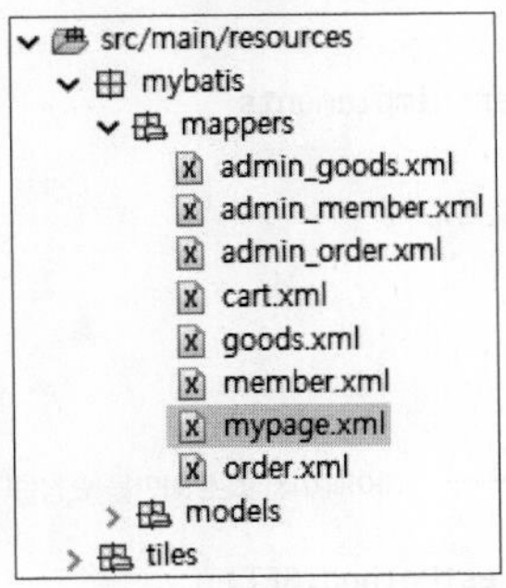

2. 마이페이지 최초 화면에 회원이 주문한 상품 목록을 표시하는 SQL문을 mypage.xml에 작성합니다.

코드 31-43 bookshop01/src/main/resources/mybatis/mappers/mypage.xml

```
...
<select id="selectMyOrderGoodsList" resultMap="orderGoodsResult" parameterType="String">
  <![CDATA[
    select * from t_shopping_order      // 주문 내역을 조회합니다.
    where member_id= #{member_id}
    order by pay_order_time desc
  ]]>
</select>
...
```

3. 마이페이지 메인 화면 구현에 필요한 자바 클래스는 다음과 같습니다.

▼ 그림 31-69 자바 클래스 위치

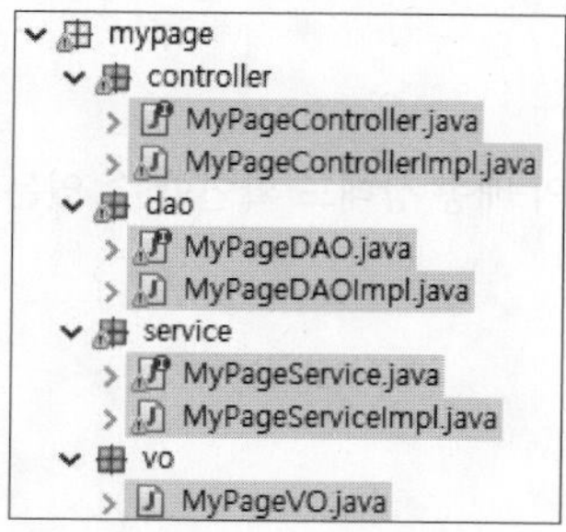

4. 마이페이지 메인 화면에서 주문 상품을 취소한 후 다시 마이페이지를 요청하면서 주문 취소 결과인 cancel_order를 매개변수 messsage 값으로 전달합니다.

코드 31-44 bookshop01/src/main/java/com/bookshop01/mypage/controller/MyPageControllerImpl.java

```
...
@Controller("myPageController")
@RequestMapping(value="/mypage")
public class MyPageControllerImpl extends BaseController  implements
MyPageController{
  @Autowired
  private MyPageService myPageService;
  @Autowired
  private MemberVO memberVO;

  @Override
  @RequestMapping(value="/myPageMain.do" ,method = RequestMethod.GET)   // 마이페이지 최초 화면을 요청합니다.
  public ModelAndView myPageMain(
        @RequestParam(required = false,value="message") String message,   // 주문 취소 시 결과 메시지를 받습니다.
        HttpServletRequest request,
        HttpServletResponse response) throws Exception {
    HttpSession session=request.getSession();
    session=request.getSession();
    session.setAttribute("side_menu", "my_page");   // 마이페이지 왼쪽 메뉴로 설정합니다.
    String viewName=(String)request.getAttribute("viewName");
    ModelAndView mav = new ModelAndView(viewName);
    memberVO=(MemberVO)session.getAttribute("memberInfo");
    String member_id=memberVO.getMember_id();
    List<OrderVO> myOrderList=myPageService.listMyOrderGoods(member_id);   // 회원 ID를 이용해 주문 상품을 조회합니다.

    mav.addObject("message", message);   // 주문 취소 시 결과 메시지를 JSP로 전달합니다.
    mav.addObject("myOrderList", myOrderList);   // 주문 상품 목록을 JSP로 전달합니다.
    return mav;
```

```
}
...
@Override
  @RequestMapping(value="/cancelMyOrder.do" ,method = RequestMethod.POST)
  public ModelAndView cancelMyOrder(@RequestParam("order_id")  String order_id,
                                    HttpServletRequest request,
                                    HttpServletResponse response) throws Exception {
    ModelAndView mav = new ModelAndView();
    myPageService.cancelOrder(order_id);
    mav.addObject("message", "cancel_order");
    mav.setViewName("redirect:/mypage/myPageMain.do");
    return mav;
  }
  ...
```

주문 취소 클릭 시 수행합니다.

취소할 주문번호를 전달합니다.

주문을 취소합니다.

주문 메시지를 다시 마이페이지 최초 화면으로 전달합니다.

5. 마이페이지와 관련된 JSP 파일들은 다음과 같습니다.

▼ 그림 31-70 JSP 파일 위치

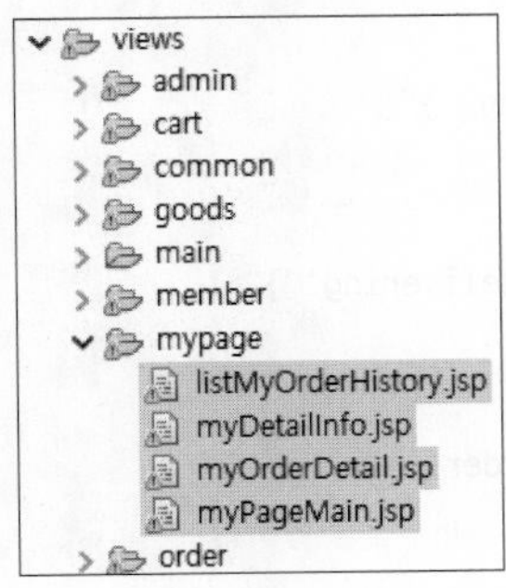

6. 마이페이지 최초 화면에는 자신의 주문 목록이 표시됩니다. 주문할 때마다 여러 개의 상품을 주문할 수 있으므로 이중 <forEach> 태그를 이용해 주문당 해당 상품들이 표시되도록 설정합니다.

코드 31-45 bookshop01/src/main/webapp/WEB-INF/views/mypage/myPageMain.jsp

```
...
<c:if test="${message=='cancel_order'}">
  <script>
    window.onload=function()
  {
   init();
  }
  function init() {
    alert("주문을 취소했습니다.");
  }
```

주문 취소 후 다시 페이지를 요청할 경우 주문 취소 메시지를 출력합니다.

```
  </script>
</c:if>
...
  <c:forEach var="item" items="${myOrderList}"  varStatus="i">
    ...
    <td align="left">
      <strong>
      <c:forEach var="item2" items="${myOrderList}" varStatus="j">
        <c:if  test="${item.order_id ==item2.order_id}" >
          <a href="${contextPath}/goods/goodsDetail.do?goods_id=${item2.goods_id }">
                       ${item2.goods_title }/${item.order_goods_qty }개</a><br>
        </c:if>
      </c:forEach>
      </strong>
    </td>
    <td>
    <c:choose>
      <c:when test="${item.delivery_state=='delivery_prepared' }">
        배송준비중
      </c:when>
      <c:when test="${item.delivery_state=='delivering' }">
        배송중
      </c:when>
      <c:when test="${item.delivery_state=='finished_delivering' }">
        배송완료
      </c:when>
      <c:when test="${item.delivery_state=='cancel_order' }">
        주문취소
      </c:when>
      <c:when test="${item.delivery_state=='returning_goods' }">
        반품완료
      </c:when>
    </c:choose>
    </td>
    <td>
    <c:choose>
      <c:when test="${item.delivery_state=='delivery_prepared'}">
        <input type="button" onClick="fn_cancel_order('${item.order_id}')"
                                                   value="주문취소" />
      </c:when>
      <c:otherwise>
        <input type="button" onClick="fn_cancel_order('${item.order_id}')"
                                                   value="주문취소" disabled />
      </c:otherwise>
    </c:choose>
```

<forEach> 태그를 이용해 주문당 해당 상품명을 한꺼번에 표시합니다.

주문 상품의 배송 상태를 표시합니다.

'배송준비중'일 때만 주문 취소가 가능합니다.

```
            </td>
            </tr>
            <c:set  var="pre_order_id" value="${item.order_id}" />
            </c:when>
          </c:choose>
        </c:forEach>
...
```

7. 다음은 실행 결과입니다. 상단 메뉴의 **마이페이지**를 클릭합니다.

▼ 그림 31-71 **마이페이지** 클릭

8. 마이페이지 왼쪽 메뉴와 주문 상품 목록이 표시됩니다.

▼ 그림 31-72 주문 상품 목록 표시

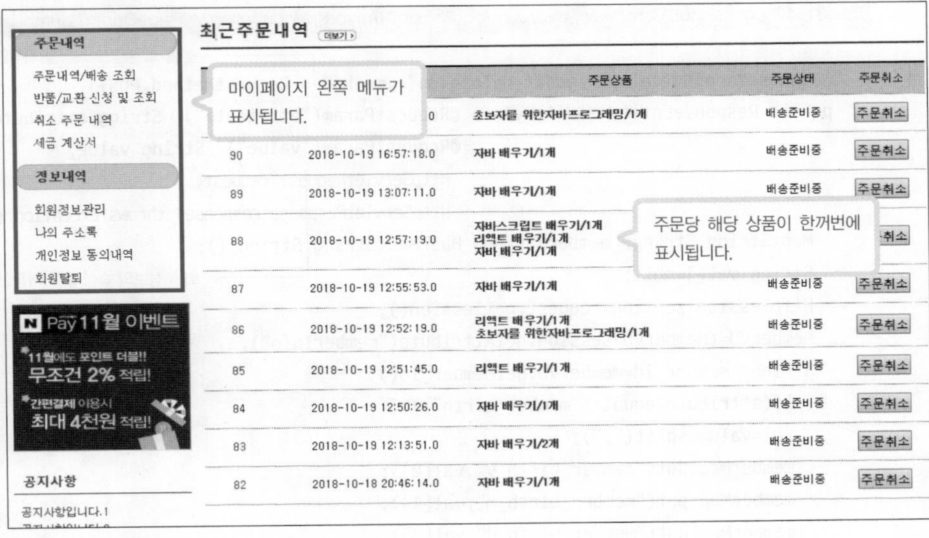

9. 현재 '배송준비중'인 상품에 한해 **주문취소**를 클릭하면 주문을 취소할 수 있습니다.

▼ 그림 31-73 배송 준비 중인 상품에 대해 **주문취소** 클릭

최근주문내역 (더보기 >)

주문번호	주문일자	주문상품	주문상태	주문취소
93	2018-10-23 17:07:46.0	모두의 딥러닝/1개	배송준비중	주문취소
92	2018-10-23 17:05:29.0	초보자를 위한 자바프로그래밍/1개	주문취소	주문취소

31.9.2 회원 정보 상세 페이지 구현하기

이번에는 회원 상세 정보를 표시하고 회원 정보를 수정할 수 있는 기능을 구현해 보겠습니다.

1. 회원 정보 페이지에서 회원 정보는 매개변수 attribute로 컨트롤러에 전송합니다.

코드 31-46 bookshop01/src/main/java/com/bookshop01/mypage/controller/MyPageControllerImpl.java

```
...
@RequestMapping(value="/modifyMyInfo.do" ,method = RequestMethod.POST)
public ResponseEntity modifyMyInfo(@RequestParam("attribute")  String attribute,
                                   @RequestParam("value")  String value,
                                   HttpServletRequest request,
                                   HttpServletResponse response) throws Exception {
  Map<String,String> memberMap=new HashMap<String,String>();
  String val[]=null;
  HttpSession session=request.getSession();
  memberVO=(MemberVO)session.getAttribute("memberInfo");
  String  member_id=memberVO.getMember_id();
    if(attribute.equals("member_birth")) {
    val=value.split(",");
    memberMap.put("member_birth_y",val[0]);
    memberMap.put("member_birth_m",val[1]);
    memberMap.put("member_birth_d",val[2]);
    memberMap.put("member_birth_gn",val[3]);
  }else if(attribute.equals("tel")) {
    val=value.split(",");
    memberMap.put("tel1",val[0]);
    memberMap.put("tel2",val[1]);
    memberMap.put("tel3",val[2]);
  }else if(attribute.equals("hp")) {
    val=value.split(",");
    memberMap.put("hp1",val[0]);
```

수정할 회원 정보 속성을 저장합니다.

회원 정보의 속성 값을 저장합니다.

```
      memberMap.put("hp2",val[1]);
      memberMap.put("hp3",val[2]);
      memberMap.put("smssts_yn", val[3]);
    }else if(attribute.equals("email")) {
    ...

    memberMap.put("member_id", member_id);
    memberVO=(MemberVO)myPageService.modifyMyInfo(memberMap);
    session.removeAttribute("memberInfo");
    session.setAttribute("memberInfo", memberVO);
    ...
  }
  ...
```

회원 정보 수정 후 다시 갱신된 회원 정보를 조회합니다.

세션에 저장된 기존 회원 정보를 삭제한 후 갱신된 회원 정보를 저장합니다.

2. Service 클래스와 DAO 클래스는 이 책에서 제공하는 예제 소스를 참고하기 바랍니다.
3. JSP를 다음과 같이 구현합니다. 회원 정보 수정 페이지를 최초로 로드할 때 자바스크립트 함수를 사용해 유선전화와 휴대폰 국번의 셀렉트 박스에 접근하여 회원의 국번으로 초기화합니다.

코드 31-47 bookshop01/src/main/webapp/WEB-INF/views/mypage/MyDetailInfo.jsp

```
...
<script>
window.onload=function() {
  selectBoxInit();
}

function selectBoxInit() {
  var tel1='${memberInfo.tel1 }';
  var hp1='${memberInfo.hp1}';
  var selTel1 = document.getElementById('tel1');
  var selHp1 = document.getElementById('hp1');
  var optionTel1 = selTel1.options;
  var optionHp1 = selHp1.options;
  var val;
  for(var i=0; i<optionTel1.length;i++) {
    val = optionTel1[i].value;
    if(tel1 == val) {
      optionTel1[i].selected= true;
      break;
    }
  }
```

브라우저에서 페이지를 로드할 때 실행합니다.

유선전화의 국번을 저장합니다.

휴대폰 국번을 저장합니다.

유선전화 국번과 휴대폰 국번을 선택하는 셀렉트 박스에 접근합니다.

유선전화 국번의 셀렉트 박스 값을 tel1 값으로 초기화합니다.

```
    for(var i=0; i<optionHp1.length;i++) {
      val = optionHp1[i].value;
      if(hp1 == val) {
        optionHp1[i].selected= true;
        break;
      }
    }
  }
  ...
  </script>
  ...
    <tr class="dot_line">
      <td class="fixed_join">전화번호</td>
      <td>
      <select name="tel1" id="tel1" >
        <option value="00">없음</option>
        <option value="02">02</option>
        <option value="031">031</option>
        ...
      </select>
      - <input type="text" size=4 name="tel2" value="${memberInfo.tel2 }">
      - <input type="text" size=4 name="tel3" value="${memberInfo.tel3 }">
      </td>
      <td>
      <input type="button" value="수정하기" onClick="fn_modify_member_info('tel')" />
      </td>
    </tr>
    <tr class="dot_line">
      <td class="fixed_join">휴대폰번호</td>
      <td>
      <select name="hp1" id="hp1" >
        <option>없음</option>
        <option value="010">010</option>
        <option value="011">011</option>
        <option value="016">016</option>
        <option value="017">017</option>
        <option value="018">018</option>
        <option value="019">019</option>
      </select>
  ...
```

휴대폰 국번의 셀렉트 박스 값을 hp1 값으로 초기화합니다.

유선전화 국번을 선택하는 셀렉트 박스입니다.

휴대폰 국번을 선택하는 셀렉트 박스입니다.

4. 실행 결과 페이지의 왼쪽 메뉴에서 **회원정보관리**를 클릭하면 회원 상세 정보에서 회원의 유선 전화 번호와 휴대폰 번호를 확인할 수 있습니다.

▼ 그림 31-74 **회원정보관리**를 클릭해 회원 상세 정보 확인

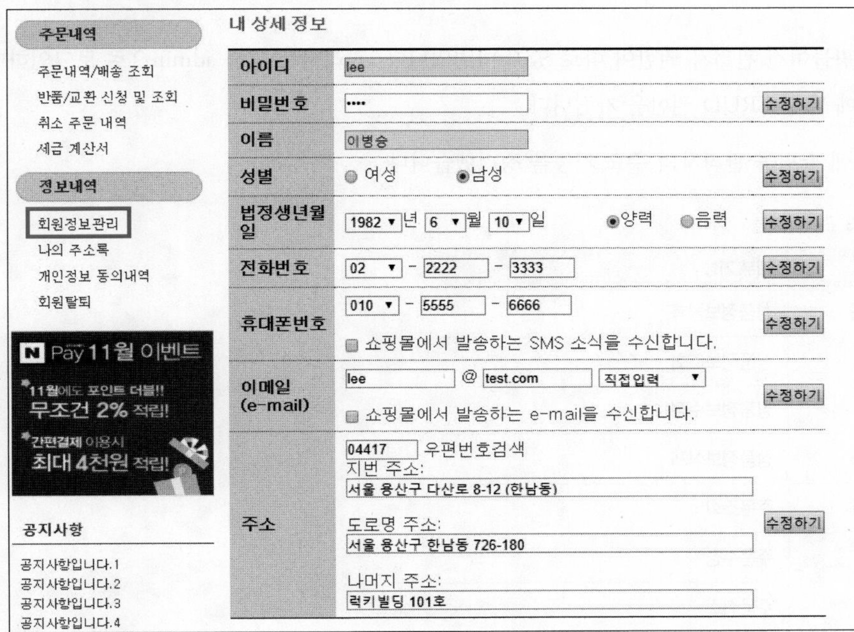

그 외 자신의 개인 정보를 수정하는 기능은 여러분이 직접 구현해 보기 바랍니다. 예제 소스에 있는 `mypage` 패키지의 클래스와 JSP를 사용해 분석해 보세요.

31.10 상품 관리 기능 구현하기

어떤 쇼핑몰이건 관리자 권한이 따로 있기 마련입니다. 관리자는 보통 admin으로 로그인하며 모든 기능에 대해 CRUD 권한을 가집니다.

표 31-3에 쇼핑몰 관리자의 주요 기능을 정리했습니다.

▼ 표 31-3 관리자 기능

기능	세부 기능
상품관리	상품정보등록
	상품정보조회
	상품정보수정
	상품정보삭제
주문관리	주문조회
	주문수정
	주문취소
회원관리	회원정보조회
	회원정보수정
	회원정보삭제(회원탈퇴)

다음은 관리자로 로그인했을 때 표시되는 메인 화면입니다. 왼쪽 메뉴를 보면 관리자의 주요 기능이 표시되어 있습니다.

▼ 그림 31-75 관리자 메인 화면

31.10.1 상품 정보 등록하기

관리자의 주요 업무는 새 상품을 등록하는 것입니다. 다음은 상품 정보가 저장될 테이블로, 상품과 상품 관련 이미지 정보는 상품이미지정보 테이블에 따로 저장합니다.

▼ 그림 31-76 상품 테이블의 논리적 구조

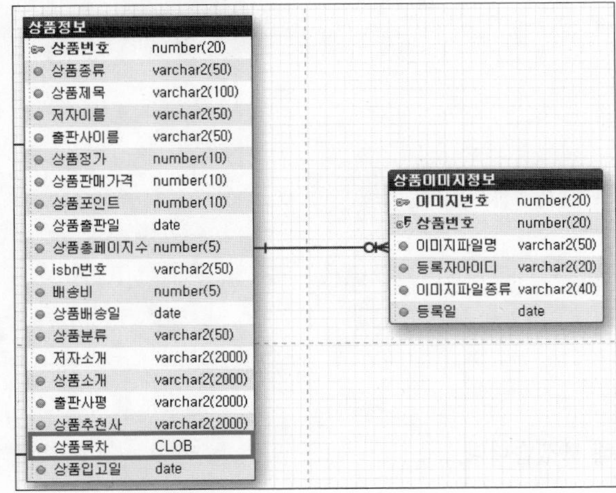

여기서 상품 목차를 저장하는 컬럼의 타입은 2000자 이상을 저장할 수 있는 CLOB 타입으로 선언합니다.

> **Note** **CLOB 타입이란?**
>
> 오라클에서는 문자열을 저장하는 컬럼을 varchar2 타입으로 지정해서 사용합니다. 그런데 varchar2로 지정된 컬럼의 최대 문자열 저장 길이는 2000자(4000바이트)입니다. 즉, 2000자 이상의 문자열로 이루어진 정보는 저장할 수 없습니다. 그래서 오라클에서는 텍스트, 이미지, 비디오, 사운드 같이 구조화되지 않은 대형 데이터를 저장하기 위해 LOB(Large Object) 타입을 새로 도입했습니다. 그중 문자의 대형 객체를 저장하는 타입이 바로 CLOB입니다.

▼ 그림 31-77 상품정보 테이블의 물리적 구조

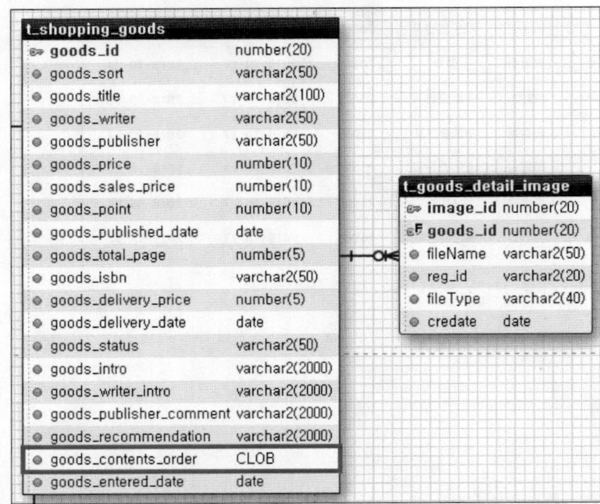

표 31-4는 새 상품 등록 시 goods_status 컬럼의 여러 가지 값입니다.

▼ 표 31-4 goods_status 컬럼의 여러 가지 값

상품분류 값	설명
bestseller	베스트셀러
steadyseller	스테디셀러
newbook	신간
on_sale	판매중
buy_out	품절
out_of_print	절판

그럼 상품정보 테이블에 직접 상품을 등록해 보겠습니다.

먼저 상품 번호와 상품 이미지 번호로 사용될 시퀀스를 각각 생성합니다(31.1절에서 미리 생성했으면 생략합니다).

❤ 그림 31-78 상품 번호, 상품 이미지 번호 시퀀스 생성

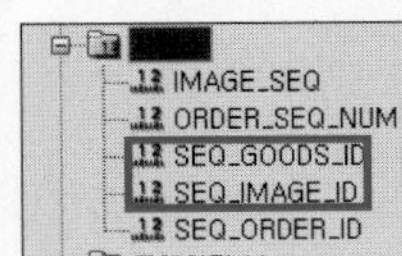

1. 새 상품 정보를 등록하는 데 필요한 매퍼 파일 admin_goods.xml을 준비합니다.

❤ 그림 31-79 매퍼 파일 위치

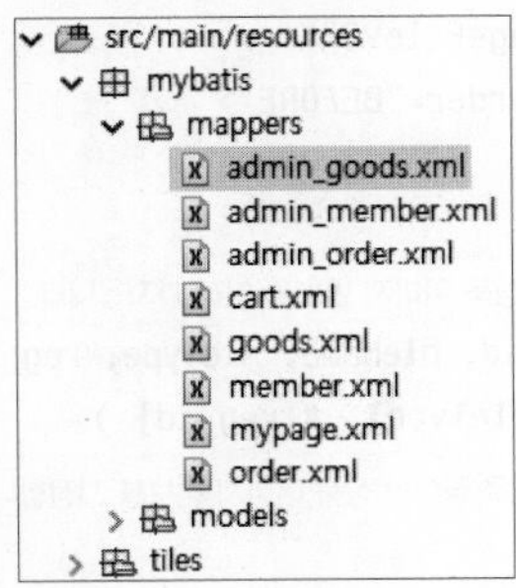

2. admin_goods.xml을 다음과 같이 작성합니다.

코드 31-48 bookshop01/src/main/resources/mybatis/mappers/admin_goods.xml

```
...
<mapper namespace="mapper.admin.goods">
  <resultMap id="goodsResult" type="goodsVO">
    <result property="goods_id" column="goods_id" />
    <result property="goods_title" column="goods_title" />
    <result property="goods_writer" column="goods_writer" />
    ...
    <result property="goods_intro" column="goods_intro" />
    <result property="goods_contents_order" column="goods_contents_order"
                                   javaType="java.lang.String" jdbcType="CLOB"  />
  </resultMap>
  ...
  <insert id="insertNewGoods" parameterType="java.util.Map"   >
    <selectKey resultType="String" keyProperty="goods_id" order="BEFORE">
      select seq_goods_id.nextval from dual
    </selectKey>
  <![CDATA[
    insert into t_shopping_goods(goods_id,
```

goods_contents_order 컬럼의 타입은 CLOB입니다.

새 상품을 추가하기 전에 시퀀스에서 상품 번호를 먼저 가져옵니다.

```
                                        ...
                                        goods_intro,
                                        goods_publisher_comment,
                                        goods_recommendation,
                                        goods_contents_order)
                                values(#{goods_id},  ── 시퀀스에서 가져온 상품 번호를 추가합니다.
                                        ...
                                       #{goods_intro},
                                       #{goods_publisher_comment},
                                       #{goods_recommendation},
                                       #{goods_contents_order:VARCHAR})
                                          └── CLOB 타입으로 데이터 입력 시 VARCHAR로 지정합니다.
</insert>
  <insert id="insertGoodsImageFile" parameterType="imageFileVO"   >
  <selectKey resultType="int" keyProperty="image_id" order="BEFORE">
    select seq_image_id.nextval from dual
  </selectKey>
                                          └── 시퀀스에서 상품 이미지 번호를 미리 가져옵니다.
    <![CDATA[
      insert into t_goods_detail_image (image_id, goods_id, fileName, fileType, reg_id)
      values(#{image_id}, #{goods_id}, #{fileName}, #{fileType}, #{reg_id} )
    ]]>
                                          └── 새 상품일 경우 첨부한 상품 이미지 정보를 저장합니다.
</insert>
...
```

3. 상품 정보 등록을 실제로 구현할 자바 클래스는 다음과 같습니다.

❤ 그림 31-80 자바 파일 위치

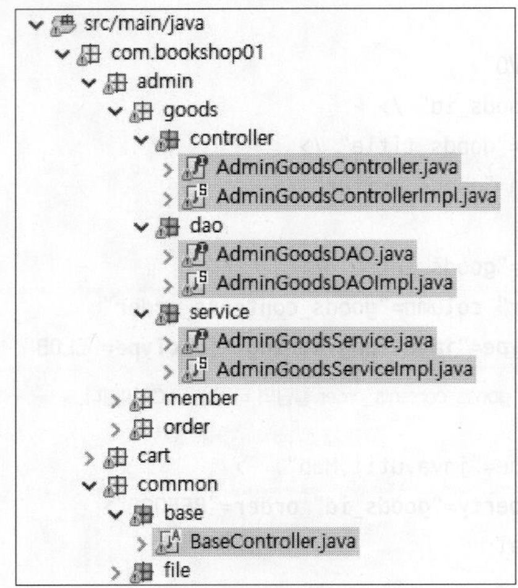

4. 새 상품은 상품 등록창에서 상품 정보와 상품 메인 이미지, 상품 상세 이미지를 첨부하여 전

송합니다. 따라서 이미지 파일을 전송할 때는 해당 이미지가 메인 이미지인지 상세 이미지인지 구분해서 전송해야 합니다. 자바 클래스를 각각 다음과 같이 작성합니다.

코드 31-49 bookshop01/src/main/java/com/bookshop01/common/base/BaseController.java

```
...
public abstract class BaseController {
  private static final String CURR_IMAGE_REPO_PATH = "C:\\shopping\\file_repo";
  protected List<ImageFileVO> upload(MultipartHttpServletRequest multipartRequest)
  throws Exception{
    List<ImageFileVO> fileList= new ArrayList<ImageFileVO>();
    Iterator<String> fileNames = multipartRequest.getFileNames();
    while(fileNames.hasNext()) {
      ImageFileVO imageFileVO =new ImageFileVO();
      String fileName = fileNames.next();
      imageFileVO.setFileType(fileName);
      MultipartFile mFile = multipartRequest.getFile(fileName);
      String originalFileName=mFile.getOriginalFilename();
      imageFileVO.setFileName(originalFileName);
      fileList.add(imageFileVO);
      ...
    }
    return fileList;
  }
  ...
```

파일 정보를 저장할 fileList를 선언합니다.

상품 등록창에서 전송된 파일들의 정보를 fileList에 저장합니다.

코드 31-50 bookshop01/src/main/java/com/bookshop01/admin/goods/controller/AdminGoodsControllerImpl.java

```
...
@Controller("adminGoodsController")
@RequestMapping(value="/admin/goods")
public class AdminGoodsControllerImpl extends BaseController implements
                                                        AdminGoodsController{
private static final String CURR_IMAGE_REPO_PATH = "C:\\shopping\\file_repo";
@Autowired
private AdminGoodsService adminGoodsService;

@RequestMapping(value="/addNewGoods.do" ,method={RequestMethod.POST})
public ResponseEntity addNewGoods(MultipartHttpServletRequest multipartRequest,
                              HttpServletResponse response) throws Exception {
  multipartRequest.setCharacterEncoding("utf-8");
  response.setContentType("text/html; charset=UTF-8");
  String imageFileName=null;

  Map newGoodsMap = new HashMap();
```

```
Enumeration enu=multipartRequest.getParameterNames();
while(enu.hasMoreElements()) {
  String name=(String)enu.nextElement();
  String value=multipartRequest.getParameter(name);
  newGoodsMap.put(name,value);
}

HttpSession session = multipartRequest.getSession();
MemberVO memberVO = (MemberVO) session.getAttribute("memberInfo");
String reg_id = memberVO.getMember_id();
List<ImageFileVO> imageFileList =upload(multipartRequest);
if(imageFileList!= null && imageFileList.size()!=0) {
  for(ImageFileVO imageFileVO : imageFileList) {
    imageFileVO.setReg_id(reg_id);
  }
  newGoodsMap.put("imageFileList", imageFileList);
}

String message = null;
ResponseEntity resEntity = null;
HttpHeaders responseHeaders = new HttpHeaders();
responseHeaders.add("Content-Type", "text/html; charset=utf-8");
try {
int goods_id = adminGoodsService.addNewGoods(newGoodsMap);

if(imageFileList!=null && imageFileList.size()!=0) {
  for(ImageFileVO  imageFileVO:imageFileList) {
    imageFileName = imageFileVO.getFileName();
    File srcFile = new File(CURR_IMAGE_REPO_PATH+"\\"+"temp"+"\\"+imageFileName);
    File destDir = new File(CURR_IMAGE_REPO_PATH+"\\"+goods_id);
    FileUtils.moveFileToDirectory(srcFile, destDir,true);
  }
}
...
}catch(Exception e) {
...
}
resEntity =new ResponseEntity(message, responseHeaders, HttpStatus.OK);
return resEntity;
}
```

상품 정보를 가져와 Map에 저장합니다.

로그인 ID를 가져옵니다.

첨부한 이미지 정보를 가져옵니다.

이미지 정보에 상품 관리자 ID를 속성으로 추가합니다.

상품 정보와 이미지 정보를 각 테이블에 추가합니다.

업로드한 이미지를 상품번호 폴더에 저장합니다.

코드 31-51 bookshop01/src/main/java/com/bookshop01/admin/goods/service/AdminGoodsServiceImpl.java

```
...
@Service("adminGoodsService")
@Transactional(propagation=Propagation.REQUIRED)
public class AdminGoodsServiceImpl implements AdminGoodsService {
  @Autowired
  private AdminGoodsDAO adminGoodsDAO;

  @Override
  public int addNewGoods(Map newGoodsMap) throws Exception{
    int goods_id = adminGoodsDAO.insertNewGoods(newGoodsMap);
    ArrayList<ImageFileVO> imageFileList = (ArrayList)newGoodsMap.get("imageFileList");
    for(ImageFileVO imageFileVO : imageFileList) {
      imageFileVO.setGoods_id(goods_id);
    }
    adminGoodsDAO.insertGoodsImageFile(imageFileList);
    return goods_id;
  }
  ...
```

- 상품 정보를 테이블에 추가합니다.
- 각 이미지 정보에 상품 번호를 설정합니다.
- 이미지 정보를 이미지 테이블에 추가합니다.

코드 31-52 bookshop01/src/main/java/com/bookshop01/admin/goods/dao/AdminGoodsDAOImpl.java

```
...
@Repository("adminGoodsDAO")
  public class AdminGoodsDAOImpl  implements AdminGoodsDAO{
  @Autowired
  private SqlSession sqlSession;

  @Override
  public int insertNewGoods(Map newGoodsMap) throws DataAccessException {
    sqlSession.insert("mapper.admin.goods.insertNewGoods", newGoodsMap);
    return Integer.parseInt((String)newGoodsMap.get("goods_id"));
  }

  @Override
  public void insertGoodsImageFile(List fileList) throws DataAccessException {
    for(int i=0; i<fileList.size();i++) {
      ImageFileVO imageFileVO=(ImageFileVO)fileList.get(i);
      sqlSession.insert("mapper.admin.goods.insertGoodsImageFile",imageFileVO);
    }
  }
```

- 상품 정보를 추가합니다.
- 상품 이미지 정보를 추가합니다.

5. 이제 JSP를 구현할 차례입니다. 다음과 같이 addNewGoodsForm.jsp를 준비합니다.

✔ 그림 31-81 JSP 파일 위치

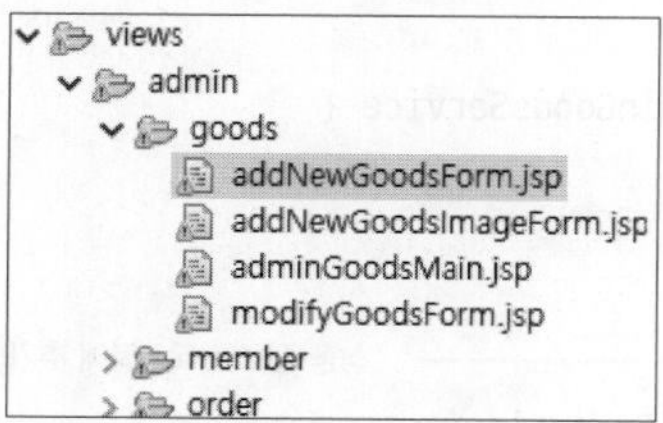

6. 상품 이미지를 여러 개 첨부할 경우 첫 번째 파일 업로드의 name 속성 값을 main_image로 설정합니다. 그러면 테이블에 저장되는 file_type 속성이 main_image로 저장됩니다. 그 외의 파일들은 detail_image로 저장됩니다.

코드 31-53 bookshop01/src/main/webapp/WEB-INF/views/admin/goods/addNewGoodsForm.jsp

```
...
<script type="text/javascript">
var cnt=0;   ← 상세 이미지의 첨부 순서를 나타냅니다.
function fn_addFile() {
  if(cnt ==0) {
    $("#d_file").append("<br>"+"<input  type='file' name='main_image'  />");
  }else {
    $("#d_file").append("<br>"+"<input  type='file' name='detail_image"+cnt+"' />");
  }
  cnt++;
}
</script>
  ...
  <div class="tab_content" id="tab7">
  <h4>상품이미지</h4>
  <table >
    <tr>
      <td align="right">이미지파일 첨부</td>
      <td align="left"> <input type="button" value="파일 추가"
                                       onClick="fn_addFile()"/></td>
      <td>
      <div id="d_file"></div>
    </td>
    </tr>
  </table>
  </div>
  ...
```

첫 번째 파일 업로드는 메인 이미지를 첨부하므로 name 속성을 main_image로 설정합니다.

그 외의 이미지들은 name 속성의 값을 detail_image+cnt로 설정합니다.

파일 추가 클릭 시 파일 업로드가 동적으로 추가됩니다.

7. 실행 결과를 볼까요? admin으로 로그인하여 상단의 **관리자**를 클릭한 후 **상품 등록하기**를 클릭합니다.

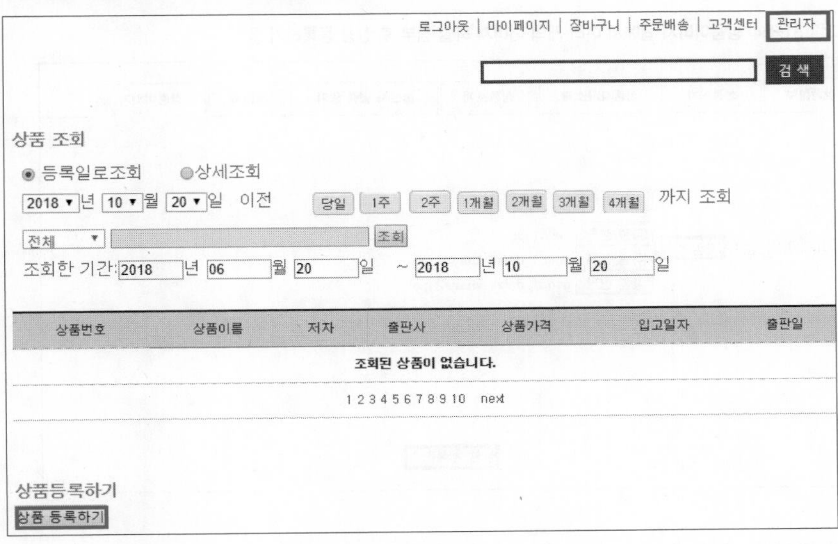

✔ 그림 31-82 관리자 항목에서 **상품 등록하기** 클릭

8. 새상품 등록창에서 **상품정보** 탭을 클릭한 후 상품 정보를 입력합니다. 입력 시 '제품종류'를 **신간**으로 설정하고 진행합니다. 또한 **상품목차**, **상품저자소개**, **상품소개**, **출판사 상품 평가**, **추천사** 탭을 각각 클릭해 해당하는 정보를 입력합니다.

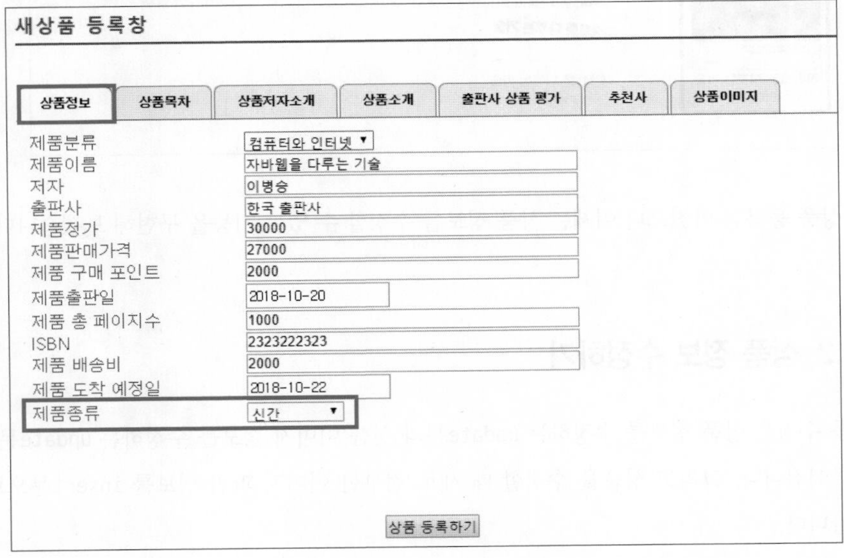

✔ 그림 31-83 **상품정보** 탭에서 제품종류를 **신간**으로 지정

9. 이번에는 **상품이미지** 탭을 클릭한 후 **파일 추가**를 클릭하여 원하는 만큼 이미지 파일을 첨부하고 **상품 등록하기**를 클릭합니다. 단, 첫 번째 이미지 파일에는 반드시 메인 이미지를 첨부해 업로드해야 합니다.

▼ 그림 31-84 **상품이미지** 탭에서 여러 개의 이미지 파일 첨부 후 **상품 등록하기** 클릭

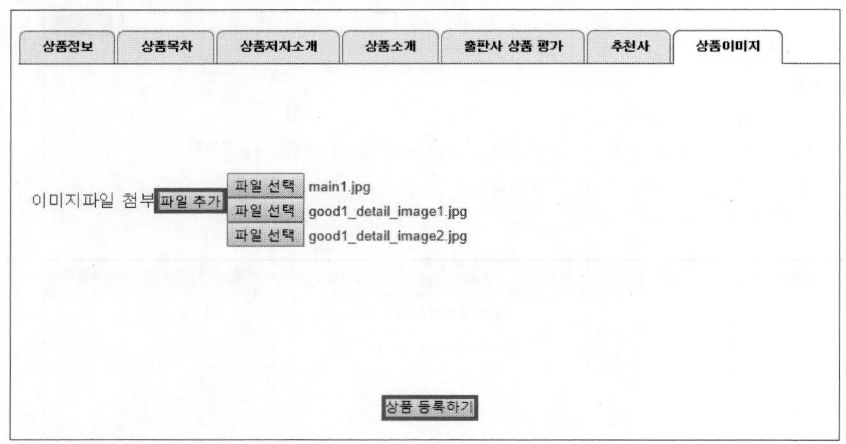

10. 이제 메인 화면의 새로 출판된 책 항목에 새 상품이 진열되어 있는 것을 확인할 수 있습니다.

▼ 그림 31-85 새로 출판된 책 항목에 새 상품 진열

새 상품 등록을 마쳤으니 이제는 상품 정보를 수정할 수 있는 기능을 구현해 보겠습니다.

31.10.2 상품 정보 수정하기

1. 상품 수정은 상품 정보를 수정하는 `update`문과 상품 이미지 정보를 수정하는 `update`문으로 이루어집니다. 그리고 상품을 수정할 때 새로 첨부한 이미지 파일 정보를 `insert`문으로 추가합니다.

코드 31-54 bookshop01/src/main/resources/mybatis/mappers/admin_goods.xml

```
...
  <update id="updateGoodsInfo" parameterType="java.util.HashMap" >
    update t_shopping_goods
    <set>
      <choose>
        <when test=" goods_sort!='' and goods_sort!=null">
          goods_sort=#{goods_sort},
        </when>
        <when test=" goods_title!='' and goods_title!=null">
          goods_title=#{goods_title},
        </when>
        ...
        <when test=" goods_contents_order!='' and goods_contents_order!=null">
          goods_contents_order=#{goods_contents_order:VARCHAR}
        </when>
      <choose>
    </set>
    where
    goods_id=#{goods_id}
  </update>                         상품 정보를 수정합니다.

  <update id="updateGoodsImage" parameterType="imageFileVO">
    update t_goods_detail_image
    set fileName=#{fileName}
    where
    goods_id=#{goods_id} and image_id=#{image_id}
  </update>                         상품 이미지 정보를 수정합니다.
  ...
  <insert id="insertGoodsImageFile" parameterType="imageFileVO"   >
    ...
  </insert>
...                                 새로 첨부된 상품 이미지의 파일 정보를 추가합니다.
```

2. 자바 클래스에서는 다음 요소들을 통해 도서 쇼핑몰의 상품 수정 기능을 구현합니다.

- 상품 정보 수정
- 첨부한 상품 이미지 수정
- 첨부한 상품 이미지 삭제
- 새 상품 이미지 추가 첨부

코드 31-55 bookshop01/src/main/java/com/bookshop01/admin/goods/controller/AdminGoodsControllerImpl.java

```
...
@RequestMapping(value="/modifyGoodsForm.do",
                method={RequestMethod.GET, RequestMethod.POST})
public ModelAndView modifyGoodsForm(@RequestParam("goods_id") int goods_id,
                                    HttpServletRequest request,
                                    HttpServletResponse response) throws Exception {
  String viewName=(String)request.getAttribute("viewName");
  ModelAndView mav = new ModelAndView(viewName);
  Map goodsMap=adminGoodsService.goodsDetail(goods_id);
  mav.addObject("goodsMap",goodsMap);
  return mav;
}


@RequestMapping(value="/modifyGoodsInfo.do", method={RequestMethod.POST})
public ResponseEntity modifyGoodsInfo( @RequestParam("goods_id") String goods_id,
                                       @RequestParam("attribute") String attribute,
                                       @RequestParam("value") String value,
                                       HttpServletRequest request,
                                      HttpServletResponse response) throws Exception {
  Map<String,String> goodsMap=new HashMap<String,String>();
  goodsMap.put("goods_id", goods_id);
  goodsMap.put(attribute, value);
  adminGoodsService.modifyGoodsInfo(goodsMap);

  String message = null;
  ResponseEntity resEntity = null;
  HttpHeaders responseHeaders = new HttpHeaders();
  message  = "mod_success";
  resEntity =new ResponseEntity(message, responseHeaders, HttpStatus.OK);
  return resEntity;
}

@RequestMapping(value="/modifyGoodsImageInfo.do", method={RequestMethod.POST})
public void modifyGoodsImageInfo(MultipartHttpServletRequest multipartRequest,
                                 HttpServletResponse response) throws Exception {
  System.out.println("modifyGoodsImageInfo");
  multipartRequest.setCharacterEncoding("utf-8");
  response.setContentType("text/html; charset=utf-8");
  String imageFileName=null;

  Map goodsMap = new HashMap();
  Enumeration enu=multipartRequest.getParameterNames();
  while(enu.hasMoreElements()) {
    String name=(String)enu.nextElement();
    String value=multipartRequest.getParameter(name);
```

- 상품 정보 수정창을 나타냅니다. (@RequestMapping "/modifyGoodsForm.do")
- 상품 정보 수정창에서 Ajax로 수정할 상품 번호, 상품 속성, 수정 값을 전달받습니다. (@RequestParam goods_id, attribute, value)
- Map에 상품 번호와 key/value로 전송된 attribute/value를 저장합니다. (goodsMap.put)
- 상품 정보를 수정합니다. (adminGoodsService.modifyGoodsInfo)
- 수정 이미지 파일 전송 시 함께 전송된 상품 번호와 이미지 번호를 가져옵니다. (while 문)

```
        goodsMap.put(name,value);
    }

    HttpSession session = multipartRequest.getSession();
    MemberVO memberVO = (MemberVO) session.getAttribute("memberInfo");
    String reg_id = memberVO.getMember_id();

    List<ImageFileVO> imageFileList=null;
    int goods_id=0;
    int image_id=0;
    try {
    imageFileList =upload(multipartRequest);      // 첨부한 이미지 파일 정보를 가져옵니다.
    if(imageFileList!= null && imageFileList.size()!=0) {
      for(ImageFileVO imageFileVO : imageFileList) {
        goods_id = Integer.parseInt((String)goodsMap.get("goods_id"));
        image_id = Integer.parseInt((String)goodsMap.get("image_id"));
        imageFileVO.setGoods_id(goods_id);     // 이미지 파일 정보에 상품 번호와
        imageFileVO.setImage_id(image_id);     // 이미지 번호를 설정합니다.
        imageFileVO.setReg_id(reg_id);
      }
                                               // 이미지 파일 정보를 수정합니다.
      adminGoodsService.modifyGoodsImage(imageFileList);
      for(ImageFileVO  imageFileVO:imageFileList) {
        imageFileName = imageFileVO.getFileName();
        File srcFile = new File(CURR_IMAGE_REPO_PATH+"\\"+"temp"+"\\"+imageFileName);
        File destDir = new File(CURR_IMAGE_REPO_PATH+"\\"+goods_id);
        FileUtils.moveFileToDirectory(srcFile, destDir,true);
      }
    }                                          // 새로 첨부한 이미지 파일을 업로드합니다.
    }catch(Exception e) {
      if(imageFileList!=null && imageFileList.size()!=0) {
        for(ImageFileVO  imageFileVO:imageFileList) {
          imageFileName = imageFileVO.getFileName();
          File srcFile = new File(CURR_IMAGE_REPO_PATH+"\\"+"temp"+"\\"+imageFileName);
          srcFile.delete();
        }
      }
      e.printStackTrace();
    }
  }
  ...
```

3. Service 클래스와 DAO 클래스는 이 책에서 제공하는 예제 소스를 참고하기 바랍니다.

31 도서 쇼핑몰 만들기

4. 이제 JSP를 구현하겠습니다. 상품 정보 수정과 이미지 파일 정보 수정도 Ajax를 이용해 수행합니다. 먼저 Ajax로 상품 정보에 대한 수정 데이터를 전달해 테이블 값을 수정합니다. 그리고 이미지 파일을 수정하거나 새로운 이미지를 추가할 때는 제이쿼리의 **FormData** 객체를 이용해 이미지 파일을 Ajax로 업로드하면서 수정합니다.

코드 31-56 bookshop01/src/main/webapp/WEB-INF/views/admin/goods/modifyGoodsForm.jsp

```
...
<script type="text/javascript">
function fn_modify_goods(goods_id, attribute)
  var frm_mod_goods=document.frm_mod_goods;
  var value="";
  if(attribute=='goods_sort') {
    value=frm_mod_goods.goods_sort.value;
  }else if(attribute=='goods_title') {
    value=frm_mod_goods.goods_title.value;
  }else if(attribute=='goods_writer') {
    value=frm_mod_goods.goods_writer.value;
  }
  ...
  $.ajax({
    type : "post",
    async : false,
    url : "${contextPath}/admin/goods/modifyGoodsInfo.do",
    data : {
            goods_id:goods_id,
            attribute:attribute,
            value:value
    },
    success : function(data, textStatus) {
      if(data.trim()=='mod_success') {
        alert("상품 정보를 수정했습니다.");
      }else if(data.trim()=='failed') {
        alert("다시 시도해 주세요.");
      }
    },
    error : function(data, textStatus) {
      alert("에러가 발생했습니다."+data);
    },
    complete : function(data, textStatus) {
      //alert("작업을 완료했습니다");
    }
  });
}
```

수정된 상품 정보의 속성과 수정 값을 컨트롤러로 전송합니다.

상품 속성과 수정 값을 Ajax로 전송합니다.

```
var cnt =1;
function fn_addFile() {
  $("#d_file").append("<br>"+"<input  type='file' name='detail_image"+cnt+"'
       id='detail_image"+cnt+"' onchange=readURL(this,'previewImage"+cnt+"') />");
  $("#d_file").append("<img  id='previewImage"+cnt+"' width=200 height=200  />");
  $("#d_file").append("<input type='button' value='추가'
                         onClick=addNewImageFile('detail_image"+cnt+"',
                        '${imageFileList[0].goods_id}','detail_image')  />");
  cnt++;
}
```

이미지 추가 클릭 시 상세 이미지 파일 업로드를 추가합니다.

```
function modifyImageFile(fileId,goods_id, image_id,fileType) {
  var form = $('#FILE_FORM')[0];
  var formData = new FormData(form);
  formData.append("fileName", $('#'+fileId)[0].files[0]);
  formData.append("goods_id", goods_id);
  formData.append("image_id", image_id);
  formData.append("fileType", fileType);

  $.ajax({
    url: '${contextPath}/admin/goods/modifyGoodsImageInfo.do',
    processData: false,
    contentType: false,
    data: formData,
    type: 'POST',
    success: function(result) {
        alert("이미지를 수정했습니다!");
    }
  });
}
```

formData에 수정할 이미지와 이미지 정보를 name/value로 저장합니다.

formData를 Ajax로 전송합니다.

기존 이미지를 다른 이미지로 변경한 후 FormData를 이용해 Ajax로 수정합니다.

```
function addNewImageFile(fileId,goods_id, fileType) {
  var form = $('#FILE_FORM')[0];
  var formData = new FormData(form);
  formData.append("uploadFile", $('#'+fileId)[0].files[0]);
  formData.append("goods_id", goods_id);
  formData.append("fileType", fileType);

  $.ajax({
    url: '${contextPath}/admin/goods/addNewGoodsImage.do',
    processData: false,
    contentType: false,
    data: formData,
    type: 'post',
    success: function(result) {
```

```
      alert("이미지를 수정했습니다!");
    }
  });
}
```

새 이미지 추가 후 FormData를 이용해 Ajax로 수정합니다.

```
function deleteImageFile(goods_id,image_id,imageFileName,trId) {
  var tr = document.getElementById(trId);
  $.ajax({
    type : "post",
    async : true,
    url : "${contextPath}/admin/goods/removeGoodsImage.do",
    data: {goods_id:goods_id,
           image_id:image_id,
           imageFileName:imageFileName},
    success : function(data, textStatus) {
      alert("이미지를 삭제했습니다!!");
      tr.style.display = 'none';
    },
      error : function(data, textStatus) {
      alert("에러가 발생했습니다."+textStatus);
    },
    complete : function(data, textStatus) {
    //alert("작업을 완료했습니다");

    }
  });
}
</script>
...
```

이미지를 삭제합니다.

5. 다음은 실행 결과입니다. 왼쪽의 **상품관리**를 클릭하고 '상품이름' 목록에서 원하는 상품이름을 클릭합니다. 여기서는 **초보자를 위한 자바프로그래밍**을 클릭합니다.

▼ 그림 31-86 **상품관리** 〉 상품이름 클릭

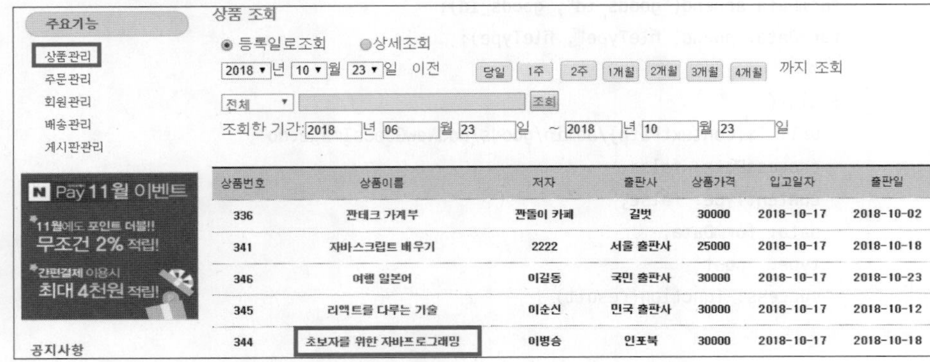

6. 상품정가를 35000원으로, 상품판매가격을 32000원으로 수정한 후 각각 **수정반영**을 클릭합니다.

▼ 그림 31-87 상품정가와 상품판매가격을 수정

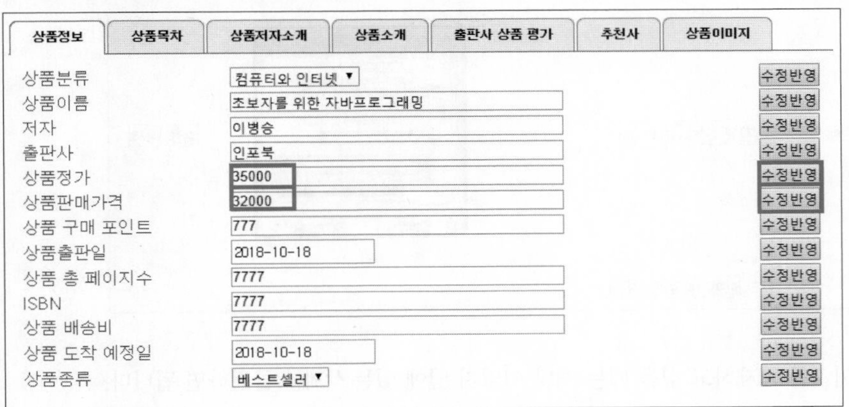

7. **상품이미지** 탭을 클릭합니다. **파일 선택**을 클릭해 수정하고자 하는 이미지 파일을 첨부한 후 **수정**을 클릭합니다. 여기서는 상세 이미지1을 수정해 보겠습니다.

▼ 그림 31-88 **파일 선택**을 클릭하고 파일을 수정한 후 **수정**을 클릭

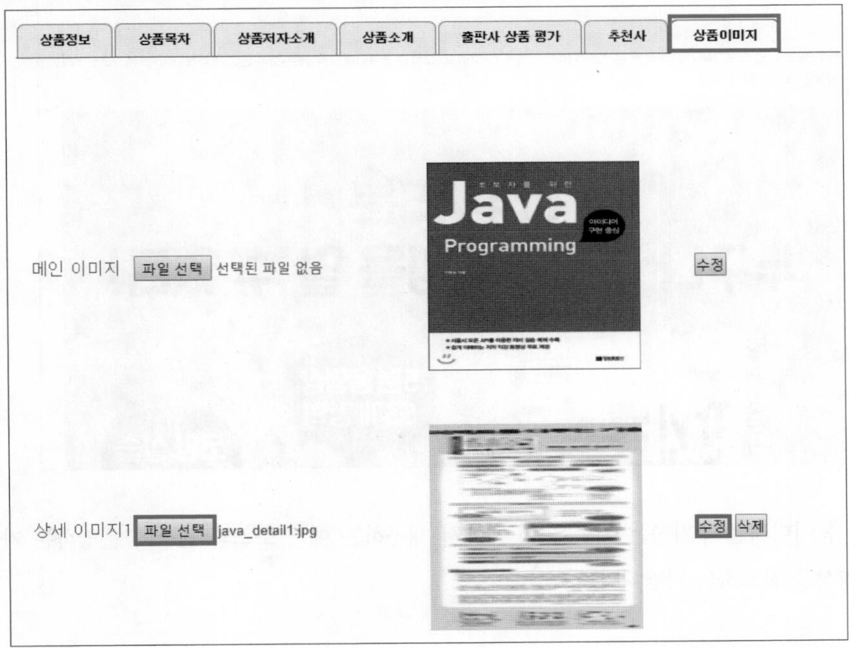

8. 상세 이미지1에 상세1.jpg를 첨부하면 수정된 이미지가 표시됩니다(이미지 크기가 클 경우 흐리게 표시되기도 합니다).

▼ 그림 31-89 상품이미지 탭에서 수정하려는 이미지 파일 첨부

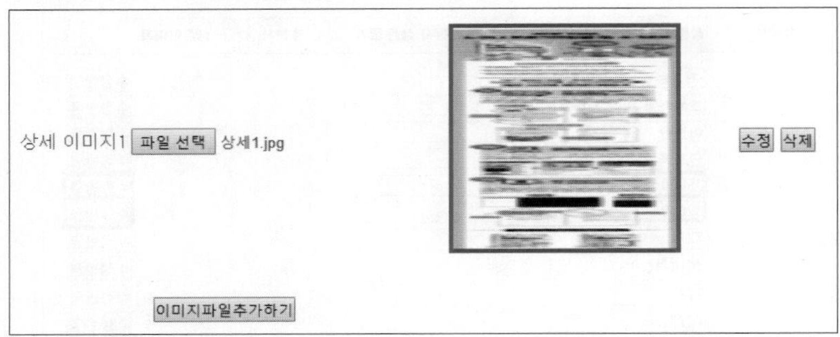

만약 이미지를 삭제하고 싶을 때는 해당 이미지 옆에 있는 **삭제**를 클릭하면 됩니다.

9. 해당 상품의 상세 페이지를 보면 수정된 이미지가 나타납니다.

▼ 그림 31-90 수정된 이미지

그 외 상품 이미지를 추가하는 기능은 이 책에서 제공하는 예제 소스와 필자가 운영하는 카페에 있는 동영상을 참고하기 바랍니다.

31.11 주문 관리 기능 구현하기

쇼핑몰 관리자의 주된 업무는 고객들의 주문을 처리하는 것입니다. 고객이 어떤 상품을 맨 처음 주문하면 그 상품의 배송 상태는 '배송 준비 중'으로 초기화됩니다.

표 31-5는 쇼핑몰 주문 테이블의 배송 상태를 나타내는 `delivery_state` 컬럼의 값들입니다.

❤ 표 31-5 쇼핑몰 상품 배송 상태 컬럼 값

배송 상태	설명
delivery_prepared	배송 준비 중
delivering	배송 중
finished_delivering	배송 완료
cancel_order	주문 취소
returning_goods	반품

31.11.1 상품의 배송 상태 설정하기

사용자가 주문한 주문 목록을 나타내어 관리자가 각 주문 상품의 배송 상태를 설정하거나 변경하는 기능을 구현해 보겠습니다.

1. 매퍼 파일 admin_order.xml을 준비합니다.

❤ 그림 31-91 매퍼 파일 위치

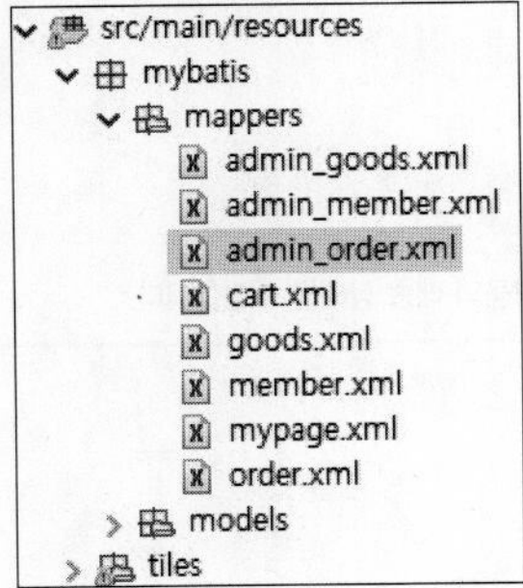

2. update문을 이용해 주문 상품의 배송 상태를 수정합니다.

코드 31-57 bookshop01/src/main/resources/mybatis/mappers/admin_order.xml

```
...
<select id="selectNewOrderGoodsList" resultMap="orderGoodsResult"
                                        parameterType="java.util.HashMap">
  select * from (
    select rowNum as recNum,t.*
    from (
      select  *  from t_shopping_order
      where to_char(pay_order_time,'yyyy-mm-dd') between #{beginDate} and #{endDate}
      <if test="search_type=='orderer_id'">
        and orderer_id=#{search_word}
      </if>
      <if test="search_type=='orderer_name'">
        and orderer_name=#{search_word}
      </if>
      <if test="search_type=='orderer_hp_num'">
        and pay_orderer_hp_num=#{search_word}
      </if>
      order by pay_order_time desc) t
  )
  where
  recNum between (#{section}-1)*100+ (#{pageNum}-1)*10+1
                                    and (#{section}-1)*100+(#{pageNum})*10
</select>
```

주문 상품 목록을 표시합니다.

```
<update id="updateDeliveryState" parameterType="java.util.Map" >
  update t_shopping_order
  <set>
    <if test=" delivery_state!='' and delivery_state!=null">
      delivery_state=#{delivery_state}
    </if>
  </set>
  where
  order_id=#{order_id}
</update>
...
```

주문 상품의 배송 상태를 수정합니다.

3. 필요한 자바 클래스들은 다음과 같습니다.

✔ 그림 31-92 자바 파일 위치

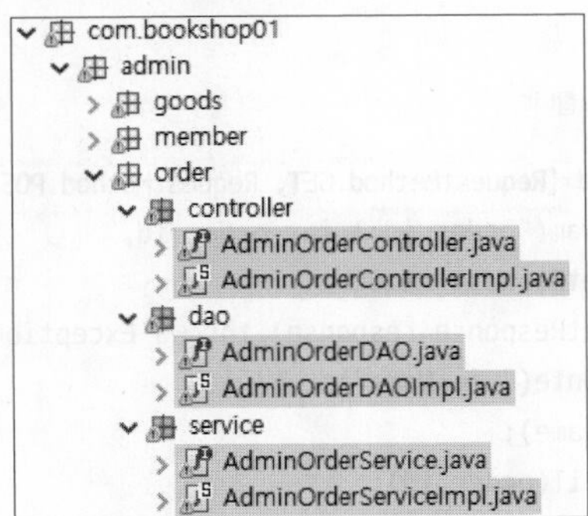

4. Ajax로 주문 번호와 배송 설정 상태 값을 전달받아 SQL문으로 전달합니다.

코드 31-58 bookshop01/src/main/java/com/bookshop01/admin/order/controller/adminOrderControllerImpl.java

```
...

@Controller("adminOrderController")
@RequestMapping(value="/admin/order")
public class AdminOrderControllerImpl extends BaseController  implements
AdminOrderController{
  @Autowired
  private AdminOrderService adminOrderService;

  @Override
  @RequestMapping(value="/adminOrderMain.do,
                 method={RequestMethod.GET, RequestMethod.POST})
  public ModelAndView adminOrderMain(@RequestParam Map<String, String> dateMap,
                                    HttpServletRequest request,
                                    HttpServletResponse response) throws Exception {
    ...

  }

  @Override
  @RequestMapping(value="/modifyDeliveryState.do" ,method={RequestMethod.POST})
  public ResponseEntity modifyDeliveryState(@RequestParam Map<String, String> deliveryMap,
                                       HttpServletRequest request,
                                       HttpServletResponse response) throws Exception {

    adminOrderService.modifyDeliveryState(deliveryMap);
    String message = null;
    ResponseEntity resEntity = null;
    HttpHeaders responseHeaders = new HttpHeaders();
```

Aajx로 전달받은 배송 상태를 Map에 저장합니다.

배송 상태를 변경합니다.

```
    message  = "mod_success";
    resEntity =new ResponseEntity(message, responseHeaders, HttpStatus.OK);
    return resEntity;
  }

  @Override                                   주문 상품의 상세 정보를 조회합니다.
  @RequestMapping(value="/orderDetail.do", method={RequestMethod.GET, RequestMethod.POST})
  public ModelAndView orderDetail(@RequestParam("order_id") int order_id,
                                  HttpServletRequest request,
                                  HttpServletResponse response) throws Exception {
    String viewName=(String)request.getAttribute("viewName");
    ModelAndView mav = new ModelAndView(viewName);
    Map orderMap =adminOrderService.orderDetail(order_id);
    mav.addObject("orderMap", orderMap);
    return mav;
  }
}
```

5. 마지막으로 다음 두 JSP 파일을 구현해 보겠습니다.

✔ 그림 31-93 JSP 파일 위치

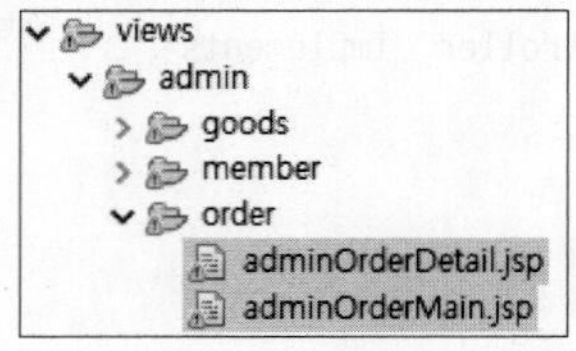

6. 배송 상태 변경은 주문 목록 페이지에서도 할 수 있고, 주문 상품 상세 페이지에서도 할 수 있습니다. 다음과 같이 adminOrderMain.jsp를 작성합니다.

코드 31-59 bookshop01/src/main/webapp/WEB-INF/views/admin/order/adminOrderMain.jsp

```
...
<script>
...
function fn_modify_order_state(order_id,select_id) {    주문 상태를 나타내는 셀렉트 박스에 접근합니다.
  var s_delivery_state=document.getElementById(select_id);
  var index = s_delivery_state.selectedIndex;       함수로 전달받은 셀렉트 박스에서 선택한 옵션의
  var value = s_delivery_state[index].value;        인덱스로 배송 상태 값을 가져옵니다.
  $.ajax({
    type : "post",
    async : false,
    url : "${contextPath}/admin/order/modifyDeliveryState.do",
    data : {order_id:order_id,"delivery_state":value},    주문 번호와 배송 상태 값을 컨트롤러로 전송합니다.
```

```
      success : function(data, textStatus) {
        if(data.trim()=='mod_success') {
          alert("주문 정보를 수정했습니다.");
          location.href="${contextPath}//admin/order/adminOrderMain.do";
        }else if(data.trim()=='failed') {
          alert("다시 시도해 주세요.");
        }
      },
      error : function(data, textStatus) {
        alert("에러가 발생했습니다."+data);
      },
      complete : function(data, textStatus) {
        //alert("작업을 완료했습니다");
      }
    });
  }
</script>
...
  <c:forEach var="item" items="${newOrderList}" varStatus="i">
    ...
    <select name="s_delivery_state${i.index }"  id="s_delivery_state${i.index }" >
      <c:choose>
        <c:when test="${item.delivery_state=='delivery_prepared' }">
          <option  value="delivery_prepared" selected>배송준비중</option>
          <option  value="delivering">배송중</option>
          <option  value="finished_delivering">배송완료</option>
          <option  value="cancel_order">주문취소</option>
          <option  value="returning_goods">반품</option>
        </c:when>
        <c:when test="${item.delivery_state=='delivering' }">
          <option  value="delivery_prepared" >배송준비중</option>
          <option  value="delivering" selected >배송중</option>
          <option  value="finished_delivering">배송완료</option>
          <option  value="cancel_order">주문취소</option>
          <option  value="returning_goods">반품</option>
        </c:when>
        <c:when test="${item.delivery_state=='finished_delivering' }">
          <option  value="delivery_prepared" >배송준비중</option>
          <option  value="delivering"  >배송중</option>
          <option  value="finished_delivering" selected>배송완료</option>
          <option  value="cancel_order">주문취소</option>
          <option  value="returning_goods">반품</option>
        </c:when>
        <c:when test="${item.delivery_state=='cancel_order' }">
          <option  value="delivery_prepared" >배송준비중</option>
```

주문 상품 목록을 리스트로 표시합니다.

```
            <option  value="delivering" >배송중</option>
            <option  value="finished_delivering" >배송완료</option>
            <option  value="cancel_order" selected>주문취소</option>
            <option  value="returning_goods">반품</option>
          </c:when>
          <c:when test="${item.delivery_state=='returning_goods' }">
            <option  value="delivery_prepared" >배송준비중</option>
            <option  value="delivering"  >배송중</option>
            <option  value="finished_delivering" >배송완료</option>
            <option  value="cancel_order" >주문취소</option>
            <option  value="returning_goods" selected>반품</option>
          </c:when>
        </c:choose>
      </select>
      </td>
      <td width=10%>
        <input  type="button" value="배송수정"
          onClick="fn_modify_order_state('${item.order_id}','s_delivery_state${i.index}')"/>
      </td>
    </tr>
    </c:when>
    </c:choose>
    <c:set  var="pre_order_id" value="${item.order_id }" />
</c:forEach>
...
```

각 주문 상품에 대한 셀렉트 박스에 현재 주문 상태를 초기 값으로 설정합니다.

배송수정을 클릭하면 선택한 셀렉트 박스의 id를 함수로 전달합니다.

7. 주문 상세 페이지에서 배송 상태를 변경하도록 다음과 같이 adminOrderDetail.jsp를 작성합니다.

코드 31-60 bookshop01/src/main/webapp/WEB-INF/views/admin/order/adminOrderDetail.jsp

```
...
<script  type="text/javascript">
function fn_modify_order_state(order_id) {
  var s_delivery_state=document.getElementById("s_delivery_state");
  var index = s_delivery_state.selectedIndex;
  var value = s_delivery_state[index].value;
  $.ajax({
    type : "post",
    async : false,
    url : "${contextPath}/admin/order/modifyDeliveryState.do",
    data : {order_id:order_id,'delivery_state':value},
    success : function(data, textStatus) {
      if(data.trim()=='mod_success') {
```

함수로 전달받은 셀렉트 박스에서 선택한 옵션의 인덱스로 선택한 배송 상태 값을 가져옵니다.

주문 번호와 배송 상태 값을 컨트롤러로 전송합니다.

```
        alert("주문 정보를 수정했습니다.");
        location.href="${contextPath}/admin/order/orderDetail.do?order_id="+order_id;
      }else if(data.trim()=='failed') {
        alert("다시 시도해 주세요.");
      }
    },
    error : function(data, textStatus) {
      alert("에러가 발생했습니다."+data);
    },
    complete : function(data, textStatus) {
      //alert("작업을 완료했습니다");
    }
  });
}
</script>
...
  <td width=10%>
    <input type="button" value="배송수정"
                    onClick='fn_modify_order_state('${deliveryInfo.order_id}')'/>
  </td>
...
```

배송수정을 클릭하면 셀렉트 박스의 id를 전달합니다.

8. 관리자 ID로 로그인하여 왼쪽 메뉴에 있는 **주문관리**를 클릭합니다. 그러면 현재 주문 상품의 목록과 배송 상태가 표시됩니다.

그림 31-94 현재 주문 상품의 목록과 배송 상태 표시

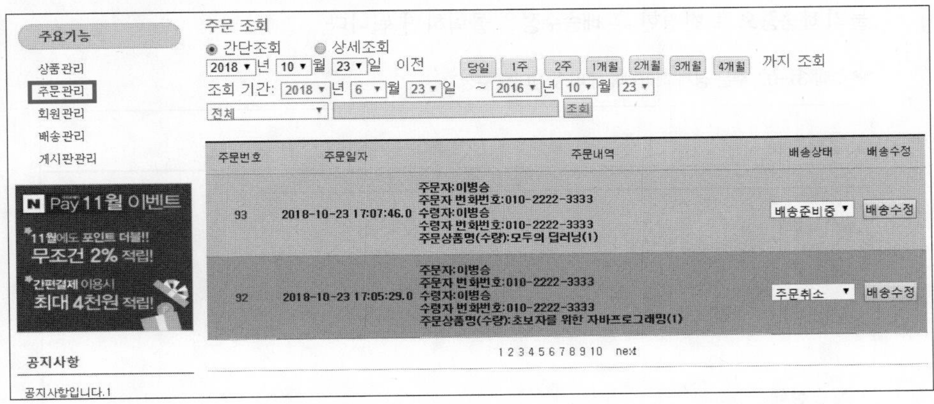

9. 배송상태의 셀렉트 박스를 눌러 **배송중**으로 변경한 다음 **배송수정**을 클릭하면 상품의 배송상태가 '배송중'으로 변경됩니다.

▼ 그림 31-95 배송상태의 셀렉트 박스를 눌러 **배송중**으로 수정

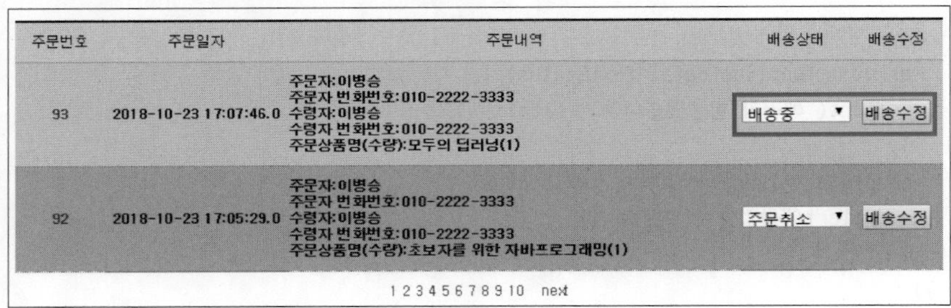

주문번호	주문일자	주문내역	배송상태	배송수정
93	2018-10-23 17:07:46.0	주문자:이병승 주문자 번화번호:010-2222-3333 수령자:이병승 수령자 번화번호:010-2222-3333 주문상품명(수량):모두의 딥러닝(1)	배송중 ▼	배송수정
92	2018-10-23 17:05:29.0	주문자:이병승 주문자 번화번호:010-2222-3333 수령자:이병승 수령자 번화번호:010-2222-3333 주문상품명(수량):초보자를 위한 자바프로그래밍(1)	주문취소 ▼	배송수정

1 2 3 4 5 6 7 8 9 10 next

▼ 그림 31-96 배송상태가 '배송중'으로 변경

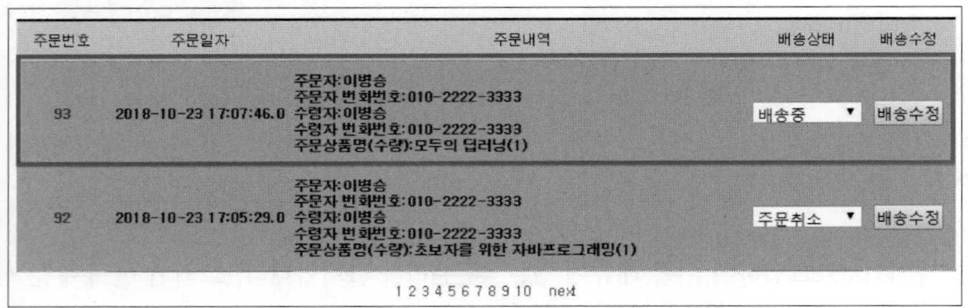

주문번호	주문일자	주문내역	배송상태	배송수정
93	2018-10-23 17:07:46.0	주문자:이병승 주문자 번화번호:010-2222-3333 수령자:이병승 수령자 번화번호:010-2222-3333 주문상품명(수량):모두의 딥러닝(1)	배송중 ▼	배송수정
92	2018-10-23 17:05:29.0	주문자:이병승 주문자 번화번호:010-2222-3333 수령자:이병승 수령자 번화번호:010-2222-3333 주문상품명(수량):초보자를 위한 자바프로그래밍(1)	주문취소 ▼	배송수정

1 2 3 4 5 6 7 8 9 10 next

10. 또한 주문 상세 페이지에서도 배송 상태를 수정할 수 있습니다. 마찬가지로 셀렉트 박스를 눌러 **배송중**으로 변경한 후 **배송수정**을 클릭하면 됩니다.

▼ 그림 31-97 주문 상세 페이지에서 배송 상태를 수정

3.결제정보

결제방법	신용카드 카드사:삼성 할부개월수:일시불
결제카드	삼성
할부기간	일시불

3.배송상태

배송준비중 ▼ 배송수정

11. 주문자 ID로 로그인한 후 '마이페이지'에서 주문 상태를 확인하면 '배송중'으로 표시됩니다.

▼ 그림 31-98 주문자 ID로 로그인 후 마이페이지에서 확인

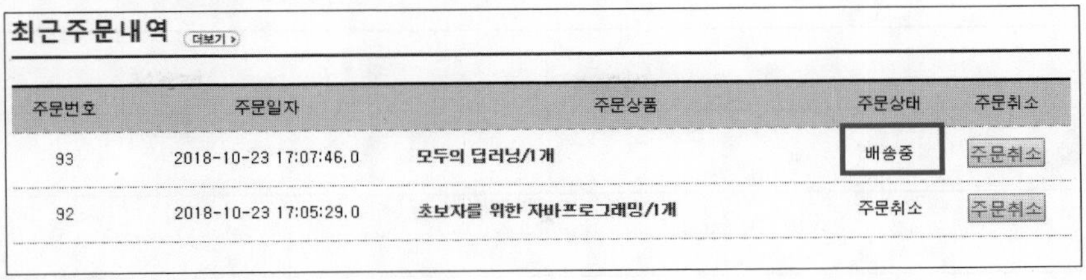

최근주문내역 더보기 >

주문번호	주문일자	주문상품	주문상태	주문취소
93	2018-10-23 17:07:46.0	모두의 딥러닝/1개	배송중	주문취소
92	2018-10-23 17:05:29.0	초보자를 위한 자바프로그래밍/1개	주문취소	주문취소

이상으로 관리자의 주문 관리 기능에 대해 알아봤습니다. 지금까지 구현한 내용들을 잘 이해했다면 관리자의 회원 관리 기능과 다른 기능들도 충분히 구현할 수 있습니다.

Tip 보다 자세하게 알고 싶은 독자는 필자가 운영하는 카페에 게시된 동영상을 참고하여 각 기능을 분석해 보기 바랍니다.

- https://cafe.naver.com/spring4shoppingmall

32장

스프링 부트 사용하기

32.1 스프링 부트란?

스프링 프레임워크를 이용해 개발을 하려면 톰캣 설치를 시작으로 여러 가지 복잡한 설정을 해주어야 합니다. 물론 개발할 때도 설정 파일에 여러 가지 설정을 해주어야 하죠. 그러나 애너테이션 기능이 강화되면서 점차 웹 애플리케이션도 일반 응용 프로그램을 개발하는 방식으로 바뀌기 시작했습니다. 그리고 이것을 가능하게 해준 것이 바로 스프링 부트입니다.

스프링 부트(Spring Boot)는 스프링 프레임워크보다 의존성 관리가 용이할 뿐만 아니라 배포 또는 테스트 역시 스프링 프레임워크보다 쉽고 빠르게 할 수 있습니다. 스프링 부트로 개발하면 메이븐의 라이브러리 자동 업데이트 기능을 이어받을 수 있을 뿐만 아니라 기존 스프링 프레임워크의 복잡한 설정 과정을 최대한 줄일 수 있어 편리합니다. 즉, 일반 응용 프로그램처럼 웹 애플리케이션을 개발할 수 있습니다.

스프링 부트의 특징은 다음과 같습니다.

- 일반적인 응용 프로그램을 단독으로 실행하는 수준으로 스프링 애플리케이션을 구현할 수 있습니다.
- 프로젝트 환경을 구축할 때 필요한 톰캣, Jetty, UnderFlow 같은 서버 외적인 툴이 내장되어 있어 따로 설치할 필요가 없습니다.
- XML 기반 설정이나 코드 없이 환경 설정을 자동화할 수 있습니다.
- 의존성 관리를 쉽게 자동으로 할 수 있습니다.

32.2 스프링 부트 전용 STS 설치하기

이클립스에서는 스프링 부트 플러그인을 지원하지 않습니다. 따라서 스프링 부트 실습을 하려면 STS를 따로 설치해야 합니다.

1. https://spring.io로 접속한 후 맨 하단의 TOOLS를 클릭합니다.

그림 32-1 TOOLS 클릭

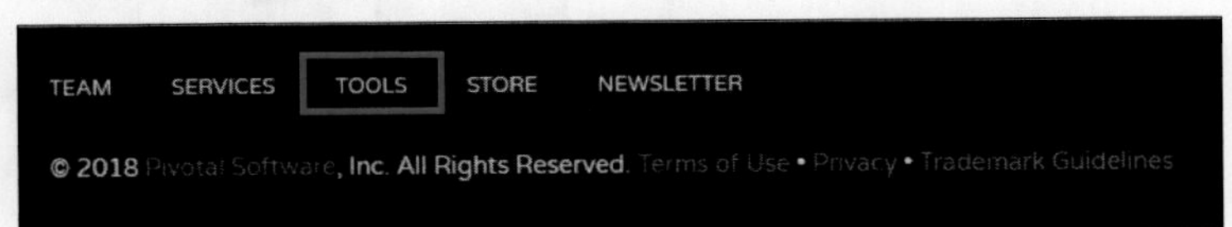

2. 자신의 운영체제에 맞는 STS4를 선택하여 다운로드합니다.

그림 32-2 운영체제에 맞는 STS4 다운로드

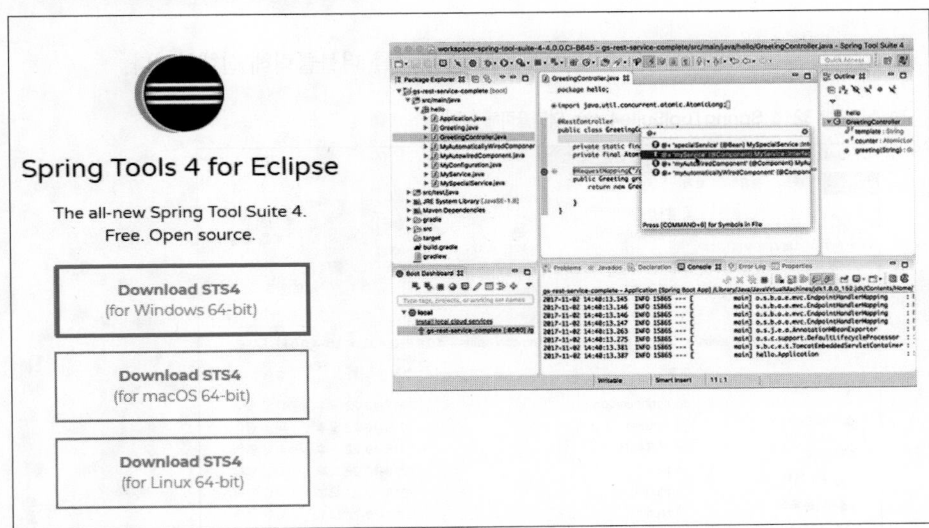

3. 다운로드를 마치면 로컬 PC의 원하는 폴더에 압축을 풉니다.

▼ 그림 32-3 다운로드 후 파일 압축 풀기

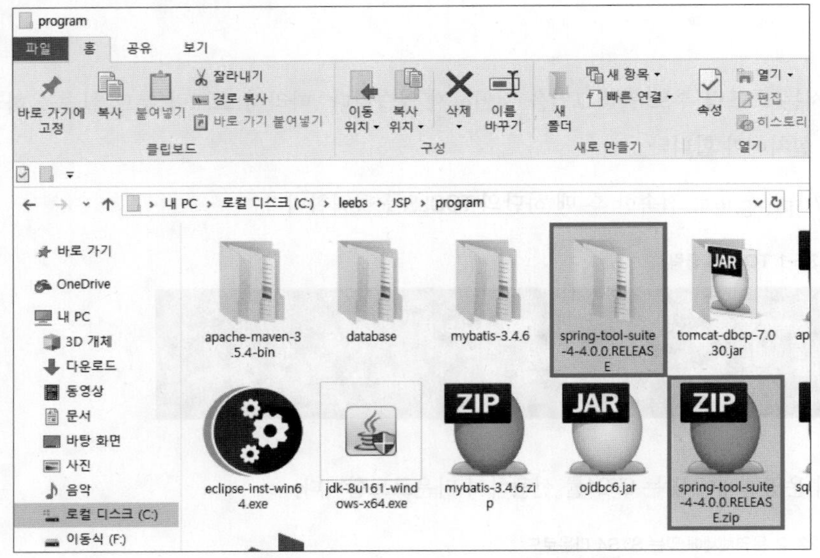

4. 압축을 푼 폴더로 이동한 후 SpringToolSuite4.exe를 더블클릭해 실행합니다.

▼ 그림 32-4 SpringToolSuite4.exe 더블클릭해 실행

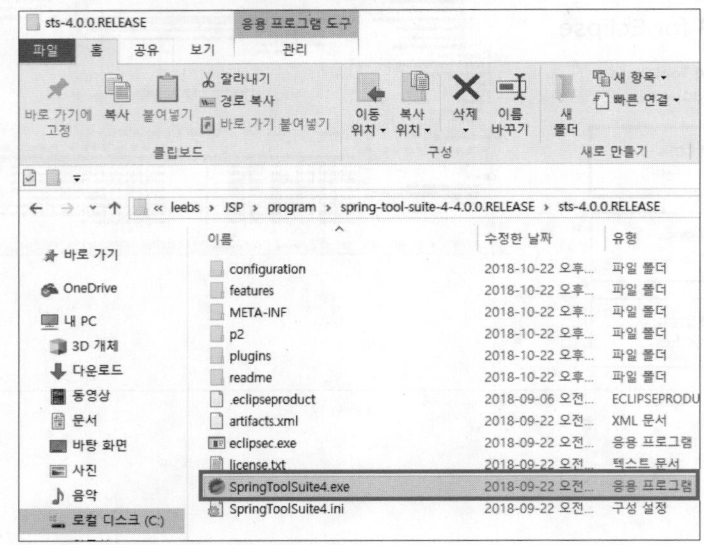

5. Browse...를 클릭해 워크스페이스를 지정하고 Use thist as the default and do not ask again 옵션 체크박스에 체크한 후 Launch를 클릭합니다.

▼ 그림 32-5 새 워크스페이스 지정

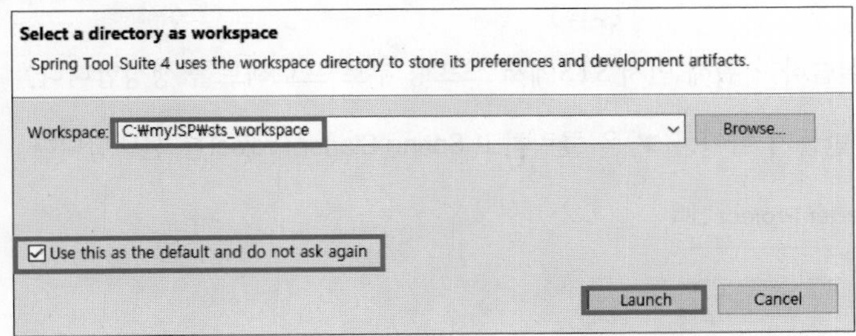

6. STS가 정상적으로 실행되는 것을 확인할 수 있습니다.

▼ 그림 32-6 STS 메인 화면

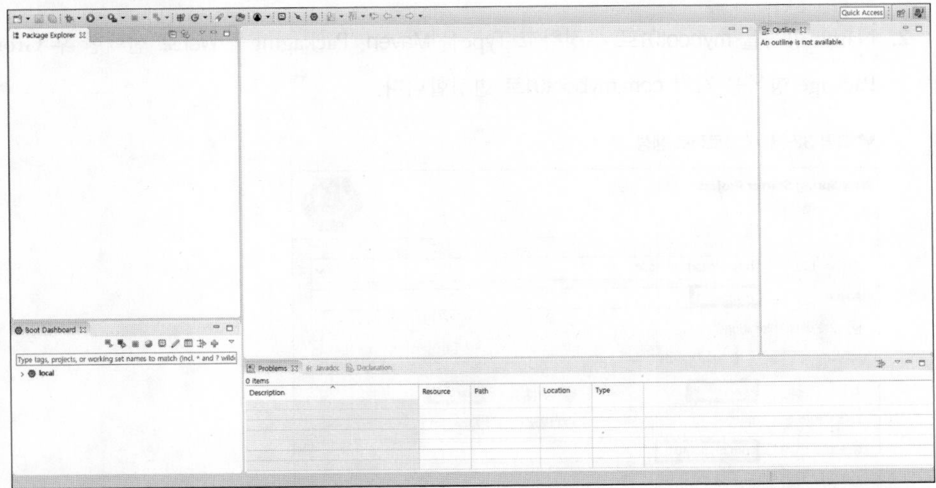

32.3 스프링 부트 프로젝트 생성하기

스프링 부트 프로젝트를 실습하기 위해 먼저 STS에서 스프링 부트 프로젝트를 생성합니다.

1. 메뉴의 새 프로젝트 만들기 아이콘(▼)을 클릭하고 **Spring Starter Project**를 선택합니다.

❤ 그림 32-7 **Spring Starter Project** 선택

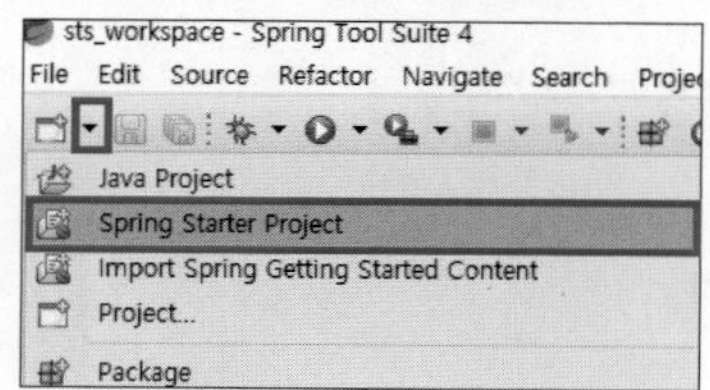

2. Name 항목을 **myboot01**로 수정하고 Type을 **Maven**, Packaging을 **War**로 선택한 후 Group과 Package 항목을 각각 **com.myboot01**로 변경합니다.

❤ 그림 32-8 새 프로젝트 생성

3. SQL 항목에서 H2, JDBC를 선택하고, Web 항목에서 Web을 선택한 후 Finish를 클릭합니다.

▼ 그림 32-9 프로젝트 의존성 선택

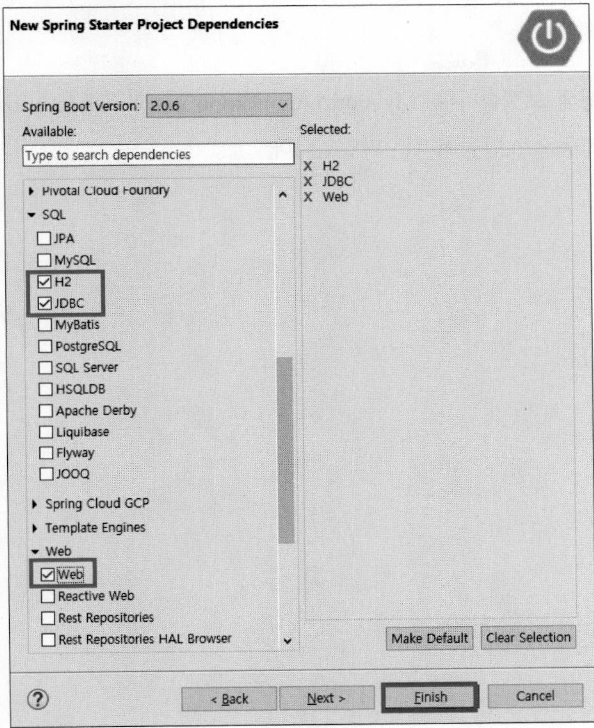

4. myboot01 프로젝트가 생성된 것을 확인할 수 있습니다.

▼ 그림 32-10 프로젝트 생성 완료

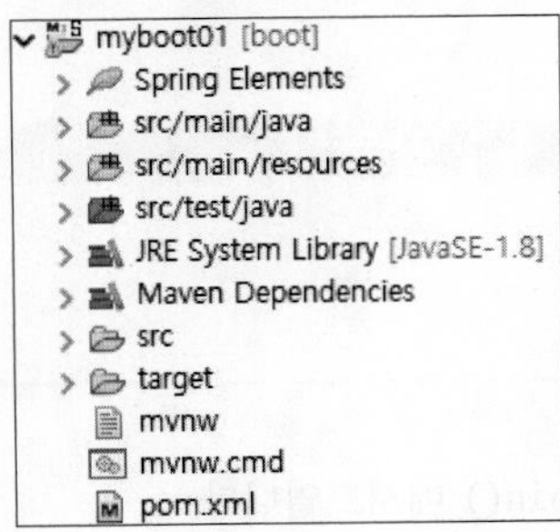

32.4 스프링 부트 프로젝트 실행하기

이번에는 생성한 프로젝트를 실행해 보겠습니다. Myboot01Application.java와 ServletInitializer.java는 스프링 프로젝트 생성 시 자동으로 만들어지는 파일입니다.

▼ 그림 32-11 프로젝트 실행에 필요한 파일

1. application.properties에서는 프로젝트 전체와 관련된 기능을 설정합니다. 먼저 톰캣 요청 포트 번호와 세션 유효 시간을 설정합니다.

코드 32-1 myboot01/src/main/resources/application.properties

```
#Server
server.port=8090          ← 톰캣 포트 번호를 설정합니다.
server.session.timeout=360000
```

2. 다음은 스프링 프로젝트 생성 시 자동으로 만들어지는 main() 메서드입니다.

코드 32-2 myboot01/src/main/java/com/myboot01/Myboot01Application.java

```
import org.springframework.boot.SpringApplication;
import org.springframework.boot.autoconfigure.SpringBootApplication;

@SpringBootApplication          ← 스프링 부트 애플리케이션으로 설정합니다.
```

```
public class Myboot01Application {
  public static void main(String[] args) {
    SpringApplication.run(Myboot01Application.class, args);
  }
}
```

스프링 부트 프로젝트는 반드시 main() 메서드가 있어야 합니다.

> **Note** 스프링 부트 프로젝트는 main() 메서드를 시작점으로 실행하므로 Myboot01Application.java가 반드시 있어야 합니다. 이는 스프링 부트의 웹 애플리케이션을 일반 자바 애플리케이션처럼 개발하려는 의도 때문입니다. 그리고 ServletInitializer.java 파일에 생성된 `ServletInitializer` 클래스는 `SpringBootServletInitializer` 클래스를 상속받습니다. `SpringBootServletInitializer`의 역할은 스프링 부트 애플리케이션을 web.xml 없이 톰캣에서 실행하게 해주는 것입니다.

3. `DemoController` 컨트롤러 클래스는 모든 요청에 대해 "Hello Boot!"라는 메시지를 브라우저에 출력하는 역할을 합니다.

코드 32-3 myboot01/src/main/java/com/myboot01/DemoController.java

```
package com.myboot01;

import org.springframework.stereotype.Controller;
import org.springframework.web.bind.annotation.RequestMapping;
import org.springframework.web.bind.annotation.ResponseBody;

@Controller
public  class DemoController {
  @ResponseBody
  @RequestMapping("/")
  public String home(){
    System.out.println("Hello Boot!!");
    return "Hello Boot!!";
  }
}
```

@RequestMapping("/"): 모든 요청을 처리합니다.

return "Hello Boot!!";: 브라우저로 출력합니다.

4. 스프링 부트 애플리케이션은 내장된 톰캣을 통해 실행합니다. 따라서 예전처럼 톰캣을 설치해 애플리케이션을 등록할 필요 없이 일반 자바 애플리케이션처럼 실행하면 됩니다. 프로젝트 이름 위에서 마우스 오른쪽 버튼을 클릭한 후 **Run As > Spring Boot App**을 선택합니다.

▼ 그림 32-12 Run As > Spring Boot App 선택

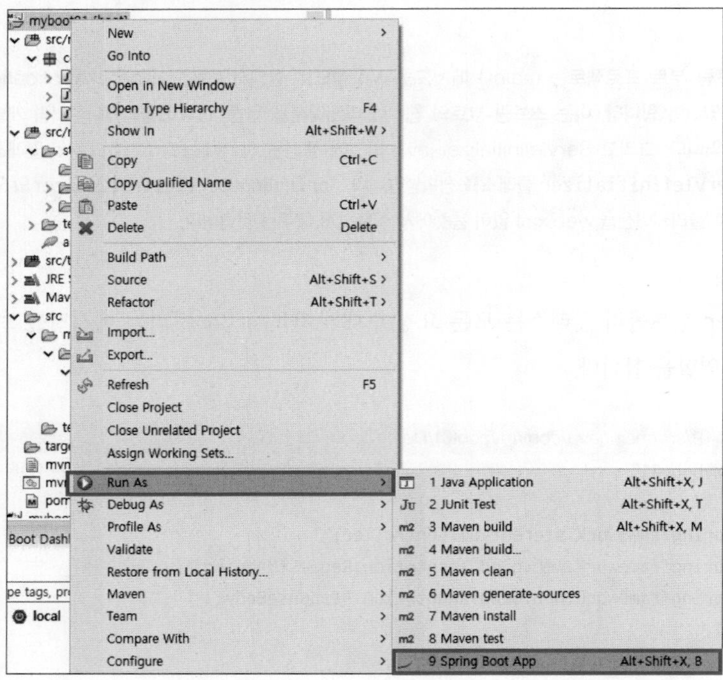

5. 스프링 부트 애플리케이션이 실행되면서 STS 콘솔창에 다음과 같은 로그가 출력됩니다.

▼ 그림 32-13 애플리케이션 실행 시 로그 출력

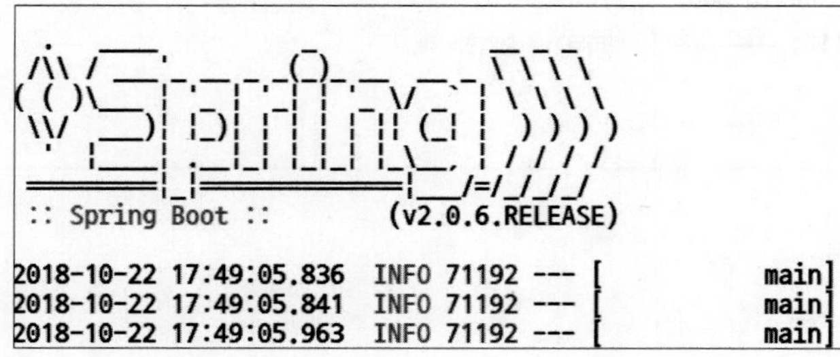

6. http://localhost:8090으로 요청하면 브라우저에서 “Hello Boot!!”를 출력합니다.

❤ 그림 32-14 브라우저에서의 출력 결과

localhost:8090
localhost:8090
Hello Boot!!

7. STS 콘솔에서도 “Hello Boot!!”를 출력합니다.

❤ 그림 32-15 STS 콘솔에서의 출력 결과

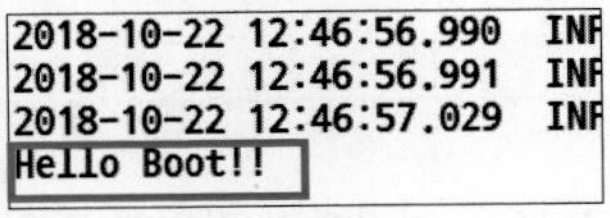

2018-10-22 12:46:56.990 INF
2018-10-22 12:46:56.991 INF
2018-10-22 12:46:57.029 INF
Hello Boot!!

32.5 스프링 부트 웹 페이지 만들기

JAVA WEB

이제 스프링 부트에서 지원하는 여러 가지 웹 페이지 기능을 구현해 보겠습니다.

32.5.1 타임리프 이용해 웹 페이지 나타내기

스프링에서는 오랫동안 JSP로 웹 페이지를 구현하여 사용했습니다. 그러나 화면 기능에 대한 요구가 늘어나면서 JSP 요소들의 복잡한 문법은 화면을 더 복잡하게 만들었습니다. 그러다 보니 스프링과 긴밀하게 연동하는 데 불편한 점이 많았습니다.

따라서 스프링 부트에서는 화면 기능은 간결하게 구현하면서 스프링과 더 빠르고 쉽게 연동할 수 있는 기능을 제공하는 타임리프(thymeleaf)를 표준으로 지정하였습니다.

그럼 스프링 부트에서 표준 웹 페이지로 사용되는 타임리프를 이용해 웹 페이지를 만들어 보겠습니다. 그 과정은 다음과 같습니다.

1. src/main/resources 폴더 하위의 static 폴더에 정적 자원들을 저장할 css, image, js 폴더를 각각 만듭니다.
2. 실습에 사용할 이미지 파일을 복사해 image 폴더에 붙여 넣습니다.
3. js 폴더에 이름이 scriptTest.js인 새 파일을 생성하고, 여기에 다음과 같은 자바스크립트 함수를 구현합니다.

코드 32-4 myboot01/src/main/resources/static/scriptTest.js

```
function test(){
  alert("thymeleaf 테스트입니다");
}
```

4. templates 폴더에 hello.html 파일을 생성합니다. 그림 32-16은 여기까지 작업한 후의 실습 프로젝트 구조입니다.

▼ 그림 32-16 실습 파일 위치 모습

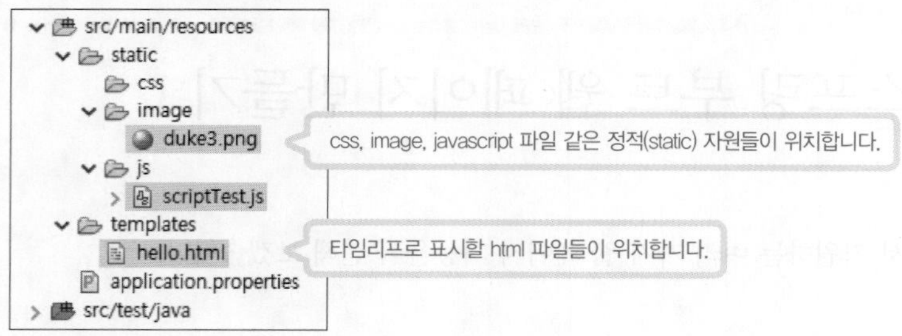

5. 타임리프를 사용하기 위해 pom.xml에 <dependency>를 설정합니다.

코드 32-5 myboot01/pom.xml

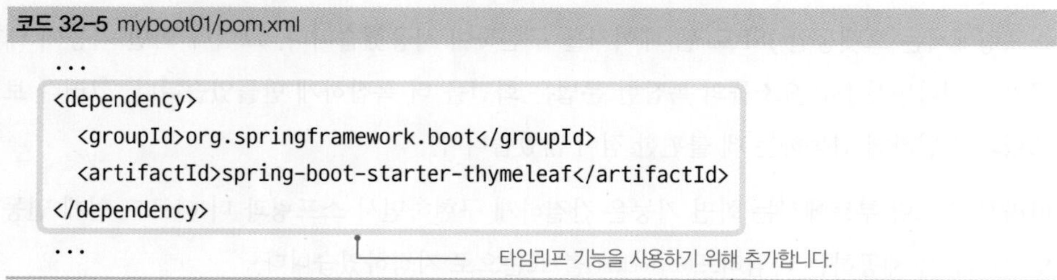

```
...
<dependency>
  <groupId>org.springframework.boot</groupId>
  <artifactId>spring-boot-starter-thymeleaf</artifactId>
</dependency>
...
```


6. DemoController 클래스에 요청을 처리할 메서드를 추가합니다.

코드 32-6 myboot01/src/main/java/com/myboot01/DemoController.java

```
...
@Controller
```

```
public  class DemoController {
  @ResponseBody
  @RequestMapping("/")
    public String home(){
    System.out.println("Hello Boot!!");
    return "Hello Boot!!";
  }

  @RequestMapping("/hello.do")
    public String hello(Model model){
    System.out.println("안녕하세요");
    model.addAttribute("message","hello.html입니다.!");
    return "hello";
  }
}
```

message 속성에 문자열을 저장한 후 hello.html로 전달합니다.

7. hello.html을 다음과 같이 작성합니다. 타임리프의 th:text를 이용해 컨트롤러에서 넘어온 속성 값을 원하는 태그에 표시합니다.

코드 32-7 myboot01/src/main/resources/templates/hello.html

```
<!DOCTYPE html>
<html xmlns:th="http://www.thymeleaf.org">
<head>
<script src="/js/scriptTest.js" type="text/javascript"></script>
  <meta charset="utf-8"  />
  <title>hello.html입니다.</title>
</head>
<body>
  <h1> thymeleaf 테스트입니다.</h1>
  <div th:text="${message}"></div>
  <img  src="/image/duke3.png" width="200" height="200" /><br>
  <input type="button" name="테스트" value="테스트" onClick="test()" />
</body>
```

- 타임리프 기능을 사용하기 위해 설정합니다.
- resource의 static 폴더 하위에 자바스크립트 파일 경로를 지정해 자바스크립트 기능을 사용합니다.
- th:text를 이용해 컨트롤러에서 넘어온 message 속성을 출력합니다.
- resource의 static 폴더 하위에 image 파일 경로를 지정해 이미지를 나타냅니다.

8. 다시 애플리케이션을 실행한 후 브라우저에서 http://localhost:8090/hello.do로 요청합니다.

▼ 그림 32-17 실행 결과

Tip 타임리프에 대한 더 자세한 내용은 다음 튜토리얼을 참고하기 바랍니다.

- https://www.thymeleaf.org/doc/tutorials/3.0/thymeleafspring.html

32.5.2 JSP 이용해 웹 페이지 나타내기

이번에는 스프링 부트에서 JSP를 이용해 웹 페이지를 나타내 보겠습니다. 스프링 부트의 기본 웹 페이지는 JSP가 아니기 때문에 JSP를 사용하려면 따로 설정해 주어야 합니다.

1. JSP를 사용하려면 다음과 같이 pom.xml에 JSP 관련 라이브러리를 추가해야 합니다. 기존의 타임리프 관련 <dependency> 태그는 주석 처리합니다.

코드 32-8 myboot01/pom.xml

```
...
```

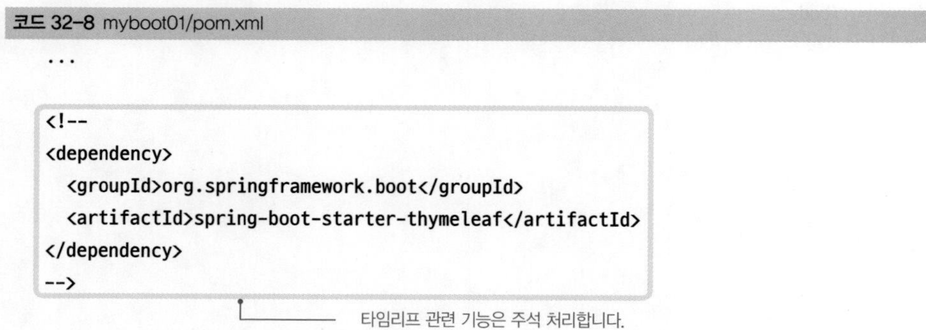

```
<!--
<dependency>
  <groupId>org.springframework.boot</groupId>
  <artifactId>spring-boot-starter-thymeleaf</artifactId>
</dependency>
-->
```

```
<dependency>
  <groupId>javax.servlet</groupId>
  <artifactId>jstl</artifactId>
</dependency>
<dependency>
  <groupId>org.apache.tomcat.embed</groupId>
  <artifactId>tomcat-embed-jasper</artifactId>
  <scope>provided</scope>
</dependency>
...
```

JSP를 사용하기 위해 추가합니다.

2. application.properties 파일에 JSP 파일 위치를 설정합니다.

코드 32-9 myboot01/src/main/resources/application.properties

```
#Server
server.port=8090
server.session.timeout=360000

#Spring MVC
spring.mvc.view.prefix=/WEB-INF/views/
spring.mvc.view.suffix=.jsp
```

src/main/webapp 폴더를 기준으로 JSP의 위치를 설정합니다.

3. application.properties 파일에서 지정한 경로인 src/main/webapp/WEB-INF 폴더 하위에 views 폴더를 생성합니다.

▼ 그림 32-18 src/main/webapp/WEB-INF/views 폴더 생성

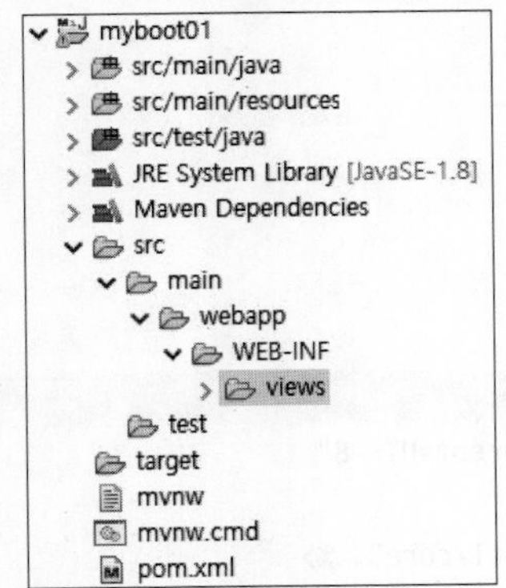

4. views 폴더에서 마우스 오른쪽 버튼을 클릭한 후 New 〉 Other...를 클릭하고 Web 항목의 JSP File을 선택하고 Next를 클릭 후, hello.jsp를 생성합니다.

▼ 그림 32-19 Web 항목의 JSP File 선택

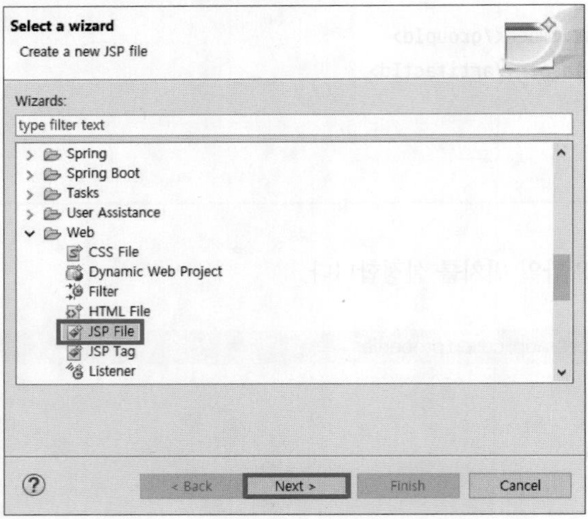

5. 파일 이름이 hello.jsp인 JSP 파일이 생성된 것을 확인할 수 있습니다.

▼ 그림 32-20 JSP 파일 생성 확인

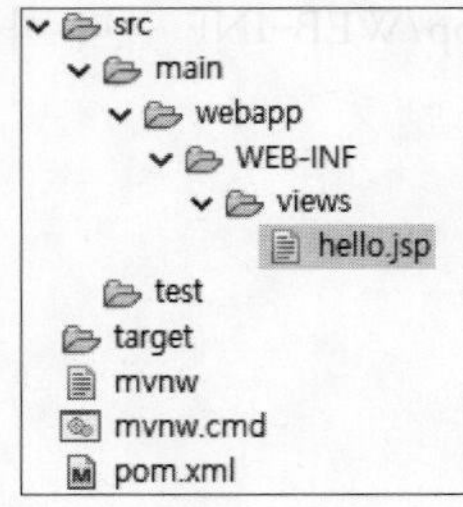

6. hello.jsp를 다음과 같이 작성합니다.

코드 32-10 myboot01/src/main/webapp/WEB-INF/views/ hello.jsp

```
<%@ page language="java" contentType="text/html; charset=UTF-8"
    pageEncoding="UTF-8"   isELIgnored="false"  %>
<%@ taglib prefix="c" uri="http://java.sun.com/jsp/jstl/core"  %>
<c:set var="contextPath"  value="${pageContext.request.contextPath}"  />
<%
  request.setCharacterEncoding("UTF-8");
%>
```

```
<html>
<head>
  <script src="${contextPath}/js/scriptTest.js" type="text/javascript"></script>
  <meta  charset="utf-8">
  <title>hello.JSP 페이지</title>
</head>
<body>
  안녕하세요 <br>
  <h2>${message}</h2>
  <img width=200 height=200  src="${contextPath}/image/duke3.png" /> <br/>
  <input type="button" name="테스트" value="테스트" onClick="test();">
</body>
</html>
```

static 폴더의 자바스크립트 파일 위치를 지정합니다.

static 폴더의 이미지 파일 위치를 지정합니다.

7. DemoController 클래스의 message 속성 값을 "hello.jsp입니다.!"로 변경한 후 브라우저에서 http://localhost:8090/hello.do로 요청하여 결과를 확인합니다.

▼ 그림 32-21 실행 결과

32.6 그레이들 이용해 스프링 부트 실습하기

이번에는 메이븐의 단점을 보완해서 나온 최신 빌드 도구인 그레이들(Gradle)을 이용해 스프링 부트를 실습해 보겠습니다.

그레이들의 특징은 다음과 같습니다.

- 메이븐이 XML 기반의 정적인 빌드를 제공했다면, 그레이들은 그루비(groovy) 스크립트 기반의 동적인 빌드 기능을 제공합니다.
- 메이븐보다 빌드 작업이 간단하며 프로그래밍만으로 기능을 추가할 수 있습니다.

> Tip 이 책은 그레이들 서적이 아니므로 아주 간단한 내용만 짚고 넘어가겠습니다. 자세한 것은 그레이들 관련 서적을 참고하기 바랍니다.

32.6.1 그레이들 설치하기

STS에서 그레이들을 사용하려면 그레이들 플러그인을 설치해야 합니다.

1. www.gradle.org에 접속하여 Install Gradle을 클릭합니다.

❯ 그림 32-22 그레이들 홈페이지 접속

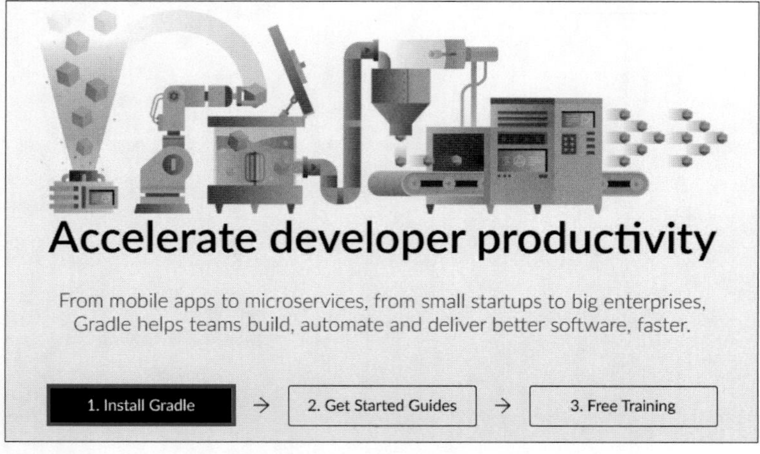

Accelerate developer productivity
From mobile apps to microservices, from small startups to big enterprises,
Gradle helps teams build, automate and deliver better software, faster.
1. Install Gradle
2. Get Started Guides
3. Free Training

2. 화면 중간에 있는 Install manually로 이동하여 **Download**를 클릭합니다.

▼ 그림 32-23 Install manually의 **Download** 클릭

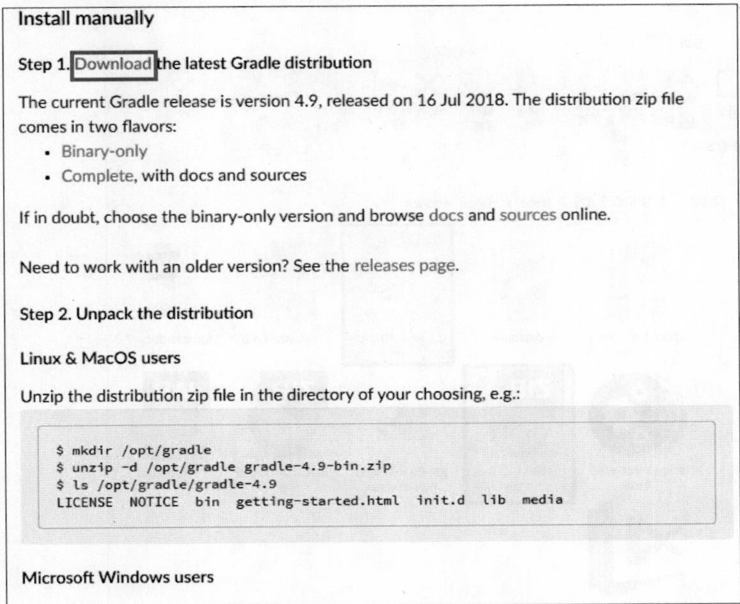

3. v4.10.2의 **binary-only**를 클릭해 다운로드합니다.

▼ 그림 32-24 **binary-only** 클릭

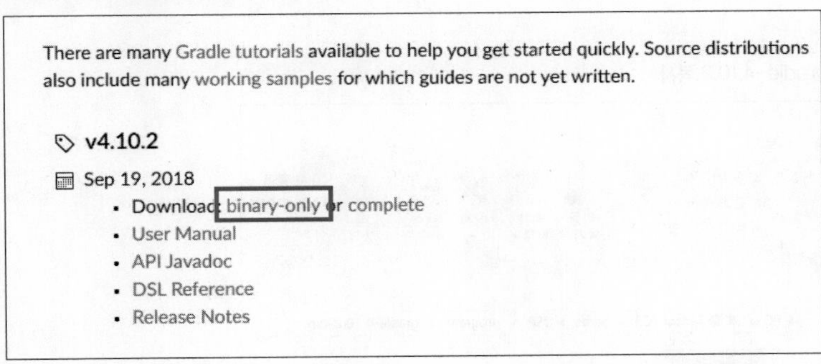

4. 다운로드한 후 파일의 압축을 풉니다.

▼ 그림 32-25 압축 해제

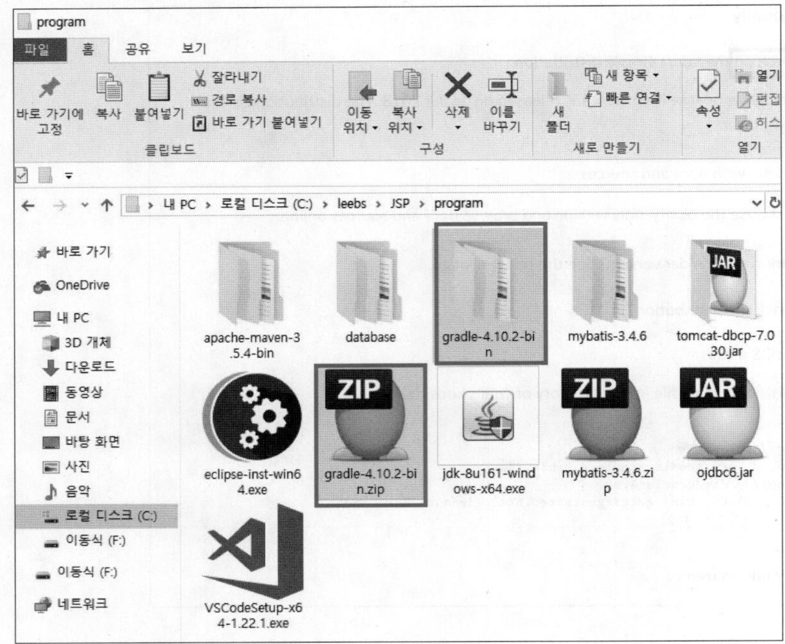

5. 압축을 푼 폴더로 이동한 후 gradle-4.10.2 폴더를 복사해 C 드라이브의 spring 폴더에 붙여넣습니다.

▼ 그림 32-26 gradle-4.10.2 복사

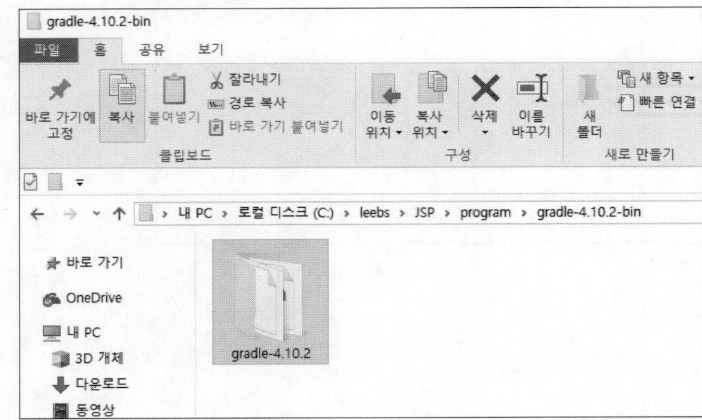

▼ 그림 32-27 C 드라이브의 spring 폴더에 붙여 넣기

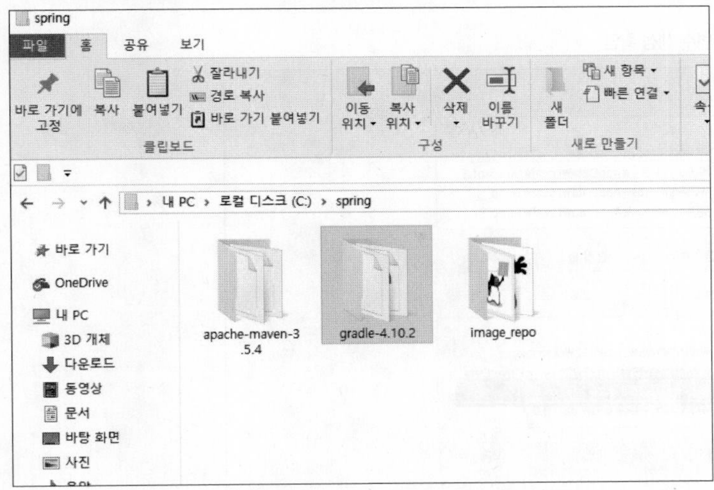

6. gradle-4.10.2 폴더로 이동한 후 해당 경로를 복사합니다.

▼ 그림 32-28 경로 복사

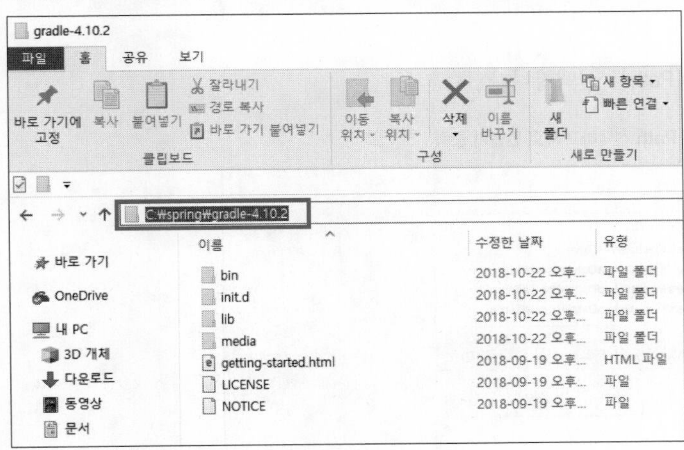

7. 윈도 탐색기의 내 PC에서 마우스 오른쪽 버튼을 클릭한 후 **속성** 〉 **고급 시스템 설정** 〉 **환경 변수**를 클릭해 다음과 같이 그레이들 환경 변수를 설정합니다.

▼ 그림 32-29 그레이들 환경 변수 설정

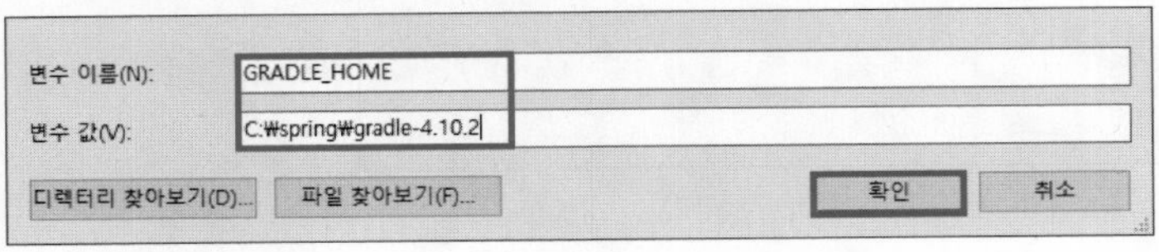

변수 이름(N): GRADLE_HOME
변수 값(V): C:₩spring₩gradle-4.10.2
디렉터리 찾아보기(D)... 파일 찾아보기(F)... 확인 취소

8. 다음과 같이 환경 변수가 생성된 것을 확인할 수 있습니다.

▼ 그림 32-30 환경 변수 생성 확인

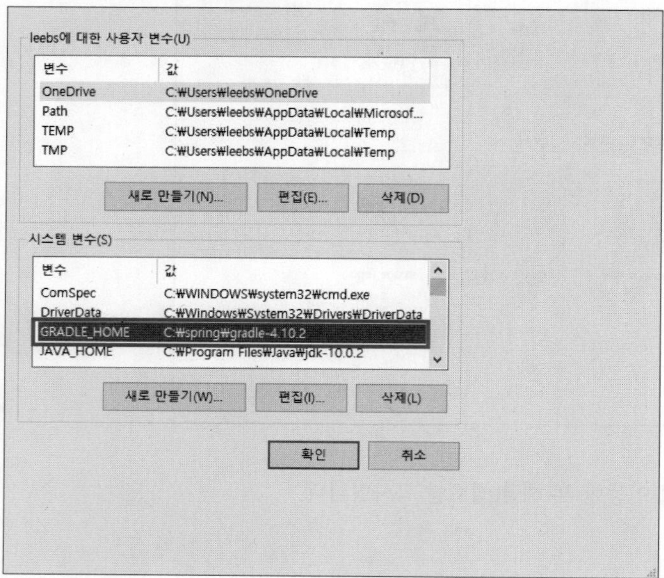

9. 이번에는 환경 변수 Path를 선택합니다.

▼ 그림 32-31 환경 변수 **Path** 선택하고 **새로 만들기** 클릭

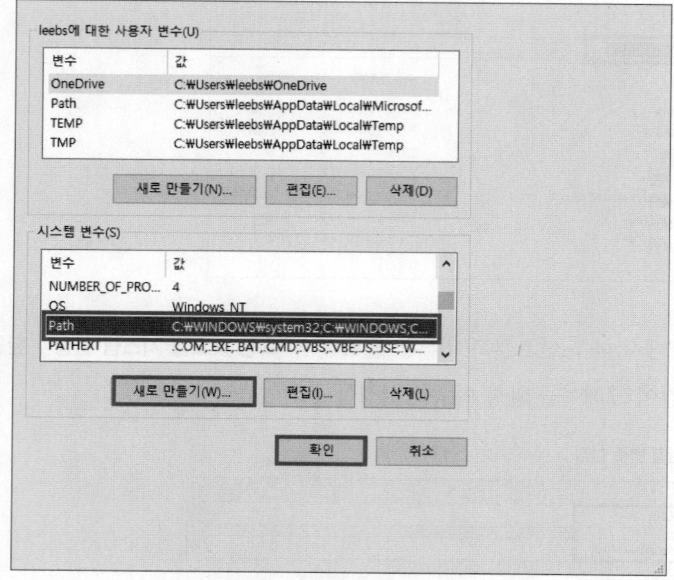

10. **새로 만들기**를 클릭해 그레이들의 bin 폴더 경로를 다음과 같이 설정하고 **확인**을 클릭합니다.

❤ 그림 32-32 그레이들의 bin 폴더 경로 설정

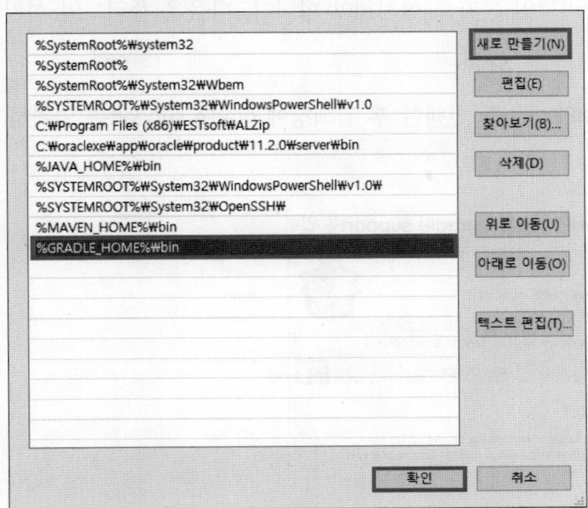

11. 정상적으로 동작하는지 명령 프롬프트를 열고 **gradle -v** 명령어를 입력합니다. 다음과 같이 그레이들 버전이 나오면 성공입니다!

❤ 그림 32-33 **gradle -v** 명령어 입력해 정상 동작 여부 확인

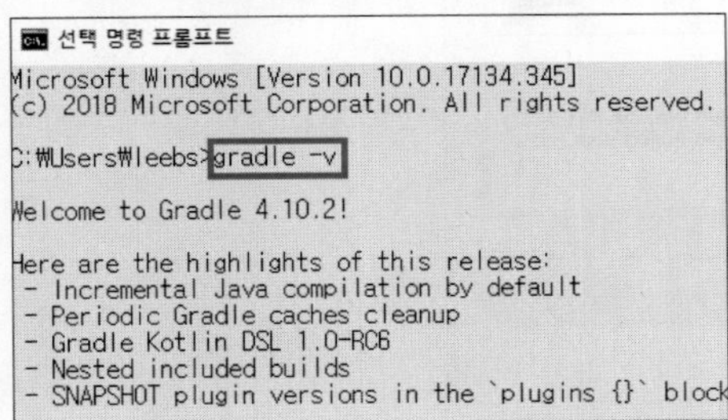

32.6.2 그레이들 플러그인 설치하기

STS에서 그레이들을 사용하려면 플러그인을 따로 설치해야 합니다. 다음은 플러그인 설치 과정입니다.

1. 메뉴에서 Help 〉 Eclipse MarketPlace...를 선택한 후 검색창에 gradle support를 입력하고 Go를 클릭해 검색합니다.

▼ 그림 32-34 Help 〉 Eclipse MarketPlace에서 gradle support를 입력

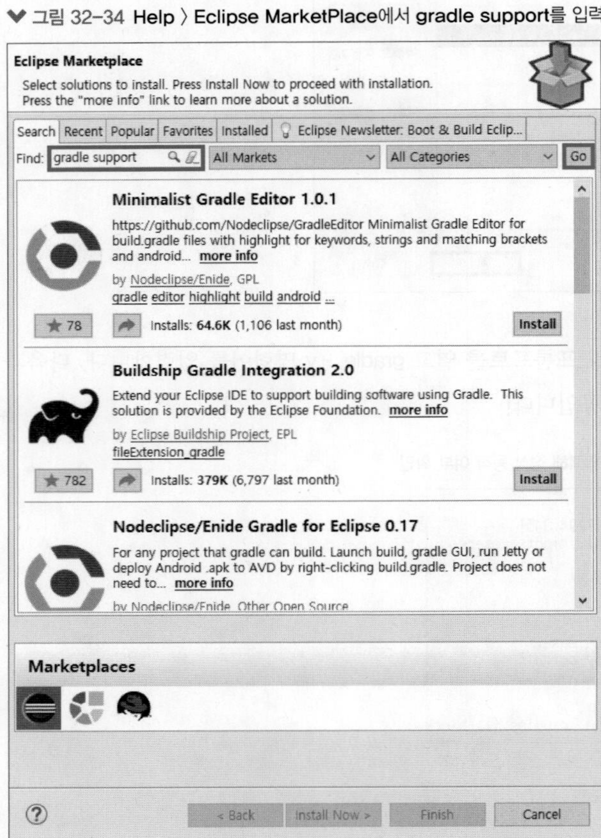

2. 조회 결과가 나오면 Buildship Gradle Integration 2.0의 Install을 클릭합니다.

▼ 그림 32-35 Buildship Gradle Integration 2.0을 선택해 설치

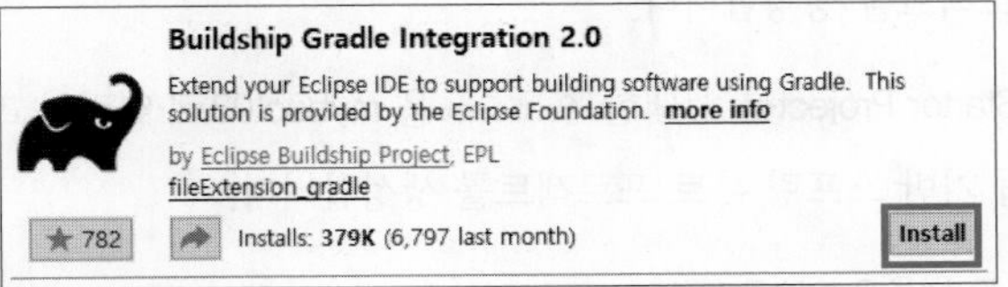

3. 사용권에 동의한다고 체크한 후 Finish를 클릭해 설치를 완료합니다.

▼ 그림 32-36 사용권 동의 후 Finish 클릭해 설치 완료

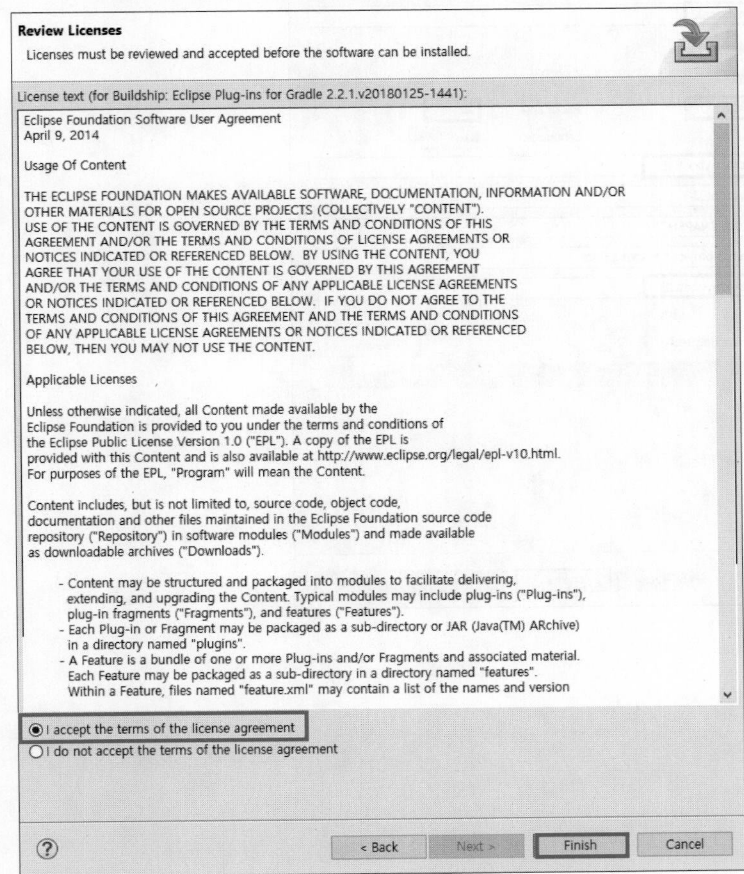

Review Licenses
Licenses must be reviewed and accepted before the software can be installed.
License text (for Buildship: Eclipse Plug-ins for Gradle 2.2.1.v20180125-1441):
Eclipse Foundation Software User Agreement
April 9, 2014
Usage Of Content
THE ECLIPSE FOUNDATION MAKES AVAILABLE SOFTWARE, DOCUMENTATION, INFORMATION AND/OR OTHER MATERIALS FOR OPEN SOURCE PROJECTS (COLLECTIVELY "CONTENT"). USE OF THE CONTENT IS GOVERNED BY THE TERMS AND CONDITIONS OF THIS AGREEMENT AND/OR THE TERMS AND CONDITIONS OF LICENSE AGREEMENTS OR NOTICES INDICATED OR REFERENCED BELOW. BY USING THE CONTENT, YOU AGREE THAT YOUR USE OF THE CONTENT IS GOVERNED BY THIS AGREEMENT AND/OR THE TERMS AND CONDITIONS OF ANY APPLICABLE LICENSE AGREEMENTS OR NOTICES INDICATED OR REFERENCED BELOW. IF YOU DO NOT AGREE TO THE TERMS AND CONDITIONS OF THIS AGREEMENT AND THE TERMS AND CONDITIONS OF ANY APPLICABLE LICENSE AGREEMENTS OR NOTICES INDICATED OR REFERENCED BELOW, THEN YOU MAY NOT USE THE CONTENT.
Applicable Licenses
Unless otherwise indicated, all Content made available by the Eclipse Foundation is provided to you under the terms and conditions of the Eclipse Public License Version 1.0 ("EPL"). A copy of the EPL is provided with this Content and is also available at http://www.eclipse.org/legal/epl-v10.html. For purposes of the EPL, "Program" will mean the Content.
Content includes, but is not limited to, source code, object code, documentation and other files maintained in the Eclipse Foundation source code repository ("Repository") in software modules ("Modules") and made available as downloadable archives ("Downloads").
- Content may be structured and packaged into modules to facilitate delivering, extending, and upgrading the Content. Typical modules may include plug-ins ("Plug-ins"), plug-in fragments ("Fragments"), and features ("Features").
- Each Plug-in or Fragment may be packaged as a sub-directory or JAR (Java(TM) ARchive) in a directory named "plugins".
- A Feature is a bundle of one or more Plug-ins and/or Fragments and associated material. Each Feature may be packaged as a sub-directory in a directory named "features". Within a Feature, files named "feature.xml" may contain a list of the names and version
I accept the terms of the license agreement
I do not accept the terms of the license agreement
< Back
Next >
Finish
Cancel

4. 설치를 마친 후 STS를 재실행합니다.

32.6.3 그레이들 기반 스프링 부트 프로젝트 만들기

먼저 그레이들 기반 스프링 부트 프로젝트를 생성합니다.

1. 메뉴에서 **File > New > Spring Starter Project**를 선택한 후 name을 **myboot02**로 입력하고 Type을 **Gradle**로 설정하여 그레이들 기반 스프링 부트 프로젝트를 생성합니다.

▼ 그림 32-37 name을 **myboot02**로, Type을 **Gradle**로 설정

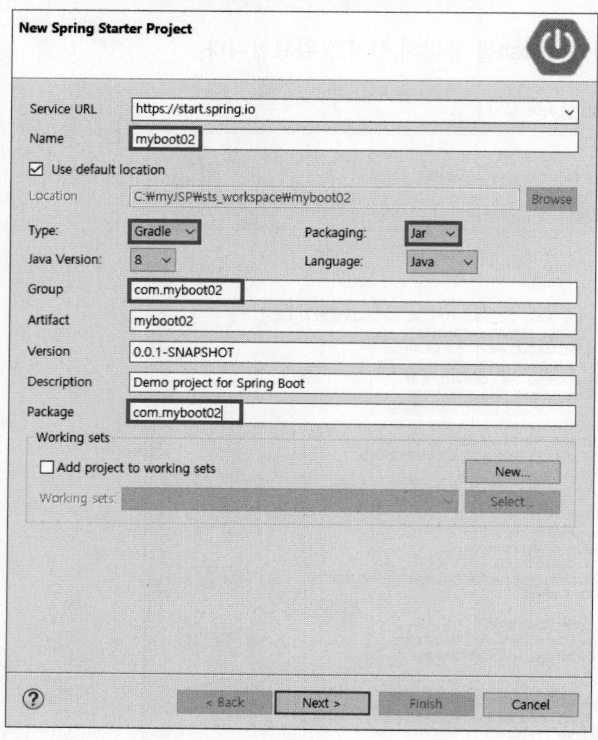

2. 다음과 같이 자주 사용하는 항목(H2, JDBC, Web)에 체크한 후 Finish를 클릭합니다.

▼ 그림 32-38 자주 사용하는 항목 체크 후 Finish 클릭

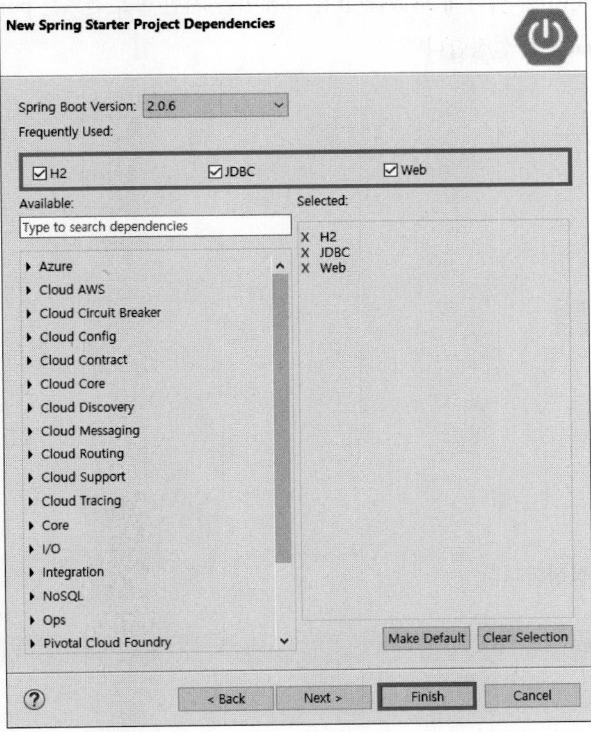

3. 이름이 myboot02인 프로젝트가 생성된 것을 확인할 수 있습니다.

▼ 그림 32-39 myboot02 프로젝트 생성 확인

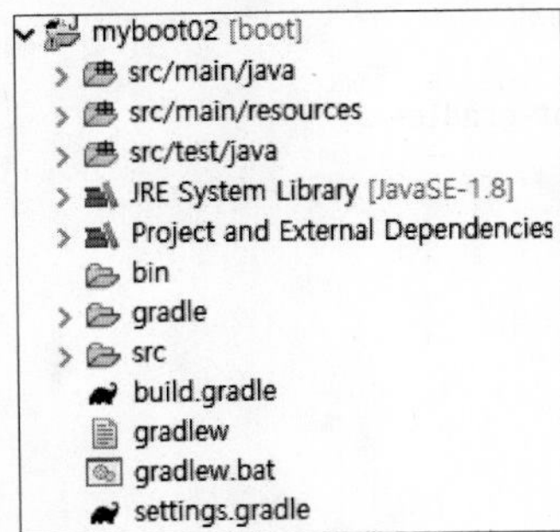

32.6.4 JSP 이용해 웹 페이지 나타내기

이번에는 그레이들을 이용해 hello.jsp를 나타내 보겠습니다. 그레이들 기반 프로젝트는 pom.xml에 설정하는 것이 아니라 build.gradle에 설정합니다.

▼ 그림 32-40 build.gradle 위치

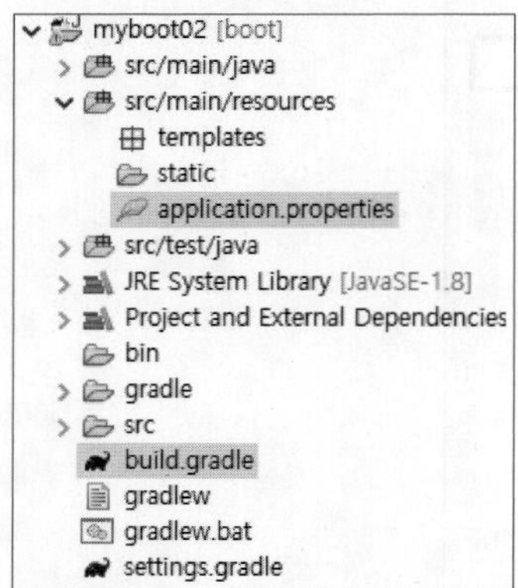

1. build.gradle을 다음과 같이 작성합니다.

코드 32-11 myboot02/build.gradle

```
buildscript {
  ext {
    springBootVersion = '2.0.6.RELEASE'
  }
  repositories {
    mavenCentral()
  }
  dependencies {
    classpath("org.springframework.boot:spring-boot-gradle-
plugin:${springBootVersion}")
  }
}

apply plugin: 'java'
apply plugin: 'eclipse'
apply plugin: 'org.springframework.boot'
apply plugin: 'io.spring.dependency-management'

group = 'com.myboot02'
version = '0.0.1-SNAPSHOT'
sourceCompatibility = 1.8
```

```
repositories {
  mavenCentral()
}

dependencies {
  implementation('org.springframework.boot:spring-boot-starter-jdbc')
  implementation('org.springframework.boot:spring-boot-starter-web')
  implementation('org.apache.tomcat.embed:tomcat-embed-jasper')
  implementation('javax.servlet:jstl:1.2')
  runtimeOnly('com.h2database:h2')
  testImplementation('org.springframework.boot:spring-boot-starter-test')
}
```

톰캣으로 실행하기 위해 설정합니다.

JSP를 사용하기 위해 설정합니다.

2. 설정 후 프로젝트 이름 위에서 마우스 오른쪽 버튼을 클릭한 후 Gradle 〉 Refresh Gradle Project를 선택해 설정한 라이브러리를 다운로드합니다.

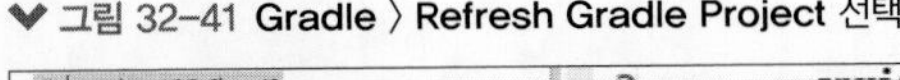

▼ 그림 32-41 Gradle 〉 Refresh Gradle Project 선택

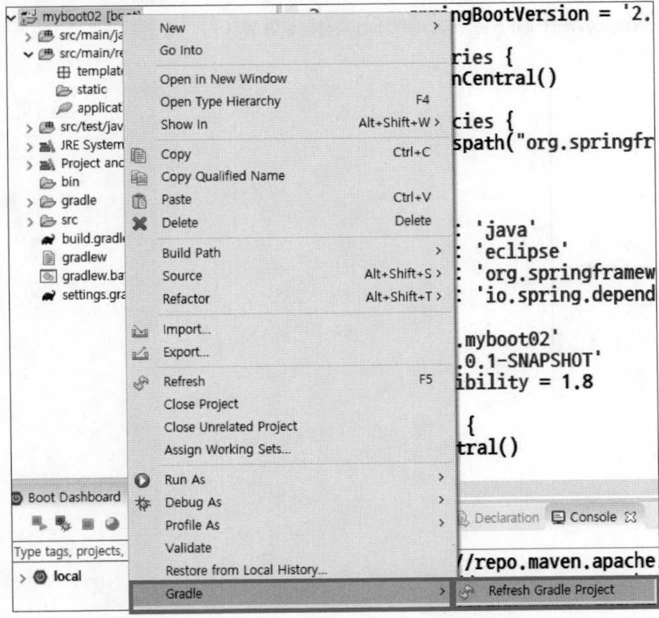

3. application.properties를 다음과 같이 설정합니다.

코드 32-12 myboot02/src/main/resources/application.properties

```
#Server
server.port=8090
server.session.timeout=360000
```

```
#Spring MVC
spring.mvc.view.prefix=/WEB-INF/views/
spring.mvc.view.suffix=.jsp
```

JSP 파일 경로를 지정합니다.

4. 자바 클래스는 앞 절에서 myboot01 프로젝트를 만들 때 사용한 DemoController.java 파일을 복사해 그대로 사용합니다.

❤ 그림 32-42 myboot01 프로젝트의 DemoController.java 파일 복사

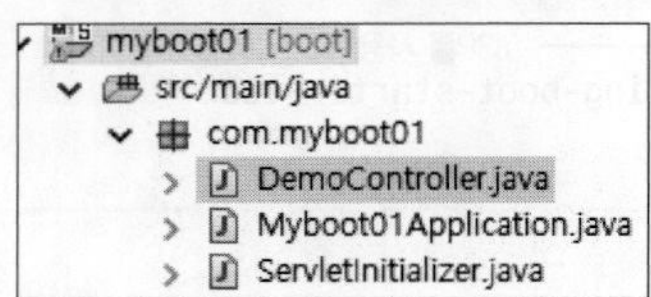

5. src/main/webapp/WEB-INF/views 폴더를 만든 후 마찬가지로 앞 절에서 사용한 hello.jsp를 복사해 붙여 넣습니다.

❤ 그림 32-43 src/main/webapp/WEB-INF/views에 hello.jsp 복사해 붙여 넣기

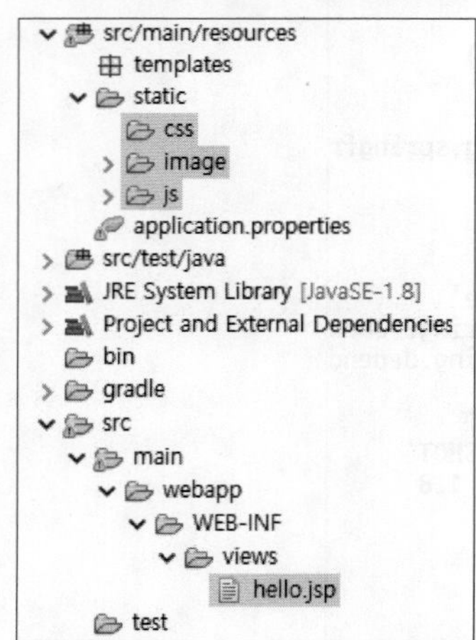

6. 프로젝트 이름 위에서 마우스 오른쪽 버튼을 클릭한 후 Run As > Spring Boot App을 선택해 실행합니다. 그리고 브라우저에서 http://localhost:8090/hello.do로 요청합니다.

▼ 그림 32-44 http://localhost:8090/hello.do로 요청한 결과

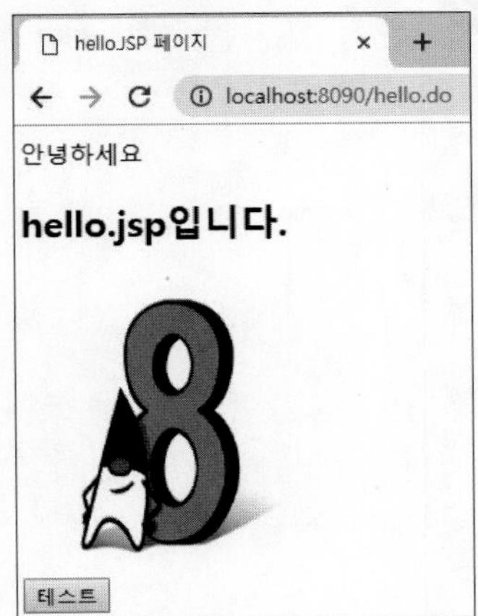

실행 결과가 제대로 나왔나요? 간단히 그레이들 기반 스프링 부트 프로젝트를 만들어 보았습니다.

> Tip 안드로이드 애플리케이션 개발 도구인 안드로이드 스튜디오는 그레이들을 이용해서 빌드를 수행합니다.

32.7 마이바티스 사용하기

이번에는 스프링 부트에서 마이바티스 기능을 사용해 보겠습니다.

32.7.1 마이바티스 적용해 회원 기능 구현하기

먼저 마이바티스를 적용하여 회원 조회 기능을 구현해 보겠습니다.

1. 새 프로젝트 myboot03을 생성할 때 MyBatis 항목의 체크박스에 체크합니다.

▼ 그림 32-45 myboot03 프로젝트 생성 시 MyBatis 체크

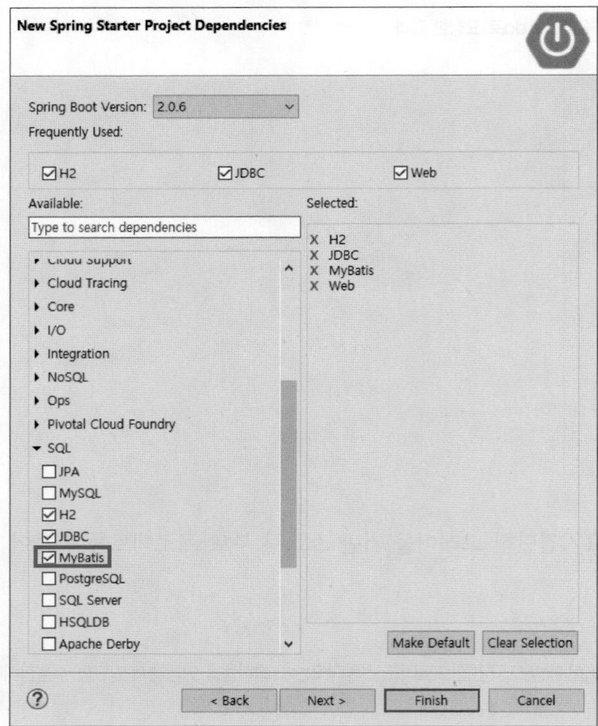

2. 프로젝트 루트 디렉터리에 libs 폴더를 만들고 마이바티스에서 연동할 오라클 데이터베이스 드라이버인 ojdbc6.jar을 복사해 붙여 넣습니다.

▼ 그림 32-46 myboot03 프로젝트 관련 파일 위치

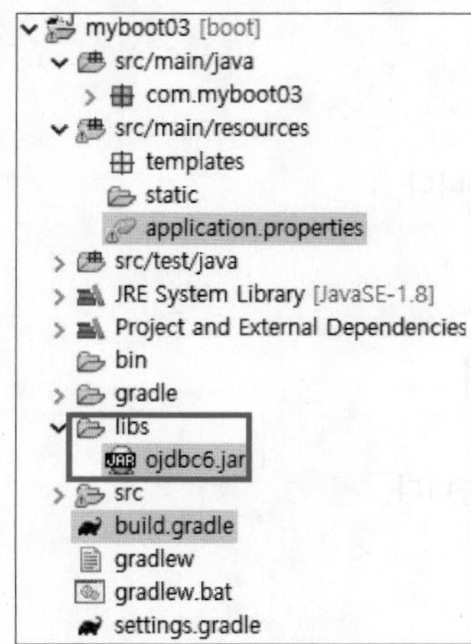

3. build.gradle에서는 로컬에 위치하는 오라클 드라이버를 로컬 리포지토리에 추가하는 설정을 합니다. 그리고 반드시 프로젝트 이름 위에서 마우스 오른쪽 버튼을 클릭한 후 Gradle 〉 Refresh Gradle Project를 선택합니다.

코드 32-13 myboot03/build.gradle

```
...
dependencies {
  implementation('org.springframework.boot:spring-boot-starter-jdbc')
  implementation('org.springframework.boot:spring-boot-starter-web')
  implementation('org.mybatis.spring.boot:mybatis-spring-boot-starter:1.3.2')
  implementation('org.apache.tomcat.embed:tomcat-embed-jasper')
  implementation('javax.servlet:jstl:1.2')

  implementation fileTree(dir: 'libs', include: ['*.jar'])
  implementation files('libs/ojdbc6.jar')
  runtimeOnly('com.h2database:h2')
  testImplementation('org.springframework.boot:spring-boot-starter-test')
}
...
```

JSP를 사용하기 위해 반드시 추가합니다.

프로젝트 루트 디렉터리의 libs 디렉터리의 jar 파일을 읽어 들입니다.

오라클 드라이버를 로컬 리포지토리에 추가합니다.

4. application.properties에서는 데이터베이스 연결 정보와 마이바티스 설정 파일 위치를 지정합니다. 그리고 마이바티스 매퍼 파일에서 사용할 alias 클래스의 패키지 이름을 지정합니다. 그러면 해당 패키지에 있는 클래스는 자동으로 alias로 변환됩니다.

코드 32-14 myboot03/src/main/resources/application.properties

```
#Server
server.port=8090
server.session.timeout=360000

#Spring MVC
spring.mvc.view.prefix=/WEB-INF/views/
spring.mvc.view.suffix=.jsp

#Database config
spring.datasource.url=jdbc:oracle:thin:@localhost:1521:XE
spring.datasource.username=scott
spring.datasource.password=tiger
spring.datasource.driverClassName=oracle.jdbc.driver.OracleDriver

#mybatis config
mybatis.config=classpath:mybatis-config.xml

mybatis.type-aliases-package=com.myboot03.member.vo
```

데이터베이스 연결 정보를 설정합니다.

마이바티스 설정 파일 위치를 지정합니다.

마이바티스 매퍼 파일에서 사용할 alias (memberVO)가 있는 패키지를 지정합니다.

5. 다음으로 마이바티스 설정 파일을 구현하기 위해 src/main/resources 폴더에 mybatis.mappers 폴더를 만든 후 member.xml 파일을 생성합니다.

❤ 그림 32-47 마이바티스 설정 파일 위치

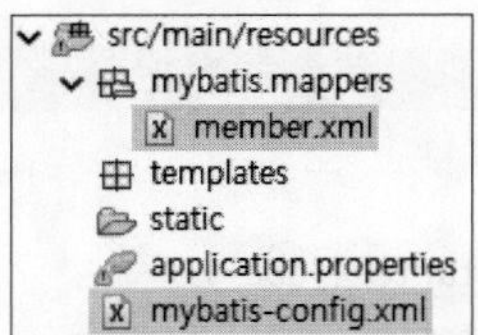

6. 마이바티스 설정 파일인 mybatis-config.xml을 src/main/resources 폴더에 추가한 후 다음과 같이 매퍼 파일의 위치를 지정합니다.

코드 32-15 myboot03/src/main/resources/mybatis-config.xml

```
...
<configuration>
  <mappers>
    <mapper resource="mybatis/mappers/member.xml"/>
    <!--
    <mapper resource="mybatis/mappers/board.xml"/>
    -->
  </mappers>
</configuration>
```

src/main/resources에 위치한 매퍼 파일을 지정합니다.

다른 매퍼 파일을 추가합니다.

7. 회원 관련 SQL문을 설정하는 매퍼 파일은 30장에서 실습한 member.xml을 수정하여 사용합니다. 달라진 점은 namespace에 DAO 인터페이스 이름을 패키지 이름까지 포함해서 지정했다는 것입니다. 각 SQL문의 id는 DAO 인터페이스에 선언된 추상 메서드 이름과 일치해야 합니다.

코드 32-16 myboot03/src/main/resources/mybatis/mappers/member.xml

```
...
<mapper namespace="com.myboot03.member.dao.MemberDAO">
  <resultMap id="memResult" type="memberVO">
    <result property="id" column="id" />
    <result property="pwd" column="pwd" />
    <result property="name" column="name" />
    <result property="email" column="email" />
    <result property="joinDate" column="joinDate" />
  </resultMap>

  <select id="selectAllMemberList" resultMap="memResult">
```

namespace의 값을 SQL문 호출 시 사용하는 MemberDAO 인터페이스 이름으로 수정합니다.

```
      <![CDATA[
        select * from t_member order by joinDate desc
      ]]>
    </select>

    <insert id="insertMember"  parameterType="memberVO">
      <![CDATA[
        insert into t_member(id,pwd, name, email)
        values(#{id}, #{pwd}, #{name}, #{email})
      ]]>
    </insert>
  ...
```

8. 자바 클래스들은 30장에서 실습한 파일을 사용합니다. 다음과 같이 src/main/java 패키지 하위에 복사해 붙여 넣습니다. JSP 파일도 src/main 폴더 하위에 webapp/WEB-INF/views 폴더를 만든 후 30장에서 실습한 JSP 파일을 복사해 붙여 넣습니다.

▼ 그림 32-48 자바 파일과 JSP 파일 위치

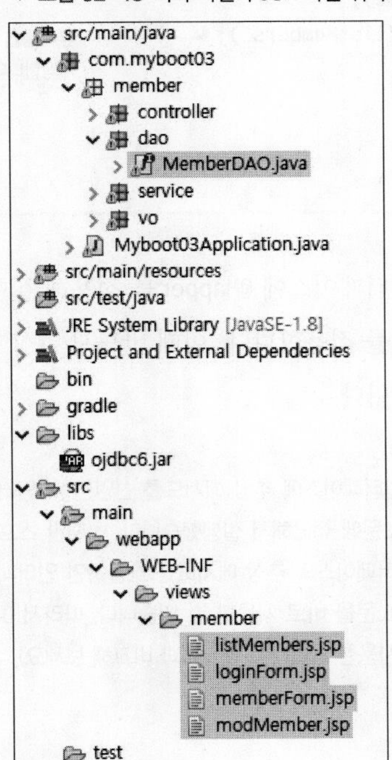

9. 아직 인터셉터를 적용하기 전이므로 컨트롤러 클래스 ModelAndView에 뷰이름을 직접 지정합니다.

코드 32-17 myboot03/src/main/java/com/myboot03/member/controller/MemberControllerImpl.java

```
...
@Controller("memberController")
public class MemberControllerImpl  implements MemberController {
  @Autowired
  private MemberService memberService;
  @Autowired
  private MemberVO memberVO ;

  @Override
  @RequestMapping(value= "/member/listMembers.do", method = RequestMethod.GET)
  public ModelAndView listMembers(HttpServletRequest request, HttpServletResponse
response) throws Exception {
    //String viewName = (String)request.getAttribute("viewName");
    List membersList = memberService.listMembers();
    //ModelAndView mav = new ModelAndView(viewName);
    ModelAndView mav = new ModelAndView("/member/listMembers");  // 뷰이름을 직접 지정합니다.
    mav.addObject("membersList", membersList);
    return mav;
  }
  ...
```

10. MemberDAO 인터페이스를 다음과 같이 작성합니다. 인터페이스에 @Mapper를 적용해 실행 시 매퍼 파일을 읽어 들이고, 인터페이스에 @Repository를 적용합니다. 이때 반드시 추상 메서드 이름과 매퍼 파일에 있는 SQL문의 id는 같아야 합니다.

> Note ≡ 이제까지 실습에서 사용한 마이바티스에서는 DAO 인터페이스에 추상 메서드를 선언한 후 인터페이스 구현 클래스에서 SqlSession 클래스로 매퍼 파일의 SQL문에 접근해서 실행했습니다. 하지만 스프링 부트에서는 구현 클래스가 없어지고 서비스 클래스에서 DAO 인터페이스의 추상 메서드를 호출하면 인터페이스에서는 매퍼 파일에서 호출된 메서드 이름과 동일한 id의 SQL문을 바로 사용할 수 있습니다. 따라서 DAO 패키지의 MemberDAOImpl.java 클래스는 삭제합니다(앞에서 사용한 마이바티스 기능과 비교해 보세요).

코드 32-18 myboot03/src/main/java/com/myboot03/member/dao/MemberDAO.java

```
...
@Mapper   // 실행 시 인터페이스에서 매퍼 파일을 읽어 들이도록 지정합니다.
@Repository("memberDAO")
public interface MemberDAO {   // 매퍼 파일의 id가 selectAllMemberList인 SQL문을 호출합니다.
  public List selectAllMemberList() throws DataAccessException;
```

```
    public int insertMember(MemberVO memberVO) throws DataAccessException ;
    public int deleteMember(String id) throws DataAccessException;
    public MemberVO loginById(MemberVO memberVO) throws DataAccessException;
}
```

매퍼 파일의 id가 loginById인 SQL문을 호출합니다.
매퍼 파일의 id가 deleteMember인 SQL문을 호출합니다.
매퍼 파일의 id가 insertMember인 SQL문을 호출합니다.

11. 프로젝트를 실행한 후 브라우저에서 http://localhost:8090/member/listMembers.do로 요청하여 결과를 확인합니다.

▼ 그림 32-49 실행 결과

아이디	비밀번호	이름	이메일	가입일	삭제
m2	1234	이길동	m2@test.com	2018-09-30	삭제하기
m1	1234	박길동	m1@test.com	2018-09-30	삭제하기
m3	1234	김길동	m3@test.com	2018-09-30	삭제하기
ki	1234	기성용	ki@test.com	2018-09-13	삭제하기
kim	1212	김유신	kim@jweb.com	2018-09-04	삭제하기
lee	1212	이순신	lee@test.com	2018-09-04	삭제하기
hong	1212	홍길동	hong@gmail.com	2018-09-04	삭제하기

회원가입

회원 가입 기능은 여러분이 한번 직접 구현해 보기 바랍니다.

Note ≡ **build.gradle에 추가할 라이브러리를 찾는 방법**

1. mvnrepository.org에 접속해 검색창에서 **MyBatis Spring Boot Starter**를 검색합니다.

▼ 그림 32-50 mvnrepository.org에서 **MyBatis Spring Boot Starter** 검색

2. 조회 결과에서 **MyBatis Spring Boot Starter**를 선택합니다.

▼ 그림 32-51 **MyBatis Spring Boot Starter** 선택

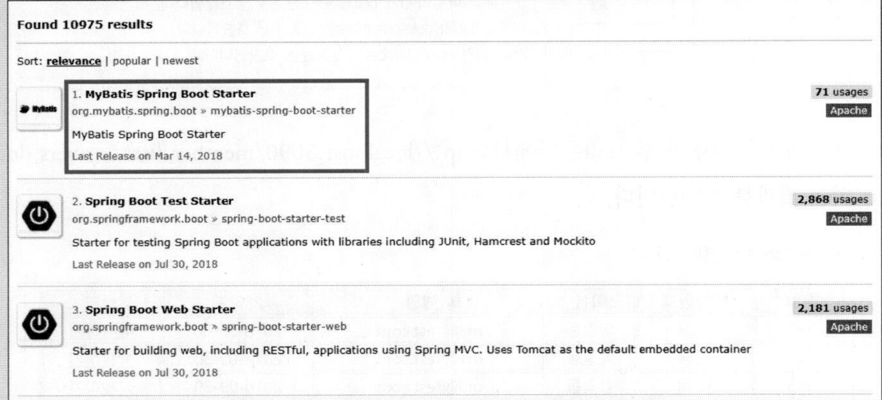

3. 추가할 버전 중 **1.3.2** 버전을 선택합니다.

▼ 그림 32-52 **1.3.2** 버전 선택

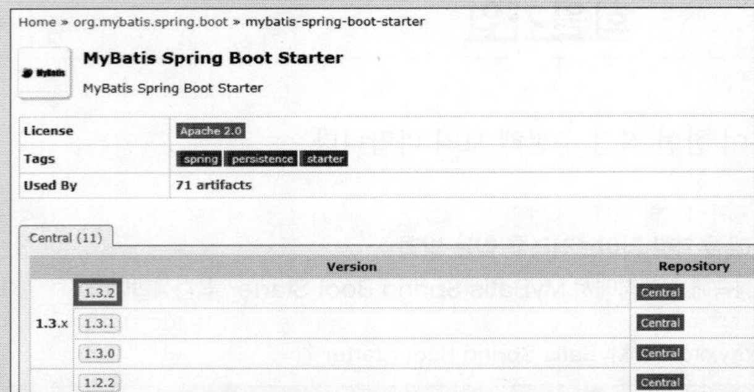

4. **Gradle** 탭을 클릭하고 내용을 복사해 build.gradle에 붙여 넣습니다.

▼ 그림 32-53 **Gradle** 탭의 내용을 복사해 build.gradle에 붙여 넣기

License	Apache 2.0
Date	(Mar 14, 2018)
Files	pom (1 KB) jar (2 KB) View All
Repositories	Central Mulesoft Public Sonatype
Used By	71 artifacts

Maven | Gradle | SBT | Ivy | Grape | Leiningen | Buildr

```
// https://mvnrepository.com/artifact/org.mybatis.spring.boot/mybatis-spring-boot-starter
compile group: 'org.mybatis.spring.boot', name: 'mybatis-spring-boot-starter', version: '1.3.2'
```

☑ Include comment with link to declaration

5. 프로젝트에서 마우스 오른쪽 버튼을 클릭한 후 Gradle 〉 Refresh Gradle Project를 선택해 추가한 라이브러리를 설치합니다.

32.8 타일즈 사용하기

32.7절에서 살펴본 회원 관리 기능에 타일즈 기능을 적용해 보겠습니다.

32.8.1 회원 기능에 타일즈 적용하기

타일즈 기능을 사용하려면 먼저 라이브러리를 설정해야겠죠?

1. build.gradle에 타일즈 라이브러리를 설정합니다. 설정을 추가한 후 반드시 Gradle을 리프레시하는 것을 잊지 마세요.

코드 32-19 myboot03/build.grade

```
...
dependencies {
  implementation('org.springframework.boot:spring-boot-starter-jdbc')
  implementation('org.springframework.boot:spring-boot-starter-web')
  implementation('org.mybatis.spring.boot:mybatis-spring-boot-starter:1.3.2')
  implementation('org.apache.tomcat.embed:tomcat-embed-jasper')
  implementation('javax.servlet:jstl:1.2')
  implementation fileTree(dir: 'libs', include: ['*.jar'])
  implementation files('libs/ojdbc6.jar')
  implementation('org.apache.tiles:tiles-jsp:3.0.4')
  runtimeOnly('com.h2database:h2')
  testImplementation('org.springframework.boot:spring-boot-starter-test')
}
```

타일즈 기능을 사용하기 위해 추가합니다.

2. /WEB-INF 하위에 tiles 폴더를 만든 후 30장에서 사용한 tiles_member.xml을 복사해 붙여 넣습니다.

❤ 그림 32-54 타일즈 파일 위치

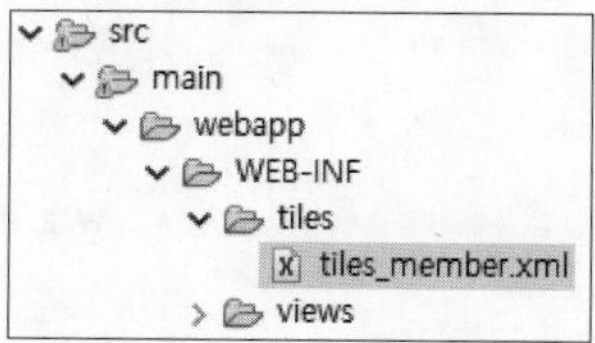

3. 타일즈 설정 파일에서 지정한 경로에 30장에서 사용한 공통 레이아웃에 사용하는 JSP 파일들을 복사해 붙여 넣습니다. 그리고 image 폴더도 src/main/resources/static 폴더 안에 복사해 붙여 넣습니다.

❤ 그림 32-55 JSP 파일 위치

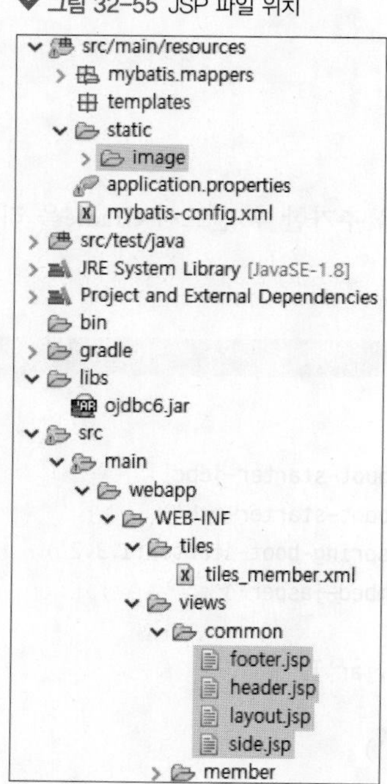

4. src/main/java/ 폴더 아래에 common.tiles 패키지를 만든 후 타일즈 설정 클래스인 TilesConfig.java를 생성합니다. 이처럼 그레이들 기반 프로젝트에서는 자바 클래스를 이용해 타일즈 기능을 설정합니다.

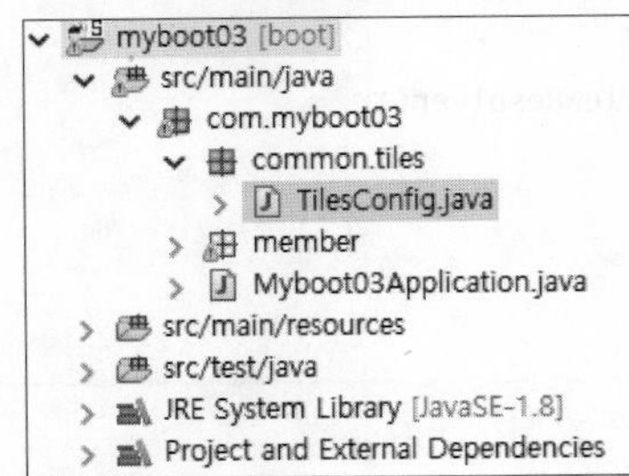

▼ 그림 32-56 타일즈 설정 클래스 파일 위치

Note ≡ 표 31-1은 자바 클래스에 사용되는 설정 애너테이션들입니다.

▼ 표 31-1 자바 클래스에 사용되는 설정 애너테이션

애너테이션	설명
@Configuration	자바 클래스에 적용해 Spring 설정 클래스로 지정합니다.
@Bean	자바 클래스의 메서드에 적용해 Bean을 반환하도록 지정합니다.

@Configuration을 이용해 설정 클래스로 지정합니다.

첫 번째 @Bean은 다음 코드와 같은 의미입니다.

```
<bean id=" tilesConfigurer " class="com.myboot03.common.TilesConfigurer"/>
```

두 번째 @Bean은 다음 코드와 같은 의미입니다.

```
<bean id=" tilesViewResolver " class="com.myboot03.common.TilesViewResolver"/>
```

5. TilesConfig 클래스를 다음과 같이 작성합니다.

코드 32-20 myboot03/src/main/java/com/myboot03/common/tiles/TilesConfig.java

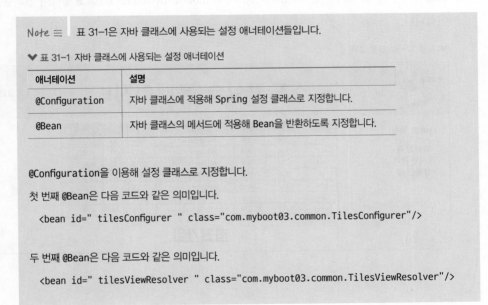

```
...
@Configuration                      // 설정 클래스로 지정합니다.
public class TilesConfig{
  @Bean                             // id가 tilesConfigurer인 빈을 생성합니다.
  public TilesConfigurer tilesConfigurer() {      // 한 개의 타일즈 설정 파일을 읽어 들입니다.
    final TilesConfigurer configurer = new TilesConfigurer();
    configurer.setDefinitions(new String[] {"WEB-INF/tiles/tiles_member.xml"});
```

```
    //configurer.setDefinitions(new String[]
                {"WEB-INF/tiles/tiles_member.xml","WEB-INF/tiles/tiles_board.xml"});
    configurer.setCheckRefresh(true);
    return configurer;
  }
  @Bean
  public TilesViewResolver tilesViewResolver() {
    final TilesViewResolver resolver = new TilesViewResolver();
    resolver.setViewClass(TilesView.class);
    return resolver;
  }
}
```

여러 개의 타일즈 설정 파일을 읽어 들입니다.

id가 tilesViewResolver인 빈을 생성합니다.

6. 프로젝트를 실행하고 http://localhost:8090/member/listMembers.do로 요청하여 결과를 확인합니다.

❤ 그림 32-57 실행 결과

스프링실습 홈페이지!!

로그인

사이드 메뉴

회원관리
게시판관리
상품관리

아이디	비밀번호	이름	이메일	가입일	삭제
m2	1234	이길동	m2@test.com	2018-09-30	삭제하기
m1	1234	박길동	m1@test.com	2018-09-30	삭제하기
m3	1234	김길동	m3@test.com	2018-09-30	삭제하기
ki	1234	기성용	ki@test.com	2018-09-13	삭제하기
kim	1212	김유신	kim@jweb.com	2018-09-04	삭제하기
lee	1212	이순신	lee@test.com	2018-09-04	삭제하기
hong	1212	홍길동	hong@gmail.com	2018-09-04	삭제하기

회원가입

32.9 인터셉터 사용하기

32.8절에서 구현했던 회원 기능에 이어서 인터셉터를 구현해 보겠습니다. 브라우저의 요청명을 인터셉터가 처리한 후 타일즈로 보낼 뷰이름을 가져오는 실습입니다.

32.9.1 인터셉터 구현하기

인터셉터 기능은 프로젝트를 생성할 때 라이브러리에서 기본적으로 제공하므로 build.gradle이나 application.properties에는 따로 추가할 내용이 없습니다.

1. common.interceptor 패키지를 만들고 28장에서 실습한 ViewNameInterceptor.java를 복사해 붙여 넣습니다.

▼ 그림 32-58 자바 파일 위치

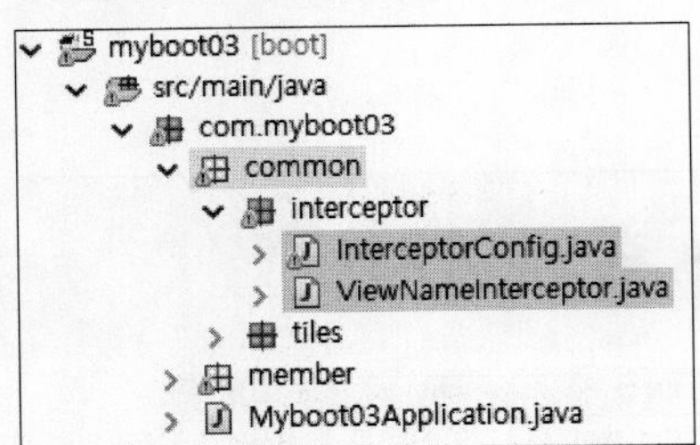

2. 인터셉트 설정 클래스인 InterceptorConfig.java를 다음과 같이 구현합니다.

코드 32-21 myboot03/src/main/java/com/myboot03/common/interceptor/InterceptorConfig.java

```
...
@Configuration
public class InterceptorConfig extends WebMvcConfigurerAdapter {
  @Override
  public void addInterceptors(InterceptorRegistry registry) {
  registry.addInterceptor(new ViewNameInterceptor())
          .addPathPatterns("/*.do")
          .addPathPatterns("/*/*.do")
          .excludePathPatterns("/users/login");
  }
}
```

- WebMvcConfigurerAdapter를 상속받습니다.
- 1단계, 2단계 요청에 대해 모두 인터셉터를 적용합니다.
- /users/login 요청에 대해서는 인터셉터 요청을 적용하지 않습니다.

3. 이제는 뷰이름을 일일이 지정할 필요 없이 request에서 `getAttribute()` 메서드로 뷰이름을 가져와 바로 타일즈로 전달합니다.

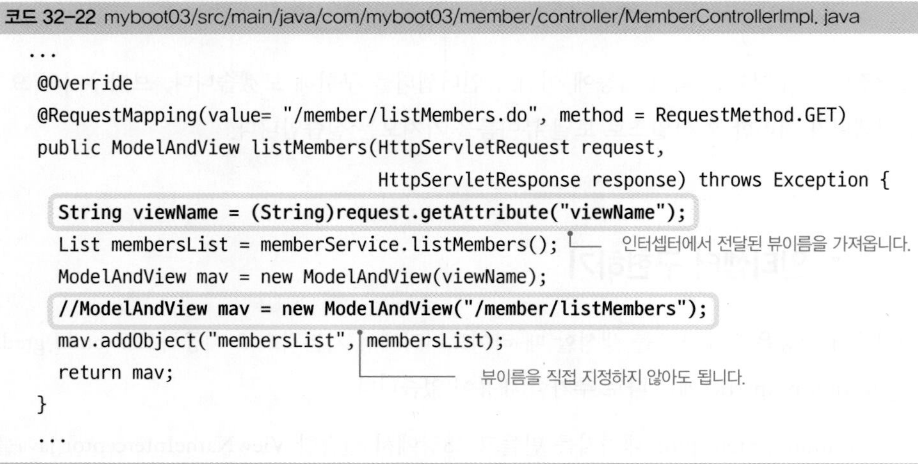

코드 32-22 mybootO3/src/main/java/com/mybootO3/member/controller/MemberControllerImpl.java

```
...
@Override
@RequestMapping(value= "/member/listMembers.do", method = RequestMethod.GET)
public ModelAndView listMembers(HttpServletRequest request,
                                HttpServletResponse response) throws Exception {
  String viewName = (String)request.getAttribute("viewName");
  List membersList = memberService.listMembers();
  ModelAndView mav = new ModelAndView(viewName);
  //ModelAndView mav = new ModelAndView("/member/listMembers");
  mav.addObject("membersList", membersList);
  return mav;
}
...
```


4. 프로젝트를 실행하고 http://localhost:8090/member/listMembers.do로 요청하여 결과를 확인합니다.

▼ 그림 32-59 브라우저에서 실행한 결과

아이디	비밀번호	이름	이메일	가입일	삭제
m2	1234	이길동	m2@test.com	2018-09-30	삭제하기
m1	1234	박길동	m1@test.com	2018-09-30	삭제하기
m3	1234	김길동	m3@test.com	2018-09-30	삭제하기
ki	1234	기성용	ki@test.com	2018-09-13	삭제하기
kim	1212	김유신	kim@jweb.com	2018-09-04	삭제하기
lee	1212	이순신	lee@test.com	2018-09-04	삭제하기
hong	1212	홍길동	hong@gmail.com	2018-09-04	삭제하기

앞에서 배운 기능을 이용해 30장에서 만든 게시판 기능은 여러분이 직접 구현해 보기 바랍니다. 더 나아가 쇼핑몰 기능도 스프링 부트에서 구현해 보기 바랍니다.

지금까지 JSP부터 스프링 부트까지 살펴봤습니다. 워낙 내용이 방대한 분야라 세부적인 내용을 잘 다루지 못한 면도 있습니다. 그것은 이 책을 뼈대로 하여 여러분이 직접 살을 붙여나가기 바랍니다.

세상에 완전히 새로운 것 또는 완벽한 것은 없습니다. 베토벤은 청각 장애가 있었고, 한글을 창제한 세종대왕은 비만과 당뇨병이 심했고, 〈일리아스〉와 〈오디세이아〉를 쓴 호메로스는 장님이었습니다. 하지만 모두 멋진 작품들을 남겼습니다. 여러분도 기존의 것을 기반으로 자신의 아이디어를 추가하여 멋진 프로그램을 만들어보기 바랍니다. 여러분이 새로운 분야로 나아가는 데 이 책이 조금이나마 도움이 되기를 바랍니다.

F

G

H

I

J

L

M

N

O

P

Q

R

S

ㅈ

ㅊ

ㅋ

ㅌ

ㅍ

ㅎ

기호

숫자